Afrique du Sud
Lesotho et eSwatini

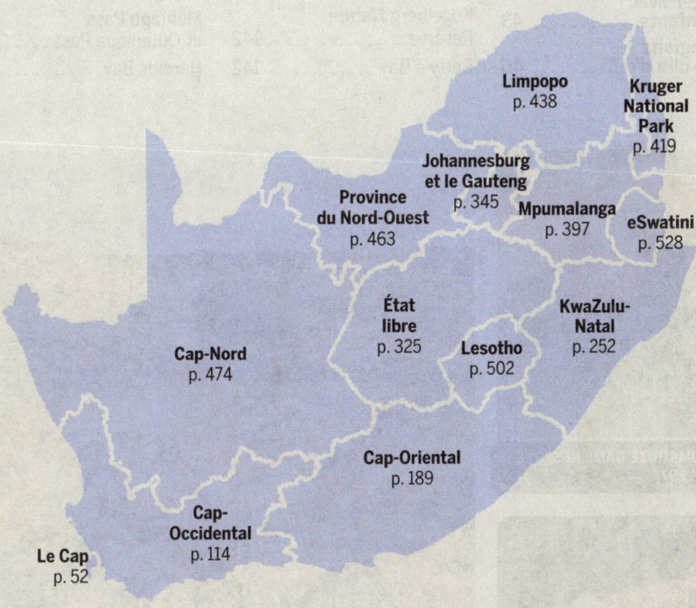

James Bainbridge,
Robert Balkovich, Jean-Bernard Carillet, Lucy Corne, Shawn Duthie,
Anthony Ham, Ashley Harrell, Simon Richmond

PRÉPARER SON VOYAGE

SUR LA ROUTE

WOLF AVNI / SHUTTERSTOCK ©

UMKHUZE GAME RESERVE
P. 297

POUL RIISHEDE/ GETTY IMAGES ©

BATELEUR DES SAVANES
P. 620

KEREN SU / GETTY IMAGES ©

Sommaire

KGALAGADI TRANSFRONTIER PARK P. 488

SUR LA ROUTE

Sommaire

COMPRENDRE L'AFRIQUE DU SUD, LE LESOTHO ET L'ESWATINI

AFRIQUE DU SUD, LESOTHO ET ESWATINI PRATIQUE

COUPS DE PROJECTEUR

AVERTISSEMENT

Au moment où nous terminions l'édition de ce guide, la pandémie de Covid-19 impactait fortement le monde du voyage. Les informations que vous trouverez dans cet ouvrage sont donc susceptibles de changements.

Renseignez-vous bien avant votre départ car la situation aura probablement évolué quand vous préparerez votre voyage.

BIENVENUE EN

Afrique du Sud, au Lesotho et en eSwatini

Je suis tombé amoureux de l'Afrique du Sud au premier regard et cet amour n'a fait que se renforcer depuis. Les premières années, à peine descendu de l'avion, je filais admirer la faune sauvage du Kruger, du Kgalagadi, de Madikwe et d'autres parcs fabuleux. Avec le temps, j'ai découvert les attraits des Winelands, du spectaculaire Drakensberg et de la côte accidentée, sans compter le charme du Lesotho et de l'eSwatini (Swaziland). Mais au-delà de ces beautés naturelles, ce sont surtout les habitants qui font de ces trois pays une destination si extraordinaire.

Anthony Ham, auteur

@AnthonyHamWrite @anthonyham2002

Pour en savoir plus sur nos auteurs, voir p. 700

DOMINIQUE DE LA CROIX / SHUTTERSTOCK ©

Vallée de la Désolation (p. 246)

Afrique du Sud, Lesotho et eSwatini

0 200 km
Mapungubwe National Park
Brousse, baobabs, rhinocéros noirs et rhinocéros blancs (p. 451)
Venda
Ateliers d'artistes et d'artisans et sites mystiques (p. 452)
Kruger National Park
Ce parc mythique abrite une faune abondante (p. 419)
Blyde River Canyon
Des points d'observation surplombent ce remarquable canyon (p. 408)
iSimangaliso Wetland Park
Cinq écosystèmes comptant une faune variée (p. 290)
Golden Gate Highlands NP
Affleurements de grès dentelés et prairies chatoyantes (p. 337)
Clarens
Un village arty et décontracté (p. 338)
Drakensberg
Les pentes vertes de ce massif mènent à des pics couverts de brume (p. 306)
Lesotho
Pour vivre des aventures dans des montagnes lointaines (p. 502)
Wild Coast
Plages désertes et villages xhosa (p. 227)
Addo Elephant National Park
Plus de 600 éléphants d'Afrique (p. 213)
ZIMBABWE
MOZAMBIQUE
Gonarezhou National Park
Banhine National Park
Mapungubwe NP
Musina
Limpopo
Louis Trichardt (Makhado)
Venda
Thohoyandou
Tropique du Capricorne
Ellisras
Polokwane (Pietersburg)
Great Limpopo Transfrontier Park
Limpopo National Park
Phalaborwa
Massingir
Inhambane
LIMPOPO
ABORONE
Marakele National Park
Blyde River Canyon Nature Reserve
Kruger National Park
Pilanesberg National Park
Sabie
Lobatse
Sun City
Olifants
Nelspruit (Mbombela)
Komatipoort
Macia
Xai-Xai
Zeerust
Rustenburg
PRETORIA
Middelburg
Mafikeng
MAPUTO
Pigg's Peak
Soweto
Johannesburg
Lichtenburg
MPUMALANGA
MBABANE
GAUTENG
Potchefstroom
Ermelo
Manzini
Vereeniging
eSWATINI
Klerksdorp
Piet Retief
Kosi Bay Nature Reserve
Standerton
Hlathikulu
Volksrust
Golela
Kroonstad
Golden Gate Highlands National Park
Sodwana Bay National Park
iSimangaliso Wetland Park
Vryheid
oemhof
Welkom
Hluhluwe-iMfolozi Park
TAT LIBRE
Bohlakong
Harrismith
Dundee
Senekal
Clarens
Ladysmith
Mtubatuba
Zoulouland
Drakensberg
Empangeni
Richards Bay
LOEMFONTEIN
Estcourt
Thaba 'Nchu
KWAZULU-NATAL
MASERU
uKhahlamba-Drakensberg Park
LESOTHO
Pietermaritzburg
Mafeteng
Durban
Amanzimtoti
Mohale's Hoek
Kokstad
Aliwal North
Port Shepstone
Mkambati Nature Reserve
CAP-ORIENTAL
Mthatha
Port St Johns
Queenstown
Hluleka Nature Reserve
Cradock
Grand Kei
Mountain Zebra National Park
Dwesa Nature Reserve
Bhisho
East London
Addo Elephant National Park
Grahamstown
Port Alfred
Port Elizabeth
OCÉAN INDIEN
ALTITUDE
2 400 m
1 800 m
1 200 m
600 m
0
26°E
28°E
30°E
32°E
34°E
36°E

Expériences incontournables

1 EXCEPTIONNEL KRUGER

Le Kruger est l'un des plus beaux parcs d'Afrique et l'un des meilleurs endroits au monde où voir des animaux : sa visite restera gravée dans votre esprit. Sa superficie, sa facilité d'accès et l'abondance et la diversité de sa faune en font un lieu unique, tandis que son vaste réseau de pistes offre d'innombrables occasions de savourer la nature sauvage.

CHRIS KRUGER / SHUTTERSTOCK ©

Le cœur du Kruger

Rivières, rhinocéros, savanes et grands fauves : le sud et le centre du parc sont extraordinaires pour les paysages et la faune. Ce sont les zones les plus accessibles, où d'excellents campements attirent de nombreux amateurs de safaris. p. 419

À gauche : éléphants d'Afrique

À droite : léopard

STU PORTER / SHUTTERSTOCK ©

WITR / SHUTTERSTOCK ©

THOMAS RETTERATH / SHUTTERSTOCK ©

Les réserves privées

Les réserves privées réputées qui se situent juste à l'ouest du parc permettent de belles rencontres animalières sans la foule. Elles offrent une expérience plus intime, surtout Sabi Sand, Kapama, Klaserie et Timbavati, et on peut y faire du hors-piste et des safaris nocturnes. p. 435

Ci-dessus : rhinocéros blancs

Le nord du Kruger

Le nord du Kruger, plus reculé, abrite de grands troupeaux d'éléphants et de buffles, de nombreux oiseaux, damalisques, élands du Cap, antilopes rouannes et hippotragues noirs. Léopards, lions et rhinocéros sont aussi présents. Les mopanes, arbres préférés des éléphants, les baobabs et les figuiers forment la végétation. p. 421

Ci-dessus : lionne et lionceau

2 EXPLORATIONS URBAINES

Peu de villes possèdent autant de cachet que Le Cap, qui bénéficie, il faut le dire, d'un cadre naturel spectaculaire. Dominée par la Table Mountain, une montagne accessible en téléphérique ou à pied et propice à la descente en rappel, c'est tout simplement l'une des plus belles cités du monde. Mais d'autres villes sud-africaines, en plein renouveau urbain, méritent aussi la visite.

CHIARA SALVADORI / GETTY IMAGES ©

DAVID BUZZARD / SHUTTERSTOCK ©

TIMOTHY HODGKINSON / SHUTTERSTOCK ©

Le Cap branché

Visitez les plages et les vignobles, flânez sur le front de mer, explorez Robben Island et rencontrez les sympathiques Capétoniens. Profitez des restaurants, marchés branchés et boutiques de design de Woodstock et du Silo District. p. 52

Ci-dessus à gauche : téléphérique de la Table Mountain (p. 56)

Johannesburg

Malgré sa réputation, la cité de l'or est devenue un endroit animé depuis la réhabilitation de son centre-ville. Les dynamiques enclaves culturelles de Braamfontein, Newtown, 44 Stanley et Maboneng offrent galeries d'art, bars, restaurants et boutiques. p. 348

En haut : Neighbourgoods Market (p. 375)

Étonnante Durban

La très cosmopolite Durban est une ville où l'on sait s'amuser. Son front de mer est l'un des projets de réaménagement urbain les plus réussis du pays, tandis que ses marchés et sa vaste communauté indienne lui confèrent un charme certain. p. 253

En bas : front de mer de Durban (p. 262)

3 HORIZONS MONTAGNEUX

Classé au patrimoine mondial de l'Unesco, l'uKhahlamba-Drakensberg Park englobe des montagnes et contreforts grandioses et saisissants qui forment le massif le plus beau d'Afrique australe et l'un des plus impressionnants d'Afrique du Sud. Le pays comprend aussi l'extraordinaire Blyde River Canyon et l'inoubliable Cederberg, qui séduiront les photographes, randonneurs et aventuriers, ou simplement les visiteurs en quête de superbes panoramas.

Blyde River Canyon

Ce canyon, le troisième plus grand au monde et sans doute le plus verdoyant, est parcouru par la Blyde, qui serpente du Grand Escarpment jusqu'au lowveld. Même les foules de touristes locaux et étrangers ne parviennent pas à gâcher la majesté de ses merveilles naturelles, comme les Bourke's Luck Potholes. p. 408

Ci-dessous : Blyde River Canyon

HERMAN DU PLESSIS / GETTY IMAGES ©

MORGAN TRIMBLE / GETTY IMAGES ©

DAVID BURSTEIN / GETTY IMAGES ©

Cederberg

Le jour, le ciel d'un bleu limpide contraste avec les pics orangés du Cederberg ; la nuit, on pourrait presque lire à la lueur de la Voie lactée. Les sentiers de randonnée de Wolfberg Arch, Maltese Cross, Wolfberg Cracks ou Wupperthal vous feront découvrir les villages oubliés des anciennes missions. p. 185

Drakensberg

Le Drakensberg ("montagnes du dragon" en afrikaans) est appelé Quathlamba ("rampart de lances") en zoulou : ces deux noms dépeignent parfaitement les sommets qui se dressent en toile de fond. De nombreux sites rupestres san attestent d'une présence humaine multimillénaire. p. 306

En haut à gauche : Wolfberg Arch, Cederberg (p. 185)

En haut à droite : falaise de l'Amphithéâtre, Drakensberg Nord (p. 317)

4 BALADES CÔTIÈRES

La côte sud-africaine enveloppe la pointe australe du continent telle une armure protectrice qui abriterait la région contre les vents océaniques violents qui ont façonné ce remarquable littoral. Promontoires spectaculaires, plages propices au surf, zones humides précieuses et autres joyaux naturels forment le cadre où se nichent bon nombre de sites incontournables. Des panoramas à couper le souffle se dévoilent au fil des routes et des sentiers de randonnée qui sillonnent la côte.

BILDAGENTUR ZOOF-AR GMBH / SHUTTERSTOCK ©

Wild Coast

Avec ses falaises déchiquetées, ses plages isolées, ses villages xhosa et son histoire marquée par les naufrages, la bien nommée "côte sauvage" s'explore idéalement à pied, par les sentiers qui la longent de la Great Kei River jusqu'à Port St Johns, bordés par une eau turquoise où évoluent baleines franches australes et dauphins. p. 227

Ci-dessous : *rondavels* xhosa, Wild Coast

GIRLSEEINGWORLD / SHUTTERSTOCK ©

LMSPENCER / SHUTTERSTOCK ©

BENNYMARTY / SHUTTERSTOCK ©

iSimangaliso

L'iSimangaliso Wetland Park (miracle" ou ""merveille" en zoulou) porte bien son nom. Classé au patrimoine mondial de l'Unesco, il s'étire sur 20 km entre la frontière du Mozambique et Maphelane, et ses 3 280 km^2 englobent des plages, des récifs, des forêts côtières, des lacs et des marécages. p. 290

Ci-dessus : plage sur l'océan Indien, iSimangaliso Wetland Park

Ci-contre : vue aérienne, iSimangaliso Wetland Park

Surf

Excellente destination pour le surf, l'Afrique du Sud convient aux pratiquants de tous niveaux, avec des plages aux eaux agitées et d'autres plus abritées. Muizenberg (Le Cap), Jeffrey's Bay et Durban font partie des meilleurs spots. p. 42

Ci-dessus : surfeur, Jeffrey's Bay (p. 198)

5 VINS SAVOUREUX

Jouissant d'une réputation croissante, les vins sud-africains offrent l'une des expériences les plus mémorables d'un séjour dans le pays. La plupart des zones de production sont des destinations à part entière qui combinent excellence viticole et paysages sublimes. Où que vous soyez, vous trouverez des circuits organisés qui vous mèneront de domaine en domaine pour une dégustation.

Winelands

Avec ses collines et ses vignes émaillées de maisons de style Cape Dutch, la région des Winelands est emblématique du Cap-Occidental. On y produit des vins de qualité internationale, à découvrir dans les trois villes de Stellenbosch, Franschhoek et Paarl, qui abritent certains des domaines les plus anciens, les plus vastes et les plus charmants de l'hémisphère Sud. p. 115

Tulbagh

Les viticulteurs sud-africains ont maîtrisé l'art des vins pétillants. C'est dans la jolie Tulbagh que l'on produit certains des meilleurs. p. 134

Ci-dessus : vignes, Tulbagh

Ci-contre : vue aérienne, vignobles de Stellenbosch (p. 115)

Hermanus

La vallée de Hemel-en-Aarde ("paradis sur Terre"), près de Hermanus, est l'une des zones viticoles les plus méconnues du pays, avec d'excellents domaines confidentiels. p. 142

En haut à droite : vigneron, Hermanus

6 VILLES ET RÉGIONS TRANQUILLES

HEIN VON HORSTEN / GETTY IMAGES ©

GROBLER DU PREEZ / SHUTTERSTOCK ©

Pays Venda

Ancrée dans le mysticisme et les coutumes ancestrales, cette région luxuriante incarne l'Afrique des collines brumeuses, des pistes poussiéreuses et des cases en terre. Ses lacs et forêts ont une grande importance spirituelle. p. 452

Ci-contre : cases en terre, Venda

Clarens

Ses galeries, boutiques d'antiquités et restaurants, sa microbrasserie et ses alentours propices aux activités de plein air font de cette ville paisible sans doute le meilleur endroit des Eastern Highlands, dans l'État libre, pour se détendre. p. 338

Ci-contre : rue commerçante, Clarens

Namakwa

Peu connu, le Namakwa s'étire sur la côte ouest vers la Namibie le long de l'Atlantique. Au printemps, les fleurs sauvages transforment les étendues rocheuses en tapis multicolore. p. 499

L'une des joies d'un voyage en Afrique du Sud est la découverte inattendue d'une charmante petite ville ou d'une région ensorcelante que seuls les habitants connaissent vraiment. Certaines, comme le pays Venda, Clarens et le Namakwa, conjuguent les meilleurs atouts du pays, notamment une culture fascinante, des panoramas saisissants et une atmosphère irrésistiblement relaxante.

7 AU PLUS PRÈS DE L'HISTOIRE

Depuis les fossiles qui témoignent de la naissance de l'humanité jusqu'à la lutte contre l'apartheid à Soweto ou à Robben Island, l'Histoire imprègne tous les aspects de la vie en Afrique du Sud. Elle revient souvent dans la conversation, mais le pays compte aussi des musées et des sites qui permettent d'en savoir plus sur son fascinant passé.

ANDY NIXON / GETTY IMAGES ©

JANICE PAMA / SHUTTERSTOCK ©

Cradle of Humankind

Tout a commencé en Afrique et le "berceau de l'humanité" abrite des fossiles d'hominidés, nos ancêtres, découverts dans des grottes souterraines. p. 382

En haut à gauche : lever de soleil sur le *highveld*, Cradle of Humankind

L'âme de Soweto

L'Histoire est partout à Soweto, où se percutent l'ère de l'apartheid et la période qui a suivi sa disparition. Visitez le Hector Pieterson Museum et le Mandela House Museum. p. 378

En bas à gauche : Mandela House Museum (p. 381)

Robben Island

À 12 km au large de la côte, ce site classé par l'Unesco rend aujourd'hui hommage à tous ceux qui, comme Nelson Mandela, y furent emprisonnés durant de longues années : une visite poignante. p. 66

Ci-dessus : tour de guet, Robben Island

8 AU CŒUR DE LA NATURE

Outre les célébrissimes Kruger et Kgalagadi, dans le désert du Kalahari, l'Afrique du Sud compte de nombreux autres parcs et réserves, en particulier Hluhluwe-iMfolozi, dans le nord du KwaZulu-Natal, Pilanesberg et Addo, des endroits de choix pour croiser des animaux emblématiques et admirer les paysages sublimes dans lesquels ils vivent. Chacun de ces lieux, intimement lié à la culture locale, constitue un bon point de départ pour une plongée en profondeur dans le pays.

Pilanesberg National Park

Dans ce parc méconnu, les habitants de Johannesburg viennent admirer les Big Five sur le cratère d'un volcan éteint. Loin de la foule, observez les animaux de près en gagnant l'un des barrages (*dam*) par les routes de gravier dans la brousse. p. 468

Ci-dessous : girafe, Pilanesberg National Park

BAYAZED / SHUTTERSTOCK ©

ANDY NIXON / SHUTTERSTOCK ©

Hluhluwe-iMfolozi Park

Le splendide Hluhluwe-iMfolozi regorge d'animaux dans des paysages allant de la savane aux montagnes tapissées de fleurs sauvages. p. 289

Ci-dessus : vervet, Hluhluwe-iMfolozi Park

Addo Elephant National Park

Une réussite en matière de conservation, Addo compte plus de 600 éléphants évoluant parmi les buissons bas, les hautes herbes et les collines à l'horizon. p. 213

Ci-contre : éléphants, Addo Elephant National Park

WESTEND61 / GETTY IMAGES ©

9 CHARMANT LESOTHO

Bien que peu connu, le Lesotho est une destination fabuleuse qui mérite le temps que vous pourrez lui consacrer. Son territoire essentiellement montagneux vous éblouira par sa beauté. Dans ses hautes terres, dont l'histoire remonte à l'aube de l'humanité et avant cela aux dinosaures, s'épanouit une riche culture qui s'exprime à travers l'artisanat et les traditions musicales.

GROBLER DU PREEZ / SHUTTERSTOCK ©

FABIAN PLOCK / SHUTTERSTOCK ©

Sani Top

Depuis l'ouest, il faut traverser les imposants Central Highlands. En venant du KwaZulu-Natal, c'est une montée vertigineuse jusqu'au col de Sani (2 874 m). p. 520

En haut à gauche : Sani Mountain Lodge, Sani Top

En pleine nature

Parcourez à pied ou à cheval la forêt endémique du Ts'ehlanyane National Park, ou osez la descente en rappel la plus longue du monde. p. 516

En bas à gauche : poney basuto devant les Maletsunyane Falls, Semonkong (p. 523)

Temps immémoriaux

Voyez les sites rupestres san dans le massif du Drakensberg et, plus anciennes encore, les empreintes de dinosaures de Leribe (Hlotse). p. 515

Ci-dessus : peintures rupestres san (p. 525)

10 EXPLORER L'ESWATINI

PETER JOHN WATSON / SHUTTERSTOCK ©

SOPOTNICKI / SHUTTERSTOCK ©

Comme le Lesotho, l'eSwatini (anciennement Swaziland) possède des attractions sans commune mesure avec sa taille. Sa faune est si abondante qu'on a du mal à croire que ce pays est l'un des plus petits d'Afrique. Les activités telles que le rafting en eaux vives et la randonnée s'avèrent exceptionnelles et d'incroyables paysages vous attendent un peu partout, notamment près de la capitale.

Rhinocéros et lions

L'eSwatini compte deux réserves d'exception : le Hlane Royal National Park, connu pour ses lions et ses rhinocéros blancs, et la Mkhaya Game Reserve, l'un des meilleurs endroits d'Afrique pour voir des rhinocéros noirs. p. 545, p. 548

Ci-contre : rhinocéros blanc, Hlane Royal National Park

Descentes de rapides

Les mordus de rafting ne manqueront pas de descendre le Great Usutu (Lusutfu), avec ses criques, ses gorges et ses eaux vives : une merveilleuse façon de passer la journée. p. 547

Panoramas

Au nord-est de Mbabane, Sibebe Rock est le deuxième monolithe au monde par la taille. Du sommet, on a l'impression de voir la quasi-totalité du pays. Évitez juste de regarder en bas… p. 531

Ci-contre : Sibebe Rock

L'essentiel

Pour plus d'informations, voir *Afrique du Sud, Lesotho et eSwatini pratique* (p. 630)

Monnaies

Rand en Afrique du Sud (R), loti au Lesotho (pluriel maloti, M), lilangeni en eSwatini (pluriel emalangeni, E).

Langues

Zoulou, xhosa, afrikaans, anglais, sotho du Nord, tswana, sotho du Sud (Lesotho), tsonga, swati (eSwatini), venda, ndébélé.

Visas

Pas de visa pour la plupart des Occidentaux en séjour de moins de 90 jours en Afrique du Sud, 14 jours au Lesotho et 30 jours en eSwatini.

Argent

DAB, et carte bancaire acceptée en Afrique du Sud. Au Lesotho et en eSwatini, DAB courants, mais carte rarement acceptée hors des capitales.

Portables

Roaming pour la plupart des téléphones. Cartes SIM locales disponibles.

Heure locale

South Africa Standard Time (GMT/UTC+2).

Quand partir

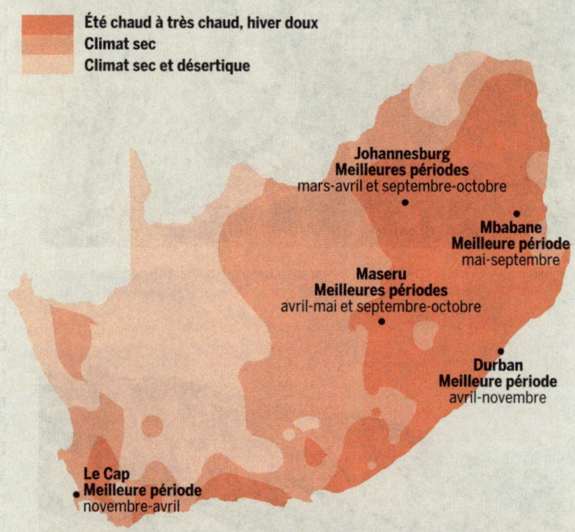

Haute saison (nov-mars)

- La fréquentation est au plus fort autour de Noël et Pâques.
- Les établissements hôteliers de la côte et des parcs nationaux affichent complet plusieurs mois à l'avance.
- Dans les lieux touristiques, l'hébergement coûte jusqu'à 50% plus cher.

Saison intermédiaire (avr-mai et sept-oct)

- Automne (avr-mai) et printemps (sept-oct) ensoleillés.
- De l'automne à la fin de l'hiver, les conditions sont optimales pour l'observation de la faune
- Le printemps est la meilleure saison pour voir les baleines.

Basse saison (juin-août)

- L'hiver rime avec la neige sur les montagnes.
- C'est la saison des pluies au Cap et dans la province du Cap-Occidental.
- La période est idéale pour visiter les régions arides comme le Karoo.

Sites Web

South African National Parks (www.sanparks.org). Renseignements, réservations et forums.

Visit Lesotho (www.visitlesotho.travel). Informations touristiques.

The Kingdom of eSwatini (www.thekingdomofeswatini.com). Actualité, infos, agenda culturel et blog.

RFI (www.rfi.fr/fr/tag/afrique-du-sud). Actualité et reportages en français.

Jeune Afrique (www.jeuneafrique.com/pays/afrique-du-sud). Actualité, analyses et reportages en français.

Lonely Planet (www.lonelyplanet.fr/destinations/afrique/afrique-du-sud). Renseignements touristiques, réservations d'hôtels, forum de voyageurs, etc.

Numéros utiles

Indicatif de l'Afrique du Sud	27
Indicatif du Lesotho	266
Indicatif de l'eSwatini	268
Code d'accès international (pour les trois pays)	00
Police (Afrique du Sud)	10111

Taux de change

Canada	1 $C	11,69 R
Europe	1 €	15,99 R
Suisse	1 FS	15,69 R
Lesotho	1 M	1 R
eSwatini	1 E	1 R

Les derniers taux de change sont sur www.xe.com/ucc/fr.

Budget quotidien

Moins de 1 000 R

- Lit en dortoir à partir de 160 R
- Plat bon marché (zones les plus économiques) moins de 75 R
- Entrée gratuite dans certains musées

De 1 000 à 2 500 R

- Chambre double 700-4 000 R
- Plat 75-200 R
- Train Johannesburg-Le Cap en classe touristique 690 R
- Supplément chambre individuelle fréquent (30-40%)

Plus de 2 500 R

- Chambre double (zones les plus chères) à partir de 4 000 R
- Plat gastronomique (zones les plus chères) à partir de 200 R
- Pretoria-Le Cap en Blue Train 20 280 R
- Vol Le Cap-Johannesburg à partir de 1 000 R
- Safari motorisé à partir de 350 R

Heures d'ouverture

Administrations 8h-17h lun-ven

Banques 9h-15h30 lun-ven, 9h-11h sam

Bars Midi-minuit

Cafés 8h-17h

Commerces 8h30-17h lun-ven, 8h30-13h sam ; certains supermarchés ouvrent aussi le soir et le week-end ; les grands centres commerciaux ferment tous les jours à 21h.

Postes 8h30-16h lun-ven, 8h30-11h sam

Restaurants 11h30-15h et 18h30-22h (dernières commandes) ; beaucoup restent ouverts entre 15h et 18h30.

Arriver en Afrique du Sud

Aéroport international OR Tambo (p. 649). Le Gautrain dessert le centre de Johannesburg (162 R, 28 min) et Pretoria (174 R, 34 min) toutes les 12 à 30 minutes ; en navette/taxi, comptez environ 1 heure pour Johannesburg (environ 500 R) et Pretoria. On peut aussi louer une voiture à l'aéroport.

Aéroport international de Cape Town (p. 649). Le trajet en navette (à partir de 220 R), taxi (environ 250 R) ou MyCiTi bus (100 R aux heures de pointe, toutes les 30 min) jusqu'au centre du Cap dure environ 30 minutes. On peut louer une voiture à l'aéroport.

Comment circuler

Voiture Les tarifs de location abordables et le bon réseau routier en font une excellente option, mais attention aux nombreux chauffards.

Train Pour se rendre de Johannesburg au Cap, à Durban et sur la côte, la classe touristique, sous-estimée, donne accès aux couchettes et à la voiture-restaurant.

Avion Un moyen de transport abordable pour couvrir de longues distances.

Bus Les bus Greyhound, Intercape et Translux, confortables et assez bon marché, sillonnent toute l'Afrique du Sud.

Mzansi Experience Ce bus touristique économique avec arrêts à volonté permet de circuler entre Le Cap, Durban et Johannesburg/Pretoria. Alternative au Baz Bus, aujourd'hui disparu.

Taxi collectif Acceptable pour les trajets courts, mais peu pratique pour les longues distances compte tenu de problèmes de sécurité.

Pour plus de détails sur **comment circuler**, voir p. 655

Pour un premier séjour

Pour plus d'informations, voir *Afrique du Sud, Lesotho et eSwatini pratique* (p. 630).

Avant de partir

- Assurez-vous que votre passeport est valable au moins 30 jours (6 mois pour l'eSwatini) après votre date de retour.
- Faites-vous vacciner, et demandez un traitement antipaludéen pour visiter le nord-est de l'Afrique du Sud et l'eSwatini.
- Réservez votre hébergement bien à l'avance si vous séjournez dans un endroit touristique.
- Prévenez votre banque de votre voyage.
- Souscrivez à une assurance voyage.

À emporter

- Un certificat de vaccination contre la fièvre jaune si vous avez voyagé récemment dans un pays infecté.
- L'acte de naissance des enfants et autres documents utiles (p. 45) pour le passage de l'immigration sud-africaine.
- Un visa, si nécessaire.
- Des chaussures de marche pour les safaris et les randonnées.
- Des vêtements chauds pour le soir, même l'été.
- Une carte bancaire et une solution de secours.
- De la crème solaire.

Nos conseils

- N'essayez pas de visiter chaque parcelle du pays : concentrez-vous plutôt sur une ou deux zones, par exemple Le Cap et le parc Kruger.
- Les Sud-Africains circulent beaucoup en voiture. Se déplacer à pied et en taxi collectif étant potentiellement risqué, mieux vaut louer un véhicule pour certaines parties du voyage.
- L'Afrique du Sud est desservie par plusieurs lignes aériennes intérieures, des trains avec classe touristique et des bus pour petits budgets.
- La criminalité ne doit pas vous rendre paranoïaque : faites comme les habitants, prenez vos précautions et soyez vigilant.
- La route reste le principal danger pour les voyageurs : conduisez prudemment et limitez vos trajets à des distances raisonnables.
- Évitez Noël et Pâques, lorsque les hébergements affichent complet, les prix montent et les accidents de la route sont plus nombreux.

Comment s'habiller

Prévoyez des vêtements pratiques : shorts, tee-shirts et chaussures de sport ou de randonnée pour les safaris. Prenez aussi des vêtements chauds : il peut faire froid le soir dans la brousse. Pantalons et hauts à manches longues vous rendront service là où les moustiques sévissent. La même garde-robe sera utile pour le relief montagneux du Lesotho, en plus d'un pantalon pour monter à cheval. Là-bas, les femmes éviteront les shorts car les mœurs du Lesotho sont plutôt conservatrices. Dans ces pays, les habitants s'habillent de façon décontractée ; gardez vos tenues à la mode pour les restaurants et clubs chics de Johannesburg et du Cap.

Où se loger

Si vous voyagez à Noël ou à Pâques, vous devrez réserver plusieurs mois à l'avance. Le reste du temps, vous pourrez vous y prendre quelques jours avant, ou même arriver à l'improviste. La réservation s'impose dans les parcs nationaux.

Lodges Hyper luxueux ou plutôt rustiques, ils occupent certains des plus beaux sites.

Guesthouses Tenues par leur propriétaire, avec chambres confortables, petits-déjeuners copieux et informations locales.

Chalets tout équipés Spacieux et d'un bon rapport qualité/prix.

Auberges de jeunesse Dotées d'un bar, d'une piscine et d'emplacements de camping ; idéal pour les voyageurs à petit budget ou en solo.

Hôtels Des boutique-hôtels aux grandes enseignes de luxe.

Argent

Les DAB sont très répandus dans les trois pays et les cartes de crédit acceptées en Afrique du Sud ainsi que dans les capitales du Lesotho et de l'eSwatini. Informez votre banque de votre voyage. Voir aussi p. 631.

Marchandage

En Afrique du Sud, vous pourrez négocier les prix dans les marchés d'artisanat ; ailleurs, on vous demandera de payer la somme indiquée.

Pourboires

Les salaires étant peu élevés, un pourboire est attendu.

Cafés 10% de l'addition.

Gardien de voiture 2 R (5 R pour une période plus longue)

Hôtels 10-20 R

Restaurants 10 à 15% de l'addition.

Stations-service 5 R – davantage si l'employé nettoie le pare-brise, vérifie les pneus ou autre.

Taxis Un pourboire n'est pas requis, mais il est courant d'arrondir le prix de la course.

Langues

L'Afrique du Sud reconnaît 11 langues officielles. Quelques-unes, comme l'afrikaans, le xhosa et le zoulou, dominent dans certaines régions du pays. Toutefois, vous vous ferez aisément comprendre en anglais partout dans le pays, de même qu'au Lesotho et en eSwatini. L'anglais, langue officieuse des affaires, en particulier de l'industrie touristique, est la seule langue parlée par de nombreux habitants.

Pas d'impair !

Décontraction Les Sud-Africains adoptent généralement une attitude peu formelle ; dans les lieux touristiques, les comportements et attentes communs aux pays occidentaux prévalent.

Diversité culturelle Dans cette région multiculturelle, les règles de courtoisie varient selon l'appartenance ethnique et l'âge. Dans le doute, renseignez-vous auprès de votre guide ou d'un habitant.

Religion Les chrétiens sont plus pratiquants ici que dans la plupart des pays occidentaux ; les plaisanteries concernant la religion peuvent choquer.

Bénédicité Dans les foyers afrikaners, il est courant de réciter le bénédicité avant les repas, si possible en se donnant la main.

Salutations Les gens se serrent la main lors d'une première rencontre. Les femmes saluent amis et connaissances par une légère accolade. Au Lesotho et en eSwatini, la poignée de main se déroule en trois temps : observez-la avant de vous lancer.

Hello Au Lesotho, veillez à dire "hello" à tout le monde pour éviter de vexer un tiers.

Conversation Il est possible d'aborder la plupart des sujets, y compris raciaux, à condition de rester positif et de faire preuve de tact.

Alcool au volant Il s'agit d'une pratique répandue et largement tolérée par la population. Pour autant, abstenez-vous de boire si vous conduisez.

Heure Dans les zones rurales, la ponctualité n'est pas importante ; les habitants peuvent arriver avec une ou deux heures de retard.

Photos Demandez toujours la permission avant de photographier une personne, surtout si elle porte un costume traditionnel ou participe à un événement culturel.

Se restaurer

De la nourriture africaine consommée dans les townships aux tables gastronomiques des grandes villes, la cuisine reflète la diversité ethnique de la société sud-africaine et permet de toucher du doigt le cœur de cette nation arc-en-ciel. La scène culinaire est plus limitée au Lesotho et en eSwatini, mais on y trouve néanmoins de bons restaurants et cafés dans les capitales et les lodges ruraux.

Quoi de neuf ?

Comme beaucoup de pays à travers le monde, l'Afrique du Sud, le Lesotho et l'eSwatini (Swaziland) retrouvent enfin la lumière après le cauchemar de la pandémie. Pleins d'un nouvel entrain, les habitants sont prêts à accueillir les visiteurs étrangers et à repartir à la découverte de leur propre région.

Musées

Le Zeitz MOCAA Museum (p. 66) du Cap présente la plus grande collection d'art africain contemporain au monde dans un silo à grains de 1920 superbement reconverti sur le V&A Waterfront. À Mthatha, le Nelson Mandela Museum (p. 235) est consacré à la vie du grand homme.

Tourisme dans les townships

À Barberton, la visite d'Emjindini (p. 416), en préparation, sera le premier circuit guidé dans un township du Mpumalanga. Au Cap, visitez le 18 Gangster Museum (p. 75), l'Isivivana Centre (p. 101) et les restaurants et cafés de Khayelitsha.

Mzsansi Experience

Sillonnant la côte est entre Le Cap et Johannesburg, ce bus touristique économique avec arrêts à volonté remplace le Baz Bus, navette petit budget établie de longue date, aujourd'hui disparue.

Philippolis

Cette ville en plein essor de l'État libre compte plusieurs curiosités, dont la réserve de Tiger Canyons (p. 344), où des tigres sauvages se reproduisent et s'épanouissent.

South African Hall of Fame

Cet impressionnant lieu d'exposition (p. 467) à Sun City rend hommage aux célébrités sud-africaines, surtout des sportifs mais aussi des musiciens et d'autres grands noms de la culture sud-africaine.

Itinéraires pédestres et routiers

Au Cap-Occidental, le Crayfish Trail (p. 185 ; avec transport des bagages) explore un tronçon souvent ignoré de la West Coast, entre les villages de pêcheurs d'Elands Bay et de Doring Bay. Dans le Mpumalanga, le Barberton Makhonjwa Geotrail (p. 416) fait revenir 3,5 milliards d'années en arrière sur la R40 jusqu'à la frontière de l'eSwatini.

L'AFRIQUE DU SUD, LE LESOTHO ET L'ESWATINI AUJOURD'HUI

Anthony Ham, auteur Lonely Planet

Si elle sort meurtrie de la pandémie de Covid-19, l'Afrique du Sud nourrit l'espoir de laisser enfin derrière elle ce sombre épisode. Après les confinements, la fermeture des frontières et une période durant laquelle la planète est devenue bien plus petite pour de nombreux Sud-Africains, les gens ressortent, et on sent chez eux une appréciation nouvelle, voire de l'enthousiasme, pour tout ce que leur pays peut leur offrir. Certes, les problèmes nationaux restent inchangés – un taux de criminalité élevé, des élites politiques déconnectées de la vie difficile des citoyens ordinaires et une stagnation économique persistante – mais 2022 ne peut pas être pire que 2020 et 2021, et tous espèrent voir arriver des jours meilleurs.

Mackeurtan Avenue

Cette artère de Durban Nord, qu'on compare à Florida Road, fait le buzz pour ses bars et restaurants (p. 269).

Renouveau urbain

La ville de George (p. 158) connaît un éveil gastronomique et voit fleurir les restaurants et cafés. Polokwane (p. 439) se mue lentement en un bastion de tradition afrikaans, avec des adresses où boire un café de qualité et des bières artisanales et un nombre croissant de bons restaurants et logements.

Centres culturels

Un centre culturel a ouvert en haut du Gorge Lift (p. 406), l'ascenseur en verre qui descend dans le spectaculaire ravin de Graskop (Mpumalanga). Doté d'une boutique d'artisanat, d'un café et d'un spa africain traditionnel dans un bâtiment fait de matériaux recyclés, le Workshop Ko Kasi (p. 484) renforce l'attrait de Kuruman. De nombreux projets touristiques communautaires sont en projet à Prince Albert (p. 178), au sein du cinéma Art déco.

Côte sud du KwaZulu-Natal

Prisée des surfeurs et des plongeurs, cette portion de littoral au sud de Durban (p. 274) fait la promotion de ses hôtels de charme, sites naturels et restaurants auprès des voyageurs étrangers.

Taxis

Uber est présent au Cap, à Johannesburg, à Pretoria, à Durban et à Gqeberha (Port Elizabeth). Une base de données en ligne recense les itinéraires, tarifs et autres informations concernant les taxis collectifs et minibus (p. 659).

Nouveau nom du Swaziland

En 2018, le roi du Swaziland a rebaptisé son pays eSwatini (p. 530).

INSPIRATIONS

South African National Parks (www.sanparks.org). Renseignements, réservations et forums sur le site des parcs nationaux.

SafariBookings (www.safaribookings.com/blog). Le meilleur site pour préparer et réserver votre safari.

Fair Trade Tourism (www.fairtradetourism.org). Hébergements, circuits et cartes.

RFI (www.rfi.fr/fr/tag/afrique-du-sud). Actualité et reportages en français.

Jeune Afrique (www.jeuneafrique.com/pays/afrique-du-sud). Actualité, analyses et reportages en français.

Mandela : Un long chemin vers la liberté (2013). Un biopic condensé mais attachant qui retrace le parcours de Madiba vers la présidence.

EN BREF

Scène culinaire Les restaurants ont rouvert !

Parcs nationaux L'Afrique du Sud compte 19 parcs nationaux qui couvrent 3% du pays.

Nombre de rhinocéros/éléphants 23 000/24 000

Population 60,14 millions d'habitants

Population au km²

Mois par mois

LE TOP 5

Observation de la faune, juillet

Kirstenbosch Summer Sunset Concerts, novembre

Observation des baleines, septembre

Fête de l'Huître, juillet

Festivals de Johannesburg, septembre

Janvier

Ce sont les vacances scolaires estivales (début décembre à mi-janvier). Anticipez la réservation des hébergements (surtout de novembre à mars) et des moyens de transport.

Cape Town Minstrel Carnival (Kaapse Klopse)

Le Nouvel An s'ouvre par un carnaval le 2 janvier et dure un mois, avec chants, danses, chars et costumes. (p. 80)

Février

L'été se poursuit : grand beau sur les plages du Sud et orages spectaculaires à Johannesburg. Les éléphants se régalent de *marula*, tandis que les bébés antilopes, zèbres et girafes s'ébattent dans les parcs.

Mars

Les journées sont ensoleillées, le *lowveld* chaud et les paysages verdoyants. Un temps parfait pour randonner ou bronzer sur une plage du Cap-Occidental ; les villes du Cap et de Johannesburg accueillent des festivals.

Cape Town Cycle Tour

C'est la plus grande course cycliste contre la montre au monde (109 km). Plus de 30 000 participants se lancent à l'assaut de la Table Mountain et de la Chapman's Peak Dr. Une épreuve de VTT a lieu dans les Winelands vers la même période. (p. 80)

Avril

Autour de Pâques, deux semaines de vacances scolaires marquent le début de l'automne. Les températures chutent et l'observation de la faune dans le veld arbustif remplace la bronzette. C'est aussi la période de reproduction des animaux.

AfrikaBurn

Inspirée par le festival américain Burning Man, cette manifestation propose des installations artistiques et des campements à thème. (p. 500)

Juillet

L'hiver amène la pluie sur la péninsule du Cap et les nuages au-dessus de la Table Mountain. Les régions du Nord connaissent des journées ensoleillées mais fraîches, et des nuits au ciel dégagé. C'est la basse saison de juin à septembre, hormis pendant les vacances scolaires (mi-juin à mi-juillet).

Observation de la faune

Le climat plus frais et plus sec de l'hiver est idéal pour admirer la faune. Les animaux viennent boire aux points d'eau, et les feuillages sont moins touffus. Les températures sont plus clémentes dans le Nord, comme dans le veld arbustif et le Kalahari. (p. 600)

Saison du ski au Lesotho

Oui, les sommets et cols du Lesotho se couvrent de neige l'hiver – particulièrement dans les environs d'Oxbow, où la saison s'étend de juin à août dans la station de ski moderne et bien équipée d'Afriski Resort. (p. 518)

Oyster Festival

La fête de l'Huître, qui se déroule pendant 10 jours à Knysna, sur la côte sud, compte parmi les rares événements gastronomiques du littoral sud-africain. Elle s'accompagne de dégustations de vins, d'une course de VTT et d'un marathon. (p. 165)

National Arts Festival

Le plus grand festival artistique d'Afrique a lieu pendant 10 jours début juillet dans la ville étudiante de Grahamstown. Le township de Fingo Village organise un festival partenaire. (p. 218)

Open of Surfing

Durant les mois d'hiver, de grosses vagues déferlent sur le Cap-Oriental, et Jeffrey's Bay accueille son Open de surf international. Cette compétition fait partie du Winter Fest, qui se tient sur 10 jours à la mi-juillet, et attire des milliers de spectateurs autour du fameux break Supertubes. Les hébergements affichent vite complet et les tarifs augmentent. (p. 198)

Septembre

Place au printemps ! Les cerisiers fleurissent dans les Eastern Highlands, en septembre-octobre, derniers mois où la sécheresse du climat est propice à l'observation de la faune. Vacances scolaires de fin septembre à début octobre.

Fleurs sauvages du Namakwa

Fin août-début septembre, les terres arides du Namakwa se recouvrent d'un superbe tapis de fleurs sauvages aux teintes arc-en-ciel. Le Cap-Nord et le Cap-Occidental offrent un spectacle tout aussi enchanteur. (p. 495)

Observation des baleines

Durant la seconde moitié de l'année, les baleines franches australes viennent mettre bas à Walker Bay. Venez les observer pendant le Hermanus Whale Festival. (p. 143)

Festivals de Johannesburg

La saison des festivals de Johannesburg dure deux mois. Elle s'ouvre avec Arts Alive, the Soweto Festival Expo, suivi de Joy of Jazz. Les manifestations, dont les mensuelles First Thursday et First Sunday in the Valley Jozi !, continuent en octobre. (p. 359)

Octobre

Une période idéale pour faire du tourisme sous un temps ensoleillé, sans l'affluence et les prix estivaux. À noter : dix jours de vacances scolaires en début de mois.

South African National Gold Panning Championships

Cette compétition d'orpaillage, qui se tient dans des trous d'eau au bord de la Blyde, réunit toutes sortes de gens, des écoliers aux semi-professionnels. (p. 405)

Festivals de Soweto

Le plus grand township de Johannesburg accueille le Soweto Beer Festival et la Soweto Fashion Week. (p. 383)

Novembre

L'été succède au printemps : fleurs sauvages au Drakensberg, plaisirs de la plage avant que le taux d'humidité n'atteigne son pic au KwaZulu-Natal. Le Cap et le Cap-Occidental jouissent d'un climat idéal. Pluie dans le *lowveld*. Début de la saison haute.

Kirstenbosch Summer Sunset Concerts

L'été, les festivals de musique se succèdent. Rien qu'au Cap-Occidental, on peut choisir entre les concerts Summer Sunset du Kirstenbosch, dans les jardins botaniques du Cap (novembre-avril), le festival indé d'Endless Daze (@endlessdazefest) sur la West Coast et de nombreuses soirées trance. (p. 69)

Itinéraires

2 SEMAINES Du Kruger au Cap

Ce périple allie paysages grandioses, observation de la faune et immersion dans la culture du Cap.

De l'aéroport international OR Tambo de Johannesburg, filez directement vers l'est jusqu'au **Kruger National Park**, où plus de 20 000 lions, léopards, buffles, éléphants et rhinocéros (les Big Five) arpentent le *bushveld* (veld arbustif). Séjournez dans un camp de brousse ou une luxueuse réserve privée, et explorez le parc en solo ou par le biais d'un circuit guidé en voiture ou à pied. Regagnez ensuite **Johannesburg**. Passez la nuit dans un hôtel ou une auberge du Maboneng Precinct, quartier en pleine ébullition du centre-ville, pour vous imprégner de son atmosphère cosmopolite et vous mêler à une foule africaine branchée, au hasard des galeries d'art et des bars.

Prenez ensuite l'avion pour **Le Cap** ou voyagez en classe touristique à bord du *Trans-Karoo Express* (ou du *Blue Train*). Détendez-vous dans cette ville superbe, et consacrez vos journées à la découverte de la Table Mountain et du Kirstenbosch National Botanical Garden, et vos soirées aux restaurants renommés et aux bars animés. Déjeunez à **Stellenbosch**, au cœur de la région viticole la plus réputée d'Afrique du Sud, et flânez dans ses rues élégantes aux maisons de style hollandais du Cap.

2½ SEMAINES

Circuit autour du Cap

Paysages de toute beauté et excellentes infrastructures : cet itinéraire vous fait pénétrer dans l'Afrique du Sud des brochures touristiques. On peut l'effectuer en transports publics, mais il est aussi très agréable lors d'un *roadtrip* en voiture.

Passez quelques jours au **Cap** et visitez des sites historiques et culturels : quartier de Bo-Kaap, Zeitz MOCAA et Irma Stern Museum, sans oublier la péninsule du Cap, superbe, avant de gagner les Winelands. Consacrez ensuite un jour ou deux à des dégustations de vin dans les vallées de **Stellenbosch** et **Franschhoek**. Depuis Stellenbosch, empruntez la magnifique R44 jusqu'à **Hermanus**, où vous pourrez observer des baleines franches australes (juin-décembre). Passez la nuit ou déjeunez dans le ravissant village de **Stanford** (XIXe siècle), puis continuez jusqu'au **cap Agulhas**, pointe méridionale de l'Afrique.

Poursuivez votre périple en franchissant le **col de Cogmanskloof**, dans les monts Langeberg, pour rejoindre **Montagu**. Avec ses cottages blanchis à la chaux et ses hébergements rustiques, cette petite ville pittoresque constitue une base idéale pour pratiquer l'escalade et explorer la Robertson Wine Valley. Montagu marque l'entrée du Petit Karoo ; prenez la route 62 qui serpente à travers les montagnes parsemées de fermes et de charmantes localités comme **Calitzdorp**, où l'on produit du porto.

À l'extrémité du Petit Karoo, le **col de Meiringspoort** permet de franchir la chaîne du Swartberg, menant d'Oudtshoorn au Grand Karoo et à **Prince Albert**. Les rues de cette ravissante bourgade du XVIIIe siècle sont bordées de canaux d'irrigation. La N1 voisine vous conduira au Cap. Sinon, revenez vers le sud, par exemple via le **col du Swartberg** (non goudronné) pour rejoindre la station balnéaire de **Wilderness**, dont les plages et les lagunes sont encore relativement sauvages. Sur la Garden Route, en direction de l'est, des forêts anciennes s'élèvent dans les montagnes au-dessus de **Knysna** et de **Plettenberg Bay**, deux autres cités balnéaires propices aux sports nautiques et autres activités.

Enfin, empruntez la route sinueuse qui descend vers le village côtier (et sa plage) de **Nature's Valley**, point d'arrivée de l'Otter Trail. Des itinéraires de randonnée plus courts mènent au **Garden Route National Park** (secteur de Tsitsikamma) voisin.

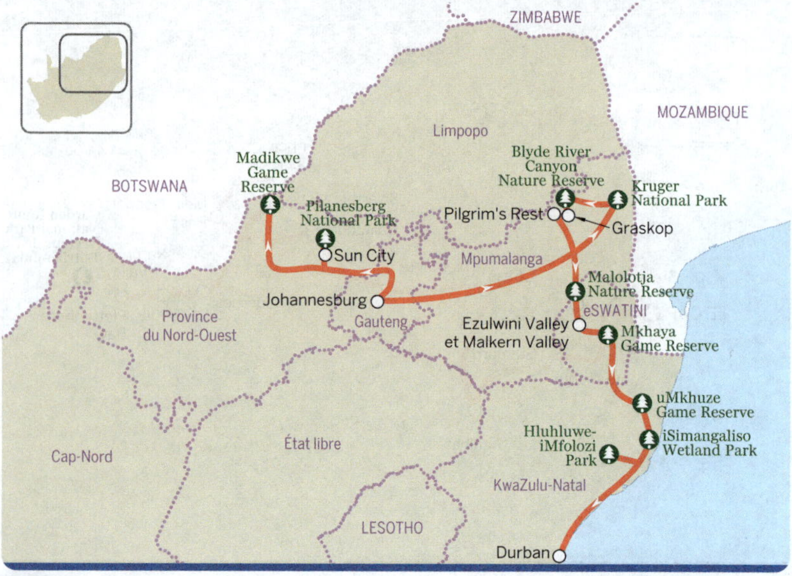

2 SEMAINES

Spécial safari

L'Afrique du Sud est l'une des grandes destinations du continent pour les amateurs de safaris : en deux semaines, il est possible d'explorer plusieurs parcs et réserves, tout en faisant halte dans divers sites emblématiques, comme le spectaculaire Blyde River Canyon.

Depuis l'aéroport international OR Tambo de Johannesburg, partez vers l'est jusqu'au **Kruger National Park**, joyau du pays. Dans ce parc de quelque 20 000 km² et dans les réserves fauniques privées voisines, laissez-vous subjuguer par les animaux au lever et au coucher du soleil. Bordant le sud et le centre du Kruger, la **Blyde River Canyon Nature Reserve** donne sur la rivière qui serpente le long du Grand Escarpement et jusqu'au *lowveld*. Passez la nuit à **Graskop**, bon point de chute pour les activités de plein air et la visite de **Pilgrim's Rest**, village de la ruée vers l'or du XIXe siècle.

Si vous manquez de temps, empruntez la N4 vers l'ouest. Les routes goudronnées du **Pilanesberg National Park**, à 4 heures de route de l'aéroport OR Tambo, permettent d'observer facilement la faune. Séjournez dans un lodge du parc ou un hôtel luxueux de **Sun City**, complexe de loisirs et de casinos. Un peu plus loin, l'exceptionnelle **Madikwe Game Reserve** s'étend sur 760 km², ponctués de lodges cinq étoiles (et d'un écolodge).

Si vous disposez de deux semaines complètes, partez vers le sud jusqu'à la **Malolotja Nature Reserve**, en eSwatini. Là vous attendent 200 km de pistes et sentiers qui traversent prairies et forêts, et longent l'**Ezulwini Valley** et la **Malkerns Valley**. À vous ensuite la **Mkhaya Game Reserve**, perle de l'eSwatini peuplée d'animaux, dont de grands rhinocéros. Parcourez à pied le *bushveld* et le veld lors d'un circuit guidé avant de regagner votre campement dans une forêt fluviale et de déguster une cuisine de brousse.

Empruntez la N2 pour pousser vers le KwaZulu-Natal et découvrir l'**uMkhuze Game Reserve**, aux nombreux arbres à fièvre. À proximité, l'**iSimangaliso Wetland Park**, sillonné de voies navigables, comprend différents écosystèmes sur 200 km, tandis que le **Hluhluwe-iMfolozi Park** est quadrillé d'un superbe réseau de sentiers de randonnée. De là, continuez vers le sud en longeant l'océan Indien jusqu'à **Durban**, ses plages, ses restaurants et ses bars.

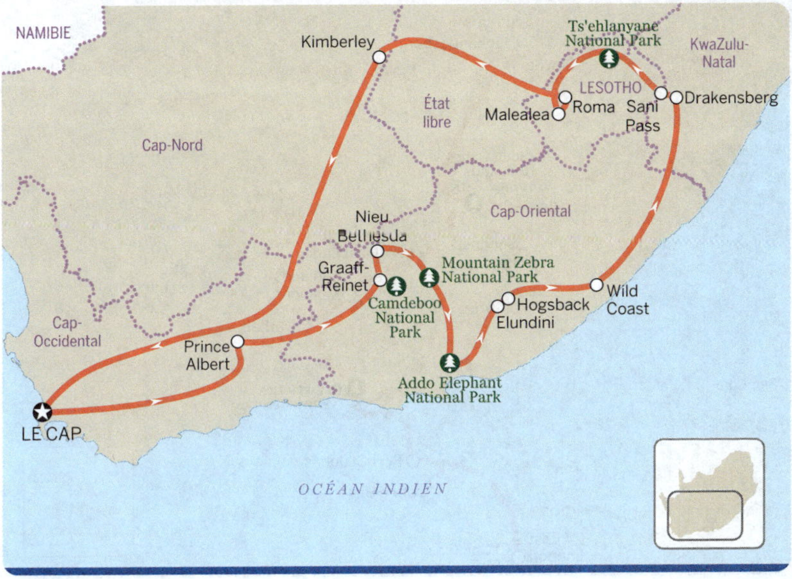

4 SEMAINES

Grand Tour

Cet itinéraire épique couvre la moitié inférieure de l'Afrique du Sud – notamment les plages de la Wild Coast (la "côte sauvage"), le semi-désert du Karoo et les montagnes du Lesotho.

Du **Cap**, prenez la route 62 et traversez l'impressionnant col du Swartberg jusqu'à **Prince Albert**, puis les vastes étendues du Grand Karoo pour atteindre le "joyau du Karoo", **Graaff-Reinet**. Cette ville raffinée, qui remonte à 1786, s'enorgueillit de quelque 220 monuments nationaux. Ne manquez pas le **Camdeboo National Park**, avec ses buffles et son panorama sur les plaines de la "Vallée de la désolation", ainsi que **Nieu Bethesda**, village d'artistes où voir l'Owl House, ornée de sculptures de chouettes. Faites halte au **Mountain Zebra National Park** pour guetter les guépards ou poursuivez tout droit jusqu'à l'**Addo Elephant National Park**, où vous verrez les Big Seven (les Big Five auxquels s'ajoutent les grands requins blancs et les baleines franches australes).

Plus à l'est, faites un détour par les montagnes de l'Amathole et les villages de **Hogsback** et d'**Elundini** connus pour leurs auberges de jeunesse écologiques. Votre séjour dans un *rondavel* (case ronde au toit conique) près d'une plage de la **Wild Coast**, enrichi d'expériences culturelles et d'activités organisées par les habitants, sera l'un des temps forts du parcours. Ensuite, filez vers le nord vers l'emblématique chaîne du **Drakensberg**, verte et dentelée. Le col le plus élevé d'Afrique du Sud, le **col de Sani** (2 876 m), grimpe jusqu'au Lesotho, où vous attend le plus haut pub du continent.

Lors de vos randonnées pédestres ou équestres, vous croiserez des Basotho portant le chapeau conique traditionnel et une couverture de laine colorée. Consacrez quelques jours à ce "royaume dans le ciel", en vous arrêtant dans de beaux lodges comme ceux du **Ts'ehlanyane National Park** et de **Malealea**. Passez une dernière nuit au Lesotho dans la petite ville voisine de **Roma**, ancienne mission du XIXe siècle entourée par des falaises de grès, aujourd'hui siège de l'université nationale du Lesotho.

Franchissez la frontière, traversez l'État libre et rejoignez **Kimberley**. La capitale du Cap-Nord, qui a connu la plus grande ruée vers les diamants du monde, est chargée d'histoire. De là, le *Trans-Karoo Express* vous emmènera au Cap ou à Johannesburg.

3 SEMAINES

Pérégrinations à l'est

Ce grand périple dans l'Est mêle paysages montagneux grandioses et cultures xhosa et zouloue, calme rural et animation citadine.

Après avoir atterri à l'aéroport international OR Tambo, attardez-vous quelques jours à **Johannesburg**, dont le centre-ville est en plein renouveau, avec des enclaves branchées jalonnées de restaurants et de bars. Joignez-vous à une promenade guidée de la ville ou rendez-vous à **Soweto**, l'un des plus célèbres townships d'Afrique du Sud.

Depuis Jo'burg (Jozi), traversez l'État libre et quittez la N3 au niveau de Harrismith pour emprunter la R712, panoramique, en passant par le barrage de Sterkfontein, jusqu'à **Clarens**. Cette grosse bourgade artistique, agrémentée de galeries d'art et d'une microbrasserie, s'inscrit dans un paysage digne des impressionnistes. Au sein du **Golden Gate Highlands National Park** voisin, séjournez dans un chalet et randonnez parmi les affleurements de grès au pied des monts Maluti qui bordent le Lesotho.

À la sortie du parc, le **Sentinel Hiking Trail** permet d'atteindre en une journée le fameux "amphithéâtre" et le Grand Escarpement qui le surplombe. Vous pourrez ensuite marcher un jour ou deux dans le nord du Drakensberg, le long de la Tugela Gorge, dans le **Royal Natal National Park**. Partez ensuite pour l'atmosphère bohème du **Midlands Meander**, des itinéraires ponctués de *guesthouses* et d'ateliers de céramique, puis rejoignez **Durban**, ville réputée pour ses plages et sa cuisine indienne.

Peu avant la frontière du Cap-Oriental, vous arriverez à l'**Oribi Gorge Nature Reserve**, dont les falaises et les forêts peu fréquentées dominent la rivière Umzilkulwana. Éloignez-vous de la N2 pour longer la côte via la région du Pondoland jusqu'à **Port St Johns**, localité décontractée idéale pour découvrir les plages sauvages de la Wild Coast et rencontrer les Xhosa. Les vertes collines parsemées de *rondavels* aux couleurs pastel dominent des routes gravillonneuses desservant des auberges tenues par des communautés locales autour de **Coffee Bay**. Passez la dernière nuit à **Chintsa**, à l'extrémité sud de la Wild Coast, au bord de l'océan Indien. Le lendemain, regagnez Johannesburg ou Le Cap depuis **East London**.

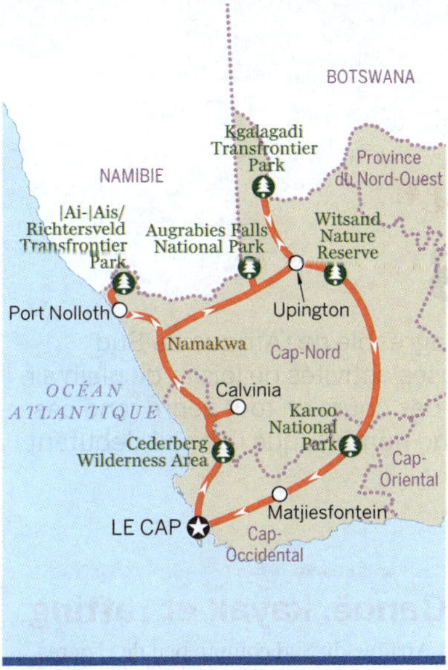

2½ SEMAINES Le Nord-Ouest sauvage

Cet itinéraire englobe les reliefs tourmentés de la vaste province du Cap-Nord, ainsi que les coins les plus sauvages du Cap-Occidental.

Du **Cap**, filez vers le nord jusqu'à la **Cederberg Wilderness Area** et ses formations de grès. Continuez jusqu'à **Calvinia**, avant-poste du Karoo au pied des monts Hantam, avant de suivre la N7 jusqu'au Namakwa, dont les étendues rocheuses se couvrent de fleurs au printemps. **Port Nolloth** se trouve presque au bout de la route. En 4x4, poursuivez jusqu'aux paysages de montagne désertiques de l'**|Ai-|Ais/Richtersveld Transfrontier Park**.

Ralliez à l'est l'**Augrabies Falls National Park**, qui se prête à la randonnée, au rafting et au canoë, puis faites une croisière au coucher du soleil à **Upington**, au fil de l'Orange (Senqu). Repartez ensuite vers le nord à travers le Kalahari jusqu'au **Kgalagadi Transfrontier Park** pour observer les grands fauves, puis redescendez vers la **Witsand Nature Reserve** au paysage semi-désertique. La route qui vous ramènera au Cap traverse le Grand Karoo. En chemin, arrêtez-vous au **Karoo National Park** et dans le village historique de **Matjiesfontein**.

1 SEMAINE Le Cap hors des sentiers battus

Montagnes, culture et vins font du Cap-Occidental une destination de vacances populaire. Ce parcours suggère quelques endroits à l'écart des foules, en plus des grands classiques

Du **Cap**, rejoignez au nord le **West Coast National Park**, où les rives de la lagune de Langebaan se couvrent de fleurs sauvages au printemps. Passez la nuit ici ou à **Paternoster**, dans un décor de cottages blanchis à la chaux et de plages splendides. Dans l'arrière-pays, les domaines viticoles de **Tulbagh** s'inscrivent à l'ombre des montagnes du Witsenberg. Plus loin dans les Winelands, **Franschhoek**, dont le charme européen rappelle le passé huguenot, compte d'autres vignobles. De l'autre côté du col de Franschhoek, le village de **Greyton** abrite des maisons au toit de chaume, des restaurants et la mission morave de Genadendal (XVIIIe siècle), non loin. Le **Boesmanskloof Trail** conduit les randonneurs à **McGregor**, un village new age de la Breede River Valley. De Greyton, regagnez Le Cap via **Hermanus**, l'un des meilleurs sites terrestres pour l'observation des baleines (de juin à décembre). Et terminez votre périple sur la R44, qui passe par **Cape Hangklip** et la **Kogelberg Biosphere Reserve**.

Préparer son voyage

Activités

Les paysages variés et le climat agréable de l'Afrique du Sud sont propices à de très nombreuses activités de loisirs de plein air. La qualité des infrastructures et des cours en tout genre rend ces activités accessibles au plus grand nombre, que l'on soit débutant ou confirmé.

Le top des activités

Que vous aimiez arpenter les grands espaces naturels, guetter les fauves dans le *bushveld* ou lézarder sur la plage, ce pays vous comblera.

Garden Route (p. 153)
Surf, canoë, plongée, *kloofing* (canyoning), équitation, randonnée, etc.

Bloukrans Bridge Bungee (p. 192)
Ce saut à l'élastique, le troisième plus haut du monde, est l'un des frissons que réservent les forêts du Garden Route National Park.

Randonnées (p. 193)
Les marcheurs pourront transporter leur équipement ou opter pour le confort du *slackpacking*.

Kalahari (p. 484)
Dans ce semi-désert, alliez les joies du rafting et du canoë sur le fleuve Orange aux dégustations de vin.

Circuits dans la canopée (p. 69)
Parcourez le "Boomslang" de Kirstenbosch, une passerelle traversant la cime des arbres, les tyroliennes dans le Drakensberg et le *lowveld* du Mpumalanga.

Parapente à Lion's Head (p. 73)
Un vol en tandem du haut du pic surplombant Le Cap jusqu'à la plage en contrebas.

Rappel (p. 57)
La descente de 112 m depuis le sommet de la Table Mountain.

Canoë, kayak et rafting

L'Afrique du Sud compte peu de rivières majeures, mais celles qui sont alimentées toute l'année sont autant de parcours intéressants pour le canoë-kayak ou le rafting. Ce dernier dépend beaucoup des précipitations. Dans la plupart des endroits, la meilleure période se situe de décembre/janvier à avril.

Felix Unite (www.felixunite.com). Sorties sur la Breede et l'Orange (Gariep).

Induna Adventures (www.indunaadventures.com). Rafting et tubing ("geckoing") en eaux vives sur la Sabie.

Kaskazi Kayaks (www.kayak.co.za). Sorties en kayak de mer au Cap.

PaddleYak (www.seakayak.co.za). Kayak de mer : boutique en ligne, infos et circuits.

Swazi Trails (p. 533). Excursions sur le Great Usutu (Lusutfu), en eSwatini, et dans tout le pays.

Escalade

La Table Mountain, le Cederberg, Montagu, le Drakensberg et Waterval Boven (Emgwenya), dans le Mpumalanga, font partie des sites d'escalade les plus intéressants.

Climb ZA (www.climbing.co.za). Actualité, articles, annuaire et forum.

Mountain Club of South Africa (www.mcsa.org.za). Renseignements et liens vers des clubs régionaux.

SA Climbing Info Network (www.saclimb.co.za). Listes d'adresses et photos de voies d'escalade sur parois et sur blocs.

Kloofing (canyoning)

Appelé *kloofing* en Afrique Sud, le canyoning mêle escalade, randonnée, natation et sauts. Il connaît une popularité croissante et on peut le pratiquer du Cap-Occidental au Mpumalanga.

Ce sport comportant des risques, choisissez soigneusement votre prestataire.

Observation de la faune

Les importantes populations de grands mammifères de l'Afrique du Sud et de l'eSwatini attirent des visiteurs du monde entier. Contrairement à bon nombre de pays de la région (le Botswana et la Zambie, par exemple), l'observation reste très accessible grâce à un bon réseau de routes et des hébergements de toutes catégories. Elle coûte aussi moins cher, même s'il existe également des options de luxe.

Observation des baleines

L'Afrique du Sud fait partie des meilleurs endroits de la planète où observer des cétacés depuis la terre ferme. Des points de vue émaillent le littoral sud et ouest, de False Bay à l'iSimangaliso Wetland Park. La ville de Hermanus, où les baleines de Biscaye viennent mettre bas près de la côte, constitue la destination phare.

Des baleines de Biscaye et des baleines à bosse croisent régulièrement au large entre juin-juillet et novembre, rejointes de temps à autre par des rorquals de Bryde et des orques.

Des excursions en bateau à la rencontre de ces mammifères géants ont lieu un peu partout sur les deux côtes, notamment au Cap, à Hermanus, Port Elizabeth et Durban.

Observation des oiseaux

Forte d'une grande diversité d'habitats, l'Afrique du Sud est un paradis pour les ornithologues. Il existe des clubs dans tout le pays. La plupart des parcs et réserves fournissent des listes d'oiseaux et quelques brochures éditées par SANParks (p. 163). Nombre d'entre eux, de même que des hébergements, possèdent des guides de terrain pratiques, mais mieux vaut apporter le vôtre.

Birding Africa (www.birdingafrica.com). Excursions dans les environs du Cap et au-delà pour observer les oiseaux et les fleurs.

BirdLife South Africa (www.birdlife.org.za). Renseignements et liens utiles. Promeut les itinéraires d'avitourisme (écotourisme ornithologique).

Bird-Watch Cape (www.birdwatch.co.za). Ce petit prestataire basé au Cap, à destination des ornithologues amateurs, propose des circuits

LA PLONGÉE EN TOUTE SÉCURITÉ

De nombreuses enseignes de plongée, dont certaines laissent largement à désirer, opèrent sur les sites prisés tels que Sodwana Bay. Au moment de choisir, privilégiez la qualité, quitte à payer plus cher. Plusieurs facteurs sont à prendre en compte : l'expérience et la qualification du prestataire, la compétence et le sérieux du personnel, la réputation de l'établissement, ainsi que le type de matériel utilisé, son état et la fréquence de l'entretien. Assurez-vous que vos interlocuteurs font preuve de professionnalisme et renseignez-vous sur les normes de sécurité – radios, oxygène, procédures d'évacuation d'urgence, fiabilité des bateaux et des moteurs d'appoint, kits de premiers secours, torches de sécurité et gilets de sauvetage. Pour les longues plongées : vous fournit-on un repas énergétique ou seulement du thé et des biscuits ?

Si vous optez pour un centre proposant des cours agréés par la Professional Association of Diving Instructors (www.padi.com), vous aurez l'avantage d'une certification reconnue partout à travers le monde dans les autres centres PADI.

Randonnée à dos de poney au Lesotho (p. 512)

organisés, dont une formule de 17 jours couvrant tout le pays.

Cape Birding Route (www.capebirdingroute.org). Renseignements sur l'ouest de l'Afrique du Sud, de la pointe du Cap au Kalahari.

Limpopo Birding Routes (www.limpopobirding.com). Donne une liste de guides et décrit quatre itinéraires, dont un dans la chaîne du Soutpansberg et la vallée du Limpopo.

Zululand Birding Route (www.zululand-birding-route-info.co.za/routes). Un projet d'avitourisme dans une zone du nord du KwaZulu-Natal où vivent plus de 600 espèces d'oiseaux.

Parapente et ULM

Des conditions météo favorables à l'année, ainsi qu'une profusion de sites élevés, font de l'Afrique du Sud une destination de premier ordre pour s'élancer dans les airs, et cela à un coût plutôt modique ; contactez l'**Aero Club of South Africa** (☎011-082 1100 ; www.aeroclub.org.za).

Le pays figure parmi les destinations de rang mondial où pratiquer le parapente. Lion's Head, au Cap, se prête particulièrement à cette activité, de même que le Cap-Occidental en général. Les ascendances thermiques sont plus puissantes de novembre à avril. En dehors de cette période, on peut se rabattre sur Barberton (Mpumalanga). Pour les pilotes expérimentés, peu de restrictions touchent l'espace aérien et l'on peut effectuer des vols en campagne longue distance. La **South African Hang Gliding & Paragliding Association** (SAHPA ; ☎074-152 2505 ; www.sahpa.co.za) renseigne sur les sites, les écoles et les clubs.

Quant aux vols en ULM, vous trouverez des forums et une liste de terrains d'aviation adaptés sur microlighters.co.za.

Pêche

La pêche en mer doit sa popularité à la présence d'une grande variété d'espèces, imputable aux courants chauds et froids des côtes orientale et occidentale.

La pêche en rivière, en particulier celle de la truite importée, se pratique souvent dans les parcs et les réserves, notamment dans les ruisseaux d'altitude du Drakensberg (autour du village de Rhodes, par exemple). Dullstroom fait figure de capitale de la pêche à la mouche du Highveld, tandis que le Lesotho est une destination prisée des pêcheurs de truites.

Vous pourrez obtenir un permis moyennant quelques rands dans les bureaux des parcs nationaux. Certains magasins et hébergements louent du matériel.

Cape Piscatorial Society (www.piscator.co.za). Permis pour les sites autour du Cap et dans les Winelands.

Sealine (www.sealine.co.za). Forum consacré à la pêche à la ligne et au canotage.

Federation of Southern African Flyfishers (www.fosaf.org.za). Pour tout savoir sur la pêche à la truite en Afrique du Sud.

Wild Trout Association (www.wildtrout.co.za). Association de pêcheurs chevronnés, à Rhodes.

Plongée

La pointe méridionale de l'Afrique se prête à la plongée dans deux océans, Indien et Atlantique. De forts courants et des vents fréquents offrent, sur toute la côte, des conditions à la mesure des plongeurs confirmés. Sodwana Bay, sur l'Elephant Coast (KwaZulu-Natal) est un bon spot pour les débutants. Aliwal Shoal et Port Elizabeth sont également courus.

Conditions Les conditions de plongée varient considérablement d'un endroit à l'autre. La meilleure période sur la côte du KwaZulu-Natal va de mai à septembre, lorsque la visibilité est maximale. À l'ouest, sur le rivage atlantique, l'eau reste froide toute l'année, mais presque toujours propice à la plongée, avec une bonne visibilité, de novembre à janvier-février.

Coût Les prix sont généralement plus avantageux en Afrique du Sud qu'ailleurs en Afrique australe. Comptez au moins 5 000 R pour une formation Open-Water (avec brevet PADI) et à partir de 350 R pour une plongée.

Équipement Maintes villes côtières ont leur lot de spécialistes de la plongée. À l'exception de Sodwana Bay durant les mois les plus chauds (lorsqu'une combinaison de 3 mm suffit), vous aurez besoin d'une combinaison humide de 5 mm au moins sur la plupart des sites et, dans certains endroits au sud et à l'ouest, d'une combinaison étanche.

Randonnée

L'Afrique du Sud est – comme le Lesotho et l'eSwatini – une contrée de choix pour les marcheurs, avec un excellent réseau de sentiers balisés de tous niveaux.

Hébergement Des campings ou de simples cases avec électricité et eau courante jalonnent certains sentiers. Des circuits de *slackpacking* (sans sac à dos), au Cap-Oriental et ailleurs, permettent même de loger à l'hôtel. Réservez très à l'avance.

Circuits guidés Divers parcs, dont le Kruger, organisent des circuits guidés en compagnie de rangers armés, allant des marches de 2 ou 3 heures dans la brousse aux expéditions de plusieurs jours en terrain sauvage. Les parcours couvrent de courtes distances, mais permettent d'approcher la nature de près. De nombreux tour-opérateurs proposent aussi des circuits sur la Wild Coast et dans le Drakensberg – excellent moyen de délaisser les sentiers battus et de découvrir le mode de vie des villages africains.

Randonnées hors sentiers Certains territoires, classés zones protégées, sont ouverts aux randonnées hors sentiers. Au-delà de la suggestion d'itinéraire, vous ne pourrez compter que sur vous-même.

Réglementation Le nombre de randonneurs étant souvent limité, il est indispensable de réserver bien à l'avance. Sur la plupart des longs parcours et dans certaines zones protégées, les visiteurs doivent se réunir par groupes d'au moins trois ou quatre personnes.

Sécurité La question ne se pose guère sur la plupart des circuits, hormis sur les itinéraires longs, où des agressions et des vols ont eu lieu dans des hébergements, ou sur les sentiers bordant la Table Mountain, à proximité de Lion's Head, de Signal Hill et surtout de Devil's Peak. Renseignez-vous auprès d'un club local ou au bureau du parc. Sur les parcours longs et/ou peu fréquentés, déplacez-vous en groupe et n'emportez pas d'objets de valeur. Au Cap, ne vous promenez pas seul, évitez la marche au petit matin, le soir et à d'autres horaires creux. En général, la Table Mountain est plutôt sûre.

Saisons La randonnée peut s'envisager toute l'année, à condition de se préparer aux fortes chaleurs et à l'importante humidité estivales. Dans la moitié nord du pays, la meilleure période s'étend de mars à octobre. La ville du Cap et le Cap-Occidental connaissent un temps frais et sec au printemps (septembre-novembre) et en automne (mars-mai).

Sources d'information

CapeNature (www.capenature.co.za). S'occupe de nombreux sentiers dans le Cap-Occidental.

SANParks (www.sanparks.org). La plupart des sentiers dépendent de SANParks et des diverses autorités forestières. Nombreux renseignements sur leur site.

Ezemvelo KZN Wildlife (www.kznwildlife.com). Gère divers circuits du Drakensberg et de l'Elephant Coast, au KwaZulu-Natal.

Hiking South Africa (www.hikingsouthafrica.co.za). Renseignements, forums et sources d'inspirtaion.

Randonnée à cheval et à poney

Dans les trois pays, on trouve facilement des randonnées à cheval de tous niveaux, de quelques heures à plusieurs jours. Des circuits sont notamment proposés dans certains parcs nationaux sud-africains, dont l'Addo Elephant, le Golden Gate et le Mountain Zebra. En eSwatini, des centres équestres organisent des excursions avec des montures bien équipées dans des lieux comme l'Ezulwini Valley, Malkerns, le Mlilwane Wildlife Sanctuary et la Malolotja Nature Reserve. Enfin, les randonnées à dos de poney (p. 512) sont l'un des attraits majeurs du Lesotho.

Chubeka Trails (www.biggameparks.org/chubeka). Dans le Mlilwane Wildlife Sanctuary.

Haven Horse Safaris (www.havenhotel.co.za). L'un des nombreux prestataires offrant des randonnées sur les plages de la Wild Coast et du Cap-Oriental.

Horizon Horseback Adventures (www.ridinginafrica.com). Dans le Waterberg, au Limpopo.

Khotso Trails (www.khotsotrails.co.za). Dans le Drakensberg Sud, y compris au Lesotho.

Nyanza Farm (www.nyanza.co.sz). Dans la Malkerns Valley (eSwatini).

Surf

C'est en automne et au début de l'hiver (avril-juillet) que les conditions se prêtent le mieux au surf sur les côtes sud et est de l'Afrique du Sud. On peut acheter planches et matériel dans la plupart des grandes villes du littoral. Une planche neuve coûte à partir de 4 500 R environ.

Muizenberg (Le Cap), Jeffrey's Bay et Durban, où cours et locations d'équipements abondent, font partie des bons spots pour débuter.

Wavescape (www.wavescape.co.za). Site consacré aux conditions météo et au surf en général.

Zig Zag (www.zigzag.co.za). Le principal magazine de surf sud-africain.

VTT

Il existe des sentiers accessibles à VTT presque partout dans la région, de la Garden Route au Lesotho. Le Cap est le principal lieu de rendez-vous des amateurs de la discipline.

Bike Hub (www.bikehub.co.za). Articles, petites annonces et forums consacrés au vélo.

Linx Africa (www.linx.co.za/trails/lists/bikelist.html). Liste des sentiers par province.

MTB Routes (www.mtbroutes.co.za). Cartographie plus de 400 sentiers de VTT en Afrique du Sud.

Préparer son voyage

Voyager avec des enfants

Profusion de parcs nationaux, de plages, de piscines et de chemins de randonnée de tous niveaux bien sécurisés, nombreux musées et quelques parcs de loisirs : l'Afrique du Sud a de quoi séduire les enfants petits et grands.

L'Afrique du Sud pour les enfants

Les Sud-Africains se montrent généralement attentifs et accueillants envers les enfants. Ceux-ci susciteront beaucoup d'intérêt, surtout dans les régions rurales et plus traditionnelles.

La topographie accidentée et les infrastructures rudimentaires conviendront mieux aux enfants plus âgés, susceptibles d'apprécier la randonnée à pied ou à cheval dans les montagnes ; la plupart des centres équestres n'acceptent que les enfants de plus de 12 ans.

Avec sa population chaleureuse et son rythme paisible, l'eSwatini est idéal pour les familles, même s'il existe un faible risque de paludisme dans les basses terres.

À ne pas manquer

Plages

Plage n°4 de Clifton, Le Cap (p. 67). S'installer sur cette superbe plage du Cap, au milieu d'une foule multiculturelle, plaira à toute la famille.

Arniston, Cap-Occidental (p. 150). Une plage abritée, avec des grottes et des bassins rocheux, près du point le plus méridional du continent.

Sports nautiques (p. 38). L'Afrique du Sud offre quantité d'options pour les enfants plus âgés :

Le top des régions pour les enfants

Le Cap

Des jardins botaniques, un aquarium, le téléphérique de la Table Mountain, les plages, le marché de Greenmarket Square, des croisières dans le port, toutes sortes d'activités et une ambiance détendue font de la dynamique "cité mère" une destination tout indiquée pour les familles.

Cap-Occidental

Entourant la ville du Cap, le Cap-Occidental possède de bonnes infrastructures et des paysages enchanteurs. Près de la ville, les Winelands abritent de nombreux domaines viticoles, marchés et curiosités adaptés aux enfants. Des endroits comme Mossel Bay et Nature's Valley, sur la Garden Route, se prêtent particulièrement à des vacances en famille, avec de belles plages et pléthore d'activités.

KwaZulu-Natal

Vous trouverez à Durban des plages, l'un des plus grands aquariums du monde et un climat chaud toute l'année. Le littoral de l'océan Indien permet également de nombreuses activités, comme l'observation des baleines ou les safaris en kayak dans l'iSimangaliso Wetland Park. Dans l'arrière-pays, la splendide chaîne du Drakensberg invite à la randonnée et au camping.

surf, plongée, canoë, kayak, bouée nautique (tubing) et rafting.

Jeffrey's Bay, Cap-Oriental (p. 198). L'un des meilleurs spots de surf de la planète.

Équitation

Plage de Noordhoek, Le Cap (p. 57). Une belle escapade à cheval d'une journée, au pied du Chapman's Peak.

Safaris et circuits équestres (p. 42). De nombreux tour-opérateurs proposent ces excursions, notamment dans la chaîne du Waterberg, au Limpopo, et sur la Wild Coast.

Vie sauvage

Kruger National Park (p. 420). Facile d'accès, le Kruger abrite les fameux Big Five et dispose de campements pour les familles.

Pilanesberg National Park, province du Nord-Ouest (p. 468). Conçu pour les week-ends en famille, ce parc proche de Johannesburg (et de Sun City) est exempt de paludisme et sillonné de routes asphaltées.

Addo Elephant National Park, Cap-Oriental (p. 213). Pas de risque de paludisme, et de bonnes chances d'apercevoir des éléphants.

Oudtshoorn, Cap-Occidental (p. 175). Élevage d'autruches et projet de protection des suricates.

Colonies et refuges de manchots. À Boulders Beach (Le Cap), Betty's Bay (Cap-Occidental), Cape St Francis (Cap-Oriental) et Port Elizabeth (Cap-Oriental).

Randonnée

Table Mountain, Le Cap (p. 56). L'ascension de cette montagne enchantera les plus grands.

Royal Natal National Park, KwaZulu-Natal (p. 317). La randonnée et le camping dans les parcs du Drakensberg marqueront les enfants plus âgés et les adolescents.

Hogsback, Cap-Oriental (p. 225). Avec son jardin émaillé d'effigies de fées et ses sentiers faciles, l'endroit plaira aux amoureux de la nature accompagnés de jeunes enfants.

Pratique

Hébergement

- Les chambres d'hôtel et les maisons à louer pour plusieurs personnes sont répandues en Afrique du Sud.
- Offrant à la fois des prix avantageux et un peu d'intimité, le camping et les hébergements indépendants sont pratiques pour les familles.
- Au KwaZulu-Natal, l'Ezemvelo KZN Wildlife (p. 305) propose des logements d'un bon rapport qualité/prix pour les familles, mais des animaux se promènent en toute liberté dans ses parcs.
- Les hébergements SANParks (South Africa National Parks) sont généralement d'excellente qualité, mais coûteux ; il revient souvent moins cher de séjourner à l'extérieur du parc.
- De nombreux lodges en pleine nature n'acceptent pas les moins de 12 ans. Dans les parcs et réserves, le choix se limite donc parfois au camping et aux logements tout équipés.
- De nombreux hôtels et hébergements tout équipés peuvent fournir des lits d'enfant.

Activités

- Les safaris conviennent aux enfants assez âgés pour avoir la patience de rester longtemps assis dans un véhicule ou de guetter les animaux, moins aux petits.
- Les safaris guidés à bord d'un véhicule offrent plus de chances de voir des animaux ; un spécialiste répond aux questions (en anglais) tout en veillant à la sécurité.
- Le Kruger, le Pilanesberg et d'autres parcs proposent des activités pour les enfants.

Garde d'enfants

- Dans les endroits touristiques d'Afrique du Sud, la plupart des hôtels haut de gamme disposent d'un service de baby-sitting.
- De nombreuses stations balnéaires sud-africaines sont dotées d'un club pour enfants et proposent quotidiennement des activités pour les jeunes, surtout en haute saison.

Réductions

- Les enfants bénéficient habituellement d'un tarif réduit dans les parcs nationaux, les musées et autres sites (entrée souvent gratuite pour les moins de 2 ans et tarif réduit pour les adolescents et plus jeunes).
- Beaucoup d'hôtels et de transporteurs pratiquent des réductions pour les enfants.
- Les restaurants proposent souvent des menus enfant ou des portions plus petites, moins chères.

LOIS SUR L'IMMIGRATION

Depuis 2015, tous les moins de 18 ans voyageant en Afrique du Sud sont tenus de présenter, en même temps que leur passeport, une copie intégrale de leur acte de naissance, détaillant la filiation complète des deux parents.

Si un seul des parents (ou aucun) voyage avec un enfant, les nouvelles lois exigent des formalités supplémentaires : l'enfant doit être en possession d'un affidavit (déclaration sous serment) l'autorisant à voyager, parfois d'une ordonnance judiciaire, et, le cas échéant, d'un acte de décès du/des parents. L'affidavit n'est pas requis si un seul parent figure sur l'acte de naissance et que celui-ci voyage avec l'enfant. Selon le ministère de l'Intérieur, ces nouvelles lois visent à lutter contre le trafic d'enfants. Très controversées, elles pourraient être assouplies dans le futur.

Consultez le site de votre consulat, www.dha.gov.za, ou contactez votre compagnie aérienne pour plus d'informations.

Équipements

- Les endroits aménagés pour changer les bébés sont rares en Afrique du Sud, mais les toilettes propres ne manquent pas.

Santé

Voir aussi le chapitre *Santé* (p. 667).

- L'allaitement en public ne choque pas la plupart des Africains, mais dans certains milieux conservateurs, mieux vaut se montrer discrète.
- Il y a de bons services médicaux dans les grandes villes.
- Évitez si possible les hôpitaux publics ; préférez les hôpitaux privés.
- Mediclinic (www.mediclinic.co.za) gère des hôpitaux privés, du Cap jusqu'au Limpopo.
- Au Lesotho et en eSwatini, vous trouverez des services médicaux corrects à Maseru (Lesotho) et Mbabane (eSwatini), mais devrez rejoindre l'Afrique du Sud en cas de problème sérieux.
- Renseignez-vous sur les vaccins plusieurs mois avant votre départ ; certains ne sont pas adaptés aux enfants ou aux femmes enceintes.
- Informez-vous sur les traitements préventifs adaptés aux enfants dans les zones impaludées comme le Kruger National Park, le lowveld et les basses terres d'eSwatini.
- Évitez d'emmener des petits dans des secteurs impaludés ; privilégiez un voyage l'hiver, quand le risque de piqûres de moustiques est plus faible.
- Prévoyez moustiquaires, répulsif et vêtements adéquats.
- Évitez les baignades dans les cours d'eau, en raison du risque de bilharziose.
- Dans les zones touchées par la sécheresse, comme Le Cap, préférez l'eau en bouteille ou traitée à celle du robinet.

Produits pour enfants

- Couches, lait en poudre et nourriture pour bébé sont disponibles partout, sauf dans les régions rurales reculées.
- Au Lesotho et en eSwatini, on peut acheter ces produits à Maseru, Mbabane et Manzini. Par contre, le choix est limité dans les petites villes.
- En dehors des supermarchés des grandes villes, vous trouverez difficilement de la nourriture pour bébé sans sucre ajouté.
- Merry Pop Ins (www.facebook.com/merrypopinsforkids), dans le centre du Cap, vend des vêtements et équipements d'occasion pour les enfants de 0 à 12 ans.

Transports

- La plupart des agences de location de voitures peuvent fournir des sièges pour enfant ; vous devrez le demander à l'avance et probablement payer un supplément.
- Les distances pouvant être importantes (12 heures de bus entre Le Cap et Port Elizabeth), essayez si possible d'échelonner les trajets.
- Les trains de classe touristique avec compartiments-couchettes privés, comme le *Trans-Karoo Express* entre Johannesburg et Le Cap (27 heures), sont spacieux et disposent d'une voiture-restaurant.

Les régions en un clin d'œil

Les régions du Cap et du Cap-Occidental, dotées de bonnes infrastructures, attirent les visiteurs venus admirer leurs paysages enchanteurs et profiter des nombreuses activités possibles – côté plages, côté montagnes et côté terroir (dégustations de vin, entre autres). Pour découvrir d'immenses étendues sauvages et la faune des parcs, extrêmement riche, rejoignez le Cap-Nord et la province du Nord-Ouest.

Surfeurs, randonneurs et passionnés de culture africaine seront séduits par le Cap-Oriental, qui borde le royaume montagneux du Lesotho et l'État libre. Là, des champs dorés et de grands espaces conduisent à la chaîne du Drakensberg, qui s'étire jusqu'au KwaZulu-Natal, où des plages, des réserves fauniques et le Zoulouland s'étendent vers le nord depuis Durban.

Au nord-est, l'eSwatini est réputé pour ses remarquables parcs et réserves, tandis que le Mpumalanga est un territoire propice aux activités de plein air dans le *lowveld* (bas veld) et la chaîne du Drakensberg. De son côté, le Gauteng est en quelque sorte le cœur urbain de l'Afrique du Sud, avec les villes de Johannesburg et de Pretoria. Repaire des Big Five, le Kruger National Park est le joyau de la région – et du pays. Enfin, le Limpopo se distingue par la diversité de ses paysages et la riche culture venda.

Le Cap

Activités de plein air
Cuisine
Achats

Randonnée en montagne

Son parc national montagneux et la proximité de l'océan et des plages font du Cap une destination de choix pour la randonnée, au gré des sentiers de la montagne de la Table. Une balade sur la promenade de Sea Point, dominée par les sommets de la "cité mère" est un pur plaisir. Mais on peut aussi faire du kitesurf, de l'escalade et du parapente.

Cuisine variée

La population multi-ethnique du Cap est à l'origine de traditions culinaires variées : poissons et viandes cuits sur un *braai* (barbecue), curries malais du quartier de Bo-Kaap, spécialités xhosa des townships et mets gastronomiques des restaurants haut de gamme.

Artisanat contemporain

La ville, Capitale mondiale du design 2014, déborde de créativité. À découvrir dans les grands magasins et les marchés d'artisanat du Cap.

p. 52

Cap-Occidental

Cuisine et vins
Activités de plein air
Sports d'aventure

Dégustation de vin

Les Winelands, autour de Stellenbosch, Franshhoek et Paarl, sont réputés pour leurs domaines viticoles. Les curieux pourront aussi explorer d'autres régions viticoles aux productions plus confidentielles, telles que Wellington, Stanford, Tulbagh et Robertson.

Randonnée

Parmi les circuits les plus longs figurent l'Oystercatcher Trail (4-5 jours), le Whale Trail (5 jours) dans la De Hoop Nature Reserve, et le Greyton-McGregor Boesmanskloof Trail. Des randonnées plus courtes permettent d'explorer la brousse, dans les environs de Swellendam, et des étendues sauvages comme le Cederberg.

Sports nautiques

Plages et lagunes de la Garden Route sont propices à la pratique de nombreux sports et activités nautiques : surf, canoë et plongée. À Gansbaai, les plus courageux s'adonnent à la plongée en cage parmi les requins.

p. 114

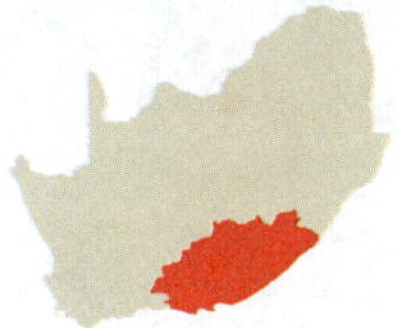

Cap-Oriental

Randonnée
Nature et paysage
Vie sauvage

Au gré des sentiers

L'Otter Trail, le Dolphin Trail et le Tsitsikamma Mountain Trail sillonnent le Garden Route National Park (secteur de Tsitsikamma). Des sentiers serpentent le long de la Wild Coast, et l'Amathole Trail grimpe à travers des forêts, des cascades et des bassins pour se baigner.

Plages

La magnifique Wild Coast est bordée de plages désertes et jalonnée de lodges empreints de culture xhosa. Les plages de Jeffrey's Bay sont appréciées des surfeurs, et des forêts surplombent les dunes de Nature's Valley.

Diversité de la faune

L'Addo Elephant National Park est l'un des rares endroits qui sert d'habitat aux Big Seven. Les réserves privées voisines permettent une observation optimale des Big Five. Quant au Mountain Zebra National Park, on y profite de magnifiques vues sur le Karoo, et on peut y voir des zèbres de montagne du Cap et des guépards.

p. 189

KwaZulu-Natal

Vie sauvage
Culture
Activités

Faune tropicale

Dotée d'un climat tropical humide, l'Elephant Coast, dans le nord du KwaZulu-Natal, compte trois des plus beaux parcs naturels sud-africains l'iSimangaliso Wetland Park, la Mkhuze Game Reserve et le Hluhluwe-iMfolozi Park, où l'on peut observer les Big Five avec, en toile de fond, la savane et le lac St Lucia.

Culture zouloue

Eshowe et Ulundi sont les capitales de la culture zouloue, et le Shakaland, un village culturel reconstitué consacré à ce peuple et à ses traditions. Trois grands événements ont lieu en septembre-octobre, dont la fameuse danse des roseaux (ou *umhlanga*). À Durban, constituent un précieux témoignage sur la culture zouloue traditionnelle.

Sports nautiques

Sur la côte sud, Umkomaas et Shelly Beach sont de hauts lieux de la plongée. Diverses activités sont proposées sur le front de mer de Durban : surf, plongée, pêche et safaris en mer.

p. 252

État libre

Paysages
Escapades tranquilles
Randonnée

Montagnes

Les Eastern Highlands (hauts plateaux de l'Est) permettent de jouir d'un panorama fabuleux sur le Drakensberg et les monts Maluti. Adossée au Lesotho, cette région est sillonnée par l'une des plus belles routes panoramiques d'Afrique, qui traverse Clarens et le Golden Gate Highlands National Park.

Atmosphère rustique

Détendez-vous dans cette province rurale paisible. En filant sur des pistes poussiéreuses, entre des champs dorés, vous dépasserez de vieux *bakkies* (pick-up) et des maisons sotho délabrées.

Sentiers de randonnée

De nombreux chemins de randonnée, comme le Rhebok Hiking Trail, traversent le Golden Gate Highlands National Park, ponctué de vues superbes sur le Drakensberg et les monts Maluti. Ne manquez pas le Sentinel Hiking Trail – magnifique randonnée à la journée–, qui grimpe vers le Drakensberg.

p. 325

Johannesburg et Gauteng

Histoire
Visites guidées
Culture

Histoire de l'apartheid

L'Apartheid Museum retrace la période de ségrégation qui prit fin avec l'accession à la présidence de la république de Nelson Mandela. Le quartier de Constitution Hill évoque à la fois l'apartheid et la démocratie d'aujourd'hui. Soweto demeure un symbole de la lutte anti-apartheid. À Pretoria, le Freedom Park fait face au Voortrekker Monument.

Promenades guidées

Les circuits à pied dans le centre donnent un aperçu du renouveau urbain qui a transformé des quartiers jadis malfamés. À Soweto, allez à la rencontre des habitants des townships, à pied, à vélo ou en *tuk-tuk*.

Art et design

Œuvres d'art local et vêtements originaux sont à dénicher dans les boutiques de Maboneng Precinct, Braamfontein et Newtown. Ne manquez pas le parc de sculptures de la Nirox Foundation, dans le Cradle of Humankind (Berceau de l'humanité).

p. 345

Mpumalanga

Paysages
Activités
Escapades historiques

Merveilles naturelles

Le Blyde River Canyon (troisième plus grand canyon du monde) est la perle du Mpumalanga, et l'un des plus beaux sites naturels du pays.

Sports d'aventure

L'un des plus hauts sauts à l'élastique du monde vous attend dans une gorge de Graskop. À Sabie, faites du *kloofing* (canyoning), de la spéléologie à la bougie, du tubing, et de la descente en rappel de cascades. Waterval Boven (Emgwenya) est parfait pour l'escalade, tandis que Barberton se prête aux circuits en 4x4 et aux itinéraires géologiques. Pour le rafting et la tyrolienne, direction Hazyview.

Cités historiques

Pilgrim's Rest est une bourgade de la ruée vers l'or. De l'autre côté du col du Long Tom, Lydenburg (Mashishing) a un musée captivant. Barberton, autre petite ville de la ruée vers l'or, accueillait jadis la première Bourse du pays.

p. 397

Kruger National Park

Vie sauvage
Paysages
Activités

Big Five
Avec quelque 148 espèces de mammifères, dont plus de 1 600 lions, 13 000 éléphants, 37 000 buffles et 1 000 léopards, ainsi que des rhinocéros menacés, le Kruger est sans conteste l'un des plus beaux parcs de toute l'Afrique pour admirer les Big Five dans leur élément.

Nature
Le parc Kruger est un territoire immense (sa taille équivaut à celle de la Belgique) à la grande diversité de paysages. Là, vous pourrez profiter de la nature dans toute sa splendeur en partant en excursion dans le bush, ou en le visitant en période creuse (de mi-janvier à mars, par exemple).

Randonnée
Les marches de 3-4 heures dans le bush en compagnie de rangers armés ou des randonnées de 4 jours en pleine nature, dans des endroits inaccessibles en voiture, vous laisseront des souvenirs inoubliables.

p. 419

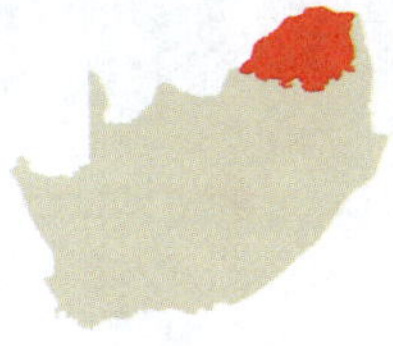

Limpopo

Art et artisanat
Diversité des milieux
Culture africaine

Visites d'ateliers
Les artisans du pays Venda, des sculpteurs sur bois aux potiers, sont réputés dans tout le pays ; visitez leurs ateliers et craquez pour des objets originaux. Plus au sud, Kaross produit des broderies réalisées par des artisanes shangaan, et Phalaborwa, à l'est, de belles poteries ornées de motifs traditionnels des Tsonga et des Pedi

Escapades en montagne
Grimpez à Haenertsburg et au col de Magoebaskloof, où plantations de pins et cascades offrent une fraîcheur bienvenue. Dans la Modjadji Nature Reserve, la brume enveloppe les cycadées et les Bolobedu Mountains en été.

Sites anciens
Le Mapungubwe National Park, classé au patrimoine mondial de l'Unesco englobe un site majeur de l'âge du fer. Le pays Venda et la ville de GaModjadji, résidence des reines de la Pluie, conservent une culture africaine dynamique.

p. 438

Province du Nord-Ouest

Vie sauvage
Luxe
Activités

Faune accessible
Couvrant au total plus de 1 000 km² de *bushveld* (veld arbustif) où évoluent les Big Five, le Pilanesberg National Park est parcouru par des routes goudronnées aux abords du complexe clinquant de Sun City. Les luxueux lodges de la Madikwe Game Reserve organisent des safaris.

Hébergements
Les hôtels au luxe tape-à-l'œil de Sun City semblent tout droit sortis de Las Vegas. Les lodges cinq étoiles de Madikwe permettent d'observer la faune dans un cadre somptueux.

Loisirs en famille
Bassins, piscines à vagues et toboggans du très kitsch complexe de loisirs de Sun City font le bonheur des enfants. Les plus actifs pourront explorer le parc naturel de Pilanesberg. Quant au Magaliesberg, il est doté d'un téléphérique qui mène au sommet de ce massif, et l'on peut y effectuer des circuits en tyrolienne dans la canopée.

p. 463

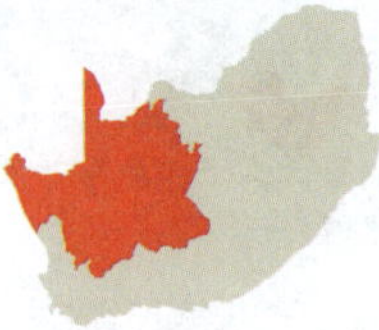

Cap-Nord

Nature à l'infini
Vie sauvage
Activités

Semi-déserts

La province la plus dépaysante du pays couvre des terres arides et crevassées. Le Karoo est jalonné de bourgades et de petites cités séduisantes, telles Sutherland et Calvinia. Plus au nord, les dunes du Kalahari et les étendues rocheuses du Namakwa, qui englobent les vastes parcs transfrontaliers de Kgalagadi et du |Ai-|Ais/Richtersveld, sont le domaine d'une nature magnifique et indomptée.

Grands félins

Le Kgalagadi Transfrontier Park est l'un des meilleurs endroits au monde pour admirer des félins.

Sports d'aventure

Rafting et canoë sur le fleuve Orange (Senqu), sorties en 4x4 aux environs de Riemvasmaak et dans les parcs transfrontaliers, safaris en voiture ou à pied, *sandboard* et VTT dans la Witsand Nature Reserve sont au programme.

p. 474

Lesotho

Aventure
Artisanat
Nature

Comptoirs marchands

Les lodges de Malealea, de Semonkong, de Ramabanta et de Roma, anciens comptoirs commerçants à flanc de montagne, séduiront les amateurs d'aventure. De superbes randonnées vont de pair avec des excursions à cheval, sans oublier la descente en rappel des Maletsunyane Falls, à Semonkong.

Couvertures

La culture et les traditions des Basotho existent depuis des siècles, tout comme leurs techniques d'artisanat. Vous trouverez des couvertures typiques dans les villages des basses terres Teyateyaneng (TY), Leribe, Thaba-Bosiu et Morija.

Parcs nationaux

Les parcs nationaux du Lesotho sont des trésors méconnus : le Ts'ehlanyane est devenu l'un des emblèmes du pays, et l'on peut y séjourner au Maliba Lodge. D'autres splendeurs naturelles vous attendent à Bokong et au Sehlathebethebe.

p. 502

eSwatini

Artisanat
Parcs et réserves
Culture swazi

Marchés

Les marchands d'artisanat et de textiles du marché de Manzini forment une foule bigarrée, composée de vendeurs venus de la campagne ou mozambicains. Les vallées voisines de l'Ezulwini et de Malkerns sont réputées pour leurs marchés d'artisanat emplis d'articles originaux, des bougies en forme d'animaux aux batiks ornés de motifs contemporains.

Activités

Les parcs et réserves d'eSwatini sont propices aux virées en pleine nature. Outre profiter de l'atmosphère de brousse et de la faune, on peut faire de la randonnée et des circuits dans la canopée dans la Malolotja Nature Reserve, ou partir en expédition à pied, à VTT ou à cheval dans le Mlilwane Wildlife Sanctuary.

Fêtes

Les cérémonies traditionnelles swazi sont réputées, notamment la danse de l'*umhlanga* (danse des roseaux) et le Buganu (Marula) Festival.

p. 528

Sur la route

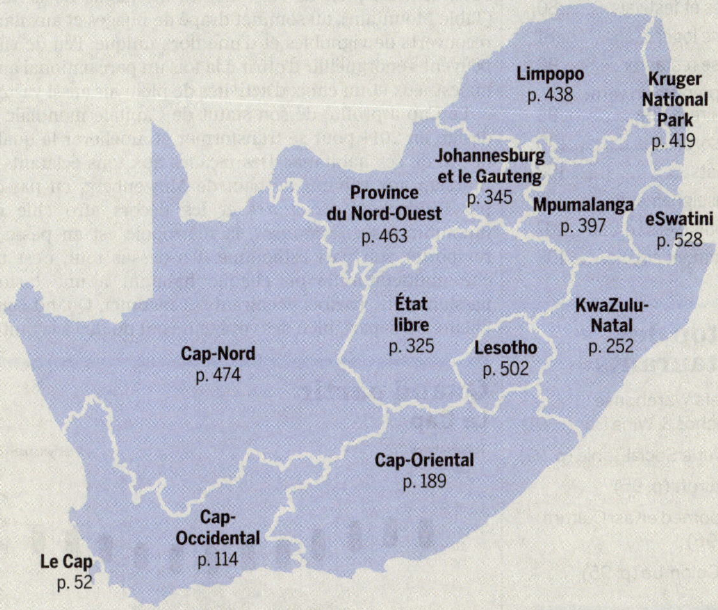

Limpopo
p. 438
Kruger National Park
p. 419
Johannesburg et le Gauteng
p. 345
Province du Nord-Ouest
p. 463
Mpumalanga
p. 397
eSwatini
p. 528
État libre
p. 325
KwaZulu-Natal
p. 252
Lesotho
p. 502
Cap-Nord
p. 474
Cap-Oriental
p. 189
Cap-Occidental
p. 114
Le Cap
p. 52

Le Cap

Dans ce chapitre ➡

Le top des restaurants

- Chefs Warehouse Pinchos & Wine Bar (p. 91)
- Reverie Social Table (p. 92)
- Foxcroft (p. 95)
- 4Roomed eKasi Culture (p. 96)
- La Colombe (p. 95)

Le top des hébergements

- Tintswalo Atlantic (p. 89)
- Mannabay (p. 87)
- Backpack (p. 83)
- La Grenadine (p. 86)

Pourquoi y aller

Surnommé "mother city" ("cité mère"), en raison de son rôle historique dans le développement de l'Afrique du Sud moderne, Le Cap (Cape Town) et ses plages dorées s'étendent au pied de l'envoûtante montagne de la Table (Table Mountain), au sommet drapé de nuages et aux flancs recouverts de vignobles et d'une flore unique. Peu de villes peuvent s'enorgueillir d'offrir à la fois un parc national aussi majestueux et un choix d'activités de plein air aussi vaste.

Le Cap a profité de son statut de Capitale mondiale du design en 2014 pour se transformer et améliorer la qualité de vie de ses habitants. Des façades aux tons éclatants de Bo-Kaap aux cabines de bain de Muizenberg, en passant par l'audacieux *street art* et les décors afro chic des innombrables *guesthouses*, la métropole est en passe de remporter son pari esthétique. Par-dessus tout, c'est une cité multiculturelle où chaque habitant a une histoire passionnante, parfois déchirante, à raconter. Quand sonne l'heure du départ, bien des voyageurs ont du mal à la quitter.

Quand partir

Le Cap

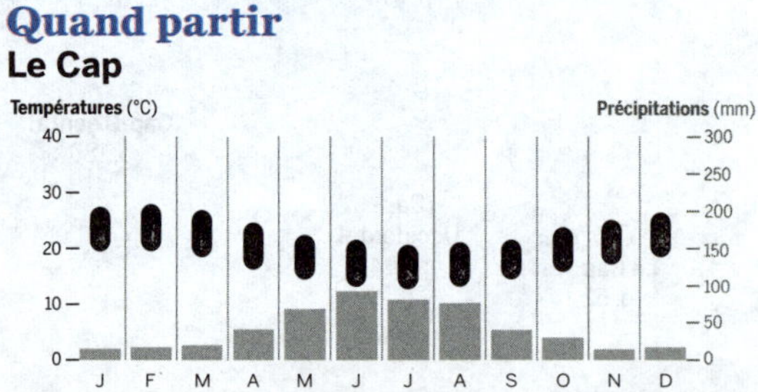

Déc-fév Haute saison d'été : le temps est chaud et sec, les festivals animés.

Mars-avr Couleurs automnales et festivals. Forte affluence à Pâques.

Oct-nov Les fleurs s'épanouissent et la saison des Kirstenbosch Summer Sunset Concerts débute.

Histoire

Respectivement baptisés Bochimans (Bushmen) et Hottentots par les Européens, les San et les Khoikhoi – ethnies réunies sous la dénomination de Khoisan (ou Khoe-San) – vivaient dans la région du Cap bien avant que la Compagnie des Indes orientales (Vereenigde Oost-Indische Compagnie, ou VOC) ne s'y implante, en 1652. Leurs relations avec les Hollandais se révélèrent plutôt conflictuelles, mais la VOC interdisit strictement de réduire les ethnies locales en esclavage. Les représentants de la Compagnie firent donc venir des esclaves de Madagascar, d'Inde, de Ceylan, de Malaisie et d'Indonésie pour compenser la pénurie de main-d'œuvre. La colonie manquant également de femmes, les femmes esclaves et khoisan furent exploitées sexuellement par les Européens, tandis que les esclaves se mêlaient aux Khoisan : les enfants issus de ces unions sont les ancêtres de la population métisse (*coloured*) actuelle, dont fait partie le groupe des musulmans du Cap.

Pendant les 150 ans de domination hollandaise, la colonie prospéra sous le nom de Kaapstad. Surnommée la "Taverne des Mers", elle fut un port très fréquenté, où faisaient escale les marins qui naviguaient entre l'Europe et l'Orient. En 1806, la victoire des Britanniques à Bloubergstrand, à 25 km au nord de la ville, sonna le glas de la suprématie des Hollandais, qui cédèrent définitivement Le Cap et son territoire à la Grande-Bretagne le 13 août 1814. La traite des esclaves fut abolie en 1808, la colonie continua de prospérer et tous les esclaves furent affranchis en 1833.

Dans les années 1870-1880, la découverte et l'exploitation de gisements de diamants et d'or dans le centre de l'Afrique du Sud entraînèrent de rapides changements. Le Cap cessa d'être la seule métropole dominante du pays, mais son statut de port majeur lui permit de profiter des richesses minières, puis de l'industrialisation. Cette prospérité inspira les rêves impérialistes de Cecil John Rhodes (Premier ministre de la colonie du Cap de 1890 à 1896), qui avait fait fortune à la tête de la De Beers Consolidated Mines Company.

En 1901, le gouvernement profita d'un début d'épidémie de peste bubonique – attribuée aux travailleurs africains noirs, alors qu'elle était arrivée d'Argentine par

LE CAP EN...

Deux jours

Commencez par prendre le téléphérique jusqu'au sommet de la **Table Mountain** (p. 56). Revenez ensuite en ville, flânez dans les **Company's Garden** (p. 61), et faites un saut à la **South African National Gallery** (p. 63) pour admirer la dernière exposition. Faites provision de souvenirs au **Watershed** (p. 104), puis rejoignez **Long St** ou **Bree Street** pour terminer la soirée autour d'un verre.

Le deuxième jour, partez explorer l'extrémité sud de la péninsule du Cap, en commençant par le superbe **cap de Bonne-Espérance** (p. 71). Allez ensuite saluer l'aimable colonie de manchots de **Boulders** (p. 71), et visitez la charmante **Simon's Town**, ainsi que **Kalk Bay**, renommée pour son port de pêche et ses boutiques pittoresques. Là, vous pourrez déjeuner à l'**Olympia Café & Deli** (p. 95) ou au **Live Bait** (p. 96), près du port. Revenez vers la ville par la côte atlantique et **Chapman's Peak Drive** (p. 78).

Quatre jours

Flânez un peu dans le **District Six Museum** (p. 61), puis consacrez la matinée à un **circuit des townships** (p. 74). Dans l'après-midi, prenez un ferry pour **Robben Island** (p. 66). Au retour, attardez-vous dans **V&A Waterfront** (p. 65) pour un verre au coucher du soleil.

Le quatrième jour, prenez la route de **Groot Constantia** (p. 67) pour une dégustation de vins, suivie d'une promenade dans les **Kirstenbosch Botanical Garden** (p. 69), avec une pause thé dans les magnifiques jardins ou le **Rhodes Memorial** (p. 71), voisin, qui offre un panorama impressionnant sur les Cape Flats. Terminez votre séjour au Cap par un repas mémorable à **La Colombe** (p. 95).

À ne pas manquer

1. L'ascension de la magnifique **Table Mountain** (p. 56) en téléphérique pour admirer la vue sur la ville.

2. Une rencontre avec le passé et le présent de l'Afrique du Sud à **Robben Island** (p. 66), ancienne prison à la sombre réputation.

3. Le quartier de **City Bowl** (le centre-ville, p. 57), ses musées, le Company's Garden, et sa superbe architecture victorienne et Art déco.

4. La péninsule au sud, avec ses grands espaces, sa faune, ses plages désertes et sa spectaculaire pointe déchiquetée : le **cap de Bonne-Espérance** (Cape of Good Hope, p. 71).

5 Une promenade dans le **Kirstenbosch National Botanical Garden** (p. 69), jardin botanique à flanc de montagne, pour découvrir le royaume floral du Cap (Cape Floral Kingdom).

6 Les boutiques, les restaurants, les croisières dans le port et l'atmosphère de fête foraine du **V&A Waterfront** (p. 65).

7 La photogénique **colonie de manchots de Boulders** (p. 71) et ses oiseaux stars qui se dandinent sur la plage.

bateau – pour introduire la ségrégation raciale : les Africains noirs furent relégués près des docks et à Ndabeni, sur le flanc est de la Table Mountain (montagne de la Table). Cette décision fut le prélude au développement des townships des "Cape Flats" (espaces plats et poussiéreux).

Sous l'apartheid, qui toucha aussi durement Le Cap que le reste du pays, les townships se développèrent et Nelson Mandela passa 18 ans sur Robben Island, de 1964 à 1982, puis dans un pénitentier des environs du Cap de 1982 à 1988. Sa libération le 11 février 1990, alors qu'il était placé en résidence surveillée à 75 km de la ville depuis 1988, marqua la naissance d'une Afrique du Sud démocratique. Dans la période post-apartheid, Le Cap, dirigé non pas par l'African National Congress (ANC ; Congrès national africain), comme le reste du pays, mais par le parti d'opposition de la Democratic Alliance (DA ; Alliance démocratique), resta indépendant politiquement.

La sécheresse persistante à laquelle elle a du faire face de 2015 à 2018 l'a rendue très résiliente face aux pénuries d'eau.

À voir

La montagne de la Table (Table Mountain, voir l'encadré ci-dessous), site phare du Cap, est visible et accessible depuis de nombreux points de la péninsule. La plupart des visiteurs prennent toutefois le téléphérique à Oranjezicht, sur le versant nord de la montagne.

Le V&A Waterfront (p. 65), zone dynamique qui regroupe boutiques, restaurants et divertissements autour d'un port en activité, reste la destination touristique numéro 1 de la ville. Le nouveau Zeitz MOCAA Museum (p. 66) attire les amateurs

LA MONTAGNE DE LA TABLE

Montagne au sommet plat âgée de quelque 600 millions d'années, culminant à 1 088 m et animée par la riche diversité du "royaume floral du Cap", la **Table Montain** (carte p. 70 ; www.sanparks.org/parks/table_mountain) est un véritable symbole. On peut admirer cette star du **Table Mountain National Park** (carte p. 70 ; ☎021-712 7471 ; www.sanparks.org/parks/table_mountain/) sous différents angles, mais un séjour au Cap n'est pas complet sans une ascension de son sommet.

Table Mountain Aerial Cableway

La question ne se pose pas : si vous êtes au Cap, vous devez prendre le **téléphérique** (carte p. 70 ; ☎021-424 8181 ; www.tablemountain.net ; Tafelberg Rd, Table Mountain ; aller simple/aller-retour matin 8h-13h adulte 210/390 R, enfant 110/190 R, après-midi 13h-fermeture adulte 210/320 R, enfant 110/160 R ; ⌚8h30-18h mi-jan à mi-déc, 8h-21h30 mi-déc à mi-jan, horaires variables selon les semaines ; 🚌Lower Cable Car) pour la montagne de la Table. La vue, à la fois depuis la cabine tournante et depuis le sommet, est phénoménale. Arrivé en haut, on trouve des boutiques de souvenirs, un bon café et quelques itinéraires de promenade faciles.

Le téléphérique part toutes les 10 minutes en haute saison (décembre-février) et toutes les 15-20 minutes le reste de l'année, sauf s'il y a trop de vent (vérifiez en ligne ou par téléphone s'il est en service). Il n'est par ailleurs pas très intéressant de gagner le sommet lorsque la "table" est couverte d'une "nappe" de nuages ; la visibilité et les conditions sont généralement meilleures très tôt le matin ou le soir. Attendez-vous à de longues queues ; il n'est pas rare de devoir patienter plus d'une heure pour monter à bord.

Ascension

En 1503, le navigateur portugais António de Saldanha devint le premier Européen à gravir la montagne, qu'il baptisa "Taboa do Cabo", la "Table du Cap" (les Khoisan, les habitants d'origine du Cap, l'appelaient "Hoerikwaggo", qui signifie "montagne de la Mer"). Depuis lors, les grimpeurs s'y succèdent. Différents itinéraires permettent de gagner le sommet depuis Gardens, mais aucun n'est aisé. Celui de **Platteklip Gorge** (3 km), accessible depuis Tafelberg Rd, a au moins l'avantage d'être direct. À allure régulière, comptez environ 2 heures 30 pour atteindre la station supérieure du téléphérique. Notez que le chemin est d'art et c'est de là que partent les ferries pour Robben Island (p. 66), site classé au patrimoine mondial de l'Unesco.

À City Bowl et dans ses environs, les principaux points d'intérêt sont les maisons colorées de Bo-Kaap, le verdoyant Company's Garden (p. 61), les fortifications du Castle of Good Hope (p. 57) et le District Six Museum (p. 61), qui permet d'appréhender l'impact de l'apartheid sur la ville.

Plus au sud sur le versant est de la Table Mountain, on découvre le Kirstenbosch National Botanical Garden (p. 69), superbement entretenu, et les vignobles historiques de Constantia. Encore plus au sud, ne manquez pas le charmant village de pêcheurs et repaire d'artistes de Kalk Bay (p. 73), la base navale de Simon's Town et les majestueux grands espaces du cap de Bonne-Espérance (Cape of Good Hope, p. 71).

En remontant le côté ouest de la péninsule, vous croiserez la vaste **plage de Noordhoek** (Beach Rd, Noordhoek), dominée par l'impressionnante Chapman's Peak Drive. Plusieurs autres belles plages sont à découvrir à **Sandy Bay** (Llandudno ; Llandudno), **Camps Bay** (carte p. 70 ; Victoria Rd ; Camps Bay) et Clifton (p. 67), entre autres.

City Bowl et alentour

Castle of Good Hope MUSÉE

(château de Bonne-Espérance ; carte p. 58 ; 021-787 1249 ; www.castleofgoodhope.co.za ; angle Castle St et Darling St, City Bowl, entrée dans Buitenkant St ; adulte/enfant 50/25 R ; 9h-17h ; P ; Castle). Érigé entre 1666 et 1679 par les Hollandais pour défendre la ville, le château de Bonne-Espérance, un fort de forme pentagonale, abrite encore aujourd'hui

très escarpé et exposé au soleil : entreprenez l'ascension le plus tôt possible et emportez beaucoup d'eau et de la crème solaire.

Au sommet

Des sentiers bétonnés relient la station supérieure du téléphérique à un restaurant, une boutique et plusieurs terrasses. Ils sont suffisamment faciles pour être parcourus sans guide. Vous apercevrez peut-être un *dassie* (daman du Cap), un grand rongeur indigène qui – croyez-le ou non – est apparenté à l'éléphant ! Organisées gratuitement par des guides bénévoles, des randonnées traversant le plateau de la montagne de la Table partent quotidiennement à 10h et à midi depuis la station supérieure du téléphérique.

Pour atteindre le point culminant (1 088 m), il vous faudra encore parcourir quelque 5 km jusqu'au **Maclear's Beacon**, ce qui devrait prendre 1 heure aller-retour. Ne vous attaquez pas à cet itinéraire s'il y a des nuages bas ou de la brume sur la montagne, car il est facile de se perdre.

À savoir

- On peut acheter ses billets en ligne (recommandé) dès 7h30 pour accéder au téléphérique, et ce avant l'ouverture de la billetterie à 8h. Ils sont valables 7 jours après l'achat.
- Des bus MyCiTi (p. 112) s'arrêtent à la Lower Cable Station (station inférieure), d'où vous pouvez prendre le Table Mountain Aerial Cableway jusqu'au sommet.
- Près de la station supérieure du téléphérique, le **Table Mountain Café** (carte p. 70 ; 021-424 0015 ; www.tablemountain.net ; Table Mountain ; plats 35-95 R ; 9h-30 min avant la descente du dernier téléphérique ; Upper Cable Station) propose de savoureux repas et plats de traiteur, du bon café, du vin et de la bière (dans des assiettes et autres contenants compostables).
- La descente en rappel depuis le sommet de la montagne de la Table (112 m) avec **Abseil Africa** (carte p. 58 ; 072-065 1520 ; abseilafrica.co.za ; 297 Long St ; descente rappel et remontée en randonnée 1/2 pers 500/800 R ; Upper Long/Upper Loop) est synonyme de sensations fortes (sujets au vertige s'abstenir !). Prenez votre temps pour apprécier la vue, à couper le souffle. Le prestataire propose aussi des sorties canyonning (850 R).

City Bowl et ses environs

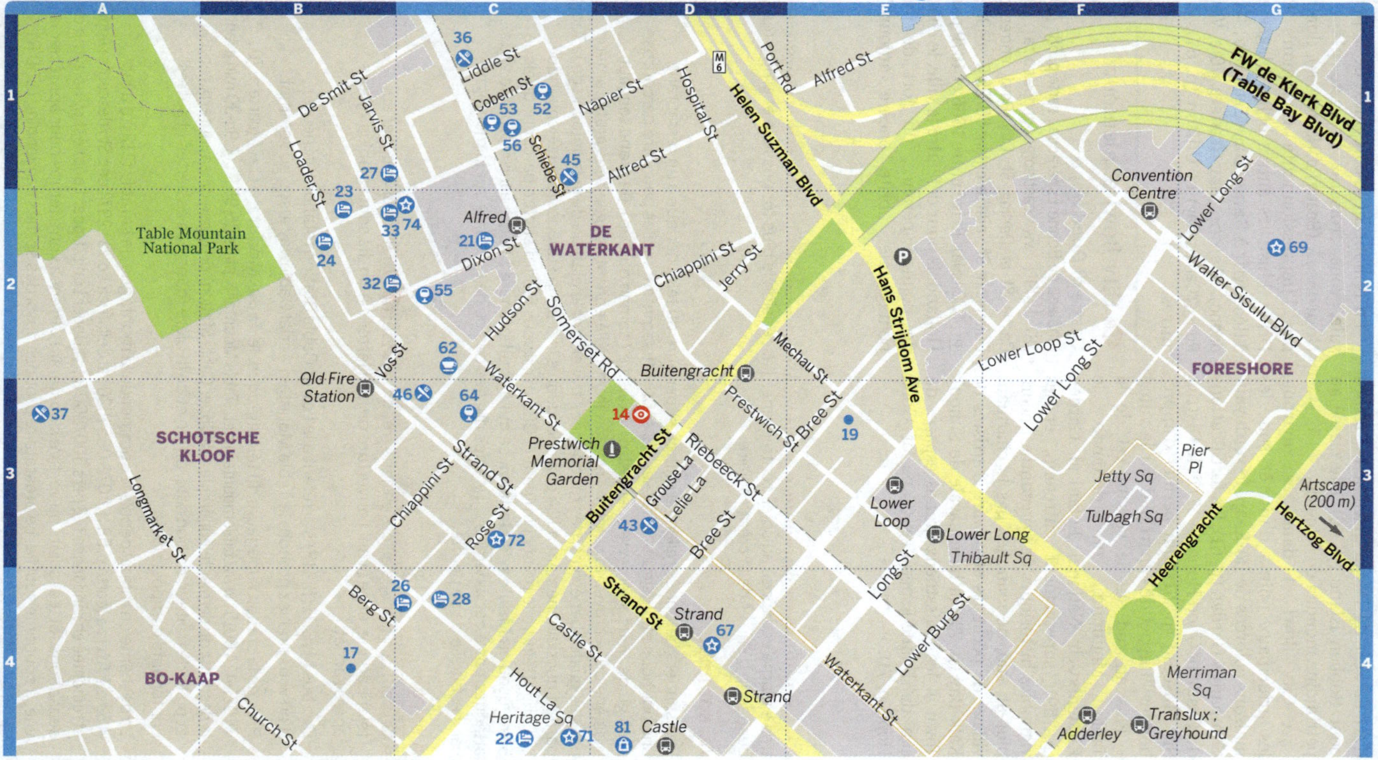

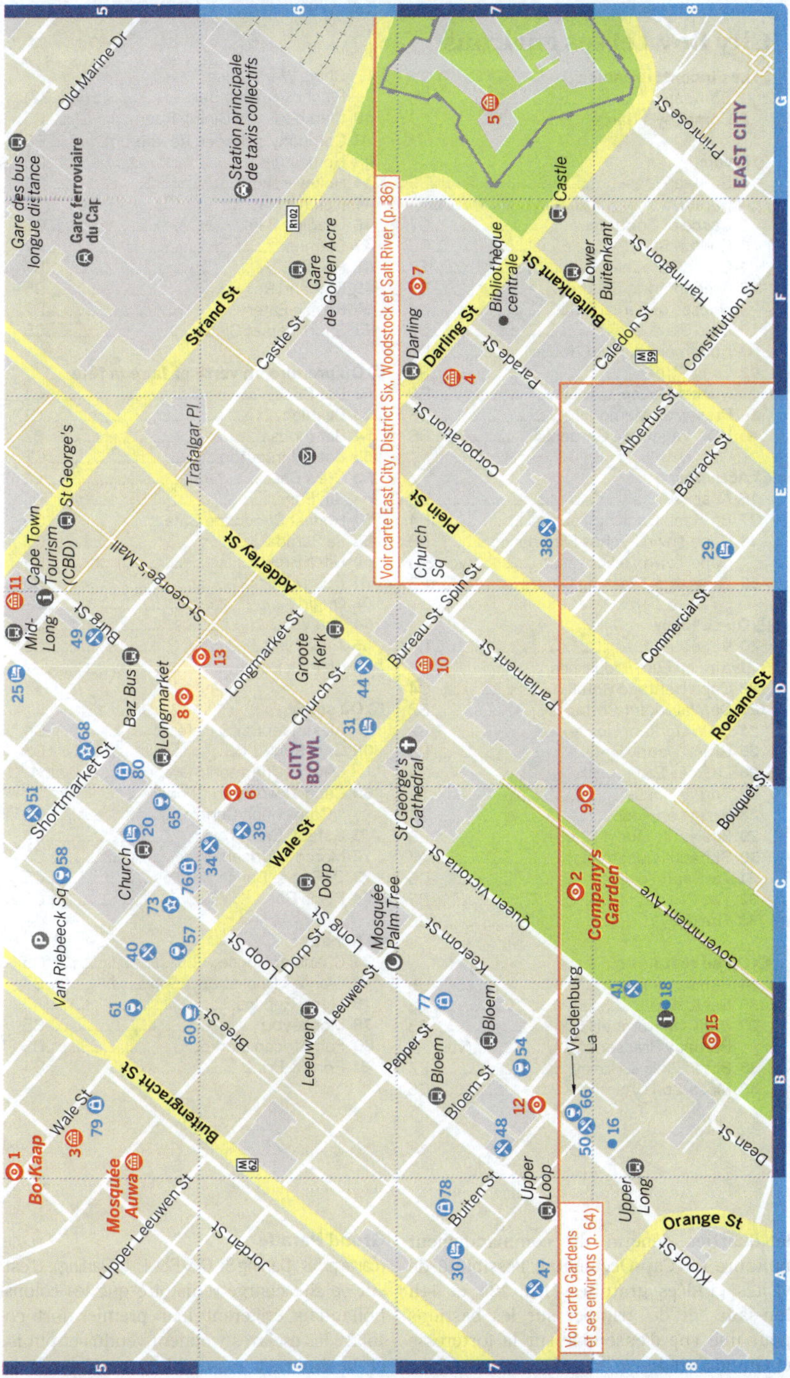
Gare des bus longue distance
Gare ferroviaire du Cap
Old Marine Dr
Station principale de taxis collectifs
Strand St
Castle St
Gare de Golden Acre
Voir carte East City, District Six, Woodstock et Salt River (p. 86)
Darling
Darling St
Bibliothèque centrale
Buitenkant St
Castle
Lower Buitenkant
Parade St
Caledon St
Harrington St
Primrose St
Constitution St
EAST CITY
Cape Town Tourism (CBD)
St George's
Trafalgar Pl
St George's Mall
Adderley St
Corporation St
Albertus St
Barrack St
Plein St
Church Sq
Spin St
Mid-Long
Burg St
Baz Bus
Longmarket
Longmarket St
Groote Kerk
Church St
Bureau St
Parliament St
Commercial St
Roeland St
CITY BOWL
St George's Cathedral
Shortmarket St
Church
Wale St
Dorp
Dorp St
Long St
Loop St
Mosquée Palm Tree
Queen Victoria St
Company's Garden
Government Ave
Bouquet St
Van Riebeeck Sq
Leeuwen
Leeuwen St
Keerom St
Bree St
Bloem
Pepper St
Bloem St
Vredenburg La
Buitengracht St
Bo-Kaap
Wale St
Mosquée Auwal
Upper Leeuwen St
Jordan St
Buiten St
Upper Loop
Upper Long
Orange St
Dean St
Kloof St
Voir carte Gardens et ses environs (p. 64)

City Bowl et ses environs

Les incontournables
1 Bo-Kaap ...B5
2 Company's Garden ...C7

À voir
3 Bo-Kaap Museum ...B5
4 Cape Town City Hall ...F7
5 Castle of Good Hope ...G7
6 Church St ...C6
7 Grand Parade ...F7
8 Greenmarket Square ...D5
9 Houses of Parliament ...C7
10 Iziko Slave Lodge ...D7
11 Koopmans-de Wet House ...D5
12 Long Street ...B7
13 Market House ...D6
14 Prestwich Memorial ...D3
15 VOC Vegetable Garden ...B8

Activités
16 Abseil Africa ...B8
17 Bo-Kaap Cooking Tour ...B4
18 Cape Town Fynbos Experience ...B8
Cape Town on Foot ...(voir 81)
19 Language Teaching Centre ...E3

Où se loger
20 91 Loop ...C5
21 African Elite Properties ...C2
22 Cape Heritage Hotel ...C4
23 De Waterkant Cottages ...B2
24 De Waterkant House ...B2
25 Grand Daddy Hotel ...D5
26 La Rose B&B ...C4
27 Purple House ...B1
28 Rouge on Rose ...C4
29 Scalabrini Guest House ...E8
30 St Paul's Guesthouse ...A7
31 Taj Cape Town ...D6
32 The Charles ...B2
33 The Grey ...B2

Où se restaurer
34 Addis in Cape ...C6
36 Beefcakes ...C1
37 Bo-Kaap Kombuis ...A3
Bombay Brasserie ...(voir 31)
38 Bread, Milk & Honey ...E7
39 Mozart on Church ...C6
Chefs Warehouse Pinchos & Wine Bar ...(voir 22)
40 Clarke's Bar & Dining Room ...C5
41 Company's Garden Restaurant ...B8
43 Hemelhuijs ...D3
44 Hokey Poke ...D6
45 Izakaya Matsuri ...C1
46 Loading Bay ...C3
47 Olami ...A7
48 Plant ...B7
49 Raw and Roxy ...D5
50 Royale Eatery ...B7
51 Shortmarket Club ...C5

Où prendre un verre et faire la fête
52 Bar Code ...C1
53 Beaulah ...C1
54 Beerhouse ...B7
55 Cafe Manhattan ...C2
56 Crew Bar ...C1
Gin Bar ...(voir 57)
57 Honest Chocolate Cafe ...C5
58 La Parada ...C5
60 Nitro Brew ...B5
61 Openwine ...B5
62 Origin ...C2
64 The Vue ...C3
65 Tjing Tjing ...C5
66 Waiting Room ...B7

Où sortir
67 Alexander Bar & Café ...D4
68 Café Roux ...D5
Cape Philharmonic Orchestra ...(voir 4)
69 Cape Town International Convention Centre ...G2
71 Gate69 Cape Town ...C4
72 Marco's African Place ...C3
73 OnPointe Dance Studios ...C5
74 Piano Bar ...C2

Achats
76 Chandler House ...C5
77 Clarke's Bookshop ...B7
78 Merry Pop Ins ...A7
79 Monkeybiz ...B5
80 Pan African Market ...D5
81 Prins & Prins ...D4

le quartier général du commandement militaire du Cap-Occidental. Possibilité de visites guidées gratuites (11h, 12h et 14h lun-sam), et de grimper sur les bastions pour une vue d'ensemble sur la forteresse et Grand Parade.

Grand Parade PLACE

(carte p. 58 ; Darling St, City Bowl ; Darling). C'est sur ce site chargé d'histoire que les colons hollandais érigèrent leur premier fort en 1652 : les esclaves y étaient vendus et punis, et la foule s'y rassembla pour écouter le premier discours à la nation que prononça Nelson Mandela en homme libre après 27 ans de détention. Un marché se tient sur la place, qui sert également de parking.

Cape Town City Hall ÉDIFICE HISTORIQUE
(carte p. 58 ; ☎021-455 2029 ; Darling St, City Bowl ; P ; Darling). Ancien hôtel de ville du Cap , ce beau bâtiment édouardien date de 1905. Nelson Mandela y fit son premier discours public au balcon principal, après sa libération en février 1990.

La salle du City Hall abrite l'une des scènes où se produit le **Cape Philharmonic Orchestra** (CPO ; ☎021-410 9809 ; www.cpo.org.za ; billets 150-275 R).

♥ **District Six Museum** MUSÉE
(carte p. 86 ; ☎021-466 7200 ; www.districtsix.co.za ; 25a Buitenkant St, East City ; adulte/enfant 40/15 R, visite guidée du musée 60 R, circuit pédestre 110-140 R ; 9h-16h lun-sam ; Lower Buitenkant). Cet émouvant musée met à l'honneur un quartier autrefois multiracial. Le District 6 fut détruit dans les années 1960 et 1970, sous le régime de l'apartheid, et ses 60 000 habitants furent expulsés de force. L'ancienne Methodist Mission Church (église méthodiste) rassemble reconstitutions d'intérieurs, photos, enregistrements et témoignages, composant ainsi le portrait évocateur d'une communauté meurtrie mais pas totalement brisée. De nombreux circuits organisés dans les townships partent d'ici pour expliquer la réglementation qui restreignait la circulation (*pass laws*).

♥ **Company's Garden** JARDINS
(carte p. 58 ; City Bowl ; 7h-19h ; Dorp/Leeuwen). Ces jardins ombragés, propices à la détente, servirent de potager à la VOC avant d'être transformés en jardins d'agrément au XIXe siècle. Vous y admirerez des espèces botaniques du monde entier (frangipaniers, tulipiers du Gabon, aloès, roses, etc.). Le **potager de la VOC** (carte p. 58 ; Queen Victoria St, City Bowl ; 7h-19h ; Upper Loop/Upper Long) a été recréé à l'extrémité sud des jardins.

Iziko Slave Lodge MUSÉE
(carte p. 58 ; ☎021-467 7229 ; www.iziko.org.za ; 49 Adderley St, City Bowl ; adulte/enfant 30/15 R ; 9h30-15h30 lun-sam ; Groote Kerk). Datant de 1679, le Slave Lodge figure parmi les plus vieux édifices d'Afrique du Sud. L'endroit, qui abrita jusqu'à 1 000 esclaves, témoigne d'une riche histoire ; en son temps, il servit successivement de maison close, de prison, d'hôpital psychiatrique, de poste, de bibliothèque et de Cour suprême de la ville. Le musée est aujourd'hui principalement consacré à l'histoire des esclaves et de leurs descendants au Cap.

Houses of Parliament ÉDIFICE REMARQUABLE
(carte p. 58 ; ☎021-403 2266 ; www.parliament.gov.za ; Parliament St, City Bowl ; visites guidées 9h-16h lun-ven ; Roeland). GRATUIT Visiter le Parlement, inauguré en 1885, est une expérience passionnante, en particulier si l'on s'intéresse à l'histoire moderne du pays : c'est ici que le Premier ministre britannique Harold Macmillan prononça son fameux discours du "vent du changement" en 1960 et que le président Hendrik Verwoerd, reconnu comme l'architecte de l'apartheid, fut poignardé en 1966. Appelez avant de venir et présentez votre passeport à l'entrée.

Michaelis Collection at the Old Town House MUSÉE
(www.iziko.org.za ; Greenmarket Sq, City Bowl ; 20/10 R ; 10h-17h lun-sam ; Church/Longmarket). Sur le côté sud de Greenmarket Sq s'élève l'Old Town House, l'ancien hôtel de ville, magnifiquement restaurée. Le bâtiment, construit de 1755 à 1761 dans le style rococo du Cap, abrite aujourd'hui l'impressionnante collection d'art de sir Max Michaelis. Des peintures et des gravures des maîtres hollandais et flamands des XVIe et XVIIe siècles (dont Rembrandt, Frans Hals et Van Dyck) sont exposées aux côtés d'œuvres contemporaines, créant un contraste fascinant.

Long Street ARCHITECTURE
(carte p. 58 ; City Bowl ; Dorp/Leeuwen). Une promenade dans Long St est l'une des étapes incontournables d'un séjour au Cap. Cette artère centrale de la vie nocturne et commerciale de la ville, bordée partiellement de bâtiments victoriens aux charmants balcons en fer forgé, marquait jadis la limite de la partie musulmane de Bo-Kaap. Dans les années 1960, Long St devint démodée et il fallut attendre la fin des années 1990 pour que des promoteurs avisés la réhabilitent. La partie la plus intéressante part vers le nord, de l'intersection avec Buitensingel St jusqu'à Strand St.

Church St RUE
(carte p. 58 ; Church St, City Bowl ; Church/Longmarket). La partie piétonne de cette rue, entre Burg St et Long St, accueille un marché

LES MUSULMANS DU CAP

Les musulmans du Cap descendent des esclaves amenés par les Hollandais à partir du sous-continent indien et de l'Indonésie. C'est pourquoi ils sont surnommés "Malais du Cap" (Cape Malays), bien que peu d'entre eux soient originaires de l'actuelle Malaisie. Il y avait parmi eux des dissidents politiques érudits, tel Tuan Guru, leader musulman originaire de Tidore (Indonésie), qui arriva au Cap en 1780. Pendant les treize années qu'il passa à Robben Island, il retranscrivit fidèlement le Coran, de mémoire. En 1789, il participa à la fondation de la **mosquée Auwal** (carte p. 58 ; 34 Dorp St, Bo-Kaap ; Leeuwen), la première de la ville, à Bo-Kaap, devenu depuis le quartier musulman du Cap.

Tuan Guru repose au **cimetière Tana Baru**, l'un des plus anciens du pays, à l'extrémité ouest de Longmarket St. Sa tombe fait partie de la vingtaine de *kramat* (tombeaux réels ou supposés de saints musulmans) du Cap et des fidèles y viennent toujours en pèlerinage. Il existe toujours un grand nombre de musulmans au Cap, majoritairement dans la population métisse.

Pour visiter le quartier, personne n'égale Gamidah Jacobs. Cette excellente guide locale a grandi à Bo-Kaap et vit à **Lekka Kombuis** (079-957 0226 ; www.lekkakombuis.co.za/index.html ; 81 Wale St, Bo-Kaap ; visite et cours de cuisine tarif selon nombre de participants et saison, cours de cuisine à partir de 650 R ; Dorp/Leeuwen), l'une des plus anciennes maisons du district. Elle organise également des cours de cuisine malaise du Cap à son domicile.

aux puces (8h-15h lun-sam) et compte plusieurs galeries d'art intéressantes.

À l'intersection avec Burg St, l'œuvre d'art graphique de Conrad Botes *The Purple Shall Govern* commémore la Purple Rain Protest (voir encadré ci-contre).

Greenmarket Square — PLACE

(carte p. 58 ; Greenmarket Sq, City Bowl ; Church/Longmarket). Cette place pavée, la plus ancienne du Cap après Grand Parade, accueille tous les jours un marché coloré d'artisanat et de souvenirs. Outre l'Old Town House (l'ancien hôtel de ville), Greenmarket Square est bordée de beaux exemples d'architecture Art déco, dont **Market House**, un édifice délicatement ouvragé, doté de balcons, et dont la façade est orné d'aigles et de fleurs sculptés.

Koopmans-de Wet House — MUSÉE

(carte p. 58 ; 021-481 3935 ; www.iziko.org.za ; 35 Strand St, City Bowl ; adulte/enfant 20/10 R ; 9h30-15h30 jeu-ven ; Strand). Exemple classique du style architectural hollandais du Cap (Cape Dutch), cette maison de ville meublée d'antiquités du XVIIIe et du début du XIXe siècle vous fera voyager dans le temps. Le lieu ne manque pas de cachet, avec ses vignes anciennes dans la cour et son plancher grinçant, probablement comme à l'époque de Marie Koopmans-de Wet (1834-1906), la propriétaire mondaine dont la maison porte le nom.

♥ Bo-Kaap — QUARTIER

(carte p. 58 ; Dorp/Leeuwen). Bo-Kaap, dont le nom signifie "les hauts du Cap" en afrikaans, est l'un des quartiers les plus pittoresques de la ville. Ses rues pavées longues et étroites sont bordées de maisons basses aux toits plats et peintes de couleurs éclatantes, dont beaucoup sont des monuments historiques. Garnison de soldats au milieu du XVIIIe siècle, le quartier fut habité par des esclaves originaires de Malaisie, d'Inde et d'Indonésie, libérés dans les années 1830. Il abrite encore une très forte concentration de Malais musulmans et la plus ancienne mosquée du pays (1798) dans Dorp St. Ses rues les plus pittoresques sont Chiappini St, Rose St et Wale St.

Bo-Kaap Museum — MUSÉE

(carte p. 58 ; 021-481 3938 ; www.iziko.org.za/museums/bo-kaap-museum ; 71 Wale St, Bo-Kaap ; adulte/enfant 20/10 R ; 9h30-15h30 lun-sam ; Leeuwen). Ce petit musée offre un aperçu de la vie d'une riche famille musulmane du XIXe siècle. La partie la plus intéressante de la collection, une sélection de photos en noir et blanc illustrant la vie locale, est exposée dans la salle à l'étage, de l'autre côté de la cour. La maison, construite entre 1763 et 1768, est la plus ancienne du quartier.

Noon Gun — POINT DE VUE

(Military Rd, Bo-Kaap). GRATUIT Installé sur les versants inférieurs de Signal Hill (350 m), qui sépare Sea Point de City Bowl, le Noon Gun ("canon de midi") se fait entendre dans toute la ville à midi, du lundi au samedi. Son tir permettait jadis aux *burghers* (les premiers citoyens hollandais) de vérifier l'exactitude de leur montre. Pour effectuer cette promenade à travers Bo-Kaap, suivez Longmarket St jusqu'à son terme, juste en dessous du siège du canon (lui-même interdit au public) – la vue y est phénoménale.

Prestwich Memorial MÉMORIAL

(carte p. 58 ; angle Somerset Rd et Buitengracht St, De Waterkant ; 8h-18h lun-ven, 8h-14h sam-dim ; Strand). GRATUIT En 2003, de nombreuses sépultures anonymes, d'esclaves et d'autres malheureux exécutés par les Hollandais aux XVIIIe et XIXe siècles sur une colline voisine alors appelée Gallows Hill ("la colline du gibet") furent découverts lors de travaux dans Prestwich St. Après l'exhumation des ossements, ce mémorial à la belle façade en ardoise de Robben Island leur fut dédié. Il comprend un ossuaire et d'excellents panneaux explicatifs, dont une copie du remarquable panorama à 360° de Table Bay, peint par Robert Jacob Gordon en 1778.

Gardens et ses environs

South African Jewish Museum MUSÉE

(carte p. 64 ; 021-465 1546 ; www.sajewishmuseum.co.za ; 88 Hatfield St, Gardens ; adulte/enfant 200 R/gratuit ; 10h-17h dim-jeu, 10h-14h ven ; P ; Annandale). Il faut une pièce d'identité pour pénétrer sur le site sécurisé de ce musée à l'architecture originale, qui occupe une partie de l'**ancienne synagogue** (1863), magnifiquement restaurée. L'exposition permanente *Hidden Treasures of Japanese Art* ("Les Trésors cachés de l'art japonais") présente une collection de délicats netsuke (petites pièces de bois ou d'ivoire sculpté). Les expositions temporaires sont également intéressantes.

South African National Gallery MUSÉE

(carte p. 64 ; 021-481 3970 ; www.iziko.org.za ; Government Ave, Gardens ; adulte/enfant 30/15 R ; 9h30-15h30 ; Annandale). L'impressionnante collection permanente de la première galerie d'art nationale de l'Afrique du Sud remonte à l'époque hollandaise et comprend des œuvres extraordinaires. Toutefois, ce sont souvent les créations contemporaines, comme la sculpture *Butcher Boys* de Jane Alexander – trois statues rappelant les orques des livres de Tolkien – qui retiennent le plus l'attention.

South African Museum MUSÉE

(carte p. 64 ; 021-481 3800 ; www.iziko.org.za ; 25 Queen Victoria St, Gardens ; adulte/enfant 30/15 R ; 9h-17h ; Michaelis). Lors de nos recherches, ce musée – le plus ancien du pays – était en cours de rénovation et certaines de ses salles fermées au public. Les différentes expositions permanentes, souvent intéressantes, portent pour beaucoup sur l'histoire naturelle du pays. Ne manquez pas le saisissant exemple d'art rupestre san, avec des peintures d'une extraordinaire finesse représentant notamment de gracieux élands, ou le nid de tisserins de 2 m de large – véritable immeuble aviaire – dans la Wonders of Nature Gallery.

Rust en Vreugd MUSÉE, JARDIN

(carte p. 64 ; 021-467 7205 ; www.iziko.org.za ; 78 Buitenkant St, Gardens ; adulte/enfant 20/10 R ; 10h-14h30 jeu-ven ; Roeland). Cette charmante maison de 1777-1778, donnant sur un jardin recréé en 1986 selon son agencement d'origine, fut jadis la résidence du procureur d'État. Elle abrite désormais une partie de la collection de peintures et de

LE POUVOIR AU VIOLET !

Le 2 septembre 1989, quelques milliers de manifestants anti-apartheid partirent de l'église méthodiste et empruntèrent Burg St pour marcher vers le Parlement. Cherchant à réprimer la manifestation et à identifier les éventuels participants en fuite, la police les aspergea de teinture violette (*purple*) à l'aide d'un canon à eau. Le manifestant Philip Ivey retourna le canon contre la police et la peinture colora les bâtiments officiels alentour, y compris ceux du National Party au pouvoir et de l'Old Town House. Les jours qui suivirent, des graffitis "The purple shall govern" ("Le pouvoir au violet") apparurent partout dans la ville. Ils s'inspiraient du premier précepte de la Charte de la liberté, célèbre texte anti-apartheid de 1955 proclamant "The People Shall Govern" (Le pouvoir au peuple).

La Purple Rain Protest devint un symbole de résistance non-violente et fut l'une des dernières manifestations interdites par le gouvernement d'apartheid.

Gardens et ses environs

meubles Iziko William Fehr (la majeure partie étant au Castle of Good Hope), notamment des lithographies détaillées de Zoulous signées George Angus et une aquarelle raffinée de la Table Mountain (après 1850) par lady Eyre.

Oranjezicht City Farm FERME

(OZCF ; carte ci-dessus ; ☎ 083 508 1066 ; www.ozcf.co.za ; Upper Orange St, Oranjezicht ; 🕗 8h-14h lun-sam ; 🚌 Upper Orange). GRATUIT Cette fabuleuse structure à but non lucratif a été créée par des habitants et bénévoles locaux à l'en-

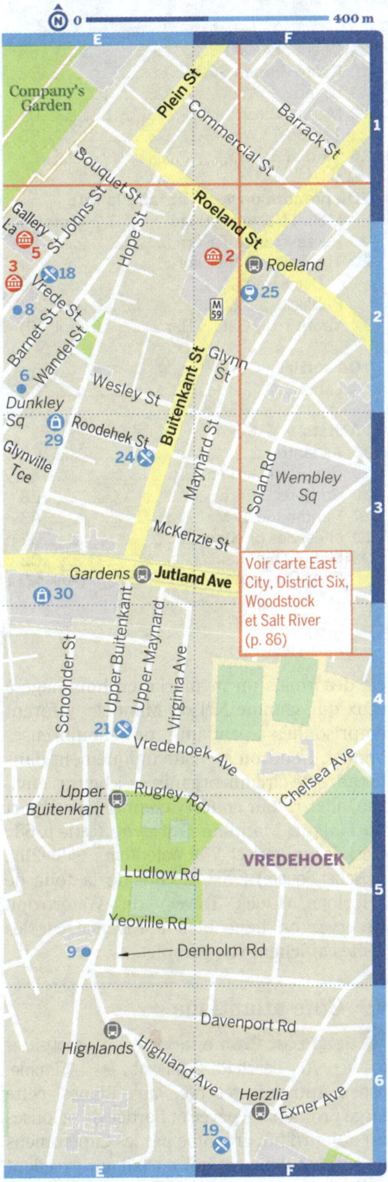

droit même où l'"Oranje Zigt", la première ferme de l'Upper Table Valley, fut fondée en 1709. La parcelle, autrefois un terrain de boules à l'abandon, a été transformée en un magnifique jardin maraîcher de quartier. Vous pourrez vous y promener librement ou participer à une visite guidée : consultez le site Internet.

Signal Hill POINT DE VUE

(carte p. 70 ; Kloof Nek). Ce point de vue, qui date des débuts de la colonisation, est ainsi nommé car c'est de là qu'on hissait les drapeaux lorsqu'un navire était repéré au large, pour permettre aux habitants de préparer leurs marchandises et de récurer leurs chopes à bière. La colline fait partie du Table Mountain National Park. Pour rejoindre le sommet à pied, à vélo ou en voiture, quittez Kloof Nek Rd en prenant la première bifurcation à droite et poursuivez dans Military Rd.

Green Point et Waterfront

V&A Waterfront QUARTIER

(carte p. 68 ; 021-408 7500 ; www.waterfront.co.za ; P ; Nobel Square). Ce port historique, toujours en activité, jouit d'un cadre spectaculaire et offre de nombreux services aux touristes : boutiques, restaurants, bars, cinémas, croisières dans le port... Creusés en 1860, les bassins Alfred et Victoria accueillent encore remorqueurs, navires portuaires et bateaux de pêche. Le bassin Alfred est utilisé pour réparer les navires.

Two Oceans Aquarium AQUARIUM

(carte p. 68 ; 021-418 3823 ; www.aquarium.co.za ; Dock Rd, V&A Waterfront ; tarif plein/étudiant/enfant 210/160/100 R ; 9h30-18h ; ; Aquarium). Ce superbe aquarium accueille des espèces des mers chaude et froide qui bordent la péninsule du Cap, parmi lesquelles des manchots et des tortues. À cela s'ajoutent d'extraordinaires forêts de kelp et des bassins où les enfants peuvent toucher des animaux marins. Les plongeurs confirmés pourront nager en compagnie des animaux (870 R, équipement compris).

Chavonnes Battery Museum MUSÉE

(carte p. 68 ; 021-416 6230 ; www.chavonnesbattery.co.za ; Clock Tower Precinct, V&A Waterfront ; 70 R ; 9h-16h ; Nobel Square). Ce musée expose les vestiges d'une batterie de canons du début du XVIIIe siècle, témoignage des diverses fortifications construites par les Hollandais autour de Table Bay. En partie démolies et dissimulées par les docks construits en 1860, les ruines ont été mises au jour lors de fouilles réalisées en 1999. On peut se promener sur l'ensemble du site pour se faire une idée de son aspect d'origine. Le **V&A Waterfront Historical**

Gardens et ses environs

À voir
1 Oranjezicht City Farm D6
2 Rust en Vreugd F2
3 South African Jewish Museum E2
4 South African Museum D2
5 South African National Gallery E2
South African Planetarium .... (voir 4)

Activités
6 Coffeebeans Routes E2
7 Downhill Adventures D1
8 Mountain Club of South Africa E2
9 Run Cape Town E5

Où se loger
10 Ashanti Gardens C3
11 Backpack C1
12 Belmond Mount Nelson Hotel C3
13 Cloud 9 .... B2
14 La Grenadine C2
15 Once in Cape Town C2

Où se restaurer
16 Aubergine D3
17 Cafe Paradiso B3
18 Chefs E2
19 Deer Park Café F6
20 Kyoto Garden Sushi B2
21 Lazari E4
22 Maria's D2
23 Tamboers Winkel B3
24 Yard E3

Où prendre un verre et faire la fête
Mount Nelson Lounge .... (voir 12)
25 Perseverance Tavern F2
26 The Power & the Glory/ Black Ram B2
Publik .... (voir 26)
Yours Truly Cafe & Bar .... (voir 15)

Où sortir
27 Labia C2

Achats
28 Ashanti C2
29 City Bowl Market E3
30 Gardens Centre E3
31 Handmade by Me A3
32 Lifestyles on Kloof C2
33 Mabu Vinyl C2
Wine Concepts .... (voir 32)

Walking Tour (carte p. 68 ; réservations 021-408 4600 ; Chavonnes Battery Museum, V&A Waterfront ; adulte/enfant 100/20 R ; 11h et 14h ; Nobel Square) part d'ici.

Zeitz MOCAA Museum MUSÉE
(carte p. 68 ; 087-350 4777 ; www.zeitzmocaa.museum ; Silo District, South Arm Rd, V&A Waterfront ; adulte/enfant 210 R/gratuit ; 10h-18h mar-dim ; P ; Waterfront Silo). L'ancien silo à grains du Waterfront a été transformé en musée ultramoderne pour abriter la collection d'art contemporain d'Afrique australe de l'entrepreneur Jochen Zeitz, ainsi que la propre collection du musée et des œuvres prêtées. Inauguré en 2017, le MOCAA offre sur 6 000 m², à travers une centaines de salles, un éblouissant tour d'horizon de l'art du continent et d'ailleurs. L'édifice tout en béton et démesure vaut à lui seul le détour.

Robben Island SITE HISTORIQUE
(021-413 4200 ; www.robben-island.org.za ; adulte/enfant 600/310 R ; ferries à 9h, 11h, 13h et 15h, si la météo le permet ; Nobel Square). Utilisé comme centre pénitentiaire des premiers jours de la VOC à 1996, ce site inscrit au patrimoine mondial de l'Unesco est désormais un mémorial en hommage à ceux qui, comme Nelson Mandela, y furent emprisonnés pendant de nombreuses années. L'endroit se visite uniquement dans le cadre de circuits organisés (4 heures environ, aller-retour en ferry compris) au départ du **Nelson Mandela Gateway** (carte p. 68 ; Clock Tower Precinct, V&A Waterfront ; 9h-21h ; Nobel Square) GRATUIT, à côté de la tour de l'Horloge (Clock Tower) du Waterfront. Réservez en ligne bien à l'avance car les visites affichent vite complet.

Côte atlantique

Sea Point Promenade PROMENADE
(carte p. 70 ; Beach Rd, Sea Point ; ; Promenade). Autrefois réservée aux Blancs, cette large promenade pavée et bordée de pelouses est aujourd'hui arpentée par les Capétoniens de tous milieux, ce qui en fait un excellent endroit où apprécier le multiculturalisme de la ville. On y trouve des aires de jeux pour enfants, un espace de gym en plein air bien entretenu, et plusieurs œuvres d'art.

Le littoral est ici rocailleux et les eaux dangereuses, mais on peut se baigner à **Rocklands Beach** (carte p. 70 ; Beach Rd, Sea Point ; Rocklands). Si la mer est trop froide à votre goût, gagnez le complexe de piscines **Sea Point Pavilion** (carte p. 70 ; 021-434 3341 ; adulte/enfant 32/18 R ; 7h-19h déc-avr, 9h-17h mai-nov ; Sea Point Pool) vers l'extrémité sud de la promenade.

Plage n°4 de Clifton PLAGE

(carte p. 70 ; Victoria Rd, Clifton ; Clifton 4th). La seule plage Pavillon bleu des quatre étendues de sable abritées du vent qui jalonnent Victoria Rd à Clifton est prisée des familles. En été, couples et groupes de jeunes viennent y pique-niquer à la lueur des bougies après le coucher du soleil, en particulier à la Saint-Valentin.

Hout Bay Harbour PORT

(Harbour Rd, Hout Bay). En partie tourné vers le tourisme, avec des complexes comme le **Mariner's Wharf** (021-790 1100 ; www.marinerswharf.co.za ; plats 70-235 R ; 10h-18h ; Northshore), Hout Bay Harbour est toujours en activité, avec un port de pêche et un centre de traitement au sud de la baie. Croisières et excursions de snorkeling/plongée à Duiker Island (p. 75) partent d'ici.

World of Birds PARC ORNITHOLOGIQUE

(021-790 2730 ; www.worldofbirds.org.za ; Valley Rd, Hout Bay ; adulte/enfant 130/50 R ; 9h-17h ; P ; Valley). Le plus grand parc ornithologique d'Afrique héberge 3 000 oiseaux (barbicans, tisserins, flamants...) et petits mammifères, de près de 400 espèces différentes. De véritables efforts ont été déployés pour que ces vastes volières au décor tropical soient les plus naturelles possible. Dans la

À NE PAS MANQUER

LA ROUTE DES VINS DE CONSTANTIA

L'industrie du vin sud-africain naquit ici lorsqu'en 1685, le gouverneur Simon Van der Stel choisit cette région pour son potentiel viticole, baptisant son exploitation "Constantia". Après sa mort en 1712, son domaine de 763 ha fut morcelé. Il comprend aujourd'hui 15 vignobles et restaurants haut de gamme composant la route des vins de Constantia (www.constantiawineroute.com).

Groot Constantia (021-794 5128 ; www.grootconstantia.co.za ; Groot Constantia Rd, Constantia ; dégustation 105 R, musée adulte/enfant 30 R/gratuit ; dégustations 9h-18h, musée 10h-17h ; P). Dans le cadre magnifique du domaine de Groot Constantia, le manoir de Simon Van der Stel, superbe exemple d'architecture néerlandaise du Cap, est devenu un musée. Si de nombreux groupes de touristes y font escale, le domaine est suffisamment grand pour permettre d'échapper à la foule. La grande salle de dégustation est tout de suite à droite de l'entrée. Un peu plus loin, un centre d'informations gratuit relate l'histoire du domaine et du manoir, soigneusement restauré.

Klein Constantia (021-794 5188 ; www.kleinconstantia.com ; Klein Constantia Rd, Constantia ; dégustation à partir de 100 R ; 10h-17h ; P). Klein Constantia, qui faisait partie du domaine d'origine de Simon Van der Stel, est réputé pour son vin de Constance, délicieux muscat qui réconforta Napoléon durant son exil à Sainte-Hélène et que recommande Mrs Jennings pour son effet bienfaisant sur un cœur brisé dans *Raison et Sentiments* de Jane Austen. Petit bistrot et excellente salle de dégustation (ne manquez pas le vin pétillant de style champagne).

Buitenverwachting (021-794 5190 ; www.buitenverwachting.com ; Klein Constantia Rd, Constantia ; dégustation 70 R ; dégustations 10h-17h lun-sam ; P). Buitenverwachting signifie "au-delà de toute attente" ; un nom qui convient parfaitement à ce charmant domaine hollandais du Cap, comprenant une singulière maison de maître du XVIIIe siècle donnant sur des pelouses verdoyantes, l'atelier de torréfaction Quaffee, le café **Coffee Bloc** (021-794 4468 ; plats 80-140 R ; 8h-16h lun-sam), un restaurant et une boutique de souvenirs.

Steenberg Farm (021-713 2222 ; www.steenbergfarm.com ; Steenberg Estate, Steenberg Rd, Constantia ; dégustation 85-200 R ; dégustations 10h-18h ; P). Le bar lounge de dégustation contemporain de Steenberg, attenant au **Bistro Sixteen82** (021-713 2211 ; plats déj à parir de 170 R ; 9h-22h), offre un cadre superbe où goûter les excellents merlot, sauvignon blanc, sémillon et pétillant MCC (Méthode Cap Classique) du domaine, le plus ancien du Cap, fondé en 1682 sous le nom de Swaaneweide ("prairie des cygnes").

Green Point et Waterfront

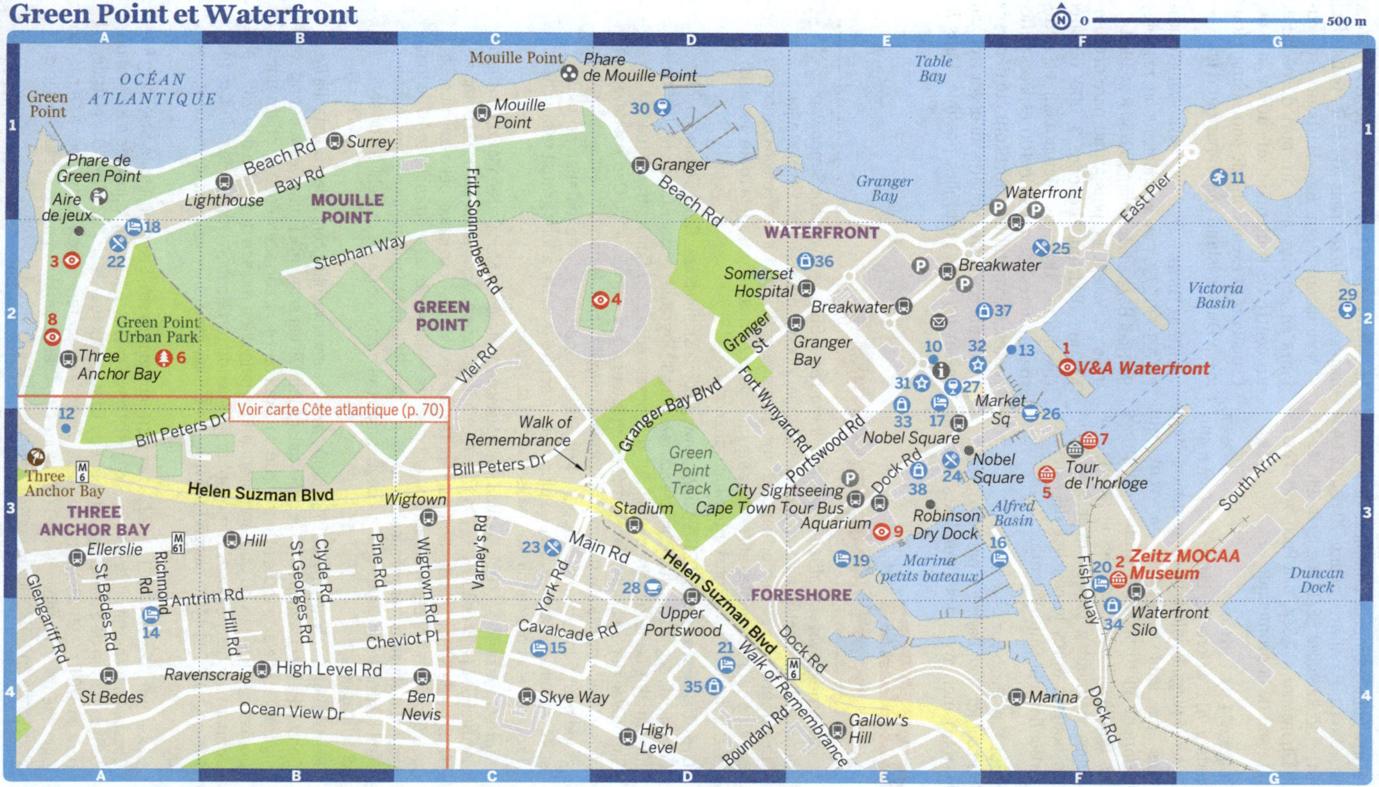

Green Point et Waterfront

Les incontournables
1 V&A Waterfront F2
2 Zeitz MOCAA Museum F3

À voir
3 Blue Train Park A2
4 Cape Town Stadium D2
5 Chavonnes Battery Museum F3
6 Green Point Urban Park A2
7 Nelson Mandela Gateway F3
8 Putt-Putt Golf A2
9 Two Oceans Aquarium E3

Activités
Ocean Experiences .... (voir 13)
10 Awol Tours E2
11 Cape Town Helicopters G1
Historical Walking Tour .... (voir 5)
12 Kaskazi Kayaks A3
Two Oceans Aquarium .... (voir 9)
13 Waterfront Charters F2
Yacoob Tourism .... (voir 13)

Où se loger
14 Ashanti Green Point A4
15 B.I.G. Backpackers C4
16 Cape Grace F3
17 Dock House E2
18 La Splendida A2
19 One&Only Cape Town E3
20 Silo Hotel F3
21 Villa Zest D4

Où se restaurer
22 Café Neo A2
23 Giovanni's Deli World C3
24 V&A Food Market E3
25 Willoughby & Co F2

Où prendre un verre et faire la fête
Bascule .... (voir 16)
26 Life Grand Cafe F3
27 Mitchell's Scottish Ale House E2
28 Shift D3
29 Shimmy Beach Club G2
30 Tobago's Bar & Terrace D1

Où sortir
Cape Town Comedy Club .... (voir 24)
31 Galileo Open Air Cinema E2
32 Market Square Amphitheatre E2

Achats
33 Everard Read E2
34 Guild F4
35 Out of this World D4
36 OZCF Market Day E2
37 Victoria Wharf F2
38 Watershed E3

jungle des singes (11h30-13h et 14h-15h30), vous pouvez interagir avec de malicieux singes-écureuils.

Faubourgs sud

Kirstenbosch National Botanical Garden
JARDINS

(021-799 8783 ; www.sanbi.org/gardens/kirstenbosch ; Rhodes Dr, Newlands ; adulte/enfant 200/25 R ; 8h-19h sept-mars, 8h-18h avr-août ; P ; Kirstenbosch). Leur situation et leur flore unique classent ces jardins botaniques de 36 ha parmi les plus beaux du monde. À l'entrée principale (Gate 1), côté Newlands, on trouve un centre d'information, une excellente boutique de souvenirs et une **serre** (9h-17h).

Ajouté pour le centenaire des jardins en 2013, le **Tree Canopy Walkway** (surnommé le Boomslang, soit le "serpent-arbre") est un pont d'acier et de bois qui s'élève au milieu des arbres et offre une vue impressionnante.

On peut visiter les jardins à l'occasion d'une promenade guidée gratuite ou louer un appareil MyGuide (40 R) pour recevoir des informations enregistrées sur les plantes que vous croiserez le long des parcours balisés.

Plus de 7 000 des 22 000 espèces végétales d'Afrique australe sont cultivées ici, notamment les célèbres *fynbos* (broussailles principalement composées de protées, bruyères et éricacées) du royaume floral du Cap (ou royaume floristique du Cap, Cape Floral Kingdom, voir encadré p. 97). Le site comprend un jardin des senteurs, où les plantes sont surélevées pour permettre aux visiteurs de mieux en apprécier le parfum, un sentier en braille, un *kopje* (colline) planté de pélargoniums, un jardin de sculptures, une section consacrée aux plantes médicinales "utiles", deux sentiers de randonnée vers la Table Mountain (Skeleton Gorge et Nursery Ravine) et les vestiges de la haie d'amandiers sauvages plantée par Jan Van Riebeeck en 1660 pour délimiter l'avant-poste hollandais.

Les **Summer Sunset Concerts** (adulte/enfant à partir de 180/135 R), donnés ici en plein air le dimanche de novembre à avril, sont une véritable institution locale. Le bus touristique City Sightseeing (p. 79) dessert les jardins. En remontant Rhodes Dr depuis le sud, on atteint d'abord la paisible entrée n°3 (Gate 3 ou Rycroft Gate). On trouve sur place

Côte atlantique

Côte atlantique

Les incontournables
1 Sea Point Promenade ... C1
2 Table Mountain ... D7

À voir
3 Camps Bay Beach ... B6
4 Plage n°3 de Clifton ... A5
5 Plage n°4 de Clifton ... A5
6 Rocklands Beach ... C1
7 Signal Hill ... D2
8 Table Mountain National Park ... D7

Activités
9 Into the Blue ... C1
10 Lion's Head ... C4
11 Promenade Mondays ... B3
12 Sea Point Pavilion ... B2
13 Table Mountain Aerial Cableway ... D6

Où se loger
14 Camps Bay Retreat ... B6
15 Ellerman House ... B4
16 Glen Boutique Hotel ... C2
17 Village & Life ... B6
18 The Winchester Boutique Hotel ... C1

Où se restaurer
19 Codfather ... B7
Harvey's ... (voir 18)
20 Jarryds Espresso Bar & Eatery ... B3
21 Kloinsky's Delicatessen ... B3
22 La Boheme Wine Bar & Bistro ... C2
23 Table Mountain Café ... D7

Où prendre un verre et faire la fête
24 Bungalow ... A5
25 Dizzy's Restaurant & Pub ... B7

Où sortir
26 Studio 7 Sessions ... C2
27 Theatre on the Bay ... B7

Achats
28 Mojo Market ... B2

trois cafés, dont l'excellent **Kirstenbosch Tea Room** (021-797 4883 ; www.fynkos.co.za ; Gate 2 ; plats 95-160 R ; 9h-16h).

Rhodes Memorial MONUMENT
(rhodesmemorial.co.za/the-rhodes-memorial ; près de la M3, Groote Schuur Estate, Rondebosch ; 9h-17h ; P). GRATUIT Inspiré en partie de l'arc londonien de Hyde Park Corner, cet imposant mémorial de granit se dresse sur les pentes orientales de montagne de la Table, là où le magnat des mines et ancien Premier ministre Cecil Rhodes venait admirer la vue. Les 49 marches (une par année de sa vie) sont flanquées d'augustes lions ; depuis le sommet, on jouit d'une vue dégagée sur les Cape Flats et les chaînes de montagnes au-delà.

Irma Stern Museum MUSÉE
(021-685 5686 ; www.irmasternmuseum.co.za ; Cecil Rd, Rosebank ; adulte/enfant 65 R/gratuit ; 10h-17h mar-ven, 10h-14h sam ; Rosebank). Irma Stern (1894-1966), artiste novatrice dont les œuvres sont parmi les plus recherchées des peintres sud-africains, vécut pendant près de 40 ans dans cette maison du XIXe siècle. Son atelier a été conservé quasiment dans l'état dans lequel elle l'avait laissé, comme si elle venait de sortir prendre l'air dans le jardin verdoyant. Sa collection d'art et d'artisanat ethnographique du monde entier fascine tout autant que son œuvre, laquelle s'inspire de l'expressionnisme allemand et intègre des éléments africains traditionnels.

Sud de la péninsule

Cape Point Table Mountain National Park RÉSERVE NATURELLE
(www.sanparks.org/parks/table_mountain ; adulte/enfant à partir de 72/144 R, Cape of Good Hope 180/360 R, tarif variable en fonction des secteurs ; 6h-18h oct-mars, 7h-17h avr-sept ; P). Communément appelée Cape Point, du nom de son promontoire le plus spectaculaire (mais moins connu), cette partie de 7 750 ha du Table Mountain National Park, offre la possibilité de voir des paysages magnifiques, de faire de très belles randonnées, d'observer les oiseaux et de profiter de plages souvent désertes. Il faut réserver pour la randonnée de 2 jours sur le **Cape of Good Hope Trail** (355 R, entrée de la réserve non comprise), boucle spectaculaire de 33,8 km autour du **cap de Bonne-Espérance** qui comprend une nuit passée dans les refuges sommaires de Protea ou Restio. Contactez le **Buffelsfontein Visitor Centre** (021-712 7471 ; Cape of Good Hope ; 9h30-17h30) pour de plus amples informations.

Boulders Penguin Colony COLONIE DE MANCHOTS
(www.tmnp.co.za ; adulte/enfant 85/42 R ; P). Une colonie de quelque 3 000 manchots du Cap occupe ce secteur pittoresque, où d'énormes

LE CAP AVEC DES ENFANTS

Avec ses plages de sable fin, sa montagne et ses innombrables activités, sa faune et l'atmosphère de fête foraine du Waterfront, Le Cap est une *lekker* ("fantastique" en afrikaans) destination pour des vacances en famille.

Les plages ne manquent pas, mais l'eau est plus chaude du côté de False Bay que sur le littoral atlantique. Essayez Muizenberg, **St James** (près de Main Rd, St James ; St James) ou la jolie **Buffels Bay** (cap de Bonne-Espérance, Table Mountain National Park ; P), à Cape Point. Les circuits en bateau (p. 75) sont nombreux : embarquez sur *Tommy the Tugboat*, un bateau qui semble sorti d'un dessin animé, ou sur le navire pirate *Jolly Roger Pirate Boat* au V&A Waterfront, ou partez en croisière au départ des ports de Simon's Town et de Hout Bay.

Deux aires de jeux très inventives agrémentent le **Green Point Urban Park** (carte p. 68 ; Bay Rd, Green Point ; circuit adulte/enfant 35/11 R ; 7h-19h ; P ; Stadium). Mouille Point réunit un vaste espace de jeu, un **petit train** (carte p. 68 ; 084-314 9200 ; www.thebluetrainpark.com ; Erf 1141/1061 Beach Rd, Green Point ; 25 R ; 9h30-18h30 mar-dim ; Three Anchor Bay) et un **minigolf** (carte p. 68 ; 021-434 6805 ; www.puttputtcapetown.co.za ; Beach Rd, Green Point ; 32 R ; 9h-21h ; Three Anchor Bay). La Sea Point Promenade (p. 66) comprend aussi des aires de jeux pour enfants, et un espace de baignade au Pavilion. À Vredehoek, on trouve une bonne aire de jeux à côté du **Deer Park Café** (carte p. 64 ; 021-462 6311 ; www.deerparkcafe.co.za ; 2 Deer Park Dr West, Vredehoek ; plats 79-112 R ; 8h-21h ; ; Herzlia).

Découvrez la vie marine locale à l'excellent Two Oceans Aquarium (p. 65), les oiseaux et les singes à Hout Bay's World of Birds (p. 67) ou à la réserve marécageuse d'**Intaka Island** (021-552 6889 ; www.intaka.co.za ; Park Lane, Intaka Island, Century City ; adulte/enfant 26/16 R, avec trajet en ferry 80/70 R ; 8h-19h oct-avr, 8h-17h30 mai-sept ; P ; Central Park). une colonie de manchots du Cap à Boulders (p. 71), des autruches sauvages, des babouins et des *dassies* (damans du Cap, sorte de petit rongeur) à Cape Point (p. 71), et la faune aviaire de la **Rondevlei Nature Reserve** (021-706 2404 ; rondevleinaturereserve@capetown.gov.za ; angle Perth Rd et Fishermans Walk, Zeekoevlei ; 7h30-17h ; P) GRATUIT. On peut aussi voir des animaux de la ferme à **Oude Molen Eco Village** (021-448 9442 ; www.oudemolenecovillage.co.za ; Alexandra Rd, Pinelands ; piscine adulte/enfant 50/25 R ; 8h-17h mar-dim ; ; Pinelands) et à Imhoff Farm, où des promenades à dos de chameau sont même organisées !

La science et la technologie deviennent amusantes au **Cape Town Science Centre** (021-300 3200 ; www.ctsc.org.za ; 370B Main Rd, Observatory ; 80 R ; 9h-16h30 lun-sam ; P ; Observatory), où sont généralement programmées des activités spéciales. Le South African Museum (p. 63) conserve des squelettes de baleines géantes et abrite un **planétarium** (carte p. 64 ; 021-481 3800 ; www.iziko.org.za/museums/planetarium ; 25 Queen Victoria St, Gardens ; adulte/enfant 60/30 R ; 9h-17h mar et jeu-dim, 9h-17h puis à partir de 19h mer ; Michaelis). Le Castle of Good Hope (p. 57), avec ses remparts, ses musées et ses tours en calèche, donne un cours d'histoire vivant et divertissant.

Tous les grands centres commerciaux comprennent des magasins de jouets et de vêtements pour enfants. On trouve un bon choix d'articles de seconde main et de jouets à **Merry Pop Ins** (carte p. 58 ; 021-422 4911 ; www.facebook.com/merrypopinsforkids ; 201 Bree St, City Bowl ; 9h30-17h lun-jeu, 9h30-16h ven, 10h-13h30 sam ; Upper Loop/Upper Long). Le Book Lounge (p. 107) propose une excellente section de livres pour enfants et des lectures d'histoires.

Certains marchés hebdomadaires, dont Neighbourgoods (p. 106), Bay Harbour Market (p. 106) et **Blue Bird Garage** (082 920 4285 ; www.bluebirdgarage.co.za ; 39 Albertyn Rd, Muizenberg ; 16h-21h jeu, jusqu'à 22h ven ; False Bay), ont une aire de jeux et de la nourriture appréciée des enfants. Pour des *fish and chips*, rendez-vous sur le Waterfront, à Hout Bay ou à Simon's Town.

rochers délimitent de petites criques sablonneuses. Un chemin de planches mène du **Boulders Visitor Centre** (021-786 2329 ; Kleintuin Rd, Seaforth, Simon's Town ; 7h-19h30 déc-jan, 8h-18h fév-mars et oct-nov, 8h-17h avr-sept ; Simon's Town), à Foxy Beach, située à l'extrémité de la zone protégée (intégrée au Table Mountain National Park), jusqu'à Boulders

Beach, où l'on peut descendre sur le sable et se mêler aux manchots. Ne tentez pas de les caresser : leurs becs tranchants peuvent causer de sérieuses blessures.

♥ Silvermine Nature Reserve RÉSERVE NATURELLE

(☎021-712 7471 ; www.tmnp.co.za ; Ou Kaapse Weg ; adulte/enfant 72/36 R ; ⏲7h-17h sept-avr, 8h-16h mai-août ; P). Cette partie du Table Mountain National Park tire son nom des vaines tentatives des Hollandais d'y prospecter de l'argent à la fin du XVIIe siècle (*silvermine* signifie "mine d'argent"). L'attraction reine en est le **Silvermine Reservoir**, bel endroit pour un pique-nique ou une balade sur la passerelle en bois accessible en fauteuil roulant. Malgré les panneaux d'interdiction, des habitants se baignent dans les eaux du bassin, calmes mais maculées de tanin. D'excellentes randonnées d'une demi-journée mènent dans les montagnes.

Plage de Muizenberg PLAGE

(Beach Rd, Muizenberg ; P ; 🚉Muizenberg). Prisée des familles et des surfeurs, cette plage est connue pour sa rangée de cabines de bain victoriennes aux couleurs vives. On peut louer des planches de surf et prendre des cours auprès de plusieurs boutiques de Beach Rd. La plage descend en pente douce et ses eaux sont généralement plus sûres qu'ailleurs le long de la péninsule. À l'extrémité est de la promenade se trouve un amusant **parc aquatique** (☎082-454 5023 ; www.muizenbergslides.co.za ; près de Beach Rd, Muizenberg ; 1 heure 55 R ; ⏲13h30-17h30 lun-ven, 9h30-17h30 sam-dim oct-avr ; 👪 ; 🚉Muizenberg).

Kalk Bay Harbour PORT

(Essex Rd, Kalk Bay ; ⏲marché au poisson 9h-17h ; P ; 🚉Kalk Bay). On gagne à visiter ce port pittoresque en fin de matinée, quand les derniers pêcheurs du village reviennent avec leurs prises, et qu'un marché animé prend vie sur le quai. C'est aussi l'occasion d'acheter du poisson en vue d'un *braai* (barbecue), ou d'observer les baleines en saison.

Non loin, à côté de la gare de Kalk Bay et du pub **Brass Bell** (☎021-788 5455 ; www.brassbell.co.za ; Kalk Bay Station, Main Rd, Kalk Bay ; ⏲11h30-22h ; 🚉Kalk Bay), des piscines naturelles apparaissent lorsque la mer se retire.

♥ Cape Point Vineyards VIGNOBLE

(☎021-789 0900 ; www.cpv.co.za ; Silvermine Rd, Noordhoek ; dégustation 50 R/3 vins ; ⏲dégustations 14h-18h30 mer, 12h-14h jeu, 12h-17h30 ven-dim, restaurant 12h-15h mer-dim ; P👪). Réputé pour son sauvignon blanc, ce petit vignoble jouit d'un cadre spectaculaire avec vue sur la plage de Noordhoek. Vous pouvez goûter sa production au cours d'un pique-nique dans les jardins (15 R/pers, réservation au moins un jour à l'avance) ou dans le restaurant.

Le marché du jeudi soir, alimentaire pour l'essentiel, est un rendez-vous hebdomadaire apprécié des adultes comme des enfants, qui peuvent jouer sur les pelouses au-dessus du réservoir agricole.

Activités

Activités aériennes

Cape Town Tandem Paragliding PARAPENTE

(☎076 892 2283 ; www.paraglide.co.za ; saut 1 150 R). Vous vous sentirez comme James Bond quand vous vous élancerez en

VAUT LE DÉTOUR

CENTRES FERMIERS DE LA PÉNINSULE

Il y a beaucoup à voir et à faire à la jolie ferme ancienne **Imhoff Farm** (☎021-783 4545 ; www.imhofffarm.co.za ; Kommetjie Rd, Kommetjie ; ⏲9h-17h ; P👪), juste en dehors de Kommetjie. On y trouve des boutiques d'artisanat, des ateliers d'art, un café, un bar à sushis (⏲12h-21h), le restaurant Blue Water Café (p. 97), la **Higgeldy Piggeldy Farmyard** (20 R ; ⏲9h-16h), hébergeant des animaux de la ferme, des **promenades à cheval** (⏲9h, 12h et 15h ; balade 1 heure 30 660 R) et une **boutique de produits de la ferme**, notamment de délicieux fromages de chèvre (fabriqués sur place par un fromager français).

Le **Noordhoek Farm Village** (☎021-789 2654 ; thefarmvillage.co.za ; angle Main Rd et Village Lane, Noordhoek ; ⏲9h-17h ; 👪), qui a le charme pastoral d'une ferme hollandaise du Cap, est un lieu agréable où acheter des souvenirs, par exemple de l'artisanat africain ou des articles de mode locaux. On trouve aussi des restaurants, des cafés et bars à jus, une aire de jeux et un **marché** (⏲16h-20h) le mercredi.

CIRCUITS DANS LES TOWNSHIPS

Les meilleurs circuits dans les townships permettent de comprendre les divisions du Cap et les défis auxquels la grande majorité des Capétoniens sont confrontés dans leur vie quotidienne. Ils permettent aussi de découvrir que ces quartiers ne sont pas que misère et privations, et qu'ils proposent beaucoup de choses intéressantes à voir et de gens à rencontrer.

Les circuits, généralement d'une demi-journée, se font en principe en voiture ou dans un petit bus, mais des visites à pied, à vélo et même en courant sont aussi organisées.

Uthando (☎021-683 8523 ; www.uthandosa.org ; circuits 912 R). Ces circuits sont plus chers que la moyenne car la moitié des recettes est reversée à des projets d'amélioration sociale. Vous découvrirez environ trois de ces projets allant de la ferme bio au centre pour personnes âgées durant votre visite.

Juma Art Tours (☎073-400 4064 ; www.jumaarttours.co.za). Juma, talentueux artiste urbain zimbabwéen, vous propose de découvrir à pied les œuvres de *street art* qui décorent les environs de la gare de Khayelitshavit, où il vit et travaille aujourd'hui. Il organise aussi des visites dans le quartier riche en *street art* de Woodstock, où il a longtemps vécu.

Andulela (☎083 305 2599, 021-790 2592 ; andulela.com ; circuits culinaires à partir de 985 R). Divers circuits culturels et culinaires, dont un à Langa sur la cuisine africaine et un autre à Bo-Kaap sur la cuisine malaise du Cap.

Siviwe Tours (☎076 483 5539 ; www.siviwetours.com ; circuits à partir de 350 R). Le charmant guide Siviwe Mbinda, fondateur de l'entreprise, organise des circuits à pied de 2 heures à Langa, comprenant souvent une représentation de la troupe de *gumboot dance* Happy Feet, créée par Siviwe.

Dinner@Mandela's (☎021-790 5817, 082-320 1979 ; www.bokbus.com ; circuits 575 R). Alternative ou complément vivement recommandé aux circuits diurnes dans les townships, ces visites nocturnes d'Imizamo Yethu avec dîner sont organisées les lundis à partir de 18h (on passe vous chercher dans le centre-ville). Le repas africain traditionnel (plats végétariens disponibles) est précédé de danse africaine et de chant choral.

Imizamo Yethu Tour (☎083 719 4870 ; www.suedafrika.net/imizamoyethu ; circuits 75 R ; ⌚circuits 10h30, 13h et 16h ; 🚌Imizamo Yethu). Le guide local Afrika Moni propose un circuit à pied de 2 heures dans le township de Hout Bay. Il commence par une rencontre des

parapente de Lion's Head pour atterrir près du Glen Country Club, où vous prendrez un cocktail au Camps Bay. Les novices peuvent opter pour un saut en tandem, laissant le soin à l'accompagnateur aguerri de s'occuper des détails techniques. Les conditions météo doivent être favorables ; informez-vous dès votre arrivée au Cap.

Cape Town Helicopters VOL PANORAMIQUE
(carte p. 68 ; ☎021-418 9462 ; www.helicopterscapetown.co.za ; 220 East Pier, Breakwater Edge, V&A Waterfront ; à partir de 1 850 R/pers ; 🚌Waterfront). Avec ces vols panoramiques, les points de vue inoubliables sur la péninsule du Cap sont garantis. Diverses options sont proposées, de l'excursion de 30 minutes à destination de Robben Island à la balade d'une heure jusqu'à Cape Point (6 900 R/pers).

Skydive Cape Town SAUT EN PARACHUTE
(☎082 800 6290 ; www.skydivecapetown.co.za ; Delta 200 Airfield, Brakkefontein Rd, Melkbosstrand ; 2 850 R ; ⌚9h-16h ; 🚌Koeberg Power Station). Ce prestataire expérimenté de la région de Melkboshstrand, à environ 40 km au nord du centre-ville, propose des sauts en parachute en tandem. On profite d'une vue spectaculaire. Le prestataire n'assure pas le transfert depuis Le Cap mais il saura vous conseiller un moyen de transport si vous n'êtes pas motorisé.

Escalade

Mountain Club of South Africa ESCALADE
(carte p. 64 ; ☎021-465 3412 ; www.mcsacapetown.co.za ; 97 Hatfield St ; droits d'inscription

habitants au poste de police, puis se poursuit par une visite au *spaza* (magasin), au *shebeen* (bar) et au *sangoma* (guérisseur traditionnel).

Transcending History Tours (☎084-883 2514 ; www.transcendinghistorytours.com ; circuits de 2 heures 30 à partir de 400 R). L'experte diplômée Lucy Campbell offre une immersion dans la riche et fascinante histoire indigène et dans le passé esclavagiste du Cap.

18 Gangster Museum (☎021-821 7864, 073-707 3639 ; www.18gm.co.za ; Dullah Omar St, Mandela Park, Khayelitsha ; circuits 3 heures/4 heures 30 450/550 R ; 8h30-18h lun-ven, 10h-15h sam-dim). Ce tout petit musée installé dans un conteneur illustre le chemin de la criminalité emprunté par de trop nombreux jeunes Sud-Africains. La visite guidée menée par d'ancien détenus peut s'accompagner d'un circuit guidé dans le township de Khayelitsha. Un circuit à pied, à vélo et en taxi d'une demi-journée (4 heures 30) comprend la visite du musée, une maison de gangster repenti, Khayelitsha Mall, Lookout Hill et un *braai* (barbecue) pour le déjeuner.

Maboneng Township Arts Experience (☎021-824 1773 ; www.maboneng.com). Moyen divertissant de découvrir la personnalité créative de Langa, ces circuits à pied (1 heure, une demi-journée ou une journée entière) comprennent généralement le Guga S'Thebe, le Langa Pass Museum, des œuvres de *street art* et la galerie d'un artiste local.

Visiter Langa en indépendant

Si vous souhaitez visiter un township de manière indépendante, optez pour Langa, le plus ancien du Cap et l'un des plus proches du centre-ville ; ses sites d'intérêt ne sont pas loin de la N2. Roulez (ou prenez un taxi) jusqu'au **Guga S'Thebe Arts & Cultural Centre** (☎021-695 3493 ; angle King Langalibalele Ave et Church St, Langa ; 8h-16h30 lun-ven, 8h-14h sam-dim ; P ; Langa) GRATUIT, garez-vous (il y a un gardien) et faites une petite balade le long de King Langalibalele Ave – admirez en chemin les mosaïques des **Langa Mosaic Plinths** (King Langalibalele Ave, Langa ; Langa) – jusqu'au **Langa Pass Museum** (Langa Heritage Museum ; ☎084-949 2153, 072 975 5442 ; angle King Langalibalele Ave et Lerotholi Ave, Langa ; entrée sur don 9h-16h lun-ven, 9h-13h sam ; P ; Langa).

Les environs comptent quelques adresses où manger, notamment le **Kaffa Hoist** (☎071 120 6345 ; www.facebook.com/kaffahoist ; Guga S'thebe Arts & Cultural Centre, angle King Langalibalele Ave et Church St, Langa ; 7h-19h), dans le Guga S'Thebe, où l'on peut déguster une tasse de café Deluxe Coffeeworks, torréfié localement.

250 R, cotisation annuelle à partir de 640 R ; mur d'escalade 10h-14h lun-mer, 10h-14h et 18h30-21h jeu, 10h-14h et 19h30-21h30 ven ; Government Ave). Peut recommander des guides aux varappeurs chevronnés et met à disposition un mur d'escalade (5 R), ainsi qu'un gîte sur la montagne de la Table.

Excursions en bateau

Simon's Town Boat Company BATEAU
(☎083 257 7760 ; www.boatcompany.co.za ; Town Pier, Simon's Town ; Simon's Town). Organise des excursions à Cape Point (adulte/enfant 800/650 R, 2 heures) et Seal Island (adulte/enfant 600/480 R, 1 heure 30), ainsi que des sorties d'observation des baleines de juin à septembre (adulte/enfant 1200/800 R, 2 heures 30).

Duiker Island Cruises BATEAU
(excursions 8h30-17h ; Fishmarket). À Hout Bay Harbour, on peut prendre un bateau pour Duiker Island, surnommée "Seal Island" pour sa colonie d'otaries (*seals*) à fourrure du Cap (à ne pas confondre avec Seal Island dans False Bay). **Circe Launches** (☎082 552 2904 ; www.circelaunches.co.za ; adulte/enfant 90/45 R), **Drumbeat Charters** (☎021-791 4441 ; www.drumbeatcharters.co.za ; adulte/enfant 120/60 R) et **Nauticat Charters** (☎021-790 7278 ; www.nauticatcharters.co.za ; adulte/enfant 120/60 R) organisent tous les jours ces excursions de 40 à 60 minutes (départs généralement garantis le matin).

Waterfront Charters BATEAU
(carte p. 68 ; ☎021-418 3168 ; www.waterfrontcharters.co.za ; Shop 5, Quay 5, V&A Waterfront ;

VAUT LE DÉTOUR

LION'S HEAD

Ce sont les Hollandais qui baptisèrent Leeuwen Kop ("tête de lion") l'immense **pic** (carte p. 70 ; Signal Hill Rd, Tamboerskloof ; Kloof Nek) aux allures de mamelon qui domine Sea Point et Camps Bay. Comptez environ 1 heure pour faire la randonnée prisée de 2,2 km entre Kloof Nek et le sommet (669 m). De Sea Point, deux itinéraires différents sont possibles.

Si beaucoup de randonneurs choisissent de partir tôt le matin, effectuer l'ascension pour voir le soleil se coucher un soir de pleine lune est un rituel local. Ne partez pas seul et emportez toujours une lampe de poche, même si la lumière de la lune devrait vous éclairer au retour.

Breakwater). Regroupe différents croisiéristes. Nous recommandons les croisières au coucher du soleil (adulte/enfant 405/216 R, 1 heure 30) à bord de la belle goélette de bois et de laiton *Esperance*. Les sorties de 30 minutes en jet-boat coûtent 330 R.

Yacoob Tourism BATEAU
(carte p. 68 ; 021-421 0909 ; www.yacoobyachts.co.za ; Shop 8, Quay 5, V&A Waterfront ; adulte/enfant à partir de 220/140 R ; ; Breakwater). Le *Jolly Roger Pirate Boat* est parfait pour des excursions en famille. Le hors-bord *Adrenalin* et les catamarans *Ameera* et *Tigress* sont plus nerveux.

Vélo et VTT

Downhill Adventures CYCLOTOURISME
(021-422 0388 ; www.downhilladventures.com ; angle Orange St et Kloof St, Gardens ; activités à partir de 750 R ; Upper Loop/Upper Long). Offrez-vous une montée d'adrénaline avec une descente à VTT au départ de la station inférieure du téléphérique de la montagne de la Table, ou des balades plus tranquilles dans la forêt de Tokai, les vignobles de Constantia Winelands et le cap de Bonne-Espérance. Possibilité de louer des vélos (850 R/jour) et d'organiser des cours de surf ou de *sandboard* (surf des sables).

Awol Tours VÉLO
(carte p. 68 ; 021-418 3803 ; www.awoltours.co.za ; Information Centre, Dock Rd, V&A Waterfront ; 9h-18h ; Nobel Square). Découvrez les pistes cyclables du Cap à l'occasion de ce superbe circuit à vélo (950 R, 3 heures) qui part chaque jour de l'agence Awol du Waterfront. D'autres circuits à vélo mènent dans les Winelands, à Cape Point et dans le township de Masiphumelele (une alternative intéressante aux visites des townships traditionnels en bus ou à pied). Également, randonnées pédestres à la montagne de la Table (à partir de 2 120 R).

Day Trippers VÉLO
(021-511 4766 ; www.daytrippers.co.za). Ce prestataire établi de longue date propose de nombreux circuits à vélo, dont une visite de la ville (à partir de 650 R).

Plongée et snorkeling

La plongée en cage parmi les requins fait polémique. Certains soutiennent qu'elle entraîne une augmentation des attaques de requins, d'autres (des scientifiques marins et des environnementalistes notamment) la considèrent comme un outil pédagogique favorisant leur conservation.

Animal Ocean SNORKELING, FAUNE MARINE
(072 296 9132 ; www.animalocean.co.za ; 8 Albert St, Hout Bay ; snorkeling 750 R/pers ; tte l'année ; ; Lower Victoria). Si la météo le permet (et si vous n'avez pas le mal de mer), ne manquez pas de partir en excursion de snorkeling à Duiker Island, où vivent des milliers d'otaries à fourrure du Cap, aussi joueuses que curieuses, et dont les eaux environnantes sont dépourvues de requins. Le matériel, dont d'épaisses combinaisons en Néoprène, est fourni. Meilleure saison : de septembre à mai (mars-avril pour voir les jeunes phoques).

Apex Shark Expeditions FAUNE MARINE
(021-786 5717 ; www.apexpredators.com ; Quayside Bldg, Simon's Town ; observation des requins à partir de 2 995 R ; Simon's Town). Dirigé par des naturalistes, Apex propose des expériences marines en petits groupes à False Bay, dont des plongées en cage parmi les requins entre février et septembre.

Into the Blue PLONGÉE
(carte p. 70 ; 021-434 3358 ; www.diveschoolcapetown.co.za ; 88 Main Rd, Sea Point ; cours PADI Open-Water 5 500/7 500 R, plongée depuis le rivage/bateau 450/700 R, location matériel 750 R/jour ; Sea Point High). Un centre de plongée bien situé – près des hôtels de Sea Point – qui propose cours et sorties régulières

autour du Cap (sur épave, en compagnie des requins-vaches, en cage au milieu des grands requins blancs, etc.).

Ocean Experiences PLONGÉE
(carte p. 68 ; ☎021-418 2870 ; oceanexperiences.co.za ; Shop 8, Quay 5, V&A Waterfront ; snorkeling 1 250 R, excursion bateau 1 heure 30 850 R ; Breakwater). Outre la plongée sous-marine (suspendue lors de nos recherches), ce prestataire propose plusieurs autres activités, telles des sorties snorkeling au milieu d'une colonie d'otaries à fourrure du Cap, à Oudekraal, ou des sorties en bateau pour observer la faune marine.

Two Oceans Aquarium PLONGÉE
(carte p. 68 ; ☎021-418 3823 ; www.aquarium.co.za ; Dock Rd, V&A Waterfront ; plongées 870 R, cours Discover Scuba 1 850 R ; Aquarium). Plonger dans les bassins de cet aquarium vous donne la possibilité de nager avec des tortues et des raies sans craindre la potentielle présence de requins. Le prix comprend la location du matériel, mais si vous n'êtes pas un plongeur certifié, vous devrez payer le cours Discover Scuba en supplément.

Pisces Divers PLONGÉE
(☎021-786 3799 ; www.piscesdivers.co.za ; Goods Shed, Main Rd, Simon's Town ; plongées guidées à partir de 1 600 R, cours à partir de 1 750 R ; Simon's Town). Ce centre PADI propose cours et plongées planifiées.

Randonnée

La montagne de la Table permet de suivre une multitude d'itinéraires, des promenades faciles aux expéditions d'escalade extrême : vous pourrez partir à la conquête du sommet ou parcourir contreforts, ravins et vallées.

LA SÉCURITÉ EN RANDONNÉE

Bien qu'aux portes de la ville, le Table Mountain National Park est une région sauvage culminant à plus de 1 000 m, potentiellement dangereuse et imprévisible. Les accidents en montagne sont fréquents, souvent lors d'expédition d'alpinisme ; la Table Mountain fait plus de victimes que l'Everest. Les incendies de montagne font aussi des morts, et les agressions sur les versants de la Table Mountain et de Lion's Head ne sont hélas pas rares.

Des employés patrouillent le parc, mais étant donné sa superficie, ils ne peuvent être partout ; soyez bien préparé avant de partir. Même si vous prenez le téléphérique jusqu'au sommet, sachez que la météo peut changer très rapidement là-haut.

Les principaux numéros d'urgence sont le ☎086 110 6417 (pour signaler un incendie, du braconnage, un accident ou une agression) et le ☎021-948 9900 (Wilderness Search and Rescue, équipe de sauvetage).

Conseils en randonnée

- Portez un pantalon. La plupart des plantes composant le *fynbos* (broussaille principalement formée de protées, bruyères et éricacées) sont dures et épineuses.
- Attention au "*blister bush*" ("buisson à ampoules", *Diplolophium buchananii*), dont les feuilles ressemblent à du persil. En cas de contact avec la peau, couvrez immédiatement la zone touchée, car le soleil active les toxines de la plante, lesquelles peuvent laisser des ampoules qui mettent parfois des années à guérir.
- Prévenez un tiers de votre itinéraire et équipez-vous d'une carte ou, mieux, partez avec un guide.
- Restez sur les sentiers fréquentés, ne prenez pas de raccourcis.
- Emportez beaucoup d'eau, de la nourriture, des vêtements imperméables et un téléphone portable entièrement chargé.
- Portez de bonnes chaussures de randonnée et un chapeau pour vous protéger du soleil.
- Ne grimpez pas seul. Les autorités du parc recommandent de partir à quatre.
- Ne laissez pas de détritus en montagne et ne faites pas de feu : ces pratiques sont interdites.

À NE PAS MANQUER

CHAPMAN'S PEAK DRIVE

En voiture, à moto, à vélo ou à pied, parcourez tranquillement **Chapman's Peak Drive** (☎021-791 8220 ; www.chapmanspeakdrive.co.za ; Chapman's Peak Dr; voiture/moto 54/35 R ; 🚌Hout Bay), la portion à péage de 5 km qui relie Hout Bay à Noordhoek. Cette route côtière offre des aires de pique-nique et des points de vue sur des panoramas spectaculaires. N'hésitez pas à emprunter cette route si vous allez à Cape Point.

Outre les compagnies ci-après, Abseil Africa (p. 57), Awol Tours (p. 76) et Downhill Adventures (p. 76) proposent aussi des randonnées guidées dans le parc. Cape Union Mart Hiking Club (www.cumhike.co.za), Trails Club of South Africa (www.trailsclub.co.za) et Mountain Club of South Africa (p. 74) organisent des randonnées en journée et le week-end.

Venture Forth RANDONNÉE

(☎021-555 3864, 084-700 2867 ; www.ventureforth.co.za ; à partir de 915 R/pers, minimum 3 pers). Excellentes randonnées et ascensions avec des guides enthousiastes et bien informés qui vous feront sortir des sentiers battus.

Walk in Africa RANDONNÉE

(☎021-785 2264 ; www.walkinafrica.com). Steve Bolnick, guide de safari et de montagne expérimenté et passionné, propose diverses randonnées d'une journée ou d'une demi-journée dans le Table Mountain National Park et au-delà.

South African Slackpacking RANDONNÉE

(☎082 882 4388 ; www.slackpacker.co.za ; moins/plus de 4 heures à partir de 1 100/1 400 R). Frank Dwyer, guide naturaliste agréé, organise des randonnées d'un ou plusieurs jours.

Table Mountain Walks RANDONNÉE

(☎021-715 6136 ; www.tablemountainwalks.co.za ; à partir de 750 R/pers). Des randonnées guidées d'une journée dans différentes parties du parc, notamment vers le sommet de la Table Mountain et à travers la Silvermine Nature Reserve.

Christopher Smith RANDONNÉE

(☎073-727 0386 ; tablemountain.my-hiking.com ; à partir de 600 R/jour). Un guide indépendant, avenant et très érudit, formé dans le parc national et fort d'une longue expérience sur le terrain.

Kayak

♥ **Kayak Cape Town** KAYAK

(☎082 501 8930 ; www.kayakcapetown.co.za ; Wharf St, Simon's Town ; 🚆Simon's Town). Pagayez jusqu'à la colonie de manchots de Boulders (p. 71, 350 R, 2 heures) avec ce prestataire basé à Simon's Town.

Kaskazi Kayaks KAYAK, CIRCUIT

(carte p. 68 ; ☎074 810 2224, 083 346 1146 ; www.kayak.co.za ; station-service Shell, 179 Beach Rd, Three Anchor Bay ; 500 R/pers ; 🚌Three Anchor Bay). Levez-vous tôt pour participer à une excursion en kayak de 2 heures (si la météo le permet) organisée par ce tour-opérateur professionnel entre Three Anchor Bay et Granger Bay ou Clifton. La vue sur les montagnes et le littoral est stupéfiante, et vous aurez peut-être la chance d'approcher dauphins, otaries et manchots. L'observation des baleines est également possible en saison.

Surf, kitesurf et paddle

Gary's Surf School SURF

(☎021-788 9839 ; www.garysurf.co.za ; 34 Balmoral Bldg, Beach Rd, Muizenberg ; cours de 2 heures 500 R ; ⏰8h-17h ; 🚆Muizenberg). Le fantastique moniteur Gary Kleynhans et son équipe enseignent aux novices de tout âge (dès 4 ans) à tenir sur leur longboard tout en leur transmettant la "surf attitude". Également location de planches et de combinaisons (1 heure 30 80 R).

Surfstore Africa SPORTS NAUTIQUES

(☎076 202 3703, 021-788 5055 ; www.surfstore.co.za ; 48-50 Beach Rd, Muizenberg ; cours de kitesurf à partir de 970 R ; 🚆Muizenberg). Cours de kitesurf, de paddle et de surf. Il y a aussi un café et une boutique proposant un vaste choix d'équipements de surf.

Best Kiteboarding Africa SPORTS NAUTIQUES

(☎021-556 2765 ; www.bestkiteboardingafrica.com ; Portico Bldg, Athens Rd, Table View ; cours demi-journée/journée 1 480/2 800 R ; ⏰9h30-17h lun-ven, 10h-15h sam-dim ; 🚌Marine Circle). La longue et vaste plage de Table View, balayée par le vent et sur laquelle donne cette boutique, est idéale pour la pratique du kitesurf. Si vous en avez déjà fait, louez simplement le matériel. Sinon, demandez des cours. Leçons de paddle également possibles (1 200 R/2 heures).

Circuits organisés

City Sightseeing Cape Town EN BUS
(086 173 3287 ; www.citysightseeing.co.za ; adulte/enfant 1 jour 225/130 R, 2 jours 299/220 R). Les deux circuits de ces bus à impériale (on peut monter et descendre à sa guise) permettent de prendre ses repères dans la ville. Les commentaires sont disponibles en 16 langues et l'étage supérieur ouvert permet de prendre des photos. Les bus passent toutes les 30 minutes environ, entre 9h et 16h30, plus souvent en haute saison. Pour les autres circuits, consultez le site Internet.

Coffeebeans Routes CULTURE
(carte p. 64 ; 021-813 9829 ; coffeebeansroutes.com ; iKhaya Lodge Hotel, Dunkley Sq, Gardens ; circuits pédestres à partir de 4 043 R, excursions à la journée à partir de 8 400 R ; Roodehek). Coffeebeans Routes se démarque des autres tour-opérateurs par son concept : mettre en contact les visiteurs avec des musiciens, artistes, brasseurs, designers et autres personnalités locales. Les circuits, au Cap et dans ses environs, abordent des thèmes originaux comme l'histoire révolutionnaire récente de l'Afrique du Sud, les projets innovants ou les vins naturels et bio.

Cape Town on Foot À PIED
(carte p. 58 ; 021-462 2252 ; www.wanderlust.co.za ; 66 Loop St, City Bowl ; circuits 250 R ; 11h lun, mer et ven ; Church/Longmarket). Ces circuits de 2 heures 30 dirigés par un guide compétent (anglophone ou germanophone) débutent devant la Huguenot House – qui abrite la bijouterie **Prins & Prins** (carte p. 58 ; 021-422 0148 ; www.prinsandprins.com ; 9h-17h lun-ven, 9h-13h sam ; Church/Mid-Long) – et couvrent les sites touristiques du centre-ville. Également des balades audio à télécharger sur son Smartphone (à partir de 43 R) pour des visites en toute autonomie de la ville.

African Story GASTRONOMIE
(073-755 0444 ; www.africanstorytours.com ; 1 100 R). Des circuits d'une journée avec dégustations de vin, fromage et chocolat sur quatre domaines des régions de Stellenbosch, Franschhoek et Paarl.

Run Cape Town COURSE À PIED
(carte p. 64 ; 072 920 7028 ; www.runcapetown.co.za ; circuits à partir de 600 R). Visitez Le Cap en faisant du sport, grâce aux divers parcours de course à pied proposés par ce prestataire innovant dans toute la ville, dans Table Mountain National Park et plus loin, à Gugulethu et Darling (550 R avec son propre véhicule jusqu'à Darling).

Fêtes et festivals

Le Cap aime la fête et il s'y passe toujours quelque chose, en particulier pendant les mois chauds (d'octobre à mars). Consultez le programme complet sur le site de Cape Town Tourism (p. 111).

LE CARNAVAL DU CAP

Le Cape Town Minstrel Carnival (Kaapse Klopse en afrikaans) est l'équivalent capétonien de la parade du Mardi gras à Rio. Cette célébration animée, qui se produit dans un joyeux désordre, regroupe chaque année plus de 1 000 personnes dans un défilé de costumes de satin et de paillettes multicolores.

Le carnaval remonte au début de l'époque coloniale, quand les esclaves obtenaient un jour de liberté le 2 janvier pour fêter la nouvelle année. Cependant, le maquillage, les costumes colorés ainsi que les numéros de chant et de danse de rue grivois s'inspirent directement des artistes américains qui s'arrêtaient au Cap à la fin du XIXe siècle. La grande majorité des participants est issue de la communauté noire des Cape Flats.

Si cet événement est bien ancré dans le calendrier des fêtes du Cap, il a souvent été controversé, entaché de problèmes concernant son financement et de conflits entre instances organisatrices. Par ailleurs, le carnaval a toujours été un moyen pour la communauté noire de démontrer sa puissance.

Pour plus d'informations, visitez le site www.facebook.com/capetownminstrelca.

À NE PAS MANQUER

ÉVÉNEMENTS RÉGULIERS

First Thursdays (www.first-thursdays.co.za ; 17h-21h, 1er jeu du mois fév-déc). Extrêmement populaires, les "premiers jeudis du mois" mettent à l'honneur des galeries et boutiques de design de City Bowl – c'est l'occasion de s'immerger dans le paysage artistique local et de participer à une fête de rue itinérante. Food trucks et stands de restauration se rassemblent autour de St Georges Mall, Van Riebeek Sq et Upper Bree St. Des événements ont aussi souvent lieu dans Orphan Lane.

Tuning the Vine (083 357 4069 ; www.tuningthevine.co.za ; billet en ligne/sur place 200/220 R ; 17h30-20h30, 2e mer du mois). Suivez la "route des vins du centre-ville", événement mensuel apprécié qui anime la vie nocturne de City Bowl en milieu de semaine : 13 lieux mettent à l'honneur des vins et vignerons locaux.

Museum Night V&A Waterfront (021-408 7600 ; V&A Waterfront). Les musées du Waterfront restent ouverts gratuitement tard le soir une fois par trimestre, généralement un mercredi de 17h à 22h. D'autres sites sont accessibles à moitié prix et divers événements culturels sont programmés à cette occasion. Suspendue depuis la pandémie de Covid-19, la manifestation n'avait pas repris à l'heure où nous écrivions ces lignes ; renseignez-vous auprès du V&A Waterfront lors de votre venue.

Promenade Mondays (carte p. 70 ; www.facebook.com/promenademondays ; près de Beach Rd, Sea Point). Chaque lundi à 18h, quelque 300 skateurs, rolleurs et cyclistes se rassemblent dans le parking bordant Queen's Beach pour parcourir la Sea Point Promenade. L'événement est organisé par l'urbaniste et longboardeur Marco Morgan, également membre fondateur de la National Skate Collective, œuvrant pour l'amélioration des infrastructures pour skateurs.

Art Thursday (www.facebook.com/ARTthursdaysInObz ; Observatory). Le deuxième jeudi du mois, galeries, magasins, bars et restaurants locaux restent ouverts tard pour promouvoir toutes sortes d'expositions et d'événements artistiques et musicaux. Procurez-vous un dépliant présentant les participants auprès d'AHEM! Art Collective (p. 105). Sont par exemple organisées des scènes ouvertes de poésie au **Touch of Madness** (021-447 4650 ; www.facebook.com/ATouchofMadness.Obs ; 12 Nuttall Rd, Observatory ; plats 55-100 R ; 9h-23h lun-jeu, 9h-2h ven-sam, 11h-22h dim ; P ; Observatory) et des projections de films d'art et d'essai à l'Armchair Theatre & Pub.

Janvier

Cape Town Minstrel Carnival CULTURE
(www.facebook.com/capetownminstrelca ; jan-fév). Le 2 janvier (*Tweede Nuwe Jaar*), des troupes d'artistes en costume de satin rehaussé de paillettes défilent dans la ville pour le Kaapse Klopse (Cape Town Minstrel Carnival). Ils partent de Keizergracht St et défilent ensuite le long de Adderley St et Wale St jusqu'au quartier de Bo-Kaap. De janvier à début février, des concours opposent les différentes troupes le samedi à l'**Athlone Stadium** (021-637 6607 ; Cross Blvd, Athlone ; Athlone).

Février-mars

Design Indaba ARTS
(www.designindaba.com ; fév). Ce salon original rapproche les mondes de la mode, de l'architecture, des arts visuels, de l'artisanat et des médias. Il se tient fin février, habituellement au Cape Town International Convention Centre.

Infecting the City ARTS DU SPECTACLE
(021-418 3336 ; infectingthecity.com ; mars). Lors de ce festival organisé tous les 2 ans, les superbes places, fontaines, musées et théâtres du Cap accueillent des représentations d'artistes de tout le continent. Prochaine édition en 2023.

Cape Town Cycle Tour CYCLISME
(www.capetowncycletour.com ; mi-mars). La plus grande course cycliste contre la montre du monde réunit plus de 30 000 participants pendant un samedi à la mi-mars. L'itinéraire fait le tour de la montagne de

la Table, redescend vers la côte atlantique et longe Chapman's Peak Drive.

Cape Town Carnival CULTURE
(www.capetowncarnival.com ; Walk of Remembrance, Green Point ; ⌚mi-mars). Ce défilé de carnaval le long du Walk of Remembrance (ex-Fan Walk), financé par la ville, célèbre les nombreuses facettes de l'identité sud-africaine. Sa première édition a eu lieu en 2010. Attention à ne pas le confondre avec le Cape Town Minstrel Carnival (voir page ci-contre) !

Old Mutual Two Oceans Marathon SPORT
(☎087 740 5260 ; www.twooceansmarathon.org.za ; ⌚mi-mars). Ce marathon de 56 km suit un parcours autour de la Table Mountain. Il attire environ 9 000 participants.

Cape Town International Jazz Festival MUSIQUE
(☎021-671 0506 ; www.capetownjazzfest.com ; ⌚mars-avr). La plus grande manifestation de jazz de la ville attire les meilleurs musiciens sud-africains et internationaux. Elle a généralement lieu au Cape Town International Convention Centre, fin mars, et inclut un concert gratuit sur Greenmarket Sq.

Septembre-octobre

Open Book Festival LITTÉRATURE
(openbookfestival.co.za ; ⌚sept). Le principal festival littéraire de la ville, organisé par le District Six Homecoming Centre et le Book Lounge. Le programme, très fourni, comprend débats, lectures et discussions avec des écrivains locaux et internationaux.

Cape Town Fringe ARTS DU SPECTACLE
(☎086 000 2004 ; www.capetownfringe.co.za ; ⌚mi-sept à début oct). Cette grande fête des arts du spectacle dure 11 jours, entre fin septembre et début octobre. Ses diverses manifestations, organisées en partenariat avec l'éminent Grahamstown Festival, pimentent la vie de la "Cité-Mère".

OUTsurance Kfm 94.5 Gun Run COURSE À PIED
(thegunrun.co.za ; ⌚début oct). Très apprécié, ce semi-marathon (21 km) démarre dans Beach Rd, à Mouille Point – c'est l'occasion unique d'entendre tonner le canon Noon Gun de Signal Hill un dimanche. Les participants tentent d'atteindre la ligne d'arrivée avant qu'il ne résonne. Courses de 5 et 10 km également.

Novembre-décembre

Adderely Street Christmas Lights MUSIQUE
(www.capetown.gov.za ; ⌚déc). Rendez-vous devant la gare ferroviaire du Cap avec les dizaines de milliers de spectateurs venus assister au concert qui précède l'allumage des illuminations de Noël dans Adderley St, et une parade. Cette rue, piétonne chaque soir après 17h jusqu'au 30 décembre, accueille un marché nocturne et des musiciens.

Où se loger

L'offre du Cap en matière d'hébergement satisfait tous les budgets : auberges de jeunesse originales, palaces cinq étoiles ou *guesthouses* (pensions) chics. Faites bien attention à leur emplacement : certains établissements sont éloignés de la plage ou des grands sites touristiques, et réservez bien à l'avance, surtout si votre séjour tombe pendant les vacances scolaires (mi-décembre à fin janvier). La plupart des adresses cassent leurs prix en basse saison (mai-octobre).

City Bowl et alentour

♥91 Loop AUBERGE DE JEUNESSE $
(carte p. 58 ; ☎021-286 1469 ; www.91loop.co.za ; 91 Loop St, City Bowl ; dort/ch avec petit-déj à partir de 270/1 000 R ; ❄📶 ; 🚌Church/Longmarket). Des investisseurs de Johannesburg sont derrière ce nouvel établissement animé et très propre. Bon choix de chambres et de dortoirs, portant tous le nom d'une ville étrangère et dotés de grands matelas. Les lits des dortoirs, nichés dans des alcôves de béton, offrent un peu plus d'intimité que les habituels lits superposés.

Scalabrini Guest House AUBERGE DE JEUNESSE $
(carte p. 58 ; ☎021-465 6433 ; www.scalabrini.org.za ; 47 Commercial St, City Bowl ; dort/s/d 280/560/780 R ; @📶 ; 🚌Roeland). Depuis 1994, l'ordre monastique italien des Scalabriens (missionnaires de Saint-Charles) vient en aide aux pauvres et aux réfugiés du Cap. Installé dans une ancienne usine textile, il gère diverses initiatives sociales ainsi qu'une agréable pension de 11 chambres immaculées avec salle de bains et belle cuisine commune équipée d'une TV par satellite.

St Paul's Guesthouse B&B $

(carte p. 58 ; 021-423 4420 ; @stpaulsguesthouse ; 182 Bree St, City Bowl ; s/d avec petit-déj 600/950 R, avec sdb commune 500/800 R ; P ; Upper Long/Upper Loop). Bien situé, plein de cachet et impeccable, ce B&B est une excellente alternative aux auberges de jeunesse de Long St. Vastes chambres meublées sobrement et possibilité de se détendre ou de prendre le petit-déjeuner dans la cour, à l'ombre des plantes grimpantes.

Cape Heritage Hotel BOUTIQUE-HÔTEL $$

(carte p. 58 ; 021-424 4646 ; www.capeheritage.co.za ; Heritage Sq, 90 Bree St, City Bowl ; d/ste/app à partir de 2 850/4 420/7 000 R, parking 85 R/jour ; P@ ; Church/Longmarket). Chacune des 19 chambres de cet élégant boutique-hôtel occupant un des bâtiments du XVIIIe siècle réhabilités de Heritage Sq, dégage un charme particulier. Lit à colonnes dans certaines et confort moderne dans toutes (TV satellite, presse à vêtements...). Toit-terrasse et Jacuzzi.

Rouge on Rose BOUTIQUE-HÔTEL $$

(carte p. 58 ; 021-426 0298 ; www.rougeonrose.co.za ; 25 Rose St, Bo-Kaap ; s/d avec petit-déj 1 600/2 300 R ; ; Old Fire Station). Cette très bonne adresse de Bo-Kaap propose neuf suites au charme élégamment rustique, avec kitchenette, salons et nombreux espaces de travail. Dans toutes, on trouve une baignoire dans une salle de bains ouverte. Amusantes peintures murales.

Grand Daddy Hotel BOUTIQUE-HÔTEL $$

(carte p. 58 ; 021-424 7247 ; www.granddaddy.co.za ; 38 Long St, City Bowl ; ch ou caravane à partir de 2 895/3 695 R ; P@ ; Mid-Long/Church). L'attraction vedette du Grand Daddy est le “camping” installé sur le toit-terrasse, composé de luxueuses suites aménagées dans sept caravanes Airstream vintage et rénovées avec art. Les chambres plus classiques de l'établissement, tout aussi élégantes, intègrent dans leur décoration des références ingénieuses à la culture sud-africaine.

La Rose B&B B&B $$

(carte p. 58 ; 021-422 5883 ; www.larosecapetown.com ; 32 Rose St, Bo-Kaap ; s/d avec petit-déj à partir de 1 000/1 200 R ; P ; Old Fire Station). Ce charmant B&B, tenu par un couple franco-sud-africain (les très accueillants Yoann et Adheena), connaît un tel succès qu'il s'agrandit à vue d'œil. Magnifiquement décoré, il est doté d'un jardin sur son toit avec la meilleure vue du quartier. La spécialité du Breton Yoann ? Les crêpes, qu'il confectionne pour les résidents, bien sûr !

The Charles GUESTHOUSE $$

(carte p. 58 ; 021-409 2500 ; www.thecharles.co.za ; 137 Waterkant St, De Waterkant ; s/d avec petit-déj à partir de 1 300/1 550 R ; @ ; Alfred). Une agréable *guesthouse*-café à la situation centrale à De Waterkant. Les tables débordent sur une terrasse donnant sur les environs. Les chambres sont de tailles variables : les moins chères sont petites et les plus grandes, décloisonnées, comportent une cuisine.

Taj Cape Town HÔTEL DE LUXE $$$

(carte p. 58 ; 021-819 2000 ; www.tajhotels.com ; Wale St, City Bowl ; ch/ste avec petit-déj 3 000/5 000 R ; P@ ; Groote Kerk). La luxueuse chaîne hôtelière indienne Taj a redonné vie à l'ancien bâtiment du Board of Executors. Une nouvelle tour abrite des chambres contemporaines et chics, dont nombre profitent d'une vue spectaculaire sur la montagne de la Table. Service et équipements de grand standing, notamment l'excellente **Bombay Brasserie** (plats 110-200 R, menu dégustation 545 R ; 18h-22h).

East City, District Six, Woodstock et Salt River

Wish U Were Here AUBERGE DE JEUNESSE $

(021-447 0522 ; 445 Albert Rd, Salt River ; dort 280 R, d 845 R, s/d avec sdb commune 550/780 R ; ; Kent). Les concepteurs de cet établissement proche de l'Old Biscuit Mill ont fait preuve d'imagination : dortoir rose Barbie, double romantique avec lit fabriqué à partir d'un ancien bateau de pêche, etc. Le balcon qui fait le tour du bâtiment donne sur le rond-point de Salt River (bruyant en journée).

Green Elephant AUBERGE DE JEUNESSE $

(021-448 6359 ; www.greenelephant.co.za ; 57 Milton Rd, Observatory ; dort 210 R, s/d avec sdb privative 600/750 R, s/d avec sdb commune 500/650 R, camping 100 R/tente ; P@ ; Observatory). Ce point de chute pour routards, établi de longue date et réparti sur quatre maisons, est une alternative appréciée aux auberges du centre-ville. Dotées de parquet et de mobilier rustique-chic, les chambres avec

LOCATION D'APPARTEMENT ET DE MAISON

Pour les séjours longue durée, louer un appartement ou une villa avec ou sans services hôteliers peut être une bonne affaire. Voici quelques agences fiables :

African Elite Properties (carte p. 58 ; ☎021-421 1090 ; www.africaneliteproperties.com ; Shop A21, Cape Quarter, Dixon St, De Waterkant ; app 1 lit à partir de 3 000 R ; 🚌Alfred). Location d'appartements de luxe au dernier étage du Cape Quarter.

Cape Stay (www.capestay.co.za). Logements dans tout Le Cap.

De Waterkant Cottages (carte p. 58 ; ☎021-421 2300 ; www.dewaterkantcottages.com ; 40 Napier St, De Waterkant ; app/maison à partir de 1 650/2 200 R ; 🚌Old Fire Station). Villas et appartements chics à De Waterkant pouvant accueillir 2 à 8 personnes.

In Awe Stays (☎083 658 6975 ; www.inawestays.co.za ; d à partir de 1 600 R). Élégants studios et cottages à Gardens et Fresnaye.

Village & Life (carte p. 70 ; ☎021-437 9700 ; www.villageandlife.com ; 69 Victoria Rd, Camps Bay ; 🚌Old Fire Station). Principalement des propriétés à De Waterkant et Camps Bay.

salle de bains en face du bâtiment principal sont particulièrement plaisantes. Petit-déjeuner basique inclus.

DoubleTree by Hilton Hotel Cape Town – Upper Eastside HÔTEL $$
(carte p. 86 ; ☎021-404 0570 ; www.doubletree.hilton.com ; 31 Brickfield Rd, Woodstock ; ch/ste à partir de 1 395/2 595 R, parking 60 R/jour ; P❄@📶🏊 ; 🚌Upper Salt River). Un hôtel aménagé avec élégance dans les bâtiments rénovés de l'ancienne usine de vêtements Bonwitt. Les chambres vastes et agréables donnent sur la montagne ou la ville. La plupart des suites avec mezzanine ont une kitchenette. Piscine intérieure et salle de sport sur place. Petit-déjeuner en supplément.

Gardens et ses environs

Once in Cape Town AUBERGE DE JEUNESSE $
(carte p. 64 ; ☎021-424 6169 ; onceincapetown.co.za ; 73 Kloof St, Gardens ; dort/d avec petit-déj à partir de 260/1 260 R ; P@📶 ; 🚌Ludwig's Garden). Bénéficiant d'une atmosphère fantastique et d'un bel emplacement, Once propose des chambres avec salles de bains plutôt petites, mais joliment décorées. Cour propice à la détente et grande cuisine à disposition.

Backpack AUBERGE DE JEUNESSE $
(carte p. 64 ; ☎021-423 4530 ; backpackers.co.za ; 74 New Church St, Tamboerskloof ; dort 390 R, s/d à partir de 1 150/1 440 R, avec sdb commune 910/1 150 R ; P@📶🏊 ; 🚌Upper Long/Upper Loop). Cet établissement estampillé d'un label de tourisme équitable (Fair Trade in Tourism) propose l'élégance à petits prix, une ambiance animée et un personnel fabuleux. À défaut d'être vraiment bon marché, ses dortoirs sont parmi les meilleurs de la ville, tandis que les chambres et appartements avec cuisine sont délicieusement décorés. Jolie piscine assortie de mosaïques et paisibles jardins pour se détendre en admirant la vue sur la montagne de la Table. Petit-déjeuner inclus.

Ashanti Gardens AUBERGE DE JEUNESSE $
(carte p. 64 ; ☎021-423 8721 ; www.ashanti.co.za ; 11 Hof St, Gardens ; dort 300 R, d 1 100 R, s/d avec sdb commune 620/840 R, camping 180 R ; P@📶 ; 🚌Government Ave). Dans cette auberge de jeunesse, l'une des plus chics du Cap, l'activité se concentre essentiellement sur le bar animé et la terrasse avec vue sur la montagne de la Table. La splendide demeure ancienne, agrémentée d'une exquise collection d'œuvres contemporaines, abrite les dortoirs et chambres avec salle de bains commune. On peut aussi camper sur la pelouse. Les superbes chambres avec cuisine et salle de bains privative occupent deux maisons classées, non loin. Un autre établissement se trouve à **Green Point** (carte p. 68 ; ☎021-433 1619 ; 23 Antrim Rd, Three Anchor Bay ; dort/s/d avec sdb commune 320/640/900 R, d avec sdb privative 1 100 R ; P@📶🏊 ; 🚌St Bedes).

SERGEY URYADNIKOV / SHUTTERSTOCK ©

1. Manchots de Boulders (p. 71)
Les manchots du Cap se dandinent le long du rivage de cette région pittoresque

2. Cellule de Nelson Mandela, Robben Island (p. 66)
Immergez-vous dans l'histoire sud-africaine en visitant ce site inscrit au patrimoine mondial de l'Unesco.

3. Kirstenbosch National Botanical Garden (p. 69)
Ce jardin botanique est l'un des plus beaux du monde, avec plus de 7 000 espèces de plantes.

4. Panoramas du Cap
Admirez de splendides points de vue sur la Table Mountain et le Devil's Peak.

East City, District Six, Woodstock et Salt River

East City, District Six, Woodstock et Salt River

Les incontournables
1 District Six Museum A1

À voir
2 Grand Parade A1

Où se loger
3 DoubleTree by Hilton Hotel Cape Town – Upper Eastside H3

Où se restaurer
Ocean Jewels .... (voir 15)
Pot Luck Club .... (voir 11)
Test Kitchen .... (voir 11)

Où prendre un verre et faire la fête
Espressolab Microroasters .... (voir 11)
4 Hidden Leaf G3
5 Truth A1
6 Woodstock Brewery H1
7 Woodstock Gin Company H1

Achats
8 Art It Is F1
9 Book Lounge A2
10 Goodman Gallery Cape D1
Neighbourgoods Market .... (voir 11)
11 Old Biscuit Mill H1
12 South African Print Gallery D1
13 Stevenson D1
14 Streetwires H1
15 Woodstock Exchange F1

La Grenadine GUESTHOUSE $$
(carte p. 64 ; 021-424 1358 ; www.lagrenadine.co.za ; 15 Park Rd, Gardens ; ch/cottage 2 lits avec petit-déj à partir de 2 590/3 980 R ; ; Ludwig's Garden). Maxime et Mélodie, un couple d'artistes français, ont insufflé une bonne dose de charme à ces écuries du XIXe siècle rénovées avec créativité (les murs en pierre d'origine font partie intégrante des chambres). Le jardin, ponctué d'arbres fruitiers, est une oasis féerique et le salon déborde de livres et de vinyles. Le petit-déjeuner met à l'honneur le précieux service en porcelaine de Mélodie.

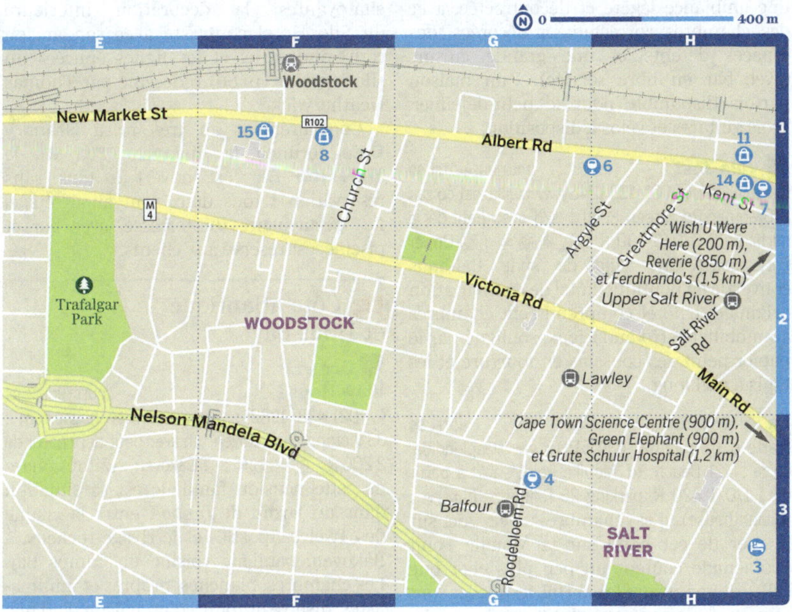

Cloud 9 BOUTIQUE-HÔTEL $$

(carte p. 64 ; 021-424 1133 ; www.hotelcloud9.com ; 12 Kloof Nek Rd, Tamboerskloof ; s/d avec petit-déj à partir de 1 945/2 590 R ; ; Ludwig's Garden). Ce nouveau boutique-hôtel et spa aux lignes contemporaines réunit plusieurs établissements auparavant séparés. Les chambres diffèrent selon la partie du lieu qu'elles occupent ; certaines présentent un plafond en fer-blanc gaufré et un manteau de cheminée carrelé. Le spacieux bar sur le toit-terrasse et le Jacuzzi donnant sur la Table Mountain sont de vrais atouts.

Mannabay BOUTIQUE-HÔTEL $$$

(021-461 1094 ; www.mannabay.com ; 8 Bridle Rd, Oranjezicht ; ch/ste avec petit-déj à partir de 7 000/8 700 R ; ; Upper Orange). Dans ce sublime établissement doté d'une stupéfiante collection contemporaine d'artistes locaux, rien ne semble trop demandé au personnel. Chacune des huit chambres affiche une thématique spécifique. L'emplacement du Mannabay, haut perché sur une colline, à la lisière du parc national, garantit une vue fabuleuse. Le tarif comprend le thé-goûter, servi dans le salon de la bibliothèque.

Belmond Mount Nelson Hotel HÔTEL $$$

(carte p. 64 ; 021-483 1000 ; www.belmond.com ; 76 Orange St, Gardens ; ch/ste avec petit-déj à partir de 10 050/12 635 R ; ; Government Ave). Nichée dans 3 ha de jardin, cette beauté coloniale rose bonbon, décorée de chintz et dont les portiers sont coiffés d'un casque d'époque, semble à mille lieues du reste de la ville. Les chambres présentent d'élégantes décorations argent et vert mousse. Grande piscine, courts de tennis, luxueux spa et plusieurs restaurants sur place.

L'endroit soigne particulièrement les plus jeunes, avec ses peignoirs taille enfant et le biscuit accompagné d'un verre de lait à l'heure du coucher. Même si vous ne séjournez pas au "Nellie", allez-y pour un **afternoon tea** (021-483 1948 ; afternoon tea 425 R ; 13h ou 15h30 mer-dim ;), véritable institution au Cap.

Green Point et Waterfront

B.I.G. Backpackers AUBERGE DE JEUNESSE $

(carte p. 68 ; 021-434 0688 ; www.bigblue.za.net ; 18 Thornhill Rd, Green Point ; dort/s/d/tr 420/1 050/1 400/1 900 R ; ; Skye Way). Nichée sur les pentes de Green Point, cette auberge de jeunesse cultive une ambiance légère et décontractée, avec des chambres correctement décorées, des espaces détente et une grande cuisine (avec bar en libre service). Pain maison parfois disponible pour le petit-déjeuner. Trois guitares et vélos à disposition.

Villa Zest BOUTIQUE-HÔTEL **$$**
(carte p. 68 ; ☎021-433 1246 ; www.villazest.co.za ; 2 Braemar Rd, Green Point ; s/d avec petit-déj à partir de 2 070/2 990 R ; P ❄ @ ≋ ; 🚌 Upper Portswood). Une villa de style Bauhaus convertie en boutique-hôtel de configuration originale. L'hôtel comprend sept chambres au mobilier rétro audacieux, souligné par le papier peint, les coussins en fourrure et les tapis à poil long.

La Splendida HÔTEL **$$**
(carte p. 68 ; ☎021-439 5119 ; www.lasplendida.co.za ; 121 Beach Rd, Mouille Point ; s/d à partir de 1 170/1 420 R, parking 25 R/jour ; P ❄ 📶 ; 🚌 Lighthouse). Les chambres avec vue sur la mer de cet hôtel sur la Mouille Point Promenade coûtent un peu plus cher que celles donnant sur Signal Hill, lesquelles sont tout aussi plaisantes et plutôt spacieuses. La décoration a un petit côté pop art rétro.

Cape Grace HÔTEL DE LUXE **$$$**
(carte p. 68 ; ☎021-431 5888 ; capetown.oneandonlyresorts.com ; Dock Rd, V&A Waterfront ; ch/ste avec petit-déj à partir de 9 700/23 000 R ; P ❄ @ 📶 ≋ ; 🚌 Nobel Square). Parmi les hôtels les plus séduisants du Waterfront, le Cape Grace allie artistiquement mobilier d'époque et artisanat – dont des couvre-lits et des rideaux peints à la main – conférant à l'endroit une atmosphère unique, qui plonge le visiteur dans l'histoire du Cap.

One&Only Cape Town HÔTEL DE LUXE **$$$**
(carte p. 68 ; ☎021-431 5888 ; www.oneandonlyresorts.com ; Dock Rd, V&A Waterfront ; ch/ste avec petit-déj à partir de 12 795/27 565 R ; P ❄ @ 📶 ≋ ; 🚌 Aquarium). Aucune dépense ne semble avoir été négligée pour créer ce complexe de luxe. Choisissez entre les immenses chambres, exceptionnellement confortables, du bâtiment principal (panorama sur la montagne de la Table) et celles encore plus raffinées de l'île, près de la piscine et du spa.

Silo Hotel BOUTIQUE-HÔTEL **$$$**
(carte p. 68 ; ☎021-670 0500 ; www.theroyalportfolio.com/the-silo ; Silo Sq, V&A Waterfront ; ch/ste à partir de 18 000/25 000 R ; P ❄ 📶 ≋ ; 🚌 Waterfront Silo). Avec ses motifs floraux, ses lustres clinquants et ses couleurs chatoyantes, la décoration intérieure du Silo Hotel contraste avec son ancien cadre industriel et les lignes épurées du silo à grains (p. 66) redessiné par Thomas Heatherwick.

Contrairement au très prisé **Granary Café** (brunch le dimanche 325 R), le **Willaston Bar** est ouvert à tous sans réservation ; tous deux sont au 6e étage. Le spectaculaire toit-terrasse, avec bar et piscine, est réservé aux clients.

Côte atlantique et Hout Bay

Ocean View House GUESTHOUSE **$$**
(☎021-438 1982 ; www.oceanview-house.com ; 33 Victoria Rd, Bakoven ; ch avec petit-déj à partir de 2 200 R ; P ❄ 📶 ≋ ; 🚌 Bakoven). L'atout phare de cette pension familiale est sa situation dans un jardin de *fynbos*, entre la chaîne des Twelve Apostles et le rivage rocheux, à Bakoven, banlieue voisine de Camps Bay. Les chambres, blanches, propres et minimalistes, disposent toutes d'un balcon ou d'une terrasse pour profiter de la vue.

The Winchester Boutique Hotel HÔTEL **$$**
(carte p. 70 ; ☎021-434 2351 ; www.winchester.co.za ; 221 Beach Rd, Sea Point ; s/d avec petit-déj à partir de 2 785/3 135 R ; P ❄ 📶 ≋ ; 🚌 London). Véritable institution de Sea Point datant des années 1920, cet élégant hôtel de front de mer (les chambres avec vue sur l'eau sont plus chères) est agrémenté de touches contemporaines (spa et piscine de 50 m², entre autres). La jolie cour avec fontaine centrale offre un cadre romantique pour un dîner au restaurant **Shoreditch House** (plats 120-200 R).

Ellerman House HÔTEL HISTORIQUE **$$$**
(carte p. 70 ; ☎021-430 3200 ; www.ellerman.co.za ; 180 Kloof Rd, Bantry Bay ; ch/ste/villas à partir de 12 000/30 000/95 000 R ; P ❄ @ 📶 ≋ 👪 ; 🚌 Bantry Bay). Imaginez être invité à séjourner chez un ami capétonien immensément riche et collectionneur d'art : c'est l'impression que vous aurez à l'Ellerman House, une élégante maison avec vue sur l'Atlantique. Les chambres sont des modèles de raffinement (chauffage au sol, tête de lit capitonnée, baies vitrées donnant sur l'océan et œuvres d'art originales), les jardins magnifiques et le luxe omniprésent.

Tintswalo Atlantic LODGE $$$ (☎021-201 0025 ; www.tintswalo.com/atlantic ; Chapman's Peak Dr, Hout Bay ; s/d avec petit-déj à partir de 8 085/10 780 R ; P❄📶🏊 ; 🚌Hout Bay). Détruit par un terrible incendie en mars 2015, le seul hôtel du Table Mountain National Park a aujourd'hui retrouvé toute sa splendeur et son charme maritime. Il épouse le bord de Hout Bay, en contrebas du Chapman's Peak, offrant ainsi une vue imprenable sur le Sentinel et les baleines qui passent en saison.

Camps Bay Retreat RESORT $$$ (carte p. 70 ; ☎021-437 8300 ; www.campsbayretreat.com ; 7 Chilworth Rd, The Glen ; ch/ste avec petit-déj à partir de 6 200/9 200 R ; P❄📶🏊 ; 🚌Glen Beach). Un splendide établissement logé dans le majestueux Earl's Dyke Manor (1929), au cœur d'une réserve naturelle isolée, à quelques pas du Camps Bay Strip. Choisissez entre une chambre du bâtiment d'origine, avec mobilier foncé, tapis turcs et baignoire îlot victorienne, ou une chambre contemporaine décloisonnée dont la terrasse privative côtoie la cime des arbres.

Faubourgs sud

Andros Boutique Hotel BOUTIQUE-HÔTEL $$ (☎021-797 9777 ; www.andros.co.za ; angle Phyllis Rd et Newlands Rd, Claremont ; s/d avec petit-déj à partir de 2 050/2 550 R ; P❄📶🏊 ; 🚆Kenilworth). Dans un vaste jardin, cette belle propriété néo-hollandaise du Cap dessinée par sir Herbert Baker date de 1908. Les chambres et suites, spacieuses et confortables, ont pour certaines une terrasse, appréciée de ceux qui sont au Cap pour travailler ou lier connaissance. Restaurant, bar, piscine et spa. Styles ancien et contemporain se mêlent harmonieusement dans tout l'établissement.

♥ **Vineyard Hotel & Spa** HÔTEL DE LUXE $$$ (☎021-657 4500 ; www.vineyard.co.za ; Colinton Rd, Newlands ; ch/ste avec petit-déj à partir de 3 320/5 420 R ; P❄📶🏊; 🚆Claremont). Construit autour de la demeure de 1799 de lady Anne Barnard(1750-1825), écrivaine-voyageuse écossaise, ce délicieux hôtel propose des chambres de style contemporain aux tons naturels apaisants. On peut profiter d'une promenade guidée et d'un *afternoon tea* dans les jardins verdoyants donnant sur la montagne de la Table. Très beau spa (l'Angsana), bonne salle de gym, piscine et excellent restaurant gastronomique (le Myoga).

Sud de la péninsule

African Soul Surfer AUBERGE DE JEUNESSE $ (☎021-788 1771 ; www.africansoulsurfer.co.za ; 13 York Rd, Muizenberg ; dort/s/d 190/580/750 R ; 📶 ; 🚆Muizenberg). Installée dans un bâtiment classé et jouissant d'une vue splendide, cette auberge de jeunesse est située à seulement une minute de la plage. Chambres joliment aménagées (salle de bains commune ou privative), cuisine, salon confortable, tables de ping-pong et billard.

♥ **Bella Ev** GUESTHOUSE $$ (☎021-788 1293 ; www.bellaev-guesthouse.co.za ; 8 Camp Rd, Muizenberg ; s/d à partir de 1 000/1 200 R ; P📶 ; 🚆Muizenberg). Cette charmante pension avec délicieux jardin intérieur pourrait servir de toile de fond à un roman d'Agatha Christie, dans lequel le propriétaire aurait un penchant pour l'époque ottomane (des babouches sont mises à la disposition des clients).

Chartfield Guesthouse GUESTHOUSE $$ (☎021-788 3793 ; www.chartfield.co.za ; 30 Gatesville Rd, Kalk Bay ; r 900-1 200 R, qua 2 400 R ; P📶🏊 ; 🚆Kalk Bay). Les pièces parquetées de cette pension des années 1920, pleine de coins et de recoins, sont décorées de beaux objets d'art et d'artisanat contemporains locaux. Les chambres aux draps immaculés sont toutes dotées d'une salle de bains avec douche à effet de pluie. Charmants terrasse et jardin donnant sur le port, où l'on peut prendre le petit-déjeuner.

Cape Flats

Aux Cape Flats, on peut séjourner chez l'habitant ou dans des B&B, généralement chez les propriétaires ou juste à côté. Un séjour chez une matriarche xhosa (un ou deux repas africains inclus) est un bien meilleur moyen de découvrir la vie dans les townships qu'un circuit d'une journée. Réservez auprès de Vamos (p. 74), de **Ikhaya Le Langa** (☎076 530 5065 ; ikhayalelanga.co.za), de **Khayelitsha Travel** (☎021-361 4505, 082 729 9715 ; www.khayelitshatravel.com ; complexe de Lookout Hill, angle Mew Way et Spine Rd, Ilitha Park, Khayelitsha ; 🚌Makabeni) ou d'autres services de location de logements entre particuliers.

Kopanong B&B $
(☎082 476 1278, 021-361 2084 ; 329 Velani Cres, Section C, Khayelitsha ; s/d avec petit-déj 500/ 1 000 R ; P ; Nonkqubela). Thope Lekau, aussi appelée "Mama Africa", tient cet excellent B&B avec sa fille Mpho, tout aussi exubérante. Elle loue dans sa grande maison en briques trois chambres décorées avec style, dont deux disposent d'une salle de bains privative. Délicieux dîner (140 R/ pers, deux pers minimum) et promenades guidées par des membres de la communauté locale disponibles sur demande (1 heure, 150 R/pers).

Liziwe Guest House B&B $
(☎021-633 7406 ; www.sa-venues.com/visit/ liziwesguesthouse ; 111 NY 112, Gugulethu ; ch 750-900 R ; P ; Heideveld). Liziwe a fait de sa maison un palais, avec sept exquises chambres à la décoration africaine (salles de bains privatives et TV). Tous les repas sont proposés : Liziwe est apparue dans une émission de cuisine de la BBC, une garantie que vous mangerez très bien, et les non pensionnaires peuvent réserver pour le déjeuner ou le dîner.

Où se restaurer

Avec sa cuisine variée (spécialités africaines et malaises locales notamment), ses produits de la mer fraîchement pêchés et ses chefs au sommet de leur art, Le Cap est sans doute l'une des villes d'Afrique où l'on mange le mieux : c'est à se demander comment les Capétoniens font pour garder la ligne !

City Bowl et alentours

Royale Eatery BURGERS $
(carte p. 58 ; ☎021-422 4536 ; www.royaleeatery.com ; 279 Long St, City Bowl ; plats 66-158 R ; ⏲12h-23h30 lun-sam ; Upper Loop/Upper Long). Pour un burger gastronomique préparé à la perfection (au bœuf, à l'autruche, au poulet, au poisson ou végétarien), installez-vous dans l'espace décontracté du rez-de-chaussée ou réservez une table au restaurant à l'étage.

Plant VÉGÉTALIEN $
(carte p. 58 ; ☎021-422 2737 ; www.plantcafe.co.za ; 8 Buiten St, City Bowl ; plats 50-90 R ; ⏲7h30-21h30 mar-sam, 7h30-17h dim-lun ; ; Upper Loop/Upper Long). Comme son nom l'indique, Plant sert une cuisine exclusivement végétalienne – si savoureuse qu'il pourrait bien vous rallier à sa cause. Au menu : sandwichs et salades avec simili-fromage et substituts d'œufs, champignons portobellos géants, mélange de flocons de pommes de terre et d'algues en guise de burgers, ou encore cupcakes et brownies savoureux.

Bread, Milk & Honey SANDWICHS $
(carte p. 58 ; ☎021-461 8425 ; www.breadmilkhoney.co.za ; 60 Corporation St, City Bowl ; plats 45-65 R ; ⏲6h30-16h lun-ven ; Groote Kerk). Les débats animés des politiciens et bureaucrates du Parlement voisin résonnent dans cet élégant café familial. Sur la carte, tout est bon, en particulier les pâtisseries. Buffet-déjeuner quotidien (prix au poids) et grands choix d'en-cas à emporter.

Hokey Poke HAWAÏEN, POKE BOWLS $
(carte p. 58 ; ☎021-422 4382 ; 1 Church St, City Bowl ; plats 85-135 R ; ⏲11h-21h ;). Cette agréable petite salle au carrelage blanc et aux touches kitsch d'inspiration asiatique est le premier bar à poke (salade de poisson cru mariné) du Cap. Choisissez parmi les divers *poke bowls*, avec des ingrédients plutôt traditionnels tels que thon, saumon, crevettes, lamelles d'algues et œufs de poisson, ou composez vous-même votre bol. Ambiance enjouée et service amical. Plusieurs adresses en ville.

Olami MOYEN-ORIENTAL $
(carte p. 58 ;www.facebook.com/Olami-549503688551991 ; 231 Bree St, City Bowl ; plats 75-100 R ; ⏲8h-16h lun-ven ; Upper Loop/Upper Long). Toutes les saveurs de la Méditerranée et du Moyen-Orient sont représentées dans cet espace blanc immaculé qui sert sandwichs aux falafels, salades, pâtisseries, boissons et autres délices. On peut vous remplir une boîte à emporter. Des livres de cuisine et la superbe vaisselle artisanale du chef sont en vente.

Clarke's Bar & Dining Room AMÉRICAIN $
(carte p. 58 ; ☎021-424 7648 ; www.clarkesdining.co.za ; 133 Bree St, City Bowl ; plats 75-105 R ; ⏲7h-16h lun, 7h-22h mar-ven,8h-22h sam, 8h-15h dim ; Dorp/Leeuwen). Bastion hipster de Bree St, cette adresse conviviale avec sièges au comptoir rend hommage à la tradition du *diner* américain. Les petits-déjeuners servis toute la journée comprennent sandwichs au fromage fondu et *huevos rancheros*. À partir de midi, on sert des sandwichs Reuben ou à la poitrine de porc, des burgers et du *mac and cheese*.

Mozart on Church CAFÉ $

(carte p. 58 ; 021-422 1765 ; www.mozartonchurch.com; 37 Church St, City Bowl ; plats 75-125 R ; 8h30-16h lun-sam, 8h-15h sam ; ; Church/Longmarket). Un charmant établissement pour déguster café et sandwich. Les tables côté rue donnent sur l'animation du marché aux puces quotidien tandis que l'étage offre un joli espace tranquille.

Bo-Kaap Kombuis MALAIS DU CAP $

(carte p. 58 ; 021-422 5446 ; www.bokaapkombuis.co.za ; 7 August St, Bo-Kaap ; plats 65-169 R ; 12h-15h et 18h-22h mar-sam, 12h-16h dim). Les chaleureux Yusuf et Nazli vous accueillent dans ce restaurant jouissant d'un emplacement spectaculaire dans le quartier de Bo-Kaap. À elle seule, la vue panoramique sur la montagne de la Table et le Devil's Peak vaut le détour. On y sert tous les plats traditionnels de la cuisine malaise du Cap et des options végétariennes comme le curry de *sugar beans* (haricots).

Loading Bay BISTROT, CAFÉ $

(carte p. 58 ; 021-425 6320 ; www.loadingbay.co.za ; 30 Hudson St, De Waterkant ; plats 75-140 R ; 8h-16h lun-ven, 8h-15h sam, 9h-14h dim ; Old Fire Station). Frayez avec l'élégante clientèle de De Waterkant dans ce café chic qui propose un café avec du "lait microtexturisé" (chauffé à seulement 70°C) et des plats de style bistrot, tels les toasts au bacon croustillant et avocat.

♥ Chefs Warehouse Pinchos & Wine Bar TAPAS $$

(carte p. 58 ; 021-422 0128 ; www.chefswarehouse.co.za ; Heritage Sq, 92 Bree St, City Bowl ; tapas pour 2 pers 700 R ; 12h-21h lun-sam ; Church/Longmarket). La délicieuse et généreuse sélection de petites assiettes préparées par le chef Liam Tomlin et sa talentueuse équipe vaut le détour. La carte parcourt la planète entière, du calamar assorti d'une salade vietnamienne acidulée au roboratif coq au vin. Si le restaurant est plein (pas de réservations), prenez un plat à emporter au **Street Food**, situé dans l'espace sous le perron.

♥ Hemelhuijs INTERNATIONAL $$

(carte p. 58 ; 021-418 2042 ; www.hemelhuijs.co.za ; 71 Waterkant St, Foreshore ; plats 125-175 R ; 9h-16h lun-ven, 9h-15h sam ; ; Strand). Cet espace excentrique mais élégamment décoré – têtes de cerf assorties de vaisselle cassée et d'œuvres d'art contemporain – sert de vitrine aux créations culinaires artistiques du chef Jacques Erasmus. La cuisine, inventive et délicieuse, utilise des ingrédients locaux comme les pommes de terre Sandveld. Savoureux jus de fruits frais et gâteaux du jour.

Addis in Cape ÉTHIOPIEN $$

(carte p. 58 ; 021-424 5722 ; www.addisincape.co.za ; 41 Church St, City Bowl ; plats 120-150 R ; 12h-22h30 lun-sam ; ; Church/Longmarket). Installez-vous autour d'une table basse en vannerie pour savourer la cuisine éthiopienne sur les traditionnelles *injera* (grandes galettes au levain de la taille d'une assiette), qui remplacent les couverts. Bonne sélection de plats végétariens et végétaliens. À découvrir également, le *tej* (vin au miel maison) et un authentique café éthiopien.

Company's Garden Restaurant MALAIS DU CAP $$

(carte p. 58 ; 021-423 2919 ; www.thecompanysgarden.com ; Company's Garden, Queen Victoria St, City Bowl ; plats 75-130 R ; 8h30-16h ; ; Dorp/Leeuwen). Le vieux café du Company's Garden a été transformé en un espace contemporain chic, avec de charmants aménagements extérieurs (échiquier géant et nids en osier dans lesquels peuvent jouer les enfants). Excellents petits-déjeuners (essayez le pain perdu) et bon choix de plats malais du Cap, dont certains agrémentés d'une touche moderne, notamment les rouleaux de printemps à la farce épicée.

Izakaya Matsuri JAPONAIS $$

(carte p. 58 ; 021-421 4520 ; www.izakayamatsuri.com ; Shop 6, The Rockwell, Schiebe St, De Waterkant ; plats 65-158 R ; 10h30-15h, 17h-22h lun-sam ; Alfred). Le formidable Arata-san prépare des sushis et des rouleaux de printemps parmi les meilleurs du Cap, ainsi que divers plats typiques des *izakaya* (bistrot japonais), comme les nouilles et le tempura. Par beau temps, on migre du séduisant intérieur décoré d'énormes lanternes de papier blanches et rouges vers l'espace de restauration dans la cour.

Raw and Roxy VÉGÉTALIEN $$

(carte p. 58 ; 079-599 6277 ; www.facebook.com/rawandroxy ; 38 Hout St, City Bowl ; plats 120-148 R ; 10h-18h lun-jeu, 10h-21h30 ven, 10h-17h sam ; ; Kent). Beatrice Holst a su conquérir les carnivores du Cap avec ses délicieux mets et boissons crus et végétaliens, dont des jus survitaminés, des lasagnes crues à faire se pâmer les fins gastronomes, ou encore un onctueux gâteau à la ganache chocolat-avocat.

Shortmarket Club INTERNATIONAL **$$$**
(carte p. 58 ; 021-447 2874 ; theshortmarketclub.co.za ; 88 Shortmarket St, City Bowl ; plats 190-750 R, menu dégustation 7 plats 800 R ; 12h30-14h et 18h-20H30 mar-dim ; ; Church/Longmarket). Le dernier établissement du chef vedette Luke Dale-Roberts occupe une salle mansardée aux murs couverts de papillons en papier, avec banquettes, box et fauteuils en cuir. Parmi les ingrédients : poissons pêchés dans le respect de l'environnement, bœuf nourri à l'herbe et beaucoup de légumes cultivés localement. Les serveurs en veste blanche apportent une élégante touche européenne à l'ensemble.

East City, District Six, Woodstock et Observatory

Ocean Jewels PRODUITS DE LA MER **$**
(carte p. 86 ; 083 582 0829 ; www.oceanjewels.co.za ; Woodstock Exchange, 66 Albert Rd, Woodstock ; plats 50-95 R ; magasin 8h30-16h30, restaurant 11h-15h lun-ven ; Woodstock). Dans ce café soutenant le projet de pêche durable de la Southern African Sustainable Seafood Initiative (SASSI), le poisson vient directement du port de Kalk Bay. On y sert de fantastiques burgers de thon accompagnés de frites. Bien que logé dans le Woodstock Exchange, à l'élégant style industriel, l'établissement est aussi décontracté qu'un restaurant de bord de mer, avec ses tables en bois patiné et ses assiettes rustiques émaillées.

Pot Luck Club INTERNATIONAL **$$**
(carte p. 86 ; 021-447 0804 ; www.thepotluckclub.co.za ; dernier étage du Silo, Old Biscuit Mill, 373-375 Albert Rd, Woodstock ; plats 70-180 R ; 12h30-14h30 et 18h-22h30 lun-sam, 11h-12h30 dim ; Kent). Cet établissement du chef Luke Dale-Roberts est plus abordable que le Test Kitchen. Perché sur un ancien silo, il offre une vue panoramique sur les environs, mais c'est surtout le contenu des assiettes, destinées à être partagées, que l'on vient apprécier ; vous vous laisserez sans doute tenter par une seconde portion de bœuf fumé à la sauce aux truffes et café au lait ! Brunch du dimanche (sans/avec vin pétillant à volonté 450/650 R) vivement recommandé. Réservez.

Test Kitchen INTERNATIONAL **$$$**
(carte p. 86 ; 021-447 2622 ; www.thetestkitchen.co.za ; Shop 104a, Old Biscuit Mill, 375 Albert Rd, Woodstock ; menu 750 R ; 12h-13h30 et 18h-20h mar-sam ; P ; Kent). Luke Dale-Roberts invente des mets inspirés à partir des meilleurs ingrédients locaux dans son restaurant phare, considéré comme le meilleur d'Afrique. Le lieu est aujourd'hui extrêmement couru ; les réservations en ligne sont ouvertes 3 mois à l'avance et seuls les plus rapides obtiennent une table.

Ferdinando's PIZZAS **$$**
(084-771 0485 ; www.ferdinandospizza.com ; 205 Lower Main Rd, Observatory ; pizzas 115-145 R ; mer-sam 18h-23h ; Observatory). Cette charmante pizzeria a trouvé sa place à "Obs". Vous y serez reçu par Diego, le maître pizzaiolo, et Kikki la créative (et pétillante) hôtesse, sans oublier l'adorable chien Ferdinando, qui veille sur tout ce petit monde. Les garnitures des fabuleuses pizzas croustillantes à croûte fine varient en fonction de la saison. Réservation requise.

Reverie Social Table INTERNATIONAL **$$$**
(021-447 3219 ; www.reverie.capetown ; 226a Lower Main Rd, Observatory ; déj 60-70 R, dîner 5 plats avec vin 1 180 R ; 18h30-23h mer-sam ; Salt River). Avec sa longue table en bois de 18 couverts, le restaurant de la charmante chef et hôtesse Julia Hattingh n'est pas pour les misanthropes. Réservez pour le dîner de cinq plats, chacun associé à un vin particulier de la région ou, parfois, à un gin local. La journée, les artistes et autres esprits créatifs du quartier viennent y déjeuner, par exemple d'une salade de bœuf saignant avec achards de pêche ou d'une soupe au choufleur et gorgonzola.

Gardens et ses environs

Tamboers Winkel INTERNATIONAL **$**
(carte p. 64 ; 021-424 0521 ; www.facebook.com/Tamboerswinkel ; 3 De Lorentz St, Tamboerskloof ; plats 85-100 R ; 7h-20h lun-ven, 7h-15h sam-dim ; Welgemeend). Ce beau café de style rustique est un sérieux prétendant au titre de meilleure adresse pour le petit-déjeuner ou le déjeuner autour de Kloof St. Sa tourte au poulet est légendaire. Dégustations gratuites de vins de différents vignobles le mercredi de 18h à 20h.

Yard INTERNATIONAL **$**
(carte p. 64 ; 021-461 8134 ; www.facebook.com/yardcapetown ; 6 Roodehek St, Gardens ; plats

85-99 R ; ⏲9h-22h ; 🚌Roodehek). Les fameux burgers de Dog's Bollocks ont permis de lancer cet espace de restauration grunge et branché il y a quelques années. On y sert désormais petits-déjeuners à l'anglaise et sandwichs chez Mucky Mary, tacos chez Bitch's Tits et café Deluxe au Yard Bar.

Chefs INTERNATIONAL **$$**

(carte p. 64 ; ☎021-461 0368 ; www.chefscapetown.co.za ; 81 St Johns Rd, Gardens ; plats 150-190 R ; ⏲12h-20h30 lun-ven ; 📶 ; 🚌Annandale). On peut voir les chefs à l'œuvre dans la cuisine ouverte de ce fabuleux nouveau venu de la scène culinaire du Cap. Son concept original de "gastronomie rapide" permet de choisir chaque jour entre trois succulents plats (dont toujours un végétarien), aussi bien présentés que sur la carte tactile.

Kyoto Garden Sushi JAPONAIS **$$**

(carte p. 64 ; ☎021-422 2001 ; www.kyotogarden.co.za ; 11 Lower Kloof Nek Rd, Tamboerskloof ; plats 190-250 R ; ⏲17h30-23h lun-sam ; 🚌Ludwig's Garden). Le mobilier en hêtre et l'éclairage délicat confèrent une dimension zen à ce remarquable restaurant japonais, où officie un chef expert en sushis et sashimis. Offrez-vous les oursins, accompagnés d'un cocktail Asian Mary.

Maria's GREC **$$**

(carte p. 64 ; ☎021-461 3333 ; www.facebook.com/MariasGreekCafe ; 31 Barnet St, Dunkley Sq, Gardens ; plats 136-218 R ; ⏲8h30-22h mar-ven, 10h-22h sam, 10h-16h dim ; P🖉 ; 🚌Annandale). Par une soirée chaude, peu d'adresses sont aussi plaisantes pour un dîner romantique. Installé à une table rustique sous les arbres de la place, régalez-vous de mezze ou d'autres plats grecs, comme la moussaka. Nombreux plats végétariens et végétaliens.

Cafe Paradiso ITALIEN **$$**

(carte p. 64 ; ☎021-422 0403 ; www.cafeparadiso.co.za ; 101 Kloof St, Tamboerskloof ; plats 90-280 R ; ⏲12h-22h lun-ven, 9h-22h sam-dim ; 👪 ; 🚌Welgemeend). Les familles adorent : pendant que les adultes mangent dans l'agréable jardin, les enfants préparent leurs propres pizzas, cookies, cupcakes ou personnages en pain d'épices dans une cuisine dédiée (55 R).

Aubergine INTERNATIONAL **$$$**

(carte p. 64 ; ☎021-465 0000 ; www.aubergine.co.za ; 39 Barnet St, Gardens ; déj 4/6 plats 360/440 R, dîner 4/5 plats 795/945 R ; ⏲12h-14h mer-ven, 17h-22h lun-sam ; 🖉 ; 🚌Annandale). Natif d'Allemagne, Harald Bresselschmidt est l'un des chefs les plus constants du Cap. Ses assiettes innovantes et copieuses sont accompagnés des meilleurs vins locaux, dont certains sont spécialement produits pour le restaurant. Menus végétariens ; service et ambiance impeccables.

Green Point et Waterfront

Le Waterfront compte pléthore de cafés et restaurants, pourvus pour beaucoup d'une terrasse donnant sur les montagnes et l'océan.

Café Neo CAFÉ **$**

(carte p. 68 ; ☎021-433 0849 ; 129 Beach Rd, Mouille Point ; plats 60-450 R ; ⏲7h-19h ; P📶 ; 🚌Three Anchor Bay). L'ambiance de ce café de style contemporain, avec vue sur mer, oscille entre animation (à l'heure des repas) et décontraction (idéal pour un verre en fin d'après-midi). Jetez un coup d'œil à la carte inscrite sur le grand tableau noir (plusieurs plats grecs, entre autres), puis installez-vous à la grande table commune de la salle ou sur la terrasse, face au phare rouge et blanc.

Giovanni's Deli World ÉPICERIE FINE **$**

(carte p. 68 ; ☎021-434 6893 ; www.giovannisdeli.co.za ; 103 Main Rd, Green Point ; plats 40-70 R ; ⏲7h30-21h ; 🚌Stadium). L'épicerie est pleine de bons produits qui servent aussi à faire des sandwichs à la demande, une formule idéale pour un pique-nique sur la plage. Café en terrasse très populaire.

V&A Food Market FOOD HALL **$**

(carte p. 68 ; www.waterfrontfoodmarket.com ; Pump House, Dock Rd, V&A Waterfront ; plats à partir de 90 R ; ⏲10h-20h ; P📶👪 ; 🚌Nobel Square). Grâce à ce *food court* coloré aux allures de marché, situé dans l'ancienne Pump House, inutile de dépenser des fortunes pour bien manger (et manger sain) au Waterfront. Commandez un café ou un jus fraîchement pressé pour accompagner votre wrap et votre muffin, ou optez pour un repas plus consistant, comme un curry thaïlandais, indien ou malais du Cap.

Willoughby & Co PRODUITS DE LA MER **$$**

(carte p. 68 ; ☎021-418 6115 ; www.willoughbyandco.co.za ; Shop 6132, Victoria Wharf, Breakwater Blvd, V&A Waterfront ; plats 169-425 R ; ⏲12h-22h30 ; P📶 ; 🚌Waterfront). Les immenses portions de sushis sont les stars de ce restaurant de poisson simple du Victoria Wharf, considéré comme l'une des meilleures adresses du Waterfront – la longue file d'attente en est témoin.

Côte atlantique

Avec son offre cosmopolite de cafés, restaurants et boutiques, Sea Point est l'un des quartiers les plus intéressants du Cap en matière de cuisine. Main Rd et Regent Rd réservent les plus belles surprises, parmi lesquelles le Mojo Market (p. 110), marché quotidien installé à l'intersection des deux artères. Camps Bay et Clifton comptent de merveilleux cafés en front de mer, donnant sur la plage et fréquentés par l'élite du Cap. Pour un *fish and chips* et le marché hebdomadaire Bay Harbour Market (p. 106), dirigez-vous vers Hout Bay.

Jarryds Espresso Bar & Eatery CAFÉ $
(carte p. 70 ; ☎ 060 748 0145 ; www.nonamehg.com ; 90 Regent Rd, Sea Point ; plats 80-145 R ; 7h30-15h30). En arrivant d'Australie, Jarryd et son frère Ariel se sont attachés à reproduire dans leur établissement l'ambiance décontractée en vogue dans certains restaurants de Sydney. L'endroit est rapidement devenu un incontournable de Sea Point pour le petit-déjeuner (granola coco, œufs Bénédicte) et le déjeuner (côtes caramélisées, *falafel bowls*). Les ingrédients sont locaux, notamment le café, produit par Espresso Lab à Woodstock.

Kleinsky's Delicatessen ÉPICERIE FINE $
(carte p. 70 ; ☎ 021-433 2871 ; www.kleinskys.co.za ; 95 Regent Rd, Sea Point ; sandwichs 50-98 R ; 8h-16h lun-ven, 8h-15h sam-dim ; ; Tramway). Hommage aux épiceries fines juives de New York, le Kleinsky's propose bagels grillés au saumon fumé ou au pâté de foie de poulet, soupe de poulet aux boulettes de *matzo* (pain non levé) et *latkes* (crêpes de pommes de terre). Excellent pour un en-cas en journée et bon café. Des œuvres d'artistes locaux ornent les murs.

Fish on the Rocks PRODUITS DE LA MER $
(☎ 021-790 0001 ; www.fishontherocks.com ; Harbour Rd, Hout Bay ; plats 55-210 R ; 9h-20h30 ; Atlantic Skipper). Les *fish and chips* de cette institution de Hout Bay sont parmi les meilleurs du Cap, à savourer à une table extérieure balayée par la brise ou sur les rochers bordant la baie, regardant lesmouettes plonger.

La Boheme Wine Bar & Bistro BISTROT $$
(carte p. 70 ; ☎ 021-434 8797 ; www.labohemebistro.co.za ; 341 Main Rd, Sea Point ; plats 165 R, menu dîner 2/3 plats 220/250 R ; 12h30-22h30 mar-sam, 17h-22h30 lun ; ; Firmount). Si l'on peut ici reprendre des forces au cours de la journée avec de succulentes tapas et un expresso, allez-y plutôt en soirée pour profiter, à la lumière scintillante des bougies, de superbes menus à deux ou trois plats, qui associent ingrédients locaux et influences françaises et espagnoles.

Massimo's ITALIEN $$
(☎ 021-790 5648 ; www.pizzaclub.co.za ; Oakhurst Farm Park, Main Rd, Hout Bay ; pizzas 86-148 R ; 16h-21h30 lun-jeu, 12h-21h30 ven-dim ; ; Imizamo Yethu). Si pâtes et *spuntini* (petites assiettes de style tapas) sont aussi à la carte, la spécialité maison reste les très bonnes pizzas à pâte fine, cuites au feu de bois. Vous serez servi avec cordialité et humour par l'Italien Massimo et son épouse Tracy, originaire de Liverpool. Nombreux plats végétariens et végétaliens, et l'une des meilleures aires de jeux pour enfants de la ville.

Codfather PRODUITS DE LA MER $$$
(carte p. 70 ; ☎ 021-438 0782 ; www.codfather.co.za ; 37 The Drive, Camps Bay ; portion de poisson 170 R, sushis 55-96 R ; 12h-23h ; Whale Rock). Réservez une table pour un agréable repas dans cette institution de Camps Bay, que ce soit au bar à sushis ou au restaurant donnant sur Lion's Head. Commandez votre vin et vos accompagnements, puis demandez à votre serveur expert de vous présenter les poissons exposés au comptoir (scalaire, gonnelle, merlu, abadèche du Cap, etc.).

Faubourgs sud

Starlings Cafe INTERNATIONAL $
(☎ 021-671 6875 ; www.starlings.co.za ; 94 Belvedere Rd, Claremont ; plats 105-135 R ; 7h-16h lun-ven, 7h-16h sam ; ; Claremont). Cottage arty encadré d'un jardin ombragé, le Starlings est l'une des adresses les plus charmantes des faubourgs sud pour un déjeuner (aubergines au four, poulet au curry jaune asiatique,...) ou un petit-déjeuner tardif (pain perdu, œufs pochés au parmesan et au pesto de basilic). Excellent café également.

Four & Twenty Cafe & Pantry TRAITEUR $$
(☎ 021-761 1000 ; www.fourandtwentycafe.co.za ; 23 Wolfe St, Wynberg Village ; plats 85-148 R ; 8h-17h lun-sam, 9h-16h dim ; ; Wynberg). Prisé des habitants de Little Chelsea (Wynberg), ce café-traiteur rustique mais chic propose une petite carte de délicieuses créations, telles que salades et sandwichs gastronomiques, grosses croquettes de

poisson aux herbes et petits pains vapeur farcis aux côtes de bœuf caramélisées. La cour, ornée de bougainvillées, offre un cadre exquis pour boire un thé avec des gâteaux.

Rare Grill STEAKS $$
(☎076 460 0423 ; www.facebook.com/raregrillcpt ; 166 2nd Ave, Kenilworth ; plats 160-230 R ; ⊙17h-22h lun-sam ; Kenilworth). Installé dans un improbable parking délabré à côté de la gare ferroviaire de Kenilworth, ce petit grill sert les meilleurs morceaux de viande sud-africaine maturée sous vide, fondants et pleins de saveur. Commandez le steak d'aloyau de 500 g s'il est inscrit sur le tableau des viandes du jour. Réservez bien à l'avance.

La Colombe FUSION $$$
(☎021-794 2390 ; www.lacolombe.co.za ; Silvermist Estate, Constantia Nek ; menus dégustation 1 295-1 695 R ; ⊙12h-13h30 et 18h-19h30). Vétéran de la cuisine de Gordon Ramsay, le chef Scot Kirton concocte des mets alliant techniques et saveurs franco-asiatiques, tels que poitrine de caille à la noix de coco et au miso ou bolognaise de filet d'agneau du Karoo. Le cadre à l'élégance naturelle et le charmant service sont parfaits.

Foxcroft FUSION $$$
(☎021-202 3304 ; www.foxcroft.co.za ; High Constantia Centre, Groot Constantia Rd, Constantia ; menus dégustation 495 R ; ⊙12h-14h et 18h-20h30). Un exquis nouveau venu sur la scène gastronomique des faubourgs sud. Offrez-vous le menu dégustation de quatre plats de saison (proposant notamment un agneau mijoté avec orties et moutarde au whisky) dans la salle de style minimaliste ou, s'il fait beau, dégustez des tapas sur la terrasse où la vue sur la montagne est fabuleuse. Au bout du parking.

Sud de la péninsule

Kalk Bay foisonne de cafés animés et de bons restaurants, de même que Muizenberg et Simon's Town. Les complexes rustiques Noordhoek Farm Village (p. 73) et Imhoff Farm (p. 73), appréciés des familles, abritent cafés, traiteurs et restaurants ; des marchés alimentaires se tiennent dans le premier, ainsi qu'aux Blue Bird Garage (p. 72) et à Cape Point Vineyards (p. 73).

Empire Cafe CAFÉ $
(☎021-788 1250 ; www.empirecafe.co.za ; 11 York Rd, Muizenberg ; plats 80 R ; ⊙7h-16h lun-jeu et sam, 7h-21h ven, 8h-16h dim ; ; Muizenberg). Adresse favorite des surfeurs locaux, l'Empire est prisé pour le petit-déjeuner (copieuses assiettes de *huevos rancheros*, œufs pochés sur rösti de butternut, etc.) et pour le déjeuner (burgers, pâtes, etc.). Des œuvres d'art local agrémentent les murs et un lustre impressionnant domine le plafond.

Salty Sea Dog FISH AND CHIPS $
(☎021-786 1918 ; www.facebook.com/saltyseadogofficial ; 2 Wharf St, Simon's Town ; plats 70 R ; ⊙10h30-21h lun-sam, 10h30-16h30 dim). Ce bar-restaurant à l'ambiance décontractée, avec tables intérieures et extérieures, est toujours rempli d'excursionnistes de Cape Point se délectant de *fish and chips* (le merlu est excellent), et de milk-shakes tout aussi savoureux. Réservation recommandée.

Foodbarn INTERNATIONAL $$
(☎021-789 1390 ; www.thefoodbarn.co.za ; angle Main Rd et Village Lane ; plats 240 R, menu déj 3 plats 440 R ; ⊙12h-14h30 et 19h-21h30 mar-sam, 12h-14h30 dim-lun ;). Savourez des plats de bistrot rustiques dans ce restaurant du grand chef Franck Dangereux, dans les environs tranquilles de Noordhoek Farm Village (p. 73). Des vins vous sont conseillés pour accompagner les délicieux plats de bistrot. À côté, le traiteur, boulangerie, café (plats 145-1210 R) et bar à tapas (16h30-21h ; petites assiettes 55-110 R), tapissé de livres, est tout aussi excellent, avec des produits de boulangerie frais et des aliments et boissons d'origine locale.

Le café est ouvert de 8h à 16h tous les jours ; le traiteur de 8h à 21h du mardi au samedi et de 8h à 17h les dimanches et lundis.

Blue Water Cafe INTERNATIONAL $$
(☎021-783 4545 ; www.imhofffarm.co.za ; Kommetjie Rd, Kommetjie ; pizzas 100 R ; ⊙12h-21h lun-ven, 9h-21h sam-dim ;). Le *stoep* (porche) de cette propriété historique au cœur d'Imhoff Farm (voir encadré p. 73) donne sur Noordhoek Beach et Chapman's Peak ; une charmante adresse pour un petit-déjeuner, un déjeuner simple mais bon (pizzas, pâtes, produits de la mer, salades) ou une bière artisanale. Bon service. Jardin, aire de jeux pour enfants et Higgeldy Piggeldy Farmyard (voir encadré p. 73) juste à côté.

Olympia Cafe & Deli BOULANGERIE $$
(☎021-788 6396 ; olympiacafe.co.za ; 134 Main Rd, Kalk Bay ; plats 120-195 R ; ⊙7h-22h ; Kalk Bay). L'Olympia, qui place la barre haut dans la catégorie café rustique et décontracté de

bord de mer, produit ses propres pains et pâtisseries. Une adresse à retenir pour le petit-déjeuner, aussi délicieux que le déjeuner aux accents méditerranéens – surtout les généreux bols de moules. Jazz live certains vendredis et samedis soir.

Lighthouse Cafe INTERNATIONAL **$$**
(☎021-786 9000 ; www.thelighthousecafe.co.za ; 90 St Georges St, Simon's Town ; plats 70-140 R ; ⏲8h30-16h dim-mar, 8h30-22h mer-sam ; 🚆Simon's Town). Ce café balnéaire chic fait la part belle aux produits de la mer, avec notamment pâtes aux moules et chorizo ou *fish and chips* façon Jamie Oliver (pâte à la bière). Également burgers, pizzas et assiette de mezze.

Salt TAPAS **$$**
(☎021-788 3992 ; 136 Main Rd, Kalk Bay ; plats 100 R ; ⏲7h-23h ; 🚆Kalk Bay). Le Salt apporte une touche gastronomique à l'insouciante False Bay. On y sert des plats comme du goulasch de koudou et, surtout, de petites assiettes (45 R) telles que calamars saupoudrés de wasabi ou *bratwurst* au kimchi maison. Les poissons utilisés dépendant des prises rapportées au port, généralement du *yellowfish* (labeobarbus) ; s'il y en a, commandez le ceviche de scalaire.

Live Bait PRODUITS DE LA MER **$$**
(☎021-788 5755 ; www.livebait.co.za ; Kalk Bay Harbour, Kalk Bay ; plats 125-199 R ; ⏲11h-23h ; 🚆Kalk Bay). Ce restaurant de style égéen balayé par la brise, à deux pas des vagues et de l'agitation de Kalk Bay Harbour, est l'une des meilleures adresses pour un repas décontracté de poissons et de fruits de mer (sushis et moules de West Coast, entre autres). Autre restaurant à Muizenberg.

Cape Flats

Ce n'est certes pas une destination pour les gastronomes, mais on y trouve quelques petits restaurants proposant de la cuisine traditionnelle xhosa ou un *braai* (barbecue), appelé *shisa nyama* dans les townships. Mieux vaut appeler avant pour s'assurer que les restaurants sont ouverts, beaucoup ne respectant pas les horaires annoncés.

4Roomed eKasi Culture AFRICAIN **$$**
(☎076 157 3177 ; www.facebook.com/4RoomedeKasi ; A605 Makabeni Rd, Khayelitsha ; repas 3 plats 165-230 R ; ⏲12h-15h30 et 18h-20h30 ven-dim ; 📶). Voici ce qui se fait de plus gastronomique à Khayelitsha, avec la charmante Abigail Mbalo aux commandes, cuisinière autodidacte et ancienne candidate de l'émission *MasterChef* locale. Elle apporte sa touche personnelle à la cuisine africaine en servant délicieux *pap* (porridge de maïs) à la courge et à la muscade, savoureux curry d'agneau ou encore gâteau à la betterave.

Où prendre un verre et faire la fête

Le Cap n'est pas surnommé la "Taverne des Mers" pour rien – et vous trouverez forcément un club à votre goût.

City Bowl et alentour

Beerhouse BAR
(carte p. 58 ; ☎021-424 3370 ; www.beerhouse.co.za ; 223 Long St, City Bowl ; ⏲11h-2h ; 🚌Upper Loop/Upper Long). Avec 99 bières en bouteille, locales et internationales, et plusieurs autres à la pression, ce vaste bar superbement conçu, installé au cœur de Long St, donnera le sentiment aux amateurs de houblon d'être arrivés au paradis. Le balcon est fantastique pour observer les passants.

Honest Chocolate Café BAR
(carte p. 58 ; ☎076 765 8306 ; honestchocolate.co.za ; 64a Wale St, City Bowl ; ⏲10h-18h lun-ven, 9h-17h sam, 9h-16h dim ; 🚌Dorp/Leeuwen). Ouvert grâce au *crowdfunding* (financement participatif), Honest Chocolate rend hommage au chocolat dans tous ses états (liquide, solide, crème glacée et gâteau), y compris en version végétalienne et sans gluten. Un véritable rêve pour les accros au chocolat !

Gin Bar BAR À COCKTAILS
(carte p. 58 ; www.theginbar.co.za ; 64a Wale St, City Bowl ; ⏲17h-1h lun-mer, 15h-1h jeu-sam ; 🚌Dorp/Leeuwen). Caché dans la cour d'une ancienne morgue, ce petit bar (dont le déménagement est prévu à l'étage supérieur du même bâtiment) est l'endroit idéal pour goûter aux gins artisanaux du Cap, dont la production est en plein essor. Commandez l'un des quatre cocktails maison préparés avec expertise et sirotez-le dans la cour intérieure.

Pour rejoindre le bar, passez par le Honest Chocolate Café.

Openwine BAR À VINS
(carte p. 58 ; ☎021-422 0800 ; openwineza.co.za ; 72 Wale St, City Bowl ; ⏲12h-22h lun-ven, 17h-22h

À L'ÉCOLE DE LA NATURE

Cape Town Fynbos Experience (carte p. 58 ; ☎021-426 2157 ; www.gettothepoint.co.za ; Visitor Information Centre, Company's Garden, 19 Queen Victoria St, City Bowl ; dégustation de fynbos/atelier apothicaire 450/1 250 R ; Upper Long/Upper Loop). Le "royaume floral du Cap" (Cape Floral Kingdom) compte plus de 9 000 espèces végétales différentes. Pendant plus d'une heure, Giselle Courtney vous présentera huit de ces variétés – notamment *honeybush, buchu, snow bush,* rooibos, *cancer bush* et pélargonium rose – à travers différents thés, infusions, sirops et digestifs. La présentation est magnifique et les explications sur les propriétés des plantes sur la santé passionnantes.

Veld and Sea (☎060 509 4288 ; www.veldandsea.com ; Good Hope Gardens Nursery, Plateau Rd, Scarborough ; journée adulte/enfant 425/850 R, dîner 1 200 R ; 9h-16h30). Les guides expérimentés de Veld and Sea, installé à la pépinière d'espèces indigènes Good Hope Gardens Nursery (www.goodhopegardensnursery.co.za), vous enseigneront des techniques durables pour cueillir les produits comestibles du veld et du littoral, dont des algues et des moules dans les mares résiduelles de Scarborough et de la réserve naturelle de Cape Point (p. 71). Le déjeuner est préparé avec ce que vous trouvez.

sam ; Church/Longmarket). La devise ici est "le vin d'abord, la nourriture ensuite", et s'il y a bien une courte carte de plats, c'est le choix des plus de 200 vins venus de tout le Cap-Occidental qui est au centre de l'attention. Consultez le tableau pour savoir lesquels sont disponibles au verre, puis installez-vous à l'intérieur ou à l'extérieur pour en déguster quelques-uns.

Publik BAR À VINS
(carte p. 58 ; publik.co.za ; 11D Kloof Nek Rd ; 16h-23h lun-ven, 15h-18h sam ; Ludwig's Garden). Les propriétaires de ce bar modeste et décontracté brillent par leur capacité à dénicher des vins et gins locaux méconnus. Goûtez des crus de vignobles durables, des variétés inattendues ou encore des millésimes rares.

The Vue BAR LOUNGE, ROOFTOP
(carte p. 58 ; ☎021-418 3065 ; 15e ét, 40 Chiappini St, De Waterkant ; 7h-22h ; Old Fire Station). La vue est époustouflante sur la ville, les montagnes et le port depuis ce bar-lounge-restaurant perché sur un toit-terrasse. Apportez votre maillot de bain pour vous rafraîchir dans la petite piscine. Buffet petit-déjeuner 195 R, tapas 50-90 R.

Nitro Brew CAFÉ
(carte p. 58 ; ☎062-918 7099 ; www.facebook.com/nitrobrewbevco ; 6 Bouquet St, City Bowl ; 6h30-16h30 lun-ven, 8h30-14h sam ; Wi-Fi ; Dorp/Leeuwen). Ce petit établissement, élégant dans sa simplicité, sert du "nitro-café", café glacé à la pression auquel l'azote donne une texture onctueuse. Servi dans un verre, il ressemble à s'y méprendre à une pinte de Guinness ! Sont aussi proposés à la pression divers kombuchas (boisson fermentée sans alcool), fabriqués sur place. Côté cuisine : salades, sandwichs et quelques plats plus consistants végans friendly.

La Parada BAR
(carte p. 58 ; ☎021-426 0330 ; laparada.co.za ; 107 Bree St, City Bowl ; 12h-22h lun-sam, 12h-21h dim ; Church/Longmarket). Les amateurs de *cerveza* et de tapas remplissent chaque jour de la semaine ce bar de style authentiquement espagnol. Succursales à Camps Bay et à Constantia Nek.

Tjing Tjing BAR
(carte p. 58 ; ☎021-422 4920 ; www.tjingtjing.co.za ; 165 Longmarket St, City Bowl ; 16h-2h mar-ven, 18h30-2h sam ; Wi-Fi ; Church/Longmarket). Ce bar avec toit-terrasse offre un beau cadre pour un cocktail ou un verre de vin. L'intérieur, aux allures de grange, présente des poutres apparentes, un mur couvert de photos de Tokyo et un bar écarlate laqué. À l'étage du dessous, le restaurant **Tjing Tjing Tori** sert des tapas d'influence japonaise avec une touche contemporaine (pas toujours une réussite).

Waiting Room BAR
(carte p. 58 ; ☎021-422 4536 ; www.facebook.com/WaitingRoomCT ; 273 Long St, City Bowl ; entrée ven et sam 50-80 R ; 18h-2h lun-sam ; Upper Loop/Upper Long). Grimpez l'étroit escalier à côté du Royale Eatery jusqu'à ce bar ultrabranché, meublé rétro et animé par un DJ. La nuit, continuez votre ascension jusqu'au toit-terrasse pour admirer les lumières de la ville.

Origin CAFÉ
(carte p. 58 ; 021-421 1000 ; originroasting.co.za ; 28 Hudson St, De Waterkant ; 7h-16h lun-ven, 8h-15h sam, 8h-14h dim ; ; Alfred). Le café est excellent, tout comme les bagels traditionnels. On forme ici des baristas : participez aux cours en réservant en ligne (3 heures, 600 R).

East City, District Six, Woodstock et Observatory

Espressolab Microroasters CAFÉ
(carte p. 86 ; 021-447 0845 ; www.espressolab-microroasters.com ; Old Biscuit Mill, 375 Albert Rd, Woodstock ; 8h-16h lun-ven, 8h-15h sam ; P ; Kent). Parlez café dans ce laboratoire employant torréfacteurs et serveurs passionnés. Les grains, qui proviennent de plantations et de coopératives du monde entier, sont emballés dans des paquets sur lesquels sont inscrits des commentaires de dégustation dignes des grands vins.

Truth CAFÉ
(carte p. 86 ; 021-200 0440 ; www.truthcoffee.com ; 36 Buitenkant St, East City ; 7h-18h lun-jeu, 8h-minuit ven-sam, 8h-14h dim ; ; Lower Buitenkant). Ce lieu, qui se définit comme "un café et usine de torréfaction rétro-futuriste" (plafond en fer-blanc gaufré, ampoules nues et décorations en métal délirantes), est un endroit fabuleux pour se mêler aux citadins branchés. À part du café, la carte comprend bières artisanales, produits de boulangerie de qualité (croissants frais notamment) et divers sandwichs.

Woodstock Gin Company DISTILLERIE
(carte p. 86 ; 021-821 8208 ; www.woodstock-ginco.co.za ; 399 Albert Rd, Woodstock ; 9h-17h30 lun-sam ; Kent). Goûtez aux gins premium de cette distillerie, produits en petites quantités. Celui "à base de vin" exhale des arômes de *buchu* (variété locale de *fynbos*), agrumes et lavande, celui "à base de bière" présente un profil plus malté, et le gin High Tea laisse un arrière-goût de rooibos et *honeybush*. La distillerie prépare aussi son propre tonic.

Woodstock Brewery BRASSERIE
(carte p. 86 ; 021-447 0953 ; www.woodstockbrewery.co.za ; 252 Albert Rd, Woodstock ; bar 12h-19h mar-jeu, 12h-20h ven, 10h-15h sam, restaurant 12h-22h lun-sam ; Kent). Le bar du rez-de-chaussée propose une dégustation de 8 bières de saison produites sur place (30 R). Si vous souhaitez accompagner la bière d'un burger, steak ou autre classique de bistrot, montez au grand restaurant de l'étage. Un lieu élégant et professionnel.

Hidden Leaf BAR
(carte p. 86 ; 021-447 4868 ; www.hiddenleaf.co.za ; 77 Roodebloem Rd, Woodstock ; 10h30-17h mar-sam ; Balfour). Difficile de trouver plus belle vue sur la montagne de la Table et le Devil's Peak que celle qu'offre le balcon panoramique orné de plantes de cet agréable bar-restaurant typique de Woodstock. On y sert quelques cocktails intéressants, du vin et de la bière artisanale, ainsi qu'une savoureuse bière d'ananas maison, faiblement alcoolisée.

Gardens et ses environs

Yours Truly Cafe & Bar BAR
(carte p. 64 ; 021-426 2587 ; yourstrulycafe.co.za ; 73 Kloof St, Gardens ; 7h-23h ; Ludwig's Garden). Cet établissement est animé du petit matin jusque tard dans la nuit. Les voyageurs s'y mêlent aux hipsters du coin, qui viennent savourer les excellents cafés, bières artisanales, sandwichs gourmands et pizzas à pâte fine, et profiter des éventuelles soirées DJ.

The Power & the Glory /Black Ram BAR
(carte p. 64 ; 021-422 2108 ; 13b Kloof Nek Rd, Tamboerskloof ; 8h-minuit lun-sam ; Ludwig's Garden). Le café et la cuisine (hot dogs dans du pain bretzel, tourtes croustillantes et autres plats maison) sont bons, mais la jeunesse branchée vient surtout pour le bar enfumé et cosy, en particulier les jeudis et samedis soir.

Perseverance Tavern PUB
(carte p. 64 ; 021-461 2440 ; www.facebook.com/PerseveranceTavern ; 83 Buitenkant St, Gardens ; 11h30-22h ; Roeland). Pub convivial classé, le "Persies", comme on le nomme affectueusement, existe depuis 1808. Il était autrefois fréquenté par Cecil Rhodes (Premier ministre de la colonie du Cap de 1890 à 1896). Bières à la pression et bonne cuisine de pub.

Green Point et Waterfront

Bascule BAR
(carte p. 68 ; 021-410 7082 ; www.bascule-bar.com ; Cape Grace Hotel, West Quay Rd, V&A Waterfront ; 9h-1h ; Nobel Square). Le bar chic de l'hôtel Cape Grace, aménagé sur le

thème nautique, sert plus de 480 whiskies, dont quelques Glenfiddich de 50 ans d'âge (pour la modique somme de 18 000 R le petit verre). Terrasse sur la marina, agréable pour un verre et des tapas.

Shift CAFÉ

(carte p. 68 ; 021-433 2150 ; 47 Main Rd, Green Point ; 6h30-18h lun-sam, 7h-15h dim ; ; Upper Portswood). Fort de son élégant style industriel, de son coin bibliothèque cosy à l'intérieur et de sa vaste cour abritée à l'extérieur, le Shift est l'un des cafés les plus séduisants du quartier. Le propriétaire, Luigi Vigliotti, ne ménage pas ses efforts pour satisfaire sa clientèle et concocte quelques intrigantes mixtures maison, tel le Hashtag, un mélange d'expresso de glace à la vanille et de biscuits Oreo.

Tobago's Bar & Terrace BAR À COCKTAILS

(carte p. 68 ; 021-441 3414 ; www.radissonblu.com/en/hotel-capetown/bars ; Radisson Blu Hotel Waterfront, Beach Rd, Granger Bay ; 6h30-22h30 ; P ; Granger Bay). Traversez l'hôtel pour rejoindre le spacieux bar-restaurant avec terrasse, doté d'une belle vue sur la Table Bay. Idéal pour profiter d'un cocktail au crépuscule, avant de s'offrir une promenade le long du brise-lames.

Life Grand Cafe CAFÉ

(carte p. 68 ; 021-205 1902 ; www.life.za.com/home/lifegrandcafe ; Old Pierhead, V&A Waterfront ; 7h30-23h ; P ; Nobel Square). Ouvert toute la journée, cet établissement chic sert de tout, du café-croissants le matin au digestif de fin de soirée. La nourriture est moyenne, mais les boissons sont excellentes. Un bel endroit où se reposer en observant l'animation du Waterfront.

Mitchell's Scottish Ale House PUB

(carte p. 68 ; 021-418 5074 ; www.mitchell-salehouse.co.za ; angle East Pier et Dock Rd, V&A Waterfront ; 9h-minuit ; P ; Nobel Square). La plus ancienne microbrasserie sud-africaine (créée en 1983 à Knysna) propose un choix de bières fraîchement brassées et des plats à prix raisonnables. Son "Old Wobbly" (7° d'alcool) ne manque pas de punch.

Shimmy Beach Club CLUB

(carte p. 68 ; 021-200 7778 ; www.shimmybeachclub.com ; 12 South Arm Rd, V&A Waterfront ; entrée à partir de 250 R ; 11h-4h lun-sam, 11h-2h dim ; Waterfront Silo). Dépassez les fabriques malodorantes de conditionnement de poisson pour découvrir ce mégaclub-restaurant tape-à-l'œil, disposé autour d'une fausse plage assortie d'un bassin avec paroi en verre. L'endroit organise des fêtes dans sa piscine, pendant lesquelles des clients très peu vêtus se dandinent aux sons des excellents DJ, tels que le groupe d'électro-jazz Goldfish, en résidence ici l'été (réservation conseillée).

Côte atlantique

Siroter un cocktail ou un smoothie en bord de mer à Camps Bay ou à Clifton, banlieues aisées du Cap, est un must pour tout visiteur. Les Bay Harbour Market (p. 106) et Mojo Market (p. 110) de Sea Point ne manquent pas de charme les vendredis soir et les week-ends.

Leopard Bar BAR À COCKTAILS

(021-437 9000 ; www.12apostleshotel.com ; Twelve Apostles Hotel & Spa, Victoria Rd, Oudekraal ; 7h-2h ; ; Oudekraal). Échappez à la foule de Camps Bay dans le bar du Twelve Apostles Hotel. Aux premières loges pour admirer l'Atlantique, commandez un cocktail raffiné ou, mieux encore, un *afternoon tea* gourmand (295 R ; servi de 10h à 16h).

Bungalow BAR

(carte p. 70 ; 021-438 2018 ; www.thebungalow.co.za ; Glen Country Club, 3 Victoria Rd, Clifton ; 12h-23h ; Maiden's Cove). Un restaurant et bar lounge chic, de style européen, parfait pour un long déjeuner ou une bière artisanale en journée, un mojito ou un Martini au coucher du soleil, en face de la chaîne des Twelve Apostles. Relaxez-vous sur un divan à l'abri d'une marquise blanche, ou trempez vos pieds dans l'eau de la minuscule piscine à côté du bar. Le soir, l'endroit, animé par un DJ, se rapproche plus d'un club. Réservation conseillée.

Dunes BAR

(021-790 1876 ; www.dunesrestaurant.co.za ; 1 Beach Rd, Hout Bay ; 9h-22h ; ; Hout Bay). Impossible de trouver plus près de l'océan que ce restaurant-bar donnant directement sur la plage, avec une aire de jeux sécurisée pour les enfants. Les convives jouissent d'une superbe vue sur Hout Bay, depuis la terrasse à l'étage, ou depuis l'intérieur du restaurant. Sushis, amuse-bouches et cuisine de pub (pizzas et fruits de mer entre autres) corrects.

Faubourgs sud

Banana Jam BIÈRE ARTISANALE
(021-674 0186 ; www.bananajamcafe.co.za ; 157 2nd Ave, Harfield Village, Kenilworth ; 11h-23h mar-sam, 11h-21h dim ; ; Kenilworth). Ce bar-restaurant caribéen convivial est un cadeau du ciel pour les vrais amateurs de houblon, avec plus de 30 bières à la pression (dont quelques-unes maison) et des ales en bouteille issues des meilleurs brasseurs artisanaux locaux, dont Jack Black, Darling Brew et CBC.

Forester's Arms PUB
(021-689 5949 ; www.forries.co.za ; 52 Newlands Ave, Newlands ; 11h-23h lun-sam, 9h-21h dim ; ; Newlands). Le "Forries", pub de style anglais à l'atmosphère conviviale, existe depuis plus de 150 ans. On peut y apprécier une douzaine de bières à la pression, de bons plats de pub, dont des pizzas au feu de bois, et un agréable *biergarten* avec aire de jeux pour enfants.

Sud de la péninsule

Tiger's Milk BAR
(021-788 1860 ; www.tigersmilk.co.za ; angle Beach Rd et Sidmouth Rd, Muizenberg ; 11h-2h ; ; Muizenberg). À travers ses grandes baies vitrées, ce bar-restaurant aux allures de hangar offre une vue panoramique sur la plage de Muizenberg. Si l'endroit permet de manger toute la journée, notamment de bonnes pizzas et de bons steaks (plats 100 R), on y vient surtout pour prendre un verre en fin de journée, assis au long comptoir sur un tabouret. Les murs en briques apparentes sont ornés de décorations originales.

Où sortir

Rappeurs et humoristes mêlant anglais et afrikaans lors de leurs performances, musiciens de rue et chorales des townships sur le Waterfront, théâtre dans les rues et les vieilles églises, spectacles intimistes dans les salons de banlieue et musique live un peu partout... la "cité mère" éblouit par la diversité et la créativité de son offre culturelle.

Des lectures de livres sont organisées au Book Lounge (p. 107) et au **Kalk Bay Books** (021-788 2266 ; www.kalkbaybooks.co.za ; 124 Main Rd, Kalk Bay ; 9h-17h ; Kalk Bay), et A Touch of Madness (p. 80) organise parfois des sessions de slam.

City Bowl et alentour

Artscape THÉÂTRE
(021-410 9800 ; www.artscape.co.za ; 1-10 DF Malan St, Foreshore ; P ; Civic Centre). Trois auditoriums de tailles différentes forment le gigantesque Artscape, le plus important complexe artistique du Cap. Théâtre, musique classique, ballet, opéra, cabaret : tous les genres y sont représentés. Les alentours étant déserts, il est déconseillé d'y venir à pied le soir, mais les parkings sécurisés sont nombreux.

Cape Town International Convention Centre CONCERTS
(CTICC ; carte p. 58 ; 021-410 5000 ; www.cticc.co.za ; 1 Lower Long St, Foreshore ; P ; Convention Centre). Depuis son inauguration en 2003, le CTICC n'a pas ménagé ses efforts, avec une programmation annuelle dense, composée de spectacles musicaux, expositions, conférences et diverses autres manifestations, comme le Cape Town International Jazz Festival et le Design Indaba.

Alexander Bar & Café THÉÂTRE
(carte p. 58 ; 021-300 1088 ; 76 Strand St, City Bowl ; bar 11h-1h lun-sam ; Strand). Cet espace sympathique et excentrique, installé dans un magnifique bâtiment historique, est animé par le dramaturge Nicholas Spagnoletti et l'ingénieur informatique Edward Van Kuik. Bar LGBTQI+-friendly très populaire au rez-de-chaussée et théâtre expérimental au programme fourni (pièces, spectacles musicaux et autres événements vocaux) à l'étage.

Café Roux CONCERTS
(carte p. 58 ; 061 339 4438 ; www.caferoux.co.za ; 74 Shortmarket St, City Bowl ; billets 100-150 R ; 18h-minuit ; Church/Longmarket). City Bowl réclamait depuis longtemps une salle de concert digne de ce nom et le Café Roux (qui gérait déjà une salle florissante à Noordhoek) a exaucé ses vœux : un chanteur ou un groupe différent s'y produit presque chaque soir. En gradins, les sièges offrent tous une bonne visibilité sur la scène.

Piano Bar JAZZ
(carte p. 58 ; thepianobar.co.za ; 47 Napier St, De Waterkant ; droit d'entrée ven-sam 50 R ; 15h-tard mar-sam ; Alfred). Apprécié du plus grand nombre, cet élégant bar-restaurant et café-concert au cœur de De Waterkant accueille chaque soir des artistes de grand

SORTIES CULTURELLES

Billets

Computicket (online.computicket.com/web)

Webtickets (www.webtickets.co.za)

Quicket (www.quicket.co.za)

Renseignements

Cape Town Magazine (www.capetownmagazine.com)

Inside Guide (insideguide.co.za)

IOL (www.iol.co.za/entertainment/whats-on/cape-town)

The Next 48 Hours (48hours.co.za)

Cinéma

Labia (carte p. 64 ; 021-424 5927 ; www.thelabia.co.za ; 68 Orange St, Gardens ; billets 70 R ; Michaelis). Cinéma de Gardens de style rétro, spécialisé en films d'art et d'essai.

Isivivana Centre (021-361 0181 ; isivivanacentre.org.za ; 8 Mzala St, Khayelitsha ; Khayelitsha). Projections gratuites de films familiaux sur le thème de l'Afrique. À la Bertha Movie House du centre.

Galileo Open Air Cinema Projections en plein air de novembre à avril sur le Waterfront, à Kirstenbosch et au Hillcrest Estate, à Durbanville.

Festivals de cinéma et de musique

Encounters (www.encounters.co.za). Films documentaires en juin.

Shnit (new.shnit.org). Festival de courts-métrages en octobre.

Cape Town Electronic Music Festival (www.ctemf.com). Festival de musique électronique de 3 jours en février.

Rocking the Daisies (www.rockingthedaisies.com). Festival de musique de 3 jours en octobre.

talent (pianistes, chanteurs de jazz et autres musiciens) à partir de 20h.

OnPointe Dance Studios DANSE
(carte p. 58 ; 061 198 6355, 021-422 3368 ; www.onpointedancestudio.wordpress.com ; 5e ét, 112 Loop St, City Bowl ; billets 100 R, cours à partir de 150 R ; ; Dorp/Leeuwen). Theo Ndindwa et Tanya Arshamian utilisent la danse pour changer la vie des enfants des townships. Le premier jeudi du mois, ce studio – où ont lieu les cours – accueille **Art in the City with iKapa Dance**, une merveilleuse occasion de rencontrer des compagnies de danse locales et de les voir se produire dans un cadre très décontracté.

Marco's African Place MUSIQUE AFRICAINE
(carte p. 58 ; 021-423 5412 ; www.marcosafricanplace.com ; 15 Rose Lane, Bo-Kaap ; 12h-minuit mar-ven, 15h-minuit sam-lun ; Old Fire Station). Chaque soir, différents chanteurs, danseurs et groupes de talent (marimba local, afro-jazz, rythmes xhosa traditionnels, kwasa-kwasa congolais) animent le restaurant africain extrêmement prisé de Marco Radebe (plats 130-170 R). À la carte : assiettes de gibier, plats xhosa tels que "smileys" (têtes de mouton) et bière africaine maison.

☆ Green Point et Waterfront

Le **Market Square Amphitheatre** (carte p. 68 ; www.waterfront.co.za/events/overview ; près de Dock Rd, V&A Waterfront ; Nobel Square), sur le Waterfront, concentre les divertissements gratuits (musiciens de rue, numéros de danse et de musique, etc.). Les amateurs de spectacles d'humoristes pourront visiter le **Cape Town Comedy Club** (carte p. 68 ; 021-418 8880 ; www.capetowncomedy.com ; Pump House, Dock Rd, V&A Waterfront ; billets à partir de 60 R ; 18h-22h, spectacles 20h30 ; Nobel Square), établi de longue date.

Des films grand public sont projetés dans deux multiplexes de Victoria Wharf (p. 110). Les jeudis soir de novembre à

STADES

Newlands Cricket Ground (☎021-657 2003 ; www.newlandscricket.com ; 146 Campground Rd, Newlands ; Newlands). Ce stade de cricket de 25 000 places, utilisé pour tous les matchs internationaux, pourrait aisément prétendre au titre du plus beau terrain de cricket du monde si la vue sur l'arrière de la Table Mountain n'était pas gâchée par une mégabrasserie. Les billets coûtent environ 60 R pour les matchs locaux, et jusqu'à 250 R pour les matchs internationaux.

Newlands Rugby Stadium (☎021-659 4600 ; www.wprugby.com/home ; 8 Boundary Rd, Newlands ; Newlands). Ce haut lieu du rugby sud-africain est le terrain des Stormers (www.thestormers.com). Les matchs provinciaux, internationaux et du Super Rugby se jouent ici.

Cape Town Stadium (carte p. 68 ; ☎021-417 0120 ; www.capetown.gov.za/capetownstadium/home ; Granger Bay Blvd, Green Point ; visite adulte/enfant 45/17 R ; visites 10h, 12h et 14h mar-sam ; P ; Stadium). Construit pour la Coupe du monde de football de 2010 moyennant 4,5 milliards de rands, ce stade est l'ouvrage contemporain le plus frappant du Cap. Évoquant un énorme couvre-chef africain traditionnel, il est recouvert d'une membrane ajourée en Teflon visant à capter et réfléchir la lumière naturelle. La visite guidée d'une heure permet de pénétrer dans les coulisses (tribunes officielles, espaces réservés à la presse et vestiaires).

avril, le **Galileo Open Air Cinema** (carte p. 68 ; www.thegalileo.co.za ; Croquet Lawn, près de Portswood Rd, V&A Waterfront ; billets 109 R, location de couverture/chaise 10/20 R ; nov-avr ; Nobel Square) projette des classiques à côté du **Dock House** (carte p. 68 ; ☎021-421 9334 ; newmarkhotels.com/places/hotels/dock-house-boutique-hotel ; Portswood Close, Portswood Ridge, V&A Waterfront ; d/ste avec petit-déj 8 000/10 000 R ; P ; Nobel Square), sur la pelouse de croquet.

☆ Côte atlantique

Le Bay Harbour Market (voir l'encadré p. 106) à Hout Bay, et le Mojo Market (p. 110), à Sea Point, accueillent des concerts, de même que le **Dizzy's** (carte p. 70 ; ☎021-438 2686 ; www.dizzys.co.za ; 41 The Drive ; 11h-2h ; Whale Rock), à Camps Bay. Le "jazz brunch" du Harvey's (p. 88), le dimanche, est une institution de Sea Point.

Theatre on the Bay — THÉÂTRE
(carte p. 70 ; ☎021-438 3301 ; www.theatreonthebay.co.za ; 1 Link St, Camps Bay ; Lower Camps Bay). Un excellent endroit pour une soirée légère de divertissement théâtral, allant de la pièce comique à la comédie musicale classique.

Studio 7 Sessions — CONCERTS
(carte p. 70 ; ☎083-399 3334 ; 213 High Level Rd, Sea Point ; Rhine). Organisés depuis 2010, ces événements bimensuels ont lieu dans des lieux originaux du Cap et de ses environs : dans le salon intimiste du fondateur, Patrick Craig, à Sea Point, dans les bibliothèques, sur les toits-terrasses, dans les jardins, ou encore sur les plages. Sont à l'honneur aussi bien de nouveaux artistes qui montent que de passionnants intervenants de divers domaines.

☆ Faubourgs sud

Baxter Theatre Centre — THÉÂTRE
(☎021-685 7880 ; www.baxter.co.za ; Main Rd, Rondebosch ; billets 100-380 R ; Rosebank). Depuis les années 1970, le Baxter occupe le centre de la scène théâtrale de la "Cité-Mère". Les trois salles principales – un grand théâtre de 674 places, une salle de concert et un studio – accueillent des représentations variées, allant du spectacle pour enfants à la superproduction de danse africaine en passant par des concerts de musique classique.

☆ Sud de la péninsule

Dans cette partie culturellement dynamique du Cap, nombre de bars et restaurants proposent de la musique live les week-ends d'été.

Kalk Bay Theatre — THÉÂTRE
(☎021-788 7257 ; www.kalkbaytheatre.co.za ; 52 Main Rd, Kalk Bay ; Kalk Bay). L'une des salles de dîner-spectacle intimistes de la ville, aménagée dans une ancienne église

pleine de cachet. Il n'est pas nécessaire de commander à manger pour assister aux spectacles - souvent assez courts - mettant à l'honneur des talents locaux. Après la représentation, vous pouvez rejoindre les artistes au bar du haut.

Achats

Prévoyez de la place dans vos bagages, car il y a peu de chances que vous rentriez du Cap les mains vides !

City Bowl et alentour

Monkeybiz ART, ARTISANAT
(carte p. 58 ; 021-426 0145 ; www.monkeybiz.co.za ; 61 Wale St, Bo-Kaap ; 9h-16h lun-jeu, 9h-13h ven ; Church/Longmarket). Les éclatantes créations de perles réalisées par des femmes des townships font le succès du Monkeybiz ; on en trouve dans le monde entier mais le plus grand choix est ici, avec d'innombrables combinaisons de couleurs. Les bénéfices vont à des organismes communautaires (soupes populaires, fonds d'obsèques pour des artistes et leur famille, etc.).

Chandler House ART, ARTISANAT
(carte p. 58 ; 021-424 4810 ; www.chandlerhouse.co.za ; 53 Church St, City Bowl ; 10h-17h mar-ven, 10h-14h sam ; Church/Longmarket). Parmi cette collection bien présentée d'art et d'artisanat local original, comprenant coussins, estampes et pièces design amusantes, Michael Chandler expose sa vaisselle excentrique et ses œuvres décoratives en céramique. L'art décorant les murs et la petite galerie témoignent de son œil de connaisseur.

Pan African Market ART, ARTISANAT
(carte p. 58 ; 76 Long St, City Bowl ; 8h30-17h30 lun-sam ; Church/Longmarket). Une étonnante collection d'œuvres d'art et d'artisanat représentatives du continent africain (marchandage conseillé), répartie sur trois niveaux. Au dernier étage, on trouve une galerie d'art et Chimurenga (www.chimurenga.co.za), l'éditeur du journal panafricain *Chronic* et d'autres publications.

Clarke's Bookshop LIVRES
(carte p. 58 ; 021-423 5739 ; www.clarkesbooks.co.za ; 199 Long St, City Bowl ; 9h-17h lun-ven, 9h30-13h sam ; Dorp/Leeuwen). Prenez le temps de feuilleter une excellente sélection d'ouvrages sur l'Afrique du Sud et le continent africain, s[...] remarquable rayon de livres [...] l'étage. Si vous ne trouvez pas votre [...] ici, il est peu probable que vous le tr[...] dans une autre librairie de la ville.

East City, District Six, Woodstock et Salt River

Si c'est le design, l'art local et la mode qui vous intéressent, faites un tour dans ce secteur. Procurez-vous une carte gratuite *Woodstock Design District Map* ou consultez le site woodstockdesigndistrict.co.za.

Old Biscuit Mill CENTRE COMMERCIAL
(carte p. 86 ; 021-447 8194 ; www.theoldbiscuitmill.co.za ; 373-375 Albert Rd, Woodstock ; 10h-16h lun-ven et dim, 9h-14h sam ; Kent). Cette ancienne biscuiterie abrite une sélection hors pair de boutiques d'art, d'artisanat, de mode et de design, ainsi que des endroits pour se restaurer et prendre un verre.

Book Lounge LIVRES
(carte p. 86 ; 021-462 2425 ; www.booklounge.co.za ; 71 Roeland St, East City ; 9h-17h lun-ven, 9h-16h sam, 10h-16h dim; Roeland). Cette librairie est le centre de la scène littéraire du Cap, grâce à son intéressante sélection de titres, son espace confortable, son café tout simple et son programme d'événements. Jusqu'à trois conférences ou séances de dédicaces par semaine, souvent suivies d'un petit buffet (gratuit). Lecture d'histoires aux enfants le week-end.

Woodstock Exchange CENTRE COMMERCIAL
(carte p. 86 ; 021-486 5999 ; www.woodstockexchange.co.za ; 66 Albert Rd, Woodstock ; 8h-17h lun-ven, 8h-14h sam ; Woodstock). Outre de bonnes adresses où manger et boire, le Woodstock Exchange comprend plusieurs boutiques aux articles originaux, notamment Kingdom, qui mêle mode, accessoires et décorations d'intérieur, et Ballo, qui fabrique des lunettes tendance à partir de papier recyclé et de chutes de bois.

Streetwires ART, ARTISANAT
(carte p. 86 ; www.streetwires.co.za ; Maxton Centre, 354 Albert Rd, Woodstock ; 9h-17h lun-ven, 9h-15h sam ; Salt River). "Tout ce que vous pourrez imaginer en fil de fer, nous le réaliserons", telle est la devise des lieux. Si vous visitez ce projet d'aide sociale pour l'emploi durable, vous verrez les sculpteurs de fil de fer à l'œuvre. La gamme de produits est étonnante : postes de radio (en état de marche), lustres, animaux

T DE WOODSTOCK ET D'OBSERVATORY

...eries d'art de Woodstock et d'Observatory, qui proposent toutes ...ositions et ne vous poussent pas à acheter, sont l'un des attraits ...elques-unes des meilleures :

Cape (carte p. 86 ; ☎021-462 7573 ; www.goodman-gallery.com ; ...use, 176 Sir Lowry Rd, Woodstock ; ⏲9h30-17h30 mar-ven, 10h-16h sam ; ...

Stevenson (carte p. 86 ; ☎021-462 1500 ; www.stevenson.info ; 160 Sir Lowry Rd, Woodstock ; ⏲9h-17h lun-ven, 10h-13h sam ; District Six)

Art It Is (carte p. 86 ; ☎021-447 9179 ; artitis.co.za ; 76 Albert Rd, Woodstock ; ⏲10h-17h lun-ven, 10h-15h sam ; Woodstock)

South African Print Gallery (carte p. 86 ; ☎021-462 6851 ; printgallery.co.za ; 109 Sir Lowry Rd, Woodstock ; ⏲10h-16h mar-jeu, 16h-22h ven ; District Six)

grandeur nature et créations artisanales, telle la série des vaches Nguni.

Gardens et ses environs

Kloof St, l'artère commerçante principale, propose un bon choix de boutiques, notamment d'articles pour la maison, autour du centre commercial **Lifestyles on Kloof** (carte p. 64 ; www.lifestyleonkloof.co.za ; 50 Kloof St, Gardens ; ⏲9h-19h lun-ven, 9h-17h sam, 9h-14h dim ; Lower Kloof). **Gardens Centre** (carte p. 64 ; ☎021-465 1842 ; www.gardensshoppingcentre.co.za ; angle Mill St et Buitenkant St, Gardens ; ⏲9h-19h lun-ven, 9h-17h sam, 9h-14h dim ; Gardens) est un autre centre commercial pratique. Il y a par ailleurs plusieurs marchés hebdomadaires : le **City Bowl Market** (carte p. 64 ; ☎083 676 6104 ; www.citybowlmarket.co.za ; 14 Hope St, Gardens ; ⏲16h30-20h30 jeu ; Roodehek) est le plus ancien et le plus animé.

♥ **Ashanti** ARTICLES POUR LA MAISON
(carte p. 64 ; ☎021-461 0367 ; www.ashantidesign.com ; 77 Kloof St, Gardens ; ⏲9h-17h lun-ven, 10h-14h sam ; District Six). Cet excellent magasin artisanal crée ses propres tissus à partir de chutes de tee-shirts qui, autrement, iraient à la décharge (on peut aussi acheter du tissu au mètre). Il vend aussi des articles design bariolés, tous uniques (paniers, tapis, abat-jour, oreillers, sacs, coussins, etc.)

♥ **Handmade by Me** ARTICLES POUR LA MAISON
(carte p. 64 ; www.facebook.com/handmadebymeblog, www.seraholland.co.za ; 21 De Lorentz St, Tamboerskloof ; ⏲sur rdv ; Welgemeend). On doit à Sera Holland les motifs colorés, floraux et abstraits des articles en tissu (housses de coussins, serviettes, chemins de table, etc.) et autres produits de cette jolie boutique.

Wine Concepts VIN
(carte p. 64 ; ☎021-426 4401 ; wineconcepts.co.za ; Lifestyles on Kloof, 50 Kloof St, Gardens ; ⏲9h-19h lun-ven, 9h-17h sam ; Lower Kloof). Conseils d'experts sur un vaste choix de vins locaux dans cette attrayante petite cave. Dégustations de vin gratuites le vendredi soir et le samedi, de 12h à 17h.

Mabu Vinyl LIVRES, MUSIQUE
(carte p. 64 ; ☎021-423 7635 ; www.mabuvinyl.co.za ; 2 Rheede St, Gardens ; ⏲10h-16h mer-sam, sur rdv dim-mar ; Lower Kloof). Vinyles, CD, DVD, livres et bandes dessinées neufs et d'occasion sont achetés, vendus et échangés dans cette boutique réputée qui apparaît dans le documentaire primé *Sugar Man* (2012) consacré au chanteur américain des années 1960, Sixto Rodriguez, qui rencontra un succès inattendu en Afrique du Sud (voir aussi p. 585). Renseignez-vous sur les CD d'artistes locaux indépendants.

Green Point et Waterfront

♥ **Watershed** CENTRE COMMERCIAL
(carte p. 68 ; www.waterfront.co.za/shop/watershed ; Dock Rd, V&A Waterfront ; ⏲9h-18h ; Nobel Square). L'une des meilleures adresses du Cap pour trouver des souvenirs, cet espace commerçant aménagé avec originalité regroupe plus de 150 magasins représentant les meilleures marques locales et sud-africaines de la mode, des arts, de l'artisanat et du design (pour tous les budgets). À l'étage, vous trouverez un

espace d'exposition, ainsi qu'un centre de bien-être proposant produits et massages holistiques.

Guild ART, ARTISANAT
(carte p. 68 ; ☎021-461 2856 ; www.southern-guild.co.za ; Shop 5b, Silo 5, South Arm Rd, V&A Waterfront ; 9h-17h30 lun-ven, 10h-14h sam ; Waterfront Silo). Trevyn et Julian McGowan travaillent à rechercher les meilleurs designers sud-africains et à les promouvoir dans le monde entier à travers des collections annuelles. Il s'agit ici de leur vitrine permanente, inaugurée en 2017, où découvrir les talents émergents et acheter d'incroyables pièces uniques.

Out of this World ART, ARTISANAT
(carte p. 68 ; ☎021-434 3540 ; www.outofthisworld.co.za ; 1 Braemar Rd, Green Point ; 8h30-16h30 lun-ven, 8h30-14h sam). Des bouddhas côtoient des couronnes tribales nigérianes dans ce grand magasin de décoration intérieure aux innombrables trésors d'Afrique et d'Asie. Dans le jardin intérieur, le café **Stranger's Club** est un endroit agréable où prendre un café et un en-cas.

Victoria Wharf CENTRE COMMERCIAL
(carte p. 68 ; ☎021-408 7500 ; www.waterfront.co.za ; Breakwater Blvd, V&A Waterfront ; 9h-21h ; Breakwater). Tous les grands noms du commerce de détail sud-africain, dont Woolworths, CNA, Pick 'n' Pay, Exclusive Books et Musica, ainsi que des marques de luxe internationales sont réunies dans ce centre, l'un des meilleurs du Cap.

Everard Read ART
(carte p. 68 ; ☎021-418 4527 ; www.everard-read-capetown.co.za ; 3 Portswood Rd, V&A Waterfront ; 9h-17h lun-ven, 9h-13h sam ; Nobel Square). Cette galerie chic présente les œuvres de certains des plus grands artistes contemporains sud-africains, notamment des peintures de John Meyer et Lionel Smit, des projets artistiques intégrant différents médias de Velaphi Mzimba ainsi que des sculptures de Brett Murray et Angus Taylor.

Côte atlantique

Mojo Market MARCHÉ
(carte p. 70 ; www.mojomarket.co.za ; 30 Regent Rd, Sea Point ; 8h-minuit). Un marché intérieur animé réunissant 45 boutiques (notamment de mode et d'artisanat africain contemporain), 25 stands de restauration (vendant entre autres *masala dosa* et *poke bowls*) et des étals de produits frais. La musique live (à 19h en semaine, à 12h30, 16h et 19h30 le samedi et à 12h30 le dimanche) attire de nombreux Capétoniens, en particulier le vendredi soir. Certaines périodes sont à éviter, comme le dimanche matin.

Faubourgs sud

Montebello Design Centre ART, ARTISANAT
(☎021-685 6445 ; www.montebello.co.za ; 31 Newlands Ave, Newlands ; 9h-17h lun-ven, 9h-16h sam, 9h-15h dim ; Newlands). Ce projet de développement communautaire a aidé de nombreux artisans et créateurs de talent. Dans un espace verdoyant, des ateliers d'artistes se déploient autour de la boutique centrale, où l'on peut acquérir divers souvenirs, par exemple des coussins Irma Stern et des sacs à main en pneu. Également une pépinière, l'excellent café **Gardener's Cottage** (☎021-689 3158 ; plats 80 R ; 8h-20h mar-sam, 8h30-16h30 dim) et une boutique de produits de la ferme.

Cavendish Square GALERIE COMMERÇANTE
(☎021-657 5600 ; www.cavendish.co.za ; Dreyer St, Claremont ; 9h-19h lun-sam, 10h-17h dim ; Claremont). Lieu phare de Claremont en matière de shopping, cette galerie commerçante de haut vol comprend nombre de boutiques de créateurs de mode locaux et internationaux, des supermarchés, des grands magasins, des restaurants et un cinéma multiplexe Ster-Kinekor (www.sterkinekor.com).

Rondebosch Potters Market CÉRAMIQUES
(www.ceramics-sa-cape.co.za ; Rondebosch Park, Campground Rd, Rondebosch ; Rondebosch). Si vous êtes intéressé par la céramique locale, ne ratez pas le marché des potiers de Rondebosch, qui a lieu deux fois par an, l'avant-dernier samedi de mars et de novembre, de 8h à 14h.

Kirstenbosch Craft Market ART, ARTISANAT
(☎074 333 2170 ; angle Kirstenbosch Dr et Rhodes Av, Newlands ; 9h-15h dernier dim du mois ; Kirstenbosch). Le choix est immense sur ce marché artisanal qui s'étend autour de Kirstenbosch (p. 69). Les recettes sont reversées au fonds de développement du jardin botanique. Cartes de crédit acceptées presque partout.

MARCHÉS DU WEEK-END

Neighbourgoods Market (carte p. 86 ; www.neighbourgoodsmarket.co.za ; Old Biscuit Mill, 373-375 Albert Rd, Woodstock ; 9h-16h sam, 10h-16h dim ; Kent). Le tout premier des marchés artisanaux de la ville et toujours l'un des meilleurs. Dans la section alimentaire, au centre, vous trouverez fruits, légumes, boissons et stands gourmands, tandis que la section réservée aux créateurs accueille une belle sélection de mode locale et d'accessoires. Venez de bonne heure, à moins que vous n'aimiez la foule et les bousculades.

Bay Harbour Market (www.bayharbour.co.za ; 31 Harbour Rd, Hout Bay ; 17h-21h ven, 9h30-16h sam-dim ; Atlantic Skipper). À l'extrémité de Hout Bay Harbour, ce marché couvert à l'architecture originale est l'un des meilleurs du Cap, avec un bon choix d'articles allant des vêtements à l'artisanat, et des stands tentants de boissons et de nourriture. La musique live confère à cette ancienne usine de poisson une ambiance festive et décontractée. Le **Harvest Centre** voisin abrite la brasserie artisanale **Urban Brewing Co** (www.facebook.com/urbanbrewery), **Ethno Bongo** (021-791 0757 ; www.andbanana.com ; sur rdv) ainsi que des ateliers et boutiques de menuiserie et de ferronnerie.

OZCF Market Day (carte p. 68 ; www.ozcf.co.za/market-day ; Granger Bay Rd, Granger Bay, V&A Waterfront ; 8h-14h sam, 9h-14h dim et 17h-21h mer nov-mars ; Upper Orange). Les produits cultivés à l'Oranjezicht City Farm (p. 64) et dans d'autres fermes locales sont vendus ici tous les samedis, aux côtés de nombreux autres aliments et souvenirs. C'est l'un des meilleurs événements du genre au Cap, avec une myriade de stands de nourriture et de boissons pour le brunch, un DJ et une atmosphère très conviviale.

Earth Fair Food Market (071 121 7367 ; www.earthfairmarket.co.za ; South Palms Shopping Centre, 333 Main Road, Tokai ; plats 60-100 R ; 16h-21h mer, 9h-14h sam ; ; Steenberg). Prisé pour le dîner et une bière le mercredi, et pour un brunch et une bière le samedi, ce marché local propose des produits fermiers, bio et éthiques, souvent sur fond de musique live. Il se tient également en ville à St George's Mall le jeudi, de 11h à 15h.

Milnerton Flea Market (www.milnertonfleamarket.co.za ; Marine Dr (R27), Paarden Eiland ; 7h30-14h sam, 8h-15h dim ; Zoarvlei). Créé à Milnerton, ce marché aux puces se tient aujourd'hui dans le quartier voisin de Paarden Eiland. Dénichez des pièces vintage et de collection parmi le bric-à-brac qui remplit le parking au bord de Table Bay, où la vue sur la montagne de la Table est à la hauteur des intéressants personnages que vous croiserez.

Hout Bay Lions Craft Market (Baviaanskloof Rd, Hout Bay ; 10h-15h dim ; Military). Parcourir les étals de ce petit marché, qui collecte des fonds pour l'organisation philantropique Lions Club of Hout Bay, est une façon bien agréable de passer une heure ou deux le dimanche. Installé sur le pré communal du village, il vend de l'artisanat réalisé par les habitants, dont d'impressionnantes créations de perles, des vêtements aux motifs colorés et d'adorables pintades en pommes de pin.

Sud de la péninsule

Base populaire pour les artistes, la péninsule compte un grand nombre de galeries et de magasins de poterie, entre autres. Muizenberg et Kalk Bay offrent le meilleur choix et accueillent des marchés réguliers, dont le **Kalk Bay Market** (Kalk Bay Community Centre, Main Rd, Kalk Bay ; Kalk Bay). Le Noordhoek Farm Village (p. 73) et l'Imhoff Farm (p. 73) sont d'agréables endroits où dénicher artisanat et souvenirs en tout genre.

Kalk Bay Modern ART, ARTISANAT
(021-788 6571 ; www.kalkbaymodern.co.za ; 136 Main Rd, Kalk Bay ; 9h30-17h ; Kalk Bay).

Cette galerie propose une séduisante sélection d'art et d'artisanat éclectique, et expose régulièrement des artistes locaux. Ne manquez pas la collection de tissus imprimés Art-i-San.

Quagga Rare Books & Art LIVRES
(☎021-788 2752 ; www.quaggabooks.co.za ; 86 Main Rd, Kalk Bay ; ⌚9h-17h lun-sam, 10h-17h dim ; Kalk Bay). Une adresse incontournable si vous cherchez des livres anciens. On y vend aussi œuvres d'art locales, estampes et cartes géographiques.

Renseignements

DÉSAGRÉMENTS ET DANGERS

Le Cap est l'une des villes d'Afrique les plus décontractées, ce qui peut donner une fausse impression de sécurité. Sans tomber dans la paranoïa, la prudence s'impose.

- Le taux de criminalité dans les townships et les faubourgs des Cape Flats est catastrophique. Ne vous y aventurez pas sans un guide de confiance.
- Les balades à pied et les transports en commun sont déconseillés après la tombée de la nuit ; préférez un taxi ou votre voiture (emportez votre téléphone portable).
- Les agressions ne sont pas rares dans le Table Mountain National Park. Renseignez-vous et ne randonnez jamais seul (partez de préférence avec un guide local).
- Sur les plages, vérifiez la présence de panneaux signalant les courants ou les rochers, et ne nagez que dans les zones surveillées.

OFFICES DU TOURISME

Cape Town Tourism (carte p. 58 ; ☎086-132 2223, 021-487 6800 ; www.capetown.travel ; Pinnacle Bldg, angle Castle St et Burg St, City Bowl ; ⌚7h-18h lun-ven, 8h30-14h sam, 9h-13h dim ; Church/Mid-Long). L'office du tourisme principal du Cap. Réservation de chambres, circuits et voitures de location, et informations sur les parcs nationaux et les réserves. Plusieurs autres offices du tourisme dans la ville.

SERVICES MÉDICAUX

Les services médicaux sont d'excellente qualité au Cap. Assurez-vous que vous êtes couvert par votre assurance santé et soyez prêt à régler votre note immédiatement. En cas d'urgence, composez le 107 depuis une ligne fixe, ou le 112 depuis un téléphone portable, pour demander comment vous rendre à l'hôpital le plus proche.

De nombreux médecins consultent à domicile ; cherchez leurs coordonnées dans la rubrique "Medical" de l'annuaire ou renseignez-vous à votre hôtel.

Groote Schuur Hospital (☎021-404 0111 ; www.westerncape.gov.za/your_gov/163 ; Main Rd, Observatory ; Observatory). Service d'urgence.

Netcare Christiaan Barnard Memorial Hospital (☎021-441 0000 ; www.netcarehospitals.co.za/Hospital/Netcare_Christiaan_Barnard_Memorial_Hospital ; angle DF Malan St et Rua Bartholemeu Dias, Foreshore ; Church/Longmarket). Excellent hôpital privé.

Netcare Travel Clinic (☎021-419 3172 ; www.netcare.co.za/Netcare-travel-clinics ; 11e ét, Picbal Arcade, 58 Strand St, City Bowl ; ⌚8h-16h lun-ven ; Adderley). Vaccins et conseils sanitaires aux voyageurs.

Depuis/vers Le Cap

AVION

L'**aéroport international de Cape Town** (CPT ; ☎021-937 1200 ; www.airports.co.za), à 22 km à l'est du centre-ville, est doté d'un office du tourisme.

BUS

Les bus régionaux arrivent à la gare ferroviaire du Cap (Cape Town Railway Station), où les compagnies suivantes ont leur bureau de réservation, ouvert tous les jours de 6h à 18h30 :

Greyhound (☎021-418 4326, réservations 083 915 9000 ; www.greyhound.co.za ; Cape Town Railway Station ; ⌚6h-18h30)

Intercape (☎021-380 4400 ; www.intercape.co.za)

Translux (☎021-449 6209, 086 158 9282 ; res.prasa.com/translux/booking ; Cape Town Railway Station ; ⌚6h-18h30)

TRAIN

Les trains longue distance arrivent à la gare ferroviaire du Cap (Cape Town Railway Station), dans Heerengracht, à City Bowl.

Les mercredis, vendredis et dimanches, des trains circulent depuis/vers Johannesburg via Kimberley, gérés par la **Shosholoza Meyl** (☎0860 008 888, 011-774 4555 ; res.prasa.

LE CAP LGBTQI+

La ville la plus gay-friendly d'Afrique est une destination incontournable pour les voyageurs LGBTQI+. De Waterkant, le quartier queer, accueille tout le monde, des drag-queens raffinées du Cap aux armoires à glace vêtues de cuir. La ville compte plusieurs festivals et événements gay au cours de l'année.

La communauté lesbienne du Cap se retrouve aux soirées M.I.S.S et Unofficial Pink Parties (www.facebook.com/pinkpartyza), organisées par des lesbiennes mais ouvertes à tous.

Le Cape Town Gay Hiking Club (www.facebook.com/groups/6068816435) organise par ailleurs des randonnées gay et gay-friendly.

Droits et défis

L'Afrique du Sud fut le premier pays au monde à inscrire les droits des gays et des lesbiennes dans sa Constitution, en 1996. La majorité sexuelle y est la même pour tous et les LGBTQI+ ont le droit de se marier. Hélas, les modes de vie alternatifs ne sont pas acceptés par tous les Sud-Africains. Il ne se passe pas une année sans que des crimes homophobes se produisent au Cap-Occidental et il n'est pas inhabituel que des lesbiennes noires soient victimes de "viol correctif".

Renseignements

GayCapeTown4u.com (www.gaycapetown4u.com)

Mamba (www.mambaonline.com)

Mambagirl (www.mambagirl.com)

Incontournables

Glen Boutique Hotel (carte p. 70 ; ☎021-439 0086 ; www.glenhotel.co.za ; 3 The Glen, Sea Point ; ch avec petit-déj à partir de 2 980 R ; P ❄ @ ≋ ; 🚍The Glen). Ce charmant hôtel de Sea Point, le plus ouvertement gay-friendly du Cap, accueille aussi une clientèle hétéro.

Crew Bar (carte p. 58 ; ☎021-461 4920 ; www.facebook.com/CrewBarCapeTown ; 30 Napier St, De Waterkant ; droit d'entrée ven après 22h et sam 50 R ; ⏲19h-2h dim-jeu, 19h-4h ven-sam ; 🚍Alfred). Le plus tendance des clubs de De Waterkant, avec des barmen musclés.

Alexander Bar & Café (p. 102). Adresse chic dont le théâtre accueille divers spectacles.

Plage n°3 de Clifton (carte p. 70 ; Victoria Rd, Clifton ; 🚍Clifton 3rd). Pour voir et être vu, sur la plus décontractée des quatre plages de Clifton.

Pienk Piesang (☎081 249 5604 ; www.facebook.com/HeSheLangarm ; 50 R). Apprenez à danser à la manière afrikaans lors de ces soirées des faubourgs nord.

Sandy Bay (p. 57). Débarrassez-vous de vos vêtements et de vos inhibitions sur cette sublime plage nudiste.

Se loger

Purple House (carte p. 58 ; ☎021-418 2508 ; www.purplehouse.co.za ; 23 Jarvis St, De Waterkant ; s/d/app à partir de 1 450/1 650/1 700 R ; ❄ @ ≋ ; 🚍Alfred). Excellents B&B et logements indépendants.

com/shosholozameyl/Booking). Ces trains sont équipés de couchettes confortables et de voitures-restaurants.

Le célèbre **Blue Train** (☎012-334 8459 ; www.bluetrain.co.za) et le **Rovos Rail** (☎012-315 8242 ; www.rovos.co.za) sont plus luxueux.

ℹ Comment circuler

DEPUIS/VERS L'AÉROPORT

Comptez environ 250 R pour un taxi non partagé.

Bus MyCiTi (☎0800 656 463 ; www.myciti.org.za). Des bus partent toutes les 30 minutes

Colette's (☎083 458 5344, 021-531 4830 ; www.colettesbb.co.za ; 16 The Bend, Pinelands ; s/d avec petit-déj à partir de 500/650 R ; P ; Pinelands). Les femmes sont les bienvenues dans ce B&B de Pinelands.

The Grey (carte p. 58 ; ☎021-421 1106 ; www.thegreyhotel.co.za ; 49 Napier St, De Waterkant ; s/d à partir de 1 320/2 750 R ; ; Alfred). Le bar sur le toit-terrasse et la piscine sont les attraits majeurs.

De Waterkant House (carte p. 58 ; ☎021-409 2500 ; www.dewaterkant.com ; 35 Loader St, De Waterkant ; s/d avec petit-déj à partir de 1 300/1 550 R ; @ ; Old Fire Station). L'un des établissements Village & Life gay-friendly.

Sortir

Beaulah (carte p. 58 ; ☎021-418 5244 ; 28 Somerset Rd, De Waterkant ; droit d'entrée 50 R ; 21h-4h ven-sam ; Alfred). Club sympathique pour les filles, mais les garçons sont les bienvenus aussi.

Gate69 Cape Town (carte p. 58 ; ☎021-035 1627 ; www.69theatre.com ; 87 Bree St, City Bowl ; dîner et spectacle à partir de 350 R ; Strand). Parez-vous de vos plus beaux atours pour le dîner-spectacle de ce cabaret de drag-queens tape-à-l'œil.

Evita se Perron (p. 182). Rendez-vous à Darling pour le théâtre de la légende locale Pieter-Dirk Uys.

Se restaurer

Beefcakes (carte p. 58 ; ☎021-425 9019 ; www.beefcakes.co.za ; 40 Somerset Rd, De Waterkant ; burgers 55-85 R ; 19h-minuit ; Gallow's Hill). Bar à burgers avec Campy Bingo, spectacles de drag-queens et serveurs au torse musclé dénudé.

Lazari (carte p. 64 ; ☎021-461 9865 ; www.lazari.co.za ; angle Upper Maynard St et Vredehoek Ave, Vredehoek ; plats 60-85 R ; 7h30-17h lun-ven, 8h-16h sam ; ; Upper Buitenkant). Oubliez votre régime : les quiches et les gâteaux sont divins !

Cafe Manhattan (carte p. 58 ; ☎021-421 6666 ; www.manhattan.co.za ; 74 Waterkant St, De Waterkant ; 15h-22h lun-ven, 12h-22h sam-dim ; Alfred). Pionnier de la scène gay à De Waterkant.

Fêtes et festivals

Cape Town Pride (www.capetownpride.org). Fin février à De Waterkant.

Miss Gay Western Cape (www.missgay.co.za ; Joseph Stone Auditorium, Klipfontein Rd, Athlone). Concours de beauté au Cap en novembre.

MCQP (Mother City Queer Project ; ☎021-461 4920 ; mcqp.co.za). Fête déguisée au Cap en décembre.

Pink Loerie Festival (p. 165). Un Mardi gras flamboyant fin avril/début mai à Knysna sur la Garden Route.

entre 5h et 21h30 pour le centre-ville et le Waterfront. Un trajet simple coûte 100 R. Avec la carte "myconnect" (35 R, non remboursable), le billet coûte 91,60 R la plupart du temps, et 100,80 R aux heures de pointe (les jours de semaine de 6h45 à 8h et de 16h15 à 17h30).

Backpacker Bus (☎082-809 9185 ; www.backpackerbus.co.za). Sur réservation, cette navette vous accueille à l'aéroport et vient vous chercher à votre hôtel ou auberge de jeunesse. Comptez à partir de 280 R/pers (suppplément de 30 R pour Campsbay et 50 R Houtbay).

BATEAU

Le bateau-taxi **Mellow Yellow Water Taxi** (☎ 073-473 7684 ; www.watertaxi.co.za ; aller simple/aller-retour 100/150 R) fait la navette entre Kalk Bay et Simon's Town. Nous vous recommandons de prendre le train jusqu'à Simon's Town et de revenir en bateau-taxi à Kalk Bay, plutôt que le contraire.

BUS

Les bus du réseau **MyCiTi** (☎ 0800 656 463 ; www.myciti.org.za) circulent tous les jours, de 5h à 22h, avec une majorité de liaisons entre 8h et 17h. Les itinéraires couvrent le centre-ville jusqu'à Gardens et Waterfront ; le long de la côte atlantique jusqu'à Camps Bay et Hout Bay ; jusqu'à Tamboerskloof via Kloof Nek Rd, avec un service de navettes jusqu'au téléphérique ; jusqu'à Woodstock et Salt River ; jusqu'à Blouberg et Table View ; jusqu'à Khayelitsha ; et enfin, jusqu'à l'aéroport.

Les trajets se règlent avec une carte prépayée “myconnect” (35 R, non remboursable), disponible auprès des kiosques des stations MyCiTi et de certains commerces. On peut également acheter des billets à l'unité (32 R), y compris depuis/vers l'aéroport (100 R). Des frais de banque de 2,5% (avec un minimum de 1,50 R) s'appliquent lors du chargement de la carte ; ainsi, pour une valeur de 200 R, vous n'aurez que 195 R de crédit. La carte, émise par ABSA (une banque nationale), peut aussi servir à régler de petits montants dans les commerces affichant le symbole MasterCard.

Le prix d'un trajet peut varier selon le moment de la journée (heures de pointe : 6h45-8h et 16h15-17h30 lun-ven) et selon que l'on a préchargé ou non sa carte avec la formule MyCiTi Mover (coûtant entre 50 R et 1 000 R), susceptible de réduire le tarif standard de 30%.

Le tarif standard est de 10,70/8 R en période pleine/creuse pour les trajets de moins de 5 km (notamment depuis Civic Centre vers Gardens ou Waterfront), de 17,60/11,80 R entre le centre-ville et Table View, de 100,80/91,60 R entre le centre-ville et l'aéroport, et de 30,10/25,40 R entre le centre-ville et Hout Bay.

TAXI COLLECTIF

La station principale de taxis-minibus collectifs (p. 652) se situe à l'étage supérieur de la gare ferroviaire du Cap (Cape Town Railway Station), accessible par une passerelle du Golden Acre Centre ou par des escaliers depuis Strand St. On y trouve facilement l'arrêt souhaité. Ailleurs, il suffit de héler les taxis collectifs depuis le trottoir et de se renseigner auprès du chauffeur sur son itinéraire.

TAXI INDIVIDUEL

Privilégiez le taxi individuel si vous êtes plusieurs, ou pour vous déplacer le soir. Le tarif est de 10 R le kilomètre. Uber est très prisé et fonctionne bien.

Excite Taxis (☎ 021-448 4444 ; www.excitetaxis.co.za)

Marine Taxi (☎ 0861 434 0434, 021-447 0384 ; www.marinetaxis.co.za)

Rikkis (☎ 021-447 3559, 086 174 5547 ; www.rikkis.co.za)

Telecab (☎ 021-788 2717, 082-222 0282). Trajets de Simon's Town à Boulders et Cape Point.

TRAIN

Les trains du **Cape Metro Rail** (☎ 0800 656 463 ; capetowntrains.freeblog.site) constituent un moyen économique de se déplacer dans la région. Ils sont cependant peu fiables, sujets aux pannes et, sur certaines lignes, parfois dangereux (depuis 2015, plus de 100 wagons ont été incendiés et vandalisés). De plus, peu d'entre eux, voire aucun, ne circulent après 18h en semaine, et après midi le samedi.

La différence entre la 1re classe (MetroPlus) et la classe économique (Metro) est négligeable en termes de prix et de confort. La ligne la plus utile pour les touristes est celle de Simon's Town, qui traverse Observatory, contourne la montagne de la Table en passant par les faubourgs résidentiels comme Newlands, descend vers Muizenberg et longe la côte de False Bay. Ces trains circulent au moins une fois par heure entre 6h et 21h, voire toutes les 15 minutes aux heures de pointe (6h-9h et 15h-18h).

Les trains Metro circulent également jusqu'à Strand, à l'est de False Bay, et dans les Winelands jusqu'à Stellenbosch et Paarl. Ils restent les moyens de transport les moins chers et les plus pratiques dans ces zones. Aux heures de pointe, les trains sont plus sûrs, quelle que soit la ligne, mais ils peuvent être dangereusement bondés.

VÉLO

Si les nombreuses côtes et la distance entre les sites ne vous font pas peur, la péninsule du Cap est un endroit fantastique à explorer à vélo. Depuis la Coupe du monde de football, elle est parcourue de pistes cyclables : l'une, en très bon état, sort de la ville au nord, en direction de Table View, tandis que l'autre longe la Walk of Remembrance, de la gare ferroviaire du Cap jusqu'à Green Point. Malheureusement, les vélos sont interdits dans les trains de banlieue.

Quelques adresses pour louer un vélo :

Awol Tours (p. 76)

Bike & Saddle (☎ 021-813 6433 ; www.bikeandsaddle.com ; journée/demi-journée 175/250 R)

Cape Town Cycle Hire (☎ 084-400 1604, 021-434 1270 ; www.capetowncyclehire.co.za ; à partir de 300 R/jour)

Downhill Adventures (p. 76)

Up Cycles (☎ 076 135 2223 ; www.upcycles.co.za ; 1 heure/journée/demi-journée 90/330/260 R)

VOITURE ET MOTO

Le Cap possède un excellent réseau routier. Les heures de pointe vont de 7h à 9h et de 16h30 à 18h30. Soyez prudent sur la route, les chauffards invétérés étant légion au Cap. On peut louer des voitures et des motos (p. 665) : les grandes compagnies de location de voitures ont un comptoir à l'aéroport et des bureaux en ville.

1

2

MOOBATTO / SHUTTERSTOCK ©

3

1. Table Mountain (p. 56)
Vue plongeante sur Le Cap depuis le sommet de la montagne de la Table .

2. Old Biscuit Mill (p. 105),
repaire branché.

3. Quartier coloré de Bo-Kaap (p. 65)

4. Bloubergstrand
Belle vue sur la ville et la Table Mountain en toile de fond depuis cette plage au nord du Cap.

5. V&A Waterfront (p. 65)
Un lieu de flânerie prisé des touristes et des habitants.

4

5

Cap-Occidental

Dans ce chapitre ➡

Le top des restaurants

- La Petite Colombe (p. 129)
- Die Strandloper (p. 183)
- Boschendal at Oude Bank (p. 123)

Le top des hébergements

- Views Boutique Hotel (p. 160)
- Grootbos Private Nature Reserve (p. 149)
- Oudebosch Eco Cabins (p. 142)
- Pat Busch Mountain Reserve (p. 136)

Pourquoi y aller

Les splendeurs du Cap-Occidental (Western Cape) ne se limitent pas à ses vignobles de classe internationale, à ses plages et à ses montagnes. En effet, cette province est riche en grands espaces, comme ceux du Karoo, en réserves naturelles et autres lieux sauvages. Ces territoires encore vierges vous donneront l'occasion de vivre de belles aventures au milieu d'oiseaux et d'animaux sauvages, ou de vous détendre sous des cieux infinis.

Le Cap-Occidental offre un vaste choix d'activités, des plus paisibles – dégustation de vin et superbes promenades en voiture – à des passe-temps plus grisants, tels le parachutisme et l'escalade.

Le creuset culturel de la région a aussi de quoi séduire. L'art rupestre khoisan des montagnes du Cederberg est remarquable, et les occasions de découvrir les traditions du peuple xhosa ne manquent pas.

Quand partir

Knysna

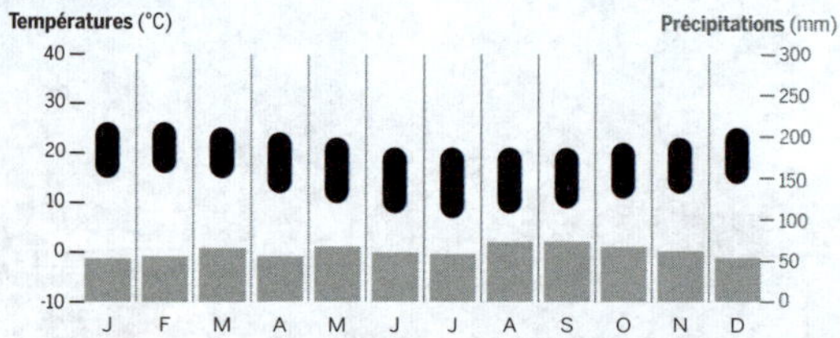

Fév-mars et nov Les températures sont idéales, assez fraîches pour randonner, mais clémentes pour aller à la plage.

Juin-août La saison d'observation des baleines débute et les fleurs s'épanouissent sur la West Coast.

Déc-janv Les tarifs et le nombre de visiteurs augmentent. Journées chaudes et nombreux festivals.

Climat

Le Cap-Occidental connaît des étés secs et ensoleillés (décembre-mars), avec des températures chaudes moyennes pouvant atteindre 40°C dans certaines régions. Toutefois, le vent souffle souvent et le "Cape Doctor" (nommé ainsi car il assainit l'atmosphère), de sud-est, se déchaîne parfois en tempête, apportant un peu de fraîcheur. Les hivers (juin-août) peuvent être froids, avec des températures moyennes entre 7°C et 19°C, malgré quelques journées chaudes et ensoleillées. Les pluies sont fréquentes et les chutes de neige occasionnelles sur les plus hauts sommets. Le climat devient plus sec et chaud à mesure que l'on s'éloigne du Cap vers le nord. Le long de la côte sud, le climat est tempéré.

Langues

Le Cap-Occidental est la seule province majoritairement peuplée de métis. L'afrikaans est la langue maternelle de la plupart d'entre eux, dont les ancêtres sont des Khoisan ou des esclaves provenant d'Indonésie et de Madagascar, mais l'anglais est parlé partout.

WINELANDS

À l'intérieur des terres, au nord-est du Cap, le Boland, dont le nom signifie "terres hautes", est la région viticole la plus réputée d'Afrique du Sud. Autour de Stellenbosch et de Franschhoek, les massifs montagneux bénéficient d'un microclimat idéal pour la vigne.

Les premiers colons s'installèrent ici dans la seconde moitié du XVIIe siècle, lorsque les Hollandais fondèrent Stellenbosch et les huguenots français Franschhoek. Les deux cités comptent d'excellents chefs, jeunes et créatifs, établis dans les domaines viticoles. Ils font de la région le fief de la cuisine sud-africaine.

Avec Paarl, ces deux villes constituent le cœur des Winelands, mais il existe bien d'autres secteurs viticoles à explorer. La jolie Tulbagh, avec ses nombreux édifices historiques, est réputée pour la MCC (Méthode Cap Classique, l'équivalent local du champagne), tandis que les exploitations éparses de Robertson proposent des dégustations gratuites dans une atmosphère familiale et détendue.

Stellenbosch

☎ 021 / 155 000 HABITANTS

Fondée par le deuxième gouverneur du Cap, Simon Van der Stel, en 1679 sur les rives de l'Eerste, Stellenbosch était – et demeure – réputée pour ses terres fertiles, idéales pour produire les légumes et le vin qui étaient ensuite embarqués sur les navires faisant escale au Cap.

Cette élégante cité historique aux rues bordées de chênes et d'édifices majestueux de styles hollandais du Cap (Cape Dutch), georgien et victorien regorge de musées intéressants, d'hôtels de qualité et de restaurants. Bars et discothèques ne manquent pas dans cette ville universitaire animée, où se mêlent résidents, étudiants, habitants du Cap et touristes.

Mais Stellenbosch est avant tout réputée pour ses vins. Elle est entourée de centaines d'exploitations produisant des crus de renommée internationale. Dégustations et bons restaurants seront donc au programme de votre visite, mais les environs possèdent d'autres attraits.

À voir et à faire

Besoin d'exercice après toutes ces dégustations de vin ? Participez à une **promenade guidée** (☎ 021-883 3584 ; 36 Market St ; 140 R ; ⊙ 11h et 15h lun-ven, 9h30 sam-dim) au départ de Stellenbosch Tourism (p. 124). Réservation indispensable le week-end.

Village Museum MUSÉE
(carte p. 118 ; ☎ 021-887 2937 ; www.stelmus.co.za ; 18 Ryneveld St ; adulte/enfant 35/15 R ; ⊙ 9h-15h30 lun-ven, 9h-14h sam). Ce musée incontournable regroupe plusieurs maisons datant

VAUT LE DÉTOUR

JONKERSHOEK NATURE RESERVE

Cette petite **réserve naturelle** (carte p. 122 ; ☎ 021-866 1560 ; www.capenature.co.za ; Jonkershoek Rd ; adulte/enfant 50/30 R ; ⊙ 7h30-16h) est nichée au cœur d'une futaie, à 8 km au sud-est de la ville. Outre la route panoramique de 10 km, elle compte des sentiers de randonnée allant de 5 à 18 km. La carte des parcours est disponible à l'entrée.

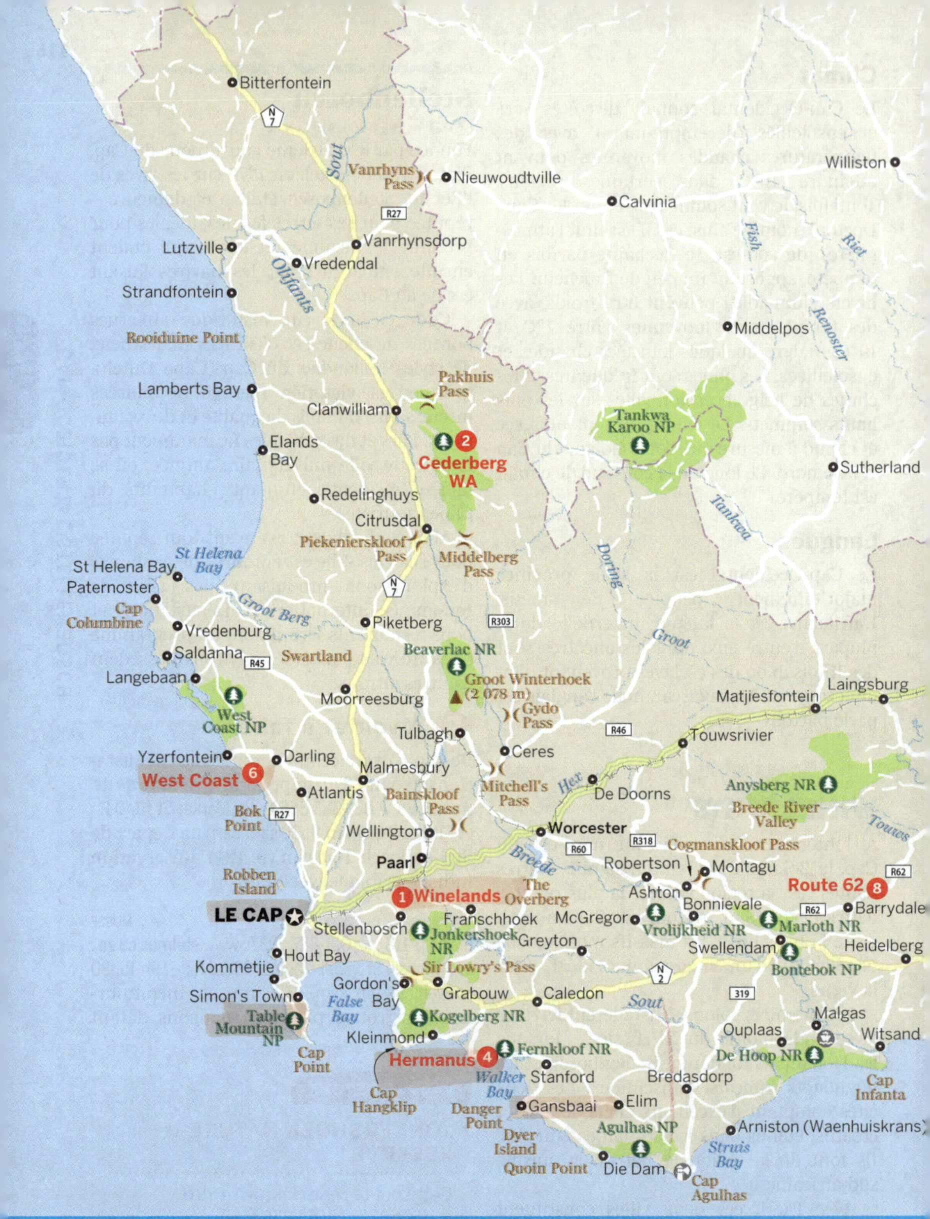

À ne pas manquer

1 La gastronomie et les vins des villes historiques des **Winelands** (p. 115), notamment Stellenbosch et Franschhoek.

2 La culture khoisan et les randonnées parmi les curieuses formations rocheuses de la **Cederberg Wilderness Area** (p. 185).

3 Les promenades sur la plage ventée et les balades en kayak sur les lagunes de **Wilderness** (p. 160).

4 L'observation des baleines à **Hermanus** (p. 142), en kayak ou depuis le sentier longeant les falaises.

5 Les randonnées à pied ou à vélo dans les forêts de **Knysna** (p. 162)

et l'exploration de la lagune en bateau.

6 Des cours de kitesurf sur la **West Coast** (p. 181), suivis d'un somptueux dîner de poisson et fruits de mer sur la plage.

7 Un festin raffiné à **Prince Albert** (p. 178), à compenser ensuite par une randonnée en montagne.

8 Une dégustation de vins, la pratique de l'escalade et la découverte des sources chaudes le long de la **route 62** (p. 172), entre Robertson et Oudtshoorn.

Stellenbosch

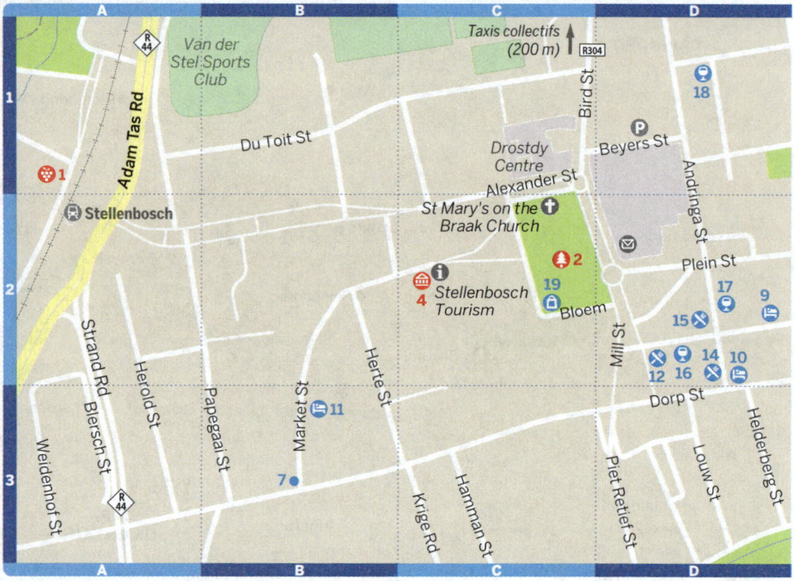

Stellenbosch

À voir

1 Bergkelder A1
2 Braak C2
3 Stellenbosch University Botanical Garden E2
4 Toy & Miniature Museum C2
5 University Museum E1
6 Village Museum E2

Activités

Adventure Shop .... (voir 7)
Easy Rider Wine Tours .... (voir 11)
7 Vine Hopper B3

Où se loger

9 Oude Werf Hotel D2
10 Stellenbosch Hotel D2
11 Stumble Inn B3

Où se restaurer

12 Boschendal at Oude Bank D2
13 Decameron E2
14 Jardine D2
15 Wijnhuis D2

Où prendre un verre et faire la fête

16 Brampton Wine Studio D2
17 Craft Wheat & Hops D2
18 Mystic Boer D1

Achats

19 Craft Market C2

de 1709 à 1850, restaurées et décorées de meubles d'époque. Dans chacune d'elles, un guide costumé relate des récits qui y sont liés. Charmants jardins et petite exposition à l'entrée principale.

Toy & Miniature Museum MUSÉE

(carte ci-dessus ; ☎021-882 8861 ; Rhenish Parsonage, 42 Market St ; adulte/enfant 15/5 R ; ⏲9h-15h30 lun-ven, 9h-14h sam ; 👪). Jolie surprise que ce musée fort d'une belle collection de jouets, des trains électriques aux maisons de poupées. Les enfants adorent le chemin de fer miniature, qui fonctionne avec des pièces de 5 R.

Bergkelder DOMAINE VITICOLE

(carte ci-dessus ; ☎021-809 8025 ; www.fleurducap.co.za ; George Blake St ; circuit 60 R, dégustation accord mets-vins 110 R ; ⏲9h-17h lun-ven, 9h-14h sam ; 🅿). Facilement acces-

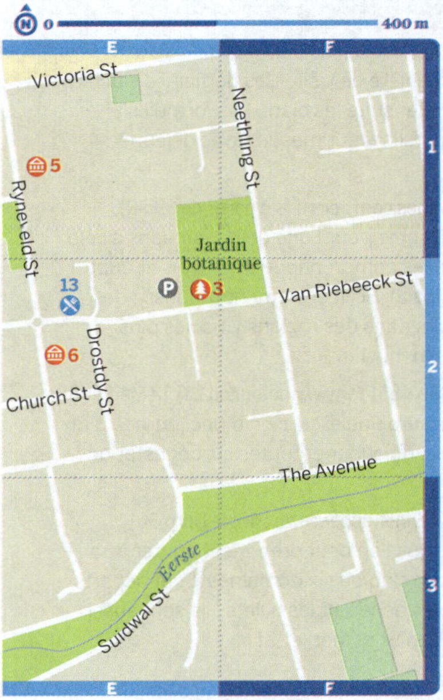

sible à pied depuis le centre-ville, cette cave est idéale pour les amateurs de vin non motorisés. Les circuits d'une heure sont suivis d'une dégustation dans une cave pleine de charme et éclairée à la chandelle. Départs à 10h, 11h, 14h et 15h du lundi au vendredi, et à 10h, 11h et 12h le samedi et les jours fériés. Une formule "Salt Pairing" consistant en une dégustation de vin accompagnée de mets, est également proposée. Réservation indispensable pour l'ensemble des activités.

University Museum MUSÉE
(carte ci-dessus ; 52 Ryneveld St ; don apprécié ; ⌚10h-16h30 mar-sam). Ce superbe bâtiment de style Renaissance flamande présente une riche collection de créations locales, une belle palette de trésors anthropologiques africains, ainsi que des expositions sur la culture et l'histoire sud-africaines.

Stellenbosch University Botanical Garden PARC
(carte ci-dessus ; ☎021-808 3054 ; www.sun.ac.za/botanicalgarden ; angle Neethling St et Van Riebeeck St ; 10 R ; ⌚8h-17h). Peu connu, ce charmant parc mérite pourtant une visite. Il se compose de jardins à thèmes, comme le carré des bonsaïs ou la serre tropicale, et abrite de nombreuses plantes locales. Mais nul besoin d'être amateur de botanique pour apprécier ce lieu paisible. L'agréable salon de thé extérieur propose boissons chaudes, gâteaux et déjeuners légers (plats 55-130 R).

Environs de Stellenbosch

Les domaines viticoles sont légion dans la région de Stellenbosch. Procurez-vous la brochure gratuite *Stellenbosch and its Wine Routes* dans les locaux de Stellenbosch Tourism pour un tableau plus complet des environs.

Vergenoegd DOMAINE VITICOLE
(☎021-843 3248 ; www.vergenoegd.co.za ; Baden Powell Dr ; dégustation 100 R ; ⌚8h-16h mer-dim ; 👪). En plus des traditionnelles dégustations, ce domaine propose des activités destinées aux enfants, qui apprécient entre autres l'escadron de canards chargés de débarrasser la ferme des insectes nuisibles – méthode garantie sans pesticides. Quant aux adultes, ils peuvent fabriquer ici leur propre thé, café, vin ou huile d'olive (250 R/activité). Pique-niques (adulte/enfant 450/125 R) à déguster sur la pelouse ou dans la vieille grange. Chaque samedi, un marché populaire propose de la nourriture, de l'artisanat et de nombreux articles pour les enfants.

Spier DOMAINE VITICOLE
(carte p. 122 ; ☎021-809 1100 ; www.spier.co.za ; R310 ; dégustation à partir de 70 R ; ⌚dégustations 9h-17h mar-sam, 9h-16h dim-mer ; P 👪). Spier produit d'excellents syrah, cabernets et mélanges de rouges, mais l'attrait de cet immense établissement est moins le vin que la quantité d'autres activités proposées, notamment les présentations d'oiseaux de proie (adulte/enfant 75/65 R), les circuits en gyropode dans les vignes, les promenades dans le domaine avec présentation audio-guidée, les quatre restaurants, et les pique-niques à savourer sur la propriété. Guettez le programme des concerts et des projections en plein air, ainsi que les offres spéciales.

Vergelegen DOMAINE VITICOLE
(☎021-847 2100 ; www.vergelegen.co.za ; Lourensford Rd, Somerset West ; adulte/enfant 10/5 R, dégustation 40-120 R, visites 50-70 R ; ⌚8h30-17h, visite des jardins 9h30, visite des caves 11h30 ; P 👪). Le fils de Simon Van der Stel, Willem, fut le premier à planter des vignes ici en 1700. Les bâtiments et les jardins

CIRCUITS VITICOLES

Les circuits organisés constituent une bonne manière de visiter les domaines viticoles - entre autres raisons car on n'a pas à reprendre ensuite le volant. Les formules sont variées, du simple bus touristique aux excursions sur mesure avec déjeuner gastronomique inclus.

Bikes 'n Wines (☎021-823 8790 ; www.bikesnwines.com ; circuits à partir de 995 R). Pour visiter les vignobles sans émettre de CO_2, optez pour l'une des excursions à vélo de cette agence très appréciée. De 9 à 21 km, elles comprennent entre trois et quatre haltes dans des domaines viticoles de Stellenbosch. Sont également proposés des circuits urbains à travers Le Cap, et des parcours dans des régions viticoles plus confidentielles, comme Elgin, Wellington et Hermanus.

Easy Rider Wine Tours (carte p. 118 ; ☎021-886 4651 ; www.winetour.co.za ; 12 Market St). Cette agence opère depuis le Stumble Inn et assure une excursion d'une journée d'un bon rapport qualité/prix, moyennant 650 R avec déjeuner et toutes les dégustations de vin.

Vine Hopper (carte p. 118 ; ☎021-882 8112 ; www.vinehopper.co.za ; angle Dorp St et Market St ; forfait 1/2 jours 300/540 R). Ce bus que l'on peut prendre et quitter à sa guise emprunte trois itinéraires couvrant chacun cinq ou six domaines. Sept départs quotidiens de Stellenbosch Tourism (p. 124), où s'achètent les billets ; ils sont aussi en vente à l'agence Vine Hopper, à l'angle de Dorp St et Market St.

raffinés de Vergelegen possèdent une vue fabuleuse sur la montagne et un côté "manoir d'époque". Vous pouvez suivre la visite guidée des jardins, celle des caves, ou simplement apprécier une dégustation de quatre crus de la maison. Deux restaurants vous attendent sur place, ainsi que d'élégants paniers de pique-nique (avec options végétariennes).

Waterkloof DOMAINE VITICOLE

(☎021-858 1292 ; www.waterkloofwines.co.za ; Sir Lowry's Pass Village Rd, Somerset West ; dégustation à partir de 80 R ; ⏲10h-16h30 mar-dim ; Ⓟ). La belle architecture contemporaine de ce domaine tranche avec les édifices habituels de style hollandais du Cap. Waterkloof est spécialisé dans la viticulture biodynamique et les méthodes de production respectueuses de l'environnement : les visites guidées de 2 heures (10h et 16h30, 710 R déj/dîner deux plats inclus) vous en apprendront davantage. Il est possible d'y faire de l'équitation (750 R avec déjeuner) ou, si vous en avez les moyens, de venir en hélicoptère depuis Le Cap (11 250 R/pers avec menu six plats) !

♥ Warwick Estate DOMAINE VITICOLE

(carte p. 122 ; ☎021-884 4410 ; www.warwickwine.com ; dégustation 50 R, safari œnologique 350 R ; ⏲9h-17h ; Ⓟ). Les rouges de Warwick sont devenus légendaires, en particulier les mélanges de bordeaux. Le domaine propose un safari œnologique dit "des Big Five" (en référence à cinq grands cépages, et non à des animaux !) à travers les vignobles, et des pique-niques (550 R pour 2 personnes) à déguster sur la pelouse. Réservation impérative pour les pique-niques ; sinon, de simples plateaux de fromages sont proposés.

Villiera DOMAINE VITICOLE

(carte p. 122 ; ☎021-865 2002 ; www.villiera.com ; dégustation 80 R ; ⏲9h-17h lun-ven, 9h-15h sam ; Ⓟ). Villiera produit de bons vins Méthode Cap Classique et une syrah très bien cotée à prix raisonnable. D'excellentes visites en voiture de 2 heures (adulte/enfant 280/140 R), menées par des guides compétents, vous permettent de rencontrer antilopes, zèbres, girafes, et diverses espèces d'oiseaux présents sur le domaine. Elles sont suivies d'une dégustation ; réservation indispensable.

Tokara DOMAINE VITICOLE

(carte p. 122 ; ☎021-808 5900 ; www.tokara.co.za ; R310 ; dégustation 100-135 R ; ⏲10h-18h ; Ⓟ). Tokara doit sa réputation à ses excellents vins – chardonnay et sauvignon blanc en particulier –, à son restaurant haut de gamme (plats 260-290 R, réservation conseillée), à sa collection d'œuvres d'art, et à son élégant design. En été, dégustez des plats raffinés, avec vue sur les montagnes. En hiver, réchauffez-vous au coin du feu avec un verre de vin de vendanges tardives ou d'eau-de-vie deux fois distillée (25 R). Pour un repas plus modeste (plats 135-220 R), direction le fantastique traiteur doublé d'une galerie de sculptures. N'oubliez pas de goûter l'huile d'olive du domaine.

Delaire Graff Estate DOMAINE VITICOLE
(carte p. 122 ; ☎021-885 8160 ; www.delaire.co.za ; Helshoogte Pass ; dégustation à partir de 75 R, ; ⏲dégustations 10h-18h30 lun-sam, 10h-16h30 dim ; P). Ce “vignoble perché dans le ciel” offre de splendides points de vue. Il comprend un superbe hôtel membre des Relais et Châteaux, un spa et deux restaurants gastronomiques, dont l'**Indochine** (plats 385-400 R), spécialisé dans la cuisine panasiatique. Les vins du domaine sont plébiscités par les critiques.

Festival

Stellenbosch Wine Festival VIN
(www.stellenboschwinefestival.co.za ; ⏲fév). Fin février, ce festival permet de goûter en un seul lieu des vins issus de plus de 60 domaines. Les visiteurs peuvent assister à des conférences et des cours d'œnologie. Concerts et activités pour les enfants.

Où se loger

On trouve à Stellenbosch des hébergements bon marché, des hôtels historiques, d'agréables pensions et, à la périphérie, des cottages à louer. De nombreux domaines viticoles proposent un hébergement de luxe. Stellenbosch Tourism (p. 124) peut vous aider à réserver.

Stumble Inn AUBERGE DE JEUNESSE $
(carte p. 118 ; ☎021-887 4049 ; www.stumbleinn-backpackers.co.za ; 12 Market St ; camping 120 R/empl, dort 180 R, d avec sdb commune 500 R ; P). Bien que l'ambiance s'y soit bien assagie ces dernières années, cette auberge reste la plus festive de Stellenbosch. Elle occupe deux maisons anciennes – la seconde, à bonne distance du bar, est plus calme. On recommande les excursions viticoles.

Summerwood Guesthouse GUESTHOUSE $$
(carte p. 122 ; ☎021-887 4112 ; www.summerwood.co.za ; 28 Jonkershoek Rd ; s/d avec petit-déj à partir de 1 750/2 400 R ; P). Une pension élégante, dans un quartier de banlieue bordant une petite réserve naturelle à l'est du centre-ville. Très bien équipées, les chambres impeccables sont lumineuses et spacieuses. Chute spectaculaire des tarifs entre avril et septembre.

À NE PAS MANQUER

MARCHÉS FERMIERS DANS LES WINELANDS

Dernier phénomène à la mode chez les gastronomes sud-africains, le marché fermier est particulièrement bien représenté dans les Winelands. Plus qu'un endroit où faire ses courses, il consiste en une série de lieux où se restaurer – imaginez des produits allant du pain frais au fromage artisanal, en passant par la paella, les en-cas thaïlandais, les curries épicés, sans oublier une profusion de gâteaux, de vins locaux et de bière artisanale. Voici une petite sélection de ces marchés :

Blaauwklippen Market (carte p. 122 ; www.blaauwklippen.com ; Blaauwklippen Vineyards, rte 44 ; ⏲10h-15h sam-dim ;). Un marché ouvert aux familles, avec des promenades en charrette tirée par des poneys.

Franschhoek Market (carte p. 126 ; ☎082-786 7927 ; 29 Huguenot Rd ; plats 40-70 R ; ⏲9h-15h sam ;). Installé dans les jardins de l'église, ce marché possède un authentique parfum festif et champêtre.

Root 44 Market (carte p. 122 ; ☎021-881 3052 ; www.root44.co.za ; Audacia Winery, rte 44 ; plats 40-90 R ; ⏲16h-21h ven, 10h-18h sam-dim ; P). Un grand marché mi-couvert, mi-découvert, avec quantité de créations artisanales et de vêtements, sans oublier les classiques produits alimentaires.

Environs de Stellenbosch

Environs de Stellenbosch

Les incontournables

1 Babylonstoren ... D1
2 Spier ... A5
3 Warwick Estate ... C2

À voir

4 Anura ... D1
5 Backsberg ... D1
6 Delaire Graff Estate ... D4
7 Glen Carlou ... D1
8 Jonkershoek Nature Reserve ... D5
9 Lynedoch EcoVillage ... A6
10 Tokara ... D4
11 Villiera ... A2

Où se loger

12 Summerwood Guesthouse ... C4

Où se restaurer

13 96 Winery Road ... B7
14 Blaauwklippen Market ... C5
Glen Carlou ... (voir 7)
15 Overture Restaurant ... C6
16 Root 44 Market ... B6
17 Rust en Vrede ... C6
18 Slow Market ... C4

Où sortir

Oude Libertas Amphitheatre ... (voir 18)

Oude Werf Hotel HÔTEL HISTORIQUE $$
(carte p. 118 ; 021-887 4608 ; www.oudewerf.co.za ; 30 Church St ; ch avec petit-déj à partir de 2 400 R ;). Datant de 1802, ce bel hôtel s'est offert d'importants travaux de rénovation. Les chambres deluxe sont agrémentées de meubles anciens et de lits en cuivre, tandis que les chambres *superior* et *luxury*, modernes, profitent d'une belle luminosité.

Stellenbosch Hotel HÔTEL HISTORIQUE $$
(carte p. 118 ; 021-887 3644 ; www.stellenbosch-hotel.co.za ; 162 Dorp St, angle Andringa St ; s/d avec petit-déj à partir de 1 290/1 490 R ;). Hôtel cosy de style rustique comptant diverses chambres, certaines équipées de cuisine et d'autres de lit à baldaquin. La partie datant de 1743 héberge la Stellenbosch Kitchen (plats 110-190 R), idéale pour se détendre devant un verre.

Où se restaurer

Le centre-ville possède quelques très bons restaurants et de nombreux cafés. Toutefois, les meilleurs établissements se trouvent pour la plupart dans les domaines viticoles. Il s'agit souvent d'adresses gastronomiques, qui nécessitent une réservation.

Boschendal at Oude Bank BOULANGERIE $
(carte p. 118 ; 021-870 4287 ; www.facebook.com/boschenda-latoudebank ; angle Church St et Bird St ; plats 75-120 R ; 7h-17h lun-ven, 8h-17h sam-dim ;). Ce bistrot-boulangerie anime utilise des ingrédients locaux. Au menu : salades, sandwichs, assortiments de style mezze, gâteaux, pâtisseries et bière artisanale. Tables sur le trottoir et quantité de places assises à l'intérieur.

Slow Market MARCHÉ $
(carte ci-contre ; 021-886 8514 ; www.slow-market.co.za ; Oude Libertas Rd, Oude Libertas ; 9h-15h sam-dim ; P). Grand choix de produits alimentaires et d'objets artisanaux dans ce marché de producteurs.

96 Winery Road INTERNATIONAL $$
(carte ci-contre ; 021-842 2020 ; www.96wineryroad.co.za ; Zandberg Farm, Winery Rd ; menu 2/3/4 plats 235/325/420 R ; 12h-15h tlj et 18h-21h lun-sam ; P). Près de la R44, entre Stellenbosch et Somerset West, un restaurant établi de longue date, réputé pour son bœuf séché. Beaucoup d'autres spécialités de viande à la carte, et quelques plats végétariens pour faire bonne mesure.

Wijnhuis ITALIEN $$
(carte p. 118 ; 021-887 5844 ; www.wijnhuis.co.za ; angle Andringa St et Church St ; plats 120-220 R ; 9h-23h). Menu alléchant et longue liste de vins avec plus de 500 cuvées. Une vingtaine de crus sont servis au verre et des dégustations (50 R) sont proposées.

Decameron ITALIEN $$
(carte p. 118 ; 021-883 3331 ; 50 Plein St ; plats 85-165 R ; 12h-22h lun-sam). Ce restaurant italien, un classique à Stellenbosch, dispose d'un patio ombragé proche du jardin botanique.

Rust en Vrede FUSION $$$
(carte ci-contre ; 021-881 3757 ; www.rusten-vrede.com ; Annandale Rd ; menu 6 plats avec/sans vin 1 580/890 R ; 18h30-23h mar-sam). Dans cet élégant restaurant de domaine viticole, attendez-vous à des plats innovants comme les raviolis aux cuisses de lapin ou le fondant au chocolat à la betterave. Réservation indispensable.

Jardine FUSION $$$
(carte p. 118 ; ☎ 021-886 5020 ; www.restaurantjardine.co.za ; 1 Andringa St ; déj 160-250 R, dîner 3/6 plats 380/580 R ; ⏰ 12h-14h et 18h30-20h mer-sam). Le célèbre chef George Jardine, qui officie par ailleurs au très chic Jordan (voir ci-dessous), a ouvert en 2016 ce petit établissement au style original. Les plats à base de produits locaux sont simples, mais succulents. Réservation indispensable.

The Jordan Restaurant GASTRONOMIQUE $$$
(☎ 021-881 3612, Cellar Door 021-881 3441 ; www.jordanwines.com ; Stellenbosch Kloof Rd ; menu 3 plats 425 R, Cellar Door 95-129 R, planches 129-179 R ; ⏰ 12h-15h mer-dim et 18h30-22h30 ven-sam, Cellar Door 8h-15h, planches à partager 11h-16h ; P). Installé dans un domaine viticole hors des sentiers battus de Stellenbosch, ce restaurant très estimé vaut le déplacement. Le menu délicieux abonde en plats inventifs et haut de gamme. Pour ceux qui souhaitent quelque chose de plus simple, The Cellar Door sert des salades et des planches de fromages accompagnés de pain frais et de vins de la propriété.

Overture Restaurant FUSION $$$
(carte p. 122 ; ☎ 021-880 2721 ; bertusbasson.com ; Hidden Valley Wine Estate, proche d'Annandale Rd ; menu 3/5 plats 615/745 R ; ⏰ 12h-15h mar-dim, 19h-23h jeu-sam). Restaurant à la déco contemporaine, situé dans un domaine viticole moderne. Le chef, Bertus Basson, vedette de la télévision et créateur de six établissements, y cuisine à la perfection des produits régionaux de saison, accompagnés de vins de la Hidden Valley.

Où prendre un verre et faire la fête

La vie nocturne de Stellenbosch vise essentiellement la clientèle estudiantine, mais il existe des établissements plus chics. On peut se promener sans risque le soir dans le centre-ville, et la tournée des pubs figure souvent au programme (si vous logez au Stumble Inn (p. 121), quelqu'un vous entraînera sûrement dans une expédition de ce genre).

♥ **Craft Wheat & Hops** BIÈRE ARTISANALE
(carte p. 118 ; ☎ 021-882 8069 ; www.craftwheatandhops.com ; Andringa St ; ⏰ 11h-22h). Cet endroit propose à la pression une douzaine de bières artisanales du cru, et beaucoup d'autres en bouteille. À noter aussi l'honorable sélection de vins et l'excellent choix de spiritueux. Pour les indécis, formule dégustation de bières (79 R) ou de gins (69 R). Tartines et burgers (60-110 R) pour se sustenter.

Brampton Wine Studio BAR À VINS
(carte p. 118 ; ☎ 021-883 9097 ; www.brampton.co.za ; 11 Church St ; ⏰ 10h-22h). En sirotant un verre de syrah, griffonnez à la craie sur les tables de ce café tendance qui déborde sur le trottoir. C'est également la salle de dégustation du domaine viticole Brampton. Sandwichs, wraps et planches de fromages (70-170 R) servis en continu.

Mystic Boer BAR
(carte p. 118 ; ☎ 021-886 8870 ; www.facebook.com/diemysticboerstellenbosch ; 3 Victoria St ; ⏰ 11h-2h lun-sam, 11h-minuit dim). Ce bar original est une institution de Stellenbosch. Concerts fréquents et cuisine de bar honorable.

☆ Où sortir

Oude Libertas Amphitheatre SPECTACLES
(carte p. 122 ; www.oudelibertas.co.za ; Oude Libertas Rd ; P). Des représentations de théâtre, de musique et de danse se déroulent ici, en plein air, de novembre à mars.

Achats

Craft Market MARCHÉ
(carte p. 118 ; Braak ; ⏰ 9h-17h lun-sam). Ce marché à ciel ouvert est une excellente adresse pour marchander sculptures, peintures, bijoux fantaisie et autres articles africains.

ℹ Renseignements

Stellenbosch Tourism (carte p. 118 ; ☎ 021-883 3584 ; www.stellenbosch.travel ; 36 Market St ; ⏰ 8h-17h lun-ven, 9h-13h sam-dim ; 📶). Personnel très serviable. Procurez-vous l'excellente brochure *Historical Stellenbosch on Foot* (5 R, disponible en français), qui décrit une promenade dans la ville, accompagnée de renseignements sur de nombreux bâtiments historiques.

ℹ Depuis/vers Stellenbosch

Pour le court trajet reliant Le Cap (Cape Town), les bus longue distance facturent un prix élevé. En outre, il n'est pas possible de réserver.

Les **taxis collectifs** (angle Bird St et Merriman St) pour Paarl (environ 50 R, 45 min) partent de la station de Bird St.

Des trains de banlieue effectuent les 46 km entre Le Cap et Stellenbosch (1re classe/éco 19,50/13 R, environ 1 heure). Pour plus de renseignements, contactez **Cape Metro Rail** (☎0800 656 463 ; cttrains.co.za).

Il est plus sûr de voyager en milieu de journée. Si vous arrivez de Johannesburg, faites un changement à Wellington.

Comment circuler

Stellenbosch se parcourt facilement à pied et la campagne plutôt plate se prête parfaitement aux balades à vélo. Vous en trouverez en location à **Adventure Shop** (carte p. 118 ; ☎021-882 8112 ; www.adventureshop.co.za ; angle Dorp St et Market St ; location 350 R/jour).

Franschhoek

☎021 / 17 500 HABITANTS

Des huguenots français s'installèrent dans cette vallée spectaculaire il y a plus de 300 ans, apportant leurs vignes. Depuis lors, la ville est restée attachée à ses racines françaises – on y célèbre même le 14 juillet. Franschhoek se targue en outre d'être la capitale gastronomique du pays : elle compte tant de restaurants qu'il est difficile de choisir, et les galeries, domaines viticoles et *guesthouses* y sont légion. De fait, il s'agit d'une des plus jolies localités de la région du Cap.

À voir

Huguenot Memorial Museum MUSÉE

(carte p. 126 ; ☎021-876 2532 ; www.museum.co.za ; Lambrecht St ; adulte/enfant 100/50 R ; 9h-17h). Ce musée retrace l'histoire des huguenots d'Afrique du Sud et conserve la généalogie de leurs descendants. Certains colons ont fondé de grandes dynasties afrikaners, comme les Malan, les de Villiers, les Malherbe et les Roux. Agréable café derrière le bâtiment principal. En face se trouve le **Huguenot Monument** (9h-17h) GRATUIT, datant de 1948. De l'autre côté de la rue, il y a une **annexe** (entrée comprise ; 9h-17h), dédiée aux guerres anglo-boers et à l'histoire naturelle.

Ceramics Gallery GALERIE D'ART

(carte p. 126 ; ☎021-876 4304 ; www.davidwalters.co.za ; 24 Dirkie Uys St ; 10h-17h). Franschhoek compte nombre de belles galeries, pour la plupart dans Huguenot Rd. Dans la maison joliment restaurée du tout premier professeur de la ville, on peut voir à l'œuvre David Walters, l'un des potiers les plus renommés du pays. D'autres artistes y exposent également leur travail.

Mont Rochelle DOMAINE VITICOLE

(carte p. 126 ; ☎021-876 2770 ; www.montrochelle.co.za ; Dassenberg Rd ; dégustation à partir de 55 R ; 10h-19h ; P). Tout comme l'**hôtel** (☎réservations 011-325 4405 ; s/d avec petit-déj à partir de 4 950/6 600 R ;) ultrachic du même nom, le domaine a été racheté en 2014 par Richard Branson, fondateur de l'empire Virgin. Pour accompagner vos vins, choisissez entre un trio de canapés (140 R) ou un déjeuner (plats 95-285 R) avec vue sur la ville et les montagnes en arrière-plan. Visite gratuite des caves en semaine à 11h.

Environs de Franschhoek

Bien que certains domaines viticoles soient accessibles à pied depuis le centre-ville, mieux vaut disposer de son propre véhicule ou s'inscrire à un circuit pour véritablement profiter des vignes de Franschhoek.

Boschendal DOMAINE VITICOLE

(carte p. 132 ; ☎réservations dégustations 021-870 4210, visites 021-870 4211 ; www.boschendal.com ; Groot Drakenstein, R310 ; dégustation 50-350 R, visite de la cave 50 R, visite du vignoble 110 R ; dégustations 10h-17h jeu-dim et mar, visites de la ferme départ tlj 10h). Un domaine typique des Winelands, fort de sa belle architecture, de ses vins et de sa gastronomie. Parmi les dégustations proposées : pétillant, eau-de-vie, ou "vin et chocolat". Les circuits du vignoble et de la cave méritent le trajet (réservation obligatoire).

Pour les repas, plusieurs possibilités s'offrent à vous : sandwichs ou gâteaux au Farmshop & Deli, ou déjeuner à base de produits de la ferme au Werf. Le dimanche midi, un grand buffet (adulte/enfant 325/160 R) est proposé dans une demeure datant de 1795, la plus ancienne du domaine. Vous pouvez aussi commander des pique-niques (panier pour deux à partir de 620 R, réservation impérative) à déguster sur la pelouse, à l'ombre d'un parasol, de septembre à mai. Pour s'ouvrir l'appétit, on peut explorer les chemins de randonnée à VTT qui partent du domaine.

Franschhoek

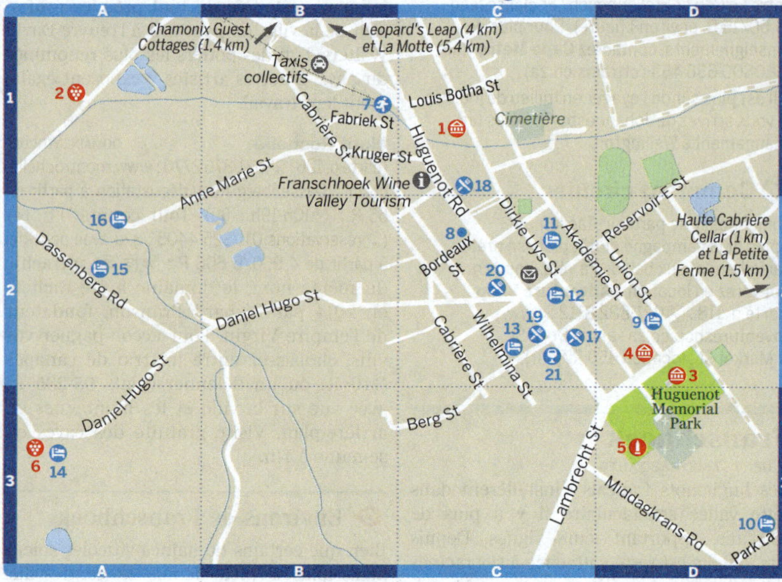

Franschhoek

À voir

1 Ceramics Gallery C1
2 Grande Provence A1
3 Huguenot Memorial Museum D2
4 Annexe du Huguenot Memorial Museum D2
5 Huguenot Monument D3
6 Mont Rochelle A3

Activités

7 Franschhoek Cycles B1
8 Franschhoek Wine Tram C2

Où se loger

9 Akademie Street D2
10 La Cabrière Country House D3
11 La Fontaine C2
12 Le Ballon Rouge C2
13 Le Quartier Français C2
14 Mont Rochelle Hotel A3
15 Otter's Bend Lodge A2
16 Reeden Lodge A2

Où se restaurer

17 Foliage C2
18 Franschhoek Market C1
19 La Petite Colombe C2
20 Reuben's C2

Où prendre un verre et faire la fête

21 Tuk Tuk Microbrewery C2

♥ La Motte DOMAINE VITICOLE
(carte p. 132 ; ☎021-876 8000 ; www.la-motte.com ; Main Rd ; dégustation à partir de 60 R, visite de la cave 50 R ; ⏲9h-17h mar-dim). Ce vaste domaine à l'ouest de Franschhoek a de quoi vous occuper pour la journée. Outre les dégustations de la splendide gamme de syrahs, des déjeuners et dîners accordant mets et vins sont servis au **La Motte Restaurant** (plats 185-240 R ; ⏲11h30-15h30 mer-dim) – à l'heure où nous écrivions ces lignes, le restaurant devait fermer pour des travaux de rénovation.

Si vous avez abusé des bonnes choses, délestez-vous de quelques calories sur la boucle de 5 km qui part de l'exploitation.

Grande Provence DOMAINE VITICOLE
(carte ci-dessus ; ☎021-876 8600 ; www.grande-provence.co.za ; Main Rd ; dégustation à partir de 120 R, visite de la cave 40 R ; ⏲10h-19h, visite de la cave 11h et 15h lun-ven). Ce beau manoir

restauré du XVIIIe siècle abrite un restaurant élégant et une splendide galerie d'art contemporain sud-africain. Dégustations diverses, accompagnées de canapés (120 R) ou de nougat (70 R), et jus de raisin pour les enfants (20 R). Possibilité de créer son propre vin (550 R). Accessible à pied depuis le centre-ville.

Franschhoek Motor Museum MUSÉE
(carte p. 132 ; ✆021-874 9002 ; www.fmm.co.za ; L'Ormarins, R45 ; adulte/enfant 80/40 R ; ⏲10h-17h lun-ven, 10h-15h sam-dim). Une collection de voitures anciennes à admirer entre deux visites de vignoble. Ces 80 automobiles sont comme neuves, qu'il s'agisse de la Ford A de 1903 ou de la McLaren F1 de 1998. Le musée fait partie du domaine viticole d'Anthonij Rupert, qui comprend deux salles de dégustation et un vaste parc où se promener. Réservation requise, mais vous pouvez téléphoner depuis votre voiture à l'entrée du domaine.

Leopard's Leap DOMAINE VITICOLE
(carte p. 132 ; ✆021-876 8002 ; www.leopardsleap.co.za ; R45 ; dégustation à partir de 55 R ; ⏲9h-17h mar-dim ; P 👪). Lumineuse et moderne, la salle de dégustation aux allures de grange dispose de confortables canapés disséminés çà et là. Les vastes pelouses sont dotées de jeux pour les enfants, et le restaurant-rôtisserie (11h30-15h mer-dim) est très apprécié des familles : on y paie au poids, mais comptez environ 150 R par personne. Cours de cuisine une fois par mois – réservation impérative.

Solms-Delta DOMAINE VITICOLE
(carte p. 132 ; ✆021-874 3937 ; www.solms-delta.com ; Delta Rd, près de la R45 ; dégustation à partir de 40 R, visite du domaine adulte/enfant 150/60 R ; ⏲10h-17h lun-jeu, 9h-17h ven-dim ; P). Outre les dégustations et les ventes, cet excellent domaine propose divers circuits patrimoniaux. Le musée, centré sur l'histoire de la région, retrace l'évolution de cette propriété du point de vue des ouvriers agricoles. Sur le front culinaire, le **Fyndraai Restaurant** (plats 140-185 R ; ⏲10h-17h ; 🍷) sert des plats originaux qui s'inspirent des diverses cultures du Cap et utilisent des herbes provenant du jardin indigène. On peut également opter pour un pique-nique (adulte/enfant 270/120 R), à savourer près d'un sentier enchanteur en bord de rivière.

Activités

Franschhoek Wine Tram ŒNOLOGIE
(carte ci-contre ; ✆021-300 0338 ; www.winetram.co.za ; 32 Huguenot Rd ; adulte/enfant 270/90 R). Alternative amusante aux circuits habituels des Winelands. La ligne de tramway est courte et seuls deux domaines viticoles sont desservis. Le reste du parcours est assuré par une jolie navette ouverte sur les côtés, qui permet d'aller d'une exploitation à l'autre. Il existe quatre itinéraires, chacun desservant jusqu'à sept domaines. Il est conseillé de réserver et de s'habiller chaudement – il peut faire frais, dans le bus en particulier.

Paradise Stables ÉQUITATION
(✆021-876 2160 ; www.paradisestables.co.za ; 500 R/h ; ⏲promenades 7h30-8h45 et 17h45-19h lun-sam). Outre les promenades à cheval de 1 heure dans les environs de Franschhoek, cette ferme équestre propose des périples de 4 heures passant par deux vignobles (1300 R, dégustations incluses).

Franschhoek Cycles VÉLO
(carte ci-contre ; ✆021-876 4956 ; www.franschhoekcycles.co.za ; 2 Main Rd ; demi-journée/journée 250/350 R). Louez des vélos ou demandez au personnel de vous organiser une visite guidée à vélo des domaines viticoles environnants. Le tarif varie selon l'itinéraire et le nombre de participants.

Où se loger

Otter's Bend Lodge AUBERGE DE JEUNESSE $
(carte ci-contre ; ✆021-876 3200 ; www.ottersbendlodge.co.za ; Dassenberg Rd ; empl 220 R, dort/d 220/600 R ; P 📶 🏊). Une charmante option pour petits budgets dans une ville où les hébergements bon marché sont rares. Trois chambres doubles un peu sommaires donnent sur une terrasse commune à l'ombre des peupliers. Il est également possible de planter quelques tentes sur la pelouse. Deux bungalows pour 4 personnes (880 R) équipés d'une kitchenette sont disponibles, dont un accessible en fauteuil roulant. À 15 minutes de marche de la ville et à deux pas d'un domaine viticole.

♥ **Reeden Lodge** COTTAGES $$
(carte ci-contre ; ✆021-876 3174 ; www.reedenlodge.co.za ; Anne Marie St ; cottage 1 000 R ; P 📶 🏊 👪). À 10 minutes à pied de la ville, ces bungalows bien équipés avec cuisine peuvent loger

À NE PAS MANQUER

BABYLONSTOREN

Babylonstoren (carte p. 122 ; ☎021-863 3852 ; www.babylonstoren.com ; Simondium Rd, Klapmuts ; entrée 20 R, dégustation 80 R ; ⏲9h-17h ; Ⓟ), magnifique domaine viticole et fruitier de 2,5 km^2, se situe sur le versant nord du mont Simonsberg, entre Klapmuts et Paarl. Il renferme un remarquable jardin paysager de 800 m^2, inspiré par le Company's Garden du Cap. Les plantes comestibles y côtoient les plantes médicinales, les mares couvertes de lotus succèdent aux cognassiers en espalier, et l'on se promène au milieu des poulaillers ou dans un labyrinthe de cactus. Visites guidées du parc (10h) sur réservation.

Pour prolonger votre séjour, des chambres ultrachics (s/d à partir de 4 200/5 700 R) vous attendent dans les anciens logements des travailleurs agricoles. Vous pourrez profiter du jardin après le départ des visiteurs, ainsi que du spa et de la piscine installée dans un immense réservoir reconverti.

Inutile de réserver pour déjeuner au **Greenhouse** (plats 75-115 R), qui se cache au fond du jardin. En revanche, il est impératif de réserver pour le **Babel** (plats 110-295 R), qui sert une délicieuse cuisine à base de produits du jardin, le tout arrosé des succulents vins du domaine, dont la production a repris récemment. La cave, au design contemporain, abrite des expositions intéressantes sur la fabrication du vin (visite 295 R, dégustation incluse, départ à 10h, 13h et 16h). Si vous préférez pique-niquer, du pain frais et de la charcuterie maison sont en vente sur place.

de 2 à 10 personnes : ils sont parfaits pour les familles et d'un bon rapport qualité/prix. Les enfants adoreront les moutons, la cabane dans l'arbre et les grands espaces.

La Cabrière Country House GUESTHOUSE $$
(carte p. 126 ; ☎021-876 4780 ; www.lacabriere.co.za ; Park Lane ; s/d avec petit-déj à partir de 2 100/2 850 R ; Ⓟ❄📶🏊). Cette pension de charme dispose de chambres somptueuses avec chauffage au sol et vue superbe sur les montagnes. La ville est accessible à pied.

La Fontaine GUESTHOUSE $$
(carte p. 126 ; ☎087-095 2017 ; www.lafontainefranschhoek.co.za ; 21 Dirkie Uys St ; s/d à partir de 1 375/1 950 R ; ❄📶🏊). Une maison familiale stylée et très confortable dotée de 14 chambres spacieuses avec parquet et vue sur la montagne.

Chamonix Guest Cottages COTTAGES $$
(☎021-876 8406 ; www.chamonix.co.za ; Uitkyk St ; d à partir de 2 100 R). Ce domaine viticole comprenant une réserve naturelle propose plusieurs lodges et cottages avec cuisine. Possibilité de rallier la ville à pied (même si le retour impose une rude montée).

Le Ballon Rouge GUESTHOUSE $$
(carte p. 126 ; ☎021-876 2651 ; www.leballonrouge.co.za ; 7 Reservoir East St ; s/d avec petit-déj à partir de 1 000/1 200 R ; ❄📶🏊). Petite pension sympathique avec chambres confortables et jolies suites. Les salles de bains sont grandioses.

Akademie Street BOUTIQUE-HÔTEL $$$
(carte p. 126 ; ☎082-517 0405 ; www.aka.co.za ; 5 Akademie St ; ch avec petit-déj 5 500 R ; Ⓟ📶🏊). Si vous avez décidé de faire une folie quelque part en Afrique du Sud, Franschhoek n'est pas un mauvais choix. Cet hôtel paisible offre des chambres grand luxe. Une partie de l'établissement date de 1860, et les chambres rendent hommage à son histoire à travers d'imposants lits à baldaquin et des meubles anciens, tout en conservant une touche résolument moderne.

Le Quartier Français BOUTIQUE-HÔTEL $$$
(carte p. 126 ; ☎021-876 2151 ; www.leeucollection.com/SA/le-quartier-francais ; angle Wilhelmina St et Berg St ; ch avec petit-déj à partir de 7 500 R ; Ⓟ❄📶🏊). Installées autour d'une cour verdoyante et d'une piscine, les vastes chambres de cet hôtel fabuleux sont dotées d'une cheminée, d'un lit immense et d'une décoration élégante. Les plus fortunés s'offriront une suite (à partir de 12 500 R) avec piscine privative.

Où se restaurer et prendre un verre

Reuben's FUSION $$

(carte p. 126 ; ☎021-876 3772 ; www.reubens.co.za ; 2 Daniel Hugo St ; plats 185-265 R ; ⏲12h-15h et 18h30-21h). Le célèbre chef Reuben Riffel invite à déguster une cuisine fusion nourrie d'influences asiatiques dans ce superbe restaurant, vaste et lumineux, situé en retrait de la route principale. En été, dégustez un *poke bowl* (salade de poisson et légumes hawaïenne) sur la grande terrasse. Les vins sont soigneusement sélectionnés, et les bières proviennent d'une microbrasserie des environs.

Lust Bistro & Bakery BISTROT $$

(carte p. 132 ; ☎021-874 1456 ; www.lustbistro.com ; angle Simondium Rd et R45 ; plats 85-135 R ; ⏲7h30-17h lun-sam, 8h-16h dim). Dans une région réputée pour sa grande cuisine, cette table du domaine de Vrede en Lust est d'une simplicité rafraîchissante. On y déguste des salades, des sandwichs, et des pizzas composées à la demande. Les plats du jour comprennent des spécialités d'inspiration asiatique. Le buffet-déjeuner du dimanche (adulte/enfant 195/99 R) vous rassasiera pour la journée. Réservation impérative.

♥ **La Petite Colombe** FUSION $$$

(carte p. 126 ; ☎021-202 3395 ; www.lapetitecolombe.com ; Le Quartier Français Hotel, angle Berg St et Huguenot Rd ; menus 1 095/1 595 R). La Colombe, restaurant primé du Cap, a désormais une "petite sœur" à la campagne, rattachée à l'hôtel Le Quartier Français. Le menu d'inspiration française se décline en 7 ou 12 plats, chacun pouvant s'accompagner d'un vin différent. Les végétariens opteront quant à eux pour le "The Chefs Vegetarian Experience".

Foliage FUSION $$$

(carte p. 126 ; ☎021-876 2328 ; foliage.co.za ; 11 Huguenot Rd ; plats 175-265 R ; ⏲12h-14h et 19h-21h mer-sam, 12h-14h dim). Le chef et propriétaire Chris Erasmus a développé dans ce restaurant très couru la culture du *foraging*, consistant à utiliser en cuisine des produits sauvages que l'on est allé cueillir soi-même en forêt. Cresson, pissenlits et champignons agrémentent ainsi des plats copieux comme l'espadon rôti ou le jarret de koudou braisé. Les créations artistiques d'Alisha, la femme de Chris, ornent les lieux. Réservation indispensable.

Haute Cabrière Cellar FUSION $$$

(☎021-876 3688 ; www.cabriere.co.za ; Franschhoek Pass Rd ; menu 3 plats 380 R ; ⏲12h-14h30 jeu-lun). Pour un repas d'inspiration française, choisissez le menu 5 plats avec vins (595 R). Des dégustations (à partir de 50 R) sont organisées, ainsi que des visites de la cave à 12h avec démonstration de sabrage de bouteille en bonne et due forme (95 R, dégustation incluse).

La Petite Ferme SUD-AFRICAIN $$$

(☎021-876 3016 ; www.lapetiteferme.co.za ; Franschhoek Pass Rd ; plats 155-280 R ; ⏲12h-16h et 18h-22h tlj ; 📶). Dans un cadre somptueux dominant la vallée de Franschhoek, ce restaurant contemporain met l'accent sur les produits régionaux. Goûtez le steak d'autruche saupoudré de *biltong* (viande séchée) ou l'agneau du Karoo à la harissa. Si vous êtes sous le charme, offrez-vous une des luxueuses chambres.

Tuk Tuk Microbrewery MICROBRASSERIE

(carte p. 126 ; ☎021-492 2207 ; www.tuktukbrew.com ; 14 Huguenot Rd ; ⏲11h-22h30). Trois bières sont proposées à la pression en permanence, plus quelques expérimentations régulièrement renouvelées : n'hésitez pas à vous enquérir de la dernière nouveauté. Sert aussi les bières de la Cape Brewing Company de Paarl. On peut y prendre un repas tout simple, ce qui est plutôt rare à Franschhoek : *tamales*, ailes de poulet et tacos.

Renseignements

Franschhoek Wine Valley Tourism
(carte p. 126 ; ☎021-876 2861 ; www.franschhoek.org.za ; 62 Huguenot Rd ; ⏲9h-16h mar-ven, 9h-13h sam et lun). Carte des promenades touristiques (40 R), permis nécessaires (40 R) aux randonnées dans la Mont Rochelle Nature Reserve, et réservation d'hébergement.

Depuis/vers Franschhoek

Franschhoek est à 32 km à l'est de Stellenbosch et à 32 km au sud de Paarl. Le plus simple est de s'y rendre en voiture. Certains touristes louent des vélos depuis Stellenbosch, mais les routes sont tortueuses. Des **taxis collectifs** (carte p. 126 ; Huguenot Rd) partent des gares de Stellenbosch (25 R) et de Paarl (28 R). Pour un taxi privé, contactez **Call a Cab** (☎082-256 6784).

Paarl

☎021 / 112 000 HABITANTS

Installée en bordure du fleuve Berg et entourée de montagnes et de vignobles, Paarl, fondée en 1690, est la plus grande ville des Winelands. Souvent délaissée par les voyageurs en route pour Stellenbosch et Franschhoek, elle est désormais appréciée pour son charme. On y trouve une belle architecture de style hollandais du Cap, d'élégantes demeures, un vaste choix d'hébergements et quelques bons restaurants.

À voir et à faire

KWV Emporium DOMAINE VITICOLE

(carteci-contre ; ☎021-863 3803 ; www.kwvwineemporium.co.za ; Kohler St ; dégustation 40-65 R, visite de la cave 80 R ; ⌚9h-16h30 lun-sam, 10h-17h dim, visite de la cave 10h, 10h30 et 14h15 ; P). Cette coopérative créée en 1918 est réputée pour ses vins fortifiés et ses brandies régulièrement primés. L'établissement propose des visites de ses caves, ainsi que diverses dégustations, dont une mariant chocolat et brandy, une autre *biltong* (viande séchée) et vin, une troisième pétillant et cheese-cake, et enfin une formule thé et chocolat. Proche à pied de la gare ferroviaire.

Paarl Museum MUSÉE

(carte ci-contre ; ☎021-872 2651 ; 303 Main St ; 10 R ; ⌚9h-16h lun-ven). Installé dans l'ancien presbytère (Oude Pastorie) érigé en 1714, ce musée présente une collection intéressante d'antiquités hollandaises du Cap, des objets huguenots et afrikaners anciens, et retrace l'histoire de Paarl.

> **VAUT LE DÉTOUR**
>
> **COL DE BAINSKLOOF**
>
> Le col de Bainskloof est l'un des plus remarquables du pays. Le franchir en voiture est une expérience magique, mais si vous en avez la force et le courage, c'est encore mieux à vélo. Il y a un excellent camping à mi-chemin. La R303, qui part de Wellington permet de franchir le col avant de rejoindre la R43, qui continue vers le sud en direction de Worcester et vers le nord en direction de Ceres.

Afrikaans Language Museum MUSÉE

(carte ci-contre ; ☎021-872 3441 ; www.taalmuseum.co.za ; 11 Pastorie Ave ; adulte/enfant 20/5 R ; ⌚9h-16h lun-ven). Paarl est considérée comme le berceau de la langue afrikaans – ce que relate cet intéressant musée qui explique également, via une exposition multimédia, comment trois continents ont contribué à la formation de cette langue. Réduction si vous achetez un billet combiné donnant accès au Taal Monument.

Taal Monument MONUMENT

(carte p. 132 ; ☎021-863 0543 ; www.taalmuseum.co.za ; adulte/enfant 40/10 R ; ⌚8h-16h45). Cet immense édifice effilé se dressant dans la **Paarl Mountain Nature Reserve** (carte p. 132 ; 25 R/pers ; ⌚7h-19h) commémore la langue afrikaans (*taal* signifie "langue" en afrikaans). Par beau temps, la vue s'étend jusqu'au Cap. Restaurant et boutique de souvenirs sur place. Les nuits de pleine lune, n'hésitez pas à vous joindre aux habitants pour un pique-nique nocturne.

Wineland Ballooning MONTGOLFIÈRE

(carte ci-contre ; ☎021-863 3192 ; www.kapinfo.com ; 64 Main St ; 3 900 R/pers). Il faut se lever à l'aube, mais le survol des Winelands en montgolfière laisse un souvenir grandiose. Les vols sont proposés entre novembre et avril, quand les conditions météo le permettent.

Environs de Paarl

♥ **Avondale** DOMAINE VITICOLE

(carte p. 132 ; ☎021-863 1976 ; www.avondalewine.co.za ; Lustigan Rd, Klein Drakenstein ; dégustation 75 R, écotour 350 R ; ⌚10h-16h ; P). Ce charmant domaine, ancien et paisible, propose de délicieux vins biologiques. La dégustation, un peu solennelle, dure une heure environ, et le vignoble se parcourt en tracteur lors d'un écosafari de 2 heures se concluant par une dégustation. Le restaurant, **Faber** (plats 215-245 R), est l'un des meilleurs des Winelands : on y déguste des filets de springbok (gazelle) rôtis, des poireaux truffés et du pudding au pain au levain et au beurre.

♥ **Spice Route** DOMAINE VITICOLE

(carte p. 132 ; ☎021-863 5200 ; www.spiceroute.co.za ; Suid-Agter-Paarl Rd ; dégustation à partir de 40 R ; ⌚9h-17h ; P 👪). Spice Route est connu pour ses vins rouges complexes, en particulier la syrah Flagship. Au programme également : démonstration de soufflage de verre, dégustation couplée de vin et

Paarl

À voir

1 Afrikaans Language Museum B1
2 KWV Emporium B7
3 Paarl Museum A1

Activités

4 Wineland Ballooning A5

Où se loger

5 Grande Roche Hotel A5
6 Oak Tree Lodge A7

Où se restaurer

Ethos .... (voir 5)
7 Noop A5

Paarl

charcuterie (120 R), chocolaterie (dégustation guidée à partir de 40 R), distillerie de grappa et remarquable microbrasserie (dégustation 55 R). Pour vous restaurer, faites votre choix entre le restaurant "de la ferme à la table" Jewell's (11h30-16h30 mer-dim), la brasserie Barley & Biltong Emporium (plats 120-195 R, 9h30-17h ven-mar) et sa belle terrasse ombragée avec vue sur les vignobles et la pizzeria (plats 85-195 R, 11h-21h).

Fairview DOMAINE VITICOLE

(carte p. 132 ; 021-863 2450, restaurant 021-863 3609 ; www.fairview.co.za ; Suid-Agter-Paarl Rd ; dégustation vin et fromage 50 R ; 9h-17h ; P). Ce domaine réputé, à proximité de la R101, à 6 km au sud de Paarl, a beau être merveilleux, il ne se prête pas vraiment à une dégustation paisible. Il offre néanmoins un excellent rapport qualité/prix, la dégustation comprenant six vins et une vaste sélection de fromages (25 R pour le fromage uniquement). Très prisé, le restaurant Goatshed (plats 95-250 R) sert petit-déjeuner et déjeuner. Bonne boulangerie (pains, viennoiseries, pâtisseries) sur place également.

Backsberg DOMAINE VITICOLE

(carte p. 122 ; 021-875 5141 ; www.backsberg.co.za ; dégustation à partir de 30 R ; 8h30-17h lun-ven, 9h30-16h30 sam, 10h30-16h30 dim ;). Ce domaine doit sa renommée à ses produits irréprochables et à ses somptueux déjeuners en plein air – réservez pour le *braai* dominical (agneau à la broche ; 295 R) ou le panier-repas à savourer sur place (180 R). Les options de dégustation comportent des accords vin-chocolat et vin-fromage ; vous pouvez également créer votre propre vin.

Environs de Paarl

Environs de Paarl

Les incontournables

1 Avondale C4
2 Boschendal B6
3 La Motte D7
4 Spice Route A4

À voir

5 Drakenstein Correctional Centre C6
6 Fairview A4
7 Franschhoek Motor Museum C7
8 Leopard's Leap D7
9 Paarl Mountain Nature Reserve A3
10 Solms-Delta B6
11 Taal Monument A4

Où se loger

12 Berg River Resort B4
13 Cascade Country Manor C2
14 Under Oaks A1

Où se restaurer

15 Blacksmith's Kitchen A2
Fyndraai Restaurant .... (voir 10)
16 Lust Bistro & Bakery B5
La Motte Restaurant .... (voir 3)

Glen Carlou DOMAINE VITICOLE
(carte p. 122 ; ☎021-875 5528 ; www.glencarlou.co.za ; Simondium Rd, Klapmuts ; dégustation 60-150 R ; ⊙9h-16h30 lun-ven, 10h-16h sam-dim ; P). Au sud de la N1, la salle de dégustation jouit d'une vue panoramique sur Tortoise Hill. Savourez un verre d'un délicieux chardonnay ou d'un bordeaux renommé, appellation "Grand Classique", devant un déjeuner (repas 3 plats 320 R). Une galerie d'art y accueille en outre des expositions temporaires.

Drakenstein Correctional Centre SITE HISTORIQUE
(carte ci-contre). Le 11 février 1990, Nelson Mandela sortit de cette prison bras droit levé et poing fermé – le salut du Black Power –, après plus de 27 ans d'incarcération. C'est dans cette posture qu'une statue l'a immortalisé à l'entrée. L'endroit s'appelait alors Victor Verster Prison et Mandela y passa ses deux dernières années de captivité, dans le confort relatif de la maison du gardien, négociant la fin de l'apartheid. La prison, toujours en activité, ne se visite pas.

Anura DOMAINE VITICOLE
(carte p. 122 ; ☎021-875 5360 ; www.anura.co.za ; proche de Simondium Rd, Klapmuts ; dégustation vin 50-90 R, assiette de fromages 1 ou 2 pers 95 R, ⊙dégustations 9h-15h ; P). Les gourmands y trouveront leur bonheur : dégustations de fromages, planche ou pique-nique de charcuterie préparés par le traiteur, ou encore bière de la microbrasserie à siroter au bord de l'étang. Côté vins, le domaine d'Anura est connu pour sa syrah et son malbec.

Où se loger

Berg River Resort CAMPING $
(carte ci-contre ; ☎021-007 1852 ; www.bergriverresort.co.za ; rte 45 ; empl à partir de 330 R, chalets à partir de 940 R ; P). Ce joli camping doté de modestes chalets pour 2 personnes borde le Berg, à 5 km de Paarl sur la R45 en direction de Franschhoek. Canoës, trampolines et café. L'endroit est pris d'assaut pendant les vacances scolaires et les prix flambent.

Oak Tree Lodge GUESTHOUSE $
(carte p. 131 ; ☎021-863 2631 ; www.oaktreelodge.co.za ; 32 Main Rd ; s/d avec petit-déj à partir de 720/980 R ; P). À l'écart de la route, les chambres côté jardin sont plus tranquilles et plus grandes. On peut facilement rejoindre à pied certains restaurants et domaines viticoles, ainsi que la gare.

♥ **Cascade Country Manor** BOUTIQUE-HÔTEL $$
(carte ci-contre ; ☎021-868 0227 ; www.cascademanor.co.za ; Waterval Rd ; ch avec petit-déj à partir de 2 190 R ; P). Bien que situé à 10 km seulement du centre-ville et aisément accessible en voiture, cet établissement de luxe niché au bord d'une piste en terre donne le sentiment d'être loin de tout. Si les chambres sont sans surprise, le domaine a de quoi impressionner, avec ses vastes pelouses, sa grande piscine, ses oliveraies et son chemin menant à une jolie cascade. Dégustation d'olives et excellents dîners.

Under Oaks GUESTHOUSE $$
(carte ci-contre ; ☎021-869 8535 ; underoaks.co.za ; Noord-Agter-Paarl Rd, Northern Paarl ; s/d 1150/1 440 R ; P@). Située dans un domaine viticole paisible à 3 km au nord du centre de Paarl, cette pension propose de vastes chambres aux tons sobres. Dégustations de vins, pizzeria campagnarde et magnifiques points de vue sur les montagnes.

Grande Roche Hotel HÔTEL DE LUXE $$$
(carte p. 131 ; ☎021-863 5100 ; www.granderoche.com ; Plantasie St ; ste avec petit-déj à partir de 3 270 R ; P). Dans un opulent manoir de style hollandais du Cap, cet hôtel de grand luxe séduit entre autres par

son superbe panorama sur la montagne, sa piscine chauffée et son remarquable restaurant **Ethos** (plats dej 155-220 R, dîner 185-245 R ; ⌚8h-10h30, 12h-14h30 et 15h30-20h30). Proche à pied de la route principale de Paarl.

Où se restaurer

Glen Carlou INTERNATIONAL $$
(carte p. 122 ; ☎021-875 5528 ; www.glencarlou.co.za ; plats 165-205 R ; ⌚12h-16h). Dans cet élégant restaurant de domaine viticole, la cuisine s'avère aussi merveilleuse que la vue : bar rôti à la casserole, mousse de parmesan ou épaule d'agneau et ris de veau. Un menu à trois plats est proposé (295 R). Réservation recommandée le week-end.

Noop FUSION $$
(carte p. 131 ; ☎021-863 3925 ; www.noop.co.za ; 127 Main St ; plats 145-245 R ; ⌚11h-23h lun-sam). Recommandé par les habitants des Winelands, ce restaurant et bar à vins propose une carte bien fournie de plats haut de gamme, comme le collier d'agneau rôti à petit feu, le canard rôti ou le risotto aux champignons sauvages. Ne manquez pas le plateau de desserts sud-africains, avec *malva* (pudding spongieux et gluant aux agrumes) et millefeuille de tarte au lait. Réservation conseillée pour le dîner.

Blacksmith's Kitchen BISTROT $$
(carte p. 132 ; ☎021-870 1867 ; www.pearl-mountain.co.za ; Pearl Mountain Winery, Bo Lang St ; plats 65-195 R ; ⌚11h30-21h30 mar-sam, 11h30-16h dim ; P). Installez-vous à l'ombre des arbres pour savourer en toute simplicité une pizza au feu de bois ou de la poitrine de porc grillée, tout en profitant de la vue sur les vignobles, la ville et les montagnes.

VAUT LE DÉTOUR

LA RÉSERVE DE KAGGA KAMMA

Loin des villes, **Kagga Kamma** (☎021-872 4343 ; www.kaggakamma.co.za ; s/d en pension complète à partir de 4 790/7 540 R, camping 75 R ; P) est l'endroit idéal pour recharger ses batteries. Des circuits nature sillonnent les paysages du Karoo, des randonnées permettent d'admirer de l'art rupestre san et, en soirée, des "safaris du ciel" ont lieu dans le mini-observatoire. Les chambres sont aménagées dans de fausses grottes qui s'intègrent parfaitement au cadre sauvage. La réserve se trouve à 92 km au nord-est de Ceres.

Pour les amateurs de "*glamping* extrême", optez pour l'une des deux chambres de plein air : de véritables suites de luxe avec douche et Jacuzzi, installées à ciel ouvert au beau milieu des rochers !

Renseignements

Paarl Tourism (carte p. 131 ; ☎021-872 4842 ; www.paarlonline.com ; 216 Main St ; ⌚8h30-17h lun-ven). Cet office du tourisme fournit d'excellentes informations sur toute la région.

Comment s'y rendre et circuler

Toutes les grandes compagnies de bus longue distance desservent Paarl, vous pourrez donc facilement intégrer la ville dans votre itinéraire.

Si vous n'avez pas de véhicule, vous devrez vous déplacer à pied ou à vélo, ou appeler un taxi – essayez **Paarl Taxis** (☎021-872 5671 ; www.paarltaxisandtours.co.za).

Tulbagh

☎023 / 9 000 HABITANTS

Au pied de la majestueuse chaîne du Witzenberg, Tulbagh est une jolie ville, fondée en 1699, dotée de nombreux édifices historiques et d'excellents restaurants. Bordée d'arbres et d'arbustes fleuris, Church St est un parfait exemple d'architecture de style hollandais du Cap des XVIIIe et XIXe siècles. La cité fut très endommagée par un tremblement de terre en 1969, mais les rénovations méticuleuses ont porté leurs fruits.

À voir et à faire

Church Street est l'une des plus jolies rues du Cap-Occidental. Il faut prendre le temps d'admirer chacune de ses demeures, dont la plupart sont classées monument national (des plaques explicatives relatent leur histoire). Il est également plaisant de flâner dans le **jardin communautaire** situé à la limite nord de la ville. La région est réputée pour ses vignobles, en particulier pour ses vins pétillants.

Oude Kerk Volksmuseum MUSÉE
(Musée de l'ancienne église ; 4 Church St ; adulte/enfant 30/5 R ; 9h-17h lun-ven, 9h-13h sam, 11h-13h dim). Réparti sur quatre bâtiments, ce musée vaut une pause. Commencez par le n°4, où une exposition photographique retrace l'histoire de Church St, du tremblement de terre et de la reconstruction. Visitez la belle Oude Kerk (1743), puis le n°14, où sont exposés des meubles victoriens, et enfin le n°22, reconstitution d'une maison du XVIIIe siècle.

Saronsberg Cellar DOMAINE VITICOLE
(www.saronsberg.com ; Waveren Rd ; dégustation 80 R ; 8h30-17h lun-ven, 10h-14h sam, 10h-13h dim). Savourez de succulents rouges tout en admirant les tableaux contemporains qui ornent les murs de cette cave branchée, à 6 km au nord de la ville.

Twee Jonge Gezellen DOMAINE VITICOLE
(023-230 0680 ; www.kronecapclassique.co.za/pages/twee-jonge-gezellen ; Waveren Rd ; dégustation à partir de 50 R ; 10h-16h lun-sam, visite de la cave 11h ; P). Récemment rénové, ce domaine historique est un merveilleux endroit où savourer du vin pétillant. Les dégustations ont lieu en toute simplicité dans une salle élégante, sur la terrasse ou dans le jardin. Des visites guidées sont consacrées au processus de fabrication du Méthode Cap Classique (un vin pétillant produit comme le champagne).

Detour Bike Shop VÉLO
(084 052 4102 ; www.detourcycles.co.za ; location de vélo demi-journée/journée 150/250 R ; 8h-17h30 lun-ven, 8h-13h sam). En plus de louer des vélos, Detour Bike Shop propose des excursions guidées à vélo dans les domaines viticoles des alentours (750 R/pers).

Où se loger et se restaurer

Vindoux Guest Farm BUNGALOWS $$
(023-230 0635 ; www.vindoux.com ; Waveren Rd ; d avec petit-déj 1 950 R ; P). Incontournables pour les romantiques, ces luxueuses maisons aménagées dans les arbres possèdent chacune une baignoire balnéo et jouissent d'une superbe vue sur une petite réserve naturelle peuplée de zèbres, de gnous et de springboks. Louez un vélo pour une promenade dans le vignoble, puis ressourcez-vous au spa avec un massage aux huiles essentielles de *fynbos* (650 R). La ferme possède également quelques cottages (850 R pour 2 pers).

Rijk's Wine Estate & Hotel BOUTIQUE-HÔTEL $$
(023-230 1622 ; www.rijkscountryhouse.co.za ; Van der Stel St ; ch avec petit-déj 1 550 R ; P). Le Rijk's propose un hébergement luxueux dans des cottages coiffés de chaume, au sein d'un beau domaine viticole aux pelouses impeccables. Profitez des visites et des dégustations dans le domaine, ainsi que du bon restaurant (plats 95-170 R) dans le bâtiment principal. L'établissement se trouve à 2 km au nord du centre-ville.

De Oude Herberg HÔTEL HISTORIQUE $$
(023-230 0260 ; www.deoudeherberg.co.za ; 6 Church St ; s/d avec petit-déj 865/1130 R). Ouverte depuis 1885, cette pension très accueillante s'agrémente de meubles traditionnels et d'un joli patio. Elle ne compte que quatre chambres : réservez !

Cape Dutch Quarter GUESTHOUSE $$
(079 051 2059 ; www.cdq.co.za ; 33 Van der Stel St ; ch à partir de 1 100 R). Cette pension se distingue par sa variété d'hébergements, des simples appartements (2 personnes, 650 R) aux maisons plus luxueuses avec cuisine (4 personnes, 1 600 R) et aux doubles raffinées avec lit à baldaquin. Le propriétaire, véritable mine d'informations sur la région, pourra vous fournir permis et cartes pour la randonnée ou le VTT. La plupart des hébergements donnent sur Church St, mais la réception se trouve dans Van der Stel St.

Olive Terrace INTERNATIONAL $$
(www.tulbaghhotel.co.za ; 22 Van der Stel St ; plats 75-150 R ; 7h-22h). Installé dans le Tulbagh Hotel, ce restaurant sert un large éventail de plats, dont quelques options végétariennes. Les jours de grande chaleur, la terrasse ombragée est un vrai bonheur.

Readers Restaurant SUD-AFRICAIN $$
(023-230 0087 ; 12 Church St ; plats 105-155 R ; 9h-21h30 mer-lun). Bien que renouvelée régulièrement, la carte du Readers comporte toujours quelques plats traditionnels d'Afrique du Sud et quantité d'ingrédients

locaux. La boutique attenante est dédiée aux amoureux des chats, avec une gamme de souvenirs très félins.

Renseignements

Tulbagh Tourism (023-230 1348 ; www.tulbaghtourism.co.za ; 4 Church St ; 9h-16h lun-ven, 9h-14h sam, 10h-14h dim). Le personnel, serviable dispense informations et cartes sur la région, notamment sur la route des vins de Tulbagh.

Robertson

023 / 22 000 HABITANTS

Nichée dans une vallée entre les montagnes de Langeberg et de Riviersonderendberge, Robertson constitue le centre florissant de l'une des plus vastes régions viticoles du pays. Une excellente route des vins passe par les villages voisins d'Ashton, Bonnievale et McGregor, et la ville offre davantage d'activités de plein air que la plupart des localités de la route 62. Vous pourrez pratiquer la randonnée en montagne, le rafting et l'équitation (la ville est réputée pour ses haras).

À voir et à faire

Viljoensdrift DOMAINE VITICOLE
(023-615 1017 ; www.viljoensdrift.co.za ; dégustation gratuite ; 10h-17h lun-ven, 10h-16h sam ; P). L'une des caves les plus fréquentées de Robertson, en particulier le week-end. Préparez un pique-nique en achetant des provisions à l'épicerie du domaine et une bouteille à la cave, et profitez d'une croisière d'une heure sur la Breede (adulte/enfant 90/20 R). Les bateaux partent à l'heure pile, à partir de midi. Réservation impérative.

Excelsior DOMAINE VITICOLE
(023-615 1980 ; www.excelsior.co.za ; près de la rte 317 ; dégustation 20 R ; 10h-16h lun-ven, 10h-15h sam ; P). Les dégustations ont lieu sur une charmante terrasse en bois qui domine un réservoir. Toutefois, le clou de la visite reste le "blend your own" (faites votre propre mélange), qui invite à mêler à son goût trois variétés de vin et à emporter une bouteille de sa propre création, assortie d'une étiquette personnalisée (80 R). Le restaurant sert des sandwichs au *roosterbrood* (pain traditionnel cuit au charbon).

Springfield DOMAINE VITICOLE
(023-626 3661 ; www.springfieldestate.com ; rte 317 ; dégustation gratuite ; 8h-17h lun-ven, 9h-15h sam). Ici, certains vins sont non filtrés, et pour un goût nouveau, tentez le Whole Berry, à base de raisin non foulé. Apportez votre pique-nique, à apprécier dans le paisible domaine avec vue sur le lac. Visites guidées des caves disponibles sur demande.

Graham Beck DOMAINE VITICOLE
(023-626 1214 ; www.grahambeckwines.com ; dégustation à partir de 75 R ; 9h-17h lun-ven, 9h-15h sam ; P). Dégustation de vins pétillants de classe internationale dans un magnifique bâtiment contemporain aux grandes baies vitrées. Un souffle d'air frais après toutes ces propriétés de style Hollandais du Cap.

Nerina Guest Farm ÉQUITATION
(082-744 2580 ; www.nerinaguestfarm.com ; Goree Rd ; excursion 1 heure 250 R). Ce centre établi de longue date propose des promenades à cheval d'une heure le long de la Breede ou à travers les vignobles, avec possibilité de se baigner avec les chevaux à la fin (50 R). Des balades plus longues peuvent être organisées.

Festivals

La ville organise plusieurs événements sur le thème du vin : le **Hands on Harvest** en février, le **Wacky Wine Weekend** (023-626 3167 ; www.wackywineweekend.com) fin mai/début juin, et le **Wine on the River Festival** (023-626 3167 ; www.wineonriver.com) fin octobre. Les hébergements se font rares pendant ces périodes ; réservez longtemps à l'avance.

Où se loger et se restaurer

Pat Busch Mountain Reserve CHALETS $
(023-626 2033 ; www.patbusch.co.za ; Bergendal Rd, Klaasvoogds West ; chalet 4 pers à partir de 680 R ; P). Ces cottages bien équipés sont installés à la lisière d'une réserve naturelle à 15 km au nord-est de Robertson, en retrait de la R60. Parmi les activités disponibles : randonnée, VTT, pêche et observation des oiseaux. Pour les adeptes du *glamping* (camping glamour et écoresponsable), il y a aussi des tentes de luxe (d 1 490 R). Gérées par Africamps, elles sont dotées de deux chambres, d'une salle de bains, d'une cuisine bien équipée – et bien sûr d'une vue magnifique sur les montagnes de Langeberge.

Robertson Backpackers AUBERGE DE JEUNESSE $
(☎023-626 1280 ; www.robertsonbackpackers.co.za ; 4 Dordrecht Ave ; empl 100 R, dort/s/d avec sdb partagée 160/350/420 R, d 520 R ; P wifi piscine). Cette auberge située en périphérie de la ville comporte des dortoirs spacieux et d'agréables doubles avec salle de bains, dans le jardin. Cour verdoyante à l'arrière, salon à chicha et possibilité d'organiser diverses activités, notamment des circuits œnologiques et une demi-journée de rafting (niveau accessible) sur la Breede (550 R).

Ballinderry GUESTHOUSE $$
(☎023-626 5365 ; www.ballinderryguesthouse.com ; 8 Le Roux St ; s/d avec petit-déj à partir de 1 100/1 500 R ; P clim wifi piscine). Cette pension de charme impeccablement gérée a pour propriétaires Luc et Hilde, qui parlent entre autres le français. Si vous le souhaitez, ils vous serviront le petit-déjeuner au champagne, et un superbe dîner sur commande. Essayez d'obtenir l'une des chambres avec vue sur le jardin.

Gubas De Hoek GUESTHOUSE $$
(☎023-626 6218 ; www.gubas-dehoek.com ; 45 Reitz St ; s/d à partir de 720/1 160 R ; wifi piscine enfants). Chaudement recommandée par nos lecteurs, cette pension conviviale offre des chambres bien équipées et des hébergements avec cuisine adaptés aux familles (à partir de 1 200 R). Le propriétaire et chef, Gunther Huerttlen, vous mitonnera un dîner (trois plats 360 R). Cuisine commune pour les voyageurs voulant se préparer un repas léger. Les propriétaires ambitionnent de produire la totalité de leur électricité.

Strictly Coffee CAFÉ $
(☎023-626 6691 ; www.strictlycoffee.co.za ; 5 Voortrekker St ; plats 70-130 R ; ⏲7h-17h30 lun-ven, 9h-14h sam ; wifi). Outre un excellent café torréfié sur place, cette adresse sert des gâteaux variés, et de remarquables salades et sandwichs préparés avec des ingrédients de toute première fraîcheur. Les habitants ne jurent que par les œufs Bénédicte au petit-déjeuner.

@ Four Cousins INTERNATIONAL $$
(☎023-615 1505 ; www.fourcousins.co.za ; 3 Kromhout St ; plats 80-160 R ; ⏲8h30-21h30 lun-sam, 8h30-17h dim ; P wifi enfants). Fondé comme son nom l'indique par quatre cousins, cet établissement a de quoi occuper tout le monde : dégustations de vin, microbrasserie, assortiments sucrés et superbe aire de jeux pour les enfants... La carte mêle salades, wraps, pizzas, burgers et steaks.

Renseignements

Robertson Tourism Bureau (☎023-626 4437 ; www.robertsontourism.co.za ; 9 Voortrekker St ; ⏲8h-17h lun-ven, 9h-13h sam). Un office du tourisme accueillant, qui fournit des informations sur la région des vins, la route 62 et les chemins de randonnée dans les montagnes.

Depuis/vers Robertson

Les bus Translux (res.prasa.com/translux/Booking) s'arrêtent en face du commissariat, dans Voortrekker St. Ils desservent, entre autres, Knysna (300 R, 5 heures), Le Cap (200 R, 2 heures, tlj) et Port Elizabeth (300 R, 9 heures, tlj).

Les **taxis collectifs** (Voortrekker St) depuis/vers Bellville dans la banlieue nord du Cap (95 R, 1 heure 30) marquent l'arrêt en face du poste de police.

McGregor

☎023 / 3 100 HABITANTS

Assoupie au bout d'une route qui ne mène nulle part, la tranquille et nonchalante bourgade de McGregor offre un refuge délicieux avec ses hébergements de qualité, sa route des arts et ses nombreux spas. L'artère principale, Voortrekker St, est bordée de jolis cottages chaulés du milieu du XIXe siècle, et le bourg, entouré de terres agricoles, est une base idéale pour des randonnées dans les monts Riviersonderendberge. McGregor se trouve à l'extrémité du superbe Boesmanskloof Trail. La région compte une demi-douzaine de propriétés, installées sur la route de la Robertson Wine Valley.

À voir et à faire

Eseltjiesrus Donkey Sanctuary RÉSERVE ANIMALIÈRE
(☎023-625 1593 ; www.donkeysanctuary.co.za ; entrée sur don ; ⏲10h-16h jeu-dim ; P). Cela fait longtemps que ce refuge accueille des ânes maltraités par leurs anciens propriétaires. Dans cet endroit paisible, on peut aussi observer les oiseaux, et déguster des délices maison au restaurant-salon de thé. Visite libre ou guidée.

Tanagra Private Cellar DOMAINE VITICOLE
(☎023-625 1780 ; www.tanagra-wines.co.za ; dégustation gratuite ; ⏲sur rdv). Cette exploitation familiale produit une gamme de rouges et de la grappa (distillée sur place). Hébergement avec cuisine (cottage 2 pers à partir de 900 R) et choix de courtes

randonnées sur le domaine, à prolonger éventuellement dans la réserve naturelle attenante (Vrolijkheid Nature Reserve).

Boesmanskloof Trail RANDONNÉE
(Greyton McGregor Trail ; www.capenature.co.za ; permis 1 jour adulte/enfant 40/20 R). De nombreux visiteurs viennent à McGregor dans le seul but d'emprunter ce sentier de 14 km, qui mène à Greyton par les spectaculaires monts Riviersonderendberge, couverts de *fynbos*. Il démarre à Die Galg, à 15 km au sud de McGregor. La marche est plus facile de McGregor à Greyton qu'en sens inverse. En haute saison, il faut réserver. Seules 50 personnes peuvent emprunter le sentier chaque jour.

La plupart des randonneurs passent la nuit à Greyton et reviennent le lendemain. Permis disponibles à l'office du tourisme ; le personnel vous renseignera sur les moyens de rallier Die Galg.

Oakes Falls RANDONNÉE
(permis 1 jour adulte/enfant 40/20 R). Si vous ne voulez pas faire toute la randonnée du Boesmanskloof Trail (p. 138), contentez-vous d'un aller-retour (6 heures) jusqu'à ces charmantes cascades, à 6 km de Die Galg. On s'y baigne dans des eaux brunies par le tanin des chênes. Avant de partir, vous devrez néanmoins vous procurer un permis auprès de l'office du tourisme.

Où se loger et se restaurer

Temenos Retreat RETRAITE $
(023-625 1871 ; www.temenos.org.za ; angle Bree St et Voortrekker St ; s/d 550/795 R ;). Un paisible centre de retraite spirituelle, avec piscine, soins, et un **restaurant** (023-625 1115 ; plats 65-160 R ; 9h-15h et 19h-22h mar-sam, 9h-13h dim) prisé qui sert des déjeuners légers et des plats du jour pour le dîner. Les cottages, installés dans de vastes jardins, ne sont pas réservés aux personnes effectuant une retraite. Les tarifs des chambres baissent de façon substantielle en semaine. Enfants de moins de 12 ans non autorisés.

Lord's Guest Lodge GUESTHOUSE $$
(023-625 1881 ; www.lordsguestlodge.co.za ; s/d cottage avec petit-déj 1 000/1 450 R ;). Si McGregor n'est pas assez calme pour vous, gagnez ce lodge luxueux au nord de la ville. Les cottages en pierre coiffés de chaume, installés au sommet d'une colline, jouissent d'une vue époustouflante sur les alentours. Guettez l'embranchement 10 km avant McGregor, puis empruntez la route gravillonnée sur 3 km.

On y trouve aussi un pub rustique, et le Lady Grey Restaurant (plats 90-160 R), ouvert à tous (réservation essentielle).

Green Gables Country Inn GUESTHOUSE $$
(023-625 1626 ; www.greengablescountryinn.co.za ; Mill St ; s/d avec petit-déj 650/1 100 R ; P). À la limite sud de la ville, cette auberge accueillante dispose d'un terrain bien entretenu et d'une agréable piscine. Les résidents peuvent emprunter des vélos gratuitement, et profiter du restaurant ouvert à tous. Les propriétaires organisent à la demande des transports vers Die Galg, point de départ du Boesmanskloof Trail.

Renseignements

McGregor Tourism Bureau (023-625 1954 ; www.tourismmcgregor.co.za ; 53 Voortrekker St ; 9h-13h et 14h-16h30 lun-ven, jusqu'à 16h sam). Installé dans le musée, l'office du tourisme dispense les permis de randonnée et vend une brochure détaillant les sentiers (25 R). Une carte des itinéraires cyclistes de la région est également disponible, et on peut louer des vélos (200 R/jour). Le petit musée gratuit relate l'histoire de McGregor.

OVERBERG

Overberg – littéralement "au-delà de la montagne" – désigne la région à l'est des monts Hottentots-Holland, où des champs de blé vallonnés sont bordés par la Breede, la côte et les cimes de trois chaînes montagneuses.

Toutes les routes menant à l'Overberg sont belles. La N2 serpente jusqu'au col de Sir Lowry, qui offre un magnifique point de vue. La R44 borde la mer le long du cap Hangklip et de la Kogelberg Nature Reserve. C'est un itinéraire superbe, aussi époustouflant que le Chapman's Peak Drive au Cap, mais sans péage.

Hermanus est réputée pour accueillir une large population de baleines pendant la saison de la mise bas (juin-décembre). Les visiteurs affluent en ville pour les observer depuis divers points facilement accessibles. Si vous préférez échapper aux foules, choisissez un site moins fréquenté pour admirer les cétacés, comme Gansbaai, Arniston, ou la remarquable De Hoop Nature Reserve.

Overberg et Route 62

1

ILONDE VAN HOOLWERFF / GETTY IMAGES ©

2

4

LENISECALLEJA.PHOTOGRAPHY / SHUTTERSTOCK ©

3
SAMI SARKIS / GETTY IMAGES ©

1. Franschhoek (p. 125)
Cette charmante ville des Winelands, fondée par des huguenots français, constitue une belle étape gastronomique.

2. Knysna (p. 162)
Knysna, ville phare de la Garden Route, est célèbre pour sa magnifique lagune, ses falaises de grès et sa forêt primaire.

3. Hermanus (p. 142)
De juin à décembre, de majestueuses baleines franches australes sont visibles dans la baie.

4. Cederberg Wilderness Area (p. 185)
L'endroit rêvé pour admirer les étoiles dans un paysage grandiose.

Kogelberg Nature Reserve

Inscrite par l'Unesco en 1988 comme première réserve de biosphère d'Afrique du Sud, l'immense réserve de Kogelberg s'étend sur 1 000 km^2. Son entrée se situe à 60 km à l'est du Cap, entre Betty's Bay et Kleinmond sur la R44.

La **réserve** (☎087 288 0499 ; www.capenature.co.za ; R44 ; adulte/enfant 40/20 R ; ⊙7h30-19h) se caractérise par une biodiversité incroyable, avec plus de 1 880 espèces de plantes, d'innombrables oiseaux et des chevaux sauvages dans les marais, tandis que des baleines passent au large. Vous pourrez faire des randonnées d'une journée ou de plusieurs jours. Les vététistes sont également admis dans la réserve. Il faut un permis pour toutes les activités pratiquées.

Les bungalows modernes à la façade vitrée d'**Oudebosch Eco Cabins** (☎réservations 021-483 0190 ; www.capenature.co.za ; bungalow d à partir de 1 170 R ; P) ont été conçus pour se fondre dans le décor naturel et respecter au mieux l'environnement. Charmants et bien équipés, ils sont très courus : réservez.

Betty's Bay

☎028 / 1 400 HABITANTS

Coincé entre les montagnes et l'océan, ce petit village mérite une halte car on peut observer une colonie de manchots à la **Stony Point Nature Reserve** (☎028-272 9829 ; www.capenature.co.za ; en retrait de Wallers Rd ; adulte/enfant 25/15 R ; ⊙8h-16h30 ; P).

Les charmants jardins **Harold Porter National Botanical Gardens** (☎028-272 9311 ; www.sanbi.org ; adulte/enfant 35/15 R ; ⊙8h-16h30 lun-ven, 8h-17h sam-dim ; P), souvent déserts, valent eux aussi le détour. Des sentiers permettent d'admirer la flore locale – le **Leopard Kloof Trail** décrit une boucle de 3 km qui traverse une forêt de fougères avant de grimper vers une cascade. Il faut verser une caution (50 R) et prendre un permis avant 14h. Les lieux de pique-nique sont légion, et vous y trouverez aussi un salon de thé. Les jardins grimpent sur les versants du Kogelberg, à la lisière orientale de Betty's Bay.

Le village compte plusieurs maisons de vacances et des cottages avec cuisine à louer, ainsi qu'une ou deux pensions.

Hermanus

☎028 / 10 500 HABITANTS

Hermanus est considérée comme l'un des meilleurs endroits au monde pour observer les baleines depuis la terre ferme. De juin à décembre, de nombreuses baleines franches australes sont présentes dans la baie, si bien que le petit village de pêcheurs est devenu une ville très animée, dotée d'un excellent choix d'hôtels, de restaurants et de boutiques.

La ville s'étend autour d'une longue artère principale, mais on parcourt facilement le centre à pied. Le superbe sentier longeant les falaises constitue une promenade facile. De nombreuses autres balades sont envisageables dans les collines, autour de la ville.

DÉGUSTATION DE VIN AUTOUR DE HERMANUS

Plus connue pour ses baleines, la région de Hermanus recèle néanmoins quelques splendides domaines viticoles. La vallée de **Hemel-en-Aarde** ("Paradis-sur-Terre"), qui débute à 5 km à l'ouest de la ville, se poursuit sur 15 km vers le nord au fil d'une route sinueuse.

Contactez le très recommandé **Tuk-Tuk Transporter** (☎0846 885 885 ; www.hermanustaxi.com), qui propose les liaisons entre trois exploitations viticoles, une pause pour le déjeuner et un retour à votre hébergement, moyennant 275 R/pers.

Pour découvrir les domaines d'une manière originale, participez à un circuit en quad (650 R/pers) avec **SA Forest Adventures** (☎Le Cap 021-795 0225 ; www.saforestadventures.co.za ; activités à partir de 450 R).

Creation (☎028-212 1107 ; www.creationwines.com ; Hemel en Aarde Rd ; dégustation 37 R, menu accord mets-vins 795 R ; ⊙10h-17h ; P) est surtout connu pour ses accords mets-vins, notamment une excellente option brunch, une option thé, et une option jus de fruits pour les enfants. La carte du restaurant affiche la liste des bouchers, boulangers, fromagers et autres artisans locaux qui fournissent les ingrédients. Le restaurant est à 20 km de Hermanus, sur la route de Hemel-en-Aarde. Réservation indispensable pour les dégustations.

Vous pourrez aussi participer à de bonnes dégustations de vins et au **Hermanus Whale Festival** (www.whalefestival.co.za), en septembre. La ville est alors bondée, tout comme pendant les vacances scolaires de décembre et janvier.

À seulement 122 km du Cap, Hermanus se prête bien à une excursion d'une journée.

À voir et à faire

Réputée pour ses points d'observation des baleines depuis la terre, Hermanus organise également des excursions en bateau. L'approche des baleines est strictement réglementée, les bateaux devant rester au moins à 50 m des cétacés.

Fernkloof Nature Reserve RÉSERVE NATURELLE
(☎028-313 0819 ; www.fernkloof.org.za ; Fir Ave ; ⏲7h-19h). GRATUIT Ceux qui s'intéressent au fynbos (littéralement "buisson fin" – végétation composée de buissons aux feuilles fines) ne manqueront pas cette réserve de 1 500 ha. Un réseau de sentiers de 60 km pour tous niveaux et une vue spectaculaire sur la mer constituent ses autres atouts. Une carte de randonnées est disponible à l'office du tourisme. Circuits guidés sur réservation.

Vieux port SITE HISTORIQUE
Le vieux port s'agrippe aux falaises en face du centre-ville et concentre une bonne partie de l'activité de la ville. On y trouve trois musées : l'**Old Harbour Museum** (☎028-312 1475 ; www.old-harbour-museum.co.za ; Marine Dr ; adulte/enfant 20/5 R ; ⏲9h-16h30 lun-sam, 12h-16h dim), le **Whale House Museum** (Market Sq ; adulte/enfant 20/5 R ; ⏲9h-16h30 lun-sam, 11h-15h dim) et le **Photographic Museum** (Market Sq ; adulte/enfant 20/5 R ; ⏲9h-16h30 lun-sam, 12h-16h dim). La place accueille également un marché artisanal permanent.

♥ **Cliff Path Walking Trail** RANDONNÉE
GRATUIT Depuis le nouveau port (New Harbour), à 2 km à l'ouest de la ville, ce sentier pittoresque serpente en bord de mer sur 10 km, jusqu'à l'embouchure de la Klein River. On peut rejoindre le sentier n'importe où le long des falaises. Que des baleines soient au rendez-vous ou non, cette randonnée constitue l'activité reine à Hermanus.

Walker Bay Adventures SPORTS NAUTIQUES
(☎082-739 0159 ; www.walkerbayadventures.co.za ; Vieux Port ; kayak 450 R, observation des baleines depuis un bateau adulte/enfant 1 020/510 R). Observer des baleines depuis un kayak de mer est une expérience passionnante impliquant souvent une bonne dose de stress. Parmi les autres activités proposées, citons le *sandboard* (planche de dune), l'équitation et les excursions en bateau.

Southern Right Charters CIRCUIT EN BATEAU
(☎082-353 0550 ; www.southernrightcharters.co.za ; excursion 2 heures adulte/enfant 1 020/510 R). Ce prestataire agréé organise des circuits d'observation des baleines depuis le nouveau port.

Où se loger

En dépit d'un vaste choix d'hébergements, les chambres sont prises d'assaut en haute saison : réservez.

Hermanus Backpackers AUBERGE DE JEUNESSE $
(☎028-312 4293 ; www.hermanusbackpackers.com ; 26 Flower St ; dort 170 R, d 490 R, avec sdb commune 440 R ; P📶🏊). Une excellente adresse à la décoration gaie et aux bons équipements, dont le personnel, bien informé, pourra vous aider à organiser vos activités. Le modeste petit-déjeuner en libre service est compris dans le prix ; repas du soir disponibles. Un endroit parfait pour se relaxer, avec une annexe plus calme encore au coin de la rue.

Zoete Inval Travellers Lodge AUBERGE DE JEUNESSE $
(☎028-312 1242 ; www.zoeteinval.co.za ; 23 Main Rd ; dort à partir de 200 R, d 650 R, avec sdb commune 550 R ; P📶). 🍃 Tranquillité, équipements de qualité (notamment le Jacuzzi) et chambres soigneusement meublées dans cette option à petits prix en périphérie.

♥ **Potting Shed** GUESTHOUSE $$
(☎028-312 1712 ; www.thepottingshedaccommodation.co.za ; 28 Albertyn St ; d avec petit-déj à partir de 1 100 R ; P📶🏊). Cette pension accueillante se distingue par de charmantes touches personnelles, tels ces biscuits maison offerts à l'arrivée. Les chambres, coquettes et confortables, présentent un décor lumineux et imaginatif. À noter : le studio-loft, et les appartements avec cuisine (4 personnes, 1 450 R) gérés par les mêmes propriétaires un peu plus près de la mer.

Baleia de Hermanus GUESTHOUSE $$
(☎028-312 2513 ; www.baleia.co.za ; 57 Main Rd ; s/d avec petit-déj 630/1 100 R ; P📶🏊). Les chambres, élégantes et confortables, sont installées autour d'une piscine. Une adresse accueillante et chaleureuse.

Hermanus

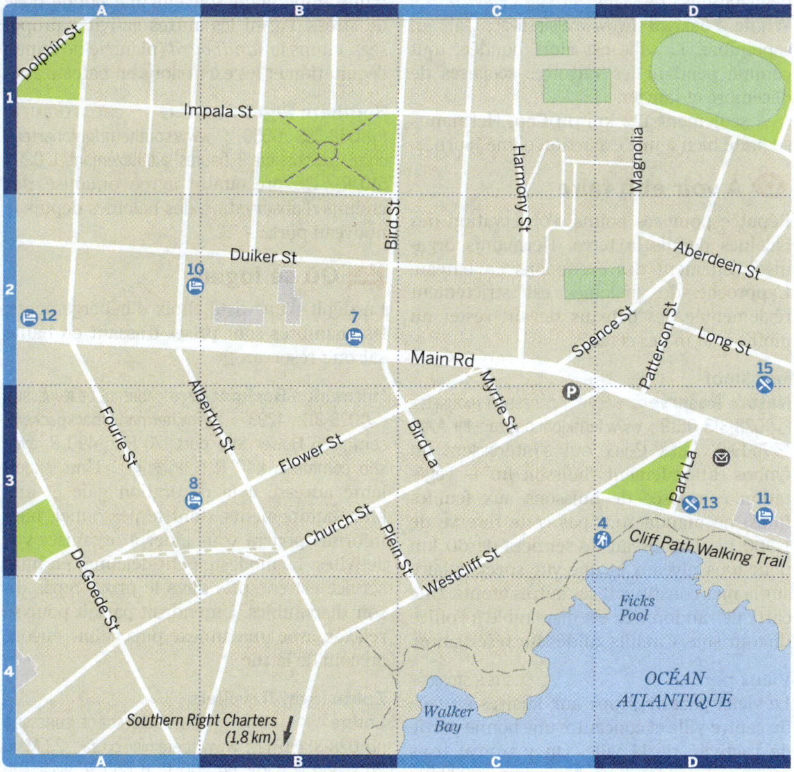

Marine HÔTEL DE LUXE $$$
(☎028-313 1000 ; www.themarinehotel.co.za ; Marine Dr ; ch avec petit-déj à partir de 4 700 R ; P❄📶🏊). Installé en bordure de mer, l'établissement le plus chic de la ville est doté de jardins et d'équipements irréprochables, et comprend deux restaurants donnant sur l'océan. Le **Pavilion** (plats 55-125 R ; ⏲7h-10h30) est ouvert uniquement le matin, tandis que l'**Origins** (plats 175-275 R ; ⏲12h-14h30 et 18h-21h30 ; P) sert une cuisine gastronomique privilégiant les produits de la mer.

Auberge Burgundy GUESTHOUSE $$$
(☎028-313 1201 ; www.auberge.co.za ; 16 Harbour Rd ; s/d avec petit-déj à partir de 1 080/ 1 440 R ; P📶🏊). Merveilleux établissement dans le style d'une villa provençale, situé au cœur de la ville. La plupart des chambres ont vue sur l'océan. Notez que les prix ne montent pas pendant la haute saison.

Windsor Hotel HÔTEL $$$
(☎028-312 3727 ; www.windsorhotel.co.za ; 49 Marine Dr ; s/d avec petit-déj 950/1150 R, avec vue sur la mer 1 450/1 650 R ; P📶). Dans cette institution dominant l'océan, une chambre face à la mer vous permettra d'observer les baleines sans quitter votre lit, si vous y êtes à la bonne saison. Légèrement remaniées, les chambres n'en restent pas moins fidèles aux racines victoriennes de l'hôtel. Également, grands appartements donnant sur la mer (4 personnes, 2 100 R).

Où se restaurer

Eatery CAFÉ $
(☎028-313 2970 ; Long St Arcade, Long St ; plats 55-95 R ; ⏲7h-16h lun-ven, 7h-13h sam ; 📶). Nichée en retrait de la rue principale, cette adresse fait l'unanimité grâce à son excellent café, ses salades, ses sandwichs et ses savoureux gâteaux maison.

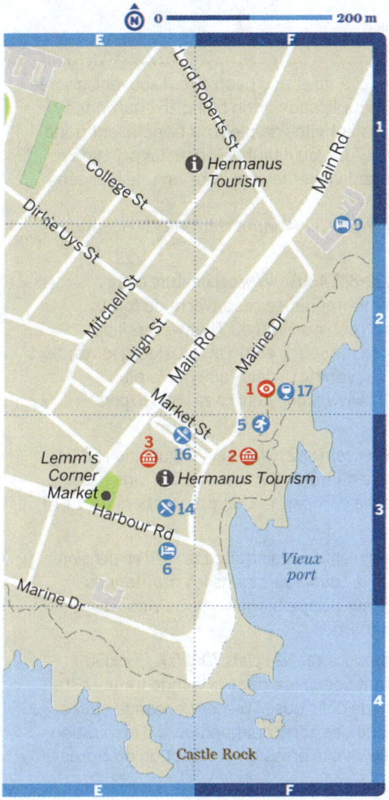

Hermanus

À voir
1 Vieux port ... F2
2 Old Harbour Museum ... F3
Photographic Museum ... (voir 3)
3 Whale House Museum ... E3

Activités
4 Cliff Path Walking Trail ... D3
5 Walker Bay Adventures ... F3

Où se loger
6 Auberge Burgundy ... E3
7 Baleia de Hermanus ... B2
8 Hermanus Backpackers ... A3
9 Marine ... F2
10 Potting Shed ... A2
11 Windsor Hotel ... D3
12 Zoete Inval Travellers Lodge ... A2

Où se restaurer
13 Bistro at Just Pure ... D3
14 Burgundy Restaurant ... E3
15 Eatery ... D2
Origins ... (voir 9)
Pavilion ... (voir 9)
16 Pear Tree ... E3

Où prendre un verre et faire la fête
17 Bientang's Cave ... F2

Burgundy Restaurant PRODUITS DE LA MER $$
(☎ 028-312 2800 ; www.burgundyrestaurant.co.za ; Marine Dr ; plats 95-275 R ; ⏲ 8h-21h). Ce restaurant installé de longue date n'a rien perdu de sa popularité et sa clientèle d'habitants et de touristes vient autant pour la splendide vue sur la mer que pour la carte. Si l'endroit fait la part belle aux produits de la mer, végétariens et amateurs de viande ne sont pas oubliés.

Bistro at Just Pure CAFÉ $$
(☎ 028-313 0060 ; www.justpurebistro.co.za ; angle Marine Dr et Park Lane ; plats 75-130 R ; ⏲ 9h-16h lun-ven, 9h- 15h sam ; 📶). Jouxtant une boutique de cosmétiques d'origine naturelle, ce bistrot donnant sur la mer ne jure que par les ingrédients bio, frais et produits localement. Savourez son fameux cheese-cake en observant les baleines depuis le patio. Ouvert pour le dîner seulement d'octobre à février.

♥ **Pear Tree** FUSION $$$
(☎ 028-313 1224 ; peartree-hermanus.co.za ; 2 Godfrey Cottages, Village Sq ; plats 140-180 R ; ⏲ 10h30-21h). Ce restaurant, l'un des meilleurs de la ville, bénéficie d'un cadre intimiste en briques nues aux allures de cave à vin. La carte succincte renferme des trésors, comme les tagliatelles à l'agneau émincé agrémentées d'huile à la truffe, la poitrine de porc braisée ou le *naartjie malva* (pudding traditionnel aux agrumes) servi avec du poivre rose. Réservation recommandée.

Bientang's Cave BAR
(☎ 028-312 3454 ; www.bientangscave.com ; Marine Dr ; ⏲ 11h30-20h). Venez prendre un verre dans cette grotte, occupée par les derniers Strandlopers (peuple natif de la côte) au tournant du XIXe siècle. Son cadre remarquable vaut le détour pour y prendre un verre. Pour le déjeuner, en revanche, envisagez une autre adresse. On y accède par un escalier escarpé à flanc de falaise.

Renseignements

Cette annexe de l'office du tourisme **Hermanus Tourism** (☎ 028-313 8012 ; www.hermanustourism.info ; Market Sq ; ⏲ 9h-17h

100% LOCAL

VALLÉE D'ELGIN

Surtout connue pour ses vergers, cette vallée verdoyante et peu peuplée est souvent ignorée des touristes. Ses domaines viticoles (réputés pour le sauvignon blanc, le chardonnay et le pinot noir), ses sentiers de randonnée et ses activités de plein air bénéficient donc d'un calme appréciable, à l'exception du Canopy Tour, qu'il faut réserver. La principale ville de la région est **Grabouw**. On peut facilement visiter les environs en une journée depuis Le Cap.

La vallée commence après le col de Sir Lowry dans les monts Hottentots-Holland, à l'est de Somerset West.

Hottentots Holland Nature Reserve (☎028-841 4301 ; www.capenature.co.za ; adulte/enfant 50/30 R ; ⏲7h-17h). Cette réserve montagneuse recouverte de forêts s'étend de Jonkershoek à l'ouest à Villiersdorp à l'est, non loin du Theewaterskloof Dam. Elle renferme des sentiers de randonnée (à parcourir en un ou plusieurs jours) et de VTT, ainsi que des parcours de *kloofing* (canyoning), mais l'activité la plus populaire est le **Canopy Tour** (☎021-300 0501 ; www.canopytour.co.za ; 895 R/pers), un réseau de tyroliennes sillonnant la forêt.

Paul Cluver Wines (☎021-844 0605 ; www.cluver.com ; N2, Grabouw ; dégustation 50 R ; ⏲8h-17h lun-ven, 9h-16h sam-dim). Une halte digne d'intérêt sur la route des vins d'Elgin, avec de bons vins, un agréable restaurant de style campagnard et des sentiers de VTT (permis 80 R).

Green Mountain Trail (☎028-284 9827 ; www.greenmountaintrail.co.za ; s/d en pension complète 13 520/19 350 R). Une "randonnée de luxe" de 4 jours dans les montagnes, sur 57 km : transport des bagages, pique-nique sur nappe blanche, bons vins, et hébergement dans de belles demeures campagnardes.

Hickory Shack (☎021-300 1396 ; www.hickoryshack.co.za ; N2 ; plats 70-165 R ; ⏲9h30-17h mer-ven et dim, 9h-21h sam ; P 👪). Ce restaurant spécialisé dans la viande fumée est rapidement devenu très populaire. On y déguste de délicieuses pièces de viande cuites lentement et parfaitement assaisonnées, ainsi que des accompagnements d'inspiration texane – salade de maïs, haricots ou *coleslaw*. Bière à la pression et sélection de cidres de la vallée.

Peregrine Farm Stall (☎021-848 9011 ; www.facebook.com/peregrinefarmstall ; N2 ; ⏲7h30-18h ; 👪). Les habitants adorent s'arrêter ici avant de prendre la route, le temps de savourer une tarte encore chaude ou un jus de pomme fraîchement pressé. En plus de la boutique de producteurs, l'endroit compte un café (plats 60-120 R) qui sert une excellente tarte au citron meringuée, ainsi que plusieurs boutiques, et la salle de dégustation d'Everson's Cider (dégustation 42 R).

lun-ven, 9h-13h sam) jouit d'un emplacement central. Personnel très serviable.

Plus grand, l'**office du tourisme principal** (☎028-313 8930 ; www.hermanustourism.info ; Old Station Bldg, Mitchell St ; ⏲8h-17h lun-ven, 9h-13h sam) situé au nord de la ville peut vous aider à réserver votre hébergement.

ℹ Depuis/vers Hermanus

Les navettes **Bernardus Tours** (☎028-316 1093 ; www.bernardustransfershermanus.co.za) desservent Gansbaai (600 R, 30 minutes) et Le Cap (1 500 R, 1 heure 30). Les prix s'entendent pour un véhicule (jusqu'à 3 passagers).

Les auberges de jeunesse proposent un service de navette (à partir de 100 R l'aller, 30 minutes) jusqu'à Botrivier, petite ville à 50 km à l'ouest de Hermanus (ligne Le Cap-Port Elizabeth). Des taxis collectifs desservent Hermanus depuis Bellville (90 R, 2 heures), dans la banlieue nord du Cap.

Stanford

☎028 / 4 800 HABITANTS

Ce joli village installé sur les rives de la Klein River est un lieu prisé, à juste titre, des habitants du Cap le week-end. Les environs comptent une poignée de domaines viticoles peu fréquentés, tandis qu'à Stanford même, les activités ne manquent pas : circuits sur la rivière, kayaks à louer, quelques bons restaurants et une magnifique **brasserie** (☎028-341 0013 ; www.walkerbayestate.com ; R326 ; visite et dégustation 80 R ; ⏰10h-17h, visites guidées 10h et 15h mer-ven ; 🅿👪).

À voir et à faire

Stanford Hills DOMAINE VITICOLE
(☎028-341 0841 ; www.stanfordhills.co.za ; proche de la R43 ; dégustation gratuite ; ⏰8h30-17h ; 🅿👪). Goûtez le Jackson's Pinotage, bel exemple de cépage spécifiquement sud-africain, un croisement de pinot noir et de cinsault. Le domaine propose d'agréables hébergements avec cuisine (cottages à partir de 1 100 R), des tentes luxueuses (s/d 1 290/ 1 490 R) et un restaurant familial (plats 95-120 R), au menu d'inspiration campagnarde. Vue splendide.

Klein River Cheese Farm FERME FROMAGÈRE
(☎028-341 0693 ; www.kleinrivercheese.co.za ; R326 ; ⏰9h-16h lun-sam ; 🅿👪). Les fromages produits ici ne cessent de gagner en popularité ; le gruyère vieilli est particulièrement bon. Après la dégustation, achetez une sélection de fromages à grignoter sur le domaine. Les enfants apprécieront la ferme pédagogique et l'aire de jeux.

Robert Stanford Estate DOMAINE VITICOLE
(☎028-341 0647 ; www.robertstanfordestate.co.za ; R43 ; dégustation gratuite ; ⏰9h-16h jeu-lun). Ce domaine produit de bons vins blancs, notamment un sauvignon. Il comporte aussi une petite distillerie produisant de la grappa et du *mampoer*, ainsi qu'un restaurant campagnard ouvert pour le déjeuner.

Où se loger et se restaurer

Stanford dispose de nombreux cottages avec cuisine et de quelques pensions. Vous pourrez vous procurer une liste détaillée des différentes options en ville et alentour à l'**office du tourisme** (☎028-341 0340 ; www.stanfordinfo.co.za ; 18 Queen Victoria St ; ⏰8h30-16h30 lun-ven, 9h-13h sam).

Madre BISTROT $$
(☎082-901 4254 ; 12 Du Toit St ; ⏰12h-17h mer, ven-dim, 12h-21h30 jeu ; 🍷). Le Marianna's a laissé place au restaurant d'inspiration méditerranéenne de la cheffe Madré Malan, qui invite les papilles au voyage avec des plats frais et créatifs. Le cadre, un petit cottage rustique entouré d'un jardin, est tout à fait charmant.

Havercroft's BISTROT $$$
(☎028-341 0603 ; R43 ; plats 140-165 R ; ⏰12h30-14h jeu-dim ; 🅿). La cuisine de Brydon et Innes reçoit d'excellentes critiques. La carte est courte, mais constituée de plats inventifs et raffinés à base de produits locaux. Le déjeuner du dimanche est particulièrement recommandé. Réservation indispensable ; enfants de moins de 12 ans non admis. Dans une ferme sur la R43, à l'entrée de Stanford quand on vient de Hermanus.

Greyton

☎028 / 2 800 HABITANTS

Charmante avec ses montagnes en toile de fond, Greyton se visite en même temps que l'ancienne mission des Frères moraves du village voisin de **Genadendal**, dont les bâtiments historiques de style hollandais sont très bien préservés

Bien qu'un peu artificielle, Greyton est une jolie ville où il fait bon flâner parmi les cafés et les galeries d'art.

Greyton et Genadendal sont reliées à McGregor par le très populaire sentier de randonnée Boesmanskloof Trail (p. 138).

À voir

Genadendal Mission Station SITE HISTORIQUE
À 5 km à l'ouest de Greyton, **Genadendal** ("vallée de la grâce" en hollandais), plus ancienne mission du pays (fondée en 1738), fut brièvement la plus grande localité de la colonie après celle du Cap et compte maintenant environ 5 000 habitants. L'**église morave** est un bel édifice sobrement décoré. Pour découvrir l'histoire du village, visitez l'excellent **Mission Museum** (☎028-251 8582 ; adulte/enfant 10/5 R ; ⏰9h-17h lun-jeu, 9h-15h30 ven, 10h-14h sam), installé dans ce qui fut la première école de formation d'enseignants du pays accueillant des métis.

Le village donne une impression de "musée vivant". En flânant, vous trouverez, parmi les nombreux bâtiments historiques restaurés, l'une des plus anciennes presses du pays, un atelier de poterie et un moulin à eau. En 1995, Nelson Mandela rebaptisa sa résidence officielle du Cap du nom de cette mission. Pour rejoindre le regroupement de monuments depuis la R406, poursuivez votre chemin à travers les faubourgs plutôt négligés, jusqu'à atteindre Church Sq.

Où se loger

Greyton Ecolodge AUBERGE DE JEUNESSE $
(☎082-545 1240 ; www.ecolodgegreyton.co.za ; 2 Park St ; dort 140 R, s/d avec sdb commune 270/450 R ; P@). Ancien foyer du pensionnat de Greyton, ce vaste établissement conserve un peu du caractère institutionnel de ses origines. L'auberge s'inscrit dans un important projet environnemental, auquel elle reverse tous ses bénéfices. Dotée d'une vue splendide sur les monts Riviersonderendberge, elle constitue un camp de base idéal pour la randonnée.

Post House HÔTEL HISTORIQUE $$$
(☎028-254 9995 ; www.theposthouse.co.za ; 22 Main Rd ; s/d avec petit-déj à partir de 1390/1850 R ; P). Cet établissement paisible situé au milieu des restaurants et des boutiques de Greyton est l'ancien relais de poste de la ville. Les chambres sont disséminées dans un joli jardin, et le pub anglais, plein de caractère, est parfait pour prendre un verre.

High Hopes B&B $$$
(☎028-254 9898 ; www.highhopes.co.za ; 89 Main Rd ; s/d avec petit-déj à partir de 1 090/1 450 R ; P). Cette adresse charmante dispose de chambres meublées avec goût et d'une petite piscine au sein d'un vaste jardin. L'établissement, proche du point de départ du Boesmanskloof Trail, permet aux randonneurs éreintés de réserver un soin – reiki, réflexologie et massages. Des retraites sont également possibles, avec yoga, activités artistiques et jardinage, notamment.

Où se restaurer et prendre un verre

Rupert's Bistro FUSION $$
(☎028-254 9066 ; www.rupertsbistro.co.za ; 23 Main Rd ; plats 130-160 R ; 12h-15h et 18h-22h jeu-lun). Le menu, annoncé sur une ardoise, change souvent, mais il comporte toujours des valeurs sûres comme du rumsteck, du jarret d'agneau ou des curries, en grande partie à base de produits bio d'origine locale.

Old Potter's Inn MICROBRASSERIE
(☎028-254 9690 ; www.oldpottersinn.co.za ; 16 Main Rd ; 8h-22h). Il fait bon s'abriter de la chaleur estivale dans la charmante cour ombragée, avec pour se désaltérer une "sélection découverte" de quatre bières brassées sur place. Au menu : poulet et gaufres, *nachos*, burgers et bols de nouilles. Propose aussi des hébergements.

Renseignements

Office du tourisme (☎028-254 9414 ; www.greytontourism.com ; 29 Main Rd ; 9h-17h lun-ven, 9h-14h sam). Le personnel saura vous renseigner sur les courtes randonnées du secteur.

Gansbaai

☎028 / 11 600 HABITANTS

Gansbaai connaît depuis quelques années un énorme succès grâce à la plongée au milieu des requins, même si la plupart des visiteurs ne viennent que lors d'une excursion d'une journée au départ du Cap. Sa magnifique côte préservée ravira également ceux qui désirent explorer les coins de nature isolés de l'Overberg.

Le village voisin, **De Kelders** (sur la route de Hermanus à Gansbaai), est un lieu fantastique pour observer tranquillement les baleines. Les bateaux d'observation des requins partent de Kleinbaai.

À voir et à faire

Nombre d'agences de plongée en cage sont basées autour du port de Kleinbaai, notamment **Marine Dynamics** (☎079 930 9694 ; www.sharkwatchsa.com ; 5 Geelbek St, Kleinbaai ; adulte/enfant 2 550/1 450 R) et **White Shark Projects** (☎076 245 5880 ; www.whiteshark-projects.co.za ; 16 Geelbek St, Kleinbaai ; plongée 2 320 R), qui bénéficient toutes deux de la certification Fairtrade. Sachez que la plongée en cage parmi les requins suscite une grande controverse, cette pratique entraînant selon certains une augmentation du nombre d'attaques sur les humains ; ses partisans, qui comprennent des scientifiques spécialisés et des écologistes, la considèrent en revanche comme un outil pédagogique utile à la préservation des requins.

Walker Bay Nature Reserve RÉSERVE NATURELLE
(☎028-314 0062 ; www.capenature.co.za ; adulte/enfant 50/30 R ; 7h-19h). Cette réserve côtière invite à de belles randonnées et à l'observation des oiseaux. Outre les points de vue sur l'océan, l'un de ses principaux attraits réside dans les **grottes de Klipgat**, impressionnant site archéologique où furent découverts des objets khoisan ; la grotte comporte des panneaux informatifs. La réserve est divisée en deux parties. La plupart

des visiteurs se limitent à celle située juste au nord de De Kelders, mais on peut aussi accéder au parc depuis Stanford et depuis Uilenkraalsmond, au sud de Gansbaai.

Où se loger et se restaurer

Gansbaai Backpackers AUBERGE DE JEUNESSE $
(083 626 4150 ; www.gansbaybackpackers.com ; 6 Strand St ; dort 180 R, d 500 R, d avec sdb commune 450 R ; P). Bien gérée et accueillante, cette auberge proche du port est idéale pour les voyageurs à petit budget. Elle possède aussi des petits studios dans le jardin avec télévision et cuisine basique. Le personnel peut vous aider à réserver des activités.

Aire del Mar GUESTHOUSE $$
(028-384 2848 ; www.airedelmar.co.za ; 77 Van Dyk St, Kleinbaai ; s/d avec petit-déj 765/1 275 R ; P). Une pension plaisante offrant une bonne gamme de prix, avec notamment des chambres indépendantes rudimentaires (2 pers 950 R). Vue panoramique sur la mer et sur Dyer Island depuis les chambres.

Grootbos Private Nature Reserve LODGE $$$
(028-384 8008 ; www.grootbos.com ; R43 ; s/d en pension complète 9 600/12 800 R ; P). Dans ce superbe complexe de luxe de 2 500 ha, les activités (équitation, randonnée et excursions locales) ainsi que les excellents repas sont inclus. Chacun des cottages indépendants est équipé d'une douche extérieure sur la terrasse. La Grootbos Foundation gère plusieurs projets environnementaux et communautaires – renseignez-vous sur le Progressive Tourism Package.

Coffee on the Rocks CAFÉ $$
(028-384 2017 ; www.facebook.com/CoffeeOnTheRocksGansbaai ; 81 Cliff Rd, De Kelders ; plats 70-115 R ; 10h-17h jeu-dim ;). Ce café cuit son pain, et tout ce qu'il sert est fait maison. La terrasse donnant en plein sur l'océan est très agréable pour prendre un sandwich, une salade ou juste un café, tout en guettant les baleines.

Renseignements

Gansbaai Tourism (028-384 1439 ; www.facebook.com/GansbaaiTourism ; Main Rd, Great White Junction ; 8h-16h30 lun-jeu, 8h-16h ven, 9h-11h30 sam). Le personnel pourra vous renseigner sur l'hébergement et les activités.

Depuis/vers Gansbaai

Bernardus Tours (p. 146) propose des navettes pour Hermanus (600 R, 30 minutes) et Le Cap (1 800 R, 2 heures).

Cap Agulhas

028 / 10 000 HABITANTS

Le cap des Aiguilles, où se trouvent les villages de **Struisbaai** et **L'Agulhas**, constitue la pointe méridionale de l'Afrique, et le point de rencontre entre les océans Atlantique et Indien. Cette côte sauvage et balayée par les vents est aussi le cimetière de nombreux navires. La majorité des visiteurs viennent ici pour se prendre en photo devant le panneau indiquant l'endroit où se joignent les deux océans.

Cape Agulhas Lighthouse PHARE
(028-435 6078 ; adulte/enfant 13,70/6,90 R ; 9h-17h). La montée jusqu'au sommet est vertigineuse, mais le point de vue sur la côte en vaut la peine. À l'intérieur, vous trouverez un petit musée sur les phares du monde entier, ainsi que l'**office du tourisme** (028-435 7185 ; www.discovercapeagulhas.co.za ; 9h-17h).

Agulhas National Park PARC NATIONAL
(028-435 6078 ; www.sanparks.org/parks/agulhas ; adulte/enfant 200/100 R ; 7h-19h). Le parc national le plus méridional d'Afrique offre de formidables points d'observation des oiseaux, ainsi que des circuits de randonnées de 3 à 10 km. Nous vous recommandons le **Rasperpunt Trail** (5,5 km), qui permet de voir l'épave du *Meisho Maru*. Des brochures détaillant chaque parcours, ainsi que la liste des oiseaux à observer, sont disponibles à l'entrée du parc (10 R). Le parc recèle aussi de charmants **hébergements** (réservations 012-428 9111 ; www.sanparks.org ; chalet à partir de 1 375 R) en bord de mer. Il n'est pas nécessaire de payer l'entrée du parc pour accéder à la pointe méridionale du continent.

Cape Agulhas Backpackers AUBERGE DE JEUNESSE $
(082-372 3354 ; www.capeagulhasbackpackers.com ; angle Main St et Duiker St, Struisbaai ; empl camping 120 R, dort/d 160/420 R ; P). Cette auberge détendue installée à Struisbaai possède un coin bar-piscine très agréable. Petit-déjeuner et dîner disponibles ; cuisine commune à disposition. Situé dans un spot de kitesurf exceptionnel, le lieu assure aussi des cours et loue des planches de surf et des kayaks.

Arniston

028 / 1 300 HABITANTS

Arniston (Waenhuiskrans) est un charmant village niché dans un cadre spectaculaire battu par les vents. Il doit son nom officiel au navire anglais qui fit naufrage au large de sa côte traîtresse en 1815. Son nom officieux lui vient de celui d'une **grotte marine** toute proche, baptisée jadis *waenhuiskrans*, ce qui signifie "falaise du char à bœufs". Cette grotte était en effet jugée assez grande pour accueillir un tel attelage. Son entrée n'est accessible qu'à marée basse, et avec grande prudence.

Des bateaux colorés, une eau tiède aigue-marine et **Kassiesbaai**, un hameau de cottages chaulés bicentenaires formant le cœur d'Arniston, composent un tableau enchanteur. Au sud de Kassiesbaai, **Roman Beach**, une plage de sable blanc baignée de vagues douces, convient parfaitement aux enfants, avec ses grottes, ses criques et ses bassins rocheux peuplés d'oursins et d'anémones de mer. Ne touchez pas aux oursins, dont les piquants provoquent des blessures douloureuses.

Où se loger et se restaurer

Arniston Resort CAMPING, CHALETS $

(Waenhuiskrans Oord ; 028-445 9620 ; 136 Main Rd ; empl camping/chalet à partir de 190/500 R). Cette honorable option bon marché se compose d'emplacements de camping et de chalets sommaires, non loin de la plage à pied. Prévoyez draps et provisions. Les prix montent en flèche pendant les vacances scolaires.

Arniston Seaside Cottages COTTAGES $$

(028-445 9772 ; www.arnistonseasidecottages.co.za ; Huxham St ; s/d avec cuisine 570/760 R). Une vingtaine de cottages chaulés au toit de chaume répartis dans la ville, bien équipés et confortables. Certains ont vue sur l'océan. Réception dans Huxham St.

♥ **Arniston Spa Hotel** HÔTEL $$$

(028-445 9000 ; www.arnistonhotel.com ; Beach Rd ; s/d face à la mer avec petit-déj à partir de 1 700/2 280 R ; P). Hôtel de luxe équipé d'un spa. Les chambres donnant sur la mer sont agrémentées de grandes baies vitrées. Le restaurant dominant les flots sert des sushis, des fruits de mer et des pizzas (plats 60-180 R). Impressionnante carte des vins.

♥ **Willeen's Restaurant** SUD-AFRICAIN $

(028-445 9995 ; House C26, Kassiesbaai ; plats 40-85 R ; 9h-21h ; P). Ce restaurant dominant l'océan à Kassiesbaai sert une cuisine locale et authentique, dans une atmosphère conviviale. L'endroit idéal pour goûter sans se ruiner des spécialités sud-africaines comme le *bobotie* (tourte de viande hachée au curry surmontée d'un flan salé à l'œuf), la tourte au poulet, les *boerewors* (saucisses) ou encore du poisson frais.

De Hoop Nature Reserve

Couvrant 34 000 ha et 5 km de fonds marins, cette splendide **réserve** côtière (028-542 1114 ; www.capenature.co.za ; adulte/enfant 50/30 R ; 7h-18h) offre au visiteur de longues plages immaculées, d'immenses dunes, et une végétation basse où vivent des espèces protégées comme les zèbres de montagne et les bonteboks (antilopes). Des baleines franches australes sont souvent visibles au large, où elles viennent mettre bas et élever leurs petits. Les amateurs d'oiseaux pourront y observer aussi la dernière colonie du très rare vautour du Cap.

Le village d'**Ouplaas**, à 15 km de là, est l'endroit le plus proche pour acheter de l'essence et des provisions.

La réserve se situe à 260 km du Cap et les derniers 57 km, depuis Bredasdorp ou Swellendam, empruntent des routes non goudronnées. Le seul accès à la réserve passe par Wydgeleë, sur la route du Bredasdorp à Malgas. Si vous arrivez par Malgas, sachez que vous devrez prendre le *pont* (bac), actionné manuellement, pour traverser la Breede (de l'aube au crépuscule). Le tarif est de 50 R par véhicule.

La réserve n'est pas desservie par les transports en commun.

Whale Trail RANDONNÉE

(021-483 0190 ; www.capenature.co.za ; 3 100 R/pers). Outre de multiples promenades d'une journée, un parcours de VTT avec nuit sur place et de bons spots de snorkeling le long de la côte, l'activité reine de la réserve est le Whale Trail, une randonnée de 5 jours. Ce parcours de 55 km offre d'excellentes possibilités d'observer les baleines entre juin et décembre. Côté hébergement, vous serez logé dans des cottages modernes et tout équipés, avec cuisine.

De Hoop Collection CAMPING, COTTAGES $$
(021-422 4522 ; www.dehoopcollection.co.za ; empl tente 425 R, rondavel avec sdb commune à partir de 1 200 R, cottage à partir de 1 900 R ;). Large choix d'hébergements pour tous les budgets : emplacements de camping, *rondavels* (cases rondes au toit conique) avec sanitaires communs, jolis cottages indépendants, et élégantes chambres d'hôtes dans un manoir ancien (double avec petit-dej et dîner à partir de 1 550 R). L'endroit, parfaitement paisible, donne sur le *vlei* (marécage), et comprend même un spa. Restaurant ouvert toute la journée, et possibilité de cuisiner dans la plupart des hébergements – apportez vos provisions.

Swellendam

028 / 17 500 HABITANTS

Entourée de champs de blé vallonnés typiques de l'Overberg et protégée par la chaîne de montagnes de Langeberge, Swellendam est idéalement située pour explorer le Petit Karoo. Elle constitue une bonne étape sur la route qui se dirige vers l'est et la Garden Route (route des Jardins). Cette ville, parmi les plus anciennes d'Afrique du Sud (sa fondation remonte à 1745), présente une magnifique architecture de style hollandais du Cap et un musée digne d'intérêt.

À voir et à faire

Drostdy Museum MUSÉE
(028-514 1138 ; www.drostdymuseum.com ; 18 Swellengrebel St ; adulte/enfant 25/5 R ; 9h-17h lun-ven, 10h-15h sam-dim). La pièce maîtresse de cet excellent musée est la superbe *drostdy* (résidence d'un officiel) elle-même, bâtie en 1747. Le billet d'entrée donne accès à l'**Old Gaol** (Swellengrebel St ; 9h-17h lun-ven, 10h-15h sam-dim), voisine, qui abrite une partie des bâtiments administratifs d'origine, à un moulin à eau et à **Mayville** (Hermanus Steyn St ; 9h-17h lun-ven, 10h-15h sam-dim), demeure de 1853 avec un jardin victorien.

Swellendam

À voir
1 Drostdy Museum D2
2 Dutch Reformed Church C1
3 Mayville D2
4 Old Gaol D2

Où se loger
5 Braeside B&B C1
6 Cypress Cottage C1
7 De Kloof B1

Où se restaurer
8 Field & Fork D2
9 Old Gaol on Church Square C1

Swellendam

ELIM

Dans cette province au demeurant riche en jolis villages, Elim sort du lot. Ce village de mission morave se trouve à 30 km environ de toute autre agglomération et, même si une route goudronnée rallie maintenant ses cottages au toit de chaume, l'endroit demeure un coin isolé et ignoré du Cap-Occidental. Cherchez le guide local, **Emile Richter** (☎074 544 7733), pour un circuit passionnant couvrant l'imposante église, le monument commémoratif de l'esclavage et le moulin à eau, datant du milieu du XIXe siècle. Aujourd'hui, ce dernier abrite un agréable salon de thé, sans doute le meilleur endroit pour savourer un en-cas. Elim étant une ville sans alcool, les trois **domaines viticoles** qui ponctuent la route goudronnée en venant de Bredasdorp détonnent quelque peu.

Marloth Nature Reserve RÉSERVE NATURELLE
(☎028-514 1410 ; www.capenature.co.za ; adulte/enfant 50/30 R). Perchée dans la Langeberge, à 1,5 km au nord de la ville, cette réserve est particulièrement belle en octobre-novembre, lorsque les éricacées sont en fleur. Si les randonnées d'une journée ne vous tentent pas, optez pour l'exigeant **Swellendam Hiking Trail**, considéré comme l'un des plus beaux parcours d'Afrique du Sud, qui peut durer de 2 à 6 jours selon le tronçon choisi. Le sentier comporte deux gîtes rudimentaires, mais il vous faudra prévoir votre nourriture. L'accès à la réserve se fait par Andrew Whyte St.

Bontebok National Park PARC NATIONAL
(☎028-514 2735 ; www.sanparks.org/parks/bontebok ; adulte/enfant 150/75 R ; 7h-19h oct-avr, 7h-18h mai-sept). À 6 km au sud de Swellendam, ce parc national fut créé en 1931 pour sauver les 30 bonteboks qui survivaient à l'époque. Le projet fut une réussite. Outre les bonteboks, le plus petit des parcs nationaux d'Afrique du Sud abrite désormais diverses antilopes et des zèbres de montagne. Il se distingue aussi par une végétation associant *fynbos* (maquis du Cap), en fleur à la fin de l'hiver et au printemps, et *renosterveld* (broussaille rare composée principalement de *renosterbos* gris, ou "champ du rhinocéros"), ainsi qu'une avifaune généreuse. Par ailleurs, il est possible de se baigner dans la Breede.

Où se loger

♥ Marloth Lodge LODGE $
(☎082-494 8279 ; www.facebook.com/marlothlodgeswellendam ; 5 Lichtenstein St ; empl tente 200 R, ch avec petit-déj 380 R/pers ; P). Ce lodge, excellent et bon marché, est installé sur un immense terrain en bordure de la Marloth Nature Reserve. Chambres agréables et pleines de caractère. Des activités d'**équitation** (two-feathers-horse-trails.business.site ; sortie 1 heure 30 650 R) et des excursions à la journée au cap Agulhas peuvent être organisées. Prix plus bas si vous réservez directement auprès de l'établissement.

Cypress Cottage GUESTHOUSE $$
(☎028-514 3296 ; www.cypress-cottage.co.za ; 3 Voortrek St ; s/d 600/1 000 R ; P). Cette demeure bicentenaire abrite six chambres à la décoration personnalisée. Ravissant jardin et piscine. Proche à pied de l'**église** (Voortrek St), du musée (p. 151) et d'une poignée de restaurants.

Braeside B&B B&B $$
(☎028-514 1692 ; www.braeside.co.za ; 13 Van Oudtshoorn Rd ; s/d avec petit-déj à partir de 800/1 200 R ; P). Une demeure paisible de style édouardien du Cap, qui allie superbe jardin, vue magnifique et délicieux petit-déjeuner.

♥ De Kloof BOUTIQUE-HÔTEL $$$
(☎028-514 1303 ; www.dekloof.co.za ; 8 Welte-vrede St ; s/d avec petit-déj à partir de 1 905/2 750 R ;). L'une des adresses les plus chics de Swellendam, cette pension arbore une déco très personnelle. Au cœur d'un grand domaine datant de 1801, les chambres luxueuses sont installées autour de pelouses où paradent des canards. Quelques suites sont assorties d'un Jacuzzi et d'un grand lit à eau avec chauffage intégré. Le spa et l'excellent restaurant sont réservés aux résidents.

Bloomestate GUESTHOUSE $$$
(☎028-514 2984 ; www.bloomestate.com ; 276 Voortrek St ; s/d avec petit-déj à partir de 1 875/2 500 R ; P). Située sur une magnifique propriété, cette pension accueillante et moderne loue des chambres luxueuses et colorées, dans un cadre intime et zen. Des soins de bien-être et de beauté sont à dispo-

sition. Si la piscine ne suffit pas pour vous détendre, faites un saut dans le Jacuzzi, installé sur une terrasse sous les arbres.

Où se restaurer

Old Gaol on Church Square SUD-AFRICAIN $$

(☎028-514 3847 ; www.oldgaolrestaurant.co.za ; 8a Voortrek St ; repas léger 60-135 R ; ⏰8h-22h mer-sam, 8h-17h dim-mar ; 👪). Bien qu'il n'occupe plus l'Old Gaol, cet établissement fonctionnant sur le mode participatif régale toujours ses hôtes d'une cuisine savoureuse. Nombreuses tables à l'extérieur, sous les arbres, où déguster de délicieux gâteaux, des pains traditionnels et des spécialités malaises du Cap. Le service peut être lent.

Field & Fork FUSION $$$

(☎028-514 3430 ; www.fieldandfork.co.za ; 26 Swellengrebel St ; 160-195 R ; ⏰18h-22h ven-mer). Les habitants adorent cet établissement élégant, installé dans le bâtiment de l'Old Gaol (p. 151). La carte restreinte comporte des plats raffinés à base d'ingrédients locaux tels que le springbok, l'agneau du Karou ou la truite de Franschhoek. À noter aussi, le menu à trois plats (365 R).

La Sosta ITALIEN $$$

(☎028-514 1470 ; www.lasostaswellendam.com ; 45 Voortrek St ; menu 3 plats 415 R ; ⏰18h30-21h30 mar-sam). Déjà élu meilleur restaurant italien du pays, cet établissement régale ses convives de raviolis à la courge butternut et aux truffes, de gnocchis maison et de pannacotta à la noix de coco, tous joliment présentés. Réservation recommandée. Le restaurant et la pension attenante ferment généralement pour l'hiver, de juin à août ou septembre. Si vous logez dans un autre établissement de Swellendam et souhaitez dîner ici, La Sosta vous offre le taxi pour venir au restaurant et rentrer ensuite.

Renseignements

Informations touristiques (☎028-514 8500 ; www.swellenmun.co.za). L'office du tourisme a fermé, contactez la municialité pour des renseignements.

Depuis/vers Swellendam

Les principales compagnies de bus desservent Swellendam sur leur trajet entre Le Cap (à partir de 260 R, 3 heures 50) et Port Elizabeth (environ 440 R, 8 heures). Ils s'arrêtent en face du Swellengrebel Hotel, dans Voortrek St.

GARDEN ROUTE

La route des Jardins est l'une des destinations sud-africaines les plus prisées des voyageurs, à juste titre : on ne peut qu'être séduit par la splendeur naturelle du paysage. Il y a à peine plus de 200 km entre Mossel Bay à l'ouest et l'embouchure de la Storm à l'est, mais la région présente une variété inouie en termes de topographie, végétation, faune et animaux de plein air.

Le littoral est ponctué de superbes plages, tandis que l'intérieur des terres se caractérise par de pittoresques lacs et lagunes, des collines ondoyantes et les montagnes des chaînes Outeniqua et Tsitsikamma, qui séparent la Garden Route des paysages arides du Petit Karoo. Les forêts séculaires qui bordent la côte de Wilderness à Knysna sont l'occasion de pratiquer la randonnée, l'observation des oiseaux, le canoë sur les rivières, la découverte de la canopée ou simplement de faire une balade pour admirer les forêts de *yellowwood* (*outeniqua*, “ceux qui portent du miel”, appellation dérivée du nom d'une tribu khoisan), des arbres de plus de 600 ans. Les amateurs de faune tenteront de repérer le touraco de Knysna, au brillant plumage rouge et vert, et les éléphants, quasi mythiques, habitant la forêt.

Avec une gamme d'activités aussi diversifiée, on ne s'étonnera guère que cette région renommée recèle une offre d'hébergements pléthorique. Revers de la médaille : les villes telles que Knysna et Plettenberg Bay attirent les foules. Certes, elles constituent des bases pratiques pour explorer la région, mais elles peuvent être bondées en décembre et janvier, quand les prix montent en flèche. Si vous voyagez pendant ces mois, il est indispensable de réserver ou de vous diriger vers la station balnéaire de Wilderness, moins fréquentée.

Mossel Bay

☎044 / 30 000 HABITANTS

À première vue, Mossel Bay semble être l'horrible sœur de la féerique Garden Route. Destination phare jusque dans les années 1980, elle a été enlaidie par des constructions industrielles, en particulier celle de la plus grande raffinerie pétrolière du monde. Cependant, si les abords de la ville n'ont rien d'attirant, le centre est plutôt gai et regorge d'activités.

Mossel Bay ne manque pourtant pas d'attraits pour le visiteur : spots de surf

Garden Route

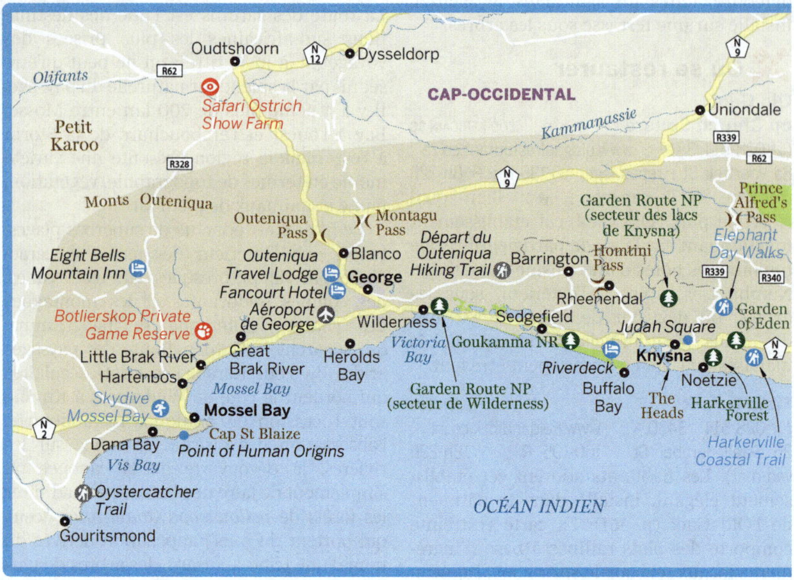

hallucinants, belles plages et hébergements pour tous les budgets, sans compter une ribambelle d'activités de plein air, de la randonnée au saut en parachute.

Les activités de loisirs se concentrent autour du Point, un promontoire aux allures de station balnéaire rétro. On y trouve des glaciers, un camping pour caravanes et un minigolf. C'est en outre un excellent spot de surf.

Les navigateurs portugais Bartolomeu Dias et Vasco de Gama furent les premiers Européens à explorer la baie à la fin du XVe siècle. Depuis, de nombreux navires y ont fait escale pour s'approvisionner en eau et en nourriture auprès des Khoikhoi de la région. Près de la source, un grand arbre tortueux (*milkwood*) faisait autrefois office de boîte aux lettres : les navires qui partaient vers l'Orient y déposaient leur courrier, que ramassaient les bateaux faisant route dans l'autre direction. Il est toujours possible de laisser du courrier dans la boîte – il est tamponné d'un cachet spécial.

À voir

Dias Museum Complex MUSÉE

(044-691 1067 ; www.diasmuseum.co.za ; Market St ; adulte/enfant 20/5 R ; 8h15-17h lun-ven, 9h-16h sam, 9h-13h dim ; P). Cet excellent musée montre l'importance de Mossel Bay à l'arrivée des premiers marins européens. Nommé d'après le navigateur portugais Bartholomeu Dias (XVe siècle), il renferme le fameux “arbre postal” utilisé autrefois par les marins, le grenier à blé édifié en 1786 par la Compagnie des Indes orientales (VOC, Vereenigde Oost-Indische Compagnie), un petit aquarium et un musée d'histoire locale.

La pièce maîtresse de ce musée est la réplique de la caravelle sur laquelle Dias embarqua en 1488. Témoignant du courage et du talent de ces premiers explorateurs, cette réplique étonnamment petite fut construite au Portugal et navigua jusqu'à Mossel Bay en 1988 pour commémorer le 500e anniversaire du voyage de Dias. Supplément pour monter à bord (adulte/enfant 20/5 R).

Botlierskop Private Game Reserve RÉSERVE ANIMALIÈRE

(044-696 6055 ; www.botlierskop.co.za ; Little Brak River ; P). Cette réserve animalière donne l'occasion de voir de nombreux animaux (lions, éléphants, rhinocéros, buffles, girafes, etc.). Les visiteurs à la journée pourront effectuer diverses activités, dont des circuits nature de 3 heures (adulte/enfant 580/290 R) et des safaris à cheval (395 R/heure). La réserve est à quelque

20 km à l'est de Mossel Bay sur la N2 – prenez la bifurcation de Little Brak River et suivez les panneaux en direction de Sorgfontein. Réservation obligatoire.

Activités

On comprend aisément l'origine du slogan touristique de Mossel Bay : "Bougez-vous". En effet, la ville propose de nombreuses activités, du surf au saut en parachute, en passant par le yoga, la randonnée et les excursions en bateau.

Oystercatcher Trail RANDONNÉE
(☎044-699 1204 ; www.oystercatchertrail.co.za ; sans les repas/pension complète 6 200/7 450 R par pers). Ce fabuleux parcours côtier s'effectue en 5 jours. Il suit le littoral sur 48 km entre Mossel Bay et le Gourits via Cape St Blaize, où vous avez de bonnes chances d'apercevoir l'huîtrier de Bachman, un oiseau menacé. Vous pouvez apporter vos propres repas ou choisir la pension complète. Hébergement et guides inclus.

Point of Human Origins CIRCUIT CULTUREL
(☎079 640 0004 ; www.humanorigin.co.za ; circuit 450 R). Emmené par un professeur d'archéologie, ce passionnant circuit de 4 heures comprend une randonnée jusqu'aux Pinnacle Point Caves, qui ont vu certaines découvertes éclairer le mode de vie humain d'il y a 162 000 années. Il existe une visite plus rapide de 1 heure 30 en compagnie d'un guide local (275 R).

Romonza CIRCUIT EN BATEAU
(☎082-701 9031 ; www.romonzaboattrips.co.za ; Mossel Bay Harbour ; excursion en bateau de 1 heure 250 R). Des circuits en bateau mettent régulièrement le cap sur Seal Island afin d'admirer les phoques, les oiseaux et les dauphins qui fréquentent ce territoire. Propose également des circuits d'observation des baleines de juillet à octobre (950 R, 2 heures).

Skydive Mossel Bay SENSATIONS FORTES
(☎082-824 8599 ; www.skydivemosselbay.com ; Mossel Bay Airfield, 69 Rooikat St, Aalwyndal ; à partir de 3 024 R). Les sauts en parachute en tandem commencent à 3 000 m, et, lorsque le temps et les marées sont au rendez-vous, vous pouvez atterrir sur Diaz Beach.

White Shark Africa PLONGÉE
(☎044-691 3796 ; www.whitesharkafrica.com ; 7 Church St ; adulte/enfant 2 250/1 500 R). Sorties de plongée en cage d'une demi-journée pour observer les grands requins blancs. Petit-déjeuner, déjeuner, boissons et en-cas compris.

Waves School of Surfing SURF
(☎078-297 3999 ; 47 Marsh St ; cours 1 heure 30 300 R). Mossel Bay est l'un des meilleurs spots de surf de la Garden Route, y compris pour les débutants. Location de planches (150 R/jour).

Où se loger

De Bakke Santos Caravan Park CAMPING, CHALETS $
(☎076 058 7153 ; www.debakkesantos.co.za ; Santos Beach ; empl à partir de 190 R, chalet à partir de 550 R ; P). En plus de ses 300 emplacements, la plupart avec vue sur l'océan, ce camping dispose de chalets au toit de chaume bien équipés (sur le point d'être rénovés lors de notre dernière visite). Les tarifs augmentent légèrement le week-end et pendant les vacances scolaires.

Mossel Bay Backpackers AUBERGE DE JEUNESSE $
(☎044-691 3182 ; www.mosselbaybackpackers.co.za ; 1 Marsh St ; dort 180 R, d 580 R, d avec sdb commune 380 R ;). Cette auberge de bonne tenue comprend deux parties : l'une pour les petits budgets avec salles de bains partagées,

Mossel Bay

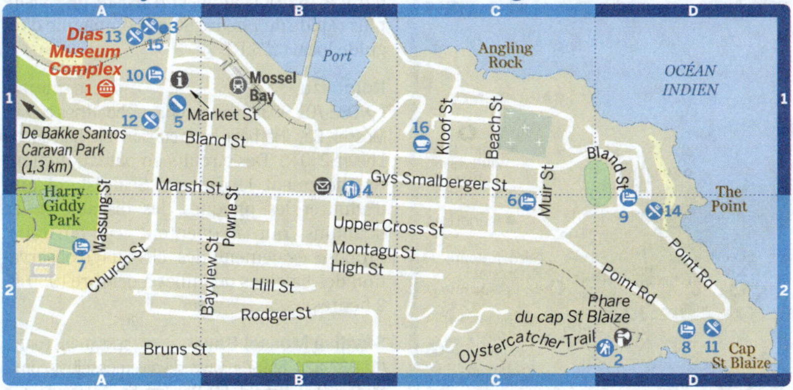

Mossel Bay

Les incontournables
1 Dias Museum Complex A1

Activités
2 Oystercatcher Trail D2
3 Romonza A1
4 Waves School of Surfing B1
5 White Shark Africa A1

Où se loger
6 Mossel Bay Backpackers C2
7 Park House Lodge & Travel Centre A2
8 Point Hotel D2
9 Point Village Hotel D2
10 Protea Hotel Mossel Bay A1

Où se restaurer
11 Big Blu D2
Café Gannet .... (voir 10)
12 Carola Ann's A1
13 Kaai 4 .... A1
14 Kingfisher D2
15 Mossel Bay Oyster Bar A1

Où prendre un verre et faire la fête
16 Blue Shed Coffee Roastery C1

l'autre plus haut de gamme comprenant des chambres et des dortoirs avec salle de bains. Il y a même une suite "lune de miel", avec baignoire balnéo (890 R). Le personnel peut organiser diverses activités (surf, sorties en bateau...).

Park House Lodge & Travel Centre AUBERGE DE JEUNESSE $
(☎044-691 1937 ; www.park-house.co.za ; 121 High St ; camping 110 R, dort 170 R, s/d 385/640 R, avec sdb commune 290/480 R ; 📶). Juste à côté du parc, cette belle maison ancienne en grès, accueillante et joliment décorée, est entourée de jardins. Le petit-déjeuner coûte 55 R. Le personnel peut réserver diverses activités.

♥ **Point Village Hotel** HÔTEL $$
(☎044-690 3156 ; www.pointvillagehotel.co.za ; 5 Point Rd ; s/d 600/1 100 R ; P📶). Avec sa drôle de façade arborant une imitation de phare, cet hôtel annonce l'ambiance cool régnant à l'intérieur. Les chambres, modernes et lumineuses, ont toutes une kitchenette et, pour certaines, un balcon. Des appartements de 2 à 3 chambres, avec une belle vue sur la mer (à partir de 1 800 R), sont aussi disponibles. Service très sympathique.

Protea Hotel Mossel Bay HÔTEL $$$
(☎044-691 3738 ; www.oldposttree.co.za ; angle Market St et Church St ; s/d à partir de 1 235/1 530 R ; P❄📶≋). Hôtel chic de la chaîne Protea, dans l'ancien bâtiment de la poste. Son restaurant, **Café Gannet** (www.cafegannet.co.za ; plats 145-275 R ; ⏰7h-22h ; P), sert un bon choix de produits de la mer, viande et pizzas.

Point Hotel HÔTEL $$$
(☎044-691 3512 ; www.pointhotel.co.za ; Point Rd ; s/d demi-pension 2 200/2 500 R ; P📶). Cet hôtel moderne profite d'un emplacement

spectaculaire, juste au-dessus des rochers fouettés par les vagues, au Point. Le restaurant (plats 60-120 R) est plutôt bon et les chambres spacieuses sont pourvues de balcons donnant sur l'océan – pour un panorama idéal, demandez-en une exposée au sud. Pas de piscine, mais plusieurs piscines naturelles dans l'océan, à proximité.

Où se restaurer et prendre un verre

Mossel Bay Oyster Bar PRODUITS DE LA MER $

(☎044-333 0202 ; www.facebook.com/mosselbayoysterbar ; Mossel Bay Harbour ; sushis 40-50 R ; ⊙11h-22h lun-ven, 10h-22h sam-dim). L'endroit rêvé pour admirer le coucher du soleil au bord de l'eau. Dans l'assiette : des sushis et des huîtres, à accompagner d'un cocktail (40-60 R).

Carola Ann's CAFÉ $

(☎044-690 3477 ; www.facebook.com/carolaannfoodforlife ; 12 Church St ; plats 60-95 R ; ⊙8h-21h lun-sam). Situé à côté du musée (p. 154), Carola Ann's sert des petits-déjeuners inventifs, de délicieux déjeuners équilibrés et des gâteaux gourmands.

♥ **Kaai 4** BRAAI $$

(☎044-691 0056 ; www.kaai4.co.za ; Mossel Bay Harbour ; plats 60-100 R ; ⊙11h-21h). Fort d'un emplacement exceptionnel, ce modeste restaurant possède des tables de pique-nique sur la plage, surplombant l'océan. La plupart des plats – ragoûts, burgers, *boerewors* (saucisses) et certains poissons et fruits de mer – sont cuits sur d'énormes feux de bois, les *braai*, les barbecues version sud-africaine. Bière locale à la pression.

Big Blu INTERNATIONAL $$

(☎044-691 2010 ; www.bigblu.co.za ; Point Rd ; plats 85-185 R ; ⊙10h-23h). Cet établissement délabré niché dans les rochers du Point est idéal pour prendre un verre au coucher du soleil, avec un hamburger, du poisson, des fruits de mer ou un steak.

Kingfisher PRODUITS DE LA MER $$

(☎044-690 6390 ; www.thekingfisher.co.za ; Point Rd ; plats 75-195 R ; ⊙12h-21h30 ;). Les habitants apprécient les produits de la mer et la vue sur l'océan de cet établissement installé de longue date. Propose aussi salades, sushis et viande. Menu enfant et aire de jeux.

♥ **Blue Shed Coffee Roastery** CAFÉ

(☎044-691 0037 ; www.blueshedroasters.co.za ; 33 Bland St ; ⊙6h30-19h ;). Appréciez un excellent café et une part de gâteau maison dans ce café original et branché, doté d'un décor éclectique et d'une vue sur l'océan depuis la terrasse. Un endroit parfait pour se détendre une heure ou deux en passant des vinyles sur le juke-box à l'ancienne.

Renseignements

Mossel Bay Tourism (☎044-691 2202 ; www.visitmosselbay.co.za ; Market St ; ⊙8h-17h lun-ven). Très accueillant, l'office du tourisme aide à trouver un hébergement. Procurez-vous la brochure détaillant un circuit pédestre consacré à l'histoire de Mossel Bay.

Depuis/vers Mossel Bay

Mossel Bay est à l'écart de la nationale : les bus longue distance s'arrêtent à la station-service Shell de Voorbaai, à 8 km. Le personnel des auberges de jeunesse viendra vous chercher sur demande, et des taxis privés (80 R)attendent souvent les visiteurs. Essayez **Smith Taxis** (☎072 924 5977) ou, en journée, un taxi collectif (12 R).

Translux (www.translux.co.za), Greyhound (www.greyhound.co.za) et Intercape (www.intercape.co.za) font halte à Mossel Bay sur le trajet Le Cap-Port Elizabeth. De Mossel Bay, Intercape dessert les destinations suivantes : Knysna (330 R, 1 heure 30), Plettenberg Bay (350 R, 2 heures 30), Le Cap (500 R, 6 heures) et Port Elizabeth (530 R, 6 heures 30).

VAUT LE DÉTOUR

EIGHT BELLS MOUNTAIN INN

L'**Eight Bells Mountain Inn** (☎044-631 0000 ; www.eightbells.co.za ; R328 ; s/d à partir de 1 010/1 610 R ; P), charmante auberge au charme suranné, bénéficie d'un joli cadre montagnard au pied du col de Robinson. Son vaste domaine comprend des courts de tennis et de squash, des parcours d'équitation, des sentiers de randonnée et des aires de jeux pour enfants. Vous aurez le choix entre divers hébergements – les *rondavels* sont particulièrement agréables. Les tarifs augmentent de manière spectaculaire pendant les vacances scolaires.

George

044 / 114 000 HABITANTS

Ville la plus importante de la Garden Route, fondée en 1811, George n'est pourtant guère plus qu'un carrefour en matière de commerce et de transports. Elle compte néanmoins quelques beaux bâtiments anciens, dont la minuscule cathédrale St Mark et l'Église hollandaise réformée, plus imposante. Elle se situe à 8 km de la côte et la plupart des visiteurs y viennent pour ses parcours de golf.

Outeniqua Power Van PETIT TRAIN AVEC VUE
(082-490 5627 ; Outeniqua Transport Museum, 2 Mission St ; grexp.co.za/outeniqua-powervan ; adulte/enfant 190/170 R ; lun-sam). Ce trajet en petit train fait partie des activités à ne pas manquer à George. Au départ de l'**Outeniqua Transport Museum** (044-801 8289 ; adulte/enfant 20/10 R ; 8h-17h lun-ven, 8h-14h sam ; P), il effectue un voyage de 2 heures 30 dans les monts Outeniqua, avec un bref arrêt pique-nique. Horaires variables ; réservations par SMS uniquement.

Où se loger et se restaurer

Outeniqua Travel Lodge GUESTHOUSE $
(082-316 7720 ; www.outeniqualodge.co.za ; 19 Montagu St ; s/d 430/580 R ; P). À environ 6 km du centre, dans un quartier résidentiel et calme, cette adresse convenable et bon marché est dotée de chambres avec salle de bains. Le personnel peut organiser diverses activités.

French Lodge International GUESTHOUSE $$
(044-874 0345 ; www.frenchlodge.co.za ; 29 York St ; s/d avec petit-déj à partir de 750/900 R ; P @). Les chambres de cette pension de centre-ville sont aménagées dans de luxueuses cases rondes au toit de chaume (*rondavels*) installées autour de la piscine, avec TV par satellite, salle de bains et Jacuzzi.

Fancourt Hotel HÔTEL DE LUXE $$$
(044-804 0000 ; www.fancourt.co.za ; Montagu St, Blanco ; s/d avec petit-déj à partir de 2 580/3 440 R ; P). Établissement le plus luxueux de la région, doté de trois terrains de golf de 18 trous conçus par Gary Player, d'un spa et de quatre restaurants. À environ 6 km du centre-ville.

101 Meade FUSION $$
(044-874 0343 ; www.101meade.co.za ; 101 Meade St ; plats 80-210 R ; 7h-21h30 lun-sam, 9h-21h dim ;). Pain frais et bon café pour commencer la journée, assiettes de tapas inventives à partager au déjeuner, ou dîner consistant (jarret de springbok braisé ou curry d'agneau de Durban) : quelles que soient vos envies, le 101 Meade, avec son excellente cuisine et son superbe décor minimaliste, est de loin la meilleure adresse de la ville.

Renseignements

George Tourism (044-801 9299 ; www.visitgeorge.co.za; 124 York St ; 8h30-16h30 lun-ven). Renseignements sur George et la région.

Depuis/vers George

Kulula (www.kulula.com) et Airlink (www.flyairlink.com) desservent l'**aéroport de George** (044-876 9310 ; www.airports.co.za), à 9 km au sud-ouest de la ville.

Les bus s'arrêtent à George sur le trajet entre Le Cap et Port Elizabeth, ainsi qu'entre Johannesburg et la Garden Route. Les bus Greyhound font halte à la station-service Caltex dans York St, tandis que ceux de Translux et Intercape s'arrêtent à la gare principale, à l'extrémité de Hibernia St.

Intercape dessert, entre autres, Knysna (350 R, 1 heure 30, 2 bus/jour), Plettenberg Bay (370 R, 2 heures), Port Elizabeth (530 R, 5 heures 30, 2 bus/jour), Le Cap (540 R, 7 heures, 2 bus/jour), Bloemfontein (850 R, 10 heures, tous les jours) et Johannesburg (860 R, 16 heures, tous les jours).

Montagu Pass et Outeniqua Pass

On franchit le col de Montagu par une agréable route en terre qui serpente à travers les montagnes, au nord de George. Ouvert en 1847, Montagu est aujourd'hui un monument national. Au retour, passez par le col d'Outeniqua, une route goudronnée qui offre un panorama encore plus saisissant. Vous pouvez aussi opter pour l'Outeniqua Power Van. Il est possible d'emporter votre vélo dans le train et de

LE SURF LE LONG DE LA GARDEN ROUTE

L'eau se réchauffe à mesure que l'on remonte le long du cap Agulhas, pour parvenir à l'océan Indien. Si une combinaison légère ou un short de bain suffisent en été, une combinaison intégrale s'impose en hiver. Les vagues de la côte ont dans l'ensemble bonne réputation, mais Mossel Bay et Victoria Bay sont généralement considérées comme les meilleurs spots.

À **Mossel Bay**, le principal rendez-vous des surfeurs s'appelle Outer Pool (à gauche du bassin de marée), une superbe vague qui se brise sur fond de corail et de rochers. À droite du bassin de marée, une vague douce est appelée Inner Pool. Pour le reste, Ding Dangs, une bonne droite avec une grosse houle, est plus probante à marée basse, surtout avec un vent de sud-ouest ou d'est. Bien qu'il soit un peu pénible de pagayer vers le large, la droite est supérieure à la gauche.

Vous trouverez peut-être votre bonheur à **Grootbrak** et **Kleinbrak**, mais les conditions sont meilleures à **Herold's Bay**. C'est l'un des rares spots à fonctionner par vent de nord-ouest, et il se forme une gauche puissante le long de la plage.

Cependant, les vagues les plus régulières sont celles de **Victoria Bay**. Elles sont parfaites, avec une houle de 1 à 2 m, et vous profiterez d'une formidable droite.

Un peu plus loin, à une extrémité de Brenton Beach, **Buffalo Bay** (Buffel's Bay) se distingue également par une bonne droite. De beaux rouleaux vous attendent à l'extrémité nord de cette même plage, mais prenez garde aux requins.

À **Plettenberg Bay**, évitez la péninsule de Robberg, qui accueille une colonie de phoques. La zone de baignade de Robberg Beach (surveillée) offre parfois de bonnes vagues si la houle n'est pas trop forte. Central Beach possède l'une des vagues les plus réputées, la Wedge, qui est idéale pour surfer avec le pied droit devant ("goofy-footer"). Lookout Beach comporte parfois des bancs de sable et The Point offre de bonnes conditions, mais l'érosion fait son chemin et la plage disparaît peu à peu. Attention aux courants d'arrachement, surtout si les sites ne sont pas surveillés.

revenir par le col de Montagu à la force des mollets.

Herolds Bay

044 / 700 HABITANTS

Situé à 16 km au sud-ouest de George, sur une jolie portion de sable constituant un spot de surf correct, Herold's Bay est un minuscule village assoupi qui s'anime les week-ends d'été.

Makarios APPARTEMENTS $$
(044-872 9019 ; www.makariosonsea.co.za ; 4 Gericke's Cnr ; app à partir de 1 260 R). Le Makarios propose des appartements de luxe disposant d'une cuisine équipée et d'une vue sur la mer toute proche. Les prix sont plus élevés pendant les vacances scolaires, et tout est réservé plusieurs mois à l'avance.

Dutton's Cove INTERNATIONAL $$
(044-851 0155 ; www.duttonscove.co.za ; 21 Rooidraai Rd ; plats 105-205 R ; 11h-22h ; P). Cette institution locale dominant la plage propose une vaste sélection de fruits de mer, dont des plateaux d'assortiments.

Victoria Bay

Minuscule et pittoresque, Victoria Bay se niche au pied de falaises abruptes, à 8 km au sud de George. Considéré comme l'un des meilleurs spots de surf du Cap-Occidental, l'endroit compte également une piscine d'eau de mer pour les enfants. Il est pris d'assaut pendant les vacances scolaires et les longs week-ends.

La plupart des appartements de la promenade sont disponibles à la location – tarifs et réservations sur www.vicbay.com. Il y a aussi un excellent **camping** (044-889 0081 ; www.victoriabaycaravanpark.co.za ; empl à partir de 330 R).

Surfari LODGE $$
(044-874 5672 ; www.facebook.com/vicbaysurfari ; dort/s/d 220/350/800 R ; P). Bien que trop éloigné de l'océan pour en respirer les embruns, le Surfari est chaudement recommandé. Tenue par une famille, cette auberge raffinée renferme des chambres lumineuses et splendidement décorées, avec une vue époustouflante sur

PAROLE D'EXPERT

SE RAVITAILLER SUR LA GARDEN ROUTE

Le **Timberlake Organic Village** (www.timberlakeorganic.co.za ; N2 ; 9h-17h ;), près de la N2 entre Wilderness et Sedgefield, compte un agréable restaurant, le **Zucchini** (044-882 1240 ; www.zucchini.co.za ; plats 90-195 R ; 9h-17h ; P), ainsi que des petites boutiques de produits frais, d'ingrédients gastronomiques et d'objets d'artisanat. Possibilité de faire du quad et de la tyrolienne.

Ouvert depuis plus de dix ans, le marché de producteurs **Wild Oats Community Farmers Market** (082-376 5020 ; www.wildoatsmarket.co.za ; N2, Sedgefield ; 7h30-12h sam ;) est une véritable institution de la Garden Route. Mieux vaut arriver tôt pour faire le plein de tartes, de *biltong*, de fromages, de gâteaux, de pain, de bières et de fudges, issus de petits producteurs locaux. En retrait de la N2, à 1,5 km à l'est du centre de Sedgefield.

la forêt côtière et l'océan au-delà. L'énorme salon est équipé d'un bar, d'une grande TV et d'un billard. Les propriétaires louent des planches de surf (300 R/jour).

Wilderness

044 / 6 200 HABITANTS

D'épaisses forêts séculaires cèdent la place à des collines escarpées et au bleu éclatant de la mer. La côte, superbe, avec ses déferlantes, ses kilomètres de sable blanc, ses lagunes protégées et ses estuaires pleins d'oiseaux fait de Wilderness une station balnéaire très appréciée. Les myriades de résidences secondaires se fondent dans les collines verdoyantes, et le minuscule centre-ville est charmant.

Amateurs de farniente, méfiez-vous : la plage est magnifique, mais la baignade fortement déconseillée en raison d'un contre-courant dangereux. Seul autre inconvénient, la dispersion des différentes infrastructures complique les déplacements si l'on ne dispose pas d'un véhicule.

Eden Adventures SPORTS D'AVENTURE
(044-877 0179 ; www.eden.co.za ; Fairy Knowe Hotel, 1 Dumbleton Rd). L'agence programme des sorties en canoë (330 R/jour), des descentes en rappel (700 R), du *kloofing* (canyoning, 700 R) et des circuits dans la région.

Où se loger

Fairy Knowe Backpackers AUBERGE DE JEUNESSE $
(044-8771285 ; www.wildernessbackpackers.com ; Dumbleton Rd ; camping 120 R, s/d 400/600 R, dort/s/d avec sdb commune 160/250/400 R ; P). Dans une propriété verdoyante qui surplombe la rivière Touws, cette auberge est logée dans une ferme du XIXe siècle. Le bar occupe un bâtiment annexe suffisamment éloigné pour que le bruit ne soit pas gênant. Le centre d'activités propose du kayak, de la descente en rappel, de l'équitation et du parapente. En voiture, traversez la ville et suivez la route principale sur 2 km jusqu'à l'embranchement de Fairy Knowe.

Wilderness Beach House Backpackers AUBERGE DE JEUNESSE $
(044-877 0549 ; www.wildernessbeachhouse.com ; Wilderness Beach ; d à partir de 550 R, dort/d avec sdb commune 180/450 R ; P). Au sud-ouest de la ville, cette auberge aérée offre une vue stupéfiante sur l'océan, des chambres simples, un bar dans un *lapa* (espace circulaire autour d'un feu) et un café servant le petit-déjeuner et le dîner. Si vous optez pour un dortoir, demandez celui de l'étage dont le balcon donne sur l'océan.

Interlaken GUESTHOUSE $$
(044-877 1374 ; www.interlaken.co.za ; 713 North St ; s/d avec petit-déj à partir de 1 100/1 200 R ; P). Un favori des lecteurs, à juste titre : pension aussi élégante que bien tenue, forte d'une superbe vue sur la lagune. Dîner succulent servi sur demande.

♥ **Views Boutique Hotel** BOUTIQUE-HÔTEL $$$
(044-8778000 ; www.viewshotel.co.za ; South St ; s/d vue mer avec petit-déj 3 715/4 800 R ; P). Avec ses chambres modernes et lumineuses, donnant sur une plage sensationnelle à travers ses baies vitrées, cette

adresse exploite au mieux son emplacement remarquable. La vue sur l'océan justifie le supplément, mais les chambres tournées vers la montagne sont également charmantes (et deux fois moins chères). Piscine sur le toit-terrasse, spa et escalier menant directement à la plage.

Où se restaurer et prendre un verre

Beejuice CAFÉ $

(☎044-877 0608 ; www.facebook.com/passiononaplate91 ; Sands Rd ; repas léger 50-120 R ; ⌚8h30-17h mar-dim, jusqu'à 21h ven ;). Bien qu'aucun train n'emprunte plus ces rails, ce café qui occupe l'ancienne gare est un lieu parfait pour savourer des salades et des sandwichs frais. En soirée, on y sert de la cuisine sud-africaine traditionnelle.

Serendipity SUD-AFRICAIN $$$

(☎044-877 0433 ; www.serendipitywilderness.com ; Freesia Ave ; menu 5 plats 629 R ; ⌚18h30-21h30 lun-sam ;). Tant nos lecteurs que les habitants recommandent cette adresse gastronomique élégante, forte d'une terrasse surplombant la lagune. La carte aux accents sud-africains change tous les mois, mais elle affiche toujours des interprétations originales de plats classiques, comme la tarte brûlée à la cardamome. Sans conteste l'adresse chic de la ville. Réservation impérative.

Girl's Restaurant INTERNATIONAL $$$

(☎044-877 1648 ; www.thegirls.co.za ; Palms Garden Square, 1 Owen Grant St ; plats 75-105 R ; ⌚18h-21h30 ;). Situé en face du Wilderness Hotel, ce restaurant collectionne les éloges et les prix culinaires. Goûtez le filet de chevreuil, ou les crevettes fraîches accompagnées de diverses sauces épicées.

Blind Pig BIÈRE ARTISANALE

(☎083 640 5403 ; Palms Garden Sq, Owen Grant St ; ⌚9h-23h ;). Ce minuscule bar sert une grande variété de bières artisanales de tout le pays, et possède même une microbrasserie sur place. Savourez une pinte et un en-cas sur la terrasse.

Renseignements

Wilderness Tourism Bureau
(☎044-877 0045 ; George Rd ; ⌚8h30-16h30 lun-ven). Juste après l'ensemble de restaurants sur la droite, en entrant dans le village.

Garden Route National Park (secteur de Wilderness)

Tout comme les forêts de Knysna et la réserve naturelle de Tsitsikamma, l'ancien Wilderness National Park a été incorporé dans le vaste **Garden Route National Park** (☎044-877 1197 ; www.sanparks.org ; secteur de Wilderness adulte/enfant 85/170 R, autres secteurs Nature's Valley 60/120 R, Knysna 84/168 R, Tsitsikamma 272/136 R ; ⌚7h-18h), dont il forme désormais le “secteur de Wilderness” (Wilderness section). Le parc abrite un réseau unique de lacs, de rivières, de marécages et d'estuaires indispensables à la survie de nombreuses espèces.

Des chemins de randonnée de différents niveaux mènent aux lacs, à la plage et à la forêt primaire. Long de 5 km, le Kingfisher Trail traverse la région et emprunte une passerelle de bois pour franchir la zone intertidale (comprise entre les niveaux des marées les plus hautes et les plus basses)

GARDEN ROUTE NATIONAL PARK (SECTEUR DE WILDERNESS)

Pourquoi y aller Points de vue sur la montagne, la forêt et les lacs ; randonnées à l'ombre ; observation de petites espèces animales ; splendide avifaune ; nombreuses activités de plein air, dont le kayak et le *kloofing* (canyoning).

Quand partir En septembre, la saison des pluies est terminée et le parc est à son zénith ; les mois de décembre et janvier sont les plus prisés, ceux de juin et août les plus humides.

Informations pratiques Le parc est difficile à rallier par les transports en commun – si vous n'êtes pas motorisé, la randonnée et les circuits constituent vos seules options. En voiture, l'accès se fait par la N2, à 2 km à l'est du village de Wilderness. Le parc est ouvert de 7h à 18h.

Faire des économies Pour certains sentiers de randonnée, il n'est pas nécessaire d'entrer dans le parc proprement dit : vous pouvez donc acheter un permis de randonnée, sans pour autant payer l'entrée.

de la Touws. Pêche, canoë, planche à voile et navigation de plaisance se pratiquent sur les lacs. Eden Adventures, à Wilderness, loue des canoës.

Cette partie du parc ne comprend qu'un seul camping, onéreux : le **Ebb & Flow Rest Camp** (empl à partir de 200 R, rondavel d à partir de 480 R, avec sdb partagée 425 R). Il dispose d'emplacements de camping, de cases avec cuisine, de chalets et de *rondavels* (cases rondes au toit conique) au bord de la rivière.

Buffalo Bay

044 / 71 HABITANTS

L'idyllique Buffalo Bay abrite une plage de surf presque déserte, la **Goukamma Nature Reserve** (044-383 0042 ; www.capenature.co.za ; adulte/enfant 50/30 R ; 8h-18h) et une minuscule enclave de maisons de vacances. Rien de plus, et pourtant rien ne manque. Le lieu se trouve à 17 km à l'ouest de Knysna ; les panneaux indiquent parfois Buffel's Bay ou Buffelsbaai.

Buffelsbaai Waterfront (044-383 0038 ; www.buffelsbaai.co.za ; Walker Dr ; app à partir de 850 R) propose à la location des appartements et des maisons.

CapeNature (021-483 0190 ; www.capenature.co.za) loue des bungalows, des cottages et des chalets disséminés dans la Goukamma Nature Reserve. Les hébergements, endommagés par les incendies de 2017, ont été restaurés et ont rouvert. La réserve offre également un large panel d'activités (kayak, randonnée, observation des baleines de juin à novembre, équitation...).

Côté restauration, le choix est limité. On trouve en ville le **Buffelsbaai Waterfront** (044-383 0038 ; Walker Dr ; plats 80-130 R ; 8h-20h ; P). Le *resort* pour petits budgets **Riverdeck** (078 134 5873 ; www.riverdeckaccommodation.co.za ; Buffalo Bay Rd ; camping 80 R, d 600 R, avec sdb partagée 300 R ; P) propose des pizzas cuites au feu de bois et des repas traditionnels au bord de la rivière (restaurant ouvert de 8h à 19h).

Knysna

044 / 51 000 HABITANTS

Bordée par une lagune sublime et entourée de forêts vénérables, Knysna (prononcez ni-znah) est certainement la ville la plus réputée de la Garden Route. Jadis centre de l'industrie forestière, elle fournissait du "podo" (*Podocarpus latifolius*) et de l'*Ocotea bullata* pour la construction de voies ferroviaires, de navires et d'habitations. Il existe encore quelques commerces spécialisés dans le travail du bois et les meubles traditionnels. La lagune attire les amateurs de voile, et les possibilités d'excursions en bateau ne manquent pas.

Le paysage paisible, l'atmosphère artistique et gay-friendly, les bons hôtels, restaurants et bars, ainsi qu'une belle palette d'activités font de Knysna un lieu de séjour agréable. Si vous recherchez un endroit calme et peu urbanisé, passez votre chemin, surtout en haute saison.

Un terrible incendie a ravagé la région en juin 2017, détruisant plus de 1 000 maisons et une bonne partie du paysage. Les forêts mettront plusieurs décennies à se reconstituer ; mais la ville accueillait de nouveau les touristes quelques semaines plus tard.

À voir

Knysna Lagoon PARC

(carte p. 167). GRATUIT La lagune de Knysna s'ouvre entre deux falaises de grès, appelées The Heads ("les têtes"), autrefois considérées par la marine royale britannique comme l'accès portuaire le plus dangereux du monde. La vue est superbe depuis la falaise côté est, tout comme depuis la **Featherbed Nature Reserve** (carte p. 167 ; www.knysnafeatherbed.com), une réserve privée installée sur la falaise ouest.

La croisière est la meilleure façon d'apprécier la lagune. La Featherbed Company gère plusieurs bateaux.

Belvidere VILLAGE

(carte p. 167). À 10 km de Knysna, Belvidere est un village tellement immaculé qu'il en paraît presque inquiétant. Admirez tout de même sa belle **église** (carte p. 167) de style anglo-normand, construite dans les années 1850 par des Anglais souffrant du mal du pays. Plus loin s'étend la Featherbed Nature Reserve et, du côté de la mer, Brenton-on-Sea.

Old Gaol Museum MUSÉE

(carte p. 164 ; 044-302 6320 ; angle Main St et Queen St ; 9h-16h lun-ven, 9h-12h sam). GRATUIT Voici de quoi occuper un de ces jours de pluie si fréquents dans la région. Cet agréable complexe est installé dans un édifice du milieu du XIXe siècle qui faisait office de prison. Il comprend une galerie d'art local, une exposition sur les éléphants de Knysna, et un projet d'art communautaire.

Activités

La Garden Route est réputée pour les sports d'aventure et les activités de plein air. À Knysna et alentour, on peut notamment pratiquer la randonnée, le VTT, le surf, le canyoning, le kayak et l'équitation.

Randonnée et VTT

Les forêts qui se situent au nord et à l'est de la ville de Knysna comptent de très bons sentiers de courte randonnée, dont certains accessibles en fauteuil roulant. Pour vous procurer un permis, des cartes et des renseignements, contactez **SANParks** (carte p. 164 ; ☎044-302 5600 ; www.sanparks.org ; Long St, Thesen's Island ; ⏲7h30-16h lun-ven). Explorer l'ancienne mine d'or de Millwood, observer les éléphants à Diepwalle ou simplement chercher un endroit agréable où pique-niquer : tout cela permet de profiter de ces forêts anciennes et envoûtantes, qui font partie du secteur Knysna Lakes du Garden Route National Park.

Le sentier le plus facile est le **Garden of Eden** (adulte/enfant 42/21 R ; ⏲8h-18h), jalonné d'aires de pique-nique et doté d'un chemin accessible en fauteuil roulant. La **Millwood Gold Mine Walk** est aussi une promenade facile, tandis que les **Elephant trails** (adulte/enfant 68/34 R) de Diepwalle proposent différents niveaux de difficulté.

Plus ardu, le **Harkerville Coastal Trail** est une randonnée de 2 jours (24 km) qui rejoint l'Outeniqua Trail. Grandement endommagé par les incendies de 2017, il a été remis en état et l'itinéraire modifié. Renseignez-vous auprès de SANparks (☎044-302 5606) avant de vous lancer. Pour réserver un des refuges en chemin, contactez l'office régional des forêts de Knysa ((☎044-382 5863).

L'**Outeniqua Trail** (☎044-302 5606 ; adulte/enfant 134/67 R/jour), sentier prisé de 108 km de long, nécessite une semaine de marche, mais il est possible d'effectuer des tronçons de 2 ou 3 jours. Le tarif à la journée (adulte/enfant 134/67 R) inclut la nuitée dans des cabanes rudimentaires (prévoyez des draps).

> **À NE PAS MANQUER**
>
> **LES RASTAFARIS DE KNYSNA**
>
> Knysna compte la plus grande communauté rastafari d'Afrique du Sud. Participez à une passionnante visite à pied de **Judah Square**, au cœur du township de Khayalethu, en compagnie de **Brother Zeb** (☎076-649 1034 ; circuit à partir de 100 R), une figure locale inoubliable.

Une multitude de sentiers pour VTT sillonnent la forêt. **Knysna Cycle Works** (carte p. 164 ; ☎044-382 5153 ; www.knysnacycles.co.za ; Waterfront Park, Queen St ; 395 R/jour ; ⏲8h30-17h lun-ven, 9h-13h sam) loue des vélos et propose des cartes.

Sur la lagune

Featherbed Company BATEAU

(carte p. 164 ; ☎044-382 1693 ; www.knysnafeatherbed.com ; Remembrance Ave, parallèle à Waterfront Dr ; sortie bateau adulte/enfant à partir de 185/100 R ; ⏲8h-17h). La Featherbed Company organise des excursions variées, de la simple sortie en ferry jusqu'aux Heads (les falaises à l'entrée de la lagune) à la croisière en catamaran au coucher du soleil (adulte/enfant 730/375 R). La plus populaire, sur le *John Benn*, dure 1 heure 30 et part à 12h30 et 17h (adulte/enfant 190/90 R).

Ocean Odyssey SPORTS NAUTIQUES

(carte p. 164 ; ☎044-382 0321 ; www.oceanodyssey.co.za ; Thesen's Island ; sortie bateau adulte/enfant 890/670 R). Outre les sorties en bateau de 1 heure 30 sur la lagune, Ocean Odyssey loue des paddles (220 R/heure) et propose des balades en yacht au crépuscule (à partir de 1 280 R). Organise également des sorties d'observation des baleines, de juin à novembre (adulte/enfant 1 170/930 R).

Oyster Tour BATEAU

(carte p. 164 ; ☎082-892 0469 ; www.knysnacharters.com ; jetée Quay 4, Thesen's Island ; adulte/enfant 700/350 R ; ⏲15h). En Afrique du Sud, le nom de Knysna évoque d'emblée les huîtres. Cette croisière de 1 heure 30 sur la lagune vous permettra d'en apprendre davantage sur le sujet et de comparer le goût des huîtres sauvages et d'élevage, le tout arrosé d'un verre de vin.

Knysna

0
200 m
A
B
C
D
1
2
3
4
5
6
7
TELFIN HEIGHTS
KNYSNA TOWN
THESEN'S ISLAND
Faure St
Agnar St
Short St
Handel St
League St
Fichat St
Voortrekker St
High St
Newton St
Metcalfe St
Graham St
Unity St
Long St
Queen St
Montagu St
Knysna Tourism
Main Rd
Church Sq
Taxis collectifs
Station-service Engen
Nelson St
Hedge St
Gray St
Mortimer St
Rawson St
Spring St
Pitt St
Clyde St
Market Sq
Market St
Trotter St
Green St
Cove St
Tide St
Terrain de sport
Gordon St
Union St
Gare ferroviaire
Arrêt des bus Translux et Intercape
Waterfront Dr
New St
Yacht Club
Lagune de Knysna
SANParks

Knysna Kayak Hire KAYAK
(carte ci-contre ; ☎082-892 0469 ; www.knysnacharters.com ; 250 R/heure). Pour explorer la lagune en toute quiétude... à condition de rester à distance des Heads. Réservation en ligne ; on récupère les kayaks au Whet Restaurant sur Thesen's Island.

Trip Out SPORTS NAUTIQUES
(☎083 306 3587 ; www.tripout.co.za ; cours de surf 2 heures, 450 R). Cours de surf pour débutants à Buffalo Bay, snorkeling autour des Heads (450 R) et circuits en bateau.

Circuits organisés

L'office du tourisme dispose d'une liste à jour des nombreux prestataires proposant des visites des townships haut perchés de Knysna. Si vous souhaitez passer une nuit dans le township, contactez le bureau de Knysna Tourism (p. 168) et demandez sa brochure, *Living Local*.

Emzini Tours CULTURE
(☎044-382 1087 ; www.emzinitours.co.za ; adulte/enfant 400/200 R ; ⏲10h et 14h lun-sam). Sous l'égide d'Ella, une résidente du township, ces visites de 3 heures permettent de découvrir divers projets mis en place par Emzini dans la communauté. Les circuits peuvent être adaptés à vos intérêts. Ils se terminent généralement chez Ella pour un thé, de la musique et des fous rires quand vous tenterez de prononcer quelques mots en xhosa.

Knysna

À voir
1 Old Gaol Museum D2

Activités
3 Featherbed Company A3
4 Knysna Cycle Works D4
5 Knysna Kayak Hire C7
6 Ocean Odyssey C7
7 Oyster Tour C7

Où se loger
8 Inyathi Guest Lodge C3
9 Island Vibe A2
10 Jembjo's Knysna Lodge D3
11 Knysna Log Inn B2
12 Protea Hotel Knysna Quays B4
13 Turbine Hotel & Spa C7

Où se restaurer
14 34 South B4
15 Chatters Bistro B3
16 Freshline Fisheries C4
17 Ile de Pain C6
18 Sirocco C7

Festivals

Pink Loerie Festival LGBT
(www.pinkloerie.co.za). Knysna honore sa communauté gay avec un flamboyant Mardi gras, vers la fin du mois de mai.

Oyster Festival GASTRONOMIE
(www.oysterfestival.co.za ; ⏲fin juin-début juil). Les huîtres sont à l'honneur à travers des menus spéciaux dans les restaurants, dans des concerts et des événements sportifs, dont le Knysna Marathon.

Où se loger

Island Vibe AUBERGE DE JEUNESSE $
(carte ci-contre ; ☎044-382 1728 ; www.islandvibe.co.za ; 67 Main St ; dort 170 R, d 600 R, avec sdb commune 550 R ;). Cette excellente auberge de jeunesse dispose d'agréables espaces communs, d'un personnel joyeux et de chambres joliment décorées. Bar animé et petite piscine sur la terrasse.

Jembjo's Knysna Lodge AUBERGE DE JEUNESSE $
(carte ci-contre ; ☎044-382 2658 ; 4 Queen St ; dort 170 R, s/d 550/600 R, s/d avec sdb commune 450/500 R ;). Une petite auberge accueillante, tenue par deux anciens chauffeurs routiers au long cours. Nombreuses infos sur les activités dans le secteur, VTT à louer (20 R/heure) et petit-déjeuner gratuit en libre service.

Inyathi Guest Lodge CHALETS $
(carte ci-contre ; ☎044-382 7768 ; www.inyathiguestlodge.co.za ; 38 Trotter St ; chalets à partir de 600 R ;). Si l'adresse a changé, les sympathiques propriétaires et l'élégante décoration africaine sont toujours les mêmes. Chacun des chalets avec cuisine dispose de son propre jardinet. Une excellente option économique.

Woodbourne Resort CAMPING $
(carte p. 167 ; ☎044-384 0316 ; www.woodbourneknysna.com ; George Rex Dr ; empl tente/chalet 250/650 R ;). Ce camping paisible à l'écart de la ville dispose d'emplacements vastes et ombragés et de chalets simples avec TV. Suivez les panneaux indiquant les Heads. Les prix sont plus que multipliés par deux de mi-décembre à mi-janvier.

Brenton Cottages CHALETS $$
(carte ci-contre ; ☎044-381 0082 ; www.brentonsea.net ; 242 CR Swart Dr, Brenton-on-Sea ; bungalow 2 pers 990 R, chalet 6 pers 1 680 R ; P❄📶🏊). Du côté mer de la lagune, les collines descendent jusqu'à Brenton-on-Sea, qui surplombe une superbe plage de 8 km. Les chalets sont dotés d'une cuisine entièrement équipée tandis que les bungalows possèdent une kitchenette (plusieurs ont vue sur l'océan). De nombreux espaces *braai* (barbecue) sont disséminés sur les pelouses parfaitement entretenues. Forte augmentation des tarifs en décembre et janvier.

♥ **Turbine Hotel & Spa** BOUTIQUE-HÔTEL $$$
(carte p. 164 ; ☎044-302 5746 ; www.turbinehotel.co.za ; Sawtooth Lane, Thesen's Island ; s/d avec petit-déj à partir de 1 900/2 840 R ; P❄📶🏊). Ce boutique-hôtel installé dans une ancienne centrale électrique est l'un des hébergements les plus branchés de Knysna. Des éléments du bâtiment original ont été intelligemment intégrés dans les chambres et les espaces communs. La situation, à deux pas des cafés et restaurants, est parfaite. Certaines chambres bénéficient d'un beau point de vue sur la lagune.

♥ **Under Milkwood** CHALETS $$$
(carte ci-contre ; ☎044-384 0745 ; www.milkwood.co.za ; George Rex Dr ; bungalow s/d à partir de 950/1 460 R ; P@📶). Perchés au bord de la lagune de Knysna, ces impressionnants bungalows indépendants en rondins possèdent tous une terrasse et un espace *braai* (barbecue). À défaut de piscine, il y a une petite plage. Les bungalows avec vue sur la lagune sont plus chers ; les prix montent en flèche en décembre.

Protea Hotel Knysna Quays HÔTEL $$$
(carte p. 164 ; ☎044-382 5005 ; www.marriott.fr ; Waterfront Dr ; s/d 1 520/1 920 R ; ❄📶🏊). Dans cet hôtel chic de la chaîne Marriott, les chambres sont décorées avec goût. Piscine chauffée. Boutiques et restaurants au Waterfront, à quelques pas. Demandez une chambre avec vue sur la lagune.

Knysna Log Inn HÔTEL $$$
(carte p. 164 ; ☎044-382 5835 ; www.log-inn.co.za ; 16 Gray St ; s/d avec petit-déj 1 540/2 160 R ; ❄📶🏊). Le Knysna Log Inn serait la plus grande construction en rondins de l'hémisphère Sud. Chambres confortables, dont beaucoup avec balcon, et piscine charmante dans le jardin.

Belvidere Manor HÔTEL $$$
(carte ci-contre ; ☎044-387 1055 ; www.belvidere.co.za ; Duthie Dr ; s/d avec petit-déj 1 330/2 220 R ; P📶🏊). Un établissement très paisible, avec des cottages de luxe disposés autour d'une pelouse impeccable, dont certains jouissent d'une vue sur la lagune. Restaurant (plats 85-170 R) dans le bâtiment historique principal servant des plats régionaux et internationaux, et pub à l'ambiance feutrée ouvert aux non-résidents.

Où se restaurer

♥ **Ile de Pain** CAFÉ, BOULANGERIE $$
(carte p. 164 ; ☎044-302 5705 ; www.iledepain.co.za ; Thesen's Island ; plats 55-115 R ; ⏲8h-15h mar-sam ; 📶🌿). Une boulangerie-café plébiscitée tant par les habitants que par les touristes. Excellent choix de petits-déjeuners, salades fraîches à profusion, une poignée de plats du jour imaginatifs et quelques options végétariennes. Armez-vous de patience pour obtenir une table le week-end ou en haute saison, la maison ne prenant pas de réservations.

Freshline Fisheries PRODUITS DE LA MER $$
(carte p. 164 ; ☎044-382 3131 ; www.freshlinefisheries.co.za ; Long St, Railway Siding Dockyard ; plats 70-170 R ; ⏲11h30-22h lun-sam, 11h30-15h dim ; P). Les accompagnements facturés à part peuvent vite faire grimper l'addition, mais les produits de la mer servis ici ne déçoivent pas. Les tables sont installées sur une terrasse de sable toute simple, si charmante que l'on en oublie le parking voisin. Apportez vos propres bouteilles d'alcool (BYO), il n'y a pas de droit de bouchon.

East Head Café INTERNATIONAL $$
(carte ci-contre ; ☎044-384 0933 ; www.eastheadcafe.co.za ; 25 George Rex Dr, Eastern Head ; plats 75-145 R ; ⏲9h-15h mar-dim ; P🌿👪). Ce joli restaurant offre une terrasse surplombant la lagune et l'océan, une carte riche en poisson et fruits de mer, plus quelques plats végétariens. L'endroit est très prisé : en haute saison, attendez-vous à patienter pour une table. Pas de réservations.

Sirocco INTERNATIONAL **$$**
(carte p. 164 ; ☎044-382 4874 ; www.sirocco.co.za ; Main Rd, Thesen's Island ; plats 115-195 R ; ⏲12h-22h). À l'intérieur se trouve un restaurant chic, où l'on commande sushis, steaks ou fruits de mer, tandis qu'à l'extérieur se tient un bar décontracté, où sont servies des pizzas cuites au feu de bois et toute la gamme des bières Mitchell. Très bonne carte des cocktails.

Chatters Bistro PIZZERIA **$$**
(carte p. 164 ; ☎044-382 0203 ; www.chattersbistro.co.za ; 9a Gray St ; plats 69-160 R ; ⏲12h-22h mar-sam). Si la plupart des restaurants de Knysna semblent disparaître aussitôt apparus, cet établissement tient bon depuis plusieurs années. Aux pizzas s'ajoutent burgers, pâtes et quelques salades, à déguster dans un agréable jardin.

34 South INTERNATIONAL **$$**
(carte p. 164 ; ☎044-382 7331 ; www.34south.biz ; Knysna Waterfront ; plats 80-175 R ; ⏲8h30-22h). Une bonne adresse pour déjeuner en plein air, juste au bord de l'eau. On y déguste de bons sushis, une grande variété de plats légers, et de copieux plateaux de fruits de mer. L'une des meilleures cartes des vins de la ville.

Où prendre un verre et faire la fête

Remontez Main St et faites votre choix parmi les nombreux bars. Beaucoup n'ouvrent qu'en saison. La microbrasserie de la ville, Mitchell's (p. 162), est la plus ancienne du pays.

Renseignements

Knysna Tourism (carte p. 164 ; ☎044-382 5510 ; www.visitknysna.co.za ; 40 Main St ; ⏲8h-17h lun-ven, 9h-13h sam toute l'année,

Environs de Knysna

À voir

1	Belvidere	A1
2	Belvidere Church	A1
3	Featherbed Nature Reserve	C3
4	Lagune de Knysna	C2

Où se loger

5	Belvidere Manor	A1
6	Brenton Cottages	B3
7	Under Milkwood	D3
8	Woodbourne Resort	D3

Où se restaurer

9	East Head Café	D3

Environs de Knysna

plus 9h-13h dim déc-jan et juil). Excellent office du tourisme au personnel très bien informé.

Depuis/vers Knysna

Bus

Les bus Translux et Intercape s'arrêtent sur le **Waterfront** (carte p. 164), les bus Greyhound à la **station-service Engen** (carte p. 164 ; Main St). Pour circuler entre des villes voisines sur la Garden Route, empruntez plutôt un taxi collectif, car les bus des grandes lignes sont coûteux pour les courts trajets.

Intercape dessert George (360 R, 45 minutes), Mossel Bay (350 R, 1 heure 30), Port Elizabeth (420 R, 4 heures 30), Le Cap (520 R, 8 heures) et Johannesburg (1 000 R, 17 heures 30).

Taxi collectif

Les taxis s'arrêtant à la principale **station de taxis collectifs** (carte p. 164 ; angle Main St et Gray St) desservent Plettenberg Bay (20 R, 30 minutes, tlj) et Le Cap (270 R, 7 heures 30, tlj). Pour un taxi privé, essayez **Eagle Cabs** (☎076-797 3110).

De Knysna à Plettenberg Bay

Entre Knysna et Plettenberg Bay, la N2 compte des bifurcations vers le nord ou le sud, offrant des détours intéressants.

La route Knysna-Avontour (R339) grimpe à travers les monts Outeniqua via le superbe **col du Prince Alfred**, que certains jugent plus beau encore que le col du Swartberg. Sachez que la route n'est pas en très bon état et que le trajet prend du temps. Si les passages escarpés sont rares, le col culmine à plus de 1 000 m et le point de vue côté nord est spectaculaire. Ensuite, la route serpente dans la vallée de Langkloof.

Accessible par un embranchement sur la N2, à 10 km à l'est de Knysna, **Noetzie** est un étrange village où les maisons de vacances ont des allures de petits châteaux. Il y a une belle plage de surf (vaste mais dangereuse) et une lagune abritée qui traverse une gorge boisée. Un sentier abrupt mène du parking à la plage.

Plettenberg Bay et ses environs

☎044 / 6 500 HABITANTS

Plettenberg Bay, souvent appelée "Plett", est une cité balnéaire qui conjugue montagnes, sable blanc et eaux cristallines. Ce lieu de villégiature étant l'un des plus prisés du pays, l'agitation est parfois à son comble. L'ambiance est chaleureuse et des auberges de jeunesse accueillent les voyageurs à petit budget. Vers l'est, le paysage côtier et la forêt primaire comptent parmi les plus beaux du pays.

À voir

Keurbooms River Nature Reserve RÉSERVE NATURELLE
(☎044-533 2125 ; www.capenature.co.za ; adulte/enfant 60/40 R ; ⏱8h-18h). Cette réserve qui s'étend le long d'un cours d'eau se prête tout particulièrement à la baignade, à la pêche à la ligne, au paddle et aux pique-niques. On peut y louer des canoës (150 R/jour) ou faire une **excursion en ferry** (☎083 254 3551 ;

Plettenberg Bay

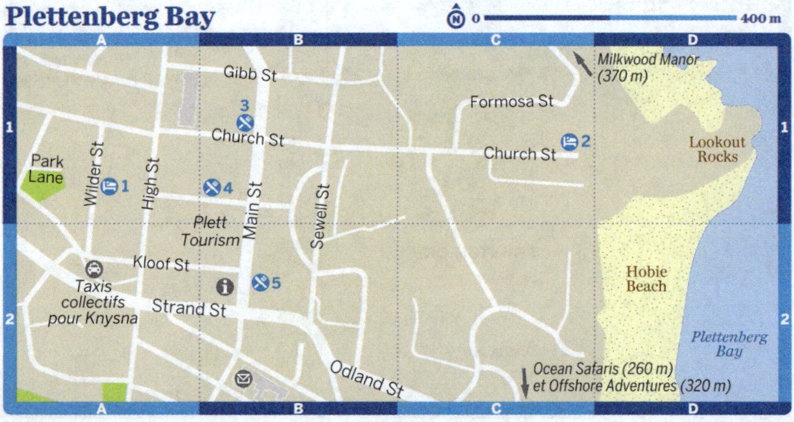

www.ferry.co.za ; N2 ; adulte/enfant 260/120 R) sur la rivière.

Bramon DOMAINE VITICOLE
(044-534 8007 ; www.bramonwines.co.za ; N2 ; dégustation 10 R/vin ; 11h30-17h). Ouvert en 2000, ce domaine viticole réputé pour ses vins pétillants fut le premier de la région. Un restaurant spécialisé dans les mezze (plats 45-95 R) se cache parmi les vignes. Pain cuit sur place et grand choix de vins au verre.

Monkeyland RÉSERVE ANIMALIÈRE
(044-534 8906 ; www.monkeyland.co.za ; The Crags ; circuits 1 heure adulte/enfant 320/160 R ; 8h-17h). Ce centre de réhabilitation, qui rencontre un franc succès, est dévolu aux primates ayant vécu dans des zoos ou chez des particuliers. Le safari à pied, qui traverse une épaisse forêt et un pont en corde de 128 m de long, est splendide. Le billet combiné avec **Birds of Eden** (044-534 8906 ; www.birdsofeden.co.za ; The Crags ; adulte/enfant 320/160 R ; 8h-17h) coûte 540/270 R (adulte/enfant).

Robberg Nature & Marine Reserve RÉSERVE NATURELLE
(044-533 2125 ; www.capenature.co.za ; adulte/enfant 60/40 R ; 8h-18h mai-sept, 7h-20h oct-avr). Cette réserve, à 8 km au sud-est de Plettenberg Bay, protège une péninsule de 4 km de long, bordée de falaises et de rochers. Trois promenades circulaires de difficulté croissante permettent de découvrir l'abondante faune marine intertidale et le *fynbos* des dunes côtières, mais l'endroit est plein de rochers et déconseillé aux personnes en mauvaise condition physique ou ayant des problèmes de genoux.

Vous trouverez un gîte sommaire à la **Fountain Shack** (044-802 5300 ; www.capenature.org.za ; 4 pers 920 R), qui jouit d'un emplacement spectaculaire. Accessible uniquement via une randonnée de 2 heures.

Plettenberg Bay

Où se loger
1 Nothando Backpackers Hostel A1
2 Plettenberg C1

Où se restaurer
3 Le Fournil de Plett B1
4 Nguni B1
5 Table B2

Pour rejoindre la réserve, suivez Robberg Rd, qui part de Piesang Valley Rd, et guettez les panneaux.

Vous pouvez également prendre un bateau pour découvrir depuis la mer la péninsule et sa colonie d'otaries à fourrure d'Afrique du sud – on en compte environ 6 000 dans la réserve. Il est même possible de nager avec ces mammifères curieux et joueurs. Réservez auprès de **Offshore Adventures** (082-829 0809 ; www.offshoreadventures.co.za ; Hopwood St ; sortie bateau 495 R, nage avec les otaries 750 R).

Activités

Les activités à Plett ne se limitent pas à se faire dorer sur la plage ou à randonner sur la péninsule de Robberg. Toutes sortes d'autres activités sont organisées – contactez les auberges de jeunesse : randonnée, équitation, surf, saut à l'élastique, tubing (descente de rivière en chambre à air), ou encore saut en parachute.

Ocean Safaris BATEAU
(082-784 5729 ; www.oceansafaris.co.za ; Milkwood Centre, Hopwood St ; observation des baleines adulte/enfant 600/300 R). Ocean Safaris propose des sorties en bateau de 2 heures pour observer les baleines franches australes et les baleines à bosse ; départs à 9h30, 12h et 14h30 de juillet à décembre. Les circuits d'observation des dauphins (adulte/enfant 500/250 R) ont lieu toute l'année.

Sky Dive Plettenberg Bay SPORTS D'AVENTURE
(082-905 7440 ; www.skydiveplett.com ; Plettenberg Airport ; saut en tandem à partir de 3 050 R). Un saut en parachute est toujours spectaculaire, mais la perspective sur la Garden Route est particulièrement impressionnante. Cette agence fiable a plus de dix ans d'expérience.

Learn to Surf Plett SURF
(082-436 6410 ; www.learntosurfplett.co.za ; leçon collective 2 heures équipement inclus 450R). Une école de surf installée de longue date, qui dispense aussi des cours de paddle (450 R/heure) et loue l'équipement.

Africanyon SPORTS D'AVENTURE
(082-323 4349 ; www.africanyon.com ; Forest Hall Rd, The Crags ; excursion 2 heures, 720 R). Ces sorties canyoning sont particulièrement

VAUT LE DÉTOUR

NATURE'S VALLEY

Situé dans la partie Tsitsikamma du Garden Route National Park, le village de Nature's Valley est niché dans une forêt de *yellowwood* (*Podocarpus latifolius*, des conifères), près d'une plage et d'une lagune magnifiques. C'est là que finit l'Otter Trail (p. 193), long de 46 km, et que commence le Tsitsikamma Mountain Trail (p. 193), de 60 km. Cette partie du parc comprend de nombreux autres sentiers de randonnée plus courts.

Les bus **Mzansi Experience** (www.mzansi.travel) s'arrêtent à The Crags (près de Nature's Valley), sur le trajet entre Le Cap et Hogsback. Les autres compagnies de bus effectuent un arrêt à Plettenberg Bay : arrangez-vous à l'avance avec votre hébergement de Nature's Valley pour que l'on vienne vous y chercher.

Nature's Valley Rest Camp (☎044-531 6700 ; www.sanparks.org ; empl camping 205 R, chalet 1 120 R, bungalow avec sdb partagée 550 R). Le camping du parc national bénéficie d'une situation idéale au bord de la rivière, à l'est de la ville. On rejoint facilement la plage à pied (2 km). Sanitaires impeccables, cuisines communes et laverie. Veillez à garder vos provisions hors de portée des primates ! En plus du prix de l'hébergement, les résidents doivent s'acquitter du droit d'entrée journalier du parc (adulte/enfant 96/48 R).

Nature's Valley Guesthouse & Hikers Haven (☎044-531 6805 ; www.naturesvalleybnb.co.za ; 411 St Patrick's Ave ; s/d avec petit-déj 490/960 R, d avec sdb partagée 380 R ; ⏲fermé en déc ; P 📶). Ce bâtiment en briques au toit de chaume, entouré d'une grande pelouse, comprend une cuisine, un salon et des petites chambres ordonnées équipées de salles de bains désuètes. Transport jusqu'au départ de l'Otter Trail proposé (480 R jusqu'à quatre personnes).

Tranquility B&B (☎044-531 6663 ; www.tranquilitylodge.co.za ; 130 St Michael's Ave ; s avec petit-déj 650-750 R, d avec petit-déj 1 300-1 500 R ; 📶). Bercées par le murmure d'une fontaine et le rugissement des vagues, les sept chambres de cette pension impeccable sont décorées dans un style balnéaire, avec des touches d'art africain et de culture surf. Kayaks à disposition pour explorer la lagune ; réductions sur le saut à l'élastique depuis le Bloukrans Bridge.

Nature's Way Farm Stall (☎044-534 8849 ; R102 ; en-cas 35-40 R ; ⏲9h-17h ; 📶). Cette charmante boutique de bord de route fait partie d'une exploitation laitière. On peut y prendre un petit-déjeuner ou un déjeuner léger à base de tapas, de gâteaux et de café. Nombreux produits locaux en vente – fromages, confitures ou fruits. Loue également quelques cottages bien équipés.

Nature's Valley Trading Store (☎044-531 6835 ; 135 St Michael's Ave ; plats 115 R ; ⏲9h-19h lun-ven, 9h-20h45 sam-dim ; 📶). À deux pas de la plage (mais sans vue sur la mer), le seul restaurant du village sert hamburgers, salades, steaks et produits de la mer. Le magasin adjacent vend quelques articles d'épicerie. Renseignements et brochures sur les environs.

prisées. Traversez à la nage des bassins formés par les rochers, dévalez des toboggans naturels et descendez une cascade en rappel. Pour ceux qui en voudraient plus, une version de 4 heures (940 R) est également proposée.

Où se loger

L'office du tourisme (p. 172) possède la liste exhaustive des hébergements, et vous indiquera les divers campings, tous situés à Keurboomstrand, tout près de là. En basse saison, certains établissements proposent des réductions.

Nothando Backpackers Hostel AUBERGE DE JEUNESSE $

(☎044-533 0220 ; www.nothando.com ; 5 Wilder St ; dort 180 R, d 550 R, avec sdb commune 480 R ; P 📶). Cette excellente auberge à petit prix est tenue par son propriétaire. Sympathique bar avec TV par satellite et grand domaine apaisant. Chambres dignes d'une *guesthouse* bon marché.

Hog Hollow LODGE $$$
(044-534 8879 ; www.hog-hollow.com ; Askop Rd, The Crags ; s/d avec petit-déj 2 700/3 975 R ;). À 18 km à l'est de Plett sur la N2, ces ravissants bungalows qui dominent la forêt sont décorés d'œuvres d'art africain. Chacun dispose d'une terrasse en bois avec hamac. De là, vous pourrez marcher jusqu'au Monkeyland (p. 169), quitte à ce que le personnel vienne vous y récupérer si vous ne souhaitez pas faire le retour à pied.

Plettenberg HÔTEL DE LUXE $$$
(044-533 2030 ; www.theplettenberghotel.com ; 40 Church St ; ch avec petit-déj à partir de 4 300 R ;). Bâti sur un promontoire rocheux qui surplombe un panorama époustouflant, ce palace 5 étoiles comprend de très belles chambres, un spa et un restaurant haut de gamme (plats 120-250 R).

Milkwood Manor HÔTEL $$$
(044-533 0420 ; www.milkwoodmanor.co.za ; Salmack Rd, Lookout Beach ; ch avec petit-déj à partir de 1 400 R ;). Emplacement remarquable sur la plage, dominant la lagune. Les chambres, lumineuses, ont une agréable touche balnéaire. Restaurant sur place (plats 110-200 R) et prêt de kayaks gratuit.

Periwinkle Guest Lodge GUESTHOUSE $$$
(044-533 1345 ; www.periwinkle.co.za ; 75 Beachy Head Dr ; s/d avec petit-déj à partir de 2 145/2 860 R ;). Cette pimpante pension de bord de mer dispose de chambres vastes jouissant d'une superbe vue – en saison, peut-être y apercevrez-vous des baleines et des dauphins.

Où se restaurer

Le Fournil de Plett CAFÉ $
(044-533 1390 ; Lookout Centre, Church St ; plats 60-115 R ; 7h30-17h lun-ven, 7h30-18h sam, 7h30-13h dim ;). Savourez une bonne tasse de café et une pâtisserie fraîchement sortie du fournil, dans la cour ou sur le balcon dominant la rue principale de Plett. Petite carte le midi, axée majoritairement sur les salades et les sandwichs.

Ristorante Enrico PRODUITS DE LA MER $$
(044-535 9818 ; www.enricorestaurant.co.za ; Main Beach, Keurboomstrand ; plats 90-170 R ; 12h-22h mar-dim ;). Dominant une superbe belle plage, cet établissement vivement recommandé par nos lecteurs est *la* table où déguster des produits de la mer. Enrico possède un bateau qui sort en mer tous les matins, si les conditions météo le permettent. Réservez pour participer à la sortie de pêche et faites cuisiner votre prise au restaurant.

Table ITALIEN $$
(044-533 3024 ; www.thetable.co.za ; 9 Main St ; plats 60-115 R ; 12h-23h lun-sam, 12h-17h dim ;). Cette adresse minimaliste et conviviale sert pizzas, produits de la mer, et délicieux jarrets d'agneau. Aire de jeux à l'intérieur pour les enfants, et concerts le vendredi.

Nguni GRILL $$$
(044-533 6710 ; www.nguni-restaurant.co.za ; 6 Crescent St ; plats 135-225 R ; 11h-22h lun-ven, 16h-22h sam). L'un des restaurants les plus chics de Plett, niché au fond d'une cour paisible. Outre le bœuf maturé, la spécialité maison, la carte comporte nombre de classiques sud-africains comme l'autruche, le springbok et une version végétarienne du *bobotie* (curry surmonté d'un flan). Réservation conseillée.

Renseignements

Plett Tourism (044-533 4065 ; www.plett-tourism.co.za ; Melville's Corner Shopping Centre, Main St ; 9h-17h lun-ven, 9h-13h sam). Informations sur les hébergements, les randonnées et les circuits dans les collines et les réserves environnantes.

Depuis/vers Plettenberg Bay

Toutes les grandes compagnies de bus s'arrêtent à la station-service Shell Ultra City, sur la N2. De Plett, Intercape dessert notamment George (350 R, 1 heure), Port Elizabeth (390 R, 4 heures), Le Cap (570 R, 8 heures), Johannesburg (950 R, 18 heures) et Graaff-Reinet (640 R, 7 heures).

Pour Knysna, optez plutôt pour un **taxi collectif** (Kloof St, près de l'angle High St ; 20 R, 30 minutes). La plupart des autres taxis longue distance s'arrêtent à la Shell Ultra City, sur la N2.

ROUTE 62

En suivant la route 62 en totalité ou en partie, vous découvrirez des paysages spectaculaires – des cols de montagne déchiquetés, entre Montagu et Calitzdorp, à l'aride région semi-désertique du Petit Karoo aux abords d'Oudtshoorn. Présentée comme la route des vins la plus longue du monde, c'est une excellente alternative à la N2 si vous voyagez du Cap vers la Garden Route.

Montagu

023 / 15 000 HABITANTS

Les larges rues de la jolie ville de Montagu sont ponctuées de 24 monuments nationaux restaurés, dont de beaux exemples d'architecture Art déco. Vous pourrez pratiquer une large gamme d'activités, notamment la baignade dans des sources chaudes, la randonnée sous toutes ses formes et l'**escalade** (082-696 4067 ; www.montaguclimbing.com ; 45 Mount St ; sortie 2 heures escalade/descente en rappel 850/500 R) sur des spots exceptionnels. En prime, la ville offre un excellent choix d'hébergements et quelques bons restaurants.

Si vous arrivez par la route 62 en provenance de Robertson, vous passerez sous une arche étroite dans les montagnes de Langeberge.

À voir et à faire

Joubert House — ÉDIFICE

(023-614 1774 ; 25 Long St ; adulte/enfant 5/2 R ; 9h-16h30 lun-ven, 10h-12h sam-dim). La plus ancienne maison de Montagu, bâtie en 1853. Une restauration lui a redonné sa splendeur victorienne.

Protea Farm — CIRCUIT ÉCORESPONSABLE

(023-614 3012 ; www.proteafarm.co.za ; adulte/enfant 170/85 R ; circuit 10h mer et sam). Ce formidable circuit en tracteur de 3 heures part à la découverte de la ferme Protea, à 29 km de Montagu. La vue sur la vallée de la Breede est somptueuse, et l'excursion comprend en-cas et boissons. Prolongez l'aventure avec un déjeuner traditionnel de *potjiekos* (ragoût) et de pain maison, moyennant 130/55 R par adulte/enfant. Possibilité d'hébergement à la ferme (cottage 2 pers à partir de 700 R).

Excursion en voiture
La route 62

DÉBUT ROBERTSON
FIN OUDTSHOORN
LONGUEUR ET DURÉE 260 KM ; 3 À 4 JOURS

Si vous vous dirigez vers l'est en direction de la Garden Route, empruntez la route 62, bien plus attrayante que la N2. Elle commence à Robertson, ville agricole sur le fleuve Breede, où vous pourrez facilement vous attarder 1 ou 2 jours afin de vous adonner à l'équitation et au rafting, entre quelques visites de domaines viticoles sans chichis.

Au bout d'une quinzaine de kilomètres sur la R62, voici la ville peu soignée d'Ashton et son imposante cave viticole. L'endroit est de peu d'intérêt, mais la route devient spectaculaire à l'approche des montagnes de Langeberge. Elle serpente jusqu'à Cogmanskloof (Cogmans Gorge), où un panneau indique le 1 **vieux fort anglais**. Construit en 1899 en prévision de la guerre des Boers, il domine la route ; guettez son apparition lorsque vous passez sous une arche dans les montagnes.

Cette arche annonce la charmante ville de Montagu, dotée de bons restaurants, d'excellents spots d' 2 **escalade** (voir ci-contre) et d'un agréable 3 **complexe de sources chaudes** (p. 174). Une fois sortie de la ville, la route redevient droite et traverse des vergers ; la région est réputée pour ses fruits, secs en particulier.

La partie suivante est sans doute la moins intéressante du trajet. Guettez toutefois 4 **Joubert-Tradauw**, environ 50 km plus loin. Ce domaine viticole constitue une halte déjeuner sympathique et propose des dégustations. En souvenir de votre périple, offrez-vous une bouteille de R62, un assemblage de cépages rouges. Vous n'êtes plus qu'à 12 km de Barrydale, qui attire peu de visiteurs. Pourtant, si vous quittez la route principale, vous découvrirez des restaurants et des boutiques d'artisanat dignes d'intérêt, ainsi qu'une très jolie église.

À 27 km à l'est, impossible de manquer le bâtiment décrépit blanchi à la chaux qui se trouve sur la droite. Des drapeaux battent dans le vent et une enseigne maladroite annonce le "Ronnies Sex Shop". 5 **Ronnies**, aujourd'hui l'un des lieux phares de la R62, n'était au départ qu'un

modeste magasin peinant à attirer les clients. Le propriétaire, afin de le rendre plus visible, a peint "Ronnies Shop" sur la façade, et des amis farceurs ont ajouté le mot "sex" – tout en lui suggérant d'ouvrir un bar plutôt qu'une vulgaire boutique de bord de route. C'est aujourd'hui un repaire de motards, où les curieux s'arrêtent juste le temps de prendre quelques photos du bar, décoré de dizaines de culottes et de soutiens-gorge... Non loin se trouve un spa alimenté par des sources souterraines.

Le paysage reste identique – une brousse semi-désertique et vallonnée, typique du Petit Karoo – jusqu'à Ladismith, ville plaisante regroupant quelques magasins de producteurs convenables, et Zoar, une petite communauté agricole. Tout à coup, les montagnes prennent de la hauteur. Le 6 **col de Huisrivier** est impressionnant : pour le franchir, la route ne cesse de monter et de descendre sur 13 km et traverse deux rivières. Il s'agit de la plus belle partie du trajet, n'hésitez donc pas à vous arrêter à l'un des points de vue.

De l'autre côté du col se trouve la ville de Calitzdorp, célèbre pour ses vins de type porto. Sa rue principale manque de charme, mais si vous tournez à droite dans Van Riebeek St, vous découvrirez un dédale de rues bordées de beaux bâtiments anciens. Plusieurs domaines viticoles sont accessibles à pied depuis la ville, dont 7 **Boplaas** et 8 **De Krans**. Goûtez les différents vins de dessert locaux, ou offrez-vous un déjeuner au 9 **Porto Deli**, qui sert une cuisine d'inspirations portugaise et mozambicaine.

À la sortie de Calitzdorp, le paysage redevient plat et les premiers élevages d'autruches apparaissent. Oudtshoorn aime à se déclarer "Capitale mondiale de l'autruche", industrie qui fait sa renommée depuis l'époque victorienne. La ville s'étend à 55 km à l'est de Calitzdorp. De nombreux 10 **élevages d'autruches** (p. 175) vous proposent de découvrir leur activité et d'observer les oiseaux. On peut également admirer ici les impressionnantes grottes 11 **Cango Caves**, visiter l'intéressant 12 **CP Nel Museum** (p. 175), et se livrer à l'13 **observation des suricates**, ces petites mangoustes surnommées "sentinelles du désert".

Pour finir en beauté, offrez-vous un dîner à base d'autruche accompagné d'un vin rouge local dans l'un des restaurants d'Oudtshoorn, puis faites vos adieux à la R62 et rejoignez la N12, qui relie Oudtshoorn à la Garden Route (p. 153).

L'**office du tourisme** (☎023-614 2471 ; www.montagu-ashton.info ; 24 Bath St ; ⏲8h30-17h lun-ven, 9h-17h sam, 9h30-13h dim) prend les réservations.

Où se loger

Cottage on Long COTTAGE $

(☎023-614 2398 ; www.cottageonlong.co.za ; 16 Long St ; d 600 R ; P 📶 🏊). Perché à la lisière de la ville mais proche à pied de nombreux restaurants, ce charmant cottage bien équipé jouit d'une vue formidable depuis le jardin. La piscine du logement du propriétaire est à disposition des résidents. En face du magasin de producteurs Kloof.

Montagu Caravan Park CAMPING $

(☎082-920 7863 ; www.montagucaravanpark.co.za ; 4 Middel St ; empl 100 R, chalet 4 pers à partir de 800 R ; P 👪). Parsemé d'abricotiers, ce terrain de camping offre de l'ombre et un sol herbu. En plus des emplacements, on y trouve des chalets et de modestes bungalows bon marché (pour 2 personnes 550 R). Apportez vos draps pour ces derniers.

Mimosa Lodge HÔTEL $$

(☎023-614 2351 ; www.mimosa.co.za ; 19 Church St ; s/d avec petit-déj à partir de 900/1 320 R ; P ❄ 📶 🏊). Une adresse charmante et haut de gamme installée dans un bel édifice édouardien restauré. Beau jardin et piscine avec belvédère au toit de chaume où se cacher du soleil. Le restaurant attenant, ouvert aux non-résidents, propose des dîners de 4 plats (495 R). On y sert des crus provenant du vignoble du propriétaire.

Avalon Springs Hotel HÔTEL $$

(☎023-614 1150 ; www.avalonsprings.co.za ; Uitvlucht St ; d/app à partir de 1 300/1 700 R ; P 📶 🏊 👪). Cet établissement gigantesque dispose de chambres élégantes dans le bâtiment principal, et d'énormes appartements pouvant accueillir jusqu'à 6 personnes. Parmi les atouts du lieu : **sources chaudes extérieures** (lun-ven 55 R, sam-dim 100 R ; ⏲8h-20h ; 👪), massages, salle de sport et nombreuses activités pour les enfants. Navette pour rallier Montagu. Beaucoup moins cher du dimanche au jeudi.

♥ **7 Church Street** GUESTHOUSE $$$

(☎023-614 1186 ; www.7churchstreet.co.za ; 7 Church St ; d avec petit-déj à partir de 1 500 R ; P ❄ 📶 🏊). Auberge haut de gamme et accueillante, dans un ravissant bâtiment typique du Karoo. Mike et May, les affables propriétaires, offrent de vastes chambres bien équipées, un jardin impeccable pour se détendre et un petit-déjeuner mémorable. Ils pourront aussi vous donner de nombreuses informations touristiques sur la région.

Où se restaurer

♥ **Barn on 62** CAFÉ $

(☎082-824 2995 ; 60 Long St ; plats 50-80 R ; ⏲8h30-16h mar-dim ; P 👪). Trouvez-vous un coin d'ombre sous les arbres pour déguster une tarte salée maison accompagnée d'une salade ou une part de gâteau arrosée du meilleur café de la ville. Aire de jeux pour enfants dans le jardin. Au début de Long St en arrivant de Barrydale ; idéal pour une pause déjeuner si vous ne faites que passer.

Rambling Rose SUD-AFRICAIN $$

(☎083-401 4503 ; 36 Long St ; plats 75-160 R ; ⏲8h-17h mer-dim ; P 📶). Excellente adresse pour un brunch, un déjeuner ou une part de gâteau, ce restaurant-boutique sert une large sélection de plats, du curry malais du Cap aux produits de la mer, en passant par des steaks et des salades. La boutique vend toutes sortes de produits régionaux et permet de faire le plein de *padkos* (en-cas pour la route) – biscuits ou fruits secs.

Depuis/vers Montagu

Les bus s'arrêtent à Ashton, à 9 km de Montagu. Les bus de Translux s'y arrêtent sur le trajet reliant chaque jour Le Cap (280 R, 2 heures 30) et Port Elizabeth (450 R, 8 heures).

Certains hébergements proposent des navettes (avec réservation) entre Ashton et Montagu. Vous pouvez aussi prendre l'un des **taxis collectifs** (30 R) qui s'arrêtent devant Foodzone dans Bath St, mais les départs sont peu fréquents.

Barrydale

☎028 / 4 200 HABITANTS

Éclipsée par Montagu, sa voisine de la route 62, Barrydale est injustement méconnue. En s'écartant de la rue principale, on y découvre des hébergements charmants, des petites galeries d'art et des restaurants au style bohème. Quant aux réserves naturelles des environs, elles invitent à la randonnée et à l'observation des oiseaux et des Big Five (lion, léopard, éléphant, buffle et rhinocéros).

Sanbona Wildlife Reserve RÉSERVE NATURELLE
(☎021-010 0028 ; www.sanbona.com ; proche de la R62 ; lodge 1/2 pers en pension complète à partir de 12 205/18 780 R ;). Cette réserve du Petit Karoo, à 18 km à l'ouest de Barrydale, est le territoire des Big Five. De nombreuses activités d'observation de la faune sont proposées aux heureux résidents de ses luxueux lodges. Propose aussi de magnifiques "tentes de *glamping*".

Barrydale Cellar DOMAINE VITICOLE
(☎028-572 1012 ; www.barrydalewines.co.za ; 1 Van Riebeeck St ; dégustation 30 R ; salle de dégustation 9h-17h lun-ven, 9h-15h sam, pizzeria 11h30-17h mar-dim ;). Malgré son aspect terne et industriel vu de la route, ce domaine possède une salle de dégustation et un restaurant charmants, en bord de rivière. Il est réputé pour son brandy, mais on y goûte également des vins et une bière brassée sur place. Aire de jeux intérieure pour enfants, et pizzas au feu de bois (plats 75-90 R).

Calitzdorp

☎044 / 4 300 HABITANTS

Calitzdorp est entourée d'un paysage époustouflant de champs vallonnés, au pied de la chaîne de Groot Swartberge au nord et de Rooiberge au sud-ouest. Si sa rue principale est un peu quelconque, le reste de la petite ville séduit par son architecture typique du Petit Karoo.

Des sept **domaines viticoles** de la région, quatre sont accessibles à pied depuis le centre-ville. Ils sont tous spécialisés dans des vins de type porto (sous les appellations Cape Ruby, Cape Tawny et Cape Vintage), et produisent également des vins de table.

Port-Wine Guest House GUESTHOUSE $$
(☎082-680 8516 ; 7 Queen St ; d avec petit-déj à partir de 1 250 R ;). Un cottage du Cap au toit de chaume, joliment agencé, avec des chambres dotées de lits à baldaquin. Proche à pied de trois des domaines viticoles.

Tourism Bureau OFFICE DU TOURISME
(☎044-213 3775 ; www.calitzdorp.org.za ; 3 Voortrekker St ; 8h30-17h lun-ven). L'office du tourisme, situé à côté de la station-service Shell, fournit des informations concernant l'hébergement et les domaines viticoles.

Oudtshoorn

☎044 / 29 000 HABITANTS

Si Oudtshoorn est avant tout célèbre pour ses autruches, la ville a bien d'autres atouts. Elle constitue une base idéale pour explorer le Petit Karoo, la Garden Route (George est à 55 km le long de la N12) et le Grand Karoo vers le nord.

À la fin des années 1860, en Occident, aucune femme du monde ne se serait affichée sans un couvre-chef orné d'une plume d'autruche. Cette mode perdura jusqu'à la guerre de 1914, au grand bonheur des "barons de la plume" d'Oudtshoorn, qui amassèrent alors de vraies fortunes.

Aujourd'hui encore, on peut admirer leurs élégantes demeures, ainsi que d'autres témoignages architecturaux de la richesse passée d'Oudtshoorn, tel le **CP Nel Museum** (☎044-272 7306 ; www.cpnelmuseum.co.za ; 3 Baron Van Rheede St ; adulte/enfant 20/5 R ; 8h-17h lun-ven, 9h-13h sam), installé dans une ancienne école. La ville demeure la capitale mondiale de l'autruche, et constitue désormais le centre touristique prospère du Petit Karoo.

À voir et à faire

Quatre élevages d'autruches organisent des visites guidées. Deux d'entre eux proposent des tours sur le dos des oiseaux, mais nous déconseillons fortement cette pratique qui provoque une anxiété inutile chez les animaux.

Safari Ostrich Show Farm (☎044-272 7312 ; www.safariostrich.co.za ; R328 ; adulte/enfant 130 R/gratuit ; 8h-16h ;) et **Cango Ostrich Farm** (☎044-272 4623 ; www.cangoostrich.co.za ; Cango Caves Rd ; adulte/enfant 120/65 R ; 8h-16h30 ;) proposent des visites intéressantes sans tours à dos d'autruche.

Oudtshoorn

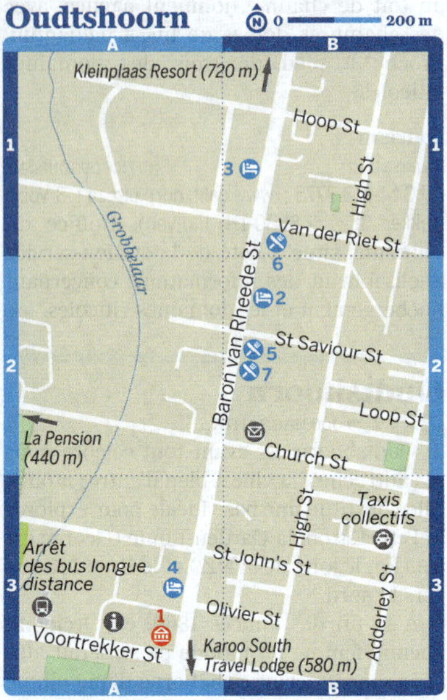

Oudtshoorn

À voir

1 CP Nel Museum A3

Où se loger

2 88 Baron van Rheede B2
3 Oakdene Guesthouse B1
4 Queen's Hotel A3

Où se restaurer

5 Bella Cibo B2
Café Brulé .... (voir 4)
Colony Restaurant .... (voir 4)
6 Jemima's B1
7 Nostalgie B2

Two Passes Route (route des Deux Cols) BALADE EN VOITURE
Pour une superbe excursion à la journée, effectuez la boucle entre Oudtshoorn et Prince Albert en passant par ces deux cols splendides. Gagnez le **col de Swartberg** (Swartberg Pass) sur une route non goudronnée, puis descendez jusqu'à Prince Albert, avant de revenir via le **col de Meiringspoort**. À mi-chemin du second, il y a une cascade et un petit centre d'accueil des visiteurs. Les deux cols sont des chefs-d'œuvre d'ingénierie. Procurez-vous une carte routière auprès de votre hôtel ou de l'office du tourisme.

Si vous avez envie d'exercice et de sensations fortes, enfourchez un VTT pour descendre du col du Swartberg jusqu'à Oudtshoorn. Sachez que le parcours est long et ne comprend pas que des descentes !

Festival

Klein Karoo Nationale Kunstefees ART
(Festival national des arts du Petit Karoo ; www.kknk.co.za ; avr). Le festival KKNK est consacré à la "renaissance de l'afrikaans". Des artistes locaux, des poètes, des comédiens et des musiciens font vivre pendant une semaine ce festival à la créativité inouïe.

Où se loger

Karoo Soul Travel Lodge AUBERGE DE JEUNESSE $
(044-272 0330 ; www.karoosoul.com ; 1 Adderley St ; dort 160 R, d avec sdb commune 480 R ; P). Malgré la présence d'un petit dortoir, cette belle maison ancienne privilégie plutôt les chambres doubles. Essayez d'en obtenir une donnant à l'ouest, pour profiter d'un coucher de soleil romantique depuis votre lit, ou demandez un cottage avec salle de bains dans le jardin (580 R).

Kleinplaas Resort CAMPING $
(044-272 5811 ; www.kleinplaas.co.za ; North St, près de l'angle de Baron Van Rheede St ; empl 275 R, chalet de 2/4 pers à partir de 642/775 R ; P). Superbe camping, avec une grande piscine et des chalets convenables, récemment rénovés pour certains. Le restaurant sert uniquement le petit-déjeuner.

La Pension GUESTHOUSE $$
(044-279 2445 ; www.lapension.co.za ; 169 Church St ; s/d avec petit-déj à partir de 800/1 200 R ; P). Excellente option de catégorie moyenne disposant de chambres spacieuses et élégantes, et de superbes salles de bains. La Pension possède aussi un cottage indépendant (s/d 700/1 200 R), ainsi qu'une piscine de bonne taille et un vaste jardin bien entretenu.

88 Baron van Rheede GUESTHOUSE $$
(044-272 5288 ; www.88bvr.com ; 88 Baron Van Rheede St ; s/d avec petit-déj à partir de 650/850 R ; P). Cette pension conviviale fait l'unanimité grâce à ses chambres

impeccables, son petit-déjeuner généreux et un accueil chaleureux. Les propriétaires Zoe et Huw sont une mine d'informations sur les sites intéressants de la région, et offrent des coupons de réduction pour diverses activités.

Oakdene Guesthouse GUESTHOUSE **$$**
(☎044-272 3018 ; www.oakdene.co.za ; 99 Baron Van Rheede St ; s/d avec petit-déj 745/1 390 R ; P❄📶🏊). Les chambres sont décorées pour l'essentiel à partir de caisses de vin recyclées. Le moderne et le classique s'y marient à la perfection – en accord avec la demeure, l'une des plus anciennes d'Oudtshoorn. Jardin agréable à l'arrière.

Queen's Hotel HÔTEL **$$$**
(☎044-272 2101 ; www.queenshotel.co.za ; 5 Baron Van Rheede St ; s/d avec petit-déj 1 070/1 760 R ; ❄📶🏊). Dans la rue principale, à côté du musée, ce bel hôtel de campagne à l'ancienne, attrayant et frais en été, loue des chambres sobres et spacieuses. Le **Colony Restaurant** (plats 90-170 R ; ⌚18h-23h) sert de nombreux plats sud-africains et étrangers.

Où se restaurer

Café Brulé CAFÉ **$**
(☎044-279 2412 ; The Queen's Hotel, 5 Baron Van Rheede St ; plats 50-75 R ; ⌚6h-22h ; 📶). Un café prisé pour son pain et ses gâteaux sortis du four. Idéal pour un déjeuner léger ou un petit-déjeuner revigorant.

Nostalgie BISTROT **$$**
(☎044-272 4085 ; www.nostalgiebnb.co.za ; 74 Baron Van Rheede St ; plats 55-140 R ; ⌚6h30-22h30 ; 📶). Ce pittoresque jardin de thé assorti de nappes en dentelle s'apprécie à l'heure du petit-déjeuner, puis à celle du café avec ses tranches de gâteau maison. Midi et soir, la carte annonce une bonne dizaine de plats à base d'autruche, dont un carpaccio, un burger, un kebab et une tourte.

Bello Cibo ITALIEN **$$**
(☎044-272 3245 ; 79 St Saviour St ; plats 110-145 R ; ⌚16h-21h lun-sam). Ce restaurant italien très apprécié des habitants sert des pizzas, des pâtes et des produits de la mer, à des prix tout à fait corrects. Réservation conseillée.

♥ **Jemima's** SUD-AFRICAIN **$$$**
(☎044-272 0808 ; www.jemimas.com ; 94 Baron Van Rheede St ; plats 120-280 R ; ⌚8h-20h). Installé de longue date dans une belle maison ancienne avec jardin, ce restaurant propose une carte restreinte, spécialisée dans la cuisine traditionnelle d'Afrique du Sud. Après le repas, goûtez un *swepie*, mélange de brandy et de *jerepigo* (vin de dessert).

Achats

Les produits en autruche, et particulièrement le cuir, ont la cote. Les plumes, les œufs et le *biltong* (viande séchée) sont vendus partout. Le cuir d'autruche est coûteux en raison de la petite quantité de

VAUT LE DÉTOUR

MATJIESFONTEIN

L'un des endroits les plus étonnants du Karoo, Matjiesfontein (prononcez "mikizfontein"), petite voie ferroviaire désaffectée presque entièrement privatisée autour d'un grand hôtel, n'a pratiquement pas changé depuis un siècle. Le village est certes touristique, mais visiter les édifices victoriens, gardés par des gens en costumes d'époque, est très amusant.

Les chambres du **Lord Milner Hotel** (☎023-561 3011 ; www.matjiesfontein.com ; Logan St ; s/d à partir de 900/1 740 R ; P📶🏊), hôtel supposé hanté, sont décorées dans un style d'époque. Les résidents peuvent dîner sur place, puis rejoindre au crépuscule la visite guidée de Johnny sur le thème des fantômes.

Le village compte aussi un **pub** (Logan St ; plats 90 R ; ⌚12h-14h30) qui ne manque pas de caractère, et un **café** (Logan St ; plats 50-70 R ; ⌚6h-21h) servant des déjeuners légers.

Matjiesfontein se trouve près de la N1, à 240 km du Cap et 230 km de Beaufort West. Les trains reliant Le Cap à Johannesburg s'y arrêtent, et le *Blue Train* y marque aussi une escale d'une heure, le temps que les passagers fassent le tour du village dans le bus londonien à impériale qui stationne devant la gare.

matière par bête. Il est donc intéressant de faire ses achats par ici, y compris dans les ranchs et les hôtels.

Renseignements

Oudtshoorn Tourism (☎044-279 2532 ; www.oudtshoorn.com ; angle Baron Van Rheede St et Voortrekker St ; 8h30-17h lun-ven, 9h30-12h30 sam). Office du tourisme situé derrière le CP Nel Museum.

Depuis/vers Oudtshoorn

Les bus s'arrêtent au Queen's Mall près de Voortrekker St. Intercape assure les liaisons pour Johannesburg (920 R, 14 heures 30), Le Cap (630 R, 8 heures) et Mossel Bay (830 R, 2 heures).

Les taxis collectifs partent de l'arrière du supermarché Spar, dans Adderley St, à destination de George (60 R, 30 minutes) ou du Cap (250 R, 5 heures). Réservation requise pour cette dernière destination – contactez l'office du tourisme.

DISTRICT DE CENTRAL KAROO

Le Karoo semble se perdre à l'infini et dégage une atmosphère véritablement magique. Ce vaste plateau semi-aride (Karoo signifie "terre de la soif" en langue khoisan) vous réserve des couchers de soleil irréels et des nuits étoilées. La région est habitée depuis plus de 500 000 ans, et plusieurs sites archéologiques, des peintures du peuple san et des fossiles y ont été mis au jour. Outre la faune variée, 9 000 espèces de plantes ont été répertoriées dans la région.

Couvrant près d'un tiers de la superficie totale de l'Afrique du Sud, le Karoo est délimité par des montagnes côtières au sud et à l'ouest, ainsi que par le puissant fleuve Gariep (Orange) à l'est et au nord. Souvent divisé en Grand Karoo (nord) et Petit Karoo (sud), selon une distinction qui ne tient pas compte des frontières provinciales, le Karoo couvre en réalité trois provinces.

Prince Albert

☎023 / 7 050 HABITANTS

Pour de nombreux citadins sud-africains, Prince Albert, charmant village fondé en 1762, illustre la vie idyllique du Karoo. Dans les jolies rues, les constructions traditionnelles de la région côtoient édifices victoriens et Art déco, et les résidents veillent à préserver l'héritage architectural de leur ville. Bien qu'entouré d'un territoire très aride, le village, irrigué par le trop-plein des torrents de montagne, est vert et fertile. Un réseau de canaux le traverse et la plupart des maisons possèdent une vanne d'écluse. La zone est riche en pêches, en abricots, raisin et olives. Une fête de l'olive a lieu en avril.

Prince Albert constitue une bonne base pour explorer les montagnes environnantes, à pied, en VTT ou, s'il fait trop chaud pour l'effort physique, en voiture – en passant alors par les spectaculaires cols de Swartberg et de Meiringspoort.

Si vous êtes motorisé, vous pourrez facilement y faire une excursion d'une journée depuis Oudtshoorn ou même la côte – mais sachez qu'une fois sur place, vous aurez certainement envie de rester.

À voir et à faire

Plus de 100 km de sentiers de randonnée sillonnent la campagne environnante, tous gérés par CapeNature (p. 162) ; le personnel saura vous renseigner sur l'état et l'ouverture des chemins, et vous aider à réserver des randonnées de plusieurs jours. Pour trouver un guide, contactez l'office du tourisme (voir page ci-contre).

Fransie Pienaar Museum MUSÉE

(☎023-541 1172 ; 42 Church St ; adulte/enfant 20/10 R ; 9h-12h30 et 14h-16h30 lun-ven, 9h30-12h sam, 10h30-12h dim). Ce beau musée, qui porte le nom du résident qui en a entamé la collection, rassemble pêle-mêle de vieilles allumettes, des bibles ornées du XIXe siècle, toute une salle de machines à coudre, des objets san, des photos anciennes et récentes de la ville, et une exposition intéressante sur la construction du col de Swartberg.

♥ Story Weaver CIRCUIT HISTORIQUE

(☎023-5411 211 ; www.storyweaver.co.za ; adulte/enfant 80/40 R). On vous recommande vivement ces promenades guidées dans Prince Albert en compagnie d'Ailsa Tudhope. Le circuit phare est The Ghost Walk (promenade hantée) de 1 heure 30 au crépuscule, mais des balades historiques en journée sont aussi proposées. Réservation indispensable pour tous les circuits.

Prince Albert Cycles VÉLO
(083 395 9038 ; www.princealbertcycles.co.za ; 32 Church St ; location de vélo 250 R/jour). En plus de louer des vélos, cet établissement propose différents circuits de plusieurs jours (à partir de 9 750 R) ainsi qu'une excursion culinaire de 3 jours à vélo (environ 4 950 R/pers), avec haltes dans des restaurants locaux et cours de cuisine.

Où se loger et se restaurer

La "capitale culinaire du Karoo" offre des dégustations d'olives, des exploitations spécialisées dans la production de fruits secs, des produits laitiers (yaourt, crème, lait et fromage) provenant de l'exploitation locale, des domaines viticoles à visiter et une école de cuisine bien établie, ainsi que quelques très bons restaurants. Le **marché** (8h-12h sam), près du musée, vend des produits alimentaires locaux et de l'artisanat.

Travellers Rest B&B $
(060 765 3955 ; www.travellersrestpa.com ; 107 Adderley St ; s/d 495/600 R). Ces chambres simples mais élégantes à la lisière de la ville offrent un excellent rapport qualité/prix. Les sympathiques propriétaires Jude et Bryan sont passionnés et connaissent la région sur le bout des doigts ; ils pourront vous aider à organiser vos activités. Petit-déjeuner à 80 R. Enfants admis à partir de 14 ans.

Karoo Lodge GUESTHOUSE $$
(023-541 1467 ; www.karoolodge.com ; 66 Church St ; ch avec petit-déj à partir de 1 250 R ; P). Cette pension possède des chambres vastes et épurées, donnant sur un grand jardin ombragé. Le restaurant (plats 95-150 R) promeut largement la cuisine du Karoo. Il est ouvert aux non-résidents (dîner mercredi-dimanche), mais requiert néanmoins la réservation.

Prince Albert of Saxe-Coburg Lodge GUESTHOUSE $$$
(023-541 1267 ; www.saxecoburg.co.za ; 60 Church St ; s/d avec petit-déj à partir de 1 000/1 500 R ;). Des chambres de qualité donnant sur un beau jardin. Les propriétaires, Dick et Regina, prodiguent une foule d'informations, en particulier sur les randonnées de la région.

Karoo Kombuis SUD-AFRICAIN $$
(023-541 1110 ; 18 Deurdrift St ; plats 90-125 R ; 18h-22h lun-sam). Ce restaurant convivial sert depuis 1998 les trois mêmes plats traditionnels – *bobotie* (sorte de gratin au curry), tourte au poulet et agneau. Le *malva* (pudding spongieux) est idéal pour terminer un repas sud-africain typique. Réservez, et apportez vos boissons.

Où sortir

Showroom CINÉMA
(023-541 1563 ; www.showroomtheatre.co.za ; 43 Church St). Ce magnifique édifice Art déco, qui fut un showroom de voitures dans les années 1930, a été reconverti en cinéma. Projections de films le mercredi soir, et spectacles fréquents le week-end. Même si rien n'est programmé, n'hésitez pas à venir admirer cet hommage aux cinémas de jadis.

Achats

Prince Albert attire des visiteurs de tout le pays, et la ville regorge de boutiques d'artisanat où flâner et faire des emplettes. Ici, même les poubelles publiques sont décorées, peintes chacune par un habitant à l'occasion du 250e anniversaire de la ville, en 2012. Les projets d'artisanat communautaires sont nombreux, comme **Handmade Karoo Handgemaak** (083-407 3390 ; karoohandgemaak.com ; angle Market St et Chaplin St ; 9h-13h lun-jeu) spécialisé dans le tricot (adorables doudous tricotés par des grand-mères), et **Beadkidz** (082-562 2123 ; Cape Access Centre, Toegangs Rd, Rondomskrik ; 14h-17h lun, mer et jeu), où sont confectionnés des bijoux et autres petits objets en perles.

Renseignements

Prince Albert Tourism (023-541 1366 ; www.princealbert.org.za ; 42 Church St ; 9h-17h lun-ven, 9h-12h sam). Petit office du tourisme dans la rue principale.

Depuis/vers Prince Albert

La plupart des visiteurs arrivent en voiture d'Oudtshoorn ou de la N1, qui relie Le Cap à Johannesburg. Il n'y a ni bus ni train direct : la gare ferroviaire la plus proche se trouve dans Prince Albert Rd, à 45 km au nord-ouest de la ville. Le **train** (p. 657) est moins coûteux que le bus. Depuis la gare, comptez 200 R minimum en taxi privé. Pour réserver un taxi, appelez **John Donkey** (082-575 5133). Certains hébergements offrent de venir vous chercher.

HORS DES SENTIERS BATTUS

EN ROUTE POUR L'ENFER

La **Swartberg Nature Reserve** (Die Hel ; ☎044-203 6300 ; www.capenature.co.za ; adulte/enfant 60/40 R) abrite la **Gamkaskloof**, étroite vallée également connue sous le nom de Die Hel ("l'enfer"). Die Hel est l'une des zones habitées les plus isolées du pays, accessible par une piste vertigineuse ; mieux vaut être équipé d'un 4x4 pour l'emprunter. Une fois sur place, vous trouverez un salon de thé, un petit musée, et des hébergements indépendants. Le reste de la réserve est sillonné d'excellents sentiers de randonnée et de VTT, et offre de nombreuses occasions d'observer les oiseaux.

La piste de terre menant à Die Hel part de la route du col du Swartberg, à 18 km de Prince Albert et se poursuit sur environ 50 km avant de se terminer en cul-de-sac. Attention : comptez au moins 2 heures dans chaque sens. La route est en très mauvais état, il peut donc être préférable de laisser votre voiture à Prince Albert et d'opter pour un circuit guidé. Le fringuant retraité Lindsay Steyn de **Karoo Cycle Tours** (☎082-456 8848 ; www.karoocycletours.com) est une véritable mine d'informations sur la région, et programme d'excellents circuits à VTT ou en 4x4, qui passent par le Swartberg avant de descendre la route vertigineuse jusqu'à Die Hel pour y déjeuner.

Karoo National Park

Chauds, arides et poussiéreux, les 900 km² du **Karoo National Park** (☎023-415 2828 ; www.sanparks.org ; N1 ; adulte/enfant 240/120 R ; ⏲7h-18h avr-sept, 6h-19h oct-mars) mêlent paysages spectaculaires et végétation typique du Karoo. On y croise des zèbres, des springboks, des koudous et des bubales roux du Cap, sans oublier les damans des rochers (des petits mammifères ressemblant à des rongeurs). Des lions y ont été réintroduits, et vous apercevrez peut-être des rhinocéros noirs.

La faune est moins impressionnante que dans certains parcs nationaux plus au nord, mais les amateurs de paysages se régaleront. Ne manquez pas le **col de Klipspringer**, où vous apercevrez sans doute la petite antilope qui a donné son nom à la route.

Les deux petits sentiers de randonnée (environ 1 km chacun) qui se trouvent près du camp de repos (*rest camp*) peuvent se parcourir sans guide ; le sentier des fossiles de 400 m est accessible aux personnes en fauteuil roulant. Des marches guidées matinales sont proposées (220 R). Quant au Pointer Trail, il s'agit d'un parcours de 12 km qui doit être effectué en compagnie d'un guide.

L'hébergement se fait dans l'agréable **camping** (empl à partir de 265 R) ou dans des **cottages** (2 pers à partir de 1 250 R ; Ⓟ❄) de style hollandais du Cap – deux d'entre eux sont accessibles en fauteuil roulant.

Le camp de repos comprend un **restaurant** (plats 70-140 R ; ⏲7h-10h et 18h-21h ; Ⓟ) et un petit magasin vendant le strict nécessaire. Si vous souhaitez préparer vos repas, prévoyez de faire des courses à Beaufort West.

La route reliant l'entrée au camp est goudronnée, tout comme la boucle d'observation des animaux de 12 km. Le Potlekkertjie Loop, long de 45 km, est une piste de cailloux, mais on peut l'emprunter avec un véhicule ordinaire.

WEST COAST ET SWARTLAND

Le littoral balayé par les vents et les montagnes désolées de l'ouest du Cap-Occidental constituent un éden vierge et paisible. Vous découvrirez des petits villages de pêcheurs aux maisons blanches, des plages immaculées, une lagune, des marais débordant d'oiseaux, des villes fascinantes et l'une des meilleures zones de randonnée du pays.

Le West Coast National Park ravira les passionnés d'ornithologie, de faune marine, de fleurs sauvages et de baleines, qui se montrent en saison. À l'intérieur des terres, s'étendent les terres fertiles de la vallée de l'Olifants, où les vergers d'agrumes et les vignes poussent au pied des montagnes de Cederberg – un paradis pour la randonnée. Cette zone isolée renferme des formations rocheuses spectaculaires et quantité de peintures rupestres san.

Entre la côte et les montagnes s'étendent le Swartland, des collines ondoyantes plantées de blé et des vignes. Le Swartland ("pays noir") doit son nom au *renosterveld,* une végétation endémique menacée qui prend une couleur gris foncé en été.

Darling

☎022 / 1100 HABITANTS

Paisible bourgade de campagne, Darling est surtout connue grâce à l'acteur-satiriste local Pieter-Dirk Uys, ou plutôt à son alter ego Evita Bezuidenhout (voir ci-contre). Toutefois, les raisons de visiter la ville se sont multipliées ces dernières années, et Darling est devenue une destination gastronomique de premier ordre.

Des domaines viticoles établis de longue date proposent des dégustations souvent plus décontractées que celles des Winelands. La région est aussi réputée pour ses olives. Le centre-ville compte de nombreuses fromageries, charcuteries et confiseries spécialisées entre autres dans le toffee (bonbon au goût caramel) – sans oublier, à la périphérie de la ville, la célèbre brasserie qui a joué un rôle de premier plan dans le développement culinaire de Darling.

L'**office du tourisme** (☎022-492 3361 ; www.hellodarling.org.za ; angle Hill St et Pastorie St ; ⏲9h-13h et 14h-16h lun-jeu, 9h-13h et 14h-15h30 ven, 9h-17h sam-dim) se trouve dans le musée municipal.

Darling Brewery BRASSERIE

(☎079 182 9001 ; www.darlingbrew.co.za ; 48 Caledon St ; dégustation à partir de 10 R ; ⏲9h-17h mar-jeu, 10h-21h ven-sam, 10h-16h dim ; P🚻). La brasserie de Darling est l'une des plus célèbres du pays. Elle fabrique une grande variété de bières, y compris la première bière africaine au bilan carbone neutre. Vous pourrez les goûter dans la joyeuse salle de dégustation qui domine la brasserie. Le restaurant (plats 60-160 R) sert une cuisine de bar haut de gamme utilisant les produits de différents producteurs de la ville.

Groote Post DOMAINE VITICOLE

(☎022-492 2825 ; www.grootepost.com ; dégustation 30 R, safari en voiture de 2 heures adulte/enfant 245/95 R ; ⏲10h-16h ; P🚻). De toutes les propriétés viticoles de Darling, Groote Post est la plus intéressante, avec ses safaris, ses promenades nature, son fantastique **restaurant** (plats 110-150 R ; ⏲12h-14h30 mer-dim) et, bien sûr, les dégustations gratuites de ses excellents chardonnay et sauvignon blancs. Situé à 7 km en bordure de piste, en retrait de la R307. Réservation recommandée pour le restaurant et les safaris.

Darling Lodge GUESTHOUSE $$

(☎022-492 3062 ; www.darlinglodge.co.za ; 22 Pastorie St ; s/d avec petit-déj 850/980 R ; 📶🏊). Un endroit élégant et décoré avec créativité. Les chambres portent des noms d'artistes locaux, dont les œuvres ornent les murs. Jardin charmant, parfait pour se détendre.

♥ **Evita se Perron** CABARET

(☎022-492 2851 ; www.evita.co.za ; Old Darling Station, 8 Arcadia St ; billet 165 R, buffet 135 R ; ⏲14h et 19h sam, 14h dim). Le nom de ce cabaret installé dans une gare désaffectée est à la fois un hommage à Evita Peron et un jeu de mots, Perron signifiant "quai de gare" en afrikaans. Même si d'autres artistes y sont programmés, le lieu présente principalement les one-(wo)man-show du célèbre acteur-satiriste Pieter-Dirk Uys. À travers le personnage d'Evita Bezuidenhout, une Afrikaner mondaine et haute en couleur, l'artiste touche à tous les sujets, sans aucun tabou : de la vie politique sud-africaine à l'histoire et à l'écologie, sans omettre le lourd passé du pays en matière raciale. Evita jouit d'un tel statut en Afrique du Sud qu'elle a même eu l'honneur de rece-

> **100% LOCAL**
>
> **À L'AFFÛT DES FLEURS SAUVAGES**
>
> Si le Swartland est revêtu d'une végétation grise en été, il se pare de ses plus belles couleurs en août et en septembre, lorsque le veld se couvre de fleurs sauvages. En saison, vous pourrez surveiller l'évolution de la floraison au jour le jour en appelant la **Flower Hotline** (☎072-938 8186).

voir en 1994 le nouveau président Mandela dans son programme télévisé ! Bien qu'ils comportent des bribes d'afrikaans, ces spectacles drôles et mordants sont joués à 99% en anglais.

Même si vous n'assistez pas au spectacle, le complexe vaut amplement la visite, avec son jardin de sculptures d'inspiration politique, et quelques intéressants souvenirs de la période de l'apartheid. Le kitschissime **Theater Restaurant** (plats 45-65 R ; ⏲10h-16h mar-dim) sert une cuisine traditionnelle. Un repas sous forme de buffet y est proposé lors des spectacles.

Uys a aussi fondé Darling Trust (www.thedarlingtrust.org) pour soutenir les communautés pauvres du Swartland, en intervenant dans les domaines de l'éducation et de la santé. La boutique d'art et d'artisanat **A en C Shop** propose également sur place perles, vêtements, peintures et souvenirs en lien avec la grande Evita.

Depuis/vers Darling

Darling se situe à 90 km au nord du Cap, sur la magnifique R27. Un bus **Golden Arrow** (☎0800 656 463 ; www.gabs.co.za) quitte Le Cap (Cape Town) à 17h ; le bus retour part de Darling à 5h.

West Coast National Park

Ce **parc** (☎022-772 2144 ; www.sanparks.org/parks/west_coast ; adulte/enfant 105/52 R, août-sept (saison des fleurs) 220/110 R ; ⏲7h-19h) de 31 000 ha englobe la **lagune de Langebaan**, dont les eaux cristallines sont propices à la baignade et à la navigation. Il comprend aussi des marais où d'importantes colonies d'oiseaux marins viennent nidifier. Les échassiers affluent en grand nombre l'été, notamment le cocorli.

Le parc est également renommé pour ses fleurs sauvages, qui parent le paysage de couleurs spectaculaires ; il est plus pratique de venir les contempler ici qu'à Namakwa. Elles fleurissent généralement d'août à septembre ; il peut y avoir foule à cette période, et le prix d'entrée augmente.

À côté des plages de sable blanc et des eaux turquoise de l'océan et de la lagune, le grand atout du parc reste sa petite fréquentation. Si vous venez en semaine (et en dehors des vacances scolaires), il vous arrivera de partager les routes avec les seuls zèbres, autruches et les éventuelles tortues-léopards.

En plus des cinq cottages gérés par le parc, dont le plus agréable est le **Jo Anne's Beach Cottage** (www.sanparks.org ; cottages à partir de 1 380 R ; P), plusieurs hébergements privés existent, notamment des **habitations flottantes** (☎076 017 4788 ; www.kraalbaailuxuryhouseboats.com ; Kraalbaai ; bateau 6 personnes 2 530 R) amarrées à Kraalbaai.

♥ **Duinepos Chalets** CHALETS $$
(☎022-707 9900 ; www.duinepos.co.za ; chalet s/d/qua à partir de 782/1 135/1 488 R ; P). De jolis chalets lumineux, modernes et bien équipés, au cœur du parc. Un excellent poste d'observation des oiseaux. Petite piscine commune.

Geelbek Visitor's Centre & Restaurant SUD-AFRICAIN $$
(☎072 698 6343 ; plats 95-165 R ; ⏲9h-17h ; P). Menu varié de plats traditionnels. L'établissement, qui fait aussi office de centre d'information pour le parc, vous aidera à louer un hébergement.

Langebaan

☎022 / 8 300 HABITANTS

Admirablement située au-dessus de la lagune de Langebaan, cette station balnéaire est très appréciée des Sud-Africains. Assez étendue, elle permet néanmoins de s'isoler assez facilement. Les sports aquatiques sont à l'honneur, notamment le kitesurf et la planche à voile sur la lagune. La ville bénéficie de magnifiques points de vue sur le soleil couchant, et de quelques belles plages. La meilleure est **Langebaan Beach**, particulièrement appréciée des baigneurs et située en ville. Langebaan constitue une bonne base pour explorer le West Coast National Park.

♥ **West Coast Fossil Park** SITE ARCHÉOLOGIQUE
(☎022-766 1606 ; www.fossilpark.org.za ; visite guidée adulte/enfant 100/50 R, entrée seule adulte/adulte 30/20 R ; ⏲9h-15h ; P). Ce parc de fossiles, sur la R45, à 16 km de Langebaan, montre notamment le premier ours découvert au sud du Sahara, des tigres à dents de sabre, des chevaux à trois orteils et des petites girafes. Des circuits passionnants partent toutes les heures, de 10h à 15h (13h le week-end), pour rejoindre

les sites de fouilles – qui comptent parmi les plus riches en fossiles du monde. Vous trouverez aussi sur place de quoi vous adonner au VTT, des circuits de randonnée, et un café-boutique.

Cape Sports Center SPORTS NAUTIQUES
(☎022-772 1114 ; www.capesport.co.za ; 98 Main Rd). Langebaan est la Mecque des sports nautiques, notamment la planche à voile et le kitesurf. Cette sympathique agence propose des cours de kitesurf (2 heures 950 R) et de planche à voile (2 heures, 950 R), elle loue également des planches de surf et des paddles, ainsi que des kayaks (495/395/395 R par jour).

Où se loger

Friday Island B&B $$
(☎022-772 2506 ; www.fridayisland.co.za ; Main Rd ; s/d 600/880 R ; 📶). Un établissement du front de mer très prisé, avec des chambres lumineuses et un personnel souriant. Les chambres avec mezzanine, équipées d'une terrasse donnant sur la mer, sont particulièrement attrayantes (s/d 900/1 380 R). Le restaurant (plats 75-180 R), très fréquenté, sert des produits de la mer, des burgers, des steaks et des petits-déjeuners économiques.

Farmhouse Hotel HÔTEL $$
(☎022-772 2062 ; www.thefarmhousehotel.com ; 5 Egret St ; ch avec petit-déj à partir de 1 100 R ; P❄📶🏊). L'hôtel le plus ancien de Langebaan trône sur une colline dominant la baie, avec vue sur de somptueux couchers de soleil. Chambres spacieuses. Le restaurant (plats 95-190 R) pratique des prix raisonnables et le menu est inventif. L'hôtel compte également des cottages (www.kitequarters.co.za) indépendants conçus pour les amateurs de kitesurf.

Où se restaurer et prendre un verre

Die Strandloper PRODUITS DE LA MER $$$
(☎022-772 2490 ; www.strandloper.com ; buffet 310 R ; ⌚12h-16h et 18h-22h déc-jan, 12h-16h ven-dim, 18h-22h ven fév-nov). La West Coast dans toute sa splendeur : *braai* de 10 plats de poisson et fruits de mer à déguster directement sur la plage de Langebaan. À noter encore le pain frais et le *moerkoffie* (café fraîchement moulu) à volonté, sans oublier le crooner local qui circule entre les tables en grattant sa guitare. Possibilité d'apporter sa boisson ou de commander au bar, d'où le point de vue est superbe. Réservation fortement conseillée.

Ginja Beanz CAFÉ
(☎022-772 2221 ; www.ginjabeanz.co.za ; 17 Waterfront Sq, Suffren St ; ⌚8h-16h lun-ven, 9h-15h sam). Cet endroit très fréquenté sert les excellents cafés de l'unique torréfacteur de Langebaan, Wings, ainsi que le Black Insomnia – le café le plus fort que nous ayons goûté ! Burgers, salades et sandwichs au menu.

WEST COAST NATIONAL PARK

Pourquoi y aller Facilement accessible depuis Le Cap ; magnifique panorama côtier ; observation des oiseaux toute l'année ; kayak sur la lagune ; observation de petites espèces animales sur des routes souvent peu fréquentées ; fleurs sauvages spectaculaires au printemps.

Quand partir Le parc est à son zénith en août-septembre, au moment de la floraison (c'est aussi la période la plus prisée des visiteurs). La saison des pluies court de mai à août.

Informations pratiques Venez par la route depuis Le Cap (120 km) ou Langebaan (7 km). Le parc est ouvert de 7h à 19h (7h-18h avril-août). Le prix du billet double durant la saison des fleurs (août-septembre).

Faire des économies Si vous souhaitez visiter plusieurs parcs nationaux, envisagez d'acheter la Wild Card (p. 634).

Renseignements

Centre d'information touristique (☎022-772 1515 ; 120 Oostewal Rd ; ⌚9h-17h lun-ven, 9h-14h sam-dim)

Depuis/vers Langebaan

Langebaan se situe à environ 1 heure 30 de route au nord du Cap (Cape Town).

Des **taxis collectifs** (Oostewal Rd) partent du parking du OK Mart pour Le Cap (110 R, 2 heures). Les bus **Elwierda** (☎021-557 9002 ; www.elwierda.co.za) desservent régulièrement Le Cap (150 R, 2-3 heures) – il est impératif de réserver la veille.

Paternoster

☎022 / 2 000 HABITANTS

Paternoster est une petite ville charmante. C'était il y a quelques années le dernier village traditionnel de pêcheurs de la West Coast, un petit groupe de maisons chaulées se détachant sur la mer. Aujourd'hui, il suscite la convoitise des habitants du Cap et des étrangers fortunés en quête de résidence secondaire, en raison de ses eaux paisibles (quoique très fraîches), de son immense plage peu fréquentée, et de ses charmants hôtels et restaurants.

L'**office du tourisme** (☎022-752 2323 ; Fish Market, Seeduiker St ; ⏲9h-17h lun-jeu, 9h-14h ven-dim) se trouve au marché aux poissons, face à la plage.

Cape Columbine Nature Reserve RÉSERVE NATURELLE
(☎022-752 2718 ; adulte/enfant 29/20 R ; ⏲7h-19h). À 3 km au sud de Paternoster par une route de gravier, s'étend cette réserve balayée par les vents, mais incroyablement belle. Il y a des emplacements de camping (empl 167 R) avec des équipements rudimentaires à Tieties Bay. Vous pourrez monter dans la **tour du phare** (☎021-449 2400 ; adulte/enfant 16/8 R ; ⏲10h-15h lun-ven, mai-sept sur rdv ; P) et loger dans d'anciens cottages de gardien rénovés (d à partir de 650 R).

!KHWA TTU

!Khwa ttu (☎022-492 2998 ; www.khwattu.org ; rte 27; circuit 160 R ; ⏲9h-17h, circuit 10h et 14h ; P) est le seul centre culturel du Cap-Occidental dont les propriétaires et gérants sont san. Logé sur les terres ancestrales des San, il se situe dans une réserve naturelle de 850 ha. Parmi les circuits proposés figurent une promenade naturaliste, qui permet de mieux découvrir la culture san, et un circuit en voiture, avec de bonnes chances d'apercevoir des zèbres, des autruches et diverses variétés d'antilopes. La réserve est sillonnée de plusieurs sentiers de randonnée et de VTT, et abrite un très bon magasin de souvenirs hébergeant les œuvres d'artistes san. Un musée était en construction lors de notre dernière visite.

Le restaurant de la réserve est ouvert pour le petit-déjeuner et le déjeuner. Les hébergements comprennent un camp rudimentaire dans la brousse (325 R/pers) et une pension (d 1 760 R). En retrait de la R27, à 70 km au nord du Cap.

Où se loger et se restaurer

Paternoster Lodge GUESTHOUSE $$
(☎022-752 2023 ; www.paternosterlodge.co.za ; 64 St Augustine Rd ; s/d avec petit-déj 950/1 340 R ; P 📶). Cet établissement lumineux propose sept chambres minimalistes avec vue sur la mer, à un excellent rapport qualité/prix. Le restaurant (plats 95-190 R) ouvert toute la journée bénéficie d'une brise agréable. Depuis la terrasse, vous verrez les pêcheurs rapporter leurs prises.

Abalone House GUESTHOUSE $$$
(☎022-752 2044 ; www.abalonehotel.co.za ; 3 Kriedoring St ; d à partir de 6 000 R ; ❄📶🏊). Une pension 5 étoiles dotée de chambres décorées de façon artistique, d'un Jacuzzi sur le toit-terrasse, d'une petite piscine et d'un centre de remise en forme. Ouvert aux non-résidents, le restaurant (plats 145-210 R) fait partie d'une petite chaîne chic, lancée par le célèbre chef sud-africain Reuben Riffel.

Voorstrandt Restaurant PRODUITS DE LA MER $$
(☎022-752 2038 ; www.voorstrandt.com ; Strandloperweg ; plats 75-185 R ; ⏲11h-21h ; P).De cette cahute rouge et verte, vous pourrez sauter directement dans le sable. L'établissement est spécialisé dans les produits de la mer.

Elands Bay

☎022 / 1 500 HABITANTS

Elands Bay est un bel endroit au charme sauvage, où la montagne rejoint une lagune fréquentée par d'innombrables oiseaux – un lieu incontournable pour les amateurs d'ornithologie. C'est aussi un spot de surf réputé, un paradis pour *goofys* (surfeur posant le pied droit à l'avant de la planche), avec des gauches extrêmement rapides et de toutes tailles. Quelques établissements proposent des planches à louer, et vous pourrez trouver des cours de surf en haute saison (décembre-janvier).

Côté hébergement, quelques maisons de vacances indépendantes sont disponibles à la location. L'**Elands Bay Hotel** (☎022-

972 1640 ; www.elandsbayhotel.co.za ; Hunter St ; empl camping 250 R, dort 180 R, s/d avec petit-déj 400/600 R ; P) s'adresse aux voyageurs à petit budget.

La ville ne compte que deux restaurants, tous deux dans la partie nord du village : celui de l'hôtel (plats 65-130 R) et le **Wit Mossel Pot** (082-490 8031 ; @witmosselpot ; Strand St ; plats 75-160 R ; 9h-18h mar-jeu, 9h-21h ven-sam, 9h-16h dim), restaurant-boutique de surf décontracté et sans prétention, décoré de bric et de broc. Vous trouverez aussi un supermarché.

Crayfish Trail RANDONNÉE

(083 553 9107 ; www.crayfishtrail.co.za ; à partir de 2 250 R/jour). Cette excursion en mode "slackpacking" (randonner sans porter son sac ni camper) permet d'explorer une partie peu connue de la West Coast. D'une durée de 5 jours, elle commence à 16 km au sud d'Elands Bay et remonte sur 61 km jusqu'à Doring Bay, sur un terrain majoritairement plat. Pour ceux qui n'ont pas le temps d'en faire la totalité, la version courte de 2 jours propose une sorte de "best of" des lieux remarquables. Le tarif comprend la nourriture, l'hébergement, les guides et le transport des bagages.

Cederberg Wilderness Area

La rude **Cederberg Wilderness Area** (027-482 2403 ; www.capenature.co.za ; adulte/enfant 50/30 R) présente certains des plus beaux paysages du Cap-Occidental. Des pics escarpés atteignant 2 000 m d'altitude abritent d'étranges formations rocheuses, des peintures rupestres san bien conservées et des cours d'eau limpides. La région est particulièrement propice à la randonnée et à l'escalade.

Même si cette zone protégée n'est pas spécialement réputée pour sa faune, vous y apercevrez peut-être un babouin ou une petite antilope sautillant de roche en roche. Des léopards furtifs rôdent la nuit, mais il est très difficile de les voir. La région est en revanche célèbre pour sa végétation. Le *fynbos* de montagne (végétation de buissons à feuilles fines) domine, et les fleurs sauvages transforment totalement le paysage au printemps. La flore varie selon l'altitude. Les cèdres, qui ont donné leur nom à la région, poussent entre 1 000 et 1 500 m. C'est le seul endroit au monde où pousse le rooibos ("brousse rouge"), la plante que l'on sert en infusion dans le monde entier.

Un vaste réseau de sentiers sillonne les montagnes. La **Maltese Cross** et la **Wolfberg Arch**, parmi les plus fameuses formations rocheuses de la région, figurent au programme de deux randonnées très prisées. La première consiste en une marche relativement facile de 3 heures, tandis que la seconde est une rude expédition d'une journée, avec des sections très abruptes. D'autres parcours incluent des cascades, des piscines naturelles et des œuvres d'art rupestre.

Après plusieurs années de fermeture pour permettre à la végétation de reprendre suite à des incendies, le sentier de la Wolfberg Arch a rouvert.

Toute randonnée requiert un permis. En basse saison, vous pouvez le récupérer directement au camping **Algeria** (027-482 2403 ; www.capenature.co.za ; empl camping 300 R, chalet/cottage à partir de 580/800 R), mais pendant les vacances scolaires, mieux vaut le réserver par l'intermédiaire de CapeNature (p. 162), le nombre de randonneurs étant limité. Les groupes ne peuvent excéder 12 personnes et, par sécurité, un minimum de deux adultes est imposé.

Stadsaal Caves SITE HISTORIQUE

(adulte/enfant 50/30 R). Jadis habitées par les San, ces grottes de grès sont splendides au crépuscule. Commencez par visiter le site rupestre, sur la droite après l'entrée, puis explorez le réseau de grottes, ponctué de points de vue magnifiques. Permis disponibles à Sanddrif (p. 187) (ferme Dwarsrivier).

HORS DES SENTIERS BATTUS

BIRD ISLAND

Située à tout juste 100 m du continent, **Bird Island** (027-432 1672 ; www.capenature.co.za ; Lambert's Bay Harbour ; adulte/enfant 50/30 R ; 7h-18h) constitue un important site de reproduction du fou du Cap. Par ailleurs, vous y apercevrez probablement des otaries à fourrure du Cap. L'île est accessible à pied, via un brise-lames. Sur place, vous trouverez un point d'observation des oiseaux et quantité de panneaux informatifs.

CEDERBERG WILDERNESS AREA

Pourquoi y aller Paysages spectaculaires ; randonnées en montagne d'une durée allant de quelques heures à quelques jours ; peintures rupestres très anciennes ; fermes auberges isolées ; observation des étoiles.

Quand partir Le printemps (septembre-novembre) est la meilleure période, avec des températures idéales et des fleurs sauvages en pleine floraison. Certaines journées d'été (décembre-février) peuvent s'avérer caniculaires, tandis que le thermomètre affiche souvent moins de zéro en hiver (juin-août).

Informations pratiques Le parc compte uniquement des routes de gravier. L'accès principal se fait par une route publique, donc gratuite. En général, l'entrée payante s'applique uniquement aux visiteurs participant à des activités.

Faire des économies Avec sa profusion de campings et d'aires de *braai* (barbecue), cette région permet un séjour bon marché.

Depuis/vers la Cederberg Wilderness Area

Accessible par Citrusdal, Clanwilliam et la N7 via des routes de gravier, la chaîne du Cederberg se dresse à 200 km du Cap. Vous pouvez aussi arriver par la R303 via Ceres sur le flanc oriental ; cet itinéraire évite les descentes vertigineuses, mais la route est cahoteuse.

Il faut environ 1 heure en voiture pour Algeria depuis Clanwilliam. Algeria n'est pas indiqué en venant de Clanwilliam : suivez la route de gravier (plutôt cahoteuse) au-dessus du barrage, en direction du sud. Algeria, indiqué en venant par la N7, est à 30 minutes de la route principale – c'est aussi une route de gravier, mais en bon état.

Malheureusement, aucun transport public ne dessert les montagnes.

Citrusdal et ses environs

022 / 7 200 HABITANTS

Bonne base pour explorer le Cederberg Wilderness Area (p. 185), cette bourgade se couvre de fleurs sauvages en août et septembre, l'une des meilleures périodes pour la randonnée. Explorez les alentours et laissez-vous envoûter par la beauté des paysages.

Où se loger et se restaurer

Ukholo Lodge AUBERGE DE JEUNESSE $

(022-921 3988 ; www.ukholo-lodge.co.za ; camping/dort/d 100/200/700 R ;). Les chambres sont élégantes, l'espace ne manque pas pour planter sa tente et il y a des sanitaires partout. Parmi les activités proposées : descente en chambre à air (tubing) de la rivière voisine ou randonnée dans les montagnes. L'établissement se trouve à 21 km de Citrusdal, sur la N7 en direction de Clanwilliam.

Beaverlac CAMPING $

(022-931 2945 ; www.beaverlac.co.za ; Beaverlac Nature Reserve ; voiture 30 R, camping 65/40 R par adulte/enfant, gîte à partir de 270 R). Ce merveilleux camping installé dans une vallée à l'ombre des pins possède des gîtes rudimentaires, des bassins naturels où nager, et un fascinant domaine à explorer. Les lieux ne sont pas ouverts aux non-résidents. Réservation obligatoire. Les règles et les interdictions sont nombreuses (pas de musique, notamment), mais le décor en vaut la peine.

Baths COMPLEXE THERMAL $$

(022-921 8026 ; www.thebaths.co.za ; camping 100 R, chalet pour 2 pers à partir de 900 R ;). Superbement installé sur un site boisé appuyé à des pics escarpés, ce centre thermal regroupe des piscines découvertes et plusieurs bains à vapeur privatifs, avec une eau jaillissant à 43°C. Réservation impérative pour les visites en journée (adulte/enfant 100/50 R) et pour les nuits sur place. Hébergement moins cher du dimanche au jeudi. Bien indiqué, à 18 km de Citrusdal.

Cederkloof Botanical Retreat COTTAGES $$

(022-300 0118 ; www.cederkloof.co.za ; Baths Rd ; cottage 2 pers 1 250 R ;). Ces paisibles cottages, simples mais bien équipés, jouissent d'un cadre superbe et riche en flore endémique. Chacun dispose d'un Jacuzzi alimenté par une source souterraine. Des petits sentiers de randonnée parcourent le domaine, et les propriétaires avaient pour projet d'aménager des terrasses pour contempler les étoiles lors de notre dernier passage. Tarifs nettement plus bas en semaine.

Hebron FUSION $$

(☎022-921 2595 ; www.hebron.co.za ; col de Piekenierskloof, N7 ; plats 65-180 R ; ⊙9h-17h mer-dim, 19h-22h mer, jeu et sam ; P). Bien qu'il ne paie pas de mine, ce petit établissement perché en haut du col de Piekenierskloof sert une cuisine succulente. Les plats, comme le falafel aux petits pois ou la crème brûlée au safran, ne manquent pas d'originalité. Il s'agit d'une étape de la Rooibos Route ; le menu comprend donc des scones ou encore des milk-shakes au rooibos. Une boutique vend des feuilles de rooibos à infuser.

Renseignements

Citrusdal Tourism (☎022-921 3210 ; www.citrusdal.info ; Kerk St ; ⊙9h-16h30 lun-ven, 9h-13h sam)

Depuis/vers Citrusdal

Les bus Intercape font halte à la station-service Caltex, à 6 km en dehors de la ville, sur la N7. Ils desservent notamment Le Cap (520 R, 3 heures) et Springbok (390 R, 5 heures 30).

Une belle route panoramique, la R303, franchit le col de Middelberg pour rejoindre le Koue Bokkeveld et une superbe vallée dominée par le col de Gydo. La route secondaire qui traverse la Wilderness Area est également splendide.

Clanwilliam et ses environs

☎027 / 7 700 HABITANTS

Le barrage et les pistes accidentées qui sillonnent le Cederberg Wilderness Area (p. 185) ont fait de cette ville compacte un lieu de villégiature très prisé le week-end. Le barrage est apprécié des amateurs de ski nautique, même si des projets de rehaussement de l'édifice pourraient modifier sensiblement le paysage de la région.

Clanwilliam est le centre de l'industrie du rooibos ("brousse rouge"). Ce "thé" est fabriqué à partir des feuilles de la plante *Aspalathus linearis*, qui pousse uniquement dans la région du Cederberg. Le rooibos ne contient pas de théine et peu de tanin, et on lui prête des vertus curatives. Par ailleurs, les propriétaires de la **Rooibos Teahouse** (☎027-482 1007 ; www.rooibos-teahouse.co.za ; 4 Voortrekker St ; ⊙8h-17h30 lun-ven, 8h-14h sam ; P), en ville, ont créé la Rooibos Route (www.rooibos-route.co.za), un circuit qui comprend des restaurants, des exploitations de thé et des hébergements mettant en valeur le principal produit d'exportation de la région.

À NE PAS MANQUER

DWARSRIVIER FARM

Située en plein cœur du Cederberg, cette ferme constitue une excellente base pour la **randonnée** – le départ des randonnées de Wolfberg Arch et de Maltese Cross se fait à proximité. **Sanddrif** (☎027-482 2825 ; www.sanddrif.com ; Dwarsrivier Farm ; empl camping 220 R, chalet 4 pers 920 R) offre aussi bien des emplacements ombragés près de la rivière que des cottages avec patio donnant sur les montagnes. Sur place, ne manquez pas la **Cederberg Winery** (le sauvignon blanc est excellent) et la microbrasserie. Vous trouverez aussi un remarquable **observatoire astronomique** (www.cederbergobs.org.za ; don apprécié ; ⊙20h sam), non loin.

Pour vous rendre à Dwarsrivier, prenez l'embranchement pour Algeria depuis la N7. De là, une route de gravier serpente vers les montagnes : Dwarsrivier se trouve à 46 km de la N7.

À voir

Sevilla Rock Art Trail SITE HISTORIQUE

(www.travellersrest.co.za ; permis 40 R). Cette randonnée relativement facile de 5 km est ponctuée de neuf sites d'art rupestre san. Le prix du permis comprend une brochure contenant des informations permettant d'interpréter les peintures et une brève histoire des San. Le sentier est accessible depuis le Traveller's Rest, à 36 km de Clanwilliam, en direction du Bushmans Kloof.

Cedarberg African Travel CIRCUITS GUIDÉS

(☎027-482 2444 ; www.cedarberg-travel.com ; à partir de 2 650 R/pers). Cet organisme propose des excursions de 3 jours dans la Cederberg Wilderness Area (p. 185) en compagnie de guides locaux, avec hébergement dans des villages de missionnaires sur le trajet. Le troisième jour, choisissez la charrette tirée par des ânes, un moyen amusant de conclure le circuit.

Où se loger et se restaurer

Lebanon Citrus CAMPING $

(☎027-482 2508 ; www.lebanon.co.za ; camping empl 340 R, bungalow de 2 pers à partir de 480 R ;

(P). Admirablement situé à la lisière du barrage, ce camping dispose d'emplacements pour les tentes et de charmants bungalows en bois, ainsi que d'une vue splendide sur le Cederberg (p. 185). Randonnées à pied et à cheval disponibles. Une route de 28 km, gravillonnée pour l'essentiel, y conduit depuis Clanwilliam.

Daisy Cottage COTTAGE $
(☎ 027-482 1603 ; 13 Foster St ; s/d 450/700 R ; P). Dans une rue tranquille à proximité du centre-ville, cet adorable cottage coiffé de chaume, pourvu d'un jardin splendide, possède deux chambres, plus un canapé-lit.

♥ **Bushmans Kloof** HÔTEL DE LUXE $$$
(☎ 027-482 8200 ; www.bushmanskloof.co.za ; s/d en pension complète à partir de 4 660/7 900 R ; P ❄ 📶 ≋). Réserve privée haut de gamme, à 46 km à l'est de Clanwilliam le long du col de Pakhuis, réputée pour ses peintures rupestres san et ses nombreux oiseaux et animaux. Les résidents se voient assigner un guide et peuvent participer à toutes sortes d'activités typiques de ce genre d'établissements, ou simplement savourer l'excellente cuisine du lieu.

ℹ Renseignements

L'**Information Centre** (☎ 027-482 2024 ; Main St ; ⏲ 8h30-16h30 lun-ven, 8h30-12h30 sam) est en face de l'ancienne prison, à présent musée de la ville.

ℹ Depuis/vers Clanwilliam

Les bus pour Citrusdal desservent Clanwilliam ; ils marquent l'arrêt à la **station-service Shell** (Augsburg Rd) en ville. Les taxis collectifs qui circulent entre Springbok (350 R, 5 heures) et Le Cap (190 R, 3 heures) passent par Clanwilliam. Pour réserver une place dans un taxi, contactez **Van Wyk's** (☎ 027-713 8559).

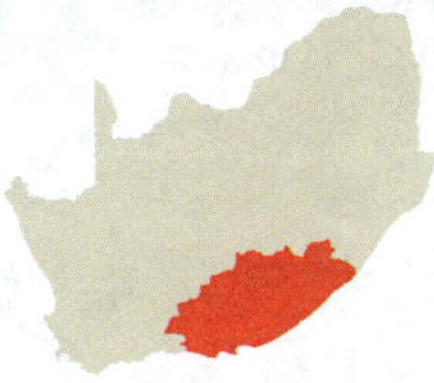

Cap-Oriental

Dans ce chapitre ➜

Le top des restaurants

- ➜ Edge Restaurant (p. 226)
- ➜ Albert Restaurant (p. 250)
- ➜ Remo's (p. 208)
- ➜ Decadent

Le top des hébergements

- ➜ Drostdy Hotel (p. 245)
- ➜ Prana Lodge (p. 230)
- ➜ Mdumbi Backpackers (p. 234)
- ➜ Die Tuishuise & Victoria Manor Hotel (p. 250)
- ➜ Edge Mountain Retreat (p. 226)

Pourquoi y aller

Des forêts tropicales aux étendues désertiques, du farniente aux aventures, le Cap-Oriental (Eastern Cape) offre une vaste gamme de paysages et d'expériences. Par rapport au Cap-Occidental, la province semble être un autre pays et permet de découvrir la culture xhosa. Certains des plus beaux chemins de randonnée et de *slackpacking* (randonnée sans sac) du pays y serpentent, le long d'un littoral sauvage et à travers des montagnes parsemées de cascades.

Réserves privées, parcs nationaux et régionaux abondent ; outre les Big Five (lion, léopard, buffle, éléphant et rhinocéros), vous pourrez voir des baleines et des dauphins lors de leurs migrations. Les villes du Karoo semi-aride sont tranquilles, tandis que les pics du Drakensberg et les vallées des Highlands sont idéaux pour le trekking. Le surf dans l'océan Indien se combine avec des découvertes culturelles le long de la Wild Coast. Enfin, l'histoire imprègne la région, dont l'héritage de certains de ses fils célèbres : Nelson Mandela, Oliver Tambo et Steve Biko.

Quand partir

Port Elizabeth

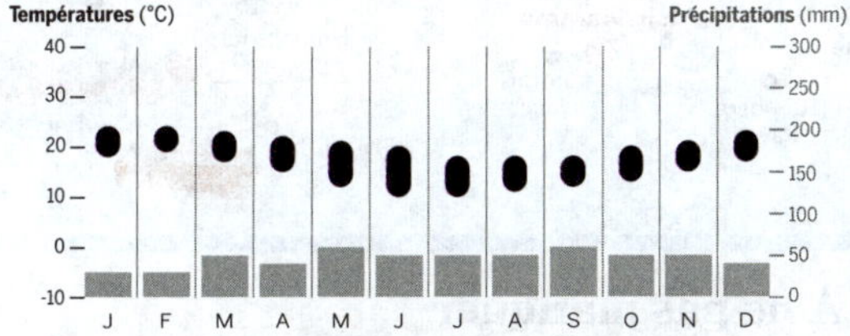

Avril C'est une bonne période pour l'observation de la faune ; les plages sont tranquilles.

Juillet Grand festival des Arts à Grahamstown et compétition internationale de surf à Jeffrey's Bay.

Sept-oct Il y a des fleurs sauvages partout et la chaleur est supportable au Karoo.

À ne pas manquer

1 Des randonnées le long des côtes et des plages isolées de la **Wild Coast** (p. 227), près de Coffee Bay et Port St Johns.

2 Un coucher du soleil dans la **Valley of Desolation** (p. 246) avec vue sur Graaff-Reinet et les plaines du Karoo.

3 L'observation des éléphants dans l'**Addo Elephant National Park** (p. 213).

4 Un moment de détente ou une marche en forêt jusqu'à des cascades de **Hogsback** (p. 225).

5 La voûte étoilée au-dessus de **Nieu Bethesda** (p. 247), avant-poste artistique du Karoo.

6 De la marche, du snorkeling et du tubing entre

les rivières tumultueuses et les arbres centenaires du **Garden Route National Park (secteur de Tsitsikamma)** (p. 192).

7 Une session de surf à **Jeffrey's Bay** (p. 198), réputée dans le monde entier pour ses vagues exceptionnelles.

8 La douce solitude de **Rhodes** (p. 241), village montagnard dans le sud du Drakensberg.

9 Le spectacle offert par le **sardine run** (p. 234), l'un des plus incroyables phénomènes marins de la planète.

Langues

Vous pouvez d'ores et déjà vous entraîner aux "clics", ou claquements de langue, caractéristiques du xhosa, l'idiome prédominant au Cap-Oriental. Les Blancs de la province parlent l'anglais et l'afrikaans.

Comment s'y rendre et circuler

Si la voiture reste le moyen de transport le plus pratique, des bus longue distance quadrillent la zone. Les principales compagnies de bus, dont **Greyhound** (☎021-418 4326, réservations 083 915 9000 ; www.greyhound.co.za), **Translux** (☎021-449 6209, 086 158 9282 ; res.prasa.com/translux/booking), **Intercape** (☎021-380 4400 ; www.intercape.co.za) et **City to City** (☎0861 589 282 ; www.citytocity.co.za), suivent l'itinéraire côtier entre Le Cap, Port Elizabeth et Durban, s'arrêtant à East London et Mthatha. Ils desservent aussi l'arrière-pays, reliant le Cap-Oriental à Bloemfontein, Johannesburg et Pretoria.

Les trains **Shosholoza Meyl** (☎0860 008 888, 011-774 4555 ; res.prasa.com/shosholozameyl/Booking) relient Port Elizabeth et East London à Johannesburg via Bloemfontein. Port Elizabeth, East London et Mthatha disposent d'aéroports.

Hors des sentiers battus, notamment sur la Wild Coast et dans les Highlands, les voyageurs qui utilisent les transports publics devront prendre des taxis collectifs pour rejoindre des destinations plus isolées. Les routes peuvent devenir impraticables après de fortes pluies. Certains endroits de la Wild Coast ne sont accessibles qu'à pied ou à cheval.

EST DE LA GARDEN ROUTE

Cette région comprend la lisière ouest de la côte du Cap-Oriental, un prolongement de la célèbre Garden Route (p. 153 ; route des Jardins), et, pour cette raison, c'est sans doute la partie la plus visitée de la province. Si le secteur de Tsitsikamma du Garden Route National Park est, à juste titre, célèbre, d'autres destinations moins connues, comme la Baviaanskloof Wilderness Area (p. 195), sont également dignes d'attention. Amoureux de la nature et amateurs de sports de plein air seront ici au paradis, avec d'innombrables activités au programme.

Garden Route National Park (secteur de Tsitsikamma)

Turbulentes rivières couleur café, ravins profonds et forêts épaisses : le secteur de Tsitsikamma du Garden Route National Park (☎042-281 1607 ; www.sanparks.org/parks/garden_route ; adulte/enfant 272/136 R ; ⏲6h-21h) s'étend sur 650 km² entre Plettenberg Bay et Humansdorp. Elle comprend aussi une réserve marine couvrant 80 km de côte. Un pont suspendu, long de 77 m, enjambe la Storms River Mouth près du camp éponyme (à ne pas confondre avec le village de Storms River), où plusieurs chemins de randonnée passent par des fourrés de fougères, de lys, d'orchidées, de *fynbos* (brousse) côtier et montagneux, de cladrastres et de *Sideroxylon inerme*. Des formations millénaires de grès et de quartz bordent les gorges et le rivage rocheux, tandis que baleines franches australes et dauphins s'ébattent dans l'océan.

L'insaisissable loutre à joues blanches, qui a donné son nom à l'Otter Trail (une randonnée de plusieurs jours), vit dans le parc, qui abrite également des babouins, d'autres singes, des petites antilopes et des rats des rochers. Parmi les nombreux oiseaux figure l'huîtrier de Moquin, une espèce menacée.

Activités

Bloukrans Bridge Bungee SAUT À L'ÉLASTIQUE
(carte p. 154 ; ☎042-281 1458 ; www.faceadrenalin.com ; saut à l'élastique 1 400 R ; ⏲8h30-16h45). Ce saut à l'élastique de 216 m est l'un des plus hauts (et des plus spectaculaires) au monde. Si vous n'êtes pas sûr d'avoir les nerfs assez solides, vous pouvez aussi marcher sous le pont, jusqu'au tremplin (150 R). Le site se trouve à 21 km à l'ouest de Storms River, directement sous la N2.

Untouched Adventures SPORTS D'AVENTURE
(☎073-130 0689 ; www.untouchedadventures.com ; sorties kayak et matelas pneumatiques 695 R, plongée 600 R, excursion snorkeling 440 R ; ⏲8h30-18h). Cette agence réputée propose des sorties très prisées en kayak et matelas pneumatique sur le Storms (3 heures). Également : plongée et snorkeling en excursion guidée dans la réserve marine du parc national (ces activités dépendent

GARDEN ROUTE NATIONAL PARK (SECTEUR DE TSITSIKAMMA)

Pourquoi y aller Le paysage montagneux, couvert de forêt, descend jusqu'à la côte rocheuse. Les activités comprennent kayak, tubing, équitation et saut à l'élastique ; les chemins de randonnée permettent des courtes balades et des treks de plusieurs jours.

Quand partir Juin et juillet sont les mois les plus secs, et leurs températures relativement douces perdurent jusqu'en août et septembre.

Informations pratiques Lo principal centre d'information du parc se situe au Storms River Mouth Rest Camp.

Faire des économies L'hébergement est moins cher à Storms River et Nature's Valley que dans les camps du parc. Depuis les hôtels de Storms River, vous pourrez rejoindre à pied les agences qui proposent des activités dans le parc. Si vous ne disposez pas d'une voiture, séjournez dans une auberge de jeunesse sur le trajet des bus Mzansi Experience, et organisez le transfert en navette jusqu'au parc plutôt que de prendre des taxis.

de la météo). Bureau près de la plage, dans le Storms River Mouth Rest Camp.

Randonnée

Si vous n'avez pas le temps de faire une grande randonnée de plusieurs jours, le parc offre aussi nombre d'itinéraires plus courts, allant de 1 à 4 km.

Otter Trail RANDONNÉE

(☎à Pretoria 012-426 5111 ; www.sanparks.org ; 1 450 R/pers). L'Otter Trail est l'une des randonnées les plus réputées du pays. Longeant la côte sur 45 km, de l'embouchure du Storms à Nature's Valley, cet itinéraire de 5 jours et 4 nuits implique la traversée à gué de plusieurs cours d'eau, et inclut de superbes parties du littoral. Il exige une bonne forme physique, car il comprend de nombreuses montées et descentes escarpées.

Les randonneurs passent la nuit dans des gîtes de six lits avec matelas (sans draps), réservoirs d'eau de pluie, *braai* (barbecue) et feu de bois. Le camping est interdit.

Réservez au moins 9 mois à l'avance (6 mois pour des dates flexibles). Toutefois, les annulations sont fréquentes et vous pouvez tenter votre chance, surtout si vous n'êtes que 2 ou 3 personnes. Si vous êtes seul, vous serez intégré dans un groupe afin de ne pas randonner en solitaire.

Tsitsikamma Mountain Trail RANDONNÉE

(carte p. 154 ; ☎042-281 1712 ; www.mtoecotourism.co.za ; 165 R/nuit). Ce chemin de 62 km commence à Nature's Valley et s'achève à Storms River, traversant forêts et monta-gnes dans l'arrière-pays. Le parcours complet dure 6 jours, mais vous pouvez faire une marche de 2, 3, 4 ou 5 jours, car chaque gîte possède son propre itinéraire d'accès. Porteurs, randonnées et pistes de VTT sont également disponibles.

Dolphin Trail RANDONNÉE

(☎042-280 3588 ; www.dolphintrail.co.za ; s/d 8 500/10 020 R). Idéal pour ceux qui ont les moyens et ne souhaitent ni porter un gros sac, ni dormir dans des gîtes. Cet itinéraire de 2 jours (17 km), relie le Storms River Mouth Rest Camp au Misty Mountain (p. 196), puis rejoint le Fernery Lodge & Chalets (p. 195) pour la dernière nuit. Réservez sur le site Internet au moins un an à l'avance !

Où se loger et se restaurer

Storms River Mouth Rest Camp CAMPING $$

(☎042-281 1607 ; www.sanparks.org ; empl camping à partir de 370 R, hutte/cottage/chalet à partir de 600/1 100/1 200 R ; P). Ce camp propose divers hébergements : gîtes forestiers, chalets, et cottages familiaux donnant sur l'océan. La plupart disposent de lits simples avec draps et, à l'exception des cases, d'une cuisine équipée et d'une salle de bains. L'embranchement vers le camp se situe sur la N2 entre Bloukrans Bridge et Storms River. De là, le camp est à 10 km.

Les prix ne comprennent pas le droit d'entrée du parc (adulte/enfant 272/136 R).

Cattle Baron GRILL $$

(☎042-281 1190 ; www.cattlebaron.co.za ; plats 70-245 R ; ⏲ 8h30-21h ;). À l'entrée du Tsitsikamma National Park, cette table prisée sert un vaste choix de produits de la mer et de viandes à des prix raisonnables, avec, en prime, une magnifique vue sur la côte. On y trouve aussi une petite boutique, et une terrasse avec une passerelle enjambant les rochers vers l'embouchure du fleuve.

ℹ Depuis/vers le Garden Route National Park (secteur de Tsitsikamma)

Aucun transport public ne dessert Storms River Mouth. Les bus Greyhound, Intercape, Translux et City to City s'arrêtent à Plettenberg Bay et au pont Storms River Bridge (également appelé Paul Sauer Bridge). Sur la ligne Le Cap-Port Elizabeth, le bus **Mzansi Experience** (☎021-001 0651 ; www.mzansi.travel) dessert les auberges de jeunesse de Storms River.

Hiking Trail Transfers (☎083 232 7655 ; www.ottertrailtransfers.co.za) propose le transfert des randonneurs sur l'Otter Trail et le Tsitsikamma Mountain Trail.

Storms River

☎042 / 1 670 HABITANTS

Charmant hameau arboré, Storms River jouit de bonnes infrastructures touristiques, en raison de sa situation dans le secteur de Tsitsikamma du Garden Route National Park, près du Bloukrans Bridge. Randonnées, tyroliennes, rafting : le lieu fera le bonheur des amateurs de plein air. Il constitue aussi une base agréable pour visiter la région située entre Le Cap et Port Elizabeth.

En arrivant par la route, ne confondez pas le village de Storms River avec l'embranchement, à 4 km à l'ouest, indiquant Storms River Mouth (Stormsriviermond, en afrikaans, embouchure du Storms), dans le parc.

À voir et à faire

Big Tree FORÊT

(adulte/enfant 12/8 R ; ⏲8h-17h mai-août, 8h-18h sept-avr ; 🅿). Juste à l'est du village, de l'autre côté de la N2, le vénérable Big Tree, un *yellowwood* (*Podocarpus latifolius*) haut de 36 m et vieux de quelque 800 ans, se dresse dans une forêt qui compte de nombreux ocoteas d'Afrique, *candlewoods* (*Pterocelastrus tricuspidatus*) et assegais (*Curtisia dentate*). Le Ratel Trail de 4,2 km commence ici, avec des panneaux décrivant les arbres de la forêt, l'une des mieux préservées d'Afrique du Sud.

Eeziscooter ACTIVITÉS DE PLEIN AIR

(☎079-143 3495, 060-860 5838 ; www.eeziscooters.co.za ; 111 Darnell St ; 595 R ; ⏲8h30-18h30). Ce prestataire propose des promenades en scooter électrique tout terrain à 2 ou 3 roues (1 heure 15) à travers le parc national de Tsitsikamma.

Tsitsikamma Canopy Tours SPORTS D'AVENTURE

(☎042-281 1836 ; www.stormsriver.com ; Darnell St ; tyrolienne à partir de 695 R, circuit guidé de la forêt en voiture et à pied à partir de 220 R ; ⏲8h-18h). Cette grosse compagnie est la branche la plus ancienne d'un réseau national de circuits dans la canopée. Perchées haut dans les arbres, dix tyroliennes (de 100 m pour la plus longue) sillonnent la forêt – pas de sensations fortes ici, mais plutôt une balade décontractée. Le circuit guidé de 3 heures (495 R avec déjeuner et entrée du parc) part toutes les 30 minutes, de 8h30 à 15h30. Des circuits guidés dans la forêt, en voiture ou à pied, sont également proposés.

Blackwater Tubing SPORTS D'AVENTURE

(☎079 636 8008 ; www.tubenaxe.co.za ; Darnell St ; demi-journée/journée à partir de 595/950 R ; ⏲sur réservation). L'**auberge de jeunesse Tube 'n Axe** (☎042-281 1757 ; camping/dort 120/210 R, d 700-760 R, tente safari 700 R ; 🅿📶) organise des descentes en tubing sur le Storms. Elles peuvent être annulées après de fortes pluies en raison des risques de crue. Renseignez-vous avant sur le niveau du fleuve ; en période d'étiage, vous marcherez presque autant que vous flotterez.

Tsitsikamma Falls Adventure SPORTS D'AVENTURE

(☎042-280 3770 ; www.tsitsikammaadventure.co.za ; Witelsbos ; 550 R ; ⏲9h-15h45). Découverte des gorges de la Kruis sur huit tyroliennes (jusqu'à 211 m de long). À 12 km à l'est de Storms River sur la N2.

Où se loger

Dans le village

Dijembe Backpackers AUBERGE DE JEUNESSE $

(☎042-281 1842 ; www.dijembebackpackers.com ; Formosa St ; camping/dort/d 120/160/500 R, tente safari 450 R ; 🅿📶). Cette auberge de jeunesse originale, dont le propriétaire est un amoureux de la nature, est faite en grande partie en bois recyclé. Deux dortoirs, deux chambres doubles avec salle de bains, et trois tentes safari.

Tsitsikamma Backpackers AUBERGE DE JEUNESSE $
(☎042-281 1868 ; www.tsitsikammabackpackers.co.za ; 54 Formosa St ; dort 220 R, d 720 R, avec sdb commune 620 R, tente safari 600 R ; P@). Hormis la façade en faux rondins, cette auberge ressemble à une coquette maison de banlieue. Les chambres impeccables sont ornées de draps fleuris et de tableaux, tandis que les tentes à deux lits sont en fait nichées sur des plateformes en bois, couvertes d'un toit. Cette auberge agréable, qui propose petit-déjeuner (60 R) et dîner (90 R), est dotée en outre d'un salon, d'un joli jardin, d'une cuisine bien équipée et d'un bar avec billard.

At the Woods GUESTHOUSE $$
(☎042-281 1446 ; www.atthewoods.co.za ; 43 Formosa St ; s/d avec petit-déj 1 050/1 400 R ; P). Cette pension stylée possède une touche bohème avec des céramiques sur les murs, des coussins colorés sur les lits et des meubles de jardin turquoise. Les chambres à l'étage ont un balcon en bois ; la n°6 est particulièrement spacieuse. Un choix sûr.

Tsitsikamma Village Inn AUBERGE $$
(☎042-281 1711 ; www.tsitsikammahotel.co.za ; Darnell St ; s/d avec petit-déj à partir de 950/1 350 R ; P). Dans ce drôle de village miniature, la plupart des chambres sont installées dans de jolis cottages à l'ancienne, avec porche privé, autour d'une pelouse soignée. Restaurant, bar, et terrain de jeu sont regroupés au centre de l'ensemble ; une microbrasserie est installée juste à côté.

Hors du village

Fernery Lodge & Chalets RESORT $$$
(carte p. 154 ; ☎042-280 3588 ; www.forestferns.co.za ; s/d avec petit-déj à partir de 1 800/2 600 R ; P). Au bord d'une falaise qui surplombe la gorge de la Sandrift River, le Fernery tire parti au maximum de son emplacement spectaculaire. De luxueux chalets et suites sont disséminés sur le site, un Jacuzzi est suspendu au-dessus du vide, et le restaurant, très cosy, est pourvu d'immenses baies vitrées. Randonnées, VTT et autres activités y sont proposés. L'accès se fait depuis la N2, par une route gravillonnée en bon état.

VAUT LE DÉTOUR

LA BAVIAANSKLOOF WILDERNESS AREA ET LA GAMTOOS VALLEY

Inscrite au patrimoine mondial de l'UNESCO, c'est l'une des plus vastes aires protégées d'Afrique du Sud. La **Baviaanskloof Wilderness Area** (Baviaanskloof Mega Reserve ; carte p. 154 ; ☎044-272 9908 ; www.baviaans.co.za ; 40 R ; aube-16h), abrite léopards, antilopes, buffles et zèbres de montagne du Cap, entre les monts Kouga et Baviaanskloof. Le domaine, qui se déploie entre les villes de Patensie et Willowmore, s'explore plus aisément en voiture (avec haute garde au sol), ou en circuit organisé par **Guarri Safari** (☎042-283 0739 ; www.facebook.com/baviaanskloofsafari ; Patensie ; journée entière avec déj 1-4 pers 2 900 R ; sur réservation). Avec une voiture classique, vous pourrez aussi parcourir la Gamtoos Valley, qui s'étend entre Loerie et Patensie, le long de la R331. Le joyau de la vallée est **Patensie**, charmante petite ville agricole entourée de grands vergers d'agrumes. Un lieu idéal pour se reposer quelques jours, non loin de la côte. Vous y trouverez un grand choix d'hébergements.

Parmi les plus recommandés, le **Tropical Eden Villas** (☎082 933 1400, 042-283 0801 ; www.patensieselfcatering.co.za ; Patensie ; villas à partir de 800 R ; P), loue quatre villas avec cuisine et jolie vue sur la campagne, tandis que le **Ripple Hill Hotel** (☎042-283 0625 ; www.facebook.com/ripplehillhotel ; Paul Ferreira St, Patensie ; s/d 450/650 R ; P) a des chambres rénovées, tout confort. Dans l'artère principale, le **Tolbos** (☎042-283 0437 ; www.tolbos.co.za ; Main Rd, Patensie ; plats 70-106 R ; 8h-16h ;), un excellent petit café à la carte alléchante, fait office de bureau d'informations touristiques.

Misty Mountain Reserve RESORT $$$
(carte p. 154 ; 042-280 3699 ; www.misty-mountainreserve.co.za ; s/d/f à partir de 1 395/1 860/2 200 R ;). Idéal pour quelques jours de détente, ce complexe hôtelier bucolique propose de grands cottages individuels avec vue sur l'océan au loin, ainsi que cinq cottages rustiques et quatre tentes safari donnant sur un petit lac. Aisément accessible par une route gravillonnée partant de la N2.

Où se restaurer et prendre un verre

Tsitrus Cafe CAFÉ $
(076-873 1509 ; www.tsitruscafe.co.za ; Kamassi St ; plats 45-95 R ; 10h-20h ;). Enfin un café digne de ce nom à Storms River ! Ce lieu à la déco pleine de charme sert des plats savoureux, dont de délicieux pancakes et pizzas, ainsi que du bon café et des bières artisanales. Les produits sont frais et cuisinés maison. Vend aussi de l'artisanat local et de nombreuses spécialités gastronomiques.

Renseignements

Le **Storms River Information Centre** (042-281 1098 ; Kamassi St ; 9h-17h), près de la N2, possède des brochures et peut vous aider à trouver un hébergement.

Il y a un DAB à Tsitsikamma Canopy Tours (p. 194).

Comment s'y rendre et circuler

Entre Le Cap et Port Elizabeth, **Mzansi Experience** (021-001 0651 ; www.mzansi.travel) dessert les auberges de jeunesse de Storms River. Les hébergements organisent des navettes vers le secteur de Tsitsikamma du Garden Route du National Park et vers les activités des environs.

Les principales compagnies de bus s'arrêtent à Storms River Bridge, à 5 km à l'est du village sur la N2 ; demandez à votre hôtel de venir vous chercher.

SUNSHINE COAST

La Sunshine Coast offre tout ce qui fait le renom de l'Afrique du Sud : belles plages préservées, animaux sauvages, paysages éblouissants, activités de plein air et culture. Couvrant une portion importante du littoral du Cap-Oriental, elle comprend Port Elizabeth, les stations balnéaires de Jeffrey's Bay et de Port Alfred, et nombre de plages de sable. Facilement accessibles depuis la côte, l'Addo Elephant National Park et les réserves privées de l'arrière-pays font partie des meilleurs endroits pour observer la faune.

La région possède un héritage et une saveur britanniques, legs des Settlers (colons anglais) de 1820. Ceux-ci débarquèrent à Algoa Bay, tentèrent de cultiver des terres au milieu des affrontements entre Boers et Xhosa, puis finirent par s'installer à Grahamstown, à Port Elizabeth et au-delà.

St Francis Bay

042 / 5 275 HABITANTS

St Francis Bay, à 8 km au nord de Cape St Francis, est une station balnéaire huppée, en partie construite autour d'un réseau de canaux. Elle obéit à un code de construction homogène, qui impose des toits de chaume noir et des murs en stuc blanc. La plage, bien qu'assez étroite, est plaisante et convient aux surfeurs débutants. Hors saison, ses rues et son golf désert semblent un peu aseptisés, mais la station s'anime en haute saison, et constitue tout au long de l'année un lieu sûr et tranquille où passer une nuit ou deux.

Tout près, Port St Francis est l'un des hauts lieux de l'industrie de la pêche au calamar – le calamar du Cap (*chokka*) est prisé car il sert à fabriquer des appâts. À quelques kilomètres au sud, Cape St Francis offre une belle plage balayée par le vent, et le break de surf Seal Point. Des baleines passent au large entre juillet et novembre ; il y a des dauphins toute l'année.

À voir et à faire

Seal Point Lighthouse PHARE
(Seal Point Reserve, Cape St Francis). GRATUIT Construit en 1878, ce phare est la plus haute tour maçonnée de la côte sud-africaine, et marque le deuxième point le plus méridional d'Afrique.

Chokka Trail RANDONNÉE
(073-825 0835 ; www.chokkatrail.co.za ; randonnée guidée 4 jours/3 nuits 6 250 R/pers ; avr-sept). Idéal pour les randonneurs préférant

marcher léger, cet itinéraire de 56 km serpente à travers plages, *fynbos*, forêts et dunes. Le forfait de 4 jours comprend 3 nuits en pension complète dans des *guesthouses*, une croisière sur un canal et la dégustation de calamars.

Sorties en bateau

St Francis Safaris & Adventures BATEAU
(☎042-294 0634 ; www.stfrancissafaris.com ; Triton Ave, Port St Francis ; à partir de 375 R ; ⏲sur réservation). Agence réputée, spécialisée dans l'observation des baleines et des dauphins, ainsi que les sorties sur l'océan, le fleuve et les canaux.

Resort Adventures BATEAU
(☎042-298 0054 ; www.capestfrancis.co.za ; St Francis Bay ; sortie sur les canaux 200 R, sur le fleuve 300 R). Sorties sur les canaux de St Francis Bay, et excursions d'une journée pour remonter le fleuve jusqu'à une ferme où vous attendent kayaks et *braai* (barbecue).

BriSan on the Canals BATEAU
(☎042-294 1894 ; www.brisan.co.za ; 7 Spray Ave ; sortie 1 heure 200 R ; ⏲sur réservation). Spécialisé dans les croisières sur les canaux. Gère aussi un B&B de six belles chambres donnant sur le canal ou le jardin (s/d avec petit-déjeuner à partir de 800/1 300 R).

Où se loger

St Francis Bay Backpackers AUBERGE DE JEUNESSE $
(☎042-294 1747 ; www.stfrancisbaybackpackers.com ; 167 St Francis Dr, St Francis Bay ; dort/d 180/500 R ; P Wi-Fi). Propre, soignée et proche de commerces et de restaurants, voici une très bonne adresse pour les budgets serrés. Récemment rénovés, les dortoirs et les chambres sont dotés de salles de bains spacieuses et d'une excellente literie. Cuisine commune bien tenue.

Cape St Francis Resort RESORT $$
(☎042-298 0054 ; www.capestfrancis.co.za ; Da Gama Way, Cape St Francis ; camping 120-160 R, s/d à partir de 480/640 R, app s/d à partir de 1 300/1 730 R, villas et cottages à partir de 3 050 R ; P Wi-Fi). Au bord de l'océan, ce vaste village blanchi à la chaux et coiffé de chaume propose divers types d'hébergements attrayants et bien équipés, certains avec cuisine ou option B&B : cottages de style hollandais du Cap, luxueuses villas en bord de plage (avec piscine privée), chambres pour petits budgets, appartements, etc. Spa, restaurant, bar et petite boutique complètent l'offre, ainsi que toutes sortes d'activités.

♥ **St Francis Golf Lodge** BOUTIQUE-HÔTEL $$$
(☎042-294 0028 ; www.stfrancisgolflodge.co.za ; 10 Jack Nicklaus Dr, St Francis Bay ; s/d avec petit-déj 1 625/2 190 R ; P Wi-Fi). Le grand atout de cette adresse aux airs d'hôtel de charme est son emplacement paisible au sein d'un terrain de golf. Les dix chambres, dont huit ont une belle vue sur le green, sont impeccables et décorées avec goût.

Où se restaurer et prendre un verre

St Francis Brewing Company PUB GASTRONOMIQUE $
(☎063 274 3743 ; 167 St Francis Dr, St Francis Bay ; plats 95-175 R ; ⏲11h-22h30 jeu-lun ; Wi-Fi). Ce bar-restaurant est la table la plus tendance de la ville. Décoration éclectique, service décontracté, carte alléchante mettant à l'honneur produits de la mer, burgers et pâtes, et petite sélection de bières artisanales (à partir de 30 R).

Big Time Taverna GREC $$
(☎042-294 1309 ; Mayotte Circle, St Francis Bay ; plats 70-235 R ; ⏲12h-22h mar-dim ; Wi-Fi). Ce restaurant – le seul de la ville situé sur les canaux – offre une vue magnifique depuis sa terrasse. Il sert essentiellement des plats traditionnels grecs.

Christy's Catch PRODUITS DE LA MER $$
(☎042-294 1644 ; www.christyscatch.co.za ; 165 St Francis Dr, St Francis Bay ; plats 70-255 R ; ⏲17h-21h lun-mer, 11h-15h et 17h-21h jeu-sam, 11h-15h dim). Avec ses excellents burgers de calamar, steaks de poisson, crevettes et huîtres, le Christy's réjouit les amoureux des produits de la mer. L'adresse est aussi réputée pour ses viandes grillées, dont ses travers de porc et faux-filets. Le bar coiffé de chaume et la décoration nautique (avec matériel de pêche et barque) ajoutent une touche marine à la cour. Il y a aussi un comptoir asiatique servant plats sautés, sushis, curries et rouleaux de printemps.

Comment circuler

Pour explorer les environs, mieux vaut être motorisé, car les transports publics sont peu fiables.

Jeffrey's Bay

042 / 27 107 HABITANTS

Autrefois ville somnolente, "J-Bay" est devenue l'une des premières destinations mondiales de surf, et sa capitale en Afrique du Sud. Des surfeurs viennent de tous les coins de la planète pour dévaler des vagues comme le célèbre Supertubes, l'une des plus parfaites au monde. Les surfeurs expérimentés viennent de préférence de juin à septembre, mais les débutants peuvent s'exercer toute l'année. Outre le surf, de nombreux autres sports nautiques sont proposés. Et si vous voulez simplement vous reposer au calme, deux superbes étendues de sable blanc vous attendent.

Activités

Planche à voile, kitesurf, paddle, *sandboard* (planche de dunes) et équitation, il n'y a pas que le surf à J-Bay ! On peut aussi observer baleines et dauphins depuis les plages, et des oiseaux au **Kabeljous Estuary**, lors d'une agréable randonnée côtière de 6 km à partir de la ville (pour plus de sécurité, ne partez pas seul). On peut aussi suivre la promenade en bois jusqu'à **Supertubes** pour admirer les prouesses des surfeurs.

Wavecrest Surf School SURF

(073-509 0400 ; www.wavecrestsurfschool.co.za ; 6 Drommedaris St ; cours 2 heures avec planche et combinaison 350 R ; sur réservation ;). Cette école établie de longue date propose des cours quotidiens, adaptés aux enfants et aux débutants.

Son Surf School SURF

(076-501 6191 ; www.surfschools.co.za ; leçon 1 heure 30, 400 R ; sur réservation). Cette école réputée convient particulièrement aux surfeurs de niveau intermédiaire voulant parfaire leur technique. Également : cours pour débutants ou surfeurs confirmés, et location de matériel.

AfricaSUP SPORTS NAUTIQUES

(042-293 0155 ; www.facebook.com/AfricaSUP ; 19 Da Gama Road ; leçon 1 heure 30 300 R, location matériel 2 heures 200 R ; sur réservation). Pour profiter de l'océan autrement, troquez la planche de surf pour le paddle. AfricaSUP propose des leçons pour débutants et loue du matériel.

Fête

Winter Fest SPORTS

(www.jbaywinterfest.com). Les fans de surf affluent en juillet pour l'Open of Surfing : dix jours de compétitions sportives, concerts et divertissements. La demande d'hébergements monte alors en flèche et la plupart des établissements pratiquent des tarifs de haute saison.

Où se loger

J-Bay dispose d'une grande variété d'hébergements pour tous les budgets : auberges de jeunesse, B&B, appartements avec cuisine, pensions et hôtels. De mi-décembre à mi-janvier, la ville est bondée de vacanciers : réservez bien à l'avance pour cette période.

Island Vibe AUBERGE DE JEUNESSE $

(042-293 1625 ; www.jbay.islandvibe.co.za ; 10 Dageraad St ; camping 100 R, dort 180-200 R, bungalow avec sdb commune 600 R, d 650-750 R ; P). Voici une adresse aussi sympathique qu'économique. Cette auberge sans prétention est idéalement située au bord de la plage, bien qu'à 500 m au sud du centre-ville. Le choix y est vaste : des dortoirs de quatre à quatorze lits, cinq bungalows en bois donnant sur l'océan, une maison de plage avec douze chambres doubles, et une autre de cinq chambres pour *flashpackers* (routards chics). Restaurant et cuisines communes.

Sur place, l'agence **J-Bay Adventures** (042-293 4214 ; www.facebook.com/jeffreysbayadventures ; 10 Dageraad St ; leçon de surf 2 heures 300 R, sandboard 250 R, excursion à la cascade 250 R, sortie à cheval 650 R, visite de townships 200 R ; sur réservation) propose des stages (3, 5 ou 7 jours) et des cours quotidiens de surf. Location de planches, équitation, *sandboard*, et visites des townships voisins.

African Ubuntu AUBERGE DE JEUNESSE $

(042-296 0376 ; www.jaybay.co.za ; 8 Cherry St ; camping/dort 110/175 R, d 450 R, avec sdb commune 400 R, tous avec petit-déj ;). Surfeur passionné, le propriétaire de cette maison de banlieue a su en faire une auberge pour routards intimiste et colorée. On y trouve des dortoirs compacts de six et dix lits, sept chambres doubles fonctionnelles, et une cuisine commune. Si l'ensemble est bien tenu, certaines salles de bains mériteraient un coup de neuf. À l'étage, le salon et le balcon offrent une vue panoramique sur l'océan. Parking dans la rue uniquement.

Location de planches de surf et activités possibles.

Cristal Cove AUBERGE DE JEUNESSE **$**
(☎042-293 2101 ; www.cristalcove.co.za ; 49 Flame Cres ; dort 160 R, d 500-700 R, avec sdb commune 400 R ;). Cette maison en brique abrite, sur deux niveaux, cinq chambres propres et lumineuses, un dortoir impeccable de quatre lits, des cuisines très bien équipées, un bar et une table de billard. Le tout dans une atmosphère très décontractée. Plus grandes, les chambres à l'étage offrent aussi plus d'intimité, et la n°4 a vue sur l'océan.

Aloe Again GUESTHOUSE **$**
(☎042-293 1401 ; www.aloeagainbackpackers.co.za ; 20 Pepper St ; d 500-800 R ; P). Aloe Again propose de jolies chambres, propres et claires, ainsi qu'un vaste salon et une cuisine ouverte partagée par les résidents. Dans la cour ou le jardin, la place ne manque pas pour se détendre.

Beach Music GUESTHOUSE **$**
(☎042-293 2291 ; www.beachmusic.co.za ; 33 Flame Cres ; s 350-600 R, d 500-950 R ;). Cette maison claire et spacieuse dont le jardin mène à la plage est d'un excellent rapport qualité/prix. Le salon au premier étage jouit d'une vue splendide sur l'océan (on aperçoit même Supertubes). Les chambres, décorées avec goût, ont toutes une petite terrasse et un coin cuisine. La n°1, à l'étage, a la plus belle vue.

Supertubes Guesthouse GUESTHOUSE **$$**
(☎042-293 2957 ; www.supertubesguesthouse.co.za ; 12 Pepper St ; s 750-1 500 R, d 1 200-2 100 R, avec petit-déj ; P). À quelques pas de la plage et de Supertubes, cette accueillante pension haut de gamme loue des chambres propres et lumineuses, la plupart avec balcon privé et vue sur l'océan. Le jardin est idéal pour se détendre. Généreux buffet au petit-déjeuner.

Funky Town GUESTHOUSE **$$**
(☎042-293 3860 ; www.facebook.com/FunkyTownJBay ; 12a Oosterland St ; d 900 R, app "Penthouse" 1 695 R ; P). Le Funky Town loue sept chambres aux couleurs vives, ornées de tableaux originaux. L'appartement "Penthouse" dispose d'une cuisine et d'un coin salon. Les occupants des autres chambres trouveront sur place une cuisine commune et un salon avec TV. Barbecue, Jacuzzi et petite piscine dans le jardin. Location de vélos et de planches.

African Perfection GUESTHOUSE **$$$**
(☎042-293 1401 ; www.africanperfection.co.za ; 20 Pepper St ; d avec petit-déj 1 300-1800 R ; P). Superbement situé en face de Supertubes (avec accès direct à la plage), ce luxueux B&B est parfait pour admirer les surfeurs : la plupart des chambres ont un balcon offrant une vue magnifique sur la grande bleue.

Où se restaurer

♥ InFood Deli Bakery & Deli Restaurant INTERNATIONAL **$$**
(☎042-293 1880 ; www.infood.co.za ; angle Schelde St et Jeffrey St ; plats 69-135 R ; 8h-15h lun-sam ;). Les sandwichs, burgers et autres plats de ce café, boulangerie et traiteur sortent de l'ordinaire. Rien de surprenant quand on connaît l'impressionnant CV du chef et propriétaire, qui a notamment cuisiné pour le prince William. Les ingrédients locaux et bio et la diversité de la cuisine (*nachos*, pâtes, curry de poulet thaïlandais) en font une destination prisée des gastronomes.

J-BAY : ATTENTION AUX ARNAQUES

Des voyageurs se rendant à J-Bay se sont fait escroquer en réservant sur Internet leur hébergement auprès d'établissements fictifs. Avant de payer, vérifiez que l'hôtel existe réellement : en cas de doute, contactez l'office du tourisme. Stay in J-Bay (www.stayinjbay.co.za) est une source fiable et utile sur les hébergements de la ville.

Jeffrey's Bay

Kitchen Windows PRODUITS DE LA MER $$
(☎042-293 4230 ; www.kitchenwindows.co.za ; 80 Ferreira St ; plats 75-195 R ; ⏲11h-21h lun-sam, 11h-15h dim ; 📶). Vue imprenable sur la mer et murs en stuc blanc : on se croirait presque ici sur une île grecque. Spacieux et lumineux, le restaurant est réputé pour ses plats savoureux à base de produits frais de qualité, servis dans une ambiance chic mais décontractée. Produits de la mer en abondance et belle sélection de tapas.

♥ **Nina's** INTERNATIONAL $$
(☎042-296 0281 ; www.ninas.co.za ; 126 Da Gama Rd ; plats 65-190 R ; ⏲7h-22h ; 📶). Beaucoup d'habitants de J-Bay recommandent ce lieu agréable et décalé, décoré de planches de surf. La longue carte inclut de nombreux produits de la mer, ainsi que des burgers, curries, pizzas, pâtes et plats thaïlandais. Sans oublier les meilleures glaces de la ville ! Bières et cocktails sont excellents. Seul petit bémol : l'emplacement à côté d'une station-service, dans l'artère principale.

J-Bay Bru Co INTERNATIONAL $$
(☎042-940 0165 ; www.jbaybruco.co.za ; 10 Da Gama Rd ; plats 85-189 R ; ⏲11h-21h mar-sam, 9h-15h dim ; 📶). Habitants et touristes sont nombreux à plébisciter ce lieu aménagé de façon originale, dans l'artère principale – et nous partageons leur enthousiasme. Servis dans une jolie salle, les plats incluent de savoureuses pizzas cuites au feu de bois, de délicieux burgers et des salades sophistiquées. Mention spéciale également aux pâtisseries maison, et au café, excellent.

Catch of the Day PRODUITS DE LA MER $$
(☎042-293 2614 ; www.facebook.com/Catch-of-the-day-Jeffreysbay-103342883035097 ; 24 Diaz Rd ; plats 85-235 R ; ⏲11h30-22h). Cette table conviviale en plein centre-ville est célèbre pour son poisson frais, servi avec des frites ou du riz, dans un lieu aux airs de vieille cabane de pêcheur. La carte inclut aussi calamar, crevettes, sandwichs et viandes grillées.

Où prendre un verre et faire la fête

Je'Vista Social Cafe BAR À COCKTAILS
(☎042-293 3516 ; www.facebook.com/JeVista SocialCafe ; 1er étage, 33 Diaz Rd ; ⏲10h-minuit). Ce bar, avec de grandes baies vitrées face à la mer, est prisé pour ses cocktails, comme le mojito aux pétales de rose, le "banana colada" au Baileys et le thé glacé California corsé. Musique live certains soirs.

The Mexican BAR
(☎042-293 2966 ; www.themexicanjbay.co.za ; 19a Da Gama Rd ; ⏲12h-21h lun-sam, 12h-15h30 dim). Très fréquenté, ce bar-restaurant latino possède au 1er étage un long balcon surplombant Da Gama Rd. On y sert des classiques mexicains (*enchiladas*, *fajitas*, burritos et tacos, à partir de 70 R), et des cocktails, tel l'incontournable margarita.

Jeffrey's Bay

À voir
1 Dolphin Beach B7

Activités
AfricaSUP .... (voir 21)
2 Kitchen Windows C6
3 Son Surf School B7
4 Supertubes D1
5 Wavecrest Surf School B6

Où se loger
6 African Perfection C1
7 African Ubuntu C2
8 Aloe Again C1
9 Beach Music D1
10 Cristal Cove D1
11 Funky Town B6
12 Supertubes Guesthouse D1

Où se restaurer
13 Catch of the Day B6
14 InFood Deli Bakery & Deli Restaurant B5
15 J-Bay Bru Co B7
16 Kitchen Windows B5
17 Nina's C1

Où prendre un verre et faire la fête
18 Je'Vista Social Cafe B6
19 The Mexican B6

Achats
20 Quiksilver B6
21 Surf Village B7

Achats

Surf Village SPORTS ET ACTIVITÉS DE PLEIN AIR
(Da Gama Rd ; ⌚9h-17h). Des boutiques de surf, des magasins d'usine et des enseignes de mode occupent des bâtiments modernes à toit de chaume le long de Da Gama Rd, au sud de St Croix St ; quelques-uns se regroupent à un pâté de maisons, dans Jeffrey St. Dans Da Gama Rd, vous trouverez des marques locales comme Country Feeling (surf et mode) et In Step (articles en cuir), ainsi que Billabong, Rip Curl et RVCA.

Quiksilver SPORTS ET ACTIVITÉS DE PLEIN AIR
(☎042-293 2273 ; 24 Da Gama Rd ; ⌚8h30-17h lun-sam). Vente de planches de surf, bodyboards, combinaisons, etc. Un "musée" à l'étage retrace le développement de la culture locale du surf.

Renseignements

Jeffreys Bay Tourism (☎042-293 2923 ; www.jeffreysbaytourism.org ; Da Gama Rd ; ⌚9h-16h lun-ven, 9h-12h sam). Accueillant et serviable ; peut réserver hébergements et activités.

Comment s'y rendre et circuler

Mzansi Experience (☎021-001 0651 ; www.mzansi.travel) dessertbplusieurs auberges de jeunesse de Jeffrey's Bay sur la ligne Le Cap-Port Elizabeth.

Les **bus longue distance** (St Francis St, garage Caltex de Mentors Plaza), sur la ligne Le Cap-Port Elizabeth-Durban, font halte au garage Caltex de Mentors Plaza, au croisement de St Francis St et de la N2.

Les taxis collectifs partent une fois pleins, généralement à l'heure pile, de l'angle de Goedehoop St et St Francis St ; comptez 40 R pour Humansdorp (25 min) et 90 R pour Port Elizabeth (1 heure 15).

Les taxis locaux, dont les **J-Bay Cabs** (☎083 611 1003), facturent environ 10 R le kilomètre.

Port Elizabeth

☎041 / 1,15 MILLION D'HABITANTS

Port Elizabeth (PE pour les intimes) borde l'Algoa Bay, à l'ouest de la Sunshine Coast. On y trouve de nombreuses plages propices à la baignade, de bons spots de surf, et de superbes possibilités de sports nautiques. La baie jouit d'une faune marine sensationnelle, dont nombre de dauphins et de baleines à admirer toute l'année. Si le centre-ville était autrefois malfamé, des projets de réhabilitation urbaine l'ont rendu plus agréable, et plusieurs bâtiments historiques méritent d'y être admirés.

PE constitue en outre un bon camp de base pour explorer la côte dans un sens ou dans l'autre, ou bien pour partir vers l'est du Karoo.

À voir

Les larges plages de sable et les eaux chaudes de l'océan Indien font de Port Elizabeth une destination de vacances prisée. **Sardinia Bay**, à 20 km au sud du centre-ville après l'aéroport, est de loin la plus jolie plage de la région, mais il faut se méfier des forts courants. Parmi les grandes plages au sud de Central, **Kings Beach** (près de Beach Rd) s'étend du port jusqu'à Humewood. Plus à l'est, **Hobie Beach** (Beach Rd) est la préférée des amateurs de kitesurf, de planche et de bateau – mais elle se prête aussi très bien à la bronzette. Les plages de Summerstrand sont relativement abritées.

Donkin Reserve PARC
(Donkin St ; phare adulte/enfant 10/5 R ; visite du phare sur demande 8h-16h30 lun-ven, 9h30-15h30 sam). Ce parc situé au sommet d'une colline est un bon endroit pour avoir une vue d'ensemble de la ville, surtout depuis le haut du **phare**, bâti en 1861. La **pyramide** est un mémorial dédié à Elizabeth Donkin, l'épouse bien-aimée de sir Rufane Donkin, gouverneur de la colonie du Cap dans les années 1820, qui nomma la ville en son honneur. Un chemin du patrimoine relie les monuments et les œuvres d'art du parc, qui retracent les périodes marquantes de l'histoire de la cité. Il fait partie de la R67 plus large qui traverse le centre-ville.

Nelson Mandela Metropolitan Art Museum MUSÉE
(☎041-506 2000 ; www.artmuseum.co.za ; 1 Park Dr, St George's Park ; ⌚9h-16h lun-ven). GRATUIT Ce musée d'art, dans deux beaux bâtiments à l'entrée de St George's Park, présente des peintures et des sculptures d'artistes sud-africains contemporains, quelques œuvres plus anciennes d'artistes britanniques ou du Cap-Oriental, et des expositions temporaires.

SURF SUR LA CÔTE DU CAP-ORIENTAL

La côte du Cap-Oriental est un endroit légendaire pour le surf. Outre Supertubes à Jeffrey's Bay, de renommée internationale, et Bruce's Beauties à Cape St Francis, qui a inspiré le film *Endless Summer* (un documentaire sur la vie d'une communauté de surfeurs), vous trouverez des breaks tout au long de la côte, de Jeffrey's Bay à Port Edward.

La température de l'eau variant de 16°C à 22°C, vous pouvez surfer en combinaison courte (ou même en short de bain) en été ; vous aurez besoin d'une combinaison intégrale en hiver.

En partant du sud, Cape St Francis (p. 196) est le site du légendaire Seal Point, l'une des droites les plus constantes. Non loin, St Francis Bay offre Bruce's Beauties et Hullets, la vague parfaite pour un *longboard*.

L'un des dix meilleurs sites de surf de la planète, Jeffrey's Bay (p. 196) accueille en juillet le championnat Open of Surfing et peut être bondé durant la saison du surf. Supertubes est une droite parfaite, qui vous fera dédaigner les autres. Les débutants préféreront **Kitchen Windows**, plus douce.

Pressés de rejoindre J-Bay, de nombreux surfeurs dédaignent Port Elizabeth (p. 202). Alors que les vents sud-ouest prédominent, Pipe, à Summerstrand, est le break le plus populaire de PE, et **Fence** est un autre favori par beau temps.

Plus au nord, Port Alfred (p. 220) compte d'excellentes droites à l'East Beach, tandis que le West Beach offre une gauche plus abritée.

East London (p. 223), où vivent quelques surfeurs professionnels comme Greg Emslie et Rosy Hodge, est réputé pour le constant Nahoon Reef ; Gonubie Point et Gonubie Lefts sont de bonnes vagues. Les novices trouveront leur bonheur à **Nahoon Beach** (Beach Rd) et au Corner. L'eau est parfois sale dans le secteur, ce qui attire les requins ; soyez vigilant et ne surfez pas au crépuscule.

Au nord d'East London, de bonnes vagues vous attendent aux spots collectivement appelés East Coast Resorts et au début de la Wild Coast. Rendez-vous à **Queensberry Bay** (où Rosy Hodge s'est formée), **Glen Eden**, **Yellow Sands** et Chintsa (p. 228).

La **Wild Coast**, un littoral sauvage et spectaculaire, souvent dangereux, n'a pas encore été réellement explorée, ni exploitée. Méfiez-vous des estuaires pollués, souvent fréquentés par les requins et généralement loin des structures médicales. **Whacky Point** se situe à Kei Mouth (p. 232), et Coffee Bay (p. 232) compte quelques vagues. Mdumbi (p. 234) offre un long point break droit sur un fond sablonneux, tandis que **Whale Rock** est à deux pas. Enfin, il y a tous ces spots secrets dont personne ne vous parlera...

N°7 Castle Hill ÉDIFICE HISTORIQUE
(☎041-582 2515 ; 7 Castle Hill ; adulte/enfant 10/5 R ; ⏲10h-13h et 14h-16h lun-ven). Cette maison-musée, qui occupe un pittoresque cottage de 1827, évoque la vie d'une famille de colons au milieu de l'époque victorienne.

South End Museum MUSÉE
(☎041-582 3325 ; www.southendmuseum.co.za, www.facebook.com/SouthEndMuseum ; angle Walmer Blvd et Humewood Rd, South End ; ⏲9h-16h lun-ven, 10h-15h sam-dim). GRATUIT Des expositions multimédias relatent l'histoire de South End, un quartier multiculturel animé qui fut détruit par les bulldozers de l'apartheid, lors d'expulsions survenues entre 1965 et 1975 (en vertu du tristement célèbre Group Areas Act). Les habitants furent relogés dans d'autres parties de la ville en fonction de leur race... Réservez pour une visite guidée du quartier (1 heure, 100 R).

Activités

Il existe d'excellents sites de plongée autour de Port Elizabeth, avec des épaves et des récifs à Algoa Bay. On y trouve une abondance de coraux mous colorés, et un relief sous-marin éblouissant fait d'immenses pinacles et de crevasses. Un milieu qui abrite de nombreux poissons, tel le requin-taureau, qui fréquente parfois les réseaux de ravins qui parcourent certains

Port Elizabeth

sites de plongée de la baie. La plupart des sites conviennent aux débutants comme aux plongeurs confirmés.

Les meilleurs breaks de surf de PE se situent entre l'enceinte du port et Summerstrand, ainsi qu'à Pollok Beach.

Pro Dive PLONGÉE

(☎041-581 1144 ; www.prodive.co.za ; 189 Main Rd, Walmer ; plongée d'initiation 1 895 R, plongées 295-595 R, kayak de mer à partir de 495 R, sorties de snorkeling à partir de 375 R ; ⏲8h-17h). Professionnelle et bien organisée, cette agence offre toute une gamme d'aventures sous-marines : cours d'initiation, sorties de plongée, excursions de snorkeling, cours de certification... Des sorties guidées en kayak de mer sont également possibles. L'agence organise des séjours de plongée le long du littoral sud-africain, et propose des forfaits pour admirer le fameux *sardine run* (p. 234).

Surf Centre SURF

(☎041-585 6027, 082 322 1150 ; www.surf.co.za ; Beach Rd, Humewood ; cours de 1h30, 350 R). Ce centre vend et loue des planches de surf

et des bodyboards – son école enseigne la manière de s'en servir.

☞ Circuits organisés

Raggy Charters BATEAU

(☎073-152 2277 ; www.raggycharters.co.za ; Algoa Bay Yacht Club ; visite demi-journée 1 800 R, croisière au coucher du soleil 500 R ; ⏲8h-17h). Cette agence réputée propose différentes sorties en mer. Les croisières d'une demi-journée aux îles St Croix, Jahleel et Benton permettent d'observer manchots, baleines et dauphins en compagnie d'un biologiste marin. Plus courtes, les sorties au coucher du soleil jusqu'au phare de Cape Recife sont aussi l'occasion d'admirer oiseaux et animaux marins. Réservation nécessaire.

Stampede Cruises BATEAU

(☎081 766 6749 ; www.stampedecruises.co.za ; Algoa Bay Harbour ; croisières 400-900 R ; ⏲sur réservation). Propose toute une variété d'excursions en bateau aux abords de PE, dont une sortie d'une demi-journée vers

Port Elizabeth

À voir
1 Donkin Reserve B2
2 Hobie Beach G5
3 Kings Beach F4
4 Nelson Mandela Metropolitan Art Museum A2
5 N°7 Castle Hill C2
6 South End Museum D3

Activités
7 Raggy Charters D3
8 Stampede Cruises D3
9 Surf Centre F4
10 The Fence F2

Où se loger
11 23 on Glen A1
12 Kings Beach Backpackers E4
13 Lungile Lodge F5
14 The Beach Hotel G5
15 The Hippo Backpackers A1
16 Treetops Guest House A5

Où se restaurer
17 Remo's C3
18 This is Eat D2
19 Vovo Telo Bakery & Café A1

Où prendre un verre et faire la fête
Beer Shack ..... (voir 9)
21 Beer Yard A1
22 Bridge Street Brewery B3
23 For the Love of Wine A1

Où sortir
24 Athenæum C2
25 Port Elizabeth Opera House C2
26 St George's Cricket Stadium A3

Achats
27 The Boardwalk G5
28 Wezandla African Craft Traders B2

les îles voisines, et des sorties plus courtes jusqu'à Cape Recife.

Où se loger

Humewood et Summerstrand

Lungile Lodge AUBERGE DE JEUNESSE $
(☎041-582 2042 ; www.lungilebackpackers.co.za ; 12 La Roche Dr, Humewood ; camping 100 R, dort 180-190 R, d 560 R, avec sdb commune 440 R ; P 📶 🏊). Au-dessus de Kings Beach, dans une banlieue résidentielle, cette auberge bien gérée s'anime volontiers le soir. Ses dortoirs de six et douze lits et son petit camping sont souvent bondés. Les chambres privées, dans l'annexe à l'arrière, sont plus modernes, avec d'imposants lits en bois, des masques africains et des balcons communs.

Transferts et activités sont proposés, dont des excursions dans un township et à l'Addo Elephant National Park (renseignez-vous sur www.afroventures.co.za).

Kings Beach Backpackers AUBERGE DE JEUNESSE $
(☎041-585 8113 ; 41 Windermere Rd, Humewood ; camping/dort/d avec sdb commune 120/170/400 R, f 550 R ; P 📶). Dans une rue calme à courte distance de la plage, cette petite maison chaleureuse comprend des bungalows dans le jardin à l'arrière, dont une chambre familiale avec salle de bains, ainsi qu'un salon et un bar en plein air. Les trois dortoirs dans la maison principale sont un peu exigus. Le comptoir touristique peut organiser activités locales et transports.

Island Vibe AUBERGE DE JEUNESSE $$
(☎041-583 1256 ; www.islandvibe.co.za ; 4 Jenvey Rd, Summerstrand ; dort/s/d/app 180/500/700/800 R ; P 📶 🏊). Cette auberge pour *flashpackers* située dans une banale maison de banlieue est un point de chute confortable aux nombreuses commodités. Bar, table de billard et Jacuzzi en plein air égayent ce lieu, qui a pour autres atouts une cuisine bien équipée, un parking sûr et des chambres avec salle de bains. Pollok Beach et le *surf break* Pipe sont accessibles à pied.

♥ **Ocean Bay Guest House** BOUTIQUE-HÔTEL $$$
(☎041-583 1361 ; www.oceanbay.co.za ; 1 Tiran Rd, Summerstrand ; s/d avec petit-déj 1 100/1 650 R ; P ❄ 📶 🏊). À quelques minutes à pied de la plage, cet hôtel design joue la carte du raffinement. Ses sept grandes chambres modernes sont toutes dotées d'une terrasse. La piscine, modeste mais très jolie, est entourée de verdure.

♥ **Isango Gate** BOUTIQUE-HÔTEL $$$
(☎041-811 2225 ; www.isangogate.co.za ; 27 Bournemouth St, Summerstrand ; s 1 800-2 300 R, d 2 400-3 000 R, avec petit-déj ; P ❄ 📶 🏊). Dans un quartier résidentiel proche de la plage, l'Isango Gate offre l'équilibre parfait

entre esthétisme, fonctionnalité et intimité (il n'y a que dix chambres). Salle de bains impeccable et balcon privé : les chambres, moquettées, sont aussi luxueuses que spacieuses. Sur place : spa, petite piscine, salle de sport et restaurant.

The Beach Hotel HÔTEL **$$$**
(☎041-583 2161 ; www.thebeachhotel.co.za ; Marine Dr, Summerstrand ; s 1 150-1 700 R, d 1 700-2 500 R ; P❄📶🏊). Ce quatre-étoiles accueillant, au service efficace, occupe un ravissant bâtiment des années 1920, face à Hobie Beach et à proximité de la galerie commerciale Boardwalk. La moitié des chambres ont vue sur l'océan. Avec ses vitraux et ses boiseries, la salle du petit-déjeuner est impressionnante. Le Ginger (plats à partir de 125 R), l'un des trois restaurants, sert des steaks et des produits de la mer.

Manor 38 BOUTIQUE-HÔTEL **$$$**
(☎041-583 2328 ; www.manorcollection.co.za ; 38 Brighton Dr ; s 850-995 R, d 1 200-1 600 R, avec petit-déj ; P❄📶🏊). Cette élégante villa de la paisible banlieue de Summerstrand est un lieu chaleureux, où l'on se sent comme à la maison. Les huit chambres sont divisées en deux catégories de confort ; les standards ont seulement des ventilateurs. Le charmant patio est agrémenté d'une piscine.

Radisson Blu HÔTEL **$$$**
(☎041-509 5000 ; www.radissonblu.com/en/hotel-portelizabeth ; Marine Dr, Summerstrand ; d à partir de 1 700 R ; P❄📶🏊). Si elle manque de charme, cette tour moderne offre la plus éblouissante des vues sur l'océan, ainsi que toutes les prestations attendues d'un hôtel d'affaires international.

Richmond Hill et arrière-pays

Treetops Guest House GUESTHOUSE **$**
(☎041-581 0147 ; www.treetopsguesthouse.co.za ; 44 Albert Rd, Walmer ; s 510-630 R, d 650-760 R ; P❄📶🏊). Dans le quartier chic de Walmer, cette accueillante pension loue des chambres basiques d'un excellent rapport qualité/prix, avec réfrigérateur, micro-ondes, TV et salle de bains. Les moins chères ne sont pas climatisées. La piscine est petite, mais agréable. Navette gratuite depuis/vers l'aéroport. Petit-déjeuner en supplément.

The Hippo Backpackers AUBERGE DE JEUNESSE **$**
(☎041-585 6350 ; www.thehippo.co.za ; 14 Glen St, Richmond Hill ; dort 150 R, s/d avec sdb commune 250/400 R ; P📶🏊). S'il est loin de toute plage, le Hippo est à deux pas des restaurants de Stanley St. Il comprend des chambres joliment meublées, des dortoirs plutôt exigus, deux salons plaisants, deux cuisines, un bar, une table de billard, et une piscine attrayante à l'arrière. En résumé : simple, efficace et abordable.

23 on Glen B&B **$$**
(☎041-582 3296, 064 753 4115 ; www.facebook.com/23onglen ; 23 Glen St, Richmond Hill ; s 700-800 R, d 900 R, avec petit-déj ; P📶). Vous cherchez un cocon douillet à l'ambiance décontractée, dont les prix ne soient pas exorbitants ? Cet hôtel ouvert en 2017 est fait pour vous : chambres bien décorées, salon cosy, salles de bains immaculées et petit-déjeuner copieux. En outre, les bars et restaurants de Stanley St ne sont qu'à quelques pas.

Forest Hall Guest House GUESTHOUSE **$$**
(☎041-581 3356 ; www.foresthall.co.za ; 84 River Rd, Walmer ; s 800-900 R, d 1 150-1 400 R, avec petit-déj ; P❄📶🏊). Une jolie propriété sécurisée, dans un quartier résidentiel : ce havre de paix, géré avec efficacité, est l'un des meilleurs hébergements de PE. Au sein d'un vaste jardin, vous attendent 17 chambres bien aménagées (avec entrée privée), deux piscines et un court de tennis. Quatre des chambres sont climatisées.

Où se restaurer

L'offre culinaire de PE est de plus en plus sophistiquée. Stanley St est le cœur de Richmond Hill, le quartier qui monte : plus d'une douzaine de restaurants y servent des cuisines allant de l'Asie à la Méditerranée. Walmer et Baakens Valley comptent aussi d'excellents restaurants et cafés. On trouve aussi de très bonnes tables le long de Beach Rd.

♥ **Banneton Bakery & Cafe** CAFÉ **$**
(☎041-450 6737 ; www.bannetonbakery.co.za ; 154 Main Rd, Walmer ; plats 68-95 R ; ⊙7h30-16h lun-mar et sam, 7h30-22h mer-ven, 8h30-13h dim ; 📶). Ce café-boulangerie chic sert d'excellents petits-déjeuners, sandwichs, wraps, et salades, et d'exquises pâtisseries. Le café est délicieux et abordable. Il y a des tables en terrasse pour les beaux jours.

This is Eat PRODUITS DE LA MER $

(☎041-582 2161 ; www.facebook.com/ThisIsEat ; Bakens River Harbour, Lower Valley Rd ; plats 50-175 R ; ⌚9h30-16h45 lun-ven, 9h30-15h45 sam-dim). Ce restaurant aux allures de cafétéria est extrêmement populaire. Sa carte alléchante inclut de nombreux plats de poisson préparé simplement, des crevettes et du calamar. Le lieu et le quartier sont nettement moins attrayants, mais vous pouvez commander à emporter et pique-niquer sur la plage.

♥ **Remo's** ITALIEN $$

(☎082 877 6411 ; www.remos.co.za ; 2 Alabaster St, Baakens Valley ; plats 50-115 R ; ⌚7h-22h mer-ven, 7h-16h sam-mar). Il faut vraiment savoir qu'il existe pour dénicher ce restaurant. Cet ancien entrepôt délabré est devenu un élégant café de style industriel-chic. Après de délicieux antipasti (hors-d'œuvre), régalez-vous de pâtes, d'une salade ou d'une pizza cuite au feu de bois. En dessert, ne manquez pas les pâtisseries maison (mention spéciale au croissant au chocolat).

Something Good CAFÉ $$

(☎041-583 6986 ; St Croix Dr, Pollok Beach ; plats 65-148 R ; ⌚8h-22h ; 📶). Avec sa salle aérée et sa grande terrasse en front de mer, ce "restoroute-bar de plage" est un bon endroit pour un verre au coucher du soleil. Il sert d'excellents burgers, pizzas et produits de la mer (goûtez au calamar cajun) et, pour ceux qui font attention à leur ligne, des burgers sans pain et des petits-déjeuners diététiques. Vente à emporter, et musique live le week-end.

Bocadillos on Sixth INTERNATIONAL $$

(☎041-581 1523 ; www.bocadillos.co.za ; 42 Sixth Ave, Walmer ; plats 80-130 R ; ⌚7h-19h lun-sam, 7h-14h dim ; 📶). Cette table élégante et moderne fait recette auprès des habitants de PE – signe, souvent, d'un bon rapport qualité/prix. Le service est rapide, et l'on y prépare de bons wraps, des pizzas à pâte fine, des salades croquantes, des tartes fondantes (ne manquez pas celle au caramel salé), et des viandes grillées. Les cocktails sont excellents.

Vovo Telo Bakery & Café CAFÉ $$

(☎011-315 3000 ; www.vovotelo.co.za ; angle Raleigh St et Irvine St, Richmond Hill ; plats 70-110 R ; ⌚7h15-15h15 lun-ven, 7h15-14h30 sam ; 📶). Établissement d'origine d'une chaîne devenue nationale, le Vovo Telo a initié le renouveau de Richmond Hill. Dans une vieille maison pleine de cachet entourée d'une véranda, les habitués se retrouvent ici pour déguster pizzas à pâte fine (façon ciabatta), sandwichs gastronomiques, salades saines, pâtisseries et petits-déjeuners variés.

🍷 Où prendre un verre et faire la fête

La vie nocturne à PE n'est pas trépidante, mais on y trouve de très bons lieux où siroter un cocktail ou écluser des bières. Avec leurs tables en extérieur, les restaurants de Richmond Hill et Walmer sont parfaits pour un verre. Beach Rd compte plusieurs bars avec terrasse donnant sur l'océan. Enfin, les bars se multiplient à Baakens Valley, où quelques adresses branchées servent des bières artisanales.

♥ **For the Love of Wine** BAR À VINS

(☎072-566 2692 ; www.facebook.com/For-the-Love-of-Wine-237914476276324 ; 1er ét, 20 Stanley St, Richmond Hill ; ⌚12h-21h lun-sam). Pour goûter les crus de Stellenbosch et au-delà (dégustations et vin au verre à partir de 36 R), ainsi que des bières artisanales, à accompagner d'une assiette de fromages (95 R). Si vous n'avez pas envie de quitter l'agréable véranda, vous pouvez passer commande dans quelques restaurants proches et manger sur place.

Beer Yard BAR

(☎041-582 2444 ; www.facebook.com/BeerYardPE ; 1 Cooper St, Richmond Hill ; ⌚10h-23h). Avec sa tente bédouine et sa petite piscine dans l'arrière-cour, ce bar à bières et cidres artisanaux représente bien l'effervescence de Richmond Hill. La carte inclut burgers maison, pizzas à pâte fine, et bières venant de la microbrasserie attenante.

Bridge Street Brewery BIÈRES ARTISANALES

(☎041-581 0361 ; www.bridgestreet.co.za ; Bridge St, Baakens Valley ; ⌚10h-22h30). Amateurs de bière artisanale, vous serez aux anges devant l'excellente sélection de cervoises pression servies dans cette brasserie conviviale dominant la Baakens.

Beer Shack BAR À BIÈRE

(☎041-582 2354 ; www.facebook.com/BeerShackPE ; 1 Marine Dr, Humewood ; ⌚11h-1h ;

). La décoration ne paie pas de mine, mais ce grand bar à bière est l'un des plus animés de la ville. Il propose un grand choix de bières artisanales et sert des plats.

Où sortir

Nelson Mandela Bay Stadium STADE
(041-408 8900 ; www.nelsonmandelabaystadium.co.za ; 70 Prince Alfred Rd, North End). Construit pour la Coupe du monde de football de 2010, ce stade futuriste, dans le quartier délabré de North End, accueille rencontres sportives et concerts. Appelez ou envoyez un e-mail pour organiser une visite de 30 minutes (de 11h à 15h les lundis, mercredis et vendredis).

Port Elizabeth Opera House OPÉRA, THÉÂTRE
(041-586 2256 ; Whites Rd). Situé près du phare, dans la Donkin Reserve, le plus vieux théâtre d'Afrique et de l'hémisphère Sud offre un large éventail de spectacles : théâtre, poésies, concerts, comédies, etc.

Athenæum ARTS DE LA SCÈNE
(041-585 1041 ; www.theathenaeum.co.za ; 7 Belmont Tce, Central). Ce centre culturel occupe un édifice victorien restauré et programme du théâtre, des performances et des concerts, notamment de jazz.

St George's Cricket Stadium STADE
(041-585 1646 ; www.stgeorgespark.co.za ; St George's Park). Foyer de l'Eastern Province Cricket, dont les supporteurs animent bruyamment les matchs.

Achats

La **galerie marchande Boardwalk** (041-507 7777 ; www.suninternational.com/boardwalk ; Marine Dr, Summerstrand ; 7h-23h) abrite (aussi) des boutiques d'artisanat. Rendez-vous au marché aux puces de Kings Beach le dimanche matin pour dénicher des curiosités.

Wezandla African Craft Traders ART ET ARTISANAT
(041-585 1185 ; www.wezandla.co.za ; 37 Parliament St ; 8h-17h lun-ven). Ce centre d'art et d'artisanat coloré propose un vaste choix d'articles réalisés par des communautés d'Afrique du Sud et du Zimbabwe : paniers, bijoux, sculptures sur bois, masques, poupées de fertilité, housses de coussins, tentures, sets de table, sacs à main, tee-shirts et tableaux... Petit café sur place.

Renseignements

Nelson Mandela Bay Tourism (041-585 8884 ; www.nmbt.co.za ; Donkin Reserve ; 8h-16h30 lun-ven, 9h30-15h30 sam). Fournit d'excellentes informations et des cartes, et dispose d'un café avec vue sur la ville. Possède des succursales au Boardwalk (041-583 2030 ; Marine Dr, Summerstrand ; 8h-19h), avec des renseignements sur toute la province, et à l'aéroport (041-581 0456 ; 7h-19h). La boutique d'artisanat Wezandla est également une bonne source d'informations.

ADDO ELEPHANT NATIONAL PARK

Pourquoi y aller On est quasiment assuré d'y voir des éléphants, et avec de la chance, on peut même apercevoir le reste des Big Five. Autres atouts : les routes gravillonnées, et l'absence de paludisme.

Quand partir Si l'on peut observer la faune toute l'année, l'automne (vers avril) et le printemps (vers septembre) offrent un temps agréable, plus plaisant que le froid hivernal et la chaleur étouffante de l'été. Vous verrez peut-être quelques oranges dans les arbres ; l'hiver est la principale saison des agrumes. Février-mars et octobre-novembre sont les mois les plus pluvieux.

Informations pratiques Sur la R342, l'entrée principale donne accès à la réception du parc dans l'Addo Rest Camp, à 10 km au nord de la bourgade d'Addo. L'entrée sud, Matyholweni, se situe à 40 km de l'Addo Rest Camp près de Colchester. On peut circuler de l'une à l'autre avec une voiture standard, un 4x4 n'est pas nécessaire.

Faire des économies L'hiver correspond à la basse saison ; entre mai et juin, le parc offre des réductions sur l'hébergement.

1

4

JFJACOBSZ / SHUTTERSTOCK ©

3

A. MERTENS / SHUTTERSTOCK ©

1. Storms River Mouth (p. 192)
En kayak, les formations rocheuses du secteur de Tsitsikamma du Garden Route National Park sont encore plus impressionnantes.

2. Addo Elephant National Park (p. 213)
Dans ce parc comptant plus de 600 éléphants, vous êtes quasiment assuré de voir un pachyderme.

3. Port St Johns (p. 237)
C'est en juin-juillet, lors du fameux *sardine run* (p. 234), que l'on peut le mieux observer les dauphins.

4. Surf à Jeffrey's Bay (p. 198)
Les vagues n'attendent que vous à "J-Bay", l'un des meilleurs lieux au monde pour surfer.

2

DAVID STEELE / SHUTTERSTOCK ©

Depuis/vers Port Elizabeth

AVION

L'**aéroport de Port Elizabeth** (041-507 7319 ; www.airports.co.za ; Allister Miller Rd, Walmer) est à environ 5 km du centre-ville.

South African Airways (0861 606 606 ; www.flysaa.com), ses filiales **Airlink** (041-880 0813 ; www.flyairlink.com) et **Mango** (0861 001 234 ; www.flymango.com), ainsi que les compagnies **FlySafair** (0871 351 351 ; www.flysafair.co.za) et **Kulula** (086 158 5852 ; www.kulula.com) desservent quotidiennement plusieurs villes du pays, dont Le Cap (à partir de 900 R, 1 heure 15), Durban (à partir de 1 100 R, 1 heure 15) et Johannesburg (à partir de 800 R, 1 heure 45). Comptez environ 130 R pour rejoindre le centre en taxi.

BUS

Les bus Greyhound, Translux et City to City partent du Greenacres Shopping Centre, à 4 km environ du centre-ville. Les bus Intercape partent du bureau de la compagnie, derrière l'ancienne poste. Toutes ces compagnies assurent des liaisons quotidiennes depuis/vers Le Cap (à partir de 600 R, 12 heures) via la Garden Route, depuis/vers Johannesburg (à partir de 650 R, 16 heures) via Bloemfontein (à partir de 590 R, 9 heures 30), et depuis/vers Durban (à partir de 600 R, 14 heures 30) via Grahamstown (à partir de 330 R, 2 heures) et East London (à partir de 450 R, 4 heures 30).

Mzansi Experience (021-001 0651 ; www.mzansi.travel) fait halte à PE sur la ligne Le Cap-Hogsback (d'où part une autre ligne pour Jo'Burg).

RÉSERVES NATURELLES PRIVÉES DU CAP-ORIENTAL

Couvrant plus de 10 000 km² et épargnées par le paludisme, les réserves privées du Cap-Oriental constituent une attraction majeure. Couplé avec l'Addo Elephant National Park, un safari en voiture dans l'une de ces propriétés, avec éventuellement une nuit dans le bush, marquent souvent le point d'orgue d'un voyage le long de la Garden Route à partir du Cap. De nombreuses réserves se situent entre Addo et Grahamstown, notamment Pumba, Kwantu, Lalibela, Schotia, Shamwari et Amakhala – sans oublier Sibuya et Kariega, au nord de Kenton-on-Sea. La plupart s'emploient à réintroduire dans de vastes territoires des animaux jadis nombreux dans la région, avant l'arrivée des fermiers et des chasseurs de gros gibier.

Nombre de réserves proposent un choix d'hébergements qui varient en confort et en prix, allant des lodges luxueux aux camps de toile plus modestes. Les prix s'entendent généralement tout compris, et des réductions significatives sont offertes en hiver, de mai à septembre.

Une journée de safari guidé est un excellent moyen d'apprécier la magie de ces grands espaces. La plupart des réserves abritant les Big Five sont accessibles par la N2 entre Addo et Grahamstown, ou la R343 au nord de Kenton-on-Sea.

Contiguë à l'Addo et accessible par la N10 au sud de Paterson, la **Schotia Game Reserve** (042-235 1436 ; www.schotiasafaris.co.za ; safari à partir de 2 000 R, forfaits hébergement à partir de 3 500 R ; sur réservation) est la plus petite réserve privée – et la plus fréquentée – des environs. Elle a été la première à introduire des lions qui chassent pour leur subsistance, mais leur nombre a été réduit de 18 à 3 afin de laisser une chance à leurs proies. Son circuit d'une journée Addo-Schotia (3 500 R avec déjeuner, dîner et transfert aller-retour de Port Elizabeth) est un bon moyen de découvrir la réserve. L'excursion à Schotia en fin d'après-midi (2 000 R) comprend quant à elle feu de camp et dîner dans le *lapa*. Des tour-opérateurs et des hébergements autour de l'Addo proposent aussi des excursions à Schotia. La réserve possède divers lodges et camps de toile, et propose des forfaits qui incluent l'hébergement et plusieurs safaris en voiture (1/2 nuits à partir de 2 500/5 000 R).

À quelque 40 km à l'est de l'Addo, **Shamwari Game Reserve** (Port Elizabeth 041-509 3000 ; www.shamwari.com ; d pension complète à partir de 16 000 R ; sur réservation) est l'une des réserves les plus luxueuses et les plus renommées du monde. L'offre d'hébergement va de la somptueuse tente safari au manoir de style édouardien. Parmi les activités proposées figurent les safaris en voiture, des cours de guide de terrain, et les visites d'un centre d'information sur les rhinocéros, d'un sanctuaire de grands félins et d'un centre de réhabilitation de la faune, avec possibilité de bénévolat.

TRAIN

Le train **Shosholoza Meyl** (☎0860 008 888, 011-774 4555 ; res.prasa.com/shosholozameyl/Booking)circule depuis/vers Johannesburg (20 heures, mer, ven et dim) via Cradock et Bloemfontein. Couchette en classe touristique à partir de 500 R.

VOITURE

Toutes les grandes sociétés de location disposent d'agences à Port Elizabeth ou à l'aéroport.

ℹ Comment circuler

Le taxi est un bon moyen de se déplacer dans PE. Comptez environ 10 R par kilomètre. Uber (www.uber.com) est très populaire et fonctionne bien.

Addo Elephant National Park

Le joyau du Cap-Oriental est l'**Addo Elephant National Park** (☎042-233 8600 ; www.sanparks.org/parks/addo ; adulte/enfant 360/180 R ; ⏲7h-19h), troisième parc national d'Afrique du Sud en termes de superficie. Situé à 70 km au nord de Port Elizabeth, et englobant la chaîne du Zuurberg et la Sundays River Valley, il protège les survivants des immenses hardes d'éléphants qui peuplaient jadis la région. Quand l'Addo devint un parc national en 1931, il n'en restait que 11 ; aujourd'hui ils sont plus de 600, et vous avez de fortes chances d'en

Amakhala Game Reserve (☎041-502 9400 ; www.amakhala.co.za ; safari d'une journée 500-900 R/pers, s/d tout compris à partir de 3 900/6000 R ; ⏲sur réservation), à quelque 70 km de PE et à l'est de l'Addo, mérite vraiment un séjour. Cette magnifique réserve, paisible et facile d'accès, protège une faune très diverse, dont quatre lions, six guépards, quelques rhinocéros, girafes, buffles, éléphants et zèbres, et de nombreuses espèces d'antilopes. Ses paysages sont un autre de ses atouts, avec 75 km² de collines ondoyantes, de *bushveld* et de savane. On y trouve 11 types d'hébergement, des logements trois étoiles aux lodges cinq étoiles, jouissant tous d'un superbe cadre naturel. La réserve a été créée par un groupe de propriétaires terriens, descendants des colons de 1820, ayant réuni leurs terrains. Elle propose des activités liées à la conservation, et du bénévolat.

La **Pumba Private Game Reserve** (☎041-502 3050 ; www.pumbagamereserve.co.za ; safari d'une demi-journée 985 R, d tout compris à partir de 11 000 R ; ⏲sur réservation) est une formidable réserve de luxe. On y trouve les Big Five, un groupe de lions blancs (extrêmement rares en Afrique, et vous êtes sûr d'en voir ici), des hippopotames, des guépards, des girafes, des antilopes et quelque 300 espèces d'oiseaux. L'hébergement se fait dans deux lodges magnifiques, dont l'un donne sur un petit lac. Parmi les activités : safaris en voiture, randonnées guidées dans le bush, pêche, tir à l'arc, et spa.

La **Kariega Game Reserve** (☎046-636 7904 ; www.kariega.co.za ; s/d tout compris à partir de 6 000/7 900 R ; ⏲sur réservation) est un site haut de gamme, mais pas hors de prix. Dans cette réserve de 100 km², à 14 km au nord de Kenton-on-Sea, on peut observer une grande diversité d'espèces animales et végétales, dont les Big Five (bien que les léopards se montrent rarement) et nombre d'oiseaux. Ce cadre éblouissant couvre cinq milieux naturels, traversés par les flots magnifiques de la Kariega et de la Bushman (peuplée d'hippopotames !). Safaris en voiture, randonnées guidées dans le bush et croisières fluviales y sont proposés. Cinq lodges sont disséminés dans la réserve.

La **Sibuya Game Reserve** (☎046-648 1040 ; www.sibuya.co.za ; Kenton-on-Sea ; demi-journée/journée 1 250/1 800 R, d tout compris 9 020 R ; ⏲sur réservation), à quelques kilomètres au nord de Kenton-on-Sea, est un domaine splendide à la faune très variée (lions, rhinocéros blancs, buffles, girafes et hippopotames). Avec ses 400 espèces d'oiseaux, elle fait en outre le bonheur des amateurs d'ornithologie. C'est une réserve unique, à laquelle on n'accède qu'au terme d'une traversée en bateau de 45 minutes depuis le bureau d'accueil principal à Kenton-on-Sea. Trois beaux lodges peuvent héberger les visiteurs. La journée d'excursion comprend une croisière fluviale, deux safaris en voiture et le déjeuner.

apercevoir. Ce territoire, autrefois cultivé, compte 5 biomes sur une superficie de quelque 8 800 km² et s'étend jusqu'à la côte, entre les embouchures du Sundays et de la Bushman. La partie côtière comprend l'Alexandria Dunefield, le champ de dunes côtier le plus vaste et le moins dégradé de l'hémisphère Sud, et des îles avec d'importantes colonies de manchots du Cap, de fous du Cap et d'otaries à fourrure d'Afrique du Sud.

Un jour ou deux jours à l'Addo constitue le temps fort d'un séjour dans la région. Vous verrez non seulement des pachydermes, mais aussi des lions, des zèbres, des rhinocéros noirs, des buffles d'Afrique, des hyènes tachetées et des myriades d'oiseaux. C'est l'un des rares endroits du pays à regrouper les Big Seven, grâce aux grands requins blancs et aux baleines franches australes qui se montrent en saison au large de ses côtes.

Activités

Pensez à réserver vos safaris en voiture, promenades équestres et autres activités, surtout en haute saison (d'octobre à mars). Sachez aussi que le "daily conservation fee" (droit d'entrée) du parc s'ajoute aux prix de la plupart des activités et hébergements SANParks.

SANParks Guided Wildlife Drives SAFARI

(☎042-233 8657 ; www.sanparks.org ; bureau du parc ; 415-565 R/pers). L'administration du parc organise des circuits guidés de 2 heures dans de gros 4x4 avec de bons angles de vue. Les départs se font au bureau du parc, à des horaires réguliers entre l'aube et le crépuscule. Le prix du circuit n'inclut pas l'entrée du parc.

Criss Cross Adventures ACTIVITÉS DE PLEIN AIR

(☎083 330 0480 ; www.crisscrossadventures.co.za ; près de la R335 ; sortie guidée en canoë demi-journée 1 300 R, safaris d'une journée 2 800-3 200 R ; ⏲sur réservation). En crue, le Sundays est le cours d'eau le plus rapide d'Afrique du Sud. Le reste du temps, il est idéal pour une sortie guidée en canoë. Des tunnels de végétation ouvrent sur des vues dégagées, tandis que martins-pêcheurs et grands ducs africains nichent sur les rives. L'agence propose aussi des safaris dans l'Addo, des circuits à VTT, du *sandboard* et des randonnées. Les tarifs comprennent le droit d'entrée du parc.

Adrenalin Addo SPORTS D'AVENTURE

(☎078 911 1619 ; www.adrenalinaddo.co.za ; près R336, Addo ; tyrolienne/balançoire géante à partir de 350/250 R ; ⏲sur réservation). Cette agence, qui porte bien son nom, revendique la tyrolienne la plus haute, longue (500 m) et rapide d'Afrique. La glissade au-dessus de la vallée du Sundays est mémorable. Et si vous en voulez encore, essayez la balançoire géante. Les moins casse-cou pourront louer un canoë pour descendre la rivière, lorsque celle-ci n'est pas trop asséchée.

Safaris en indépendant

En été, mieux vaut arriver au parc en milieu de matinée pour repérer l'un des points d'eau où les éléphants se rassemblent pendant les heures chaudes. En hiver, venez tôt le matin pour observer les animaux.

Les éléphants de l'Addo raffolaient autrefois des oranges et des pamplemousses que leur donnaient les premiers rangers pour les inciter à rester dans le parc ; ils pouvaient même se battre pour se les approprier. Cette pratique a été interdite à la fin des années 1970 mais, comme l'affirme l'adage, les éléphants ont bonne mémoire, et l'odeur de ces fruits peut susciter des réactions imprévisibles. Bien entendu, ne sortez *jamais* de votre voiture ailleurs qu'aux endroits désignés.

Comme dans la plupart des parcs sud-africains, il n'est pas obligatoire de louer les services d'un guide pour explorer l'Addo avec son propre véhicule. Il suffit de payer le droit d'entrée pour tenter d'apercevoir des éléphants entre les arbres. Toutefois, si vous n'avez pas l'habitude d'observer la faune, un guide SANParks (2 heures, 210 R plus entrée du parc ; 8h-17h) pourra vous aider à repérer les animaux.

Équitation

Des promenades à cheval sont proposées le matin (8h) et l'après-midi (14h) par SANParks (☎042-233 8621) dans le secteur Nyathi du parc (2 heures, 540 R). Pour un paysage montagneux sans voir d'animaux, vous pouvez choisir les chevauchées dans la section du Zuurberg : 1/3/5 heures 240/330/350 R ou la piste jusqu'au Narina Bush Camp (nuit sur place). Droits d'entrée du parc en sus.

Où se loger

Plusieurs hébergements et restaurants se succèdent près de la R335, qui traverse la bourgade d'Addo. On trouve aussi de bons établissements dans les environs de Kirkwood et Sunland sur la R336, ainsi qu'à Colchester, à moins de 5 km de l'entrée Matyholweni. Les hébergements au sein du parc lui-même affichent parfois complet aux périodes d'affluence : réservez.

Orange Elephant Backpackers AUBERGE DE JEUNESSE $

(☎042-233 0023 ; www.addobackpackers.com ; près R335 ; dort 150 R, d 500 R, avec sdb commune 450 R, tente safari 350 R ; P). Un peu délabré, mais plutôt propre, voici un bon hébergement à prix raisonnable pour découvrir l'Addo, avec une navette depuis Port Elizabeth (350 R aller-retour) et des visites du parc (journée 1 750 R). Chambres dans le bâtiment principal, et dortoir de huit lits dans une *rondavel* avec coin toilette rustique. Il y a aussi une tente safari. Petit-déjeuner (45 R) et pub attenant, le Thirsty Herds, qui sert pizzas et bière maison.

Addo Rest Camp LODGE $$

(☎Pretoria 012-428 9111 ; www.sanparks.org ; camping 1-2 pers 410 R, tente safari 1 70 R, cabane/chalet/cottage/maison 1 240/1 415/1 995/5 600 R ; P). Le camp principal de l'Addo, sur le site des bureaux du parc, compte d'innombrables cottages, chalets, tentes safari et *rondavels* (cases rondes au toit conique). Certains de ces hébergements surplombent le point d'eau éclairé où les éléphants viennent s'abreuver. Le choix va du camping confortable (tentes safari pour deux avec salle de bains partagée) à de luxueuses maisons de deux chambres, avec salle de bains et climatisation.

Chrislin African Lodge LODGE $$

(☎042-233 0022 ; www.chrislin.co.za ; près R335 ; s 940-1 400 R, d 1 300-1 500 R, avec petit-déj ; P). Entre pelouses, arbres et aloès, ce lodge occupant une ancienne plantation d'agrumes loue de grandes huttes avec toit de chaume, élégante décoration africaine, et murs isolants en terre et bouse de vache. Les plus luxueuses sont climatisées. Les activités incluent des safaris dans l'Addo à bord d'un véhicule découvert. Le dîner (entrée-plat-dessert) est délicieux (250 R). Un endroit rustique et détendu, plaisant après une journée à repérer les éléphants.

Rosedale Organic Farm B&B GÎTE RURAL $$

(☎042-233 0404 ; www.rosedalebnb.co.za ; près de la R335 ; s/d avec petit-déj 700/1 000 R ; P). Cette plantation d'agrumes bio propose huit bungalows sobres et soignés, avec des stoeps (porches) donnant sur un petit bassin et des arbres tropicaux. Le petit-déjeuner bio comprend du pain maison, des œufs de la ferme, et du jus d'oranges fraîchement cueillies. Keith, le propriétaire, vous fera visiter l'exploitation. Une excellente adresse.

Addo African Home GUESTHOUSE $$

(☎042-233 1244 ; www.addoafricanhome.co.za ; près R335 ; tente safari 600 R, s 850-1 050 R, d 850-1 350 R, avec petit-déj ; P). Cette jolie pension entoure une pelouse soignée au bout d'un chemin ombragé. Les chambres du bâtiment principal s'agrémentent de parquet et de touches artistiques ; des *rondavels* avec salle de bains sont installés dans le jardin. Deux belles tentes safari sont aussi disponibles. Le restaurant est renommé pour ses plats à base de produits bio, principalement frais et locaux. On y parle français.

♥ **Camp Figtree** RESORT $$$

(☎082 611 3603 ; www.campfigtree.co.za ; s/d avec petit-déj à partir de 2 400/3 200 R ; P @). Perchée dans le massif de Zuurberg, au-dessus d'Addo, cette luxueuse propriété offre de splendides panoramas. On y trouve des cottages joliment aménagés avec immense salle de bains et porche privé, une piscine, une bibliothèque et un restaurant servant thé et gâteaux l'après-midi. Le Camp Figtree se trouve à environ 11 km de la R335, sur la route menant au col de Zuuberg (Zuuberg Pass).

♥ **Elephant House** LODGE $$$

(☎042-233 2462 ; www.elephanthouse.co.za ; R335 ; d à partir de 2 100 R, cottage d à partir de 2 000 R, tous avec petit-déj ; P). Envie de vous faire plaisir ? Le bâtiment principal de cet établissement raffiné abrite sous son toit de chaume six chambres douillettes, ornées de tapis et de meubles anciens, ainsi que de nombreux espaces de détente. De l'autre côté de la rue, six cottages (www.stablecottages.co.za) donnent sur une pelouse impeccable. Le tout est agrémenté de trois piscines !

Le soir, une formule dîner est proposée.

Où se restaurer

Le camp principal du parc (Addo Rest Camp) comprend une aire de pique-nique ombragée dominant un point d'eau, ainsi qu'un restaurant et un magasin vendant des produits de base. On trouve aussi deux ou trois restaurants près de la petite ville d'Addo.

River Front Estate Restaurant SUD-AFRICAIN $$
(☎042-233 0000 ; www.facebook.com/rfrestaurant ; près R335, Addo ; plats 70-120 R ; 9h-21h mer-lun ; wi-fi). Très accueillant, ce restaurant aux petits airs de grange surplombe le fleuve Sundays. Il sert diverses viandes (koudou, impala, autruche, carpaccio de springbok...). L'excellente assiette végétarienne est composée de légumes du potager cultivé en permaculture. On y trouve aussi cinq chalets superbement meublés (d 800 R).

Lenmore INTERNATIONAL $$
(☎042-233 0505 ; www.lenmore-addo.com ; R335, Addo ; plats 95-140 R ; 7h-20h30 ; wi-fi). Si la carte inclut un grand choix de salades, steaks, plats de poulet, produits de la mer et pâtes, rien ne vaut ici les pizzas cuites au feu de bois. Avec un supermarché et une boulangerie sur place, c'est un très bon lieu pour préparer un pique-nique. Également : cinq chalets confortables disséminés dans le jardin (s/d 600/1 200 R, avec petit-déjeuner).

Renseignements

La "ville" d'Addo se résume à quelques échoppes, une station-service et une banque avec DAB qui partagent un parking poussiéreux sur la R335. L'Addo Rest Camp possède une boutique et une station-service.

Comment s'y rendre et circuler

Des navettes privées font la liaison entre Port Elizabeth et Addo – l'office du tourisme de PE saura vous conseiller sur les compagnies. D'innombrables agences proposent des excursions d'un ou deux jours dans l'Addo, mais le mieux pour l'explorer est de louer une voiture.

La plupart des routes asphaltées et gravillonnées du parc sont empruntables en voiture classique, mais certaines peuvent devenir impraticables après de fortes pluies ; en cas de doute, appelez le bureau du parc.

Grahamstown

☎046 / 50 217 HABITANTS

Capitale historique du *Settler Country* (pays des Colons), Grahamstown est aussi une ville universitaire animée qui accueille plusieurs festivals annuels. Avec des flèches élancées, des édifices érodés et des devantures aux tons pastel, le centre-ville conserve de beaux exemples d'architectures georgienne, victorienne et édouardienne précoce.

Le conservatisme et la joliesse britannique de la ville dissimulent un passé sanglant. Les guerres cafres opposant les Xhosa aux colons européens perdurèrent pendant la majeure partie du XIXe siècle. Jadis puissance dominante de la région, les Xhosa furent vaincus par les Britanniques et les Boers au terme d'âpres luttes.

Les étudiants sont aujourd'hui majoritaires à Grahamstown et remplissent les bars et les pubs. Toutefois, l'installation récente d'artistes et de groupes alternatifs, associée au vieillissement de la population, tend à donner à la ville une atmosphère plus sophistiquée.

À voir et à faire

Quelques guides, dont **Otto Ntshebe** (☎082 214 4242 ; www.ottours.co.za ; circuit demi-journée 450 R), proposent des visites du village historique de Fingo, l'un des plus vieux townships du pays. Il fut bâti sur des terres données aux Mfengu par les Britanniques en échange de leur soutien lors des guerres cafres.

Church Square SITE HISTORIQUE
De majestueux édifices coloniaux, des bâtiments universitaires, la cathédrale anglicane du XIXe siècle et de pittoresques devantures victoriennes et édouardiennes entourent cette place. Parmi ces dernières, remarquez le **Grocott's Mail**, siège d'origine du plus vieux journal indépendant d'Afrique du Sud, et la proche pharmacie **Clicks**.

Le **Birch's Gentlement's Outfitters** (High St) possède un merveilleux "toboggan" à l'ancienne (un sytème de poulies pour expédier l'argent à travers le plafond depuis/vers la caisse centrale), et un système pneumatique afin d'envoyer des documents à travers les étages. Le personnel vous en montrera le fonctionnement si vous le demandez avec le sourire.

Albany History Museum MUSÉE
(☎046-622 2312 ; www.am.org.za ; Somerset St ; adulte/enfant 20/10 R ; 9h-16h30 lun-ven). Ce musée d'Histoire présente l'histoire et

Grahamstown

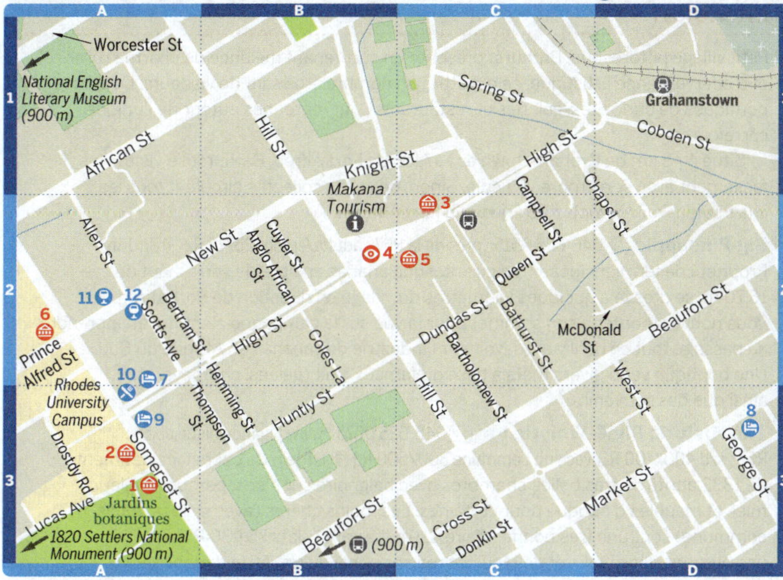

Grahamstown

À voir

1 Albany History Museum A3
2 Albany Natural Science Museum A3
3 Birch's Gentlemen's Outfitters C2
4 Church Square B2
5 Grocott's Mail C2
6 International Library of African Music A2

Où se loger

7 Browns @ 137 High Street Guesthouse A2
8 Cock House D3
9 High Corner A3

Où se restaurer

10 Handmade Coffees – The Bakery Grahamstown A3

Où prendre un verre et faire la fête

11 Rat & Parrot A2
12 Rustic Route A2

l'art des peuples du Cap-Oriental, dont les Xhosa et les colons de 1820, et possède quelques splendides ouvrages en perles et broderies.

Albany Natural Science Museum MUSÉE
(☎046-622 2312 ; www.am.org.za ; Somerset St ; adulte/enfant 20/10 R ; 9h-16h30 lun-ven). Le musée de Sciences naturelles couvre de nombreux sujets, du début de l'humanité à l'astronomie. La collection comprend d'impressionnants animaux naturalisés et des squelettes.

International Library of African Music MUSÉE
(ILAM ; ☎046-603 8557 ; www.ru.ac.za/ilam ; Prince Alfred St, Rhodes University ; 8h-16h30 lun-jeu, 8h30-13h ven). GRATUIT Quelque 200 instruments de musique sont exposés ici. On peut écouter des enregistrements réalisés sur le terrain et essayer de les reproduire avec des *nyanga* (flûtes de Pan) du Mozambique, une kora (instrument à cordes) d'Afrique de l'Ouest ou un *kalimba* (piano à pouces) ougandais. Appelez pour prendre rendez-vous.

VAUT LE DÉTOUR

BATHURST

Petit village pittoresque, Bathurst présente un surprenant mélange de charme rural et d'effervescence artistique, ce qui attire un nombre croissant de visiteurs. Quelques boutiques de curiosités, galeries et restaurants sont regroupés autour de l'unique carrefour.

Situé à 45 km de Grahamstown et à 17 km de Port Alfred, Bathurst se visite plus facilement avec son propre véhicule. Sinon, des taxis collectifs circulent tous les jours sur la R67 (comptez 25 R jusqu'à Port Alfred).

Big Pineapple (046-625 0515 ; près de la R67 ; adulte/enfant 25/15 R ; 8h-16h). Propriété de fermiers locaux, ce gigantesque ananas en fibre de verre, haut de 16,70 m, se dresse à quelques kilomètres du village en direction de Port Alfred. Vous pouvez monter à son sommet pour la vue sur la campagne alentour, et apprendre au passage tout ce qu'il y a à savoir sur l'industrie de l'ananas en Afrique du Sud. Une boutique vend divers mets à base du fameux fruit (gelées, chutneys, etc.), ainsi que des souvenirs.

The Historic Pig & Whistle Inn (046-625 0673 ; www.pigandwhistle.co.za ; R67 ; s/d 400/700 R, avec sdb commune 300/500 R ;). Plein de cachet, ce bâtiment de 1832 abrite de très belles chambres avec baignoire sur pieds, parquet couleur miel, et meubles d'époque pour certaines. Les moins chères (avec salle de bains commune) sont une très bonne affaire. Le restaurant (plats 70-130 R) sert des burgers, des steaks et des tourtes maison, ainsi qu'un rôti le dimanche. Le pub attenant est idéal pour rencontrer des gens du coin. On ne peut se garer que dans la rue.

1820 Settlers National Monument MONUMENT
(www.foundation.org.za ; Gunfire Hill ; 8h-16h30 lun-jeu, 8h-16h ven). GRATUIT Hommage aux colons britanniques, ce monument renferme des œuvres d'art et un grand théâtre ; il offre une vue spectaculaire sur la campagne alentour.

National English Literary Museum MUSÉE
(046-622 7042 ; www.amazwi.museum ; 25 Worcester St ; 8h30-16h30 lun-ven). GRATUIT Dans un bâtiment clinquant à la périphérie de la ville, ce musée abrite des manuscrits, des premières éditions et des ouvrages sud-africains remontant jusqu'à 1797 ; tous les écrivains célèbres y sont représentés. Accueille aussi des expositions sur la littérature nationale.

Festival

National Arts Festival ART
(046-603 1103 ; www.nationalartsfestival.co.za ; début juil). Le plus grand festival artistique d'Afrique dure 10 jours, début juillet. Pour bien en profiter, réservez bien à l'avance, car les hébergements affichent vite complet, et prévoyez des vêtements chauds, les nuits pouvant être très fraîches. Les festivals associés Fringe et Fingo programment des centaines d'autres événements. Le Fingo privilégie les arts, la musique et le théâtre des townships.

Où se loger

Blue Skies Backpackers AUBERGE DE JEUNESSE $
(084-278 3193 ; www.facebook.com/blueskiesbackpackers ; Grahamstown Airfield ; dort/d avec sdb commune 150/400 R ; P). Malgré un curieux emplacement en bordure de l'aérodrome, à environ 4 km au nord du centre, cette auberge discrète, tenue par l'accueillant Sean, est une bonne adresse. On y trouve un dortoir propre et quelques bungalows rudimentaires, mais tout à fait corrects. Pas de repas servis, mais une cuisine commune. Pas de Wi-Fi.

Le lieu étant isolé, il vous faudra être motorisé pour explorer les environs.

Kwam eMakana CHEZ L'HABITANT $
(☎072-448 0520 ; ribogora@gmail.com ; s/d avec petit-déj à partir de 400/600 R). Plus de 20 cham-bres sont proposées par des femmes xhosa dans les townships de Grahamstown. Des repas sont servis sur demande.

High Corner GUESTHOUSE $$
(☎046-622 8284 ; www.high-corner.com ; 122 High St ; s/d avec petit-déj 850/1 240 R, s/d cottage 680/1 040 R ; P❄📶🏊). Un exposé des 200 ans d'histoire de cette gracieuse demeure est la première chose que vous voyez en entrant. Les chambres sont réparties entre le bâtiment principal, doté de meubles anciens dans l'élégant salon et la salle du petit-déjeuner, et de cottages indépendants modernes à l'arrière.

Cock House GUESTHOUSE $$
(☎046-636 1287 ; www.cockhouse.co.za ; 10 Market St ; s/d avec petit-déj 720/1 220 R ; P❄📶). Du nom de William Cock, un colon des années 1820, et jadis habitée par l'écrivain André Brink, cette résidence historique pleine de cachet compte neuf chambres doubles, confortablement aménagées dans la maison et dans les anciennes écuries. Des appartements de deux chambres, avec cuisine, complètent l'offre. Son très bon restaurant, le Norden's, est orné de peintures représentant l'Afrique du Sud du XIXe siècle.

Browns @ 137 High Street Guesthouse GUESTHOUSE $$
(☎046-622 3242 ; www.grahamstownaccom.co.za ; 137 High St ; s/d avec petit-déj 780/1 150 R ; P📶). Une pension centrale, accueillante et décorée avec goût. Construite il y a 200 ans par Piet Retief, cette maison aux murs épais et au parquet couleur miel abrite sept jolies chambres, exigües mais confortables. Son restaurant est également recommandé.

Où se restaurer et prendre un verre

Handmade Coffees – The Bakery Grahamstown CAFÉ $
(☎046-603 1103 ; www.facebook.com/thebakerykenton ; 40 Somerset St ; sandwichs 50 R ; ⏲8h-20h lun-ven, 8h30-13h sam ; 📶). Il suffit de pousser la porte d'entrée pour tomber sous le charme de ce café. Dans la cour arrière, ne manquez pas la petite boulangerie et ses délices appétissants, dont des bagels et des muffins.

Rustic Route BAR
(☎046-622 8825 ; www.facebook.com/Rustic-Route-122189029787719 ; angle Scotts St et New St ; ⏲11h-22h). Avec sa terrasse extérieure, ce bar-restaurant tendance et convivial est idéal pour boire des bières artisanales. La clientèle mêle étudiants et habitués chics. Sert aussi de bons plats sud-africains.

Rat & Parrot PUB
(☎046-622 5002 ; 59 New St ; ⏲11h-23h ; 📶). Rendez-vous festif des étudiants, le bar lambrissé et cosy du Parrot se tient au rez-de-chaussée, tandis qu'à l'étage de grandes fenêtres et une véranda surplombent la rue. Ses pizzas et sa cuisine de pub sont appréciées, et un écran de TV diffuse du rugby.

Renseignements

L'office du tourisme (☎046-622 3241 ; www.grahamstown.co.za ; 63 High St ; ⏲8h-13h lun-ven ; 📶) fournit des brochures et des renseignements sur les visites à faire seul à pied et sur les divers circuits historiques.

VAUT LE DÉTOUR

LE SHIPWRECK HIKING & CANOE TRAIL

Cimetière de nombreux bateaux, la côte entre le Great Fish et East London est appelée Shipwreck Coast (côte des Épaves). Le **Shipwreck Hiking & Canoe Trail** (☎082-391 0647 ; www.shipwreckhiking.co.za ; randonnée 6 jours et 5 nuits avec canoë 1 400 R), une randonnée de 67 km (six jours), conduit de Port Alfred à l'embouchure du Great Fish et comprend marche et canoë. Vous découvrirez des plages vierges, une luxuriante végétation côtière et de splendides estuaires.

Un circuit de 6 jours et 4 nuits sans canoë (1 120 R), et une excursion de 2 jours (1 nuit) en canoë (300 R) sur la Kleinemonde West sont également proposés.

Depuis/vers Grahamstown

Des bus Greyhound, Translux, Intercape et City to City partent tous les jours du **Frontier Hotel** (angle High St et Bathurst St) et du **Conference Centre** (Grey St) pour Le Cap (660 R, 14 heures), Port Elizabeth (390 R, 2 heures), Durban (630 R, 12 heures) et Johannesburg 690 R, 13 heures).

Port Alfred

046 / 9 747 HABITANTS

Surnommé "le Kowie" en raison du joli fleuve Kowie qui la traverse, Port Alfred possède des plages splendides, dont certaines au nord adossées à de hautes dunes de sable. De luxueuses maisons de vacances contemporaines bordent la marina et les collines qui entourent la ville. Cette dernière est généralement paisible, sauf lors de la venue d'étudiants de Grahamstown. Elle devient plus animée pendant les régates d'aviron interuniversitaires fin septembre, et de mi-décembre à janvier, quand elle se remplit de vacanciers sud-africains.

Activités

Outre de belles plages aux eaux claires, Port Alfred compte d'excellents breaks de surf à l'embouchure du fleuve, comme à **West Beach** et **East Beach**. Naviguer en amont du Kowie offre quelques heures de détente : des euphorbes et des réserves animalières privées bordent les rives, des pygargues vocifères tournoient dans le ciel et des pêcheurs ramassent des crevettes de vase qui leur servent d'appât.

Port Alfred

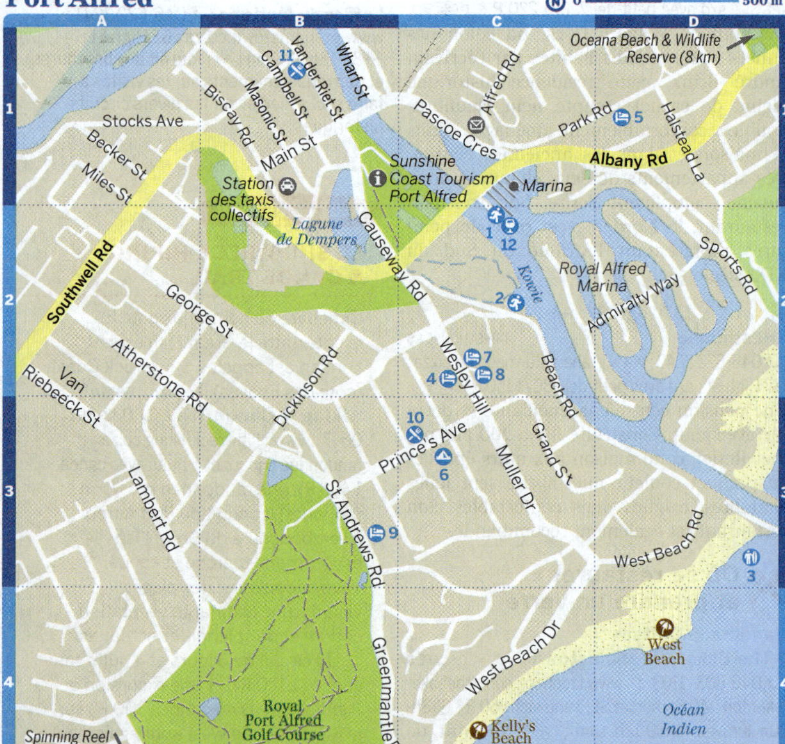

Oceana Beach & Wildlife Reserve OBSERVATION DE LA FAUNE
(☎083 616 0605, 043-555 0305 ; www.oceanareserve.com ; R72, Rietriver ; circuit 300 R, avec déj 3 plats 325 R ; ⏲sur réservation). Cette réserve cinq étoiles, qui abrite des antilopes, des zèbres, des girafes et d'autres animaux, propose un circuit en voiture de 2 heures, qui débute à 10h (réservation indispensable). Elle se situe à 8 km de la ville sur la R72, en direction d'East London.

Outdoor Focus ACTIVITÉS DE PLEIN AIR
(☎076-593 0749 ; www.outdoorfocus.co.za ; Beach Rd ; location de canoë 150 R l'heure, croisière fluviale adulte/enfant 150/75 R, sandboard 140 R, équitation à partir de 200 R ; ⏲8h-17h). Cette agence propose de multiples activités sur terre (*sandboard*, promenades à cheval...), sur mer (plongée, sorties en mer, snorkeling...) ou sur rivière (wake-board, paddle, kayak...). L'agence loue également des canoës et organise des croisières fluviales de 1 heure 30.

Kowie River Cruises BATEAU
(☎083 359 3231, 073-162 1611 ; www.facebook.com/KowieRiverCruises ; Ski Boat Club Jetty ; adulte/enfant 150/75 R). Croisières de 1 heure 30 sur le Kowie, à bord du *Lady Biscay*, une péniche fermée de 13 m de long. Apportez votre pique-nique.

Kowie Canoe Trail CANOË
(☎046-624 2230 ; www.kowiecanoetrail.co.za ; 64 Albany Rd ; 350 R/pers ; ⏲sur réservation). Le Kowie Canoe Trail est un circuit en canoë plutôt facile qui remonte le fleuve Kowie sur 21 km depuis Port Alfred, avec une nuit dans une grande cabane au Horseshoe Bend, dans la Watersmeeting Nature Reserve. Matelas, eau et bois sont fournis, mais il faut apporter nourriture, draps et linge de lit. Moyennant un supplément, vos sacs peuvent être transportés.

Où se loger

Spinning Reel CHALET $
(☎046-624 4281 ; www.spinningreel.co.za ; Freshwater Rd ; cottages/chalets/d à partir de 500/700/750 R ; P 📶 👪). Cet établissement sans prétention, à environ 4 km à l'ouest du centre, loue des cottages de plage avec cuisine, et des chalets en pin entourés d'une forêt dunaire indigène. La maison principale compte aussi deux chambres avec une superbe vue sur l'océan. Accès direct à la plage. Petit-déjeuner en supplément.

♥ **Lookout** GUESTHOUSE $$
(☎046-624 4564 ; www.thelookout.co.za ; 24 Park Rd ; s 540-600 R, d 910-1 200 R ; P 📶 🏊). Juchée sur une colline, cette maison chaulée contemporaine comprend cinq appartements avec kitchenette et vue splendide. Tous sont impeccables et disposent d'une entrée privée. Le petit-déjeuner coûte 65 R. Un très bon hébergement, bien que loin de la plage.

Panorama B&B $$
(☎046-624 5853 ; www.portalfredpanorama.com ; 15 Wesley Hill ; s/d avec petit-déj 500/800 R ; P ❄ 📶). Sympathique couple néerlando-sud-africain, Rob et Marianne dirigent cette pension à prix raisonnables, perchée sur une colline. Le panorama est superbe, et les trois chambres, impeccables, s'ouvrent sur un charmant jardin et une piscine. Rob, pilote et propriétaire d'une vedette, ne manque pas de suggestions d'activités à faire dans les environs.

Port Alfred

Activités

1 Kowie River Cruises C2
2 Outdoor Focus C2
3 West Beach D3

Où se loger

4 Links Coastal Inn C2
5 Lookout D1
6 Medolino Caravan Park C3
7 Panorama C2
8 Richmond House Cottages C2
9 Royal St Andrew B3

Où se restaurer

10 C'est La Vie C3
11 Graze by the River B1

Où prendre un verre et faire la fête

12 Tash's Craft Bar C2

Links Coastal Inn AUBERGE $$
(☎046-624 4533 ; www.thelinks.co.za ; 14 Wesley Hill ; s/d avec petit-déj 675/875 R, cottages 750/950 R ; P 📶). Décorée sur le thème du safari, cette auberge accueillante loue des chambres et, dans le jardin, des cottages avec cuisine, remis à neuf et modernisés. Le bar-restaurant (plats 60-150 R) a une superbe terrasse avec vue sur le fleuve, idéale pour un verre au coucher du soleil. Il sert des spécialités sud-africaines, comme les steaks de koudou ou d'autruche et le carpaccio de springbok.

Medolino Caravan Park CAMPING $$
(☎046-624 1651 ; www.medolinocaravanpark.co.za ; 28 Hards St ; camping/chalet 130/950 R ; 📶 🏊). Ce paisible terrain ombragé est réputé pour ses excellents chalets de deux chambres (pour quatre personnes), ses emplacements de camping à l'herbe bien épaisse, et ses sanitaires bien entretenus.

♥ **Royal St Andrew** HÔTEL DE LUXE $$$
(☎046-6045400 ; www.royalstandrewshotel.co.za ; 19 St Andrews Rd ; d 1 850-2 500 avec petit-déj ; P ❄ 📶 🏊). Juste en face du club de golf et à quelques minutes à pied de la plage, cet hôtel à l'architecture originale est l'un des plus prestigieux de la ville. L'aile "Heritage" abrite dix chambres décorées de manière différente, et l'aile moderne, 50 chambres de luxe. L'hôtel compte un restaurant haut de gamme, un pub gastronomique (The Highlander) ouverts aux clients extérieurs, une piscine et un spa.

Oceana Beach & Wildlife Reserve BOUTIQUE-HÔTEL $$$
(☎083 616 0605, 043-555 0305 ; www.oceanareserve.com ; R72, Rietriver ; d à partir de 6 000 R avec petit-déj ; P ❄ 📶 🏊). Du haut de leur colline couverte d'arbustes verdoyants, les élégantes suites "Ocean" jouissent d'un incroyable panorama sur la plage. Les suites "Lodge" sont un peu moins impressionnantes, mais tout aussi confortables. La maison individuelle, avec ses trois chambres, est parfaite pour les groupes d'amis et les familles. Accès direct à la plage. À 8 km de la ville sur la R72, en direction d'East London.

Le restaurant est très bon, et le site comprend également une belle réserve d'animaux sauvages (p. 221).

Richmond House Cottages COTTAGES $$$
(☎046-624 8543 ; www.richmondhousecottages.com ; 19 Wesley Hill ; cottage 2/4 pers 1 880/3 600 R ; P 📶). Trois luxueux cottages indépendants parmi des pelouses et des arbres flamboyants, sur le site d'une demeure historique, au sommet de Wesley Hill. Isolement et tranquillité dans le centre-ville.

Où se restaurer et prendre un verre

C'est La Vie TRAITEUR $
(☎046-624 1225 ; @ cestlaviepa ; 18 Prince's Ave ; plats 50-80 R ; ⏲9h-16h lun-ven, 9h-14h sam ; 📶). Avant ou après la plage, prenez un bon repas dans ce modeste restaurant servant d'excellents petits-déjeuners, burgers gastronomiques, belles salades et plats du jour. Sans oublier les savoureux gâteaux et plateaux de fromages.

Graze by the River DIÉTÉTIQUE $$
(☎046-624 8095 ; www.facebook.com/grazebytheriverPA ; 38 Van der Riet St ; plats 85-160 R ; ⏲9h-15h lun-sam 12h-14h30 dim ; 📶). 🌿 Cet endroit excentrique, à l'arrière d'un magasin de curiosités, privilégie la Slow Food et sert des légumes bio, de la viande, du poisson et des laitages produits de manière éthique. La torréfaction du café et le fumage des viandes et des poissons sont faits sur place. Parmi les plats du jour, figurent du maigre du Sud pêché à la ligne, des moules du Transkei fraîches et du rumsteck maturé 30 jours. Le tout à déguster dans le jardin privé à l'arrière.

Tash's Craft Bar BIÈRE ARTISANALE
(☎076-707 0963 ; www.facebook.com/tashscraftbar ; Ski Club Jetty, Harbour ; ⏲11h-23h). Ce bar animé donnant sur le port sert aussi des repas.

ℹ Renseignements

Sunshine Coast Tourism Port Alfred
(☎046-624 1235 ; www.sunshinecoasttourism.co.za ; Causeway Rd ; ⏲8h-17h15 lun-ven, 8h-12h30 sam). Brochures et cartes, informations sur les hébergements et les activités, dont les croisières en bateau et les sorties de pêche.

ℹ Depuis/vers Port Alfred

Let's Go Tours (☎083 644 6060, 046-624 2358 ; www.facebook.com/

LetsGoToursAndShuttleService) assure une navette quotidienne entre Port Elizabeth et Port Alfred (150 R).

Au départ de la **station des taxis collectifs** (Biscay Rd) devant le Heritage Mall, des services quotidiens rallient Port Elizabeth (105 R), Grahamstown (50 R) via Bathurst (25 R), et East London (105 R).

AMATHOLE

La région de l'Amathole ("veau" en xhosa) s'étend dans l'arrière-pays depuis East London et comprend la chaîne de montagnes éponyme, le charmant village montagnard de Hogsback et plusieurs réserves naturelles peu visitées. La majeure partie de la région formait le bantoustan xhosa du Ciskei au temps de l'apartheid. Quelques auberges de jeunesse offrent des expériences culturelles semblables à celles de la Wild Coast, à la rencontre des Xhosa.

East London

☎043 / 267 007 HABITANTS

Si le centre d'East London – plutôt industriel – est loin d'être attrayant, l'emplacement de la ville au bord d'une baie entourée de dunes est très agréable. Les banlieues de l'est valent notamment le coup d'œil, ne serait-ce que pour leurs plages préservées et leurs jardins soignés. East London, avec son aéroport et ses nombreux transports, est aussi un carrefour pratique à la jointure de la Sunshine Coast et de la Wild Coast.

À voir et à faire

East London Museum MUSÉE
(☎043-743 0686 ; www.elmuseum.za.org ; 319 Oxford St ; adulte/enfant 25/15 R ; ⏲9h-16h lun-ven, 9h-13h sam). Dans une région à l'histoire riche, ce musée mérite la visite pour son excellente collection d'histoire naturelle, sa section sur la culture xhosa, et ses présentations historiques.

Imonti Tours CIRCUIT CULTUREL
(☎083 487 8975 ; www.imontitours.co.za ; demi-journée à Mdantsane 350 R, visite village Xhosa 520 R, circuit Nelson Mandela 1 800 R, circuit culturel 320 R ; ⏲sur réservation). Velile Ndlumbini, le propriétaire, organise des circuits dans la région, dont une excursion à Mdantsane (deuxième plus grand township du pays après Soweto), la visite d'un village xhosa typique, un circuit culturel dans East London, ou encore une journée sur les traces de Nelson Mandela. Les prix comprennent le transport depuis/vers votre hôtel. L'agence propose aussi les transferts de l'aéroport et des navettes pour Chintsa.

Où se loger

Il n'y a guère de raisons de passer la nuit à East London alors que des hébergements plus agréables sont installés à Chintsa, non loin. Si vous devez passer la nuit à East London, choisissez plutôt l'un des nombreux B&B de catégories moyenne et supérieure dans les faubourgs, à quelques kilomètres au nord d'Eastern Beach. Le secteur de John Bailie Rd, qui court vers le nord de l'extrémité est de Moore St, offre un bon choix d'adresses.

John Bailie Guest Lodge GUESTHOUSE $$
(☎043-735 1058 ; www.johnbailieguestlodge.co.za ; 9 John Bailie Rd, Bunkers Hill ; s 600-700 R, d 700-800 R, s/d avec sdb commune 400/600 R ; P). Cette pension tranquille, proche du terrain de golf, propose des chambres moquettées modestes mais propres (dont deux avec une belle vue sur l'océan), une piscine et un espace *braai* au cœur d'un jardin soigné. Petit-déjeuner et dîner sur demande. Les petits budgets y trouveront une chambre "routards" avec salle de bains extérieure.

The Hampton HÔTEL $$
(☎043-722 7924 ; www.thehampton.co.za ; 2 Marine Tce ; s/d avec petit-déj à partir de 990/1 200 R ; P). Face à la plage, ce bâtiment historique de 1920 au mobilier moderne est un bon choix d'hébergement dans le centre. Les chambres donnant sur l'océan sont un peu plus chères, mais ont une vue panoramique.

Quarry Lake Inn HÔTEL $$$
(☎043-707 5400 ; www.quarrylakeinn.co.za ; Quartzite Dr, près de Pearce St ; s/d avec petit-déj 1 420/1 985 R ; P). L'un des meilleurs hébergements de la ville. Cet hôtel intimiste donnant sur un petit lac est une oasis de calme et de sécurité au nord du centre. Il

propose des chambres impeccables, un bon petit-déjeuner, et une jolie piscine. Personnel accueillant, et tarifs réduits le week-end.

Où se restaurer

The Beach Break CAFÉ $

(☎083 438 7784 ; www.facebook.com/nahoon-break ; Beach Rd ; plats 60-80 R ; ⏲7h-15h ; 📶). Ce petit joyau, situé tout près de Nahoon Beach mais ne donnant pas sur l'océan, sert de délicieux plats légers et un excellent café, dans un cadre merveilleusement décontracté. Trouvez-vous une table sous les arbres et choisissez entre pancakes, omelettes, salades, wraps et sandwichs. Excellent rapport qualité/prix.

Sanook Cafe BURGERS $$

(☎043-721 3215 ; www.sanook.co.za ; 11 Chamberlain Rd ; plats 70-150 R ; ⏲8h30-22h lun-sam ; 📶). La mode des burgers gastronomiques et des bières artisanales s'est emparée d'East London, et le Sanook en sert de délicieux. Les burgers sont juteux, goûteux, et agrémentés de diverses garnitures originales. Essayez le trio de miniburgers avec plateau dégustation de bières du Cap-Oriental. Ce café joyeux et animé sert aussi pizzas, grillades et salades.

Café Neo MÉDITERRANÉEN $$

(☎043-722 4531 ; www.facebook.com/CafeNeo EastLondon ; 128 Moore St ; plats 70-110 R ; ⏲8h30-20h ; 📶). Installé au 1er étage, cet élégant restaurant-bar à cocktails s'agrémente d'un balcon avec vue du parking jusqu'à l'océan. La longue carte couvre une gamme complète, des wraps et des filets de poisson aux steaks et aux desserts alléchants.

Grazia Fine Food & Wine MÉDITERRANÉEN $$

(☎043-722 2009 ; www.graziafinefood.co.za ; Upper Esplanade, Aquarium Rd ; plats 90-215 R ; ⏲12h-22h ; 📶). Central et chic, ce restaurant possède de grandes fenêtres avec vue sur la mer ainsi qu'une terrasse. Le propriétaire italien propose une carte sophistiquée aux diverses influences européennes, qui comprend pâtes, pizzas, salades, viandes, produits de la mer – et délicieux desserts.

ℹ Renseignements

Buffalo City Tourism (☎043-736 3019 ; www.buffalocitytourism.co.za ; Fleet St ; ⏲9h-17h lun-ven). La cité d'East London est affectueusement surnommée Buffalo City, d'où le nom curieux de son office du tourisme, qui fournit brochures et cartes.

ℹ Depuis/vers East London

AVION

L'**aéroport d'East London** (☎043-706 0306 ; www.airports.co.za ; R72) se situe à 10 km au sud-est du centre-ville. FlySafair et Kulula proposent des vols quotidiens pour Johannesburg (à partir de 650 R, 1 heure 30). FlySafair dessert aussi chaque jour Le Cap (à partir de 1 200 R, 2 heures) et Durban (à partir de 1 160 R, 1 heure).

BUS

Toutes les principales lignes de bus desservent la **gare routière** (Moore St, Windmill Park) centrale, près d'Eastern Beach.

Greyhound, Translux, Intercape et City to City offrent des services quotidiens pour Mthatha (à partir de 300 R, 3 heures), Port Elizabeth (à partir de 460 R, 4 heures 30), Durban (à partir de 570 R, 9 heures 30), Le Cap (à partir de 640 R, 16 heures) et Johannesburg (à partir de 650 R, 16 heures).

TAXIS COLLECTIFS

Des taxis collectifs partent d'Oxford St et des rues alentour. Au coin de Buffalo St et de College St (près de l'East London Zoo), des taxis longue distance (Buffalo St) rallient des destinations au nord d'East London, dont Mthatha (135 R, 4 heures).

TRAIN

Les mercredis, vendredis et dimanches, **Shosholoza Meyl** (☎0860 008 888, 011-774 4555 ; res.prasa.com/shosholozameyl/Booking) propose un train de classe touristique (avec couchettes) depuis/vers Johannesburg (490 R, 20 heures) via Bloemfontein (310 R, 13 heures).

Hogsback

☎ 045 / 1 029 HABITANTS

Village idyllique perché à 1 300 m dans les montagnes de l'Amathole au-dessus d'Alice, Hogsback doit son nom à la forme géologique de ces dernières, nommée "hog's back" (crête isoclinale).

Artistes, poètes, thérapeutes alternatifs et autres habitants de même sensibilité ont contribué à créer une communauté soucieuse de son environnement, ce qui semble évident parmi ces fabuleux paysages de montagne et de vallées boisées. Le climat du village et l'histoire des colons anglais à la main verte expliquent la présence des superbes jardins maraîchers. Cela dit, il peut faire très froid en hiver, voire neiger.

Les habitants vous diront que Tolkien, qui vécut à Bloemfontein jusqu'à l'âge de trois ans, visita Hogsback, qui serait à l'origine de ses romans fantastiques. Cela n'est guère vraisemblable, mais il se peut que la région ait inspiré l'écrivain par l'intermédiaire de son fils Christopher, qui s'y rendit alors qu'il stationnait en Afrique du Sud avec la Royal Air Force.

Le plus haut des trois pics s'élève à 1 937 m. Les versants les plus escarpés autour de Hogsback sont couverts d'une superbe forêt pluviale, qui comprend des *yellowwood*, des sagaies (*assegai*) et des fuchsias. De vastes plantations de pins remplacent par endroits la forêt d'origine.

Le climat est imprévisible et pluvieux, avec des jours brumeux et même de la neige à toute époque de l'année. L'hiver (de juin à août), avec d'occasionnelles chutes de neige, est généralement sec et la température peut descendre jusqu'à –2°C la nuit. Le printemps (de septembre à novembre) apporte le soleil et la floraison, tandis que les jours d'été (de décembre à février) peuvent être très chauds et ensoleillés, avec de courts et violents orages. Les arbres changent de couleur en automne (de mars à mai).

À voir

Ecoshrine SCULPTURE
(www.ecoshrine.co.za ; 22 Summerton Dr ; adulte/enfant 30 R/gratuit ; 9h30-15h30 mer, ven, sam-dim). Diana Graham, artiste multimédia reconnue et farouche défenseure de l'environnement, a créé un jardin de sculptures en ciment dédié aux forces de la nature. Les représentations, qu'elle vous expliquera, illustrent les origines de la Terre, ainsi que des thèmes écologiques et scientifiques.

Accessible du centre du village par la route ou un chemin forestier, la propriété jouit d'une vue superbe quand la brume se dissipe dans la vallée.

Mirrors Gallery & Crystal Corner GALERIE
(Bramble Close ; don à l'entrée ; 10h-16h lun-ven, 10h-13h sam). Un jardin magique de 180 m² avec un cercle de pierre et labyrinthe, une galerie de photos de paysages de Ken Harvey, le propriétaire, et une boutique de cristaux.

Prayer Trail JARDIN
(Main Rd). Le chemin qui serpente à travers le jardin de la chapelle St Patrick on the Hill invite à la méditation.

Activités

De beaux itinéraires, à suivre à pied, à vélo ou en voiture, traversent les forêts indigènes et les plantations de pins. L'une des meilleures randonnées (de 3 à 5 heures) passe par plusieurs cascades ; elle part de derrière l'auberge de jeunesse Away with the Fairies, qui fournit des permis de randonnée (10 R).

Hogsback Adventures SPORTS D'AVENTURE
(045-962 1070 ; www.hogsbackadventures.co.za ; 9 Main Rd ; excursion VTT 600 R/pers, location vélo 70 R/heure, descente en rappel 320 R, tir à l'arc 90 R ; 9h-15h mar-sam, 9h-13h dim). Dans la rue principale, cette agence propose toutes sortes de prestations : randonnée guidée de 18 km à VTT dans la forêt, location de vélos, tir à l'arc, ou encore descente en rappel sur 35 m des chutes d'eau Madonna & Child Falls.

Amathole Horse Trails ÉQUITATION
(082 897 7503 ; www.terrakhaya.co.za ; près Plaatjieskraal Rd ; sur réservation). Pratiquant l'"équitation naturelle", Shane organise des sorties à cheval pour tous les niveaux. Elles durent de 1 heure 30 (350 R) à 4 jours (5 750 R) avec logement dans une maison xhosa et une ferme laitière.

Festival

Spring Festival CULTURE
(www.hogsback.com ; fin sept-fin oct). Le plus grand événement annuel de Hogsback ouvre au public ses jardins amoureusement entretenus. Début octobre, un week-end est consacré aux danses du feu, cercles de percussions, spectacles pour enfants et réjouissances pour tous.

Où se loger

Les hébergements de la ville sont répertoriés sur les sites www.hogsback.com, www.hogsback.co.za et www.hogsbackinfo.co.za.

Terra-Khaya GÎTE RURAL $
(082 8977 503 ; www.terrakhaya.co.za ; près de Plaatjieskraal Rd ; camping/dort avec petit-déj 95/165 R, d avec petit-déj et sdb commune 385 R ; P wi-fi). Évadez-vous dans cette retraite rurale merveilleusement tranquille, perchée à 1 350 m sur un versant montagneux – vue magnifique garantie. L'esthétique et la philosophie du propriétaire (Shane de l'Amathole Horse Trails, qui chevauche à cru) imprègnent cet endroit unique : tout est fabriqué en clayonnages, torchis et matériaux recyclés ; prises électriques uniquement dans le salon ; douches avec chauffe-eau à bois et toilettes sèches. Wi-Fi sur demande. On accède à Terra-Khaya par une route escarpée et difficile, mais généralement praticable en voiture standard par temps sec.

Away with the Fairies AUBERGE DE JEUNESSE $
(045-962 1031 ; www.awaywiththefairies.co.za ; Ambleside Close ; camping/dort/d/cottage à partir de 110/180/600/1 500 R ; P wi-fi piscine). Cette auberge insolite au sommet d'une falaise jouit d'une vue époustouflante, dont vous pourrez profiter depuis la baignoire en plein air installée au bord du précipice. Elle loue quatre dortoirs de quatre à huit lits, quelques chambres doubles, des chambres "Hobbit", et des cottages tout équipés. Les activités incluent cours de xhosa et randonnées. Bar coloré, le Wizard's Sleeve sert des bières, des repas et des pizzas préparées à la commande.

Edge Mountain Retreat LODGE $$
(045-962 1159 ; www.theedge-hogsback.co.za ; Perry Bar Lane ; s/d avec petit-déj 495/900 R, cottages indépendants 650-1 800 R ; P wi-fi). Décorés avec goût, les cottages et les chambres jalonnent le bord d'un plateau spectaculaire. Les cottages, dont certains offrent une vue spectaculaire sur la vallée, sont plus ou moins grands, mais ont tous une cheminée et un coin cuisine. L'ambiance détendue est idéale pour se reposer ou pour un week-end romantique. Excellent rapport qualité/prix.

Laragh-on-Hogsback COTTAGE $$
(045-962 1187 ; www.laragh-on-hogsback.co.za ; 1 Orchard Lane ; d 850-1 000 R ; P wi-fi). Les chaleureux propriétaires proposent ici, dans un même bâtiment, trois cottages indépendants et bien aménagés, avec chacun deux chambres, une salle de bains impeccable, une cuisine bien équipée et une terrasse privative. Mais ce qui fait tout le charme du lieu, ce sont ses jardins verdoyants et l'impression d'isolement qui y règne.

Où se restaurer et prendre un verre

Edge Restaurant INTERNATIONAL $$
(045-962 1159 ; www.theedge-hogsback.co.za ; Perry Bar Lane ; plats 120-220 R ; 8h-10h30, 12h-14h30 et 18h30-20h30 ; wi-fi). Situé dans le

---

HORS DES SENTIERS BATTUS

AMATHOLE TRAIL

Randonnée de 120 km (6 jours), l'**Amathole Trail** débute au barrage de Maden, à 23 km au nord de King William's Town, et s'achève au bord de la Tyumie, près de Hogsback. Elle compte parmi les plus beaux treks en montagne d'Afrique du Sud : un tiers de l'itinéraire traverse des forêts épaisses, de nombreux cours d'eau, avec cascades et bassins propices à la baignade. Il s'agit toutefois d'un parcours difficile, réservé aux marcheurs aguerris et en bonne forme physique. Renseignez-vous sur place avant de vous lancer.

Les randonneurs logent dans des gîtes. Il est possible de n'effectuer qu'une courte partie de la randonnée. Contactez **Amatola Trails** (www.amatolatrails.co.za ; randonnée 6 jours et 5 nuits à partir de 2 200 R/pers, hébergement et transport inclus, Zingcuka Loop 2 jours et 1 nuit à partir de 1 000 R), qui fera les réservations pour vous et organisera le transport au début et à la fin.

VAUT LE DÉTOUR

ELUNDINI BACKPACKERS

À environ 15 km au sud de Hogsback, dans le village d'Elundini, situé sur la route gravillonnée qui rejoint Seymour, l'**Elundini Backpackers** (☎078 357 3285 ; www.elundinibackpackers.com ; Elundini ; camping/dort 100/180 R, d/tr/qua avec sdb commune 425/605/785 R ; P 📶) offre une immersion totale dans ce village xhosa, niché dans la campagne de l'Amathole. Les hôtes logent dans quatre *rondavels*, face aux collines boisées. Les sanitaires comportent des douches alimentées à l'eau de pluie et des toilettes sèches. Les repas sont servis dans le salon.

L'originalité de cette auberge xhosa-belge tient aux activités organisées par la communauté locale, telles que randonnées guidées, visites de villages, fabrication de pain ou cours de xhosa. Quelqu'un de l'auberge peut venir vous chercher à Hogsback ou à Alice (60 R). Vous pouvez aussi la rejoindre à pied depuis Hogsback (4 heures). Elundini est accessible en voiture standard de Hogsback et de Seymour. Wi-Fi sur demande.

jardin du lodge Edge Mountain Retreat, ce charmant restaurant à l'ambiance cosy sert, le matin, du pain perdu avec des baies locales et le meilleur café de Hogsback ; au déjeuner, de bonnes pizzas ; et au dîner, des plats de viande copieux mais raffinés. Le pain est fabriqué ici, et les tout est à base de produits bio locaux. Des chemins mènent à un labyrinthe et à un magnifique point de vue. Réservation nécessaire pour le dîner.

The Lighthouse Ranch INTERNATIONAL **$$**
(☎045-962 1101 ; www.facebook.com/lighthouseranch.hogsback ; Main Rd ; plats 60-140 R ; ⏲11h30-21h mar-dim ; 📶). Institution locale, ce grand restaurant avec des tables en extérieur sert de généreux burgers et pizzas, des salades croquantes et des viandes grillées dans une ambiance très rustique, entre sol en pierre, poutres au plafond et cheminée.

ℹ Renseignements

Un DAB est installé dans le petit supermarché, près de la grand-route ; le village compte une station-service.

Le **centre d'information touristique** (☎045-962 1245 ; www.hogsback.com ; Main Rd ; ⏲9h-15h) renseigne sur les hébergements et fournit des cartes de randonnée.

ℹ Depuis/vers Hogsback

La montée jusqu'à Hogsback sur la R345 (l'embranchement se situe à 4 km à l'est d'Alice) est goudronnée, mais mieux vaut arriver avant la nuit à cause des lacets et du bétail errant. En provenance de Queenstown et du nord, empruntez la R67 en direction de Fort Beaufort et tournez à Seymour en suivant la bonne route gravillonnée jusqu'à Elundini et son auberge de jeunesse ; après 22 km, cette route croise la R345 au sud de Hogsback. N'essayez pas de suivre la piste plus directe depuis/vers Cathcart avec une voiture classique.

Le moyen le plus simple de rallier Hogsback sans voiture consiste à prendre la navette de l'auberge Away with the Fairies (voir page ci-contre), les mardis, mercredis, vendredis et dimanches. Elle s'arrête au Buccaneers Lodge à Chintsa (180 R, 2 heures 30) et à l'aéroport d'East London (180 R, 2 heures).

Les bus **Mzansi Experience** (☎021-001 0651 ; www.mzansi.travel) desservent aussi Hogsback entre Le Cap et le Drakensberg sud.

Le bus City to City fait halte à Alice tous les jours sur le trajet entre East London (à partir de 150 R, 2 heures) et Pretoria via Queenstown, Bloemfontein et Johannesburg.

WILD COAST

Cette côte parsemée d'épaves, tout aussi belle et sauvage que le reste du littoral sud-africain, s'étend sur plus de 350 km de l'est d'East London jusqu'à Port Edward. Souvent appelée "Transkei" (du nom du bantoustan qui couvrait la majeure partie de cette zone sous l'apartheid), la région de la "Côte sauvage", qui est aussi la région natale de Nelson Mandela, s'étire aussi dans l'arrière-pays, ensemble de paysages bucoliques où des groupements de *rondavels* (cases rondes au toit conique) émaillent les collines herbeuses ondoyantes.

Les Xhosa de la région sont réputés pour leur accueil, et vous serez sans doute invité dans une maison ou, tout au moins, dans un *shebeen* (taverne de township). Dans cette contrée d'estuaires et d'auberges de jeunesse aux allures de village xhosa, de nombreuses activités de plein air et circuits culturels sont proposées. En juin et juillet, la Wild Coast est le théâtre d'un phénomène naturel unique : une migration de sardines spectaculaire, le *sardine run* (p. 234). Un événement annuel qui attire des amateurs de plongée et de snorkeling du monde entier.

Dans cette belle région, oubliez quelque temps voiture et bus, et empruntez les chemins qui relient les villages côtiers. Certains itinéraires sont ponctués d'hôtels qui proposent des porteurs, d'autres donnent l'occasion de dormir chez l'habitant. Choisissez de préférence un lodge à l'écart de la route – comme ceux de Bulungula, Mdumbi ou Wild Lubanzi – et passez-y plusieurs jours.

Circuits organisés

Même si vous préférez habituellement voyager hors circuits organisés, faites une exception ici pour certains tour-opérateurs réputés qui vous aideront à découvrir la richesse de la culture des Xhosa et des Mpondo de la Wild Coast. Contactez African Heartland Journeys ou les auberges de jeunesse de la région pour de passionnantes immersions culturelles.

African Heartland Journeys AVENTURES
(082 269 6421 ; www.ahj.co.za ; Chintsa West ; sur réservation). Ce tour-opérateur réputé propose des circuits qui s'aventurent dans des coins perdus de la Wild Coast, avec des trajets à pied, en canoë, en 4x4 et à VTT, et des hébergements qui varient des hôtels aux villages. Il possède en outre une école de surf, et propose du bénévolat pour 2 à 12 semaines auprès de Volunteer Africa 32° South (www.volunteerafrica.co.za). Les prix varient : demandez un devis à l'agence.

Wild Coast Holiday Reservations À PIED
(East London 043-743 6181 ; www.wildcoastholidays.co.za). Organise trois randonnées de plusieurs jours le long de la côte, avec logement dans de beaux hôtels. Le classique Wild Coast Meander (6 jours) part du complexe hôtelier Kob Inn pour rejoindre le Morgan's Bay Hotel. Des guides locaux accompagnent les randonnées. L'agence réserve également hébergements et transferts.

Chintsa

043 / 1 803 HABITANTS

Bordée par une splendide plage de sable blanc propice à la baignade, cette bourgade se compose de deux villages, Chintsa East et Chintsa West, de chaque côté de l'embouchure du Chintsa. L'endroit est merveilleux pour une étape de quelques jours (ou semaines) le long de cette partie de la côte. Car même si East London est à moins d'une heure de voiture, Chintsa semble à mille lieues de la grande ville.

À voir et à faire

Le Buccaneers Lodge propose de multiples activités, dont des promenades à cheval (450 R) et des leçons de surf (265 R).

VAUT LE DÉTOUR

STRANDLOPER TRAIL ET SUNDOWNER TRAIL

Long de 60 km, le **Strandloper Hiking Trail** (043-841 1046, 083 285 4773 ; www.strandlopertrails.org.za ; 850 R/pers) relie en 4 jours de marche Key Mouth à Gonubie, aux abords d'East London. L'itinéraire inclut de splendides plages de sable, des côtes rocheuses, des falaises surplombant l'océan et des prairies littorales. En chemin, les oiseaux sont nombreux, et l'océan jamais loin. Assez facile, cette randonnée demande néanmoins une bonne forme physique.

L'hébergement, qui se fait dans des dortoirs et au Haga-Haga Hotel, est inclus dans le prix de la randonnée. Une formule de 2 nuits (275 R) est aussi proposée. Les bénéfices servent à promouvoir l'écologie auprès des enfants de la région.

Pour ceux qui souhaitent un peu de luxe après de longues journées de marche, le **Sundowner Trail** (083 285 4773, 043-841 1046 ; www.strandlopertrails.org.za ; 6 500 R/pers) (5 jours) part du Trennerys Hotel et rejoint Chintsa East. L'option de 6 jours conduit du Kob Inn à Morgan's Bay. Tous les repas et transferts sont compris.

ATTENTION SUR LA WILD COAST !

L'accès à la côte depuis la N2 (qui relie East London au KwaZulu-Natal via Mthatha) est restreint en raison du terrain accidenté. Pour explorer la région, il faut emprunter des routes plus ou moins défoncées. Même les routes goudronnées, comme celle entre Coffee Bay et la N2, doivent être abordées avec prudence. Mieux vaut rouler lentement pour éviter les nids-de-poule, parfois difficiles à repérer.

Ne conduisez pas la nuit. Sachez que nombre de routes ne figurent pas sur les cartes et que les panneaux indicateurs sont rares et très espacés. Ne vous fiez pas toujours à votre GPS, car il pourrait vous indiquer des raccourcis impraticables en voiture classique. Faites attention aux gens et aux animaux qui se déplacent au milieu de la chaussée.

Que vous circuliez en voiture ou en transports publics, réservez votre hébergement. Malgré leur isolement, les hôtels, lodges et auberges de jeunesse de la Wild Coast se remplissent rapidement. Un appel téléphonique vous épargnera un long trajet pour regagner la N2 en quête d'une solution de remplacement. Même si vous avez réservé, appelez pour prévenir de votre arrivée.

Nombre des routes gravillonnées peuvent se parcourir avec une voiture standard (avec une haute garde au sol, de préférence) à condition d'être bon conducteur. Le réseau routier s'améliore lentement, grâce au goudronnage et à la restauration des routes. Toutefois, les routes non asphaltées deviennent souvent impraticables après la pluie. Là encore, appelez, ou renseignez-vous sur l'état des routes.

Prévoyez des temps de trajet bien plus longs qu'ailleurs dans le pays, même sur les routes asphaltées. Ceci s'applique également aux voyageurs qui empruntent des taxis collectifs, qui ne partent qu'une fois pleins et marquent de multiples arrêts.

Inkwenkwezi Game Reserve RÉSERVE ANIMALIÈRE

(☎043-734 3234 ; www.inkwenkwezi.com ; safaris à partir de 800 R/pers, tente safari avec repas et activités 2 300 R/pers). Cette réserve privée haut de gamme mérite une visite, voire un séjour. Belle et bien tenue, elle abrite les Big Five (éléphants et lions sont dans des secteurs séparés) et compte cinq écosystèmes différents. Outre des safaris en voiture, elle organise des excursions guidées à pied, en canoë et en quad, qui réjouiront les amoureux de la nature (réservation nécessaire pour toutes les activités). Vous la trouverez entre les embranchements pour Chintsa East et Chintsa West (un panneau l'indique).

Où se loger

Chintsa dispose d'excellents hébergements pour tous les budgets, ce qui en fait une bonne alternative à East London.

Areena Riverside Resort RESORT $

(☎043-734 3055 ; www.areenaresort.com ; Glengariff ; camping/ch/cottage à partir de 190/510/1 250 R ; P 🛜 🏊 👪). Sur la rive arborée du Kwelera, ce complexe hôtelier comprend des *rondavels*, des cottages à toit de chaume et des chalets en bois, tous avec cuisine, des emplacements de tente et de caravane en bord de fleuve, et une réserve de 3,5 km² peuplée d'herbivores. On y trouve aussi un court de tennis et un bar-restaurant ouvert du mercredi au dimanche (plats 70-120 R). Descentes en rappel, tyroliennes, kayak de mer et croisières fluviales complètent l'offre. Un lieu sans prétention, parfait pour les familles. À 8,5 km au sud de Chintsa.

Buccaneers Lodge AUBERGE DE JEUNESSE $$

(☎043-734 3012 ; www.cintsa.com ; Chintsa West ; camping/dort/ch/ste/cottage à partir de 120/190/550/750/1 150 R ; P @ 🛜 🏊). Le "Buccs" est une sorte de complexe hôtelier tout compris pour routards et amateurs de plage. Une solution abordable pour profiter de la Wild Coast, grâce à une grande variété de logements : dortoirs confortables de 4 à 12 lits, tentes safari, cottages avec cuisine, et magnifiques suites pour deux avec terrasse face à la mer.

Diverses activités et excursions sont proposées, tandis que les distractions sur place comprennent l'utilisation gratuite de canoës et de *boogie boards*, du beach-volley, du yoga et des soins au spa. Les repas (à partir de 75 R) sont servis dans la charmante salle à manger éclairée aux bougies et sur la terrasse.

Wild Coast

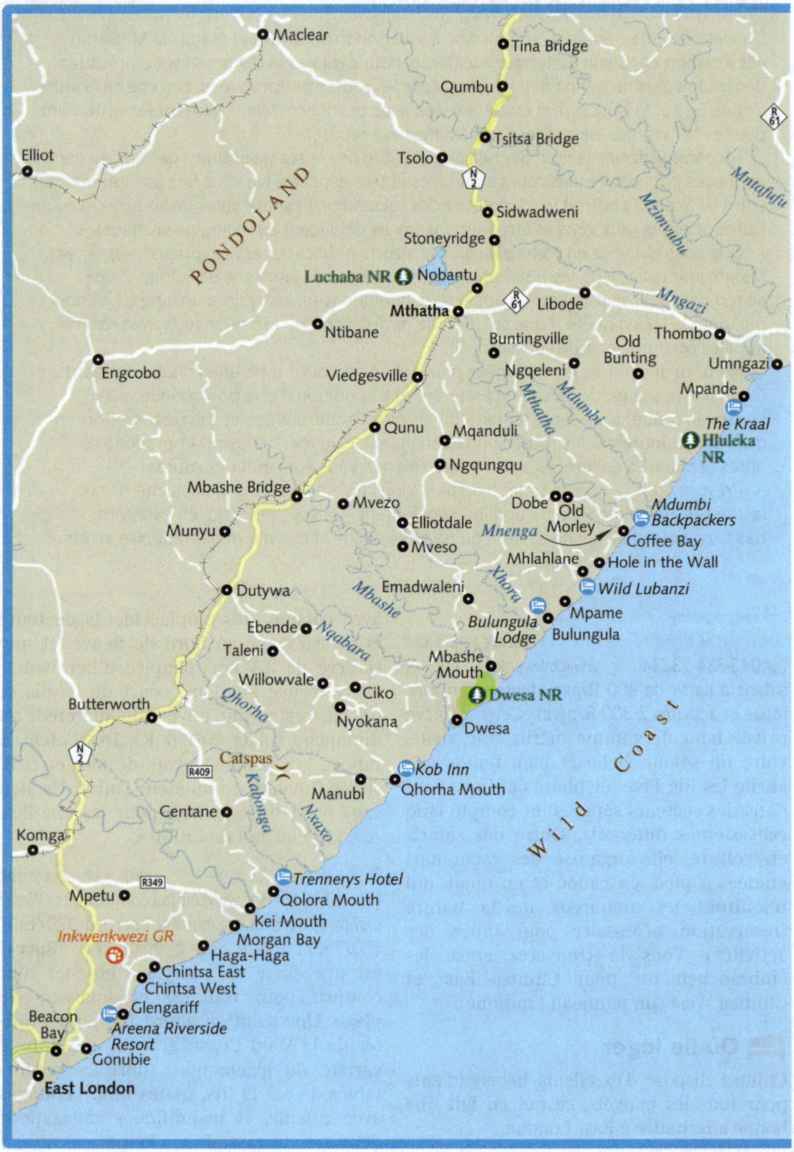

Prana Lodge RESORT $$$
(☎ 043-704 5100 ; www.pranalodge.co.za ; Chintsa Dr, Chintsa East ; s/d à partir de 2 400/3 500 avec petit-déj ; P ❄ @ ≋). Combinant la somptuosité européenne d'antan et la sérénité des *resorts* d'Asie du Sud-Est, le Prana offre le summum du confort. C'est un lieu intime, niché dans une forêt dunaire non loin de la plage. Les huit suites ont pour la plupart une petite piscine privée et un jardin fermé. Il y a aussi un restaurant et un bar en plein air, une bibliothèque et un spa luxueux.

Crawfords Beach Lodge RESORT $$$
(☎043-738 5000 ; www.crawfordsbeachlodge.co.za ; près de Steenbras Dr, Chintsa East ; s/d en demi-pension à partir de 1 250/2 000 R ; P ❄ 📶 🏊). Un vaste complexe hôtelier avec de jolis cottages blancs coiffés de chaume, qui abritent des chambres joliment aménagées. Un bar-restaurant borde la piscine et offre une vue splendide sur la mer. Spa et courts de tennis à disposition, et accès facile à la plage.

Où se restaurer

Emerald Vale CUISINE DE PUB $$
(☎043-738 5397 ; www.emeraldvale.co.za ; Chintsa East ; visite et dégustation 55 R, plats 70-180 R ; ⏱11h-19h mer-sam, 9h-17h dim, visites sur réservation 12h-16h ; P 📶 👪). Dans l'ancienne grange d'une ferme en activité, cette brasserie propose une visite de 30 minutes avec dégustation de quatre bières. Le bar-restaurant sert, entre autres, des burgers et des plats végétariens. Il y a aussi un terrain de jeu, un bar à milk-shakes pour les enfants, et des soirées concert. À 10 km environ à l'ouest de Chintsa West.

Renseignements

Chintsa East compte une épicerie, un magasin de spiritueux, un DAB et une station-service.

Depuis/vers Chintsa

Mzansi Experience (☎021-001 0651 ; www.mzansi.travel) dessert Chintsa entre Hogsback et Mthatha. Dans cette partie de la Wild Coast, nombre d'hébergements organisent le transfert depuis East London sur demande préalable.

En voiture, suivez le panneau marron indiquant Chintsa sur la N2, à quelque 30 km au nord d'East London. Chintsa East et West sont à 15 km de l'embranchement.

Morgan's Bay et Kei Mouth

612 HABITANTS

Véritable havre de paix, Morgan's Bay est aussi un excellent endroit pour les activités de plein air. Surf, escalade, équitation, VTT et descente en rappel, on y pratique une incroyable diversité de sports. Quelques kilomètres plus au nord, la route goudronnée prend fin à Kei Mouth, un village un peu délabré. On y prend un **bac** (piéton/voiture 1,50/80 R ; ⏱7h-17h30) qui traverse le Great Kei et donne l'impression de rejoindre la Wild Coast proprement dite. La rivière

HORS DES SENTIERS BATTUS

LA DWESA NATURE RÉSERVE

L'une des réserves les plus belles et les plus reculées d'Afrique du Sud, la **Dwesa Nature Reserve** (☎043-705 4400 ; www.visiteasterncape.co.za ; adulte/enfant 38/20 R ; ⏲6h-18h) abrite des forêts luxuriantes, des rivières sinueuses, des herbages et une côte déchiquetée, que sillonnent des chemins de randonnée. Elle héberge des buffles, des zèbres, des antilopes, des phacochères et des crocodiles, ainsi que quelque 290 espèces d'oiseaux répertoriées, dont le rare trogon narina et le martin-chasseur des mangroves. La communauté locale propose diverses activités, telles que randonnées guidées et promenades en bateau sur la Mbashe.

Dans la réserve, des chalets avec cuisine (1/2 chambres 320/650 R) et un camping (240 R) sont installés près de la plage, desservis par une route gravillonnée de 47 km à partir de Willowvale. Il faut un véhicule avec une haute garde au sol pour l'emprunter.

était autrefois la frontière sud du bantoustan xhosa du Transkei.

Yellowwood Forest Campsite & Morgan's Bay Backpackers AUBERGE DE JEUNESSE $

(☎043-841 1598 ; www.yellowwoodforest.co.za ; Morgan's Bay ; camping 115 R, dort 130 R, d 270-600 R ; P Wi-Fi). Ce camping paisible en bord de rivière, entouré d'une forêt indigène et fréquenté par des touracos et des calaos, se situe à 1 km de la plage de Morgan's Bay. Il loue divers logements rustiques aux allures de maisons de Hobbit, dont un loft, un bungalow, des huttes en bois, un dortoir et un cottage mieux équipé (et plus cher). On y trouve aussi un café dans un jardin, une boutique d'artisanat, et des pizzas cuites au feu de bois.

Morgan Bay Hotel HÔTEL $$$

(☎043-841 1062 ; www.morganbayhotel.com ; Beach Rd, Morgan's Bay ; camping 290 R, s avec petit-déj 950-1 390 R, d avec petit-déj 1 460-2 140 R ; P Wi-Fi). Cette institution locale juchée juste au-dessus de la plage offre d'excellentes prestations et un grand confort. Les chambres, baignées de soleil, sont dotées de salles de bains impeccables, de matelas bien fermes et, pour les plus chères, d'une vue époustouflante sur l'océan. Son restaurant (plats 60-90 R) a une belle terrasse, où déguster produits de la mer et cuisine de pub. Le camping est situé non loin, au bord de la lagune.

Coffee Bay

☎047 / 258 HABITANTS

Une superbe plage longue de 1 km et l'accès facile au spectaculaire paysage alentour font de ce village, autrefois isolé, une étape quasi obligée sur la Wild Coast pour les globe-trotteurs et les hippies sud-africains. Le village en lui-même n'a pas beaucoup de charme, mais il constitue une bonne base arrière pour les amateurs de randonnée, de visites culturelles ou de farniente. En juin et en juillet, il attire en nombre les personnes voulant admirer de près le *sardine run* (p. 234).

Le doute perdure sur l'origine du nom de Coffee Bay ; selon une théorie, un bateau s'y serait échoué en 1863, déversant sa cargaison de café sur la plage.

Où se loger et se restaurer

La plupart des hébergements proposent aussi des repas. Une épicerie vend des produits de base.

Coffee Shack AUBERGE DE JEUNESSE $

(☎047-575 2048 ; www.coffeeshack.co.za ; camping/dort 90/180 R, d avec sdb commune 380-480 R ; P Wi-Fi). Proche de la rue principale, ce vaste complexe labyrinthique aux couleurs vives est prisé des surfeurs, des randonneurs et des fêtards. Les *rondavels* (cases rondes au toit conique) de l'autre côté du fleuve offrent un peu plus d'intimité, à l'instar des trois chambres doubles à l'arrière de la propriété.

Le bar et le jardin sont très animés. On trouve sur place une cuisine commune et un restaurant. Cours de surf, randonnées guidées et visites culturelles font partie des nombreuses activités proposées.

Sugarloaf Backpackers Lodge AUBERGE DE JEUNESSE $
(☎047-5752175 ; www.sugarloafbackpackers.com ; dort 160 R, d 680 R, avec sdb commune 550 R, tente safari s/d 280/420 R ; P 📶). Dans l'artère principale, cette auberge détendue et relativement bien tenue dispose d'un choix complet d'hébergements et d'endroits où paresser dans la propriété verdoyante qui surplombe la rivière. Des tentes safari sur des plateformes dominent la Mnenga et la plage, à courte distance à pied. Le restaurant sert des plats simples (à partir de 50 R).

White Clay CHALET $$
(☎083 979 4499 ; www.whiteclayresort.co.za ; camping 150 R, s/d en demi-pension 850/1 700 R, chalet s/d 350/700 R ; P). Situé près de la route reliant Coffee Bay et le site naturel de Hole in the Wall, cet ensemble jouit d'un cadre charmant à flanc de colline, avec une vue remarquable sur l'océan. Il loue des chambres standards et des chalets avec cuisine. Les logements sont tous modestes mais soignés, avec vue sur les vagues. Autre atout : le restaurant, surplombant une plage de galets, qui sert d'excellents produits de la mer (plats 110-180 R).

Ocean View Hotel HÔTEL $$
(☎047-575 2005 ; www.oceanview.co.za ; s/d demi-pension à partir de 900/1 500 R ; P 📶 🏊). Cet hôtel établi de longue date combine à merveille charme à l'ancienne et éléments modernes : copieux buffets, joli bar de plage coiffé de chaume, et chambres de style chalet avec patio privé donnant sur la mer ou le jardin. Situé au bout de la plage principale, à l'écart de l'effervescence du village, l'établissement propose notamment des randonnées guidées, des excursions en voiture ou en kayak, et des circuits culturels.

L'hôtel affiche généralement complet lors du *sardine run* (juin-juillet), alors réservez bien à l'avance.

ℹ Depuis/vers Coffee Bay

De la N2 à Viedgesville, une route goudronnée rejoint Coffee Bay – attention aux enfants, aux nids de poule et aux animaux de ferme égarés. Les navettes des auberges (90 R) viennent à la rencontre des bus **Mzansi Experience** (☎021-001 0651 ; www.mzansi.travel) au garage Shell Ultra City, à 4 km au sud de Mthatha.

Environs de Coffee Bay

Les alentours de Coffee Bay offrent des randonnées spectaculaires. L'une des plus belles et des plus populaires rejoint le **Hole in the Wall**, une formation rocheuse proche du rivage, au sein de laquelle une grande arche a été creusée par les vagues – le résultat est très photogénique. Une route gravillonnée y conduit également de Coffee Bay (environ 9 km). La route est praticable en voiture standard jusqu'au site, après quoi elle se détériore.

Si la marche de 3 heures jusqu'au Hole in the Wall peut s'effectuer sans guide (mais pas seul), il est plus sûr d'en engager un, ne serait-ce que pour revenir en voiture à Coffee Bay. Le Coffee Shack facture environ 100 R par personne pour le guide et le transport au retour.

Plus au sud, Wild Lubanzi (p. 235) est accessible en une journée. Des randonnées guidées à **Bulungula** (2 jours) et, au nord, à **Port St Johns** (5 jours) via les réserves naturelles de Hluleka et Silaka sont également possibles ; comptez environ 350 R par personne et par jour (traversées de rivière comprises), plus l'hébergement et les repas. En chemin, vous passerez généralement la nuit dans de confortables gîtes et *rondavels* xhosa dans les villages (habituellement 300 R avec dîner et petit-déjeuner). Les auberges de jeunesse locales ou Wild Side Hiking (p. 239) fournissent des guides.

Les plus téméraires pourront sauter dans l'océan depuis les rochers qui surplombent les **Mapuzi Caves**, des grottes situées à 7 km au nord de Coffee Bay, et les **falaises** verdoyantes du site sont idéales pour regarder le coucher du soleil. Les guides vous y emmèneront pour environ 100 R par personne, retour en transport compris – renseignez-vous auprès de votre logement. Si vous y allez sans guide, renseignez-vous sur l'heure de la marée haute pour ne pas être piégé.

LE SARDINE RUN : UNE EXPÉRIENCE INOUBLIABLE

Le *sardine run* est l'un des phénomènes naturels les plus impressionnants au monde. Il se produit habituellement entre la mi-juin et le milieu ou la fin du mois de juillet, lorsque d'immenses bancs de sardines migrent des eaux froides baignant Le Cap aux eaux plus chaudes du KwaZulu-Natal pour frayer. Une foule de prédateurs se presse à leur suite : fous du Cap, énormes groupes de dauphins, requins en tout genre et imposants rorquals de Bryde affluent pour se repaître de sardines, créant une incroyable agitation dans moins de 10 m de profondeur marine ! C'est un spectacle inoubliable, parfois considéré comme l'équivalent marin de la grande migration animale que connaît, en Afrique de l'Est, la réserve de Massaï-Mara.

Plusieurs agences réputées, dont Pro Dive (p. 204) et Offshore Africa (p. 239), proposent des séjours pour observer le *sardine run* le long de la Wild Coast. Les excursions partent pour beaucoup de Chintsa, Morgan's Bay et Port St Johns. Les plongeurs y participant sont conduits au cœur de l'action en canot pneumatique. Les professionnels encadrants communiquent en temps réel avec un pilote qui les guide depuis le ciel vers les sites où les poissons sont les plus nombreux. L'embarcation approche alors prudemment de la zone. Si les conditions de sécurité sont réunies, les plongeurs sont autorisés à rentrer dans l'eau et peuvent alors admirer l'impressionnant spectacle à 5 ou 7 m de profondeur. Il n'est toutefois pas nécessaire de plonger : masque, palmes et tuba suffisent ! L'agitation peut durer de quelques minutes à une heure ou plus. Il faut fréquemment descendre du bateau et remonter à bord, ce qui nécessite d'être relativement en forme, d'autant plus que l'eau est froide et souvent agitée. L'excursion dure entre 6 et 7 heures.

N'oubliez pas que les agences ne peuvent garantir ce que vous verrez. Certains jours sont très calmes, d'autres agités : la nature reste imprévisible.

Où se loger

♥ Mdumbi Backpackers AUBERGE DE JEUNESSE $
(☎081 407 9273 ; www.mdumbi.co.za ; Mdumbi ; camping/dort 90/160 R, ch/tente safari avec sdb commune 360/350 R ; P 📶). À 23 km au nord de Coffee Bay (la route gravillonnée de 17 km est habituellement praticable en voiture classique), cette merveilleuse retraite rurale se niche dans les collines au-dessus d'une large plage de sable blanc. Des *rondavels* (cases rondes au toit conique) et des tentes safari simplement meublés partagent la propriété avec une ancienne chapelle et un café. On y sert d'excellents repas.

Les activités ne manquent pas (surf, sorties en bateau, kayak, randonnée, etc.), de même que les occasions de rencontrer des Xhosa en toute authenticité. Les bénévoles qui souhaitent rester plus longtemps peuvent participer à divers projets communautaires entrepris par Transcape (www.transcape.org), une association à but non lucratif associée au Mdumbi. Réservez la veille la navette qui part de Coffee Bay (60 R).

Bulungula Lodge AUBERGE DE JEUNESSE $
(☎047-577 8900 ; www.bulungula.com ; Bulungula ; camping/dort 110/190 R, d/tente avec sdb commune 500/430 R ; P @). Le Bulungula est une auberge légendaire en raison de son superbe emplacement, de ses activités liées à la communauté locale, et de son souci de l'environnement. Elle appartient entièrement aux villageois xhosa, qui organisent promenades à cheval, randonnées, sorties en canoë, visites culturelles – sans oublier une dégustation de crêpes sur la plage au lever du soleil. Des *rondavels* de style xhosa peints de motifs originaux et quelques tentes sur pilotis composent l'hébergement. Les sanitaires comprennent des toilettes sèches et des douches chauffées à la paraffine.

Tous les repas sont inclus ; si vous préférez les préparer vous-même, apportez des provisions car il n'y a pas grand-chose à proximité. Des percussions animent souvent la réception et le salon aux allures de conteneurs, mais vous trouverez la tranquillité autour du feu de camp. Simple et conviviale, l'atmosphère générale incite à prolonger son séjour.

Bulungula se situe à environ 2 heures 30 de Coffee Bay, via une route gravillonnée praticable en voiture standard. Si vous conduisez, consultez le site Internet, téléphonez ou demandez une carte dans une auberge de jeunesse de Coffee Bay. Des navettes partent de Mthatha (130 R) et doivent être réservées.

Wild Lubanzi AUBERGE DE JEUNESSE $
(☎078 530 8997 ; www.lubanzi.co.za ; Lubanzi ; dort/d à partir de 160/450 R, tente safari 350 R ; P 📶). Appartenant en partie à la communauté locale, le Wild Lubanzi met l'accent sur un mode de vie durable et des soirées conviviales autour de la longue table du chaleureux salon, tout de pierre et de bois. Il compte deux tentes safari, un dortoir de dix lits, et quatre ravissantes chambres avec salle de bains, dignes d'une maison de Hobbit. Le restaurant sert petits-déjeuners, déjeuners et dîners sur demande (plats à partir de 70 R).

La terrasse sur le toit surplombe une portion de côte sauvage propice au surf, à la détente et aux randonnées (le Hole in the Wall est à 1 heure 30 de marche et le Bulungula à 5 heures). Si vous ne voulez pas emprunter la route gravillonnée cahoteuse (6 km) dans votre voiture classique, une navette part du bout de la route goudronnée (20 R/pers, plus 15 R/nuit pour le parking, qui est sûr). Navette également depuis Mthata (90 R).

Mthatha

☎047 / 96 114 HABITANTS

Affairée et parfois très embouteillée, Mthatha (anciennement Umtata) cache, parmi ses immeubles modernes, quelques élégants bâtiments historiques, ainsi que l'incontournable Nelson Mandela Museum.

La ville fut fondée en 1882, quand des Européens s'installèrent au bord de la rivière Mthatha à la demande des Thembu, pour les protéger des raids des Pondo. Durant l'apartheid, elle devint la capitale du Transkei, le plus grand des bantoustans, et demeure aujourd'hui un centre régional.

La plupart des voyageurs traversent la ville ou s'y arrêtent brièvement, qu'ils suivent la N2 ou qu'ils prennent une navette pour Coffee Bay ou Port St Johns.

Nelson Mandela Museum MUSÉE
(☎047-501 9500 ; www.nelsonmandelamuseum.org.za ; Nelson Mandela Dr ; 9h-16h lun-ven, 9h-13h sam) GRATUIT Consacrez au moins 2 heures à ce musée passionnant en plein centre-ville. Il offre une exploration fascinante de la vie de Nelson Mandela, à travers quatre salles présentant objets personnels, photographies, panneaux explicatifs, vidéos et documents sonores.

Où se loger et se restaurer

Mthatha n'est pas une destination gastronomique. Les différents centres commerciaux de la ville abritent les chaînes de restauration habituelles. Pour des repas plus authentiques, allez sans hésiter à l'excellent restaurant de l'Ebony Lodge.

Mthatha Backpackers AUBERGE DE JEUNESSE $
(☎047-531 3654 ; www.mthathabackpackers.co.za ; 12 Aloe St ; dort 180 R, s avec sdb commune 300 R, d 400 R ; P 📶). C'est une belle surprise et une aubaine pour les petits budgets que cette auberge en banlieue, qui loue trois dortoirs et trois chambres standards dans des bungalows en bois. Le propriétaire, Angus, connaît bien la ville et vous aidera à réserver des billets de bus, à prendre des taxis collectifs, etc. Il propose le transfert depuis la station Shell Ultra City, le transport jusqu'à Coffee Bay, et des excursions d'une journée à des endroits comme des cascades.

QUNU

Après avoir visité le musée Nelson Mandela à Mthatha, rendez-vous à Qunu, à 32 km. C'est ici qu'a grandi dans les années 1920 un certain Nelson Rolihlahla Mandela. C'est aussi là qu'il a été inhumé.

Des guides proposent des visites gratuites ; ils vous montreront les endroits du veld où, il y a près d'un siècle, le jeune Mandela gardait le bétail et nageait dans la rivière. Vous verrez aussi au loin son lieu de naissance dans le village voisin de Mvezo ; ces endroits devraient ouvrir au public dans les prochaines années, ainsi qu'un musée dans le Bhunga Building à Mthatha. Téléphonez au préalable au Nelson Mandela Museum (ci-dessus) pour organiser la visite guidée du secteur.

Le village natal de Mandela, Mvezo, est à 67 km au sud de Mthatha.

Ebony Lodge GUESTHOUSE $$ (047-531 3933 ; www.ebonylodge.co.za ; 22 Park Rd ; s/d avec petit-déj à partir de 800/975 R ; P). Cette demeure du début du XXe siècle, dans un jardin verdoyant, propose des chambres élégantes à la décoration africaine. Le restaurant (plats à partir de 80 R), l'un des meilleurs de Mthatha, sert de bonnes salades, une marmite de fruits de mer thaïlandaise, et les habituels steaks et wraps. Clientèle plutôt jeune et cadre chaleureux. Excellent rapport qualité/prix. Seul bémol, le restaurant ferme le week-end.

Depuis/vers Mthatha

La N2 et la R61 (vers Port St Johns) se croisent dans le centre-ville. Évitez ce carrefour en semaine aux heures de pointe, car il peut être embouteillé.

AVION

L'aéroport de Mthatha se situe à 17 km au nord du centre, sur la R61. **Airlink** (047-536 0024 ; www.flyairlink.com) propose des vols quotidiens depuis/vers Johannesburg (à partir de 1 700 R). La plupart des hôtels et des B&B peuvent s'occuper du transfert depuis/vers l'aéroport.

BUS

Toutes les lignes de bus font une halte à la station-service Shell Ultra City, à 4 km au sud de la ville – dont le bus **Mzansi Experience** (021-001 0651 ; www.mzansi.travel) sur la ligne Port Elizabeth-Johannesburg. De même, les bus Greyhound, Translux, Intercape et City to City s'y arrêtent sur leurs trajets quotidiens entre Le Cap (à partir de 680 R, 20 heures) et Durban (à partir de 350 R, 6 heures).

Le personnel de tous les hébergements de Mthatha peut venir vous chercher à la station-service Shell Ultra City.

TAXI COLLECTIF

À Mthatha, des taxis collectifs partent de Shell Ultra City et du principal arrêt de bus et station de taxis, près de Bridge St. Ils desservent, entre autres, Port St Johns (60 R), Coffee Bay (60 R) et East London (135 R).

VOITURE

Les principales compagnies de location de voitures disposent d'un comptoir à l'aéroport.

De Mthatha à Port St Johns

La route entre Mthatha et Port St Johns donne accès à une superbe zone côtière, dont fait partie la **Hluleka Nature Reserve** (043-701 9600 ; www.visiteasterncape.co.za ; adulte/enfant 26/13 R ; 8h-17h), qui protège un littoral spectaculaire de rivages rocheux, de plages et de lagunes préservées, ainsi que des forêts à feuilles persistantes et des prairies vallonnées. Zèbres de Burchell, blesboks (antilopes damalisques) et gnous bleus y ont été introduits, et on y observe de nombreux oiseaux. Près de Libode, sur la R61, une route gravillonnée de 47 km conduit à la réserve. Vous aurez besoin d'une voiture à haute garde au sol.

Où se loger

The Kraal AUBERGE DE JEUNESSE $ (082 871 4964 ; www.thekraal.co.za ; Mpande ; camping/dort 120/170 R, d avec sdb commune 400-600 R ; P). Ni électricité ni Internet dans cette retraite côtière écologique, qui loue des *rondavels* de style traditionnel abritant six chambres doubles et un dortoir de huit lits. Rustique et cosy, un espace salon-salle à manger s'ouvre à l'arrière sur un porche d'où l'on voit l'océan entre les collines.

Randonnée, surf, observation des dauphins et des baleines, visite d'une crèche et déjeuner chez une famille xhosa figurent parmi les activités. Il y a aussi trois plages à quelques minutes de marche. Vous pouvez prendre vos repas dans le restaurant du village voisin.

L'embranchement vers le Kraal se situe à 80 km de Mthatha et à 20 km de Port St Johns. Il faut ensuite parcourir 16 km sur une route goudronnée, et les quatre derniers kilomètres sur une mauvaise route nécessitant un véhicule avec haute garde au sol après un épisode de pluie.

Umngazi River Bungalows & Spa RESORT $$$ (047-564 1115 ; www.umngazi.co.za ; Umngazi ; s/d pension complète à partir de 1 800/2 500 R ; P). Surplombant un large estuaire et une plage déserte, cet hôtel splendide, à l'embouchure de l'Umngazi, compte 69 bungalows, modernisés en 2017, et un spa. Un hébergement prisé des jeunes mariés et des familles. Les activités incluent canoë, pêche, VTT et croisières au coucher du soleil. L'hôtel propose un service de baby-sitting et un club pour les enfants.

En voiture, de Port St Johns, suivez la R61 en direction de Mthatha sur 14 km, puis prenez l'embranchement signalé à gauche. De là, vous parcourrez 11 km sur une bonne route gravillonnée.

Port St Johns

047 / 6 441 HABITANTS

À l'embouchure du fleuve Mzimvubu (ou Umzimvubu) et flanqué de hautes falaises couvertes de végétation tropicale, Port St Johns bénéficie d'un cadre spectaculaire. Jadis étape finale du voyage le long de la Wild Coast, cette ville détendue – la plus importante entre East London et Port Edward – a un aspect un peu délabré, mais elle est dynamique. Chaque année, en juin et juillet, elle attire les amateurs de plongée et de snorkeling venus du monde entier pour assister au spectaculaire *sardine run* (voir l'encadré p. 234).

Des requins-bouledogues remontent le fleuve pour mettre bas, et plusieurs attaques fatales ont eu lieu ces dernières années, toutes à Second Beach. En attendant l'installation de filets protecteurs, contentez-vous de barboter au bord des plages de la ville – et encore, avec vigilance !

Port St Johns

À voir
1 Second Beach A4

Activités
2 Wild Side Hiking A4

Où se loger
3 Amapondo Backpackers A3
4 Delicious Monster A4
5 Jungle Monkey D1
6 Lodge on the Beach A4

Où se restaurer
7 The Waterfront D1

Port St Johns

LES XHOSA

Voyager le long de la Wild Coast constitue un excellent moyen de découvrir la culture xhosa. L'appellation "peuple rouge" fait référence aux vêtements rouges et aux peintures faciales d'argile rouge que portent certains Xhosa adultes.

Les costumes, les couleurs et les bijoux en perles diffèrent selon les sous-groupes. Ainsi, les Tembu et les Bomvana préfèrent l'ocre rouge ou orange pour teindre leurs vêtements, tandis que les Pondo et les Mpondomise utilisent le bleu ciel. L'*isi-danga*, un long collier de turquoises qui indique la lignée, est encore porté aujourd'hui.

La croyance en la sorcellerie reste forte, et sorciers et sorcières encourent le risque d'être brûlés. La sorcellerie est considérée comme un mal, et la possession par des esprits malfaisants inspire la terreur. L'*igqirha* (guérisseur spirituel) occupe une place importante dans la société traditionnelle ; il peut affronter les forces de la nature et les problèmes causés par les sorciers. L'*ixhwele* (herboriste) guérit par les plantes et ne pratique qu'accessoirement la magie. Ces deux guérisseurs sont souvent appelés *sangoma*, un terme zoulou.

Nombre de Xhosa ont subi pendant leur enfance l'amputation de la dernière phalange de l'auriculaire gauche, afin de conjurer le mauvais sort. Les rituels de la puberté et du mariage ont un rôle central. Les garçons ne doivent pas être vus des femmes pendant les 3 mois d'initiation qui suivent la circoncision, à l'âge de 18 ans ; ils doivent alors se couvrir d'argile blanche ou revêtir un costume élaboré, composé de feuilles de palmier séchées.

Lors du rituel féminin de la puberté, les filles doivent rester dans une case sombre, tandis que leurs amies parcourent les environs en chantant pour obtenir des cadeaux. Les jeunes filles célibataires portent des jupes courtes, qu'elles rallongent lorsque leur mariage approche. Les femmes mariées revêtent de longues jupes et se couvrent la poitrine. Elles s'enduisent souvent le visage d'argile blanche, portent sur la tête une sorte de grand turban et fument des pipes à long tuyau. La longueur de la pipe indique le statut de la femme dans le clan.

La plupart des villages se composent de *rondavels* (cases rondes au toit conique), souvent peints en bleu turquoise et regroupés autour de l'enclos à bétail (kraal). Les toits de chaume sont généralement surmontés d'un vieux pneu, rempli de terre pour le stabiliser. Des cactus ou des morceaux de verre sont parfois fichés dans la terre : les objets pointus dissuaderaient les oiseaux de mauvais augure, comme les chouettes, de se poser. À la mort de son propriétaire, la case est laissée à l'abandon.

À voir et à faire

Rejoignez à pied le geyser maritime **Gap blowhole**, entre les plages First et Second Beach, à marée haute (mais restez très loin du rivage, car les vagues peuvent être dangereuses). Autre site splendide, la **Bulolo Waterfall** est une cascade à laquelle on accède au terme de 1 heure 30 de marche assez éprouvante. Vous aurez pour cela besoin d'un guide (demandez à votre hébergement). Plus facile, la randonnée de Second Beach à Third Beach longe la côte. Pour la faire, il n'est pas obligatoire d'engager un guide, mais c'est préférable si vous êtes seul.

Second Beach PLAGE

Second Beach forme le cœur et l'âme de Port St Johns. Les habitants viennent sur cette plage de sable idyllique durant les chaudes journées et font la fête en soirée. Patauger dans l'eau peu profonde et contempler les vaches des Nguni allongées paresseusement sur le sable font partie des activités classiques. Soyez toutefois vigilant : les courants et les requins sont un réel danger.

Mt Thesiger POINT DE VUE

Juste au nord du centre-ville sur les rives du Mzimvubu, une route asphaltée (Concrete Rd) monte jusqu'à cet endroit prisé au coucher du soleil – une colline au sommet plat, avec un aérodrome désaffecté et une vue splendide sur la Wild Coast.

Silaka Nature Reserve RÉSERVE NATURELLE

(☎047-564 1177 ; www.visiteasterncape.co.za ; adulte/enfant 26/13 R ; ⏲6h-18h). Cette petite réserve, à 6 km au sud de Port St Johns, mérite une visite pour ses paysages éblouissants. Elle s'étend de Second Beach à Sugarloaf Rock, près de l'estuaire du Gxwaleni. Des loutres à joues blanches peuvent souvent être observées sur la plage, et des cormorans à poitrine blanche peuplent Bird Island. On peut aussi y voir des vervets (singes) et des oiseaux. Des chalets avec cuisine, bien équipés (550 R) et dominant Third Beach, permettent de passer la nuit dans la réserve.

Le chemin de 2 km envahi par la végétation (portez un pantalon long) entre Second Beach et **Third Beach** (plus propre, plus calme et habituellement sans requins), débute près du Lodge on the Beach. Vous pouvez aussi suivre la route vallonnée.

Offshore Africa OBSERVATION DES BALEINES
(084 951 1325 ; www.offshoreportstjohns.com ; 1565 Ferry Point Rd ; forfaits sardine run à partir de 22 000 R, excursion baleines 750 R, sorties en bateau 120 R ; sur réservation). Voici l'agence la plus chevronnée du pays – et la seule basée sur la Wild Coast – en matière d'excursions dédiées au *sardine run*. En saison (juin et juillet), plusieurs forfaits sont proposés, à réserver bien à l'avance. Le reste de l'année, Offshore Africa organise des sorties d'observation des dauphins et des baleines, ainsi que des croisières fluviales de 2 heures sur le Mzimvubu.

Wild Side Hiking RANDONNÉE
(Albert 073-755 8954, Buhle 071-706 7590, ; www.wildsidehiking.com, www.facebook.com/wildsidehiking ; randonnée 5 jours et 4 nuits à partir de 3 100 R/pers, hébergement et repas inclus). Albert Nogwina organise depuis Second Beach des randonnées à destination de Coffee Bay (5 jours). Hébergement dans des villages xhosa, et transport retour vers Port St Johns organisé (à partir de 800 R)

Où se loger

Delicious Monster GUESTHOUSE $
(083 997 9856 ; www.deliciousmonsterpsj.co.za ; Second Beach ; s 380 R, d 470-650 R, cottage d/qua 800/1 200 R ; P). À quelques pas du restaurant du même nom, ce vaste cottage de style loft, avec vue sur l'océan depuis le porche en façade, comprend trois chambres joliment aménagées, une cuisine bien équipée et un salon cosy orné de touches artistiques. La salle de bains de la chambre en mezzanine est à l'extérieur. Il y a aussi un cottage avec cuisine et deux chambres.

Jungle Monkey AUBERGE DE JEUNESSE $
(047-564 1517 ; www.junglemonkey.co.za ; 3 Berea Rd ; camping/dort 100/150 R, d 550 R, avec sdb commune 370-450 R ; P). La musique résonne à travers les arbres aux abords de cette auberge détendue entre la ville et Second Beach, avec un bar-restaurant qui surplombe la piscine. Les chambres, colorées et confortables (surtout la "Monkey View"), sont à l'écart du bruit ; les dortoirs sont plus sommaires. Randonnées, excursions d'une journée et autres activités sont proposées, et des repas légers sont servis. Une adresse fiable, juste au sud du centre.

Lodge on the Beach GUESTHOUSE $
(083 374 9669 ; www.lodgeonthebeach.co.za ; Second Beach ; ch 500 R ; P@). Sur un petit promontoire avec vue dégagée sur Second Beach, cette maison à toit de chaume bien tenue comporte trois chambres avec terrasse et salle de bains individuelle dans le couloir. Petit-déjeuner servi sur demande, et cuisine commune à disposition. Pas de Wi-Fi.

Amapondo Backpackers AUBERGE DE JEUNESSE $
(083 315 3103 ; www.amapondo.co.za ; Second Beach Rd ; camping 110 R, dort à partir de 170 R, s/d avec sdb commune à partir de 350/450 R, cottages 700-800 R ; P). Dans un cadre paisible, des bâtiments bas se succèdent à flanc de colline, offrant une belle vue sur Second Beach. Un dédale de terrasses, de chemins verdoyants et d'espaces de détente conduit à des chambres sans prétention (et assez sombres), tandis que des cottages plus chics se tiennent plus haut sur la colline. Parmi les activités : randonnée à Silaka ou Bulolo Waterfalls, et apéritifs au soleil couchant sur l'aérodrome.

Le bar-restaurant, avec poutres et bois flotté, est tout autant prisé des habitants que des voyageurs. Douche chaude possible le matin et en fin d'après-midi.

Port St Johns River Lodge LODGE $$
(047-564 0005 ; www.portstjohnsriverlodge.co.za ; Mzimvubu Dr ; s/d avec petit-déj 700/1 200 R, chalets 1 100-1 500 R ; P). Situé en bord de fleuve au nord de la ville, ce complexe hôtelier verdoyant bien tenu propose des chambres confortables, des chalets avec cuisine et un restaurant (à partir de 85 R). Belle vue sur les falaises au-delà des pelouses. Tarifs réduits les week-ends.

En juin et juillet, l'établissement est pris d'assaut par les plongeurs venus pour le *sardine run* (voir l'encadré p. 234).

Où se restaurer

The Waterfront INTERNATIONAL $$

(☎047-564 1234 ; www.facebook.com/PSJWaterfront ; Main St ; plats 70-208 R ; ⏲9h-21h ; 📶). Assis en terrasse, profitez de la vue sur le fleuve et le Mt Sullivan tout en dégustant pizzas cuites au feu de bois, salades et produits de la mer (dont du calamar frais et du poisson de ligne). Que les carnivores se rassurent : il y a aussi de la viande. Vente à emporter.

Depuis/vers Port St Johns

La R61 de Mthatha à Port St Johns est en très bon état, mais ponctuée de lacets et de virages serrés – attention aux taxis collectifs roulant à toute vitesse. Si vous le prévenez suffisamment à l'avance, le personnel de l'Amapondo et du Jungle Monkey peut venir vous chercher à la station Shell Ultra City, à 4 km au sud de Mthatha (où s'arrêtent les bus Mzansi Experience), pour 100 R environ.

Des **taxis collectifs** réguliers (Main St) desservent Port St Johns depuis Mthatha (60 R, 2 heures) et Durban (190 R, 5 heures).

Il y a quelques stations-service en ville.

Pondoland

La bande côtière de 100 km entre Port St Johns et le fleuve Mthamvuna possède un écosystème particulièrement riche. Actuellement préservées, les douces collines sont parsemées de maisons aux couleurs vives, de paisibles plantations de thé et de multiples cascades.

Mbotyi

Bien loin des sentiers battus, voici une localité aussi splendide qu'isolée, un paradis pour ceux qui aiment voyager à contre-courant. Alors que la route plonge au cœur de la forêt indigène subtropicale vers un estuaire et une plage intacts, vous réalisez que vos efforts pour rejoindre Mbotyi sont amplement justifiés.

Mbotyi se situe à quelque 2 heures de voiture de Port St Johns. Juste avant Lusikisiki, à 45 km au nord de Port St Johns sur la R61, tournez à droite au panneau indiquant le Mbotyi River Lodge ; si vous atteignez la station-service, vous êtes allé trop loin. Sur 19 km, des routes bétonnées ou gravillonnées (normalement empruntables en voiture standard) vous conduiront alors à travers les plantations de thé de Magwa jusqu'à Mbotyi.

Où se loger et se restaurer

Le restaurant du Mbotyi River Lodge sert de nombreux plats de poisson et de viande ; pensez à réserver. Le lieu le plus proche pour faire des courses est Port St Johns.

Mbotyi Campsite CAMPING $

(☎039-253 7200 ; www.mbotyi.co.za ; empl camping 140 R, d avec sdb commune 450-550 R ; Ⓟ). Ce camping, un joint-venture (coentreprise) entre le Mbotyi River Lodge voisin et la communauté locale, est parfait pour une détente totale et de longues marches sur la plage. Il compte plusieurs *rondavels* (cases rondes au toit conique) et de nombreuses étendues d'herbe ombragées pour les campeurs. Vous devrez apporter vos provisions.

Mbotyi River Lodge RESORT $$$

(☎082 674 1064, 039-253 7200 ; www.mbotyi.co.za ; s/d demi-pension à partir de 1 260/1 700 R ; Ⓟ❄🏊). Le Mbotyi River Lodge, complexe hôtelier discret à l'embouchure du fleuve, propose de jolies chambres et un ensemble de grands bungalows en bois surplombant la plage et la lagune. Équitation, chemins de randonnée, canoë et excursions aux nombreuses cascades alentour font partie des activités proposées. Toutes les chambres ne sont pas climatisées. Pas de Wi-Fi.

Mkambati Nature Reserve

La splendide **Mkambati Nature Reserve** (☎079 496 7821 ; www.visiteasterncape.co.za ; adulte/enfant 38/20 R ; ⏲6h-18h), d'une superficie de 77 km², renferme des chutes spectaculaires, les gorges profondes de la Msikaba et du Mtentu, des bassins rocheux, des forêts marécageuses et des hectares d'herbages où paissent diverses espèces de bovidés, dont le bubale roux et le gnou bleu. Le magnifique paysage côtier est un paradis pour les oiseaux, dont des calaos trompettes et des pygargues vocifères, tandis que dauphins et baleines évoluent au large.

Les activités comprennent canoë, randonnées pédestres et safaris en voiture en indépendant.

De Flagstaff sur la R61, une route asphaltée court vers l'est sur 32 km après Holy Cross Mission ; ensuite, une route gravillonnée continue jusqu'à la réserve à 40 km, et requiert un 4x4 ou un *bakkie* (pick-up).

Mtentu Lodge AUBERGE DE JEUNESSE $
(☎083 805 3356 ; www.mtentulodge.co.za ; dort/bungalow 150/700 R). Sur la berge nord du superbe estuaire du Mtentu, juste en face de la réserve Mkambati, ce lodge isolé loue six confortables bungalows en bois, et un dortoir avec vue sur l'océan. Tous sont reliés par une promenade en planches qui traverse la propriété, véritable jardin paysager naturel. Toilettes communes ; douches chauffées au gaz ou à l'énergie solaire. Pour la pension complète, ajoutez 340 R par personne.

Au programme des activités : randonnée, équitation, canoë, vélo, et, bien sûr, farniente sur les plages alentour. À la saison sèche, vous pouvez rejoindre Mtentu en voiture classique à haute garde au sol. Parmi les autres possibilités figurent des navettes, des trajets en taxi collectif et des randonnées guidées. Dans tous les cas, prévenez le lodge de votre arrivée.

NORTHEASTERN HIGHLANDS

Les hauts plateaux du Nord-Est, qui s'élèvent des vallées luxuriantes de la Wild Coast au sud et sont bordés par les sommets escarpés du Lesotho au nord, offrent un superbe paysage montagneux. Ils abritent des villes tranquilles peu visitées par les touristes, des torrents et des rivières peuplés de truites et d'autres poissons, des paysages bucoliques et même des cols enneigés en hiver au nord de Rhodes.

Autant que possible, découvrez cette région en voiture car la route est superbe.

ℹ Depuis/vers les Northeastern Highlands

Queenstown concentre l'essentiel des moyens de transport des environs : notamment des bus pour les principales destinations du pays, et des trains pour Le Cap, Jo'Burg et East London. Pour visiter le reste de la région, mieux vaut avoir un véhicule, car les transports en commun sont rares.

Si vous venez de la Wild Coast et disposez de peu de temps, la R56 constitue une bonne alternative à la N2 pour traverser la province. Elle court vers l'est de Middelburg (Karoo) à Kokstad (KwaZulu-Natal) et elle est particulièrement pittoresque dans les hauts plateaux, entre Elliot et Maclear. Itinéraire spectaculaire entre la Wild Coast et les hauts plateaux, le Langeni Pass (1 505 m), l'un des cols les plus récents du pays, fait grimper un dénivelé de 720 m entre Mthatha et Ugie. Conduisez prudemment, la météo et l'état des routes pouvant être difficiles.

Lady Grey

☎ 051 / 1 395 HABITANTS

Adossée aux vertigineuses falaises ensoleillées du massif des Witteberg, Lady Grey est une bourgade agricole somnolente au pied du col de Joubert (2 236 m). Le cadre, magnifique, est prisé des pêcheurs, des randonneurs et des artistes.

L'**office du tourisme** (☎051-603 0176 ; www.facebook.com/ladygreytourism ; angle Joubert St et Murray St ; ⏲8h-13h et 14h-16h lun-ven, 8h-12h sam) fournit une liste d'hébergements, des brochures, et un guide sur la pêche à la mouche dans les hauts plateaux.

Les transports en commun sont rares dans les environs, mais des bus City to City rejoignent tous les jours Johannesburg (280 R, 10 heures).

La charmante pension **Comfrey Cottage** (☎051-603 0407 ; www.comfreycottage.co.za ; 51-59 Stephenson St ; s/d avec petit-déj 800/1 360 R ; P) possède trois cottages haut de gamme, dans un beau et vaste jardin où paissent des alpagas. Des excursions géologiques et botaniques sont proposées. Repas sur demande.

Rhodes

☎ 045 / 696 HABITANTS

Au fin fond du Drakensberg sud, dans une vallée spectaculaire qui longe la Bell, le petit village de Rhodes est une belle escapade bucolique qu'il serait dommage de manquer. L'architecture n'a pas changé depuis sa création en 1891 en tant que base agricole et commerciale. Dans cet avant-poste montagneux, les quatre saisons peuvent alterner dans une même journée, et les extrêmes ne sont pas rares : les températures peuvent atteindre -15°C en hiver, et 35°C en été.

Wild Trout Association PÊCHE

(☎045-971 9003 ; www.wildtrout.co.za ; 1 Vorster St). La pêche à la truite est extrêmement populaire dans tout le sud du Drakensberg. La Wild Trout Association, qui délivre les permis, est installée dans le Walkerbouts Inn.

Où se loger

Rhodes compte quelques bons hébergements, dont une auberge. Plusieurs cottages avec cuisine sont également installés dans le village et dans les fermes alentour. Vous pouvez réserver en ligne sur les sites www.rhodesinfo.co.za and www.linecasters.co.za. Réservez longtemps à l'avance pour les trois périodes d'affluence : du 1er décembre au 15 janvier, du 15 mars au 30 avril et du 25 mai au 31 août. Prévoyez des vêtements chauds et des couvertures en hiver.

Walkerbouts Inn AUBERGE $$

(☎045-974 9290 ; www.walkerbouts.co.za ; 1 Vorster St ; s/d demi-pension 905/1 550 R). Cette auberge pleine de cachet possède un parquet ciré et des chambres douillettes, équipées de radiateurs muraux et de couvertures électriques. La salle à manger sert une saine cuisine campagnarde, et le joli pub permet de composer soi-même sa pizza. Le charmant jardin jouit d'une vue magnifique, et l'accueillant Dave Walker vous dira tout ce qu'il faut savoir sur Rhodes et la pêche à la mouche.

Tenahead Mountain Lodge LODGE $$$

(☎045-971 8901 ; www.riverhotels.com ; Naudenek Pass ; d avec petit-déj 4 050 R ; P 📶). Perché à 2 500 m entre les massifs du Drakensberg, du Witteberg et des Maluti, ce superbe lodge cinq étoiles offre sept chambres luxueuses avec cheminée. Des terrasses en bois permettent de profiter au maximum de la vue et une bibliothèque de 2 000 livres occupe les hôtes par mauvais temps. Même si le lodge est situé au col de Naudesnek, mieux vaut s'y rendre par la route qui passe par Rhodes depuis Barkly East. Il est recommandé d'avoir une voiture avec haute garde au sol.

Depuis/vers Rhodes

Aucun transport public ne dessert Rhodes.

Il est parfois difficile de trouver de l'essence à Rhodes, aussi faites le plein avant d'arriver. La route non goudronnée depuis Barkly East (60 km, 1 heure 30) est praticable en voiture standard, mais son état se dégrade fortement en cas de pluie. Renseignez-vous donc sur l'état de la route et les prévisions météorologiques. La route qui continue jusqu'à Maclear (110 km, 3 heures) passe par l'imposant col de Naude's Nek (2 587 m), le plus haut du pays, et ne doit être empruntée qu'avec une voiture avec haute garde au sol (de préférence un 4x4).

EST DU KAROO

Vaste et belle région semi-désertique, le Karoo s'étend à travers le grand plateau d'Afrique du Sud depuis la côte du Cap ; sa section sud-est couvre une partie du Cap-Oriental. Cette contrée aride, où poussent diverses graminées, des arbustes vivaces, des *tolbos* (virevoltants) et des plantes grasses, est étonnamment riche en histoire et en culture. À Graaff-Reinet, le "joyau architectural du Karoo", s'ajoutent Nieu Bethesda, une bourgade d'artistes, et Cradock, berceau d'écrivains et de militants anti-apartheid. Côté nature, les Camdeboo et Mountain Zebra National Parks dévoilent des paysages splendides et abritent de rares zèbres de montagne du Cap. Partout règne une sensation d'espace, de paix et de liberté, qui contraste fortement avec l'agitation du littoral et fait de la région une destination idéale pour un *road-trip*.

De décembre à février, les températures peuvent atteindre 45°C, et diminuent à peine en mars-avril. En juin-juillet, le thermomètre descend à -5°C, tandis que la neige et le givre recouvrent les cols montagneux. Équipez-vous bien !

Graaff-Reinet

☎049 / 26 585 HABITANTS

Lovée dans un méandre du Sundays et encerclée par le Camdeboo National Park, Graaff-Reinet est surnommée le "joyau du Karoo". Quatrième plus ancienne ville du pays, la "lointaine colonie de Graaff-Reinet", comme l'appelait la Compagnie néerlandaise des Indes orientales lors de sa fondation en 1786, possède un superbe patrimoine architectural. Elle compte plus de 220 édifices classés monuments nationaux, dont des maisons à pignons de style hollandais du Cap, des cottages à toit plat typiques du Karoo, et des villas victoriennes ornementées. Ajoutez à cela le charme d'une bourgade provinciale, une poignée

Graaff-Reinet

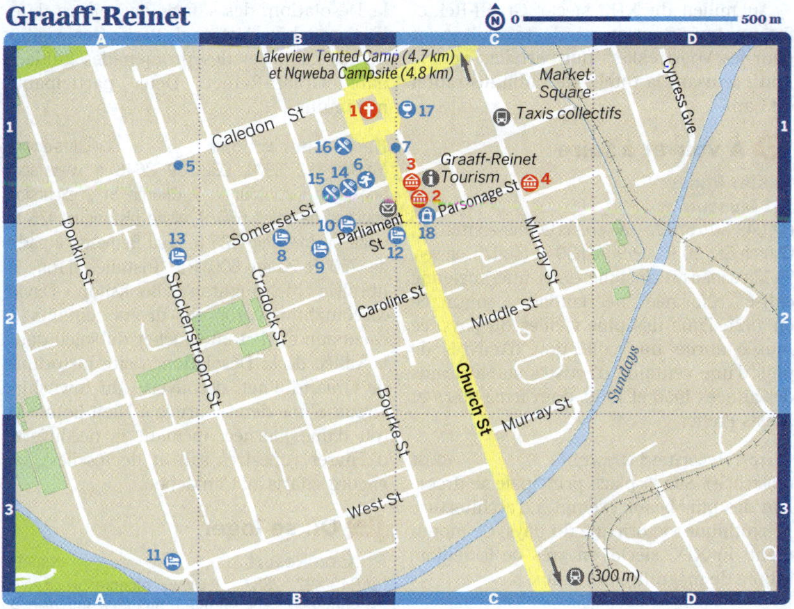

Graaff-Reinet

À voir
1 Dutch Reformed Church........B1
2 Hester Rupert Art Museum........C1
3 Old Library........C1
4 Reinet House........C1

Activités
5 Camdeboo Adventure Tours........A1
6 Fly Karoo........B1
7 Karoo Connections........B1

Où se loger
8 Aa 'Qtansisi Guesthouse........B2
9 Buiten Verwagten Guest House........B2
10 Camdeboo Cottages........B2
11 Cypress Cottage........A3
12 Drostdy Hotel........C2
Karoopark Guest House........(voir 5)
13 Profcon Resort........A2

Où se restaurer
14 Our Yard........B1
15 Polka Cafe........B1
16 The Muller House........B1

Où prendre un verre et faire la fête
17 Graaff-Reinet Club........C1

Achats
18 Annette Oelefse Mohair Products........C1

de musées, quelques excellents hôtels et restaurants, et vous comprendrez d'où provient son surnom.

Histoire

Au XVIIIe siècle, l'arrière-pays du Cap était une contrée sauvage et dangereuse. Les Boers guerroyaient contre les Khoisan dans la Sneeuberg Range et contre les Xhosa à l'est autour du Great Fish. La ville fut baptisée du nom du gouverneur du Cap, Van der Graaff, et du nom de jeune fille de son épouse (Reinet) ; elle devint un avant-poste militaire et le quatrième district de la colonie du Cap à posséder un *drostdy* – la résidence d'un *landdrost* (administrateur local) et siège du gouvernement local. Cela fut provoqué par les tentatives des Britanniques de pacifier la province ; ils échouèrent et les citoyens chassèrent le *landdrost* et fondèrent une république indépendante. Les Britanniques reprirent le contrôle peu après, mais furent constamment harcelés par les Boers et une coalition de guerriers khoïsan et xhosa.

Au milieu du XIXe siècle, Graaff-Reinet fut un important point de ravitaillement pour les Voortrekkers qui partaient vers le nord, refusant la tutelle de l'administration du Cap.

À voir et à faire

Hester Rupert Art Museum MUSÉE
(☎049-807 5700 ; www.rupertartmuseum.co.za ; Church St ; 10 R ; ⏲9h-12h30 et 14h-17h lun-ven, 9h-12h sam-dim). Installé dans une ancienne église réformée néerlandaise consacrée en 1821, l'une des plus vieilles du pays, ce musée abrite une collection d'œuvres de plus d'une centaine d'artistes sud-africains des années 1950 et 1960, dont Irma Stern et Alexis Preller.

Dutch Reformed Church ÉGLISE
(Church St). Sur la place principale se dresse l'un des plus beaux exemples d'architecture néogothique victorienne du pays. Ce monument du XIXe siècle, en grès de la région, arbore de magnifiques vitraux.

Old Library MUSÉE
(☎049-892 4248 ; angle Church St et Somerset St ; adulte/enfant 25/10 R ; ⏲9h-17h lun-ven). L'ancienne bibliothèque, construite en 1847, renferme une collection très diverse d'artefacts historiques, dont des fossiles du Karoo, des expositions sur les peintures rupestres san et l'esclavage, et une autre consacrée à Robert Sobukwe, natif de la ville et fondateur du Pan African Congress (PAC).

Reinet House MUSÉE
(☎049-892 3801 ; Murray St ; adulte/enfant 25/10 R ; ⏲9h-15h lun-ven, 9h-12h sam-dim). Avec ses hauts plafonds et ses parquets anciens, ce presbytère de l'Église réformée néerlandaise, construit entre 1806 et 1812, est un superbe exemple d'architecture hollandaise du Cap (Cape Dutch). Dans la jolie cour pavée, la vigne plantée en 1870 est l'une des plus grandes au monde.

Camdeboo Adventure Tours CIRCUITS GUIDÉS
(☎049-892 3410, 082-579 1789 ; www.karoopark.co.za ; 81 Caledon St ; visite du township 500 R, safari 650 R, visite historique 425 R). Buks et Chantelle Marais, des **Camdeboo Cottages** (☎049-892 3180 ; www.camdeboocottages.co.za ; 16 Parliament St ; d à partir de 750 R, cottage à partir de 950 R ; P❄📶🏊) et de la Karoopark Guest House (voir ci-contre), organisent divers circuits dans la vallée de la Désolation, des safaris en voiture dans le Camdeboo National Park, des visites du township, et des promenades guidées dans Graaff-Reinet. Deux participants minimum.

Karoo Connections CIRCUITS GUIDÉS
(☎049-892 3978, 082-339 8646 ; www.facebook.com/karootours ; 7 Church St ; excursion coucher de soleil 650 R, visite historique 425 R, visite du township 425 R, Nieu Bethesda à partir de 750 R, safari 600 R). Installé dans la librairie McNaughton's Bookshop, David McNaughton propose divers circuits : excursion en 4x4 au coucher du soleil dans la vallée de la Désolation, visite historique de Graaff-Reinet, découverte du township, circuit d'une demi-journée à Nieu Bethesda (ou d'une journée, incluant la découverte d'œuvres rupestres san et de fossiles), ou encore safaris au Camdeboo.

Où se loger

Profcon Resort RESORT $
(☎049-892 2887 ; www.profconresort.co.za ; 88 Somerset St ; camping 250 R, d 550-700 R, cottage à partir de 850 R ; P❄📶🏊👪). Bien tenu, ce complexe à l'atmosphère décontractée offre de nombreux équipements et installations de qualité, dont un restaurant et un superbe terrain de jeu pour les enfants. Avec son excellent camping avec pelouse et cuisine, ses chambres modernes et bien équipées, et ses confortables cottages dans le jardin, il convient aux routards autant qu'aux couples et aux familles. Seul bémol, la minuscule piscine.

Cypress Cottage B&B $$
(☎083 456 1795 ; www.cypresscottage.co.za ; 76 Donkin St ; s/d avec petit-déj 1 000/1 500 R, cottage à partir de 1 200 R ; P❄📶🏊). Cet établissement pourrait bien être le secret le mieux gardé de Graaff-Reinet ! Dans une rue calme au sud-ouest du centre, ces maisonnettes typiques du Karoo, joliment rénovées, abritent trois chambres luxueuses. Quatre appartements indépendants avec cuisine sont par ailleurs disponibles. Détendez-vous dans la luxuriante oasis à l'arrière, ou dans l'ancien réservoir converti en piscine.

Aa 'Qtansisi Guesthouse B&B $$
(☎049-891 0243, 082-783 4520 ; 69 Somerset St ; s/d avec petit-déj 850/1 400 R ; P❄📶🏊). Aa 'Qtansisi signifie "Nous vous accueillons" en khoïsan (ne pas prononcer le "Q"). Les

sept chambres somptueuses, inspirées par les voyages du propriétaire, déclinent des thèmes tels que le Karoo, un château français ou le Maroc. Couverte d'une pergola, la cour à l'arrière ressemble à une oasis avec piscine.

Karoopark Guest House GUESTHOUSE $$
(049-892 2557 ; www.karoopark.co.za ; 81 Caledon St ; s/d à partir de 600/950 R ;). Tenue par une famille, cette pension au style rétro constitue un bon camp de base, avec son restaurant sud-africain, son bar et son tour-opérateur, le tout dans un cadre verdoyant. Des chambres de belle dimension et des logements avec cuisine occupent la belle demeure historique et des bâtiments dans le jardin.

Buiten Verwagten Guest House B&B $$
(049-892 4504 ; 58 Bourke St ; s/d avec petit-déj à partir de 800/1 100 R ;). Chaque élément de cette maison victorienne est soigneusement entretenu par les propriétaires accueillants et professionnels. À l'intérieur, hauts plafonds, parquet en pin et en cèdre, et beaux objets anciens. À l'extérieur, une véranda couverte d'une treille, une pelouse parfaitement entretenue et une piscine entourée de verdure ajoutent à l'attrait du lieu. Deux chambres indépendantes sont situées à l'arrière.

Drostdy Hotel HÔTEL HISTORIQUE $$$
(049-892 2161 ; www.newmarkhotels.com ; Parliament St ; s/d à partir de 1 400/1 700 R ;). Établissement phare du Karoo, le Drostdy allie charme historique et faste moderne. On y dort dans des cottages bâtis au milieu du XIXe siècle pour les esclaves affranchis. Cet hôtel de classe internationale comprend, entre autres, un spa, une galerie d'art, plusieurs salons, trois piscines dans un jardin soigné, un bar, et un excellent restaurant décoré dans un style rustique-chic.

Où se restaurer

The Muller House INTERNATIONAL $$
(072 420 5473 ; www.facebook.com/themullerhouserestaurantbar ; 1 Muller St ; plats 70-170 R ; 12h-22h lun et mer-sam, 12h-15h dim). Ce bar-restaurant branché, près de l'Église néerlandaise réformée, est connu pour ses tapas (à partir de 40 R) autant que pour ses plats plus copieux. Le menu est succinct, mais original, et la cour rafraîchie par la brise est charmante. L'ambiance, décontractée en journée, devient plus romantique le soir à la lueur des chandelles.

Polka Cafe CAFÉ $$
(087 550 1363 ; www.polkacafe.co.za ; 52 Somerset St ; plats 65-155 R ; 7h30-21h lun-sam ;). La cuisine du Polka ne vous laissera pas indifférent. Agneau du Karoo, steaks maturés et *bobotie* (gratin de curry) figurent à la carte du dîner. Les déjeuners, plus légers, incluent crêpes salées, salades et pizzas, à déguster dans la jolie cour. À l'intérieur, dans la salle néorustique, une boulangerie vend des pâtisseries et des glaces maiso

Our Yard CAFÉ $$
(071 870 5081 ; 50 Somerset St ; plats 50-155 R ; 7h15-21h30 lun-sam ;). "Torréfacteur et étape culturelle", ce lieu tendance sert d'excellents cafés, des petits-déjeuners, des repas légers, des jus, des scones et des gâteaux dans une cour ombragée. Le menu du soir inclut des plats de viande, dont des côtes d'agneau et du chevreuil. Également sur place : galerie d'art, boutique de T-shirts et épicerie vendant vins, bières artisanales et mets locaux. Une adresse fort sympathique.

Graaff-Reinet Club CLUB
(Church St ; 13h-21h lun-jeu, 13h-tard ven-sam, 11h-14h dim). Jadis réservé aux hommes, ce club à l'anglaise – l'un des plus vieux du pays – est orné de trophées de chasse, et possède un bar criblé d'impacts de balles. Les visiteurs sont les bienvenus pour prendre un verre en compagnie des habitués. L'ambiance est particulièrement animée le vendredi soir, quand les fermiers sont en ville.

LE MOHAIR SUD-AFRICAIN

L'Afrique du Sud est le premier producteur mondial de mohair (laine de chèvre angora), fourni en majeure partie par la région du Karoo. À Graaff-Reinet, **Annette Oelefse Mohair Products** (082 466 6174 ; www.mohairblanket.co.za ; Church St) vend des créations en mohair de très grande qualité, parmi lesquelles des chaussettes, des écharpes, des pulls, des bonnets et des gants.

Renseignements

Graaff-Reinet Tourism (☎049-892 4248 ; www.graaffreinet.co.za ; 17 Church St ; 8h-17h lun-ven, 9h-12h sam). Informations sur les hébergements et nombreuses cartes.

Depuis/vers Graaff-Reinet

Intercape et Translux desservent Le Cap (à partir de 430 R, 12 heures) et Johannesburg (à partir de 560 R, 11 heures) tous les jours. Translux rallie également East London (à partir de 280 R, 6 heures) et Port Elizabeth (250 R, 4 heures). Billets et renseignements sont disponibles à l'office du tourisme.

Les taxis collectifs pour Port Elizabeth (210 R) partent de Market Square.

Camdeboo National Park

D'une superficie de 194 km², le **Camdeboo National Park** (☎049-892 3453 ; www.sanparks.org/parks/camdeboo ; adulte/enfant 150/75 R ; Lakeview Gate 6h-19h oct-mars, 7h-18h avr-sept ; P) protège de nombreux animaux, mais les spectaculaires formations rocheuses et la vue sur Graaff-Reinet et les plaines ensoleillées du Karoo constituent ses principaux attraits. Son nom dérive du mot khoïkhoï qui signifie "vertes vallées", peut-être une référence au *spekboom* (*Portulacaria afra*) qui pousse ici, une plante grasse qui reste verte durant l'hiver.

À voir

Valley of Desolation SITE NATUREL

(près de la R63 ; adulte/enfant 150/75 R ; 6h-19h30 oct-mars, 7h-18h avr-sept). Site le plus visité du parc, la vallée de la Désolation frappe par la beauté saisissante de ses paysages : des colonnes de dolérite érodées s'y détachent sur les plaines infinies du Karoo. Non loin, le **Toposcope** offre un magnifique point de vue sur la vallée, où l'on distingue Graaff-Reinet nichée dans un méandre du Sundays. Situé à 14 km de la ville, le site peut être rejoint en voiture par une route goudronnée. C'est du parking que part le **Crag Lizard Trail**, chemin longeant le bord de la falaise sur 1,5 km.

L'aube et le crépuscule sont les meilleurs moments pour une visite.

Giant Flag CURIOSITÉ

(www.giantflag.co.za). Dans la vallée de la Désolation, un "drapeau" sud-africain de 6 600 m² (l'équivalent de 66 terrains de football) apparaît peu à peu, constitué de millions de plantes du désert colorées – la partie noire du drapeau étant formée de panneaux solaires installés sur le toit des futurs bâtiments d'accueil. On en voit les contours aujourd'hui sur satellite, sans le remplissage pour le moment. Une fois achevé, ce sera le plus grand drapeau du monde, et l'une des rares créations humaines visibles depuis l'espace.

CAMDEBOO NATIONAL PARK

Pourquoi y aller Des paysages spectaculaires ; des formations rocheuses et un écosystème surprenant dans la vallée de la Désolation ; des animaux, dont des zèbres de montagne du Cap ; des randonnées d'une journée.

Quand partir Le parc est tranquille en avril, quand le Karoo se pare de couleurs automnales et que vous pouvez admirer de somptueux couchers de soleil dans un air vivifiant. La maigre végétation facilite l'observation de la faune.

Informations pratiques Camdeboo se divise en trois secteurs principaux : le secteur d'observation de la faune au nord du Nqweba Dam, la section ouest avec la vallée de la Désolation, et la section est avec diverses pistes de 4x4. La réception et les hébergements du parc se situent à Lakeview Gate, sur la N9, à 4 km au nord de Graaff-Reinet. Vous devrez disposer d'une voiture pour visiter le secteur d'observation de la faune. Sinon, réservez un circuit à Graaff-Reinet.

Faire des économies Campez, et préparez vos repas dans la cuisine équipée ou au barbecue.

Activités

Dans le secteur d'observation de la faune, accessible par Lakeview Gate, vivent buffles, élands, koudous, bubales, gnous et springboks, pour ne citer que quelques-unes des 40 espèces de mammifères présentes dans le parc. De rares zèbres de montagne du Cap se laissent parfois apercevoir, mais ils préfèrent les terrains montagneux. De bonnes routes gravillonnées parcourent le secteur sur 19 km ; les visiteurs doivent rester dans leur véhicule, à l'exception des aires de pique-nique.

Des animaux peuplent aussi la section protégée de la vallée de la Désolation. Quelque 200 espèces d'oiseaux, dont des aigles noirs, des pygargues vocifères et des faucons, évoluent dans le ciel du parc.

Eerstefontein Day Trail RANDONNÉE

GRATUIT L'Eerstefontein Day Trail traverse le secteur ouest du parc après la vallée de la Désolation ; trois itinéraires de 5, 11 et 14 km sont possibles. Vous pouvez demander une carte à la réception du parc.

Où se loger

Lakeview Tented Camp TENTES $

(☎049-892 3453 ; www.sanparks.org ; tente pour 2 pers 785 R ; P). Près du barrage de Nqweba, ce camping clôturé compte quatre tentes safari, meublées de lits jumeaux et dotées d'une terrasse avec table et chaises. Cuisine et douches communes.

Nqweba Campsite CAMPING $

(☎049-892 3453 ; www.sanparks.org ; camping 300 R ; P). Près du barrage du même nom, ce camping clôturé comprend 15 emplacements gravillonnés à l'ombre d'arbres épineux. Tous sont dotés d'un barbecue et d'une prise électrique. Une cuisine commune est accessible.

Nieu Bethesda

1 540 HABITANTS

Cachée au fond du Karoo, cette bourgade doit sa notoriété à l'extraordinaire Owl House, la maison au décor fantastique et déconcertant de l'artiste Helen Martins. Aujourd'hui, Nieu Bethesda est une petite communauté d'artistes, célébrée par la pièce *La Route vers La Mecque* du dramaturge sud-africain Athol Fugard.

Avec ses rues en terre, ses rigoles, ses jolis cottages et son ciel étoilé, Nieu Bethesda est un lieu idéal pour découvrir la vie d'un village du Karoo, se détendre quelques jours et renouer avec la nature. La plupart des visiteurs s'y rendent en voiture depuis Graaff-Reinet, à 55 km de là, en admirant depuis la route le massif du Sneeuberg en toile de fond.

À voir et à faire

Owl House ÉDIFICE HISTORIQUE

(☎049-841 1733 ; www.theowlhouse.co.za ; Martin St ; 60 R ; ⏲8h-17h). La vision singulière qui incita l'artiste Helen Martins (1897-1976) à transformer sa maison-atelier en une étrange œuvre d'art constitue la base de l'identité bohème de Bethesda. Martins et son assistant, Koos Malgas, travaillèrent pendant des années à concevoir et à réaliser la ménagerie de sculptures de chouettes en ciment et les multiples créatures qui peuplent la cour. L'intérieur sombre est presque entièrement couvert d'éclats de verre peints, de textiles et de babioles, témoins d'une personnalité tourmentée qui finit par se suicider.

Kitching Fossil Exploration Centre MUSÉE

(☎011-717 6685 ; Hudson St ; 50 R ; ⏲9h-17h). Les moulages de fossiles exposés ici représentent des animaux préhistoriques (gorgonopsiens, dicynodontes, etc.) vieux de quelque 253 millions d'années, soit environ 50 millions d'années avant l'époque des dinosaures. Le personnel vous montrera les empreintes intactes dans le lit de la rivière asséchée voisine.

Ganora Guest Farm CIRCUIT CULTUREL

(☎049-841 1302 ; www.ganora.co.za ; à partir de 110 R/pers ; ⏲sur réservation). La Ganora Guest Farm, à 7 km à l'est de Nieu Bethesda, organise nombre d'activités, dont une visite guidée de son musée de fossiles et d'artefacts san. Un autre circuit fait découvrir les plantes médicinales. Les groupes peuvent assister à une démonstration de tonte de moutons. La Ganora recueille et soigne des suricates, et vous pourrez peut-être en apercevoir. La ferme propose également de temps à autre des cours d'observation des étoiles, d'art et de cuisine.

Où se loger

Owl House Backpackers AUBERGE DE JEUNESSE $
(☎049-841 1642 ; www.owlhouse.info ; Martin St ; camping 100 R/pers, dort 180 R, s/d avec petit-déj 480/790 R, avec sdb commune et petit-déj 370/580 R). La façade chaulée typique du Karoo cache une maison au charme d'antan, des recoins originaux et un grand jardin à l'arrière. Pour plus d'intimité, choisissez le château d'eau avec une chambre ronde, des toilettes sèches et une kitchenette, ou le cottage indépendant dans le jardin. Les chambres avec salle de bains sont installées dans l'Outsiders B&B, de l'autre côté de la rue. Les propriétaires peuvent organiser des circuits, notamment aux sites de peintures san.

Bethesda Tower GUESTHOUSE $
(☎073-028 8887 ; www.bethesdatower.co.za ; Miller St ; s/d avec sdb commune 280/400 R ; P). Cette tour crénelée de trois étages a des allures de conte de fées. La chambre du dernier étage comporte un grand lit rond, couvert d'une courtepointe faite par le Bethesda Arts Centre adjacent. Celle du bas, tout aussi originale, comprend des lits jumeaux. Deux autres chambres, ornées de courtepointes et d'œuvres d'art, se situent dans le prieuré ("Priory") voisin. Salles de bains communes propres.

And The Cow Jumped Over The Moon GUESTHOUSE $
(☎083 460 3716 ; casper1@pixie.co.za ; Immelman St ; s/d 450/600 R ; P). Située juste au nord du "centre-ville", cette pension douillette et très bien tenue loue trois chambres sobrement décorées et impeccables de propreté.

♥ **Ganora Guest Farm** GÎTE RURAL $$
(☎049-841 1302 ; www.ganora.co.za ; avec petit-déj s 750-860 R, d 1 000-1 300 R ; P). Un excellent choix si vous préférez loger hors du village, dans l'immensité du Karoo. À 7 km à l'est de Nieu Bethesda, cette ferme du XVIIIe siècle, dont l'un des murs en pierre est d'origine, abrite des chambres luxueuses, décorées avec goût. D'autres logements sont aménagés dans d'anciens ateliers et étables blanchis à la chaux. Les repas sont servis dans une salle rustique de style pionnier.

Randonnée, VTT et autres activités sont proposés.

Où se restaurer

The Karoo Lamb SUD-AFRICAIN $
(☎049-841 642, 072-742 7113 ; www.nieu-bethesda.com ; River St ; plats 80-110 R ; ⏰7h-21h). Dans ce vaste restaurant-traiteur-boutique de cadeaux, tous les éléments du petit-déjeuner (à partir de 35 R) couvrent la moitié d'une table de pique-nique. Midi et soir, des plats roboratifs, tels que côtes d'agneau et *potjiekos* (ragoût mijoté dans une marmite en fonte), rassasient les voyageurs après un long périple dans le Karoo. L'établissement sert aussi des tapas.

♥ **The Brewery & Two Goats Deli** TRAITEUR $$
(☎049-841 1602 ; www.facebook.com/TheBreweryNieuBethesda ; Pienaar St ; plateau 80 R ; ⏰8h-17h lun-sam, 8h-15h dim). De l'autre côté d'un pont qui le relie au centre du village, ce corps de ferme joliment rustique fait partie d'une exploitation laitière en activité. Installez-vous sous les arbres pour déguster un délicieux plateau de fromages, saucissons, légumes marinés et olives. Vend des produits de la ferme et d'excellentes bières artisanales.

Die Waenhuis SUD-AFRICAIN $$
(☎084 862 8280 ; Martin St ; plats 70-135 R ; ⏰18h-20h30 jeu, 9h-20h30 ven-dim). En plein centre de Nieu Bethesda, dans un ancien comptoir commercial joliment rénové, ce restaurant plein de charme sert des plats sud-africains cuisinés avec talent : côtelettes d'agneau, burgers, escalopes de poulet panées, *bobotie*, etc. La carte des vins est courte mais excellente. Les glaces et scones maison sont un délice.

Renseignements

L'**office du tourisme** (☎079 070 8988 ; www.nieubethesda.info ; Martin St ; ⏰9h-17h) propose quelques brochures. Le restaurant Karoo Lamb (voir ci-dessus) est aussi une très bonne source de renseignements.

Attention : il n'y a ni station-service ni DAB, et les hébergements acceptent rarement les paiements par cartes. La ville la plus proche est Graaff-Reinet.

Depuis/vers Nieu Bethesda

Aucun transport public ne dessert Nieu Bethesda. Le Owl House Backpackers vient chercher ses hôtes à Graaff-Reinet (200 R/pers) sur arrangement préalable.

Mountain Zebra National Park

Ne manquez pas ce **parc national** (☎048-801 5700 ; www.sanparks.org ; près R61 ; adulte/enfant 240/120 R ; ⏲7h-19h oct-mars, 7h-18h avr-sept) largement sous-estimé. Situé à 20 km à l'est de Cradock, sur les versants nord du massif de Bankberg (2 000 m), il couvre une superficie de 280 km² et offre un panorama splendide sur le Karoo. Il a été créé pour protéger le zèbre de montagne du Cap, l'un des mammifères les plus rares de la planète. Le parc en compte aujourd'hui près de 800, qui se distinguent des autres zèbres par leur petite taille, leur museau brun-rouge, des rayures plus foncées et un fanon sous la gorge. On peut aussi y approcher des guépards. Dernier atout de ce parc : ses grands espaces magnifiques baignés de silence, où d'épais massifs de mimosas odorants et d'oliviers sauvages succèdent aux prairies ondoyantes.

Activités

Outre les zèbres de montagne du Cap, le parc compte de nombreuses espèces d'antilopes, des buffles, des rhinocéros noirs, deux lions, huit guépards, diverses espèces de petits félins, des genettes, des protèles (qui se nourrissent essentiellement de termites), des otocyons (ou renards à oreilles de chauve-souris), des chacals à chabraque... Plus de 200 espèces d'oiseaux ont aussi été recensées. Le parc propose des **safaris en voiture** (adulte/enfant à partir de 250/125 R) de 2 heures et un **circuit sur les traces du guépard** (410 R/pers), qui permet d'approcher les félins jusqu'à 15 m.

Avec votre propre véhicule, vous pouvez avoir un aperçu du parc en quelques heures. Les routes, gravillonnées pour la plupart, sont en bon état et conviennent à tous les véhicules. La route qui forme une boucle de l'entrée principale au camping et retour peut se parcourir en moins de 2 heures, selon le nombre d'arrêts.

Randonnée

Les chemins de randonnée permettent à la fois des promenades de 1 à 2,5 km en accès libre autour du camping, et de plus longs treks guidés, comme le **Salpeterkop Hike** (390 R/pers ; ⏲sur réservation), ascension exigeante (entre 5 et 6 heures) d'une colline offrant un beau panorama.

Où se loger

Mountain Zebra National Park Rest Camp CAMPING $

(☎012-428 9111, 086 111 4845 ; www.sanparks.org ; camping 1-2 pers 330 R, cottages à partir de 1 300 R ; P ≋). Le camp principal (*rest camp*) du parc propose des emplacements de camping (avec prises électriques et cuisine commune), et de confortables cottages bien équipés. Situé à 10 km de l'entrée, il abrite la réception, un magasin vendant des produits de base, un bar-restaurant (plats 60-160 R), et même une piscine.

Doornhoek COTTAGE $$$

(☎012-428 9111, 086 111 4845 ; www.sanparks.org ; 1-4 pers 3 500-3 800 R ; P). Cette ferme restaurée datant de 1837, cachée dans une vallée reculée près d'un barrage, peut accueillir jusqu'à six personnes dans deux chambres doubles et deux simples. Ce lieu plein de charme et de caractère est idéal pour s'isoler du monde.

MOUNTAIN ZEBRA NATIONAL PARK

Pourquoi y aller Des zèbres de montagne du Cap, des lions, des buffles et bien d'autres mammifères ; les paysages du Karoo sur les versants du massif du Bankberg ; les nombreuses activités, dont le repérage des guépards.

Quand partir N'importe quand en dehors de l'été (novembre-février) afin d'éviter la chaleur extrême dans l'environnement semi-désertique du Karoo.

Informations pratiques Aucun transport public ne dessert les lieux ; venez avec votre propre véhicule ou en circuit organisé. Les routes, pour la plupart gravillonnées ou asphaltées, sont praticables en voiture standard. S'y ajoutent trois pistes pour 4x4.

Faire des économies Si vous ne voulez pas camper, choisissez un hébergement moins cher dans la ville voisine de Cradock et visitez le parc dans la journée. Si vous séjournez dans le parc, le droit d'entrée sera calculé sur le nombre de nuits (et non de jours) passées sur place.

Cradock

048 / 36 671 HABITANTS

Ville typique du Karoo ponctuée d'édifices historiques, Cradock a beaucoup de charme. Avant-poste militaire établi en 1813 pour empêcher les Xhosa de traverser le fleuve Great Fish, Cradock devint une bourgade agricole et marchande animée au cours des décennies suivantes. Les chariots de passage avaient recours aux artisans installés dans Market St. Prenez le temps de découvrir ses beaux bâtiments anciens et ses avenues bordées d'arbres. En flânant dans les charmantes Dundas Street et Bree Street (la plus vieille rue de la ville), vous pourrez admirer de jolies maisons à pignons du XIXe siècle bien préservées.

À voir et à faire

Schreiner House Museum MUSÉE

(048-881 5251 ; 9 Cross St ; 8h-16h30 lun-ven). GRATUIT Femme de lettres pacifiste et féministe, Olive Schreiner (1855-1920) est surtout connue pour La Nuit africaine (Éd. Phébus, Libretto 2012). Publié en 1883 sous le pseudonyme de Ralph Iron, cet ouvrage, à la fois *plaasroman* (littéralement, "roman de ferme") et *bildungsroman* (roman d'apprentissage), fut jugé subversif jusqu'au début du XXe siècle en raison de ses idées radicales. Bien que Schreiner n'ait vécu que trois ans dans cette maison typique du Karoo (elle fut confiée à son frère aîné, instituteur à Cradock), plusieurs petites pièces retracent sa vie, sa carrière, et l'histoire locale vue à travers son regard d'écrivain.

La librairie offre une excellente sélection de romans sud-africains, et une brochure détaillant une promenade littéraire à travers la ville.

Karoo River Rafting RAFTING

(084 429 9944 ; www.karoo-river-rafting.co.za ; à partir de 600 R ; sur réservation). Rafting et canoë sur le Great Fish et ses affluents.

Township Tours CIRCUIT CULTUREL

(048-881 1650 ; sur don). Amos, qui travaille à l'hôtel Victoria Manor, propose des visites du township local.

Où se loger et se restaurer

The Old Butler Guesthouse GUESTHOUSE $

(082 629 5648 ; www.theoldbutlerhouse.com ; 53 Bree St ; s 450 R, d 500-800 R ; P). On comprend vite les raisons du succès de cet établissement réputé. Cette maison datant de 1815 jouit d'un charmant terrain verdoyant peuplé d'oiseaux, d'une piscine agréable, de plusieurs salons chaleureux, et d'un emplacement paisible. Les 11 logements, dont deux chalets et deux cottages, ne manquent pas de cachet. Pas de climatisation.

Die Tuishuise & Victoria Manor Hotel HÔTEL HISTORIQUE $$

(048-881 1650, 048-881 1322 ; www.tuishuise.co.za ; Market St ; cottages s/d 720/1 200 R, hôtel s/d avec petit-déj 720/1 000 R ; P). Les Tuishuise représentent 31 maisons du Karoo superbement restaurées et joliment meublées, leurs *stoeps* ouvrant sur l'une des plus vieilles rues de Cradock, ainsi que des cottages dans un jardin. Le Victoria Manor voisin, de style auberge, comprend des chambres charmantes ornées d'objets anciens, un bar-restaurant lambrissé, un spa et une petite piscine. Climatisation sur demande, dans certaines chambres uniquement. Les très belles maisons indépendantes, qui peuvent accueillir jusqu'à huit personnes, combinent rusticité sobre et moderne, et cadre historique rappelant leurs anciens occupants boers et britanniques.

Albert House B&B B&B $$

(048-881 4624 ; www.facebook.com/alberthousebedandbreakfast ; 40 Dundas St ; s/d avec petit-déj 700/900 R ; P). Ici, détente, simplicité et esthétisme semblent être les mots d'ordre. Les chambres ont une jolie touche rustique, mais la véritable star est le jardin avec ses pelouses verdoyantes, ses fleurs épanouies et ses élégants arbres. Il ne manque qu'une piscine !

Albert Restaurant SUD-AFRICAIN $$

(048-881 1650 ; Market St ; plats 70-170 R, dîner buffet 200 R ; 12h-15h et 18h-21h lun-ven, 18h-21h sam-dim ;). Plein de cachet, ce restaurant d'hôtel s'agrémente de boiseries sombres et de meubles de style anglais du XIXe siècle. Le service est attentif et la cuisine du Karoo, roborative et savoureuse. Côtelettes d'agneau du Karoo, burgers et assiettes végétariennes figurent au menu.

True Living SUD-AFRICAIN $$

(048-881 3288 ; www.truelivingshop.com ; 44 JA Calata St ; plats 60-140 R ; 8h-15h lun-ven, 8h-13h sam ;). Plusieurs cafés se regroupent à l'angle de JA Calata St et d'Albert St, la plupart rattachés à des pépinières ou à des boutiques de décoration. Dans la seconde catégorie, le True Living, situé dans une cour, sert des assiettes et des plateaux de plats campagnards : *bobotie* (gratin de curry), côtes d'agneau de Cradock, quiches, tourtes, steaks, burgers, etc. Sans oublier de délicieux muffins.

Renseignements

Cradock Tourism (☎ 048-801 5000 ; www.cradock-info.co.za/town ; JA Calata St ; ⏲ 9h-16h lun-ven). Dans l'hôtel de ville, en face du Spar Centre.

Depuis/vers Cradock

Translux, Intercape et City to City desservent tous les jours Le Cap (à partir de 420 R, 10-15 heures) via Graaff-Reinet (à partir de 150 R, 1 heure 30) ou Port Elizabeth (à partir de 180 R, 4 heures), ainsi qu'East London (à partir de 480 R, 4 heures 30) et Johannesburg (à partir de 630 R, 11 heures). Le **Shoprite** (Beeren St ; ⏲ 7h-19h), dans le centre, vend des billets.

Les trains de la compagnie **Shosholoza Meyl** (☎ 0860 008 888, 011-774 4555 ; roc.prasa com/shosholozameyl/Booking) s'arrêtent trois fois par semaine à Cradock, sur la ligne reliant Johannesburg (380 R, 15 heures 30) à Port Elizabeth (170 R, 4 heures 30).

KwaZulu-Natal

Le top des restaurants

- Mali's Indian Restaurant (p. 268)
- Guinea Fowl (p. 322)
- Rosehurst (p. 305)

Le top des hébergements

- Napier House (p. 265)
- Hilltop Camp (p. 290)
- George Hotel (p. 284)
- Kosi Forest Lodge (p. 301)
- Hlalanathi (p. 318)

Pourquoi y aller

À la fois rude et décontracté, rural et urbain, rustique et sophistiqué, le KwaZulu-Natal (KZN) séduit par ses multiples facettes. Des villes dynamiques voisinent avec des villages tribaux tranquilles, des centres commerciaux étincelants jouxtent des faubourgs misérables, et des reliefs montagneux succèdent à la savane aride. Et puis, il y a les Zoulous, un peuple extrêmement fier de sa culture.

Le KwaZulu-Natal possède de nombreux atouts qui rendent cette région incontournable lors d'un voyage en Afrique du Sud : une faune exceptionnelle, notamment les Big Five (lion, léopard, buffle, éléphant et rhinocéros) et des espèces marines rares, une histoire riche (avec d'importants sites de batailles), de fabuleuses possibilités de randonnées et de séduisantes cités balnéaires où s'adonner au surf ou au farniente.

Quand partir

Durban

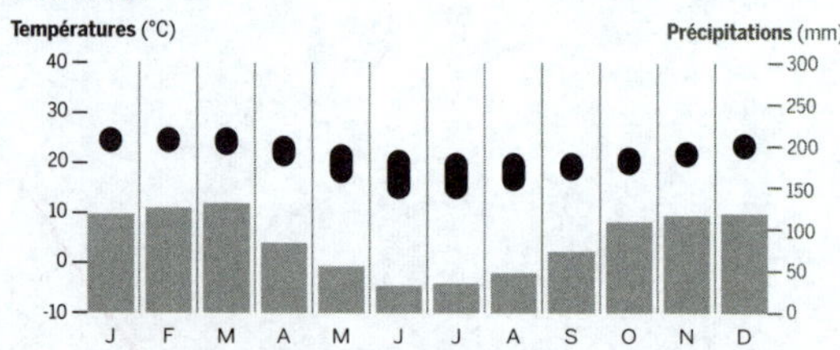

Mai-oct
Il neige dans les montagnes ; les conditions sont idéales pour observer la vie sauvage dans la savane.

Oct-nov
Le climat est propice aux activités de plage ; les fleurs sauvages éclosent dans l'uKhahlamba-Drakensberg.

Nov-fév
La chaleur revient et, après la saison des amours, les petits naissent chez les animaux.

Histoire

Revendiqué par les Boers, les Britanniques et les Zoulous, le Natal doit son nom à l'explorateur portugais Vasco de Gama, qui l'appela ainsi en découvrant son littoral le jour de Noël 1497. En 1839, après la victoire de Blood River sur les Zoulous, les Boers y fondèrent la république de Natalia. Sa puissance finit par inquiéter l'Empire britannique, qui l'annexa en 1843. Brièvement intégré à la colonie du Cap en 1845, le Natal redevint une colonie séparée en 1856, alors qu'il comptait moins de 5 000 colons européens.

L'arrivée d'une main-d'œuvre indienne dans les années 1860 (on retrouve l'ambiance du sous-continent dans certaines parties de la province) favorisa le développement d'une agriculture commerciale, essentiellement consacrée à la canne à sucre. La colonie prospéra à partir de 1895, lorsque le chemin de fer relia le port de Durban (dragué pour accueillir les gros navires) au Witwatersrand en plein essor.

Les conflits dominèrent l'histoire du Natal jusqu'à la fondation de l'Union sud-africaine : la *difaqane* (ou *mfeqane*, la migration forcée des tribus sud-africaines ; "écrasement" en zoulou), les guerres boer-zouloue et anglo-zouloue, qui entraînèrent l'anéantissement du royaume zoulou, et les deux guerres anglo-boers.

Juste après les élections de 1994, le Natal fut rebaptisé KwaZulu-Natal, un nom qui reconnaît l'importance du KwaZulu, le territoire zoulou, au sein de la province. À partir de cette date, Ulundi (l'ancienne capitale du KwaZulu) et Pietermaritzburg (l'ancienne capitale du Natal) ont bénéficié conjointement du statut de capitales du KwaZulu-Natal. En 2005, cependant, Pietermaritzburg est devenue la capitale officielle de la province.

Climat

Les températures (de l'air comme de l'eau, grâce au courant des Aiguilles) restent élevées toute l'année sur la majeure partie de la côte. Durban s'enorgueillit de profiter de 230 jours de soleil par an ! En été, la chaleur et l'humidité, combinées aux foules qui se pressent sur la côte et les plages, peuvent être éprouvantes, avec un thermomètre montant aux alentours de 35°C. La majeure partie de l'arrière-pays bénéficie d'un même ensoleillement, mais de violents orages peuvent éclater l'après-midi, en particulier dans la chaîne du Drakensberg et le nord du KwaZulu-Natal. Avec l'hiver vient la neige sur les pics les plus élevés, voire dans certaines localités de haute altitude.

Langues

Parmi les 11 langues officielles parlées en Afrique du Sud, l'anglais, le zoulou, le xhosa et l'afrikaans sont les plus usitées au KwaZulu-Natal.

Comment s'y rendre et circuler

Reliée aux quatre coins du pays par avion, bus et train, Durban est le carrefour des transports du KwaZulu-Natal. L'aéroport international King Shaka, construit à l'occasion de la Coupe du monde de football de 2010, est en plein essor. De plus en plus de vols internationaux permettent de rejoindre facilement le KwaZulu-Natal sans passer par Johannesburg ou Le Cap.

Il est moins facile de se déplacer dans la province. Des bus longue distance rallient Port Shepstone, Margate et Kokstad dans le Sud, Richard's Bay et Vryheid dans le Nord, ainsi que diverses localités, dont Estcourt, Ladysmith et Newcastle, à l'ouest. Rejoindre des destinations plus reculées en transports publics relève souvent du casse-tête. Les taxis collectifs constituent une alternative utile, mais ce mode de transport implique généralement de passer de longues heures à l'arrière d'un minibus bondé.

DURBAN

☎ 031 / 3,1 MILLIONS D'HABITANTS

Faire l'impasse sur Durban (eThekweni, en zoulou), troisième ville du pays et centre urbain cosmopolite, au profit du Cap, sa consœur réputée plus "détendue", serait une erreur. En effet, "Durbs", comme on la surnomme, a davantage de charme qu'il n'y paraît au premier coup d'œil.

La ville a été largement réhabilitée à l'occasion de la Coupe du monde de football de 2010 : un stade ultramoderne y a été construit et le front de mer a été réaménagé. Suite au combat mené contre la corruption, les autorités municipales affichent une confiance et une ambition nouvelles, comme en témoignent les nombreux projets en cours dans la ville.

À ne pas manquer

1 Les Big Five sur leur territoire dans le **Hluhluwe-iMfolozi Park** (p. 289).

2 L'observation des oiseaux à l'aube, près d'un point d'eau, dans l'**uMkhuze Game Reserve** (p. 297).

3 Les hippopotames, les kilomètres de piste et la beauté sauvage de l'**iSimangaliso Wetland Park** (p. 290).

4 Une randonnée à pied ou à cheval dans les sublimes montagnes de l'**uKhahlamba-Drakensberg Park** (p. 306).

5 Un trajet à travers les nuages au **col de Sani** (Sani Pass ; p. 312) pour rejoindre le Lesotho.

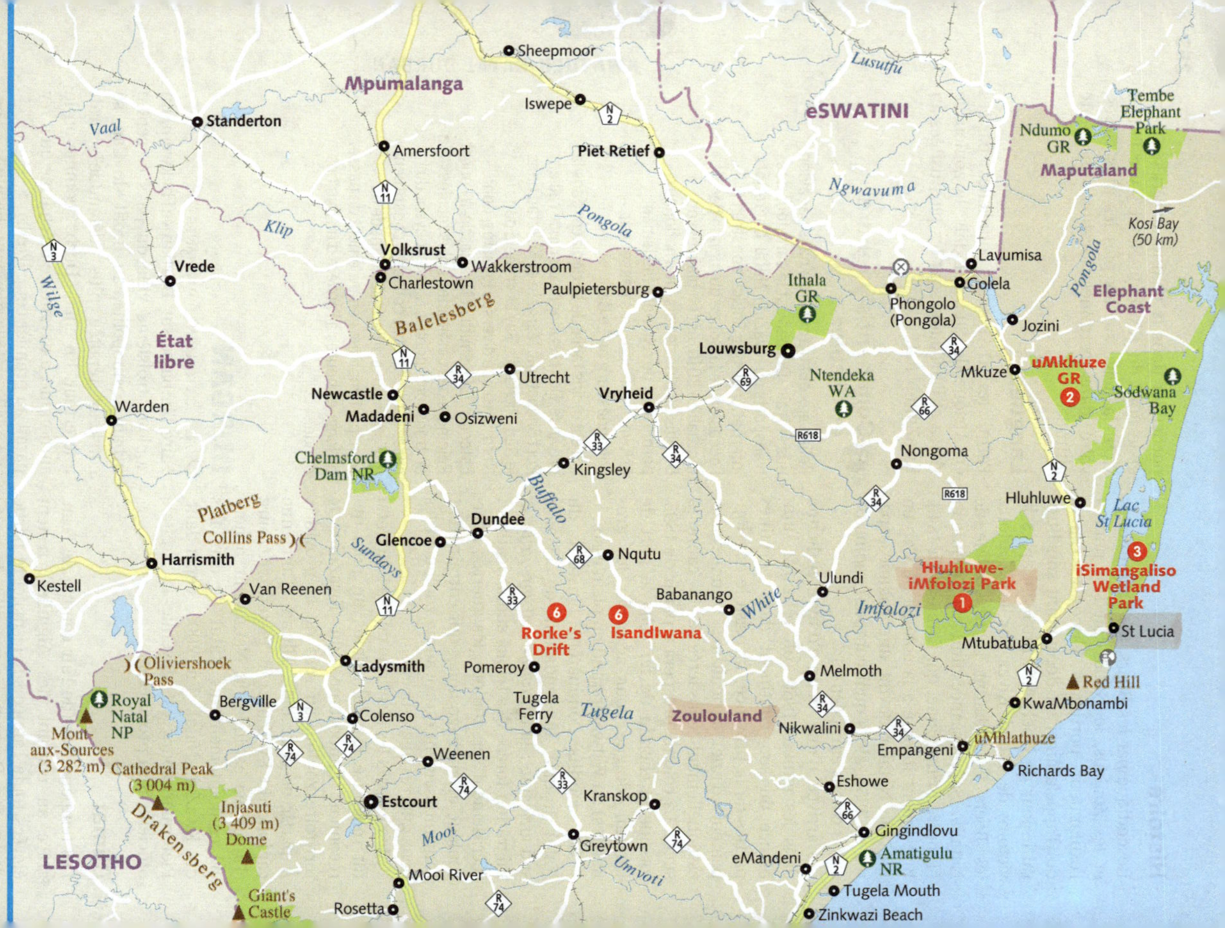

6 Les souvenirs de la guerre anglo-zouloue à **Isandlwana** et à **Rorke's Drift** (p. 323), et les petites bourgades assoupies des alentours.

7 La découverte de la scène artistique et des nouveaux cafés et restaurants de **Durban** (p. 253), une ville en pleine mutation.

8 La plage en famille sur la **côte sud** (p. 274) et un vent d'aventure dans l'arrière-pays.

9 Les bains de soleil et les cocktails dans l'ambiance chic de la **côte nord** (p. 277).

Accueillant la plus forte concentration d'habitants d'origine indienne en dehors de l'Inde, Durban exhale aussi une saveur résolument orientale : on retrouve dans les marchés et les rues du quartier indien les couleurs, les bruits et les parfums du sous-continent.

Histoire

Durban ne vit le jour qu'au début du XIXe siècle. Natal Bay, autour de laquelle la ville est construite, servit de refuge aux marins dès 1685, et Vasco de Gama y aurait jeté l'ancre en 1497. En 1690, les Hollandais achetèrent un vaste territoire autour de la baie à un chef local, mais leurs vaisseaux ne purent franchir le banc de sable qui en fermait l'entrée jusqu'en 1705. Or à cette époque, le chef local étant mort, son fils dénonça l'accord.

Natal Bay ne commença à intéresser les Européens qu'en 1824, lorsque les Britanniques Henry Fynn et Francis Farewell y établirent un comptoir pour le commerce de l'ivoire avec les Zoulous. Shaka (1787-1828, roi et fondateur de la nation zouloue en 1818, également écrit "Chaka"), un puissant chef zoulou, céda la terre autour de la baie à la compagnie de négoce, qui l'accepta au nom du roi George IV.

La colonie prospéra lentement, en partie à cause des troubles provoqués par Shaka dans la région. En 1835, la petite ville, dans laquelle s'était installée une mission, prit le nom du gouverneur de la colonie du Cap, D'Urban.

En 1837, les Voortrekkers traversèrent le Drakensberg et, en 1838, fondèrent Pietermaritzburg, à 80 km au nord-ouest de Durban. L'année suivante, profitant de l'évacuation de Durban en raison d'un raid des Zoulous, les Boers s'en emparèrent. La ville fut reprise par les forces britanniques quelques mois plus tard, mais les Boers maintinrent leurs prétentions. Les Britanniques envoyèrent des troupes pour défendre leurs positions, mais ils furent défaits par les Boers à la bataille de Congella en 1842.

Les Boers occupèrent la ville un mois durant, avant d'être délogés par les marins d'une frégate britannique, appelés en renfort par Dick King ; pour ce faire, ce colon anglais franchit, en 10 jours, près de 1 000 km séparant Durban de Grahamstown (Cap-Oriental). L'année suivante, la Grande-Bretagne annexa le Natal, et Durban commença à s'imposer comme cité portuaire majeure. En 1860, les premiers ouvriers indiens sous contrat arrivèrent pour travailler dans les plantations de canne à sucre. Malgré un système inique – un esclavage déguisé –, de nombreux colons indiens libres, dont Mohandas Karamchand Gandhi, débarquèrent en 1893.

> **ATTENTION AUX NOMS DES RUES**
>
> En 2007 et 2008, le conseil municipal a pris une décision controversée en renommant bon nombre des rues de Durban et de sa périphérie ; le but était de mettre en avant une "nouvelle Afrique du Sud". La plupart des habitants, y compris les commerçants, continuent à utiliser les anciens noms, ce qui prête à confusion. En conséquence, nous donnons systématiquement la nouvelle et l'ancienne dénomination (entre parenthèses).

À voir

Centre-ville

Hôtel de ville ÉDIFICE HISTORIQUE
(Durban City Hall ; Anton Lembede St (Smith St), centre-ville). Dominant le centre-ville, l'opulent hôtel de ville de style néobaroque édouardien, réplique de celui de Belfast, date de 1910. Il fait face à la **Francis Farewell Square** et à ses statues coloniales.

Durban Art Gallery MUSÉE
(☎031-311 2264 ; Anton Lembede St (Smith St), centre-ville ; ⌚8h30-16h lun-sam, 11h-16h dim). GRATUIT Sous l'imposante coupole de l'hôtel de ville, ce musée rassemble une collection petite mais intéressante d'art contemporain d'Afrique du Sud, notamment des peintures, des céramiques et des œuvres utilisant des supports et des techniques mixtes. Il accueille également des expositions temporaires et tournantes.

Natural Science Museum MUSÉE
(☎031-311 2256 ; Anton Lembede St (Smith St), centre-ville ; ⌚9h-15h lun-ven, 9h-12h sam). GRATUIT Ce musée d'Histoire naturelle, également situé dans l'hôtel de ville, possède une impressionnante collection d'oiseaux et d'insectes naturalisés, ainsi que d'animaux africains. Ne manquez pas la collection de cafards et de bousiers, la reconstitution d'un dodo mauricien d'après son squelette numérisé en 3D et la maquette de dinosaure grandeur nature.

Old Courthouse Museum MUSÉE
(031-311 2229 ; www.durbanhistorymuseums.org.za ; 77 Samora Machel St (Aliwal St), centre-ville ; 8h30-16h lun-sam, 11h-16h dim). GRATUIT Installé dans le superbe palais de justice (1866), derrière l'hôtel de ville, ce musée donne un bon aperçu de la vie coloniale, évoquée notamment à travers quatre reconstitutions : la pharmacie de David Anderson, l'habitation de Henry Fynn, la sucrerie Clairmont et le dépôt-vente de Fann Fancy. À noter : la collection de maquettes de bateaux, qui enchantera petits et grands.

KwaMuhle Museum MUSÉE
(031-311 2237 ; www.durbanhistorymuseums.org.za ; 130 Bram Fischer Rd (Ordnance Rd), centre-ville ; 8h30-16h lun-ven, 8h30-12h30 sam). GRATUIT Ce musée occupe l'ancien siège de l'administration bantoue, où les autorités coloniales de Durban établirent les structures de la ségrégation raciale (le "Durban System") ; elles servirent de base à la politique d'apartheid en Afrique du Sud. Des expositions sur l'apartheid occupent plusieurs salles partant d'une cour centrale.

VAUT LE DÉTOUR

GANDHI EN AFRIQUE DU SUD

Non loin de Durban, le township de Phoenix est le site d'un trésor historique souvent oublié. C'est dans le **Gandhi Settlement** (073-055 5860 ; Phoenix ; 8h-16h30 lun-ven, 8h-14h sam-dim) que se trouve l'ashram (la maison) où Mohandas Karamchand Gandhi, le futur Mahatma Gandhi, vécut et combattit pendant 10 ans le régime oppressif de l'apartheid. Plusieurs expositions lui sont consacrées, ainsi qu'à son épouse Kasturba et à d'autres opposants à la politique discriminatoire sud-africaine.

La maison originale fut détruite en 1985, lors d'affrontements entre Africains et Indiens. Elle a été reconstruite en 2000, mais les meubles originaux ont été pillés.

Le musée dispose d'un parking sécurisé. Plusieurs tour-opérateurs proposent des excursions d'une journée incluant le Gandhi Settlement.

Berea et ses environs

Campbell Collections MUSÉE
(031-260 1720 ; campbell.ukzn.ac.za ; 220 Gladys Mazibuko Rd/Marriott Rd ; 20 R ; sur rdv uniquement). Ces collections méritent la visite. Muckleneuk, une superbe maison de style hollandais du Cap dessinée par sir Herbert Baker, renferme des documents et des objets réunis par Killie Campbell et son père, sir Marshall Campbell (qui a donné son nom au township de KwaMashu) ; ils constituent de précieux souvenirs de l'ancien Natal et de la culture zouloue.

Killie Campbell commença à collectionner des œuvres d'artistes noirs 60 ans avant que la Durban Art Gallery ne fasse de même. Elle fut la première à soutenir Barbara Tyrrell, artiste illustratrice de mode qui répertoria les costumes traditionnels des peuples autochtones. Ses peintures reproduisent avec talent les vêtements, les ornements et la grâce de ses modèles.

Phansi Museum MUSÉE
(031-206 2889 ; phansi.com ; 500 Esther Roberts Rd (Frere Rd), Glenwood ; adulte/enfant 80/20 R ; 8h-16h lun-ven, 10h-14h sam). Au sud-ouest du centre-ville, la Roberts House, bel édifice victorien restauré, renferme un ensemble d'objets ethniques sud-africains. Paul Mikula, son propriétaire, a rassemblé en collectionneur averti des exemples exceptionnels de sculptures contemporaines, de perles du KwaZulu-Natal, de statues et d'objets allant des pipes aux poupées de fertilité. Réservation indispensable.

Kwazulu Natal Society of Arts GALERIE D'ART
(031-277 1705 ; www.kznsagallery.co.za ; 166 Bulwe Rd ; 9h-17h mar-ven, 9h-16h sam, 9h-15h dim). GRATUIT Cette galerie d'art à but non lucratif accueille des expositions temporaires d'art moderne. L'ensemble comprend un charmant café en plein air, ombragé d'arbres, et une boutique de souvenirs.

Durban Botanic Gardens JARDINS
(031-309 9240 ; www.durbanbotanicgardens.org.za ; John Zikhali Rd (Sydenham Rd) ; 7h30-17h15 sept-août, 7h30-17h30 mai-août). GRATUIT Ces jardins botaniques de 2 000 m² s'enorgueillissent d'un très rare cycadophyte *(Encephalartos woodii)*, ainsi que de nombreuses espèces de broméliacées. L'endroit est agréable pour une promenade et, le week-end, des jeunes mariés prennent la pose devant les fleurs. Les jardins accueillent chaque année une série de concerts donnés par le KwaZulu-Natal Philharmonic Orchestra et d'autres formations.

Durban

♥ Moses Mabhida Stadium STADE

(☎031-322 9955 ou 9936 ; www.mmstadium.com ; 44 Isaiah Ntshangase Rd (Walter Gilbert Rd), Stamford Hill ; Adventure Walk 120 R, Big Swing 695 R ; ⏲SkyCar 9h-17h, Adventure Walk 10h, 13h et 15h sam et dim, Big Swing 9h30-16h30 lun-ven, 8h-17h sam-dim). Construit pour la Coupe du monde de 2010, ce stade à l'architecture dernier cri peut accueillir plus de 56 000 personnes. Ressemblant à un panier géant, il est doté d'une arche inspirée du

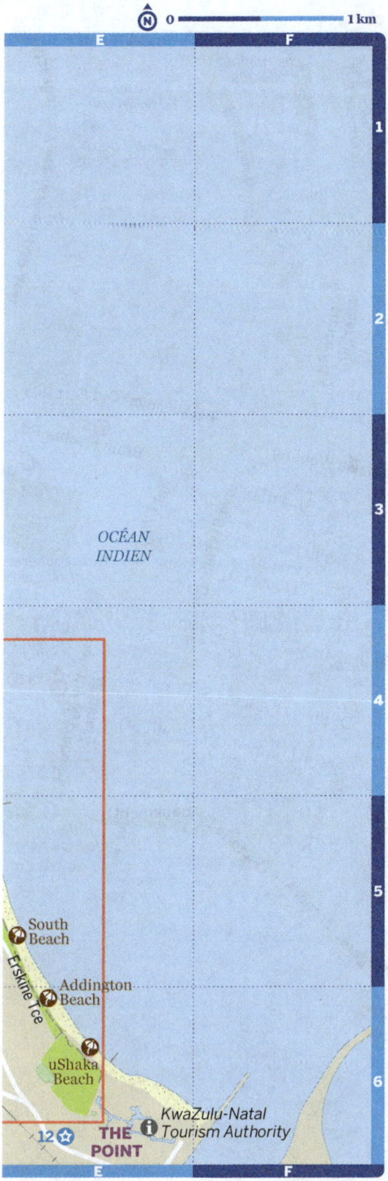

Durban

Les incontournables
1 Moses Mabhida Stadium D2

À voir
2 Kwazulu Natal Society of Arts A5
3 Suncoast Beach D3

Activités
4 Durban Country Club D1
STS Sport .... (voir 1)
5 Windsor Park Golf Course C1

Où se loger
6 Blue Waters D3

Où se restaurer
7 Cafe Jiran D3
8 Mali's Indian Restaurant C1

Où prendre un verre et faire la fête
9 Origin B5
10 S43 .... C1
11 Unity Brasserie & Bar A4

Où sortir
12 Chairman E6
13 Kings Park Stadium D2
14 Sun Coast Casino D3

Achats
15 African Art Centre C2
16 Musgrave Centre A4

"Y" qui figure sur le drapeau national. Les visiteurs peuvent monter sur cette arche en grimpant à pied ses 550 marches, bien accrochés, dans le cadre de l'**Adventure Walk.** Les plus courageux plongeront, harnachés, du haut des 106 m pour effectuer le **Big Swing**. Toutes ces activités offrent une vue superbe sur Durban.

De nombreux cafés bordent le stade ; de là, vous pouvez participer à un circuit en Segway, louer un vélo ou emprunter la promenade piétonne jusqu'au front de mer.

Durban nord et ouest

Umgeni River Bird Park PARC ORNITHOLOGIQUE
(☎031-579 4601 ; www.umgeniriverbirdpark.co.za ; 490 Riverside Rd, Durban North ; adulte/enfant 55/36 R ; ⏲9h-16h). Au nord du centre-ville, ce parc ornithologique sur l'Umgeni constitue une plaisante escapade loin du tumulte urbain. On peut y observer de nombreuses espèces d'oiseaux africains, qui évoluent dans la végétation luxuriante ou dans des volières. Ne manquez pas le spectacle de vol libre (11h et 14h mar-dim), avec des espèces du monde entier.

Centre de Durban

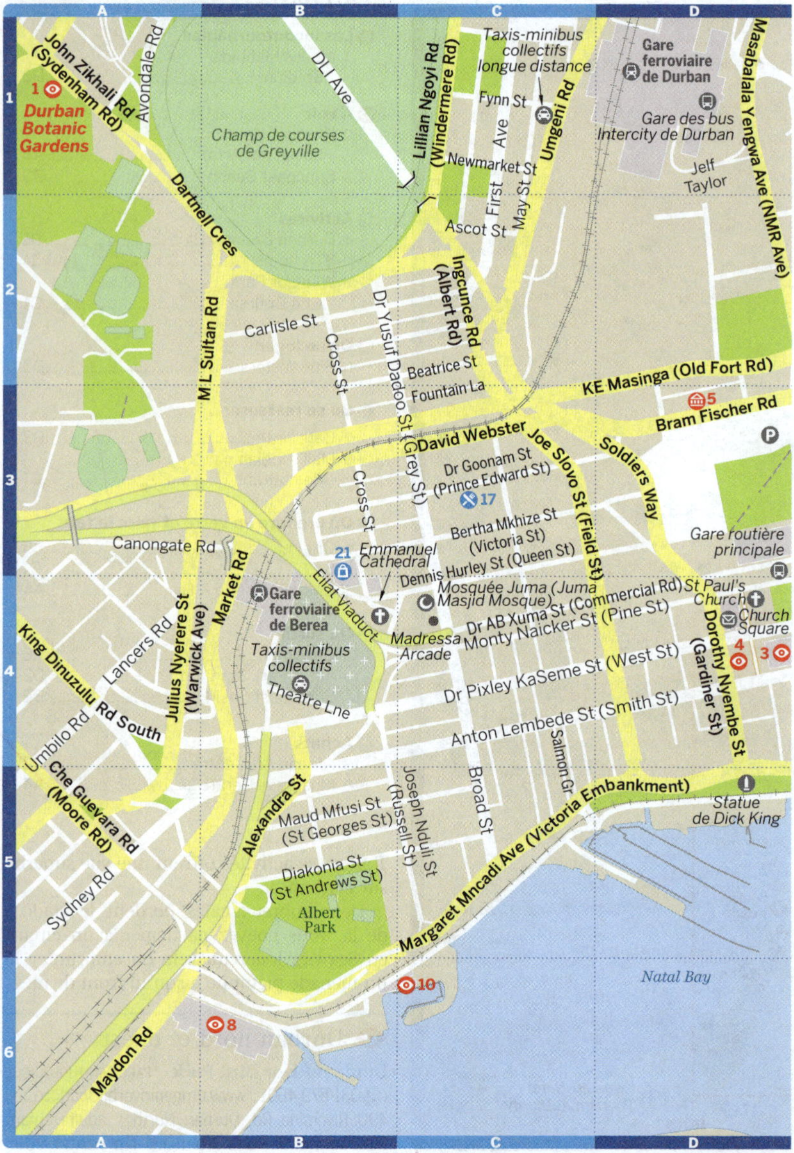

Temple of Understanding LIEU DE CULTE

(☎031-403 3328 ; www.iskcondurban.net ; 50 Bhaktivedanta Swami Circle ; ⏲10h-13h et 16h-21h). À l'ouest de Durban, le plus grand temple Hare Krishna de l'hémisphère Sud occupe un bâtiment en forme de lotus, qui mérite une visite, pour peu que l'on s'intéresse à l'architecture ou aux religions. Le domaine du temple abrite un **restaurant végétarien** (⏲10h30-19h lun-sam, 10h30-17h dim) apprécié. Suivez la N3 en direction de Pietermaritzburg, puis bifurquez sur la N2 vers le sud. Prenez ensuite l'embranchement pour Chatsworth et tournez à droite en direction du centre de cette banlieue.

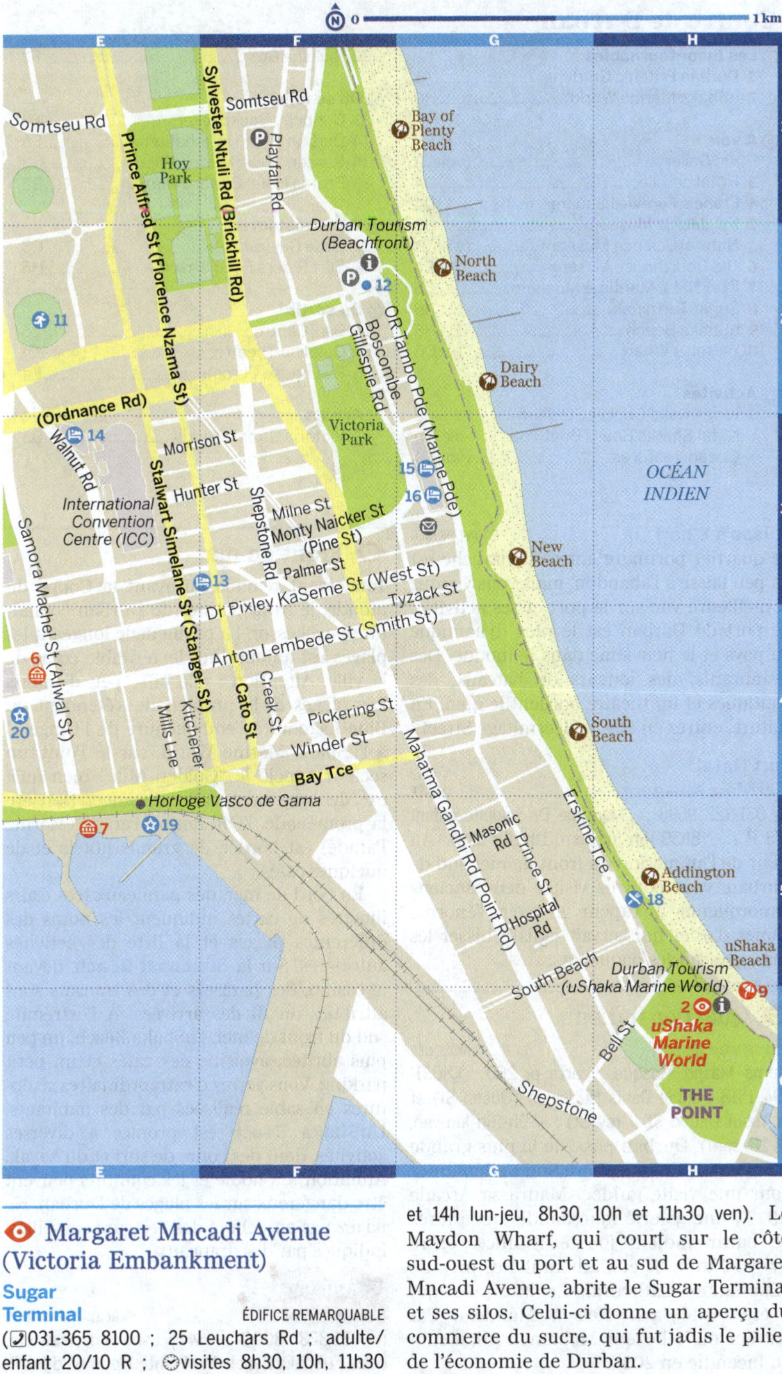

Margaret Mncadi Avenue (Victoria Embankment)

Sugar Terminal ÉDIFICE REMARQUABLE
(031-365 8100 ; 25 Leuchars Rd ; adulte/enfant 20/10 R ; visites 8h30, 10h, 11h30 et 14h lun-jeu, 8h30, 10h et 11h30 ven). Le Maydon Wharf, qui court sur le côté sud-ouest du port et au sud de Margaret Mncadi Avenue, abrite le Sugar Terminal et ses silos. Celui-ci donne un aperçu du commerce du sucre, qui fut jadis le pilier de l'économie de Durban.

Centre de Durban

Wilson's Wharf FRONT DE MER

Ce quartier portuaire autrefois branché est un peu laissé à l'abandon, mais vous y aurez la meilleure vue sur le port et ses activités. Le port de Durban est le plus dynamique du pays et le neuvième dans le monde. Des restaurants, des loueurs de bateaux, des boutiques et un théâtre bordent le quai. En voiture, entrez en face de Hermitage Street.

Port Natal Maritime Museum MUSÉE

(031-322 9598 ; Maritime Dr ; adulte/enfant 5/3 R ; 8h30-16h lun-sam, 11h-16h dim). Au cœur de l'animation du front de mer sud de Durban, vous pourrez visiter deux anciens remorqueurs à vapeur et voir l'énorme panier d'osier qui servait jadis à hisser les passagers sur les paquebots.

Quartier indien

Mosquée Juma MOSQUÉE

(Juma Masjid Mosque ; carte p. 260 ; 031-304 1518 ; angle Denis Hurley St (Queen St) et Dr Yusuf Dadoo St (Grey St) ; 9h-16h lun-ven, 9h-11h sam). Durban possède la plus grande mosquée de l'hémisphère Sud ; téléphonez pour une visite guidée. Madrassa Arcade (1927), une galerie marchande aux allures de bazar indien, jouxte l'édifice, entre Dr AB Xuma St et Cathedral Rd, près de l'Emmanuel Cathedral. La mosquée, qui a été visitée par Nelson Mandela, Cat Stevens ou le boxeur Mohamed Ali, a subi un incendie en 2020.

Front de mer

Totalement réaménagé avant la Coupe du monde, le front de mer de Durban connaît un nouvel essor. La promenade longeant les plages est aujourd'hui le véritable cœur de la ville. Attention : elle offre peu d'ombre. Les plages et la promenade s'étendent du Blue Lagoon (à l'embouchure de l'Umgeni) à l'uShaka Marine World, sur le Point, un secteur appelé le "Golden Mile", bien qu'il excède largement cette distance. Derrière la promenade, l'OR Tambo Parade (Marine Parade) est bordée de grands hôtels et de quelques cafés.

En bord de mer, des panneaux très clairs illustrés de cartes indiquent les noms des différentes plages et la liste des activités autorisées. Sur la **Suncoast Beach**, devant le casino, des parasols et des transats sont attribués au fil des arrivées. À l'extrémité sud du front de mer, l'uShaka Beach, un peu plus abritée, avoisine des cafés et un petit parking. Vous verrez d'extraordinaires sculptures en sable réalisées par des habitants. L'**uShaka Beach** est propice à diverses activités, dont des cours de surf et du kayak. Attention : la houle et les courants peuvent être dangereux sur les plages de Durban. Ne nagez pas en dehors des secteurs surveillés, indiqués par des drapeaux.

♥ uShaka Marine World PARC D'ATTRACTIONS

(031-328 8000 ; www.ushakamarineworld.co.za ; uShaka Beach, the Point ; Wet'n'Wild 157 R,

Sea World 157 R ; ⌚9h-17h). Divisé en secteurs dont le Sea World et le Wet'n'Wild, l'uShaka Marine World possède l'un des plus vastes aquariums au monde. On peut y voir le plus grand groupe de requins de l'hémisphère Sud, des animaux marins, et aussi des expositions. Deux élégants restaurants sont installés dans une fausse épave de bateau à vapeur des années 1940, et il y a même et un centre commercial. Différentes possibilités sont offertes pour entrer en contact avec les dauphins, les phoques et les raies, mais ces pratiques sont de plus en plus remises en cause par les groupes de défense des animaux. Les activités en eau douce sont innombrables.

Activités

Un climat tempéré et d'excellentes infrastructures permettent aux habitants de Durban de profiter pleinement de la nature, des activités de plein air et des sports extrêmes.

Croisières

Plusieurs circuits en bateau partent du Wilson's Wharf.

Cyclotourisme

Grâce aux promenades piétonne et cyclable le long du front de mer, et entre ce dernier et le stade, le vélo constitue un fabuleux moyen d'explorer différents secteurs de Durban.

STS Sport LOCATION DE VÉLOS
(☎031-312 9479 ; www.stssport.co.za ; Shop 6, Moses Mabhida Stadium ; à partir de 50 R/h ; ⌚8h-18h). Location de vélos, dont des tandems. Vous devrez laisser une pièce d'identité et une caution de 100 R. Malheureusement, on ne peut attacher sa bicyclette nulle part en chemin.

Golf

Durban possède plusieurs parcours de golf corrects, dont le golf municipal **Windsor Park Golf Course** (☎031-303 1713 ; Masabalala Yengwa Ave (NMR Ave) ; droit d'entrée 622 R). D'un autre niveau, le **Durban Country Club** (☎031-313 1777 ; www.durbancountryclub.co.za ; Isaiah Ntshangase Rd ; droit d'entrée 385 R) est considéré comme le meilleur parcours du pays.

Parachute

Skydive KZN SPORTS EXTRÊMES
(☎072 214 6040 ; www.skydivekzn.co.za ; saut en tandem à partir de 2 500 R). Durban et alentour vus du ciel. Départ des sauts en dehors de la ville.

Pêche

Casea Charters PÊCHE
(☎083 690 2511 ; www.caseacharters.co.za ; Grannies Pool, Main Beach, Umhlanga ; sortie 3 heures 950 R/pers). Ce centre de pêche tenu en famille est basé à Umhlanga. Cannes, maté-

À NE PAS MANQUER

PARCS ET RÉSERVES DU KWAZULU-NATAL

Si vous prévoyez de passer du temps dans les remarquables parcs et réserves de la province, l'Ezemvelo KZN Wildlife (p. 299) constitue une première étape obligée. Dans les parcs, l'hébergement varie du plus sommaire au plus chic, du simple emplacement de camping aux confortables tentes safari et aux lodges luxueux ; la brochure gratuite *Fees & Charges* répertorie les établissements et les prix, ainsi que les droits d'entrée de toutes les réserves de l'Ezemvelo KZN Wildlife. Des cartes des parcs sont également disponibles.

Quel que soit l'hébergement, il faut réserver par téléphone, e-mail ou au bureau de Pietermaritzburg. Les réservations de dernière minute (soit 48 heures avant le séjour) s'effectuent directement auprès des campements.

Officiellement, tous les parcs ouvrent de 5h à 19h du 1er octobre au 31 mars, et de 6h à 18h du 1er avril au 30 septembre.

Si de nombreux parcs sont prisés par les amoureux des animaux et les amateurs d'activités en plein air, leurs campements – des bungalows de qualité aux tentes safari – conviennent aussi aux familles et aux voyageurs à petit budget.

Si vous ne pouvez visiter qu'une ou deux réserves, le choix se fera entre le Royal Natal National Park (p. 317) pour des panoramas sur l'uKhahlamba-Drakensberg, le Hluhluwe-iMfolozi Park (p. 289) pour la faune et ses hébergements en pleine nature, l'Ithala Game Reserve (p. 286) et l'uMkhuze Game Reserve (p. 297) pour leurs caches et leurs points d'eau, ou l'iSimangaliso Wetland Park (p. 290) pour ses paysages et ses écosystèmes variés.

Berea et ses environs

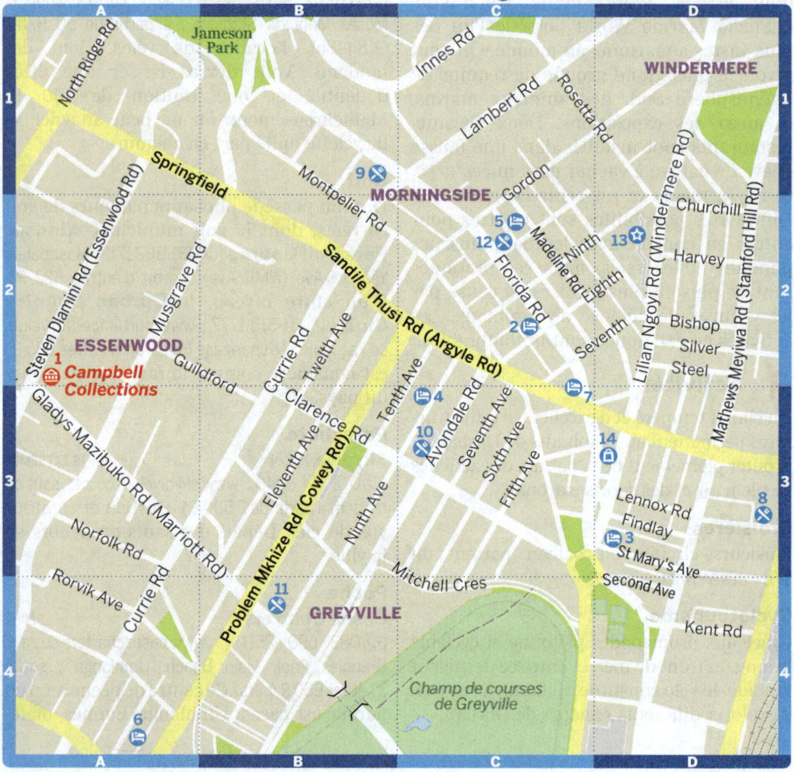

riel et appâts sont fournis, et vous pourrez conserver vos prises sans supplément. Au cours des sorties, on aperçoit souvent des baleines et des dauphins.

Sports extrêmes en salle

Après le Big Swing du haut du Moses Mabhida Stadium (p. 257), venez surfer sur les vagues artificielles (90-150 R /heure selon niveau) de la Wave House, dans l'immense **Gateway's Theatre of Shopping** (☎031-514 0500 ; www.gatewayworld.co.za ; 1 Palm Blvd, Umhlanga Ridge ; ⏲9h-19h lun-jeu, 9h-21h ven-sam, 9h-18h dim) – les pieds étant fixés à la planche, même les novices peuvent essayer.

Surf et kitesurf

Durban compte une multitude de plages propices au surf et au kitesurf.

Ocean Ventures SURF, KAYAK
(☎031-332 9949, 073-687 3326 ; www.oceanventures.co.za ; uShaka Marine World ; ⏲8h-16h). Cours de surf (250 R/heure) et location de planches à uShaka Beach. Également : location de kayaks (s/d 150/200 R/heure), de bodyboards (60 R/heure) et de paddles (150 R/heure).

Kitesports SPORTS AQUATIQUES
(☎082-572 4163 ; www.facebook.com/rcanlike2 ; 4319 Umdloti Beach). Le kitesurf est très populaire dans la région de Durban. Cours disponibles par l'intermédiaire de Kitesports à Umdloti, juste au nord d'Umhlanga.

Circuits organisés

Une visite avec un guide professionnel constitue un bon moyen de découvrir Durban. De nombreuses auberges de jeunesse proposent aussi des circuits et des activités à prix doux autour de Durban et dans le KwaZulu-Natal.

Natal Sharks Board Boat Tour EN BATEAU
(☎082 403 9206 ; www.shark.co.za ; Wilson's Wharf ; circuit 2 heures 350 R ; ⏲départs 6h30 lun-ven). Un circuit passionnant : vous accompagnez le personnel de Natal Sharks Board quand

Berea et ses environs

Les incontournables

1 Campbell Collections A2

Où se loger

2 Benjamin C2
3 Concierge D3
4 Gibela Backpackers Lodge C3
5 Madeline Grove C2
6 Napier House A4
7 Quarters C3

Où se restaurer

9th Avenue Bistro ....(voir 10)
8 Hollywood Bets D3
9 House of Curries B1
10 Joop's Place C3
11 Market B4
12 Spiga D'oro C2

Où sortir

13 Zack's D2

Achats

14 Ike's Books & Collectables D3

il marque et relâche les requins et autres poissons pris dans les filets antirequins qui protègent les plages de Durban. Les bateaux partent du Wilson's Wharf (ne pas confondre avec l'adresse de leurs bureaux, à Umhlanga Rocks).

Ricksha Bus EN BUS
(031-322 4209 ; www.durbanroutes.co.za ; adulte/enfant 100/50 R). Ce circuit en bus à impériale couvre certains des principaux sites de la ville et rejoint les faubourgs, dont Morningside et la très populaire Florida Rd. Les bus partent tous les jours à 9h et 13h du bureau de **Durban Tourism** (031-322 4172 ; visitdurban.travel ; Old Pavilion Site, OR Tambo Pde (Marine Pde) ; 8h-16h tlj sauf mar) situé sur la plage.

Fêtes et festivals

Awesome Africa Music Festival MUSIQUE
(fin sept-début oct). Musique et théâtre de tout le continent.

Durban International Film Festival CINÉMA
(www.facebook.com/DurbanInternationalFilmFestival ; juil). Plus de 200 films sont projetés durant ce festival, l'un des plus anciens du sud de l'Afrique. En juillet.

Diwali FÊTE HINDOUE
Vers la fin de l'année (la date varie), la fête de Diwali, ou fête des Lumières, dure 3 jours.

Où se loger

Même si des hôtels s'alignent sur le front de mer, les meilleurs hébergements sont presque tous regroupés dans les faubourgs. Ils sont généralement d'un meilleur rapport qualité/prix que ceux en bord de plage, et sont également moins bruyants, surtout l'été.

Centre-ville

Le soir, le centre-ville de Durban devient désert et moins sûr.

Curiocity Backpackers AUBERGE DE JEUNESSE $$
(031-286 0025 ; curiocitybackpackers.com ; 55 Monty Naicker Rd, South Beach ; dort/s avec sdb commune à partir de 220/320 R, d à partir de 990 R ;). Suite au succès de son auberge de Johannesburg, Curiocity a ouvert celle-ci à Durban, installée dans un ravissant bâtiment colonial du centre-ville. Les chambres à la décoration minimaliste et le lounge de style atrium renforcent l'impression de modernité, sans que l'endroit semble aseptisé. Certains résidents se plaignent du bruit et du manque de sécurité du quartier la nuit.

Vous pourrez flâner dans les parties communes et vous adonner à de nombreuses activités – visites guidées de la ville, *braais* (barbecues) sur la terrasse sur le toit et tournée des pubs.

Durban Hilton International BUSINESS HOTEL $$$
(031-336 8100 ; www.hilton.com ; 12 Walnut Rd ; ch à partir de 1 800 R ;). Chic et clinquant, ce mastodonte ultramoderne, fréquenté principalement par des voyageurs d'affaires, n'offre aucune surprise. Renseignez-vous sur les offres spéciales.

Berea et ses environs

The Concierge BOUTIQUE-HÔTEL $$
(031-309 4453 ; www.the-concierge.co.za ; 36-42 St Mary's Ave, Greyville ; ch à partir de 1 190 R ;). L'un des hôtels les plus avant-gardistes de "Durbs" comprend 12 chambres cosy dans quatre bungalows. Le style, urbain et branché, prime sur les espaces, restreints mais bien pensés. Les salles de bains ouvertes sur les chambres sont plutôt adaptées aux célibataires ou aux couples proches. Le petit-déjeuner est servi dans le Freedom Cafe, sur place.

Napier House B&B $$

(☎031-207 6779 ; www.napierhouse.co.za ; 31 Napier Rd, Berea ; s/d avec petit-déj 850/1 300 R ; P❄📶🏊). Niché dans une petite rue étroite près des jardins botaniques, un chaleureux B&B au remarquable rapport qualité/prix. Les cinq chambres claires, spacieuses et de bon goût de cette ancienne résidence coloniale disposent chacune d'une grande salle de bains. Hôtes sympathiques et mention spéciale pour le petit-déjeuner.

Madeline Grove B&B $$

(www.madeline.co.za ; 116 Madeline Rd, Morningside ; s/d avec petit-déj à partir de 750/1 050 R ; P📶🏊). Ce vaste B&B situé près des bars et des restaurants de Florida Road possède plus d'une douzaine de chambres, dont certaines avec balcon et deux pour voyageurs à petit budget (s/d 450/790 R). Grand espace extérieur.

Gibela Backpackers Lodge AUBERGE DE JEUNESSE $$

(☎031-303 6291 ; www.gibelatravellerslodge.co.za ; 119 Ninth Ave, Morningside ; dort/s/d 280/545/750 R ; P@📶🏊). Joliment aménagée dans une maison de style toscan des années 1950, cette adresse est très appréciée des voyageurs. Le petit-déjeuner continental est servi dans une belle salle à manger semi-ouverte. L'ambiance paisible conviendra à ceux qui recherchent un hébergement économique mais fuient les auberges de jeunesse pour fêtards. Elmar, le sympathique propriétaire, sait tout ce qu'il faut savoir sur Durban.

The Benjamin BOUTIQUE-HÔTEL $$$

(☎031-303 4233 ; www.benjamin.co.za ; 141 Florida Rd, Morningside ; s/d avec petit-déj 1 290/1 655 R ; P❄📶🏊). Un hôtel haut de gamme, dans un édifice classique. Les chambres raffinées, parées de lourds rideaux et de coussins fleuris, sont aménagées autour d'une ravissante cour pavée verdoyante. Idéalement situé, au bout de Florida Road, à deux pas des restaurants et des bars.

Quarters BOUTIQUE-HÔTEL $$$

(☎031-303 5246 ; www.quarters.co.za ; 101 Florida Rd ; s/d à partir de 1 450/1 900 R ; P❄📶). Au cœur du quartier des bars et des restaurants, ce bel hôtel occupe deux bâtiments proches où se marient charme colonial et confort douillet. Chacun possède un restaurant. Certaines chambres donnant sur l'animation de Florida Road sont bruyantes.

Durban nord

Plusieurs faubourgs, comme Durban North et Umgeni Heights, se situent sur la rive nord de l'Umgeni. Verdoyant et paisible, Durban North est l'un des quartiers les plus cossus de Durban, avec un accès facile au centre et à la côte nord. Mackeurtan Avenue, où ont ouvert de nombreux bars et restaurants, est la nouvelle artère tendance.

♥ **Smith's Cottage** AUBERGE DE JEUNESSE $

(☎031-564 6313 ; smithscottage.co.za ; 5 Mount Argus Rd, Umgeni Heights ; dort/d 230/600 R, cottages indépendants 1 500 R ; P📶🏊). Excellente adresse pour les petits budgets, à proximité de l'Umgeni River Bird Park. Autour d'un jardin, quelques bungalows indépendants assez petits côtoient un vaste dortoir de 12 lits avec cuisine attenante ; la maison principale abrite un dortoir de quatre lits, et il y a même une caravane pour les tout petits budgets. Atmosphère agréable et propriétaires sympathiques.

Juste à côte, **De Charmoy** (www.riverside.decharmoy.co.za ; 7 Mount Argus Rd, Umgeni Heights ; s/d avec petit-déj à partir de 650/850 R ; ❄📶🏊), adresse plus chic mais tout aussi chaleureuse, appartient aux mêmes propriétaires.

Riverside Hotel & Spa HÔTEL $$$

(☎031-563 0600 ; www.riversidehotel.co.za ; 10 Kenneth Kaunda Rd (Northway), Durban North ; ch à partir de 1 475 R ; P📶🏊). Difficile à manquer, ce grand bâtiment blanc se dresse sur la rive droite de l'Umgeni. Le coin piscine a des accents californiens et les chambres offrent tout le confort d'un établissement haut de gamme, même si certains résidents se plaignent du bruit dans les chambres du premier étage. Proche du centre-ville et des nombreux excellents restaurants de Durban nord ; le restaurant de l'hôtel, en revanche, n'a pas bonne réputation.

Front de mer

Protea Hotel Edward Durban BUSINESS HOTEL $$

(☎031-337 3681 ; www.tsogosun.com/the-edward ; 149 OR Tambo Pde (Marine Pde) ; ch avec petit-déj à partir de 1 300 R ; P❄@🏊). Le roi des hôtels du front de mer est un établissement

100% LOCAL

LE BUNNY CHOW

Impossible de passer par Durban sans goûter le *bunny chow*, la spécialité de la ville à déguster sur le pouce. Le contenant (une miche de pain évidée) fait partie du repas et fait office de couverts – en plus des doigts. La miche est fourrée d'une préparation au curry – comprenant en général des haricots, du poulet ou de l'agneau – et l'on arrache des morceaux de pain pour se servir. On peut en commander une demie, voire un quart – généralement suffisant pour un bon mangeur. Le *bunny chow* est servi dans quantité de restaurants et gargotes à travers la ville. Voici quelques adresses de choix :

Hollywood Bets (031-309 4920 ; angle Linze Rd et De Mazenod Rd, Greyville ; plats 50-105 R ; 6h-19h). Ce café aménagé dans un bureau de paris est un lieu improbable pour déjeuner, mais son *bunny chow* est légendaire.

House of Curries (031-303 6076 ; 275 Florida Rd, Morningside ; plats 50-120 R ; 10h-23h30). Cette adresse de Florida Road est plus reluisante que la plupart des établissements vendant des *bunnies chows*.

Little Gujarat (43 Dr Goonam St (Prince Edward St) ; plats 30-70 R ; 6h30-19h30 lun-sam ;). Établi de longue date dans le centre-ville, cet établissement de plats à emporter est spécialisé dans la cuisine végétarienne.

classique et confortable, qui sent le propre et ne lésine pas sur la décoration.

Blue Waters HÔTEL $$$
(031-327 7000 ; www.bluewatershotel.co.za ; 175 Snell Pde ; s/d avec petit-déj à partir de 2 197/ 2 294 R ;). À l'extrémité nord du front de mer, à l'écart de la promenade fréquentée, cet hôtel classique a récemment bénéficié de rénovations massives. Jouissant d'une vue somptueuse sur l'océan, les chambres se distinguent par une literie moelleuse et des meubles élégants. L'hôtel possède un spa et une piscine intérieure, ce qui est rare parmi les établissements du front de mer. Les tarifs sont beaucoup plus bas hors saison, surtout en semaine.

Garden Court Marine Parade HÔTEL $$$
(031-337 3341 ; www.tsogosun.com ; 167 OR Tambo Pde (Marine Pde) ; ch à partir de 1 405 R ;). Rénové en 2014, ce superbe hôtel de bord de mer abrite des chambres modernes et raffinées, ayant toutes vue sur l'océan.

Glenwood et ses environs

Située au sud-ouest du centre-ville, Glenwood est l'une des plus anciennes banlieues de Durban, ainsi que la plus bohème. Point de rebelles ou d'avant-garde fulgurante, mais un véritable sens de l'initiative communautaire, avec de superbes cafés et hébergements.

Mackaya Bella Guest House GUESTHOUSE $$
(031-205 8790 ; www.mackayabella.co.za ; 137 Penzance Rd ; s/d avec petit-déj 950/1 350 R, ch économique 475 R ;). Cette jolie *guesthouse* située à côté de l'université possède un beau jardin de plantes indigènes (dont des *Mackaya Bella*) et des chambres à la fois chics et douillettes. Nicki et Mike, les charmants propriétaires, servent chaque matin un délicieux petit-déjeuner maison dans les parties communes baignées de soleil. Des services spéciaux, comme une navette effectuant la liaison avec l'aéroport, font de cet endroit une adresse précieuse.

Les chambres individuelles économiques, bien équipées, sont parfaites pour les voyageurs à petit budget fuyant les auberges de jeunesse ; séjour de trois nuitées minimum. Également : une suite familiale avec cuisine. Il est conseillé de réserver, l'adresse étant populaire parmi les invités de l'université.

Roseland House GUESTHOUSE $$
(031-201 3256 ; www.roseland.co.za ; 291 Helen Joseph Rd (Davenport Rd) ; s/d avec petit-déj 1 000/1 400 R ;). Une *guesthouse* bien établie, tenue par des propriétaires accueillants. Il y a deux piscines et une dizaine de chambres au mobilier en bois. Excellent petit-déjeuner. Restaurants et magasins accessibles à pied.

Où se restaurer

Les saveurs indiennes et asiatiques sont souvent à l'honneur à Durban, tout comme les viandes et les salades.

Front de mer

Les restaurants branchés sont de plus en plus nombreux sur le front de mer, à côté des traditionnels vendeurs de burgers, pizzas et barbes à papa. Aux deux extrémités de la promenade, l'uShaka Marina et le casino sont connus pour leur choix de restaurants, souvent excellents.

Surf Riders Food Shack BURGERS **$$**

(☎062 747 7037 ; 17 Erskine Tce, Addington Beach ; plats 65-140 R ; ⏲6h30-17h lun-jeu, 6h30-18h ven- dim ; 📶). Dans la mouvance des nombreux restaurants s'installant sur le front de mer, le Surf Riders, avec ses tables le long de la promenade, attire les surfeurs, les touristes et les habitants à la mode, qui se régalent de burgers sophistiqués, de pizzas cuites au feu de bois, de tacos ou de fruits de mer. Bière à la pression ou (plus sain) *shake* protéiné avec vos flocons d'avoine du matin.

Cafe Jiran CAFÉ **$$**

(☎031-332 4485 ; 151 Snell Pde ; plats 70-140 R ; ⏲7h-22h lun-ven, 8h-22h sam-dim). Temporairement relocalisé dans le jardin du Bel-Aire Suites Hotel, ce lieu tendance est idéal pour un café, un jus de fruit pressé ou un petit-déjeuner après la baignade – ou juste pour se mêler à la population branchée de la ville. Le soir, la carte va des wraps et burgers artisanaux aux poissons grillés et curries traditionnels de Durban. Le site habituel, à côté du Bel-Aire, était en travaux au moment de nos recherches.

Berea et ses environs

Florida Road est bordée de restaurants, de cafés et de bars animés ; non loin, Lilian Ngoyi Road (Windermere Road) compte aussi de bonnes adresses. Sur Innes Road, plusieurs cafés font face au Mitchell Park.

♥ Mali's Indian Restaurant INDIEN **$$**

(☎031-312 8535 ; 77 Smiso Nkwanyana Rd (Goble Rd), Morningside ; plats 90-120 R ; ⏲12h30-15h et 18h-22h mar-sam, 12h30-15h et 18h-21h dim). Dans une ville qui compte une importante communauté indienne, voici une affaire familiale dont les membres préparent les spécialités du nord et du sud de l'Inde comme personne. Si l'extérieur ressemble à un cabinet médical, l'atmosphère est très conviviale.

Market INTERNATIONAL **$$**

(☎031-309 8581 ; www.marketrestaurant.co.za ; 40 Gladys Mazibuko Rd (Marriott Rd), Greyville ; plats 85-210 R ; ⏲11h-21h30 mar-jeu, 9h-22h ven-sam, 9h-16h dim ; 📶). 🍃 Tous les repas – petit-déjeuner, déjeuner ou dîner – sont succulents dans ce restaurant branché. Plats créatifs mettant en scène des ingrédients comme le calamar, le quinoa, la feta, le pesto rouge et de la salade aux noix de macadamia. L'établissement privilégie les produits bio locaux et les viandes fermières. La cour bordée d'arbres et la fontaine sont idéales par forte chaleur. Bière à la pression à un prix raisonnable.

Joop's Place GRILL **$$**

(☎031-312 9135 ; Ninth Ave, Avonmore Centre, Morningside ; plats 180-260 R ; ⏲12h-21h30 mer-ven et lun, 18h-22h sam, 12h-17h dim). Caché à l'arrière d'un centre commercial, ce grill sans prétention voit affluer les habitants, séduits par les fabuleux steaks, tous grillés par Joop lui-même. À commander nature ou cuit à l'étouffée dans une délicieuse sauce de votre choix. Une excellente adresse.

9th Avenue Bistro INTERNATIONAL **$$$**

(☎031-312 9134 ; www.9thavewaterside.co.za ; Ninth Ave, Avonmore Centre, Morningside ; plats 195-285 R ; ⏲12h-14h30 et 18h-21h30 mar-sam, 12h-15h dim). Si l'emplacement, dans le parking de l'Avonmore Centre, laisse à désirer, la cuisine internationale de cette table chic et moderne réjouit le palais. Le menu dégustation change régulièrement, mais comprend souvent du gibier et du filet d'autruche fumé ; parmi les plats à la carte, citons notamment les côtes de bœuf braisées et le poisson de ligne du jour.

Où prendre un verre et faire la fête

Beaucoup de bars et de discothèques se trouvent dans les faubourgs, le long de Florida Road ; le casino abrite aussi de bonnes adresses. Les boîtes de nuit apparaissent et disparaissent rapidement. La plupart des meilleures adresses sont situées dans des quartiers en développement peu fréquentés, il est donc prudent de prendre un taxi pour sortir le soir.

S43 BRASSERIE

(031-303 2747 ; 43 Station Dr, Berea ; 12h-minuit jeu-sam). Cet espace aux allures d'entrepôt, le long de la voie ferrée, fait partie d'un ensemble de projets artistiques destiné à gentrifier ce quartier jusqu'alors délaissé. Les bières de That Brewing Company sont brassées et servies ici – mention spéciale pour l'APA et la Weiss. La carte, inspirée de la cuisine de rue internationale, comprend des burgers, des tacos au porc émincé et l'incontournable *bunny chow* (miche de pain évidée farcie de curry).

Unity Brasserie & Bar BRASSERIE

(031-201 3470 ; www.unitybar.co.za ; 117 Silverton Rd, Silvervause Centre, Berea ; 12h-22h30 lun-jeu, jusqu'à minuit ven-sam). Un bar confortable où l'on peut commander à la pression de la bière artisanale de brasseries de Durban, Johannesburg et du Cap. Familles bienvenues durant la journée et en début de soirée.

Connor's Public House PUB

(031-563 4462 ; Shop 11 & 13 Mackeurtan Ave ; 11h-23h ;). Jeunes ou moins jeunes, noirs ou blancs, branchés ou classiques : les clients du Connor's Pub appartiennent à toutes les strates de la société durbanaise. Cet établissement de la très populaire Mackeurtan Avenue ne se distingue ni par ses boissons, ni par sa cuisine, mais par son atmosphère imbattable. Profitez de l'happy hour de l'après-midi en semaine pour savourer une bière pas chère et profiter de l'ambiance conviviale.

Origin CLUB

(031-201 9959 ; www.theorigin.co.za ; 9 Clark Rd, Lower Glenwood ; 20h-4h sam). Réputé pour ses bars, ses cinq *dance floors*, ses DJ résidents et sa musique variée (deep house, électro, soul, funk...), ce club chic est toujours l'un des plus prisés de Durban. Il ouvre parfois le vendredi soir – consultez la page des événements sur le site avant de venir.

Où sortir

Ville animée, Durban possède une scène culturelle dynamique. Des dizaines d'événements et manifestations, des matchs de rugby des Natal Sharks et matchs de cricket aux festivals de cinéma et aux pièces de théâtre, peuvent être réservés auprès de Computicket (www.computicket.com). Des comptoirs sont installés dans la Playhouse Company et dans les supermarchés Shoprite et Checkers à travers la ville.

Concerts

Chairman JAZZ

(en fin de journée 079 753 6313, jusqu'à 16h30 031-368 2133 ; www.thechairmanlive.com ; 146 Mahatma Gandhi Rd (Point Rd) ; droit d'entrée 150 R ; 19h-2h jeu-sam). Cet élégant bar lounge est situé dans un quartier montant de Durban, mais nous vous conseillons de vous y rendre en taxi. Le décor est opulent, chargé d'objets anciens, de trophées de chasse et d'étranges tableaux. Le Chairman accueille des concerts de jazz, mais les excellents cocktails justifient à eux seuls le déplacement.

> **STATION DRIVE PRECINCT**
>
> Sur le modèle d'initiatives similaires menées au Cap et à Johannesburg, le Station Drive Precinct est un complexe branché contribuant au renouveau d'un quartier délabré. Il comprend des boutiques de stylistes, un studio photographique, une distillerie, ainsi qu'une brasserie et son pub. Un marché a lieu tous les dimanches matin, et de nombreux événements le premier jeudi de chaque mois.

KwaZulu-Natal Philharmonic Orchestra MUSIQUE CLASSIQUE
(☎031-369 9438 ; kznphil.org.za). L'orchestre philarmonique propose un intéressant programme de printemps, avec des concerts réguliers à l'hôtel de ville (p. 256). Consultez le calendrier sur le site Internet.

BAT Centre JAZZ
(☎031-332 0451 ; www.facebook.com/batcentre-trust ; 45 Maritime Pl, Victoria Embankment ; ⌚8h-16h lun-ven, 10h-16h jeu, 9h-14h sam). L'un des repaires artistiques les plus intéressants de Durban, où se déroulent des concerts de jazz plus ou moins réguliers. Mieux vaut consulter le programme avant de vous déplacer car l'organisation laisse parfois à désirer. Ne vous promenez pas le soir dans ce quartier isolé. Près de Margaret Mncadi Avenue (Victoria Embankment).

Rainbow Restaurant & Jazz Club JAZZ
(☎031-702 9161 ; www.therainbow.co.za ; 23 Stanfield Lane, Pinetown). À Pinetown, à 15 km à l'ouest du centre-ville, ce club fut le premier endroit du Natal à accueillir les Noirs au cœur d'un "quartier blanc" dans les années 1980. Club de jazz réputé, il a toujours la préférence des habitants. Des concerts ont lieu le premier et le dernier dimanche du mois. Renseignements sur le site Internet.

Zack's ROCK, JAZZ, BLUES
(☎031-312 0755 ; Lilian Ngoyi Rd (Windermere Rd), Windermere Centre ; ⌚8h-22h). Ce restaurant sans prétention se réveille le week-end au rythme de concerts rock, jazz ou blues de groupes locaux.

Théâtre Playhouse Company THÉÂTRE
(☎031-369 9555 ; www.playhousecompany.com ; 29 Anton Lembede St/Smith St). En face de l'hôtel de ville, le théâtre central de Durban est splendide. Les mosaïques et les ouvrages zoulous en perles dans le foyer méritent à eux seuls la visite. Les spectacles – danse, théâtre ou concerts – brillent par leur qualité.

Catalina Theatre THÉÂTRE
(☎031-837 5999 ; 18 Boatman's Rd, Wilson's Wharf). Une salle à but non lucratif où sont présentées des œuvres artistiques inédites. Boatman's Road est parallèle à Margaret Mncadi Avenue (Victoria Embankment).

Sport

Cricket, football et rugby font partie des sports pratiqués au KwaZulu-Natal. Des équipes professionnelles comme les AmaZulu (football) jouent à Durban et rencontrent des équipes internationales.

Le Moses Mabhida Stadium (p. 257) a été construit pour accueillir la Coupe du monde de football de 2010, mais c'est au **Kings Park Stadium** (☎031-308 8400 ; Jacko Jackson Dr), doté de 60 000 places, que joue l'équipe de rugby des **Kingsmead Cricket Stadium** (Sahara Stadium ; ☎031-335 4200 ; 2 Kingsmead Cl), où ont lieu les matchs internationaux.

Achats

Durban est connue pour ses magasins d'usine, qui vendent toutes sortes d'articles à prix raisonnables, des chaussures au matériel de surf. Pour les produits de base, le **Musgrave Centre** (☎031-277 8420 ; www.musgravecentre.co.za ; Musgrave Rd ; ⌚9h-18h lun-ven, 8h30-18h sam, 9h-17h dim) et le **Pavilion** (☎031-275 9818 ; ⌚9h-19h) font partie des principaux centres commerciaux. Le second se situe à Westville, à 10 km du centre par la N3 en direction de Pietermaritzburg.

Victoria Street Market MARCHÉ
(☎031-306 4021 ; www.victoriastreetmarket.co.za ; 151-155 Bertha Mkhize St (Victoria St), City Centre ; ⌚8h-17h lun-ven, 8h-16h sam jusqu'à 15h dim). À l'extrémité ouest de Bertha Mkhize Street, ce marché animé est le cœur du quartier indien, avec plus de 160 stands proposant des marchandises en provenance d'Asie. Une véritable expérience ! L'endroit est sûr dans l'ensemble, mais faites attention à votre portefeuille et n'emportez pas d'objets de valeur. Les échoppes tenues par des musulmans ferment presque toutes le vendredi après-midi.

African Art Centre ART ET ARTISANAT
(☎031-312 3084 ; www.afriart.org.za ; 15A Station Dr ; ⌚9h-16h lun-ven, 10h-14h sam). Cette galerie à but non lucratif propose une excellente sélection d'œuvres d'artistes et d'artisans ruraux. Idéal si vous cherchez des souvenirs

originaux et des produits issus du commerce équitable.

Ike's Books & Collectables LIVRES (☎031-303 9214 ; ikesbooks.com ; 48A Florida Rd ; ⏰10h-16h30 lun-ven, 9h-14h sam). Presque un musée du livre ! Cette superbe librairie regorge de documents anciens, d'éditions originales et de livres d'occasion – un modèle du genre. L'accent est mis sur les livres et objets divers d'origine africaine.

ℹ Renseignemens

DÉSAGRÉMENTS ET DANGERS

Comme ailleurs en Afrique du Sud, la criminalité sévit à Durban et peut toucher les touristes comme les habitants. Soyez prudent, sans pour autant sombrer dans la paranoïa.

- Les vols et les agressions sont moins fréquents dans le quartier de la plage depuis sa rénovation, mais restez vigilant la nuit, en particulier près de la gare du côté d'Umgeni Road et dans les marchés de Warwick Triangle.
- Prenez toujours un taxi si vous sortez le soir ou si vous vous rendez à l'uShaka Marine World (p. 262).
- On peut généralement se garer sans danger dans la rue près des restaurants des faubourgs, mais mieux vaut ne pas laisser sa voiture dans la rue la nuit (la plupart des hébergements disposent d'un parking).
- Ne laissez jamais d'objets de valeur sur les sièges, même lorsque vous conduisez.

OFFICES DU TOURISME

Durban Tourism (☎031-322 4164 ; www.visitdurban.travel ; 90 Florida Rd, Morningside ; ⏰8h-16h30 lun-ven). Service d'informations sur Durban et ses alentours. Le personnel peut vous aider pour les hébergements et organise des circuits dans la ville et au-delà. Autres antennes sur le front de mer (p. 265) et à l'uShaka Marine World (☎031-322 2858 ; 1 Bell St, uShaka Marine World ; ⏰8h-16h30 lun-ven).

King Shaka Airport Tourist Information Office (☎032-436 6585 ; hall des arrivées internationales ; ⏰8h-21h lun-sam, 9h-21h dim). Durban Tourism, KwaZulu-Natal Tourism Authority et Ezemvelo KZN Wildlife (ce dernier de 8h à 16h30 lun-ven) partagent un comptoir à l'aéroport.

KwaZulu-Natal Tourism Authority (KZN Tourism ; ☎031-366 7500 ; www.zulu.org.za ; 29 Canal Quay Rd, Ithala Trade Centre, the Point ; ⏰8h-16h30 lun-ven). Ne propose que des brochures.

Tourism KwaZulu-Natal (☎031-816 6600 ; Shop 1A, uShaka Marine World ; ⏰8h-16h30 lun-jeu, 9h-19h ven-sam). Principal office du tourisme pour Durban et l'ensemble de la région, dans le centre commercial de l'uShaka Marine World.

SERVICES MÉDICAUX

Entabeni Hospital (☎031-204 1300, urgences accident 24h/24 031-204 1377 ; 148 Mazisi Kunene Rd/South Ridge Rd, Berea). Le centre de traumatologie facture environ 700 R par consultation, dont le solde est remboursé si le montant n'a pas été utilisé en totalité.

St Augustines (☎031-268 5000 ; 107 JB Marks Rd, Berea). Le plus grand hôpital privé du KwaZulu-Natal, doté d'un bon service d'urgences.

Travel Doctor (☎031-360 1122 ; www.durbantraveldoctor.co.za ; 45 Bram Fischer Rd (Ordnance Rd), International Convention Centre, 45 Bram Fischer Rd (Old Ordanance Rd) ; ⏰8h30-16h lun-ven, 8h30-11h sam). Conseille les voyageurs.

Umhlanga Hospital (☎031-560 5500 ; 323 Umhlanga Rocks Dr, Umhlanga). Facilement accessible depuis la côte nord et le nord de Durban.

URGENCES

Ambulance 10177

Urgences générales 031-361 0000

ℹ CIRCULER EN LIBERTÉ

Pour découvrir les principaux atouts de la région – l'uKhahlamba-Drakensberg, les parcs nationaux, les réserves naturelles et les champs de bataille –, mieux vaut louer une voiture. Il y a à Durban un bon choix d'agences de location. La plupart des routes sont en bon état, mais pour atteindre des endroits comme le col de Sani (excursion facile depuis Underberg), le Tembe Elephant Park et une large part de l'iSimangaliso Wetland Park, le 4x4 s'impose.

LES "RICKSHA"

Souvent ornés d'emblèmes zoulous, des rickshaws, appelés ici "rickshas", sillonnent OR Tambo Parade (Marine Parade). En 1904, ils constituaient un moyen de transport très utilisé, avec quelque 2 000 conducteurs enregistrés. Une course de 15 minutes revient à environ 60 R (plus 10 R pour la photo souvenir).

Depuis/vers Durban

AVION

Aéroport international King Shaka (DUR ; ☎032-436 6585 ; kingshakainternational.co.za). Ouvert en 2010, cet aéroport se situe à La Mercy, à 40 km au nord de la ville.

Plusieurs compagnies aériennes relient Durban aux autres grandes villes du pays. Les tarifs sur Internet varient selon le jour de la semaine, le mois et même l'heure.

Kulula (☎086 158 5852 ; www.kulula.com). Une compagnie à bas coût desservant Johannesburg, Le Cap et Port Elizabeth.

Mango (☎0861 001 234 ; www.flymango.com). Prestations basiques pour cette filiale de SAA ; couvre Johannesburg et Le Cap.

Airlink (☎031-880 1315 ; ww.flyairlink.com). Vols quotidiens pour Nelspruit, Bloemfontein et George.

South African Airways (SAA ; ☎011-978 1111 ; www.flysaa.com). Au moins une liaison par jour avec la plupart des grands aéroports régionaux du pays. Les vols internationaux à destination de Durban se sont multipliés ces dernières années ; un vol direct entre Dubaï et l'aéroport King Shaka relie la ville au reste du monde.

BUS

Les bus longue distance partent de la gare routière proche de la **gare ferroviaire de Durban**. Entrez dans la gare par Masabalala Yengwa Avenue (MR Avenue), et non Umgeni Rd. Les compagnies de bus y ont leur bureau.

Les billets pour tous les bus longue distance peuvent être achetés dans les boutiques Shoprite/Checkers et en ligne sur www.computickettravel.com.

Eldo Coaches (☎031-307 3363 ; www.eldocoaches.co.za). Compagnie bon marché desservant de nombreuses destinations dans le KwaZulu-Natal et le reste du pays. Le billet pour Johannesburg coûte 300 R environ ; vous pourrez trouver moins cher.

Greyhound (☎011-230 5222 ; www.greyhound.co.za). Bus quotidiens pour Johannesburg (350 R, 8 heures), Le Cap (750 R, 22-27 heures), Port Elizabeth (600 R, 15 heures) et Port Shepstone (350 R, 1 heure 45). Dans le KwaZulu-Natal, des bus Greyhound rallient chaque jour Pietermaritzburg (250 R, 1 heure) et Ladysmith (360 R, 4 heures), entre autres destinations.

Intercape (☎021-380 4400 ; www.intercape.co.za). Plusieurs bus quotidiens pour Johannesburg (420 R, 8 heures). Des bus desservent Maputo, au Mozambique (via Johannesburg ; 810 R, 22 heures).

Intercity (☎031-305 9090 ; www.intercity.co.za). Compagnie économique desservant toute l'Afrique du Sud depuis le dépôt de bus de Durban. Comptez environ 200 R pour Johannesburg. Les commentaires des usagers sont mitigés.

Margate Mini Coach (☎039-312 1406 ; www.margatecoach.co.za). Trois services par jour pour Margate (170 R, 2 heures 30) depuis la gare de Durban et l'aéroport international King Shaka. Dessert aussi Port Edward (240 R, 3 heures).

Translux (☎086 158 9282 ; res.prasa.com/translux/booking). Bus quotidiens pour diverses destinations dont Johannesburg (300 R, 8 heures) et Le Cap (720 R, 27 heures).

TAXIS COLLECTIFS

Certains taxis-minibus longue distance stationnent dans les rues qui font face à l'entrée de la gare ferroviaire de Durban, côté Umgeni Road. D'autres, principalement à destination de la côte sud et de la côte sauvage, dans la région du Cap-Oriental, partent des environs de la gare ferroviaire de Berea. Les chauffeurs de taxi sont habituellement au courant des points de départ. Soyez prudent aux abords des stations de taxis-minibus.

TRAIN

La **gare ferroviaire de Durban** (Masabalala Yengwa Ave/NMR Ave) est immense.

Les trains locaux intra-urbains et de banlieue sont déconseillés aux voyageurs. Ils sont peu empruntés, et même les plus téméraires ne s'y sentent pas en sécurité.

En revanche, les trains de grandes lignes sont efficaces et comportent des compartiments couchettes séparés pour hommes et femmes. Ils sont gérés par **Shosholoza Meyl** (☎0860 008 888, 011-774 4555 ; res.prasa.com/shosholozameyl/Booking) et comprennent le *Trans Natal*, qui part de Durban en soirée le mercredi, le vendredi et le dimanche pour Johannesburg (couchette 360 R, 14 heures) via Pietermaritzburg et Ladysmith.

Premier Classe (☎086-000 8888 ; southafricanrailways.co.za). Les luxueux trains Premier Classe, avec service complet, circulent entre Johannesburg et Durban le mercredi, le vendredi et le dimanche. Les billets doivent s'acheter à l'avance (1 230 R, environ 14 heures). À l'heure de nos recherches, le fameux train bleu ne circulait plus jusqu'à nouvel ordre du fait de la pandémie de Covid-19.

Rovos Rail (☎ 012-315 8242 ; www.rovosrail.co.za). Le *Rovos*, un luxueux train à vapeur, offre tous les raffinements de l'ancien temps durant un trajet de 3 jours et 2 nuits de Durban à Pretoria via les sites de batailles et des réserves naturelles pour 28 700 R. Un trajet plus long (6 nuits) à destination du Cap est également proposé (57 380 R).

Comment circuler

DEPUIS/VERS L'AÉROPORT

Certaines auberges de jeunesse proposent à leurs clients leur propre navette à des prix compétitifs. En taxi, le même trajet revient à 400 R.

La navette **King Shaka Airport Shuttle Bus** (☎ 074-790 7505 ; www.kingshakaairportshuttle.co.za ; aller simple 80 R ; ⏰ vers l'aéroport 4h30-20h, depuis l'aéroport 7h30-22h30) circule toutes les heures entre l'aéroport, les hôtels et sites importants de Durban et le front de mer via Umhlanga Rocks.

BUS

Le service de bus **Durban People Mover** (☎ 031-309 2731 ; www.durban.gov.za/City_Services/ethekwini_transport_authority/Pages/People_Mover.aspx ; trajet unique/billet journée 5,50/16 R ; ⏰ 5h-22h), pratique, dessert plusieurs lignes en ville. Les billets (16 R) peuvent s'acheter dans les bus et permettent de monter et descendre à volonté le long d'une ligne pendant une journée. Ceux pour un trajet unique coûtent 5,50 R. Les bus circulent tous les jours entre 5h et 22h. Le service de bus relie le front de mer et le centre-ville et suit tout le front de mer de l'uShaka Marine World au Suncoast Casino ; il marque plusieurs arrêts en chemin, notamment au Victoria St Market et à l'hôtel de ville.

Durban Transport (☎ 031-309 3250) gère les services Mynah et Aqualine. Le premier couvre la majeure partie de la ville et les quartiers résidentiels. Le trajet revient à 5 R, un peu moins si vous achetez 10 tickets. Parmi les arrêts figurent North Beach, South Beach, Musgrave Road/Mitchell Park Circle, le Peter Mokaba Ridge/Vause, Botanic Gardens et Kensington Road. Les bus Aqualine, plus grands, desservent les banlieues.

LA PLONGÉE SUR LA CÔTE SUD

L'**Aliwal Shoal**, au sud de Durban en face d'Umkomaas, est considéré comme l'un des meilleurs spots de plongée au monde. Un monticule rocheux forma un haut-fond il y a quelque 30 000 ans, puis le niveau de l'océan s'éleva il y a 6 500 ans, créant ce récif dangereux. L'*Aliwal*, qui s'échoua dessus en 1849, lui donna son nom. D'autres navires ont depuis connu le même sort. Aujourd'hui, le relief, les grottes et les pitons du haut-fond abritent des épaves, ainsi qu'une myriade de raies, de requins-taureaux, de tortues, de poissons tropicaux et de coraux de l'ordre des Alcyonacea (sans squelette calcaire).

Plus au sud sur la côte, près de Shelly Beach, l'extraordinaire site de **Protea Banks**, réservé aux plongeurs expérimentés, permet de voir des requins.

Le long de la côte sud, de nombreux tour-opérateurs proposent des forfaits avec plongées, des cours PADI et des hébergements. Les prestations varient beaucoup en termes d'hébergement et d'équipement (celui-ci n'est pas toujours inclus). Lors de la rédaction de ce guide, une formule de 3 nuits et 5 plongées tournait autour de 4 900 R.

Interrogez d'autres voyageurs sur leurs expériences : les consignes de sécurité sont suivies avec plus ou moins de sérieux par les prestataires, et un accident peut toujours survenir.

Les tour-opérateurs suivants sont basés à Umkomaas :

Calypso Dive & Adventure Centre (☎ 082 800 4668 ; www.calypsodiving.co.za ; 1 Maclean St, Umkomaas ; ⏰ 6h30-17h lun-sam). Professionnel PADI proposant des cours Open Water (à partir de 5 495 R), ainsi que des cours avancés et des plongées sur les épaves des environs, entre autres spots.

Aliwal Dive Centre (☎ 039-973 2233, 082-893 2852 ; www.aliwalshoal.co.za ; 2 Moodie St, Umkomaas). Centre de plongée très complet qui dispose également de chambres agréables (s/d 598/920 R).

Oceanworx (☎ 039-973 2578 ; www.oceanworx.co.za ; 1 Reynolds St, Umkomaas)

Côte sud

0 —— 10 km

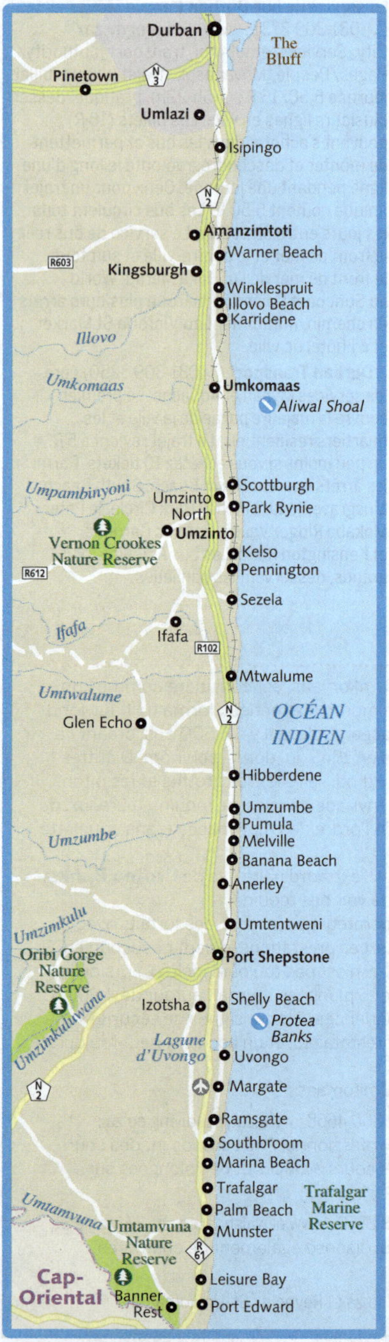

Le **Main Local Bus Terminal** se situe dans Dr AB Xuma Street (Commercial Rd).

TAXI

Prenez toujours un taxi avec compteur. La course entre la plage et Florida Road, à Morningside coûte environ 50 R. **Eagle Taxis Cabs** (☎ 031-337 8333, 0800 330336 ; www.eagletaxicabs.co.za) fournissent un service fiable 24h/24. Uber est également opérationnel à Durban et propose des tarifs plus bas que les taxis traditionnels.

CÔTE SUD

Les 160 km de côte s'étendant au sud de Durban sont un véritable paradis pour les surfeurs et les plongeurs (le site d'Aliwal Shoal est mondialement connu, voir l'encadré p. 273). Stations balnéaires et banlieues se succèdent entre Amanzimtoti et Port Edward, près de la frontière du Cap-Oriental, non sans monotonie. Les constructions se concentrent autour de deux axes, la N2 et la R102. Toutefois, de jolis jardins et des prairies s'intercalent entre les plages sablonneuses du littoral, surtout dans la partie sud.

À l'intérieur des terres, les plantations de canne à sucre, les bananeraies et les palmeraies constituent une agréable alternative verdoyante. L'Oribi Gorge Nature Reserve, près de Port Shepstone, est propice à de belles marches en forêt.

Warner Beach

Warner Beach, qui jouit à la fois de bons équipements et du charme d'un petit village, est prisée des surfeurs et des plongeurs. C'est un bon point de chute pour aller plonger à l'Aliwal Shoal (voir l'encadré p. 273).

Tourism Umdoni (☎ 039-976 1364 ; www.tourismsouthcoast.co.za ; Scott St, Scottburgh ; ⌚ 8h-17h), près de la Scottburgh Memorial Library, fournit des informations.

Les principales compagnies de bus desservent Amanzimtotti, tandis que le Margate Mini Coach (p. 272) s'arrête à Scottburgh.

Blue Sky Mining Backpackers & Lodge AUBERGE DE JEUNESSE $
(☎ 031-916 5394 ; www.blueskymining.co.za ; 5 Nelson Palmer Rd, Warner Beach ; dort 220 R, ch à partir de 460 R, avec sdb commune à partir de 400 R ; P @ ☎ ≈). Située en surplomb

de l'alignement de magasins qui borde le littoral, cette auberge bénéficie d'une vue magnifique sur l'océan. De nombreuses activités aquatiques et sur la plage y sont organisées. Une adresse vivifiante, pour s'amuser et se détendre, notamment au bord de la piscine. Depuis la Kingsway (R102), repérez Strelitzia Road, gravissez la colline, tournez à gauche dans Meintjies Road puis dans Nelson Palmer Road.

Umzumbe et Umtentweni

Ces petites cités balnéaires pittoresques, situées entre Durban et Port Shepstone, sont connues pour leurs bons spots de surf. Contrairement à Ramsgate et Southbroom, où vacances riment avec inaction, elles attirent les amateurs de bonnes vagues, de cours de yoga sur la plage et d'autres activités de détente. Les bus **Greyhound** (☎011-230 5222 ; www.greyhound.co.za) assurent tous les jours la liaison entre Port Shepstone et Durban (390 R, 1 heure 45). Si vous résidez dans l'une des auberges de jeunesse, demandez au chauffeur de vous déposer à Umzumbe ou Umtentweni.

Où se loger

♥ Mantis & Moon Backpacker Lodge AUBERGE DE JEUNESSE $
(☎039-684 6256 ; www.mantisandmoon.net ; 7/178 Station Rd, Umzumbe ; dort 165 R, d 610 R, avec sdb commune 510 R ;). Cette auberge de jeunesse compte divers hébergements dans un jardin planté d'arbres tropicaux : un tipi géant, des petits bungalows rustiques et des cabanes dans les arbres, dont certaines vitrées. Elle possède un Jacuzzi, une piscine naturelle, un bar et un incroyable studio de yoga tout en verre et en bois. L'ambiance festive s'est estompée au fil des années, et l'auberge s'adresse plutôt aux adeptes d'un mode de vie sain et détendu.

Les activités à réserver sur place ne manquent pas – cours de yoga (100 R), de surf (350 R) et excursions à la journée vers des sites de la région.

Spot Backpackers AUBERGE DE JEUNESSE $
(☎039-695 1318 ; www.spotbackpackers.com ; 23 Ambleside Rd, Umtentweni ; dort/d avec sdb commune 180/450 R, bungalow d 600 R ;). Près de Port Shepstone, une auberge de jeunesse idéalement située, sur la plage, et populaire à juste titre, bien qu'un peu défraîchie. Kayaks à disposition et nombre d'autres activités. Une auberge de jeunesse typique, à l'ambiance jeune et routarde.

Umdlalo Lodge LODGE $$
(☎039-695 0224 ; www.umdlalolodge.co.za ; 5 Rethman Dr, Umtentweni ; s/d avec petit-déj à partir de 895/1 150 R ;). Ses huit chambres luxueuses et sa suite "lune de miel", qui donnent sur une charmante cour centrale, en font un point de chute propice à la détente près de l'océan. Le Zizi's Restaurant, axé sur la viande, affiche la même ambiance décontractée.

Oribi Gorge

Ce canyon de plus de 300 m de haut, qui borde l'Umzimkulwana, est l'un des joyaux de la côte sud. La réserve naturelle qui l'entoure regorge de paysages splendides... et d'animaux (notamment d'oiseaux), que l'on peut contempler depuis les nombreux sentiers de randonnée et les charmants espaces de pique-nique. Les gorges traversent aussi la Lake Eland Game Reserve, également riche en beaux paysages et en vie sauvage ; on y pratique la pêche, le canoë et la tyrolienne.

Oribi Gorge Nature Reserve RÉSERVE NATURELLE
(☎072 042 9390 ; www.kznwildlife.com ; adulte/enfant 60/30 R ; ⏲5h-19h oct-mars, 6h-18h avr-sept). Ces gorges spectaculaires sont réputées pour leur cadre vertigineux et les activités familiales qui s'y pratiquent. C'est un endroit idéal pour randonner et observer les oiseaux, ou simplement pique-niquer avec une vue plongeante sur le vide.

L'hébergement dans la réserve comprend plusieurs huttes équipées de deux lits (500 R) et un chalet de six chambres (1 200 R) avec salles de bains privatives, cuisine commune et situation idéale en haut des gorges. Possibilité de camper (110 R).

La réserve est à l'intérieur des terres ; en venant de Port Shepstone, la réception est accessible par la N2, du côté sud des gorges. Elle est très bien indiquée.

Lake Eland Game Reserve RÉSERVE FAUNIQUE
(☎039-687 0395 ; www.lakeeland.co.za ; visiteur adulte/enfant 75/45 R la journée, camping 500 R, bungalow 2 pers à partir de 750 R ; ⏲7h-17h). La réserve abrite plus de 40 espèces de mammifères et 200 espèces d'oiseaux. Vous pouvez effectuer un circuit indépendant en

voiture (50 R/pers) ou un safari animalier (250 R/pers, 4 pers minimum). Une série de tyroliennes de 4,7 km, qui comprend un tronçon Zip eXtreme permettant d'atteindre 160 km/heure (390-490 R, entrée non comprise) traverse le site. Un court sentier dans les gorges franchit un pont suspendu d'une hauteur de 130 m. Pêche et canoë sont également praticables sur le lac, mais vous devrez apporter votre propre équipement. La réserve se situe à 40 km de Port Shepstone ; quittez la N2 et suivez l'"Oribi Flats Road sur 26 km.

Pour l'hébergement, vous aurez le choix entre des bungalows en rondins bien entretenus qui surplombent un petit lac, des bungalows de pêcheurs, le camping ou des dortoirs aménagés dans une ancienne canalisation en béton. Un restaurant ouvre de 7h30 à 16h.

Wild 5 Adventures SENSATIONS FORTES
(☎082 566 7424 ; www.wild5adventures.co.za ; Oribi Gorge Hotel ; adulte/enfant 30/20 R ; ⏲8h-17h déc-fév, 8h30-16h30 mars-nov). Organise diverses activités à l'intérieur de l'Oribi Gorge Nature Reserve : Wild Swing (saut à l'élastique) de 100 m du haut des Lehr's Falls (695 R) et descente en rappel (600 R). À 11 km de la N2 sur l'Oribi Flats Road.

Leopard Rock Lookout Chalets CHALETS $$$
(☎074-124 0902 ; www.leopardrockc.co.za ; Main Oribi Gorge Rd ; chalet avec petit-déj à partir de 1 700 R). Jouissant d'un beau panorama, ces quatre chalets ont du charme. Les repas sont servis sur une terrasse avec une vue spectaculaire sur les gorges. Des produits typiquement sud-africains sont offerts en cadeau de bienvenue – épices pour *braai* (barbecue), biscuits et rooibos. Le café ouvre de 9h à 16h du mercredi au dimanche.

Margate, Ramsgate et Southbroom

Cette succession de stations balnéaires (séparées par de nombreux petits villages) constitue une bonne base pour explorer la côte Sud. Margate est la plus vivante des trois, avec ses nombreux bars animés et bruyants. Ramsgate, et plus encore Southbroom, sont beaucoup plus calmes. Nichée dans les arbres, Southbroom est une réserve de guibs harnachés (une espèce d'antilope).

À voir et à faire

Umtamvuna Nature Reserve RÉSERVE NATURELLE
(☎039-311 2383 ; www.kznwildlife.com ; tarif plein/réduit 25/15 R ; ⏲7h-17h oct-mars, 6h-18h avr-sept). La réserve s'étend dans une gorge de l'Umtamvuna (qui forme en partie la frontière du Cap-Oriental). Des sentiers sillonnent une forêt dense qui abrite des mammifères et de nombreuses espèces d'oiseaux, et se pare de fleurs sauvages au printemps. De Port Edward, suivez les panneaux de la R61 jusqu'à Izingolweni, puis continuez sur 8 km. Prenez une brochure à l'entrée de la réserve.

Beaver Creek FERME
(☎039-311 2347 ; www.beavercreek.co.za ; Izingolweni Rd, Port Edward ; ⏲café 8h-16h, visites guidées 12h). Si vous vous attardez sur la côte sud, vous aurez probablement l'occasion de goûter le café Beaver Creek. Cette plantation de caféiers mérite une halte pour ses visites guidées et ses cours spécial barista, et possède un café où déguster d'excellents breuvages. Café en gros en vente sur place.

Où se loger

Wailana Beach Lodge B&B $
(☎039-314 4606 ; www.wailana.co.za ; 436 Ashmead Dr, Ramsgate ; ch avec petit-déj à partir de 610 R ; @☜☒). Ce B&B a la cote auprès des voyageurs. Ses chambres confortables sont bien conçues et bien équipées, mais c'est le point de vue sur l'océan depuis la terrasse et la piscine qui en fait un endroit vraiment spécial.

Days at Sea BOUTIQUE-HÔTEL $$$
(☎087 551 7003 ; 39 Effingham Pde, Trafalgar ; ch à partir de 3 600 R ; ❄☜☒). Puisque vous êtes à la porte du paradis, pourquoi ne pas vous accorder une petite folie ? Conçue par le photographe allemand Guido Schoeldgen, la structure de verre et de pierre blanche du Days at Sea, perché sur sa colline, affiche d'évidentes influences européennes. Avec leurs larges fenêtres et leurs meubles de style années 1960, les chambres sont à la fois élégantes et originales. Le spa vient compléter ce cadre luxueux.

Coral Tree Colony B&B $$$
(☎039-316 6676 ; www.thecoraltree.com ; 593 Mandy Rd, Southbroom ; ch avec petit-déj 1 650 R ;). Certes, les tarifs de ce B&B sont un peu plus élevés que la moyenne, mais il est situé dans un bâtiment moderne conçu sur mesure, au niveau de confort digne d'un hôtel de luxe. Certains regretteront le manque de charme et d'histoire du lieu, mais absolument tout, du linge aux grandes baignoires, est de premier choix.

Où se restaurer et prendre un verre

Waffle House GAUFRES $
(☎039-314 9424 ; www.wafflehouse.co.za ; Marine Dr, Ramsgate ; plats 87-130 R ; ⏲8h-17h ;). Les touristes viennent nombreux dans cet endroit agréable au bord d'une lagune pour se régaler de gaufres nappées de toutes sortes de garnitures, sucrées et salées. Les habitants ont tendance à bouder cette adresse, mais les files d'attente en période de vacances sont révélatrices.

Chef's on Marine BURGERS $$
(☎039-314 4154 ; 2 450 Lifestyle Village, Ramsgate ; plats 75-160 R ; ⏲9h-16h lun-ven, 9h-15h sam-dim). Dans ce spacieux restaurant de Ramsgate, on sert des burgers parmi les meilleurs de la côte sud. Au petit-déjeuner, régalez-vous d'une pâtisserie maison.

Trattoria La Terrazza ITALIEN $$
(☎039-316 6162 ; www.facebook.com/thetrattsouthbroom ; Outlook Rd, Southbroom ; plats 95-150 R ; ⏲18h30-22h mar-sam, plus 12h30-14h30 jeu-sam). L'un des restaurants les plus prisés de la région occupe un emplacement magnifique, au bord d'un estuaire. La carte met l'accent sur les pâtes, la viande et les produits de la mer. Réservation conseillée.

Pistols Saloon BAR
(☎039-316 8463 ; www.pistolssaloon.co.za ; Old Main Rd, Ramsgate ; ⏲10h-tard). Dans ce bar kitsch à souhait, on ne plaisante pas avec le Far West ! Le client le plus célèbre n'est autre qu'un âne qui vient régulièrement saluer les clients. Abstraction faite de cette mise en scène, c'est un endroit sympathique pour prendre un verre avec les habitants. La cuisine est correcte, sans plus.

Renseignements

South Coast Tourism (☎039-312 2322 ; www.tourismsouthcoast.co.za ; Panorama Pde, Main Beach, Margate ; ⏲8h-17h lun-ven, jusqu'à 13h sam, 9h-13h dim). Informations sur la région.

Comment s'y rendre et circuler

Margate Mini Coach (☎039-312 1406 ; www.margatecoach.co.za ; Marine Dr) relie Durban et Margate trois fois par jour (aller 170 R).

Intercity Express (☎031-305 9090 ; www.intercity.co.za ; Marine Dr) assure des services de bus réguliers entre Margate et Johannesburg (400 R, 10 heures).

P.A.C.E. You Drink We Drive (☎071 231 3294 ; pace25@live.com ; www.facebook.com/Pacetaxi) est un service de taxis fiable desservant toute la côte sud, et même Durban si besoin.

CÔTE NORD

La jolie côte qui s'étend au nord de Durban attire les amateurs de soleil. Juste au nord de la ville, se trouvent les communautés balnéaires haut de gamme d'Umhlanga (immeubles d'appartements et restaurants luxueux au bord de l'eau) et d'uMdloti (plage bordée de demeures majestueuses et rues tranquilles). Puis s'étend la bien nommée Dolphin Coast (côte des Dauphins), aux eaux prisées des grands dauphins.

Cette région nord regroupe un fascinant mélange de populations : les descendants d'anciens colons, de planteurs de canne à sucre franco-mauriciens, d'ouvriers indiens venus sous contrat, et les Zoulous, bien entendu.

Le roi Shaka aurait établi un camp militaire sur la côte. Les servantes royales ramassaient du sel dans des points d'eau laissés par la marée, pratique qu'évoque le nom de la petite bourgade de Salt Rock (rocher du Sel). Un monument au roi Shaka se dresse à KwaDukuza (Stanger), à l'intérieur des terres.

Des bus municipaux circulent entre Durban et Umhlanga Rocks ; des bus et des taxis-minibus collectifs relient aussi Durban à KwaDukuza (Stanger) et d'autres localités de l'arrière-pays.

Côte nord

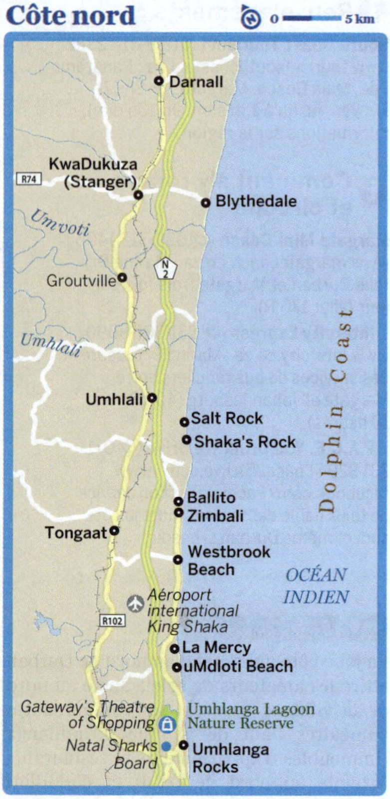

Umhlanga Rocks et uMdloti Beach

Juste au nord de la grande métropole, Umhlanga, ("l'endroit où poussent les roseaux" en zoulou), attire les riches Durbanais grâce à ses tours étincelantes et à ses plages impeccables. Cette ville de banlieue chic est réputée pour ses magasins et ses restaurants fabuleux, ainsi que ses hôtels – les meilleurs des environs de Durban. Plus au nord, uMdloti est un peu plus calme et tournée vers la plage, mais tout aussi luxueuse. Les deux localités se rejoignent facilement depuis l'aéroport.

Les bus municipaux n°s 716 et 706 circulent entre Umhlanga et Durban. Pour un taxi ou un Uber depuis/vers Durban, comptez environ 400 R l'aller.

À voir et à faire

Natal Sharks Board MUSÉE

(☎031-566 0400 ; www.shark.co.za ; 1A Herrwood Dr, Umhlanga Rocks ; ⏰8h-16h lun-ven, présentations et dissections 9h et 14h mar-jeu). GRATUIT Cet institut de recherche se consacre à l'étude des requins et au danger qu'ils représentent pour les humains. Les visiteurs peuvent assister à des présentations audiovisuelles et à des dissections de requins (adulte/enfant 50/30 R). Répliques de requins et quantité d'informations sur ces gros poissons cartilagineux et leur relation tumultueuse à l'homme. Le Natal Sharks Board, indiqué, se situe à 2 km de la ville, en grimpant l'Umhlanga Rocks Drive (la M12 qui rejoint la N3).

Le public peut aussi accompagner le personnel du Natal Sharks Board lors de ses sorties en bateau (p. 264) à partir de Durban.

Umhlanga Lagoon Nature Reserve RÉSERVE NATURELLE

(⏰6h-18h). GRATUIT S'étendant sur un estuaire au nord de la ville, cette réserve abrite de nombreuses espèces d'oiseaux, malgré sa taille modeste (2 600 m²). Des sentiers traversent une superbe dune boisée, puis la lagune, avant d'aboutir à la plage. Renseignez-vous à la réception du Breaker's Hotel sur les promenades guidées, qui partent à 9h, 11h et 15h.

Où se loger et se restaurer

Umhlanga compte quantité d'appartements de vacances et de B&B, ainsi que quelques hôtels bordant la plage. À uMdloti, ce sont plutôt les B&B et les *guesthouses* haut de gamme qui dominent. Les prix varient fortement selon la saison.

On the Beach Backpackers AUBERGE DE JEUNESSE $$

(☎031-562 1591 ; www.durbanbackpackers.com ; 17 The Promenade, Glenashley ; dort/s/d à partir de 270/700/1 000 R ; P📶🏊). Reconvertie en auberge de jeunesse, cette maison lumineuse est une bonne adresse pour s'attarder sur la côte. Les tarifs sont plus élevés que dans la plupart des auberges, mais les doubles donnant sur l'océan jouissent d'une vue de premier ordre. Le prix du lit en dortoir est beaucoup plus raisonnable.

Oyster Box HÔTEL $$$
(☎031-514 5000 ; www.oysterboxhotel.com ; 2 Lighthouse Rd, Umhlanga ; ch avec petit-déj 5 645 R ; ❄📶🏊). Cet hôtel réputé, situé à côté du phare, est imbattable pour qui recherche une adresse luxueuse face à l'océan. Les chambres sont tout confort, avec films à la demande et chauffe-serviette. Un sac d'articles de plage est à disposition, comprenant parasol, raquettes, balles et crème solaire. Le buffet quotidien de curries est légendaire.

♥ **Mundo Vida** INTERNATIONAL $$
(☎031-568 2286 ; www.mundovida.co.za ; 1 South Beach Rd, uMdloti Centre ; plats 120-170 R ; ⏲12h-15h et 18h-22h lun-sam, 12h-17h dim). Un excellent restaurant côtier qui revisite les produits de la mer et les recettes traditionnelles de bistrot, dans un cadre sans chichis. Goûtez l'assortiment de produits de la mer ou sa version de luxe, plus onéreuse. Carte des vins de qualité.

Bel Punto INTERNATIONAL $$
(☎031-568 2407 ; www.belpunto.co.za ; 1 South Beach Rd, uMdloti Centre ; plats 80-150 R ; ⏲12h-22h lun-mar, 12h-15h et 18h-22h mer-dim). Agrémenté d'une vaste terrasse surplombant uMdloti Beach, l'endroit fait la part belle aux saveurs marines et attire, le week-end, une nombreuse clientèle venue de Durban. Goûtez en particulier les pâtes à la langouste ou l'assiette de fruits de mer grillés. Le spacieux lounge est idéal pour savourer un cocktail le soir.

ℹ Renseignements

Umhlanga Tourism Information Centre
(☎031-561 4257 ; www.umhlangatourism.co.za ; Shop 1A, Chartwell Centre, Chartwell Dr, Umhlanga Rocks ; ⏲8h30-17h lun-ven, 9h-13h sam). Une mine d'informations et un personnel compétent.

Ballito

☎032

Ballito consiste essentiellement en une rangée presque impénétrable d'hôtels blancs grillés par le soleil. Si vous parvenez à atteindre la côte, vous serez récompensé par la beauté de la vue et quelques endroits agréables où se baigner et bronzer. La ville manque de charme et n'a pas la moindre saveur zouloue, mais la proximité de l'aéroport King Shaka (à 22 km) en fait une destination pratique pour une escapade à la plage.

Où se loger et se restaurer

Monkey Bay Backpackers AUBERGE DE JEUNESSE $
(☎071 348 1278 ; www.monkeybaybackpackers.co.za ; 9 Jack Powell Rd ; dort/d 170/550 R ; 📶). Prisée des surfeurs, une auberge sans prétention – matériaux recyclés et couleurs vives à l'intérieur –, avec une agréable ambiance hippie et un propriétaire sympathique. Toutes les chambres, des dortoirs traditionnels aux tentes safari, sont construites à flanc de colline, ce qui donne l'impression d'habiter une immense cabane dans les arbres. L'ambiance dans les parties communes est conviviale, sans être trop bruyante.

Guesthouse GUESTHOUSE $$
(☎032-525 5683, 073-801 5247 ; www.facebook.com/www.theguesthouse.co.za ; Ipahla Lane, Shaka's Rock ; s/d avec petit-déj à partir de 550/950 R ; P📶👪🐾). Cinq chambres dans une maison un peu vieillotte, mais plaisante et très propre, perchée sur les collines au-dessus de Ballito. Également : un cottage indépendant. Richard, le propriétaire, est adorable. Préférez la chambre qui fait face au jardin, avec une entrée privée.

Boathouse HÔTEL, B&B $$$
(☎032-946 0300 ; www.boathouse.co.za ; 33 Compensation Beach Rd ; s/d 1 690/2 780 R ; ❄@📶🏊). Cet bel établissement haut de gamme, à la façade toute blanche, a plus de cachet que les autres mastodontes du littoral de Ballito. Espace bar-restaurant vaste et aéré. Certaines chambres (19 au total) ont une terrasse – vue splendide sur l'océan.

Hops PRODUITS DE LA MER $$
(☎032-946 2896 ; www.hopsballito.co.za ; 14 Edward Pl ; plats 74-176 R ; ⏲9h-tard mar-dim, 10h-23h30 lun). Le Hops allie cuisine savoureuse et ambiance détendue de bord de mer. La grande salle ouverte permet de déguster une bière ou un verre de vin en profitant de la brise océane. Concerts fréquents.

Renseignements

Sangweni Tourism Centre (☎ 032-437 5021 ; angle Ballito Dr et Link Dr ; ⏲ 8h30-17h lun-ven, 9h-13h sam). Héberge la Dolphin Coast Publicity Association, qui répertorie les logements et activités de la région. Il y a aussi une petite boutique où sont présentés les œuvres et articles d'artisans locaux. Près de la station-service BP, quand vous quittez la N2 pour entrer dans Ballito.

Depuis/vers Ballito

Ballito est facilement accessible, située juste en retrait de la N2, au nord de Durban. Plusieurs lignes de bus desservent la ville, ainsi que des taxis collectifs. L'arrêt se trouve près du centre commercial de Ballito Junction ; si vous n'avez pas de voiture, vous devrez marcher longtemps pour rejoindre la plage.

KwaDukuza

☎ 032 / 13 500 HABITANTS

KwaDukuza, également appelée Stanger, est une étape importante pour ceux qui s'intéressent à Shaka et à la culture zouloue. En juillet 1825, Shaka fit de KwaDukuza sa capitale et la résidence royale. C'est ici qu'il fut tué en septembre 1828 par ses demi-frères Mhlangane et Dingaan (Dingane) ; ce dernier prit ensuite le pouvoir. Chaque année, des Zoulous revêtent leur costume traditionnel et se rassemblent sur le terrain des Recreational Grounds pour la King Shaka Day Celebration.

La ville fait office de centre d'affaires pour les communautés rurales des environs. Hormis ses musées, elle ne présente guère d'intérêt pour les visiteurs. Une journée sur place suffit.

KwaDukuza est facilement accessible par la N2. La plupart des principales lignes de bus s'y arrêtent. Vous pouvez également essayer le taxi collectif, plus économique (1 heure environ depuis Durban, 40 R).

King Shaka Visitor Centre — CENTRE CULTUREL

(☎ 032-552 7210 ; 5 King Shaka Rd ; ⏲ 8h-16h lun-ven, 9h-16h sam et dim). GRATUIT Faites une halte ici pour des informations historiques, limitées mais précises, sur Shaka et son royaume. Vous pourrez notamment voir une courte vidéo et plusieurs vitrines d'objets historiques, et à l'extérieur, la reconstitution d'une habitation zouloue, ainsi que le fameux mémorial de Shaka et le rocher sur lequel, selon la légende, il fut assassiné.

Luthuli Museum — MUSÉE

(☎ 032-559-6822 ; www.luthulimuseum.org.za ; 3233 Nokukhanya Luthuli St, Groutville ; ⏲ 8h30-16h lun-sam, 11h-15h dim). GRATUIT Ce musée est dédié au chef Albert John Mvumbi Luthuli (1898-1967), président de l'ANC (le Congrès national africain) à partir de 1952 et premier lauréat africain du prix Nobel de la paix (1960) pour son combat contre l'apartheid. Il occupe la maison où l'homme vécut toute sa vie et d'où il mena sa lutte contre l'injustice. Entourée d'un jardin, la demeure sert également de cadre à des expositions temporaires. Cette maison-musée est située à Groutville, à une dizaine de kilomètres au sud de KwaDukuza.

ZOULOULAND (ZULULAND)

Évoquant paysages sauvages et rythmes tribaux africains, cette partie magnifique du KwaZulu-Natal montre une autre facette de l'Afrique du Sud. Le littoral enchanteur, les collines couvertes de brume et les villages traditionnels contrastent fortement avec les banlieues bien ordonnées de Durban. Essentiellement peuplé de Zoulous, ce territoire offre de fascinants aperçus historique et contemporain de l'une des cultures les plus énigmatiques et emblématiques du pays. Si le terme "Zoulou" (dont le nom vient de l'expression "ama zoulou", "peuple du ciel") convient parfaitement au paysage vallonné, il masque une partie de la réalité. L'extrême pauvreté et les multiples problèmes sociaux qu'elle engendre touchent la majorité de la population, qui continue de lutter pour sa survie. Cela saute aux yeux dès que l'on s'écarte un peu des grands axes.

Le spectaculaire Hluhluwe-iMfolozi Park et les nombreux villages zoulous traditionnels sont les principaux sites touristiques. Vous y découvrirez l'histoire zouloue et celle du légendaire roi Shaka.

Le pays zoulou s'étend approximativement de l'embouchure du Tugela à St Lucia du sud au nord et, d'est en ouest, de la N2 à Vryheid.

Mtunzini

☎035 / 2 200 HABITANTS

Petite parcelle de pelouses soignées au milieu des collines sauvages du Zoulouland, Mtunzini est un "coin d'Europe" au cœur de l'Afrique. Toutefois, cette jolie bourgade a plus à offrir que ses haies verdoyantes. Dominant une palmeraie de raphias et bordant l'Umlalazi Nature Reserve, Mtunzini constitue une excellente base pour explorer cette superbe partie du Zoulouland.

La petite localité possède une histoire insolite : John Dunn (1834-1895), le premier Européen à s'établir dans la région, se vit offrir des terres par le roi Cetshwayo. Dunn devint lui-même un chef (le premier Zoulou blanc) et prit 49 épouses qui lui donnèrent 117 enfants. Il réunissait sa cour sous un arbre, d'où le nom de la ville (*mtunzini* signifie "un endroit à l'ombre" en zoulou). Après que les Britanniques eurent vaincu Cetshwayo et divisé son royaume, Dunn fut l'un des chefs à conserver son pouvoir.

La ville a été déclarée secteur protégé en 1995. Les visiteurs peuvent arpenter son réseau de sentiers nature et observer diverses espèces d'antilopes et d'oiseaux.

À voir

Raffia Palm Monument

PARC

GRATUIT Des graines de *Raphia australis* furent plantées ici en 1916 afin d'utiliser les fibres des palmiers pour fabriquer des balais destinés aux prisons ; les fibres se révélèrent trop courtes et l'entreprise fut abandonnée. Toutefois, les palmiers (dont les feuilles sont parmi les plus grandes du règne végétal) prospérèrent et la palmeraie fut classée monument national en 1942. Elle est aussi l'habitat du vautour palmiste (*Gypohierax angolensis*), l'oiseau de proie le plus rare du pays.

Umlalazi Nature Reserve

RÉSERVE NATURELLE

(☎035-340 1836 ; www.kznwildlife.com ; adulte/enfant 60/30 R ; ⏲5h-22h). Les chemins de randonnée qui traversent la jolie dune et les écosystèmes boisés de cette réserve sont parfaits pour observer les oiseaux. Vous pourrez voir l'Indaba Tree, sous lequel John Dunn réunissait sa cour, et les vestiges du bassin qu'il fit construire pour que ses épouses puissent se baigner sans redouter les hippopotames et les crocodiles. L'entrée se situe sur la côte, à 1,5 km à l'est de la bourgade.

FÊTES ZOULOUES

Au cours de l'année, de grandes fêtes mettent à l'honneur la riche culture du peuple zoulou. Ces événements pacifiques et joyeux s'accompagnent de chants et danses traditionnels. Consultez le site www.kzn.org.za pour un aperçu.

King Shaka Day Celebration Le 24 septembre, dans le cadre du Heritage Day (jour du Patrimoine) national, des milliers de Zoulous convergent à KwaDukuza (Stanger) pour célébrer la fête du roi Shaka. Cet événement annuel, présidé par l'actuel roi zoulou, Misuzulu Zulu, rend hommage au héros de ce peuple.

Reed Dance. Chaque année, des milliers de filles zouloues se rassemblent, la poitrine nue, devant leur roi, honorant l'ancienne tradition de la danse des roseaux. Jadis, le souverain choisissait une nouvelle épouse parmi ces beautés. La danse se déroule au palais du roi Enyokeni (entre Nongoma et Ulundi) durant le deuxième week-end de septembre, avant la King Shaka Day Celebration.

Shembe Festival En octobre, plus de 30 000 Zoulous se réunissent à Judea, à 15 km à l'est d'Eshowe, pour la fête du Shembe. Appelé aussi *Church of the Holy Nazareth Baptists*, le Shembe est une religion non officielle mêlant traditions zouloues et chrétiennes. Le prophète Mbusi Vimbeni Shembe, sauveur de l'Église, préside aux cérémonies, qui mêlent danses et chants au son des "trompettes de Jéricho" (sortes de vuvuzelas).

Zululand Eco-Adventures (www.zululandeco-adventures.com ; 36 Main St), à Eshowe, propose un large éventail d'aventures authentiques en terre zouloue, des mariages et des rites de passage aux visites chez des guérisseurs.

Où se loger et se restaurer

Umlalazi Nature Reserve Chalets & Campground CAMPING **$$**
(☎035-340 1836 ; www.kznwildlife.com ; camping 360 R, chalet en rondins 4 pers 1 380 R). Deux aires de camping bien organisées (Inkwazi et Indaba) s'étendent dans la forêt près de la plage. Quant aux chalets, spacieux et bien agencés, ils comportent une agréable terrasse. Les tarifs baissent considérablement hors saison.

Zoulouland et Elephant Coast

Mtunzini B&B B&B $$

(☎035-340 1600 ; 5 Barker St ; s/d avec petit-déj 550/850 R ;). Un B&B accueillant, avec de superbes espaces autour d'un jardin splendide, et tout un choix d'hébergements : chambres doubles dans la maison principale, bungalow indépendant, chambre au grenier et appartement indépendant. Seuls quelques-uns disposent d'une salle de bains privative.

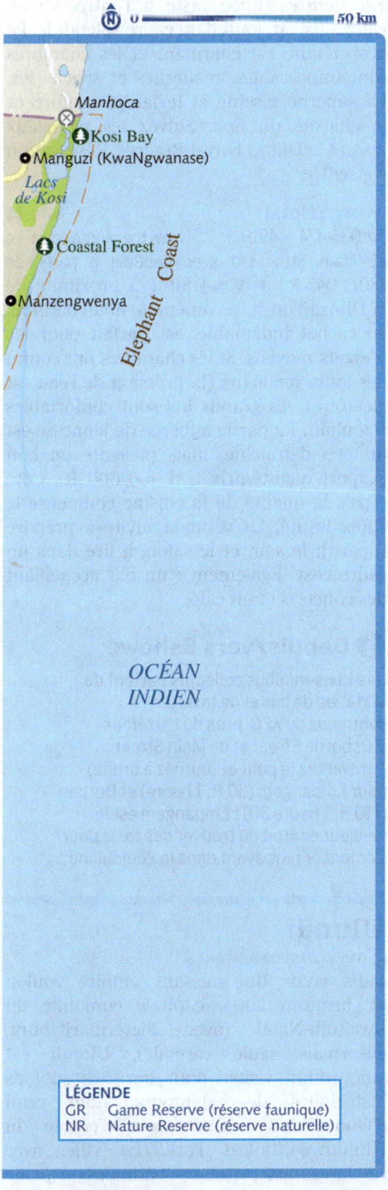

One-on-Hely BOUTIQUE-GUESTHOUSE $$$

(☎035-340 2499 ; www.oneonhely.co.za ; 1 Hely Hutchinson St ; d à partir de 1 700 R ;). Le plus bel hôtel-B&B (moins de dix chambres) de la bourgade, dans une vaste demeure avec des installations luxueuses, de grandes terrasses et vue sur la réserve d'Umlalazi et l'océan. En 2017, les propriétaires ont ajouté une superbe suite et un jardin paysager luxuriant. L'endroit est très apprécié : réservez dès que possible.

Clay Oven INTERNATIONAL $$

(☎035-340 1262 ; 32 Hely Hutchinson Rd ; plats 80-180 R ; 11h-21h lun-sam, 11h-18h dim). La terrasse avec vue sur l'océan justifie à elle seule une halte. À la carte : des plats de brasserie standards. Les habitants raffolent des pizzas.

Eshowe

☎035 / 14 800 HABITANTS

Eshowe est nichée dans une magnifique forêt indigène et est cernée de vertes collines. Autour d'un centre à l'aspect rural et désordonné, les faubourgs ombragés ne résonnent que du chant des oiseaux. Bonne base pour explorer la région, la petite ville compte quelques curiosités et hébergements corrects.

Eshowe vit naître quatre rois zoulous (Shaka, Mpande, Cetshwayo et Dinuzulu). Fief de Cetshwayo avant qu'il ne s'installe à Ondini, Eshowe fut détruite comme cette dernière pendant la guerre anglo-zouloue. Les Britanniques occupèrent le site et construisirent le fort Nongqayi en 1883, faisant d'Eshowe le centre administratif de leur territoire nouvellement conquis.

À voir

Fort Nongqayi Museum Village MUSÉE

(7 Nongqayi Rd ; adulte/enfant 35/10 R ; 7h30-16h lun-ven, 10h-16h sam-dim). Ce musée est installé dans le fort Nongqayi, un bâtiment à trois tourelles. Le billet d'entrée donne accès au **Zululand Historical Museum**, où sont présentés des objets de l'époque victorienne, à l'excellent **Vukani Museum**

avec sa collection de vannerie zouloue et à la **chapelle des missionnaires**. La petite **serre aux papillons**, où des centaines d'espèces africaines (esssentiellement locales) évoluent au sein d'une végétation indigène, mérite la visite.

De là, on peut se rendre à pied aux Mpushini Falls (40 minutes aller-retour), mais sachez que des cas de bilharziose ont été enregistrés dans le secteur.

Dlinza Forest Reserve — FORÊT

On raconte que le roi Shaka cachait ses épouses dans cette épaisse forêt quand la guerre menaçait. Devenue aujourd'hui une réserve de 2 km², elle abrite une multitude d'oiseaux, dont des aigles couronnés (*Stephanoaetus coronatus*), et est sillonnée de quelques chemins de randonnée, dont certains auraient été tracés par des soldats anglais stationnés ici après la guerre anglo-zouloue. La **Dlinza Forest Aerial Boardwalk** (www.facebook.com/dlinzaboardwalk ; adulte/enfant 40/10 R ; 6h-17h sept-avr, 8h-17h mai-août), une passerelle longue de 125 m, offre une vue superbe.

Où se loger et se restaurer

Le choix en matière de restauration est limité. Le restaurant du George Hotel (ci-contre) est unetrès bonne adresse.

Dlinza Forest Accommodation — BUNGALOWS $

(035-474 2377 ; www.dlinzaforestaccommodation.co.za ; 2 Oftebro St ; s/d 550/700 R ;). Ces quatre bungalows en rondins, indépendants, sont propres, modernes et spacieux. Suivez les panneaux indiquant la Dlinza Forest Reserve ; les hébergements se trouvent juste après l'entrée.

Eshowe Guesthouse — B&B $$

(035-474 2362 ; www.eshoweguesthouse.co/ ; 3 Oftebro St ; s/d 680/850 R ;). Cette *guesthouse*, située juste à l'entrée de la Dlinza Forest, jouit d'un cadre splendide. Le propriétaire est charmant et les chambres sont impeccables, modernes et spacieuses. La superbe piscine et le jardin renforcent le charme du lieu. Suivez les panneaux jusqu'à la Dlinza Forest Reserve. Réservation conseillée.

George Hotel — HÔTEL $$

(035-474 4919 ; www.thegeorge.co.za ; 36 Main St ; s/d avec petit-déj à partir de 780/1 045 R ;). Situé à proximité de la Dlinza Forest, ce vénérable hôtel de 1906, au cachet indéniable, est parfait pour les budgets moyens. Si les chambres ont connu des jours meilleurs (la pression de l'eau est aléatoire), les grands lits sont confortables à souhait. La partie auberge de jeunesse est un peu défraîchie, mais présente un bon rapport qualité/prix (s/d 450/600 R). Côté repas, la qualité de la cuisine compense le choix limité. La véranda invite à prendre l'apéritif le soir, et le salon, à lire dans un cadre cosy. Également : un bar accueillant des concerts et un café.

SHAKALAND

Créé au début des années 1980 pour servir de décor au téléfilm *Shaka Zulu*, **Shakaland** (031-941 5945 ; Nandi Experience 560 R, déj compris ; spectacle 11h et 12h30) est un village culturel zoulou reconstitué consacré à ce peuple et à ses traditions. Il mélange divertissement et informations authentiques. La Nandi Experience (Nandi était la mère du fameux roi Shaka) présente la culture et les coutumes zouloues ; le spectacle de danse zouloue serait le meilleur du pays. Un luxueux hôtel permet de passer la nuit sur place dans des cases en forme de ruche.

Depuis/vers Eshowe

Des taxis-minibus collectifs partent de la station de bus et de taxis (en contrebas du KFC, près du carrefour d'Osborne Street et de Main Street – traversez le pont et tournez à droite) pour Empangeni (60 R, 1 heure) et Durban (110 R, 1 heure 30) ; Empangeni est le meilleur endroit où trouver des taxis pour s'enfoncer plus avant dans le Zoulouland.

Ulundi

035 / 20 000 HABITANTS

Jadis cœur du puissant empire zoulou et, jusqu'en 2004, capitale conjointe du KwaZulu-Natal (avec Pietermaritzburg, désormais seule capitale), Ulundi est aujourd'hui visitée pour les sites zoulous historiques des alentours, dont celui d'Ondini, et comme porte d'entrée du Hluhluwe-iMfolozi Park. La ville, avec ses larges artères et ses bâtiments à peine

LE LÉGENDAIRE ROI SHAKA

Malgré tous les écrits à son sujet, Shaka demeure un personnage énigmatique et controversé – tyran sanguinaire pour certains, génie militaire pour d'autres.

Fils illégitime de la reine Nandi, dont il était très proche, Shaka créa dans les années 1820 l'un des royaumes les plus puissants d'Afrique subsaharienne. La violence constituait l'un de ses traits de caractère, contre ses ennemis et ses propres guerriers. À la mort de sa mère, il aurait tué de nombreux Zoulous qui ne semblaient pas suffisamment peinés. Shaka est probablement plus connu pour ses tactiques de combat : il conçut l'ingénieuse "formation en taureau" avec des groupes de guerriers – "la tête et le poitrail" – pénétrant le front ennemi, tandis que les "cornes" encerclaient l'adversaire par derrière. Il raccourcit les lances pour les utiliser dans les combats rapprochés et rallongea les boucliers.

En 1828, Shaka fut assassiné par ses demi-frères Dingaan et Mhlangane (qui fut plus tard renversé par Dingaan). Les Zoulous sont très fiers de leur roi guerrier. Le Shaka Day est célébré le 24 septembre dans les Shaka Memorial Gardens à KwaDukuza. Des milliers de Zoulous en costume traditionnel, portant boucliers, lances et bâtons de danse, convergent alors vers les jardins. Depuis les années 1990, à l'initiative de Mangosuthu Buthelezi, fondateur de l'Inkata et ancien ministre en chef du bantoustan du KwaZulu, cette fête a pris une ampleur nationale sous le nom de "Heritage Day".

fonctionnels, est dépourvue de charme, mais les environs ne sont pas sans intérêt.

À voir et à faire

KwaNodwengu SITE HISTORIQUE

Le site de l'*iKhanda* (palais) du roi Mpande, le KwaNodwengu, fait face à l'ancien bâtiment de l'assemblée législative. Mpande renversa Dingaan après le désastre de Blood River. Il prit le pouvoir avec l'aide des Boers, mais ne put empêcher le déclin du Zoulouland. La tombe du souverain constitue l'intérêt majeur du site.

Ondini SITE HISTORIQUE

(Haut lieu ; ☎035-870 2050 ; adulte/enfant 40/15 R ; ⌚8h-16h lun-ven, 9h-16h sam-dim). Fondée en 1873 en tant que capitale de Cetshwayo, Ondini fut rasée par les Britanniques après la bataille d'Ulundi (juillet 1879). À noter que Louis-Napoléon, fils de Napoléon III, engagé dans les troupes britanniques, perdit la vie en marge de ce dernier combat de la guerre anglo-zouloue, en 1879. Le kraal royal d'Ondini a été reconstruit et des fouilles ont mis au jour les sols de certains édifices. Constitués de boue et de bouse de vache, ils ont été préservés par la chaleur de l'incendie qui détruisit les huttes élevées autour. Une haie défensive de branchages noueux ceinture ce site immense.

Il fallut près de 6 mois aux Britanniques pour vaincre l'armée zouloue, et la bataille d'Ulundi fut à l'image des affrontements de ce conflit, avec 10 à 15 fois plus de Zoulous tués que de Britanniques. La victoire britannique fut en partie due à l'adoption de la tactique boer du *laager* (qui consistait à s'abriter derrière un cercle de chariots à bœufs) : les troupes forment un carré autour de la cavalerie, qui n'attaque qu'une fois les ennemis épuisés par leur tentative de tailler une brèche dans les rangs des fantassins.

Pour rejoindre Ondini, prenez la sortie "Cultural Museum" sur la nationale au sud du centre d'Ulundi, et continuez sur environ 5 km. Des taxis-minibus collectifs passent parfois par Ondini. Cette route, asphaltée sur 30 km, continue jusqu'au Hluhluwe-iMfolozi Park. En venant d'Ulundi, vous passerez devant l'Ulundi Battlefield Memorial, un édifice en pierre commémorant la bataille d'Ulundi et la défaite finale des Zoulous.

eMakhosini Ophathe Heritage Park

Ulundi se situe dans la Valley of the Kings ("vallée des Rois"), le nom qui désigne officiellement l'eMakhosini Ophathe Heritage Park. Cette région est d'une grande importance pour les Zoulous. Les grands *makhosi* (chefs) Nkhosinkulu, Senzangakhona – le père de Shaka, de Dingaan et de Mpande – et Dinuzulu y sont inhumés. La signalisation du parc peut prêter à confusion – certains sites sont indiqués alors qu'ils ne sont pas opérationnels. N'hésitez pas à demander l'aide d'un guide local.

Mgungundlovu SITE HISTORIQUE

Le camp militaire de Mgungundlovu (Ungungundhlovu), qui fut la capitale de Dingaan de 1829 à 1838, se trouve au sud-ouest d'Ulundi, sur la R34 (reliant Vryheid et Melmoth). C'est ici que Pieter Retief et d'autres Voortrekkers furent tués par leurs hôtes en 1838, un événement qui précipita la guerre boer-zouloue. Des panneaux indiquent le mémorial de Piet Retief. En 1990, des fouilles ont mis au jour le site de l'*indlu* (grande hutte) de Dingaan à proximité. Faites halte au **centre d'information multimédia** (035-450 0916 ; adulte/enfant 35/15 R ; 9h-16h) pour des informations – les équipement s interactifs sont du dernier cri.

D'Ulundi, suivez la R66 vers le sud-ouest jusqu'à la R34, tournez à droite et parcourez quelques kilomètres sur la R34. Mgungundlovu est indiqué à l'ouest et le site se trouve à 5 km.

Spirit of eMakhosini Monument MONUMENT

(8h-16h lun-ven, 9h-16h sam-dim). Ce monument est constitué d'un énorme pot à bière zoulou en bronze, entouré de 18 bas-reliefs également en bronze illustrant la vie des Zoulous, et de sept longues cornes symbolisant les sept rois enterrés dans la vallée. Des guides vous expliqueront la signification du site. Sur la R34, en haut d'une colline à 2 km au nord de Mgungundlovu.

Tinta Safaris CIRCUITS HISTORIQUES

(035-870 2500 ; www.tintasafaris.co.za). Entreprise familiale proposant des circuits guidés dans la vallée d'eMakhosini (à partir de 1 200 R guide et véhicule inclus) et sur les champs de bataille (à partir de 2 400 R guide et véhicule compris).

Où se loger

uMuzi Bushcamp CASES $$

(082 825 6896, 035-870 2500 ; ; s/d demi-pension 645/940 R). Sur le site d'Ondini, ces cases traditionnelles en forme de ruche s'inscrivent dans un cadre plaisant, près de marulas ("arbres-éléphants"). Entrée au site comprise dans le prix. Le propriétaire, qui possède également une agence de circuits organisés, pourra vous renseigner sur la région.

Garden Court BUSINESS HOTEL $$

(035-870 1012 ; www.tsogosun.com/garden-court-ulundi ; Princess Magogo St ; ch avec petit-déj 1 315 R ; P). Les chambres spacieuses se distinguent par leur confort sans chichis et leur souci du détail. Le restaurant de l'hôtel est ordinaire, mais on y sert des repas toute la journée.

Depuis/vers Ulundi

Le parking des taxis-minibus collectifs fait face au Garden Court. Parmi les destinations desservies figurent Vryheid (80 R, 1 heure 30) et Eshowe (75 R, 1 heure 30). Vous trouverez des taxis pour Durban derrière l'hôtel (170 R, 3 heures).

ITHALA GAME RESERVE

Pourquoi y aller Des savanes arbustives (*thornveld*) sur les hauteurs offrant des vues panoramiques, certaines des plus anciennes formations rocheuses au monde et une faune abondante font d'Ithala une réserve unique, l'une des plus spectaculaires du KwaZulu-Natal.

Quand partir Ithala se visite toute l'année, mais il peut faire frais le soir entre mai et août, avec parfois du givre.

Informations pratiques La réserve ouvre de 5h à 19h de novembre à février et de 6h à 18h de mars à octobre. La localité la plus proche pour se ravitailler est Louwsburg, à 15 km.

Faire des économies Apportez une tente (empl camping 180 R/pers), des provisions, et parcourez en solo les itinéraires suggérés.

Ithala Game Reserve

Gérée par l'Ezemvelo KZN Wildlife, l'**Ithala Game Reserve** (034-983 2540, réservations 033-845 1000 ; www.kznwildlife.com ; adulte/enfant 100/50 R ; 5h-19h nov-fév, 6h-18h mars-oct) est injustement sous-estimée. Elle possède tous les atouts d'une réserve animalière privée, avec en prime des tarifs bien moins élevés. Un peu à l'écart des principaux itinéraires touristiques et ne rassemblant pas les Big Five, elle est beaucoup moins fréquentée que le Hluhluwe-iMfolozi Park, mais d'autant plus captivante.

Les vallées encaissées où coulent les six affluents du Pongholo occupent la majeure partie de ses 300 km², avec quelques herbages sur les hauteurs, des affleurements rocheux et du *bushveld*. Certaines des plus anciennes formations rocheuses au monde se trouvent ici, de même que des pointes de lance et des lames de hache de l'âge de pierre.

Des rhinocéros blancs et des rhinocéros noirs, des éléphants, des sassabis (une espèce d'antilope), des buffles et des girafes (l'emblème de la réserve, car ce serait une espèce endémique) et de rares espèces d'oiseaux y vivent.

Des promenades guidées (250 R/pers) et des excursions en voiture de jour ou de nuit (500 R/pers) sont proposées.

Où se loger

Doornkraal CAMPING $

(☎ 033-845 1000 ; www.kznwildlife.com ; camping 180 R/pers). Il existe bon nombre de camps de brousse fabuleux, mais celui-ci applique le montant minimum le plus bas dans ses tarifs. Notez qu'on y campe vraiment "à l'africaine" : douches froides uniquement.

Ntshondwe BUNGALOWS $$

(☎ 033-845 1000 ; www.kznwildlife.com ; bungalow 2 lits 1 230 R/pers ; ❄). Au pied du mont Ngotshe, le principal complexe hôtelier du parc offre une vue superbe sur la vallée en contrebas. Paradis des phacochères, il abrite des arbres aux orchidées rouges (*Bauhinia galpinii*) et des pique-bœufs à bec rouge. Sur place : un restaurant, une boutique et une piscine. Les bungalows peuvent se louer sur demande en pension complète.

Renseignements

Ithala est accessible de Louwsburg, à environ 55 km au nord-est de Vryheid sur la R69, et à la même distance au sud-ouest de Phongolo par la R66 et la R69.

ELEPHANT COAST

Occupant sans consteste le podium des plus belles destinations d'écotourisme au monde, et certainement d'Afrique du Sud, l'Elephant Coast (l'ancien Maputaland) est un festival de beautés naturelles et présente une extraordinaire diversité en matière d'habitats et de faune.

Cette vaste étendue de littoral comprend certains des plus beaux parcs du pays, dont le splendide iSimangaliso Wetland Park, qui s'étire du lac St Lucia au sud à Kosi Bay au nord. À l'écart des stations balnéaires, cette région totalement préservée offre un aperçu de ce qu'était l'Afrique avant l'arrivée des colons. Un peu plus dans les terres, le Hluhluwe-iMfolozi Park peut facilement rivaliser avec le Kruger National Park, son voisin du Nord.

Le climat devient plus chaud à mesure que l'on progresse vers le nord et, en raison de la douceur de l'océan Indien, une chaleur tropicale règne en été. L'humidité côtière provoque d'épais brouillards sur les collines de l'arrière-pays, réduisant la visibilité à quelques mètres.

Un bon réseau routier dessert la région. Des taxis-minibus collectifs sillonnent la côte. Avec une voiture, vous pourrez explorer les moindres recoins de l'Elephant Coast. Si une voiture classique convient pour de nombreux endroits, vous aurez besoin d'un 4x4 pour la route sablonneuse spectaculaire qui longe la côte de Kosi Bay à Sodwana Bay. Si vous conduisez, faites attention aux piétons et aux animaux qui peuvent surgir au tournant.

Hluhluwe

☎ 035 / 1 100 HABITANTS

Hluhluwe (prononcez chlou-chlou-oui) est le principal accès au Hluhluwe-iMfolozi Park, au sud-ouest du village. La bourgade, établie de part et d'autre d'une large voie qui rejoint la N2, n'offre guère d'intérêt.

Emdoneni Cheetah Project REFUGE ANIMALIER

(☎ 035-562 7000, 082-713-3686 ; www.emdonenilodge.com ; Emdoneni Farm, District Rd 123, Hluhluwe ; adulte/enfant 260/130 R ; ⏲ visites 10h30 et 16h mai-août, 16h30 sept-avr). Ce refuge recueille des félins africains et les prend en charge avant de les relâcher dans la nature. Les visites quotidiennes, à visée éducative, permettent d'approcher les majestueux animaux. Les guides ont toujours à cœur le bien-être des félins.

Où se loger et se restaurer

Hluhluwe County Cottages BUNGALOWS $

(☎ 082 494 1047 ; www.hluhluwecottages.co.za ; 1 Ngweni Rd ; bungalows 1/2/3 ch 700/1 200/1 800 R ; ❄). Des bungalows indépendants confortables, dans une réserve naturelle intégrée à une grande ferme. Les habitations sont datées et un peu défraîchies, mais

Hluhluwe-iMfolozi Park

Hluhluwe-iMfolozi Park

Les incontournables
1 Hluhluwe-iMfolozi Park B2

À voir
2 Centenary Centre B2

Activités
Base Camp Trail .... (voir 7)
3 Emdoneni Cheetah Project D1
Primitive Trail .... (voir 7)

Où se loger
4 Hilltop Camp C1
5 Hluhluwe Backpackers C1
6 Isinkwe Backpackers Bushcamp D1
7 Mpila Camp B2

c'est une bonne adresse proche, très bien adaptée aux familles. Promenades guidées dans la nature ; célèbre magasin d'artisanat Ilala Weavers (ci-contre) et Fig Tree Cafe à proximité.

Hluhluwe Backpackers AUBERGE DE JEUNESSE $
(☎076 375 3831 ; www.hlubackpack.co.za ; s/d avec sdb commune 370/520 R ; P). Juste avant Memorial Gate, l'une des entrées du Hluhluwe-iMfolozi, cette maison reconvertie jouit d'un emplacement de choix. Les chambres propres, l'atmosphère détendue et les chiens sympathiques font oublier l'intérieur un peu sombre et décrépit. Le propriétaire entretient une atmosphère conviviale. Vous paierez bien moins cher que dans l'enceinte du parc.

Isinkwe Backpackers Bushcamp AUBERGE DE JEUNESSE $$
(☎083 338 3494 ; www.isinkwe.co.za ; Bushlands ; cottages indépendants 140 R, dort 200 R, s/d 450/600 R, avec sdb commune 300/450 R ; @ 📶 🏊). Sur une étendue de bush préservée, à 14 km au sud de Hluhluwe, cet établissement pour petits budgets dispose de divers hébergements, des huttes aux chambres avec salle de bains. Quantité d'activités sont possibles, dont des safaris dans le Hluhluwe-iMfolozi. Le bar qui jouxte la piscine est idéal pour se raconter les aventures de la journée. Forfaits pour la demi-pension et certaines activités (voir le site Internet). Téléphonez pour qu'on vous indique le chemin.

♥ **Hluhluwe River Lodge** LODGE $$$
(☎035-562 0246 ; www.hluhluwe.co.za ; s/d demi-pension 2 030/2 900 R). Vous êtes sûr de trouver le calme dans ce luxueux lodge dominant le lac St Lucia, au milieu de la brousse. Chaque chalet est élégant, clair, spacieux et intime. Les parties communes comprennent un somptueux salon avec terrasse, et le chef prépare une excellente cuisine. À environ 11 km de Hluhluwe, sur la D540.

Bushwillow GUESTHOUSE $$$
(☎083 502 5556 ; www.bushwillow.com ; Kuleni Game Park; s/d avec petit-déj à partir de 1 625/2 290 R). Ce refuge paisible et romantique se trouve dans le Kuleni Game Park, un parc privé, au cœur d'une forêt d'albizias et de kinkélibas (*Combretum*, ou *bushwillow*). Vous pourrez observer les oiseaux depuis la piscine, ou vous détendre dans la baignoire sur pieds de la salle de bains. Zèbres, girafes, céphalophes et autres animaux inoffensifs

vivent dans les alentours, sillonnés de sentiers pédestres. Le Bushwillow se situe à 20 km du village de Hluhluwe sur la route de Sodwana Bay : repérez le panneau pour Kuleni.

Zululand Tree Lodge LODGE $$$

(☎035-562 1020 ; s/d avec petit-déj 1 335/1 920 R ; ❄ 🏊). Pour vous réveiller au chant des oiseaux, mettez le cap sur ces cabanes romantiques au toit de chaume, perchées parmi les arbres à fièvre de la réserve d'Ubizane, à 7 km de Hluhluwe. Chaque chambre dispose de sa propre terrasse d'observation. Formules intéressantes incluant la demi-pension et les safaris en voiture (535 R/pers) ; prix variables.

Achats

À 20 km environ au sud de Hluhluwe sur la N2, le marché Zamimpilo, une coopérative locale de femmes, vend de l'artisanat d'un bon rapport qualité/prix. Près d'Ilala Weavers.

Ilala Weavers ARTISANAT

(☎081 400 0947 ; www.ilala.co.za ; 1 Ngweni Rd ; ⏱8h-16h30 lun-ven, 9h-16h sam-dim). Grand choix d'artisanat zoulou, musée et "village" un peu artificiel. Une bonne adresse pour acheter des souvenirs, malgré les bus de touristes.

Hluhluwe-iMfolozi Park

Rivalisant par sa beauté et la diversité de ses paysages avec le Kruger National Park, le **Hluhluwe-iMfolozi Park** (☎035-550 8476, réservations 033-845 1000 ; www.kznwildlife.com ; adulte/enfant 260/130 R ; ⏱5h-19h nov-fév, 6h-18h mars-oct) est l'un des parcs les plus célèbres du pays. Couvrant 960 km² (soit un vingtième du Kruger), il est plus accessible que son confrère. La faune y est riche, lions, éléphants, rhinocéros (noirs et blancs), léopards, girafes, buffles et lycaons, entre autres, occupant le territoire.

Le paysage montagneux dévoile des perspectives à couper le souffle dans toutes les directions. L'absence de végétation dense par endroits, notamment sur l'itinéraire routier entre l'entrée (Memorial Gate) et le Hilltop Camp, facilite l'observation des animaux. Vous y verrez à coup sûr des rhinocéros blancs.

À voir et à faire

Centenary Centre MUSÉE

(⏱8h-16h). GRATUIT Dans la partie est de l'iMfolozi, le Centenary Centre comprend un musée, un centre d'information, un excellent marché d'artisanat, ainsi que des enclos dévolus aux rhinocéros et aux antilopes. Pour approcher les animaux, il faut être accompagné par un guide (environ 20 R/pers, s'adresser au kiosque).

Safari en voiture

Le Hilltop Camp propose des circuits en voiture le matin et le soir, tandis que le Mpila Camp n'organise que des sorties nocturnes. Réservées aux hôtes, ces formules coûtent 380 R/pers (minimum 2 pers). La plupart des visiteurs parcourent toutefois le parc à bord de leur propre véhicule.

Randonnée

L'un des atouts majeurs d'iMfolozi est son réseau de sentiers exceptionnel sur un territoire de 24 000 ha dépourvu de routes. Saisonnières, les randonnées avec guide organisées par KZN Wildlife (p. 305) s'effectuent en groupe de quatre personnes minimum et durent de 2 à 5 jours. Elles comprennent l'hébergement dans des camps de toile, la nourriture, l'eau, le matériel de cuisine et autres équipements nécessaires. Cette expérience inoubliable vous garantit de croiser des animaux, d'où sa très grande popularité (réservez au préalable).

Le **Base Camp Trail** (3 nuits 5 000 R) part, comme son nom l'indique, d'un camp de base. Les marcheurs n'emportent que le nécessaire pour la journée. Le **Short Wilderness Trail** (2 nuits 3 100 R) passe par des camps satellites sans confort (douche avec seau), mais totalement approvisionnés. Même chose pour l'**Extended Wilderness Trail** (3 nuits 4 500 R). Toutefois, les participants doivent porter l'équipement sur 7 km jusqu'au camp. Sur le **Primitive Trail** (www.kznwildlife.com ; 3/4 nuits 3 200/3 800 R), vous portez l'équipement, participez à la préparation des repas

> **PANNEAUX POUR HLUHLUWE**
>
> Les panneaux qui indiquent Hluhluwe et ses environs prêtent souvent à confusion. Quand vous quittez la N2, sachez que la bourgade de Hluhluwe se situe sur le côté est de la route, tandis que le Hluhluwe-iMfolozi Park s'étend à 12 km à l'ouest de la N2 (à 14 km à l'ouest de la localité).

HLUHLUWE-IMFOLOZI PARK

Pourquoi y aller Très montagneux, avec des paysages somptueux, et propice à l'observation de la faune, ce parc fait partie des incontournables du KwaZulu-Natal. Admirer la faune depuis une ligne de crête est une expérience inoubliable.

Quand partir À n'importe quelle saison. La période de mai à août est toutefois la meilleure pour voir des animaux dans la savane.

Informations pratiques Le parc ouvre de 5h à 19h de novembre à février et de 6h à 18h de mars à octobre. Vous trouverez de l'essence au Mpila Camp d'iMfolozi et au Hilltop Camp de Hluhluwe, qui vend aussi du gazole.

Faire des économies Logez à l'extérieur du parc, par exemple à la Hluhluwe Backpackers ou à l'Isinkwe. Pour une randonnée dans la nature, essayez le Primitive Trail (p. 289), d'un bon rapport qualité/prix.

(provisions fournies), dormez à la belle étoile et assurez des tours de garde de 1 heure 30 durant la nuit – c'est le préféré des amateurs d'aventure.

Où se loger et se restaurer

Outre le Hilltop Camp et le Mpila Camp, il existe des lodges formidables au sein du parc, mais mieux vaut être nombreux ; ils accueillent de six à huit personnes. Les hébergements se réservent auprès de l'Ezemvelo KZN Wildlife (p. 305) à Pietermaritzburg. Les réservations de dernière minute – jusqu'à 48 heures à l'avance – s'effectuent directement auprès des camps. Si vous souhaitez préparer vos repas, prévoyez des vivres.

Hilltop Camp BUNGALOWS $$
(☎ 035-562 0848 ; rondavel 660 R, chalet 2 pers 1460 R ; ❄). Dans le camp phare de Hluhluwe, dîner sur la terrasse face aux montagnes qui se détachent à l'horizon laisse un souvenir grandiose. Vaste choix d'hébergements, de la simple case au chalet de luxe.

Si vous recherchez la tranquillité, préférez les "lodges de brousse". Ces logements privés n'ont de brousse que le nom : entièrement équipés et plutôt haut de gamme, certains disposent même d'un cuisinier (mais vous devez fournir les provisions).

Mpila Camp TENTES, CHALETS $$
(tente safari ou chalet 2 pers 1 250 R). Principal hébergement du côté iMfolozi, ce campement est perché au sommet d'une colline dans le centre du parc. Les tentes safari s'avèrent plus conviviales que les chalets indépendants. Si les hébergements du Hilltop Camp sont de meilleure qualité, celui-ci est plus paisible. Sachez que la clôture électrique n'empêche pas toujours les animaux (lions, hyènes, lycaons) de pénétrer dans le campement.

Une boutique vend des conserves, de quoi faire un *braai* (barbecue), des glaces, de la bière, du vin, et même des souvenirs.

Depuis/vers le Hluhluwe-iMfolozi Park

Le parc compte trois entrées. La principale, Memorial Gate, se situe à 15 km à l'ouest de la N2 et à 50 km au nord de Mtubatuba. Pour accéder à la deuxième, Nyalazi Gate, quittez la N2 et prenez à gauche la R618 juste après Mtubatuba en direction de Nongoma. La troisième, Cengeni Gate, du côté ouest d'iMfolozi, se rejoint par la route (goudronnée sur 30 km) depuis Ulundi.

iSimangaliso Wetland Park

L'**iSimangaliso Wetland Park** (isimangaliso.com), classé au patrimoine mondial de l'Unesco, s'étend sur plus de 220 km de la frontière du Mozambique, au nord, à Maphelana, à l'extrémité sud du lac St Lucia. Avec l'océan Indien d'un côté et une série de lacs (dont le lac St Lucia) de l'autre, ce parc de 3 280 km² protège cinq écosystèmes majeurs, depuis les récifs et les plages jusqu'aux lacs, marécages, forêt de dunes et mangroves. Des tortues caouannes et luths viennent pondre sur le rivage, baleines et dauphins évoluent au large, et le parc compte de nombreux animaux, dont des antilopes, des hippopotames et des zèbres. En saison, les vacanciers affluent sur les plages de l'océan, propices à diverses activités – plongée et pêche notamment.

iSimangaliso signifie "miracle" ou "merveille", ce qui convient parfaitement à son extraordinaire beauté.

Le lac St Lucia est le plus grand estuaire du continent. Il a atteint son niveau le plus bas pendant environ 55 ans du fait d'une gestion environnementale inadaptée consistant à empêcher les eaux de l'iMfolozi de s'y déverser. En 2012, la liaison naturelle a été rétablie, ce qui, associé à des pluies plus abondantes, lui a permis de retrouver en 2014 son niveau d'antan. Depuis, poissons et crevettes ont fait leur réapparition. Une nouvelle stratégie a été mise en place pour maintenir la stabilité du niveau d'eau et la pureté de l'écosystème.

Les multiples possibilités d'hébergement vont du camping et des lodges privés aux excellents établissements gérés par l'Ezemvelo KZN Wildlife (p. 305). Mieux vaut réserver au moins 48 heures à l'avance.

Principale localité, St Lucia constitue une bonne base pour se loger et se ravitailler. Les Eastern et Western Shores conduisent au cœur de la zone humide. Autre point d'entrée dans le parc, Sodwana Bay a la faveur des plongeurs. Le lac Sibaya, dans la partie nord du parc, se distingue par sa splendeur et son isolement ; Kosi Bay est à proximité de la ville de Manguzi, petite mais bien équipée. Enfin, l'uMkhuze Game Reserve s'étend plus loin à l'intérieur des terres.

Activités

Dans le cadre des pratiques de tourisme responsable de l'iSimangaliso Wetland Park Authority, les tour-opérateurs doivent régulièrement renouveler leur licence. Vous trouverez la liste des prestataires agréés sur www.isimangaliso.com.

Circuits en bateau et observation des baleines

En saison, vous aurez de fortes chances d'apercevoir des baleines, des dauphins et d'autres créatures marines. Les circuits coûtent environ 1 100 R par personne. Vous pouvez aussi remonter la rivière en bateau pour voir des hippopotames et des crocodiles. Si la plupart des excursions partent de St Lucia, le Sodwana Bay Lodge (p. 299) propose d'observer les cétacés dans la baie de Sodwana.

Advantage Tours CROISIÈRES FAUNIQUES
(St Lucia Tours ; ✆035-590 1259 ; www.advantagetours.co.za ; 1 McKenzie St, Dolphin Centre). Sorties quotidiennes à la rencontre des baleines (990 R/pers) entre juin et septembre (quand le temps le permet) et remontées de la rivière en bateau pour voir les hippopotames et les crocodiles (300 R/pers).

Shoreline Boat & Walking Safaris CROISIÈRES FAUNIQUES
(✆035-590 1555 ; Shop 1 Reef & Dune complex, McKenzie St). Croisières de 2 heures dans l'estuaire de St Lucia pour observer hippopotames et crocodiles. Les passagers ont aussi la possibilité de débarquer pour effectuer un circuit à pied dans une zone peuplée de zèbres et d'antilopes.

Observation de la faune

Vaste choix entre l'uMkhuze Game Reserve, l'un des meilleurs sites du pays pour obser-

ISIMANGALISO WETLAND PARK

Pourquoi y aller Ce parc n'a pas d'équivalent sur l'ensemble du continent. Il englobe en effet la majeure partie des forêts marécageuses qui subsistent dans le pays et le plus grand estuaire d'Afrique.

Quand partir Toute l'année.

Informations pratiques L'iSimangaliso s'étend sur plus de 220 km, couverts surtout de dunes et de forêts. Il se divise en trois grandes zones : le Sud (facilement accessible depuis St Lucia, d'où l'on peut rallier les Eastern et Western Shores), le Centre (Sodwana Bay, desservie par la R22) et le Nord, moins accessible mais magnifique (Kosi Bay, au bout de la R22). De la R22, une route vers l'ouest permet d'atteindre facilement l'uMkhuze Game Reserve.

Faire des économies St Lucia compte quelques bonnes auberges de jeunesse où l'on pourra vous donner des bons plans pour les circuits. En partageant le coût à 3 ou 4 personnes, les safaris en voiture sans guide constituent la formule la moins chère. L'hébergement est généralement moins cher en dehors du parc.

iSimangaliso Wetland Park

iSimangaliso Wetland Park

Les incontournables
1 iSimangaliso Wetland Park................B3
2 uMkhuze Game Reserve.....................A1

À voir
Bats Cave..................................(voir 4)
Cape Vidal...............................(voir 10)
3 Eastern Shores...............................B3
4 Mission Rocks B3
Point de vue du Mt Tabor ....(voir 4)
5 Western Shores B3

Activités
6 Emdoneni Cheetah Project................ A3
7 Fig Forest Walk...............................A1

Où se loger
9 Bushwillow.......................................A2
10 Cape Vidal Camp B3
11 Hluhluwe Backpackers A2
12 Hluhluwe County Cottages..................A2
13 Hluhluwe River Lodge A2
14 Isinkwe Backpackers Bushcamp........A3
15 Mantuma..A1
16 Nhlonhlela Bush Lodge A1
17 Zululand Tree Lodge A2

Achats
Ilala Weavers ....(voir 12)

ver la faune, les Eastern et Western Shores autour de St Lucia, où plusieurs agences proposent des circuits de jour et de nuit (liste sur www.isimangaliso.com), et la découverte seul, en voiture, de la vie sauvage.

Shakabarker Tours CIRCUITS
(☎035-590 1162 ; www.shakabarker.co.za ; 43 Hornbill St). Un éventail d'excellents circuits animaliers au départ de St Lucia, notamment des excursions dans les parcs du secteur et une formule à vélo (environ 275 R/pers) autour de St Lucia en compagnie d'un guide zoulou.

Observation des oiseaux

Les amateurs d'ornithologie seront aux anges, en particulier à St Lucia. Le site www.birding.co.za/zulubird/route.htm détaille les itinéraires de la Zululand Birding Route où voir quantité d'oiseaux. La rubrique *Guides* de ce site donne les coordonnées de guides spécialisés.

Themba's Birding & Eco Tours CIRCUITS ORNITHOLOGIQUES
(☎071 413 3243 ; zulubirding.jimdo.com ; St Lucia ; à partir de 350 R/pers, 2 participants minimum). Guide recommandé, Themba suscite l'enthousiasme des visiteurs pour sa connaissance de l'avifaune et du secteur.

Observation des tortues

De passionnantes sorties nocturnes sur la piste des tortues ont lieu à partir de Cape Vidal. Même chose avec le Sodwana Bay Lodge (p. 299) à Sodwana Bay, et avec le Kosi Bay Lodge (p. 300) à Kosi Bay.

Cinq espèces de tortues vivent au large des côtes sud-africaines, mais seules deux viennent y nicher : la tortue luth (*Dermochelys coriacea*) et la caouanne (*Caretta caretta*). Leur zone de nidification s'étend de l'estuaire de St Lucia jusqu'au Mozambique, où elles pondent la nuit, en été. Environ 70 jours plus tard, les petits quittent le nid en pleine nuit et rejoignent l'océan.

St Lucia Turtle Tours CIRCUITS À PIED
(☎082 2575 612 ; www.extremenaturetours.co.za ; ⏲750 R/pers). Géré par Extreme Nature

Tours, ce prestataire assure d'excellentes excursions dans le cadre d'un projet de développement communautaire. Respectueux de l'environnement, il vous emmènera à pied (pas en voiture) le long de la plage pour éviter de déranger les tortues venues creuser leur nid.

EuroZulu Safaris CIRCUITS ÉCOLOGIQUES
(☎035-590 1635 ; www.eurozulu.com ; 1 095 R/pers avec dîner et boissons ; ⏲ nov-mars). Excursions de nuit à la rencontre des tortues depuis Cape Vidal et Kosi Bay. Autres circuits classiques d'observation de la faune, en voiture ou en bateau.

Plongée et pêche en pleine mer

Sodwana Bay (p. 298) se prête idéalement à ces activités.

St Lucia

☎035 / 1 104 HABITANTS

Ne faisant pas officiellement partie de l'iSimangaliso Wetland Park, la plaisante petite localité de St Lucia constitue une bonne base pour explorer le sud du parc. En haute saison, l'activité bat son plein et la population augmente avec l'afflux des visiteurs. L'artère principale, MacKenzie Street (une ancienne piste d'hippopotames), est bordée de restaurants, d'auberges de jeunesse et de bars animés. Derrière, plusieurs B&B se cachent dans des rues plus tranquilles. Des hippopotames déambulent parfois dans les rues du village ; faites attention car ils peuvent être dangereux.

Distributeurs de billets (DAB) des principales banques (Standard Chartered Bank, Nedbank et FNB) dans l'artère principale.

Où se loger

S'il est rare de ne pas pouvoir trouver une chambre, mieux vaut réserver durant les mois d'été.

Monzi Safaris GUESTHOUSE $
(☎035-590 1697 ; www.monzisafaris.com ; 81 McKenzie St ; dort/tente/ch 220/480/570 R ; 📶 🏊). La meilleure adresse pour les voyageurs à petits budgets de la bourgade comprend une partie auberge de jeunesse bien entretenue et une partie *guesthouse* plus chic. La première comprend des chambres simples mais propres avec salle de bains partagée, ainsi que des tentes (ventilateur et électricité) montées sur une terrasse couverte. Espace détente agréable avec billard, bar et piscine. La partie plus luxueuse dispose de grandes tentes avec salle de bains privative (750 R).

St Lucia Wilds APPARTEMENTS $
(☎035-590 1033 ; www.stluciawilds.co.za ; 174 McKenzie St ; studio/cottage à partir de 660/1 650 R). Trois appartements et un studio parfaits pour les petits et moyens budgets allergiques aux auberges de jeunesse. Pas de repas.

Sugarloaf Campsite CAMPING $
(☎033-845 1000 ; www.kznwildlife.com ; Pelican St ; camping 390 R). Un joli camping sur l'estuaire, à proximité des hippopotames, des singes et des crocodiles.

ALERTE SANTÉ

En 2004, l'Organisation mondiale de la santé a déclaré le KwaZululand-Natal (KZN) – jusqu'à St Lucia au nord-est – exempt de paludisme. Sachez cependant qu'une zone à faible risque s'étend de Sodwana Bay (iSimangaliso Wetland Park) à la frontière nord. Le risque peut être plus important au nord et au nord-est, près des frontières de l'eSwatini et du Mozambique. Lors de nos recherches, il était simplement recommandé de porter des manches longues et d'utiliser un répulsif antimoustique, mais nous vous conseillons de consulter votre médecin sur la nécessité d'un traitement préventif anti-malarien si vous prévoyez de vous rendre dans cette région.

Il existe un risque de bilharziose autour de certains cours d'eau et lacs de barrage, surtout à une altitude inférieure à 1 200 m. Faites également attention aux crocodiles et aux hippopotames, animaux dangereux. Soyez prudent la nuit (y compris dans la petite bourgade de St Lucia), quand rôdent les hippopotames. Dans des endroits plus isolés, ces derniers peuvent s'aventurer sur le rivage dans la journée ; restez à distance et éloignez-vous sans bruit. Ne pénétrez jamais dans des lacs ou cours d'eau de l'arrière-pays (estuaire de St Lucia) : il y a des crocodiles, des requins et des hippopotames – et un risque de bilharziose. La baignade est possible (par beau temps et à marée basse) sur la plage de Cape Vidal.

2

ROBERT BERINGER / GETTY IMAGES ©

3

FIVE-BIRDS PHOTOGRAPHY / SHUTTERSTOCK ©

. Bourke's Luck Potholes (p. 409)
:es cavités circulaires se trouvent l'entrée du Blyde River Canyon.

2. iSimangaliso Wetland Park (p. 290)
Ce parc splendide comprend des écosystèmes divers : récifs, plages, lacs, marécages, forêts côtières, dunes et mangroves.

3. Hluhluwe-iMfolozi Park (p. 289)
Des perspectives à couper le souffle et une faune variée, dont des troupeaux de buffles, font de ce parc un incontournable.

Santa Lucia Guesthouse GUESTHOUSE $$
(☎035-590 1151 ; www.santalucia.co.za ; 30 Pelikaan St ; s/d avec petit-déj 787/1 330 R ;). En retrait de l'artère principale, en face d'un beau parc, cette *guesthouse* dirigée par des hôtes affables garantit un séjour très agréable. Chaque chambre est décorée selon un thème. Petite bibliothèque. Sur la terrasse en bas ou à l'étage, détendez-vous devant un petit-déjeuner copieux en profitant du jardin tropical.

Sunset Lodge BUNGALOWS $$
(☎035-590 1197 ; www.sunsetstlucia.co.za ; 154 McKenzie St ; chalets 895-1 995 R ;). Ce lodge possède sept bungalows en rondins bien tenus, équipés et décorés sur le thème du safari. Les chalets les plus chers bénéficient d'une vue sur l'estuaire depuis leur terrasse privative : vous verrez des hippopotames, des mangoustes et des singes déambuler sur la pelouse. Les propriétaires ont récemment fait construire une piscine avec vue sur l'estuaire.

Hornbill House B&B $$
(☎035-590 1162 ; 43 Hornbill St ; ch à partir de 1 145 R ;). Plaisant et douillet, ce B&B gardé par des chiens affectueux comporte de jolies chambres, certaines avec un balcon surplombant la végétation luxuriante du jardin, et une petite piscine. Kian, le propriétaire, connaît parfaitement la région et dirige une agence qui propose de nombreux circuits et activités respectueux de l'environnement.

Lodge Afrique LODGE $$$
(☎035-590 1696 ; www.lodgeafrique.com ; 71 Hornbill St ; s/d avec petit-déj 1 050/1 700 R ;). D'élégants chalets au "chic africain", très bien équipés. En plein centre de St Lucia, mais le jardin donne l'impression d'être au milieu de la brousse. Excellent petit-déjeuner.

Serene Estate Guesthouse GUESTHOUSE $$$
(☎072 365 2450 ; www.serene-estate.co.za ; 119 Hornbill St ; ch avec petit-déj à partir de 2 160 R ;). La sobriété néerlandaise a rencontré la luxuriante forêt africaine pour créer sept chambres raffinées, dans un cadre contemporain à mille lieues de St Lucia. Les petits-déjeuners, servis avec une surprise quotidienne signée Olga, vous laisseront des souvenirs inoubliables.

Forest Lodge HÔTEL $$$
(☎035-590 1698 ; www.forestkzn.co.za ; 15 Pelikaan St ; s/d à partir de 875/1 530 R). Si vous recherchez un hébergement impeccable, cette nouvelle adresse est pour vous. Le linge est d'une blancheur éclatante et les meubles modernes. Au centre du lodge, la piscine entourée d'une végétation luxuriante donne l'impression d'être dans la forêt, mais sans les vilaines bêtes.

Umlilo Lodge LODGE $$$
(☎035-590 1717 ; www.umlilolodge.co.za ; 9 Dolphin Ave ; s/d 1 050/1 600 R ;). Dans un joli jardin verdoyant, ce lodge central comprend 13 chambres indépendantes et un agréable salon avec terrasse, où se détendre en fin de journée. Le propriétaire est charmant.

Où se restaurer et prendre un verre

Le meilleur endroit pour profiter d'un verre au crépuscule est le **Ski Boat Club** (☎035-590 1376 ; Sugar Loaf Rd, St Lucia Estuary ; plats 50-160 R ; 12h-20h30 ;), seul restaurant de la ville à dominer l'estuaire.

Rich's Cafe CAFÉ $
(☎083 453 1621 ; McKenzie St ; plats 45-55 R ; 7h30-18h lun-ven, 8h-14h dim). Sandwichs, wraps, vrai café et petits-déjeuners servis toute la journée dans une ravissante petite cour-jardin.

Barraca INTERNATIONAL $$
(☎035-590 1729 ; McKenzie St ; plats 89-159 R ; 11h-21h). Repérable à sa grande véranda ouverte sur l'artère principale, ce lieu accueillant est parfait pour déguster une cuisine savoureuse à toute heure, en profitant du spectacle de la rue. À midi, tartines, le soir, curry de crevettes, paella et autres plats de la mer.

Braza PORTUGAIS $$
(☎035-590 1242 ; 73 McKenzie St ; plats 80-180 R ; 6h-22h). Ce restaurant animé promet une cuisine mêlant des saveurs du Portugal, du Brésil, du Mozambique et de l'Angola. Cela se traduit par de bons plats de viande et de grillades, ainsi qu'une assiette végétarienne (qui ne figure pas à la carte). Tout ce qui contient du chorizo est sublime.

Depuis/vers St Lucia

Des taxis-minibus collectifs relient Durban à Mtubatuba (120 R), à 25 km de St Lucia ; de là, vous devrez prendre un autre taxi-minibus pour St Lucia. Des bus circulent également entre St Lucia, Richards Bay et Mtubatuba, mais vous devrez changer dans chaque localité. En dehors des circuits organisés, vous aurez besoin d'un véhicule pour explorer l'estuaire.

Pour louer une voiture, **Avis** (☎035-590 1634 ; www.avis.co.za ; 110 McKenzie St ; ⌚8h-17h lun-ven, 8h-12h sam) dispose d'une enseigne dans l'artère principale.

Eastern Shores

Les **Eastern Shores** (☎035-590 1633 ; www.isimangaliso.com ; adulte/enfant/véhicule 51/37/61 R ; ⌚5h-19h nov-mars, 6h-18h avr-oct), dans le sud de l'iSimangaliso Wetland Park, sont l'un des secteurs les plus facilement accessibles depuis l'estuaire de St Lucia. On peut les explorer en solo, en voiture, grâce à un excellent réseau de pistes qui permet d'apercevoir de nombreux animaux – hippopotames, antilopes, oiseaux, entre autres. Faisant partie d'un projet de réhabilitation, cette zone a retrouvé son aspect d'origine suite à la destruction de milliers d'hectares d'anciennes plantations (d'où les souches d'arbres).

L'entrée des Eastern Shores est à 2 km au nord de la localité de St Lucia, à côté du St Lucia Crocodile Centre.

Mission Rocks RIVAGE

Mission Rocks est un rivage rocheux qui révèle, à marée basse, une fabuleuse faune marine dans des bassins naturels. Baignade interdite. À 14 km au nord de l'entrée des Eastern Shores.

Bats Cave GROTTE

À marée basse, on peut rejoindre à pied cette grotte peuplée de chauves-souris (à 5 km de Mission Rocks).

Point de vue du Mount Tabor POINT DE VUE

Le point de vue du Mount Tabor, accessible par trois boucles de randonnée, offre une vue superbe sur le lac St Lucia et l'océan Indien. Quelque 4 km avant Mission Rocks.

Cape Vidal PLAGE

(isimangaliso.com ; adulte/enfant/véhicule 51/37/61 R ; ⌚5h-19h nov-mars, 6h-18h avr-oct). Cape Vidal est l'un des sites les plus spectaculaires des environs. Certaines des dunes boisées y atteignent 150 m de haut et les plages sont propices à la baignade. Vous verrez probablement des hippopotames, des antilopes, des buffles et des crocodiles sur le chemin de la plage. À 20 km au nord de Mission Rocks (30 km de l'estuaire de St Lucia), entre le lac Bhangazi et l'océan.

Cape Vidal Camp CAMPING, BUNGALOWS $$

(☎033-845 1000 ; www.kznwildlife.com ; empl camping 1-4 pers 540 R, bungalow en rondins 5 lits à partir de 1 575 R). Le camping des Eastern Shores est idéalement situé à Cape Vidal, près du lac Bhangazi. Les emplacements sont un peu chers et les bungalows défraîchis (attention aux chauves-souris), mais si vous n'êtes pas trop attaché au confort, le cadre est une merveilleuse.

Western Shores

Au nord-ouest de l'estuaire de St Lucia, les **Western Shores** (☎035-590 1633 ; www.isimangaliso.com ; adulte/enfant/véhicule 48/36/58 R ; ⌚5h-19h nov-mars, 6h-18h avr-oct) recèlent deux sites remarquables en bord de lac : **Fani's Island** (fermé à l'heure où nous écrivons pour cause de sécheresse) et **Charters Creek** (entrée par la N2, à 18 km au nord de Mtubatuba et 32 km au sud de Hluhluwe), une zone d'épaisses forêts côtières et de prairies.

Une nouvelle route relie St Lucia à Charters Creek, endroit charmant au bord du lac offrant de beaux points de vue, mais il n'y a pas grand-chose à y faire. Le trajet à l'ouest du lac permet d'observer la faune de cette rive : des antilopes, en particulier des cobes à croissant (*waterbuck*), des koudous, voire des hippopotames.

uMkhuze Game Reserve et ses environs

L'**uMkhuze Game Reserve** (☎035-573 9004, 031-845 1000 ; www.kznwildlife.com ; adulte/enfant/véhicule 51/37/61 R ; ⌚5h-19h nov-mars, 6h-18h avr-oct) est un incontournable. Créée en 1912 pour protéger les nyalas (une espèce d'antilope), cette réserve aux plaines couvertes d'épaisses broussailles et d'acacias s'étend sur près de 40 000 ha. Des lions y ont été réintroduits avec succès en 2014 et elle sert d'habitat à la plupart des animaux emblématiques de l'Afrique, ainsi qu'à plus de 420 espèces d'oiseaux, dont la rare chouette pêcheuse de Pel (*Scotopelia peli*). uMkhuze (ou Mkhuze) est jalonnée d'affûts astucieusement placés, dont certains près de points d'eau ; les cuvettes, entourées d'arbres à fièvre (*Acacia xanthophloea*), comptent parmi les meilleurs sites d'observation de la faune du pays. La réserve se situe à 15 km de Mkuze (à 18 km de Bayla en direction du nord).

UMKHUZE GAME RESERVE

Pourquoi y aller De toute beauté, uMkhuze est une réserve où l'on peut croiser les Big Five, ainsi que des nyalas et autres antilopes aux abords des camps. Le safari est donc un must, d'autant que les guides sont très compétents.

Quand partir On observe mieux les animaux en octobre-novembre, lorsque la végétation est moins dense.

Informations pratiques La localité la plus proche est Mkuze.

Faire des économies Les gîtes sont avantageux et de nombreux *braai* permettent de cuisiner soi-même.

Activités

En journée, vous pouvez circuler librement en voiture dans le parc. Des circuits en voiture sont proposés le soir (250 R/pers) depuis le Mantuma.

Fig Forest Walk CIRCUIT PÉDESTRE
(www.kznwildlife.com/iMfolozi%20Trails.html ; 250 R/pers). Ne manquez pas la superbe Fig Forest Walk, une marche guidée dans une forêt de figuiers anciens sur des passerelles à plusieurs niveaux que propose l'équipe du Mantuma.

Où se loger

Mantuma CHALETS, TENTES $$
(☎033-845 1000 ; www.kznwildlife.com/Mantuma.html ; cabanes 290 R/pers, d chalet 1 100 R). Ce camp s'inscrit dans un bel environnement non clôturé où s'aventurent souvent des animaux, notamment des nyalas. Pas de première jeunesse, il a connu des jours meilleurs, mais allie propreté, emplacement de choix et bon rapport qualité/prix. Mieux vaut préparer vos repas que compter sur le restaurant, où vous pourrez toutefois vous procurer de bons sandwichs.

Ghost Mountain Inn AUBERGE $$$
(☎035-573 1025 ; www.ghostmountaininn.co.za ; Fish Eagle Rd, Mkuze ; s/d avec petit-déj à partir de 1 315/1 750;). À l'extérieur du parc, cette auberge coloniale à l'ancienne, dans un jardin fleuri, se caractérise par des aménagements modernes et luxueux, ainsi que des espaces de détente couverts ou en plein air. Elle constitue une excellente base pour explorer les réserves. Des circuits culturels passionnants – comme à l'uMkhuze Game Reserve et à Dingaan's Grave – sont organisés aux alentours.

Nhlonhlela Bush Lodge LODGE $$$
(☎033-845 1000 ; www.zululandreservations.co.za ; lodge 8 lits 4 080 R). Le Nhlonhlela Bush Lodge comprend un espace commun qui domine une cuvette et quatre lodges confortables, reliés par des passerelles en bois. Les résidents disposent de leur propre ranger (garde forestier) et d'un cuisinier (vous devez apporter vos provisions).

Depuis/vers l'uMkhuze Game Reserve

Du nord, on rejoint la réserve via la petite localité de Mkhuze (Mkuze). Du sud, il faut prendre l'embranchement qui part de la N2 à environ 35 km au nord du village de Hluhluwe, mais le trajet s'effectue sur une piste. Du côté est, un accès se trouve sur la R22 à quelque 40 km au sud de Sodwana Bay. Il s'agit d'une alternance de pistes et de mauvaises routes bitumées pleines de nids-de-poule, néanmoins praticables en voiture standard. Conduisez prudemment. Une route relie aussi Sodwana Bay à la réserve.

Sodwana Bay

Sodwana Bay (☎035-571 0051 ; isimangaliso.com ; adulte/enfant/véhicule 23/19/32 R ; 24h/24) est adossée à une forêt luxuriante et ourlée de sable scintillant. Le secteur est réputé pour la plongée : la diversité des paysages sous-marins, ainsi que de la faune et de la flore aquatiques en font l'un des premiers sites du pays. La pêche en haute mer fait aussi partie des activités locales. Pendant les vacances d'été, plongeurs et pêcheurs arrivent par centaines. Le reste de l'année, la baie retrouve une merveilleuse tranquillité. En dehors de ces activités, il n'y a guère de distractions, à part se promener le long de la plage et admirer le cadre splendide. Sachez que le Sodwana Bay National Park fait partie de l'iSimangaliso Wetland Park.

La plupart des visiteurs viennent pour les sites de plongée, enchanteurs, mais les activités aquatiques sont nombreuses : voile, surf, snorkeling, pêche et paddle dans les eaux chaudes. L'endroit plaira aux amateurs d'ornithologie, qui pourront faire la randonnée de 4 heures du **Ngoboseleni Trail** et parcourir en voiture les rives du lac Sibaya.

Où se loger et se restaurer

Natural Moments Bush Camp & Diving AUGERGE DE JEUNESSE $
(☎083-236 1756 ; www.divesodwana.com ; 1A Sodwana Bay Main Rd ; bungalow 240 R/pers, ch à partir de 255 R). Cet établissement rudimentaire, à l'esprit baba cool, possède de petits bungalows regroupés dans un jardin luxuriant. L'équipe gère aussi un camping avec une case zouloue non loin.

Ezemvelo KZN Wildlife CAMPING $$
(☎réservations 033-845 1000 ; www.kznwildlife.com ; empl camping 1-4 pers à partir de 640 R, chalet 4 lits 1 800 R ; @). Des centaines d'emplacements de tentes et des bungalows bien équipés, dont les salles de bains ont été rénovées, disséminés dans la forêt côtière du parc. Montant minimum appliqué. Possède un magasin général (ci-contre) avec deux distributeurs de billets et une station-service vendant des produits de base et des souvenirs.

Coral Divers LODGE $$
(☎035-571 0290 ; www.coraldivers.co.za ; Sodwana Bay ; tente double 495 R, chalet double avec/sans petit-déj et dîner 1 030/760 R ; @≋). Situé à l'intérieur du Sodwana Bay National Park, ce lodge est très apprécié pour ses forfaits de plongée et autres activités marines. Il possède une vaste salle à manger avec bar, une petite piscine et des hébergements pour tous les budgets : des tentes et des bungalows aux allures de maison de poupée à ceux plus haut de gamme, avec salle de bains et coin de pelouse. L'entretien peut parfois laisser à désirer.

Sodwana Bay Lodge LODGE $$$
(☎035-571 9101 ; www.sodwanabaylodge.co.za ; s/d en demi-pension 1 040/1 910 R). Ses allées en planches, ses bananiers et ses bungalows en pin un peu datés séduisent les plongeurs, d'autant que l'établissement propose des formules hébergement-plongée plutôt avantageuses. Les chalets, aux grands balcons, sont très confortables.

Le lodge, également situé dans le Sodwana Bay National Park, comprend le **Sodwana Bay Lodge Scuba Centre** (☎035-571 0117 ; www.sodwanadiving.co.za ; cours PADI Open Water 5 500 R ; ⏲7h-16h30), ainsi qu'un restaurant animé, un bar – et un distributeur de billets.

Leatherbacks PRODUITS DE LA MER $$
(☎035-571 6000 ; Sodwana Bay Lodge ; plats 75-145 R ; ⏲7h-10h30, 12h-17h et 18h30-22h). Dans un cadre tranquille à l'écart de la route principale, un bel endroit, ouvert à la brise. On y sert à tout moment de la journée (excepté lors de la pause en fin d'après-midi) des plats simples, tels que pâtes, pizzas et produits de la mer.

Renseignements

De nombreux services – hébergements, centres de plongée, cafés et tour-opérateurs – jalonnent la route qui conduit à l'entrée du parc.

Le **magasin général** (⏲8h-16h45 lun-ven, 8h-15h sam, 8h-12h45 dim), à l'entrée du parc, dispose de deux DAB, un à l'intérieur et un à l'extérieur. Un autre se trouve au Sodwana Bay Lodge. Sinon, vous devrez aller à Mbazwana, à 14 km à l'ouest.

Depuis/vers Sodwana Bay

Quittez la N2 à la bourgade de Hluhluwe en direction de Mbazwana et continuez sur environ 20 km jusqu'au parc. Des taxis-minibus collectifs desservent cet itinéraire.

Lac Sibaya et Coastal Forest

Des plaines herbeuses, des forêts luxuriantes et des plages immaculées constituent les principales caractéristiques de la splendide Coastal Forest. Sa beauté s'explique en partie par son emplacement : ce secteur est l'un des plus reculés de l'iSimangaliso. Parmi les principaux sites à voir figurent **Black Rock**, une péninsule rocheuse facilement accessible en escaladant des dunes de sable, et **Lala Nek**, une impressionnante étendue de sable qui s'étire à perte de vue.

Plus au sud, le lac Sibaya est le plus grand lac d'eau douce du pays. Couvrant de 60 à 70 km² selon le niveau d'eau, il héberge des hippopotames, des crocodiles et plus de 280 espèces d'oiseaux. Des excursions en canoë y sont organisées par le Thonga Beach Lodge.

L'entrée dans cette partie de l'iSimangaliso est gratuite.

Tous les lodges proposent des activités, notamment snorkeling et plongée.

Où se loger

La plupart des hébergements de la région sont des lodges luxueux, mais on trouve également un camping au cadre spectaculaire. Les lodges prennent en charge le transfert de leurs hôtes depuis la route principale, où les véhicules sont garés en sécurité.

Mabibi Beach Camp CAMPING $
(☎035-474 1504 ; www.mabibibeachcamp.co.za ; camping/chalet 134/728 R). Propriété de la communauté locale, ce camp rustique jouxtant le sélect Thonga Beach Lodge offre une autre forme de luxe : il se niche sur une parcelle de forêt à un saut de puce (et 137 marches…) de la plage. Apportez tente, matériel de camping et provisions.

Thonga Beach Lodge LODGE $$$
(☎035-474 1473 ; www.thongabeachlodge.co.za ; ch pension complète à partir de 4 780 R ;). Prisé des visiteurs européens, ce complexe balnéaire chic et isolé est composé de huttes spacieuses éparpillées dans la forêt côtière. Vue spectaculaire sur l'océan, où passent parfois des baleines. La grande plage de sable blanc et les soins du spa (en supplément) délassent après un safari ou d'autres activités. La cuisine est excellente, notamment les buffets-déjeuners.

Rocktail Beach Camp LODGE $$$
(☎à Johannesburg 011-807 1800 ; www.wilderness-safaris.com ; ch pension complète à partir de 3 135 R/pers ;). Le Rocktail Beach Camp plaira autant aux plongeurs qu'aux amateurs d'ornithologie ou aux aventuriers. Il compte 12 tentes safari (avec parquets en pin et salle de bains lambrissées), trois hébergements familiaux et une suite nuptiale, nichés sur une dune boisée dans un cadre tropical, avec vue sur la canopée ou l'océan.

Le tarif inclut le petit-déjeuner, le déjeuner et le dîner, tous excellents. Centre de plongée sur place et Maputaland Coastal Forest rapidement accessible à pied.

Depuis/vers le lac Sibaya et la Coastal Forest

On accède à la région soit par la piste côtière sablonneuse reliant Kosi Bay à Sodwana Bay, soit depuis Manguzi, dans les deux cas en 4x4. Le lac Sibaya n'est pas desservi par les transports publics. Portes ouvertes de 6h à 18h.

Kosi Bay

Joyau de l'iSimangaliso Wetland Park, **Kosi Bay** (isimangaliso.com ; adulte/enfant/véhicule 55/28/56 R ; ⏲6h-18h) compte quatre lacs qui se succèdent à partir d'un estuaire bordé de plages aussi belles que paisibles. Les forêts de figuiers, de mangroves et de raphias constituent la végétation ; c'est le seul endroit du pays réunissant cinq espèces de mangroves. L'entrée de l'estuaire se prête au snorkeling.

Des hippopotames, des requins du Zambèze et quelques crocodiles vivent dans les lacs. Plus de 250 espèces d'oiseaux ont été répertoriées, dont le rare vautour palmiste.

Kosi Mouth PLEIN AIR
(adulte/enfant/véhicule 56/23/56 R). Sable doré, eaux cristallines et chant des oiseaux vous accueillent à l'arrivée de ce trek jusqu'à l'estuaire, où des kraals de pêche (pièges à poissons) traditionnels tsongas font encore vivre des familles locales. L'estuaire sableux est propice à la baignade et au snorkeling, mais fréquenté par des poissons-pierres ; attention, portez toujours des chaussures. Vous aurez besoin d'un 4x4 et d'un permis, à retirer la veille à la réception du **Kosi Bay Camping** (☎réservations 033-845 1000 ; www.kznwildlife.com ; empl à partir de 560 R, bungalows 2/6 lits 940/1 870 R). Certains lodges s'occupent de procurer un permis à leurs hôtes.

Où se loger et se restaurer

Utshwayelo Lodge CAMPING, CHALETS $$
(☎082 909 3113 ; www.kosimouth.co.za ; empl 200 R, tente Sahara 660 R, chalets 960 R ;). Géré par une communauté, ce charmant camping comprend des emplacements spacieux et des chalets bien alignés, équipés chacun d'une douche extérieure confortable. Cuisine commune, bar et piscine. À côté de l'entrée du parc sur la route de Kosi Mouth. Délivre des permis pour la réserve et propose un service de navettes.

Kosi Bay Lodge LODGE $$
(☎083 262 4865 ; www.kosibaylodge.co.za ; ch/tente safari à partir de 360/230 R/pers ;). Les chambres ne sont pas de toute première fraîcheur, mais ce lodge est d'un bon rapport qualité/prix, et il y a une piscine, un restaurant et un bar. Nombreuses activités, dont l'observation des tortues (680 R/pers). Navette jusqu'à Kosi Bay Mouth (400 R). Les prix augmentent considérablement pendant les vacances scolaires et les longs week-ends.

Maputaland Lodge CHALETS $$
(☎082-323 4271 ; www.maputalandlodge.co.za ; Manguzi ; s/d avec petit-déj 690/1 040 R ;). À Manguzi, ces 23 chalets simples et plaisants comportent tous des équipements modernes, dont la TV satellite. Un bar et un restaurant sont à disposition. Idéalement situé à proximité de Kosi Bay, du Tembe Elephant Park et de la Ndumo Game Reserve. Faites un détour par le bar le soir afin de rencontrer les sympathiques

propriétaires, toujours de bon conseil sur les visites des environs.

Kosi Forest Lodge LODGE $$$
(035-474 1473 ; www.isibindi.co.za ; s/d à partir de 1 800/2 200 R ;). Seul lodge privé dans le secteur Kosi Bay de l'iSimangaliso, il se situe au cœur d'une forêt sablonneuse de *waterberries* (*Syzgium cordatum*). Paisible, intime et luxueux (compte tenu de l'isolement et de l'électricité et du Wi-Fi – limités), il ne comprend que 16 lits dans de romantiques tentes safari. Boiseries et couleurs sourdes évoquent *Out of Africa*, tandis que d'ingénieuses salles de bains en plein air permettent de profiter de la nature.

Activités (certaines incluses dans le prix) et transferts possibles depuis Manguzi. Si vous souhaitez vous y rendre par vos propres moyens, il vous faudra un 4x4 pour parcourir les routes sablonneuses.

Depuis/vers Kosi Bay

Un 4x4 et un permis sont requis pour pénétrer dans Kosi Bay. Le parc compte deux entrées, à Kosi Bay Camp (à 7 km au nord de Manguzi) et à Kosi Mouth (à 19 km au nord de Manguzi). Seuls les 4x4 peuvent emprunter les routes d'accès, et leur nombre est limité. Des permis sont nécessaires pour entrer dans Kosi Bay Mouth. Ils s'obtiennent la veille à la réception du Kosi Bay Camp ou auprès de certains hébergements.

Le personnel du Kosi Forest Lodge vient chercher ses clients à Manguzi ; certains lodges d'autres secteurs organisent des excursions à Kosi Bay. Vous pouvez rallier Manguzi en taxi collectif depuis Durban (220 R, 5 heures environ) ou certains villages des alentours.

Si vous venez en voiture, de quelque direction que ce soit, la N2 constitue la meilleure voie d'accès ; à Hluhluwe, tournez sur la R22. Si vous venez de Sodwana Bay, continuez vers le nord sur la R22. Si vous disposez d'un 4x4, ne manquez pas la route côtière sablonneuse.

Tembe Elephant Park

Découvrez les derniers éléphants "à grandes défenses" (Big Tuskers) en liberté du pays dans les forêts de *sandveld* (bande côtière sèche et sablonneuse) du **Tembe Elephant Park** (031-267 0144 ; www.tembe.co.za ; adulte/enfant/véhicule 140/70/140 R ; 6h-18h). Géré par l'Ezemvelo KZN Wildlife, ce parc à cheval sur la frontière du Mozambique appartient au peuple Tembe. Quelque 230 éléphants vivent sur ses 300 km² ; ce sont les seuls pachydermes indigènes du KZN et aussi les plus grands au monde (ils peuvent peser jusqu'à 7 tonnes). Le parc est également notable pour les Big Five (lion, léopard, buffle, éléphant et rhinocéros), et plus de 300 espèces d'oiseaux.

Tembe Lodge LODGE $$$
(082 651 2868 ; www.tembe.co.za ; s/d pension complète et activités à partir de 2 425-4 070 R ;). Le Tembe Lodge propose de belles tentes safari haut de gamme, avec salles de bains (certaines avec douche extérieure), isolées et montées sur des plateformes en bois. Le prix des chambres inclut la pension complète et deux safaris par jour.

Ndumo Game Reserve

Rhinocéros blancs et rhinocéros noirs, girafes, hippopotames, crocodiles et diverses espèces d'antilopes évoluent dans la **Ndumo**

TEMBE ELEPHANT PARK

Pourquoi y aller Dans ce parc vivent les Big Five, parmi lesquels, surtout, les derniers éléphants "à grandes défenses" (Big Tuskers) en liberté du pays. Des formules intéressantes incluant l'hébergement dans des tentes safari, les repas et les activités constituent une façon pittoresque de le découvrir.

Quand partir Les mois les plus secs (mai-septembre) se prêtent mieux à l'observation de la faune. Depuis les affûts près des points d'eau, vous ne manquerez pas de surprendre des animaux. Si vous ne logez pas sur place, mieux vaut arriver tôt car seuls dix véhicules sont autorisés chaque jour.

Informations pratiques Une route goudronnée conduit jusqu'à l'entrée du parc, mais seuls les 4x4 peuvent circuler à l'intérieur. Un parking sécurisé est disponible et les visiteurs empruntent des véhicules découverts utilisés pour les safaris.

Faire des économies Les tarifs du lodge dans le parc semblent très élevés, mais n'oubliez pas qu'ils comprennent tous les repas et deux safaris quotidiens. Des hébergements plus économiques sont disponibles en dehors du parc.

Game Reserve (☎035-591 0004 ; www.kznwildlife.com ; adulte/enfant/véhicule 100/50/100 R ; ⏲5h-19h oct-mars, 6h-18h avr-sept), de quelque 100 km², au cœur de paysages grandioses. Les visiteurs viennent essentiellement pour les oiseaux qui peuplent les berges du Phongolo et de l'Usutu, leurs plaines inondables et cuvettes. La réserve est surnommée localement "mini-Okavango".

Des promenades guidées (180 R) et des circuits en voiture (280 R) font découvrir la faune. Située à la limite australe du parcours de nombreux oiseaux, la réserve est prisée des amateurs d'ornithologie, avec plus de 400 espèces recensées.

Vous trouverez du carburant et quelques provisions à 2 km avant l'entrée du parc. L'**Ezemvelo KZN Wildlife** (☎réservations 033-845 1000 ; camping 160 R, hutte 2 lits 960 R) gère un camping et des huttes ; un montant minimum s'applique.

Juste à l'ouest du Tembe Elephant Park, la réserve jouxte le Mozambique, non loin de la frontière de l'eSwatini, à environ 100 km au nord d'uMkhuze.

La route pour Ndumo est goudronnée ; vous devez disposer de votre propre véhicule pour rejoindre le parc.

MIDLANDS

Les Midlands s'étendent au nord-ouest de Pietermaritzburg, la capitale du KwaZulu-Natal, jusqu'à Estcourt, plus au nord, et contournent les champs de bataille (*battlefields*) au nord-est. À l'ouest de Pietermaritzburg s'étend un paysage rural vallonné, planté d'essences européennes d'arbres et jalonné de haras. C'est là que s'établirent les colons anglais.

Aujourd'hui, la région attire plutôt les amateurs d'art et d'artisanat. Elle assure sa promotion à travers le Midlands Meander, un ensemble d'itinéraires autour de la R103, à l'ouest de la N3, au nord-ouest de Pietermaritzburg, au long desquels s'égrènent boutiques d'artisanat, lieux culturels, salons de thé, B&B, etc.

Pietermaritzburg

☎033 / 223 500 HABITANTS

Une population hétéroclite cohabite à Pietermaritzburg (souvent abrégée en "Mariztburg", ou aussi "PMB"), où se côtoient les étudiants des écoles privées du centre-ville, une importante communauté zouloue et une population indienne conséquente. Pietermaritzburg constitue une base pratique pour explorer le Midlands Meander, mais aussi le Drakensberg.

Cité d'art et d'histoire, à la fois capitale administrative et législative du KwaZulu-Natal, Pietermaritzburg s'enorgueillit de majestueux édifices qui datent de l'époque coloniale (architecture majoritairement victorienne). Si nombre d'entre eux ont été transformés en musées, le centre-ville a perdu beaucoup de son lustre. Cela est en partie dû à l'état déplorable des finances de la municipalité. À l'inverse, la périphérie, ainsi que Hilton, à 9 km au nord-ouest du centre-ville, est agréable et verdoyante.

Histoire

Après la défaite des Zoulous à la bataille de Blood River, les Voortrekkers établirent la république de Natalia. En 1838, ils fondèrent Pietermaritzburg, leur capitale. Nommée au départ Pietermauritzburg en l'honneur de leur chef, Pieter Mauritz Retief, elle perdit son "u" pour, expliqua-t-on en 1938, rendre également hommage à Gert Maritz, un autre dirigeant Voortrekker. En 1841, les Boers construisirent la Church of the Vow (église du Vœu). Les Britanniques annexèrent le Natal en 1843, mais conservèrent Pietermaritzburg – une jolie petite ville, bien située et moins humide que Durban – comme capitale. En 2004, la métropole est devenue capitale de la province ; les noms de ses rues ont été changés en 2005 pour faire écho à l'histoire régionale.

Alan Paton, écrivain et homme politique sud-africain opposé à l'apartheid, auteur de *Pleure, ô pays bien-aimé* (publié en 1948 ; Livre de Poche, 1997), naquit à Pietermaritzburg en 1903.

À voir

KwaZulu-Natal Museum MUSÉE
(☎033-345 1404 ; www.nmsa.org.za ; 237 Jabu Ndlovu St ; adulte/enfant 15/5 R ; ⏲9h-15h30 lun-ven, 9h-15h sam, 10h-15h dim). Cet impressionnant musée rassemble des collections diverses, bien présentées, qui reflètent la diversité des cultures. Elles traitent aussi bien de l'histoire des colons et des explorateurs que des souvenirs de guerre, en passant par les oiseaux naturalisés et la faune marine. Regroupant un grand nombre d'animaux naturalisés dans un petit espace,

Pietermaritzburg

la galerie des mammifères africains est particulièrement marquante.

Tatham Art Gallery MUSÉE

(☎ 033-392 2801 ; www.tatham.org.za ; Chief Albert Luthuli St (Commercial Rd) ; ⏲ 10h-16h lun-ven, 10h-14h sam-dim). GRATUIT Hébergée dans la superbe Old Supreme Court (tout en briques et colonnades), la Tatham Art Gallery, fondée en 1903 par Mme Ada Tatham, est l'un des plus beaux musées d'art du pays. On peut notamment y voir une collection d'œuvres d'art françaises et anglaises, remontant au XVIIIe siècle pour les plus anciennes. Au fil des ans, la collection a été enrichie de sculptures, céramiques et peintures, dont des tableaux d'Eugène Boudin et d'Alfred Sisley, et d'œuvres d'artistes sud-africains du XXe siècle. Le rez-de-chaussée est essentiellement réservé aux œuvres d'artistes du Kwazulu-Natal. Des expositions d'art contemporain sont également organisées.

KwaZulu-Natal National Botanical Garden JARDINS

(☎ 033-344 3585 ; www.sanbi.org ; 2 Swartkops Rd, Prestbury ; adulte/enfant moins de 6 ans 37/15 R ; ⏲ 9h-18h oct-avr, 9h-17h30 mai-sept). Ces jardins botaniques s'étendent sur plus de 4 200 m² et contiennent des espèces exotiques et endémiques. Visites guidées en semaine et marché de producteurs tous les samedis matin à partir de 6h. À 2 km à l'ouest de la gare ferroviaire, dans le prolongement de Hoosen Haffejee Street.

Pietermaritzburg

Les incontournables

À voir

Où se loger

Où se restaurer

Msunduzi Museum MUSÉE

(☎ 033-394 6834 ; www.msunduzimuseum.org.za ; 351 Langalibalele St (Longmarket St) ; adulte/enfant 10/3 R ; ⏲ 9h-16h lun-ven, 9h-13h sam ; P). L'ancien Voortrekker Museum est un remarquable complexe muséal comprenant la petite Church of the Vow (toute blanche),

LE MIDLANDS MEANDER

Plaisant et bénéficiant d'une atmosphère détendue, le "méandre" des Midlands, qui s'étend sur une vallée et ses alentours, mérite le détour depuis la N3. La brochure *Midlands Meander*, disponible dans les offices du tourisme, contient une carte détaillée de la région.

Nelson Mandela Capture Site (☎071 834 4349 ; www.thecapturesite.co.za ; R103, Lions River ; adulte/enfant 100/30 R ; ⏲8h30-16h45 ; 👪). Le 5 août 1962, Nelson Rolihlahla Mandela fut capturé par la police de l'apartheid sur la R103, non loin de Howick. Cet événement allait marquer le début de 27 années d'incarcération. En 2012, un monument fut érigé sur ce site à sa mémoire : 50 colonnes d'acier qui, lorsqu'on les regarde sous le bon angle, révèlent un portrait du grand homme. Un centre des visiteurs inauguré en 2019 accueille des expositions, un film immersif, des ojets et des photographies. Une allée mène à la sculpture *Release*, désormais intégrée aux jardins du centre. Café sur place (qui sert de l'excellent café), magasin d'artisanat et aire de jeux pour enfants.

Ardmore Ceramic Studio (☎033-940 0034 ; www.ardmoreceramics.co.za ; Caversham Rd, Lidgetton ; ⏲8h-16h30). Cet atelier de céramique a été créé en 1985 par l'artiste Fée Halset-Berning, qui a formé Bonnie Ntshalintsahli, la fille d'un ouvrier agricole. Bonnie est décédée mais l'atelier a prospéré, d'abord dans le Drakensberg avec un groupe d'artistes talentueux, et depuis 2009 dans cet endroit verdoyant et arboré. Les artistes produisent des pièces extraordinaires, utilitaires ou ornementales. Elles sont si renommées que Christie's organise chaque année une vente aux enchères de certaines d'entre elles. Vous pourrez voir les artistes au travail et admirer (et acheter) leurs œuvres dans la galerie.

Dargle Valley Pottery (☎082 420 7729 ; D66 ; ⏲9h-17h). Fondé par le célèbre potier sud-africain Ian Glenny, cet atelier à l'ancienne, de style années 1970, produit des pièces rustiques, à l'opposé d'Ardmore mais tout aussi esthétiques, réputées pour leurs émaux remarquables ; les plats à tajines ont beaucoup de succès. Dans la galerie aux allures de grange, vous verrez l'artisan travailler au tour.

Sycamore Avenue Tree Houses (☎033-263 5009 ; www.treehouse-acc.co.za ; 11 Hidcote Rd, Mooi River ; s/d demi-pension à partir de 695/1 390 R). Ces petites maisons dans les arbres sortant de l'ordinaire incarnent l'art fonctionnel dans toute sa splendeur : matériaux recyclés, ornements sculptés, charnières en bois et touches décoratives ingénieuses composent un cadre confortable. L'une d'elles possède même un "Jaccuzzi dans le ciel", desservi par une passerelle. Le Sycamore est situé à proximité de Hidcote, à 50 km de Giant's Castle, dans le Drakensberg ; consultez le site Internet pour l'itinéraire.

Granny Mouse Country House (☎033-234 4071 ; www.grannymouse.co.za ; Old Main Rd, Balgowan ; d avec petit-déj à partir de 2 595 R). Près du village de Balgowan, au sud de la Mooi, ce complexe hôtelier comprend de luxueux cottages couverts de chaume, une chapelle et un spa. Des promotions sont souvent proposées.

la demeure d'Andries Pretorius, une maison voortrekker et une ancienne école de filles (1905), immense et tout en briques rouges, qui accueille des expositions sur l'histoire de la région et de ses divers habitants. Il y a aussi un joli jardin d'herbes.

Statue de Gandhi MONUMENT

(Church St Mall). Une statue de Gandhi se dresse en face d'édifices de l'époque coloniale de Church Street. C'est en effet ici, en gare de Pietermaritzburg, que le futur Mahatma Gandhi fut expulsé d'un wagon de 1re classe – parce qu'il n'était pas blanc.

Où se loger

La plupart des B&B attirent une clientèle d'affaires. Pietermaritzburg Tourism peut vous aider à trouver un hébergement. Essayez aussi le **Pietermaritzburg B&B Network** (☎073-154 4444 ; www.pmbnetwork.co.za ; d 600-1 500 R).

Tancredi B&B
B&B $$

(☎082 818 1555 ; www.tancredi.co.za ; 41 Woodhouse Rd, Scottsville ; s/d avec petit-déj 690/980 R ; P 📶). Un B&B de sept chambres, dans la maison victorienne magnifiquement restaurée d'une banlieue tranquille, au sud de la ville. Mention spéciale au délicieux petit-déjeuner et à l'accueil de la propriétaire, Ann. Celle-ci vend ses tricots à la réception.

Smithgrove B&B
B&B $$

(☎033-345 3963 ; www.facebook.com/Smithgrove BedandBreakfast ; 37 Howick Rd ; s/d avec petit-déj à partir de 610/865 R ; ❄📶). Belle maison victorienne rénovée au confort très britannique, avec de grandes chambres toutes de style différent. Baignoire sur pieds dans la plupart des salles de bains. La chambre n°5, au 2e niveau, en retrait de la route principale, profite de la meilleure vue.

Heritage Guest House
GUESTHOUSE $$

(☎033-394 4364 ; 45 Miller St ; s/d avec petit-déj 600/800 R ; P 📶 🏊). Le propriétaire, en tenue de chef, prépare lui-même le petit-déjeuner à l'anglaise. Cette *guesthouse* comporte six logements de tailles et de formes différentes, dotés de lits confortables, autour d'un joli jardin et d'une piscine. Prisée des voyageurs d'affaires pour de longs séjours, la demeure fait face au cimetière, non loin du centre-ville.

Redlands Hotel & Lodge
HÔTEL $$$

(☎033-394 3333 ; www.redlandshotel.co.za ; angle Howick Rd et George MacFarlane Lane ; s/d à partir de 1 320/1 630 R ; P ❄ 📶 🏊). Classicisme chic pour le Redlands, joliment décoré dans le style colonial. Ses 22 chambres sont appréciées par les personnalités politiques, et le vaste jardin donne l'impression d'être loin de tout. Au nord du centre-ville, après les Royal Agricultural Showgrounds.

Où se restaurer et prendre un verre

Tandoor
INDIEN $

(☎033-345 1379 ; 319 Bulwer St ; plats 40-115 R ; ⏲10h-21h). Grâce à cette adresse, Pietermaritzburg peut rivaliser avec Durban en matière de cuisine indienne. De succulentes spécialités, à déguster sur place ou à emporter (les lieux sont dépourvus de charme). Les habitants raffolent du poulet au beurre.

Tatham Art Gallery Cafe
CAFÉ $

(☎033-342 8327 ; www.tatham.org.za ; Chief Albert Luthuli St/Commercial Rd ; plats 60-90 R ; ⏲10h-16h lun-ven, 10h-14h sam-dim). Quiche, bœuf au curry et lasagnes sont servis dans une salle à l'étage ou sur une terrasse de la belle Tatham Art Gallery. Il y a aussi des douceurs telles que des muffins et des brownies.

Mo-G's Restaurant
INTERNATIONAL $$

(☎083 637 8861 ; 43 Miller St ; plats 140-185 R ; ⏲12h-15h et 17h30-21h30 mar-jeu et sam, 14h-21h30 ven). Cette nouvelle table est déjà réputée comme l'une des plus raffinées de la ville. Le chef local Muhammed Moosa cuisine des classiques, comme le jarret d'agneau ou le confit de canard, avec une petite touche innovante.

Rosehurst
INTERNATIONAL $$

(☎033-394 3833 ; 239 Boom St ; plats 68-120 R ; ⏲9h-16h lun-ven, 9h-14h sam). Cette charmante oasis, située dans une jolie maison victorienne derrière une boutique de cadeaux *so British*, se double d'un jardin typiquement anglais avec topiaires, chaises et tables originales. Installez-vous sous les bougainvillées pour déguster de savoureux sandwichs, salades et pâtisseries. Les petits-déjeuners sont excellents.

Franki Bananaz
BAR

(☎033-345 7373 ; 9 Armitage Rd, Bird Sanctuary ; ⏲12h-2h). Ce bar à cocktails haut de gamme donne l'occasion de côtoyer un échantillon de la population locale : étudiants et jeunes professionnels s'y bousculent, surtout le vendredi soir. Bons burgers et autres plats préparés d'avance, mais le service est un peu lent. Des groupes du cru se produisent une fois par mois. Prenez toujours un taxi à l'aller et au retour.

ℹ Renseignements

DÉSAGRÉMENTS ET DANGERS

Attention aux pickpockets, surtout dans les zones les plus fréquentées du centre, comme Church Street Mall.

OFFICES DU TOURISME

Ezemvelo KZN Wildlife Headquarters (☎033-845 1000 ; www.kznwildlife.com ; Peter Brown Dr, Queen Elizabeth Park ; ⏲8h-16h30 lun-ven, 8h-13h sam). Informations et réservations d'hébergements (au moins 48 heures à l'avance) pour tous les parcs et réserves de l'Ezemvelo KZN Wildlife. Pour vous y rendre, suivez Howick Road (un prolongement de Chief Albert Luthuli Road) sur plusieurs kilomètres jusqu'à un rond-point ; tournez à droite et prenez la N3, où un tout petit panneau indique "Country Club", à 2 km. L'endroit est difficile à rejoindre sans son propre moyen de transport, bien que quelques taxis-minibus collectifs à destination de Hilton passent par le rond-point.

Msunduzi Pietermaritzburg Tourism (☎033-345 1348 ; www.pmbtourism.co.za ; Publicity House, 177 Chief Albert Luthuli S/Commercial Rd ; ⏲8h-17h lun-ven, 8h-13h sam) occupe l'imposante Publicity House en plein centre-ville (il est question depuis longtemps d'un déménagement). Personnel sympathique et vaste sélection de brochures et de cartes.

SERVICES MÉDICAUX

Medi-Clinic (☎033-845 3700 ; www.mediclinic.co.za ; 90 Payn St ; urgences 24h/24). Un hôpital bien équipé avec service d'urgences au bord de l'Umsinduzi.

ℹ Depuis/vers Pietermaritzburg

AVION

L'**aéroport** (☎033-386 9577) est à 7 km au sud de la ville. Le trajet en taxi revient à 90 R environ. **SAAirlink** (☎033-386 9286 ; www.flyairlink.com) propose des vols pour Johannesburg (1000 R, 1 heure).

BUS

Les sièges de la plupart des compagnies de bus, dont Greyhound et Intercape, sont situés dans Berger Street ou en face, sur McDonalds Plaza (267 Burger St). Translux et sa partenaire à bas coût, City to City, sont basées à la gare ferroviaire.

Johannesburg (410 R, 7 heures), Pretoria (480 R, 7 heures) et Durban (300 R, 1 heure 30) font partie des destinations desservies. Les bureaux ouvrent généralement de 7h ou 8h à 23h. Les billets pour les principaux services peuvent s'acheter à Checkers/Shoprite et sur le site www.computickettravel.com.

Southern Berg Shuttle (☎072-325 4267, 066-359 4912 ; www.southernbergshuttle.co.za) assure, sur réservation, un service de navette quotidien vers l'aéroport international King Shaka de Durban (600 R) et le centre de Durban (350 R).

TAXI COLLECTIF

Les taxis-minibus pour Durban (55 R, 1 heure 30) partent de derrière l'hôtel de ville (City Hall). Ceux pour Ladysmith (90 R, 2 heures 30) et Johannesburg (200 R, 8 heures), de l'angle de West Street et Pietermaritz Street.

TRAIN

Un train **Shosholoza Meyl** (☎0860 008 888, 011-774 4555 ; res.prasa.com/shosholozameyl/Booking) dessert Johannesburg (320 R, 12 heures) le mercredi, le vendredi et le dimanche.

ℹ Comment circuler

Pour commander un taxi, appelez **Metro Taxis** (☎033-397 1910 ; www.metrotaxis.co.za).

DRAKENSBERG ET UKHAHLAMBA-DRAKENSBERG PARK

Avec ses escarpements déchiquetés luxuriants et ses sommets plats vertigineux dans ses contreforts, le Drakensberg, immense chaîne montagneuse, est d'une beauté naturelle exceptionnelle. Il forme la frontière entre l'Afrique du Sud et le royaume montagneux du Lesotho, et ses paysages sont parmi les plus grandioses du pays.

Une partie du Drakensberg, une vaste chaîne basaltique de 2 430 km², a été classée au patrimoine mondial de l'humanité en 2000 et renommée pour l'occasion uKhahlamba-Drakensberg Park. Certains de ses panoramas font partie des images emblématiques de l'Afrique du Sud, notamment la courbe inoubliable de l'Amphithéâtre dans le Royal Natal National Park.

Drakensberg signifie "montagne du dragon" en afrikaans ; les Zoulous l'appellent Quathlamba (ou uKhahlamba, rempart de lances). Si l'expression zouloue décrit bien ses parois incisives, le nom afrikaans traduit son atmosphère irréelle. Cette région est habitée depuis des millénaires, comme en témoignent les nombreux sites d'art rupestre du peuple san (visibles à Didima, Cathedral Peak, Kamberg et Injisuthi).

Les San, déjà menacés par les tribus venues s'installer dans les contreforts du Drakensberg, disparurent avec l'arrivée des colons blancs. Certains s'enfuirent au Lesotho, où ils s'intégrèrent à la population basotho, mais beaucoup furent tués ou moururent de faim après la perte de leurs territoires de chasse. Les colons blancs, exaspérés par les raids des Khoisan (ou Khoe-san) sur leur bétail, obligèrent plusieurs tribus noires à s'installer au pied du Drakensberg afin de servir de tampon. Ces premiers "bantoustans" freinèrent le développement de la région, ce qui favorisa plus tard la création d'une série de parcs et de réserves.

Climat

Il gèle en hiver, il pleut en été, et il peut neiger sur les sommets toute l'année. En été, les prévisions météo, affichées dans tous les bureaux des parcs de l'Ezemvelo KZN Wildlife, peuvent souvent annoncer un temps maussade. Quelle que soit la période, emportez toujours un vêtement imperméable et préparez-vous à un temps glacial et à des chutes de neige.

Randonnée

Avec ses vallées fluviales, ses cascades, ses rivières, ses grottes et ses pentes montant jusqu'à 3 000 m, le Drakensberg est l'une des destinations de randonnée les plus spectaculaires du continent, sillonnée d'itinéraires pour marcheurs de tous niveaux. Activité prisée, l'escalade des sommets est réservée aux grimpeurs expérimentés.

En bref, il existe trois degrés de difficulté : promenades faciles à la journée, marches modérées d'une demi-journée et randonnées sportives de 10 à 12 heures. Les treks de deux ou plusieurs jours s'adressent aux marcheurs entraînés.

Toutes les entrées du parc donnent accès aux sentiers, que ce soit dans les secteurs du Royal Natal National Park (renommé pour ses excellentes marches d'une journée), de Cathedral Peak, Monks Cowl, Injisuthi et Giants Castle, ou dans les lointaines zones sauvages du Southern Drakensberg.

Pour organiser une marche, une randonnée ou un trek, procurez-vous la carte correspondante au 1/50 000 indiquant les sentiers et comportant les informations indispensables pour les randonneurs. Renseignez-vous sur l'état des sentiers auprès de randonneurs expérimentés, des propriétaires de votre hôtel ou des employés de l'Ezemvelo KZN Wildlife. Inscrivez-vous toujours sur le registre. Il faut un permis pour toute marche dans le parc : adressez-vous aux bureaux de l'Ezemvelo KZN Wildlife aux points de départ des sentiers. Le seul hébergement se trouve à Giant's Castle ; dans certains secteurs, les randonneurs peuvent passer la nuit dans des grottes, mais emportez toujours une tente.

Si vous souhaitez être accompagné d'un guide, la plupart des hébergements peuvent vous mettre en relation avec des professionnels expérimentés ; vous pouvez également contacter les bureaux des parcs. Pour réserver un guide pour une randonnée de plusieurs jours, contactez l'Ezemvelo KZN Wildlife. Les tarifs sont variables ; vous devrez payer un permis de 60 R par personne et par nuit. Les feux sont interdits ; vous devez emporter un réchaud.

La meilleure période pour la randonnée s'étend d'avril à juillet. L'été peut être frustrant, voire dangereux, en raison de la pluie et des rivières en crue. En hiver, le gel constitue le principal danger et il peut neiger. Des serpents vivent dans la région.

UKHAHLAMBA-DRAKENSBERG PARK

Pourquoi y aller Il s'agit de l'un des lieux phares d'Afrique du Sud. Ses montagnes sublimes, ses formidables itinéraires de randonnée et ses sites d'art rupestre san justifient vraiment le voyage. L'endroit n'a cependant rien à voir avec les parcs sud-africains classiques que l'on peut parcourir en voiture à la rencontre d'animaux. Il n'y a quasiment pas de routes, et c'est à pied que vous devrez l'explorer.

Quand partir En automne (mars à mai) et au printemps (septembre à novembre), le temps est idéal pour randonner. Les nuits hivernales sont extrêmement froides ; quant aux pluies d'été, elles rendent les chemins peu sûrs.

Informations pratiques Faute de route reliant les principaux sites, il faut entrer et sortir de chaque secteur du parc depuis la N3, la R103 et la R74 ou, si leur état le permet, emprunter des routes secondaires.

Faire des économies Logez dans les campings et les quelques hébergements à prix raisonnables du secteur. À plusieurs, cela vaut la peine de louer une voiture.

Drakensberg

Faune et flore

Avec de l'eau en abondance, une altitude atteignant 3 000 m et des reliefs diversifiés – plateaux, falaises, vallées –, il n'est pas étonnant que la flore de l'uKhahlamba-Drakensberg soit aussi variée. Le parc se compose essentiellement de prairies, de gorges boisées et de hautes falaises de basalte avec de petites forêts dans les vallées. Des protées poussent dans la savane et, au printemps, les fleurs sauvages s'épanouissent. Dans les hauteurs, l'herbe cède la place à la lande et aux broussailles. Plus bas, des petites forêts de *yellowwood* (*Podocarpus latifolius*) occupent les vallées, en particulier dans le Royal Natal National Park

Le parc abrite une riche faune, dont une soixantaine d'espèces de mammifères et des centaines d'oiseaux. Parmi plusieurs espèces d'antilopes, on compte de nombreux élands (davantage dans le Southern Berg) et les très rares oréotragues (aussi appelé sassa, *ou klipspringer*), repérés parfois en altitude. Des loutres, des chats sauvages africains, des porcs-épics et même quelques léopards vivent dans le parc. Des babouins rôdent sur les pentes les plus abruptes en quête de nourriture. L'animal le plus exceptionnel est un petit rongeur à queue courte, le rat du veld de Sloggett, qui vit dans les rochers près des sommets. Des gypaètes barbus (un oiseau de proie peu répandu), des aigles noirs et des vautours planent autour des falaises, profitant des courants ascendants. Plusieurs affûts dans le parc permettent une observation rapprochée.

Hébergement

Séjourner dans l'un des excellents hébergements de l'Ezemvelo KZN Wildlife – campings, tentes safari, bungalows et chalets équipés – constitue le meilleur moyen d'explorer l'uKhahlamba-Drakensberg Park ; un montant minimum est parfois appliqué. Des complexes hôteliers privés plus luxueux parsèment les contreforts de la chaîne. Lors d'une randonnée, les grottes et le camping sont les seuls endroits où dormir, avec quelques cases dans les montagnes, essentiellement dans le Southern Berg (où se trouvent par ailleurs quelques superbes hôtels).

ℹ Renseignements

Central Drakensberg Information Centre (☎ 036-488 1207 ; www.cdic.co.za ; sur la R600, Info Centre Building ; ⏲ 9h-17h). Organisme privé installé dans le complexe de Thokozisa, à 13 km de Winterton sur la R600, et qui dispose d'un nombre incroyable de brochures.

Ezemvelo KZN Wildlife Headquarters (p. 305). À Pietermaritzburg. Informations sur les divers parcs et hébergements. En général, tous les hébergements d'Ezemvelo KZN Wildlife doivent être réservés.

Southern Berg Tourism (p. 312). Cet office du tourisme accueillant et efficace fournit le *Southern Drakensberg Pocket Guide*, en anglais, bien utile.

ℹ Comment s'y rendre et circuler

Malgré l'importante circulation touristique dans cette zone, peu de transports publics desservent le Drakensberg ; des taxis-minibus transportent à l'occasion le personnel des complexes hôteliers. Les principaux points de départ se situent sur la N3 ou à proximité. Des auberges de jeunesse de Durban organisent le transport jusqu'à leurs consœurs proches du col de Sani (Sani Pass) et de Himeville.

Le col de Sani est l'itinéraire le plus connu pour rejoindre le Lesotho par le Drakensberg, mais il nécessite un 4x4. Plus au sud, d'autres cols jalonnent la montagne, mais ils débouchent généralement sur des pistes aussi étroites qu'un sentier côté Lesotho.

Dans la région du Drakensberg, nombre de routes secondaires ne sont pas goudronnées et certaines deviennent impraticables après la pluie ; restez sur les axes principaux.

Les GPS peuvent s'avérer peu fiables, voire trompeurs, pour circuler dans les montagnes. Mieux vaut vous fier aux indications de personnes expérimentées ou à la bonne signalisation routière.

Drakensberg Sud (Southern Berg)

Le sud du Drakensberg offre l'une des plus belles excursions de la région : le trajet jusqu'au Lesotho par le col de Sani. La région est également renommée pour ses randonnées sportives (dont le fabuleux Giant's Cup Trail) que l'on peut pratiquer dans de nombreux secteurs encore sauvages.

Southern Drakensberg Wilderness Areas

Les secteurs de Highmoor, Kamberg, Lotheni et Cobham, au sud de Giant's Castle, se prêtent à la randonnée. Ils sont gérés par l'Ezemvelo KZN Wildlife. Très isolés, ils restent accessibles si vous avez du temps. Les prix des permis pour les treks de plusieurs jours varient selon l'itinéraire.

À voir

Highmoor Nature Reserve RÉSERVE NATURELLE

(☎réservations 033-845 1000 ; www.kznwildlife.com ; adulte/enfant 100/50 R ; ⏲5h-19h oct-mars, 6h-18h avr-sept). Moins protégée et moins spectaculaire que d'autres parties du Drakensberg, cette réserve aux paysages vallonnés est propice à d'agréables promenades. C'est aussi l'un des rares endroits où l'on peut rejoindre en voiture les sommets plats des contreforts. Une marche facile de 4 km conduit à Fultons Rock, une caverne ornée de peintures rupestres. D'autres grottes accueillent des randonneurs pour la nuit, en particulier l'Aasvoelkrantz Cave et Caracal Cave, situées à 2,5 km du bureau principal. Les petites localités de Nottingham Road ou de Rosetta donnent accès à la réserve (bien indiquée).

La pêche à la truite y est très populaire. Il n'y a pas de chalets, mais des emplacements de camping (190 R).

Kamberg Nature Reserve RÉSERVE NATURELLE

(☎033-267 7251 ; www.kznwildlife.com ; adulte/enfant 100/50 R ; ⏲5h-19h oct-mars, 6h-18h avr-sept). Au sud-est de Giant's Castle, cette réserve naturelle recèle diverses espèces d'antilopes, ainsi que d'incontournables peintures rupestres. La visite commence par une présentation multimédia, suivie d'une promenade guidée de 3 heures passant par le fameux Game Pass Shelter, surnommé la "pierre de Rosette" sud-africaine, car il a permis aux archéologues d'interpréter le symbolisme des peintures san. Accès depuis Nottingham Road ou Rosetta, près de la N3 au sud de la Mooi.

Où se loger et se restaurer

Kamberg Chalets CHALETS $

(☎033-267 7251 ; www.kznwildlife.com ; chalets 2/6 lits 940/1 080 R). Au sein de la réserve de Kamberg, l'Ezemvelo KZN Wildlife gère ces chalets de deux ou six lits bien équipés et décorés avec goût. Ils comportent une kitchenette et une baie vitrée du sol au plafond ouvrant sur un décor splendide de prairies et de montagnes. Dans la zone de Highmoor, l'hébergement se limite au camping. Apportez vos provisions, que vous restiez dans l'une ou l'autre des deux réserves.

Glengarry Holiday Farm LODGE $$

(☎033-267 7225 ; www.glengarry.co.za ; camping 150 R, chalet indépendant 440 R/pers). Sertis dans un décor de verdure, face à un petit lac, ces chalets simples et agréables conviennent parfaitement aux familles. Ils auraient certes besoin de rénovation, mais sont solides, accueillants et pourvus d'une cheminée. Un terrain de boules, un court de tennis, un petit golf et de beaux sentiers complètent les installations. Le propriétaire conduit volontiers ses hôtes sur une piste de VTT.

Cleopatra Mountain Farmhouse RESORT $$$

(☎033-267 7243, 071 687 7266 ; www.cleomountain.com ; Balgowan ; ch à partir de 2 495 R/pers). Si le Drakensberg était un gâteau, la cerise en serait le Cleopatra Mountain Farmhouse. Les hôtes savourent chaque soir un menu créatif de sept plats, préparés avec des ingrédients de qualité et accompagnés de sauces riches et crémeuses. Les chambres modernes sont équipées d'une cheminée. Chacune est conçue selon un thème et s'agrémente de détails insolites, comme une tête de lit façon palissade ou des souvenirs boers.

Underberg, Himeville et leurs environs

4 400 HABITANTS

Nichée dans les contreforts du Drakensberg Sud, la bourgade agricole d'Underberg se remplit en été, quand les habitants de Durban viennent profiter de l'air frais des montagnes. Elle dispose de bonnes infrastructures et permet d'organiser des activités dans la région. À quelques kilomètres d'Underberg, Himeville est un joli et paisible point de départ vers le Drakensberg Sud.

Himeville Museum MUSÉE

(☎033-702 1184 ; Arbuckle St ; don apprécié ; ⏲9h-15h mar-sam, 9h-12h dim). L'un des meilleurs musées ruraux du pays. Installé dans un fort de 1899, il contient un incroyable bric-à-brac, d'objets quotidiens sud-africains du XXe siècle à l'Union Jack hissé pendant le siège de Ladysmith, en passant par une carte d'El Alamein signée par Montgomery.

Circuits organisés

Plusieurs tour-opérateurs organisent des excursions d'une journée au col de Sani (à partir de 800 R, sans le déjeuner), ainsi que des forfaits sur mesure.

Drakensberg Adventures TOURISME RESPONSABLE
(☎033-702 0330 ; www.drakensbergadventures.co.za ; Sani Lodge, Sani Pass). Lancée par les propriétaires du Sani Lodge, cette compagnie pratique le tourisme responsable en impliquant les communautés locales. Excursions au col de Sani, au Lesotho et randonnées dans le Drakensberg.

Sani Pass Tours EXCURSIONS
(☎033-701 1064 ; www.sanipasstours.com ; Shop 22, Trout Walk Centre, Underberg). Excursions très réputées jusqu'au col de Sani (à partir de 940 R/pers) et circuits de plusieurs jours au Lesotho.

Major Adventures CULTURE
(☎033-701 1628 ; www.majoradventures.com ; Main Rd, Underberg). Propose une excursion d'une journée au col de Sani axée sur son histoire, sa flore et sa faune, ainsi que sur le peuple Basotho. Circuits de plusieurs jours au Lesotho orientés sur la découverte de la culture.

Thaba Tours SPORTS, CULTURE
(☎033-701 2333 ; www.thabatours.co.za ; 54 Sani Rd). Circuits variés : VTT, randonnée, peintures rupestres san et excursions au col de Sani et au Lesotho.

Où se loger

Khotso Lodge AUBERGE DE JEUNESSE $
(☎033-701 1502 ; www.khotso.co.za ; Treetower Farm, Underberg ; empl camping 120 R, dort 160 R, d à partir de 600 R, rondavels à partir de 800 R ; wi-fi). Moyennement réputé en tant qu'auberge pour routards, mais faisant figure d'institution locale, cet établissement s'est renommé "Khotso Lodge". Finis l'animation et le bruit, bien qu'une ambiance conviviale perdure dans les pittoresques parties communes. Les lieux ont été améliorés et modernisés, sans rien perdre de leur charme rustique.

En revanche, les activités n'ont pas changé : sensationnelles **excursions à cheval** (☎033-701 1502 ; www.khotso.co.za/ ; 270/810 par heure/jour) au Lesotho, randonnées et descentes en chambre à air au barrage voisin. Les *rondavels* (cases rondes au toit conique), neufs et particulièrement agréables, jouissent de tout le confort et d'une vue imbattable.

Yellowwood Cottage B&B B&B $
(☎033-702 1065 ; 8 Mackenzie St, Himeville ; sans les repas/avec petit-déj/avec petit-déj et dîner 350/450/595 R/pers ; P wi-fi). Quatre chambres confortables et proprettes dans une jolie maison donnant sur un spectaculaire jardin anglais et sur les Hodgson's Peaks. L'hôtesse, Elsa, est sympathique et attentionnée. Une adresse charmante et douillette.

Tumble In B&B $
(☎033-701 1556 ; www.tumble-in.co.za ; 60 Sani Rd, Underberg ; ch avec petit-déj 335 R, sans petit-déj 170 R/pers). À 2,5 km d'Underberg, sur Himeville Road, ce B&B sans prétention brille par son bon rapport qualité/prix. Ses grandes chambres confortables surplombent un verger de poiriers et de pommiers, peuplé d'oiseaux. N'accepte pas les cartes bancaires.

Himeville Arms HÔTEL HISTORIQUE $$
(☎033-702 1305 ; www.himevillehotel.co.za ; Arbuckle St, Himeville ; ch standard/B&B 790/890 R ; piscine). Aujourd'hui gérée par le groupe Premier Hotels, cette auberge à l'ancienne date du début du XXe siècle. Les chambres marient meubles d'époque et décoration moderne. Jardin et bel espace piscine. Formules B&B disponibles.

Albizia House B&B B&B $$
(☎061-462 5741 ; www.albiziahouse-tours.co.za ; 62 Arbuckle St, Himeville ; s/d avec petit-déj 650/990 R ; P wi-fi). L'endroit parfait pour un séjour traditionnel à la campagne. Les chambres impeccables, avec moquette au sol, ouvrent sur une pelouse soignée. Pour les familles, possibilité de disposer d'un lit d'enfant et d'une chaise haute. L'accueil chaleureux des propriétaires garantit un séjour plaisant.

Où se restaurer

Lemon Tree Bistro INTERNATIONAL $$
(☎033-701 1589 ; www.lemontreeb.co.za ; Clocktower Centre, Main Rd, Underberg ; plats 60-130 R ; ⏲8h-17h, dîner mar-sam). Ce bistrot accueillant sert à midi des pâtes relevées, des burgers, des wraps et des crêpes. La carte du soir inclut truite, filet de koudou et carpaccio de springbok.

LE GIANT'S CUP TRAIL

Sans conteste, le Giant's Cup Trail (60 km, 5 jours et 5 nuits), une randonnée entre le col de Sani (Sani Pass) et Bushman's Nek, est l'une des plus belles du pays. Toute personne en bonne condition physique peut l'effectuer, ce qui explique sa popularité. Mieux vaut réserver le plus tôt possible auprès de l'Ezemvelo KZN Wildlife (p. 299) durant les périodes de vacances locales. En ce qui concerne le climat, les précautions sont les mêmes que pour le reste du Drakensberg ; attendez-vous à de brutales chutes de température toute l'année. Les tarifs de la randonnée dépendent de la composition du groupe.

Les étapes sont les suivantes : 1er jour, 14 km ; 2e jour, 9 km ; 3e jour, 12 km ; 4e jour, 13 km ; 5e jour, 12 km (il ne s'agit pas d'une boucle). Un 6e jour facultatif conduit de Bushman's Nek au Sehlabathebe National Park, au Lesotho (passeport requis). Parmi les plus beaux sites du parcours figurent la Bathplug Cave (grotte de Bathplug), ornée de peintures san, et un fabuleux paysage de montagne le quatrième jour. Vous pouvez rendre la randonnée plus sportive en effectuant deux étapes en une journée, et explorer les alentours des refuges si le temps le permet. Le Sani Lodge vend des cartes (45 R).

Le camping n'est pas autorisé sur cet itinéraire et l'hébergement se résume à quelques refuges (120 R), d'où la nécessité de réserver. Il n'y a pas de bois de chauffage ; vous aurez besoin d'un réchaud et de combustible. Le Sani Lodge se situe pratiquement au début du sentier ; sur demande, un membre du personnel viendra vous chercher à Himeville ou à Underberg.

Grind Cafe CAFÉ **$$**
(Trout Walk Centre, Underberg ; plats 60-95 R ; ⌚8h-20h lun-sam ; 📶). Vaste café dans le Village Mall, toujours très fréquenté – excellent café, bons gâteaux et large choix de pâtes, burgers et pizzas. Accès Wi-Fi.

ℹ Renseignements

Southern Berg Escape (☎033-701 1471 ; www.drakensberg.org ; Old Main Rd, Clocktower Centre, Underberg ; ⌚7h45-16h15 lun-ven, 9h-13h sam-dim). Efficace et accueillant, ce bureau fournit l'utile *Southern Drakensberg Pocket Guide*.

ℹ Depuis/vers Underberg et Himeville

Un taxi-minibus collectif circule tous les jours entre le centre de Kokstad et Underberg ; il part d'Underberg (parking Spar) à 9h et de Kokstad à 14h. L'arrêt pour les bus à Kokstad se situe à la Mount Currie Inn, à 2,5 km du centre ; pour rejoindre ce dernier, demandez au chauffeur, qui vous y conduira moyennant un supplément.

Des taxis-minibus relient Himeville à Underberg (12 R, 10 min) et Underberg à Pietermaritzburg (90 R, 1 heure 30).

BUS

Southern Berg Shuttle (☎072-325 4267, 066-359 4912 ; www.southernbergshuttle.co.za) assure, sur réservation, un service de navette entre Underberg (et le Sani Lodge), le centre de Durban (550 R), l'aéroport international King Shaka de Durban (650 R) et Pietermaritzburg (350 R).

TAXI

Easy Move Junior Cabs (☎082-213 0373, 079-317 2616 ; easy-move.co.za). Les taxis peuvent emmener jusqu'à quatre passagers jusqu'à la côte sud (1 200 R) et Kokstad (600 R). Ils rallient également le centre de Durban (1 400 R), l'aéroport international King Shaka (1 500 R) et Pietermaritzburg (900 R) – prix jusqu'à 3 passagers.

Col de Sani (Sani Pass)

À 2 865 m, le col le plus élevé du pays offre, par temps clair, une vue époustouflante au-delà des rives de l'Umkhomazana vers le nord et sur des falaises vertigineuses au sud. Des chemins de randonnée partent dans toutes les directions, et des promenades à cheval à prix raisonnable sont proposées. Étonnamment, cette route est la seule qui relie le Lesotho et le KwaZulu-Natal.

Une route en lacets spectaculaire conduit à travers les nuages jusqu'au col de Sani et au royaume du Lesotho. Divers tour-opérateurs organisent des circuits en 4x4 jusqu'au Sani Top Chalet, en haut du col, juste après la frontière du Lesotho.

Chaque jour, des taxis-minibus collectifs transportent des habitants de Mokhotlong (Lesotho) qui viennent faire des achats en Afrique du Sud. En sens inverse, s'il reste des places, ils constituent la solution la plus économique pour rejoindre le Lesotho ; de plus, ils vous déposent "en ville" et non dans le lodge isolé, en haut du col. Renseignez-vous à l'office du tourisme. Vous aurez besoin d'un passeport pour entrer au Lesotho. La frontière ouvre tous les jours de 6h à 18h ; vérifiez car les horaires peuvent varier. Sachez que vous aurez besoin d'un autre visa si vous retournez en Afrique du Sud.

Il est question de goudronner la route depuis des années, mais pour l'instant c'est toujours une piste de gravier nécessitant un 4x4.

Sani Lodge Backpackers AUBERGE DE JEUNESSE $
(☎033-702 0330 ; www.sanilodge.co.za ; camping 90 R/pers, dort/d avec sdb commune 165/460 R, rondavel 590 R). Au pied du col, sur une route récemment goudronnée, ce lodge propose d'excellents circuits et activités à travers son agence, Drakensberg Adventures, qui connaît parfaitement la région. L'ambiance chaleureuse évoquant un lodge de station de sports d'hiver compense le confort sommaire de certaines chambres (les *rondavels* sont plus douillets). Une cuisine commune est à disposition et des repas sont servis sur commande (130 R). À 10 km de Himville sur la route du col de Sani.

Bushman's Nek

De ce poste-frontière entre l'Afrique du Sud et le Lesotho (fermé aux véhicules), des chemins de randonnée grimpent dans la montagne et dans le Sehlabathebe National Park (Lesotho). Vous pouvez traverser la frontière et entrer au Lesotho à cheval, avec Khotso Horsetrails (p. 311).

Bushman's Nek Hotel RESORT $$
(☎033-701 1460 ; www.bushmansnek.co.za ; ch/bungalows à partir de 1 050/1 160 R ; ❄📶🏊). Un complexe hôtelier digne de ce nom, avec des bungalows en rondins, des appartements et des chambres d'hôtel standards, dans un cadre montagnard idyllique. Les activités ne manquent pas – équitation, pêche, tir à l'arc, randonnées et spa. À environ 2 km à l'est du poste-frontière du Lesotho et à 24 km d'Underberg. Bien que mauvaise, la route peut être empruntée avec précaution par une voiture standard.

Silverstreams Caravan Park CAMPING $$
(☎082 331 6670 ; www.silverstreams.co.za ; camping/cottages 520-950 R ; 🐾). Des emplacements de tentes et des bungalows dans un beau décor naturel au pied du Drakensberg, près de la frontière du Lesotho. Tarifs plus bas en semaine. Le magasin vend des articles d'épicerie, des souvenirs et de quoi faire des barbecues, et fournit également des informations sur les activités de la région. Supplément pour les animaux de compagnie.

Drakensberg Central (Central Berg)

Comprenant certains des plus hauts pics du Drakensberg, dont le Giant's Castle Peak (3 312 m), le Monk's Cowl (3 234 m) et le Champagne Castle (3 377 m), le centre du Drakensberg est une destination très courue des grimpeurs et des randonneurs. Toutefois, la profusion de paysages splendides comble également ceux qui préfèrent admirer les montagnes de loin.

La paisible bourgade de Winterton est la porte d'accès au Drakensberg central. Une halte s'impose au petit **Winterton Museum** (☎036-488 1885 ; Church St ; don apprécié ; ⏲9h-16h lun-ven), pour une introduction à l'art rupestre san (avec de belles photos commentées) et à l'histoire des peuples locaux. On peut aussi y voir des photos de la bataille de Spioenkop.

Les chambres du **Bridge Lodge** (☎036-488 1554 ; www.bridgelodge.co.za ; 18 Springfield Rd, Winterton ; s/d à partir de 395/730 R) sont agréables, confortables, et à des prix défiant toute concurrence dans la région. La cuisine bon marché du pub est appréciée des habitants.

PRUDENCE EN MONTAGNE

L'Ezemvelo KZN Wildlife déconseille aux marcheurs de partir seuls, même durant la journée. Des guides sont habituellement disponibles. Pour toute marche, même courte, vous devez impérativement signer le registre (*rescue register*). Renseignez-vous bien sur les randonnées et leur durée. Pour des treks de plusieurs jours, l'Ezemvelo KZN Wildlife conseille de partir à quatre au minimum. Tenter l'ascension d'un pic en une journée est réservé aux marcheurs expérimentés et en excellente forme physique.

On trouve un peu partout dans le Central Berg des taxis-minibus collectifs desservant Cathedral Peak (30 minutes environ), Bergville (15 minutes environ) et Estcourt (45 minutes environ).

Cathedral Peak Nature Reserve

À l'ombre des versants de Cathedral Peak, la **Cathedral Peak Nature Reserve** (036-488 8000 ; adulte/enfant 80/40 R ; 5h-19h oct-mars, 6h-18h avr-sept) s'adosse à un escarpement monumental entre le Royal Natal National Park et Giant's Castle, à l'ouest de Winterton. Avec le Bell (2 930 m), le Horns (3 005 m) et le Cleft Peak (3 281 m) à l'horizon, la réserve est fabuleusement photogénique.

Cathedral Peak, à 45 km au sud-ouest de Winterton, est accessible par une route goudronnée. Le bureau du parc fournit des informations sur les randonnées des environs. Malheureusement, le **Didima San Rock Art Centre** (036-488 1332 ; adulte/enfant 20/5 R ; 8h-16h), au Didima Camp, était en grande partie fermé lors de notre dernière visite.

Didima Camp CAMPING, CHALETS $$
(réservations 033-845 1000 ; www.didima.info ; camping 100 R, chalets à partir de 1 120 R ; P @). L'un des plus beaux hébergements de l'Ezemvelo KZN Wildlife, que ce complexe haut de gamme qui bénéficie de panoramas splendides. Il compte plus de 60 chalets équipés de deux ou quatre lits construits sur le modèle des abris san en pierre, avec toit de chaume. Il comprend en outre un restaurant et des courts de tennis. Les emplacements de camping disposent d'espaces *braai* (barbecue), de sanitaires communs et d'une cuisine ; ils jouissent de beaux points de vue. Tout n'est pas en parfait état (objets cassés, portes voilées), mais l'impression globale est saisissante.

Un montant minimum s'applique.

Cathedral Peak Hotel HÔTEL $$$
(036-488 1888 ; www.cathedralpeak.co.za ; ch à partir de 3 560 R). Les chambres haut de gamme de cet hôtel privé jouissent de vues à couper le souffle, et de tout le confort moderne escompté dans la catégorie. La qualité du service et de la cuisine du restaurant n'est pas à la hauteur des prix, mais si vous pouvez vous offrir une suite de luxe, vous comprendrez pourquoi cet établissement possède toujours une excellente réputation.

Monk's Cowl et Champagne Valley

Dans l'uKhahlamba-Drakensberg Park, le **Monk's Cowl** (036-468 1103 ; www.kznwildlife.com ; adulte/enfant 100/50 R ; 6h-18h), un autre mont majestueux de la chaîne du Drakensberg, est propice à de superbes randonnées et escalades.Le parc comprend deux autres pics, le Champagne Castle et le Cathkin Peak.

Sur la route du parc, la ravissante Champagne Valley est jalonnée de cafés, boulangeries et hébergements ; les nombreuses activités qui y sont proposées (hors randonnée) vous occuperont pendant des jours.

Le complexe Thokozisa, à 13 km au sud de Winterton sur la R600, au croisement avec la route allant d'Estcourt vers Cathedral Peak, Monk's Cowl et Giant's Castle, constitue un bon point de repère. Il abrite diverses boutiques, notamment d'artisanat, et le Central Drakensberg Information Centre.

À voir et à faire

Des randonnées de 2 jours (70 R/pers) sont possibles, mais il faut réserver tôt les "grottes-refuges" auprès d'Ezemvelo KZN Wildlife (p. 305).

Falcon Ridge RÉSERVE FAUNIQUE
(082 774 6398 ; adulte/enfant 90/45 R ; démonstration 10h30). À 7 km de l'embranchement vers Drakensberg Sun, le Falcon Ridge propose de fascinantes démonstrations de vols d'oiseaux de proie, ainsi que des conférences.

Drakensberg Canopy Tour TYROLIENNES
(036-468 1981 ; www.drakensbergcanopytour.co.za ; 650 R/pers ; 8h-13h). Le Drakensberg Canopy Tour comprend 12 tyroliennes à travers la canopée, dont sept de plus de 100 m (la plus longue fait 179 m et la plus haute part de 65 m). Vous survolerez une forêt primaire, avec un cours d'eau et des cascades. Ne vous aventurez pas si vous souffrez du vertige. Réservation indispensable.

Ushaka Horse Trails ÉQUITATION
(072 664 2993 ; www.monkscowl.com ; 4 Bell Park Dam Rd ; 2h/1 jour 300/1 100 R). Organise des promenades à cheval d'une heure à une journée.

Où se loger

Inkosana Lodge AUBERGE DE JEUNESSE $
(036-468 1202 ; www.inkosana.co.za ; sur la R600 ; camping/dort 125/250 R, d 900 R, avec sdb commune 700 R ;). Les voyageurs ne tarissent pas d'éloges à propos de cette adresse. Le jardin planté d'essences locales, la piscine écologique, les chambres propres et les charmants *rondavels* en font l'une des meilleures adresses du secteur. Cet établissement qui se qualifie d'auberge de jeunesse est en fait capable de satisfaire le voyageur le plus exigeant. L'offre va du lit en dortoir à la chambre avec salle de bains privative. Emplacement central par rapport aux activités de la région.

Wits End Mountain Resort CHALETS $$
(036-468 1133 ; www.witsend.co.za ; sur la R600 ; chalets à partir de 450 R/pers ;). D'excellents chalets (pour quatre, six ou huit personnes) disposant d'un espace *braai* (barbecue), d'une grande cuisine, d'une cheminée – et d'une vue splendide sur les montagnes et le barrage voisin, où pratiquer quantité d'activités aquatiques. Tarifs plus bas en semaine.

Ardmore Guest Farm LODGE $$
(087 997 1194 ; www.ardmore.co.za ; ch à partir de 705 R ;). Ces confortables cottages et *rondavels* au toit de chaume (certains avec feu de bois), sur un domaine agricole en activité, changent agréablement des complexes hôteliers alentour. Les repas se prennent dans le corps de ferme d'origine. La plupart des hébergements possèdent des équipements modernes et confortables, comme des fauteuils relax.

Little Acres B&B $$
(082 305 3387 ; www.littleacres.co.za ; sur la R600 ; s/d avec petit-déj à partir de 1 010/1 070 R, sans les repas à partir de 890 R ;). Des équipements modernes (TV à écran plat, chauffage par le sol dans la salle de bains...) s'allient au charme rustique de ce B&B. Hébergements variés, dont des bungalows avec kitchenette. Les hôtes sont charmants et bien informés sur les activités du coin. James et Bentley, les deux labradors noirs, sont adorables

Champagne Castle Hotel RESORT $$$
(036-468 1063 ; www.champagnecastle.co.za ; sur la R600 ; s/d pension complète à partir de 2 025/2 700 R ;). Bien situé dans les montagnes au bout de la R600 menant à Monk's Cowl, cet établissement réputé reste une valeur sûre. Il s'agit d'un complexe hôtelier digne de ce nom, avec piscine, court de tennis, salle de jeux et spa.

Où se restaurer

Valley Bakery BOULANGERIE, CAFÉ $
(036-468 1257 ; sur la R600 ; plats 35-60 R ; 8h-17h lun-ven, jusqu'à 14h sam ;). Baguettes, croissants et autres douceurs sont confectionnés sur place (le propriétaire cultive et moud lui-même son blé). Une pittoresque véranda en fer forgé invite à s'attabler pour un petit-déjeuner d'œufs Bénédicte ou de muesli aux fruits frais. Plus tard dans la journée, wraps, sandwichs et tourtes maison combleront les fringales.

Waffle Hut CAFÉ $
(sur la R600 ; plats 40-70 R ; 8h-16h30). Régalez-vous de gaufres salées ou sucrées, puis admirez les tapis tissés main, de fabrication locale ou importés. Ce café fait en effet partie de KwaZulu Weavers, une manufacture de tapis, sur la R600 au sud de Winterton.

Dragon's Rest Pub & Restaurant PUB $$
(036-468 1218 ; plats 80-110 R ; 10h30-14h30 et 18h-20h30). Un endroit charmant où siroter une boisson fraîche et déguster la bonne cuisine du Berg soit dehors, face au barrage et à la montagne, soit à l'intérieur, dans le bar au coin du feu. Le service est lent, mais la cuisine est délicieuse et la vue sublime. Près de l'auditorium du Boy's Choir.

Où sortir

Drakensberg Boys' Choir School CHŒUR
(036-468 1012 ; www.dbchoir.com ; sur la R600 ; à partir de 120 R). Située à côté de la Dragon Peaks Road, la Drakensberg Boys' Choir School est célèbre pour ses chanteurs, ambassadeurs de l'Afrique du Sud dans le monde entier. Les représentations publiques, à 15h30 le mercredi en période scolaire, sont chaudement recommandées par les habitants et les visiteurs.

Renseignements

Le **bureau du parc** (park office ; 036-468 1103 ; 8h-12h30 et 14h-16h30) se trouve 3 km après le Champagne Castle Hotel, lui-même au bout de la R600 qui part vers le sud-ouest à partir de Winterton. Le Central Drakensberg Information Centre (p. 309), installé dans le complexe Thokozisa, à 13 km de Winterton, peut vous être utile, notamment si votre GPS vous trahit.

Injisuthi

Situé sur le versant nord du Giant's Castle, **Injisuthi** (☎réservations 033-845 1000 ; www.kznwildlife.com ; adulte/enfant 100/50 R ; ⏲5h-19h oct-mars, 6h-18h avr-sept) est un autre endroit fabuleux du Drakensberg. Isolé et splendide, il offre une vue impressionnante sur le Monk's Cowl. Cette réserve était à l'origine une ferme ("Farm Solitude"), achetée par le KZN Wildlife à la fin des années 1970. Elle englobe les points culminants du Drakensberg, le Mafadi (3 400 m) et l'Injisuthi (3 300 m), des pics qui ne peuvent *pas* être escaladés en une seule journée.

Injisuthi est le point de départ de la randonnée guidée jusqu'à l'extraordinaire **Battle Cave**, un énorme surplomb rocheux orné de remarquables peintures san. Les scènes, avec personnages et animaux, ont d'abord été interprétées comme la représentation d'une bataille, mais des experts pensent aujourd'hui qu'il s'agit de la description de rêves hallucinatoires ou d'une transe spirituelle.

La marche aller-retour jusqu'à la Battle Cave (environ 140 R/pers) dure 6 heures sur un chemin tantôt exposé, tantôt ombragé. Réservation obligatoire auprès de l'Injisuthi Camp ; le prix peut varier selon le nombre de participants (3 pers minimum).

Marble Baths (4-5 heures), où l'on peut se baigner, est le but de l'une des nombreuses randonnées à la journée à faire dans les environs.

Injisuthi Camp CAMPING, CHALETS $

(☎réservations hébergement 033-845 1000, réservations randonnée 036-431 9000 ; www.kznwildlife.com ; empl camping 115 R, tente safari pour 2 pers 430 R, chalet 790 R). Ce camping dispose d'emplacements et de chalets indépendants pouvant accueillir jusqu'à quatre personnes. Dans le secteur, se trouvent des grottes où les randonneurs peuvent passer la nuit (renseignez-vous avant de partir pour savoir si elles sont ouvertes).

Giant's Castle

Créé en 1904 essentiellement pour protéger l'éland du Cap, Giant's Castle est une destination isolée et accidentée, très apprécié pour ses paysages spectaculaires. La crête du Giant's Castle est l'un des éléments les plus impressionnants du Berg. Si vous arrivez du sud par la N3, empruntez la bretelle de sortie 175, qui ne figure pas sur toutes les cartes.

Au bureau du Giant's Castle Camp (voir ci-dessous), prenez une carte sommaire des sentiers (sans les distances).

Lammergeier Hide ABRI D'OBSERVATION

(☎036-353 3718 ; groupe de 3 pers 1 300 R, 310 R/pers supp). Le rare gypaète barbu (*Gypaetus barbatus*, ou *lammergeier*), présent en Afrique du Sud uniquement dans le Drakensberg, niche dans la réserve. Le personnel donne parfois des os aux visiteurs pour qu'ils les déposent et encouragent ainsi les oiseaux à rester. L'abri d'observation Lammergeier Hide est le meilleur endroit pour observer ces timides rapaces ; réservation indispensable. Un 4x4 ou de solides chaussures de randonnée sont nécessaires pour rejoindre le Lammergeier Hide. Aucun équipement sur place.

Main Cave SITE HISTORIQUE

(60 R/pers ; ⏲9h-15h). Le secteur de Giant's Castle recèle de nombreux sites d'art rupestre san. On pense que les derniers San vivaient ici au début du XXe siècle. Vous pourrez voir quelques-unes de leurs peintures dans la Main Cave, à 2,3 km au sud du Giant's Camp. Thandeka, la guide, attend à l'entrée de la grotte et effectue toutes les heures un circuit commenté.

Le trajet à pied depuis le Giant's Camp prend 45 minutes, mais on peut emprunter un raccourci de 1,5 km au retour.

Où se loger

Il existe plusieurs excellents hébergements dans la réserve, ainsi que des grottes et des gîtes pour les randonneurs.

Giant's Castle Camp CHALETS $$

(☎036-353 3718, réservations 033-845 1000 ; www.kznwildlife.com ; gîtes 85 R/pers, chalets à partir de 1 065 R). Isolé à 8 km de l'entrée principale, le camp le plus important de la réserve renferme des chalets pour deux, quatre ou six personnes avec cheminée, kitchenette, baies vitrées, TV et véranda au toit de chaume. Son restaurant s'agrémente d'une terrasse dévoilant une vue splendide sur la montagne (sauf en été, quand la brume descend et réduit la visibilité à quelques mètres). Hébergements dans des grottes et gîte de huit lits pour les randonneurs.

Depuis/vers Giant's Castle

Si vous arrivez du nord ou du sud par la N3, prenez la R29 jusqu'à Giant's Castle (elle rejoint Estcourt, à l'est). Depuis Winterton et la Champagne Valley, vous pouvez rejoindre la R10, puis vous diriger vers Draycott, au sud-est. De là, une bonne route gravillonnée de 25 km serpente à travers des pinèdes et rejoint l'asphalte à hauteur de White Mountain Lodge, d'où il faut encore parcourir 23 km pour rejoindre Giant's Castle et la R29.

Des taxis-minibus collectifs, peu fréquents, circulent entre Estcourt et des villages proches de l'entrée principale (KwaDlamini, Mahlutshini et KwaMankonjane), mais à plusieurs kilomètres de Giant's Camp.

Drakensberg Nord (Northern Berg)

Étape idéale entre Durban et Johannesburg, le nord du Drakensberg a pour joyau le magnifique Royal Natal National Park, dont les fabuleux espaces déserts sont propices à de superbes randonnées à la journée.

Bergville

☎036 / 1 200 HABITANTS

Bourgade sans grand intérêt, Bergville est pratique pour faire des provisions et rejoindre le Drakensberg du Nord.

Bingalela CHALETS **$$**

(☎036-448 1336, 082 390 3133 ; www.bingelela.co.za ; ch petit-déj inclus à partir de 450 R/pers ;). Un peu loin des sites intéressants du Drakensberg, le Bingalela dispose de chambres confortables à des tarifs intéressants. À 3 km de Bergville sur la R74, d'agréables *rondavels* doubles ou familiaux s'élèvent sur un terrain poussiéreux aux allures de parking, à l'ombre des eucalyptus. Les habitants apprécient le bar-restaurant animé. À savoir : une fête de la bière s'y tient en octobre.

Renseignements

Okhahlamba Drakensberg Tourism

(☎036-448 1296 ; www.drakensberg.org.za ; 8h-17h30 lun-ven, 9h-12h30 sam). Organisme privé, qui fournit quantité de brochures, mais son aide ne va pas au-delà.

Depuis/vers Bergville

Le parking des taxis collectifs se situe derrière l'office du tourisme. Aucun bus longue distance ne passe à proximité de Bergville. Pour l'atteindre, vous devrez rejoindre Ladysmith et prendre un taxi-minibus collectif (45 min). Un bus Greyhound dessert chaque jour Estcourt et Ladysmith. Si des taxis rallient le secteur du Royal Natal National Park pour 20 R, peu d'entre eux poursuivent jusqu'à l'entrée du parc.

Royal Natal National Park

D'une superficie de 80 km², le **Royal Natal National Park** (☎036-438 6310 ; www.kznwildlife.com ; adulte/enfant 100/50 R ; 5h-19h oct-mars, 6h-18h avr-sept) possède une majesté inversement proportionnelle à la modestie de sa taille. Offrant certains des paysages les plus spectaculaires et les plus accessibles du Drakensberg, le parc abrite le sublime **Amphithéâtre**, une falaise bordant une gorge sur plus de 5 km, impressionnante d'en bas et plus encore depuis les hauteurs. À cet endroit, les Tugela Falls (chutes du Tugela) dévalent plus de 850 m en cinq paliers (celui du haut est souvent gelé en hiver). Derrière se dresse le Mont-aux-Sources (3 282 m), ainsi nommé par des missionnaires français en 1836 car il donne naissance aux fleuves Tugela, Elands et Western Khubedu ; ce dernier devient l'Orange (Senqu) avant de se jeter dans l'Atlantique. Le parc est réputé pour ses excellentes marches d'une journée et ses possibilités de randonnée.

D'autres pics majeurs marquent le paysage : le Devil's Tooth, l'Eastern Buttress et le Sentinel. La Rugged Glen Nature Reserve jouxte le parc au nord-est.

Le **centre des visiteurs** (☎036-438 6310 ; 8h-16h30) se situe à 3 km de l'entrée principale. Il fournit une carte sommaire des marches d'une journée et se double d'une petite épicerie.

À voir et à faire

San Rock Art SITE HISTORIQUE

(50 R ; 9h-16h). Le seul site d'art rupestre san ouvert au public parmi ceux qui émaillent

> **TRANSPORTS EN COMMUN**
>
> Des bus desservent Ladysmith et Harrismith dans l'État libre (Free State), non loin du Northern Berg. Des taxis-minibus rallient Bergville, excellente base pour visiter la région. Certains hébergements pourront organiser le transfert depuis l'une de ces bourgades.

le parc. Les guides de Siyaphambili Elijah, souvent présents près du centre des visiteurs, proposent des circuits commentés. Le trajet aller-retour dure environ 1 heure, pause et explications incluses.

Rugged Glen Stables ÉQUITATION
(☎036-438 6422 ; 2 heures 300 R). Juste avant l'entrée du parc, ce centre équestre est connu pour son éventail d'activités, dont des randonnées à cheval de 2 jours.

Elijah Mbonane RANDONNÉE
(☎073-137 4690 ; elijahmbonane@yahoo.com). Randonnées guidées allant de la balade d'une heure au trek de plusieurs jours. Les tarifs varient beaucoup selon la longueur du circuit et le nombre de participants ; montant minimum 800 R.

Où se loger et se restaurer

DANS LE PARC

Mahai CAMPING $
(☎033-845 1000 ; empl camping avec/sans prise élec 420/390 R). Plantez votre tente au Mahai, beau camping situé dans le Royal Natal National Park.

Rugged Glen Campsite CAMPING $
(☎033-845 1000 ; www.kznwildlife.com ; empl camping avec/sans prise élec 260/280 R). Camping sommaire au cadre impressionnant, au sein du Royal Natal National Park.

Thendele CHALETS $$
(☎réservations 033-845 1000 ; www.kznwildlife.com ; chalets 2/4 lits à partir de 980/1 920 R). Excellente base pour la randonnée, le principal camp du parc dispose de chalets à deux et quatre lits, de cottages et d'un lodge pour les groupes. Les chalets, installés autour de pelouses et d'allées carrossables, font tous face aux sommets. Les plus haut perchés sont un peu plus chers, car ils bénéficient d'une vue imprenable.

EN DEHORS DU PARC

Amphitheatre Backpackers AUBERGE JEUNESSE $
(☎082 855 9767 ; www.amphibackpackers.co.za ; sur la R74, à 21 km au nord de Bergville ; empl camping/dort 95/200 R, ch à partir de 210 R ; Ⓟ📶). Cette auberge possède des équipements de premier ordre, dont un bar, un Jacuzzi, un sauna et un excellent restaurant. Face à l'Amphithéâtre, il offre un choix d'hébergements allant du dortoir à la chambre pour quatre personnes, confortable et avec salle de bains, en passant par un très bon camping. Un peu bruyant la nuit ; demandez une chambre éloignée des parties communes si vous avez le sommeil léger.

Les avis sont mitigés sur l'accueil – certains se plaignent de l'insistance à vendre les circuits maison alors qu'il en existe ailleurs, d'autres apprécient le côté pratique. Le personnel du bar, en revanche, est réputé efficace et sympathique.

♥ **Hlalanathi** RESORT $$
(☎036-438 6308 ; www.hlalanathi.co.za ; camping 220 R, chalet 2/4 lits 1 300/2 200 R ; 🏊). Dans un décor de carte postale près du golf local, ce joli complexe hôtelier sans prétention possède un camping et d'excellents chalets au toit de chaume sur un terrain qui surplombe le Tugela. Choisissez un endroit avec vue sur la rivière et les montagnes. Les prix baissent de manière significative en dehors de la haute saison.

Montusi Mountain Lodge LODGE $$$
(☎036-438 624 3 ; www.montusi.co.za ; s/d demi-pension à partir de 2 600/4 150 R ; 📶🏊). Ce lodge opulent mêle le charme du chaume et des cheminées avec de luxueux équipements dans ses élégants chalets. On y propose des marches guidées, dont une promenade le matin dans la propriété, et des balades à cheval. Les chambres sont modernes, avec Wi-Fi et lecteur DVD. L'embranchement est signalé, juste après le Tower of Pizza.

Tower of Pizza ITALIEN $
(☎036-438 6480 ; www.towerofpizza.co.za ; pizzas 75-100 R ; ⏰12h-20h30 mar-jeu, 12h-21h ven-sam,

Champs de bataille

À voir

1	Blood River Heritage Site	C2
2	Fugitive's Drift	D3
3	Isandlwana Battlefield	D3
4	Ncome Museum	D2
5	Spioenkop Nature Reserve	A4
6	Talana Heritage Park & Battlefield	C2

Où se loger

7	Ezemvelo KZN Wildlife	A4
	Isandalwana Lodge	(voir 3)
8	Lennox Guest House	C3
9	Penny Farthing Country House	C3
10	Rorke's Drift Hotel	C3
11	Three Tree Hill Lodge	A4

10h-21h dim, ouvert lun en haute saison). De savoureuses pizzas sortent du four à bois de cette petite tour (un ancien silo à grains) située sur une ferme en activité. Attablez-vous sur la terrasse pour profiter de l'air pur et de la vue sur les montagnes. Sachez que vous devrez régler par carte bancaire. L'établissement compte aussi de pittoresques *rondavels* et bungalows (s/d 770/1 100 R).

Depuis/vers le Royal Natal National Park

La route qui rejoint le Royal Natal part de la R74, à 30 km au nord-ouest de Bergville et à 5 km du col d'Oliviershoek (Oliviershoek Pass).

CHAMPS DE BATAILLE (BATTLEFIELDS)

Si la plupart des voyageurs viennent au KwaZulu-Natal pour sa faune exceptionnelle, ses hautes montagnes et ses vagues impressionnantes, l'histoire de la province est étroitement liée à ses champs de bataille (*battlefields*), théâtre de nombreux affrontements sanglants. Dans le Nord-Ouest, moins de 600 Voortrekkers vengèrent le meurtre de leur chef Piet Retief en vainquant une armée de 12 000 Zoulous (faisant 3 000 morts) à Blood River. Les Britanniques furent défaits par les Zoulous à Isandlwana, avant leur héroïque défense de Rorke's Drift. Ladysmith et Spioenkop furent les sites des premiers combats de la seconde guerre anglo-boer. La région compte aujourd'hui des hébergements luxueux et séduira les passionnés d'histoire.

Consultez le site www.battlefields.kzn.org.za ou procurez-vous la brochure *Battlefields Route* éditée par KZN Tourism, disponible dans la plupart des hôtels et musées, ainsi qu'à Tourism Dundee (p. 323) et au Siege Museum (p. 320) de Ladysmith.

Champs de bataille

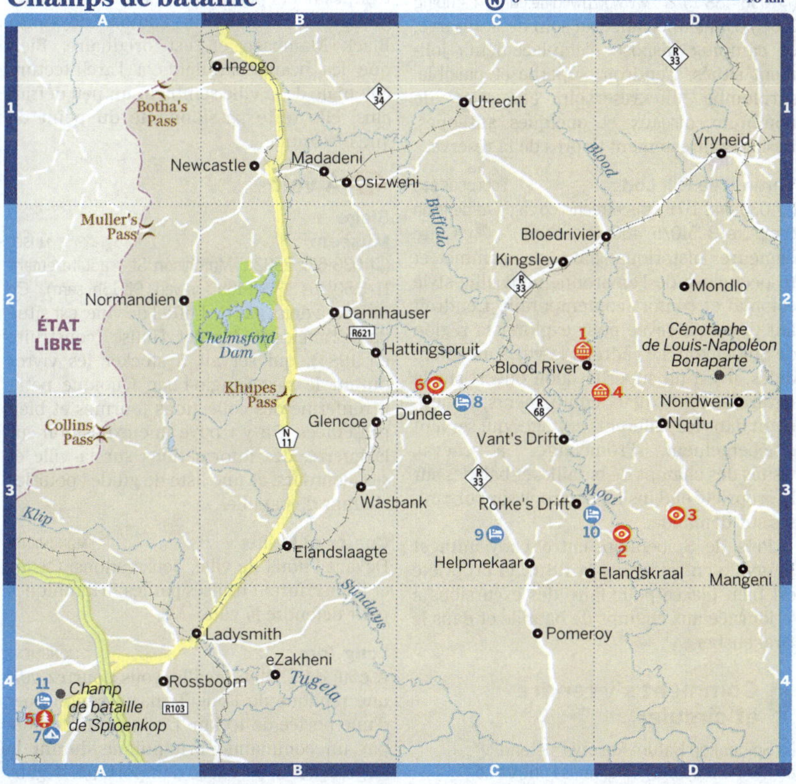

Spioenkop Nature Reserve

Couvrant 60 km², la **Spioenkop Nature Reserve** (☎036-488 1578 ; www.kznwildlife.com ; adulte/enfant 100/50 R ; ⊙5h-19h oct-mars, 6h-18h avr-sept) s'étend autour du barrage de Spioenkop sur le Tugela. De la réserve, vous pouvez facilement visiter la plupart des champs de bataille ou effectuer une excursion d'une journée dans le Drakensberg. Parmi les animaux qui y vivent figurent des rhinocéros blancs, des girafes, des zèbres, diverses espèces d'antilopes et plus de 290 espèces d'oiseaux.

Il existe deux pistes carrossables assez courtes, seule une petite partie des berges de l'immense lac de retenue étant accessible aux visiteurs. Vous pouvez observer la faune dans des affûts, mais aussi lors de circuits à cheval ou de marches guidées. Une belle balade traverse des aloès et des bois.

Ezemvelo KZN Wildlife CAMPING $

(☎036-488 1578 ; www.kznwildlife.com ; camping 216 R). Dans une vallée au sein de la réserve, ce camping dispose d'emplacements joliment situés. L'endroit, superbe et paisible, surplombe un réservoir et attire de nombreux oiseaux et quelques antilopes. Réservez directement auprès de la réserve.

Three Tree Hill Lodge ÉCOLODGE $$$

(☎036-448 1171 ; threetreehill.co.za ; s/d pension complète 3 510/5 400 R ;). Cette demeure historique haut de gamme et respectueuse de l'environnement allie style colonial et confort contemporain. L'endroit fait une base rêvée pour explorer la région de Spioenkop. Le cadre et la vue sont splendides, il y a un superbe salon ouvert sur la nature et de luxueux équipements, notamment dans les différents cottages qui servent d'hébergement. Promenades à cheval, visites des champs de bataille, et balades sur la propriété et dans les environs sont organisés sur demande.

Près de Spioenkop, entre Ladysmith et Bergville en retrait de la R616, la propriété est bien placée pour faire des excursions à la journée aux champs de bataille et dans le Drakensberg.

Comment s'y rendre et circuler

La Spioenkop Nature Reserve s'étend au nord-est de Bergville, mais l'entrée se trouve du côté est : en venant du sud par la N3, prenez la sortie 194 vers la R74 en direction de Winterton, puis de Winterton, parcourez 13km vers le nord sur la R600. Ne pas confondre avec le champ de bataille de Spioenkop, qui se rejoint par la R616 (bien indiqué). Vous aurez besoin d'une voiture pour ces deux endroits.

Les routes de la réserve sont tout juste praticables par des véhicules à deux roues motrices. Veillez à ce que votre véhicule soit suffisamment haut et dispose d'une bonne adhérence – conduisez lentement et faites attention aux nids-de-poule.

Ladysmith

☎036 / 65 000 HABITANTS

La ville animée de Ladysmith, située sur les rives de la Klip, fait une base pratique pour visiter les champs de bataille. Elle doit son nom à l'épouse du gouverneur du Cap, sir Harry Smith, et devint célèbre pendant la seconde guerre anglo-boer de 1899-1902, lorsqu'elle fut assiégée par les troupes boers pendant 118 jours. Le fameux groupe vocal (masculin) zoulou Ladysmith Black Mambazo en est originaire. Bien que les beaux bâtiments à l'architecture coloniale de la ville semblent un peu défraîchis, elle reste passionnante du point de vue historique.

À voir

Siege Museum MUSÉE

(☎036-637 2992 ; Murchison St ; adulte/enfant 11/5,50 R ; ⊙9h-16h lun-ven, 9h-13h sam). Ce musée, à deux pas de l'hôtel de ville, est situé dans l'ancienne Market House (construite en 1884), qui servait à stocker les vivres durant le siège anglo-boer. Quoique petit, il renferme des collections fournies et bien présentées. On y trouve une exposition sur la guerre, des informations sur la ville et ses alentours, et une liste de guides pour les champs de bataille.

Castor et Pollux MONUMENTS

Devant l'hôtel de ville, deux canons, Castor et Pollux, furent utilisés par les Britanniques pour défendre la ville.

Long Tom MONUMENT

À côté de l'hôtel de ville, vous pourrez voir une réplique de Long Tom, un canon boer d'une portée de 10 km. L'original fut saboté par un commando britannique durant le siège, après avoir causé d'importants dégâts.

Fort ÉDIFICE HISTORIQUE
(King St). En face de Settlers Drive, se dresse un mur percé de meurtrières. Vestige du fort construit pour protéger la ville des attaques zouloues, il fait aujourd'hui partie du poste de police.

Où se loger et se restaurer

De nombreux B&B sont installés en dehors de la ville, près de Short Street. Ils sont très prisés des voyageurs d'affaires, aussi vaut-il mieux réserver.

Buller's Rest Lodge B&B $$
(036-637 6154 ; www.bullersrestlodge.co.za ; 59 Cove Cres ; s/d avec petit-déj à partir de 790/1 100 R ;). Cette belle maison de campagne coiffée de chaume possède un séduisant solarium avec vue, un bar convivial et l'on y sert de succulents repas maison (3 plats 170 R, réservation obligatoire). Deux chambres de luxe (s/d 1 050/1 300 R), avec grande baignoire, offrent un vue panoramique sur Ladysmith et les environs. Également : des chambres économiques (à partir de 620 R).

LES CHAMPS DE BATAILLE

Avec un guide compétent et quelques lectures préalables, la "Battlefields Route" ("route des champs de bataille") peut se révéler passionnante. En solo, vous aurez sans doute du mal à vous repérer parmi les différents sites et risquez de ne pas y comprendre grand-chose. Les guides demandent en général entre 800 et 1 500 R pour un circuit d'une journée comprenant Rorke's Drift et Isandlwana. Certains facturent à la personne, d'autres au groupe ; les tarifs sont moins élevés si vous disposez d'un véhicule.

BushBaby Safaris (034-212 3216 ; www.bushbaby.co.za ; 110 Victoria St, Dundee), organise une excursion à Isandlwana et Rorke's Drift (2 600 R/pers, 2 pers minimum ; déjeuner et entrée non compris), ainsi qu'une navette pour les plus petits budgets (390 R/pers) qui fait le tour des champs de bataille depuis Dundee (départ à 8h).

Nous vous recommandons aussi les guides suivants :

Bethuel Manyathi (083 531 0061 ; Nquthu)

Elisabeth Durham (072-779 5949 ; www.cheznousbb.co.za ; 39 Tatham St, Dundee ; circuit journée 1 800 R/pers)

Ken Gillings (031-702 4828 ; ken.gillings@mweb.co.za ; Durban)

Thulani Khuzwayo (072 872 9782 ; thulani.khuzwayo@gmail.com ; Rorke's Drift)

Liz Spiret (072 262 9669 ; lizs@telkomsa.net ; Ladysmith)

Paul Garner (082 472 3912 ; garner@jenny.co.za; Dundee)

Evan Jones (034-212 4040 ; www.battlefieldsroute.co.za)

Anthony Coleman (034-212 3401 ; tonytish@worldonline.co.za)

Le Talana Heritage Park & Battlefield fournit une liste de guides plus exhaustive, de même que les offices du tourisme de Dundee et Ladysmith. Pensez à vous procurer une brochure des champs de bataille.

Batailles principales

Bataille de Blood River. Conflit voortrekker-zoulou (1838).

Batailles d'Isandlwana et de Rorke's Drift. Guerre anglo-zouloue (1879).

Batailles de Laing's Nek, Schuinshoogte et Majuba. Première guerre anglo-boer (guerre d'indépendance du Transvaal ; 1880-1881).

Batailles de Talana et d'Elandlaagte. Seconde guerre anglo-boer (1899-1902), qui conduisit au siège de Ladysmith.

Bataille de Spioenkop. Elle se déroula les 23 et 24 janvier 1900, quand les Britanniques tentèrent de libérer Ladysmith, assiégée par les Boers.

Bataille de Colenso. L'une des plus grandes batailles de l'hémisphère Sud (15 décembre 1899), entre Boers et Britanniques.

Tournez à droite dans Francis Road près de Harrismith (Poort) Road, et suivez les panneaux.

Budleigh Guesthouse B&B $$
(036-635 7700 ; 12 Berea Rd ; s/d avec petit-déj 600/850 R ;). Vérandas, pelouses soignées, superbe jardin : tout dans cette demeure évoque la campagne anglaise. Avec leurs lits en bois, leurs équipements modernes et leurs copies d'œuvres anciennes, les chambres, impeccables, affichent un décor raffiné. Au cœur de Ladysmith, à deux pas des principaux édifices historiques et des quelques restaurants.

Penelope's CAFÉ $
(036-637 2176 ; 140 Murchison St ; plats à partir de 40 R ; 9h-17h). Bien qu'un peu mièvre au premier abord, ce petit café se révèle charmant. On y déguste de bons déjeuners, ainsi que de délicieux gâteaux et pâtisseries maison. Au cœur de la ville, idéal pour une halte après la visite d'un musée.

Guinea Fowl INTERNATIONAL $$
(036-637 8163 ; San Marco Centre, angle Harrismith Rd et Francis Rd ; plats 105-160 R ; 11h30-21h30, bar ouvert plus tard). L'une des rares tables abordables de Ladysmith, dans un centre commercial. À la caR: curries, bœuf, poulet et produits de la mer, tous excellents. Impressionnante carte de vins sud-africains, au verre ou à la bouteille.

Depuis/vers Ladysmith

BUS

Les billets de bus peuvent s'acheter auprès de Shoprite/Checkers dans l'Oval Shopping Centre. Les bus Greyhound partent de la station-service Guinea Fowl (à ne pas confondre avec le restaurant) dans Murchison Road ; ils relient Ladysmith à Durban (environ 370 R, 4 heures), Johannesburg/Pretoria (395 R, 7 heures) et au Cap (670 R, 19 heures).

TAXIS COLLECTIFS

La principale station de taxis-minibus se situe à l'est du centre-ville, près du croisement entre Queen Street et Lyell Street. Au nombre des destinations possibles figurent Pietermaritzburg (1 heure 30) et Durban (2 heures 30). Quant aux taxis pourJohannesburg (5 heures), ils stationnent non loin, dans Alexandra Street.

Dundee

034 / 35 000 HABITANTS

Dundee est une ville tranquille aux rues bordées d'arbres, dotée d'églises réformées hollandaises classiques et d'un centre-ville animé et globalement sûr. Toutefois, elle ne justifie le détour que pour explorer les champs de bataille et d'autres sites historiques alentour.

Talana Heritage Park & Battlefield SITE HISTORIQUE
(034-212 2654 ; www.talana.co.za ; adulte/enfant 35/5 R ; 8h-16h30 lun-ven, 9h-16h30 sam-dim). Talana signifie "l'endroit où sont conservés des objets précieux", ce qui convient parfaitement à ce remarquable parc historique ouvert sur un ancien champ de bataille. Il comprend des mémoriaux, des cairns et 27 bâtiments, témoignages de la bataille anglo-boer de Talana en 1899 (la première de la seconde guerre anglo-boer). Réparties entre ces différents édifices, des expositions évoquent les guerres anglo-zouloues et anglo-boers.

À 1,5 km de la ville, sur la route de Vryheid.

Où se loger

Penny Farthing Country House GUESTHOUSE $
(034-642 1925 ; www.pennyf.co.za ; ch à partir de 500 R ;). Cette *guesthouse* pittoresque, située à 30 km au sud de Dundee sur la R33 en direction de Greytown, est idéalement placée pour visiter Rorke's Drift et Isandlwana. Le propriétaire, Foy Vermaak, est un guide réputé. Demi-pension et excursions aux champs de bataille en option.

Lennox Guest House GUESTHOUSE $$
(034-218 2201 ; www.lennox.co.za ; ch avec petit-déj à partir de 920 R ;). Installée au sein d'une ferme pittoresque à 8 km de Dundee, la Lennox Guest House est plus qu'un simple B&B. Les propriétaires Dirk (ancien champion de rugby) et Salome ouvrent vraiment leur maison à leurs hôtes, préparent de délicieux repas (dîner 175 R) et proposent des safaris dans leur propriété. Les chambres rustiques, décorées de peaux de bêtes et de meubles anciens, ont un charme fou.

Chez Nous B&B $$
(☎034-212 1014, 72-779 5949 ; www.cheznousbb.co.za ; 39 Tatham St ; s/d avec petit-déj à partir de 650/900 R, bungalows à partir de 2 250 R ;). Ce B&B confortable et central est dirigé par Elisabeth Durham, une guide française efficace qui vous dira tout sur le prince impérial Louis-Napoléon Bonaparte, mort près de Dundee en 1879. Une adresse idéale pour s'immerger dans l'histoire des champs de bataille. Les chambres sont propres et confortables, et le petit-déjeuner copieux.

Royal Country Inn HÔTEL $$
(☎034-212 2147 ; www.royalcountryinn.com ; 61 Victoria St ; dort/d/s 385/490/690 R/pers ;). Cette vieille auberge de style anglais possède un charme fin XIXe siècle un peu fané. Les chambres sont ordonnées et confortables, bien que l'ameublement et les équipements soient un peu datés. En revanche, on apprécie la décoration éclectique du lounge et l'ambiance coloniale du restaurant.

Le restaurant (dîner 225 R) et le bar valent le détour, même si vous ne résidez pas à l'hôtel. Wi-Fi disponible dans les parties communes.

Ingudlane Lodge LODGE $$$
(☎034-218 5094 ; www.ingudlane.co.za ; s/d chalet avec cuisine 1 100/2 200 R ;). Les environs de Dundee ne sont pas réputés pour les safaris, mais la réserve privée d'Ingundlane, à laquelle appartient ce superbe lodge haut de gamme, est magnifique. Chalets modernes et indépendants ; piscine et Jacuzzi sur place. L'après-midi, détendez-vous dans l'immense espace bar-restaurant qui surplombe la réserve, également très agréable au crépuscule. Le restaurant du lodge est l'un des meilleurs de Dundee (plats 75-195 R).

Renseignements

Tourism Dundee (☎034-212 2121 ; www.tourdundee.co.za ; Victoria St ; 8h30-16h30 lun-ven, 8h30-12h sam) peut vous indiquer des guides pour les champs de bataille et des hébergements. Dans le centre, près des jardins.

Depuis/vers Dundee

Très peu de transports desservent Dundee ; mieux vaut disposer d'un véhicule. Des taxis-minibus collectifs assurent la liaison depuis/vers des villes locales comme Ladysmith, ainsi que des destinations plus lointaines comme Durban.

Isandlwana et Rorke's Drift

Si vous avez vu *Zoulou* (1964), le film qui a rendu Michael Caine célèbre, vous vous souvenez sans doute de Rorke's Drift, où, les 22 et 23 janvier 1879, 139 soldats britanniques réussirent à défendre une petite mission contre 4 000 Zoulous. La reine Victoria décora les 11 survivants de la Victoria Cross et la bataille entra dans l'histoire militaire britannique.

Pour un panorama complet, parcourez 15 km à travers la plaine jusqu'à Isandlwana, où, quelques heures avant la bataille de Rorke's Drift, les Zoulous infligèrent à l'Empire britannique l'une de ses pires défaites, anéantissant le principal corps de l'armée anglaise. Cela étant, le film *L'Ultime Attaque* (1979 ; réalisé par Douglas Hickox, avec Burt Lancaster et Peter O'Toole), qui retrace le désastre d'Isandlwana, n'a pas eu le même succès que *Zoulou*.

À voir

Isandlwana Battlefield SITE HISTORIQUE
(☎034-271 0634 ; adulte/enfant 35/20 R ; 8h-16h lun-ven, 9h-16h sam-dim). L'Isandlwana Visitors Centre abrite un petit musée ; le billet d'entrée comprend la visite du champ de bataille, très émouvant. Des mémoriaux et des cairns en pierres blanches marquent les endroits où furent rassemblés et enterrés les corps des soldats britanniques ; plusieurs autres mémoriaux sont érigés sur les lieux. À visiter de préférence avec un guide local.

Où se loger

Aux alentours, plusieurs lodges et hôtels plus ou moins luxueux proposent tous des circuits aux champs de bataille.

Isandalwana Lodge LODGE $$$
(☎034-271 8301 ; www.isandlwana.co.za ; s/d pension complète 4 320/7 200 R ;). La situation de ce lodge, perché au sommet d'une colline au-dessus d'un village, est idéale ; ses chambres splendides bénéficient de la vue sur le mont Isandlwana, site de la bataille anglo-zouloue. Bien que le bâtiment soit moderne, il a le charme idyllique des lodges d'antan et s'intègre parfaitement dans le paysage. Circuits, randonnées et autres activités à réserver auprès du personnel.

Rorke's Drift Hotel LODGE $$$
(☎034-642 1760 ; www.rorkesdrifthotel.com ; s/d demi-pension 1 780/2 270 R ; @). Les parties communes et le restaurant de cet hôtel bénéficient du plus beau point de vue de la région des champs de bataille. La vaste rotonde dotée de murs vitrés, de gros canapés et d'une énorme cheminée centrale est un lieu à ne pas manquer. Le restaurant étant l'endroit où manger le plus proche de Rorke's Drift, il est prisé des visiteurs venus pour la journée.

Depuis/vers Islandlwana et Rorke's Drift

Les champs de bataille se situent au sud-est de Dundee. Isandlwana se trouve à 70 km de Dundee par la R68 ; Rorke's Drift, à 42 km de Dundee, se rejoint par la R68 ou la R33 (l'embranchement de la R33 est à 13 km au sud de Dundee). Toutes ces routes peuvent être poussiéreuses et cahoteuses. Une piste relie Isandlwana et Rorke's Drift.

Blood River

Le 16 décembre 1838, une troupe de 600 Voortrekkers vengea le massacre de la délégation menée par leur chef Piet Retief en écrasant une armée de 12 000 guerriers zoulous. Plus de 3 000 Zoulous périrent – leur sang rougit la rivière –, tandis que les Voortrekkers ne déplorèrent que quelques victimes. Cette bataille devint l'un des épisodes fondateurs de l'histoire afrikaner ; selon les Boers, elle prouvait qu'ils étaient un peuple élu, investi de la mission divine de "civiliser" l'Afrique australe.

Certains pensent que l'importance de Blood River a été exagérée à des fins politiques. L'interprétation officielle de la victoire concordait avec les conceptions du régime de l'apartheid : des hordes de sauvages noirs indignes de confiance avaient été battues par des Boers envoyés par Dieu, comme dans l'Ancien Testament. Des Afrikaners visitent encore le site le 16 décembre, mais le "jour du Vœu" qui commémorait cette bataille, est devenu le "jour de la Réconciliation".

Deux sites intéressants relatent cette bataille historique : le **Blood River Heritage Site** (☎034-632 1695 ; www.bloedrivier.org.za ; adulte/enfant 50/30 R, voiture 20 R ; ⏲8h-16h30) et le **Ncome Museum** (☎034-271 8121 ; www.ncomemuseum.co.za ; don apprécié ; ⏲8h-16h30), qui donnent respectivement le point de vue des Voortrekkers et celui des Zoulous. Pour une narration plurivoque de l'événement...

État libre

Dans ce chapitre ➜

Le top des restaurants

- New York (p. 332)
- O's Restaurant (p. 335)
- Hoi Polloi Bistro (p. 335)
- Clementines Restaurant (p. 341)

Le top des hébergements

- Kalm Guest Suites (p. 340)
- Cranberry Cottage (p. 343)
- Karma Backpackers (p. 340)
- Fisant Bokmakierie & Hoephoep Guest House (p. 341)
- Otters' Haunt (p. 334)

Pourquoi y aller

Terre de ciels immenses et de pâturages s'étendant à perte de vue, l'État libre (Free State ou Vrystaat en afrikaans) se prête à un périple en voiture. L'horizon infini est ponctué çà et là de villes et de villages, et, hormis Bloemfontein, les centres urbains sont petits et faciles à découvrir.

Les Eastern Highlands, autour du Drakensberg et de la frontière du Lesotho, forment une vaste région de montagnes rocheuses et de vallées encaissées, sujette l'été à des orages de chaleur. Ce paysage spectaculaire est réputé pour ses exploitations fruitières, de cerises notamment. On trouve ici d'excellents hébergements, mais aussi le splendide Golden Gate Highlands National Park, facile à visiter à pied.

L'État libre est davantage un endroit que les voyageurs traversent sans s'y attarder. Et pourtant, ses beautés naturelles, ses possibilités de sports d'aventure et son histoire méritent le détour – en particulier Bloemfontein, ville historiquement afrikaner, mais aussi le berceau de l'African National Congress (ANC).

Quand partir

Bloemfontein

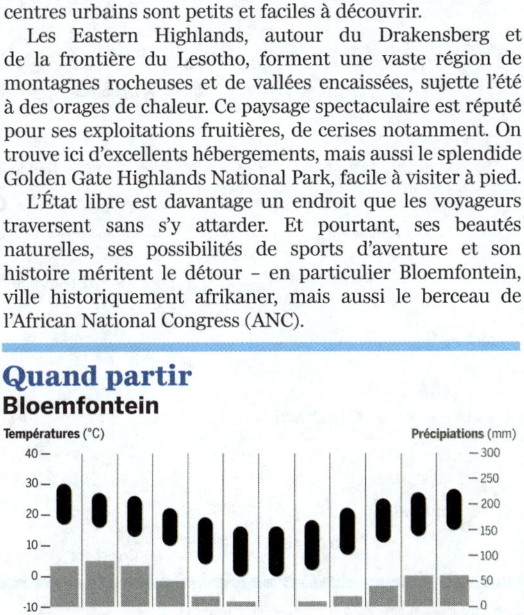

Juin-août Un temps sec et ensoleillé invite à des trajets routiers sous le ciel bleu.

Sept-déc La meilleure époque pour voir les cerisiers en fleur et participer à la fête de la Cerise à Ficksburg.

Janv-mars Pour fuir la chaleur, rejoignez les contreforts enneigés des monts Maluti.

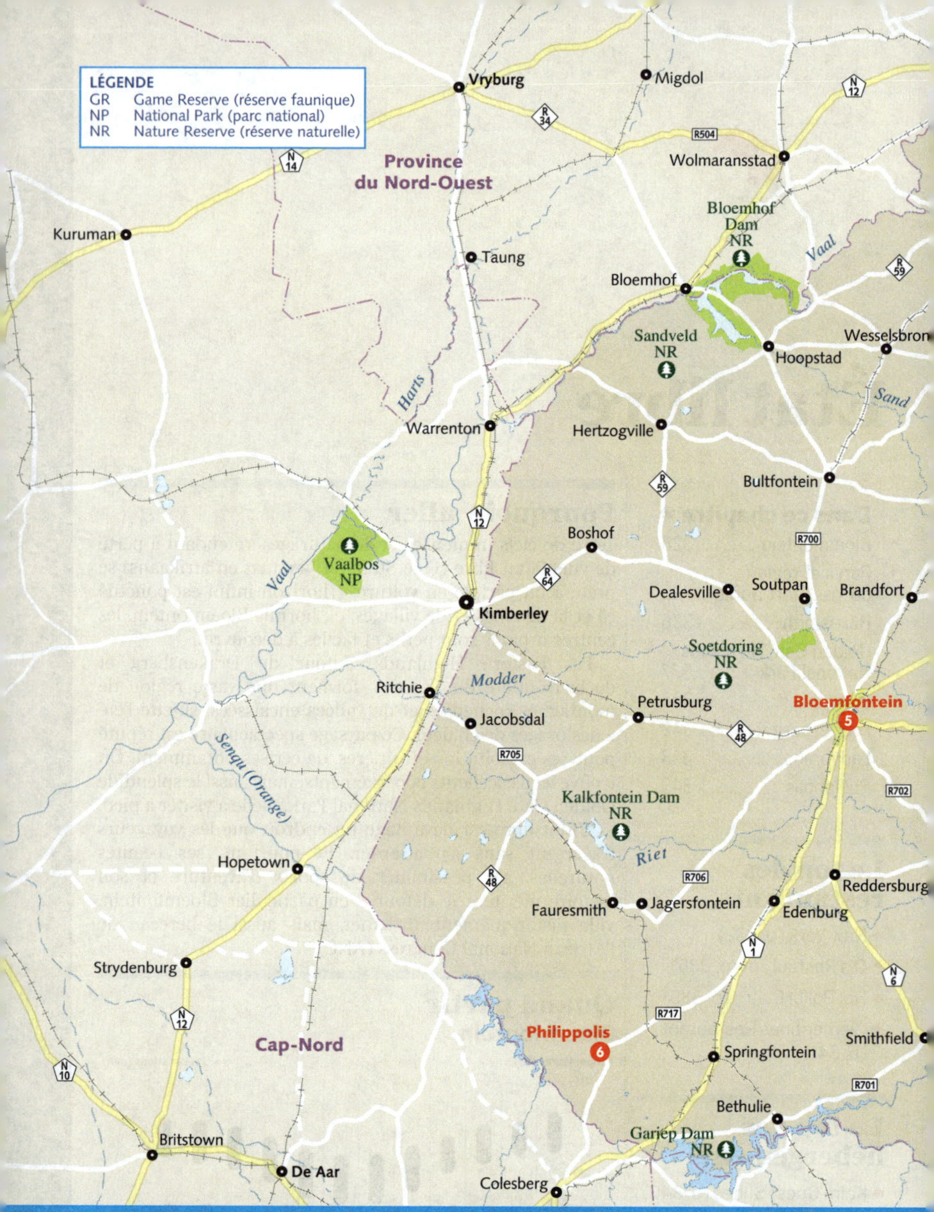

À ne pas manquer

1. La beauté sauvage et la fibre artistique de **Clarens** (p. 338), la bourgade la plus sophistiquée de l'État libre.
2. L'exploration des montagnes et des rivières de **Parys** (p. 333), haut lieu des sports de plein air, voire une descente dans le plus grand impact de météorite au monde.
3. Une randonnée parmi la faune, les prairies et les spectaculaires formations de grès du **Golden Gate Highlands National Park** (p. 337).
4. Une marche le long du **Sentinel Hiking Trail**

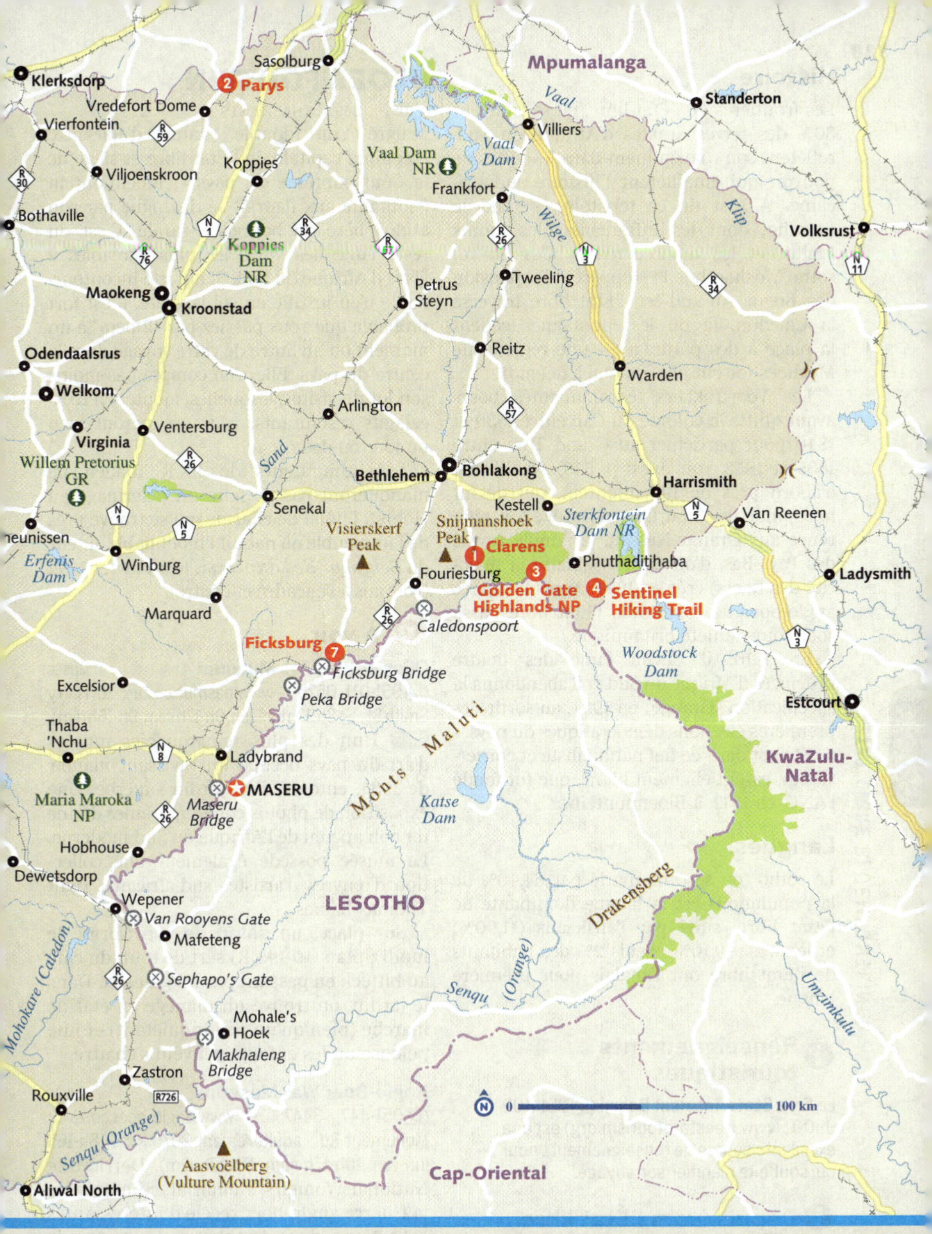

(p. 340), jusqu'aux hauteurs vertigineuses du plateau du Drakensberg.

5 Les musées d'histoire et les restaurants innovants de **Bloemfontein** (p. 328).

6 Un retour au XIXe siècle à **Philippolis** (p. 343), plus vieille ville de l'État libre, dont le bar historique se prête à une dégustation de bière artisanale avec les habitants.

7 La fête de la Cerise, lorsque l'accueillante **Ficksburg** (p. 342) voit affluer des visiteurs, séduits par les produits et l'ambiance.

Histoire

Les frontières de l'État libre, où se trouvent 30% des terres arables d'Afrique du Sud, reflètent son rôle éminent dans les luttes de pouvoir qui émaillèrent l'histoire sud-africaine. À l'est de ce territoire, s'étend le Lesotho, dont les infranchissables monts Maluti et les manœuvres habiles du roi sotho Moshoeshoe Ier stoppèrent l'expansion des Boers. Au sud-est, l'État libre traverse la Caledon, là où les montagnes cèdent la place à des pâturages – une région que Moshoeshoe eut plus de mal à défendre.

Les Voortrekkers (communautés boers ayant quitté la colonie du Cap entre 1830 et 1840 pour participer au Grand Trek entre 1835 et 1852, voir aussi p. 558) s'établirent d'abord près de Bloemfontein, qui devint la capitale de l'État libre d'Orange (en référence aux Orange-Nassau, la famille royale des Pays-Bas, d'où était originaire la majorité des Boers) créé en 1854. Après la guerre anglo-boer de 1899-1902, l'État libre passa sous souveraineté britannique.

En 1910, il devint l'une des quatre provinces d'Afrique du Sud et il abandonna la spécification "Orange" en 1994, au sortir des premières élections démocratiques du pays.

Et c'est dans ce fief nationaliste et conservateur, essentiellement blanc, que fut fondé l'ANC, en 1912, à Bloemfontein.

Langues

Le sotho (ou sesotho, parlé par 64,40% de la population) est la langue dominante de l'État libre, suivi par l'afrikaans (11,90%) et le xhosa (9,10%). Seuls 2% des habitants de l'État libre ont l'anglais pour première langue.

Renseignements touristiques

Le **Free State Tourism Board** (051-409 9900 ; www.freestatetourism.org) est une excellente source de renseignements pour qui souhaite planifier son voyage.

Depuis/vers l'État libre

Des trains et des bus font halte à Bloemfontein sur leurs trajets depuis/vers Johannesburg, Pretoria et le sud du pays. Il est aussi facile de circuler depuis/vers le Lesotho : des taxis collectifs et des bus partent tous les jours de Bloemfontein pour la frontière. Ailleurs, vous aurez besoin d'un véhicule privé ou vous devrez emprunter les taxis-minibus collectifs irréguliers.

BLOEMFONTEIN

051 / 369 568 HABITANTS

Malgré son double statut d'épicentre – comme capitale de l'État libre et siège de la Cour suprême du pays –, Bloemfontein ("fontaine aux fleurs") se distingue par son atmosphère de bourgade rurale. C'est du reste l'une des villes les plus agréables à vivre d'Afrique du Sud. Si nul site incontournable n'en justifie en soi la visite, il est fort probable que vous passiez par "Bloem" à un moment ou un autre de votre voyage dans le centre du pays. Elle n'en compte pas moins son lot de visites, lesquelles, ajoutées à d'excellents restaurants, vous occuperont bien un jour ou deux.

Les admirateurs de J.R.R Tolkien ne manqueront pas de faire un pèlerinage au Hobbit, l'hôtel de charme qui se trouve près de l'immeuble où naquit l'inoubliable auteur du *Seigneur des anneaux*, le 3 janvier 1892 (voir aussi l'encadré ci-contre).

À voir

Oliewenhuis Art Museum MUSÉE
(051-011 0525 ; www.nasmus.co.za ; 16 Harry Smith St ; 8h-17h lun-ven, 9h-17h sam, 9h-16h dim). GRATUIT L'un des plus remarquables musées d'art du pays occupe un ravissant manoir de 1935, entouré d'un jardin superbe. Une exposition de photos contemporaines donne un bon aperçu de l'Afrique du Sud moderne. Le musée possède également une collection d'œuvres d'artistes sud-africains, dont Thomas Baines.

Sur place, un **salon de thé** (fermé le lundi ; plats 40-195 R) sert de tout, du café au bifteck en passant par les gâteaux. Dans le jardin, on trouve un manège en état de marche (bien qu'un peu inquiétant) et une pelouse où les enfants peuvent s'ébattre.

Anglo-Boer War Museum MUSÉE
(051-447 3447 ; www.anglo-boer.co.za ; Monument Rd ; adulte/enfant 20/5 R ; 8h-16h lun-ven, 10h-17h sam, 11h-17h dim). Derrière le National Women's Memorial, ce musée de la Guerre anglo-boer recèle d'intéressantes collections, dont des photos des camps de concentration installés à cette occasion par les Britanniques en Afrique du Sud, mais aussi aux Bermudes, en Inde et au Portugal. Les femmes et les enfants des Boers refusant l'autorité britannique, ainsi que certains Boers eux-mêmes, y furent parqués et privés de nourriture. Hormis quelques ajouts modernes, le musée n'a

LE SEIGNEUR DE BLOEMFONTEIN

J. R. R. Tolkien, l'auteur du *Seigneur des anneaux*, est né à Bloemfontein en 1892. Bien qu'il ait vécu en Angleterre dès l'âge de 5 ans, ses souvenirs du district de Bloemfontein "chaud, sec et désolé" auraient joué un rôle dans la création de certains aspects du territoire de Mordor.

Si vous souhaitez en savoir plus sur les lieux et événements locaux liés à l'écrivain, rendez-vous au Hobbit Boutique Hotel. Le personnel vous indiquera sa maison natale, la cathédrale où il fut baptisé et la tombe de son père. Les fans de l'écrivain ne manqueront pas de passer une soirée au Hobbit pour discuter au coin du feu

pratiquement pas changé depuis sa création. Les grandes peintures représentant des scènes de bataille sont saisissantes. Vous pourrez aisément lui consacrer deux ou trois heures, si cette période de l'histoire vous intéresse.

Naval Hill PARC
(051-412 7016 ; 8h-17h). GRATUIT Durant la guerre anglo-boer, des canons britanniques étaient installés sur cette colline. Fort d'une belle vue sur Bloemfontein, le sommet en abrite la **Franklin Nature Reserve** (051-412 7016 ; 8h-17h) GRATUIT. On peut l'explorer à pied et découvrir les autruches, zèbres et girafes. Au sommet également, trônent un **planétarium** et une gigantesque **statue de Nelson Mandela**. L'accès à la colline se fait par Union Avenue.

National Museum MUSÉE
(051-447 9609 ; www.nasmus.co.za ; 36 Aliwal St ; adulte/enfant 10/5 R ; 9h-16h30 lun-ven, 10h-15h sam). Une superbe reconstitution d'une rue du XIXe siècle, avec effets sonores, constitue l'élément le plus intéressant de ce musée. Boutique et café sur place.

Circuits organisés

Township de Mangaung CULTURE
(051-430 7974). L'African National Congress (ANC) a vu le jour dans le bidonville de Manguang, à 5 km de Bloemfontein, en 1912. Aujourd'hui, une visite guidée donne à découvrir la vie du township et certains aspects importants de l'histoire du parti. Les visites, informelles, coûtent environ 500 R. Les tour-opérateurs changent ; aussi, mieux vaut vous procurer la liste mise à jour des guides à l'office du tourisme (p. 333).

Où se loger

Odessa Guesthouse GUESTHOUSE $
(084-966 0200 ; info@odessa.la ; 4 Gannie Viljoen St ; s/d à partir de 440/600 R ;). Dans l'État libre aussi, l'hospitalité à l'ukrainienne s'est fait un nom ! Cette pension, où l'on parle afrikaans, anglais, russe et ukrainien, est en effet connue pour son ambiance chaleureuse et ses hôtes sympathiques. La pension se tient dans un faubourg assez tranquille, près de la N1 (prenez l'embranchement Nelson Mandela, en direction de la ville).

Reyneke Caravan Park CARAVANING $
(051-523 3888 ; www.reynekepark.co.za ; Brendar Rd ; camping jusqu'à 4 pers 320 R/empl, s/d/chalets 480/620/1 020 R ;). À 2 km de la ville (prenez la N8 vers Kimberley), ce parc bien organisé, avec piscine, trampoline et aire de jeux est un bon endroit pour les familles. Les chambres sommaires et les chalets modernes en brique peuvent accueillir quatre personnes. Il est arrivé que des voyageurs se plaignent du bruit de la route toute proche.

De Akker Guest House GUESTHOUSE $$
(051-444 2010 ; www.de-akker.co.za ; 25 Parfitt Ave ; ch 560-730 R ;). Centrale et élégante, cette pension loue 15 chambres, dont certaines dotées de lits *king size* exquisément moelleux, et de salles de bain avec baignoire et douche. Très accueillante, elle est fréquentée par des équipes de cricket. N'oubliez pas de réserver en été. Le petit-déjeuner coûte 70 R.

Matanja GUESTHOUSE $$
(082-333 6731 ; www.matanja.co.za ; 74 Albrecht St, Dan Pienaar ; s/d avec petit-déj à partir de 625/830 R ;). Les petits luxes, tels que duvets en plumes d'oie, et l'ambiance, à la fois rustique et stylée, classent cette pension à part. Les chambres (sept seulement) sont équipées de minibars en libre service (paiement sur la foi du consommateur). Le confort des voyageurs

Bloemfontein

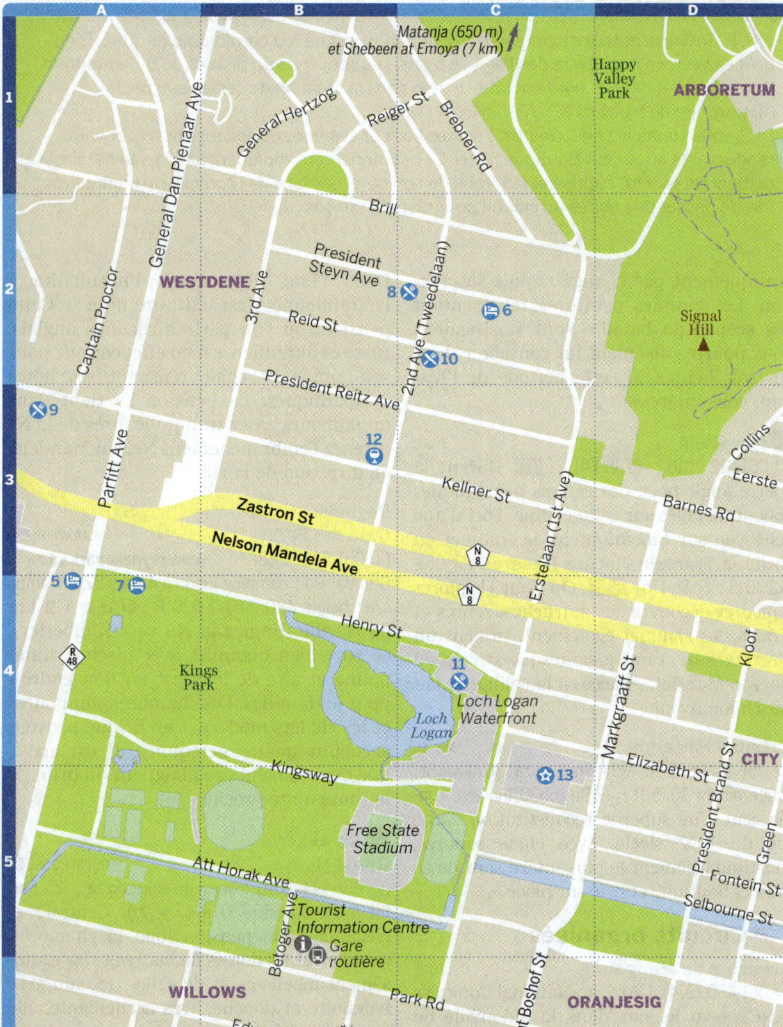

semble la priorité des propriétaires, qui vous serviront même le petit-déjeuner au lit. Réservation recommandée.

Hobbit Boutique Hotel BOUTIQUE-HÔTEL **$$**
(☎051-447 0663 ; www.hobbit.co.za ; 19 President Steyn Ave, Westdene ; ch avec petit-déj à partir de 980 R ; ❄@≋). Apprécié des dignitaires en visite, ce charmant hôtel victorien, composé de deux maisons datant de 1921, séduit aussi les romantiques. Il y a un jeu d'échecs dans la bibliothèque où les admi-

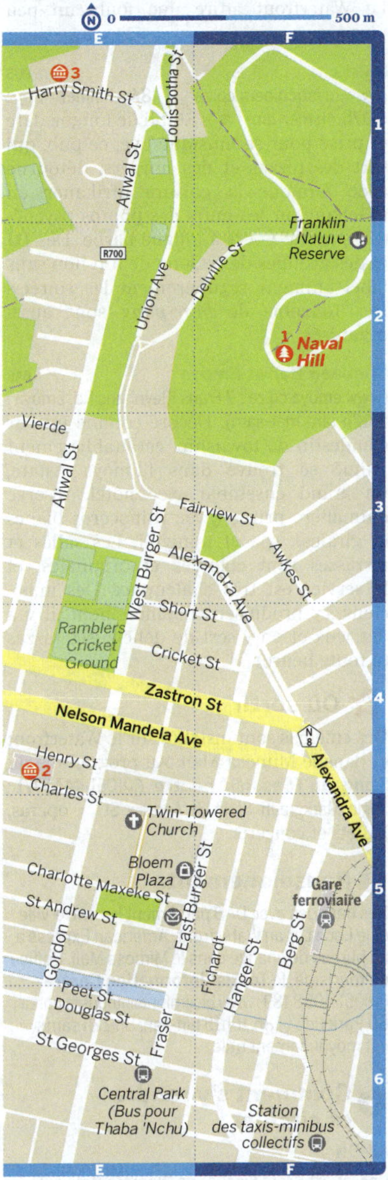

Bloemfontein

Les incontournables
1 Naval Hill F2

À voir
2 National Museum E4
3 Oliewenhuis Art Museum E1

Où se loger
5 De Akker Guest House A4
6 Hobbit Boutique Hotel C2
7 Protea Hotel Willow Lake A4

Où se restaurer
8 Bella Casa Trattoria C2
9 Euro Caffe A3
10 New York C2
11 Picnic C4

Où prendre un verre et faire la fête
12 Mystic Boer B3

Où sortir
13 Sand du Plessis Theatre C5

rateurs de Tolkien aiment à se réunir pour parler de l'écrivain.

Le bar et le ravissant patio donnant sur un jardin ombragé constituent des atouts supplémentaires. Les soirs d'hiver, dans un esprit cocooning, du sherry et du chocolat chaud sont proposés dans les chambres.

Protea Hotel Willow Lake HÔTEL **$$$**
(051-412 5400 ; www.marriott.com/hotels/travel/bfnwi-protea-hotel-bloemfontein-willow-lake ; 101 Henry St ; ch à partir de 1 279 R ;). Membre d'une prestigieuse chaîne hôtelière sud-africaine, le Protea promet des séjours de luxe, avec ses chambres grand style équipées de lits douillets et de cabines de douche futuristes. Proche du Waterfront, cet hôtel surplombe le zoo.

Où se restaurer

Inspiré du front de mer du Cap, le **Loch Logan Waterfront** est bien plus modeste, mais c'est une adresse fiable et plaisante pour un repas, un verre ou un film. La 2nd Avenue regroupe le plus de restaurants, dont nombre d'excellentes tables.

Picnic CAFÉ **$**
(082-822 4078 ; Loch Logan Waterfront ; plats 70-155 R ; 8h-17h lun-ven, 8h-16h sam, 8h-14h dim). Une adresse détendue avec une vue superbe sur le lac, parfaite pour s'attarder. La cuisine est excellente – surtout les salades et les sandwichs –, tout comme le service. Il ne vous reste plus qu'à vous régaler de pain frais, d'ingrédients de qualité et de préparations maison comme le chutney à la tomate (recommandé avec le sandwich au pain de seigle avec jambon et camembert).

PRUDENCE À BLOEMFONTEIN

Certains secteurs du centre-ville sont tenus pour peu sûrs, notamment de nuit. Renseignez-vous auprès des habitants avant d'aller vous promener dans le quartier des affaires central.

New York GRILL $$

(051-447 7279 ; www.newyorkrestaurant.co.za ; angle 2nd Ave et Reid St ; plats 99-400 R ; 17h-22h lun, 11h-22h mar, mer et ven, 11h-23h jeu et sam, 11h-16h dim). La clientèle locale aime à fêter les grandes occasions dans ce grill haut de gamme, dont la décoration évoque le New York des années 1920. La carte inclut produits de la mer, poulet et burgers, mais les véritables figures de proue en sont les steaks et leurs sauces. Sert aussi quelques plats végétariens.

Euro Caffe CAFÉ $$

(051-444 6222 ; www.eurocaffe.co.za ; 131 Kellner St, Mimosa Mall ; plats à partir de 69-200 R ; 8h-23h30). Singulièrement niché dans le Mimosa Mall, cet excellent restaurant propose une carte aussi étendue qu'ambitieuse, et le service y est l'un des plus chaleureux en ville. Salades fraîches, pizzas fumantes, et maints plats de viande, dont un jarret d'agneau tendre à souhait, lentement cuit au four à bois et servi avec une sauce au bacon et au brandy.

Bella Casa Trattoria ITALIEN $$

(051-448 9573, 051-448 9571 ; 31 President Steyn Ave ; plats 98-339 R ; 12h-22h lun-sam ;). Cette bonne trattoria sert diverses pâtes, pizzas et salades. Chaleureuse, idéale pour les familles, elle possède une salle confortable et une vaste cour avec des tables couvertes de nappes à carreaux bleus. Les pizzas napolitaines à pâte fine sont délicieuses. Grand choix de vins, dont la plupart peuvent être commandés au verre.

Où prendre un verre et faire la fête

Ville universitaire, Bloemfontein aligne un bon choix de bars, de boîtes de nuit et de clubs où écouter de la musique live. L'animation nocturne se concentre à l'angle de la 2nd Ave et de Kellner St, à celui de Zastron St et de Nelson Mandela Ave. Le Waterfront attire une foule un peu plus âgée.

Mystic PUB

(www.mysticbloem.co.za ; 84 Kellner St ; 17h-4h mer-dim ;). Établi de longue date et prisé pour sa musique live, ce pub, qui sert des pizzas et des burgers, détourne avec humour la culture afrikaner en affichant sur les murs des photos psychédéliques de Boers à longue barbe. Des DJ et des groupes de rock ou de hip-hop sans label animent régulièrement les soirées. Des tournois de *beer-pong* sont aussi organisés.

Shebeen Bar at Emoya BAR

(www.emoya.co.za ; 7 Frans Kleynhans Rd, Emoya ; 12h-tard mar-sam). Décoré comme un bar clandestin de township, cet établissement animé se trouve dans l'Emoya Estate, un grand ensemble avec hôtel, réserve animalière privée (avec rhinocéros blancs et girafes), spa et minigolf. Les salles et terrasses sont colorées et originales, et le service est très chaleureux. Des musiciens s'y produisent régulièrement, il y a des jeux et on y sert de délicieuses pizzas (à toute heure).

Où sortir

Des cinémas sont installés sur le Waterfront et dans le Mimosa Mall. Au programme du **Sand du Plessis Theatre** (051-447 7771 ; angle Markgraaff St et St Andrew St) : opéras, ballets et concerts.

Renseignements

Des banques avec DAB parsèment le centre-ville et le Loch Logan Waterfront. American Express a un bureau de change dans le Mimosa Mall. L'office du tourisme, le **Tourist Information Centre** (051-405 8489 ; www.bloemfonteintourism.co.za ; 60 Park Rd ; 8h-16h15 lun-ven, 8h-12h sam), est moyennement utile.

Comment s'y rendre et circuler

AVION

L'aéroport Bram Fischer de Bloemfontein est à 10 km du centre-ville. Plusieurs compagnies aériennes internationales desservent Bloem via Le Cap ou Johannesburg.

Mango (086 100 1234 ; www.flymango.com ; 6h-18h lun-ven) relie Bloem au Cap (à partir de 1 200 R, 2 heures). **CemAir** (086 123 6247, 081 736 8473 ; www.flycemair.co.za) assure des vols vers Johannesburg

ÉTAT LIBRE BLOEMFONTEIN

(à partir de 1 300 R, 1 heure), Port Elizabeth (à partir de 1 600 R, 1 heure 30) et George (à partir de 2 300 R, 1 heure 30).

Depuis l'aéroport, la course en taxi (il n'y en a souvent qu'un seul) coûte environ 200 R vers le centre, selon votre destination.

BUS ET TAXIS COLLECTIFS

Des bus longue distance partent du Tourist Information Centre dans Park Rd. **Translux** (☎086 158 9282 ; res.prasa.com/translux/booking) propose des bus quotidiens pour : Le Cap (à partir de 550 R, 13 heures), Durban (à partir de 510 R, 9 heures), East London (380 R, 9 heures), Johannesburg/Pretoria (300 R, 5 heures) et Port Elizabeth (à partir de 470 R, 9 heures).

Greyhound (☎051-447 1558, 083 915 9000 ; www.greyhound.co.za ; Park Rd) et **Intercape** (☎051-447 1435, 021-380 4400 ; www.intercape.co.za ; Park Rd) assurent des lignes similaires.

La plupart des **taxis-minibus collectifs** (angle Power St et Fort St) stationnent en face de la gare ferroviaire et desservent Maseru, au Lesotho (100 R, 3 heures), Kimberley (120 R, 4 heures) et Johannesburg (190 R, 6 heures). Il y a généralement au moins un bus par jour, mais les horaires varient. Les bus pour Thaba 'Nchu partent de St George's St (30 R, 1 heure).

TRAIN

Les trains de **Shosholoza Meyl** (☎0860 008 888, 011-774 4555 ; www.shosholozameyl.co.za) passent 3 fois par semaine par Bloemfontein, en reliant Johannesburg (230 R, 7 heures) et Port Elizabeth (230 R, 15 heures). Un autre train fait halte à Bloemfontein entre Johannesburg et East London (330 R, 13 heures).

NORD DE L'ÉTAT LIBRE

Jolie contrée de collines vallonnées, le nord de l'État libre se prête à un nombre croissant de randonnées à pied ou à VTT et de parties de pêche. Dans le secteur de Parys à l'extrême nord, le Vredefort Dome est le plus grand et plus ancien cratère de météorite visible au monde. Il s'agit de l'un des huit sites sud-africains classés au patrimoine mondial de l'Unesco. (Il est trop étendu pour en faire une bonne photo depuis le sol ; pour en prendre réellement la mesure, il faut le survoler.)

Plus au sud s'étend une campagne dorée de champs de maïs et de tournesols. Les petites villes du coin sont des enclaves rurales où l'on vit et travaille sans guère croiser de touristes.

Parys et région du Vredefort Dome

☎056 / 48 169 HABITANTS

La petite ville animée de Parys se tient sur les rives de la Vaal, à 120 km au sud de Johannesburg. Elle compte quelques édifices imposants, dont une **église anglicane** de 1915 en granit bleu. Ses environs immédiats forment un beau paysage de vallées, de ravins et de falaises, où s'épanouit une flore luxuriante peuplée d'une profusion d'animaux et d'oiseaux. Mais ce sont d'abord les possibilités de sports d'aventure et les boutiques d'artisanat bordant la rue principale qui attirent les visiteurs, en particulier les habitants de Johannesburg le week-end.

Parys constitue aussi une base pratique pour visiter le Vredefort Dome, un territoire de collines créé il y a 2 milliards d'années par la chute d'une météorite géante.

À voir

Vredefort, d'un diamètre de 200 km, est le plus grand et le plus ancien site d'impact d'astéroïde encore discernable au monde. En 2005, le dôme, qui désigne en fait le creux formé par l'impact au centre du cratère, est devenu le sixième site d'Afrique du Sud classé au patrimoine mondial de l'Unesco. Cela vaut vraiment la peine de découvrir, à pied ou en voiture, ce paysage tout à fait unique.

Venterskroon Information Centre SITE NATUREL
(☎076 485 9212 ; ⏲8h-16h lun-ven, 9h-17h sam-dim). À Venterskroon, non loin du cratère, un centre d'information projette un court film sur le dôme (en afrikaans, mais disponible en anglais sur demande) et organise des promenades guidées (à partir de 80 R/personne) autour du cratère.

Activités

Parys se prête à nombre d'activités, parmi lesquelles la descente en rappel, le saut en chute libre, le VTT, le quad, le rafting, la randonnée et l'observation des oiseaux. L'Otters' Haunt (ci-contre) abrite l'agence la plus professionnelle des environs en matière de sports d'aventure.

VAUT LE DÉTOUR

LA WILLEM PRETORIUS GAME RESERVE

Près de la N1 à 70 km au sud de Kroonstad, la **Willem Pretorius Game Reserve** (☎057-651 4003 ; 70 R/véhicule ; ⊙7h-16h) est l'un des plus grands espaces de loisir de l'État libre. Divisée par la rivière Sand et l'Allemanskraal Dam, cette réserve faunique comprend deux écosystèmes : des prairies où évoluent de grandes hardes d'élands du Cap, de damalisques, de springboks, de gnous noirs et de zèbres ; au nord, des montagnes broussailleuses peuplées de babouins, de reduncas de montagne et de céphalophes de Grimm.

Rhinocéros blancs et buffles sont présents dans les deux parties de la réserve ; en revanche, on ne trouve pas d'éléphants ou de prédateurs tels que les lions. Si vous entrez par la West Gate (porte ouest), montez jusqu'au belvédère voisin pour profiter d'une vue splendide sur le secteur. N'essayez pas d'entrer par l'East Gate (porte est) : elle est définitivement e. L'hébergement se fait dans des chalets (s/d à partir de 250/850 R).

Graeme Addison, l'un des propriétaires, fut un pionnier du rafting en Afrique du Sud dans les années 1980. Avec sa femme, ils proposent aussi des excursions à VTT et des randonnées autour du Vredefort Dome.

Stone Adventures SPORTS D'AVENTURE
(☎056-811 4664 ; www.stoneadventures.co.za ; Kopjeskraal Rd). Stone Adventures, basé au lodge Stonehenge in Africa, propose du saut en parachute en tandem (à partir de 2 600 R), une descente en rafting de 8 km jusqu'à Rocky Ridge (280 R), des descentes en rappel de 13 m (220 R) et 44 m (260 R), et d'autres activités, dont un circuit au Vredefort Dome sur le thème de la géologie.

VTT

Otters' Haunt (voir ci-contre) propose des excursions guidées à VTT sur la dizaine de pistes (convenant à tous les niveaux) qui part de sa propriété à 2 km de la ville. Les sentiers sont ouverts aux visiteurs (90 R), mais certains ne sont pas bien signalisés et il est facile de se perdre. La location d'un vélo revient à 250 R/jour.

Tweezer Rocks (environ 18 km, 2 heures), l'un des itinéraires les plus populaires, peut se parcourir seul ou en circuit guidé – les habitants surnomment "course du petit-déjeuner" ce trajet rapide qui réveille, dès le matin.

Rafting

Riverman (☎082-475 8767, 084-245 2490 ; www.riverman.co.za ; Kopjeskraal Rd, Otters' Haunt ; sortie rafting demi-journée/journée 335/565 R par pers), basé à l'Otters' Haunt, propose des excursions de rafting sur la Vaal, en aval de Parys. Les rapides de classes I à III sont assez sportifs, surtout en période de crue. Le Gatsien Rapid (dont le nom signifie peu ou prou "gare à tes fesses") est le plus exaltant, et s'étire sur un tronçon de 6 km – on peut ainsi le remonter à pied et le descendre plusieurs fois. Les plus audacieux peuvent même l'affronter en tubing.

D'autres agences proposent des sorties rafting moins chères mais en plus grands groupes, comme par exemple **Real Adventures** (☎072 749 8169 ; www.parysriverrafting.co.za ; 72 Bree St ; demi-journée/journée de rafting à partir de 250/500 R/pers) et **Ingwenya Tours** (☎082-773 8656 ; www.ingwenyatours.co.za ; 25 Van Wouw St, Sasolburg ; sortie rafting à partir de 250 R/pers).

Où se loger

Otters' Haunt GUESTHOUSE $
(☎056-818 1814, 084-245 2490 ; www.otters.co.za ; Kopjeskraal Rd ; s/d à partir de 450/700 R ; @🛜🏊). Certains des hébergements de cette pension, aux abords envahis de végétation, sont rustiques en diable, mais l'emplacement isolé, au bord de la Vaal, reste imbattable. Il y a entre autres des bungalows, des cabanes à toit de chaume installées autour d'une piscine, et un cottage de trois chambres doté de sa propre piscine. Tournez à gauche après le pont à la sortie de la ville, puis suivez la rivière sur 2 km.

Klipdas Boskamp CAMPING $

(☎072 877 6153 ; www.facebook.com/klipdasboskamp ; empl 6 pers max 400 R, caravane 3 pers max 550 R). Idéal pour qui aspire à se sentir loin de tout, ce camping dispose de l'eau potable, d'un grand réchaud et d'un vaste terrain de nature sauvage au bord de la Vaal. Les prairies de la propriété sont sillonnées de sentiers de randonnée courant aussi sur des affleurements rocheux, d'où le Vredefort Dome peut se contempler dans sa quasi-totalité.

Suikerbos CAMPING, CHALET $$

(☎082-484 8150 ; www.facebook.com/suikerbosrand.friends ; camping 100 R/pers, hutte de randonneurs 400 R, chalets 875-975 R ;). Dans cette ferme-réserve très appréciée, des impalas paissent entre plusieurs logements équipés de cuisines. Les chalets, spacieux et modernes, s'agrémentent de grandes baignoires. Sur place également : une caravane et des refuges rustiques et sommaires de 4 places pour les randonneurs. Une propriété isolée, idéale pour admirer les étoiles et visiter, non loin, une ancienne mine d'or et un site historique de la guerre anglo-boer.

De Parys, rejoignez Potch, prenez la route gravillonnée vers Venterskroon et tournez à gauche en direction de Suikerbos après 20 km.

Où se restaurer et prendre un verre

Les établissements de Parys ferment tôt, même le week-end. Cela étant, le **Pickled Pig** (71 Bree St) est un excellent bar où boire un verre en début de soirée, et il y a quelques autres bons pubs dans la ville et ses environs, dont la brasserie artisanale **The Dog AMD Fig** (☎076 180 6521, 082 451 8634 ; www.dogandfigbrewery.com ; dégustation de bières artisanales 80 R, plats 100-200 R ; ⏲10h-18h mer-dim ;).

O's Restaurant INTERNATIONAL $$

(☎056-811 3683 ; www.osrestaurant.co.za ; 1 de Villiers St ; plats 75-260 R ; ⏲9h-20h mer-sam, 9h-15h dim). Dans ce restaurant de bord de rivière, aussi stylé que délectable, on se régale de calamar frit, suivi d'un steak à la sauce *pili-pili*, ou d'un filet de bœuf flambé, préparé à la table du client. La carte des pizzas mérite aussi le coup d'œil, et il y a même des menus pour enfants. Dînez, au choix, dans la jolie salle, dehors sur la terrasse, ou dans la verdure du ravissant jardin.

Hoi Polloi Bistro & Boutique Caffe BISTROT $$

(☎056-811 3333 ; 73 Bree St ; plats au bistrot 75-160 R, plats au café 60-160 R ; ⏲bistrot 10-21h ven, 9h-21 h sam, 9h-16 h dim, 10h-16 h mer-jeu, café 8h-16 h jeu-mar). Aux deux niveaux de ce restaurant, orné du sol au plafond de curiosités et d'objets anciens, correspondent deux cartes distinctes. À l'étage, le bistrot, vieillot mais élégant, propose carpaccio de phacochère, saucisse d'oryx, autruche du Karoo et autres plats, servis à l'intérieur ou sur la terrasse ensoleillée.

Renseignements

Parys Info Centre (☎056-811 4000 ; www.parys.info ; 30 Water St ; ⏲8h-17h lun-ven, 9h-13h sam-dim). Ce centre d'information fournit un plan de la ville et des renseignements détaillés sur les hébergements et les touropérateurs de la ville.

Depuis/vers Parys

La R59 conduit à Parys, qui se situe à l'ouest de la N1 courant vers le nord de Johannesburg.

Les bus **Translux** (☎086 158 9282 ; res.prasa.com/translux/booking) relient Parys à Bloemfontein (280 R, 3 heures 30) et Johannesburg (230 R, 1 heure 30). L'arrêt se trouve en face de la station-service Sasol.

EASTERN HIGHLANDS ET SUD DE L'ÉTAT LIBRE

Enserrant le royaume du Lesotho, les rudes Eastern Highlands (hauts plateaux de l'Est) constituent la destination phare de l'État libre. La frontière, au paysage accidenté et sauvage, sinue devant des montagnes enneigées en hiver ou couvertes de feuillage mordoré en automne – la vue est spectaculaire, notamment dans le Nord-Ouest, aux environs de Clarens.

Dans la région qui s'étend à peu près de la R26 et de la R49 à l'est de Bethlehem jusqu'à Harrismith, on trouve des monolithes en grès dominant des champs dorés ondoyants, le fabuleux Golden Gate

Highlands National Park et le village branché de Clarens, la plus charmante destination artistique du pays.

Harrismith

058 / 27 869 HABITANTS

Les rues de Harrismith, bourgade rurale typique, sont larges et sa place verdoyante est bordée de pittoresques bâtiments anciens. Elle a l'attrait d'une vue, au loin, sur le Drakensberg. Les Sud-Africains la surnomment "la mi-chemin" ("the half-way house"), en raison de son emplacement central entre Durban et Bloemfontein, et entre Johannesburg et Durban, au carrefour de la N3 et de la N5.

Faites-y le plein de provisions avant de partir explorer la chaîne du Drakensberg, située juste à l'intérieur de la frontière du KwaZulu-Natal.

Où se loger et se restaurer

Le complexe Bergview abrite les habituelles chaînes de restauration – Debonairs, Nando's et Ocean Basket – ainsi que quelques cafés plus chics.

Platberg Harrismith Backpackers AUBERGE DE JEUNESSE $

(058-622 3737 ; www.platbergbackpackers.co.za ;55 Biddulph St ; dort 185 R, s/d à partir de 380/420 R ;). Cet établissement bien tenu possède trois dortoirs, une chambre double et deux logements familiaux, tous en bon état. *Braai* à l'extérieur, parking sûr et belle vue sur le mont Platberg. Pour explorer les environs, splendides, vous trouverez des VTT à louer et des cartes de randonnées. Une navette mène même aux sentiers alentour.

Eastern Highlands

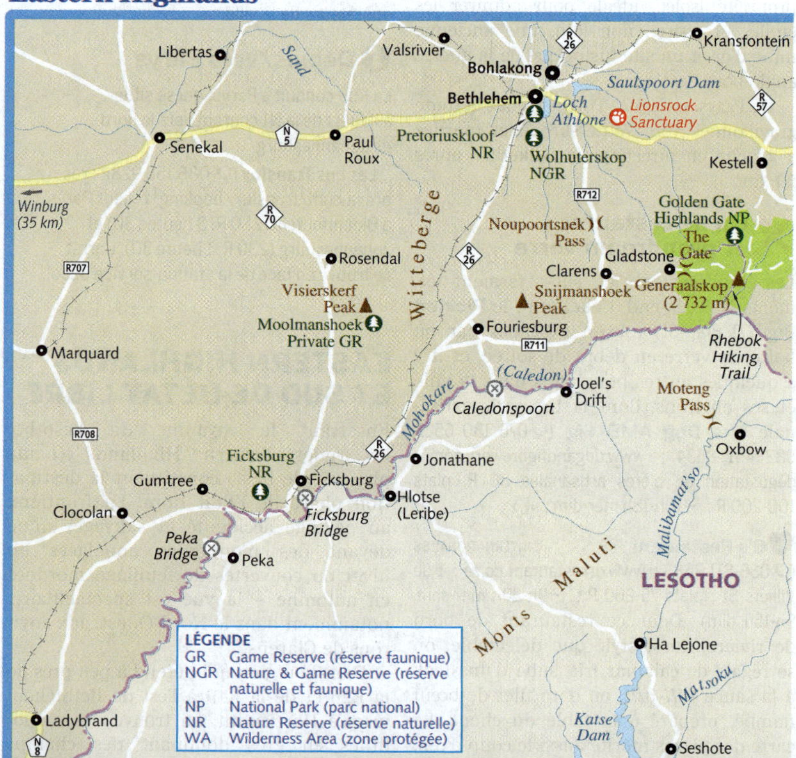

La La Nathi Country Guest House CHALETS $$
(☎058-623 0282 ; www.lalanathi.co.za ; s/d à partir de 650/850 R ; P 📶 🏊). Juste à côté de la N3, à 3 km de Harrismith (en direction de Durban), cette adresse, commode et d'un excellent rapport qualité/prix, loue des *rondavels* traditionnels (cases rondes au toit conique). Un choix fiable, et intéressant si l'on compte prendre la route le matin.

Renseignements

N3 Help Centre (☎080 063 4357 ; www.n3tc.co.za/contact-us ; Warden St ; ⏲8h-16h30 lun-ven). Ce centre utile se trouve dans le complexe Bergview (un ensemble de restaurants et de commerces de détail proche de l'entrée de la N3). Quantité de brochures et autres dépliants sur la région au sens large sont disponibles. Le personnel, bien documenté, fait tout ce qu'il faut pour répondre aux requêtes.

Depuis/vers Harrismith

Bus quotidiens d'Intercape pour Durban (350 R, 4 heures) et Johannesburg (à partir de 210 R, 4 heures). La gare routière se situe dans McKechnie St. Il y a un arrêt pour les bus Greyhound dans Warden St près de la station-service Quest.

Sterkfontein Dam Nature Reserve

La petite **Sterkfontein Dam Nature Reserve** (☎083-942 1418, 058-622 3520 ; car/camping-car 70/250 R ; ⏲6h-22h) occupe une très belle zone sur les contreforts du Drakensberg, à 23 km au sud de Harrismith sur la route du col d'Oliviershoek qui mène au KwaZulu-Natal. Ce vaste lac de barrage, entouré de sommets déchiquetés en toile de fond, ressemble à une mer intérieure. Il y a de nombreux points de vue, et la planche à voile comme la pêche y sont très populaires. On peut y camper (jusqu'à cinq personnes, 200 R) ou louer des chalets rustiques de 4 lits (550-850 R).

Golden Gate Highlands National Park

Juste avant la tombée de la nuit, le **Golden Gate Highlands National Park** (☎082-233 9111, 058-255 1000 ; www.sanparks.org/parks/golden_gate ; adulte/enfant 240/120 R) offre un spectacle magique, lorsque l'éclat du crépuscule couvre d'or les affleurements de grès dressés devant les contreforts rougeoyants des monts Maluti et que le ciel s'embrase de pourpre et de rouge. Si le parc n'abrite aucun des Big Five (lion, léopard, éléphant, buffle ou rhinocéros), le coucher de soleil justifie à lui seul le détour.

Parmi les animaux présents figurent cobes gris, damalisques, élands du Cap, ourébis, zèbres de Burchell, chacals, babouins et de nombreux oiseaux, dont deux espèces rares de vautours – le gypaète barbu et le vautour chassefiente –, ainsi que l'ibis du Cap, menacé d'extinction. Si les amateurs de longs treks apprécient le parc, ce dernier compte aussi de courts chemins de randonnée. Il y a deux pistes carrossables faciles à proximité des bureaux du parc.

LE GOLDEN GATE HIGHLANDS PARK

Pourquoi y aller Les occasions de randonner dans les parcs nationaux d'Afrique du Sud sont rares. Ici, on peut non seulement se promener sans guide, mais aussi profiter d'un paysage envoûtant, et l'on a toutes les chances d'apercevoir des animaux sauvages, dont diverses espèces d'antilopes.

Quand partir Il peut faire très froid dans le parc en hiver, les températures descendant parfois jusqu'à -15 °C (de juin à août). En outre, il neige fréquemment. La période de septembre à avril est la plus propice à la découverte du parc, même si, l'été, des orages se produisent l'après-midi.

Informations pratiques Emportez suffisamment d'eau si vous partez randonner et n'oubliez pas que le temps peut changer très rapidement de manière imprévisible. Avec votre propre véhicule, vous pouvez venir de Harrismith par la R74 puis par la R712.

Faire des économies Apportez vos provisions. Des taxis-minibus collectifs circulent entre Bethlehem et Harrismith, via Clarens et Phuthaditjhaba, et traversent le parc.

Rhebok Hiking Trail RANDONNÉE

Bien entretenu, ce chemin circulaire de 33 km se parcourt en 2 jours et constitue un excellent moyen de découvrir le parc. Il commence au Glen Reenen Rest Camp, près de la réception du parc, et grimpe le second jour jusqu'à un point de vue sur le flanc du **Generaalskop** (2 732 m), le point culminant du parc, d'où l'on voit le Mont-aux-Sources et les monts Maluti. Au retour vers le Glen Reenen, le chemin longe le **Langtoon Dam**.

Le chemin est limité à 18 personnes et doit être réservé au bureau du parc ; consultez le site Internet du parc.

Basotho Cultural Village TRADITIONS

(visites guidées tlj 9h-16h30). Pour découvrir la culture sotho, arrêtez-vous dans ce village-musée où vous pourrez découvrir l'habitat de la région, ainsi que la pharmacopée traditionnelle. Vous pourrez aussi assister à des chants et à des danses et visiter une galerie d'art. Il y a une boutique et un restaurant et des possibilités d'hébergements dans deux *rondavels* (voir description sur le site) et un camping.

Glen Reenen Rest Camp CAMPING $

(☎058-255 0962 ; www.sanparks.org ; Golden Gate Highlands National Park ; camping 255 R, rondavel 2 pers à partir de 1 010 R). Bien situé sur la route principale parmi les affleurements calcaires, ce campement loue des chalets bien tenus et des emplacements de camping au bord de la rivière. Une boutique vend des produits de base et de l'alcool.

Renseignements

Les touristes doivent payer la taxe de préservation du parc (adulte/enfant 192/96 R) au Glen Reenen Rest Camp, où ils pourront aussi se renseigner sur les itinéraires en voiture, à pied et à cheval.

Depuis/vers le Golden Gate Highlands National Park

La R712 passe par le Golden Gates Highlands National Park. Si vous vous contentez de traverser le parc, vous n'aurez pas à payer le droit d'entrée. Respectez bien les limites de vitesse.

Les taxis-minibus collectifs reliant Bethlehem à Harrismith passent par le parc (environ 30 min depuis l'une ou l'autre de ces villes et 20 R). Vous pourrez aussi prendre un taxi collectif à Clarens (10 R, 30 min) ou Phuthaditjhaba (15 R, 45 min).

Clarens

☎058 / 6 379 HABITANTS

Joyau de l'État libre, Clarens en est aussi, à 1 850 m d'altitude, la localité la plus haute, et l'un de ces endroits sur lesquels on tombe presque par hasard, mais dont on garde un souvenir inoubliable. Avec des éminences calcaires escarpées, des collines verdoyantes, des champs dorés et les superbes monts Maluti en toile de fond, c'est un gros village de carte postale, aux bâtisses chaulées et aux paisibles rues ombragées. Cette retraite bucolique, au climat doux, est de surcroît propice aux balades à cheval et à la pêche à la truite.

L'endroit est par ailleurs devenu une destination pour les amateurs d'art : de nombreuses galeries y exposent des

Clarens

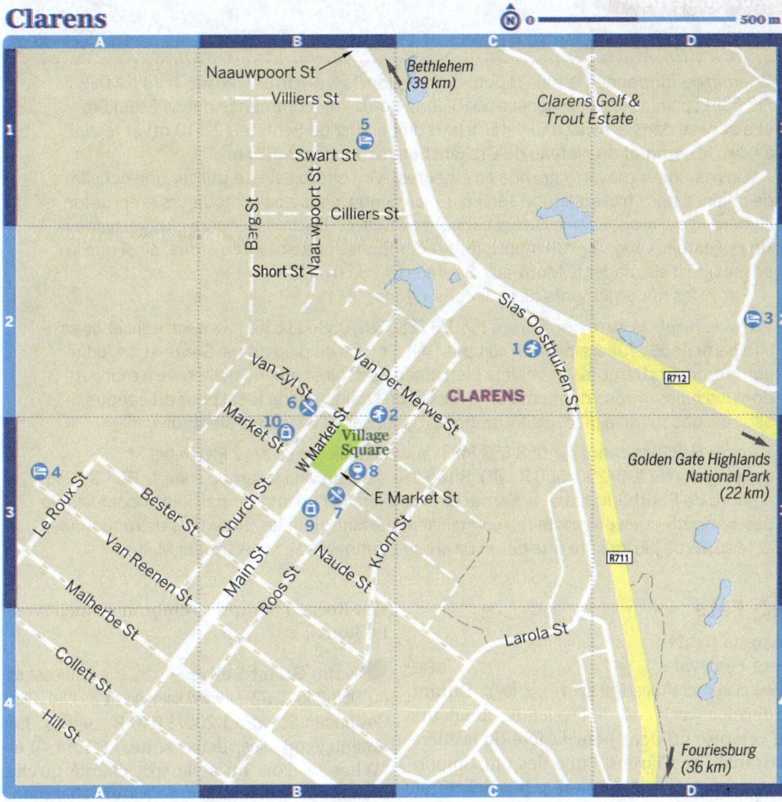

œuvres d'artistes sud-africains reconnus. De charmantes *guesthouses*, des très simples aux plus luxueuses, des restaurants gastronomiques, des cafés éclectiques et d'innombrables activités de plein air ajoutent à l'attrait de Clarens.

Activités

Les deux meilleures agences d'activités de plein air sont **Clarens Xtreme** (☎058-256 1260 ; www.clarensxtreme.co.za ; 531 Sias Oosthuizen St ; ⏲9h-17h) et **Outrageous Adventures** (☎083 485 9654 ; www.outrageousadventures.co.za ; Main St ; sortie rafting demi-journée/journée 580/870 R, descente en rappel 360 R/pers). Elles proposent un large choix d'excursions, dont de mémorables descentes en rafting sur l'Ash (avec certains rapides de classe IV), du quad, des tyroliennes et même des vols en montgolfière (organisés par Outrageous Adventures via une agence basée à Johannesburg).

Clarens

Activités
1 Clarens Xtreme C2
2 Outrageous Adventures B2

Où se loger
3 Clarens Country House D2
4 Clarens Inn & Backpackers A3
5 Kalm Guest Suites B1

Où se restaurer
6 Clementines Restaurant B2
7 Highlander Restaurant & Scotch Bar B3

Où prendre un verre et faire la fête
8 Clarens Brewery B3

Achats
9 Art & Wine Gallery B3
10 Bibliophile B3

VAUT LE DÉTOUR

LE SENTINEL HIKING TRAIL

Chemin de randonnée le plus réputé de la région, le **Sentinel Hiking Trail** (☎058-713 6361 ; parking 30 R, randonnée 60 R), long de 10 km, commence dans l'État libre et s'achève dans le KwaZulu-Natal. Il part du parking du Sentinel (2 540 m) et rejoint à 4 km le sommet du plateau du Drakensberg (à environ 3 000 m).

Un marcheur moyen y grimpe en 2 heures. À un endroit, il faut utiliser une échelle de chaînes pour traverser une série d'à-pics. Sinon, vous pouvez toujours emprunter l'itinéraire qui monte par le Gully et aboutit au Beacon Buttress (encore plus vertigineux !). Un majestueux paysage de montagnes récompense cette montée ardue, ainsi que la possibilité d'escalader le Mont-aux-Sources (3 282 m).

Parmi les hébergements des environs, citons :

Witsieshoek Mountain Lodge (☎073 228 7391, 058-713 6361 ; www.witsieshoek.co.za ; ch à partir de 595 R/pers, petit-déj compris ; P). Perché au pied du pic Sentinel, ce lodge comprend 76 chambres et chalets bien aménagés, ainsi qu'une belle salle à manger dont les baies vitrées donnent sur le massif du Drakensberg. Idéal pour quiconque aspire à découvrir, à pied, les formations rocheuses et cascades alentour.

Karma Backpackers (☎058-653 1433 ; www.karmalodge.co.za ; 2 Piet Retief St ; camping/dort/d 100/200/500 R ; @). Situé à Kestell, un village agricole sur la R57, à 22 km au nord de Phuthaditjhaba, le Karma Backpackers est un endroit paisible et confortable. Les sympathiques propriétaires connaissent parfaitement les itinéraires de randonnée, et le superbe jardin offre une belle vue sur le Sentinel Peak et les monts Maluti.

Fête

Clarens Craft Beer Festival BIÈRE

(www.clarenscraftbeerfest.com ; ⏲fév). Durant le dernier week-end de février, les amateurs de cervoise affluent pour la fête de la Bière artisanale de Clarens, l'une des plus importantes du pays. Attention : les tickets se vendent rapidement et les hébergements affichent complet des mois à l'avance.

Où se loger

On trouve de nombreuses pensions à Clarens et, dans les environs, de superbes lodges situés dans un cadre magnifique. Mieux vaut réserver, car il y a parfois foule pendant les week-ends et les vacances scolaires. Les tarifs baissent souvent en semaine. Le site www.clarens.co.za est pratique pour réserver.

Clarens Inn & Backpackers AUBERGE DE JEUNESSE $

(☎076 369 9283 ; www.clarensinn.co.za ; 93 Van Reenen St ; dort 180 R, s/d à partir de 180/360 R, cottages tout équipés à partir de 400 R ; wifi). Meilleur choix pour les petits budgets, cet établissement comprend des dortoirs non mixtes et des doubles sommaires autour d'une cour centrale avec un foyer ouvert et un bar en plein air. Rustique et tranquille, l'auberge s'adosse à la montagne au bout de Van Reenen St (après l'embranchement vers Le Roux).

♥ **Kalm Guest Suites** GUESTHOUSE $$

(☎058-256 1232 ; www.kalm.co.za ; 484 Sias Oosthuizen St ; s/d 1 200/1 640 R ; P wifi). En aménageant ses deux suites ("Yours" et "Whose") dans un style très chargé qu'elle a nommé "maximalisme", Karen Hickman, designer d'intérieur hors du commun, n'a pas lésiné sur les couleurs, matériaux, motifs animaliers et bibelots. Le résultat est fantastique et, en 2017, Karen a ajouté des cheminées et des *braais* à ces logements douillets, nichés dans un jardin digne d'*Alice au pays des merveilles*.

Karen et son mari habitent juste à côté, dans une maison à la décoration non moins excessive. Peut-être pourrez-vous y entrer si vous le demandez gentiment ; l'endroit vaut vraiment le coup d'œil.

♥ **Clarens Country House** GUESTHOUSE $$

(☎082-449 2082 ; www.theclarenscountryhouse.com ; ch petit-déj inclus 750 R/pers ; wifi). Sur le terrain de golf de Clarens, ces logements spacieux et confortables occupent un édifice centenaire en grès, dont les baies vitrées donnent sur les monts Maluti. Il comprend aussi une galerie exposant les œuvres de Peter Badcock-Walters, célèbre artiste local (et copropriétaire du lieu). Le service est exceptionnel, avec une attention portée au moindre détail (carafe de sherry, couvertures chauffantes et petit-déjeuner maison servi dans votre salle-à-manger privative).

Les appartements sont pourvus de cuisines, et un *braai* est à disposition sur la belle pelouse qui s'étend sous la roseraie.

Où se restaurer et prendre un verre

Il y a quelques bars pleins de charme autour de la place du village. La **brasserie** (058-256 1193 ; www.clarensbrewery.co.za ; 326 Main St ; 10h-19h lun-jeu, 10h-22h ven-sam, 10h-18h dim ;) et la distillerie attenante sont invariablement pleines.

Highlander Restaurant & Scotch Bar SUD-AFRICAIN $
(058-256 1912 ; pizzas à partir de 40 R, plats 85-135 R ; 8h-tard). Les heures d'ouverture de cet établissement du centre sont plus étendues que celles de la plupart de ses concurrents. Ce pub animé sert de délicieux burgers, sandwichs et pizzas cuites au feu de bois. Il compte une salle et un jardin, et propose – même si cela semble antinomique – un menu enfant et un bar à scotch.

Clementines Restaurant INTERNATIONAL $$
(058-256 1616 ; www.clementines.co.za ; angle Van Zyl St et Church St ; plats 80-160 R ; 11h30-14h30 et 17h-20h dim-jeu, jusqu'à 21h ven-sam ;). La cuisine de ce restaurant rustique amélioré est aussi bonne qu'elle le paraît sur le menu gastronomique international, avec toutes sortes de plats, de la truite arc-en-ciel au beurre d'amandes au tendre filet d'autruche. Le service professionnel, l'ambiance intime, la longue carte des vins et des choix pour les végétariens constituent d'autres atouts. Vérifiez les plats du jour, affichés sur le mur.

Achats

Avec de jolies rues bordées d'arbres et des myriades de boutiques et de galeries, Clarens invite à la flânerie. Dans les galeries, repérez les œuvres de Pieter Van der Westhuizen ou de Hannetjie De Clercq, deux artistes sud-africains de renom.

Art & Wine Gallery ART
(082-341 8161, 058-256 1298 ; www.artandwine.co.za ; 279 Main St ; 9h-17h). Un fantastique choix, tant de peintures que de vins régionaux.

Bibliophile LIVRES
(058-256 1692 ; 312 Church St ; 10h-16h lun-jeu, 9h-17h ven-sam, 9h-15h dim). Une librairie au charme désuet, avec un grand choix de titres et de CD de jazz et de world music.

Depuis/vers Clarens

Clarens est à 40 km (45 min de route) de Bethlehem. Le mieux est de s'y rendre en transport privé.

Bethlehem

058 / 16 236 HABITANTS

Principal centre commerçant de l'est de l'État libre, Bethlehem, perchée parmi les champs de céréales ondoyants, est connue pour sa production de blé et de laine. La ville donne une agréable sensation d'espace, et ses édifices en grès datent de sa fondation par les Voortrekkers dans les années 1840.

Si Bethlehem n'a guère d'intérêt pour les voyageurs, son township animé reste un bon point de chute pour une nuit.

À voir

Lionsrock RÉSERVE NATURELLE
(058-304 1691 ; www.lionsrock.org ; safaris vie sauvage à partir de 200 R). À 18 km de la ville, Lionsrock, une réserve de 12,5 ha, accueille des félins provenant du monde entier, dont des lions, des guépards et des léopards. Elle abrite également de nombreuses espèces d'antilopes et de chiens sauvages. Des visites guidées en voiture à la découverte de la faune sont proposées. Il y a des hébergements (750 R/pers, petit-déjeuner compris ; bungalows 4 personnes 2 310 R).

Fisant Bokmakierie & Hoephoep Guest House GUESTHOUSE $$
(058-303 7144, 082-776 0322 ; 8-10 Thoi Oosthuyse St ; s/d avec petit-déj à partir de 650/850 R ;). Au milieu de magnifiques jardins appréciés des oiseaux, des chambres et de luxueux chalets tout équipés sont installés dans trois pensions combinées. Les chambres, joliment aménagées, sont très spacieuses. Certaines, dans une annexe à quelques minutes de route, ont une petite cuisine et un patio privatif. Toutes allient des équipements modernes, comme les douches hydromassantes, à du mobilier classique en bois verni et à une literie somptueuse.

VAUT LE DÉTOUR

MOOLMANSHOEK PRIVATE GAME RESERVE

Tenue par une famille, l'éblouissante **Moolmanshoek Private Game Reserve** (051-933 2220 ; www.moolmanshoek.co.za ; P) protège une bande de 3 000 ha de prairies, de formations rocheuses et de vallées dans les monts Wittenberg. On y trouve springboks, gnous noirs, blesboks, oryx, zèbres et autruches, mais ce qui rend l'expérience unique est la possibilité de parcourir la réserve à cheval et de trotter librement parmi les animaux sauvages.

Les montures sont remarquables et bien soignées, et les selles confortables sont conçues pour les longues randonnées, comme l'excursion aller-retour qu'organise la réserve au Lesotho. Sur place, un lodge (à partir de 882 R/personnes, petit-déjeuner compris) loue de somptueuses chambres joliment décorées, et compte une aire de jeux pour enfants, une piscine, une bibliothèque et un excellent restaurant servant chaque matin un riche petit-déjeuner.

La réserve donne sur la R70, à 20 km de la ville de Rosendal, entre Senekal et Ficksburg.

Depuis/vers Bethlehem

Deux fois par jour, les bus Translux à destination de Durban (390 R, 5 heures) et du Cap (660 R, 16 heures) font halte dans Church St. On trouve des taxis dans les rues.

Fouriesburg

058 / 700 HABITANTS

Entouré de montagnes escarpées et de vastes plaines, Fouriesburg occupe, en bord d'une rivière, un emplacement splendide à 12 km au nord de Caledonspoort, le poste-frontière avec le Lesotho.

Deux pics voisins, le **Snijmanshoek** et le **Visierskerf**, sont les plus hauts de l'État libre. Non loin, au nord-ouest de la ville, le **Salpeterkrans** est le plus grand surplomb en grès de l'hémisphère sud – repérez les panneaux près de la R26. Fabuleuse illustration de l'érosion du vent, le site est sacré pour les tribus locales qui y pratiquent des rites ancestraux.

Camelroc Guest Farm CAMPING, CHALETS $

(058-223 0368 ; www.camelroc.co.za ; camping 200 R, ch 700 R, chalets 800-1 800 R). À 11 km de Fouriesburg et à 800 m de la frontière du Lesotho, Camelroc se tient dans un endroit spectaculaire, contre un affleurement de grès en forme de chameau, avec une belle vue sur les monts Maluti. Cette excellente retraite rustique loue des chambres avec salle de bains dans le corps de ferme, et des chalets tout équipés, de styles et de dimensions variés. Bons chemins de randonnée et de VTT, et pistes de 4x4 aux alentours.

Di Plaasstoep PUB

(083 331 0714 ; 54 De La Harpe St ; buffet petit-déj 110 R ; 8h-22h lun-sam, 8h-15h dim). Ce très bon pub afrikaner sert de généreux plats de viande, de la bière artisanale et un remarquable buffet boer au petit-déjeuner, incluant viandes, œufs durs et énormes saucisses. Dans le jardin accueillant, un brasero central tient chaud aux clients assis en extérieur.

Depuis/vers Fouriesburg

L'idéal est d'être motorisé. Un taxi jusqu'à la frontière avec le Lesotho coûte environ 10 R.

Ficksburg

051 / 41 248 HABITANTS

Ficksburg est un charmant bourg de montagne au bord de la rivière Mohokare (Caledon) doté de jolis **édifices en grès**, dont l'hôtel de ville et la poste. Niché au creux des monts Maluti, le village est magnifique en hiver, lorsque d'épaisses couches de neige recouvrent les pics alentour.

Les étés doux et les hivers froids favorisent la culture des asperges, des pommes et des fruits à noyau. Ficksburg est d'ailleurs au centre de la culture de cerises dans l'État libre. La **fête de la Cerise** (051-933 6486 ; www.cherryfestival.co.za) a lieu en novembre, mais les cerisiers sont en fleur en septembre et en octobre.

Imperani Guest House & Coffee Shop GUESTHOUSE $$

(051-933 3606 ; www.imperaniguesthouse.co.za ; 53 McCabe Rd ; s/d avec petit-déj à partir de 600/890 R ; P). Sis dans un cadre paisible, l'Imperani joue de son agréable atmosphère africaine. Dans des bâtiments coiffés de chaume, les 36 chambres modernes et impeccables s'agrémentent de parquet et de grandes fenêtres. Si vous passez par Ficksburg en voiture, le restaurant, avec ses deux terrasses, est un bon choix pour une pause déjeuner. Il sert un café corsé, de très bons wraps et un menu enfant. Il y a aussi un excellent bar à cocktails.

♥ Cafe Chocolate CAFÉ $$

(☎082-920 5551, 051-933 3531 ; 9 Fontein St ; plats 65-140 R ; ⏲12h-20h lun-sam, 12h-17h dim). À la fois restaurant, chocolaterie et théâtre, la meilleure table de Ficksburg est aussi un véritable centre culturel. Prisé pour ses pâtes et pizzas maison et sa truite de Maluti, le restaurant sert aussi une belle sélection de plats traiteur et des salades faites avec des produits du potager. Dans la boutique de chocolat, les propriétaires, qui ont créé la marque McKinley Chocolates, préparent des truffes bio.

ℹ Depuis/vers Ficksburg

À moins de prendre un taxi privé, il vous faudra votre propre véhicule pour aller à Ficksburg et en repartir. Des bus Intercape y circulent depuis/vers Le Cap (à partir de 700 R, 13 heures) et Durban (à partir de 540 R, 6 heures).

Ladybrand

☎051 / 25 816 HABITANTS

Posée dans une vallée encerclée de pics déchiquetés, à 16 km de la capitale du Lesotho, Ladybrand est une jolie bourgade forte de ses bâtiments en grès, de son cadre splendide et de son histoire. On y trouve plus de 300 sites d'art rupestre san, ainsi que des empreintes de dinosaures fossilisées (mais ces dernières ne se visitent pas encore). La ville est surtout une halte pratique où passer la nuit sur la route du "royaume montagneux" d'Afrique australe.

♥ Cranberry Cottage GUESTHOUSE $$

(☎051-923 1500, 082-660 1168 ; www.cranberry.co.za ; 37 Beeton St ; s/d avec petit-déj à partir de 640/790 R ; ❄@🛜🏊). Cette vaste maison en pierre est le meilleur hébergement de Ladybrand (et l'un des meilleurs de l'État libre). Spacieuses, les chambres bénéficient d'une touche luxueuse et baignent dans une ambiance très nature. Un jardin verdoyant, un patio couvert de vigne vierge, une jolie piscine, une salle à manger confortable avec cheminée et un bar ancien en bois poli constituent des atouts supplémentaires.

ℹ Depuis/vers Ladybrand

Ladybrand se situe à 4 km de la N8 sur la R26, la route de Ficksburg, et à 130 km au sud de Bloemfontein. Des taxis-minibus collectifs stationnent près de l'église dans Piet Retief St et desservent Ficksburg (70 R, 1 heure). Pour d'autres destinations, prenez un taxi-minibus jusqu'à Maseru Bridge (15 R), à la frontière du Lesotho, puis un taxi longue distance dans la grande station de taxis-minibus.

Gariep Dam Nature Reserve

La plus grande **réserve naturelle** de l'État libre (☎051-754 0026 ; 70 R/véhicule ; ⏲8h-16h lun-ven) englobe les 365 km² du Gariep Dam (un barrage qui retient 6 milliards de m³ d'eau) sur le Senqu (fleuve Orange) et 112 km² de réserve animalière sur sa rive nord.

Gariep Boat Cruises BATEAU

(☎079 522 2566, 051-754 0190 ; www.gariepboatcruises.com). Sorties en bateau le matin et au coucher du soleil (à partir de 120 R) jusqu'au Gariep Dam.

Forever Resorts Gariep RESORT $$

(☎051-754 0045 ; www.forevergariep.co.za ; camping/chalets à partir de 180/1 035 R ; P❄🛜🏊). Parfait pour les familles, cet agréable complexe hôtelier affichant maintes activités compte, entre autres, une piscine, un minigolf, un terrain de volley et des trampolines. Les chalets (plus d'une trentaine) sont bien aménagés, et disposés de façon à ce que chacun ait une vue superbe sur le lac. Les pelouses impeccables permettent de camper confortablement. Le restaurant est correct.

Philippolis

☎051 / 3 648 HABITANTS

Fondée en 1823 comme mission, Philippolis, sur la R717, semble figée dans le temps. C'est la plus ancienne ville de l'État libre, et 75 de ses édifices, dont la bibliothèque, sont classés monuments nationaux. De nombreux bâtiments y ont été construits dans le style du Karoo, avec des murs épais protégeant de la chaleur du climat semi-désertique.

Poussiéreuse et isolée, Philippolis attire de longue date auteurs, peintres et d'autres sommités. Elle compte une fantastique librairie, un musée d'histoire et plusieurs galeries d'art, et voisine avec un site formidable où voir des tigres sauvages. Les week-ends sont animés : la ville entière semble se retrouver dans le bar de l'historique Hotel Oranjehof.

Tiger Canyons OBSERVATION DE LA FAUNE
(☎051-773 0063 ; www.jvbigcats.co.za ; safari en voiture 2 200 R). Cette réserve animalière à 25 km de Philippolis a été créée par un réalisateur sud-africain avec pour but d'offrir à des tigres sauvages importés un sanctuaire où vivre et se reproduire. On y compte 17 tigres du Bengale, dont quelques petits, et deux tigres blancs. Ils partagent ces terres avec des guépards et les antilopes qu'ils chassent. Les safaris-photos en voiture proposés le matin et l'après-midi incluent un repas au **Tigress Julie Lodge** (☎082-892 4680 ; safari tout compris 7 500 R/pers ; P❄📶🏊).

Starry Nights Karoo Cottages COTTAGE $$
(☎051-773 0063, 082-892 4680 ; www.starry-nights.co.za ; 16 Tobie Muller St ; s/d 750/1 000 R). Ces quatre charmantes maisons anciennes restaurées, avec cuisine équipée, peuvent accueillir entre une et six personnes. Parquet et baignoires victoriennes à l'intérieur ; jardins verdoyants à l'arrière.

Waterkloof Craft Brewery MICROBRASSERIE
(☎082-770 0101 ; sur la R717 ; bière artisanale 45 R ; ⏲24h/24). À quelques kilomètres seulement de Philippolis, dans la minuscule agglomération fantôme de Waterkloof, cette microbrasserie sert des bières maison, la Karoobossie et la Kapokbossie, baptisées d'après les noms d'arbustes poussant dans les fermes alentour.

Tourism Office & Gift Shop RENSEIGNEMENTS TOURISTIQUES
(☎018-525 8371 ; sur la R717 ; ⏲9h-17h). Office du tourisme fournissant une abondance de renseignements ainsi que des cartes. C'est là que l'on s'inscrit pour le circuit historique (75 R).

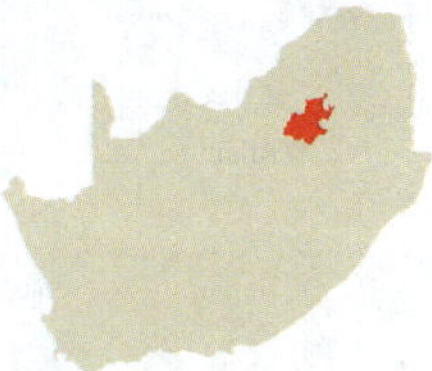

Johannesburg et le Gauteng

Dans ce chapitre ➜

Le top des restaurants

- ➜ Fermier (p. 393)
- ➜ Breezeblock (p. 370)
- ➜ Yeoville Dinner Club (p. 371)
- ➜ Marble (p. 370)
- ➜ La Boqueria (p. 370)

Le top des hébergements

- ➜ Satyagraha House (p. 363)
- ➜ Gastehys JanHarmsgat (p. 388)
- ➜ Alpine Attitude (p. 391)
- ➜ Curiocity Johannesburg (p. 360)
- ➜ Cradle Boutique Hotel (p. 382)

Pourquoi y aller

Petite par la taille, la province du Gauteng (prononcez hao-teng), une partie de l'ancien Transvaal, est le cœur économique de la nation sud-africaine. Elle a pour épicentre Johannesburg, la plus grande ville du pays, dont le centre-ville connaît un étonnant renouveau. Autrefois considérée comme à éviter, Jo'burg a désormais l'image d'une métropole passionnante et branchée.

Pour un changement de décor, direction Pretoria, au nord. La capitale administrative est moins dynamique que Johannesburg, mais elle sait attirer l'attention avec ses édifices majestueux, ses musées et ses rues plantées de jacarandas. À une courte distance en voiture se trouve le joli village de Cullinan, célèbre pour sa mine de diamants.

Le Gauteng s'enorgueillit également d'une histoire géologique unique, comme en témoigne le Cradle of Humankind (Berceau de l'humanité), classé au Patrimoine mondial. Cette vaste vallée constellée de grottes et de fossiles est l'un des plus importants sites archéologiques d'Afrique.

Quand partir

Johannesburg

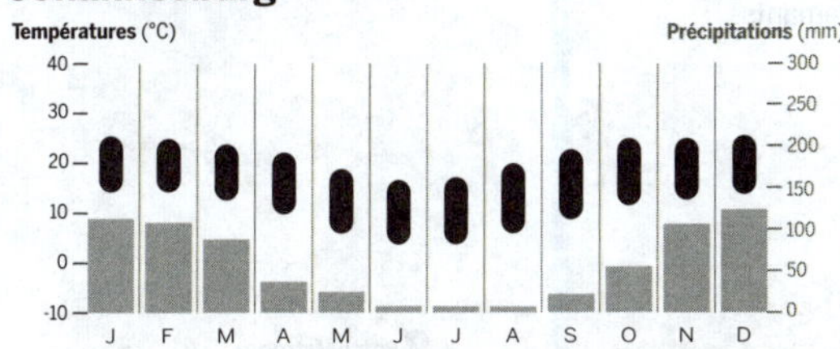

Mars Rentrée scolaire et retour de l'animation à Jo'burg. La haute couture s'invite à Sandton.

Août Saison des festivals avec Joy of Jazz, la Dance Umbrella et un riche calendrier théâtral.

Oct-fév Jacarandas en fleur ; orages spectaculaires presque quotidiens.

À ne pas manquer

1 La visite de **Constitution Hill** (p. 357), à Johannesburg, siège de prisons historiques et de la Cour constitutionnelle.

2 La découverte des galeries, du *street art* et du formidable marché dominical de **Maboneng** (p. 375), quartier rénové de Johannesburg.

3 L'**Apartheid Museum** (p. 358) pour un rappel des heures sombres de l'histoire sud-africaine.

4 Un saut à l'élastique du haut des **Orlando Towers** (p. 383) à Soweto.

5 Les **grottes de Sterkfontein** (p. 382), site paléoanthropologique majeur du Berceau de l'humanité.

6 Le **Freedom Park** (p. 386), à Pretoria, hommage à ceux qui ont sacrifié leur vie pour leur pays.

7 Le charmant village de **Cullinan** (p. 388) et sa mine de diamants.

Limpopo
Province du Nord-Ouest
Rust de Winter NR
Elands
Mpumalanga
Temba
P'ienaars
Mabopane
N1
R80
Roodeplaatdam
Wilge
Cullinan
7
Mine de diamants
Vaalplaas
Mamelodi
Ekangala
PRETORIA
6
Rayton
Sammy Marks' Museum
Bronkhorstspruit
Centurion
N4
Balmoral
érodrome
e Lanseria
Smuts House Museum
Van Riebeeck NR
Midrand
Bapsfontein
Tembisa
N12
Kempton Park
Ogies
Sandton
JOHANNESBURG
1 2 3
Aéroport de Johannesburg
Daveyton
Boksburg
Benoni
Germiston
Brakpan
Springs
Alberton
LÉGENDE
GR Game Reserve (réserve faunique)
NP National Park (parc national)
NR Nature Reserve (réserve naturelle)
R29
Kwa-Thema
R59
Katlehong
Devon
Leandra
Thokoza
Walkerville
Kinross
R82
Nigel
Jameson Park
R548
Suikerbosrand NR
Randvaal
Heidelberg
Suikerbosrand
Meyerton
R42
Roodebank
Vereeniging
Balfour
Mpumalanga
N3
Waterval
Vaal Dam NR
R54
Val
Dasville
Grootvlei
Vaal Marina
Vaal Dam
Deneysville
N
0
50 km

Histoire

Le coin nord-ouest du Gauteng, surnommé le Cradle of Humankind (Berceau de l'humanité ; p. 382), a sans doute joué un rôle clé dans l'évolution de l'humanité. Plusieurs ethnies différentes vivaient dans la région, où des preuves d'activités minières remontent à l'âge du fer, mais ce n'est qu'en 1886, quand de l'or y fut découvert, que le Gauteng fut propulsé dans l'ère moderne.

Les Boers, fuyant la domination britannique dans la colonie du Cap, s'installèrent au Gauteng au milieu du XIXe siècle, fondant la Zuid-Afrikaansche Republiek (ZAR ; République sud-africaine) indépendante. Pretoria, alors un village, fut choisie pour capitale. Cependant, les bénéfices colossaux que les Boers tiraient des mines d'or attirèrent la convoitise des Britanniques qui se les approprièrent, entraînant la seconde guerre des Boers (1899-1902).

Après avoir subi des pertes humaines sévères, notamment dans les camps de concentration créés par les Britanniques (voir p. 559), les Boers reconnurent leur défaite. Le traité de Vereeniging mit fin au conflit en 1902 et conduisit à la création de l'Union sud-africaine en 1910. La nouvelle cité de Johannesburg (Jo'burg) prospéra, mais la situation des milliers de mineurs noirs ne changea guère. Pretoria devint le siège du régime de l'apartheid et les townships qui entouraient Jo'burg, dont Soweto, subirent les pires abus du système et virent naître ses plus farouches opposants. Le Gauteng, alors appelé Transvaal, fut au centre du drame que vécut l'Afrique du Sud au XXe siècle.

L'Afrique du Sud post-apartheid a connu de rapides changements. Le Transvaal a été rebaptisé Gauteng, un président noir dirige le pays depuis Pretoria (ou Tshwane) et la Cour constitutionnelle a été construite sur le site de la pire prison de l'apartheid, l'Old Fort. Reste à voir si le XXIe siècle apportera aux déshérités du Gauteng leur part de prospérité.

Johannesburg

☎ 011 / 4,4 MILLIONS D'HABITANTS

Communément appelée Jo'burg ou Jozi, Johannesburg est une ville qui se transforme rapidement. Après presque 20 ans de déclin, le cœur battant de l'Afrique du Sud aborde l'avenir avec optimisme. Son centre s'embellit tandis que de nouveaux immeubles d'habitation et de bureaux sortent de terre à un rythme soutenu. Devenu un quartier branché, Maboneng est considéré comme l'un des projets de réhabilitation urbaine les plus réussis au monde. Pourtant, les inégalités restent fortes, la pauvreté et la criminalité n'ayant pas été éradiquées.

Jo'burg reste néanmoins une métropole incroyablement sympathique et sans prétention, avec une multitude de choses à voir et à faire. Elle compte de superbes musées qui explorent le passé troublé de l'Afrique du Sud, comme l'Apartheid Museum (p. 358). Alors n'hésitez pas, plongez-vous dans cette cité animée et observez sa fantastique renaissance.

Histoire

Tout commença en 1886, lorsque le prospecteur australien George Harrison découvrit des traces d'or sur le Witwatersrand. L'exploitation minière devint rapidement le privilège de riches magnats, ou *randlords*, qui avaient fait fortune dans les mines de diamants de Kimberley.

En trois ans, Jo'burg devint la métropole d'Afrique du Sud, une cité turbulente où des chercheurs d'or de toute origine fréquentaient les bars et les maisons closes. Les Boers, le gouvernement du Transvaal et son président Paul Kruger voyaient d'un mauvais œil cette population. Ils instaurèrent des lois limitant le droit de vote aux Boers et restreignant la circulation des Noirs. Les tensions entre *randlords* et *uitlanders* (étrangers) d'un côté et le gouvernement du Transvaal de l'autre eurent un rôle crucial dans les événements qui conduisirent à la guerre des Boers de 1899-1902.

Soumis à une pression croissante dans les campagnes, des milliers de Noirs vinrent en ville à la recherche de travail. La ségrégation raciale mise en place entre les guerres provoqua l'apparition de vastes bidonvilles autour de Jo'burg à partir des années 1930. Dirigés par des Noirs, ils devinrent bien organisés.

Officialisé dans les années 1960, l'apartheid n'empêcha pas l'arrivée de milliers de squatteurs noirs, ni l'expansion de la ville. La violence à grande échelle éclata en 1976, quand le Soweto Students' Representative Council (Conseil représentatif des étudiants de Soweto) organisa des manifestations contre l'emploi de l'afrikaans dans les écoles noires.

Le changement le plus important dans l'histoire de la ville fut la suppression de l'apartheid et les premières élections démocratiques en 1994. Depuis, les townships noirs font partie de la municipalité, les marchands ambulants et les stands de rue animent le centre-ville et les banlieues deviennent de plus en plus multiethniques.

À voir

Après la tumultueuse période post-apartheid des années 1990, Jo'burg a repris des forces grâce au secteur de la création et à des projets immobiliers visionnaires. Des œuvres d'art embellissent désormais les rues, tandis que les vieux entrepôts et les bâtiments Art déco ont été convertis en bureaux, appartements et boutiques.

Les deux sites phares, Constitution Hill (p. 357) et l'Apartheid Museum (p. 358), témoignent des événements qui ont façonné le passé et le présent de la ville, tout en permettant aux habitants de regarder l'avenir avec espoir. La scène artistique, qu'il s'agisse du *street art* de Maboneng ou des galeries de Rosebank, mérite également le détour.

Inner City et Newtown

Si vous demandez aux Sud-Africains ce qu'ils pensent du centre de Johannesburg, ils répondent souvent "dangereux" et "délabré". Les habitants de la ville ont, pour leur part, une tout autre opinion. De vastes secteurs de l'Inner City ont en effet été revitalisés, rénovés et modernisés. Si plusieurs enclaves sordides demeurent, ce qui était autrefois une zone interdite retrouve peu à peu son attrait.

Marshalltown, le quartier de la finance et des affaires, fait partie des plus séduisants et des plus sûrs. Au milieu de ses imposants gratte-ciel, sièges de nombreuses banques et compagnies minières, se cachent des curiosités que vous dénicherez plus facilement en compagnie d'un guide, même s'il n'est généralement pas dangereux de vous promener seul par ici.

La renaissance de Newtown a quelque peu ralenti ces dernières années, d'autres quartiers tendance ayant pris le relais. La zone abrite néanmoins des musées, le Market Theatre et le nouveau centre commercial Newtown Junction.

Dans la journée, vous pouvez vous promener sans grand danger dans le secteur à l'ouest du Carlton Centre et au sud de Rahima Moosa St, mais restez vigilant, surtout aux alentours de Park Station. N'exhibez pas d'objets de valeur tels qu'appareils photo et montres, et évitez de porter un sac.

À NE PAS MANQUER

COFFEEBEANS ROUTES

Le tour-opérateur **Coffeebeans Routes** (coffeebeansroutes.com), basé au Cap, dispose d'une antenne à Jo'burg. Celle-ci propose des circuits culturels très originaux, notamment une visite du Soweto d'aujourd'hui (4 heures, à partir de 11 025 R), une promenade culinaire (à partir de 9 888 R) ou encore la possibilité de rencontrer musiciens et artistes locaux et d'assister à un concert symphonique ou de jazz privé.

Gandhi Square PLACE

(carte p. 354 ; Inner City). Mohandas Gandhi (surnommé le Mahatma) arriva en Afrique du Sud en 1893 et vécut à Johannesburg, où il travailla comme avocat de 1903 à 1914 (voir encadré p. 560). La place a été rebaptisée Gandhi Sq en son honneur et une statue en bronze le représentant jeune avocat se dresse au milieu.

Chancellor House ÉDIFICE D'INTÉRÊT

(carte p. 354 ; 25 Fox St, Ferreiras Dorp). C'est dans ce bâtiment sur trois niveaux que Nelson Mandela et Oliver Tambo fondèrent, dans les années 1950, le premier cabinet d'avocats sud-africain appartenant à des Noirs. Rénové en 2012, il abrite un "musée extérieur" que l'on peut visiter à toute heure du jour et de la nuit. Les photos et les panneaux exposés en vitrine offrent un aperçu des vies de Mandela et de Tambo.

En face se dresse **Shadow Boxing**, une sculpture en acier de Marco Cianfanelli, haute de 5 m, inspirée de la célèbre photo de Mandela boxant, prise par Bob Gasini en 1952.

Johannesburg Art Gallery MUSÉE

(JAG ; carte p. 354 ; ☎ 011-725 3130 ; friendsofjag.org ; Joubert Park, Hillbrow ; ⌚ 10h-17h mar-dim). GRATUIT Séparée par des grilles de l'extrémité sud du peu avenant Joubert Park, la JAG occupe un élégant bâtiment de 1915, conçu par Edwin Lutyens. Elle conserve l'une des plus grandes collections d'art d'Afrique (fabuleuses peintures européennes des XVIIe, XVIIIe et XIXe siècles, œuvres d'artistes sud-africains majeurs et objets africains), mais seule une petite partie est

Johannesburg

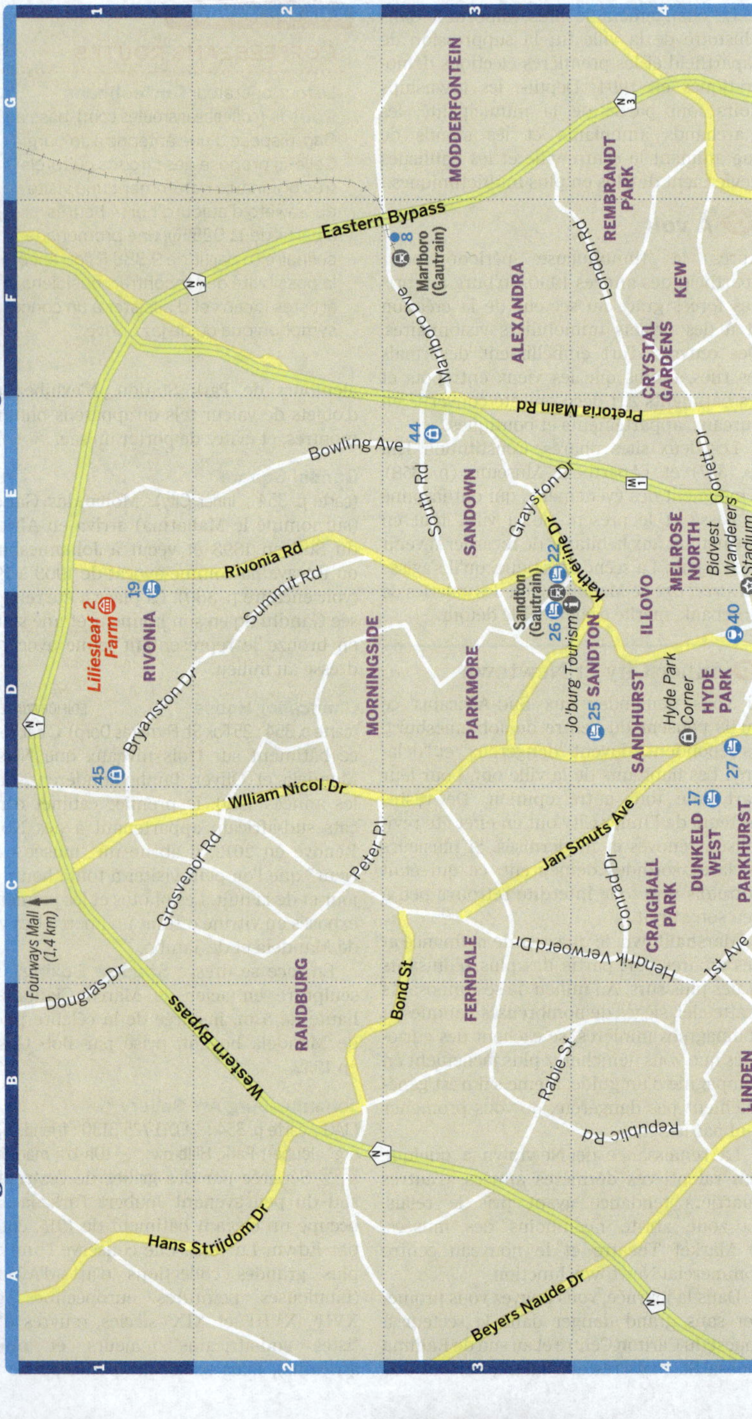

NORTHCLIFF
ROOSEVELT PARK
GREENSIDE
ROSEBANK
MELROSE
PARKWOOD
PARKVIEW
WESTCLIFF
SAXONWOLD
HOUGHTON
NORWOOD
ORANGE GROVE
KILLARNEY
BRUMA
SOPHIATOWN
MELVILLE
PARKTOWN
OBSERVATORY
MILPARK
BEREA
YEOVILLE
BEZ VALLEY
AUCKLAND PARK
HILLBROW
BRAAMFONTEIN
BRIXTON
CORONATIONVILLE
MABONENG
TROYEVILLE
JEPPESTOWN
DOORNFONTEIN
Weltevreden Rd
Milner St
Long 5th St
Main Rd
Maraisburg Rd
Fuel Rd
Portland Ave
High St
Newclare Rd
Commando Rd
Central Main Rd
Western Bypass
Main Reef Rd
Nasrec Rd
Soweto Hwy
Booysens Rd
Turf Rd
Heidelberg Rd
Eastern Bypass
3rd Ave
8th St
Tana Rd
6th Ave
7th Ave
Oxford St
Barry Hertzog Ave
Judith St
Emmarentia Dam
Zoo Lake Public Pool
Johannesburg Zoo
11th Ave
Ivy Rd
1st Ave
Pretoria St
Louis Botha Ave
Rockey St
Observatory Ave
Kitchener Ave
Kensington La
Jules St
Stanhope Rd
Sydonia Rd
Victoria Yards
Bruma Lake
Eastgate Mall
Aéroport international OR Tambo (12 km)
Rosebank (Gautrain)
Park (Gautrain)
Oriental Plaza
Wemmer Pan
Apartheid Museum
Gold Reef City
Voir carte Melville (p. 362)
Voir carte Centre de Johannesburg (p. 354)
Voir carte Maboneng et ses environs (p. 360)
N1
N12
R24
R25
M1
M2
M7
A
B
C
D
E
F
G
5
6
7
8
1
3
4
5
6
7
9
10
11
12
13
14
15
16
18
20
21
23
24
28
29
30
31
32
33
34
35
36
37
38
39
41
42
43
46

Johannesburg

Les incontournables
1 Apartheid Museum C8
2 Liliesleaf Farm D1

À voir
3 CIRCA Gallery D5
4 Ditsong National Museum of Military History D6
Everard Read .... (voir 3)
5 Ponte City D7
6 Telkom Tower D6
7 Zoo Lake D5

Activités
Dlala Nje .... (voir 5)
8 Mulaudzi Alexandra Tours F3
9 Wits Language School D6

Où se loger
10 54 on Bath D5
11 Arum Place Guest House C6
12 Ascot Hotel E5
13 Brown Sugar Backpackers E6
14 Clico Hotel D5
Hotel QSL on 44 .... (voir 36)
15 Ilali House D5
16 Joburg Backpackers C5
17 Liz at Lancaster C4
18 Melrose Place Guest Lodge D5
19 Oasis Boutique Hotel E1
20 Parkwood D5
21 Peech Hotel E5
22 Radisson Blu Gautrain Hotel E3
23 Residence E6
24 Satyagraha House E5
25 Saxon Hotel, Villas & Spa D4
26 Signature Lux Hotel D3
27 Ten Bompas D4

Où se restaurer
28 Baha Taco E5
29 Bismillah C7
30 Breezeblock C7
31 Brian Lara Rum Eatery B5
Bukhara .... (voir 26)
Che .... (voir 32)
32 Coalition Pizza D5
33 Croft & Co C5
34 Dukes Burgers C5
Grillhouse .... (voir 43)
Il Giardino Degli Ulivi .... (voir 36)
35 La Boqueria D5
36 Leopard C6
Marble .... (voir 3)
Milk Bar .... (voir 3)
Momo Baohaus .... (voir 34)
37 Moyo Zoo Lake D5
38 Roving Bantu Kitchen C7
Salvation Cafe .... (voir 36)
Schwarma Co .... (voir 12)
39 Yeoville Dinner Club E6

Où prendre un verre et faire la fête
4PM at Mesh .... (voir 3)
5101 .... (voir 5)
40 Beefcakes D4
Blind Tiger Cafe .... (voir 33)
Foundry .... (voir 35)
41 Jolly Roger Pub C5
Sin & Taxes .... (voir 32)
Stanley Beer Yard .... (voir 36)

Où sortir
42 FNB Stadium B8
43 Katzy's Live D5

Achats
44 Stanley .... (voir 36)
44 Amatuli E3
Art Africa .... (voir 33)
45 Bryanston Organic Market D1
Nelson Mandela Square .... (voir 26)
46 Rosebank Arts & Crafts Market D5
Rosebank Mall .... (voir 46)
Rosebank Sunday Market .... (voir 46)

exposée et les salles ouvertes au public accueillent généralement des expositions temporaires. Au moment de la rédaction de ce guide, le musée privilégiait la présentation d'œuvres d'art africain contemporain et sud-africain. Entrée près de Klein St.

Top of Africa POINT DE VUE
(carte p. 354 ; ☎011-308 1331 ; 50e ét, Carlton Centre, 150 Commissioner St ; adulte/enfant 15/10 R ; ⌚9h-18h). Le Carlton Centre (223 m), plus haut gratte-ciel d'Afrique depuis 1973, abrite au sous-sol une galerie marchande animée. Pour une vue époustouflante sur la ville, montez jusqu'à la **plateforme d'observation** au sommet (entrée par un ascenseur spécial, au premier sous-sol). À l'heure où nous écrivions ces lignes, la plateforme, fermée depuis la pandémie de Covid-19, n'avait pas encore rouvert ses portes.

Mary Fitzgerald Square PLACE
(carte p. 354 ; Rahima Moosa St, Newtown). Portant le nom de la première femme syndicaliste du pays, cette place arbore une série de têtes sculptées par des artistes de Newtown dans d'anciennes traverses de chemin de fer. Elle forme le point de départ du **Jazz Walk**

of Fame, une courte promenade rendant hommage aux plus grands musiciens de jazz d'Afrique du Sud.

Museum Africa MUSÉE

(carte p. 354 ; ☎011-833 5624 ; Old Market Bldg, 121 Lilian Ngoyi St, Newtown ; ⏱9h-17h mar-dim). GRATUIT Ce musée installé dans l'ancien marché aux fruits de Bree St illustre des thèmes historiques aussi divers que le procès pour trahison (qui dura de 1956 à 1961 et au cours duquel Nelson Mandela et 156 militants anti-apartheid furent jugés et acquittés), le développement de la musique sud-africaine ou l'évolution de l'habitat à Jo'burg. L'exposition d'œuvres satiriques "Cartoons in Context" ("caricatures dans le contexte") mérite le coup d'œil, comme la section Sophiatown, qui reconstitue un *shebeen* (bar clandestin).

Sci-Bono Discovery Centre MUSÉE

(carte p. 354 ; ☎011-639 8400 ; www.sci-bono.co.za ; angle Miriam Makeba St et Helen Joseph Sts, Newtown ; adulte/enfant 130/70 R ; ⏱9h-16h30 lun-sam, 9h-15h30 dim). Bien aménagé dans une ancienne centrale électrique, ce musée des sciences interactif atteste de la remarquable rénovation du centre-ville. Il accueille fréquemment des expositions temporaires d'envergure internationale, à l'image de "Wonders of Rock Art", consacrée aux peintures rupestres des grottes de Lascaux. L'endroit plaît autant aux enfants qu'aux adultes.

Workers' Museum MUSÉE

(carte p. 354 ; ☎011-492 0593 ; Rahima Moosa St, Newtown ; ⏱9h-17h mar-dim). GRATUIT Cet important musée se situe dans le complexe restauré de l'Electricity Department, qui fut construit en 1910 pour plus de 300 employés municipaux, et classé monument national. Il comprend une bibliothèque, un centre de documentation et une exposition sur les conditions de vie des travailleurs migrants. Visites guidées gratuites à la demande.

Braamfontein

Grande réussite de la rénovation urbaine, Braamfontein est l'un des plus beaux exemples des efforts menés pour moderniser et dynamiser des secteurs autrefois négligés. C'est aussi le quartier estudiantin de la ville (il abrite le campus de l'université de Witwatersrand), avec son lot de cafés sympathiques.

Wits Art Museum MUSÉE

(WAM ; carte p. 354 ; ☎011-717 1358, 011-717 1000 ; www.wits.ac.za/wam ; 1 Jan Smuts Ave, angle Jorissen St et Bertha St, Braamfontein ; ⏱10h-16h mar-sam). GRATUIT Achevé en 2012, c'est l'un des principaux musées d'art africain du continent. Vous ne verrez qu'une petite partie des 10 000 œuvres qu'il partage avec la Johannesburg Art Gallery (p. 349), mais il propose un intéressant programme d'expositions, notamment d'artistes internationaux, et d'autres événements.

PONTE CITY

Rien n'incarne mieux la fortune changeante du centre de Jo'burg que **Ponte City** (carte p. 350 ; 1 Lily Ave, Berea), dont **Dlala Nje** (voir p. 358) organise des visites guidées. Cet iconique gratte-ciel cylindrique de 54 étages et 484 appartements fut conçu dans les années 1970 comme le nec plus ultra des tours d'habitation. Hélas, après que les Blancs eurent déserté l'Inner City à la fin des années 1980, des squatteurs investirent les lieux. Ponte City fut déclaré bidonville vertical, car ses quelque 10 000 habitants y vivaient sans eau courante ni électricité.

Vingt ans plus tard, le propriétaire de l'édifice, Kempston, en reprit le contrôle et le remit en état. Désormais sûre, la tour accueille une population multiraciale composée de Sud-Africains des classes moyenne et populaire. Publié en 2014 par Steidl à l'occasion d'une exposition homonyme au Bal, à Paris, le livre *Ponte City*, de Mikhael Subotzky et Patrick Waterhouse, produit de quatre années de travail documentaire, offre un aperçu de la vie des habitants, avec de magnifiques photos.

Le travail de Dlala Nje auprès de la communauté locale, en particulier auprès des jeunes, a été une grande réussite. En décembre 2017, l'entreprise sociale a ouvert le bar **5101** au 51e étage et prévoit d'aménager un mur d'escalade de 173 m de haut sur le côté du bâtiment. Elle loue également quelques appartements sur Airbnb pour les visiteurs intéressés par un séjour à Ponte City.

Centre de Johannesburg

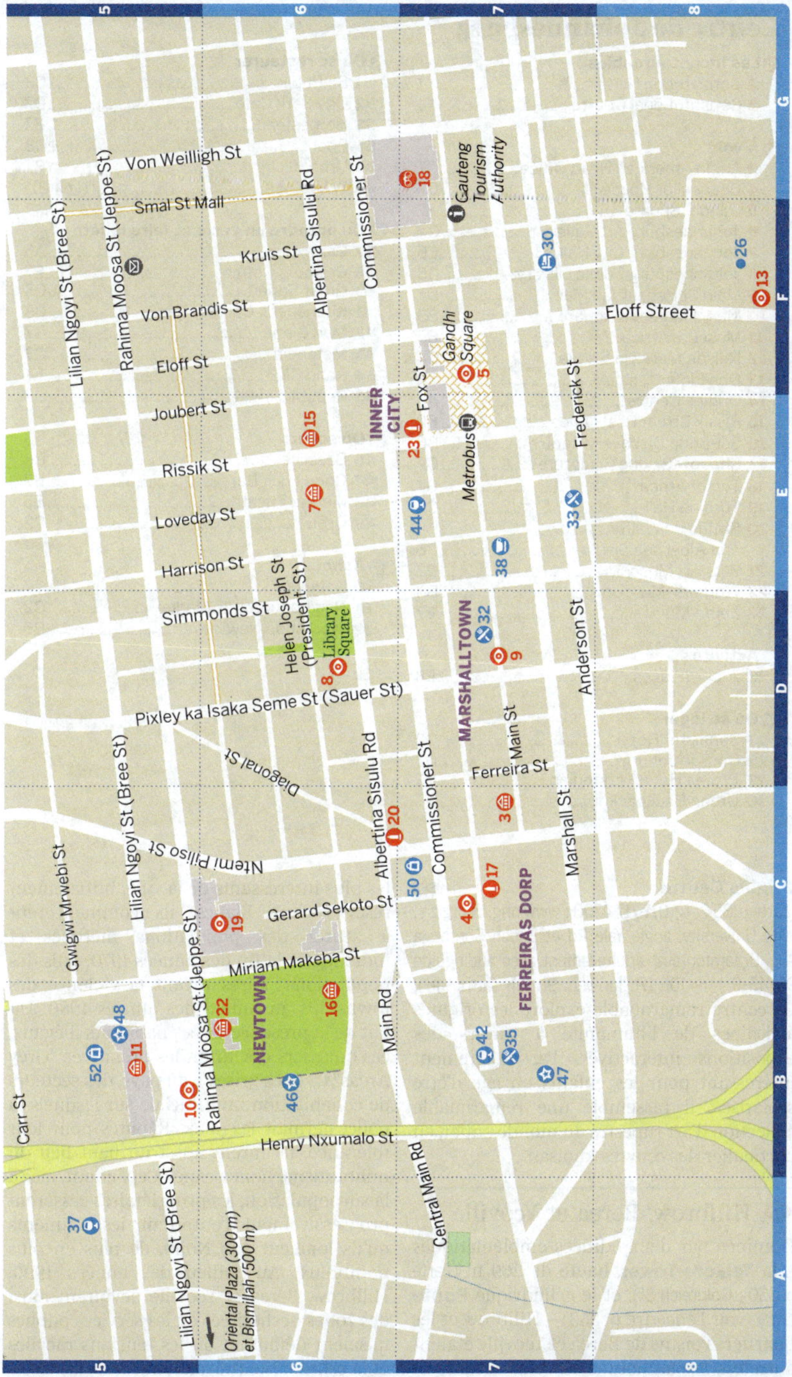
Von Weilligh St
Smal St Mall
Lilian Ngoyi St (Bree St)
Rahima Moosa St (Jeppe St)
Kruis St
Von Brandis St
Eloff St
Joubert St
Rissik St
Loveday St
Harrison St
Simmonds St
Albertina Sisulu Rd
Commissioner St
Gauteng Tourism Authority
Gandhi Square
Fox St
INNER CITY
Metrobus
Eloff Street
Frederick St
Helen Joseph St (President St)
Library Square
Pixley ka Isaka Seme St (Sauer St)
Diagonal St
MARSHALLTOWN
Main St
Ferreira St
Anderson St
Marshall St
Ntemi Piliso St
Gerard Sekoto St
Miriam Makeba St
Gwigwi Mrwebi St
NEWTOWN
FERREIRAS DORP
Main Rd
Carr St
Henry Nxumalo St
Central Main Rd
Oriental Plaza (300 m) et Bismillah (500 m)

Centre de Johannesburg

Les incontournables

1 Constitution Hill E1
2 Constitutional Court F1

À voir

3 Anglo American Head Office C7
4 Chancellor House C7
5 Gandhi Square F7
6 Johannesburg Art Gallery G4
7 Johannesburg City Hall E6
8 Johannesburg Public Library D6
9 Main St Pedestrian Mall D7
10 Mary Fitzgerald Square B5
11 Museum Africa B5
12 Nelson Mandela Bridge C4
13 One Eloff F8
14 Origins Centre A2
15 Rissik Street Post Office E6
16 Sci-Bono Discovery Centre B6
17 Shadow Boxing Sculpture C7
18 Top of Africa G7
19 Turbine Hall C6
20 Statue de Walter et Albertina Sisulu C6
21 Wits Art Museum C2
22 Workers' Museum B6
23 Zebra Mural E7

Activités

26 JoburgPlaces F8

Où se loger

27 Bannister Hotel C2
28 Once in Joburg D2
29 Protea Hotel Parktonian D2
30 Urban Backpackers F7

Où se restaurer

31 86 Public C3
32 City Perk Café D7
33 Homestead E7
34 Post C3
35 Urbanologi B7
WAM Cafe (voir 21)

Où prendre un verre et faire la fête

37 Carfax A5
38 Cramers Coffee E7
40 Great Dane C3
41 Kitchener's Carvery Bar C3
42 Mad Giant B7
43 Metanoia C3
44 Rand Club E7
45 Republic of 94 D3

Où sortir

46 Bassline B6
47 Good Luck Bar B7
48 Market Theatre B5
49 Orbit C2

Achats

50 Kohinoor C7
51 Neighbourgoods Market C2
52 Workshop Newtown B5

Origins Centre MUSÉE
(carte p. 354 ; ☎ 011-717 4700 ; www.origins.org.za ; Wits University, angle Yale Rd et Enoch Sontonga Ave, Braamfontein; adulte/enfant avec audioguide 90/45 R ; 10h-17h lun-ven, 9h-16h sam ; P). Ce centre remarquable explore les origines africaines de l'humanité à travers des expositions interactives. Particulièrement intéressant pour les enfants en âge d'être scolarisés, il rassemble une remarquable collection d'art rupestre du monde entier, en particulier des œuvres khoisan.

Hillbrow, Berea et Yeoville

Dominés par deux édifices emblématiques – la **Telkom Tower**, haute de 269 m (carte p. 350 ; Goldreich St), et le cylindrique **Ponte City** (voir l'encadré p. 353) – Hillbrow et les quartiers voisins de Berea et Yeoville étaient autrefois les faubourgs les plus vivants et les plus intéressants de la ville. Initialement réservés aux Blancs, ils commencèrent à attirer des populations métisses et indiennes à la fin des années 1970, puis des populations noires fuyant la violence des townships au milieu des années 1980. Du fait de la présence de ces habitants illégaux, ces quartiers devinrent les premières "Grey Areas" ("zones grises") du pays, des secteurs de cohabitation multiraciale sur lesquels la police fermait les yeux. Réputés pour leur tolérance, ils furent aussi un haut lieu du militantisme homosexuel. Cependant, face à la surpopulation, les propriétaires cessèrent progressivement d'entretenir les bâtiments qu'ils louaient aux Noirs, de plus en plus nombreux. Au milieu des années 1990, Hillbrow, Berea et Yeoville devinrent ainsi des zones déshéritées où les services publics faisaient défaut, et où les tensions raciales et la criminalité prévalaient.

Si la criminalité règne toujours dans ces quartiers densément peuplés, leur atmosphère haute en couleur, leur population panafricaine et leurs marchés effervescents justifient le détour. Mieux vaut toutefois prendre un guide comme ceux de Dlala Nje (p. 358) avant de vous y aventurer.

Constitution Hill MUSÉE

(carte p. 354 ; ☎ 011-381 3100 ; www.constitutionhill.org.za ; 11 Kotze Rd, Braamfontein ; visite guidée adulte/enfant 65/30 R ; ⏲ 9h-17h, visites guidées toutes les heures). Ne quittez pas Jo'burg sans avoir visité Constitution Hill, l'un des sites historiques majeurs du pays, dont les expositions poignantes sont réparties entre quatre sites distincts : l'**Old Fort** (1892), une ancienne prison pour hommes blancs ; l'horrible **Number Four Jail**, réservé aux détenus non blancs ; la **Women's Jail destinée aux femmes** ; et l'Awaiting Trial Block, maintenant presque entièrement démoli et remplacé par la nouvelle **Cour constitutionnelle** (carte p. 354 ; ☎ 011-359 7400 ; www.constitutionalcourt.org.za ; 1 Hospital St, Constitution Hill, Braamfontein ; 22 R ; ⏲ 8h30-17h lun-ven, 10h-15h sam).

Attendez-vous à être choqué par ce que vous verrez et entendrez : les conditions d'incarcération sont édifiantes. Beaucoup de militants politiques de premier plan, dont Mandela et Gandhi, furent emprisonnés ici. La plupart des visites guidées, essentielles pour remettre les choses dans leur contexte, durent 1 heure et couvrent la Number Four Jail et la Cour constitutionnelle. Celles de 10h et 13h durent 2 heures et parcourent toutes les sections de Constitution Hill. Vous pourrez ensuite vous promener librement à l'intérieur du complexe et faire une pause au café de l'Old Fort.

Maboneng et environs

Si la lisière jadis malfamée du centre-ville porte toujours sur les cartes les noms de New Doornfontein et Jeppestown, tout le monde l'appelle désormais Maboneng (www.mabonengprecinct.com), “lieu de lumière” en sotho, un nom choisi par le promoteur immobilier Propertuity. Foyer de créativité et d'innovation comptant une multitude de galeries, espaces culturels et artistiques, bars tendance, cafés, restaurants, boutiques de mode et start-up, le quartier incarne l'avenir rêvé de Jo'burg.

Ne manquez pas d'explorer les rues animées de ce repaire de hipsters, mais ne vous éloignez pas trop du périmètre principal (délimité par Berea Rd à l'ouest et Aurer St à l'est, Main St au sud et Beacon St/Albertina Sisulu Rd au nord) car l'insécurité n'a pas disparu. La navette gratuite **Maboneng Shuttle** (⏲ toutes les 15 min 6h-18h) fait le tour du secteur en journée.

Arts on Main CENTRE ARTISTIQUE, GALERIE D'ART

(carte p. 360 ; www.artsonmain.info ; 264 Fox St, Maboneng ; ⏲ 9h-17h mar-dim). GRATUIT Dans un ancien entrepôt remis en état, ce pôle créatif de Maboneng abrite ateliers d'artistes, galeries d'art, boutiques et restaurants.

The Cosmopolitan ÉDIFICE HISTORIQUE

(carte p. 360 ; www.thecosmopolitan.joburg ; 24 Albrecht St, Maboneng). Tranchant avec le style moderne des entrepôts reconvertis du quartier, cet ancien pub de 1902, joliment blanchi à la chaux, renferme plusieurs commerces et un charmant jardin de sculptures à l'arrière, dominé par une grande fresque de Gaia et Freddy Sam représentant Jan Van Riebeeck.

Vous y trouverez la galerie d'art **Hazard** (☎ 082-831 4217 ; www.hzrd.co.za ; ⏲ 10h-17h mar-dim), le salon de thé **Yswara** (☎ 011-005 5111 ; www.yswara.com ; ⏲ 9h-16h30 lun-ven).

VAUT LE DÉTOUR

LILIESLEAF FARM

Parmi les sites phares des faubourgs nord de Jo'burg, **Liliesleaf Farm** (carte p. 350 ; ☎ 011-803 7882 ; www.liliesleaf.co.za ; 7 George Ave, Rivonia) fut le quartier général clandestin de l'ANC (African National Congress) de 1961 jusqu'au raid dramatique de 1963 qui se solda par la capture de Nelson Mandela et de plusieurs leaders de l'organisation. Une série d'expositions interactives high-tech illustrent l'histoire de la lutte contre l'apartheid, et des visites guidées gratuites sont disponibles.

En 2021, le musée a fermé ses portes pour cause de faillite. À l'heure où nous écrivons ces lignes, le directeur de la fondation recherche des fonds pour sauver le site. Des objets ayant appartenu à Nelson Mandela ont été vendus aux enchères pour constituer un fonds de sauvetage du site historique.

Faubourgs nord

Ditsong National Museum of Military History MUSÉE

(carte p. 350 ; ☎010-001 3515 ; www.ditsong.org.za ; 22 Erlswold Way, Saxonwold ; adulte/enfant 45/30 R ; ⏲7h30-16h). Si les fusils, les chars et les avions de combat vous passionnent, vous verrez toutes sortes d'engins de destruction datant de l'époque de la guerre des Boers (1899-1902) jusqu'à la Seconde Guerre mondiale dans ce musée bien organisé, près du zoo.

Zoo Lake PARC

(carte p. 350 ; www.jhbcityparks.com ; Lower Park Dr, Parkview ; ⏲24h/24). GRATUIT Ce parc est prisé des habitants de tous les milieux sociaux pour un jogging le long des allées goudronnées ou encore une partie de basket et de football à cinq. Le week-end, familles et groupes d'adolescents viennent y pique-niquer dans la verdure.

On peut louer une barque (15 R) et ramer jusqu'à la fontaine au centre du lac. Il y a aussi une piscine (Zoo Lake Public Pool) et un restaurant africain **Moyo** (☎011-646 0058 ; www.moyo.co.za ; plats 60-160 R ; ⏲8h30-22h dim-jeu, jusqu'à 23h ven-sam).

Faubourgs sud

Apartheid Museum MUSÉE

(carte p. 350 ; ☎011-309 4700 ; www.apartheidmuseum.org ; angle Gold Reef Rd et Northern Parkway, Ormonde ; adulte/enfant 150/100 R ; ⏲9h-17h jeu-dim ; Ⓟ). Incontournable, le musée de l'Apartheid raconte l'essor et la chute du régime de ségrégation et d'oppression d'Afrique du Sud. Des films, écrits, enregistrements et récits expliquent l'architecture et la mise en place du système, et témoignent de la lutte pour la démocratie. La visite aide à mieux comprendre les inégalités et les tensions qui subsistent dans le pays. À 8 km au sud du centre-ville, près de l'autoroute M1.

Circuits organisés

Malgré les changements positifs que connaît Jo'burg, la ville reste intimidante pour beaucoup de voyageurs. Le meilleur moyen (et le plus sûr) de dépasser cette appréhension consiste à la visiter en compagnie d'un guide compétent. Que vous vous intéressiez à l'histoire, à l'architecture, à la rénovation urbaine, à la vie culturelle ou au *street art*, vous trouverez un guide expérimenté pour vous ouvrir la voie.

Mainstreetwalks À PIED

(carte p. 360 ; ☎011-614 0163 ; www.mainstreetwalks.co.za ; 400 R). Basé à l'auberge de jeunesse Curiocity (p. 360), ce tour-opérateur est spécialisé dans les circuits à Maboneng, mais propose également d'excellentes visites guidées de l'Inner City, de Troyeville et de l'enclave éthiopienne de Little Addis. Pour un avant-goût du Jo'burg nocturne, l'Underground Pub Crawl (chaque vendredi ou à la demande) est un must.

Dlala Nje À PIED

(☎011-402 2373 ; www.dlalanje.org ; boutique 1, Ponte City ; 400-450 R). Incontournable pour la visite des quartiers de Hillbrow et Yeoville, ce tour-opérateur mène également différents projets sociaux (voir l'encadré p. 353), et propose des activités centrées autour de la politique sud-africaine, la nourriture ou le jazz.

JoburgPlaces À PIED

(carte p. 354 ; ☎082-894 5216 ; www.joburgplaces.com ; 250-300 R). Les visites conduites par Gerald Garner et d'autres guides changeront votre vision de l'Inner City. Cinq itinéraires réguliers couvrent le centre-ville, le quartier industriel et minier de Marshalltown, le quartier de la mode et Little Addis, Maboneng, ainsi que certains pubs, bars et *rooftops* de l'Inner City.

Past Experiences À PIED

(☎083-701 3046 ; pastexperiences.co.za). Géré par Jo Buitendach et son équipe de guides expérimentés, Past Experiences propose une approche différente, avec des circuits s'intéressant aux graffitis, au *street art* et au shopping à Braamfontein, Newtown et dans le Fashion District. Les participants découvrent ainsi l'histoire des artistes et la culture locale du graffiti.

Mulaudzi Alexandra Tours À VÉLO

(carte p. 350 ; ☎061 365 7695, 071 279 3654 ; www.alexandratours.co.za ; ⏲visite 2/4 heures 450/550 R). Explorez Alexandra, l'un des plus anciens townships d'Afrique du Sud, en compagnie du sympathique Jeff Mulaudzi. Né à Alexandra, où il a grandi, ce jeune entrepreneur organise un circuit à vélo de 2 à 4 heures dans ce township peu connu. L'expérience est très instructive. Jeff retrouve les participants à la station Marlboro du Gautrain, où se trouve un parking sécurisé.

Fêtes et festivals

Nouvel An chinois NOUVEL AN

(⊙jan/fév). La communauté chinoise de Johannesburg célèbre le Nouvel An lunaire par des feux d'artifice, des marchés de rue et des spectacles traditionnels dans le vieux Chinatown (Commissioner St) et le plus grand (Cyrildene, Derrick Ave).

Kucheza Afrika Festival DANSE

(@kucheza_festival ; ⊙avr). Renommé Kucheza Afrika Festival en 2020, Dance Umbrella, le festival de danse le plus renommé du pays se déroule dans divers lieux de Jo'burg, dont le South African State Theatre.

Rand Easter Show FOIRE

(www.randshow.co.za ; ⊙avr). Une amusante foire grand public qui se tient généralement la première semaine d'avril au Johannesburg Expo Centre.

Joy of Jazz Festival MUSIQUE

(www.joyofjazz.co.za ; ⊙sept). Lors de ce festival de jazz établi de longue date, des musiciens locaux et internationaux de premier plan se produisent au Sandton Convention Centre.

Arts Alive Festival ARTS DE LA SCÈNE

(www.facebook.com/JoburgArtsAlive ; ⊙sept). L'occasion d'entendre pendant un mois des concerts de qualité, dans le cadre ou non du programme officiel. La plupart des événements se déroulent à Newtown.

Johannesburg Carnival CARNAVAL

(⊙31 déc). Ce carnaval de la Saint-Sylvestre se traduit par un défilé de chorales, de troupes, de chars et de fanfares entre Hillbrow et Newtown, s'achevant par une fête sur Mary Fitzgerald Square.

Où se loger

La plupart des hébergements se concentrent dans les faubourgs nord : vous aurez besoin d'une voiture ou d'un taxi pour rejoindre les commerces et lieux de sortie les plus proches. Si vous voulez loger près de l'Inner City, Braamfontein et Maboneng sont les meilleures options. Sachez toutefois qu'il n'est pas très sûr de marcher seul la nuit dans certaines zones du centre.

Pour rallier à pied bars et restaurants, préférez Melville, Norwood et Rosebank.

Inner City et Newtown

Once in Joburg AUBERGE DE JEUNESSE $

(carte p. 354 ; ☎087 625 0639 ; www.onceinjoburg.co.za ; 90 De Korte St, Braamfontein ; dort/d/tr avec petit-déj 372/885/1 317 R). Situé au cœur de Braamfontein, entouré de bars, cafés et boutiques, cet établissement allie l'ambiance d'une auberge de jeunesse au confort d'un hôtel, avec au choix de luxueux dortoirs blancs et des chambres artistiquement décorées, plus calmes, dans les étages supérieurs. Cuisine et espaces communs de qualité. Le personnel est sympathique et bien informé.

Urban Backpackers AUBERGE DE JEUNESSE $

(carte p. 354 ; ☎081-457 2447 ; 100 Anderson St, Marshalltown ; dort/ch avec sdb commune 150/399 R ; Wi-Fi). L'ouverture d'une auberge de jeunesse plutôt cool dans ce secteur montre que la sécurité du centre-ville tend à s'améliorer. Les chambres basiques s'agrémentent de touches décoratives sympathiques (vieilles caméras de cinéma, vinyles, etc.). Les salles de bains ont connu des jours meilleurs, mais la cuisine sur le toit, l'espace détente et le Kafe Noir du rez-de-chaussée servant le petit-déjeuner compensent cet inconvénient.

Braamfontein

Bannister Hotel HÔTEL $

(carte p. 354 ; ☎011-403 6888 ; bannisterhotel.co.za ; 9 De Beer St, Braamfontein ; lits jum et d à partir de 675 R ; P ❄ Wi-Fi). Si vous recherchez la proximité avec les bars et les restaurants de Braamfontein, le Bannister est incontournable. Ses chambres sont modernes, confortables et fonctionnelles, avec de bons matelas et des salles de bains impeccables, mais un peu exposées au bruit de la rue. Bar-restaurant sur place.

Protea Hotel Parktonian HÔTEL $$

(carte p. 354 ; ☎011-403 5741 ; parktonian.co.za ; 120 De Korte St, Braamfontein ; s/d à partir de 1 100/1 300 R ; P ❄ @ Wi-Fi piscine). Si ses grandes chambres affichent une décoration un peu austère, cette adresse propose de belles installations, des tarifs honnêtes et une situation privilégiée près de Park Station (navette gratuite) et Braamfontein. Fabuleux toit-terrasse avec une petite piscine où prendre un verre en soirée.

Maboneng et ses environs

Maboneng et environs

Curiocity Johannesburg AUBERGE DE JEUNESSE $
(carte p. 360 ; ☎011-614 0163 ; www.curiocity-backpackers.com ; 302 Fox St, Maboneng ; dort 180-235 R, s/d avec sdb commune 330/500 R ; P). Dans le charmant quartier de Maboneng, le jeune Bheki Dube a transformé une ancienne imprimerie en auberge de jeunesse originale, dotée de dortoirs propres, de chambres nettes et d'une suite sur le toit. Une cuisine bien équipée, un petit restaurant et le Hideout Bar animé complètent le tout. Difficile de trouver atmosphère plus conviviale.

12 Decades Art Hotel BOUTIQUE-HÔTEL $$
(carte p. 360 ; ☎010-410 5460 ; 12decadeshotel.co.za ; 7e ét, Main Street Life Bldg, 286 Fox St, Maboneng ; s/d 950/1 260 R ; P). Douze chambres de type loft avec cuisine, chacune conçue par un créateur différent et inspirée d'une période de l'histoire locale, vous attendent dans cet hôtel à thème au cœur de Maboneng. Le décor de certaines est un peu défraîchi, mais le concept est intéressant. Des œuvres d'art ornent aussi les couloirs.

Hallmark House BOUTIQUE-HÔTEL $$
(carte p. 360 ; ☎011-402 0220 ; www.hallmarkhouse.co.za ; 54 Siemert Rd, New Doornfontein ; ch avec petit-déj à partir de 990 R ; P). L'un des derniers projets en date de Propertuity, le promoteur immobilier de Maboneng, cet hôtel tendance propose des chambres aux 4e et 5e étages d'un immeuble rénové des années 1970. Spacieuses et hautes de plafond, elles comportent sol en béton poli, balcon et têtes de lit à motifs africains. Vue splendide sur le centre de Jo'burg depuis la piscine et le bar-restaurant sur le toit.

Navette gratuite jusqu'au quartier principal de Maboneng en journée ; mieux vaut ne

Maboneng et ses environs

pas circuler à pied dans le secteur après la nuit tombée.

Melville et environs

Motel Mi Pi Chi BOUTIQUE-HÔTEL $
(carte p. 362 ; 011-726 8844 ; www.motelmipichi.co.za ; 35 4th Ave, Melville ; s/d avec petit-déj à partir de 645/895 R ; P wifi). Réservation conseillée pour profiter de cette perle. Un duo de décorateurs a transformé plusieurs pavillons mitoyens des années 1930 en hôtel, une vraie alternative aux *guesthouses* traditionnelles de Melville. Les 15 chambres au design minimaliste apaisant s'agrémentent de touches pastel et de douches ouvertes sur des cours privatives.

Sleepy Gecko GUESTHOUSE $
(carte p. 362 ; 011-482 5224, 082-745 0434 ; www.sleepygecko.co.za ; 84 3rd Ave, Melville ; s/d avec petit-déj à partir de 550/700 R ; P clim wifi piscine). Très prisée, cette belle pension à l'ambiance détendue est au cœur de l'animation de 7th St. Préférez les chambres de l'annexe, moins bruyantes et plus claires – nos favorites sont la Fossil et l'Amarula. Les parties communes comprennent une grande salle à manger accueillante et une minuscule piscine dans la cour avant.

Arum Place Guest House GUESTHOUSE $
(carte p. 350 ; 011-482 5247 ; www.arumplace.co.za ; angle 1st St et Motor St, Melville ; s/d avec déj à partir de 780/990 R ; P wifi piscine). Cette imposante villa de 1935, à la lisière de Melville, est idéale si vous recherchez une maison chaleureuse et élégante. Les huit chambres à la décoration personnalisée sont confortablement réparties sur deux niveaux. Notre préférée est la "Touch of Grey", avec terrasse et entrée privées. Très jolie piscine dans le jardin.

84 on 4th Guesthouse GUESTHOUSE $
(carte p. 362 ; 011-482 2725 ; www.84onfourth.co.za ; 84 4th Ave, Melville ; s/d avec petit-déj à partir de 650/800 R ; P wifi). Cette vaste maison, à deux pas de 7th Street, est un bon choix si vous voulez être au cœur de l'action. Les chambres, aménagées autour d'un jardin, varient beaucoup : certaines sont petites et sans prétention, d'autres somptueuses et soignées.

Hotel QSL on 44 BOUTIQUE-HÔTEL $$
(carte p. 350 ; 076 222 7700 ; www.qslon44.com ; 12 Quince St, Milpark ; s/d avec petit-déj à partir de 1 200/1 320 R ; P clim wifi piscine). L'établissement a adopté le thème industriel du complexe 44 Stanley voisin, où plusieurs cafés servent le petit-déjeuner. Ses 10 chambres chics de type loft présentent des murs en brique apparente et des sols en béton ciré, adoucis par des tapis turcs anciens et des œuvres d'art contemporain.

Lucky Bean Guesthouse GUESTHOUSE $$
(carte p. 362 ; 082-902 4514 ; www.luckybeantree.co.za ; 129 1st Ave, Melville ; s/d petit-déj compris à partir de 820/1 130 R ; P wifi piscine). Conway, le propriétaire, a transformé cette villa en un B&B paisible et accueillant. Les grandes chambres, élégantes et bien aménagées, comportent une entrée privée et d'excellents équipements (TV à écran plat, literie de qualité, etc.). Une piscine est à disposition, de même que des informations sur le quartier. De la pension, vous pouvez facilement rejoindre à pied 7th St, la rue la plus animée de Melville. Réservez bien à l'avance car l'endroit se remplit vite.

Melville

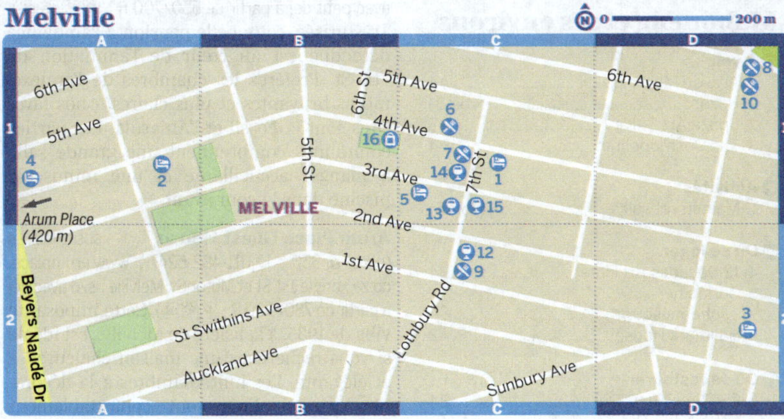

Melville

Où se loger

1 84 on 4th Guesthouse C1
2 Ginnegaap Guest House A1
3 Lucky Bean Guesthouse D2
4 Motel Mi Pi Chi A1
5 Sleepy Gecko C1

Où se restaurer

6 Bambanani C1
7 Bread & Roses C1
8 Great Eastern Food Bar D1
9 Pablo Eggs Go Bar C2
10 Service Station D1

Où prendre un verre et faire la fête

12 Hell's Kitchen C2
13 Jo'Anna Melt Bar C1
14 Ratz Bar C1
15 Six Cocktail Bar & Restaurant C1

Achats

16 27 Boxes B1

Ginnegaap Guest House GUESTHOUSE $$

(carte ci-dessus ; ☎011-482 3507 ; www.ginnegaap.co.za ; 54 4th Ave, Melville ; s/d petit-déj compris à partir de 770/1 000 R ; P). Le Ginnegaap occupe une maison de ville contemporaine dégageant le charme de l'ancien Melville. Le jardin en façade et la véranda qui entoure la demeure invitent à la détente. Les chambres spacieuses, d'un excellent rapport qualité/prix, s'agrémentent de lits douillets et d'une décoration chaleureuse. Service efficace et discret.

Fauboutgs nord

Brown Sugar Backpackers AUBERGE DE JEUNESSE $

(carte p. 350 ; ☎011-648 7397 ; www.brownsugarbackpackers.com ; 75 Observatory Ave, Observatory ; s/d 475/640 R, dort/s/d sans sdb 210/425/530 R petit-déj compris ; P@). Cette adresse originale occupe une vaste demeure aux airs de château miniature, ancienne résidence d'un baron de la drogue des années 1970. Elle propose différentes options : dortoirs avec salle de bains privée, cabanes en bois, chambres à la décoration insolite, etc. Piscine, salon TV, cuisine et buanderie à disposition.

Joburg Backpackers AUBERGE DE JEUNESSE $

(carte p. 350 ; ☎011-888 4742 ; www.joburgbackpackers.com ; 14 Umgwezi Rd, Emmarentia ; s/d 410/530 R, dort/s/d avec sdb commune 180/340/440 R ; P). Une auberge sûre, agréable et bien tenue, au cadre simple, dans une rue verdoyante d'Emmarentia. Les chambres avec salles de bains, d'un excellent rapport qualité/prix, ouvrent sur de vastes pelouses.

Signature Lux Hotel BUSINESS HOTEL $

(carte p. 350 ; ☎011-085 9500 ; www.signaturelux hotels.com ; 135 West St, Sandton ; ch 850 R ; P). Exception faite des fauteuils à motifs d'animaux métallisés du hall, nous aimons cet hôtel efficacement géré, à deux pas de la station de Gautrain Sandton et de Nelson Mandela Sq. Petites chambres dépouillées, Wi-Fi haut débit illimité et parking gratuit.

Les prix baissent de 100 R du vendredi au dimanche, une affaire dans le secteur. Également un tarif de jour (495 R, 8h-14h) pour ceux qui souhaitent se rafraîchir avant un vol.

Satyagraha House GUESTHOUSE $$
(carte p. 350 ; 011-485 5928 ; www.satyagrahahouse.com ; 15 Pine Rd, Orchards ; s/d avec petit-déj à partir de 1 810/2 520 R ; P). Merveilleux sanctuaire urbain, le Satyagraha s'organise autour du Kraal, une maison à toit de chaume de style africain, où Gandhi vécut entre 1907 et 1908 chez son ami Herman Kallenbach. La pension comprend sept chambres, deux à l'intérieur de la bâtisse d'origine, les autres dans des constructions modernes entourées d'un jardin paisible.

Sur place, un **musée** (70 R, 10h-16h) détaille la vie de Gandhi en Afrique du Sud et ses principes philosophiques. La visite peut être combinée avec un repas végétarien dans le Kraal (petit-déj/déjeuner/dîner 170/250/335 R).

Oasis Boutique Hotel HÔTEL $$
(carte p. 350 ; 011-807 4351 ; www.oasis.sa.com ; 29 Homestead Rd, Rivonia ; s/d avec petit-déj à partir de 1 100/1 450 R ; P). Cette charmante retraite de banlieue, gérée par un couple, accueille voyageurs d'affaires et vacanciers. Les 14 chambres varient en taille et en prix, mais sont toutes élégantes et aménagées avec goût. Piscine et grand *lapa* (pavillon à toit de chaume) dans le jardin verdoyant.

Peech Hotel BOUTIQUE-HÔTEL $$
(carte p. 350 ; 011-537 9797 ; thepeech.co.za ; 61 North St, Melrose ; ch avec petit-déj 3 050 R ; P). Ces quatre appartements en duplex, disséminés dans un beau jardin paysager, abritent 16 chambres de bonne taille, rehaussées de subtiles notes design. Le cadre est le principal atout du lieu.

Parkwood BOUTIQUE-HÔTEL $$
(carte p. 350 ; 011-880 1748 ; www.theparkwood.com ; 72 Worcester Rd, Parkwood ; s/d avec petit-déj à partir de 2 000/2 200 R ; P@). Ce superbe établissement conjugue confort, charme et atmosphère : le propriétaire, décorateur d'intérieur, a créé un lieu à l'élégance raffinée, avec œuvres d'art contemporain, murs en pierre, chaises longues au pied de fontaines, piscines, bibliothèque et salle de gym. Le lieu donne ainsi la possibilité de décompresser dans une série d'étroits bâtiments indépendants où l'intimité est garantie. Dîner sur demande.

Liz at Lancaster B&B $$
(carte p. 350 ; 011-442 8083 ; www.lizatlancaster.co.za ; 79 Lancaster Ave, Craighall Park ; s/d petit-déj compris à partir de 895/1 000 R ; P@). Retrouver cette oasis moderne après une journée de visite est un vrai plaisir. Les chambres sont bien aménagées et confortables, les salles de bains, parfaitement entretenues, les petits-déjeuners, copieux, et l'accueil de Liz chaleureux. Tous les hébergements – deux chambres, trois studios et deux cottages parfaits pour les familles – disposent d'une entrée et d'une cour privée. Une adresse sûre.

Melrose Place Guest Lodge HÔTEL $$
(carte p. 350 ; 083-457 4021, 011-442 5231 ; www.melroseplace.co.za ; 12A North St, Melrose ; s/d avec petit-déj 1 375/1 700 R ; P). La vie semble moins frénétique dans ce havre de paix, entre Rosebank et Sandton. Cette maison isolée au style campagnard abrite 33 chambres et séduira ceux qui apprécient l'espace : le vaste jardin invite à flâner et vous pourrez vous détendre dans la grande piscine. Dîner sur demande.

Radisson Blu Gautrain Hotel HÔTEL $$
(carte p. 350 ; 011-245 8000 ; www.radissonblu.com ; angle West St et Rivonia Rd, Sandton ; d 1 350-5 980 R ; P). Les tarifs varient beaucoup dans cet hôtel d'affaires design, proche de la sortie de la station Sandton (Gautrain), mais ils sont plus bas le week-end. Les chambres au décor raffiné ont une grande salle de bains et une jolie vue. Excellent restaurant et piscine sur la terrasse, à côté du hall du 3e étage.

Ascot Hotel HÔTEL $$
(carte p. 350 ; 011-483 3371 ; www.ascothotel.co.za ; 59 Grant Ave, Norwood ; ch avec petit-déj à partir de 1 220 R ; P@). Un petit hôtel élégant avec cordes rouges très VIP dans le hall, direction avenante et spa. Prestigieux mais abordable, il correspond parfaitement à l'ambiance détendue du quartier. Les chambres plutôt petites sont bien aménagées et confortables. Le principal atout de l'Ascot est son emplacement, à courte distance de certains des meilleurs bars et restaurants du quartier.

Clico Hotel BOUTIQUE-HÔTEL $$
(carte p. 350 ; 086 636 8770 ; www.clicohotel.com ; 27 Sturdee Ave, Rosebank ; s/d avec petit-déj à partir de 2 245/2 685 R ; P).

ÉVÉNEMENTS ARTISTIQUES MENSUELS

La scène d'art contemporain de Jo'burg mérite qu'on s'y attarde. Le **First Thursday** (first-thursdays.co.za) se déroule en soirée le premier jeudi du mois dans les galeries du **Keyes Art Mile** à Rosebank, comme **Everard Read** (carte p. 350 ; ☎011-788 4805 ; www.everard-read.co.za ; 6 Jellicoe Ave ; ⏲9h-18h lun-ven, 9h-13h sam) GRATUIT et la **CIRCA Gallery** (carte p. 350 ; ☎011-788 4805 ; www.everard-read.co.za ; 2 Jellicoe Ave ; ⏲9h-18h lun-ven, 9h-13h sam) GRATUIT, proches du Wits Art Museum à **Braamfontein**, ou la galerie **Stevenson** (☎011-403 1055 ; www.stevenson.info ; 46 7th Ave, Parktown North ; ⏲9h-17h lun-ven, 10h-13h sam), qui a déménagé à Parktown North, et les espaces artistiques de Maboneng, notamment Arts on Main (p. 357) et Hazard (p. 357).

Les visiteurs sont invités à déambuler d'un lieu à l'autre pour des vernissages, des installations éphémères et d'autres événements. C'est à Rosebank qu'il se passe le plus de choses, avec une fête de rue autour du Milk Bar (p. 370). À cette occasion, des stands gastronomiques et des *food trucks* sustentent les participants tandis que DJ et chanteurs assurent l'ambiance musicale. Suspendu pour cause de pandémie de Covid-19, l'événement devait reprendre à l'automne 2022 – renseignez-vous.

Pour ne pas être en reste, les **Victoria Yards** (www.victoriayards.co.za ; 16 Viljoen St, Lorentzville) accueillent le **First Sunday Market**, le premier dimanche du mois en journée. Profitez de cet événement pour découvrir, à 15 minutes de marche, la **Spaza Art Gallery** (carte p. 360 ; ☎082-494 3275, 011-614 9354 ; www.facebook.com/Spaza.Art ; 19 Wilhelmina St, Troyeville ; ⏲10h-17h), qui organise habituellement un déjeuner dans son jardin de sculptures.

À proximité des galeries du Keyes Art Mile et des boutiques de Rosebank, cette demeure ancienne de style colonial hollandais dispose de neuf chambres confortables au décor plaisant et d'un restaurant très réputé (ouvert aux non-résidents de 18h30 à 21h30).

Ilali House BOUTIQUE-HÔTEL **$$**
(carte p. 350 ; ☎082-567 5142 ; ilali.co.za ; 19 Chester Rd, Parkwood ; s/d avec petit-déj à partir de 800/1 000 R ; P wifi). Aucune enseigne n'indique cette *guesthouse* pleine de cachet. La décoration de ses six chambres spacieuses est unique : la plupart sont agrémentées de cartes géographiques et de reproductions d'œuvres de Vladimir Tretchikoff ou d'artistes sud-africains. La charmante cour ombragée invite à la détente. Non loin de Rosebank et du Keyes Art Mile.

♥ **Residence** BOUTIQUE-HÔTEL **$$$**
(carte p. 350 ; ☎011-853 2480 ; theresidenceportfolio.co.za ; 17 4th Ave, Houghton ; d avec petit-déj à partir de 3 495 R ; P ❄ @ wifi piscine). Si le charme avait un parfum, cet hôtel ultraélégant, installé dans une ancienne ambassade, serait enivrant. Cocon raffiné, il compte 17 suites opulentes, chacune différemment aménagée, et de superbes espaces communs. La piscine et le spa font oublier la fatigue de la journée.

Saxon Hotel, Villas & Spa HÔTEL **$$$**
(carte p. 350 ; ☎011-292 6000 ; www.saxon.co.za ; 36 Saxon Rd, Sandhurst ; ste avec petit-déj à partir de 7 655 R ; P ❄ @ wifi piscine). Ce somptueux palace, où Mandela acheva la rédaction de ses mémoires, fait la fierté de Sandhurst. Si vous n'êtes pas épaté par les ascenseurs privés, le service personnalisé et le meilleur spa du pays, vous serez sûrement impressionné par la splendide piscine, les suites luxueuses et le restaurant haut de gamme où officie le grand chef du Cap Luke Dale-Roberts.

54 on Bath BOUTIQUE-HÔTEL **$$$**
(carte p. 350 ; ☎011-344 8500 ; www.tsogosun.com/54-on-bath ; 54 Bath Ave, Rosebank ; ch avec petit-déj à partir de 3 500 R ; P ❄ wifi piscine). Incarnation du "chic urbain", cet hôtel séduisant se trouve à courte distance des galeries marchandes de Rosebank. Il possède 75 chambres spacieuses, d'une élégance discrète, un jardin-terrasse avec piscine au 4e étage, un restaurant haut de gamme et deux bars. Accès gratuit au club de sport du centre commercial voisin.

Ten Bompas BOUTIQUE-HÔTEL **$$$**
(carte p. 350 ; ☎011-341 0282 ; www.tenbompas.com ; 10 Bompas Rd, Dunkeld West ; ste avec petit-déj 4 000 R ; P ❄ wifi piscine). Dans le quartier huppé

de Dunkeld West, à une courte distance à pied de plusieurs restaurants et boutiques intéressantes, cet hôtel de charme compte 10 grandes chambres élégantes et une belle collection privée d'art africain, mise en valeur par des boiseries sombres et des tons ocre. Le restaurant mérite à lui seul le détour.

Où se restaurer

Destination de choix pour les gourmets, Jo'burg dispose de restaurants pour tous les goûts et budgets. De nombreux établissements sont regroupés à Melville, Greenside, Braamfontein, Parkhurst, Norword, Rosebank et Maboneng.

Inner City et Newtown

En semaine, beaucoup de cafés permettent de faire une pause dans la journée, mais la plupart ferment le soir.

City Perk Café CAFÉ $$
(carte p. 354 ; ☎011-838 9755 ; www.cityperkcafe.co.za ; 70 Fox St, Marshalltown ; plats 60-165 R ; ⏲6h30-15h30 lun-ven ; wifi). Difficile d'obtenir une table dans ce café ultrapopulaire, qui propose excellents petits-déjeuners, sandwichs, wraps, grillades, salades et café correct, à prix abordables. Le déjeuner revient à moins de 80 R ! Nombreuses tables en terrasse par beau temps.

Homestead SUD-AFRICAIN $$
(carte p. 354 ; ☎011-689 1000 ; homestead.co.za ; 58 Anderson St, Marshalltown ; plats 45-110 R, déj/dîner buffet 185/215 R ; ⏲6h-22h). Ce vaste restaurant allie cadre industriel agréablement excentrique et ambiance détendue. On peut voir l'équipe en cuisine s'affairer pour préparer des plats traditionnels : bœuf sauté, côtelettes de porc, burgers et sandwichs.

Braamfontein

Post CAFÉ $
(carte p. 354 ; ☎072-248 2078 ; 70 Juta St, Braamfontein ; plats 30-88 R ; ⏲6h30-16h lun-ven, 8h30-14h sam ; wifi). Avant ou après l'exploration de Braamfontein, entrez dans ce joli petit café pour savourer un délicieux petit-déjeuner, un sandwich gastronomique, une salade originale ou un plat du jour. Le menu inscrit sur un tableau noir ajoute à l'ambiance détendue. Excellent café.

WAM Cafe CAFÉ $
(carte p. 354 ; ☎011-717 7123 ; angle Jorissen St et Jan Smuts Ave, Braamfontein ; plats 20-60 R ; ⏲7h-17h lun-ven ; wifi). Ce café rattaché au Wits Art Museum (p. 353), une salle chic et moderne avec des baies vitrées donnant sur la rue, est l'un des plus populaires de Braamfontein. Les clients viennent essentiellement pour le buffet-déjeuner, facturé au poids.

86 Public PIZZAS $
(carte p. 354 ; ☎011-403 3055 ; www.86public.co.za ; angle Melle St et Juta St, Braamfontein ; plats 70-115 R ; ⏲11h-23h lun-jeu, 11h-minuit ven, 10h-minuit sam, 11h-22h dim). Au cœur de Braamfontein, le 86 Public est prisé des étudiants et des employés de bureau, signe que les prix sont intéressants. Sans être exceptionnelles, les pizzas à emporter sont très correctes et le choix de garnitures est grand.

Maboneng

Little Addis Café ÉTHIOPIEN $
(carte p. 360 ; ☎082-683 8675 ; 280 Fox St, Maboneng ; plats 60-85 R ; ⏲12h30-21h mar-dim). Pour une expérience mémorable, entrez dans ce restaurant qui propose *doro wot* (ragoût de poulet), *kitfo* (viande hachée) et *tibs* (viande et légumes frits) épicés, servis sur une grande *injera* (crêpe au levain) remplaçant les couverts.

Eat Your Heart Out ÉPICERIE FINE, TRAITEUR $
(carte p. 360 ; ☎072-586 0600 ; www.eatyourheartout.co.za ; angle Kruger St et Fox St, Maboneng ; plats 50-88 R ; ⏲7h30-16h mar-dim). La meilleure adresse de Maboneng pour commencer la journée. Le petit-déjeuner israélien (omelette, pita toasté, salade, chou mariné et fromage frais) tient la vedette, tandis que bagels et cheese-cakes enchantent les papilles. Jus de fruits frais, bon café et douceurs sont également proposés. Possibilité de s'asseoir à l'extérieur.

Che ARGENTIN $$
(carte p. 350 ; ☎011-268 2509, 066-362 2864 ; cheargentinegrill.co.za ; 128 Jan Smuts, Parkwood ; ⏲12h-22h mar-dim). Cette table séduisante qui a fait ses armes au cœur du Maboneng Precinct, a déménagé à Parkwood. La carte affiche d'authentiques spécialités argentines comme les *mollejas* (ris de veau cuits dans du citron) et les *empanadas* (chaussons farcis), mais ce sont surtout les savoureuses grillades qui attirent la clientèle. Spectacle de tango le premier mardi du mois.

1

DAN BEAMER / BUDGET TRAVEL ©

2

1. Apartheid Museum (p. 358), Johannesburg
Ce musée est consacré à la période de ségrégation et d'oppression que connut l'Afrique du Sud.

2. Constitution Hill (p. 357), Johannesburg
L'Old Fort, une ancienne prison pour hommes blancs.

3. Nelson Mandela Bridge
Inauguré en 2003, ce pont suspendu est devenu le symbole de la renaissance du centre de Johannesburg.

4. Maboneng (p. 357), Johannesburg
Flânez dans ce quartier effervescent, rempli de galeries, de bars et de restaurants branchés.

4

JACEK_SOPOTNICKI / GETTY IMAGES ©

ANNA K MUELLER / SHUTTERSTOCK ©

3

THEGIFT777 / GETTY IMAGES ©

Pata Pata INTERNATIONAL $$

(carte p. 360 ; ☎073 036 9031 ; 286 Fox St, Maboneng ; plats 75-170 R ; ⏲7h-22h30). Moins à la mode qu'avant, ce classique de Maboneng suit toujours la recette qui a fait son succès : cadre rustico-chic, plats joliment présentés et personnel aux petits soins. La carte éclectique propose une gamme complète de pizzas et de burgers à la viande grillée ou au poisson. À la belle saison, les tables débordent sur le trottoir. Musique live presque tous les soirs.

Melville

Melville est l'un des quartiers les plus à la mode en matière de restauration. Un large éventail d'établissements, la plupart dotés d'une terrasse, borde 7th St et 4th Ave.

Service Station BISTROT $

(carte p. 362 ; ☎011-726 1701 ; www.servicestationcafe.co.za ; Bamboo Centre, angle 9th St et Rustenburg Rd, Melville ; plats 70-580 R ; ⏲7h30-17h lun-ven, 8h-17h sam, 8h30-15h30 dim). Dans un coin reculé de Melville, facile à manquer, le Service Station est l'"adresse secrète" que les habitants aiment recommander. Les copieux petits-déjeuners comprennent *flapjacks* (gâteaux aux flocons d'avoine) et brioches. Parmi les délices fraîchement préparés figurent légumes grillés au fromage, burgers gastronomiques et bœuf grillé aux oignons caramélisés. Également, glaces irrésistibles et superbe café.

Pablo Eggs Go Bar PETIT-DÉJEUNER $

(carte p. 362 ; ☎063 335 9348 ; 2 7th St, Melville ; plats 40-155 R ; ⏲6h30-16h). Hipsters et gastronomes se pressent ici pour déguster les petits-déjeuners d'inspiration moyen-orientale servis toute la journée. Goûtez l'Egg 'n' Soldiers, un œuf à la coque avec des asperges entourées de bacon en guise de mouillettes.

Bread & Roses CAFÉ $$

(carte p. 362 ; ☎011-482 1858 ; www.facebook.com/BreadandRosesCafeandBistro ; 80 4th Ave, Melville ; plats 50-150 R ; ⏲7h30-18h mar-ven, 8h-17h dim, 8h-16h dim ; 📶). Un café original et coloré, typique de Melville, dont les meubles dépareillés et les tissus africains contribuent au charme. Côté cuisine, pas d'à-peu-près : les rösti (galettes de pomme de terre) au saumon frisent la perfection. Avec son Wi-Fi gratuit, l'endroit a la faveur des e-entrepreneurs et des étudiants du coin.

Great Eastern Food Bar ASIATIQUE $$

(carte p. 362 ; ☎011-482 2910 ; Bamboo Centre, angle 9th St et Rustenburg Rd, Melville ; plats 60-165 R ; ⏲12h-22h mar-sam). Installé sur le toit du Bamboo Centre, ce restaurant sert une délicieuse cuisine asiatique créative à prix correct, notamment ravioles au *kimchi*, tacos aux sashimis et truite fumée.

Bambanani INTERNATIONAL $$

(carte p. 362 ; ☎011-482 2900 ; www.bambanani.biz ; 85 4th Ave, Melville ; plats 60-255 R ; ⏲9h-20h lun-jeu, 9h-21h ven, 8h-21h sam, 8h-20h dim ; 📶👪). Le Bambanani cible la clientèle familiale. Il dispose d'une immense terrasse à l'arrière et d'un jardin avec une énorme aire de jeux à plusieurs niveaux pour les enfants. La longue carte comprend pizzas, pâtes, salades et divers en-cas qui satisferont tous les appétits.

Milpark

Leopard INTERNATIONAL $

(carte p. 350 ; ☎011-482 9356 ; www.leopardfoodcompany.com ; 44 Stanley Ave, Milpark ; plats 65-280 R ; ⏲8h-20h). La cheffe Andrea Burgener est renommée pour sa gamme variée de plats à emporter, comme les feuilles de taro masala ou la caille farcie de noix de cajou et de coriandre, tous préparés avec les meilleurs produits du marché. Sa nouvelle adresse, à l'intérieur du complexe tendance 44 Stanley (p. 375), dispose de quelques places assises au comptoir.

Salvation Cafe CAFÉ $

(carte p. 350 ; ☎011-482 7795 ; www.salvationcafe.co.za ; 44 Stanley Ave, Milpark ; plats 90-280 R ; ⏲8h-16h). Ce café détendu, avec une véranda couverte et une jolie cour, est spécialisé dans les mets bio – pâtisseries, salades, burgers, wraps ou encore succulents petits-déjeuners (servis jusqu'à 11h45). Les gourmets locaux raffolent des œufs Bénédicte et du *carrot cake*.

Il Giardino Degli Ulivi ITALIEN $$
(carte p. 350 ; ☎011-482 4978 ; www.ilgiardino.co.za ; 44 Stanley Ave, Milpark ; plats 69-210 R ; ⏱9h30-16h lun). Installé dans le branché 44 Stanley (p. 375), Il Giardino ressemble à une charmante trattoria de l'ancien Monde, avec une cour verdoyante où déguster des plats nourrissants à prix raisonnables. Les gnocchis au gorgonzola, le carpaccio de bœuf au parmesan et les pizzas à pâte fine sont particulièrement recommandés. La carte des vins, restreinte mais très correcte, affiche des prix tout aussi abordables.

Greenside et Linden

Non loin de Melville, le faubourg de Greenside compte quelques excellentes tables et des bars tendance, essentiellement regroupés dans Gleneagles Rd et Greenway Rd.

Au nord-ouest, les restaurants de Linden se concentrent autour de 4th Ave et 7th St.

Momo Baohaus ASIATIQUE $
(carte p. 350 ; ☎010-900 4889 ; momobaohaus.com ; 139 Greenway, Greenside ; plats 52-90 R ; ⏱11h-15h et 17h-21h mar-sam, 11h-16h dim). Un décor minimaliste accueille les clients du Momo Baohaus, qui met à l'honneur les tapas asiatiques fusion. Régalez-vous de raviolis au porc croustillants, de sushis, de moelleux *bao* et de savoureux bols végétariens multicolores.

Dukes Burgers BURGERS $$
(carte p. 350 ; ☎011-486 0824 ; www.dukesburgers.co.za ; 14 Gleneagles Rd, Greenside ; plats 98-115 R ; ⏱11h30-21h30 mar-sam, 11h30-20h30 dim ; 📶). Situé dans une portion de Gleneagles Rd jalonnée de restaurants, cet établissement attirant à l'éclairage chaleureux élève les burgers au rang d'art. Les options végétariennes sont excellentes, surtout accompagnées de frites de patate douce. Cour abritée à l'arrière.

Brian Lara Rum Eatery CARIBÉEN $$$
(carte p. 350 ; ☎076-320 9739 ; www.facebook.com/thebrianlara ; 54 4th Ave, Linden ; plats 150-300 R ; ⏱11h-23h mer-sam, 11h-21h dim). La Piña Colada servie dans un vrai ananas, les bons vieux classiques caribéens préparés à l'ancienne et les plats imbibés de rhum vous donneront l'impression d'être en vacances aux Caraïbes.

Norwood

Grant Ave est bordé de cafés et de restaurants, pour la plupart ouverts tous les jours.

Schwarma Co MOYEN-ORIENTAL $$
(carte p. 350 ; ☎011-483 1776 ; www.schwarmacompany.co.za ; 71 Grant Ave, Norwood ; plats 80-290 R ; ⏱7h-21h ; 📶). Cette institution de Jo'burg est renommée pour ses délicieuses assiettes de *chawarma* (viande rôtie à la broche et émincée, servie dans un pita avec des tranches de tomate), ses savoureux kebabs et ses copieuses salades. Au dessert, régalez-vous d'un baklava et installez-vous sur la terrasse aérée à l'étage pour regarder l'animation de Grant Avenue en contrebas.

Baha Taco MEXICAIN $$
(carte p. 350 ; ☎076 694 7400 ; www.bahataco.co.za ; 39 Grant Ave, Norwood ; plats 50-150 R ; ⏱11h-21h mer-ven, 9h30-21h sam, 9h30-20h dim). Grâce à sa cuisine de premier ordre utilisant des ingrédients extra-frais et des techniques traditionnelles, cet ancien stand de marché est devenu une institution de Grant Ave. Les tortillas confectionnées à la main et les plats du jour comme les *empanadas* à la viande de chèvre garantissent une expérience gustative authentiquement mexicaine. Arrosez le tout de tequila artisanale en production limitée.

Parkview, Parkhurst, Parktown North et Rosebank

Tyrone Ave à Parkview est un endroit agréable où partir à la recherche d'un bon restaurant. Non loin, 4th Ave à Parkhurst et 3rd Ave à Parkton North présentent une offre similaire. Sinon, vous trouverez sans doute votre bonheur au Keyes Art Mile (Keyes Ave et ses abords) de Rosebank.

Croft & Co CAFÉ $
(carte p. 350 ; ☎011-646 3634 ; www.facebook.com/CroftAndCo ; 66 Tyrone Ave, Parkview ; plats 45-145 R ; ⏱6h-17h mar-ven, 6h-15h sam, 6h-13h dim). Cette adresse populaire convient aussi bien pour avaler un café rapide que pour s'attarder devant un brunch. Les plats jouent la carte de la simplicité et des

produits locaux. Les amateurs de bacon et de saucisses apprécieront la générosité des portions, à accompagner de petits pains blancs maison.

La Boqueria BISTROT **$$**
(carte p. 350 ; www.laboqueria.co.za ; 17 3rd Ave, Parktown North ; plats 95-435 R ; 12h-22h mar-sam, 10h-17h dim). S'inspirant de la cuisine de rue du monde entier, La Boqueria sert en-cas et plats gastronomiques dans un espace spectaculaire sur deux niveaux, aux murs couverts de plantes et de fresques. Commandez des tapas avec un cocktail à base de gin artisanal, ou optez pour quelque chose de plus substantiel, comme les brochettes de poulet mexicaines au Coca-Cola ou les bols de *poke* hawaïen – tout est copieux et bien préparé.

Coalition Pizza PIZZAS **$$**
(carte p. 350 ; 010-900 4987 ; www.coalitionpizza.co.za ; 2 Bolton Rd, Rosebank ; pizzas 115-160 R ; 12h-22h lun-sam, 12h-20h dim). Les murs blancs et le décor simple de ce minuscule restaurant ne laissent en rien présager de la grande qualité des pizzas napolitaines proposées, quelques variétés seulement mais cuites au feu de bois et garnies de produits traditionnels.

Milk Bar CAFÉ **$$**
(carte p. 350 ; 083-649 3339 ; www.facebook.com/milkbarSA ; 21 Keyes Ave, Rosebank ; plats 90-150 R ; 7h-22h jeu-lun, 7h-23h mar, 7h-21h mer). Couleurs vives et tissus africains font de cet adorable café un régal pour les yeux, tandis que ses versions revisitées des spécialités sud-africaines, comme le mini- *bunny chow*, enchantent les papilles. Avec ses tables débordant jusque dans la rue, c'est un lieu très prisé des habitants.

♥ **Marble** SUD-AFRICAIN **$$$**
(carte p. 350 ; 010-594 5550 ; www.marble.restaurant ; 3ᵉ ét, Trumpet Bldg, 19 Keyes Ave, Rosebank ; plats 145-325 R ; 12h-23h ;). Actuellement l'un des restaurants les plus prisés de Jo'burg, le Marble offre une approche haut de gamme du *braai* (barbecue). Dans la cuisine ouverte, le chef David Higgs et son équipe à casquette subliment viandes et poissons, plus quelques légumes à l'occasion. Portions généreuses et service chaleureux.

Grillhouse GRILL **$$$**
(carte p. 350 ; 011-880 3945 ; www.thegrillhouse.co.za ; The Firs, angle Oxford Rd et Bierman Ave, Rosebank ; plats 75-350 R ; 12h-14h30 et 18h30-21h30 dim-ven, 18h30-21h30 sam). Cette institution de style new-yorkais sert d'excellentes grillades : aloyau, steak *T-bone*, filet, travers de porc, épaisse côte de veau ou médaillon d'autruche. Elle propose aussi divers plats de poisson. Service professionnel et cadre cosy.

Sandton

Les nombreux restaurants de ce faubourg cossu se concentrent dans les immenses galeries marchandes de Nelson Mandela Sq et du Sandton City Mall.

Bukhara INDIEN **$$**
(carte p. 350 ; 011-883 5555 ; www.bukhara.com ; Nelson Mandela Sq, angle West St et Maude St, Sandton ; plats 130-210 R ; 11h-21h lun-dim). L'un des meilleurs restaurants indiens de la ville avec sol en marbre, meubles en teck et murs ocre, Bukhara ne manque pas de cachet et d'élégance malgré son emplacement en plein centre commercial. Plats authentiques (*tikka masala*, *korma*, tandooris et curries richement parfumés) et service irréprochable.

Fordsburg et Brixton

♥ **Breezeblock** CAFÉ **$**
(carte p. 350 ; 076 705 3992 ; breezeblock.co.za ; 29 Chiswick St, Brixton ; plats 26-65 R ; 7h-16h lun-ven, 8h-16h sam-dim ;). Les décorateurs ont transformé avec talent un vieux restaurant chinois du faubourg glauque de Brixton en lieu branché aux couleurs pastel et au mobilier des années 1950. Beaucoup viennent ici pour les *huevos rancheros*, pancakes au four et autres plats du petit-déjeuner, puis restent pour un café, séduits par le cadre.

Roving Bantu Kitchen SUD-AFRICAIN **$**
(carte p. 350 ; 072-223 2648 ; www.facebook.com/rovingbantu ; Caroline St, Brixton ; plats 85 R, entrée concert dim 100 R ; 12h30-22h30 mer-dim). Sifiso Ntuli est le génial patron de cette petite adresse authentique de Brixton. Il n'y a pas de menu écrit : le cuisinier vient dans la salle et présente lui-même les plats du jour (samosas légers et croustillants, ailes de poulet épicé, poulet au curry, ragoût de bœuf...). Réservation indispensable.

Bismillah INDIEN $$

(carte p. 350 ; ☎011-838 8050 ; www.bismillahrestaurant.co.za ; 78 Mint Rd, Fordsburg ; plats 60-140 R ; ⏲8h30-22h). Les meilleurs restaurants indiens de Jo'burg sont à Fordsburg et le Bismillah surpasse la concurrence, malgré son cadre simple. La carte comprend des plats classiques d'Inde du Nord – tandoori, *tikka*, *masala*, *biryani*, plus quelques surprises –, et le service est honnête. Cerise sur le gâteau : les prix sont très doux.

Faubourgs est

Le principal **Chinatown** de Jo'burg se trouve sur Derrick Ave, à Cyrildene, près d'Observatory Rd. Vous y trouverez de nombreux restaurants chinois bon marché et de qualité.

Troyeville Hotel PORTUGAIS $$

(carte p. 360 ; ☎011-402 7709 ; www.troyevillehotel.co.za ; 1403 Albert Sisulu St, Troyeville ; plats 35-280 R ; ⏲11h-21h ; 📶). Le Troyeville est un endroit mémorable pour un repas prolongé. Cet hôtel plein de cachet fut fréquenté par les Portugais bien avant que sa peinture ne commence à s'écailler. Les délicieuses crevettes du Mozambique, la savoureuse feijoada et le vin rouge servi frais témoignent de ses influences lusitaniennes.

♥ **Yeoville Dinner Club** AFRICAIN $$$

(carte p. 350 ; ☎083-447 4235 ; www.facebook.com/pg/yeovilledinnerclub/community ; 24 Rockey St, Bellevue ; dîner 425 R ; ✍). Vous vous souviendrez longtemps de ce restaurant exigu décoré d'œuvres d'art, dont la terrasse donne sur Rockey St, cœur du quartier central malfamé de Yeoville. Sanza Sandile, le cuisinier et maître des lieux, y mitonne une délicieuse cuisine panafricaine végétarienne (parfois avec du poisson), et raconte de fabuleuses histoires sur la ville.

Où prendre un verre et faire la fête

Sans cesse renouvelés, les bars vont des bistrots bohèmes aux lounges sélects en passant par les bars à vins traditionnels. Si Maboneng et Braamfontein comptent des endroits animés (dont plusieurs toits-terrasses), l'essentiel de la vie nocturne se concentre dans les faubourgs nord, en particulier à Melville, Greenside et Rosebank.

Inner City et Newtown

♥ **Mad Giant** BRASSERIE

(carte p. 354 ; ☎011-492 0901 ; www.madgiant.co.za ; 1 Fox St, Newtown ; ⏲12h-22h lun-sam, 12h-17h dim). Une nouvelle adresse centrale de premier ordre, où boire d'excellentes bières artisanales brassées sur place et se délecter de tapas d'inspiration asiatique dans l'élégant restaurant Urbanologi (p. 364). L'espace de style *steampunk*, qui évoque un jeu de Meccano géant, est digne de figurer dans un magazine de décoration.

Rand Club BAR

(carte p. 354 ; ☎011-870 4276 ; randclub.co.za ; 33 Loveday St, Marshalltown ; ⏲12h-20h mar-ven, 10h-18h sam). Cet illustre club pour hommes blancs fondé en 1887 est désormais ouvert à tous dans son décor de 1904. À condition d'être habillé correctement, vous pourrez commander un verre au bar du rez-de-chaussée. Son beau comptoir en bois d'époque a la réputation d'être le plus long d'Afrique (31 m).

Cramers Coffee CAFÉ

(carte p. 354 ; cramerscoffee.com ; 17 Harrison St, Marshalltown ; ⏲6h-17h lun-ven, 7h-15h dim ; 📶). Cet établissement toujours animé, à l'ouest de Gandhi Sq, sert l'un des meilleurs cafés de la ville ainsi que des croissants, muffins et d'autres douceurs.

Carfax CLUB

(carte p. 354 ; ☎011-834 9187 ; carfax.co.za ; 39 Gwigwi Mrwebi St, Newtown). Ce gigantesque espace industriel accueille des soirées house et hip-hop ainsi que des concerts de musiciens internationaux. Consultez le programme sur Internet.

Braamfontein

♥ **Great Dane** BAR

(carte p. 354 ; ☎081-594 6032 ; www.facebook.com/greatdanebar ; 5 De Beer St, Braamfontein ; ⏲12h-2h jeu-sam). Dans un quartier où les enseignes vont et viennent, ce bar sympathique et amusant reste l'un des piliers de Braamfontein, avec sa musique entraînante et son personnel amical. C'est un bon endroit pour débuter la soirée, en particulier sous les vieux abat-jour de la jolie cour. Vers minuit, on enlève les tables pour danser.

Republic of 94 BAR

(carte p. 354 ; ☎082-298 4747 ; www.facebook.com/RepublicOf94 ; 94 Juta St, Braamfontein ; ⏲9h-2h lun-mar, 12h30-1h mer, 12h30-2h jeu-sam, 12h30-22h dim). La longueur du comptoir justifie à elle seule un saut dans ce bar haut de gamme à la carte des boissons bien fournie. À partir d'une certaine heure, des DJ font danser la clientèle dans la cour spacieuse à l'arrière.

Metanoia BAR

(carte p. 354 ; ☎011-339 1551 ; www.metanoia.joburg ; Shop 1, 73 Juta St, Braamfontein ; ⏲11h30-23h30 mar-jeu, 11h30-1h ven-sam, 11h30-23h dim). Metanoia offre une formidable terrasse donnant sur De Beer St (où se trouve l'entrée), un intérieur chic, tout un éventail de breuvages alcoolisés, dont des cocktails servis dans des verres en forme de bocal à poissons, et une carte de tapas aux accents méditerranéens.

Kitchener's Carvery Bar PUB

(carte p. 354 ; ☎011-403 0166 ; kitcheners.co.za ; angle Juta St et De Beer St, Braamfontein ; ⏲11h-4h lun-sam, 11h-minuit dim). Ancien grand hôtel colonial, ce repaire de hipsters incarne désormais le nouvel esprit de Braamfontein. Pub populaire dans la journée, il est réputé pour ses burgers, *fish and chips* et un vaste choix de boissons. En soirée, des DJ mixent soul, funk et électro.

Maboneng et environs

♥ Living Room BAR

(carte p. 360 ; ☎084 529 9006 ; www.livingroomjozi.co.za ; 5e ét, Main Change Bldg, 20 Kruger St, Maboneng ; ⏲11h-22h mer-sam, 11h-19h dim). Véritable oasis urbaine, ce toit-terrasse couvert de plantes et orné de guirlandes électriques offre une vue panoramique sur Jo'burg. Au menu : bières fraîches, cocktails et en-cas.

Uncle Merv's CAFÉ

(carte p. 360 ; ☎083-659 4233 ; angle Fox St et Kruger St, Maboneng ; ⏲7h30-15h lun-ven, 8h-16h sam-dim). Ce petit bistrot est réputé pour son café infusé à la perfection, son succulent cake à la banane, ses croissants et ses milk-shakes. Notre préféré, le Macci Porter, est un mélange onctueux de *tahini*, banane, lait de soja, noix de cajou et dattes. On peut s'asseoir sur des chaises empilables et des bancs sur le trottoir. Typique de Maboneng.

Marabi BAR À COCKTAILS

(carte p. 360 ; ☎010-591 2872 ; themarabiclub.com ; 47 Sivewright Ave, New Doornfontein ; ⏲18h30-tard mer-sam). Un bar-restaurant sophistiqué, derrière le Hallmark Hotel, où l'on sirote de délicieux cocktails, comme le Martini au curry vert thaïlandais ou le mojito à la grenade, sur fond de concert jazz. Réservation conseillée.

Melville

Hell's Kitchen BAR

(carte p. 362 ; ☎079-980 9591 ; www.hellskitchen.co.za ; 4 7th St, Melville ; ⏲12h-23h). Dissimulées derrière des bibliothèques, les salles de ce faux bar clandestin vous plongent dans une autre époque, parmi une faune de motards et de tatoués. Grand choix de cocktails, bières artisanales et plats cuits à la flamme. Concerts le week-end.

Jo'Anna Melt Bar BAR

(carte p. 362 ; ☎072-733 5966 ; www.facebook.com/JoAnnaMeltBar ; 7 7th St, Melville ; ⏲12h-2h lun-sam). Avec ses murs en brique apparente, son plafond en métal gaufré et son imposant comptoir rectangulaire, ce bar animé présente un cadre un peu plus raffiné que la concurrence locale. La belle sélection de cocktails et de bières artisanales attire une clientèle nombreuse.

Six Cocktail Bar & Restaurant BAR À COCKTAILS

(carte p. 362 ; ☎011-482 8306 ; 7th St, Melville ; ⏲11h-2h). Le Six a bouleversé le style vestimentaire de la 7th St grâce à ses excellents cocktails et à sa clientèle élégante. De superbes œuvres d'art et des tons doux orange et rouge en font une excellente adresse pour boire un verre en écoutant reggae, soul et house.

Milpark

Stanley Beer Yard BIÈRE ARTISANALE

(carte p. 350 ; ☎011-482 5791 ; www.44stanley.co.za ; 44 Stanley Ave, Milpark ; ⏲12h-23h mar-dim). Les fans de houblon se pressent dans ce havre agréable et branché (p. 375), qui propose des bières artisanales de tout le pays ainsi qu'une savoureuse cuisine de pub. L'intérieur, joliment aménagé, s'agrémente de fauteuils et d'une immense cheminée. Dehors, de longues tables en bois se tiennent à l'ombre des oliviers. Des groupes jouent le samedi à partir de 14h.

Parkview, Parkhurst, Parktown North et Rosebank

Blind Tiger Cafe BAR À COCKTAILS

(carte p. 350 ; 076 030 4200 ; blindtiger.co.za ; 62 Tyrone Ave, Parkview ; 12h-minuit mar-ven, 11h-minuit sam). Ce lieu accueillant, doté d'un long comptoir en bois et de tables au bord de la commerçante Tryone Ave, rappelle le temps de la prohibition américaine et les années 1920. Difficile de ne pas succomber à ses cocktails créatifs, qualifiés de "giggle water" ("eau qui fait glousser"). Quelques tables sont installées dans l'agréable jardin à l'arrière. Côté cuisine, nous recommandons le chorizo chaud et la crème de haricots.

4PM at Mesh BAR À COCKTAILS

(carte p. 350 ; 010-594 5545 ; www.meshclub.co.za ; Trumpet Bldg, 21 Keyes Ave, Rosebank ; 7h-23h). Dans le secteur le plus branché de Rosebank, le bar très design de ce club privé et espace de *coworking* ouvre au public chaque jour à 16h. Calé dans un fauteuil rose en rotin, contemplez le coucher du soleil sur les faubourgs nord en savourant de délicieux cocktails.

Foundry BIÈRE ARTISANALE

(carte p. 350 ; 011-447 5828 ; www.foundrycafe.co.za ; boutique 7, Parktown Quarter, angle 3rd Ave et 7th Ave, Parktown North ; 11h30-23h lun-sam, jusqu'à 17h dim). Cette vaste adresse se distingue par son incroyable sélection de bières artisanales de tout le pays, assortie d'une bonne cuisine de bistrot (goûtez la pizza garnie de bacon au sirop d'érable et de bleu). Mieux vaut réserver une table, surtout le soir, car il y a du monde.

Jolly Roger Pub PUB

(carte p. 350 ; 011-442 3954 ; www.jollyroger.co.za ; angle 4th Ave et 6th St, Parkhurst ; 11h-22h). À la lisière de la 4th Ave en plein essor, ce pub à l'anglaise sur deux niveaux tient bon face aux nouvelles enseignes plus tendance. À l'étage, il sert une bonne cuisine de pub et offre une vue fabuleuse sur la rue animée. Au rez-de-chaussée, un bar sportif plus traditionnel propose de nombreuses bières à la pression.

Sin & Taxes BAR À COCKTAILS

(carte p. 350 ; 010-900 2559 ; sintaxbar.com ; 4 Bolton Rd, Parkwood ; 17h-1h mer-ven, 13h-tard sam-dim). Il est préférable de réserver pour boire un verre dans ce "bar clandestin" façon *speakeasy*, dépourvu d'enseigne, à l'ambiance plutôt intimiste. Installez-vous au comptoir, où de sympathiques hipsters barbus et tatoués concoctent cocktails de saison et grands classiques.

Où sortir

La brochure trimestrielle et le site Internet **Johannesburg and Surrounds In Your Pocket** (www.inyourpocket.com) fournit un agenda des sorties assez complet – inscrivez-vous en ligne pour recevoir les mises à jour hebdomadaires.

Pour réserver des places de spectacle par carte bancaire, passez par **Computicket** (www.computicket.com). Pour les soirées, réunions et autres événements locaux, consultez le site www.jhblive.co.za.

Concerts

Jo'burg est un excellent endroit pour écouter de la musique live, en particulier du jazz et de l'électro.

Nombre de bars de Braamfontein, Melville, Greenside et Sandton accueillent des groupes de musiciens.

Katzy's Live JAZZ

(carte p. 350 ; 011-880 3945 ; www.katzyslive.co.za ; The Firs, 19 Biermann Ave, angle Oxford Rd et Bierman Ave, Rosebank ; 200 R ; concerts jeu-sam 17h-23h, The Grillhouse 12h-23h lun-sam, 12h-3h dim). Cette tanière chic rappelle l'ambiance des vieux clubs de jazz new-yorkais. Concerts vers 21h du jeudi au samedi, choix exceptionnel de whiskies, cognacs et bourbons, et bar à cigares. Un restaurant, The Grillhouse, avec banquettes capitonnées et serveurs en livrée façon brasserie traditionnelle, vient compléter le bar.

Bassline MUSIQUE LIVE

(carte p. 354 ; 011-838 9145 ; www.bassline.co.za ; 10 Henry Nxumalo St, Newtown). Cette salle de concert réputée s'est imposée à

LE GAUTENG GAY ET LESBIEN

La **Johannesburg Pride** (www.johannesburgpride.co.za), fin octobre, comprend une joyeuse parade autour de Melrose Arch à laquelle tout le monde peut participer.

GALA (Gay and Lesbian Memory in Action ; ☎011-717 4239 ; www.gala.co.za ; circuits 250-400/pers) organise des circuits à pied et en bus dans les profondeurs de Hillbrow et Soweto pour un aperçu passionnant du rôle joué par la communauté homosexuelle dans l'histoire de la ville.

Peu de bars et lieux de sorties de Jo'burg sont exclusivement réservés à la communauté LGBTQI+, la plupart étant ouverts à tous. Citons néanmoins le **Ratz Bar** (carte p. 362 ; ☎011-482-2414 ; www.facebook.com/ratzbar.melville ; 9 7th St, Melville ; ⏲16h-2h mar-dim) et le bar à burgers **Beefcakes** (carte p. 350 ; ☎011-447 5266 ; www.beefcakes.co.za ; 198 Oxford Rd, Ilovo Park ; ⏲15h-23h jeu, 15h-minuit ven, 18h-minuit sam), qui programme un spectacle de drag-queens.

Début octobre, October Pretoria accueille sa marche des fiertés LGBTQI+ **Pretoria Pride** (www.facebook.com/PretoriaPride).

Melville comme un haut lieu du jazz à la fin des années 1990, avant de s'intéresser à la world music et de déménager à Newtown en 2004. Elle offre aujourd'hui une palette complète de genres musicaux, y compris reggae, rock et hip-hop.

Good Luck Bar MUSIQUE LIVE
(carte p. 354 ; ☎084 683 4413 ; www.thegoodluckbar.com ; 1 Fox St). Les briques apparentes, les poutres métalliques, la tuyauterie visible et le long comptoir de ce bar-salle de concert témoignent de son passé de dépôt de bus et de tramways. Consultez le programme sur Internet car il n'ouvre qu'à l'occasion d'événements spécifiques.

Orbit JAZZ
(carte p. 354 ; ☎011-339 6645 ; www.theorbit.co.za ; 81 De Korte St, Braamfontein ; ⏲11h30-2h mar-dim). Dans ce club de jazz, de loin le plus célèbre de la ville, jeunes producteurs et artistes jouissent d'une grande liberté. L'atmosphère conviviale attire fans de jazz, étudiants et touristes bien informés. Bistrot haut de gamme au rez-de-chaussée et impressionnante salle de concert à l'étage. Programme mensuel complet sur le site Internet.

Johannesburg Philharmonic Orchestra MUSIQUE CLASSIQUE
(☎011-484 0446 ; www.jpo.co.za). L'orchestre philharmonique de la ville se produit régulièrement dans des lieux comme la Wits University et le City Hall. Renseignez-vous par téléphone ou en ligne.

☆ Théâtre

Market Theatre THÉÂTRE
(carte p. 354 ; ☎011-832 1641 ; markettheatre.co.za ; 56 Margaret Mcingana St, Newtown ; billets 95-150 R). Le principal théâtre de la ville comporte trois salles (John Kani, Mannie Manim et Barney Simon), des galeries et un café. Il donne toujours à voir des choses intéressantes, qu'il s'agisse de pièces contemporaines très critiques, de comédies musicales ou de spectacles de stand-up.

POPArt THÉÂTRE
(carte p. 360 ; ☎083-245 1040 ; popartcentre.co.za ; 286 Fox St, Maboneng ; billets à partir de 50 R). Mettant à l'honneur les spectacles d'avant-garde, les acteurs montants et les troupes originales, le POPArt est le genre d'endroit où l'on découvre les stars de demain. La salle en forme d'amphithéâtre facilite l'interaction entre artistes et public. La programmation inclut pièces, lectures de poésie, concerts et soirée stand-up le dimanche.

Achats

Les faubourgs de Jo'burg abritent une multitude de centres commerciaux sans âme dans lesquels sont implantées des enseignes de chaînes. Pour des achats moins standardisés, rendez-vous dans les boutiques et les petites galeries de Maboneng ou l'un des excellents marchés de la ville, où des stands de restauration et des produits d'alimentation artisanaux côtoient souvent des articles de mode et des souvenirs.

27 Boxes CENTRE COMMERCIAL
(carte p. 362 ; 011-482-1090 ; 27boxes.co.za ; 75 4th Ave, Melville ; 9h-17h lun-sam, 9h-15h dim ;). Ce complexe construit à partir de conteneurs, abritant boutiques, galeries et restaurants, est en passe de s'imposer à Melville. Les enseignes Baker Brothers (boulangerie), Krag Drag (vêtements et souvenirs d'inspiration africaine) et Reser-ved Cafe (cuisine portugaise) sortent du lot. Le lieu accueille aussi un parc nouvellement aménagé, une pépinière de plantes indigènes et un amusant terrain de jeu pour les enfants.

44 Stanley ALLÉES COMMERCIALES
(carte p. 350 ; www.44stanley.co.za ; 44 Stanley Ave, Milpark). Antithèse des temples de la consommation habituels, ce dédale d'allées rassemblées autour de cours ombragées est un modèle pour les centres commerciaux du futur. On y trouve une diversité de créateurs locaux et de boutiques spécialisées ainsi que des bars, des cafés et des restaurants. Ultra tendance !

Art Africa ART ET ARTISANAT
(carte p. 350 ; 011-486 2052 ; www.facebook.com/Artafricajohannesburg ; 62 Tyrone Ave, Parkview ; 9h-18h lun-ven, 9h-16h sam). Des objets d'art et d'artisanat sud-africains, mais aussi du Mali, du Ghana et de Côte d'Ivoire, sont proposés ici : masques en bois sculpté, bijoux en perles, étonnantes céramiques d'Ardmore (www.ardmore-design.com)... vous aurez l'embarras du choix.

Rosebank Arts & Crafts Market ART ET ARTISANAT
(carte p. 350 ; 011-568 0850 ; www.artsandcraftsmarket.co.za ; Rosebank Mall, Cradock Ave, Rosebank ; 9h-18h30 lun-jeu, 9h-19h ven, 9h-17h sam). Si vous ne pouvez pas vous rendre au **Rosebank Sunday Market** (carte p. 350 ; 064 735-4224 ; www.rosebanksundaymarket.co.za ; Cradock Ave, Rosebank ; 9h-16h dim), jetez un coup d'œil à cette galerie marchande en sous-sol et à ses nombreux stands d'artisanat africain.

Amatuli ART ET ARTISANAT
(carte p. 350 ; 011-440 5065 ; www.amatuli.co.za ; 6 Desmond St, Kramerville, Sandton ; boutique 8h30-17h30 lun-ven, 9h-15h sam-dim). Cette caverne d'Ali Baba remplie d'artisanat africain et d'objets de décoration sur plusieurs niveaux est l'endroit idéal où dénicher une coiffe

À NE PAS MANQUER

LES MEILLEURS MARCHÉS DE JO'BURG

Du mercredi au dimanche, on trouve toujours à Jo'burg un sympathique marché avec des stands de restauration, d'artisanat et de mode où passer un moment convivial entre amis.

Market on Main (carte p. 360 ; 082-868 1335 ; www.marketonmain.co.za ; Arts on Main, 264 Fox St, Maboneng ; 10h-15h dim). Débordant d'Arts on Main sur Fox St, ce marché hebdomadaire animé accueille des stands de nourriture à emporter au rez-de-chaussée ainsi que des marchands d'artisanat coloré et de vêtements neufs ou d'occasion
à l'étage et dans la rue.

Bryanston Organic Market (carte p. 350 ; 011-706 3671 ; www.bryanstonorganicmarket.co.za ; 40 Culross Rd, Bryanston ; 9h-15h jeu et sam). Même si l'on trouve ici de l'artisanat, les produits bio tiennent la vedette. Également cinq cafés et de la musique live.
En novembre et décembre, un marché de nuit (17h-21h, mar) est organisé à cet endroit.

Neighbourgoods Market (carte p. 354 ; 081-416 2605 ; www.neighbourgoodsmarket.co.za ; 73 Juta St, Braamfontein ; 9h-15h sam). Cet entrepôt en brique sur deux niveaux accueille chaque samedi producteurs artisanaux et gourmets. Au dernier niveau, vous pourrez vous asseoir sur un banc et admirer les reflets du soleil sur les bâtiments de la ville ou acheter des souvenirs auprès d'une poignée de stands de mode et de cadeaux.

zouloue, des tissus *kente* nigérians ou des masques sculptés malgaches.

Piece ART ET ARTISANAT
(carte p. 360 ; ☎083-400 5126 ; www.piece.co.za ; 5e ét, Ellis House, 23 Voorhout St, New Doornfontein ; ⏲9h-16h lun-sam). Eugénie Drakes écume l'Afrique australe à la recherche d'artisanat créatif et coloré (poteries, paniers en fil de fer, vêtements, accessoires, etc.) pour sa boutique spacieuse, qui accueille aussi des expositions, des ateliers et des conférences.

Collectors Treasury LIVRES
(carte p. 360 ; ☎011-334 6556 ; CTP House, 244 Commissioner St, Maboneng ; ⏲10h-14h lun-sam). Dans la plus grande librairie de l'hémisphère Sud, environ 2 millions de volumes et 500 000 vinyles s'entassent un peu partout sur plusieurs étages. Et pourtant, les frères Klass sauront exactement où trouver le livre que vous cherchez.

Kohinoor MUSIQUE
(carte p. 354 ; ☎072-486 7662 ; 33 Ntemi Piliso St, Newtown ; ⏲8h30-17h lun-sam). Dans un petit local à l'angle de Ntemi Piliso St et de Commissioner St, ce magasin de disques iconique de Johannesburg est le meilleur endroit où trouver du jazz et de la musique africaine, du *kwaito* à l'Afro-pop.

Renseignements

DÉSAGRÉMENTS ET DANGERS

Si Johannesburg a très mauvaise réputation en matière de criminalité, la plupart des visiteurs ne rencontrent aucun problème.

- Le centre-ville, jadis zone dangereuse, est désormais sûr en journée. Des secteurs entiers sont toutefois à éviter après la nuit tombée – prenez un taxi si vous devez y circuler.
- Les quartiers environnants de Braamfontein, Ferreirasdorp, Newtown et Maboneng sont généralement très fréquentés le soir et ne présentent guère de risques – soyez simplement vigilant en regagnant votre voiture.
- Mieux vaut explorer Hillbrow et Yeoville avec un guide, même de jour.

Conduire à Johannesburg

Jo'burg est une grande métropole, et ses rues ne sont pas toujours faciles à parcourir en voiture. Par mesure de sécurité, gardez à l'esprit les points suivants :

- Méfiez-vous du risque de vol lorsque vous vous arrêtez aux feux rouges la nuit – ne baissez pas votre vitre pour donner une pièce à un mendiant.
- Attention aux comportements imprévisibles des autres conducteurs – vous comprendrez vite pourquoi autant d'accidents ont lieu en ville.
- Ne roulez pas le long des couloirs de bus sous peine d'encourir une contravention.
- Il y a beaucoup de rues à sens unique et la signalisation n'est pas toujours claire – étudiez bien votre itinéraire avant de prendre la route.

TRANSFERTS

La plupart des auberges de jeunesse offrent un transfert gratuit depuis l'aéroport ou les stations du Gautrain à Sandton et Rosebank. Les pensions et hôtels proposent également un transfert depuis l'aéroport pour environ 500 R.

La majorité des hôtels organise des circuits à Soweto, au Kruger National Park et ailleurs.

OFFICE DU TOURISME

Les pensions, les auberges de jeunesse et les guides touristiques sont les meilleures sources d'informations.

Jo'burg Tourism dispose d'antennes à **Sandton** (carte p. 350 ; ☎011-779 0200 ; www.facebook.com/VisitJoburg ; Nelson Mandela Sq, Sandton ; ⏲8h-17h lun-ven) et dans la gare de **Park Station** (carte p. 354 ; ☎011-779 0200 ; www.facebook.com/VisitJoburg ; Park Station ; ⏲8h-17h lun-ven).

La **Gauteng Tourism Authority** (carte p. 354 ; ☎011-085 2500 ; www.gauteng.net ; 124 Main St, Marshalltown ; ⏲8h-17h lun-ven) fournit aussi des renseignements.

SERVICES MÉDICAUX

Les services médicaux sont de qualité mais peuvent être onéreux. Pensez à souscrire une assurance avant le départ.

Netcare Rosebank Hospital (☎011-328 0500 ; www.netcare.co.za ; 14 Sturdee Ave, Rosebank ; ⏲24h/24). Clinique privée dans les faubourgs nord – urgences, médecins généralistes et spécialistes.

URGENCES

Ambulances ☎011-37 55 911

Police et pompiers ☎10111

Depuis/vers Johannesburg

AVION

L'**aéroport international OR Tambo** (Ortia ; ☎ 011-921 6262 ; www.airports.co.za ; Kempton Park), principal aéroport national et international du pays, se situe à 25 km à l'est du centre-ville de Johannesburg.

Les vols intérieurs pourront vous permettre de gagner du temps si votre temps en Afrique du Sud est limité. Les compagnies aériennes à bas coût **Kulula** (☎ 086 158 5852 ; www.kulula.com), **FlySafair** (☎ 0871 351 351 ; www.flysafair.co.za) et **Mango** (☎ 0861 001 234 ; www.flymango.com) relient Johannesburg à la plupart des grandes destinations du pays.

Pour des vols réguliers vers des destinations nationales et régionales, essayez **South African Airways** (☎ 0861 606 606 ; www.flysaa.com) et **Airlink** (☎ 011-451 7300 ; www.flyairlink.com). Tous les vols peuvent se réserver auprès de South African Airways, qui dispose de bureaux dans les terminaux national et international d'OR Tambo.

BUS

Plusieurs bus internationaux partent de l'immense centre de transit **Park Station** (carte p. 354) de Jo'burg et rallient le Mozambique, le Lesotho, le Botswana, la Namibie, l'eSwatini et le Zimbabwe.

Les principales lignes de bus longue distance (nationales et internationales) utilisent Park Station, dans le coin nord-ouest du complexe, où se situent les billetteries.

City to City (☎ 0861-589 282 ; www.citytocity.co.za). Bus nationaux et internationaux.

Greyhound (☎ réservations 087-352 0352, 011-611 8000 ; www.greyhound.co.za). Bus nationaux et internationaux, très recommandé.

Intercape (☎ 021-380 4400 ; www.intercape.co.za). Bus nationaux et internationaux.

Translux (☎ 086 158 9282 ; res.prasa.com/translux/booking). Bus nationaux et internationaux.

Mzansi Experience (☎ 021-001 0651 ; www.mzansi.travel). Relie Jo'burg aux lieux les plus visités de la région et s'arrête aux auberges de jeunesse de Jo'burg et Pretoria, ce qui évite d'aller en ville pour organiser son transport.

TRAIN

Des trains longue distance relient Johannesburg à diverses destinations, dont Pretoria, Le Cap, Bloemfontein, Kimberley, Port Elizabeth, Durban, Komatipoort et Nelspruit. Plusieurs de ces trains disposent de couchettes. Vous pouvez acheter vos billets auprès de **Shosholoza Meyl** (☎ 086-000 8888, 011-774 4555 ; res.prasa.com/shosholozameyl/Booking) ou à la gare Park Station (carte p. 354) de Jo'burg.

AÉROPORT DE LANSERIA

Le deuxième aéroport de Jo'burg se situe à **Lanseria** (☎ 011-367 0300 ; www.lanseria.co.za ; Airport Rd), à 42 km nord-ouest de la ville. De taille plus modeste, il accueille souvent des vols moins chers.

Les transports publics n'y vont pas, mais c'est un plaisir de conduire une voiture de location sur les routes quasi désertes qui y mènent.

Lanseria se trouve à 61 km sud-ouest de Pretoria. Nombre des compagnies de navettes qui desservent l'aéroport international OR Tambo proposent également un transfert de Lanseria jusqu'au centre-ville.

VOITURE

Les principales compagnies de location de voitures ont un comptoir à l'aéroport OR Tambo et des agences en ville, notamment à Park Station. Elles peuvent aussi vous livrer un véhicule et venir le récupérer sur votre lieu de séjour à Jo'burg.

Comment circuler

DEPUIS/VERS L'AÉROPORT

Le train rapide Gautrain (p. 378) offre un service direct entre l'aéroport et les stations de Sandton, Rosebank et Park Station à Jo'burg. Un aller simple pour Park Station/Sandton coûte 162/151 R, auxquels s'ajoutent 16 R de carte Gautrain (non remboursable).

L'aéroport se rejoint facilement en voiture (par la R24 et la N12) ; en semaine, prévoyez une heure de plus pendant la période de pointe (17h-19h).

Le transfert de l'aéroport vers différentes destinations à Jo'burg, Pretoria et au-delà est assuré par les services suivants :

Airport Shuttle (☎ 0861 397 488 ; www.airportshuttle.co.za)

Citybug (☎ 0861 334 433, 087-537 1444 ; www.citybug.co.za)

Get You There Transfers (☎ 082-762 7104 ; www.getyoutheretransfers.co.za)

Lowveld Link (☎ 013-750 1174, appels avt 8h ou après 17h 083-77 88 527 ; www.lowveldlink.com)

Magic Transfers (☎ 011-548 0800, 24h/24 083-386 8172 ; magictransfers.co.za)

Certains lieux d'hébergement se chargent du transfert depuis l'aéroport. Si vous prenez un taxi (environ 500 R), choisissez une compagnie agréée à l'intérieur même du terminal – ne suivez pas les rabatteurs qui opèrent dehors car les arnaques sont courantes.

BUS

Rea Vaya (☎0860 562 874 ; www.reavaya.org.za). Ces bus publics fournissent un service fiable et sûr dans Jo'burg ainsi qu'entre l'Inner City et Soweto (ou d'autres townships). Un itinéraire circulaire dans le centre-ville (ligne verte) coûte 7 R et un trajet complet des axes secondaires à l'Inner City (ligne bleue) revient à 13,50 R. Les véhicules, confortables et colorés, tiennent mieux les horaires que le métro.

Citysightseeing Johannesburg (☎021-511 6000 ; www.citysightseeing.co.za ; billet 1/2 jours 200/300 R). Ces bus avec montée et descente à volonté desservent les sites touristiques majeurs de Jo'burg. La ligne rouge passe par le Mining District et le Carlton Centre puis par l'Apartheid Museum et Gold Reef City avant de rejoindre Newtown et Braamfontein. Elle croise la ligne verte, plus centrée sur les sites du nord, à Constitution Hill. Les bus circulent approximativement de 9h à 18h. Une réduction s'applique aux billets achetés en ligne et l'on peut aussi effectuer des circuits à Soweto.

Metrobus (carte p. 354 ; ☎0800 004 826 ; mbus.joburg.org.za ; Gandhi Sq). Un réseau de bus urbains corrects sillonnant la ville.

TAXI

Les taxis reviennent relativement cher. Bien qu'ils utilisent tous un compteur, mieux vaut se renseigner sur le prix des courses et convenir d'un tarif avant de démarrer.

Rose Taxis (☎011-403 0000 ; www.rosetaxis.com) et **Maxi Taxi Cabs** (☎011-648 1212) jouissent d'une bonne réputation. Actuellement, la plupart des habitants de Jo'burg préfèrent recourir à Uber (www.uber.com/cities/johannesburg), concurrencé par Bolt (bolt.eu/en/cities/johannesburg).

TAXI COLLECTIF

Le prix standard est de 8 R pour un trajet en taxi collectif entre les faubourgs intérieurs et le centre-ville, 12 R pour les trajets plus longs. Un système gestuel complexe de la main et des doigts permet d'indiquer votre destination au taxi qui passe. Levez l'index de manière assurée pour le centre-ville ou pointez-le vers le bas pour voyager dans le faubourg où vous vous trouvez (le chauffeur s'arrêtera s'il va dans la même direction).

Si vous prenez un taxi collectif dans le centre de Jo'burg, descendez avant le terminus et évitez les stations de taxis, propices aux agressions. Il est plus difficile de trouver un taxi collectif dans le centre-ville pour rejoindre les faubourgs.

TRAIN

Fierté de Jo'burg, le train rapide **Gautrain** (☎0800 428 87246 ; www.gautrain.co.za) offre une liaison directe entre l'aéroport, Sandton, Rosebank, Park Station, Pretoria et Hatfield. Les trains partent toutes les 12 minutes aux heures de pointe (5h30-8h30 et 15h-18h du lundi au vendredi), et toutes les 20 à 30 minutes le reste du temps. L'aller entre Pretoria et Park Station coûte 76 R.

Si vous circulez aux heures de pointe, ou si vous logez près d'une station, le Gautrain est un moyen de transport rapide et économique depuis/vers le centre-ville. Vous devez d'abord acheter une Gold Card (16 R), puis la créditer pour le trajet souhaité. Le Gautrain est complété par un service de bus sûr, fiable et abordable pour les usagers du rail. Il connecte les stations de train aux zones voisines.

Soweto

☎011 / 1,3 MILLION D'HABITANTS

Jadis lieux d'habitation forcés symbolisant l'apartheid, les South West Townships, dont le nom fut abrégé en "Soweto", sont devenus synonymes de fierté, de prestige social, et une destination touristique à part entière. Les voyageurs y découvrent une population accueillante et des sites d'une grande importance historique, dont l'ancienne maison de Nelson Mandela et le Hector Pieterson Museum.

Depuis plusieurs années maintenant, on peut visiter les principaux lieux d'intérêt du township en indépendant, sans courir de risque de sécurité. Une promenade le long de l'effervescente Vilakazi St donne un aperçu des préoccupations actuelles de la population, tandis qu'un saut à l'élastique du haut des Orlando Towers ou un spectacle au Soweto Theatre offrent des expériences amusantes, loin des discours politiques abstraits.

Histoire

Walter Sisulu, pilier de l'ANC et résident de longue date de Soweto, déclara un jour que l'histoire de l'Afrique du Sud ne pouvait se comprendre sans se pencher sur l'histoire de Soweto.

En 1904, une épidémie de peste bubonique servit de prétexte au conseil municipal pour déplacer 1 358 Indiens et 600 Africains d'un bidonville de Johannesburg à Klipspruit, à 18 km du centre. À la fin des années 1930, la construction de la banlieue d'Orlando, cyniquement désignée comme "une sorte de paradis" par les autorités municipales de Jo'burg, marqua le début d'une surprenante croissance démographique.

À la fin de la Seconde Guerre mondiale, la population noire de Johannesburg comptait plus de 400 000 âmes et, en 1958, plus de 20 nouvelles banlieues avaient surgi autour d'Orlando, toutes constituées de rangées de maisons identiques.

Durant les années 1950, des organisations comme l'ANC s'affirmèrent dans la lutte contre l'apartheid et Soweto (son nom officiel depuis 1961) devint le centre de la résistance. Ce rôle fut confirmé en 1955, quand 3 000 délégués de tout le pays se réunirent à Kliptown Sq (aujourd'hui Freedom Sq) pour le Congrès du peuple, où ils élaborèrent la charte de la Liberté, base de la philosophie de l'ANC et désormais intégrée à la Constitution.

L'ANC fut condamné à la clandestinité en 1960, après le massacre de Sharpeville (p. 563). Alors que la lutte continuait plus sourdement, d'autres changements intervinrent. Une deuxième génération d'habitants arrivant à l'âge adulte, Soweto prit un nouveau visage. De nouvelles formes de musique apparurent et une culture originale s'épanouit sous l'impulsion de la jeunesse. Le football devint une échappatoire : le soutien massif à des équipes comme les Moroka Swallows, les Orlando Pirates et les Kaizer Chiefs (fruit d'une scission avec les Pirates) témoignait du développement d'une identité noire urbaine.

Ce nouveau sentiment identitaire renforça l'aspiration à l'égalité. La résistance s'exacerba le 16 juin 1976, quand une manifestation de lycéens et de collégiens, réprimée dans le sang, marqua le point de départ du soulèvement de Soweto. En l'espace de quelques jours, l'opinion publique internationale et une partie des Sud-Africains blancs se retournèrent contre le régime d'apartheid. Soweto devint alors le symbole de la résistance à une Afrique du Sud raciste.

Des images de voitures incendiées, de partisans présumés du régime brûlés vifs ("supplice du pneu") et de funérailles de masse affluèrent de Soweto au cours des années 1980, alors que se dessinait la fin de l'apartheid. À sa libération en 1990, Nelson Mandela revint dans sa petite maison de Vilakazi St, à 200 m de celle de l'archevêque Desmond Tutu.

Toutefois, sa libération ne mit pas fin à tous les maux. Poussés par le gouvernement, des partisans de partis rivaux se massacrèrent par centaines durant la période qui précéda les élections de 1994. La situation est devenue plus calme et, depuis 1994, les habitants de Soweto ont le droit de devenir propriétaires de leur maison. Plusieurs projets de réaménagement ont contribué à

LES MEILLEURS CIRCUITS ORGANISÉS DE SOWETO

Des dizaines d'agences proposent des visites de Soweto. Choisissez-en une dont les guides viennent du township et privilégiez les formules à pied ou à vélo pour une approche plus authentique.

Lebo's Soweto Bicycle Tours (☎ 011-936 3444 ; www.sowetobicycletours.com ; circuit 2 heures/journée 550/850 R). Les chemins de terre et les coins herbeux de Soweto se prêtent idéalement au vélo, mais l'auberge de jeunesse Lebo's Soweto Backpackers (p. 383) assure aussi des circuits à pied et même en *tuk-tuk* pour les paresseux (430 R/pers). Les résidents bénéficient de réductions.

Africa My Beginning Tours (☎ 011-075 2201, 082-634 4841 ; www.sowetovisits.co.za). Diverses excursions, notamment en taxi-minibus (400 R, 5 heures) et à vélo (500 R, 4 heures).

Taste of Africa (www.tasteofafrica.co.za). Aux visites d'une journée s'ajoute un excellent circuit de 24 heures (1150 R/pers ou 750 R si vous conduisez vous-même) permettant de s'aventurer loin des sentiers battus en compagnie d'habitants.

Vhupo Tours (☎ 076 601 3204, 011-936 0411 ; www.vhupo-tours.com ; circuits 550 R). Géré par Bruce Luthanga, qui vit à Soweto, ce tour-opérateur décline une gamme de circuits dans le township, dont une soirée *shebeen* (bar clandestin).

Centre de Soweto

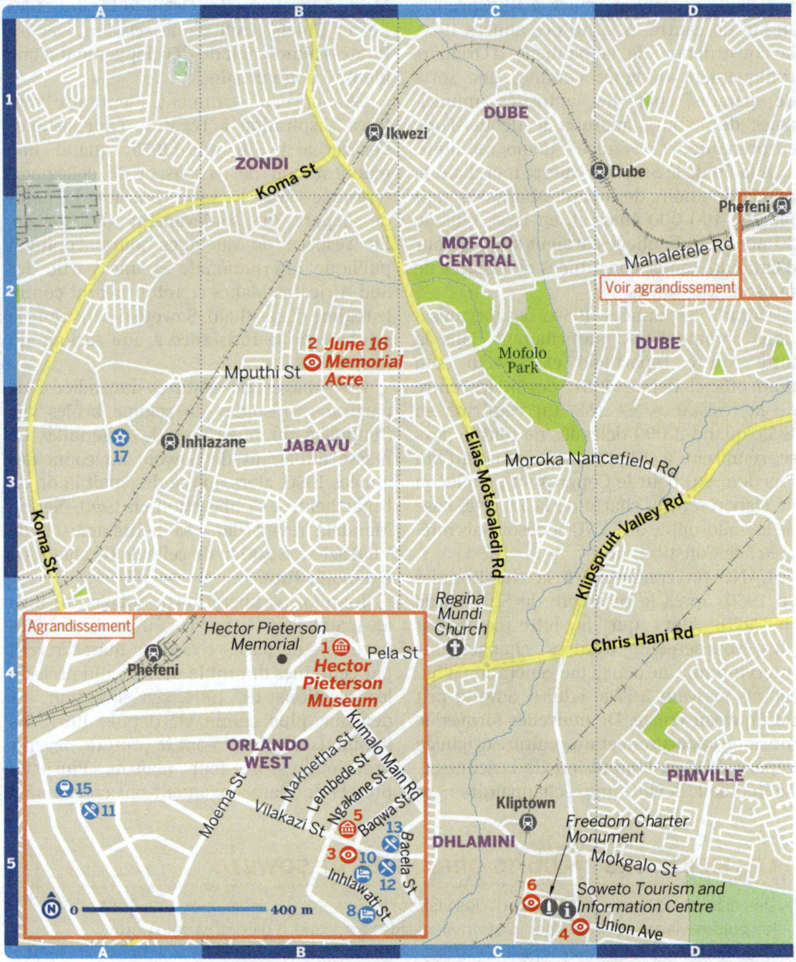

la relative tranquillité du quartier. La Coupe du monde de football de 2010 a apporté au township une couverture médiatique positive et, surtout, une amélioration de ses infrastructures telles que l'éclairage public, les parcs et les routes asphaltées.

Comme dans le reste du pays, la classe moyenne, en plein essor, vit au contact des bidonvilles et des innombrables chômeurs, mais tous sont fiers de l'histoire de Soweto et de son rôle dans la lutte contre l'apartheid. Beaucoup de ceux qui parviennent à sortir de la pauvreté choisissent de rester et d'investir sur place. C'est pourquoi bien des endroits de Soweto sont maintenant plus sûrs et décontractés que les faubourgs cossus et ultrasécurisés du nord de Johannesburg.

À voir et à faire

Hector Pieterson Museum MUSÉE
(☎ 011-536 0611 ; angle Pela St et Kumalo St, Orlando West ; adulte/enfant 50/15 R ; 10h-17h lun-sam, 10h-16h30 dim). Ce musée passionnant met en lumière le rôle de Soweto dans la lutte contre l'apartheid. Il retrace les événements tragiques du 16 juin 1976, lorsque des milliers de lycéens et collégiens manifestèrent pacifiquement contre l'introduction de l'afrikaans comme langue d'enseignement dans les écoles réservées aux Noirs.

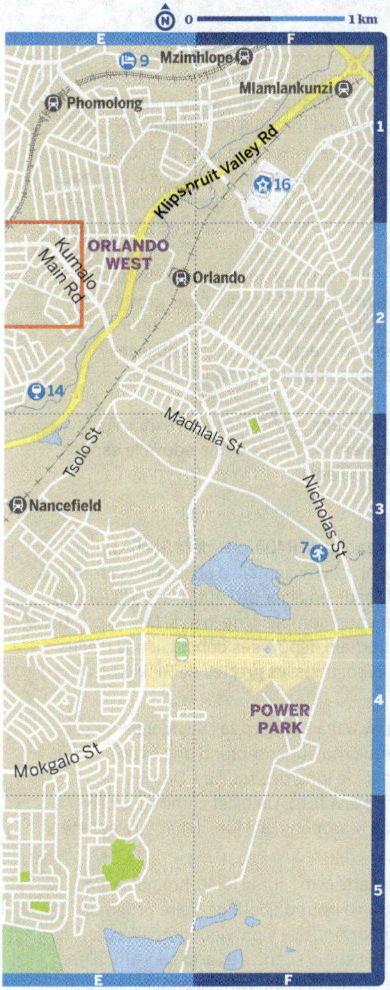

Centre de Soweto

Les incontournables
1 Hector Pieterson Museum B4
2 June 16 Memorial Acre B2

À voir
3 Maison de l'archevêque Desmond Tutu B5
4 Kliptown C5
5 Mandela House Museum B5
6 Walter Sisulu Square of Dedication C5

Activités
Lebo's Soweto Bicycle Tours ....(voir 9)
7 Orlando Towers F3

Où se loger
8 Dakalo B&B B5
9 Lebo's Soweto Backpackers E1
10 Nthateng's B&B B5

Où se restaurer
Chaf Pozi ....(voir 7)
11 Restaurant Vilakazi A5
12 Sakhumzi Restaurant B5
13 Vuyo's B5

Où prendre un verre et faire la fête
14 Ubuntu Kraal Brewery E2
15 Wine Bar A5

Où sortir
16 Orlando Stadium F1
17 Soweto Theatre A3

La police intervint en ouvrant le feu, tuant un garçon de 12 ans, Hector Pieterson, et près de 200 adolescents. Le cliché pris par le photographe Sam Nzima, montrant le jeune Pieterson mourant dans les bras d'un autre lycéen, sa sœur à ses côtés, bouleversa le monde entier et joua un rôle clé dans la dénonciation du régime d'apartheid par l'opinion publique internationale. La photo est reproduite en grand format devant le musée.

Au cours des jours suivants, les affrontements se poursuivirent entre étudiants et forces de l'ordre, des événements plus tard appelés le soulèvement de Soweto.

Étape majeure des circuits touristiques dans le township, le musée est toujours très fréquenté.

♥ June 16 Memorial Acre
MÉMORIAL

(angle Pula St et Mputhi St, Jabavu ; 9h-17h). GRATUIT Construit en face de l'une des écoles d'où partirent les jeunes manifestants le 16 juin 1976, ce saisissant mémorial témoigne de la répression sanglante qui précéda les émeutes de Soweto. Une œuvre murale retrace heure par heure ce jour fatidique à l'aide d'images déchirantes.

Mandela House Museum
MUSÉE

(011-936 7754 ; www.mandelahouse.com ; 8115 Vilakazi St, Orlando West ; adulte/enfant 60/20 R ; 9h-17h). Nelson Mandela vécut avec sa première épouse, Evelyn, puis avec la seconde, Winnie, dans cette maison de quatre pièces, proche de Vilakazi St. Le musée comprend des expositions inter-

VAUT LE DÉTOUR

CRADLE OF HUMANKIND

À environ 45 minutes de route au nord-ouest de Johannesburg, le Berceau de l'humanité (www.thecradleofhumankind.net), l'un des sites paléoanthropologiques les plus importants de la planète, inscrit au patrimoine mondial de l'Unesco, couvre une superficie de 470 km². Outre l'intérêt présenté par l'excellent centre d'accueil des visiteurs, Maropeng et les grottes de Sterkfontein, la région donne à voir de beaux paysages rocheux de *highveld* (haut veld) à mille lieues de l'agitation urbaine. En venant un week-end, vous pourrez aussi vous promener dans le paisible parc de sculptures de la Nirox Foundation.

Les ossements de quelque 850 hominidés ont été mis au jour dans le secteur. En 1947, le Dr Robert Broom fit une découverte majeure à l'intérieur des grottes de Sterkfontein, celle d'un crâne fossilisé, vieux de 2,5 millions d'années, qu'il baptisa affectueusement Mme Ples. Par la suite, des recherches plus poussées déterminèrent que le crâne appartenait vraisemblablement à un adolescent, mais le nom demeura.

Depuis, les trouvailles se succèdent. En 2013, quelque 1 550 fossiles exhumés dans la Dinaledi Chamber ont permis de confirmer l'existence d'une nouvelle espèce, *Homo naledi*, qui vécut ici il y a 335 000 à 236 000 ans.

À voir

Maropeng (☎014-577 9000 ; www.maropeng.co.za ; sur la R400, près de la Rte 563, Hekpoort Rd ; 100 R ; ⏲9h-16h30 ; 🚼). Ce bâtiment, qui ressemble à un immense tumulus herbeux d'un côté et comporte une rutilante façade en acier de l'autre, est à la fois un centre d'information, une curiosité touristique et un complexe de loisirs. Des expositions passionnantes y retracent l'histoire du genre humain depuis ses débuts. L'une d'elles illustre notamment la découverte de l'*Homo naledi* dans les grottes de Rising Star, en 2013.

Grottes de Sterkfontein (☎014-577 9000 ; www.maropeng.co.za ; Sterkfontein Caves Rd ; 100 R ; ⏲9h-16h). Ce site archéologique majeur comprend une exposition permanente sur les hominidés et une passerelle le long des fouilles. Des visites guidées partent toutes les 30 minutes (la dernière à 16h). Un billet combiné à prix réduit comprend l'entrée des grottes et celle de Maropeng, à 8 km. Il doit être acheté avant 13h.

Nirox Foundation (☎082-875 2865 ; www.niroxarts.com ; sur la R540, Kromdraai Rd ; ⏲10h-16h sam, dim et jours fériés). Cette fondation a pour objectif de "faire progresser l'Afrique sur la scène mondiale de l'art contemporain". Elle y parvient grâce à son superbe parc de sculptures, une grande avancée sur la scène des arts sud-africaine. Des sculpteurs, peintres et artistes conceptuels réputés, sud-africains ou étrangers, s'installent dans des résidences isolées, ou exposent leurs œuvres sur le domaine de 1500 m².

Où se loger et se restaurer

Cradle Boutique Hotel (☎087-353 9599 ; cradlehotel.co.za ; sur la RT9, près de la R540/Kromdraai Rd, Kromdraai ; ch avec petit-déj à partir de 2 500 R ; ⏲restaurant 7h30-22h ; P ❄ 📶 ≋). Doté de 17 chambres très chics et spacieuses, en bois et chaume de style lodge, l'endroit invite à la détente. Toutes les chambres disposent d'une véranda avec une large perspective sur la Cradle Nature Reserve. Le restaurant correct et abordable est ouvert aux non-résidents.

Maropeng Hotel (☎014-577 9000 ; www.maropeng.co.za ; sur la R400, près de la R563, Hekpoort Rd ; s/d avec petit-déj 1 000/1 470 R ; P ❄ 📶 ≋). Dans le complexe de Maropeng, ces 24 chambres aux couleurs de terre, joliment décorées d'artisanat africain, jouissent d'une vue splendide sur les chaînes du Witwatersberg et du Magaliesberg.

actives sur l'histoire du lieu et quelques photos de famille.

Non loin se dresse la demeure de l'**archevêque Desmond Tutu** (Vilakazi St), fermée au public. Winnie Mandela possédait aussi une maison dans les environs.

Kliptown QUARTIER

Fondé en 1891 au sud-ouest d'Orlando West, Kliptown est le plus vieux quartier de Soweto. Un bidonville abritant des familles noires y fit son apparition en 1903 et c'est là que fut adoptée la charte de la Liberté (*Freedom Charter*), le 26 juin 1955. Le site de l'événement, jadis un terrain de football, est devenu le **Walter Sisulu Square of Dedication** (www.waltersisulusquare.co.za ; angle Union Ave et Main Rd, Kliptown).

Orlando Towers SPORTS EXTRÊMES

(☎071-674 4343 ; www.orlandotowers.co.za ; Chris Hani Rd, Klipspruit ; plateforme d'observation/saut à l'élastique 80/550 R ; ⏲10h-17h jeu-dim). Les tours, bâties à l'origine pour la centrale électrique d'Orlando, offrent un cadre pour le saut à l'élastique parmi les plus incongrus. L'une des deux tours, autrefois peinte en blanc, est décorée d'une peinture murale qui représente, entre autres, Nelson Mandela, la chanteuse Yvonne Chaka Chaka et un stade de football. L'autre affiche le logo Vodacom et d'autres motifs colorés.

Fêtes et festivals

Soweto Wine & Lifestyle Festival VIN

(www.facebook.com/SowetoWineFestival ; ⏲sept). Cette foire réunissant les meilleurs vignerons d'Afrique du Sud, alliée à des événements musicaux, culturels et culinaires, se tient au Soweto Theatre (angle Bolani Rd et Bolani Link, Jabulani).

Soweto Beer Festival BIÈRE

(www.facebook.com/SowetoBeerFestival ; SHAP Stadium, Mzilikazi St ; ⏲oct). Ce festival organisé le dernier week-end d'octobre au stade SHAP, en face du Mofolo Park, présente une quarantaine de bières différentes, dont des variétés africaines traditionnelles.

Soweto Fashion Week CULTURE

(⏲oct). Les fashionistas investissent le Soweto Theatre début octobre pour découvrir les dernières créations de mode.

Old Mutual Soweto Marathon SPORTS

(www.sowetomarathon.com ; ⏲nov). Le marathon de Soweto a lieu début novembre avec le FNB Stadium comme point de départ et d'arrivée.

Où se loger

Le township compte de nombreux B&B, dont plusieurs aux environs immédiats de Vilakazi St.

Lebo's Soweto Backpackers AUBERGE DE JEUNESSE $

(☎011-936 3444 ; www.sowetobackpackers.com ; 10823A Pooe St, Orlando West ; camping/dort à partir de 100/185 R, s/d avec sdb commune à partir de 290/450 R ; P 📶). Cette auberge professionnelle, à côté d'un joli parc, permet de réellement découvrir le township. À bonne distance de l'animation de Vilakazi St, elle possède un *biergarten* ombragé, un restaurant (repas à partir de 60 R), une table de billard, des dortoirs bien tenus et des chambres doubles d'un excellent rapport qualité/prix. Le personnel sympathique propose toutes sortes de circuits.

Nthateng's B&B GUESTHOUSE $

(☎082-335 7956, 011-051 9362 ; nthatengmd@gmail.com ; 6991 Inhlwathi St, Orlando West ; s/d avec petit-déj 500/695 R ; P 📶). Boiseries sombres, linge brun clair, murs couleur sable et quelques touches kitsch donnent à cette pension spacieuse un air des années 1980. Nthateng, l'accueillant propriétaire, prépare de délicieux petits-déjeuners et propose d'excellents circuits personnalisés. Emplacement idéal, près de la maison de Mandela (p. 381) et des restaurants.

Dakalo B&B GUESTHOUSE $$

(☎082-723 0585, 011-936 9328 ; 6963 Inhlwathi St, Orlando West ; s/d avec petit-déj 450/800 R ; P 📶). À deux pas de Vilakazi St (dans une rue calme), cette accueillante maison familiale surprend par sa décoration insolite : carrelage bleu psychédélique dans la salle de bains, rideaux imprimés avec des motifs animaux et bibelots rococo. Elle compte quatre chambres – demandez celle qui donne sur le jardin fleuri, à l'arrière.

Où se restaurer et prendre un verre

Vilakazi St est bordée de restaurants pittoresques accueillant volontiers les touristes.

Les endroits où prendre un verre abondent, des *shebeens* aux bars et cafés plus haut de gamme. Il en existe quelques-uns dans Vilakazi St, dont le **Wine Bar** (☎071-154 7459 ; 7165 Vilakazi St, Orlando West ;

12h-22h dim-jeu, 12h-23h ven-sam). La brasserie de Soweto, l'**Ubuntu Kraal Brewery** (011-051 5780 ; www.ubuntukraal.com ; 11846 Senokonyana St, Orlando West ; 9h-17h lun-ven), qui brasse la Soweto Gold, se trouve à proximité.

Chaf Pozi BARBECUE **$$**
(081-797 5756 ; www.chafpozi.co.za ; Chris Hani Rd, Klipspruit ; menus 140-300 R ; 12h-18h lun-jeu, 12h-2h ven-sam, 11h-22h dim). Au pied des Orlando Towers, ce vaste restaurant spécialisé dans le *shisa nyama* (barbecue) a la faveur des habitants et de ceux qui ont besoin d'une bière après un saut à l'élastique du haut des tours. Plusieurs menus proposant des viandes bien assaisonnées, servis avec *mealie pap* (porridge de maïs), légumes et sauces.

Vuyo's AFRICAIN **$$**
(011-536 1838 ; www.vuyos.co.za ; 8038 Vilakazi St, Orlando West ; plats 130-200 R ; 10h-22h ;). Étonnamment branchée, cette adresse à l'intérieur sophistiqué témoigne de l'évolution de Soweto. Ses recettes inventives utilisent des produits sud-africains tels que *mogodo* (tripes), *boerewors* (saucisse fermière) et *morogo* (épinards sauvages). Il est surtout fréquenté par une clientèle locale et l'on peut s'imprégner de l'atmosphère du quartier en sirotant une bière sur la terrasse à l'étage.

Restaurant Vilakazi SUD-AFRICAIN **$$**
(011-936 7423 ; restaurantvilakazi.co.za ; 6876 Vilakazi St, Orlando West ; plats 70-150 R ; 9h-22h lun-sam, 9h-23h sam-dim). Le joli cadre et la terrasse sont les atouts de ce restaurant réputé. Le chef prépare un assortiment de délices : salades, plats de poisson, burgers, pâtes et plats de viande de style local, comme la queue de bœuf, les *boerewors* et les *mogodu*.

Sakhumzi Restaurant SUD-AFRICAIN **$$**
(011-536 1379 ; sakhumzi.co.za ; 6980 Vilakazi St, Orlando West ; buffet déj 185 R, plats 90-210 R ; 11h-21h dim-ven, 9h-22h30 sam). Le chaleureux Sakhumzi est très prisé des touristes et les groupes y font halte régulièrement pour son déjeuner-buffet d'un excellent rapport qualité/prix. Les clients installés en terrasse aiment plaisanter avec les passants. Outre des plats africains classiques comme le ragoût de mouton, l'*umleqwa* (poulet cuit à la vapeur) et le *mealie pap*, le restaurant propose aussi burgers et steaks.

☆ Où sortir

Consultez le site Internet du **Soweto Theatre** (011-930 7461 ; www.sowetotheatre.com ; angle Bolani Rd et Bolani Link, Jabulani ; visites 8h-17h) pour connaître sa programmation. Le football connaît une immense popularité à Soweto, les supporters étant partagés entre les Orlando Pirates, basés à l'**Orlando Stadium** (011-024 5518 ; Klipspruit Valley Rd, Orlando East), et les Kaizer Chiefs, qui jouent au **FNB Stadium** (carte p. 350 ; www.stadiummanagement.co.za/stadiums/fnb ; Baragwanath Rd, Diepkloof). Les places (40 R environ) s'achètent via Computicket (online.computicket.com).

Achats

Des stands de souvenirs artisanaux locaux jalonnent Vilakazi St. Vous en trouverez également un bon choix devant le Hector Pieterson Museum, à l'église Regina Mundi et au marché d'artisanat qui se tient au Soweto Theatre le dernier samedi du mois. Pour des articles de mode, visitez le complexe Box Shop, en haut de Vilakazi St.

ℹ Renseignements

Des banques avec DAB sont installées dans le Walter Sisulu Sq.

Soweto Tourism and Information Centre (011-342 4316 ; Walter Sisulu Sq, Kliptown ; 8h-17h lun-ven). Fournit quelques brochures et peut aider à choisir un circuit.

ℹ Depuis/vers Soweto

De nombreux touristes optent pour une visite guidée de Soweto d'une demi-journée ou d'une journée. Vous pouvez aussi découvrir le township en indépendant en utilisant les bus Rea Vaya (p. 378).

Il est assez simple (et sûr) d'explorer Soweto avec son propre véhicule.

Sud du Gauteng

Divisée par la Vaal River, cette région au passé mouvementé abrite les villes de Vereeniging, Sebokeng et Vanderbijlpark. La Vaal, appelée *gij!garib* (fauve) par les San, *lekoa* (capricieuse) par les Sotho, et *vaal* (sale) par les Afrikaners, a joué un rôle important dans l'histoire du pays, faisant office de barrière naturelle entre le "Transvaal" et le Sud.

Le traité de Vereeniging, qui mit fin à la guerre des Boers de 1899-1902, fut négocié près de la Vaal. Plus récemment, à Sharpeville et à Evaton, le 21 mars 1960, des citoyens noirs manifestèrent contre les lois restreignant la circulation en brûlant en public leurs livrets de circulation. La police ouvrit le feu sur les manifestants à Sharpeville, faisant 69 morts et 180 blessés, pour la plupart abattus dans le dos. Le 21 mars est désormais la Journée des droits de l'homme en Afrique du Sud, un jour férié.

En 1984 à Sebokeng, les forces de l'ordre réprimèrent violemment le boycott des loyers et des services par les Noirs. Quelque 95 personnes furent tuées. Ce massacre galvanisa l'opposition noire, qui devint une force plus unifiée, et précipita la chute de l'apartheid.

100% LOCAL

ÉVÉNEMENTS MENSUELS À PRETORIA

Les concerts pop de **Park Accoustics** (www.parkacoustics.co.za ; en ligne/à l'entrée 150/200 R) qui ont lieu le premier ou le dernier dimanche du mois dans la réserve naturelle en contrebas du Voortrekker Monument connaissent un franc succès auprès des habitants, qui profitent de ces événements en plein air pour pique-niquer.

Market @ the Sheds, qui se tient généralement le dernier samedi du mois, programme aussi de la musique live (blues, folk, rock, jazz, reggae et afro-soul). Projet d'une société à but non lucratif s'attachant à rajeunir le centre de Pretoria, ce marché animé met en avant la créativité locale en matière de gastronomie, de mode, d'art et d'artisanat.

Pretoria

☎012 / 741 651 HABITANTS

La capitale administrative de l'Afrique du Sud est une ville charmante, avec une jolie architecture ancienne, des sites historiques majeurs, des faubourgs cossus verdoyants et de larges avenues plantées de jacarandas, éblouissants de tons violets en octobre et novembre.

Plus afrikaner, plus conservatrice et moins cosmopolite que Johannesburg, Pretoria fut jadis le cœur du régime d'apartheid : son nom même symbolisait l'oppression. Elle accueille aujourd'hui une multitude de fonctionnaires noirs et d'employés d'ambassades étrangères, s'ouvrant ainsi au multiculturalisme. Le centre, autrefois dégradé, connaît également une forme de renouveau.

Le Grand Pretoria, qui inclut Centurion, des petites villes comme Cullinan et des townships comme Mamelodi, porte officiellement le nom de Tshwane.

Histoire

Les rives fertiles de l'Apies, sur lesquelles se tient Pretoria, nourrirent une importante population d'éleveurs de langue nguni pendant des centaines d'années. Les guerres anglo-zouloues provoquèrent des destructions et des déplacements massifs : la majeure partie de la population noire fut massacrée et la plupart des rescapés s'enfuirent au nord, dans l'actuel Zimbabwe.

En 1841, les premiers Boers arrivèrent dans une région temporairement désertée (voir p. 557) et s'en approprièrent les terres avant d'y installer plus tard leur capitale. Lorsque les Britanniques accordèrent l'indépendance à la Zuid-Afrikaansche Republiek (ZAR) au début des années 1850, une population estimée à 15 000 Blancs et 100 000 Noirs vivait entre la Vaal et le Limpopo. Les Blancs étaient largement éparpillés et, en 1853, deux fermes au bord de l'Apies furent achetées pour construire la capitale de la république.

Pretoria, du nom d'Andries Pretorius, un commandant boer, n'était alors qu'un petit avant-poste au titre pompeux, que les représentants de l'Empire britannique surveillaient avec une inquiétude croissante. En 1877, ils décidèrent d'annexer la république. Les Boers leur déclarèrent la guerre – Pretoria fut assiégée au début de 1881 – et regagnèrent leur indépendance.

La découverte d'or dans le Witwatersrand à la fin des années 1880 changea complètement la donne et, 19 ans plus tard, les Boers furent de nouveau en guerre contre les Britanniques.

Pour assurer la réconciliation, les Britanniques accordèrent son autonomie au Transvaal en 1906 et un compromis

Centre de Pretoria

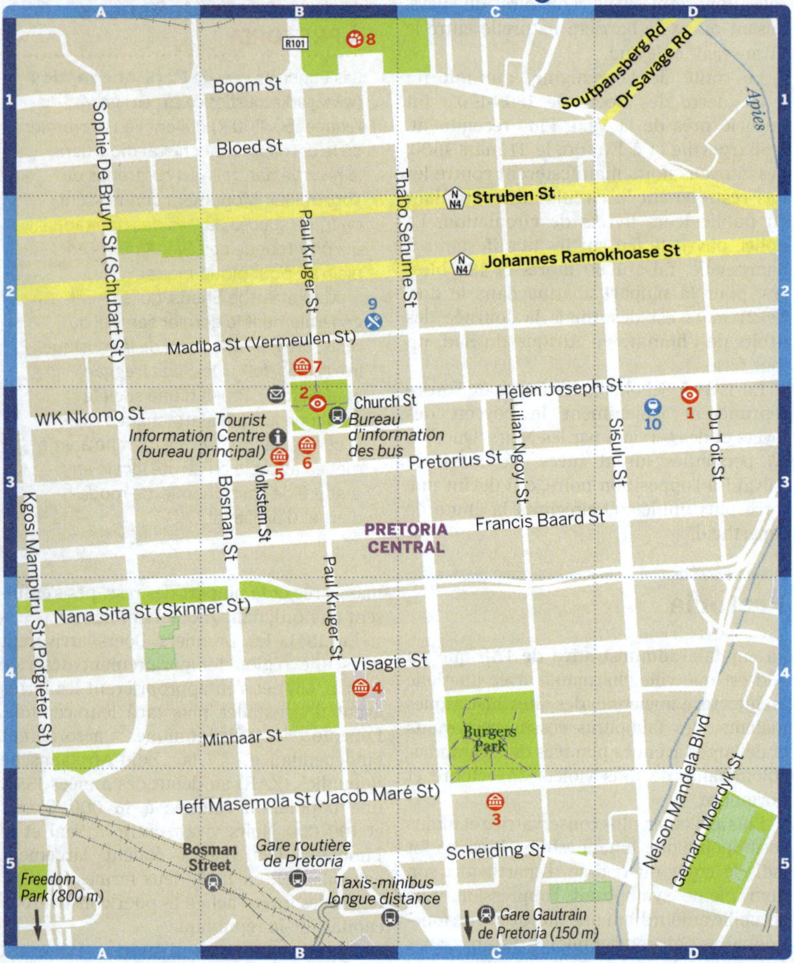

maladroit fit de Pretoria la capitale administrative du pays en 1910. Elle conserva ce statut lorsque la république d'Afrique du Sud fut créée en 1961.

À voir

Freedom Park — MÉMORIAL

(carte p. 395 ; ☎012-336 4000 ; www.freedompark.co.za ; angle Koch St et 7th Ave, Salvokop ; entrée avec visite guidée 120 R ; ⏲8h-17h, visites guidées 9h, 12h et 15h). Cet ensemble remarquable à l'architecture imaginative, lieu de réconciliation nationale, rend hommage aux Sud-Africains morts lors de tous les conflits majeurs. Commencez en bas par le musée **//hapo** consacré à l'histoire du pays, puis montez la colline jusqu'au parc pour profiter d'une vue imprenable sur la ville.

Voortrekker Monument — MONUMENT, POINT DE VUE

(carte p. 395 ; ☎012-326 6770 ; www.vtm.org.za ; Eeufees Rd, Groenkloof ; adulte/enfant 162/45 R ; ⏲8h-18h sept-avr, 8h-17h mai-août). Cet imposant monument de style Art déco, construit entre 1938 et 1949, commémore le périple des Voortrekkers (pionniers), qui traversèrent la chaîne côtière du Cap pour

Centre de Pretoria

gagner le cœur du veld africain. Bien indiqué sur l'autoroute N1, il se dresse à 3 km au sud de la ville, au milieu d'une réserve naturelle de 3,4 km^2.

Church Square PLACE

(carte p. 386). Cette place entourée d'imposants édifices publics, avec au centre une **statue d'Old Lion** (Paul Kruger), est beaucoup plus agréable depuis son relooking en 2017.

012central ÉDIFICE REMARQUABLE

(carte p. 386 ; ☎012-357 1613 ; www.facebook.com/012central ; 381 Helen Joseph St). La renaissance du centre de Pretoria a débuté par la transformation de cet ensemble de bâtiments en un pôle événementiel, artistique et social. L'espace, décoré de *street art*, propose diverses activités, dont des visites guidées gratuites du centre-ville et le **Market @ the Sheds** (carte p. 386 ; www.marketatthesheds.co.za ; 11h-20h dernier sam du mois), un marché animé (voir p. 385) ; consultez la page Facebook pour plus de détails.

Melrose House ÉDIFICE HISTORIQUE

(carte p. 386 ; ☎012-322 2805 ; 275 Jeff Masemola St ; adulte/enfant 22/5 R ; 10h-17h mar-dim). Le 31 mai 1902, le traité de Vereeniging, qui mit fin à la guerre des Boers (1899-1902), fut signé dans la salle à manger de cette majestueuse demeure de 1886. Ne manquez pas la salle de billard, avec son fumoir orné d'un superbe vitrail, et le jardin d'hiver, qui renferme une collection de dessins satiriques datant de l'époque du conflit.

Pretoria National Zoological Gardens ZOO

(carte p. 386 ; ☎012-328 3265 ; www.nzg.ac.za ; angle Paul Kruger St et Boom St ; adulte/enfant 110/80 R, téléphérique 35/25 R ; 8h30-16h30). Le zoo comprend un vivarium, un aquarium, une vaste collection d'arbres exotiques et de nombreux sites de pique-nique. Son principal atout est le **téléphérique**, qui monte au sommet d'une colline dominant la ville.

Union Buildings ÉDIFICES REMARQUABLES

(carte p. 395 ; Fairview Ave). GRATUIT Conçus par sir Herbert Baker, ces vastes bâtiments en grès accueillent le siège du gouvernement et les bureaux présidentiels. Ils ne sont pas ouverts au public, mais les jardins à l'avant sont parsemés de statues d'anciens chefs de l'État, dont une effigie souriante de Mandela les bras ouverts.

National Cultural History Museum MUSÉE

(carte p. 386 ; ☎012-324 6082 ; www.ditsong.org.za ; 432 Visagie St ; adulte/enfant 45/25 R ; 8h-16h). Centré sur l'histoire culturelle de l'Afrique du Sud, ce musée présente, entre autres, des expositions d'art rupestre san et de figurines du Limpopo datant de l'âge du fer ainsi qu'une petite galerie consacrée aux œuvres sud-africaines contemporaines.

Pretoria Art Museum MUSÉE D'ART

(carte p. 395 ; ☎021-358 6750 ; www.pretoriaartmuseum.co.za ; angle Francis Baard St et Wessels St, Arcadia Park ; adulte/enfant 25/5 R ; 10h-17h mar-dim). Consacré à l'art sud-africain de toutes les époques, ce musée contient des œuvres de grands noms nationaux, comme Jacob Hendrik Pierneef, Irma Stern, William Kentridge et Conrad Botes. Il accueille également des expositions régulièrement renouvelées.

Fêtes et festivals

Jacaranda Agricultural Show FOIRE

(anciennement Pretoria Show ; Tshwane Events Centre, 205 Soutter St, Pretoria West ; fin août/début sept). Une foire agricole et marché aux puces immensément populaire.

Cool Capital ART

(www.coolcapital.co.za ; sept/oct). Une biennale d'art, tout sauf institutionnelle.

Où se loger

Arcadia et Hatfield

1322 Backpackers International AUBERGE DE JEUNESSE $
(carte p. 390 ; ☎012-362 3905 ; www.1322backpackers.com ; 1322 Arcadia St, Hatfield ; s/d 400/500 R, dort/s/d avec sdb commune à partir de 170/300/400 R ; P@📶≋). Une retraite accueillante, où les voyageurs se rassemblent autour d'une piscine à l'arrière et dans un petit bar animé. L'hébergement se fait dans des dortoirs propres de trois à huit lits ou dans des petits abris de bois et de brique, aménagés au fond du jardin (frisquets l'hiver, un peu étouffants l'été). Salles de bains communes bien tenue, et cuisine à disposition. Le prix comprend un petit-déjeuner continental.

Pumbas Backpackers AUBERGE DE JEUNESSE $
(carte p. 390 ; ☎012-362 5343 ; www.pumbas.co.za ; 1232 Arcadia St, Hatfield ; camping/dort

VAUT LE DÉTOUR

CULLINAN

Cette bourgade plus que centenaire est parsemée de jolis bâtiments anciens, dont une église conçue par Herbert Baker. Elle abrite surtout l'un des plus grands et des plus riches filons de kimberlite de la planète – il a produit trois des plus gros diamants jamais trouvés à ce jour.

Cullinan se résume à quelques rues pittoresques, rassemblées autour de la mine en opération, mais les hébergements, restaurants, bistrots, magasins d'antiquités et galeries d'art se sont multipliés au cours des dernières années. En effet, l'ambiance détendue, l'architecture charmante et les bonnes infrastructures attirent du monde,
en particulier le week-end.

Plusieurs tour-opérateurs, dont **Premier Diamond Tours** (☎083-261 3550, 012-734 0081 ; www.diamondtourscullinan.co.za ; 99 Oak Ave ; visite guidée 1 heure 30/4 heures 130/550 R ; ⏱10h30 et 14h lun-ven, 10h30 et 12h15 sam) et **Fundani Tours** (☎081-403 1279 ; www.fundanitours.co.za ; 99 Oak Ave ; visite guidée 1 heure 30/4 heures 150/580 R ; ⏱tlj, visite souterraine lun-mar), proposent des visites de la fascinante **mine de diamants de Cullinan** (CullinanDiamond Mine ; www.petradiamonds.com/our-operations/our-mines/cullinan).

Le circuit de 1 heure 30 débute par une vidéo sur l'histoire du site. Il conduit ensuite dans un trou de 1 km sur 500 m, bien plus grand que le Big Hole de Kimberley, et jusqu'au chevalement des wagonnets qui rapportent le minerai à la surface depuis 700 m sous terre. Vous verrez la reconstitution d'une galerie et des répliques des célèbres pierres précieuses découvertes ici, dont celle du plus gros diamant brut extrait à ce jour, le diamant Cullinan (3 106 carats, 1905), taillé en deux pour enrichir les bijoux de la Couronne britannique. L'**Underground Tour** de 4 heures, à réserver un jour à l'avance, vous fera découvrir les galeries et le fonctionnement de la mine – une expérience passionnante.

Fundani organise des **visites à vélo** (à partir de 350 R avec déj, 2 pers minimum) de Cullinan ou du township de Refilwe voisin, où vivent 90% des mineurs.

Gastehys JanHarmsgat (☎074 322 5225 ; www.gastehys.co.za ; 8 Hospital Rd ; s/d 660/830 R ; P). Une destination à lui seul, ce B&B de 4 chambres, installé dans une ferme rénovée, semble à la fois sorti des pages d'un magazine de décoration et d'un projet d'art conceptuel. Tout est recyclé et détourné, des vieilles tables d'hôpital aux miroirs dorés en passant par les ferronneries. Jardin luxuriant et petit-déjeuner copieux (80 R) ; pas de Wi-Fi.

As Greek As it Gets (☎012-734 0707, 083-632 5364 ; www.asgreekasitgets.co.za ; 86 Oak Ave ; plats 135-210 R ; ⏱11h45-15h30 et 17h45-20h jeu-sam, 13h45-15h30 dim ; 🍷). Stavros Vladislavic, le patron haut en couleur, s'assoit près de la porte pour accueillir ses hôtes et surveille le personnel qui apporte sur les tables des mezze et d'autres classiques de la cuisine grecque. La terrasse ensoleillée et l'intérieur blanc et turquoise vous détendront immanquablement.

100/180 R, s/d avec sdb commune à partir de 300/400 R ; P📶🏊). Cette auberge propose chambres privées, dortoirs propres et fonctionnels, cuisine commune et petite piscine. Très bien située dans Hatfield, elle est proche de la station Gauteng.

Bed & Breakfast in Hatfield GUESTHOUSE $$
(carte p. 390 ; ☎083-447 2066, 012-362 5392 ; www.bandbhatfield.co.za ; 1265 Arcadia St, Hatfield ; s/d avec petit-déj 650/900 R ; P❄📶🏊). Non loin de la station Gauteng de Hatfield, ce B&B est un cocon raffiné, aux lignes minimalistes, couleurs douces et touches décoratives bien pensées – le propriétaire est un architecte à la retraite. La piscine à l'arrière est un plus appréciable.

East View Guest House GUESTHOUSE $$
(carte p. 390 ; ☎082-451 6516 ; www.eastview-guesthouse.com ; 175 East Ave, Arcadia ; s/d avec petit-déj 750/800 R ; P📶🏊). Lynette Blignaut a créé la pension parfaite, un oasis de calme dans une imposante villa proche des Union Buildings. Les six chambres pimpantes, dans les tons taupe et gris, disposent de salles de bains modernes. Petits-déjeuners copieux avec délicieux muffins maison et dîner servi sur commande.

Village in Hatfield GUESTHOUSE $$
(carte p. 390 ; ☎012-362 3737 ; www.thevillageinhatfield.co.za ; 1252 Arcadia St, Hatfield ; s/d avec petit-déjeuner 660/880 R ; P@🏊). Cette ravissante propriété offre des chambres spacieuses avec cuisine, joliment aménagées, une piscine et une cour ombragée. Excellent rapport qualité/prix et service attentif.

Courtyard Arcadia Hotel HÔTEL $$$
(carte p. 390 ; ☎012-342 4940 ; www.cclhg.com ; angle Park St et Hill St, Arcadia ; d 1 900 R ; P❄📶🏊). Au cœur du quartier des ambassades, ce manoir de style hollandais du Cap représente le haut de gamme de la chaîne City Lodge. Les 69 chambres, installées dans plusieurs résidences, ne sont pas tout à fait à la hauteur du cadre grandiose, mais le service est irréprochable. Réservez en ligne pour obtenir les meilleurs prix.

Brooklyn et Groenkloof

♥ Bwelani GUESTHOUSE $$
(carte p. 390 ; ☎083-200 5939, 012-362 1148 ; www.bwelani.co.za ; 210 Roper St, Brooklyn ; s/d avec petit-déj à partir de 630/790 R, appt s/d 1 090/1 700 R ; P❄📶🏊). Caché derrière de hauts murs près de l'université, ce B&B contemporain a beaucoup de cachet. Les neuf chambres, dont deux appartements équipés, sont conçues avec imagination, et ornées d'œuvres d'art africaines collectées par le propriétaire. L'appartement "Jozi", notre préféré, se distingue par son décor original et sa grande chambre. Dîner sur demande.

Brooks Cottage GUESTHOUSE $$
(carte p. 390 ; ☎082-448 3902, 012-362 3150 ; www.brookscottage.co.za ; 283 Brooks St, Brooklyn ; s/d avec petit-déj 800/1 100 R ; P📶🏊). Avec son parquet, ses plafonds gaufrés et son salon d'une élégante sobriété, cette maison soigneusement restaurée déborde de charme. Elle a pour seul inconvénient d'être très demandée : il faut réserver longtemps à l'avance pour pouvoir loger dans l'une de ses chambres cosy avec salles de bains étincelantes, d'un excellent rapport qualité/prix.

Richtershuyz GUESTHOUSE $$
(carte p. 390 ; ☎012-346 2025 ; www.richtershuyz.co.za ; 375 Mackenzie St, Brooklyn ; s/d avec petit-déj à partir de 930/1 150 R ; P❄📶🏊). Dans un quartier résidentiel, cette pension occupe un bâtiment bas fort douillet. Les sept chambres bénéficient de jolies salles de bains carrelées, d'une literie de qualité, de beau linge et d'en-cas offerts. La piscine dans le jardin est une merveille, et les œuvres d'art célébrant Elvis apportent une note d'humour.

131 Herbert Baker BOUTIQUE-HÔTEL $$$
(carte p. 390 ; ☎012-751 2070 ; www.131.co.za ; 131 Herbert Baker St, Groenkloof ; d/ste avec petit-déj à partir de 1 750/5 000 R ; P❄📶🏊). Au sud du centre-ville, ce bel hôtel à flanc de colline atteint l'équilibre parfait entre sophistication, isolement et intimité ; son emplacement est l'un des meilleurs à Pretoria. Parmi les huit chambres, les nos 1 à 4 ont vue sur la ville.

Brooklyn, Hatfield et Menlo Park

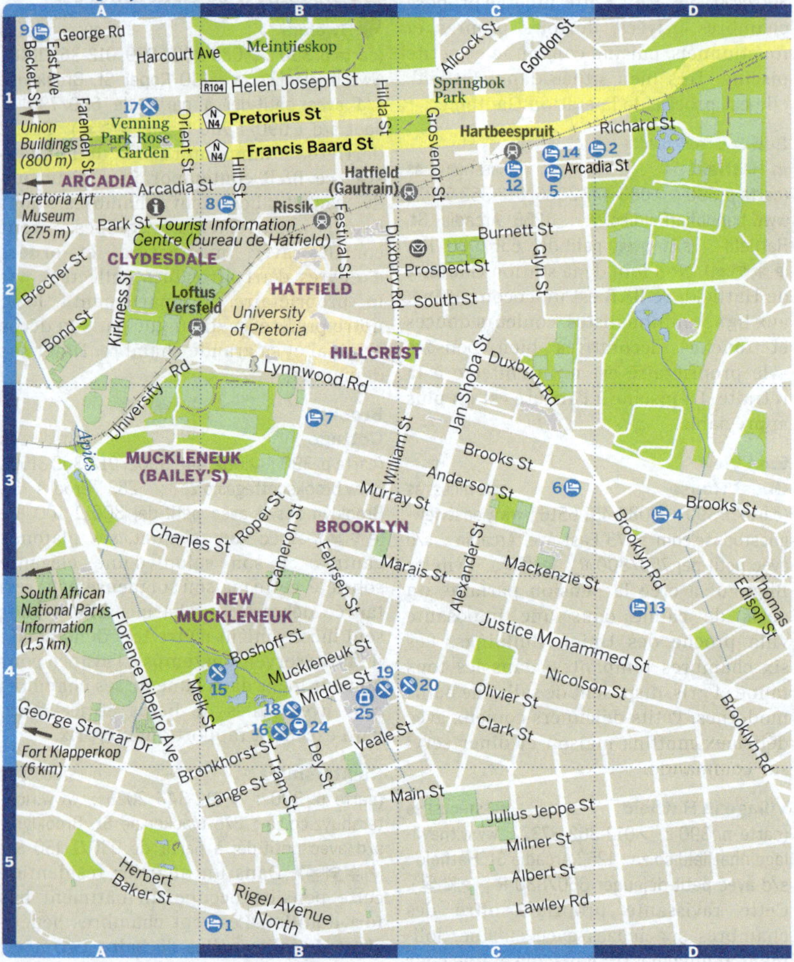

Lynnwood, Menlo Park et environs

Foreigners Friend Guesthouse GUESTHOUSE $$ (carte p. 390 ; ☎082-458 4951 ; www.foreigners-friend.co.za ; 409A Om die Berg St, Lynnwood ; s/d avec petit-déj à partir de 900/1 200 R ; P ❄ 📶 🏊). Pleine de charme et de caractère, cette maison au toit de chaume forme une oasis de tranquillité dans un quartier paisible. Elle compte 10 chambres spacieuses bien aménagées, un salon joliment meublé au rez-de-chaussée, un jardin verdoyant et une petite piscine. Le petit-déjeuner, soigneusement présenté, est servi sur une terrasse aérée.

Ambiance Guesthouse GUESTHOUSE $$ (carte p. 390 ; ☎083-280 0981 ; www.ambiance-guesthouse.com ; 28 3rd St, Menlo Park ; s/d 850/1 190 R ; P 📶 🏊). Cette pension élégante dans le faubourg arboré de Menlo Park enchantera ceux qui recherchent une maison élégante où l'on se sent comme chez soi. Les quatre chambres indépendantes, toutes différemment décorées, ouvrent sur un charmant jardin avec une superbe piscine ; notre préférée est la "Petit Paris",

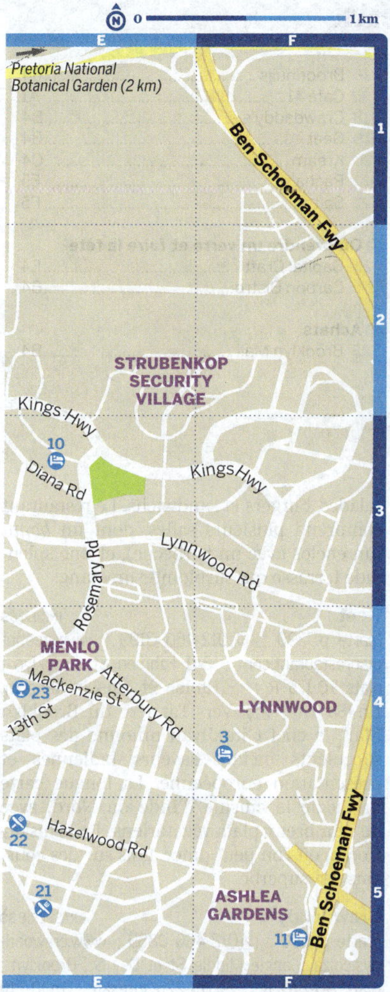

agrémentée d'une baignoire sur pieds. Le petit-déjeuner coûte 80 R.

♥ Menlyn Boutique Hotel BOUTIQUE-HÔTEL **$$$**
(carte p. 390 ; ☎086 100 7887 ; www.menlynhotel.com ; 209 Tugela Rd, Ashlea Gardens ; s/d à partir de 1 500/1 700 R ; P ❄ @ 📶 ≋). Ses chambres chics dans les tons bruns et son service sympathique et décontracté valent au Menlyn un franc succès. Malgré la proximité d'un grand axe routier, le calme règne dans son enceinte, agrémentée de sculptures et d'œuvres d'art, notamment signées Anton et Lionel Smit. Le coin piscine donne envie d'y passer la journée entière.

Le restaurant gastronomique **Black Bamboo** (☎084 508 9752 ; www.theblackbamboo.co.za ; plats 165-200 R ; ⏱6h30-10h, 12h-22h ; 📶), mené par la cheffe Dikeledi Sibanda, est un autre atout du lieu.

♥ Alpine Attitude BOUTIQUE-HOTEL **$$$**
(carte p. 390 ; ☎012-348 6504 ; www.alpineattitude.co.za ; 522 Atterbury Rd, Menlo Park ; s/d petit-déj compris à partir de 1 500/1 900 R ; P ❄ 📶 ≋). Pour une nuit dans un endroit unique en son genre, rendez-vous dans cet hôtel de charme comptant cinq appartements équipés et sept chambres, chacune décorée sur un thème différent. Dans l'incroyable "Transparent", tout est transparent à l'exception des murs et de la literie ! Restaurant, bar et piscine également sur place.

L'hôtel se trouve sur une artère passante, mais la plupart des chambres donnent sur un jardin paisible à l'arrière.

Où se restaurer

Un bon choix de restaurants vous attend à Hatfield (du côté de Hatfield Sq dans Burnett St) et Brooklyn (autour de Fehrsen St et du Brooklyn Mall) ainsi qu'autour de Greenlyn Village Centre à Menlo Park et de The Club à Hazelwood.

Centre-ville

TriBeCa CBD CAFÉ **$**
(carte p. 386 ; ☎012-321 8876 ; www.tribeca.co.za ; 220 Madiba St ; plats 50-80 R ; ⏱7h-17h lun-ven). À deux pas de Church Sq, ce restaurant de chaîne, sûr et accueillant, est prisé des fonctionnaires et des avocats des High Court Chambers toutes proches. Salades et sandwichs corrects, à déguster de préférence en terrasse.

Arcadia, Hatfield et Villiera

♥ Grounded At Echo CAFÉ **$**
(carte p. 395 ; ☎012-329 0159 ; groundedat.co.za ; boutique 1, 353 24th Ave, Villiera ; ⏱6h-16h lun-ven, 7h-2h sam ; 📶). Comment ne pas apprécier cet établissement design, géré par l'association Echo Youth Development ? Idéal pour un petit-déjeuner à base de muesli et de plats d'œufs alléchants, il sert aussi café et thé de premier ordre (que l'on peut également acheter en paquet), accompagnés de petits bonshommes en pain d'épice.

Brooklyn, Hatfield et Menlo Park

Où se loger

1 131 Herbert Baker B5
2 1322 Backpackers International D1
3 Alpine Attitude F4
4 Ambiance Guesthouse D3
5 Bed & Breakfast in Hatfield C1
6 Brooks Cottage C3
7 Bwelani B3
8 Courtyard Arcadia Hotel B2
9 East View Guest House A1
10 Foreigners Friend Guesthouse E3
11 Menlyn Boutique Hotel F5
12 Pumbas Backpackers C1
13 Richtershuyz D4
14 Village in Hatfield C1

Où se restaurer

Black Bamboo .... (voir 11)
15 Blue Crane B4
16 Broodhuijs B4
17 Café 41 .... A1
18 Crawdaddy's B4
19 Geet B4
20 Kream C4
21 Pacha's E5
22 Salt E5

Où prendre un verre et faire la fête

23 Capital Craft E4
24 Carbon Bistro B4

Achats

25 Brooklyn Mall B4

Café 41 MÉDITERRANÉEN $
(carte p. 390 ; ☎012-342 8914 ; www.cafe41.co.za ; Eastwood Village Center, angle Eastwood St et Pretorius St, Arcadia ; plats 50-115 R ; ⏲8h-21h lun-ven, 9h-20h sam-dim ; 📶). Un menu long comme le bras et de nombreuses places assises (essayez la terrasse) font du Café 41 l'un des endroits les plus plaisants de Pretoria pour déjeuner. Les pâtes et sandwichs n'ont rien de transcendant, mais sont à bon prix, de même que les assiettes de mezze.

Brooklyn, New Muckleneuk et environs

Broodhuijs BOULANGERIE, CAFÉ $
(carte p. 390 ; ☎012-346 5753 ; www.broodhuijs.com ; angle Bronkhorst St et Dey St, Brooklyn ; plats 20-40 R ; ⏲7h-16h lun-ven, 8h-14h sam ; 📶). Dans une section paisible de Bronkhorst St, ce charmant café de quartier est un bon endroit pour retrouver des amis ou savourer seul un repas léger (sandwichs, pizzas, salades). Également, viennoiseries et bon café.

♥ **Blue Crane** SUD-AFRICAIN $$
(carte p. 390 ; ☎012-460 7615 ; www.bluecrane-restaurant.co.za ; 156 Melk St, New Muckleneuk ; plats 90-170 R ; ⏲8h-15h lun-mer, 8h-22h jeu-sam, 8h-15h dim ; 📶👪). Intégré à la réserve ornithologique Austin Roberts, le Blue Crane est connu des amoureux des oiseaux du monde entier (et de tous ceux qui aiment siroter une bière Castle au soleil couchant). La carte propose petits-déjeuners, steaks, salades, burgers et sandwichs. Le restaurant comprend plusieurs salles, dont un *boma* (un enclos avec un barbecue), et une splendide terrasse qui surplombe un étang.

Geet INDIEN $$
(carte p. 390 ; ☎012-460 3199 ; www.geetindianrestaurant.com ; 541 Fehrsen St, Brooklyn ; plats 70-175 R ; ⏲11h-15h et 17h-22h lun-sam, 11h-18h dim ; 🍷). Vers l'arrière du Brooklyn Mall, le chef Gita Jivan mitonne des plats succulents mêlant saveurs indiennes et présentation européenne. La longue carte privilégie la cuisine d'Inde du Nord, avec de nombreux plats végétariens. La Whiskey Room, où l'on peut dîner assis sur des coussins, est superbe.

Crawdaddy's BRASSERIE $$
(carte p. 390 ; ☎012-460 0889 ; www.crawdaddys.co.za ; angle Middle St et Dey St, Brooklyn ; plats 90-270 R ; ⏲11h-22h lun-sam, 11h30-21h dim). Populaire de longue date auprès des habitants, cette brasserie conserve une clientèle fidèle grâce à sa carte éclectique (curries, plats sautés, viandes grillées, fruits de mer, etc.). L'établissement compte plusieurs salles, et une terrasse qui surplombe un carrefour animé.

Salt MÉDITERRANÉEN $$
(carte p. 390 ; ☎079-540 3483 ; www.salteatery.co.za ; 11 Hazelwood Rd, Hazelwood ; plats 70-185 R ; ⏲7h-21h mar-sam, 8h-16h dim). Ici, les clients peuvent composer eux-mêmes leurs assiettes de dégustation à partir d'un choix appétissant de fromages artisanaux et de charcuteries maison (cheddar Huguenot,

pastrami fumé, saucisson doux…), le tout assorti de divers condiments, ou déguster du pain préparé sur place. Terrasse plaisante, en plein cœur du Hazelwood gastronomique.

Kream INTERNATIONAL $$$
(carte p. 390 ; 012-346 4642 ; www.kream.co.za ; 570 Fehrsen St, Brooklyn Bridge, Brooklyn ; plats 120-220 R ; 11h-22h lun-sam, 11h-20h dim). De l'intérieur design spectaculaire (œuvres d'art géantes et deux jeux d'eau !) aux plats parfois extravagants (essayez le très sucré Candy Crush), ce restaurant ne fait rien à moitié. La carte variée comprend des entrées exotiques comme le carpaccio de crocodile et des grillades plus classiques.

Pacha's SUD-AFRICAIN $$$
(carte p. 390 ; 012-460 5063 ; www.pachas.co.za ; The Club Centre, 22 Dely Rd, Hazelwood ; plats 140-200 R ; 12h-21h lun-sam, 12h-14h dim). Cette table agréable ne manque pas d'allure dans ces nouveaux locaux du chic Club Centre. Son cadre moderne est agrémenté d'un petit aquarium et de meubles de qualité, mais ce sont avant tout ses plats de viande de haut vol, dont quelques recettes traditionnelles, qui retiennent l'attention. Et pour ceux qui préfèrent la cuisine de la mer, il y aussi du poisson.

♥ **Fermier** INTERNATIONAL $$$
(076 072-5261 ; www.fermierrestaurant.com ; 141 Lynwood Rd, The Willows ; repas de 9 plats 700 R, avec vins assortis 1100 R ; service 19h et 19h30 mar-sam). L'une des meilleures cuisines contemporaines du pays vous attend dans cette grande bâtisse aux murs de terre et au toit en tôle à l'est de la ville. Le chef Adriaan Maree vous emmène dans un formidable voyage culinaire de 3 heures à travers une série de neuf petits plats créatifs. Développement durable, réduction du gaspillage alimentaire et célébration des bons produits du terroir font partie des principes exprimés dans la cuisine.

Où prendre un verre et faire la fête

Hatfield abrite un honnête choix de bars, restaurants et night-clubs, Hatfield Square devenant un bastion estudiantin à la nuit tombée. Menlo Park et Brooklyn disposent aussi de quelques adresses branchées.

♥ **Capital Craft** BIÈRE ARTISANALE
(carte p. 390 ; 012-424 8601 ; www.capitalcraft.co.za ; Greenlyn Village Centre, angle Thomas Edison St et 12th St East, Menlo Park ; 10h30-22h30 lun-ven, 10h-22h30 sam, 10h-19h dim). Le bar à bière numéro 1 de Pretoria est un immense espace avec de longues tables, une salle de style grange et un jardin toujours bondés. La carte impressionnante met à l'honneur les productions artisanales de tout le pays – goûtez quelques échantillons avant de commander une pinte. Si vous avez un petit creux, le sandwich à l'effiloché de porc (*pulled pork*) le comblera délicieusement.

♥ **Carbon Bistro** BAR
(carte p. 390 ; 012-340 0029 ; www.carbonbistro.co.za ; 279 Dey St, Brooklyn ; plats 99-180 R ; 11h-22h mar-dim ;). Avec son décor minimaliste, ses bières artisanales à la pression et ses pièces de bœuf inhabituelles, l'endroit transpire la branchitude chic, mais c'est sa carte de plus de 150 gins, dont quelques marques sud-africaines, qui fait la différence. Dégustation possible de cinq variétés (à partir de 105 R).

African Beer Emporium BIÈRE ARTISANALE
(ABE ; carte p. 386 ; 064 205 5069 ; www.africanbeeremporium.com ; 012central backyard, 381 Helen Joseph St ; 9h-18h lun-ven, 9h-20h). Capital Craft vient d'ouvrir ce vaste bar dans l'enceinte branchée de l'012central (p. 387). L'accent est mis sur les mousses locales, complétées par des plats sud-africains, que

VAUT LE DÉTOUR

LE TEMPLE NAN HUA

Au milieu de la savane, à 56 km à l'est de Pretoria le long de la N4, le **temple Nan Hua** (013-931 0009 ; www.nanhua.co.za ; 27 Nan Hua Rd, Cultura Park, Bronkhorstspruit ; 9h-14h mar-dim) GRATUIT, ouvert en 2005 par l'ordre monastique chinois Fo Guang Shan, est le plus grand lieu de culte bouddhique de l'hémisphère Sud. Ses portes peintes de couleurs vives, ses lions en pierre sculptés et ses toits en tuiles jaunes vernissées méritent le coup d'œil. Le sanctuaire principal recèle trois beaux bouddhas en bois.

En face du grand complexe, une *guesthouse* offre le gîte et des cours de méditation. La salle à manger est ouverte aux visiteurs extérieurs le dimanche de 12h à 13h pour un buffet végétarien (50 R) à déguster en silence.

l'on consomme à de longues tables en bois, comme à la fête de la Bière.

Renseignements

OFFICES DU TOURISME

South African National Parks (☎012-428 9111 ; www.sanparks.org). Le meilleur endroit pour des réservations et informations sur toutes les réserves et parcs nationaux.

Tshwane Tourist Information Centre (carte p. 386 ; ☎012-358 1430 ; www.visittshwane.co.za ; Old Nederlandsche Bank Bldg, Church Sq ; ⌚7h30-16h lun-ven). Autres antennes à **Brummeria** (☎084-521 5852 ; CSIR International Convention Centre, Meiring Naude Rd ; ⌚8h-16h30 lun-ven) et à **Hatfield** (carte p. 390 ; ☎012-358 1675 ; Kingston House, 311 Eastwood St, Hatfield ; ⌚7h30-16h lun-ven).

SERVICES MÉDICAUX

Hatmed Medical Centre (☎012-362 7180 ; www.hatmed.co.za ; 454 Hilda St, Hatfield ; ⌚8h-19h lun-jeu, 8h-18h ven, 8h-13h sam, 8h-12h dim). Clinique de banlieue réputée.

Tshwane District Hospital (☎012-354 7000 ; angle Dr Savage Rd et Steve Biko Rd). Pour les urgences médicales.

URGENCES

Urgences ☎012-310 6300

Police et pompiers ☎10111

Depuis/vers Pretoria

AVION

L'aéroport OR Tambo de Johannesburg (p. 377), à 48 km au sud de Pretoria, est le centre de transit international du pays, avec des vols en provenance du monde entier.

BUS

La **gare routière de Pretoria** (carte p. 386 ; 4 Scheiding St, Pretoria West) jouxte la gare ferroviaire. Elle accueille les billetteries et bureaux d'information des principales compagnies, ainsi qu'un bon café et un DAB.

La plupart des bus **Translux** (res.prasa.com/translux/booking), **City to City** (www.citytocity.co.za), **Intercape** (www.intercape.co.za) et **Greyhound** (www.greyhound.co.za) qui relient Johannesburg à Durban, la côte sud et Le Cap partent de Pretoria. Les bus qui se dirigent vers le nord par la N1 s'arrêtent également ici. Translux, Greyhound et Intercape appliquent des tarifs identiques au départ de Pretoria ou de Johannesburg, peu importe si le temps de trajet diffère. Comptez environ 200 R pour un voyage entre les deux villes (1 heure).

Des **taxis-minibus longue distance** (carte p. 386) stationnent près de la gare ferroviaire.

TRAIN

La gare ferroviaire historique de Pretoria est un bel endroit pour commencer ou achever un voyage.

Le **Gautrain** (☎0800 428 87246 ; www.gautrain.co.za) assure des liaisons rapides et régulières avec Hatfield, Johannesburg (Park Station, Rosebank et Sandton) et l'aéroport. Le trajet Pretoria-Sandton coûte 57 R.

Pour les trajets longue distance, les trains **Shosholoza Meyl** (res.prasa.com/shosholozameyl/Booking) qui passent par Pretoria sont le Trans Karoo (quotidien de Pretoria au Cap) et le Komati (quotidien de Johannesburg à Komatipoort via Nelspruit).

Le luxueux **Blue Train** (☎012 334-8459 ; www.bluetrain.co.za), qui relie Pretoria, Jo'burg et Le Cap, part de la gare de Pretoria.

En raison du fort taux de criminalité, nous déconseillons d'emprunter le Metrorail entre Johannesburg et Pretoria.

VOITURE

La plupart des grandes compagnies de location de voitures, locales ou internationales, sont représentées à Pretoria.

Comment circuler

DEPUIS/VERS L'AÉROPORT

Si vous appelez à l'avance, la plupart des auberges de jeunesse et de nombreux hôtels viendront vous chercher gratuitement à l'aéroport.

Get You There Transfers (p. 377) propose des navettes entre l'aéroport OR Tambo et Pretoria. Les bus vous récupéreront au terminal et vous déposeront en ville moyennant 700 R environ. Airport Shuttle (p. 377) offre le même service.

Le Gautrain (ci-dessus) est un moyen rapide et fiable de rejoindre l'aéroport, mais il faut changer à Marlboro. L'aller simple coûte 174 R.

BUS

Il existe un réseau étendu de bus locaux – vérifiez les détails auprès du **bureau d'information** (carte p. 386 ; ☎012-358 0839/40 ; www.tshwane.gov.za/sites/residents/TshwaneBusSerivces/Pages/Bus-Routes-Timetables.aspx ; Church Sq ; ⌚4h30-19h lun-ven, 5h-14h sam). Les tarifs s'échelonnent de 8 à 16 R en fonction de la distance. Les lignes 5 et 8, pratiques, circulent entre Church Sq et Brooklyn via Burnett St à Hatfield.

TAXI

Vous pouvez demander un taxi avec compteur en contactant **Rixi Taxis** (☎086 100 7494 ; www.rixitaxi.co.za ; environ 10 R/km). Les habitants ont plutôt tendance à utiliser le service Uber.

Environs de Pretoria

Plusieurs sites intéressants au sud et à l'est de Pretoria peuvent faire l'objet d'excursions à la journée.

Fort Klapperkop

Situé à 6 km au sud de Pretoria, ce fort de 1889 à la vue panoramique fut l'un des quatre bâtiments édifiés pour défendre la ville, mais n'eut jamais à le faire, d'où son excellent état de conservation. Son **musée** (carte p. 395 ; ☎012-346 7703 ; www.tshwane.gov.za ; Johann Rissik Dr, Groenkloof ; adulte/enfant 25/7 R ; ⏲10h-17h mar-dim) retrace l'histoire militaire de l'Afrique du Sud, de 1852 à la fin de la guerre des Boers (1899-1902).

Rietvlei Nature Reserve

Cette **réserve naturelle** (☎012-358 1810 ; rietvlei-reserve.co.za ; 14 Game Reserve Ave, Rietvallei ; adulte/enfant 55/30 R ; ⏲6h-16h avr-août, 5h30-19h sept-mars) de 38 km², à 27 km au sud de Pretoria près de la R21, plaît aux habitants qui viennent pêcher près du barrage. Elle se prête bien à l'observation de la faune : il est courant d'y voir des rhinocéros, souvent depuis le terrain du petit salon de thé, des zèbres, plusieurs espèces d'antilopes et parfois des buffles.

La réserve propose différentes activités telles que randonnées guidées, safaris nocturnes en voiture et équitation.

Pretoria National Botanical Garden

À 9 km à l'est du centre-ville, ce **jardin botanique** (carte p. 395 ; ☎012-843 5071 ; www.sanbi.org ; 2 Cussonia Ave, Brummeria ; adulte/enfant 55/20 R ; ⏲8h-18h) de 76 ha renferme quelque 20 000 espèces de plantes indigènes de tout le pays, regroupées et étiquetées selon leur région d'origine.

Sammy Marks Museum

À 20 km à l'est du centre de Pretoria, cette belle demeure victorienne fut construite en 1884 pour Sammy Marks, un magnat anglais de l'industrie, des mines et de l'agriculture. Devenue un **musée** (☎012-492 5744, 078-405 0131 ; www.ditsong.org.za ; 104 R, Old Bronkhorstspruit Rd, Donkerhoek ; adulte/enfant 80/40 R ; ⏲9h-16h30, visites guidées mar-dim), elle se découvre chaque jour à l'occasion de cinq visites guidées (1 heure). Le joli parc comprend un jardin de thé ombragé donnant sur la maison.

Environs de Pretoria

Les incontournables
1 Freedom Park B2
2 Voortrekker Monument B2

À voir
3 Fort Klapperkop C2
4 Pretoria Art Museum C1
5 Pretoria National Botanical Garden D1
6 Union Buildings C1

Où se restaurer
7 Grounded At Echo C1

Environs de Pretoria

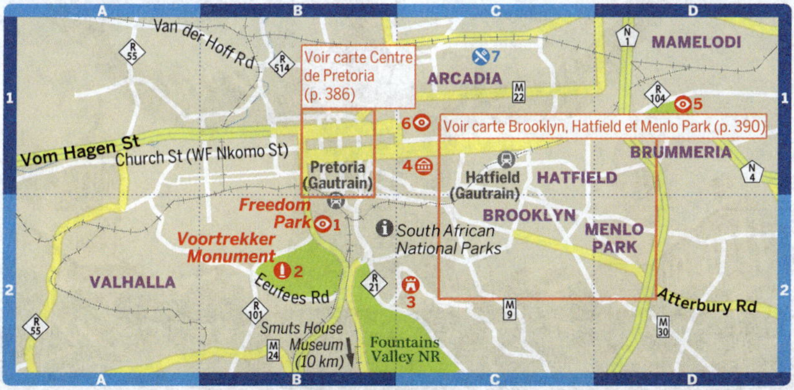

OLIVER BERRY/LONELY PLANET ©

1. Maboneng (p. 357)
Street art dans le quartier de Maboneng.

2. Ponte City (p. 357)
Vue sur la tour ronde de Ponte City et la Telkom Tower au fond.

3. Orlando Towers, Soweto (p. 383)
Un site de saut à l'élastique unique.

4. Statue de Nelson Mandela (p. 387)
devant les Union Buildings, à Pretoria.

Mpumalanga

Dans ce chapitre ➜

Le top des restaurants

- The Wild Fig Tree (p. 404)
- Kuka Café (p. 411)
- Cicada (p. 413)
- Greek Kouzina (p. 413)

Le top des hébergements

- River House Guest Lodge (p. 414)
- Idle & Wild (p. 410)
- Fountain Baths Guest Cottages (p. 417)
- Acra Retreat Mountain View Lodge (p. 402)
- Critchley Hackle (p. 401)

Pourquoi y aller

Le Mpumalanga ("là où le soleil se lève"), l'une des plus petites provinces du pays, est aussi l'une des plus agréables, avec ses beaux paysages de montagnes, de vallées verdoyantes, de brousse aride, de plantations subtropicales et de petites villes et bourgades au climat frais. On peut y descendre des cascades en rappel, sauter en parapente du haut des falaises, explorer des grottes souterraines, dompter les cours d'eau en raft ou en chambre à air, galoper dans les plaines ou randonner en forêt, à pied ou à vélo.

Mais l'attrait premier de la province est le Blyde River Canyon, troisième plus grand canyon au monde, qui se fraye un chemin à travers le Grand Escarpement ; par temps clair, les points de vue sont à couper le souffle.

L'Eastern Lowveld (bas veld oriental) est aux portes de la moitié sud de l'impressionnant Kruger National Park (p. 419) et compte tout un choix de lodges et d'activités possibles à l'orée de ce magnifique parc.

Quand partir

Nelspruit

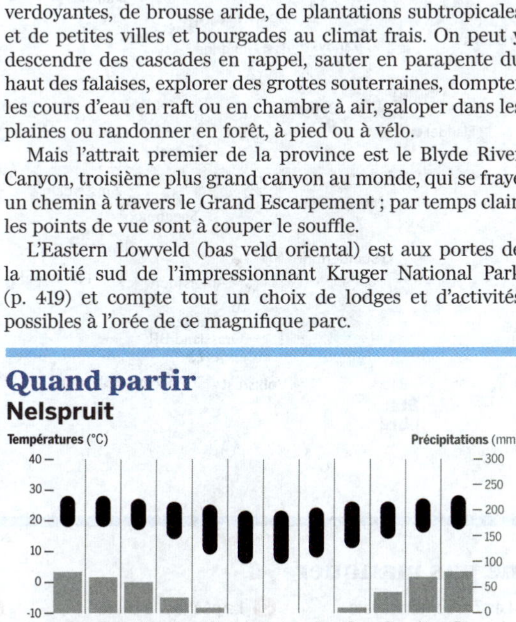

Janvier-mars	Juin-juillet	Octobre
L'escarpement du Drakensberg permet d'échapper à la chaleur estivale du *lowveld* (bas veld)	Fête de la Crevette à Komatipoort, Festival des arts à Dullstroom et fraîcheur hivernale.	Pilgrim's Rest accueille les championnats nationaux d'orpaillage.

À ne pas manquer

1. Les Three Rondavels et les formations rocheuses du **Blyde River Canyon** (p. 408), troisième plus grand canyon de la planète.
2. La géologie préhistorique et l'histoire de la ruée vers l'or à **Barberton** (p. 416), la plus agréable petite ville de la province.
3. La pêche à la truite et une dégustation de whisky à **Dullstroom** (p. 399), village raffiné du *highveld* (haut veld).
4. L'artisanat africain à **Graskop** (p. 406) et le grand saut dans une gorge.
5. Une randonnée vers des cascades autour de **Sabie** (p. 402).
6. Une promenade dans l'artère principale de **Pilgrim's Rest** (p. 405), minuscule cité aurifère du XIXe siècle riche en musées.
7. De l'escalade, du VTT, du rappel le long des cascades et de la randonnée à **Waterval Boven** (p. 401).

Histoire

Lors de la *difaqane* (migration forcée), au début du XIXe siècle, arrivèrent des groupes de Shangaan, de Swazi et de Ndebele, fuyant les troubles qui faisaient rage en pays zoulou. Les premiers Voortrekkers entrèrent en scène à la fin des années 1830. Ils fondèrent le Transvaal (comprenant l'Eastern Transvaal, aujourd'hui Mpumalanga) et en firent une république en dix ans.

Le Transvaal fut le théâtre de la première guerre entre Britanniques et Boers (1880-1881), remportée par les seconds, qui reprirent leur territoire et firent de Paul Kruger leur premier président. À l'issue de la seconde guerre anglo-boer (1899-1902) néanmoins, le Transvaal – ou République sud-africaine – revint à la Couronne britannique (de même que l'État libre d'Orange, l'actuelle province de l'État libre). Avec la fondation de l'Union d'Afrique du Sud en 1910, la colonie britannique devint province du Transvaal, laquelle fut divisée en 1994 en provinces du Mpumalanga, du Limpopo, du Gauteng et du Nord-Ouest.

Langues

Le swati, le zoulou et le ndebele sont les principales langues parlées au Mpumalanga, mais l'anglais est bien compris. Vous entendrez beaucoup parler afrikaans à Nelspruit et dans les environs.

Renseignements

Mpumalanga Tourism and Parks Agency (www.mpumalanga.com). Le site Internet donne des informations sur les itinéraires touristiques et les réserves naturelles de la province, notamment.

Safcol (South African Forestry Company Limited ; www.safcol.co.za). Surveille les zones forestières, promeut l'écotourisme et gère les sentiers de randonnée du Mpumalanga.

GRAND ESCARPEMENT

C'est ici que se trouvent quelques-uns des paysages les plus époustouflants d'Afrique du Sud. Il y a quelques siècles encore, c'était une région de forêt vierge peuplée d'éléphants, de buffles et même de lions. Aujourd'hui, ce sont les vacanciers sud-africains et un nombre croissant de visiteurs étrangers qui arpentent les montagnes en profitant des paysages de toute beauté. L'Escarpement marque l'endroit où le plateau du *highveld* (haut veld) plonge de 1 000 m vers le *lowveld* (bas veld), formant d'extraordinaires falaises, canyons, collines escarpées et vallées couvertes d'épaisses pinèdes et baignées de cascades, théâtre d'innombrables activités de plein air.

Dullstroom (Emnotweni)

☎013 / 600 HABITANTS / ALTITUDE 2 053 M

Une petite oasis où tout tourne autour de la bonne cuisine, des pubs anglais à l'ancienne – et surtout d'un air pur et des eaux fraîches où il fait bon pêcher. Arrivé à Dullstroom, vous aurez peut-être l'impression de vous trouver au Canada. La petite bourgade, nichée à plus de 2 000 m d'altitude parmi les pins et bordée de jolies maisons à clins, est l'une des plus fraîches du pays, raison pour laquelle des athlètes internationaux la choisissent comme terrain d'entraînement.

La région doit son renom à la pêche à la truite, mais il y a beaucoup d'autres choses à y faire, notamment de la randonnée, du golf et de l'équitation. Dullstroom représente par ailleurs une étape raffinée entre Johannesburg et le Kruger National Park, avec ses nombreuses adresses agréables où trinquer à sa première ou dernière soirée en Afrique du Sud.

À voir et à faire

Dullstroom est l'un des meilleurs endroits du pays où pêcher la truite. Le **Mavungana**

AMENDES INJUSTIFIÉES

Il est arrivé que des policiers malhonnêtes réclament de l'argent à des touristes pour de fausses infractions. Si un agent de la circulation ou tout autre fonctionnaire vous arrête sur la route, rappelez-vous qu'il est illégal de lui verser de l'argent comptant. Les amendes doivent être payées au poste de police ou au tribunal de première instance, où un reçu doit être délivré. Par ailleurs, les péages ne sont à payer qu'aux stations officielles.

En cas de problème ou de doute, appelez la **hotline de la police** (☎082-451 7044, 082-462 2557 ; 24h/24) ou contactez **Kruger Lowveld Ehlanzeni** (☎013-755 1988 ; www.krugerlowveld.com ; Crossing Mall, angle Madiba Dr et Samora Machel Dr ; 7h-17h30).

Grand Escarpement et Eastern Lowveld

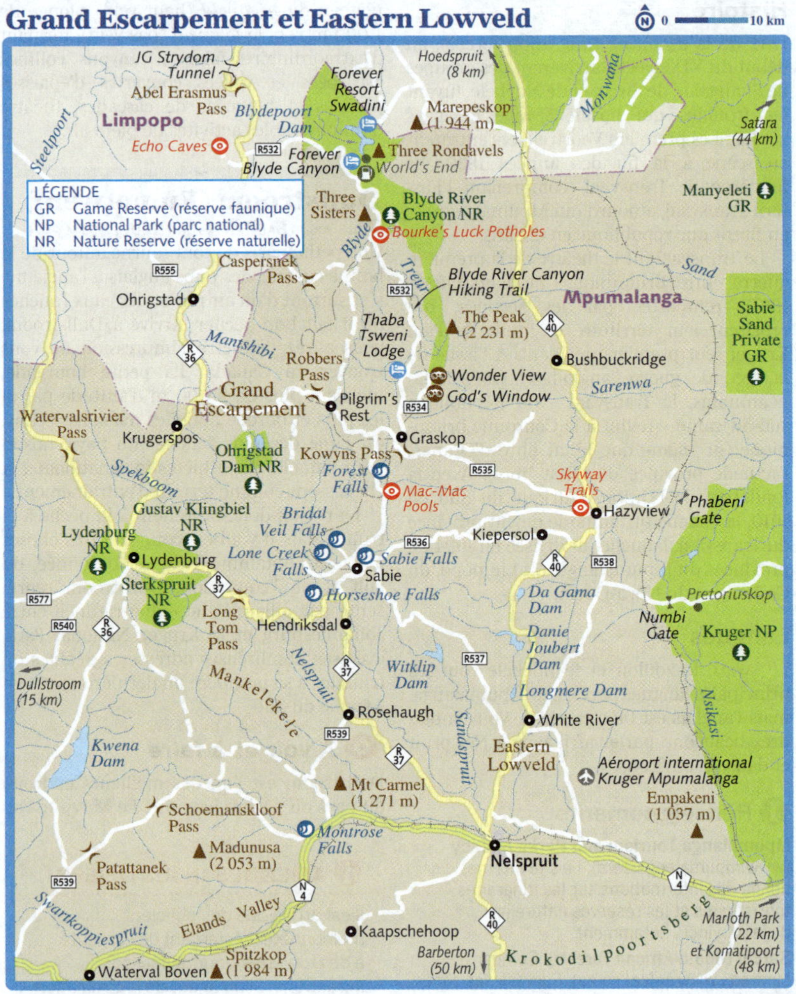

Flyfishing Centre (☎013-254 0270 ; www.flyfishing.co.za ; Naledi Dr) et le **Village Angler** (☎013-254 0156 ; www.thevillageangler.co.za ; Naledi Dr) font partie des spécialistes locaux de la pêche à la mouche.

Dullstroom Bird of Prey & Rehabilitation Centre RÉSERVE ORNITHOLOGIQUE
(☎082-899 4108 ; www.birdsofprey.co.za ; adulte/enfant 70/40 R ; ⏲9h-16h mer-lun, démonstrations de vol 10h30 et 14h30 ; P). Dans ce centre, au sud de la bourgade, près de la R540, les visiteurs sont sensibilisés aux dangers qui menacent les rapaces et peuvent s'initier à la fauconnerie l'espace d'une matinée (400 R).

Les démonstrations de vol libre font appel aux talents de faucons pèlerins, de buses, de crécerelles et d'aigles noirs.

Dullstroom Riding Centre ÉQUITATION
(☎082-442 9766 ; www.dullstroomhorseriding.co.za ; promenade 1/2 heures 200/350 R, promenade à poney 15 min 60 R ; 👪). À environ 10 km de Dullstroom, sur la R540, en direction de Lydenburg (Mashishing), ce centre équestre organise des balades dans la campagne au nord de la localité, comprenant collines, forêts, ruisseaux et barrages.

Festival

Dullstroom Arts Festival CULTURE

(fin juin/début juil). Une tribune pour les talents locaux. Photographie, art, sculpture, musique et cuisine.

Où se loger

Dullstroom Reservations SERVICE D'HÉBERGEMENT

(013-254 0254 ; www.dullstroomreservations.co.za ; Auldstone House, 506 Naledi Dr ; 9h-17h lun-sam ; P). L'une des deuxagences de réservation d'hébergements de l'artère principale.

Cherry Grove APPARTEMENTS $$

(013-254 0421 ; www.cherry-grove.co.za ; Cherry Grove Centre, Naledi Dr ; s/d 675/1 190 R ; P). De style méditerranéen, ces élégantes villas de pierre et de bois donnent sur la petite place à l'italienne. Elles sont conçues pour capter la lumière, et les cheminées réchauffent les chambres douillettes dans la fraîcheur du soir.

Critchley Hackle LODGE $$$

(013-254 0055 ; www.critchley-hackle.co.za ; 585 Teding Van Berkhout St ; ch avec petit-déj 1850 R ; P). Peut-être la meilleure adresse des environs. Dans des cottages en pierre disséminés à travers de vastes pelouses fleuries, les 12 agréables chambres au plafond voûté et bien équipées comprennent coin salon, cheminée et terrasse donnant sur un petit lac empli de truites. Le superbe restaurant ouvre par une baie vitrée sur les jardins.

Où se restaurer et prendre un verre

Mayfly Restaurant and Cocktail Lounge INTERNATIONAL $$

(084 619 4946 ; www.mayfly.co.za ; Naledi Dr ; plats 62-183 R ; 10h-tard tlj sauf mar soir ;). Familles, couples locaux et touristes fréquentent cet établissement chic, réputé pour sa viande rouge (dont le fameux rumsteack Mayfly avec sa sauce au vin rouge et aux champignons). La grande salle, à laquelle poutres apparentes, mobilier d'une jolie simplicité et poêle à bois donnent une atmosphère intime, est aussi plaisante pour un petit-déjeuner cuisiné ou un déjeuner léger.

Mad Hatter Café INTERNATIONAL $$

(013-254 0086 ; www.facebook.com/madhatter-dullstroom ; Cherry Grove Centre, Naledi Dr ; plats 75 R ; 8h-17h jeu-mar). Dans ce sympathique petit café en noir, blanc et rouge, donnant sur la place pavée de l'italianisant Cherry Grove, les plats (poulet au vin, bœuf Stroganoff, poulet à la marocaine, etc.) sont inscrits dans de vieux livres et sur un tableau noir. Une excellente adresse pour un bon café et des œufs brouillés au chorizo, ou du pain perdu arrosé de chocolat, de miel ou de *dukkah* (condiment oriental).

Duck & Trout CUISINE DE PUB $$

(013-254 0047 ; 506 Naledi Dr ; plats 90 R ; cuisine 10h-22h ;). Les soirs froids, un feu crépite aux quatre coins de cette laiterie transformée, bonne adresse pour une pizza cuite au feu de bois (ou autre spécialité de pub) et une ou deux bières parmi les habitants, tandis que les enfants se dépensent sur l'aire de jeux. Petits-déjeuners servis toute la journée. Le lieu accueille des concerts réguliers et une fête de la bière annuelle, le **Ducktober** (ducktober.co.za).

Wild About Whisky BAR

(013-254 0066 ; www.wildaboutwhisky.com ; Auldstone House, 506 Naledi Dr ; 9h-17h lun-jeu, 9h-18h ven-sam, 9h-16h dim). Avec 1 400 whiskies du monde entier, ce bar spécialisé est l'un des mieux approvisionnés de l'hémisphère Sud. La trentaine de dégustations proposées porte sur différents thèmes (195-825 R). D'autres spiritueux comme le gin, notamment de producteurs sud-africains, sont disponibles, de même que de la bière artisanale écossaise Innis & Gunn à la pression. Quelque 300 whiskies sont vendus dans la boutique.

Depuis/vers Dullstroom

Des taxis-minibus collectifs reliant Belfast à Lydenburg (Mashishing) s'arrêtent le long de l'artère principale de Dullstroom, mais il est plus commode de s'y rendre avec votre propre véhicule.

Waterval Boven (Emgwenya)

013 / 6 200 HABITANTS

Grimpeurs, vététistes, randonneurs et autres passionnés d'activités de plein air se retrouvent dans cette toute petite ville, non loin de la N4. Nichée dans la chaîne du Drakensberg, elle jouit d'un cadre naturel sensationnel.

Waterval Boven constitue une étape pratique depuis l'aéroport international

OR Tambo (245 km) ou la Malelane Gate du Kruger National Park (165 km), tous deux à environ 2 heures 30 de route. La ville a été officiellement renommée Emgwenya, mais la plupart des habitants continuent de l'appeler par son ancien nom.

Activités

Roc 'n Rope Adventures ESCALADE

(☎082-297 0844 ; rocrope.com ; 53 3rd Ave). Avec près de 1 000 ascensions possibles, les falaises et à-pics autour de Waterval Boven comptent parmi les grandes destinations d'escalade du pays. Gustav Janse, coauteur d'un guide de l'escalade dans la région, propose excursions, cours (dont une initiation de 2 jours), location de matériel et logement pour grimpeurs.

BBK Trails ÉQUITATION

(☎082-853 3993 ; www.bbktrails.co.za ; N4). Des promenades équestres dans les montagnes, de 30 minutes (200 R) à 2 heures (400 R). Démarrez la journée en beauté, avec un petit-déjeuner comprenant vin pétillant et jus d'orange, dans une vallée reculée (500 R) ou terminez-la en admirant le coucher du soleil (500 R).

Où se loger et se restaurer

♥ Acra Retreat Mountain View Lodge LODGE $$

(☎083-643 5305, 078-941 6035 ; www.acra-retreat.com ; 5th St ; s avec petit-déj 590-1 200 R, d avec petit-déj 1 050-1 650 R ; P ❄ 📶). De ses superbes terrasses, cette paisible et accueillante retraite de montagne offre une vue vertigineuse sur la vallée. Le bar est cosy et les chambres spacieuses ont une jolie décoration africaine. Holger, le propriétaire germano-sud-africain, vous montrera avec plaisir certaines particularités de cette construction des années 1970, comme une chambre cachée accessible par une salle de bains. Dîner pour 259 R.

Un cottage indépendant peut accueillir jusqu'à six personnes (sem/week-end 1450/1 650 R, petit-déj 139 R).

Shamrock Arms AUBERGE $$

(☎013-257 0888 ; www.shamrockarms.co.za ; 68 3rd Ave ; s/d avec petit-déj 835/1 250 R ; P ❄ 📶). Le Shamrock abrite sept chambres au confort moderne (TV et minibar entre autres), superbement meublées. Dans l'agréable vieux pub-restaurant à l'avant, vos aimables hôtes Terry, Cheryl, Jako et Sue servent de la truite locale, du rumsteck et d'autres spécialités rurales britanniques (dîner de trois plats 260 R).

Aloes Country Inn CUISINE DE PUB $$

(Hillbilly Bar ; ☎013-257 7037 ; www.aloescountryinn.co.za ; N4 ; plats 50-100 R ; ⊙9h-21h ;). Ce pub quelque peu délabré est correct pour un déjeuner léger. La carte comprend sandwichs toastés, burgers, pizzas, steaks, pâtes et escalopes de poulet panées. Tables extérieures et aire de jeux pour enfants. À environ 7 km à l'est de la route pour Waterval Boven.

Depuis/vers Waterval Boven (Emgwenya)

Les **taxis-minibus collectifs** (3rd Ave) pour Nelspruit (Mbombela), à environ 2 heures de route, coûtent 65 R. Vous pouvez en attraper un à la station-service située à l'extrémité ouest de 3rd Avenue, la route principale.

Les navettes (p. 415) et bus (p. 414) circulant sur la N4 entre Nelspruit et Pretoria, Johannesburg et l'aéroport international OR Tambo s'y arrêtent.

Sabie

☎013 / 9 200 HABITANTS / 1 100 M D'ALTITUDE

La petite ville tranquille de Sabie dégage davantage d'authenticité que des localités comme Graskop et Dullstroom. Elle compte d'excellents restaurants ainsi qu'un bon choix d'hébergements, et les montagnes verdoyantes des environs composent un cadre magnifique. Hors de la ville, on découvre très vite des cascades secrètes, des ruisseaux et des sentiers de randonnée. Les amateurs de grand air et de sensations fortes se donnent rendez-vous dans les forêts environnantes, où les possibilités de pratiquer rafting, *kloofing* (canyoning), rappel et autres activités ne manquent pas.

À voir

Komatiland Forestry Museum MUSÉE

(☎013-754 2700 ; www.safcol.co.za ; angle Ford St et Tenth Ave ; adulte/enfant 20/15 R ; ⊙8h-16h lun-ven, 8h-12h sam). Ce musée unique en son genre en Afrique du Sud est consacré à l'exploitation forestière dans la région et à l'histoire de l'industrie forestière dans le pays, des origines à nos jours. L'approche historique est vraiment intéressante. Vous pourrez aussi vous informer sur les randonnées en forêt à la journée ou sur deux jours. Accessible aux personnes à mobilité réduite.

Activités

Le personnel du Komatiland Forestry Museum fournit permis et cartes pour les **randonnées à la journée** (20 R) de 4 km, 6,5 km et 10,2 km dans les plantations de pins et d'eucalyptus et les forêts endémiques. Elles passent par des cascades, des points de vue et des aires de pique-nique, et permettent de découvrir l'avifaune et l'histoire aurifère locales. On peut aussi entreprendre une **randonnée sur 2 jours** (105 R), avec nuit dans un gîte de montagne basique (lits superposés, toilettes, douche).

Kestell Adventures SPORTS D'AVENTURE
(☎072-351 5553 ; www.kestelladventures.com ; angle Louis Trichardt St et Main St). Organise des activités telles que *kloofing* (canyoning), spéléologie à la lumière des bougies, tubing et descente des Sabie Falls en rappel.

Où se loger

Sabie River Camp CAMPING $
(☎013-764 3282 ; www.sabierivercamp.co.za ; 30 Plaaswaterval Ave ; empl camping 130 R). Vous aurez le choix entre plusieurs niveaux de confort : un simple emplacement où monter votre tente, une tente déjà dressée avec lits et draps (simple/double 310/420 R) ou une tente safari avec salle de bains et kitchenette (simple/double 390/550 R). Le cadre est ravissant, sur les rives de la Sabie, juste en dehors de la ville, en retrait de la route pour Graskop.

♥ **Sabie Townhouse** B&B $$
(☎013-764 2292 ; www.sabietownhouse.co.za ; 25 Maliveld St ; s/d avec petit-déj à partir de 795/1 100 R ; P📶🏊). Cette jolie maison possède une fabuleuse terrasse avec piscine et bar-*braai* (barbecue) sous forme de tente safari, le tout donnant sur la vallée de la Sabie. À l'intérieur, on profite d'un salon et salle de jeux avec billard. Les huit chambres – économiques, de luxe ou familiales – disposent chacune d'une entrée indépendante. Les voyageurs apprécient la chaleureuse hospitalité de Greg et de sa famille.

Merry Pebbles CAMPING CARAVANING $$
(☎013-764 2266 ; www.merrypebbles.co.za ; près d'Old Lydenburg Rd ; empl camping 80 R, ch 1 200-2 500 R ; P📶🏊👪). Un camping-caravaning verdoyant et bien tenu, avec bar-restaurant près de la piscine, boutique, DAB et magasin de vins et spiritueux. Emplacements de camping, ainsi que divers bungalows et chalets d'une à trois chambres.

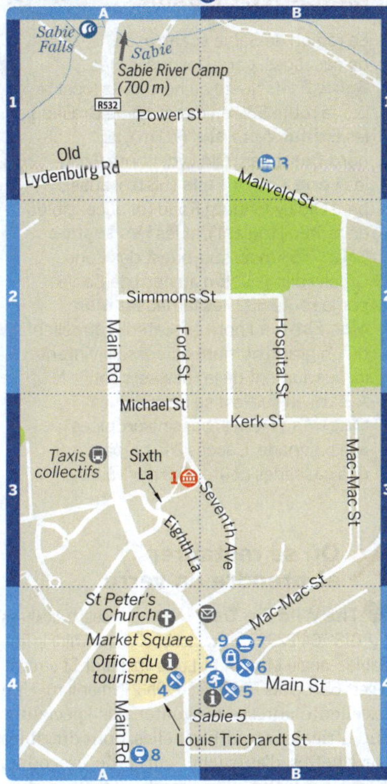

Sabie

À voir
1 Komatiland Forestry Museum A3

Activités
2 Kestell Adventures B4

Où se loger
3 Sabie Townhouse B1

Où se restaurer
4 African Elephant A4
5 The Wild Fig Tree B4
6 Woodsman B4

Où prendre un verre et faire la fête
7 Coffee Etc B4
8 Sabie Brewing Company A4

Achats
Bookman's Corner ....(voir 6)
9 Mphozeni Crafts B4

CASCADES DE SABIE

La région de Sabie est arrosée de cascades, parmi lesquelles les **Sabie Falls**, juste au nord de la localité par la route 532 en direction de Graskop, les **Bridal Veil Falls** (70 m), au nord-ouest par l'Old Lydenburg Road, les **Lone Creek Falls** (68 m), aussi par l'Old Lydenburg Road (et accessibles en fauteuil roulant), et les **Horseshoe Falls**, à 5 km au sud-ouest des Lone Creek Falls. À 12 km au nord de Sabie, par la route 532, les fameuses **Mac-Mac Falls**, au nom évocateur, rappellent qu'un grand nombre d'Écossais vinrent ici au moment de la ruée vers l'or. À 3 km au sud-est se trouvent les **Mac-Mac Pools**, bassins propices à la baignade. L'accès à la plupart des cascades coûte 10 R par voiture.

Où se restaurer et prendre un verre

♥ The Wild Fig Tree SUD-AFRICAIN $$
(☎013-764 2239 ; www.facebook.com/WildFigTree Sabie ; angle Main St et Louis Trichardt St ; repas légers 65 R, plats 70-170 R ; ⏲9h-21h mer-lun). Une excellente adresse où goûter des spécialités sud-africaines traditionnelles, dont du gibier (brochettes d'autruche, curry de crocodile, *bobotie* (gratin de curry), ragoût *potjie*, dans une atmosphère chaleureuse parmi les chandelles, les photos d'animaux et les reproductions d'œuvres d'art. L'assiette de fromage et de charcuterie (Ploughman's platter) ou celle de truite font un délicieux déjeuner. Également : pizzas, *tramezzini* et sandwichs toastés.

African Elephant INTERNATIONAL $$
(☎013-764 1909 ; www.facebook.com/theafrican elephant ; angle Main St et Louis Trichardt St ; plats déj 50-90 R, dîner 75-145 R ; ⏲10h-22h). Les habitants affectionnent ce restaurant qui propose un peu de tout, entre autres steaks ou *surf and turf* (viande rouge et fruits de mer) pour le dîner. Plats plus légers pour le déjeuner. La vaste salle, chauffée par un poêle les jours froids, est ornée de casquettes de base-ball, de têtes d'antilope en bois sculpté et de photos du pachyderme qui donne son nom au lieu.

Woodsman GREC $$
(☎013-764 2015 ; 94 Main St ; plats 69-145 R ; ⏲7h30-21h30, bar 7h-minuit ; 👪). Moitié pub, moitié restaurant, le Woodsman sert des plats grecs mêlés à des spécialités locales : truite poêlée et autruche au vin rouge et à l'origan. Tout le monde y trouve son compte, autour d'une bière au bar, animé, ou lors d'un dîner aux chandelles sur la terrasse.

♥ Sabie Brewing Company BIÈRE ARTISANALE
(☎013-764 1005 ; www.sabiebrewery.com ; 45 Main Rd ; ⏲11h-17h). Occupant un comptoir commercial de 1921, cette microbrasserie abrite un bar-restaurant dans son agréable intérieur moderne. Prenez votre plateau de dégustation avec sept bières proposées (60 R) et rejoignez la terrasse en bois donnant dans Main Street, joli cadre pour un verre en fin de journée. Côté cuisine : burgers, plateaux de fromages, curry d'agneau, tourtes et autres plats de pub (45-170 R).

Coffee Etc CAFÉ
(☎013-764 2074 ; Mac-Mac St ; ⏲9h-16h30). Helen, la propriétaire, fait toutes les pâtisseries elle-même. Elle en a même inventé deux : le Middle Eastern Delight (amandes, abricots turcs, muscade et clous de girofle, avec glaçage au miel et au *cream cheese*) et un entremets crème-ananas-coco. À la carte des boissons : cafés, milk-shakes, smoothies et frappés. Librairie attenante.

Achats

Mphozeni Crafts ART, ARTISANAT
(☎013-764 2074 ; 94 Main St ; ⏲9h-16h30 lun-ven, 9h-16h sam, 9h-13h30 dim). Un joli choix d'artisanat africain, notamment bijoux, statues, sculptures sur bois, poteries, vanneries et vêtements, dont des tee-shirts pour enfants.

Bookman's Corner LIVRES
(☎013-764 2074 ; angle Main St et Mac-Mac St ; ⏲8h30-17h lun-ven, 8h30-16h sam-dim). Cette boutique de livres d'occasion est l'une des plus grandes du pays.

Renseignements

Office du tourisme (☎013-590 5452 ; www.sabie.co.za ; Market Sq ; ⏲9h-16h lun-ven, 9h-14h sam-dim). Un office du tourisme pratique (recommandations d'hébergements, brochures, réservations d'activités et innombrables informations locales), qui emploie un charmant poète afrikaner du Cap.

Sabie 5 (☎082-736 8253 ; barbarapetley@gmail.com ; angle Louis Trichardt Street et Main Street ; ⏲9h-15h30 lun-ven, 9h-12h sam). Un prestataire privé qui fournit des informations sur tout, les activités locales et le parc Kruger, entre autres, et effectue des réservations.

Sabie Source of Surprises (www.sabie.co.za). Répertoire en ligne.

Depuis/vers Sabie

Des services de bus quotidiens relient Johannesburg à Nelspruit (Mbombela), d'où vous pourrez prendre un taxi-minibus collectif pour Sabie (35 R, 1 heure). Des taxis-minibus assurent aussi des liaisons régulières avec Hazyview (30 R, 1 heure).

Si vous prenez la route vers le nord, par exemple Hoedspruit ou l'Orpen Gate du parc Kruger, les plus beaux itinéraires passent par le Blyde River Canyon (R532) et le J. G. Strijdom Tunnel (R36). Ils sont aussi souvent plus rapides, Bushbuckridge pouvant être très fréquentée, surtout le vendredi après-midi, quand les habitants du coin viennent y faire leurs courses.

Pilgrim's Rest

013 / 1730 HABITANTS

Comme figé dans le temps, ce village du XIXe siècle restitue parfaitement l'époque de la ruée vers l'or, avec sa jolie rue principale bordée de maisons de bois et de tôle ondulée. Il semble aujourd'hui quelque peu à l'abandon et le tourisme en souffre, laissant de nombreux habitants sans revenus, malgré les boutiques de souvenirs et les étals de bibelots qui s'alignent entre les musées de la grand-rue ; un déclin imputé à la mauvaise gestion de la municipalité. Mais que cela ne vous décourage pas, car Pilgrim's Rest n'en demeure pas moins plein de caractère et chargé d'histoire.

À voir

Uptown (la "ville haute") regroupe la plupart des points d'intérêt ; Downtown (la "ville basse" ou Onderdorp) est à 300 m au nord. Les sept petits musées, abordant divers aspects de l'histoire de Pilgrim's Rest, ont de quoi occuper une journée.

Diggings Museum MUSÉE
(www.pilgrims-rest.co.za ; près de la rte 533 ; adulte/enfant 12/6 R ; visites 10h, 11h, 12h, 14h et 15h). Au sud-est de Pilgrim's Rest, sur la route de Graskop, le Diggings Museum, en plein air, permet d'apprendre comment on lavait l'or à la batée. Le site est uniquement accessible dans le cadre d'une visite guidée, que l'on peut réserver à l'office du tourisme.

Victorian House Museum MUSÉE
(www.pilgrims-rest.co.za ; Main St ; adulte/enfant 12/6 R ; 9h-16h). Une maison victorienne restaurée, pleine de photos, de poupées et de meubles anciens, dont une commode en bois sculpté dans la chambre principale. Le billet d'entrée donne accès à quatre autres musées.

Alanglade MUSÉE
(013-768 1060 ; www.pilgrims-rest.co.za ; près de rte 533 ; adulte/enfant 20/10 R ; visites 11h et 14h). Meublée d'objets des années 1920, cette ancienne résidence du directeur de la mine (jusqu'en 1972 quand la dernière mine a fermé) est située à la sortie nord de la localité. Réservez votre visite 30 minutes à l'avance.

Fête

South African National Gold Panning Championships TRADITION
(près de la R533). Les chercheurs d'or – des écoliers locaux aux semi-professionnels – s'affrontent lors de ces championnats annuels pittoresques, qui se déroulent début octobre au bord de la Blyde.

Où se loger et se restaurer

Il y a une excellente crêperie dans Uptown et un bon café-restaurant dans Downtown. Le Royal Hotel propose la demi-pension, mais le dîner y est souvent sous forme de buffet ; allez plutôt au Vine Restaurant.

Royal Hotel HÔTEL HISTORIQUE $$
(013-768 1100 ; www.royalhotelpilgrims.co.za ; Main St ; s/d avec petit-déj 735/1 270 R, s/d en demi-pension 805/1 460 R ;). Séjourner dans cet élégant bâtiment du XIXe siècle, dans le centre d'Uptown, est une expérience mémorable (réservez). La plupart des 50 chambres, aux caractéristiques d'époque comme une baignoire victorienne et des

STATIONNEMENT

Des gardiens de parking non officiels se livrent une compétition féroce au bord de la route. Dites-leur fermement que vous ne voulez pas qu'ils lavent votre voiture. À défaut, il se peut qu'ils le fassent sans demander et vous présentent un panneau indiquant un prix exorbitant – par exemple 80 R – pour ce service.

lits en laiton, occupent diverses maisons de la rue principale, avec pour beaucoup un porche et une belle vue. Le **Church Bar** attenant est agréable pour un verre.

Pancakes at The Stables CRÊPES $

(www.facebook.com/Pancakes-at-The-Stables ; Main St ; plats 20-75 R ; 9h-17h mar-dim). Occupant une écurie de 1895 au toit en tôle ondulée, ce joli petit établissement sert de délicieuses crêpes (une douzaine de sortes), avec des garnitures typiquement sud-africaines, telles que springbok au curry doux et coco ou *milk tart*, ainsi que du bon café. Tables et bancs en bois à l'extérieur.

The Vine SUD-AFRICAIN $$

(013-768 1080 ; thevinerest.co.za ; Main St ; plats 70-100 R ; 8h-17h lun, 10h-17h mar-jeu, 10h-19h ven, 8h-19h sam, 8h-16h dim). Dans cette épicerie joliment restaurée, on sert des plats traditionnels tels que *bobotie* et *potjie* (ragoût) de cou d'autruche, ainsi que burgers, *prego rolls* (sandwichs à la viande), escalopes de poulet panées, salades et sandwichs toastés. Les sauces sont maison. Dans l'agréable **Johnny's Pub** à l'arrière, les murs et le plafond sont couverts de vieux panneaux, de tee-shirts sportifs et autres.

Renseignements

Les distributeurs de billets (DAB) les plus proches sont à Graskop, à 15 km au sud-est.

Visitor Information Centre (013-768 1060 ; www.pilgrims-rest.co.za ; Main St ; 9h-12h45 et 13h45-16h). Un centre d'information utile, qui vend des billets combinés pour cinq des sept musées du village (adulte/enfant 20/10 R). Liste d'hébergements également.

Depuis/vers Pilgrim's Rest

De rares taxis-minibus collectifs assurent la liaison entre Pilgrim's Rest et Graskop (15 R, 30 min), mais il est préférable de se déplacer par ses propres moyens. Allez à Graskop pour faire le plein d'essence.

Graskop

013 / 4 000 HABITANTS / ALTITUDE 1 450 M

La petite Graskop, qui se distingue par son atmosphère enjouée, ses ruelles somnolentes et ses collines environnantes, compte parmi les localités les plus charmantes de la région, et ses nombreux restaurants, magasins d'artisanat et *guesthouses* en font une étape agréable. Les bus touristiques déposent essentiellement leurs passagers dans l'artère principale, laissant aux autres visiteurs beaucoup d'espace ailleurs. Les après-midi d'été (octobre à mars), les terrasses des restaurants sont joyeusement animées.

Graskop est une base pratique pour partir explorer le Blyde River Canyon, et le point de vue sur le Grand Escarpement situé non loin est magnifique. Le Big Swing (base de saut à l'élastique) et le Graskop Gorge Lift (ascenseur panoramique), séparés par un ravin boisé, permettent d'apprécier encore plus les panoramas.

À voir et à faire

La région alentour est un terrain privilégié pour la randonnée ou le VTT. Les bureaux d'information (p. 408) peuvent vous renseigner et le Valley View Backpackers (voir ci-dessous) vous louer des vélos (150 R la demi-journée).

Graskop Gorge Lift ASCENSEUR PANORAMIQUE

(066-305 1572 ; www.graskopgorgeliftcompany.co.za ; sur la R533 ; adulte/enfant 225/145 R ; 8h30-17h ; P). Cet ascenseur vitré descend 51 m le long des parois abruptes de la Graskop Gorge jusqu'à une passerelle en bois surélevée, ponctuée de ponts suspendus et d'expositions interactives, menant à une cascade de 70 m de haut. Au sommet de la cage d'ascenseur, un centre *lifestyle*, avec restaurant, marché artisanal et boutiques, est perché au-dessus du précipice. Les billets donnent droit à des trajets illimités dans la journée.

Big Swing SAUT À L'ÉLASTIQUE

(079-779 8713 ; www.bigswing.co.za ; Rte 533 ; saut simple/tandem 550/650 R, tyrolienne 250 R ; 8h30-17h). Avec une chute libre de 68 m (soit l'équivalent de 19 étages en moins de 3 secondes) dans la Graskop Gorge, le Big Swing est l'un des plus longs sauts à l'élastique du monde. Tel un pendule, vous vous balancerez dans la gorge dans un cadre exceptionnel. Il y a également une *foefie slide* (tyrolienne) de 135 m.

Où se loger

Valley View Backpackers AUBERGE DE JEUNESSE $

(013-767 1112 ; www.valley-view.co.za ; 47 De Lange St ; camping/dort/ch 110/160/400 R, s/d avec sdb commune à partir de 300/340 R ; P). Cette auberge de jeunesse accueillante dispose de

Graskop

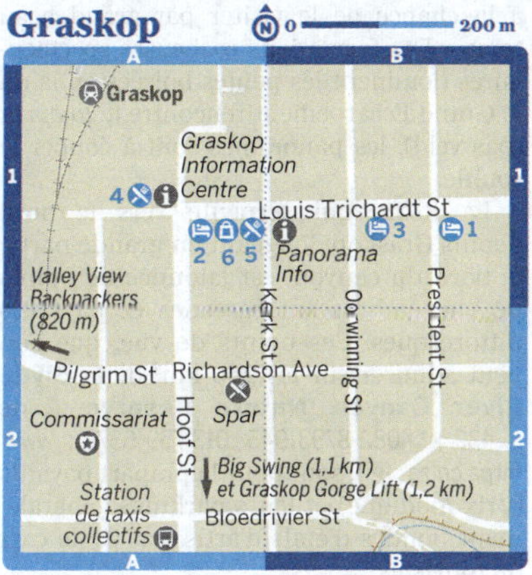

Graskop

Où se loger

1 Autumn Breeze B1
2 Graskop Hotel A1
3 Le Gallerie B1

Où se restaurer

4 Canimambo A1
5 Harrie's Pancakes A1

Achats

6 Delagoa A1

diverses chambres en bon état, de bungalows rudimentaires, ainsi que d'un *rondavel* (case ronde au toit conique) et d'un cottage indépendant. Le cadre champêtre invite à la détente. Cuisine entièrement équipée et petit-déjeuner (25 R). Les propriétaires organisent des circuits et louent des VTT (150 R la demi-journée).

Graskop Hotel HÔTEL $$

(013-767 1244 ; www.graskophotel.co.za ; angle Hoof St et Louis Trichardt St ; s/d petit-déj compris 850/1320 R ; P). L'un de nos hôtels préférés dans la province. Les 22 belles petites chambres du bâtiment principal sont toutes aménagées différemment. Beaucoup sont agrémentées de reproductions d'œuvres d'artistes sud-africains contemporains – tout comme le bar, le lounge et la salle à manger. La n°9 mêle style rustique et pop art. Réservez car ces chambres sont appréciées par les groupes.

À l'arrière, les 15 petits "cottages" (accessibles en fauteuil roulant) sont tout aussi confortables, et leurs portes-fenêtres s'ouvrent sur le jardin luxuriant.

Si vous souhaitez petit-déjeuner tôt pour devancer la foule au Blyde River Canyon, un buffet (à partir de 45 R) est disponible entre 7h et 9h30. Les non-résidents sont bienvenus s'il y a de la place.

Le Gallerie GUESTHOUSE $$

(013-767 1093 ; www.legallerie.co.za ; angle Louis Trichardt St et Oorwinning St ; s/d avec petit-déj 780/1 300 R ; P@). Une luxueuse *guesthouse* et galerie d'art, avec des peintures et photos (en vente) réalisées par la propriétaire, Maria, notamment dans les trois chambres (accès privatif) au mobilier somptueux. Petit-déjeuner (90 R) et pique-niques (100 R) proposés.

Autumn Breeze B&B $$

(076-089 8542, 013-767 1016 ; www.autumnbreezemanor.co.za ; angle Louis Trichardt St et President St ; s avec petit-déj 550-650 R, d avec petit-déj 900-1 200 R ; P). Les 15 chambres sont réparties dans le lodge principal et le "manoir", deux bâtiments modernes qui se font face. Demandez à en voir plusieurs, les équipements et l'agencement étant variables. Dans le lodge, la n°10, avec bain à remous et douche à l'italienne, est agréable. Notez que la n°9, familiale, a une salle de bains ouverte.

Où se restaurer

Canimambo PORTUGAIS $$

(013-767 1868 ; www.canimambo.za.net ; angle Hoof St et Louis Trichardt St ; plats 35-230 R ; 11h-21h sam-jeu, 12h-21h ven ;). Un brasero annonce ce restaurant luso-mozambicain dédié aux ragoûts et grillades épicés, produits de la mer (sardines, crevettes ail et citron, plateaux de fruits de mer pour une ou deux personnes) et en-cas (burgers, salades et, jusqu'à 17h, sandwichs toastés). Essayez le *xacuti* de poulet ou le *prego roll* (sandwich à la viande).

Harrie's Pancakes CRÊPES $$

(013-767 1273 ; harriespancakes.co.za/graskop/ ; angle Louis Trichardt St et Kerk St ; crêpes 90 R ; 8h-17h). L'intérieur blanc minimaliste chic, rehaussé d'art moderne et de touches originales, de la première crêperie de Graskop accueille souvent de nombreux groupes de touristes. Crêpes sucrées – meringue-citron entre autres – et salées, aux garnitures exotiques telles que bacon hollandais et *biltong*-mozzarella.

Kruger's Gold INTERNATIONAL $$

(☎071 590 1510 ; www.hoyohoyoleisure.co.za ; Eagle's View Eco Estate, sur la R533 ; plats 80 R ; ⏲8h-17h ; 📶). La gastronomie est arrivée à Graskop ! Sur une propriété à 4 km au sud de la ville, ce restaurant fait des merveilles avec du bœuf, du poulet, de l'agneau et des produits de la mer. À la carte : côtelettes d'agneau, steak dans l'aloyau, truite de Dullstroom, curry de poulet et pizzas cuites au feu de bois.

Achats

Delagoa ART ET ARTISANAT

(☎013-767 1081 ; www.delagoa.co.za ; Louis Trichardt St ; ⏲8h-18h). Boutique animée emplie d'objets d'artisanat contemporains, dont ouvrages de perles, paniers tressés, œufs d'autruche gravés et trousses de maquillage décorées de proverbes africains. On trouve aussi quelques pièces d'ailleurs, comme des masques du Cameroun et de Côte d'Ivoire. La ligne de vêtements pour enfants n'est pas bon marché mais unique et d'excellente facture.

Renseignements

Graskop Information Centre (☎013-767 1833 ; Pilgrim St ; ⏲7h30-16h45 lun-ven, 8h30-13h sam). Un centre d'information privé ; réservations d'hébergement, cartes, livres d'occasion et cartes mémoires.

Panorama Info (☎013-767 1377 ; www.panoramainfo.co.za ; angle Louis Trichardt St et Kerk St ; ⏲9h-16h30 lun-ven). Cette boutique de souvenirs-office du tourisme vend des cartes et peut s'occuper de réservations d'hébergement.

Depuis/vers Graskop

La **station de taxis-minibus** (Hoof St) est située à l'extrémité sud de la bourgade, de l'autre côté du carrefour par rapport au garage Total. Des taxis-minibus collectifs partent tous les jours pour Pilgrim's Rest (15 R, 30 min), Sabie (22 R, 40 min) et Hazyview (28 R, 1 heure).

Blyde River Canyon

Attirant toujours plus de visiteurs du monde entier, le Blyde River Canyon est l'un des plus grands canyons de la planète et l'un des monuments naturels les plus remarquables d'Afrique du Sud. Ses dimensions et son extrême beauté font de sa découverte une expérience mémorable, surtout si l'on a la chance de le visiter par grand beau temps. Des formations rocheuses spectaculaires dominent les pentes boisées et, là où le Grand Escarpement rencontre le *lowveld* (bas veld), les panoramas sont à couper le souffle.

La R532, qui serpente vers le nord depuis Graskop, longeant en grande partie le bord du canyon, est jalonnée de points de vue embrassant cascades et paysages pittoresques. Ces points de vue, que l'on peut admirer sur les 260 km² de la **Blyde River Canyon Nature Reserve** (carte p. 432 ; ☎082-8793 945 ,013-759 5373 ; www.mtpa.co.za ; 🅿), sont pour la plupart payants (prix modique) et leurs parkings généralement bondés d'étals d'artisanat et de cars de touristes.

Prévoyez des pièces et des petites coupures pour régler les droits d'entrée et assurez-vous de recevoir un billet. Des horaires s'appliquent, mais certains points de vue peuvent rester ouverts plus longtemps ou être accessibles en l'absence de personnel.

Activités

Randonner ici est une expérience magique. Le Blyde Canyon Forever Resort comprend quatre itinéraires, que les non-résidents peuvent parcourir moyennant 50 R. Le **Kadishi-Tufa Trail** (1 heure) suit la Kadishi, un affluent de la Blyde, jusqu'à une cascade de tuf calcaire. Le **Guinea-Fowl Trail** (3 heures) donne sur de beaux panoramas avant de descendre vers la Kadishi. Le **Lourie Trail** (3 heures) sillonne une forêt rivulaire indigène, traversant la rivière à plusieurs reprises. Enfin, le **Leopard Trail** (4 heures) offre des points de vue spectaculaires sur le Blyde River Canyon.

Le Thaba Tsweni Lodge (page ci-contre) propose aussi des randonnées guidées (journée ou demi-journée).

Belvedere Day Walk RANDONNÉE

(carte p. 432 ; ☎082-879 3945 ; 50 R). Cet itinéraire circulaire relativement ardu de 10 km (5 heures) passe par la centrale hydroélectrique de Belvedere, la plus importante du genre de l'hémisphère Sud lors de sa construction en 1911. Dans la descente vers la centrale (400 m), on profite d'une vue splendide sur le canyon. Permis disponibles entre 8h et 12h au départ du sentier, aux Bourke's Luck Potholes (voir l'encadré page ci-contre).

CIRCUIT AUTOUR DU BLYDE RIVER CANYON

Au départ de Graskop, sur la route qui mène vers le nord, guettez le **Pinnacle** (carte p. 432 ; sur la R534 ; adulte/enfant 10/5 R ; 7h-17h ; P), une formation rocheuse impressionnante qui jaillit de l'escarpement. Un peu plus au nord, sur la R534 (une boucle reliée à la R532), **God's Window** (carte p. 432 ; R534 ; adulte/enfant 10/5 R ; 7h-17h ; P) et **Wonder View** (carte p. 432 ; sur la R534 ; 7h-17h ; P) GRATUIT offrent deux perspectives à couper le souffle. À God's Window, suivez le sentier montant vers la **forêt tropicale** (300 marches). Sur la promenade en bois menant au point de vue, on peut apercevoir des oiseaux rares, dont le mystérieux touraco.

En revenant sur la R532, faites un petit détour 2 km plus au sud pour admirer les impressionnantes **Lisbon Falls** (carte p. 432 ; par la R532 ; 10 R/voiture ; 8h-17h ; P), ou faites-y un arrêt au retour de Graskop. En continuant vers le nord, on atteint l'embranchement pour les **Berlin Falls** (carte p. 432 ; par la R532 ; 10 R/voiture ; 8h-17h ; P), moins spectaculaires que les précédentes.

Le Blyde River Canyon se forme plus haut, près des **Bourke's Luck Potholes** (carte p. 432 ; par la R532 ; adulte/enfant 50/25 R ; site 7h-17h, bureau à partir de 8h, café à partir de 8h30 ; P). Ces cavités circulaires, creusées dans la roche par les tourbillons du cours d'eau, sont au confluent des rivières Blyde et Treuer. On y trouve un petit musée sur la géologie, la flore et la faune du canyon, un café animé et un sentier de 180 m parmi les lichens.

Plus au nord, au cœur de la réserve naturelle, on rejoint le **Lowveld Viewpoint** (carte p. 432 ; par la rte 532 ; 7h-17h ; P) GRATUIT. Ce sublime point de vue sur le canyon porte jusqu'au **Blydepoort Dam**, retenue d'eau étincelante au milieu des versants boisés. Les cônes rocheux des **Three Rondavels** sont à peine visibles, et on aperçoit les plaines brumeuses au-delà de la crête.

Plus loin, le **Three Rondavels Viewpoint** (carte p. 432 ; par la R532 ; adulte/enfant 20/10 R ; 8h-17h ; P), point de vue à couper le souffle sur les trois cylindres rocheux sculptés à flanc de canyon, surmontés de "toits" pointus et herbeux, est la curiosité phare de la région. Vous pourrez envisager de courtes balades dans les environs, qui mènent à des points de vue sur le Blydepoort Dam, à l'extrémité nord de la réserve.

À l'ouest, en dehors de la réserve, au-delà de la frontière provinciale du Limpopo, se trouvent les **Echo Caves** (carte p. 400 ; 013-238 0015 ; www.echocaves.co.za ; près de la R36 ; entrée et visite guidée adulte/enfant 60/30 R ; 8h30-16h ; P). Des vestiges de l'âge de pierre ont été mis au jour dans ces grottes découvertes en 1923, qui doivent leur nom à l'écho produit lorsque l'on tapote les formations rocheuses. La visite guidée de 1 heure vous emmène, via des chemins et des escaliers (prévoyez de bonnes chaussures), vers un monde souterrain frais de stalactites et de stalagmites calcaires. Les formations du **Crystal Palace** sont les plus intéressantes.

Où se loger et se restaurer

Quelques restaurants bordent la R532. Le Blyde Canyon Forever Resort et le **Forever Resort Swadini** (carte p. 432 ; 015-795 5141 ; www.foreverswadini.co.za ; près de la R531 ; empl camping 4 pers avec élec 250-700 R, tente safari 870 R, chalet 1 350-2 200 R ; P) sont dotés chacun d'un supermarché, d'un magasin de vins et de spiritueux, et d'un bar-restaurant.

Thaba Tsweni Lodge CHALETS $$
(carte p. 432 ; 013-767 1380 ; www.blyderivercanyonaccommodation.com ; près de la R532 ; d à partir de 850 R ; P). Six chalets avec cuisine dans un magnifique cadre à quelques minutes de marche des Berlin Falls (voir l'encadré ci-dessus). On profite d'un jardin privatif, d'un barbecue (*braai*), d'une cheminée et d'un beau point de vue. Préréservez le petit-déjeuner (120 R), dîner (250 R) et les activités telles que circuits dans le canyon et les randonnées guidées (journée ou demi-journée).

Blyde Canyon Forever Resort RESORT $$
(carte p. 432 ; 086 122 6966 ; www.foreverblydecanyon.co.za ; sur la R532 ; empl tente 1/2 pers 315/405 R, chalets 2/4/6 pers à partir de 1 070/1 515/2 630 R ; P). Vaste complexe hôtelier avec un grand choix d'hébergements. Les solides chalets en brique,

au bord du canyon, sont bien aménagés (TV, kitchenette, baignoire et douche). Les plus chers valent le prix pour leur espace et leur vue (les nos 73 à 98 profitent d'une vue époustouflante sur les Three Rondavels).

Kadisi Restaurant CAFÉTÉRIA **$$**

(carte p. 432 ; ☎086 122 6966 ; Blyde Canyon Forever Resort, près de la rte 532 ; plats 50-135 R ; ⏲7h-22h ; ❄). S'il n'était pas souvent envahi de groupes de touristes, le bar-restaurant du Forever Resort pourrait être un lieu agréable où s'arrêter déjeuner, avec sa vaste salle climatisée et sa terrasse donnant sur les Three Rondavels. Pour éviter une longue attente, oubliez la carte et optez pour le buffet déjeuner (adulte/enfant 160/80 R, entre 12h et 15h), aux multiples mets chauds et froids au choix.

EASTERN LOWVELD

Chaud et sec, le bas veld oriental tient pour l'essentiel d'une étape sur la route du Kruger National Park. Vous n'en pourrez pas moins remonter le temps à Barberton, qui vit désormais tranquillement après avoir connu la fièvre de l'or, retrouver l'agitation des grandes villes à Nelspruit (Mbombela) ou vous mettre en appétit sur le chemin du Kruger en vous arrêtant dans l'un des multiples lodges nichés dans la campagne.

Hazyview

☎013 / 4 300 HABITANTS

Entourée de plantations de bananiers, cette bourgade agricole sans véritable centre s'étire le long de la R40 et doit son développement à sa proximité avec le Kruger National Park. Les infrastructures, restaurants et hébergements corrects, ainsi que les activités d'aventure proposées ont de quoi y retenir le visiteur un jour ou deux.

Hazyview est proche des accès Phabeni (12 km), Numbi (15 km) ou Paul Kruger (47 km) du parc national.

Skyway Trails SPORTS D'AVENTURE

(☎013-737 6747 ; www.skywaytrails.com ; Perry's Bridge Centre, sur la R40 ; Aerial Cable Trail 540 R, Tree Top Challenge adulte/enfant 190/170 R ; 👪). Il faut près de 2 heures 30 pour effectuer le "plus long parcours de tyroliennes du Mpumalanga", composé de dix plateformes et de huit tyroliennes de 70 à 230 m de long (1,2 km au total), à travers une vallée boisée. Le Tree Top Challenge, course d'obstacles à la cime des arbres comprenant poutres suspendues, ponts de corde, toiles d'araignées et une tyrolienne de 50 m, s'adresse davantage aux familles (1 heure).

African Safari Adventures SAFARIS

(☎079-494 6278, 082-759 5747 ; www.tourist.co.za). Agence expérimentée proposant quantité de circuits à la journée ou avec nuit sur place au Kruger et au Blyde River Canyon, ainsi que des safaris à thème sur l'observation des oiseaux et le rafting. Organise aussi des circuits en eSwatini et au Mozambique.

Où se loger

♥ **Idle & Wild** LODGE **$$**

(carte p. 432 ; ☎013-737 8173 ; www.idleandwild.co.za ; sur la R536 ; s avec petit-déj 770-850 R, d avec petit-déj 1 140-1 300 R ; P❄📶🏊). Huit confortables *rondavels* dans un merveilleux jardin tropical, que l'on peut contempler installé aux tables et chaises extérieures. Les standards sont spacieux et équipés d'une kitchenette. Le *rondavel* "lune de miel" comprend du linge de lit plus luxueux et un grand bain à remous. À 5 km à l'ouest de Hazyview, en direction de Sabie.

Gecko Lodge & Backpackers LODGE **$$**

(carte p. 432 ; ☎013-590 1020, 082-721 5830 ; près de la R536 ; camping 90 R, dort 130-195 R, s/d 330/470 R, lodge s/d avec petit-déj 765/1 190 R ; P📶🏊). Le Gecko est un spacieux lodge bien équipé, qui comprend 23 chambres – plafond en bambou voûté et décoration sur le thème animalier, lits confortables et salle de bains. Il y a aussi des chambres de bon rapport qualité/prix, aux configurations variées, dans l'auberge de jeunesse voisine, récemment rénovée. Bar et menu dîner (185 R) disponibles. À 3 km à l'ouest de Hazyview, en retrait de la route pour Sabie (R536).

Perry's Bridge Hollow HÔTEL **$$$**

(☎079-757 8014, 072-752 0952 ; www.perrysbridgehollow.co.za ; Perry's Bridge Centre, sur la R40 ; s/d avec petit-déj 2 285/3 070 R ; P❄📶🏊). Un hôtel plutôt élégant, dont l'atout majeur est son emplacement pratique, dans un centre commercial. Ses 34 grandes chambres associent bois sombre et tons neutres. Toutes ont un patio donnant sur les jardins ou sur la jolie piscine.

Où se restaurer

Hazyview compte d'excellents cafés et restaurants, réunis pour la plupart au Perry's Bridge Centre, sur la R40. On trouve des supermarchés dans les centres commerciaux du centre, notamment Woolworths au Lowveld Mall, sur la R536.

Kuka Café INTERNATIONAL **$$**
(013-737 6957 ; www.kukasoup.co.za ; Perry's Bridge Centre, rte 40 ; plats 90-170 R ; 7h30-20h30). Œuvres d'art sur les murs bleu-gris et suspensions en forme de cage composent le cadre contemporain du Kuka, dont les portes vitrées s'ouvrent sur une terrasse ornée de guirlandes électriques. Au programme : cocktails, tapas, pizzas, produits de la mer, sushis et grillades (jarret de springbok braisé et filet de koudou font partie des spécialités).

Summerfields Kitchen GASTRONOMIE **$$$**
(carte p. 432 ; 013-737 6500 ; www.summerfields.co.za ; sur la R536 ; plats 180 R ; 8h-23h). Les connaisseurs locaux et ceux de passage pour le week-end se retrouvent dans cet espace contemporain, à 5 km à l'ouest de la ville. Sous les auspices de deux chefs réputés, un personnel chic y sert tartare de cerf, canard à l'orange, filet d'autruche du Karoo ou encore risotto à l'agneau effiloché, accompagnés des meilleurs vins du Cap. La terrasse donne sur le potager bio. Réservation indispensable. Également sur place : le moins formel River Café et un spa.

Renseignements

Tours & Tickets (013-737 7415 ; www.tours-tickets.co.za ; Perry's Bridge Centre, sur la R40 ; 8h-17h lun-sam, 9h-15h dim). Pour réserver hébergement, activités et transports locaux, ainsi que des circuits au Kruger.

Depuis/vers Hazyview

On prend les taxis-minibus collectifs quotidiens pour Nelspruit (52 R, 1 heure) et Sabie (40 R, 1 heure) près du supermarché Shoprite, à l'arrière du Lowveld Mall, sur la R536. La police effectue souvent des contrôles de vitesse aux abords sud de la localité.

Nelspruit (Mbombela)

013 / 58 700 HABITANTS

Nelspruit – Mbombela, son nouveau nom officiel, est rarement utilisé par les habitants – est la capitale un peu délabrée, mais fonctionnelle, du Mpumalanga, où les *bakkies* (pick-up) esquivent les nids-de-poule en route vers de clinquants centres commerciaux.

Bien reliée à Johannesburg, la plus grande ville de la province n'a pas un grand intérêt touristique, mais elle est suffisamment agréable pour une halte, le temps d'organiser une excursion au Kruger National Park, au Blyde River Canyon, en eSwatini ou au Mozambique. Elle est située sur les rives de la Crocodile et ses avenues sont bordées de jacarandas. Avec son choix correct en matière d'hébergement, de bons endroits où se restaurer et s'approvisionner, c'est l'occasion de souffler.

À voir et à faire

Il est possible de faire de bonnes randonnées (ardues) dans la région. Pour obtenir des informations et réserver un trek, contactez le Komatiland Forestry Museum (p. 402), à Sabie.

Chimp Eden RÉSERVE ANIMALIÈRE
(079-777 1514 ; www.chimpeden.com ; Umhloti Nature Reserve, sur la R40 ; adulte/enfant 255/120 R ; visites guidées 10h, 12h, 14h). Cette réserve, créée en 2006, accueille des chimpanzés sauvés d'un destin tragique (trafic de viande de brousse, exploitation dans les cirques, etc.). Dans le cadre d'une visite guidée de 1 heure, on peut les observer dans un environnement semi-sauvage et comprendre les enjeux de leur préservation. Le Chimpanzee Sanctuary fait partie du Jane Goodall Institute (JGI) South Africa, et est à ce jour l'unique sanctuaire de chimpanzés d'Afrique du Sud.

Lowveld National Botanical Garden JARDINS BOTANIQUES
(013-752 5531 ; www.sanbi.org.za ; près de Madiba Dr ; adulte/enfant 40/27 R ; 8h-17h). Il est agréable de se balader parmi les fleurs et les arbres de ces jardins botaniques créés en 1969 au nord du centre-ville. Ses 200 ha couvrent une forêt tropicale humide africaine. Plus de 240 espèces d'oiseaux ont été recensées ici.

Nelspruit (Mbombela)

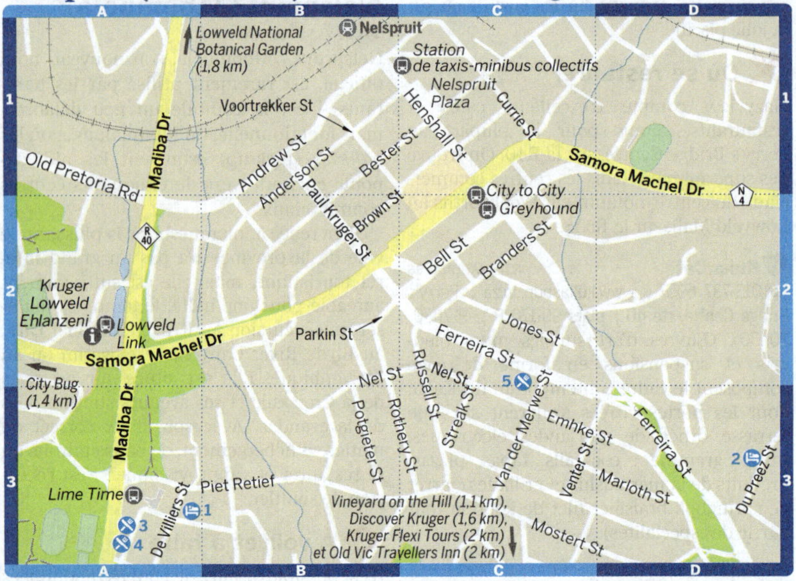

Nelspruit (Mbombela)

Où se loger

1 Auberge Guest Lodge........................A3
2 Francolin Lodge..............................D3

Où se restaurer

3 Cicada...A3
4 Greek Kouzina...............................A3
5 Jock Pub & Grill.............................C2
Orange Restaurant........................(voir 2)

Discover Kruger SAFARIS
(☎013-744 1310 ; www.discoverkruger.com ; Funky Monkey Backpackers, 102 Van Wijk St). Safaris de 1 à 4 jours dans le Kruger et excursions à la journée au Blyde River Canyon.

Où se loger

Old Vic Travellers Inn AUBERGE DE JEUNESSE $
(☎013-744 0993 ; oldvictravellersinn.com ; 12 Impala St ; dort 160 R, s/d avec sdb privative à partir de 480/560 R, avec sdb commune 420/460 R, bungalow 6 pers à partir de 900 R ; P❄📶≋👨‍👩‍👧). Une valeur sûre pour les petits budgets. Chambres basiques mais spacieuses et propres, salles de bains communes bien entretenues, cuisine et nourriture disponibles, vaste jardin descendant vers la rivière. Sur place, **Kruger Flexi Tours** (☎082-340 1508 ; www.krugerandmore.co.za) organise safaris, randonnées équestres et autres activités. À environ 3 km au sud du centre.

Vineyard on the Hill GUESTHOUSE $$
(☎082-925 1182 ; www.vineyardonthehill.co.za ; 18 Sheppard Dr ; avec petit-déj s 750-1 090 R, d 850-1 350 R ; P❄📶≋👨‍👩‍👧). Cette *guesthouse* moderne côtoie les rochers sur la colline. Petites mais confortables, les sept chambres présentent des touches rustiques et du mobilier au fini naturel. Elles sont équipées d'un minibar et, pour deux d'entre elles, d'une cuisine. Piscine, coin *braai* (barbecue) et jeux pour enfants dans le jardin à flanc de coteau.

Auberge Guest Lodge B&B $$
(☎013-741 2866, 082-403 9143 ; www.aubergeguestlodge.com ; 3 De Villiers St ; s/d avec petit-déj à partir de 795/1 030 R ; P❄📶≋). Un B&B tranquille, bien entretenu et ensoleillé, agrémenté d'une cour verdoyante et d'une piscine. Les 11 chambres, de style motel, sont simples mais confortables (ventilateur de plafond pour certaines). Bien situé, derrière

le Sonpark Centre, à quelques pas de cafés et de restaurants.

Utopia in Africa GUESTHOUSE $$$
(013-745 7714 ; www.utopiainafrica.co.za ; 6 Daleen St ; s/d avec petit-déj à partir de 1 025/1 520 R ; P❄📶🏊). Simplicité, élégance et design maîtrisé permettant de tirer parti de la brise de l'après-midi pour conserver une température agréable, sont les atouts de cette *guesthouse* exceptionnelle. Les chambres sont magnifiquement meublées et prolongées de balcons donnant sur une réserve naturelle. Une esthétique safari contemporaine imprègne l'ensemble du lieu, des chambres hautes de plafond à la piscine, laissant la citadine Nelspruit loin derrière.

Francolin Lodge GUESTHOUSE $$$
(013-744 1251 ; www.francolinlodge.co.za ; 4 Du Preez St ; s/d/tr/qua avec petit-déj 1 350/2 100/2 450/2 800 R ; P❄📶🏊). Excellente *guesthouse* aux chambres pourvues de très hauts plafonds, patios privés et salles de bains avec vue. Sur place également : un petit spa et l'excellent Orange Restaurant (p. 413). Sur la même propriété, l'annexe Loerie's Call est légèrement moins chère mais tout aussi charmante. Les neuf chambres somptueuses, chacune avec entrée indépendante, sont disposées le long de passerelles en planches, à l'écart de la maison principale.

Où se restaurer et prendre un verre

Allez prendre une bière dans un bar-restaurant comme le Cicada (p. 413) ou le **Jock Pub & Grill** (013-755 4969 ; www.jockpubandgrill.co.za ; 23 Ferreira St ; plats 55-175 R ; cuisine 11h-21h lun, 11h-1h mar-jeu, 11h-2h ven-sam, 11h-16h dim ; 📶), sans prétention. L'animation s'étend aux nombreux centres commerciaux de la ville. Le I'langa Mall, sur Samora Machel Drive, abrite un multiplexe, une patinoire et une salle de jeux.

Cicada CUISINE DE PUB $$
(013-741 1751 ; www.facebook.com/cicadanelspruit ; Sonpark Centre, Faurie St ; plats 89-180 R ; 10h-22h lun-sam). La jeunesse de Nelspruit vient déguster ici des bières artisanales pression, sur la grande terrasse couverte ou dans la salle de style industriel – musique en fond sonore et écran pour les retransmissions de football. À la carte : steaks, plats de poulet, wraps, salades, sushis, *fish and chips* et burgers (recommandés).

Greek Kouzina GREC $$
(013-741 5371 ; www.facebook.com/greekkouzinanelspruit ; Sonpark Centre, Faurie St ; plats 65-150 R ; 11h30-22h lun-sam, 11h-15h dim). Malgré les voitures qui passent à vive allure sur la R40, la décoration bleu et les airs de taverne s'accordent avec les classiques grecs proposés ici.

Orange Restaurant FUSION $$$
(013-744 9507 ; www.eatatorange.co.za ; 4 Du Preez St ; plats 115-295 R ; 12h-16h et 18h-22h lun-sam, 12h-21h dim ; 📶). Habillez-vous élégamment et offrez-vous un repas magnifiquement préparé – sériole en croûte d'herbes, raviolis épinards et ricotta, salade niçoise, magret de canard, filet d'éland ou de koudou – au restaurant chic du Francolin Lodge. Vue sublime sur la ville et la brousse environnante depuis la terrasse. Réservation indispensable pour les non-résidents du lodge.

Renseignements

OFFICE DU TOURISME

Kruger Lowveld Ehlanzeni (013-755 1988 ; www.krugerlowveld.com ; Crossing Mall, angle Madiba Dr et Samora Machel Dr ; 7h-17h30 lun-ven, 8h-12h sam). Bureau efficace, situé dans le Crossing Mall, qui se charge des réservations dans tous les parcs nationaux (dont le Kruger). On peut aussi vous trouver un hébergement ou organiser des circuits.

SERVICES MÉDICAUX

Nelmed Medicross (013-755 5000 ; www.nelmed.co.za ; angle Nel St et Rothery St ; 8h-18h lun-ven, 8h-15h sam-dim). Soins médicaux privés, avec assistance d'urgence 24h/24.

Nelspruit Mediclinic (013-759 0500 ; www.mediclinic.co.za ; 1 Louise St). Hôpital privé proposant soins médicaux d'urgence et pharmacie 24h/24.

URGENCES

Commissariat de police (013-759 1008 ; 15 Bester St). En face du centre commercial Nelspruit Plaza.

Comment s'y rendre et circuler

AVION

L'**aéroport international Kruger Mpumalanga** (013-753 7500 ; www.kmiairport.co.za) est l'aéroport commercial le plus proche de Nelspruit, à 28 km au nord-est de la ville.

SUR LA RIVIÈRE CROCODILE

La bourgade de Malelane constitue surtout une halte pratique vers le Kruger National Park, au-delà de la Crocodile, peuplée... d'hippopotames. S'il y a plus à faire à Nelspruit (Mbombela) et à Komatipoort, la faune de cet avant-poste de la brousse a de quoi séduire. La N4 est jalonnée de panneaux touristiques bruns sur cette partie de la province, bordant le Kruger, l'eSwatini et le Mozambique, sur la "Wild Frontier".

Perché à la limite du parc, le **River House Guest Lodge** (☎013-790 1333 ; www.riverhouselodge.co.za ; 27 Visarend St ; ch/f en demi-pension 2 600/4 355 R ; ❄📶🏊), épatant et gay-friendly, est idéal pour se détendre avant ou après une expédition au Kruger. De la terrasse coiffée de chaume, vous verrez peut-être des hippopotames se baigner dans la rivière voisine. Les 12 agréables chambres sont toutes dotées d'un balcon donnant sur le parc. Enfants admis à partir de 13 ans.

Johan "Daff" Daffue, le sympathique propriétaire, a construit et décoré ce lodge, qui foisonne d'antiquités, et dont la salle à manger est ornée de vélos suspendus au plafond. Bar lounge cosy.

Airlink (☎013-750 2531 ; www.flyairlink.com ; comptoir à l'aéroport) assure des liaisons quotidiennes avec Johannesburg (1 400-2 600 R, 1 heure), Le Cap, Durban, Livingstone (Zambie) et Vianculos (Mozambique). Ses vols Lodge Link desservent des pistes d'atterrissage dans le parc Kruger.

BUS

Les bus des grandes compagnies s'arrêtent tous les jours à Nelspruit entre Johannesburg/Pretoria (5 heures) et Maputo (la capitale du Mozambique ; 5 heures). Billets en vente dans leurs bureaux et via **Computicket** (☎013-757 0009 ; www.computicket.com ; Riverside Mall, Madiba Dr).

City to City (☎013-755 1755 ; www.citytocity.co.za ; Promenade Mall, Samora Machel Dr ; ⏲8h-16h). Bus à bas coût depuis/vers Johannesburg (220 R) et Maputo (190 R).

Greyhound (☎013-753 2100, 083-915 9000 ; www.greyhound.co.za ; Promenade Mall, Samora Machel Dr ; ⏲7h-17h lun-ven, 7h30-14h30 sam-dim). Johannesburg, Midrand, Pretoria (300 R) et Maputo (370 R).

Translux (☎0861 589 282 ; res.prasa.com/translux/booking). Johannesburg, Pretoria (240 R) et Maputo (220 R). Bureau partagé avec City to City.

LOCATION DE VOITURES

Avis (☎013-750 1015 ; www.avis.co.za), **Europcar** (☎013-750 2871 ; www.europcar.co.za) et **First** (☎013-750 2538 ; www.firstcarrental.co.za) ont chacun un bureau à l'aéroport. Il y a aussi une succursale **Avis** (☎013-757 8760 ; Meander Cr, Riverside Park) au nord du centre-ville, en retrait de Madiba Drive, et un bureau **First** (☎013-753 3313 ; www.firstcarrental.co.za ; Hotel Promenade, Samora Machel Dr) dans le centre. On peut obtenir des prix intéressants en réservant auprès de **Around About Cars** (☎021-422 4022, 0860 422 4022 ; www.aroundaboutcars.com).

NAVETTE

Kruger Lowveld Ehlanzeni propose un service de transport privé pour l'aéroport international Kruger Mpumalanga (à partir de 300 R/pers) et l'aéroport international OR Tambo (Johannesburg ; à partir de 2 500 R/pers).

Dana Agency (☎013-753 3571 ; www.danaagency.co.za ; Crossings Mall, angle Madiba Dr et Samora Machel Dr ; ⏲8h-16h30 lun-ven, 9h-12h sam) vend des billets pour les navettes suivantes :

City Bug (☎0861 33 44 33 ; www.citybug.co.za ; 61 Graniet St). Dessert Durban (aller simple 740 R, 9 heures 15, 2/sem), l'aéroport OR Tambo (580 R, 3 heures 45, 4/jour), Pretoria (580 R, 3 heures 30, 3/jour), Bloemfontein (740 R, 8 heures 30 à 10 heures 30, 3/jour) et l'aéroport international de Lansêria (510 R, 4 heures 30, 1/jour) au départ de Graniet Street, près de Samora Machel Drive et du I'langa Mall.

JSL Transport (☎083 785 4779 ; www.jsltransport.co.za ; Komati Sq). Circule entre Komatipoort et Pretoria, via Malelane, Nelspruit, Waterval Boven (Emgwenya) et l'aéroport OR Tambo, tous les jours sauf les mardis et jeudis.

Lime Time (☎087-094 9444 ; www.limetimeshuttle.co.za ; Sonpark Shopping Centre, angle Madiba Dr et Piet Retief St ; ⏲7h-17h lun-ven, 8h-11h sam). Tous les jours depuis/vers Pretoria, OR Tambo, Rustenburg et Lansêria, entre autres.

Lowveld Link (☎013-750 1174 ; www.lowveldlink.com ; Crossing Mall, angle Madiba Dr et Samora Machel Dr). Navettes quotidiennes pratiques depuis/vers Pretoria, OR Tambo (aller simple 480 R, 4 heures 30) et Sandton (Johannesburg), et dans l'autre direction depuis/vers White River. Départ de Kruger Lowveld Ehlanzeni, où l'on peut acheter les billets.

Mr Chubby (☎074-329 9114, 084-379 3909 ; www.facebook.com/mrchubbyshuttle). Depuis/vers Maputo (Mozambique ; 300 R) tous les jours. Dessert aussi l'aéroport international Kruger Mpumalanga, White River et OR Tambo.

TAXI-COLLECTIF

La **station de taxis-minibus collectifs et de bus locaux** (angle Henshall St et Andrew St) se situe derrière le centre commercial Nelspruit Plaza. Parmi les destinations : White River (15 R, 20 min), Barberton (30 R, 40 min), Hazyview (52 R, 1 heure), Graskop (50 R, 1 heure 30) et Johannesburg (200 R, 5 heures).

TRAIN

Shosholoza Meyl (☎0860 008 888, 011-774 4555 ; res.prasa.com/shosholozameyl/Booking) assure des liaisons entre Johannesburg (200 R, 10 heures) et Komatipoort (50 R, 2 heures 30) via Nelspruit.

Komatipoort

☎013 / 4 700 HABITANTS

Enserrée par les monts Lebombo, Komatipoort, escale pratique sur la route du Mozambique ou de l'eSwatini, est située presque à la confluence de la Komati et de la Crocodile, à 10 km seulement du parc Kruger par l'entrée Crocodile Bridge (Gate). C'est l'une des localités les plus chaudes du pays, à la langueur tropicale et à l'atmosphère très africaine, où des Mozambicains vendent des cigarettes et parlent portugais dans les rues.

Komatipoort Prawn Festival GASTRONOMIE
(☎082-318 2020 ; www.prawnfestival.co.za ; Komatipoort Show Grounds). Fin juin, cette fête célèbre la crevette en grande pompe, avec moults concerts et stands de nourriture ; marché artisanal et tente à bière le week-end.

Où se loger et se restaurer

Kruger View Backpackers AUBERGE DE JEUNESSE $
(☎013-793 7373 ; www.facebook.com/kruger-view ; 61 Bosbok St ; dort/s/d/tr 220/450/600/750 R ; P❄📶🏊). Une auberge de jeunesse tranquille, à 10 km de l'entrée Crocodile Bridge du Kruger. Du spacieux salon-terrasse-tour de guet donnant sur le parc au-delà de la rivière, on aperçoit souvent des éléphants. Sont proposés des dortoirs et des chambres avec salle de bains privative bien tenus et des bungalows de deux à quatre lits.

♥ **Trees Too** GUESTHOUSE $$
(☎013-793 8262 ; www.treestoo.com ; 9-11 Furley St ; s/d/tr/qua/f 770/1 040/1 250/1 470/1 600 R ; P❄📶🏊). Une adresse exceptionnelle. Les belles chambres de brique et de chaume (avec bar en libre service) sont bien meublées et ornées d'œuvres d'art animalier et d'affiches touristiques vintage. Bar au bord de la piscine, court de badminton, petit-déjeuner (130 R), dîner (plats 100-170 R) et safaris. Le personnel est une mine d'informations sur le Kruger.

Stoep Café GUESTHOUSE $$
(☎083 457 3909 ; www.stoepcafeguesthouse.co.za ; 74 Rissik St ; s/d/tr 500/800/1 150 R ; P❄📶🏊). Jolie *guesthouse* de style colonial au cœur de la bourgade, avec petit jardin, piscine, *lapa* (espace circulaire autour d'un brasero) et *braai* (barbecue). Il y a six chambres indépendantes spacieuses, au calme, et une maison de trois chambres.

Au **café** (plats 60-130 R, 7-21h lun-sam), sandwichs toastés, burgers, salades, steaks, plats de poulet et crêpes sont proposés, à déguster installé dans la vaste véranda ombragée, le tout accompagné du meilleur café de Komatipoort.

Depuis/vers Komatipoort

Le *Komati*, train depuis/vers Johannesburg (250 R, 12 heures 30, 2/semaine) affrété par Shosholoza Meyl, passe par Malelane et Nelspruit (Mbombela). Les bus City to City, Greyhound et Translux entre Johannesburg et Maputo (Mozambique) via Komatipoort sont plus fiables ; on peut acheter les billets aux supermarchés Shoprite et Spar de Rissik St.

Encore plus pratique, Mr Chubby propose une navette quotidienne entre Nelspruit et la capitale du Mozambique via Komatipoort. La navette JSL Transport depuis/vers Pretoria (450 R, 6 heures 30, tlj sauf mar et jeu) s'arrête à Malelane, Nelspruit, Waterval Boven (Emgwenya) et à l'aéroport international OR Tambo.

Des taxis-minibus collectifs partent régulièrement du restaurant Wimpy, à côté du supermarché Spar, en retrait de Rissik St (R571), pour le poste-frontière mozambicain à 4 km à l'est (généralement 10 R). De l'autre côté de la frontière, on peut prendre un autre transport pour Maputo.

Si vous êtes motorisé, sachez qu'il y a plusieurs péages le long de la N4 depuis/vers Johannesburg. Il y a une station-service à Komatipoort.

VAUT LE DÉTOUR

BARBERTON MAKHONJWA GEOTRAIL

Les montagnes entourant Barberton ont été inscrites au patrimoine mondial de l'Unesco en juillet 2018 pour leur importance géologique ; les géologues font remonter la ceinture de roches vertes (*greenstone belt*) à 3,5 milliards d'années. Donnant vie au site, le **Geotrail** (013-712 6490 ; www.geotrail.co.za ; sur la R40), jalonné de 11 aires de pique-nique (avec panneaux d'interprétation) et de points de vue, suit la R40, goudronnée sur 37 km vers le sud jusqu'à la frontière de l'eSwatini.

Barberton

013 / 12 000 HABITANTS

Les rues tranquilles et arborées de Barberton, jalonnées de bâtiments historiques préservés, se déploient sur fond de montagnes tachées de vert et de mauve. Son atmosphère rustique et nonchalante, ses habitants sympathiques et son petit centre, que l'on visite facilement à pied, en font une excellente étape sur la route de l'eSwatini, du parc Kruger ou du Mozambique.

Fondée au moment de la ruée vers l'or, à la fin du XIXe siècle, la ville se targue d'avoir accueilli la première Bourse d'Afrique du Sud. La richesse de sa flore et de sa géologie, ses sites d'intérêt et les activités possibles, mêlant histoire, culture et aventure, peuvent retenir ici le visiteur un ou deux jours.

À voir

Plusieurs maisons de la fin du XIXe siècle et du début du XXe siècle font la fierté de Barberton et donnent idée de son riche passé. La municipalité les a restaurées et ouvertes au public.

Barberton Tourism (p. 418) fournit gratuitement des cartes touristiques *Heritage Walk*. Ce circuit historique, à découvrir en solo, est ponctué de demeures anciennes et d'autres sites.

Barberton Museum MUSÉE
(013-712 4208 ; 36 Pilgrim St ; 9h-16h ; P). GRATUIT Le musée de la ville donne à voir d'intéressantes expositions sur l'histoire, la culture et la géologie locales. Une grande collection de photos en noir et blanc montre Barberton à travers les âges, abordant entre autres la ruée vers l'or et le héros littéraire canin local de *Jock of the Bushveld*, roman autobiographique écrit en 1907 par James Percy Fitzpatrick qui y raconte ses aventures et celles de son chien dans les années 1880 dans le Transvaal.

Barberton History and Mining Museum MUSÉE
(072-668 4063 ; Greenstone Trading Post Bldg, 73 De Villiers St ; 9h-16h lun-ven, 9h-14h sam,-dim). GRATUIT L'ancien Transvaal Hotel (1882) abrite une fabuleuse collection hétéroclite d'objets anciens, dont des armes, des échantillons de roches vertes, de la pyrite et un vieux billet de 1 rand à l'effigie de Jan Van Riebeeck, administrateur de la Compagnie néerlandaise des Indes orientales, qui avait établi la première implantation européenne en Afrique du Sud.

Painted Stone Garden MONUMENT
(www.facebook.com/nukainmabuza ; angle R40 et Sheba Rd). Ces rochers à l'entrée de la ville sont peints dans le style de Nukain Mabuza, un ouvrier agricole qui avait transformé dans les années 1970-1980 son humble logement en un fantastique jardin de rocaille en décorant de couleurs vives des huttes et des rochers à flanc de colline. Ce personnage énigmatique, qui se suicida en 1981, inspira la pièce *The Painted Rocks at Revolver Creek* d'Athol Fugard. Ce jardin est considéré comme l'un des rares exemples d'art brut environnemental.

La **Pilgrim & Crown Gallery** (013-712 5807 ; Pilgrim St ; 7h-17h lun-ven, 8h-14h sam) vend des livres sur Mabuza.

Activités

Un circuit dans le township d'Emjindini, consacré à son rôle dans la lutte contre l'apartheid, est en préparation. Ce sera le premier du genre dans la province. Renseignez-vous à Barberton Tourism (p. 418).

Dusty Tracks CIRCUITS D'AVENTURE
(076-825 5794 ; www.dustytracks.co.za ; Greenstone Trading Post Bldg, 73 De Villiers St). Parmi les aventures épatantes que proposent Pieter et Wynand figurent des excursions sur le Barberton Makhonjwa Geotrail (p. 418), une initiation à l'orpaillage et des visites d'Eureka City, cité fantôme de la ruée vers l'or (XIXe siècle), et de la carrière souterraine (Golden

Barberton

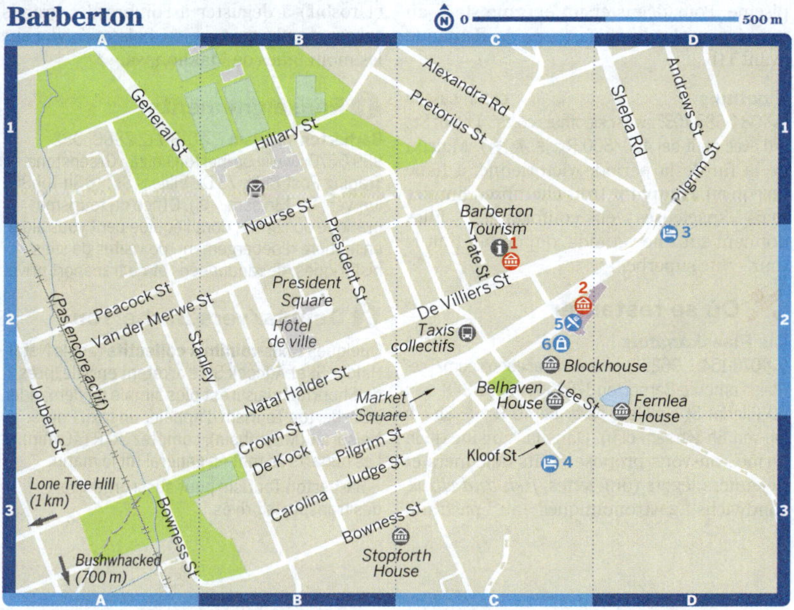

Quarry) ; les plus courageux peuvent camper à Eureka.

Où se loger

Bushwhacked SÉJOUR À LA FERME **$**
(073 691 5646 ; Kruger St ; ch à partir de 550 R ; P). Salon confortable avec poêle à bois et livres, coin *braai* (barbecue) donnant sur les plaines brumeuses, cuisine entièrement équipée... Ce havre rustique, à flanc de colline, est une destination parfaite pour une escapade dans la brousse. Chambres dans le cottage principal et deux chalets.

Fountain Baths Guest Cottages GUESTHOUSE **$$**
(013-712 2707 ; www.facebook.com/fountainbaths ; 48 Pilgrim St ; s/d 450/700 R ; P). Ces sept cottages de bonnes dimensions, pleins de caractère et bien équipés (avec cuisine pour certains), occupent un beau site historique à la lisière nord-est de la ville, où l'on est réveillé le matin par le chant des oiseaux. Un sentier qui remonte le ruisseau part du paisible et charmant jardin, où, à la place de la piscine, se trouvaient autrefois des bains publics pour les chercheurs d'or.

La propriété familiale dispose aussi d'un joli bar. La plupart des hébergements, certains en tôle ondulée, possèdent un *stoep* (porche). Le petit-déjeuner (60 R) est souvent servi dans le jardin.

Jathira Guesthouse GUESTHOUSE **$$**
(082-388 1404 ; jathira@wol.co.za ; Biggar Farm, sur la R40 ; ch 800 R ; P). Profitez de l'hospitalité du *platteland* (campagne) dans ce lodge très afrikaner, à 6 km au nord-ouest du centre-ville. Bungalows spacieux et bien équipés (avec *braai*) et bar au bord de la

Barberton

À voir
1 Barberton History and Mining Museum C2
2 Barberton Museum C2

Activités
Dusty Tracks .... (voir 1)

Où se loger
3 Fountain Baths Guest Cottages D2
4 Kloofhuis C3

Où se restaurer
5 Die Plaaskombuis C2

Achats
6 Pilgrim & Crown Gallery C2

piscine. Pour déguster un énorme steak au *braai* pour le dîner, faites-en la demande avant 14h.

Kloofhuis GUESTHOUSE $$
(☎084-683 7037; www.kloofhuis.co.za ; 1 Kloof St ; s/d avec petit-déj 450/800 R ; P @). Maison de la fin de la période victorienne, à flanc de coteau, comptant trois chambres simples mais spacieuses et confortables. Elles donnent sur une véranda, qui en fait tout le tour – vue superbe.

Où se restaurer

Die Plaaskombuis CAFÉ $
(☎076-154 9629 ; www.facebook.com/Die-Plaaskombuis-Barberton-1758903097711348 ; 60 Pilgrim St ; plats à partir de 40 R ; 8h-17h lun-ven, 8h-14h sam-dim). Dans la "cuisine de la ferme", on vous propose petits-déjeuners et déjeuners légers (omelettes, *fish and chips*, sandwichs gastronomiques au pastrami et rosbif) à déguster à l'ombre des grands arbres, sur la terrasse en bois avec vue sur les montagnes de Makhonjwa.

Renseignements

Barberton Tourism (☎013-712 2880, 082-959 6670 ; www.barberton.co.za ; Greenstone Trading Post Bldg, 73 De Villiers St ; 8h-16h30 lun-ven, 8h-13h sam ;). Office du tourisme pratique du centre, dont l'équipe peut vous aider en matière d'hébergement, de visites de sites historiques, de randonnées et de transport privé.

Depuis/vers Barberton

Quelques **taxis-minibus collectifs** (angle Natal Halder St et Adcock St) s'arrêtent en ville, près du Shoprite, mais il est plus simple de demander à Barberton Tourism d'appeler un taxi. Pour Nelspruit (Mbombela), comptez 30 R (40 min). Les départs se font en général tôt le matin.

Barberton Tourism peut aussi organiser des transports privés.

Kruger National Park

Dans ce chapitre ➡

Le top des restaurants

- ➡ Tshokwane (p. 433)
- ➡ Lower Sabie Rest Camp (p. 427)
- ➡ Olifants Rest Camp (p. 429)
- ➡ Letaba Rest Camp (p. 431)

Le top des hébergements

- ➡ MalaMala Main Camp (p. 436)
- ➡ Sabi Sabi Earth Lodge (p. 436)
- ➡ Singita Boulders Lodge (p. 436)
- ➡ Rhino Post Safari Lodge (p. 428)
- ➡ Letaba Rest Camp (p. 431)
- ➡ Olifants Rest Camp (p. 429)

Pourquoi y aller

Le Kruger est une référence en matière d'observation de la faune sauvage. Éléphants, lions, léopards, guépards, rhinocéros, buffles, girafes, hippopotames et zèbres : toutes les figures emblématiques des safaris africains peuplent le *bushveld*, aux côtés de quelque 137 autres espèces de mammifères et de plus de 500 d'oiseaux.

De superbes *kopjes* (collines) en granit ponctuent le sud de ce parc de 19 485 km², tandis que les monts Lebombo dominent la savane à l'est, et que des forêts tropicales couvrent la pointe nord.

Certes, il y a foule, et vous devrez peut-être faire la queue pour voir les lions. Mais le parc doit cette affluence à son réseau de routes, qui en fait l'un des plus aisés d'accès du continent, ainsi qu'à ses nombreux hébergements, d'un excellent rapport qualité/prix. Si vous aspirez à davantage de solitude, rabattez-vous sur les réserves privées des abords du parc. Celle de Sabi Sand, pour n'en citer qu'une, est au nombre des plus belles d'Afrique.

Quand partir

Skukuza

Juin-sept Meilleure période pour observer : les animaux se regroupent autour des points d'eau.

Mi-janv à mars Chaud, mais plus calme. C'est la fin des vacances scolaires.

Mars-mai Saison du rut et des affrontements entre mâles impalas, gnous et d'autres espèces.

KRUGER NATIONAL PARK

Pourquoi y aller Une faune fabuleuse, l'accès avec son propre véhicule et des safaris d'un excellent rapport qualité/prix. Sans doute le parc national le mieux géré d'Afrique.

Quand partir Toute l'année ; évitez les périodes locales de vacances scolaires.

Informations pratiques L'entrée coûte 460/230 R par adulte/enfant et par jour. Les horaires des entrées (p. 435) du parc et des campements sont strictement respectés, tout comme les limitations de vitesse (50 km/h sur route goudronnée et 40 km/h sur piste). Ne perdez pas votre reçu de sortie (donné à l'entrée). Les cartes détaillées du parc (80 R) sont très utiles.

Faire des économies Réduisez la facture de 5% sur les campings et hébergements de SANParks en réservant en ligne. Réservez des circuits aux auberges de jeunesse de Hazyview (p. 410), Nelspruit (p. 411) ou Graskop (p. 406), ou constituez un groupe pour partager les hébergements et la location d'une voiture. Achetez une Wild Card (p. 634).

Histoire

En 1898, Paul Kruger (alors président de la république du Transvaal) fonda une réserve de chasse contrôlée, la Sabi Game Reserve entre les rivières Sabi et Crocodile. C'est James Stevenson-Hamilton, premier directeur de la réserve, nommé en 1902, qui fut aussi le premier à réaliser le potentiel touristique de l'observation de la faune et de sa conservation. En 1926, la Sabi Game Reserve fut reliée à la Shingwedzi Game Reserve et à diverses fermes voisines pour former le Kruger National Park, lequel ouvrit au public l'année suivante.

En 2002, le Kruger, le Gonarezhou National Park au Zimbabwe et le Limpopo National Park au Mozambique ont été intégrés au Great Limpopo Transfrontier Park. D'importantes sections du parc font toujours l'objet de revendications territoriales. L'une des demandes a abouti fin 2013 : l'État a acheté la MalaMala Game Reserve (pour environ un milliard de rands) pour la céder à la N'wandlamharhi Community Property Association (CPA). Trois ans plus tard, donnant suite aux revendications territoriales de six communautés – trois dans le Limpopo et trois dans le Mpumalanga – le gouvernement a dédommagé ces groupes, dont les terres avaient été confisquées et intégrées au Kruger National Park sous l'apartheid. À l'heure où nous écrivons ces lignes, d'autres réclamations font encore l'objet de négociations.

À voir

Le **Kruger** (carte p. 422 ; ☎013-735 4000, réservations 012-428 9111 ; www.sanparks.org/parks/kruger ; adulte/enfant 460/230 R par jour) abrite une grande variété de paysages et d'écosystèmes, chacun convenant à des espèces spécifiques. Éléphants, impalas, buffles, zèbres de Burchell, gnous, koudous, cobes à croissant, babouins, singes vervets, léopards et petits prédateurs sont présents dans tout le parc et les oiseaux y sont légion, en particulier le long des cours d'eau. Les rivières sont au centre de l'animation du parc. Les plus importantes coulent d'ouest en est, telles le Limpopo, la Luvuvhu, la Shingwedzi, la Letaba, l'Olifants, la Timbavati, la Sand et la Sabie. Elles sont toutes bordées de forêts peuplées d'une faune abondante et d'immenses figuiers y croissent par endroits.

Vous verrez la plupart des animaux en sillonnant le vaste réseau routier. De nombreux points de vue permettent également d'observer la faune et d'admirer le paysage.

Sud du Kruger

Le sud du Kruger est la partie la plus visitée du parc, et pour cause : c'est peut-être la plus belle section. De nombreux *kopjes* en granit trônent, sur les prairies ondoyantes, parmi d'épais bosquets d'acacias, de saules, de figuiers sycomores et d'arbres à fleurs, tel l'erythrina rouge et orange. Depuis les hauteurs, à l'ouest, le regard embrasse la brousse à perte de vue.

La flore bénéficie des plus fortes précipitations du parc, environ 50% plus abondantes qu'au nord, et le secteur est particulièrement prisé des rhinocéros blancs, des buffles et des zèbres. On y voit aussi régulièrement des lions, des hyènes et des léopards, ainsi que, parfois, des lycaons et des guépards.

Centre du Kruger

À l'exception des monts Lebombo qui bordent la frontière du Mozambique, à l'est, le paysage entre la Sabie et l'Olifants est moins varié qu'au sud, avec de larges étendues de savane, particulièrement à l'ouest et au sud-est de Satara. L'herbe à bisons et la folle avoine alternent avec des *knobthorn* (épineux), des arbres de fer et des marulas. Ces secteurs abritent d'importantes populations d'impalas, de zèbres, de gnous, de koudous, de girafes et d'éléphants, évidemment suivies par leurs prédateurs, pour l'essentiel des lions. Des léopards se montrent fréquemment, et la route entre les rivières Satara et Orpen est l'un des meilleurs endroits du Kruger pour apercevoir des guépards.

Nord du Kruger

Au nord de l'Olifants, le paysage vallonné se couvre de mopanes, des arbres chers aux pachydermes présents en grandes hardes dans la région. Vers les monts Lebombo, à l'est, les arbres sont si rabougris en raison du sol argileux sur les plaines de basalte que les dos des éléphants dépassent de la canopée. Le *mopaneveld* (forêt de mopanes) attire également de grandes hardes de buffles et nombre de sassabis, élands, antilopes rouannes et hippotragues noirs. Léopards, lions et rhinocéros sont aussi présents, bien que moins nombreux.

La pointe nord du Kruger, autour de Punda Maria et de Pafuri, se situe entièrement sous les tropiques et compte une flore plus variée (vous remarquerez les baobabs), de fortes concentrations de mammifères et une exceptionnelle variété d'oiseaux introuvable plus au sud. Entre la Luvuvhu et le Limpopo, une somptueuse forêt tropicale comprend figuiers, eucalyptus et jackalberries. L'hiver, des éléphants viennent se nourrir dans l'extrême nord, où l'on voit régulièrement des lions et des léopards.

Elephant Hall Museum MUSÉE
(carte p. 422 ; 013-735 6664 ; Letaba Rest Camp ; 8h-20h lun-sam, 8h-18h dim). GRATUIT Même si vous ne logez pas au Letaba Rest Camp, venez y découvrir cet excellent musée où l'on trouve d'immenses squelettes de pachydermes. Des dizaines de vitrines et de panneaux explicatifs expliquent tout sur les éléphants et leur devenir, aussi bien ceux du parc que l'ensemble de leurs congénères.

Activités

Tout gigantesque qu'il soit, le Kruger est parfaitement organisé et se prête à découvrir la faune de diverses manières.

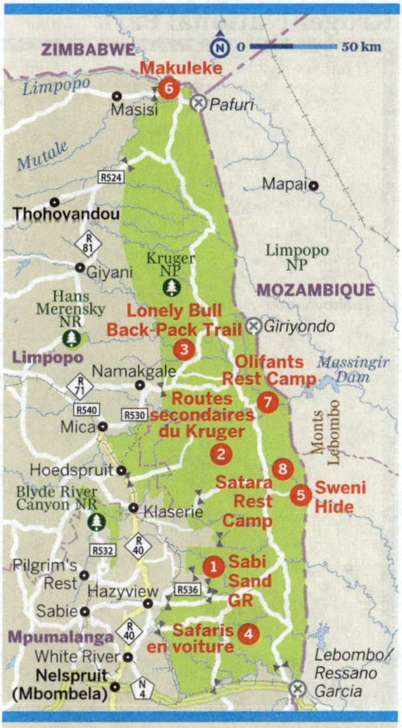

À ne pas manquer

1 Les léopards, suivis à la trace dans la **Sabi Sand Game Reserve** (p. 435), l'un des meilleurs sites d'observation de la faune d'Afrique.

2 Les **routes secondaires du Kruger** (p. 435), telle la S39, en bord de rivière, et leur splendide isolement de fin d'après-midi.

3 Un réveil au son de la nature, en campant sur le **Lonely Bull BackPack Trail** (p. 425).

4 Les **safaris en voiture** (p. 423) dans le sud du Kruger, à la rencontre des éléphants, rhinocéros et girafes.

5 L'observation des oiseaux à **Sweni Hide** (p. 426).

6 Les forêts d'eucalyptus et les gorges du parc de **Makuleke** (p. 434), dans le nord tropical du Kruger.

7 L'une des meilleures vues du parc, à la faveur d'un crépuscule à l'**Olifants Rest Camp** (p. 429).

8 Une virée nocturne dans le paradis des félins, aux bons soins du **Satara Rest Camp** (p. 429).

Kruger National Park

KRUGER NATIONAL PARK À VOIR

Circuits en voiture

Si conduire son propre véhicule est une expérience fantastique, les circuits guidés permettent de profiter au maximum du parc. Toutes les excursions de SANParks le sillonnent quand vous ne le pouvez pas (avant l'ouverture et après la fermeture des campements) et les guides vous feront découvrir des espèces et des comportements que vous ne connaissiez pas. Dans les concessions privées, où la conduite hors-piste est souvent autorisée, les guides des lodges vous emmèneront plus près de la faune.

SANParks propose des **safaris de 3 heures à l'aube** et **au crépuscule** dans presque tous les campements, camps de brousse et entrées du parc. Les prix varient entre 380/190 R par adulte/enfant (dans tous les campements sauf Crocodile Bridge) et 490/245 R (à Crocodile Bridge). Les **safaris nocturnes** de 2 heures (290/145 R par adulte/enfant ; 400/200 R à Crocodile Bridge) sont un excellent moyen d'observer des animaux actifs de nuit, comme les galagos, les hippopotames et les félins. Réservez avant ou dès votre arrivée. Les enfants de moins de 6 ans ne sont pas admis.

Circuits pédestres

Le bush se fait bien plus vivant sitôt qu'on laisse derrière soi le confort sécurisant du véhicule. À pied, l'attention ne se porte plus sur les seuls gros mammifères, et l'on mesure mieux l'importance des petites créatures – insectes, reptiles, oiseaux. De même, à contempler les empreintes laissées par des animaux de toute taille, s'inscrit-on dans le temps long et dans l'environnement considéré comme un ensemble.

La plupart des campements SANParks et tous les lodges des concessions privées proposent des **marches matinales dans le bush** (650-760 R) en compagnie de guides armés et compétents. Letaba, Skukuza et Olifants organisent aussi des **marches l'après-midi** (520 R) et des **marches le long de la rivière** (380 R). Les circuits

Kruger National Park

Les incontournables
- 1 Elephant Hall Museum C4
- 2 Kruger National Park B2

À voir
- 4 Aire de pique-nique d'Afsaal C7
- 5 Chimp Eden B7
- 6 Crooks Corner C1
- 7 Echo Caves A5
- 8 Engelhard Dam C4
- 9 Modjadji Nature Reserve A3
- 10 Aire de pique-nique de Pafuri B1
- 11 Red Rocks C2
- 12 Renosterpan C7
- 13 Steilberg Loop C7
- Sunset Dam .... (voir 32)
- 14 Transport Dam C6

Activités
- 15 Avhashoni Mainganye A2
- 16 BBK Trails A7
- Lebombo 4x4 Eco Trail .... (voir 28)
- 17 Leka Gape B4
- Lonely Bull BackpackTrail .... (voir 35)
- 18 Mphongolo BackpackTrail C2
- 19 Napi Wilderness Trail B6
- 20 Nthandanyathi Hide D7
- Olifants River BackpackTrail .... (voir 36)
- Pioneer Hide .... (voir 35)
- 21 Sable Overnight Hide B4
- Shipandani Overnight Hide .... (voir 35)
- 22 Wolhuter Wilderness Trail C7

Où se loger
- 23 Avkhom Hotel A2
- 24 Bateleur Bushveld Camp B3
- 25 Berg-en-dal Rest Camp C7
- 26 Biyamiti Bushveld Camp C7
- 27 Boulders Bush Lodge C3
- 28 Crocodile Bridge Rest Camp C7
- 29 Fundudzi African Ivory Route Camp A2
- 30 Jock Safari Lodge C7
- 31 Letaba Rest Camp C4
- 32 Lower Sabie Rest Camp D6
- 33 Lukimbi Safari Lodge C7
- 34 Modjadji African Ivory Route Camp A3
- 35 Mopani Rest Camp C3
- 36 Olifants Rest Camp C4
- 37 Outpost B1
- 38 Pretoriuskop Rest Camp B7
- 39 Punda Maria Rest Camp B1
- 40 River House Guest Lodge C7
- 41 Shimuwini Bushveld Camp B4
- 42 Shingwedzi Rest Camp C2
- 43 Sirheni Bushveld Camp B2
- 44 Tsendze Rustic Camping Site C3

Où se restaurer
- Kaross Cafe .... (voir 46)

Achats
- 45 Afrikania B4
- 46 Kaross A4

OBSERVATION DE LA FAUNE

Si certains prétendent que c'est une question de chance, l'observation de la faune est en fait un talent. Bien qu'il n'existe aucune garantie, en respectant quelques principes, vous augmenterez vos chances pour des rencontres inoubliables, quelle que soit la saison de votre visite.

- Achetez une carte détaillée (80 R) dans le magasin d'un campement, qui indique les points d'eau (*pans*), les barrages, les rivières et autres points de vue stratégiques.
- Consultez les tableaux d'observation dans les campements chaque soir ; ils signalent les observations notoires de la journée.
- Si des lions ont été vus à un endroit en milieu ou en fin de matinée, il est presque certain qu'ils y reviendront vers le milieu ou la fin d'après-midi.
- Dans l'heure précédant le coucher du soleil, les léopards se montrent sur les routes et sentiers qui longent les rivières, en particulier si la journée a été chaude. En hiver, cela peut être plus tôt.
- Levez-vous tôt et sortez du campement à l'ouverture des portes ; certains animaux sont plus actifs à l'aube, notamment les fauves (regardez autour des points d'eau). L'activité redevient plus forte avant le coucher du soleil.
- Conduisez lentement ; dépasser 25 km/h réduit les chances d'apercevoir des prédateurs comme les léopards et les guépards.
- Faites preuve de patience, arrêtez-vous fréquemment et éteignez votre moteur ; vous serez surpris de voir le nombre d'animaux qui sortent des fourrés quand vous êtes à l'arrêt.
- Si vous remarquez une harde d'herbivores regardant tous dans la même direction, suivez leur regard.
- Repérez les grands félins profitant de la brise sur des monticules rocheux. Les léopards se reposent souvent sur les hautes branches des arbres.
- Participez à un circuit guidé et retenez les informations sur le comportement des animaux.
- Les routes principales sont ponctuées de mémorables découvertes, mais les sentiers moins fréquentés peuvent aussi être le lieu de rencontres magiques, seul face à la nature. L'ouvrage (en anglais) d'Ingrid Van den Berg, *Kruger Self-Drive : Routes, Roads & Ratings* (2015), compare toutes les routes du parc.
- Même si vous n'êtes pas amateur d'ornithologie, ajoutez l'observation des oiseaux à votre programme : vous en serez récompensé par de beaux spécimens et affûterez votre regard.

SANParks se réservent bien à l'avance ou à l'arrivée dans le campement concerné.

Pour une exploration plus complète de la brousse, réservez l'un des **wilderness trails** ou **backpack trails** du parc longtemps avant votre voyage. D'une durée de 4 jours (départs mercredi et dimanche), ces randonnées guidées, décrites ci-après, constituent une expérience mémorable.

Les *wilderness trails* rayonnent autour d'un camp isolé, couvrent environ 20 km par jour et ne sont pas trop exténuants. Ils partent de Berg-en-dal, Satara, Pretoriuskop, Punda Maria et Letaba ; sur réservation uniquement. On loge dans des cases rudimentaires ou des tentes safari. Les *backpack trails* sont plus ardus, avec camping sauvage tous les soirs (4 participants au minimum). Tous les groupes de randonnée sont limités à 8 participants et les enfants de moins de 12 ans ne sont pas acceptés.

Wolhuter Wilderness Trail OBSERVATION DE LA FAUNE

(carte p. 422 ; ☎ 012-428 9111 ; www.sanparks.org ; 4 jours repas compris 5 320 R ; ⏲ départs 15h30 mer et dim). Le plus ancien *wilderness trail*, Wolhuter, sillonne, dans le sud du Kruger, un secteur peuplé de lions et de rhinocéros blancs. La piste est chargée d'histoire, comme les territoires qu'elle traverse, et on y voit de nombreux vestiges de l'âge de pierre et de l'âge du fer. On y admire à loisir le paysage du haut d'un *kopje* en granit. Départ du campement de Berg-en-dal (p. 428).

Napi Wilderness Trail OBSERVATION DE LA FAUNE
(carte p. 422 ; ☎ 012-428 9111 ; www.sanparks.org ; 4 jours repas compris à partir de 5 320 R ; ⏲ départ 15h30 mer et dim). Suivant la Mbyamithi et la Napi entre Pretoriuskop et Skukuza, cette marche de 4 jours et 3 nuits est renommée pour les rhinocéros noirs et les rhinocéros blancs, que l'on peut y observer aux points d'eau saisonniers. Le campement se fait dans quatre tentes safari. Départ du campement de Pretoriuskop (p. 428) ; arrivée à celui de Skukuza (p. 427).

Sweni Wilderness Trail OBSERVATION DE LA FAUNE
(carte p. 430 ; ☎ 012-428 9111 ; www.sanparks.org ; 4 jours repas compris 5 320 R ; ⏲ départs 15h30 mer et dim). Très gratifiant, Sweni est réputé pour les hardes de gnous, de zèbres et de buffles... et les lions qui les traquent, dans un paysage évocateur de vastes plaines herbeuses. Départ et retour au campement de Satara (p. 429).

Olifants River Backpack Trail OBSERVATION DE LA FAUNE
(carte p. 422 ; ☎ 012-428 9111 ; www.sanparks.org ; 4 jours 3 300 R). Ce bel itinéraire de 42 km en bord de rivière permet d'approcher éléphants, hippopotames, crocodiles et autres animaux. Il est aussi connu pour les oiseaux que l'on peut y observer, dont le pygargue vocifère et la rare chouette-pêcheuse de Pel. Vous devrez apporter matériel de camping, réchaud, nourriture et boissons. Eau disponible en chemin. Départ de l'Olifants Rest Camp (p. 429).

Lonely Bull Backpack Trail RANDONNÉE
(carte p. 422 ; ☎ 012-428 9111 ; www.sanparks.org ; 4 jours 3 300 R ; ⏲ départs 14h mer et dim fév-nov). Longeant la Letaba et traversant plusieurs rivières asséchées, cette randonnée guidée de 4 jours offre à voir des buffles, des éléphants et même des léopards. Prévoyez tente, matériel de cuisine et nourriture. Eau disponible. Départ du **Mopani Rest Camp** (carte p. 422 ; ☎ 013-735 6536, réservations 012-428 9111 ; www.sanparks.org/parks/kruger/camps/mopani ; bungalow 4 pers avec cuisine à partir de 1 540 R, cottage 6 pers à partir de 2 790 R ; ❄ 🏊).

Mphongolo Backpack Trail RANDONNÉE
(carte p. 422 ; ☎ 012-428 9111 ; www.sanparks.org ; 4 jours 3 300 R ; ⏲ départ 12h mer et dim fév-nov). Cet itinéraire, qui part du Shingwedzi Rest Camp (p. 432) dans le nord du Kruger, se prête particulièrement bien à l'observation des oiseaux. Il faut apporter nourriture, eau, tente et matériel de cuisine. La piste suit en grande partie la rive de la Shingwedzi, aussi restez à l'affût des léopards.

Observation des oiseaux

Vous pourrez observer des oiseaux dans tout le parc, mais la pointe nord du Kruger est, en la matière, l'un des meilleurs sites du continent. De nombreux affûts sont installés dans les secteurs d'exception.

La page www.sanparks.org/groups/birders/krugerbirds.php propose un bon aperçu des oiseaux à observer dans les campements.

Shipandani Overnight Hide OBSERVATION DES OISEAUX
(carte p. 422 ; ☎ 013-735 3547 ; 1 nuit 2 pers 840 R). Ce poste domine une section étroite et ravinée de la Tsendze, que fréquentent régulièrement le héron vert, le coucal de Burchell, le coucou didric et le bec-ouvert africain, ainsi que des éléphants et des hippopotames.

Six lits peuvent se louer exclusivement pour la nuit (840 R pour 2 pers, plus 370 R/pers supplémentaire). Vous devrez apporter bois/fuel, matériel de cuisine, nourriture et eau ; un espace *braai* (barbecue) et des toilettes sont à disposition. Réservez au campement de Mopani.

Sable Overnight Hide OBSERVATION DES OISEAUX
(carte p. 422 ; ☎ 013-735 3547 ; 1 nuit 2 pers 840 R). Au bord du grand Sable Dam, cet affût offre de bonnes chances d'observer le légendaire pygargue vocifère, ainsi que des échasses blanches et des coucous africains.

Sable peut se louer exclusivement pour la nuit (840 R pour 2 pers, plus 370 R/pers supplémentaire). Il y a neuf lits rabattables, un espace *braai* et des toilettes. Vous devez apporter tout le nécessaire. Réservations à l'entrée **Phalaborwa Gate** (carte p. 422 ; ☎ 013-735 3547 ; ⏲ 5h30-18h30 nov-fév, 5h30-18h mars et oct, 6h-18h avr, août-sept, 6h-17h30 mai-juil). Tendez l'oreille pour entendre les lions et les hyènes.

Sweni Hide OBSERVATION DES OISEAUX

(carte p. 430). Cet affût en forme de L occupe un emplacement extraordinaire, au-dessus d'une courbe de la Sweni. Le guêpier de Perse, le bruant à poitrine dorée et le circaète à poitrine noire font partie des espèces présentes. Des éléphants viennent parfois s'ébattre dans la rivière.

Pistes de 4x4

Si vous voyagez en 4x4, ces pistes constituent un excellent moyen de découvrir le bush éloigné et sa faune.

Lebombo 4x4 Eco Trail CIRCUIT EN 4X4

(carte p. 422 ; ☎012-426 5117, 012-428 9111 ; www.sanparks.org ; 10 630 R/véhicule (4 pers max) ; ⏲départs dim avr-oct). Piste accidentée de 500 km qui se parcourt en 5 jours (du dimanche au jeudi), le Lebombo 4x4 Eco Trail est la principale piste de 4x4 du Kruger. Partant de Crocodile Bridge, elle suit toute la lisière est du parc et s'achève à l'**aire de pique-nique de Pafuri** (carte p. 422), près de Crooks Corner. Vous devrez avoir votre propre 4x4 et apporter matériel de camping et de cuisine, nourriture et boissons.

VTT

Depuis l'entrée Phalaborwa, SANParks propose des randonnées guidées à VTT (795/1 095 R avec votre propre VTT/un VTT SANParks, 3-4 heures). Réservation indispensable.

NORD OU SUD ? PETIT GUIDE PRATIQUE

Le Kruger est un parc immense dont la visite se prépare minutieusement. Si vous ne pouvez pas tout explorer (ce qui demanderait au bas mot plusieurs semaines), choisissez vos destinations en fonction des expériences que vous recherchez.

Le centre du Kruger est généralement vu comme une zone de transition entre le Nord et le Sud. Cette partie du parc se visite aisément depuis l'une ou l'autre des extrémités, et l'on y trouve le meilleur comme le pire de ce que le Kruger a à offrir.

Nord du Kruger

Avantages

- Le secteur est excellent pour l'observation des oiseaux.
- Les pistes sont moins empruntées.
- Les campements sont plus calmes.
- La végétation est typique du Kruger avec ses forêts de mopanes.
- On a des chances de se retrouver seul pour observer la faune.

Inconvénients

- La densité de mammifères est plus faible.
- La végétation, plus dense, rend les animaux plus difficiles à voir.
- Les grandes villes du pays sont plus éloignées.

Sud du Kruger

Avantages

- La densité de la faune est exceptionnelle (et il y a plus de rhinocéros).
- On aperçoit plus aisément les animaux dans les grandes étendues du *bushveld*.
- Il y a plus de visiteurs pour repérer les bêtes : un véhicule arrêté indique sans doute la présence de quelque chose.

Inconvénients

- Les routes et sentiers sont très fréquentés.
- Il y a du monde dans les campements.
- Les visiteurs étant plus nombreux, il y a parfois des embouteillages pour voir les animaux.

Circuits organisés

Les voyageurs à petit budget s'adresseront aux lodges de *backpackers* à Hazyview (p. 410), Nelspruit (p. 411) et Graskop (p. 406). Pour la plupart, ils organisent des safaris dans le Kruger à partir de 1 850 R par jour (droit d'entrée et repas compris). Quelques hôtels à Hoedspruit (p. 461) et Phalaborwa (p. 459) proposent des circuits dans le centre et/ou le nord du Kruger.

Si vous avez un budget conséquent, ou que, disposant de peu de temps, vous souhaitez directement venir de Johannesburg ou du Cap, vous aurez le choix entre plusieurs bonnes options, dont les suivantes :

Signature Tours (☎082-787 2271 ; www.signaturetours.co.za ; circuits 4 jours en pension complète, hébergement en lodge, boissons et activités comprises à partir de 44 950 R/pers) vend des circuits sur mesure, indépendants ou guidés, axés sur l'observation de la faune.

Wildlife Safaris (☎082-576 7963 ; www.wildlifesafaris.com ; 4 jours hébergement et activités compris à partir de 15 500 R/pers) propose un circuit de 4 jours qui comprend la découverte de la Blyde et du Kruger.

Où se loger et se restaurer

Si vous avez déjà visité des parcs nationaux africains, vous apprécierez d'autant plus les atouts propres au Kruger. Les hébergements vont des campements (*rest camps*), camps de brousse (*bushveld camp*) et camps satellites gérés par SANParks aux lodges cinq étoiles des concessions privées. Ces dernières proposent l'accès exclusif à certains des secteurs les plus riches en faune du Kruger.

Quel que soit votre choix, tous les hébergements doivent se réserver en haute saison (octobre à mi-janvier) et durant les vacances scolaires.

La plupart des visiteurs séjournent dans les 12 vastes campements (*rest camps*) du Kruger, qui disposent presque toujours d'emplacements équipés pour tente et caravane, et de logements confortables. Les tentes safari et les cases, habituellement les plus sommaires, sont dotées de ventilateurs et de réfrigérateurs ; comme le camping, elles partagent des sanitaires (douches chaudes) et un espace cuisine avec éviers, plaques chauffantes et *braai*.

Les bungalows et cottages sont plus spacieux, presque tous dotés d'une salle de bains, et ont, pour beaucoup, ventilateurs/climatisation et cuisine équipée (avec couverts, poêles, assiettes, etc.). Draps et serviettes sont fournis dans tous les hébergements (tentes safari incluses), hormis le camping. Tous les campements sont clôturés et abritent une station-service, une laverie et des magasins correctement approvisionnés ; dix d'entre eux disposent d'un restaurant.

Les camps de brousse (*bushveld camps*) permettent de s'immerger davantage au cœur de la vie sauvage. Les cottages comprennent salle de bains et cuisine, mais seuls glace et bois de chauffage sont disponibles sur place.

Les camps satellites sont similaires aux camps de brousse, mais ont pour la plupart cuisine et sanitaires communs. Ils se trouvent habituellement à moins de 3 km d'un campement.

Sud du Kruger

♥ Lower Sabie Rest Camp BUNGALOWS, CAMPING **$$**
(carte p. 422 ; ☎013-735 6056, réservations 012-428 9111 ; www.sanparks.org/parks/kruger/camps/lower_sabie ; empl camping 380-430 R, hutte s/d avec sdb commune à partir de 480/800 R, tente safari d/bungalows avec cuisine à partir de 1 540/1 600 R ; ❄🏊). Le campement le plus populaire du parc se tient dans un splendide méandre de la Sabie qui attire éléphants, hippopotames, buffles et autres animaux. Les tentes safari de catégorie LST2U et les bungalows BD2U/BD3U donnent sur la rivière. Le restaurant **Mugg & Bean** (www.themugg.com ; ⏱7h-21h ; plats 64-160 R), au bord de l'eau, est l'un des plus charmants du Kruger ; la piscine est moins séduisante.

Skukuza Rest Camp BUNGALOWS, CAMPING **$$**
(carte p. 430 ; ☎013-735 4152, réservations 012-428 9111 ; www.sanparks.org/parks/kruger/camps/skukuza ; empl camping 330-430 R, tente safari d avec sdb commune à partir de 800 R, bungalows d 1 440-1 760 R ; ❄📶🏊). Quasiment un village, le plus grand campement du Kruger reste discret et occupe un superbe emplacement au bord de la Sabie. Il propose un vaste choix d'hébergements, dont des cottages de quatre/six personnes (à partir de 3 150 R). Les jolies piscines invitent à la détente. Banque, DAB, poste, médecin, bibliothèque, musée et centre d'information font partie des services.

En bord de rivière, le restaurant **Cattle Baron** (www.cattlebaron.co.za ; plats 60-190 R) propose le Wi-Fi gratuit, une excellente cuisine (le filet de bœuf est divin) et un cadre ravissant. Le stand de plats à emporter est moins alléchant.

Berg-en-dal Rest Camp BUNGALOWS, CAMPING **$$**
(carte p. 422 ; ☎013-735 6106, réservations 012-428 9111 ; www.sanparks.org ; empl camping 330-430 R, bungalow d avec cuisine 1 440-1 820 R ; ❄📺). Ce campement en brique moderne, à 12 km de l'entrée Malelane, manque un peu d'authenticité, ce que compense son emplacement, à l'ombre des Malelane Mountains. Il bénéficie de la vue sur le barrage de Berg-en-dal et la faune qui le fréquente. Parmi les divers logements, des cottages familiaux peuvent accueillir six personnes (à partir de 2 590 R). Centre des visiteurs, projection de documentaires animaliers en soirée (sauf le dimanche) et un court chemin de randonnée (Rhino Walking Trail) à la lisière du campement.

Le café-restaurant (plats 40-155 R) sert une cuisine correcte. Parmi les beaux oiseaux à observer dans le campement et ses abords : le souimanga à poitrine rouge et le cossyphe de Heuglin.

Biyamiti Bushveld Camp COTTAGES **$$**
(carte p. 422 ; ☎013-735 6171, réservations 012-428 9111 ; www.sanparks.org/parks/kruger/camps/biyamiti ; cottages 2/4 pers à partir de 1 870/3 420 R). Les 15 cottages indépendants de ce petit camp sont installés le long de la Biyamiti, une rivière éphémère (les n°s 1 à 9 ont la plus belle vue). Un affût permet d'observer les oiseaux, dont le gladiateur soufré, espèce phare des environs. La boutique vend du bois de chauffage et de la glace, mais pas de produits alimentaires. Le trajet en voiture jusqu'au camp est fantastique.

Pretoriuskop Rest Camp BUNGALOWS, CAMPING **$$**
(carte p. 422 ; ☎013-735 5128, réservations 012-428 9111 ; www.sanparks.org/parks/kruger/camps/pretoriuskop ; empl camping 330-430 R, hutte d avec sdb commune 650-800 R, bungalow d 1 260-1 760 R ; 📶📺). Le plus ancien et le plus haut (donc le plus frais) campement du Kruger, à côté de l'entrée Numbi, se situe dans une belle région, parsemée d'affleurements de granit et fréquentée par des rhinocéros. Le campement est charmant, avec des bougainvillées, des arbres à fleurs et une piscine naturelle creusée dans la roche. Grand choix d'hébergements, mais options limitées en matière de restauration.

♥ **Rhino Post Safari Lodge** LODGE **$$$**
(carte p. 430 ; ☎013-735 8923 ; rhinopostsafarilodge.co.za ; ch lodge ou tente safari d à partir de 7 200 R/pers en pension complète ; ❄📶📺). Lodge de brousse privé le plus authentique dans le sud du Kruger, le Rhino Lodge compte huit suites en bois, toile, verre et gabions à l'ambiance de safari, qui semblent se fondre parmi les arbres. Asseyez-vous sur la terrasse et regardez les animaux qui vont et viennent de la Mutlumuvi.

Le lodge se situe dans la seule concession privée déclarée réserve naturelle et n'organise donc pas de safaris hors-piste. En revanche, SANParks autorise l'accès à 130 km de routes du parc après la fermeture. Renseignez-vous sur les Rhino Walking Safaris.

♥ **Lion Sands Narina Lodge** LODGE **$$$**
(carte p. 430 ; ☎011-880 9992 ; www.lionsands.com ; ste à partir de 20 145 R/pers, repas et safaris compris ; ❄📶📺). Surplombant la rive de la Sabie dans une concession privée, les neuf suites lumineuses du Narina sont coiffées de toits de chaume et sont ornées de boiseries naturelles et de meubles modernes. Les salles de bains, aux beaux sols en pierre, comprennent de grandes baignoires îlots. Toutes les terrasses s'agrémentent d'une piscine et d'une douche privées. De tous côtés, la vue est splendide.

Des activités exclusives sont proposées dans la concession et dans la réserve privée Sabi Sand Game Reserve.

Lion Sands Tinga Lodge LODGE **$$$**
(carte p. 430 ; ☎011-880 9992 ; www.lionsands.com ; ste à partir de 20 145 R/pers, repas et safaris compris ; ❄📶📺). Les 9 suites luxueuses du Tinga ont l'atout d'une vue superbe sur la Sabie. Les chambres de style colonial, avec parquet et meubles en bois sombre, disposent de fauteuils en cuir, d'immenses fenêtres, de douches extérieures et de piscines privées. Les vastes espaces communs, plus contemporains, descendent jusqu'à une grande terrasse en bord de rivière, autour d'un majestueux ébénier.

Activités dans la concession et dans la Sabi Sand Game Reserve.

Jock Safari Lodge LODGE **$$$**
(carte p. 422 ; ☎013-010 0019 ; www.jocksafarilodge.com ; ste safaris compris à partir de 10 465 R/pers ; ❄📶📺). Premier lodge privé du parc, le Jock se niche à la confluence de la Biyamiti et de la Mitomeni, dans une réserve de 60 km². Les 12 chambres (certaines communicantes pour les familles) possèdent toutes une piscine et la vue sur la rivière. Véritable institution dans le Kruger, ce lodge se distingue encore par ses chambres exceptionnelles.

Centre du Kruger

Balule Satellite Camp CASES, CAMPING $
(carte p. 430 ; ☎013-735 6606, réservations 012-428 9111 ; www.sanparks.org/parks/kruger/camps/balule ; empl camping 320-410 R, hutte tr avec sdb commune à partir de 580-640 R). Juste au sud de l'Olifants, ce camp pittoresque compte six cases et 18 emplacements de camping. Pas d'électricité, mais des lanternes sont fournies pour les cases (prévoyez néanmoins une lampe torche). Un congélateur et un réchaud sont à disposition. Safaris en voiture au crépuscule et nocturnes sur demande. Enregistrement aux campements d'Olifants, de Satara, d'Orpen ou de Letaba.

Maroela Satellite Camp CAMPING $
(carte p. 430 ; ☎013-735 6355, réservations 012-428 9111 ; www.sanparks.org/parks/kruger/camps/maroela ; empl camping 330-430 R). À quelques kilomètres du campement d'Orpen (où s'effectue l'enregistrement), ce camping clairsemé offre peu d'intimité. La cuisine commune est équipée en grilles pour *braai*, en plaques chauffantes et en congélateurs. Peut-être apercevrez-vous des galagos dans les beaux ébéniers.

♥ **Olifants Rest Camp** BUNGALOWS, COTTAGES $$
(carte p. 422 ; ☎013-735 6606, réservations 012-428 9111 ; www.sanparks.org/parks/kruger/camps/olifants ; bungalow d 1 470-2 080 R, bungalow qua 3 070-3 150 R ; ❄). Perché sur un promontoire, ce campement est fort de sa vue sur l'Olifants, où convergent éléphants, hippopotames et nombre d'autres animaux. Les bungalows n°s 10 à 14 ont droit à la plus belle vue, de même que les maisons Nshawu et Lebombo, lesquelles peuvent accueillir huit personnes et sont équipées d'une cuisine (à partir de 7 500 R). Il y a une piscine.

Rustic Kitchen (plats 42-155 R) sert quelques menus et profite d'un superbe coucher de soleil – n'oubliez pas vos jumelles. À la nuit tombante, on peut y assister à l'envol d'une colonie de chauves-souris.

♥ **Satara Rest Camp** BUNGALOWS, CAMPING $$
(carte p. 430 ; ☎013-735 6306, réservations 012-428 9111 ; www.sanparks.org/parks/kruger/camps/satara ; empl camping 330-430 R, bungalow d 1 470-1 980 R ; ❄ ≋). Satara, le deuxième plus grand campement, se situe au cœur du territoire des fauves, aux vastes plaines propices à l'observation. En période d'affluence, la vie sauvage semble bien loin, mais le lieu n'en constitue pas moins un bon point de chute.

On y trouve un restaurant Rustic Kitchen (plats 42-155 R), qui sert une cuisine correcte, ainsi qu'un magasin où faire des provisions. Les babouins et les ratels représentent une nuisance et il ne faut pas laisser traîner de la nourriture. Nous avons aussi vu des chats sauvages d'Afrique dans l'enceinte du campement.

Tamboti Satellite Tented Camp BUNGALOWS $$
(carte p. 430 ; ☎013-735 6355, réservations 012-428 9111 ; www.sanparks.org/parks/kruger/camps/tamboti ; tente safari d avec sdb commune 650-800 R, tente safari d avec kitchenette et sdb 1 480-1 850 R). Les 40 tentes safari, dont 10 très confortables avec cuisine et salle de bains, longent une courbe de la Timbavati. Elles disposent toutes d'un réfrigérateur et de ventilateurs. L'épaisseur du bush garantit l'intimité. Un affût permet d'observer les nombreux animaux, et les résidents ont accès à la piscine de l'Orpen Rest Camp, à proximité.

Talamati Bushveld Camp COTTAGES $$
(carte p. 430 ; ☎013-735 6343, réservations 012-428 9111 ; www.sanparks.org/parks/kruger/camps/talamati ; cottages 4/6 pers à partir de 1 480/2 730 R). Au bord de la N'waswitsontso, dans un secteur particulièrement riche en faune, Talamati possède 15 cottages indépendants et deux affûts pour l'observation des oiseaux non loin d'un point d'eau. Bois de chauffage et glace disponibles.

Roodewal Bush Lodge LODGE $$
(carte p. 430 ; ☎013-735 6306 , réservations 012-428 9111 ; www.sanparks.org/parks/kruger/camps/roodewal ; jusqu'à 10 pers 9 260-10 200 R, puis 860 R/pers supp). Ce lodge de brousse, au bord de la Timbavati, doit se réserver bien à l'avance et dans sa totalité. Il peut accueillir 18 personnes et comporte uniquement des cuisines équipées, des espaces *braai* et des lits. L'énergie solaire alimente les lampes et les ventilateurs. On est au cœur du territoire des félins, où vous aurez peut-être aussi observer des nyalas, de grandes antilopes à la robe zébrée.

♥ **Singita Lebombo Lodge** LODGE $$$
(carte p. 430 ; ☎021-683 3424 ; www.singita.com ; ste à partir de 34 560 R/pers, repas et safaris compris ; ❄ ≋). Ce lodge somptueux fait la fierté de la concession privée de Singita, dans les monts Lebombo. Conçues sur le

Centre du Kruger National Park et alentour

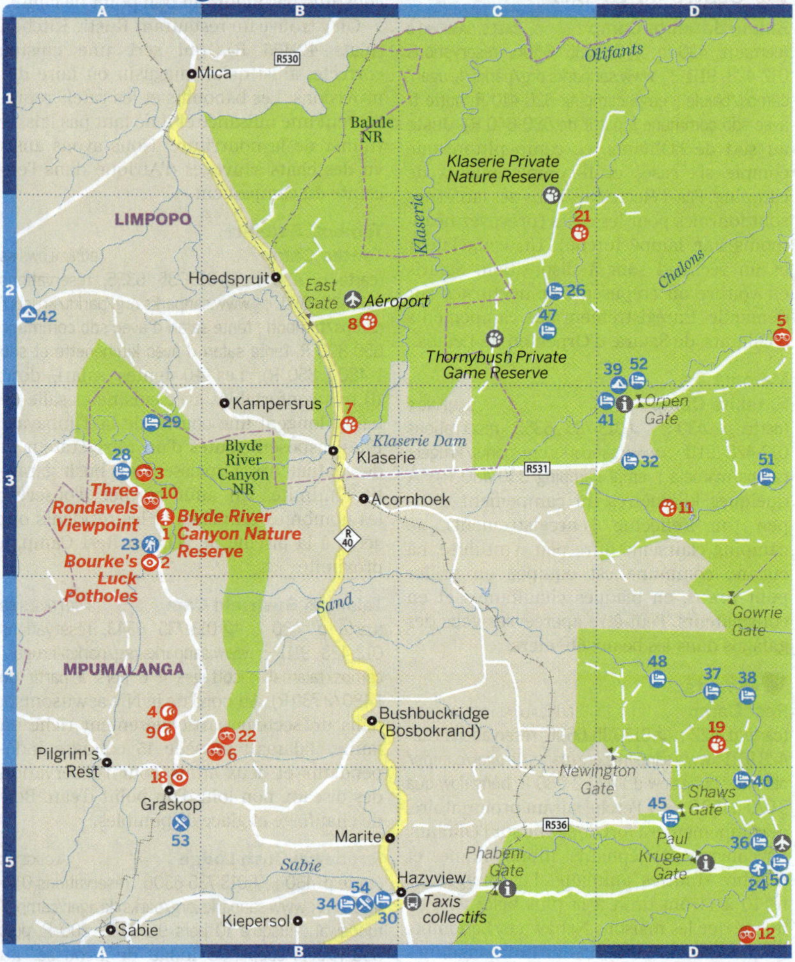

thème du nid d'oiseau, les 15 suites sans cloison sont construites parmi les arbres au sommet d'un promontoire et donnent toutes sur la Sweni (les n[os]4 et 5 sont les plus jolies) ; vous pourrez passer la nuit sur votre terrasse privée.

♥ Imbali Safari Lodge LODGE $$$
(carte p. 430 ; ☎011-516 4367 ; www.imbali.com ; d adulte/enfant 8 707/4 354 R, repas et safaris compris ; ❄📶🏊). Plus grand lodge de la concession de Mluwati, l'Imbali est clôturé et accueille les enfants à partir de 8 ans. Il compte 12 grandes suites, chacune avec piscine privée ou Jacuzzi, nichées dans une forêt en bord de rivière. Neuf d'entre elles surplombent la N'waswitsontso et la faune qui la fréquente.

Hoyo Hoyo Safari Lodge LODGE $$$
(carte p. 430 ; ☎011-516 4367 ; www.hoyo-hoyo.com ; s/d 10 127/6 917 R par pers, repas et safaris compris ; ❄🏊). Détenu en partie par une communauté locale, ce petit lodge de six suites, dans la concession de Mluwati, célèbre la culture tsonga, et vous serez accueilli par un "hoyo hoyo" shangaan. Les chambres aux tons orange, de style *rondavel* traditionnel, comportent

de luxueux aménagements. C'est l'établissement le plus abordable dans les concessions privées du Kruger. Le *bushveld* alentour est connu pour ses félins.

Hamiltons Tented Camp LODGE $$$
(carte p. 430 ; ☎011-516 4367, 011-463 1489 ; www.hamiltonstentedcamp.co.za ; s/d 14 489/9 843 R par pers, repas et safaris compris ; ❄🏊). Hébergement le plus haut de gamme dans la concession de Mluwati, vaste de 100 km², le Hamiltons comporte six somptueuses tentes safari, construites sur pilotis près du lit asséché de la N'waswitsontso. Probablement le meilleur choix au sein du parc.

Nord du Kruger

Outre les nombreux hébergements standards de SANParks dans ce secteur, les affûts de Shipandani (p. 425) et de Sable (p. 425) peuvent se louer pour la nuit.

Tsendze Rustic Camping Site CAMPING $
(carte p. 422 ; ☎013-735 6535, réservations 012-428 9111 ; www.sanparks.org/parks/kruger/camps/tsendze ; empl camping 320-410 R). Un camping sommaire, mais bien tenu, à 8 km au sud de Mopani, avec réchauds à gaz et réfrigérateurs communs, mais sans électricité. Alexander, l'un des éléphants du parc, aime à venir dans les environs, et s'y aventurent parfois également des bucorves du Sud et des circaètes brun, qui feront le bonheur des amateurs d'ornithologie.

♥ Letaba Rest Camp BUNGALOWS, CAMPING $$
(carte p. 422 ; ☎013-735 6636, réservations 012-428 9111 ; www.sanparks.org/parks/kruger/camps/letaba ; empl camping 320-410 R, tente safari d avec sdb commune 670-920 R, hutte avec sdb commune 970 R, bungalows d 1 320-1 630 R ; ❄🏊). Au nombre des meilleurs campements du Kruger, ce havre de verdure au bord de la Letaba comprend des pelouses ombragées fréquentées par des guibs harnachés. On y trouve les plus belles piscines de SANParks, ainsi qu'un large choix d'hébergements, dont des bungalows avec une superbe vue (notamment les n°s 32, 33 et 59 à 64) et des cottages pour six personnes (demandez le n°101, de catégorie FQ6, récemment rénové). Également sur place : un restaurant Rustic Kitchen avec jardin et un magasin bien approvisionné. On voit souvent des éléphants à la rivière, mais ne manquez pas pour autant le musée Elephant Hall (p. 421). Des documentaires animaliers sont projetés tous les soirs (sauf le dimanche).

♥ Shimuwini Bushveld Camp COTTAGES $$
(carte p. 422 ; ☎013-735 6683, réservations 012-428 9111 ; www.sanparks.org/parks/kruger/camps/shimuwini ; cottage 2/4/6 pers à partir de 1 410/2 390/3 340 R). Ce charmant petit camp de brousse avec affût occupe un endroit pittoresque en bord de rivière. Les 15 cottages indépendants, installés sur des pelouses, surplombent une large section de la Letaba. Demandez le n°8, de catégorie GC5 ; reconstruit après une inondation, c'est le plus confortable et le plus moderne.

Centre du Kruger National Park et alentour

Les incontournables
1 Blyde River Canyon Nature Reserve A3
2 Bourke's Luck Potholes A3
3 Three Rondavels Viewpoint A3

À voir
4 Berlin Falls A4
5 Bobbejaankrans D2
6 God's Window B4
7 Hoedspruit Endangered Species Centre B3
8 Kapama Private Game Reserve B2
9 Lisbon Falls A4
10 Lowveld Viewpoint A3
11 Manyeleti Game Reserve D3
12 Mathekenyane D5
13 Aire de pique-nique de Mlondozi F5
14 Aire de pique-nique de Nkuklu E5
15 Nkumbe F4
16 Nsemani Dam E2
17 Orpen Dam F4
18 Pinnacle A5
19 Sabi Sand Game Reserve D4
20 Aire de pique-nique de Timbavati E2
21 Timbavati Private Nature Reserve C2
22 Wonder View B4

Activités
23 Belvedere Day Walk A3
24 Lake Panic Hide D5
25 Sweni Hide F3
Sweni Wilderness Trail ..... (voir 46)

Où se loger
26 &Beyond Ngala Safari Lodge C2
27 Balule Satellite Camp E1
28 Blyde Canyon Forever Resort A3
29 Forever Resort Swadini A3
30 Gecko Lodge & Backpackers B5
31 Hamiltons Tented Camp E3
32 Honeyguide Mantobeni D3
33 Hoyo Hoyo Safari Lodge E3
34 Idle & Wild B5
35 Imbali Safari Lodge E3
Khula's Cottage ..... (voir 7)
36 Lion Sands Narina Lodge D5
Lion Sands Tinga Lodge ..... (voir 36)
37 Londolozi Varty Camp D4
38 MalaMala Main Camp D4
39 Maroela Satellite Camp D2
40 Nottens Bush Camp D5
41 Orpen Rest Camp D3
42 Pangolin Bush Camp A2
43 Rhino Post Safari Lodge E5
44 Roodewal Bush Lodge E1
45 Sabi Sabi Earth Lodge D5
46 Satara Rest Camp E2
47 Shindzela C2
48 Singita Boulders Lodge D4
49 Singita Lebombo Lodge F2
50 Skukuza Rest Camp D5
51 Talamati Bushveld Camp D3
52 Tamboti Satellite Tented Camp D2
Thaba Tsweni Lodge ..... (voir 4)

Où se restaurer
Kadisi Restaurant ..... (voir 28)
53 Kruger's Gold A5
54 Summerfields Kitchen B5
55 Tshokwane F4

Sirheni Bushveld Camp COTTAGES $$
(carte p. 422 ; ☎013-735 6860, réservations 012-428 9111 ; www.sanparks.org/parks/kruger/camps/sirheni ; cottages 2/6 pers à partir de 1 380/2 360 R). Ce joli camp de brousse, dans un secteur de forêt clairsemée du nord du parc, loue 15 cottages indépendants donnant sur le Sirheni Dam (le n°13, de catégorie CO4, est à éviter). L'endroit compte un bon affût d'où observer les oiseaux. Congélateur, glace et bois de chauffage disponibles.

Bateleur Bushveld Camp COTTAGES $$
(carte p. 422 ; ☎013-735 6843, réservations 012-428 9111 ; www.sanparks.org/parks/kruger/camps/bateleur ; cottages 4 pers à partir de 2 390 R ; ❄). Plus ancien et plus petit des camps de brousse, le Bateleur se distingue par son ambiance de brousse. Le long de la Mashokwe, les sept cottages indépendants ont une allure rustique avec leur toit de chaume et leurs fenêtres à cadre d'acier des années 1930 (demandez le n°1 ou le n°7, de catégorie GA6). L'affût comporte une lampe pour les observations nocturnes. Bois de chauffage et glace disponibles. Safari en voiture envisageable, de nuit ou au coucher du soleil (380 R).

Shingwedzi Rest Camp BUNGALOWS, CAMPING $$
(carte p. 422 ; ☎013-735 6806, réservations 012-428 9111 ; www.sanparks.org/parks/kruger/camps/shingwedzi ; empl camping 320-410 R, hutte d avec sdb commune 610-760 R, bungalow d avec kitchenette 1 260-1 600 R ; ❄❄). Dans le nord du Kruger, de grands mopanes et palmiers ombragent ce campement à l'ambiance détendue qui loue des bungalows à l'an-

cienne dans le cercle A et d'autres logements, grands et modernes, dans le cercle B (n°s 32 à 35 et 69 à 79 de catégorie BD2 ; n°s 38 à 41 de catégorie BG2). Bien que le campement borde la Shingwedzi, seul le restaurant Tindlovu (plats 55-150 R) bénéficie d'une vue.

Punda Maria Rest Camp BUNGALOWS, CAMPING $$

(carte p. 422 ; ☎013-735 6873, réservations 012-428 9111 ; www.sanparks.org/parks/kruger/camps/punda ; empl camping 270-410 R, bungalow d 1 030-1 290 R, tente safari avec cuisine 1 230-1 500 R ; ❄🏊). Sur une pente boisée tout au nord du Kruger, ce petit campement se distingue par son charme d'antan, avec de pittoresques bungalows à toit de chaume des années 1930. Si ces derniers sont un peu exigus, sept nouvelles tentes safari luxueuses offrent davantage d'espace et de confort (les n^os^2 et 3 de catégorie ST2 sont les plus intimes).

Boulders Bush Lodge LODGE $$$

(carte p. 422 ; ☎013-735 6535, réservations 012-428 9111 ; www.sanparks.org/parks/kruger/camps/boulders ; jusqu'à 8 pers 6 160-7 210 R, puis 860 R par pers supp). Haut perché parmi de gros blocs de granit à 23 km au sud de Mopani, ce lodge compte cinq bungalows indépendants avec vue sur les plaines. Le lodge doit être réservé bien à l'avance et entièrement. L'énergie solaire alimente uniquement les ventilateurs et les lampes. Dans ce type de milieu, il n'est pas exclu de voir des léopards, en plus des rapaces et des grands ducs du Cap.

ℹ Renseignements

ARGENT

Vous pourrez payer par carte presque partout, y compris dans les magasins et restaurants. Seuls Skukuza et Letaba disposent de DAB qui acceptent les cartes internationales. Les magasins des campements sont équipés de"mini DAB", qui n'acceptent que les cartes locales, et les retraits sont limités à 800 R (voire moins en fonction des liquidités disponibles).

ENTRÉE

Pour les visiteurs étrangers, l'entrée du parc coûte 460/230 R par adulte/enfant et par jour. La Wild Card de SANParks (p. 634) est acceptée. Pendant les vacances scolaires, la durée du séjour est limitée à 10 jours, età 5 jours dans un même campement (10 jours si vous campez).

Toute l'année, le nombre de visiteurs est limité ; en haute saison, arrivez tôt si vous n'avez pas réservé. Les vélos et les motos sont interdits.

INTERNET (ACCÈS)

On ne trouve un accès Wi-Fi gratuit que dans quelques restaurants de campements, mais la situation pourrait évoluer. Lors de nos recherches, le camp de Skukuza était le seul à assurer une connexion limitée, tandis que celui de Berg-en-Dal comptait un cybercafé. Dans d'autres campements, vous pourrez acheter un accès limité, mais la prestation reste rare.

RÉSERVATIONS

Les réservations pour les hébergements et la plupart des activités des **parcs du réseau SANParks** (South African National Parks, parcs nationaux sud-africains ; ☎012-428 9111 ; www.sanparks.org) peuvent se faire jusqu'à un an à l'avance (mais seulement un mois en amont pour les installations destinées aux handicapés) en ligne, par téléphone ou en personne.

Hors vacances et week-ends, il n'est pas indispensable de réserver, mais nous vous le conseillons fortement. D'octobre à mi-janvier, réservez le plus tôt possible. Le système de réservation en ligne est efficace et simple d'utilisation, une fois l'inscription faite.

ℹ AIRES DE PIQUE-NIQUE

Près d'une douzaine d'aires de pique-nique permettent de faire halte au cours d'un circuit en voiture. Elles disposent de toilettes et plusieurs offrent de la nourriture et des boissons. Les sites d'excursion de Skukuza et de Letaba comprennent même des piscines. Nous vous conseillons les suivantes :

Tshokwane (carte p. 430 ; plats 30-70 R ; ⏲7h30-16h30). Environ à mi-chemin entre les campements de Satara et de Skukuza, et entre ceux de Lower Sabie et de Satara, cette jolie aire de pique-nique est devenue une escale à part entière entre le centre et le sud du parc. Le restaurant sert des repas légers (*wors roll* – sortes de hot dogs –, saucisses de koudou, sandwichs toastés, tourtes maison, salades et autres saucisses grillées au *braai*).

Aire de pique-nique de Timbavati (carte p. 430). Une aire de pique-nique au nord-est de Satara. Prenez-y un déjeuner tardif avant de suivre la boucle que forment les S127 et S39.

VAUT LE DÉTOUR

LE PARC DES MAKULEKE

Au cœur de la pointe nord du Kruger, le Makuleke Contract Park constitue un superbe territoire de 240 km^2 aux formations géologiques uniques, encadré par le Limpopo et la Luvuvhu. En 1969, le gouvernement d'apartheid sud-africain expulsa les Makuleke de la région afin d'intégrer leurs terres ancestrales au Kruger National Park.

À la fin des années 1990, le territoire a été restitué aux Makuleke, qui ont accepté de ne pas l'occuper mais de l'exploiter pour l'écotourisme. Un parc sous contrat a ainsi été créé, dont les terres sont gérées de façon écologique en tant que partie du Kruger. Les infrastructures touristiques appartiennent aux Makuleke, qui ont depuis accordé des concessions à quelques sociétés sélectionnées.

Des éléphants fréquentent la région en hiver, tandis que buffles, hippopotames, lions, léopards et nyalas abondent toute l'année. Les oiseaux sont légion.

À l'**Outpost** (carte p. 422 ; ☎011-568 0384 ; www.rareearth.co.za ; d tout compris à partir de 15 200 R ; ▣), vous n'aurez qu'à appuyer sur un bouton pour dormir à l'air libre. Haut perchés au-dessus de la Luvuvhu à la pointe nord du Kruger, ces 12 "espaces de vie" ultramodernes disposent de murs qui peuvent être levés par télécommande, dévoilant un panorama époustouflant. Les randonnées à travers les gorges voisines et les forêts d'eucalyptus sont chaudement recommandées, de même que les safaris en voiture.

TÉLÉPHONE

Vous pourrez acheter du temps de communication dans tous les magasins du parc. La plupart des campements disposent d'une couverture mobile classique ou 3G, qui s'étend parfois aux zones alentour et aux routes principales.

URGENCES

Urgences (☎013-735 4325). Centre d'appel en cas d'urgence, 24h/24.

Kruger National Park Headquarters (☎013-735 4000). Bureau du parc.

LE KRUGER AVEC DES ENFANTS

Le Kruger est particulièrement adapté aux familles et idéalement conçu pour emmener des enfants en safari. Tous les campements sont clôturés, presque tous disposent d'une piscine et de restaurants qui offrent des menus enfant, et plusieurs possèdent des aires de jeux.

Berg-en-dal, Letaba, Skukuza, Satara et Shingwedzi projettent régulièrement des films animaliers pour tous les âges (généralement tous les soirs à 19h du lundi au samedi), et Letaba abrite un intéressant musée consacré aux éléphants. En revanche, les magasins des campements ne vendent généralement ni couches, ni petits pots ou lait infantile ; apportez ces produits.

Les enfants de moins de 12 ans ne sont pas acceptés pour les randonnées d'observation de la faune de SANParks, et ceux de moins de 6 ans ne peuvent pas participer aux safaris en voiture. L'âge minimum peut varier pour ces activités et l'hébergement en lodges privés.

LE KRUGER POUR LES VOYAGEURS HANDICAPÉS

Tous les campements, sauf celui d'Orpen, disposent désormais d'équipements pour les voyageurs handicapés. Le camp satellite de Tamboti, près de celui d'Orpen, possède deux tentes safari accessibles aux handicapés. Le site Internet de SANParks (www.sanparks.org) répertorie les infrastructures de chaque camp ; tous les hébergements accessibles aux handicapés comportent la lettre "Z" dans leur code ; les réservations ne peuvent se faire qu'un mois à l'avance.

Comment s'y rendre et circuler

En Afrique du Sud, neuf entrées permettent d'accéder au Kruger. Les horaires sont identiques, avec de légères variations selon la saison (ouverture entre 5h30 et 6h ; fermeture entre 17h30 et 18h30). Les campements suivent généralement les horaires des entrées, et des amendes pénalisent les arrivées tardives.

On peut aussi entrer au Kruger par le Mozambique, via les postes-frontières de Giriyondo et de Pafuri (p. 651).

AVION

Airlink (www.flyairlink.com) et South African Airways (www.flysaa.com) se sont associées afin de fournir un vol direct quotidien pour l'**aéroport de Skukuza** (carte p. 430 ; ☎013-735 5074 ; www.skukuzaairport.com) dans le Kruger depuis Le Cap (3 heures) et Johannesburg (50 min). Ces compagnies proposent des vols plus nombreux pour l'**aéroport international Kruger Mpumalanga** (carte p. 422 ; ☎013-753 7500 ;

HORAIRES DU KRUGER

MOIS	OUVERTURE DES ENTRÉES/ CAMPEMENTS	FERMETURE DES ENTRÉES/ CAMPEMENTS
Janvier	5h30/4h30	18h30
Février	5h30/5h30	18h30
Mars	5h30/5h30	18h
Avril	6h/6h	18h
Mai-juillet	6h/6h	17h30
Août-septembre	6h/6h	18h
Octobre	5h30/5h30	18h
Novembre-décembre	5h30/4h30	18h30

www.kmiairport.co.za), près de Nelspruit depuis Johannesburg (1 heure), Durban (1 heure) et Le Cap (2 heures 30). Elle relient aussi Johannesburg à l'**aéroport Eastgate** (Hoedspruit Airport ; ☎ 015-793 3681 ; www.eastgateairport.co.za ; R40) de Hoedspruit pour l'entrée Orpen, et à l'**aéroport Kruger Park Gateway** (☎ 015-781 5823) près de l'entrée Phalaborwa.

VOITURE

Les entrées sud du Kruger sont toutes à 475 km (5 heures) de Johannesburg, les entrées Orpen et Phalaborwa à 525 km (6 heures), et les entrées Punda Maria et Pafuri à plus de 600 km (7 heures).

Dans le parc, la plupart des visiteurs conduisent leur propre véhicule. Le réseau routier est excellent, avec de bonnes routes goudronnées et des routes secondaires gravillonnées bien entretenues. Faites cependant attention aux voitures qui s'arrêtent brusquement, aux conducteurs distraits et aux animaux qui se précipitent. Vous n'aurez pas besoin d'un 4x4 sur la plupart des routes gravillonnées, mais renseignez-vous auprès des rangers après de fortes pluies. Tous les campements disposent de stations-service.

Avis (☎ 013-735 5651 ; www.avis.co.za ; Skukuza Rest Camp) a une agence de location au Skukuza Rest Camp, et il y a de nombreuses agences à l'aéroport international de Mpumalanga Kruger (MKIA). Il y en a d'autres à l'aéroport Eastgate et à l'aéroport Kruger Gateway.

RÉSERVES FAUNIQUES PRIVÉES

À l'ouest du parc Kruger, plusieurs réserves privées se prêtent à certains des plus beaux safaris d'Afrique. On y retrouve tous les atouts du Kruger, sans la foule. Elles abritent les mêmes animaux que le parc, y compris les Big Five (lion, léopard, éléphant, buffle et rhinocéros), car aucune clôture ou barrière physique ne sépare les principales réserves – Sabi Sand, Manyeleti et Timbavati – du Kruger.

Ce qui rend leurs safaris bien plus intéressants est l'excellence des guides, la possibilité du hors-piste et l'exclusivité des randonnées et circuits en voiture. Une telle expérience est évidemment coûteuse, car elle implique de séjourner dans l'un des lodges luxueux. Si votre budget le permet, envisagez une nuit ou deux à la fin de votre périple dans le Kruger.

La plupart des visiteurs arrivent en avion à l'aéroport de Skukuza, dans le Kruger, à l'aéroport Eastgate ou directement à Sabi Sand avec Federal Airlines (www.fedair.com), qui dessert les aérodromes de Londolozi, Mala Mala, Sabi Sabi et Singita à partir de Johannesburg et du MKIA (l'aéroport international de Mpumalanga Kruger).

Sabi Sand Game Reserve

Délimitée par la Sabi et traversée par la rivière Sand, la vaste **réserve faunique de Sabi Sand** (carte p. 430 ; ☎ 013-735 5102 ; www.sabisand.co.za ; 310 R/véhicule, 140 R/passager ; ⏲ 6h-18h) couvre l'une des plus belles étendues sauvages du continent. Réputée pour ses léopards, elle est régulièrement choisie par les riches amateurs de safari. Sabi Sand regroupe en fait plusieurs petites réserves privées, qui n'acceptent chacune que leurs propres véhicules dans leur territoire sans barrière ; certaines accordent désormais des droits de transit. Quel que soit l'hébergement choisi, vous trouverez d'excellents guides et une expérience de safari exceptionnelle.

Où se loger et se restaurer

MalaMala Main Camp LODGE $$$

(carte p. 430 ; ☎011-442 2267 ; www.malamala.com ; s/d tout compris à partir de 25 800/17 200 R par pers ;). Doté d'une piscine à débordement et d'un intérieur sobre et élégant aux matières naturelles et épurées (pierre, bois, béton ciré...), ce camp très confortable a pour principale préoccupation la découverte de la faune, grâce à la relation que les guides ont établie avec les animaux depuis des décennies (MalaMala a été la première réserve de safaris-photos du pays). Avec une superficie de 135 km², elle semble gigantesque comparée aux autres réserves.

Les résidents sont encouragés à partager tous leurs repas avec leur guide, afin d'acquérir une meilleure compréhension de l'environnement, de la faune et de l'Afrique du Sud et de rendre les activités plus personnelles. À noter que le site, où les Big Five et d'autres animaux peuvent être aperçus, est particulièrement indiqué pour qui souhaite voir des léopards.

Sabi Sabi Earth Lodge LODGE $$$

(carte p. 430 ; ☎013-735 5261 ; www.sabisabi.com ; s/d tout compris 28 500/38 000 R ;). Merveille souterraine, l'Earth Lodge reste unique en Afrique. Où ailleurs pourrez-vous regarder, à travers une lucarne, un éléphant occupé à vous toiser ? Tirant le meilleur parti de la pente du terrain, les chambres ultramodernes, les espaces communs ouverts et les piscines privées sont inondés de lumière. Reproductions d'œuvres d'art et matériaux naturels ornent les murs épais et les sols en béton ciré.

Singita Boulders Lodge LODGE $$$

(carte p. 430 ; ☎013-735 9800, 021-683 3424 ; www.singita.com/lodge/singita-boulders-lodge ; ste à partir de 32 950 R/pers, repas et safaris compris ; @). Singita a la réputation de tenir certains des meilleurs lodges d'Afrique. Son Boulders Lodge, au bord de la Sand, est notre favori. Les salles à manger, le salon, la bibliothèque, la cave à vin et les vastes suites sont encadrés de pans de grosses pierres sombres qui contrastent avec les meubles contemporains et les reproductions d'œuvres d'art africain.

Londolozi Varty Camp LODGE $$$

(carte p. 430 ; ☎013-735 5653, 082-044 0063, réservations 010-109 2968 ; www.londolozi.com ; s/d tout compris à partir de 24 938/19 950 R par pers ;). Construit sur le site du campement d'origine de la famille Varty, ce lodge fut le premier de Londolozi consacré aux safaris-photos et il s'est transformé en une merveille contemporaine. Les cases d'origine de 1920 sont toujours présentes derrière le somptueux salon moderne, qui surplombe la Sand et entoure un splendide ébénier.

Nottens Bush Camp LODGE $$$

(carte p. 430 ; ☎013-735 5105, réservations 082-414 2711 ; nottens.com ; s/d tout compris 7 795/10 390 R par pers ;). Ce campement confortable, tenu par une famille, loue six chambres pour un excellent séjour en safari. Le restaurant ouvert et deux chambres (n°s 3 et 4) surplombent le point d'eau, contrairement à la superbe piscine. Chandelles et lampes à pétrole procurent un éclairage romantique. Électricité dans les chambres pour les ventilateurs et prises, mais pas dans les espaces communs.

Manyeleti Game Reserve

Durant l'apartheid, **Manyeleti** (carte p. 430 ; www.manyeleti.com ; 110/55 R par pers/véhicule ; ⏲6h-20h), d'une superficie de 230 km², était la seule réserve animalière que les Noirs pouvaient visiter. Aucune clôture ne la séparant du Kruger, les animaux y sont nombreux (y compris les Big Five), mais il vous faudra sans doute persévérer un peu plus pour les voir qu'à Sabi Sand ou Timbavati, car l'eau y est plus rare. En revanche, les prix sont bien moins élevés, et, avec 300 espèces recensées, le site est excellent pour l'observation des oiseaux.

Où se loger et se restaurer

Honeyguide Mantobeni LODGE $$$

(carte p. 430 ; ☎021-424 3122, 011-341 0282 ; www.manyeleti.com ; tente safari 4 424-5 409 R/pers, repas et safaris compris ;). Destiné aux couples, ce petit campement possède 12 tentes safari de style est-africain, disséminées au milieu des arbres (la n°4 donne sur un point d'eau ; la n°1 est la plus intime). Installées sur des plateformes, les petites tentes sont très confortables et dotées de salles de bains ouvertes en partie sur la brousse. Le salon et la piscine, résolument modernes, se fondent dans la nature.

Timbavati Private Nature Reserve

C'est la découverte de lions blancs, au milieu des années 1970, qui a fait connaître cette **réserve** (carte p. 430 ; ☎015-793 2436 ; www.timbavati.co.za ; 160 R/véhicule, taxe 70-328 R/pers). Depuis, si le nombre ces grands félins fluctue, on y vient pour voir d'autres animaux (dans la région, seule Sabi Sandet surpasse Timbavati en matière de richesse de la faune) et profiter d'un beau choix d'hébergements.

Où se loger et se restaurer

♥&Beyond Ngala Safari Lodge LODGE $$$
(carte p. 430 ; ☎réservations 011-809 4300 ; www.andbeyond.com ; Timbavati Private Game Reserve ; cottage tout compris à partir de 11 900-14 500 R/pers ; P❄@⌔≋). Ce lodge luxueux ne trahit pas les standards des établissements &Beyond : ses chambres super design et son cadre charmant, voisin d'une faune abondante, promettent des séjours fabuleux. Les chambres, aux jolis tons kaki, allient habilement bois, pierre et chaume. Le service est impeccable, les guides exceptionnels et la cuisine, l'une des meilleures des environs.

Shindzela LODGE $$
(carte p. 430 ; ☎réservations 082-307 9493 ; www.shindzela.co.za ; tente safari s/d tout compris à partir de 4 946/4 087 R par pers). Hébergement simple, excellent pour découvrir Timbavati sans se ruiner, le Shindzela loue huit petites tentes safari à toit de chaume, fonctionnant à l'énergie solaire, avec toilettes attenantes. La plupart des tentes donnent sur la rivière (dont les nos 7 et 8, plus intimes) et le point d'eau fréquentés par de nombreux animaux. Un lieu charmant, excellent pour observer la faune, et qui sert de la bonne cuisine. Pourquoi payer plus cher ailleurs ?

Limpopo

Dans ce chapitre ➡

Le top des restaurants

- Saskia Restaurant (p. 443)
- Purple Olive (p. 450)
- Red Plate (p. 456)
- Buffalo Pub & Grill (p. 460)
- Sleepers Railway Station Restaurant (p. 462)

Le top des hébergements

- 57 Waterberg (p. 448)
- Fusion Boutique Hotel (p. 442)
- Marataba Safari Lodge (p. 448)
- Tlopi Tent Camp (p. 448)
- Leokwe Camp (p. 452)

Pourquoi y aller

Aux confins septentrionaux du pays, le Limpopo, vaste province aux multiples facettes, se distingue par ses cultures anciennes, sa riche histoire, ses grands espaces et sa faune. Dans le Mapungubwe National Park, vous découvrirez les vestiges de l'âge du fer les plus importants d'Afrique du Sud et pourrez admirer cette contrée de rivières à la croisée de l'Afrique du Sud, du Botswana et du Zimbabwe, tout en observant oiseaux, félins et rhinocéros. Culture et art traditionnel sont toujours vivants dans le mystérieux territoire Venda, où le sacré s'inscrit dans le paysage. Au sein du massif du Waterberg, dans la réserve de biosphère de l'Unesco, la nature se déploie en des splendeurs australes à explorer à la faveur de safaris, notamment dans le Marakele National Park. Rares sont les voyageurs à pousser si loin au nord : on en tire d'autant plus de plaisir à s'y aventurer.

Quand partir

Polokwane (Pietersburg)

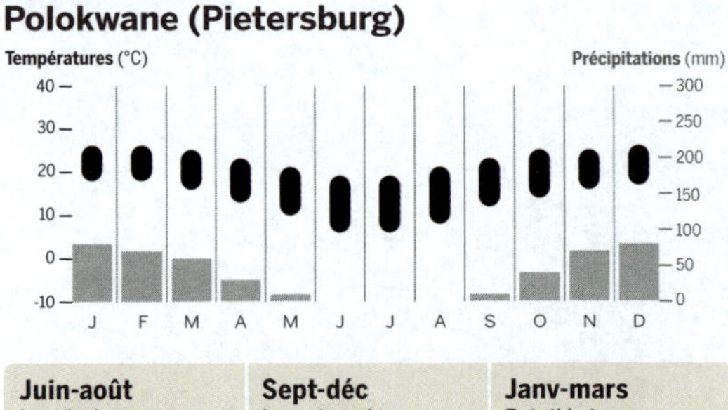

Juin-août	**Sept-déc**	**Janv-mars**
La chaleur s'apaise. C'est le moment idéal pour visiter le Mapungubwe National Park.	La reine de la pluie préside un festival annonçant les averses imminentes.	Privilégiez les collines, plus fraîches, et le festival des baies de Haenertsburg.

Histoire

Les grottes de Makapan, près de Mokopane, ont révélé des vestiges préhistoriques, notamment des outils datés de plus d'un million d'années. La région de l'actuel Mapungubwe National Park fut aussi plus tard le berceau de l'une des civilisations africaines les plus avancées sur le plan technique, dont l'influence fut perceptible sur une étendue de 30 000 km² et qui connut son âge d'or aux VIIIe et IXe siècles.

Les Voortrekkers, communautés de fermiers boers, s'installèrent dans la région au milieu du XIXe siècle et établirent en 1886 leur base à Pietersburg (actuelle Polokwane). Le peuple ndebele fit preuve d'une résistance durable à la colonisation, marquée de conflits.

Langues

L'anglais est couramment parlé, même si l'afrikaans reste la langue privilégiée dans de nombreuses parties de la province. Parmi les autres langues dominantes : le sotho du Nord (sepedi) le tsonga et le venda.

Comment s'y rendre et circuler

Outre celui de Polokwane, relativement fréquenté, les seuls aéroports du Limpopo sont ceux de Hoedspruit et Phalaborwa, que des vols relient à Johannesburg.

Le Limpopo est traversé par la route nationale N1 (à péage), en excellent état, qui va de Johannesburg et Pretoria jusqu'à la frontière du Zimbabwe, située à Beitbridge. Cette voie dessert une bonne partie des villes principales, où font halte les bus Translux (res.prasa.com/translux/booking), comme les liaisons moins onéreuses assurées par City to City (www.busticket.co.za). Les bus Greyhound (www.greyhound.co.za) font quelques arrêts sur le trajet en direction de Harare et de Bulawayo (mais il est impossible de descendre avant la frontière).

Translux circule également le long de la R71 et dessert notamment Tzaneen et Phalaborwa (pour l'accès au parc national du Kruger par la porte de Phalaborwa). Certaines destinations sont difficiles à atteindre sans un véhicule privé, mais les taxis collectifs vont presque partout dans la province.

Louer une voiture demeure la meilleure option pour explorer la région (les routes étant, pour la plupart, en bon état, même si nombre d'entre elles font l'objet d'importants travaux). Vous pourrez gagner un temps précieux en prenant à Johannesburg un vol pour Polokwane, Phalaborwa ou Hoedspruit (villes au nord-ouest de l'Orpen Gate du Kruger), puis en louant un véhicule à l'arrivée.

RISQUE SANITAIRE

Le paludisme (p. 671) et la bilharziose (p. 669) sévissent dans le Limpopo, en particulier au nord-est, à proximité du parc national Kruger et de la frontière zimbabwéenne. Le risque de paludisme est particulièrement fort après la pluie.

POLOKWANE

015 / 130 000 HABITANTS

Plus grande agglomération du Limpopo et capitale de la province, Polokwane (anciennement Pietersburg) incarne l'Afrique du Sud urbaine dans toute sa complexité. Jadis surnommée "le bastion du Nord" par Paul Kruger, elle fut longtemps un haut lieu de la culture afrikaner, mais tient désormais d'un singulier mélange : bien policée dans les banlieues chics de l'est, aux pelouses impeccables ceintes de clôtures, elle se fait joyeusement chaotique dans le centre-ville (entre Civic Sq et l'Indian Centre), avec cette ambiance propre à tant de villes africaines. Si vous voyagez dans le Nord, vous y passerez sans doute.

À voir et à faire

Polokwane Game Reserve — RÉSERVE FAUNIQUE

(015-290 2331 ; adulte/enfant/véhicule 30/22/45 R ; 7h-17h30, dernière entrée 15h30 mai-sept, 7h-18h30, dernière entrée 16h30 oct-avr). Participez à un safari à moins de 5 km au sud de Polokwane ! Avec ses 32,5 km², voici l'une des plus vastes réserves fauniques régies par une municipalité. Elle accueille 21 espèces d'animaux, notamment des zèbres, des girafes et des rhinocéros blancs. Bon réseau de routes et de sentiers. Il s'agit d'une bonne première expérience avant de partir explorer le Kruger ou une autre réserve de même rang.

Polokwane Art Museum — MUSÉE

(015-290 2177 ; angle Grobler St et Hans Van Rensburgh St, Library Gardens ; 9h-17h lun-ven). GRATUIT Ce musée mérite le détour pour son approche moderne du colonialisme, ses nombreuses descriptions de Nelson Mandela et une présentation intéressante sur les femmes et l'art en Afrique du Sud. Il expose des artistes du Limpopo et du reste du pays, et figure parmi les meilleures galeries régionales du pays.

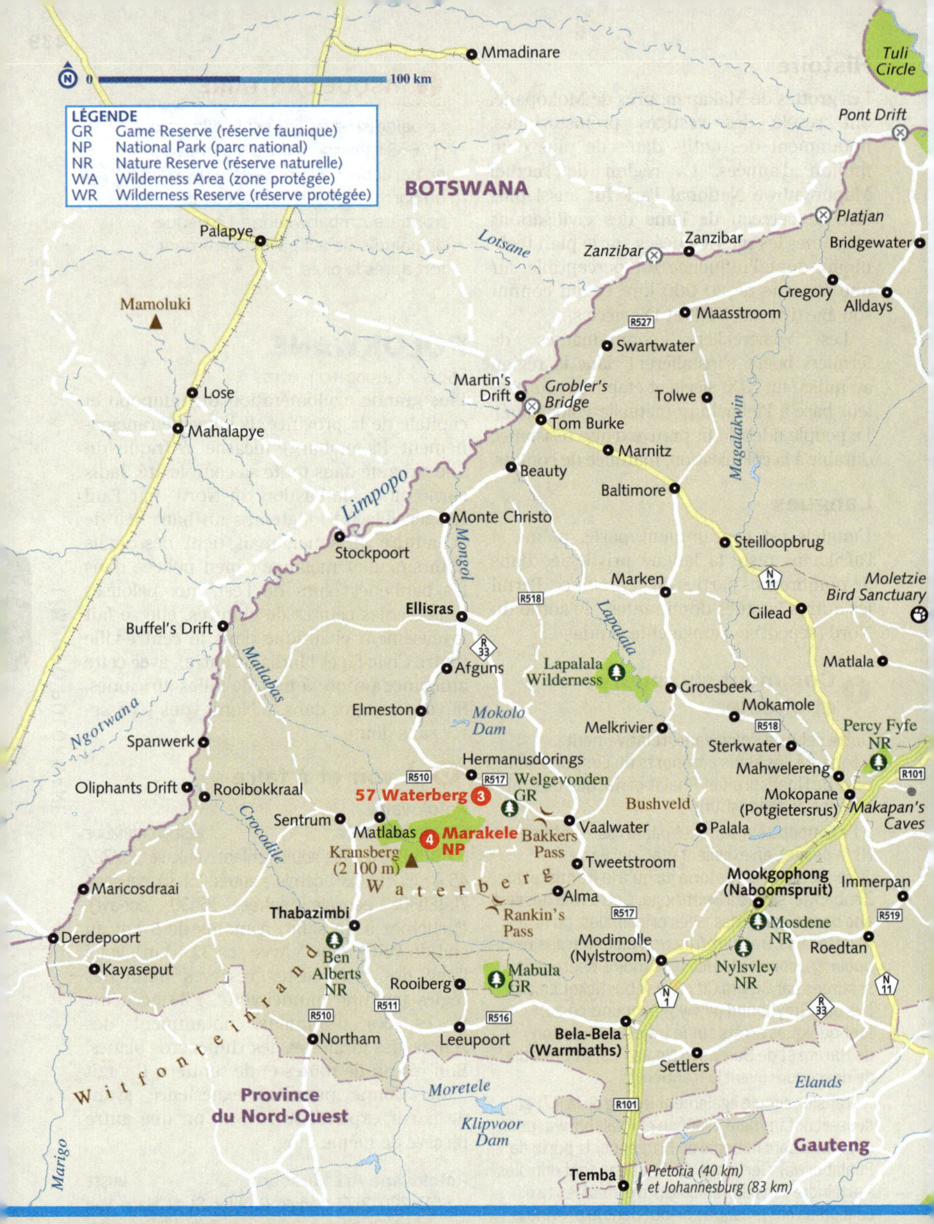

À ne pas manquer

1. L'exploration du **Mapungubwe National Park** (p. 451), entre civilisations anciennes, paysages mémorables et faune exceptionnelle.
2. La découverte d'une culture à travers l'artisanat traditionnel et les tissages colorés du pays **Venda** (p. 452).
3. Le **57 Waterberg** (p. 448), splendide lodge qui domine les vallées du Waterberg.
4. Le crépuscule sur les falaises rouges du **Marakele National Park** (p. 447), en cherchant les Big Five et les vautours chassefiente.

5 Le climat frais, les forêts brumeuses et la décontraction de **Haenertsburg** (p. 455).

6 **Kings Walden** (p. 457), un havre loin de l'agitation urbaine.

7 Le renouveau de **Polokwane** (p. 439), entre cafés, restaurants et hôtels design.

8 **Magoebaskloof Pass** (p. 456), là où la route passe un col escarpé.

9 Les eaux turquoise du **Fundudzi** (p. 454), un lac sacré à approcher de dos, en regardant entre ses jambes.

Polokwane

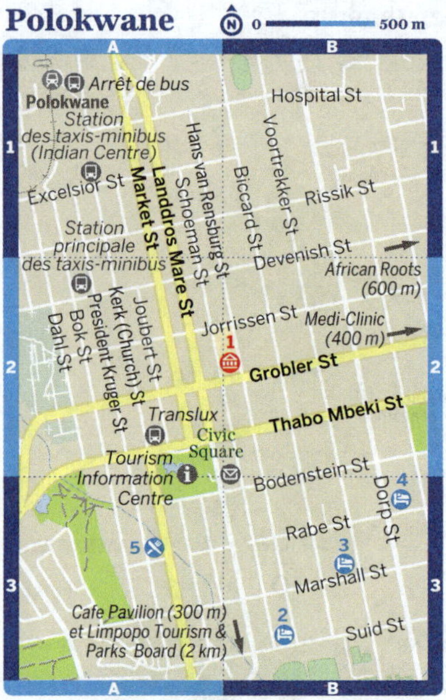

Polokwane

À voir
1 Polokwane Art Museum....................B2

Où se loger
2 Fusion Boutique Hotel....................B3
3 Plumtree Lodge....................B3
4 Rustic Rest....................B3

Où se restaurer
5 Cafe Pavilion....................A3
Saskia Restaurant....................(voir 2)

Bakone Malapa Open-Air Museum MUSÉE

(☎073-216 9912 ; 8h-15h30 lun-ven). À 9 km sur la R37 vers Chuniespoort, ce musée de plein air témoigne de la culture des Sotho du Nord. Ce village reconstitué laisse imaginer comment ces populations vivaient il y a trois siècles. Vous assisterez à la fabrication de poteries et à la démonstration d'objets anciens, comme la trompette en corne de gazelle et les allumettes en racines de marula.

Vuwa Safari & Tours CULTURE, FAUNE

(☎015-291 1384 ; www.facebook.com/Vuwa-safari-tours ; 88 Grobler St). Circuits culturels, de découverte du patrimoine et de la faune dans le Limpopo. Les jeunes mariés y viennent pour se faire photographier avec des lions blancs.

Où se loger

Comme dans tout le Limpopo, les hébergements entrent pour l'essentiel dans la catégorie moyenne.

♥ Plumtree Lodge GUESTHOUSE $$

(☎015-295 6153 ; www.plumtree.co.za ; 138 Marshall St ; s/d petit-déj inclus 825/1 195 R ;). Une maison d'hôtes tenue par des Allemands, et pourvue des chambres les plus spacieuses et les plus plaisantes de la ville : hauts plafonds, salons, TV satellite et bureau (connexion Wi-Fi). Un bar *lapa* (édifice circulaire à murs bas et toit de chaume) jouxte la piscine. Petit-déjeuner copieux.

African Roots GUESTHOUSE $$

(☎015-297 0113 ; www.africanroots.info ; 58a Devenish St ; s/d petit-déj inclus à partir de 650/800 R ;). Aménagées dans une ferme rénovée de 1920, les chambres ont gardé leurs plafonds en acier travaillé et le plancher en pin d'origine, qui se marient harmonieusement aux équipements modernes. Elles donnent toutes directement sur le jardin ou la piscine – autour de laquelle se prélassent aussi bien des voyageurs d'affaires que des touristes.

Rustic Rest GUESTHOUSE $$

(☎015-295 7402 ; www.rusticrest.co.za ; 36 Rabe St ; s/d petit-déj inclus 700/1 000 R ;).Cette demeure des années 1940 et son annexe, tenues par une famille, comptent de magnifiques chambres modernes et luxueuses avec literie et ameublement cosy. Un immense jacaranda est particulièrement en beauté en octobre.

♥ Fusion Boutique Hotel BOUTIQUE-HÔTEL $$$

(☎015-291 4042 ; www.fusionboutiquehotel.co.za ; 5 Schoeman St ; ste junior/executive 3 520/5 870 R ; P@). Élu meilleur boutique-hôtel (et meilleur hôtel artistique) d'Afrique lors des World Luxury Hotel Awards en 2017, cet établissement loue des suites "junior" aux décorations thématiques et d'autres, dites "executives", extravagantes, comme la "Hollywood", la "Bollywood" et la "Kiss" (pour les lunes de miel). Un hôtel grand luxe à l'opulent style classique, dans un beau bâtiment d'architecture contemporaine. Le service est excellent.

Protea Hotel – Ranch Resort HÔTEL $$$

(☎015-290 5000 ; www.marriott.com/hotels/travel/ptgra-protea-hotel-polokwane-ranch-resort ; Farm Hollandrift ; ch à partir de 1 395 R ;). Une touche de luxe hors de la ville pour ce quatre-étoiles aux chambres pourvues de mobilier massif et aux vastes salles de bains dotées de lavabos de marbre. Il donne dans une réserve privée, peuplée de hyènes, de girafes, de buffles et de différentes espèces d'antilopes. À 25 km au sud-ouest de Polokwane (sur la N1).

Où se restaurer et prendre un verre

Les habituelles enseignes de restauration rapide bordent Library Gardens et ses alentours, mais c'est le Savannah Centre (R71) qui présente le plus grand choix de restaurants où s'attabler.

Cafe Pavilion CAFÉ $$

(☎015-291 5359 ; Church St, Sterkloop Garden Pavilion ; plats 55-125 R ; ⊙8h30-22h lun-sam, 8h30-17h dim). Surplombant une jardinerie et pourvu d'un bassin, le Pavilion est idéal pour un petit-déjeuner ou un déjeuner. La cuisine propose les plats de viande habituels (*biltong*, T-bone) préparés de diverses manières, et une ou deux salades.

♥ **Saskia Restaurant** INTERNATIONAL $$$

(☎015-291 4042 ; www.fusionboutiquehotel.co.za/saskia-fine-dining-restaurant ; 5 Schoeman St ; plats 155-260 R ; ⊙7h-22h). Les murs de ce restaurant, qui porte le nom de l'épouse de Rembrandt, sont ornés de reproductions d'œuvres du peintre. Parmi les plats préparés avec maîtrise à partir de produits frais : poisson à l'indonésienne, saumon norvégien, steaks, agneau et poulet cuisinés de diverses façons, et (quelques) mets végétariens. Commencez par les exquises moules à l'ail.

♥ **Grind** CAFÉ

(☎083 633 6479 ; www.facebook.com/thegrindre-present ; ⊙7h-14h lun-sam). Aménagé dans un triporteur, ce café est une idée du maître barista Ben Schempers. En semaine, consultez sa page Facebook pour savoir où il sera garé et vous offrir le meilleur café artisanal de Polokwane (voire du Limpopo). Ce repaire mobile de hipsters (sans aucune connotation négative) vend aussi de très bons sandwichs.

Grounded Container Bar &Cafe BAR

(☎066 302 9682 ; www.facebook.com/Groundedcontainerbar ; Landdros Mare St ; ⊙9h-22h lun-jeu, 9h-23h ven-sam, 10h-20h dim). Abstraction faite de son curieux emplacement, près de l'aéroport, et du fait qu'il ferme un peu tôt, ce fantastique lieu en plein air sert un très beau choix de bières artisanales et de cocktails.

Renseignements

Limpopo Tourism Agency (☎bureau 015-293 3600, info visiteurs 015-290 2010 ; www.golimpopo.com ; Southern Gateway, ext 4, N1 ; ⊙8h-16h30 lun-ven). S'occupe de l'ensemble de la province et distribue la carte *Limpopo Explorer*, très utile, ainsi que le guide *Know Limpopo*. Sur la N1, en rejoignant la ville par le sud.

Medi-Clinic (☎015-290 3600, urgences 24h/24 015-290 3747 ; www.mediclinic.co.za ; 53 Plein St). Hôpital privé doté d'un centre d'urgences ouvert 24h/24.

Police Station (☎015-290 6000 ; angle Bodenstein St et Schoeman St). Poste de police.

Tourism Information Centre (☎015-290 2010 ; angle Thabo Mbeki St et Church St, Civic Sq ; ⊙8h-17h lun-ven). La meilleure source d'informations à Polokwane. Fournit brochures et liste d'hébergements.

Depuis/vers Polokwane

AVION

L'**aéroport de Polokwane** (☎015-288 1622) se trouve à 5 km au nord du centre-ville. **Airlink** (☎015-288 0166 ; www.flyairlink.com)possède un comptoir à l'aéroport. Liaison quotidienne entre Polokwane et Johannesburg.

BUS

Translux (☎0861 589 282 ; res.prasa.com/translux/booking ; angle Thabo Mbeki St et Joubert St). Des bus Translux circulent depuis/vers Johannesburg (260 R, 4 heures) via Pretoria (20 R, 3 heures 30), au moins trois fois par jour.

TAXI COLLECTIF

Les taxis collectifs desservent notamment Louis Trichardt (70 R, 1 heure 30) et Thohoyandou (80 R, 2 heures 30). Ils partent de la station de l'Indian Centre, à l'angle de Church St et d'Excelsior St.

VOITURE

Plusieurs grandes enseignes de location de voitures sont présentes à l'aéroport.

BUSHVELD

Au sud-ouest de Polokwane, s'étend le massif du Waterberg, classé réserve de la biosphère par l'Unesco. C'est dans cette région à la riche biodiversité, de la taille du delta de l'Okavango (au nord du Botswana), que naissent quatre des rivières du Limpopo. Ses falaises en grès sont ornées de peintures rupestres san représentant de grands mammifères. Au sein de la réserve, le Marakele National Park est l'une des aires protégées sud-africaines les plus sous-estimées. Ailleurs, la région du *bushveld*, traversée par la N1, dévoile un paysage de savane africaine typique, une zone plate et sèche. Essaimées en chapelet sur la route, des villes constituent autant de haltes bienvenues.

Mokopane

015 / 30 151 HABITANTS

Mokopane, grande ville du *bushveld*, tombe à pic pour une halte le long de la N1. Ses principales curiosités sont les Makapan's Caves. L'agglomération en soi ne saurait justifier un séjour.

À voir

Makapan's Caves GROTTES

(Makapansgat ; 014-736 4328, 079 515 6491 ; tarif plein/étudiant 25/15 R). Ces grottes classées au patrimoine mondial de l'Unesco sont d'un grand intérêt scientifique : on y a en effet trouvé des objets datant des âges de pierre et du fer. Autre période, autre grotte, l'**Historic Cave** fut en 1854 le refuge du chef Makapan et de plus de 1 000 de ses partisans, assiégés pendant plus d'un mois par Paul Kruger et les Voortrekkers. On a également découvert des restes fossilisés d'animaux disparus comme le sivatherium, un cousin de la girafe, dans ces grottes remplies d'os et de fossiles. Il est impératif de réserver la visite par téléphone. Les grottes sont à 23 km au nord-est de la ville ; le guide parle français.

Game Breeding Centre RÉSERVE FAUNIQUE

(015-491 4314 ; Thabo Mbeki Dr ; adulte/enfant 20/10 R, circuits nourrissage des animaux 40 R ; 8h-16h30). Réserve de 13 km² sur la R101, ce centre de reproduction du National Zoo de Pretoria compte une grande variété d'animaux, notamment des gibbons, des lycaons, des girafes et des lions. Vous pourrez traverser la réserve en voiture. Allez-y tôt le matin ou en fin d'après-midi : les animaux sont alors plus actifs.

Où se loger et se restaurer

Game Breeding Centre GUESTHOUSE $

(015-491 4314 ; Thabo Mbeki Dr ; camping/s/d 50/250/320 R/pers ;). Cette pension est l'adresse la plus originale de Mokopane. Les chambres sont toutes différentes les unes des autres – certaines avec cuisine intérieure ou extérieure et salle de bains. Toutes sont grandes et ont une jolie vue sur la réserve. La n°1 remporte nos suffrages : on voit les gibbons jouer depuis la fenêtre.

Thabaphaswa CABANES $

(082-3896631, 015-4914882 ; www.thabaphaswa.co.za ; camping 155 R, cabane 180-420 R/pers ;). Si vous ne craignez pas de passer une nuit à la dure, cette propriété atypique loue des cabanes perchées, nichées sous des escarpements rocheux. Celles vitrées sont dotées de couchettes, de patios avec *braai* (barbecue) et de douches extérieures. Il y a aussi quelques logements plus confortables. La propriété est sillonnée de sentiers cyclables et pédestres.

BIEN PLUS QU'UN NOM

L'abandon par une ville de son nom hérité de l'apartheid a toujours suscité de vives émotions, mais rarement autant qu'à Mokopane. Sous l'ancien régime, celle-ci s'est d'abord appelée Vredenburg, puis Pieter Potgietersrust (plus tard raccourci en Potgietersrus), en hommage au héros boer Piet Potgieter, tué en 1854 lors du siège de Makapansgat (Makapan's Caves, grottes de Makapan). À l'époque, des centaines de Ndebele, menés par leur chef Makapan (Mokopane), avaient trouvé refuge dans une grotte, cernés par des Voortrekkers armés et déterminés à venger la mort de certains des leurs. Ils furent des centaines à y mourir de soif et de faim. Une fois la démocratie établie dans le pays, le nom de la bourgade fut changé en Mokopane, en mémoire du chef local considéré comme l'ennemi direct de Potgieter dans ce conflit.

LA NATURE À DEUX PAS DE LA N1

Nylsvley Nature Reserve (014-743 6925 ; www.nylsvley.co.za ; adulte/enfant/véhicule 50/30/60 R ; 6h30-17h30 mai-août, 6h-18h sept-avr). Cette réserve de 40 km², dans la plaine d'inondation du Nyl, est l'un des meilleurs sites du pays pour observer les oiseaux (380 espèces répertoriées). Hyènes brunes, léopards, antilopes rouannes, ratels et loups fouisseurs font partie des 79 espèces de mammifères présents (quoique parfois difficiles à apercevoir). La réserve, à 20 km au sud de Mookgophong, est indiquée depuis la R101 en direction de Modimolle.

Bundox Bush Camp (072 523 2796 ; www.bundox.co.za ; 275-880 R/pers ; P), située à 3 km au sud de Mookgophong en retrait de la R101, loue de superbes chalets sans cloisons ainsi que des tentes africaines. La propriété abrite une réserve de guépards, 129 espèces d'oiseaux et… une bibliothèque sous un toit de chaume.

Nylsvley Wildlife Resort (014-743 6925 ; www.wildliferesorts.org/limpopo-resorts/waterberg/nylsvley-birding-lodge.html ; empl camping 35 R/pers, chalets à partir de 530 R/pers). Simples, mais soignés et bien entretenus, ces chalets sont un hébergement idéal pour les amateurs d'ornithologie venus explorer la réserve.

Platinum GUESTHOUSE $$
(015-491 3510 ; theplatinum@connectit.co.za ; 4 Totius St ; s/d petit-déj inclus 600/950 R ; @). Cette maison de banlieue détonne au milieu des hébergements de luxe. Elle est pourvue de jolies chambres, élégantes et confortables. Comme elles sont toutes différentes, la sympathique propriétaire vous en fera volontiers visiter plusieurs. Établissement indiqué depuis la R101 en entrant dans la ville depuis Modimolle.

Park Hotel HÔTEL $$
(015-491 3101 ; www.thepark.co.za ; angle Thabo Mbeki Dr et Beitel St ; ch à partir de 920 R ; P). Tout au nord de la ville, ce trois-étoiles comprend 129 chambres modernes et un excellent restaurant en bord de piscine. S'il n'a pas autant de caractère que certains de ses concurrents, les chambres y sont raffinées et le service, professionnel.

Renseignements

Mokopane Tourism Association (015 491 8458 ; www.mogalakwena.gov.za ; 97 Thabo Mbeki Dr ; 8h-16h30 lun-ven, 9h-12h sam). Sur la R101. Fournit abondance d'informations sur la région.

Depuis/vers Mokopane

Translux (res.prasa.com/translux/booking) et City to City (www.citytocity.co.za) assurent des liaisons quotidiennes pour Johannesburg (310 R, 3 heures 45) via Pretoria, pour Phalaborwa (300 R, 3 heures 45) via Tzaneen et pour Sibasa (300 R, 4 heures) via Polokwane et Louis Trichardt.

L'arrêt des taxis collectifs se trouve devant Shoprite dans Nelson Mandela Dr ; comptez environ 50 R pour aller de Mokopane à Polokwane.

Bela-Bela

014 / 66 500 HABITANTS

Comme ailleurs en Afrique du Sud, la ville et le township se disputent ici l'espace en un saisissant patchwork. L'endroit n'en constitue pas moins une bonne halte, en particulier pour qui affectionne les bains thermaux. Bela-Bela ("bains chauds") tient en effet son nom de ses sources chaudes, lesquelles jaillissent en bouillonnant à raison de 22 000 litres/heure et furent découvertes par les Tswana au début du XIXe siècle. Le bain dans ces bassins est une panacée notoire aux douleurs rhumatismales. Au nord de la ville, quelques sites dignes d'intérêt sont également à visiter.

À voir et à faire

Bambelela RÉSERVE FAUNIQUE
(014-736 4090 ; www.bambelela.org.za ; adulte/enfant 100/50 R ; sur rdv). Ce centre de réadaptation privé, créé par Silke von Eynern en 2003, est un exemple de persévérance. Après la mort de son mari en 1997, Silke a voulu monter cette structure, et a fini par prospérer après maints échecs. Aujourd'hui, ce centre dédié aux vervets accueille plus de 300 de ces singes. La visite de 1 heure 30 vous en apprendra plus sur ces petits primates, depuis les bébés jusqu'à ceux sur le point d'être relâchés. Entrée sur réservation uniquement. À 20 km au nord de la ville.

Hydro SPA
(☎ 014-736 8530 ; www.foreverwarmbaths.co.za ; Chris Hani Dr ;210 R/pers ; ⏲ 7h-16h et 17h-22h). Ce spa appartenant au groupe Forever Resort compte plusieurs bassins intérieurs et extérieurs reliés entre eux. Les enfants se ruent vers les bassins froids agrémentés de toboggans pendant que d'autres profitent de bains chauds allant de 38 à 42°C ou de l'un des nombreux autres traitements de thalassothérapie disponibles.

Où se loger et se restaurer

On trouve des chaînes de restauration (dont des grills et un Ocean Basket) dans tout le centre-ville.

Flamboyant Guesthouse B&B $
(☎ 076-259 7111 ; www.flamboyantguesthouse.com ; 5 Flamboyant St ; s/d 380/560 R petit-déj inclus ; ❄). Nichée parmi les jacarandas au nord de la ville, cette belle propriété charme par ses patios fleuris et par son sympathique propriétaire. Un lieu tout simple, mais d'un excellent rapport qualité/prix.

Elephant Springs Hotel HÔTEL $$
(☎ 087 820 5999, 014-736 2101 ; www.southofafrica.co.za/properties/elephant-springs-hotel-bela-bela ; 31 Sutter Rd ; s/d 600/1 200 R ; ❄ 📶 🏊). Surtout utilisé comme centre de conférences, ce bel édifice assure à ses hôtes un séjour au charme suranné. L'endroit est accueillant, avec ses lits confortables et son cadre qui vous changera agréablement des *guesthouses*.

Toeka se Dae INTERNATIONAL $
(☎ 082 570 7923 ; www.toekasedae.co.za ; sur la R516, Roodekuil Padstal ; plats 40-90 R ; ⏲ 8h-17h). Assis sur une chaise faite de pneus, de plaques d'immatriculation ou de bassines, profitez du singulier décor de cette écurie, à 15 km de la ville. Les formules-déjeuner n'ont rien de spectaculaire – on retrouve les classiques burgers et sandwichs grillés, ainsi que quelques spécialités sud-africaines – mais l'établissement constitue un arrêt sympathique sur la R516, au sud-est de Bela-Bela.

Renseignements

Bela-Bela Community Tourism Association (☎ 014-736 3694 ; www.belabelatourism.co.za ; Old Pretoria Rd, Waterfront ; ⏲ 8h-17h lun-ven, 9h-13h sam). Située sur la rive (Waterfront), de l'autre côté du pont par rapport au centre-ville.

Depuis/vers Bela-Bela

Les taxis collectifs partent de Ritchie St, entre le Forever Resort et l'Elephant Springs Hotel, et se rendent, entre autres destinations, à Polokwane (90 R, 2 heures 30) et à Johannesburg (105 R, 2 heures).

Waterberg

Jadis, Paul Kruger se débarrassait des politiciens embarrassants d'un funeste : “Donnez-lui une ferme dans le Waterberg”, une sentence inquiétante à l'époque. Cette chaîne montagneuse, qui s'étire sur 150 km de Thabazimbi jusqu'à Vaalwater au nord-est, est protégée par les 15 000 km² de la Waterberg Biosphere Reserve. Culminant à 2 100 m d'altitude, la région bénéficie d'un climat tempéré et on peut y admirer les Big Five (lion, léopard, buffle, éléphant et rhinocéros), tandis qu'alternent veld arbustif, *sourveld* (un type de prairie), montagnes et rivières. Le joyau de la région est sans aucun doute le Marakele National Park.

Le **Waterberg Meander**, itinéraire touristique signalisé de 350 km dans le Waterberg, relie 13 projets communautaires et des sites d'intérêt ayant notamment marqué la guerre des Boers, des points de vue permettant d'admirer d'époustouflants paysages ainsi que des boutiques d'artisanat. Procurez-vous l'excellente brochure *Waterberg Meander* dans les offices du tourisme. Vous trouverez des renseignements à Vaalwater.

Vaalwater et ses environs

☎ 014 / 4 000 HABITANTS

Vaalwater (“faalvater”) est une excellente base pour explorer les nombreuses curiosités que recèle le Waterberg, et c'est de loin la bourgade la plus plaisante entre Polokwane et la frontière sud-ouest du Limpopo – on s'y sent à mille lieues de l'Afrique du Sud urbaine. Cela étant, l'endroit se résume pour l'essentiel à une succession d'infrastructures touristiques et locales essaimées le long de la route.

À voir et à faire

St John's Church ÉGLISE
GRATUIT À environ 10 km de la ville sur la route de Melkrivier, tournez à droite vers Vierentwintigriviere avant de prendre à gauche 8,7 km plus loin, en direction de Naauwpoort. Se dresse alors sur votre gauche la St John's Church (1914), conçue,

dit-on, par sir Herbert Baker, l'architecte britannique de bien des bâtiments officiels sud-africains, bien que les travaux portant sur ce grand architecte colonial en fassent rarement mention.

Horizon Horseback Adventures ÉQUITATION
(☎083-419 1929 ; www.ridinginafrica.com). Ce centre, situé près des Waterberg Cottages, a ses fidèles. Il propose des activités comme le rassemblement de bétail et le safari à cheval de 8 jours, incluant l'observation de la faune au Botswana.

Waterberg Welfare Society RENSEIGNEMENTS
(☎014-755 3594 ; www.facebook.com/WaterbergWelfareSociety ; Timothy House, 208-209 Waterberg St ; ⏲8h30-17h lun-jeu, 8h-12h ven). Fondée pour aider les personnes séropositives, ou affectées par le sida, et leurs familles, la Waterberg Welfare Society accueille les visiteurs à la Timothy House et leur donne l'occasion de rencontrer les orphelins et de se renseigner sur ses programmes et son travail avec les malades. Téléphonez avant de passer.

Où se loger et se restaurer

Vaalwater compte quelques hébergements corrects à bas coût. Si vous cherchez du haut de gamme, vous devrez quitter la ville pour rallier une réserve privée.

Waterberg Cottages COTTAGES $
(☎014-755 4425 ; www.waterbergcottages.co.za ; ch 420-550 R/pers ; 🏊). Sis à 33 km au nord de Vaalwater en retrait de la route de Melkrivier, ces cottages vont du plus sobre au plus sophistiqué. Réparti sur deux niveaux, le "Bushwillow" dispose d'une salle de bains privative et d'une cuisine moderne. Tout son charme tient aux meubles de famille. On compte, au nombre des activités, une visite de la ferme et des séances d'astronomie ou d'ornithologie.

La Fleur ITALIEN $$
(☎014-755 3975 ; 361 Voortrekker St ; plats 50-110 R ; ⏲8h-22h lun-sam). L'endroit est élégant, aussi bien à l'intérieur qu'en terrasse, et se prête à observer les allées et venues. C'est l'unique restaurant de Vaalwater. Pizzas, pâtes, salades, crêpes et steaks y sont servis avec brio par un personnel porté à la conversation.

Achats

Beadle ART ET ARTISANAT
(☎014-755 4002 ; Sterkst-room Rd ; ⏲7h30-17h lun-ven, 7h30-13h sam-dim). À côté d'une usine d'huiles essentielles et près de Horizon Horseback Adventures (ci-contre), cette entreprise communautaire vend de beaux objets en cuir ou en perles fabriqués main dans l'atelier par des artisans du village.

Depuis/vers Vaalwater

La R33 entre Modimolle à Vaalwater ayant été rénovée, le trajet est désormais plus court et plus agréable. Le mieux est de se déplacer en véhicule privé – les transports publics sont rares imprévisibles.

Marakele National Park

Ce **parc national** (☎014-777 6929 ; www.sanparks.org/parks/marakele ; adulte/enfant 240/120 R ; ⏲7h-17h30 mai-août, 7h-18h sept-avr) est l'une des réserves les moins connues et les plus sous-estimées du pays. Sis dans les montagnes, au sud-ouest de la réserve de biosphère du Waterberg, on y retrouve tous les Big Five, de superbes oiseaux à observer et l'une des plus grandes colonies au monde de vautours chassefiente (plus de 800 couples de cette espèce menacée). Mais ce sont ses panoramas qui le rendent véritablement inoubliable, entre falaises rouges, massif et forêts (en partie dévastées par un incendie en 2017) en passant par ses quelques lacs.

À voir et à faire

Le parc comprend deux sections ; la seconde, à l'est, (on appuie sur une sonnette pour entrer) étant la plus sauvage et riche d'animaux.

La première partie du parc, la **section ouest**, comprend des rhinocéros, mais pas d'autres représentants des Big Five. Les routes sont praticables en voiture standard et traversent des zones boisées clairsemées qui se prêtent très bien à l'observation d'oiseaux– prenez Kudu Dr, puis Kgokong Dr jusqu'au **Bollonoto Bird Hide**. Cet affût surplombe le barrage **Bollonoto Dam**, un lieu où l'on peut apercevoir des martins-pêcheurs et des échassiers.

Dans la **section est**, une fois passée l'entrée, les paysages sont plus vastes et les Big Five tous présents (surtout les lions, éléphants et rhinocéros, qu'il est fréquent d'apercevoir). De nombreuses routes de cette section sont praticables en voiture standard (sauf cas de fortes pluies) et la boucle qui inclut Lekganyane Dr et Mbidi Rd est ponctuée des meilleurs paysages.

C'est aussi dans la section orientale que se trouve le **Lenong Viewing Point** (ou Vulture-Viewing Point, point d'observation des vautours). Une route goudronnée, étroite et sinueuse, grimpe jusqu'à ce splendide point de vue embrassant un vaste panorama, sans compter ceux qui se dévoilent au fil de l'ascension. Une fois au sommet (prenez à droite à la fourche tout en haut), oubliez les disgracieux pylônes émetteurs, garez-vous et parcourez 200 m environ. Il faudra sûrement persévérer pour les apercevoir, mais les vautours chassefiente en valent la chandelle (plus de 800 couples de cette espèce menacée peuplent le parc ; voir l'encadré ci-dessous).

Il est aisé de conduire soi-même dans le parc, ce qui est une très bonne façon de l'explorer. À l'entrée, on peut aussi s'inscrire à des **safaris en voiture** (adulte/enfant 260/120 R) à l'aube ou au coucher du soleil. Des **randonnées guidées** (350 R) sont aussi proposées (aux adultes uniquement).

LE VAUTOUR CHASSEFIENTE

Il est l'un des oiseaux les plus emblématiques d'Afrique australe : le vautour chassefiente (ou vautour du Cap) vit principalement en Afrique du Sud, au Botswana et au Lesotho, mais on en retrouve de plus petites populations en Namibie, au Mozambique, au Zimbabwe et en eSwatini. Comme la plupart des espèces de vautours africaines, celle-ci a connu une chute démographique vertigineuse, au point d'être classée "en danger" par l'UICN en 2015. Ce charognard, qui niche sur les falaises et ne pond qu'un œuf par saison, couvre un territoire très étendu – en équipant un individu d'un émetteur, on a pu établir que son domaine vital s'étendait sur 22 500 km². Depuis les années 1980, les carcasses empoisonnées, la destruction des habitats et les ravages causés par les pylônes électriques ont eu de lourdes conséquences. Aujourd'hui, il ne resterait plus que 4 700 couples reproducteurs, dont 800 nichent dans le Marakele National Park. Celui-ci joue donc un rôle crucial pour l'avenir de cette espèce.

Où se loger

Tlopi Tent Camp CAMPING $$
(☎ Pretoria 012-428 9111 ; www.sanparks.org/parks/marakele/tourism/accommodation.php ; tentes 1 365-1 670 R). Un superbe hébergement composé de tentes de deux lits, plantées à 15 km de la réception et donnant sur une retenue d'eau où viennent s'abreuver antilopes et gnous. Meublées, elles sont équipées d'une salle de bains et, à l'extérieur, d'une cuisine avec réfrigérateur et *braai* (barbecue), et d'une belle terrasse. Pensez à apporter des provisions, car il n'y a pas de magasin dans le parc.

57 Waterberg LODGE $$$
(☎ 012-346 5425 ; www.57waterberg.com ; Welgevonden GR ; ste repas et activités inclus 4 500-4 900 R, d 7 800-8 600 R ; P 📶 🏊). Ce lodge de la Welgevonden Game Reserve ne reçoit que des éloges. Situé au nord-est du Marakele National Park, il partage le même environnement à la faune abondante. Toits de chaume, baies vitrées et tons ocre : les cinq belles suites sont vastes et pourvues de petites piscines privées. Un hébergement fantastique, fort de surcroît d'excellents guides.

Marataba Safari Lodge LODGE $$$
(☎ réservations 011-880 9992 ; www.marataba.co.za ; s tout compris 10 343-13 748 R, d tout compris 6 895-9 165 R/pers ; P 📶 🏊). Un lieu magnifique, dans le splendide isolement d'un coin du Waterberg. Les logements, avec murs de pierre et toiles de tente, ont pour cadre le massif rocheux. On pourrait aisément y passer une semaine de farniente, installé sur l'une des terrasses privées.

Depuis/vers le Marakele National Park

L'accès le plus aisé au parc se fait par la R510 en venant de Thabazimbi. La rude piste de terre de Bakkerspas Rd longe les montagnes et offre un fabuleux panorama. Tournez à gauche à 6 km à l'ouest de Vaalwater et, après 60 km, à droite au carrefour en T. L'entrée du parc est 45 km plus loin, quelques kilomètres après le début de la route goudronnée.

SOUTPANSBERG

Le Soutpansberg est la région la plus septentrionale de l'Afrique du Sud ; à la frontière sud du Zimbabwe, elle borde aussi l'est du Botswana. Les versants boisés de la chaîne du Soutpansberg contrastent par leur luxuriance avec le *lowveld* du Nord, où les baobabs dominent les plaines sèches. Ses montagnes, le pays Venda et le Mapungubwe National Park méritent amplement le trajet de 260 km depuis Polokwane. Assez peu de visiteurs s'aventurent aussi loin dans le nord du pays, mais ceux qui s'y rendent verront leurs efforts récompensés.

Louis Trichardt

015 / 25 500 HABITANTS

La ville arborée de Louis Trichardt (du nom d'un chef voortrekker, elle fut rebaptisée Makhado en 2003, puis à nouveau Louis Trichardt) constitue une bonne base pour visiter le Limpopo. Ses artères débouchent, en périphérie, sur des parcs verdoyants, de larges routes et des jacarandas, le tout formant un cadre agréable à souhait. Le centre est très animé, avec ses rues bordées de grandes enseignes.

L'extraordinaire diversité de la faune et de la flore fait la renommée de cette magnifique région montagneuse, où l'on trouve l'une des plus fortes concentrations de léopards africains sur le continent, et davantage d'espèces d'arbres que sur la totalité du territoire du Canada !

Activités

Deux magnifiques randonnées vous attendent dans les montagnes du Soutpansberg, au départ de la Soutpansberg Hut, à la sortie de la ville. Comptez 2 heures 30 pour la première marche, et 2 jours pour le **Hanglip Trail**, un sentier de 20,5 km qui grimpe à travers la forêt vierge jusqu'à un pic de 1 719 m offrant un point de vue sur le *bushveld*. Prenez les précautions d'usage contre le paludisme (p. 671), la bilharziose (p. 669) et les tiques. Vous logerez dans des gîtes (120 R/pers) équipés de couchettes, douches et *braai*.

Où se loger et se restaurer

Madi a Thavha LODGE $$

(015-516 0220 ; www.madiathavha.com ; camping 100 R, s/d petit-déj inclus 855/1 520 R ;). Véritable havre à l'écart du monde, cette ferme-auberge travaille étroitement avec la population locale. Ses petits cottages colorés avec kitchenette sont égayés de couvre-lits et coussins venda, et décorés de bougies. Les propriétaires néerlandais organisent des visites d'ateliers d'artisans locaux, des randonnées, des circuits d'observation des oiseaux et des visites de villages. À 10 km à l'ouest de la ville, à la sortie de la R522.

139 on Munnik GUESTHOUSE $$

(083-407 0124 ; 139 Munnik St ; s/d petit-déj inclus à partir de 750/1 150 R ;). Incontestablement l'hébergement le plus luxueux de Louis Trichardt, qui se distingue par ses installations modernes à l'élégance discrète et ses lits somptueux. Il y a même un bar et un café sur place, et d'après le propriétaire, on ne trouve pas de meilleure connexion Wi-Fi en ville. L'adresse est courue : réservez tôt.

Ultimate Guest House GUESTHOUSE $$

(015-517 7005 ; www.ultimategh.co.za ; Bluegumsport Rd ; s/d petit-déj inclus 600/820 R ;). Cette pension, peinte de couleurs originales et enveloppée de brume, s'offre au regard à l'issue d'un long trajet sur la N1. Elle compte un bar-restaurant (plats 90 R) avec véranda (idéale pour un gin tonic le

MARAKELE NATIONAL PARK

Pourquoi y aller Tous les grands animaux d'Afrique sont représentés ici, dont les fauves, les Big Five et la plus grande colonie de vautours chassefiente (une espèce menacée) au monde. Le tout dans le cadre magnifique du massif du Waterberg, avec, à la clef, un panorama spectaculaire sur la région.

Quand partir Toute l'année, mais il faut savoir que février et mars sont parfois marqués par de fortes pluies.

Informations pratiques Le Marakele 4×4 Eco Trail est parfois fermé en raison des dégâts causés par la pluie. Le bureau des réservations se trouve sur la route Thabazimbi-Alma, à 3 km au nord-est de l'intersection avec la route Matlabas-Rooiberg.

Faire des économies Séjourner à Thabazimbi, à quelques kilomètres du parc, permet de faire des économies – à moins d'opter pour le camping.

HORS DES SENTIERS BATTUS

LESHIBA WILDERNESS

Perché dans les nuages enveloppant la chaîne du Soutpansberg, ce **complexe** (015-593 0076 ; www.leshiba.co.za ; chalet à partir de 620 R/pers, s/d pension complète avec activités 2 800/4 600 ;) certifié commerce équitable, établi dans un village venda, a été créé avec le soutien de Noria Mabasa, artiste venda de renommée mondiale. Murs en adobe, toit de chaume et terrain impeccable : les chambres au joli style traditionnel sont aussi tout confort. Un panneau l'indique à 36 km à l'ouest de Louis Trichardt, sur la R522.

Au sein d'une réserve naturelle, plantée de plus de 350 espèces d'arbres et peuplée de hyènes brunes et de léopards, ce lieu isolé propose un hébergement, en pension complète ou non, dans des *rondavels* avec cuisine. Cascades et panorama sur le Botswana.

soir) donnant sur une vallée luxuriante. Sur la N1, à 10 km au nord de la ville, tournez à gauche 100 m après le Mountain Inn et parcourez 1,6 km de piste : l'établissement sera sur votre droite.

Purple Olive INTERNATIONAL $
(015-516 5946 ; 129 Krogh St ; plats 48-95 R ; 8h-17h lun-sam). Produits de la mer, grillades, tout un choix de burgers, salades et pâtes pour une halte agréable à tout moment de la journée. L'ambiance est un peu guindée, mais la décontraction est de mise sur la terrasse donnant sur le jardin.

Renseignements

Soutpansberg Tourist Office (015-516 3415 ; Songozwi Rd ; 8h-16h30 lun-sam). Office du tourisme très utile. Renseignez-vous sur les circuits dans le pays Venda.

Depuis/vers Louis Trichardt

Des bus **Greyhound** (083-915 9000 ; www.greyhound.co.za) rallient Johannesburg (290 R, 6 heures) et Harare, au Zimbabwe (465 R, 11 heures). L'arrêt se trouve près de la station-service Caltex, à l'angle de la N1 et de Baobab St. L'agence de voyages **Louis Trichardt Travel Agency** (015-516 5042 ; 8h-13h et 14h-16h30 lun-ven, 9h-11h sam), dans une allée perpendiculaire à Krogh St (face à Louis Trichardt Stationers), sert d'agence locale pour Greyhound et Translux.

La station de taxis collectifs est située sur le parking du supermarché Shoprite près de Burger St. Musina (60 R, 1 heure 30) et Polokwane (60 R, 1 heure 30) sont desservies.

Musina

015 / 68 400 HABITANTS

À environ 18 km au sud du poste-frontière de Beitbridge et du Zimbabwe, Musina (ou Messina) a ce côté brouillon propre aux villes frontalières. Souvent embouteillée, elle retentit de coups de klaxon. La vigilance est de mise quand on marche dans la rue.

Vous y passerez sans doute si vous êtes en route pour le spectaculaire Mapungubwe National Park. Cet itinéraire, l'un des plus beaux de la région, traverse des paysages d'une beauté inouïe, sur des routes désertes, bordées de baobabs.

À voir

Les baobabs *(Adansonia digitata)* sont omniprésents dans la région. Nul besoin de s'éloigner beaucoup de Musina pour repérer ces arbres impressionnants dont les plus gros ont plus de 3 000 ans. "Big Tree" ("grand arbre") les dépasse tous. Il s'élève à côté de Sagole, au nord-est du Limpopo.

Musina Nature Reserve RÉSERVE NATURELLE
(015-534 3235 ; 9h-18h). GRATUIT À 5 km au sud de la ville, en retrait de la N1, cette réserve protège la plus forte concentration de baobabs d'Afrique du Sud, ainsi que des animaux, dont des zèbres, des girafes et des hippotragues noirs, antilopes rares.

Où se loger

Les restaurants d'hôtels sont les seules tables recommandées à Musina.

Ilala Country Lodge LODGE $$
(076-138 0699 ; www.ilalacountrylodge.co.za ; sur la R572 ; s/d petit-déj inclus 600/800 R ;). Ce vénérable lodge rural est doté d'un panorama exceptionnel sur la vallée de la Limpopo, jusqu'au Zimbabwe. Vous ne trouverez guère mieux pour déguster une boisson fraîche le soir. D'un excellent rapport qualité/prix, l'hébergement se fait dans des chambres de quatre aménagées dans le bâtiment principal, ou dans d'immenses chalets avec salon, *braai* (barbecue) et cuisine séparée.

À 8 km au nord-ouest de la ville, en direction de Mapungubwe.

Old Mine Guest House GUESTHOUSE $$
(☎082 568 3215 ; 1 Woodburn Ave ; s/d 700/800 R ;). Occupant une résidence érigée en 1919 par le premier gérant de la mine de cuivre de Musina, cette pension est empreinte d'un charme et d'une élégance uniques dans la région. La véranda donne sur un terrain verdoyant. Chambres chics et appartements équipés avec patios.

Renseignements

ABSA (6 National Rd ; 9h-15h30 lun-ven, 9h-11h sam). Cette banque possède un DAB et un bureau de change. Sur le tronçon de la N1 qui traverse le centre-ville.

Musina Tourism (☎015 534 3500 ; www.golimpopo.com ; National Rd ; 8h-16h lun-ven). Dans une hutte au toit de chaume, sur le tronçon de la N1, en direction de Musina lorsqu'on vient de Polokwane. Renseignements utiles.

PostNet (National Rd ; 30 R/heure ; 9h-16h30 lun-ven, 8h-11h sam). Accès Internet ; donne sur la N1.

Depuis/vers Musina

La frontière du Zimbabwe, à Beitbridge, se trouve à 15 km au nord de Musina. Elle est ouverte 24h/24. Une importante station de taxis est installée côté Afrique du Sud ; la course en taxi entre la frontière et Musina coûte 50 R (20 min). Si vous voulez vous rendre plus au sud en taxi-minibus collectif, prenez-en un ici, où ils sont plus nombreux qu'à Musina.

Les bus Greyhound reliant Johannesburg (600 R, 7 heures) à Harare (455 R, 9 heures) desservent Musina, et Beitbridge (Ultra City) de l'autre côté de la frontière.

Avis (☎015-534 0124 ; www.avis.co.za ; 3 National Rd, Musina Hotel ; 8h-17h lun-ven, 8h-12h sam) loue des voitures pour environ 325 R par jour.

Mapungubwe National Park

Les paysages rocheux, austères et arides, du **Mapungubwe National Park** (☎015-534 7923 ; www.sanparks.org/parks/mapungubwe ; adulte/enfant 240/120 R ; 6h-18h30 sept-mars, 6h30-18h avr-août) sont peuplés d'une faune nombreuse. Classé au patrimoine mondial de l'Unesco, le Mapungubwe compte certains sites de l'âge du fer parmi les plus importants d'Afrique du Sud, mais également de mémorables baobabs, des rhinocéros noirs et des rhinocéros blancs, des suricates et la rare chouette pêcheuse de Pel, sans compter des lions, des léopards et des éléphants, ainsi que de nombreux oiseaux. Les découvertes archéologiques faites ici dans les années 1930 sont exposées à l'Interpretation Centre. Des visites guidées du site de fouilles sont également proposées.

À voir et à faire

Le parc se divise en sections est et ouest (séparées par un terrain privé). L'entrée principale est à l'est, tout comme l'Interpretation Centre, Mapungubwe Hill, le **Treetop Walk**, Leokwe (le campement principal) et un magnifique **point de vue** sur la frontière entre l'Afrique du Sud, le Botswana et le Zimbabwe.

Le Mapungubwe organise d'excellentes activités, à réserver à l'entrée principale du parc. Les circuits "Heritage Tours" sont le seul moyen d'accéder au site archéologique, autrement fermé au public. Sauf indication contraire, toutes les activités partent de l'entrée principale :

MAPUNGUBWE NATIONAL PARK

Pourquoi y aller Ce parc national est l'un des plus beaux d'Afrique du Sud, mais il reste peu fréquenté en raison de sa nouveauté et de son éloignement. Il mêle admirablement histoire, culture et faune sauvage, et offre des paysages spectaculaires.

Quand partir Toute l'année, du fait de sa diversité, mais la haute saison s'étend de juin à octobre en raison du beau temps. En été les journées sont étouffantes de chaleur.

Informations pratiques L'accès se fait uniquement en voiture, le plus souvent depuis Musina, ville-frontière à l'est du parc. Les routes menant vers le Waterberg, au sud, sont littéralement trouées de nids-de-poule – prévoyez plus de temps si vous empruntez cet itinéraire. Vous devrez prévoir votre nourriture, mais il y a tout de même un restaurant près de l'entrée du parc.

Faire des économies Apportez votre nourriture – vous pourrez vous approvisionner en route, dans un supermarché, à Musina ou ailleurs.

Safari en voiture à l'aube (départ à 5h30 ; 3 heures) au coucher du soleil (départ à 16h ; 3 heures) ; l'un et l'autre à 318 R/pers

Safari nocturne en voiture (départ à 19h30 ; 2 heures ; 303 R/pers)

Randonnée guidée (départ à 6h ; 3 heures ; 470 R/pers)

Circuit sites historiques (départ à 16h ; 2 heures ; 258 R/pers)

Circuit musées et sites historiques (départ à 7h et 10h ; 2 heures ; 298 R/pers)

Interpretation Centre MUSÉE

(www.sanparks.org/parks/mapungubwe/tourism/interpretation_centre.php ; visite guidée 50 R ; ⏲8h-16h). Impressionnant, ce centre est l'un des plus beaux bâtiments contemporains du pays (primé à l'international, il a remporté le World Architecture Award en 2009). Son architecture est conçue en harmonie avec le paysage. Moderne, climatisé, il accueille d'excellentes expositions. On y trouve abondance d'informations sur la culture, notamment en matière de découvertes archéologiques. Y sont notamment exposés de magnifiques objets en perles et une **réplique du célèbre rhinocéros en or** (XIIIe siècle). Les visites guidées se résument à peu près à être suivi par un employé qui vérifie qu'on ne prend pas de photos.

Où se loger et se restaurer

♥ Leokwe Camp CHALETS $$

(☎Pretoria 012-428 9111 ; www.sanparks.org/parks/mapungubwe/tourism/accommodation.php ; chalets 1 175-1 520 R, chalets fam à partir de 1 865 R ; P ❄ ≋). Ces chalets sont sans doute les meilleurs que nous ayons vus dans les parcs nationaux d'Afrique du Sud. Inspirés des *rondavels* traditionnels au toit de chaume, ils comportent un grand espace de vie, une cuisine tout équipée, ainsi qu'un espace *braai* (barbecue) et des douches à l'extérieur. Il y a aussi plusieurs chalets familiaux. Le tout occupe un domaine charmant, ceint d'éminences rocheuses et ponctué de baobabs.

Limpopo Forest Camp CAMPING $$

(☎Pretoria 012-428 9111 ; www.sanparks.org ; tentes de luxe 1 100-1 315 R). Ce charmant camping de forêt, près du fleuve Limpopo, loue des tentes safari bien équipées avec coin cuisine doté d'un réfrigérateur/congélateur et chambre séparée comprenant lits jumeaux et ventilateur. Avec le **Maloutswa Bird Hide** (un affût d'observation) non loin, le lieu se prête particulièrement à l'observation des oiseaux.

Golden Rhino Restaurant INTERNATIONAL $$

(plats 30-155 R ; ⏲8h30-16h) Ce restaurant tout simple, au sein de l'Interpretation Centre sert des burgers de poulet, des steaks et des plats locaux à base de *pap* (bouillie de maïs, mets traditionnel africain) et de sauce. Un bon endroit pour déjeuner si vous ne voulez pas cuisiner.

ℹ Depuis/vers le Mapungubwe National Park

Le parc se trouve à 60 km de Musina sur la R572, en direction de Pont Drift. On peut circuler en véhicule ordinaire, mais les pistes sont assez difficiles ; vous verrez davantage de pays en 4x4.

La station-service la plus proche est à Musina, à environ 90 km de là.

Venda

Le pays Venda est la contrée la plus énigmatique du Soutpansberg, territoire traditionnel de ce peuple arrivé ici au début du XVIIIe siècle. À peine quittée la route nationale, on plonge dans un paysage de collines aux sommets brumeux, sillonné de pistes et ponctué de cases à murs de terre. Au pays Venda, mythes et légendes jouent un rôle considérable dans la vie quotidienne. Certains lacs et forêts y sont autant de lieux sacrés. La qualité du travail de ses artisans est également réputée dans tout le pays. Une destination incontournable, pour qui souhaite donner à son séjour une dimension culturelle ancrée dans la tradition.

Thohoyandou

☎015 / 70 000 HABITANTS

Thohoyandou ("tête d'éléphant") est la capitale de l'ex-bantoustan venda (territoire où l'ethnie fut déplacée de force sous l'apartheid). Trônant au milieu de paysages magnifiques, elle manque malheureusement de charme et d'histoire. Cela étant, il s'agit d'une base pratique pour explorer le pays Venda ou passer la nuit sur la route depuis/vers l'entrée Punda Maria Gate du parc Kruger, à 60 km de là. La ville voisine de Sibasa s'étend à 5 km au nord.

Des dizaines d'**ateliers d'artistes et d'artisans**, ouverts au public, ponctuent la campagne verdoyante. La région est surtout connue pour ses sculptures en bois brut (dont les plus beaux exemples, œuvres de Noria Mabasa, la doyenne venda, ornent les Union Buildings de Pretoria), ses poteries (souvent peintes en argent et marron avec du graphite et de l'ocre), ainsi que pour ses batiks et ses textiles lumineux et rayés. Certains ateliers étant perdus au bout de longues pistes de terre, il est préférable de solliciter les services d'un guide, avec en prime, à la clé, une véritable immersion dans la culture venda. Une expédition d'une journée coûte environ 1 200 R. **Avhashoni Mainganye** (carte p. 422 ; ☎084-725 9613 ; a.mainganye@yahoo.com), l'un des guides installés à Thohoyandou/Sibasa, connaît sur le bout des doigts les différents savoir-faire et les artistes de la région.

La **Ribolla Art Route** permet de découvrir en voiture et à son rythme les traditions artistiques du pays et du peuple venda. Consultez le site openafrica.org/route/ribolla-art-route et procurez-vous des cartes et des brochures Open Africa dans les offices du tourisme.

Thohoyandou Arts & Culture Centre CENTRE CULTUREL
(Punda Maria Rd ; ⏲9h-16h). Ce centre exposant de l'artisanat – animaux en bois sculpté, gravures, poterie locale et tambours traditionnels – se révèle un bon point de départ pour une exploration culturelle. Une grande partie est à vendre. Avec un peu de chance, vous aurez l'occasion de rencontrer les artistes.

Avkhom Hotel HÔTEL $$
(carte p. 422 ; ☎015-962 1928 ; www.avkhomhotel.co.za ; Mphephu St ; s/d 500/750 R ; 📶). Dans le centre de Thohoyandou, cet établissement loue des chambres correctes.

ℹ Depuis/vers Thohoyandou

Translux (res.prasa.com/translux/booking ; à partir de 300 R, 8 heures) et City to City

Venda

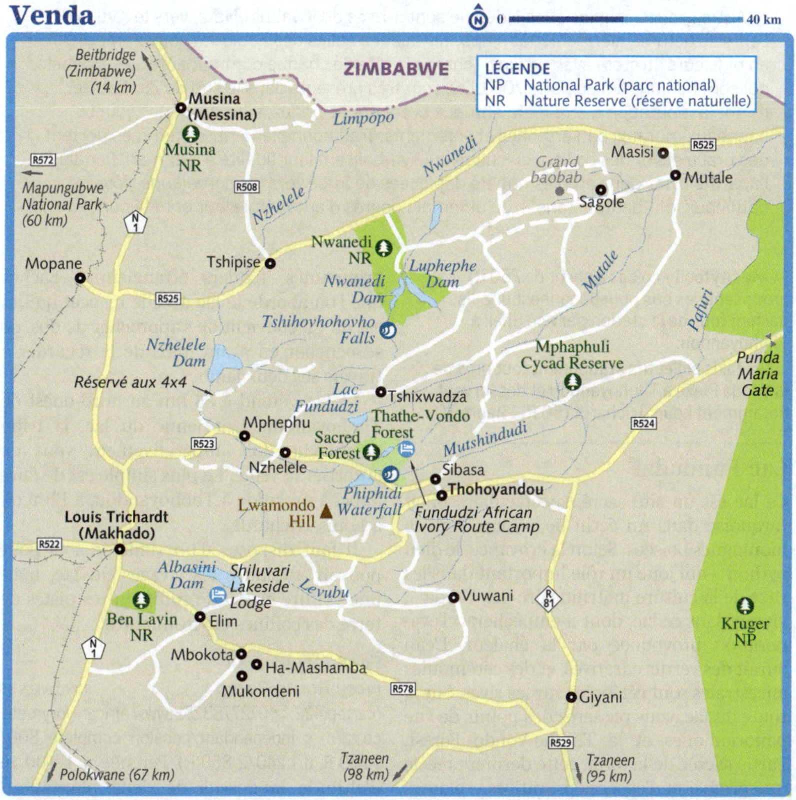

LES PEUPLES VENDA ET NDEBELE

Les origines de la principale ethnie de Limpopo, les Venda, restent floues. On croit cependant qu'ils ont migré vers le début du XVIIIe siècle, traversant le fleuve Limpopo pour s'installer dans la région du Soutpansberg. À leur arrivée, ils donnèrent le nom de "Venda" (pays agréable) à leur nouveau territoire.

Les Boers, qui entrèrent en contact avec les Venda à la fin du XVIIIe siècle, furent frappés par l'importance de la pierre dans leurs constructions. Habiles dans le travail du cuir comme dans la broderie de perles, les Venda réalisaient des récipients à grains caractéristiques, dont ils décoraient également leurs huttes.

La société traditionnelle venda est fondée sur le respect des jeunes enfants et des vieillards – les plus jeunes parce qu'ils étaient encore en compagnie des ancêtres il y a peu, avant de naître, les vieillards parce qu'ils sont sur le point de les rejoindre. Le *kgosi* (roi) venda est considéré comme un ancêtre vivant. On doit s'en approcher à genoux, les mains à terre.

Les femmes venda ont un certain statut. Elles ont le droit d'hériter d'une propriété de leur père s'il n'y a pas d'héritier mâle. On ne peut procéder à aucun rituel ou cérémonial en l'absence de la fille aînée. L'une des cérémonies les plus importantes, la *domba* (danse du serpent), marque le passage à l'âge adulte pour les jeunes filles.

Les Lemba, branche du peuple venda, se considèrent comme la noblesse de cette ethnie. Leur cas a longtemps intrigué les chercheurs car ils semblent avoir été en contact avec l'islam. Pourtant, ils prétendent être l'une des tribus d'Israël, ce qu'ont démontré de récents tests ADN révélant une proximité génétique avec le peuple juif. Traditionnellement, ils mangent casher, portent un couvre-chef et observent le shabbat.

Autre groupe ethnique, les Ndebele sont arrivés du KwaZulu-Natal vers le XVIIe siècle. Leurs structures hiérarchiques s'apparentaient à celles des Zoulous (pouvoir réparti en plusieurs strates) avec un *ikozi* (chef) à la tête de chaque communauté. Les Ndebele, qui sont aujourd'hui quelque 700 000, sont très présents dans le sud du Zimbabwe. Ils ont la réputation d'être de talentueux brodeurs de perles, sur tapisseries, jouets, panneaux muraux, paniers, sacs et vêtements. Traditionnellement, les femmes portent des bracelets et des colliers en cuivre qui symbolisent leur fidélité à leur mari. Pendant l'apartheid, les deux ethnies ont été déplacées de force vers les *homelands* (foyers nationaux, ou "bantoustans"), où différents degrés d'autonomie leur ont été concédés.

(www.citytocity.co.za ; à partir de 250 R) proposent des bus pour Johannesburg. Ils partent tous de la station-service Shell à Thohoyandou.

Les taxis collectifs stationnent tout près de la Venda Plaza à Thohoyandou et desservent notamment Louis Trichardt (50 R, 1 heure 30).

Lac Fundudzi

Ce lac est un site sacré, spectaculaire bijou turquoise dans un écrin de velours vert de montagnes boisées. Selon la croyance, le dieu python – qui joue un rôle important dans les rites de la culture matrilinéaire des Venda –, vivrait dans ce lac, dont il empêcherait l'évaporation provoquée par la chaleur. L'eau aurait des vertus curatives, et des cérémonies ancestrales sont célébrées sur les rives. Sur la route du lac, vous passerez des points de vue panoramiques et la Thathe-Vondo Forest. Partie sacrée de la forêt, cette dernière recèle une profusion d'espèces primitives – plantes grimpantes, figuiers étrangleurs... Sachez que l'on aborde le lac avec le respect qui lui est dû : il convient de s'approcher de dos, de se pencher en avant, puis de le regarder à travers ses deux jambes.

Le lac s'étend à 35 km au nord-ouest de Thohoyandou. Gardienne du lac, la tribu netshiavha doit impérativement vous en autoriser la visite. Le plus simple est de faire appel à un guide à Thohoyandou, à Elim ou à Louis Trichardt.

Il faut disposer d'un véhicule 4×4 pour pouvoir atteindre les rivages du lac, mais une voiture classique suffit sur les pistes de terre des collines environnantes.

Fundudzi African Ivory Route Camp RONDAVELS **$$**
(carte p. 422 ; ☎ 0727783252 ; www.africanivoryroute.co.za ; s indépendant/pension complète 806/1 859 R, d 1 240/2 860 R). Perchée à 1 400 m d'altitude au-dessus de deux plantations

de thé, cette branche du réseau géré par les communautés venda, à 25 km au nord-ouest de Thohoyandou, propose un hébergement rustique en *rondavels*. Pour arriver jusqu'ici, un 4×4 ou un véhicule surélevé est nécessaire. Nelson, le gérant, organise des circuits dans les environs. Vous pourrez cuisiner vos repas ou séjourner en pension complète.

Elim

015 / 17 000 HABITANTS

Perdue à 25 km au sud-est de Louis Trichardt, la ville d'Elim peut servir de base pour explorer le Venda et les ateliers d'art et d'artisanat de Tsonga-Shangaan, où vous pourrez acheter des carnets en crottin de zèbre recyclé ou assister à une cérémonie. Quelques coopératives valent le détour.

Shiluvari Lakeside Lodge LODGE **$$$**
(015-556 3406 ; www.shiluvari.com ; Albasini Dam ; s 861-1 113 R, d 1 230-1 590 R, petit-déj inclus ;). Installé sur les rives verdoyantes du barrage d'Albasini, ce lodge est immergé dans la culture et le paysage locaux. Chalets au toit de chaume, chambres standards et suite familiale sont reliés entre eux au moyen de passerelles bordées de sculptures et ornées d'artisanat local (on peut en acheter dans la boutique). Restaurant et pub.

Renseignements

Ribolla Tourism Association (015-556 4262 ; Old Khoja Bldg). Édite une brochure bien commode sur les sites artistiques de la région.

Depuis/vers Elim

Les bus Translux (res.prasa.com/translux/booking) rallient Johannesburg (à partir de 230 R, 5-7 heures).

VALLEY OF THE OLIFANTS

On ne trouve plus guère aujourd'hui de pachydermes dans la vallée de l'Olifants, mais elle garde en partie son charme exotique de zone subtropicale. Assez du moins pour que son nom demeure évocateur d'une certaine magie africaine. La richesse culturelle de cette région, terre traditionnelle des peuples tsonga-shangaan et lobedu, se double d'un avantage considérable : sa proximité avec le parc Kruger.

Accès fort couru au parc, Phalaborwa marque le départ de l'itinéraire "Kruger to Beach" qui mène jusqu'à la côte du Mozambique. Tzaneen, la principale ville, et le joli village de Haenertsburg sont autant de haltes appréciables avant d'aborder les paysages des régions de Modjadji et de Magoebaskloof.

Letaba Valley

À l'est de Polokwane s'étire la luxuriante vallée de Letaba. Son atmosphère subtropicale favorise les plantations de thé et les arbres fruitiers tropicaux, tandis que les collines sont couvertes de forêts. À Haenertsburg, surnommée localement "the Mountain", la R71 grimpe au nord-ouest en passant par le col de Magoebaskloof. De nombreux arrêts sont indiqués le long de la route, ce qui permet de faire de courtes promenades.

Haenertsburg

015 / 282 HABITANTS

Village de montagne doté d'un excellent pub et de deux restaurants haut de gamme, Haenertsburg vaut une halte pour respirer l'air frais et pur des montagnes. Quand la brume se pose sur les plantations de pins environnantes, on peut facilement s'imaginer loin de l'Afrique. L'endroit est une bonne base alternative à Tzaneen.

À voir et à faire

Il existe plusieurs bons sentiers de randonnée près de Haenertsburg, dont le **Louis Changuion Trail** (11 km) aux paysages étonnants. Avec plus de dix barrages et quatre rivières peuplés de truites, Haenertsburg est idéal pour pêcher à la mouche. Renseignez-vous en ville – à Pennefather ou contactez **Mountain Flyfishing** (083-255 7817 ; www.mountainflyfishing.co.za ; Veekraal K).

RÉSEAU D'HÉBERGEMENTS

Gérés par des communautés locales, les quatre camps du réseau **African Ivory Route** (015-781 0690 ; www.africanivoryroute.co.za ; Phalaborwa) louent des *rondavels* ou des tentes safari. Repas, danses tribales et activités sont proposés ; en réservant, appelez le camp en plus du bureau central.

HORS DES SENTIERS BATTUS

BRODERIE TRADITIONNELLE

À côté de l'atelier animé, **Kaross** (☎086 276 2964 ; www.kaross.co.za ; ⏱7h30-16h30 lun- ven, fermeture à minuit dernier ven du mois) vend des tentures aux couleurs vives, des housses de coussins, des tuniques et des nappes brodées par 1 200 artisanes shangaan de la région. Les produits sont de grande qualité et les motifs, inventifs et colorés. L'excellent **café** (carte p. 422 ; ☎086-276 2964 ; www.kaross.co.za ; plats à partir de 55 R ; ⏱8h-16h lun-ven) extérieur vend des desserts à se damner.

Une trentaine de kilomètres à l'est de Tzaneen, tournez à gauche sur la R529, en direction de Giyani ; neuf km plus loin, vous découvrirez la coopérative sur votre droite.

Magoebaskloof Adventures MULTI-ACTIVITÉS
(☎083-866 1546 ; www.magoebaskloofadventures.co.za ; R 528). Sur la R 528, ce prestataire propose différentes activités nature : *kloofing* (canyoning), tubing (descente de rivière en chambre à air), pêche à la mouche, VTT, équitation et circuits dans la canopée.

Où se loger et se restaurer

Avec deux pubs, un café et un bon restaurant, on mange étonnamment bien ici.

Black Forest Mountain Lodge LODGE $
(☎082 572 9781 ; www.blackforestlodge.co.za ; Black Forest ; tente 110 R/pers, case 550 R). Refuge intime, sis dans un superbe cadre boisé, ce lodge est à 4 km de la ville, sur une piste en terre de qualité variable. Bien indiqué.

Pennefather COTTAGES $$
(☎015-276 4885 ; www.thepennefather.co.za ; Rissik St ; s/d 500/700 R). Intégré dans un complexe comprenant antiquités, bric-à-brac, un musée et des livres d'occasion, cet établissement désuet, tenu par de charmantes dames âgées, est très animé, surtout le week-end. Au nombre de ses atouts, mentionnons sa proximité avec les pubs du village. Les confortables cottages aux toits rouges possèdent cheminée et kitchenette.

Red Plate INTERNATIONAL $
(☎083-305 2851 ; 161 Rissik St ; plats 50-90 R ; ⏱9h-21h lun-ven, 8h-21h sam, 8h-16h30 dim ; ✎). Fort de son cadre élégant au cœur du village, le Red Plate sert des plats à base d'ingrédients frais – salades croquantes, wraps variés, hamburgers maison et truite entière (sans arêtes). Également des plats végétariens. Organise des ateliers de cuisine.

Pot 'n Plow PUB $
(☎082 691 5790 ; pizza 55-130 R ; ⏱11h-tard). Ce pub de montagne mérite le détour, et attire tous les expatriés de la région. Incontournable pour ses pizzas, sa piscine et sa bonne ambiance. *Biergarten* et rôti du dimanche. À environ 10 km au nord-est de Haenertsburg, sur la R71.

ℹ Depuis/vers Haenertsburg

Le mieux est sans doute d'arriver en voiture car les sites et les hôtels sont assez éloignés les uns des autres.

Magoebaskloof Pass

La route qui traverse le col de Magoebaskloof, escarpement bordant le *highveld*, plonge vers Tzaneen et le *lowveld*, traçant mille et un lacets à travers les plantations et les étendues d'épaisse forêt indigène.

La région recèle nombre de cascades, dont les splendides **Debengeni Falls** (près de la Magoebaskloof Rd/rte 71, De Hoek State Forest ; adulte/enfant 30/10 R ; ⏱8h-17h).

Les randonneurs ont le choix entre 10 parcours de 2 à 5 jours dans les environs. Nous recommandons la randonnée de 60 km (trois nuits) sur le **Dokolewa Waterfall Trail**. Parmi les six gîtes disponibles, certains dominent les Debengeni Falls ; pour réserver, contactez Ecotourism (p. 402) à Sabie (province du Mpumalanga).

Tzaneen

☎015 / 14 600 HABITANTS

Ville d'abondance ponctuée d'un dédale de rues, Tzaneen constitue un point de chute agréable pour qui souhaite se rendre au parc Kruger, au Blyde River Canyon, ou s'enfoncer dans le nord du Limpopo, un territoire de prédilection pour l'art et l'artisanat. Bien que cette bourgade, la plus grande de la Letaba Valley, ne manque pas de caractère, l'état de son centre-ville se dégrade et ses rues sont jonchées de déchets. Toutefois, on y trouve quelques lieux d'intérêt, et l'agréable retraite de montagne de Haenertsburg (p. 455) mérite une visite, voire un séjour. Il y fait souvent assez chaud, même si les averses rafraîchissent régulièrement l'atmosphère.

À voir

Tzaneen Museum MUSÉE

(Agatha St ; entrée sur don ; 9h-16h lun-ven, 9h-13h sam). Le musée local conserve une très belle collection d'objets, dont un totem "gardien de la maison", utilisé par la reine de la Pluie et des masques congolais assez effrayants. Très intéressant si vous visitez la région du Modjadji ou du Venda.

Kings Walden JARDINS

(015-307 3262 ; www.kingswalden.co.za ; Agatha St, Agatha). GRATUIT Si l'étuve de Tzaneen se fait insupportable, rendez-vous dans ce spectaculaire jardin anglais de 300 m², à 1 050 m d'altitude, en plein bush africain. Depuis la vaste pelouse, la perspective sur le Drakensberg est totalement dégagée (en dehors d'un arbre frappé par la foudre). Des allées verdoyantes mènent à la piscine. Depuis le centre-ville, suivez Joubert St en direction du sud, puis tournez à droite dans Claude Wheatley St. L'entrée aux jardins est gratuite, mais il est de bon ton d'acheter une boisson ou une part de gâteau au restaurant.

Où se loger et se restaurer

Satvik Backpackers AUBERGE DE JEUNESSE $

(084-556 2414 ; www.satvik.co.za ; George's Valley Rd, R528 ; camping 85 R/pers, dort/d/cottage 140/350/710 R). Équipés d'une cuisine et d'un *braai* (barbecue), ces cottages accrochés à flanc de colline au-dessus d'un barrage jouissent d'un point de vue sur les collines boisées. Vous pourrez pêcher, mais attention aux crocodiles et aux hippopotames. Les chambres sont sommaires, mais l'ensemble est agréable. À 4 km environ au sud-est de la ville.

Highgrove Lodge HÔTEL $$

(082 427 6888 ; www.highgrovelodge.com ; Agatha St ; s/d petit-déj inclus 790/990 R ;) Une bonne adresse aux chambres spacieuses, chics et modernes, décorées dans des teintes sobres, avec carrelage au sol. L'hôtel a l'avantage d'être en ville tout en garantissant à ses hôtes le sentiment d'être isolé.

Silver Palms Lodge HÔTEL $$

(015-307 9032 ; www.facebook.com/silverpalmslodge ; Monument St ; s/d petit-déj inclus à partir de 820/1 200 R ;). Hôtel d'un bon rapport qualité/prix, aux détails agréables (gel douche au marula dans les meilleures chambres). Moins chères le week-end (mais sans petit-déjeuner inclus), les chambres luxe sont plutôt jolies. Profitez de l'immense piscine jouxtant le bar. Excellent parcours de golf.

♥ **Kings Walden** HÔTEL $$$

(015-307 3262 ; www.kingswalden.co.za ; Agatha St, Agatha ; s/d petit-déj inclus 1 265/2 266 R ;). Les chambres spacieuses sont aussi splendides que les jardins et les montagnes alentour. Cheminées, gravures anciennes

Tzaneen

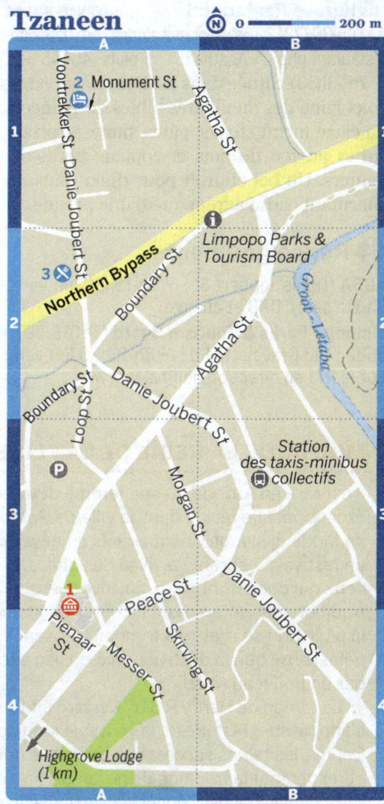

Tzaneen

À voir

1 Tzaneen Museum A3

Où se loger

2 Silver Palms Lodge A1

Où se restaurer

3 Market Cafe A2

et salles de bains immenses. Des paniers pique-nique peuvent être fournis. Formule quatre plats (350 R/pers) au dîner.

Market Cafe CAFÉ $
(Tzaneen Lifestyle Centre ; plats 35-65 R ; 8h-18h). Certes, la galerie marchande moderne où il se trouve manque de charme (elle donne sur un parking), mais le petit Market Cafe, installé ici, au sein du marché alimentaire, sert de bons petits-déjeuners, des déjeuners légers (salades et wraps) et des repas plus substantiels (steaks, pizzas...). Excellent café.

Highgrove Restaurant INTERNATIONAL $$
(015-307 7242 ; www.highgrovelodge.com/tzaneen-restaurant.php ; Agatha St ; plats 45-145 R ; 7h-21h30). Située dans le Highgrove Lodge, voici l'une des meilleures tables de Tzaneen. La carte inclut steaks, pâtes, burgers, pizzas cuites au feu de bois et copieux petits-déjeuners. Un bel endroit pour dîner dans un charmant cadre agrémenté d'une piscine.

Renseignements

ABSA (Danie Joubert St ; 9h-15h30 lun-ven, 9h-11h sam). DAB et change.

Limpopo Parks & Tourism Board (015-307 3582 ; Old Gravelotte Rd ; 8h-16h30 lun-ven). Sur la R71 en direction de Phalaborwa.

Depuis/vers Tzaneen

Un bus quotidien Translux (res.prasa.com/translux/booking) dessert Phalaborwa (220 R, 1 heure), Johannesburg (280 R, 7 heures) et Polokwane (220 R, 2 heures). **Checkers** (Agatha St) vend des billets.

La plupart des taxis collectifs partent de la station derrière le Tzaneng Mall ; notamment à destination de Polokwane (80 R, 2 heures).

Modjadjiskloof

015 / 1 815 HABITANTS

Initialement baptisée Duivelskloof (gorge du Diable) par les colons européens peinant à gravir et à descendre les collines alentour avec leurs chariots, Modjadjiskloof ouvre sur quelques étapes intéressantes. Selon la direction d'où vous viendrez, vous serez bien placé pour aller au Kruger, atteindre le pays venda ou découvrir les charmes de la Letaba Valley.

Plus près de la ville, vous trouverez une magnifique réserve forestière et les restes majestueux d'un baobab millénaire.

Modjadji Nature Reserve RÉSERVE NATURELLE
(carte p. 422 ; adulte/véhicule 10/20 R ; 7h-16h30). Cette réserve de 530 ha, située

MODJADJI, LA REINE DE LA PLUIE

Il est rare en Afrique qu'une femme devienne reine, mais la reine de la Pluie fait exception. Elle réside dans la ville de GaModjadji, dans le district de Bolobedu, près de Modjadjiskloof. Chaque mois de novembre, la reine préside traditionnellement un festival célébrant l'arrivée des pluies. Les *indunas* (chefs de tribu) choisissent ceux qui danseront, ceux qui invoqueront la pluie et ceux qui se livreront aux rituels traditionnels, notamment aux rites d'initiation pour les deux sexes. Après la cérémonie, la pluie doit se mettre à tomber. L'absence de pluie est attribuée à un événement néfaste, tel que la destruction d'un lieu sacré – une situation à laquelle on remédie par un nouveau rituel.

Le roman de Henry Rider Haggard intitulé *Elle* (1886 ; Terre de Brume, 2012) s'appuie sur l'histoire de la véritable Modjadji, une princesse réfugiée du XVIe siècle. Depuis, les reines successives ont mené une vie de recluses, confinées dans le kraal et respectant la tradition de ne jamais se marier mais de porter les enfants des hommes de la famille royale. Cependant, le nouveau millénaire marque une crise de la société matrilinéaire.

En juin 2001, la reine de la Pluie, Modjadji V, s'est éteinte à Polokwane. Sa plus proche héritière, la princesse Makheala, étant décédée trois jours plus tôt, la princesse Mmakobo Modjadji, 25 ans, ne fut couronnée Modjadji VI qu'en avril 2003. Il pleuvait le jour de la cérémonie, ce qui fut jugé de bon augure. Malheureusement, elle est morte deux ans plus tard, laissant une toute petite fille, la princesse Masalanabo. La princesse pourrait accéder au titre de reine à l'âge de 16 ans, mais les traditionalistes ont dénoncé le fait que son père ne soit pas un membre de la famille royale, et le clan a beaucoup perdu en respectabilité.

dans les Bolobedu Mountains, protège des forêts anciennes de cycas de Modjadji. Les jours d'été brumeux, le paysage y est sublime. Prenez l'intersection pour Modjadji sur la R36, à environ 10 km au nord de Modjadjiskloof (Duivelskloof) ; au bout de 10 km, tournez à gauche au niveau du panneau indiquant la réserve, puis à droite, 12 km plus loin à hauteur d'un autre panneau, et poursuivez sur 5 km.

Sunland Big Baobab JARDINS

(082 413 2228 ; www.bigbaobab.co.za ; Sunland Nursery ; adulte/enfant 20 R /gratuit ; 9h-16h). Sur la route de la réserve Modjadji, cherchez les panneaux indiquant ce baobab haut de 22 m et en partie effondré. Vieux de plus de 1 700 ans selon la datation au carbone 14, il atteint 47 m de circonférence. Les deux cavités du tronc abritaient naguère un bar, réinstallé à l'extérieur depuis qu'une partie de l'arbre est tombée en avril 2017.

Modjadji African Ivory Route Camp CAMPING $$

(carte p. 422 ; 015-781 0690 ; www.africanivoryroute.co.za ; s/d rondavel indépendante 868/1 240 R, pension complète et activités 2 002/2 860 R). Ce camp situé à 5 km à l'intérieur de la Modjadji Nature Reserve est accessible en voiture quand il ne vient pas de pleuvoir. Intégré au réseau géré par les communautés, il loue des *rondavels* rudimentaires dans un domaine sillonné de chemins de randonnée serpentant entre des cycas huit fois centenaires.

Phalaborwa

015 / 13 100 HABITANTS

Phalaborwa est tiraillée entre les banlieues ordonnées et la brousse. Son centre est traversé par une ceinture verte où viennent parfois paître des phacochères. La ville est une étape incontournable si l'on souhaite explorer le centre et le nord du parc Kruger. On peut participer à des visites du township, mais à moins d'arriver le soir après la fermeture du parc, il y a peu d'intérêt à y dormir plutôt que dans le Kruger : le Letaba Rest Camp n'est qu'à une heure de l'entrée.

Phalaborwa mène aussi au Mozambique à travers le parc Kruger et la Giriyondo Gate : procurez-vous un véhicule surélevé.

Activités

Hans Merensky Estate GOLF

(015-781 3931 ; www.hansmerensky.com ; 3 Copper Rd ; 9/18 trous 300/525 R). Juste au sud de Phalaborwa, voici un terrain de golf unique (conçu par le célèbre architecte de golf Bob Grimsdell). En effet, sur ce 18 trous de compétition, vous partagerez le green avec des animaux sauvages (dont des éléphants). Faites attention, ils sont bel et bien en liberté !

Leka Gape CIRCUIT CULTUREL

(carte p. 422 ; 076-986 9281 ; 680 R). L'expédition d'une demi-journée proposée par cette ONG à Lulekani, à 13 km au nord-ouest de Phalaborwa, comprend la visite d'un atelier d'artisanat. Appelez Danielle pour réserver ; si elle ne prévoit aucune visite à la date souhaitée, elle pourra peut-être vous recommander un autre guide.

Africa Unlimited OBSERVATION DE LA FAUNE

(015-781 7466 ; www.africaunltd.co.za). Cette agence organise diverses activités : circuits culturels, croisières sur la rivière, marches dans la brousse, visites de centres de réhabilitation de la faune, excursions au Mozambique via le parc Kruger...

Où se loger

Daan & Zena's GUESTHOUSE $

(015-559 8732 ; www.daanzena.co.za ; 15 Birkenhead St ; ch avec/sans cuisine 500/400, app à partir de 800 R ;). Bien qu'un peu défraîchi, le Daan & Zena's arbore toujours des couleurs vives et une atmosphère chaleureuse, et reste d'un bon rapport qualité/prix. Les deux pièces situés de l'autre côté de la route, en face du bâtiment principal, sont spacieux et bien équipés ; le n°1 donne sur une jolie pelouse.

Elephant Walk Guest House AUBERGE DE JEUNESSE $

(082 495 0575, 015-781 5860 ; elephantwalkguesthouse.co.za ; 30 Anna Scheepers Ave ; empl camping 110 R, dort/s/lits jum sans sdb 155/220/440 R, B&B s/d 350/435 R ;). Lieu idéal pour préparer un séjour dans le parc Kruger tout proche (on entend les lions rugir). Les propriétaires exigent le respect de certaines règles, notamment celle de ne pas faire de bruit après 22h. Toutes sortes d'excursions et d'activités de qualité sont proposées à des prix raisonnables. Les

chambres avec salle de bains rappellent davantage une *guesthouse*.

Kaia Tani GUESTHOUSE $$
(015-781 1358 ; www.kaiatani.com ; 29 Boekenhout St ; ch petit-déj inclus 690 R/pers ;). Cette maison d'hôtes haut de gamme allie élégance et tarifs raisonnables. Les six chambres lambrissées sont équipées d'un mobilier africain traditionnel et le restaurant-bar coiffé de chaume donne sur la piscine creusée dans la roche. En retrait d'Essenhout St.

Hans Merensky Estate HÔTEL $$
(015-781 3931 ; www.hansmerensky.com ; s/d petit-déj inclus à partir de 950/1 200 R). Même si les hôtels de golf ne sont pas dans vos habitudes, n'écartez-pas d'emblée cette option. Les chambres tiennent ici d'un joli mélange de mobilier de safari classique (lourds cadres en bois, coffres,...) et de couleurs modernes (tapis et des tableaux). Le bush environnant, ainsi que la faune que l'on peut y observer, sont d'autres atouts ; et c'est sans compter le spa.

Sefapane LODGE $$$
(015-780 6700 ; www.facebook.com/sefapane ; Copper Rd ; à partir de 1 750 R/pers ;). Ce complexe de 1 000 m² joue la carte de la différence : bar dans la piscine, longue liste de safaris et *rondavels* en forme de champignon. Les spacieuses maisons "safari" sont équipées d'une cuisine et surplombent un barrage. Vous pouvez faire un don pour aider les enfants de la région. Nombreuses formules de deux à sept nuitées.

Où se restaurer

La place Eden Sq, sur Nelson Mandela St, comprend les chaînes de restauration habituelles. Le restaurant italien de la pension Kaia Tani est recommandé (réservez).

Buffalo Pub & Grill PUB $$
(015-781 0829 ; 1 Raasblaar St ; plats 44-124 R ; 13h-21h ;). Si vous arrivez du Kruger avec une faim de lion, venez vous restaurer ici. Le menu met la viande à l'honneur – pour un steak original, goûtez le filet d'autruche ou d'impala. Service excellent. Terrasse.

Villa Luso PORTUGAIS $$
(015-781 5670 ; 7 Molengraaf St ; plats 65-115 R ; 6h-22h ;). Les origines portugaises du propriétaire ont marqué de leur sceau la carte, laquelle tient également d'une introduction à la cuisine du Mozambique (produits de la mer, ailes de poulet, assiette terre-mer, steaks à la portugaise...). Avec son bar-jardin (et sa carte de cocktails respectable), c'est une adresse agréable pour le dîner. Aire de jeux pour les enfants.

Achats

Afrikania CÉRAMIQUE
(carte p. 422 ; 015-781 1139 ; www.afrikania.co.za ; 10h-17h lun-sam). Le temps d'une pause-café, jetez un œil aux poteries de cette boutique au nord de Phalaborwa. Gérée par la communauté locale, cette charmante adresse se tient sur le terrain de l'hôtel Bed

LES POUVOIRS DU MARULA

Si la silhouette d'un marula se découpant sur la brousse au crépuscule est l'une des images les plus évocatrices de la brousse africaine, cet arbre se distingue aussi par ce que l'on en extrait.

En été, les arbres femelles ploient sous le poids de leurs fruits jaune pâle, une gourmandise beaucoup plus riche en vitamine C qu'une orange. Plusieurs animaux, dont les babouins, qui les mastiquent longuement, et les éléphants, en sont de grands amateurs. Ainsi, les éléphants peuvent passer des heures à heurter le tronc de ces arbres pour en faire tomber les fruits. Le marula est d'ailleurs surnommé "l'arbre à éléphants".

Les habitants ont longtemps cru aux vertus médicinales, en particulier aphrodisiaques, des fruits du marula. Ils sont utilisés pour fabriquer une liqueur semblable au Baileys, l'Amarula, dont la production a commencé en 1989 et que l'on trouve désormais dans plus de 70 pays.

in the Bush (nom indiqué sur les panneaux). Elle vend de merveilleuses poteries ornées des motifs traditionnels des Tsonga et des Pedi. Assurez-vous que c'est ouvert en appelant avant de venir.

Renseignements

Bollanoto Tourism Centre (☎087 151 1164 ; www.phalaborwa.co.za ; Hendrik Van Eck St ; ⏲8h-18h lun-ven). Un office du tourisme bien utile.

Depuis/vers Phalaborwa

AVION

L'**aéroport** (☎076-907 0089) est à 2 km au nord de la ville. **Airlink** (☎015-288 0166 ; www.flyairlink.com) y possède une agence et assure chaque jour un vol pour Johannesburg.

BUS

Les lignes Translux (res.prasa.com/translux/booking) relient Phalaborwa à Johannesburg (380 R, 8 heures) via Tzaneen (290 R, 1 heure), à Polokwane (310 R, 3 heures 30) et à Pretoria (300 R, 7 heures). Les bus City to City (www.citytocity.co.za) desservent Johannesburg (250 R, 9 heures 30) via Middleburg.

VOITURE

Louer une voiture se révèle souvent la formule la plus économique pour visiter le parc national Kruger : comptez 300 R par jour environ comme prix de départ. Les principaux prestataires ont des agences à l'aéroport, généralement ouvertes de 8h à 17h du lundi au vendredi pour coïncider avec les vols, ou sur rendez-vous le week-end.

Hoedspruit

☎015 / 3 500 HABITANTS

À 70 km au nord-ouest de l'entrée Orpen Gate du Kruger, Hoedspruit est un bon point de chute pour explorer le centre et le sud du parc, ainsi que les réserves privées des environs. La bourgade en elle-même n'a pas grand intérêt, mais en chemin, on peut visiter le centre pour espèces menacées (Hoedspruit Endangered Species Centre).

Hoedspruit Endangered Species Centre ZOO

(carte p. 430 ; ☎083-654 2299, 015-793 1633 ; www.hesc.co.za ; 40 R ; circuit tarif plein/senior/enfant à partir de 500/350/250 R ; ⏲circuits tlj à 9h, 11h, 13h et 15h, pendant les vacances 8h, 10h, 12h, 14h et 16h). Sur la R40, à quelques encablures au sud de Hoedspruit, ce centre se trouve dans la Kapama Private Game Reserve. Sa mission est d'aborder dans sa globalité la protection des animaux menacés, à travers la recherche, des programmes de reproduction et l'éducation, à laquelle il accorde une grande importance. Tous les jours, des visites de 2 heures dans des véhicules ouverts permettent de voir les animaux et de découvrir le travail du centre. Un bon complément à un safari dans le Kruger. Visites sur réservation uniquement.

Le centre, qui n'était à l'origine consacré qu'aux guépards, soigne aujourd'hui les rhinocéros victimes du braconnage et s'investit contre cette pratique. Il compte de nombreuses autres espèces, dont des éléphants, des léopards, des dingos et des lions.

Où se loger et se restaurer

Maruleng Lodge HÔTEL $

(☎015-793 0910 ; www.marulenglodge.co.za ; 67 Springbok St ; s/d petit-déj inclus 525/680 R ; P❄📶). Ce lodge loue des chambres si vastes qu'elles en paraissent dépouillées – si vous aimez avoir de l'espace, vous serez comblé. Rénové il y a quelques années, le Maruleng est, de surcroît, bien situé – près de tous les services et restaurants du Kamagelo Centre. Il s'agit donc d'un bon choix.

Loerie Guesthouse GUESTHOUSE $$

(☎015-793 3990 ; www.loerieguesthouse.com ; 85 Jakkals St ; s/d/f 540/780/820 R ; @📶🏊). Établissement très accueillant dont les meilleures chambres sont à l'étage dans l'annexe à l'arrière. Toutes sont de taille correcte et bien aménagées. Petits-déjeuners (65 R).

Pangolin Bush Camp CAMPING $$$

(carte p. 430 ; ☎073-049 7494 ; www.shikwari.co.za ; Lydenburg Rd/R36 ; s/d 1 550/2 400 R ; 🏊). Cet hébergement absolument adorable réunit autour d'une piscine de merveilleux *rondavels*, dans un joli environnement de brousse. Les équipements sont à partager, notamment la cuisine, la salle de bains et la douche extérieure. Il y a aussi un *boma* (enclos ou cour traditionnelle entourée d'une palissade) avec brasero et *braai* (barbecue). L'endroit est très bien adapté aux familles. Pangolin se trouve sur la propriété du Shikwari Bush Lodge, hébergement de luxe situé à environ 35 km de Hoedspruit.

Khula's Cottage COTTAGE $$$

(carte p. 430 ; www.hesc.co.za/tourists-visitors/accommodation/khulas-cottage ; près de la R40, Hoedspruit Endangered Species Centre ; cottage 4 pers 3 960 R). Au sein du Hoedspruit Endangered Species Centre (p. 461), ce cottage comprend deux chambres avec lits jumeaux, une avec lit double, et une belle terrasse donnant sur le domaine semi-sauvage. Le lieu, rustique, n'a rien de luxueux, mais ne s'en révèle pas moins confortable. Idéal pour les groupes, en particulier ceux venus observer les oiseaux. Pour qui ne souhaite pas cuisiner, des repas peuvent être servis (sur demande préalable).

Sleepers Railway Station Restaurant INTERNATIONAL $$

(015-793 1014 ; www.sleepersrailwaystationrestaurant1.treetopscafe.com ; sur la R40, gare routière, Hoedspruit Crossings ; plats 55-110 R ; 8h-22h lun-sam, 8h-14h30 dim, lun-sam). Cette ancienne gare est parfaite pour savourer des mets de qualité. Le long menu propose quantité de spécialités à base de gibier local (goûtez les médaillons d'autruche bio). Installez-vous sur la terrasse, sous les branches de deux arbres gigantesques.

Depuis/vers Hoedspruit

City to City (www.citytocity.co.za) assure un bus quotidien pour Johannesburg (260 R, 8 heures 30).

Province du Nord-Ouest

Dans ce chapitre ➡

Le top des restaurants

- Cape Town Fish Market (p. 466)
- Brauhaus am Damm (p. 466)
- Mosetlha Bush Camp & Eco Lodge (p. 471)

Le top des hébergements

- Palace of the Lost City (p. 467)
- Mosetlha Bush Camp & Eco Lodge (p. 471)
- Buffalo Ridge Safari Lodge (p. 471)
- Royal Madikwe (p. 472)
- Afri-Chic Guesthouse (p. 465)

Pourquoi y aller

C'est Sun City, sorte de Las Vegas de l'hémisphère Sud, qui fait la réputation de cette étendue de veld arbustif entre Pretoria et le Kalahari. Si ses machines à sous et ses fantaisies kitsch exercent une curieuse fascination, nous leur préférons les réserves et parcs voisins. De fait, la Madikwe Game Reserve est un véritable joyau et le Pilanesberg, des plus accessibles, héberge une faune d'exception. Offrez-vous une aventure digne d'*Out of Africa* en séjournant une nuit dans le bush, dans les lodges exclusifs de Madikwe.

Félins et machines à sous sont à 4 heures de voiture de Johannesburg. En chemin, la région de Magaliesberg se prête à des escapades sans trop s'écarter de la N4, le temps, par exemple, d'une journée de tyrolienne ou d'une escale dans un hôtel rural près de Rustenburg.

Quand partir

Rustenburg

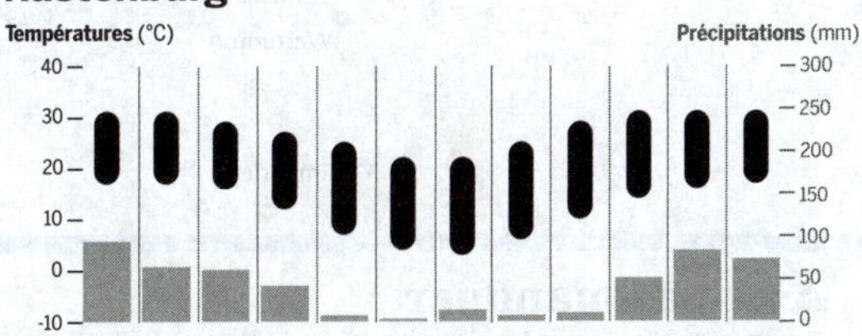

Avril
Les températures chutent ; jusqu'en hiver, les conditions sont optimales pour observer la faune.

Mai-juillet
Journées hivernales sèches et ensoleillées. Hormis de mi-juin à début juillet, la fréquentation est minimale.

Déc-janv
Les orages rafraîchissent l'atmosphère ; les Sud-Africains partent sur la côte, cédant la place aux voyageurs étrangers.

Histoire

La province du Nord-Ouest recouvre la plus grande partie de la région occupée à l'époque de l'apartheid par le bantoustan (*homeland*) du Bophuthatswana (surnommé "Bop"), où vivaient des milliers de Tswana "déplacés". Cette entité fragmentaire, ancien État noir indépendant, devint célèbre grâce à son casino et à ses établissements conçus pour le plaisir sous toutes ses formes. Le Bop était fréquenté par des Sud-Africains blancs, qui y avaient notamment des relations avec des prostituées noires – une pratique illégale partout ailleurs en République sud-africaine.

À l'âge du fer, la civilisation élaborée de la "cité perdue" de Kaditshwene, à environ 30 km au nord de Zeerust, s'appuyait sur une économie très développée qui commerçait

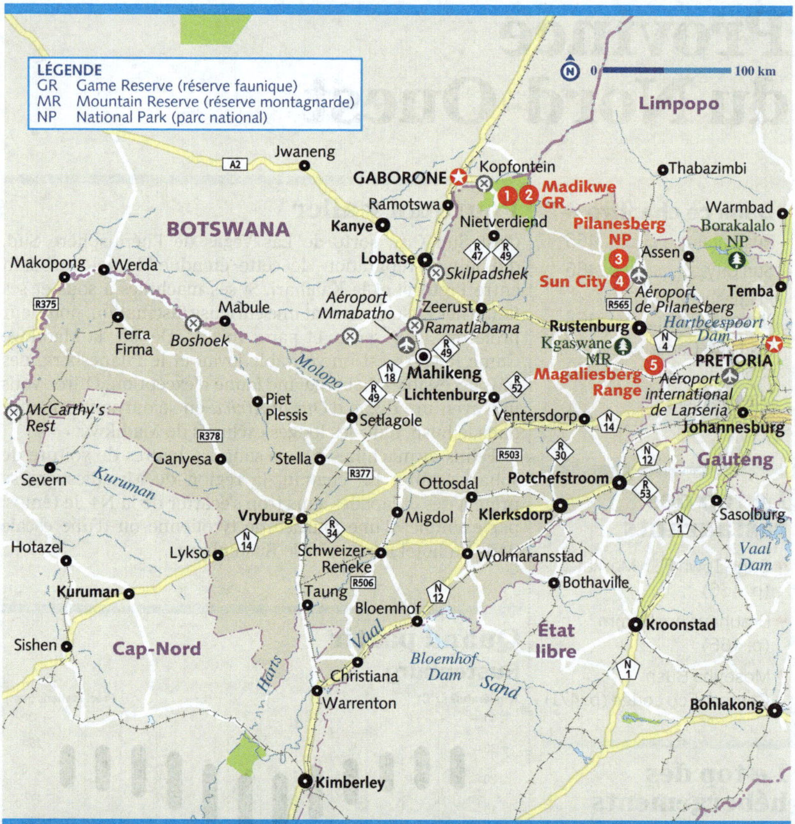

À ne pas manquer

❶ Une halte à quelques mètres d'un groupe de lions se prélassant sous un épineux, à la faveur d'un safari dans la **Madikwe Game Reserve** (p. 470), où les Big Five ne sont jamais très loin.

❷ Un retour à l'essentiel sans sacrifier le confort au **Mosetlha Bush Camp & Eco Lodge** (p. 471), l'un des excellents lodges de la Madikwe Game Reserve.

❸ Un tour sur les petites routes du **Pilanesberg National Park** (p. 468), loin de la foule, en quête de gros animaux sauvages.

❹ Du bodysurf sur les vagues de la Valley of the Waves et l'ambiance délicieusement tapageuse de **Sun City** (p. 466).

❺ Le téléphérique menant au sommet de la **Magaliesberg Range** (p. 472), chaîne de montagnes très appréciée.

avec des contrées éloignées, y exportant des bijoux en cuivre et en fer. Lorsque les missionnaires européens arrivèrent dans les années 1820, la ville dépassait Le Cap par sa taille. Les pacifiques habitants de Kaditshwene ne purent résister à l'agression des Sotho, eux-mêmes balayés hors de l'État libre par les incursions zouloues. Mise à sac par une armée de 40 000 guerriers dans les années 1830, la ville finit par tomber en ruine.

Comment s'y rendre et circuler

Pratique pour gagner les régions du Rustenburg et de la Magaliesberg, l'**aéroport international de Lanseria** (☎ 011-367 0300 ; www.lanseria.co.za) est à 30 km au sud de Hartbeespoort Dam, en direction de Johannesburg. **Kulula.com** propose des vols quotidiens de Lanseria au Cap (Cape Town) et à Durban ; **Mango** (www.flymango.com) dessert aussi quotidiennement Le Cap. Plusieurs agences de location de voitures sont représentées à l'aéroport.

Louer une voiture est le moyen le plus simple de se déplacer dans la province. Hôtels, restaurants et sites touristiques proposent des places de stationnement sûres.

Rustenburg

☎ 014 / 105 000 HABITANTS

En lisière de la chaîne du Magaliesberg, Rustenburg est une grande cité provinciale au quartier d'affaires animé. Les piétons zigzaguent au milieu des voitures klaxonnant dans Nelson Mandela Dr, l'artère principale traversant le centre-ville, tandis que les trottoirs sont encombrés de vendeurs ambulants, installés devant les boutiques "en dur", qui proposent leurs babioles au chaland.

C'est la situation de Rustenburg, à 40 km au sud-est de Sun City et du Pilanesberg National Park, qui en fait une destination de choix pour visiter ces deux sites, tout en profitant de tarifs d'hébergement raisonnables.

Où se loger

Hodge Podge Backpacker Lodge AUBERGE DE JEUNESSE $

(☎ 084 698 0417, 074 294 6315 ; www.hodgepodgebackpackers.co.za ; Plot 66, Kommiesdrift ; empl tente/dort 80/200 R, s/d à partir de 380/600 R ; 📶🏊). Au pied d'une imposante falaise, voici un petit goût de vie rurale tranquille au bout d'une piste de pierres rouges. Cette auberge compte une piscine extérieure et un bar sous la véranda, idéal pour un cocktail du soir. Jetés de lit colorés et paysages du veld égaient de charmants petits bungalows. Navette pour l'aéroport et excursions à Sun City et Pilanesberg. Auberge indiquée à 10 km au sud du Waterfall Mall.

♥ **Afri-Chic Guesthouse** GUESTHOUSE $$

(☎ 014-592 2763 ; www.afri-chic.co.za ; 35 Boven St ; s/d avec petit-déj 965/1 150 R ; P❄📶🏊). De belles chambres à prix raisonnables et dans une rue calme : il s'agit sans doute du meilleur choix pour qui souhaite séjourner en ville. Des peaux de bêtes au sol et de jolis bibelots vintage et contemporains ajoutent à l'ensemble. Service aimable et professionnel.

♥ **Boubou** B&B $$

(☎ 083 457 9954 ; www.boubou.co.za ; Doornlaagte, Kommissiesdrift ; s/d avec petit-déj à partir de 750/1 160 R ; P📶🏊). Cette adresse tranquille, dans une petite réserve naturelle, vous décidera peut-être à prolonger votre séjour à Rustenburg. Les oiseaux sont nombreux et il se peut même que vous aperceviez des antilopes depuis votre chaise longue, au bord de la piscine. Les chambres comprennent de grands lits confortables et leurs portes-fenêtres s'ouvrent sur le jardin. Cuisine à disposition et repas traditionnels préparés sur réservation.

À 28 km de la ville, par la R 52 en direction de Koster.

Masibambane GUESTHOUSE $$

(☎ 083 310 0583 ; www.masibambaneguesthouse.co.za ; Plot 45, Waterglen AH ; s/d petit-déj inclus 540/820 R ; P📶🏊). Cette paisible propriété au toit de chaume invite à la détente. Ses parterres de fleurs, ses grands arbres et ses fontaines attirent une grande variété d'oiseaux, notamment des huppes fasciées et des souimangas. Un dîner de trois plats (135 R) est proposé en semaine. Indiquée à 5 km au sud du Waterfall Mall, la *guesthouse* se trouve sur la droite, au bout de la route secondaire goudronnée, juste après le panneau "Private Road" ("route privée").

Où se restaurer

C'est au **Waterfall Mall** (Augrabies Ave ; ⏰ 9h-19h lun-ven, 9h-18h sam, 9h-15h dim), certes un peu aseptisé, mais sûr et fiable, que sont installés la plupart des restaurants, indépendants et de chaînes – sans compter Woolworths, pour faire ses provisions.

Brauhaus am Damm ALLEMAND $$

(☎014-004 0382 ; www.brauhaus.co.za ; sur la R24, Olifants Nek Dam ; plats 56-250 R ; ⏰10h-20h mar-sam). Par un après-midi ensoleillé, joignez-vous aux habitants de Rustenburg et aux visiteurs du Gauteng sur la grande terrasse de ce vaste restaurant, donnant sur l'Olifants Nek Dam. Les spécialités allemandes, notamment assiettes de saucisses et *eisbein* (jarret de porc), s'accompagnent de bières primées de la microbrasserie, l'une des rares du pays dirigée par une femme. La *weissbier* (bière blanche) est excellente. À 20 km au sud de Rustenburg, sur la R 24.

Cape Town Fish Market PRODUITS DE LA MER $$

(☎083 400 2005 ; www.ctfm.co.za ; Waterfall Mall ; plats 56-250 R ; ⏰11h-23h). L'intérieur sombre et l'éclairage au néon bleu du restaurant le plus stylé du Waterfall Mall évoquent davantage une boîte de nuit que les profondeurs marines. L'endroit est néanmoins spacieux, le service est efficace et poissons et crustacés sont bien représentés, du saumon aux langoustes, en passant par l'abadèche du Cap ou la dorade coryphène.

Renseignements

Tourist Information Centre (☎014-597 0904 ; www.tourismnorthwest.co.za ; angle Nelson Mandela St & Kloof Rd ; ⏰8h-16h30 lun-ven, 8h-12h sam). Efficace et bien fourni, l'office du tourisme de Rustenburg est installé dans les bureaux municipaux situés entre Nelson Mandela Dr et Fatima Bhayat St, à l'ouest de l'embranchement de la R24. Il distribue diverses brochures et des plans de la ville.

Depuis/vers Rustenburg

Rustenburg se trouve à la sortie de la N4, à 120 km au nord-ouest de Johannesburg et à 110 km à l'ouest de Pretoria. Des bus Intercape desservent la ville depuis Johannesburg (180 R, 1 heure 30), mais il vous faudra une voiture pour explorer la région.

Sun City

☎014

Création mythique de l'homme d'affaires Sol Kerzner, **Sun City** (☎014-557 1580 ; www.suninternational.com/sun-city ; visite adulte/enfant 395/290 R par jour, gratuit pour les résidents de l'hôtel ; ⏰24h/24 ; 👪), est un immense complexe hôtelier et de loisirs. À mi-chemin entre Disneyland et l'Égypte ancienne, Sun City tente d'imiter Las Vegas, sans oublier son héritage africain : statues dorées de lions et de singes, kilomètres de plages artificielles, volcans en éruption, plus de 1 200 chambres d'hôtels et un nombre incalculable de machines à sous. Ici, un seul mot d'ordre : se divertir. Malgré son côté un peu grotesque, l'endroit peut être amusant.

Le complexe est dominé par Lost City, site kitsch spectaculaire censé représenter l'héritage culturel africain. Ce gigantesque parc d'attractions haut de gamme propose les activités les plus folles : piscine à vagues, parc de trampolines, labyrinthe géant et faux tremblements de terre.

À franchement parler, ce n'est pas notre genre d'endroit favori. Mais il faut le voir pour le croire et on peut saluer les efforts (récompensés par des prix) de la ville en faveur d'un tourisme respectueux de l'environnement.

À NE PAS MANQUER

LOST CITY

Site tapageur au cœur de Sun City, Lost City est un immense parc d'attractions débordant de curiosités, allant du jardin botanique aux fausses éruptions volcaniques. De l'Entertainment Centre, on s'y rend par le Bridge of Time, flanqué de faux éléphants grandeur nature.

La vedette est le parc aquatique **Valley of the Waves** (www.suninternational.com/sun-city/activities/valley-of-waves ; tarif plein/enfant/résident de l'hôtel 395/290 R/gratuit ; ⏰9h-18h sept-avr, 10h-17h mai-août), au pied des tours de l'hôtel Palace of the Lost City hotel. Ce parc est ostentatoire et extravagant, même à l'aune de Sun City, et les enfants l'adorent. En son centre, le **Roaring Lagoon** est une piscine à vagues de 6 500 m² bordée d'une plage ombragée de palmiers. Toboggans et rapides, comme le **Temple of Courage**, de 70 m de long, déclenchent des poussées d'adrénaline ; flotter sur la **Lazy River** et se baigner dans la piscine **Royal Bath** sont deux des activités les plus calmes proposées. Autre attraction prisée, le **Maze** (www.suninternational.com/sun-city/activities/maze ; adulte/enfant 180/90 R ; ⏰10h-18h mar-dim) est un énorme labyrinthe aux allures de site archéologique.

Pour qui voyage avec des enfants ou un budget serré, Sun City se révèle une bonne affaire. Le prix d'entrée offre l'accès à la plupart des attractions, et une foule d'activités sont proposées pour une petite somme supplémentaire. Dans un autre registre, on trouve ici l'un des hôtels les plus luxueux du monde, d'une extravagante opulence.

Construite sous l'apartheid, en 1979, Sun City était jadis l'apanage des Blancs fortunés. À l'époque, le jeu était illégal en Afrique du Sud, mais pas dans les *homelands* (bantoustans), raison pour laquelle la ville fut bâtie dans ce qui était alors le bantoustan du Bophuthatswana. Elle accueille désormais tous les week-ends une foule bigarrée de Sud-Africains de toutes origines et d'Asiatiques.

UN LUXE ROYAL

Avec ses dômes turquoise surplombant la Valley of the Waves, le **Palace of the Lost City** (réservations 014-557 4307 ; www.suninternational.com/palace ; ch avec petit-déj à partir de 4 935 R ;) affiche, en plein cœur du veld, un luxe inouï. Classé parmi les meilleurs hôtels du monde, il s'emploie à combler les désirs les plus fous de sa clientèle.

Les quelque 330 chambres et suites sont accompagnées de petits extras tels que majordome et salles de bains en marbre, mais ce sont les spectaculaires espaces publics qui accaparent le feu des projecteurs. Les fresques, mosaïques et plafonds peints des grands atriums et halls donnent l'impression de séjourner dans une résidence royale. Dans les jardins, les fontaines, bassins et cascades étincellent au milieu d'épais feuillages.

À voir et à faire

Passez au Welcome Centre pour vous renseigner sur l'étourdissante offre d'activités : golf (sur deux parcours différents), Jet-Ski, parachutisme ascensionnel, tyrolienne, visite d'un parc à crocodiles ou d'une volière, et safaris dans le Pilanesberg National Park voisin.

South African Hall of Fame — MUSÉE

(014-557 1978 ; www.halloffame.co.za ; visiteurs adulte/enfant 100/50 R, clients de l'hôtel gratuit ; 8h-17h). Inauguré en 2016, le "panthéon sud-africain" rend hommage en mots et en photos à de grandes figures du pays, issues pour beaucoup du monde du sport (le golfeur Gary Player, l'équipe de rugby sud-africaine qui a remporté la Coupe du monde en 1995...), mais aussi de la musique (notamment Ladysmith Black Mambazo) et du cinéma.

Entertainment Centre — CASINO

(24h/24 ;). Outre des casinos fumeurs et non-fumeurs, ce centre sur deux niveaux possède des espaces restaurants, des boutiques, des cinémas ainsi que le Superbowl, une salle de spectacles de style "néo-préhistorique" décorée façon jungle.

Mankwe Gametrackers — CIRCUITS, ACTIVITÉS DE PLEIN AIR

(014-552 5020 ; www.mankwegametrackers.co.za ; Welcome Centre ; 5h-19h). Cette agence propose deux safaris en voiture (adulte/enfant 750/370 R) de 3 heures au Pilanesberg National Park, avec départ de Sun City tous les jours à 5h30 et à 17h (horaires variables selon la saison). Elle organise aussi des safaris à pied (790 R/pers) de 4 heures dans le parc, au petit matin, pour les plus de 16 ans.

L'agence propose également des vols en montgolfière (5 000 R/pers) et possède un centre de sports d'aventure où il est possible de pratiquer le quad, le ball-trap, le tir à l'arc, le paintball et le djembé.

Segway Guided Tours — CIRCUITS

(014-557 4052 ; www.segwayguidedtours.co.za/suncity ; 350-500 R ; 8h-17h). À l'occasion d'une visite à gyropode, prenez de la vitesse sur les parcours de golf et faites le tour du complexe. Bureau de réservation dans le Welcome Centre.

Où se loger et se restaurer

Cascades — RESORT $$$

(réservations 011-780 7855 ; www.suninternational.com/sun-city/cascades/accommodation ; s/d petit-déj inclus à partir de 3 211/3 411 R ;). Sirotez un cocktail au bar de la plage dans un environnement azur, d'inspiration méditerranéenne, de cascades et de lac. Bassins multiples, tables en terrasse au restaurant Santorini, et splendides chambres avec dressing.

Soho — HÔTEL-CASINO $$$

(réservations 011-780 7855 ; www.suninternational.com/sun-city/soho/accommodation ; ch avec petit-déj à partir de 3 117 R ;). L'hôtel le plus animé de Sun City (et le premier) compte casinos, machines à sous et centre de divertissement, ainsi qu'une foule de restaurants et de bars. Le hall décline le thème de la jungle et les énormes jetons de roulette s'accumulent devant le restaurant indien de style Raj. Un bon choix pour les amateurs d'hédonisme et de jeux. Neuf types de chambres disponibles.

Cabanas RESORT **$$$**
(☎ réservations 011-780 7855 ; www.suninternational.com/sun-city/cabanas/accommodation ; ch petit-déj inclus à partir de 1 911 R ; ❄📶🏊👪). L'adresse la plus informelle de Sun City, et la plus adaptée aux familles. Les chambres, modernes et riches en commodités haut de gamme, sont décorées dans un style rétro, et l'ambiance est détendue, notamment dans le hall, doté d'un balcon. Chambres familiales avec canapé-lit et jusqu'à huit couchages.

ℹ Renseignements

Welcome Centre (☎ 014-557 3738 ; www.suninternational.com ; ⏲ 9h-18h). À l'entrée de l'Entertainment Centre. Propose des plans et toutes les informations nécessaires. On y trouve aussi des casiers et une agence Hertz.

ℹ Depuis/vers Sun City

Sun City est à moins de 3 heures de route au nord-ouest de Johannesburg. Elle est indiquée depuis la N4. En venant de Gauteng sur la N4, l'itinéraire le plus simple consiste à rester sur l'autoroute après Rustenburg et à prendre la R565 via Phokeng et Boshoek.

Le parking pour les non-résidents se trouve à l'entrée, à 2 km de l'Entertainment Centre. Le monorail aérien Sky Train, qui offre une belle vue du complexe et de Pilanesberg, ainsi que des bus font la navette du parking à l'Entertainment Centre et aux Cascades, en passant par Sun City Cabanas et le Sun City Hotel.

Les circuits partant de Gauteng combinent Sun City et Pilanesberg.

ℹ PILANESBERG NATIONAL PARK

Pourquoi y aller À moins de 3 heures de route de Johannesburg, le parc Pilanesberg (exempt de paludisme) est la réserve de Big Five la plus accessible d'Afrique du Sud. On y croise aussi des lycaons et plus rarement des antilopes, notamment des antilopes rouannes et des hippotragues noirs.

Quand partir La saison sèche est la plus favorable (juin à septembre), lorsque l'herbe est rase et que les animaux se rassemblent autour des plans d'eau. De janvier à avril, le bush est très dense et rend la faune plus difficile à observer.

Informations pratiques Les deux entrées sud sont situées à environ 10 km de Sun City.

Faire des économies Mieux vaut apporter sa tente et sa nourriture.

Pilanesberg National Park

S'étendant sur un cratère alcalin érodé, dans une zone de transition située entre le désert du Kalahari et le *lowveld* humide, le **Pilanesberg National Park** (☎ 014-555 1600 ; www.pilanesbergnationalpark.org ; adulte/enfant 110/30 R, véhicule 20 R, carte 40 R ; ⏲ 5h30-19h nov-fév, 6h-18h30 mars-avr et sept-oct, 6h30-18h mai-août) occupe une superficie de 550 km^2 au nord de Sun City. Merveilleusement pittoresque, il abrite de nombreuses espèces animales sud-africaines.

Conçu à la fin des années 1970 pour que les citadins puissent s'évader dans la nature à la faveur du week-end, le parc est resté un havre où errent lions, buffles et excursionnistes. En 1979, dans le cadre de l'Operation Genesis, la plus grande opération de transfert d'animaux en Afrique du Sud, des terres agricoles ont été réaffectées au nouveau parc et 6 000 animaux y ont été introduits. Aujourd'hui, les Big Five (lion, léopard, buffle, éléphant et rhinocéros) y sont présents ainsi que des guépards, des caracals, des lycaons, des hyènes, des chacals, des girafes, des hippopotames, des zèbres, une large variété d'antilopes (hippotragues noirs, élands et koudous) et plus de 300 espèces d'oiseaux.

Le parc peut vous paraître surdéveloppé et surfréquenté par rapport à certaines régions sauvages du pays, mais en vous éloignant des grands axes, vous aurez probablement l'occasion d'observer des animaux en toute quiétude.

Activités

La plupart des lodges du parc proposent des excursions au lever et au coucher du soleil, mais l'étendue de son excellent réseau routier (200 km de routes gravillonnées) a permis dès le départ d'autoriser les safaris

Pilanesberg National Park

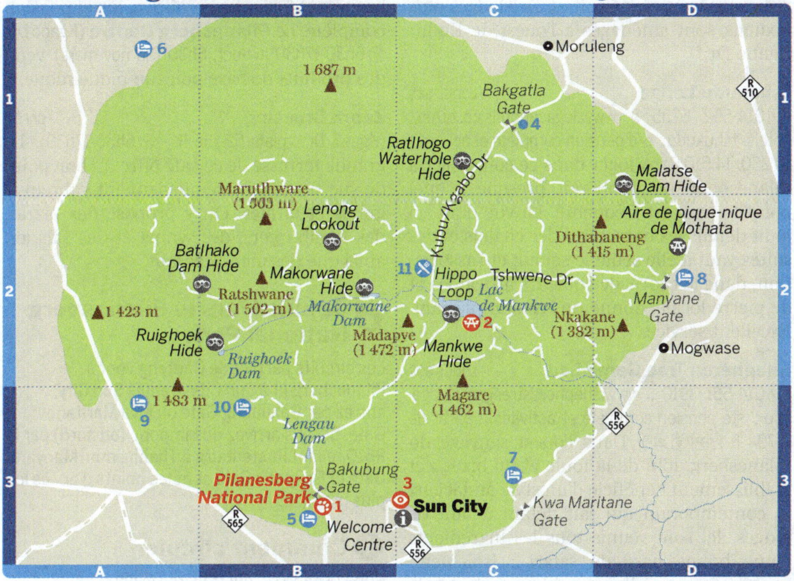

sans guide, lesquels ont l'avantage de revenir moins cher et de vous laisser progresser à votre rythme. De plus, les circuits organisés s'en tiennent aux routes principales et les chauffeurs y marquent l'arrêt au moindre impala. Les bouchons sont par ailleurs fréquents sur les principales voies secondaires en fin d'après-midi. Quoi qu'il en soit, que vous visitiez le parc seul ou avec un guide, vous n'oublierez jamais la première fois que vous croiserez un éléphant, déplaçant d'un pas lourd sa masse impressionnante.

Installez-vous au moins quelques heures avec une glacière remplie de boissons et une paire de jumelles dans l'un des nombreux affûts du parc et soyez patient. Ces abris camouflés, construits à proximité des points d'eau où viennent s'abreuver les animaux, sont constitués de grandes plateformes surélevées et couvertes, équipées de chaises.

Les activités suivantes peuvent être réservées à chaque entrée du parc. Le prestataire privé **Mankwe Gametrackers** (☎014-556 2710 ; www.mankwegametrackers.co.za ; Bakgatla ; ⌚8h30-17h) saura aussi réserver pour vous sans supplément (voire tantôt pour moins cher) :

Safaris au lever/coucher du soleil (adulte/enfant 750/370 R ; 2 heures 30)

Pilanesberg National Park

Les incontournables
1 Pilanesberg National Park B3

À voir
2 Aire de pique-nique de Fish Eagle C2
3 Sun City C3

Activités
4 Mankwe Gametrackers C1

Où se loger
Bakgatla ....(voir 4)
5 Bakubung B3
6 Black Rhino Game Lodge A1
7 Kwa Maritane C3
8 Manyane D2
9 Shepherds Tree Game Lodge A3
10 Tshukudu Lodge B3

Où se restaurer
11 Pilanesberg Centre C2
Zebra Crossing ....(voir 11)

Vols en montgolfière (5 000 R/pers ; 1-5 heures)

Randonnées guidées (2 600 R pour 4 pers ; 4 heures)

Où se loger

Huit lodges parsèment le parc. Vous y trouverez de quoi occuper les enfants : piscines, terrains de jeu et minigolf, ainsi que des réductions pour les familles. Des lodges plus luxueux sont aménagés à l'ouest de Kudu/Kgabo Dr.

Tshukudu Lodge LODGE $$$
(014-552 6255 ; www.legacyhotels.co.za/en/hotels/tshukudu ; s/d pension complète et activités 10 250/14 510 R). À loger dans ce coin chic du Pilanesberg, on oublierait presque à quel point le parc est fréquenté. La vue dont on jouit depuis les baignoires des chalets et des suites vaut à elle seule le séjour, et l'association, dans le cadre, de couleurs africaines et de pierre locale, donne un résultat plaisant. Excellent service.

Shepherds Tree Game Lodge LODGE $$$
(014-551 3910 ; www.shepherdstreegamelodge.info ; ste pension complète et activités à partir de 9 794 R ; P). Dans l'ouest sauvage du Pilanesberg, loin de la foule et du bruit, cet établissement bénéficie d'un style audacieux et contemporain qui fait défaut à tant de lodges. Ici sont réunis tous les ingrédients d'une bonne base de safari : isolement, superbe vue, excellents guides et niveau de confort élevé.

Black Rhino Game Lodge LODGE $$$
(083 297 5020 ; www.blackrhinogamelodge.com ; ste pension complète et activités 5 870-7 160 R ; P). Dans un joli cadre juste au-delà de la limite nord-ouest du parc, le Black Rhino donne accès à des itinéraires rarement empruntés par les véhicules de safari. Chalets au toit en A, vastes et stylés, parties communes modernes, dont un excellent restaurant, et excursions d'observation de rhinocéros (d'où le nom du lieu).

Kwa Maritane LODGE $$$
(014-552 5100 ; www.legacyhotels.co.za/en/hotels/kwamaritane ; s/d demi-pension 5 115/6 725 R). Ce lodge loue des chambres stylées aux toits de chaume, distribuées autour de la piscine. La véranda du restaurant Kwa Lefakeng donne sur les collines et les falaises. Buffets et grillades ; on peut aussi commander à la carte. Une bonne adresse, moins fréquentée que le **Bakubung** (014-552 6314 ; www.legacyhotels.co.za/en/hotels/bakubung ; s/d en demi-pension 4 160/5 170 R, chalets à partir de 2 100 R).

Où se restaurer

Les lodges Manyane, Bakgatla, Bakubung et Kwa Maritane proposent le déjeuner aux excursionnistes, ainsi que *braai* dans la brousse et formules demi-pension et pension complète. Le **Pilanesberg Centre** (Kgabo Dr ; 6h30-17h30 avr-oct, 6h30-18h nov-mars) vend des produits de base pour un pique-nique.

Zebra Crossing CAFÉ $
(Kgabo Dr ; plats 52-155 R ; 6h30-17h30). La grande terrasse de ce café offre un bon point de vue sur une mare où viennent s'abreuver gnous et girafes. On y propose des pizzas, des hamburgers, des wraps et des salades, ainsi que des menus enfant.

Depuis/vers le Pilanesberg National Park

Les circuits partant de Gauteng vont à Pilanesberg et à Sun City. Depuis Sun City, entrez par Bakubung Gate ou Kwa Maritane Gate. Si vous arrivez du Limpopo (au nord) par la R510 reliant Rustenburg à Thabazimbi, Manyane Gate et Bakgatla Gate sont les points d'accès les plus proches.

Comment circuler

Kubu/Kgabo Dr, qui traverse le parc entre les Bakubung et Bakgatla Gates, est goudronnée ; tout comme Tau Link et Tshwene Dr, qui relient Kubu/Kgabo Dr et Manyane Gate. Les routes de gravier sont en bon état, praticables par les voitures à deux roues motrices.

La vitesse est limitée à 40 km/h dans le parc et on ne peut guère rouler plus vite sur les routes environnantes. Prenez garde au bétail et aux ânes sur la route ; des habitants vous avertiront peut-être de la présence d'un troupeau plus loin.

Madikwe Game Reserve

Madikwe (018-350 9938 ; www.experience-madikwe.com ; adulte/enfant 180/90 R ; 8h-16h30 lun-ven) est la quatrième réserve du pays et l'une des meilleures, couvrant 760 km² de veld arbustif, de savane herbeuse et de forêt fluviale à la lisière du Kalahari. Elle abrite les Big Five (lion, léopard, buffle, éléphant et rhinocéros) et offre l'occasion d'un séjour paisible au cœur d'étonnants paysages de sable rouge et de forêt épineuse, dans des lodges de rêve (et sans craindre le paludisme, inconnu dans la région). Les safaris sans guide et les visiteurs à la journée ne sont pas autorisés. Autrement dit, vous devrez séjourner dans l'un des 16 lodges de la réserve pour y avoir accès. Madikwe n'est pas bon marché, mais vous en aurez pour votre argent dans ces luxueux hôtels du bush.

Deux safaris (ou un safari et une marche guidée) par jour sont inclus dans la formule pension complète de la plupart des lodges. Les rangers se préviennent par radio des déplacements des animaux : si une famille de lions fait la sieste à l'ombre d'un épineux, votre chauffeur en sera informé. Comme il existe seulement quelques restrictions minimales à la circulation en dehors des pistes et que les jeeps sont suffisamment robustes pour franchir de nombreux obstacles, vous vous approcherez au plus près des animaux.

Seuls trois véhicules peuvent être présents lors d'une même observation, une règle strictement respectée. S'il peut être frustrant de devoir faire la queue, cela garantit que les animaux ne sont pas poursuivis, ni harcelés par un convoi de véhicules, et préserve la réputation de Madikwe en tant que merveilleux site où observer la faune de près.

Fondée en 1991, la réserve de Madwike a reçu une double mission : protéger les espèces menacées et mettre en place un tourisme durable permettant de créer des emplois permanents pour la population autochtone, la plus pauvre et la plus isolée de la région. Sur plus de sept ans, une opération de grande ampleur a permis de réintroduire des animaux, qui avaient disparu de ce territoire du fait de la chasse intensive et des activités agricoles. Ce sont ainsi plus de 10 000 individus (dont des troupeaux d'éléphants) qui ont été acheminés par avion ou par camion depuis d'autres réserves d'Afrique australe. Madikwe, gérée conjointement par le North West Parks & Tourism Board, le secteur privé et les communautés locales, a non seulement donné un habitat sain à de nombreux animaux, mais aussi créé les emplois promis.

Où se loger et se restaurer

Madikwe affiche une série de remarquables adresses où séjourner, pour la plupart chics et résolument confortables. Il est obligatoire de réserver, ou bien on ne vous laissera pas entrer (le garde téléphonera à votre lodge pour vérifier que vous êtes attendu). Pour de plus amples informations sur tous les lodges, consultez www.madikwegamereserve.net.

Les formules proposées par tous les lodges et camps de tentes de la réserve comprennent trois repas par jour.

MADIKWE GAME RESERVE

Pourquoi y aller Les rangers expérimentés des lodges étant les seuls autorisés à mener des visites au sein de la réserve, les chances de voir des animaux sont meilleures qu'à Pilanesberg ou même que dans le Kruger. La réserve est réputée pour son importante population de lions, et il est possible d'y apercevoir des lycaons.

Quand partir Toute l'année, mais c'est toutefois de mai à septembre que l'observation de la faune est optimale car les animaux se concentrent près des points d'eau et la végétation devient moins dense.

Informations pratiques Les portes ouvrent de 6h à 18h, mais il est possible de participer à des safaris nocturnes. La réserve est à environ 3 heures 30 de voiture de Johannesburg et Pretoria.

Faire des économies Les réductions sont les plus intéressantes durant la basse saison – celle-ci varie selon les lodges, mais elle se situe généralement de mai à août. Rester plusieurs nuits permet également de réduire les coûts.

♥ Mosetlha Bush Camp & Eco Lodge LODGE $$$
(☎011-444 9345 ; www.thebushcamp.com ; Abjaterskop Gate ; s/d en pension complète 2 995/ 4 990 R/pers). Le deuxième plus ancien lodge de Madikwe est aussi la seule option de la réserve qui ne tienne pas d'un cinq-étoiles, mais ses prix modérés ne sont pas ses seuls atouts. Si les neuf cases ouvertes aménagées autour du feu de camp ne disposent ni d'eau courante, ni d'électricité, votre séjour n'en sera pas moins aussi plaisant que romantique.

Cet écolodge innovant possède des douches à seau et des toilettes sèches et ventilées. Les lampes de chevet fonctionnent au pétrole, la conversation remplace la TV et les repas sont aussi délicieux que l'air du veld ! Un superbe choix, avec des guides remarquables et une vive impression d'authenticité.

Buffalo Ridge Safari Lodge LODGE $$$
(☎011-234 6500 ; www.buffaloridgesafari.com ; Wonderboom Gate ; chalet en pension complète et activités s 4 745-6 825 R, d 7 300-10 500 R ; ❄ ≋). Conçu par un architecte local réputé,

ce lodge chic incarne parfaitement l'esprit des fondateurs de Madikwe en matière de tourisme communautaire durable. Propriété des Balete du village de Lekgophung, c'est le premier de son genre en Afrique du Sud. Pierre, bois et tissu se marient à merveille dans les huit suites, aménagées dans des chalets isolés au toit de chaume, parfaitement intégrés dans le veld.

Royal Madikwe LODGE $$$

(☎082 568 8867, réservations 082 787 1314 ; www.royalmadikwe.com ; s/d pension complète et activités 11 400/15 200 R ;). À ces prix-là, attendez-vous à un séjour "royal". Vous disposerez d'une chambre spacieuse, luxueuse et isolée, avec piscine privative, vaste terrasse donnant sur les étendues sauvages, cheminée, station d'accueil pour iPod et peignoirs en velours. Service irréprochable.

Tau Game Lodge LODGE $$$

(☎011-466 8715 ; www.taugamelodge.com ; Tau Gate ; chalet en pension complète 3 250-4 795 R/pers ;). Le meilleur rapport qualité/prix de la réserve. Les 30 chalets cosy possèdent des baignoires géantes, de vastes douches extérieures, de grands lits et des terrasses privées donnant sur le plan d'eau – où depuis quelques années vit une famille de cinq crocodiles. Spa et boutique de bibelots sur place.

La Tau Foundation bénéficie aux habitants et les clients de l'hôtel peuvent visiter les écoles et les programmes communautaires.

Jaci's Lodges LODGE $$$

(☎083 700 2071 ; www.madikwe.com ; ch en pension complète à partir de 7 895-10 500 R ;). Par leur beauté et la justesse de leur design, les deux lodges contigus de cet établissement – le Safari Lodge et le Tree Lodge – sont d'excellentes adresses. Les huit chambres du Safari sont conçues comme des tentes, avec tentures et douche extérieure en pierre naturelle. Cheminées en céramique et terrasses privées avec vue sur le point d'eau complètent le tableau. Réduction pour les enfants de moins de 12 ans, baby-sitters et safaris familiaux.

Plus sélect encore, le Tree Lodge porte bien son nom, ses chambres étant reliées par des passerelles dans la canopée. Mariant le bois de rose et le chaume, elles respirent l'opulence tout en se fondant dans la nature.

Thakadu River Camp CAMP DE TENTES $$$

(☎018-365 9912, 087 740 9292 ; www.aha.co.za/thakadu ; s/d pension complète et activités 5 625/7 500 R ;). Si ses prix le classent, à l'aune de Madikwe, dans la catégorie moyenne, ce camp installé dans l'est de la réserve affiche un niveau de qualité des plus élevés, dans une atmosphère délicieusement simple. Les 12 luxueuses tentes safari, dont quatre peuvent accueillir des familles, sont climatisées et bordées d'une terrasse en bois. On aperçoit généralement beaucoup d'animaux.

Depuis/vers Madikwe

AVION

Un vol charter relie chaque jour l'aéroport international OR Tambo de Johannesburg à la piste d'atterrissage de Madikwe (de là, le personnel de votre lodge peut venir vous chercher). Le trajet se réserve directement auprès de votre lodge en même temps que le séjour.

BUS

Vous pourrez prendre un bus Gaborone (au Botswana) et vous organiser pour qu'un membre du personnel du lodge vienne vous chercher au poste-frontière de Kopfontein, à l'endroit où s'arrête le bus.

VOITURE

Madikwe est proche des deux postes-frontières du Botswana Kopfontein gate/Tlokweng gate, à 400 km au nord-ouest de Johannesburg et Pretoria via la N4 et la R47/49.

Les principales entrées de Madikwe sont Abjaterskop et Wonderboom, près de la R47/49, côté ouest de la réserve ; Tau et Deerdepoort côté nord, et Molatedi à l'est. Tous les lodges sont accessibles par la R47/49 ; le vôtre vous indiquera le chemin au moment de la réservation.

Si vous conduisez de Madikwe à Sun City et Pilanesberg, demandez des indications à votre lodge et prenez les petites routes. Cet itinéraire est plus rapide et évite le péage de Swartruggens sur la N4.

Si vous n'êtes pas motorisé, la meilleure option consiste à organiser un transfert avec votre lodge.

Magaliesberg Range

À 1 heure de route de Pretoria et à moins de 2 heures de Johannesburg, la Magaliesberg Range, chaîne de montagnes décrivant un demi-cercle de 120 km entre Hartbeespoort Dam à l'est et Rustenburg à l'ouest, voit arriver le week-end les citadins du Gauteng aspirant à un dépaysement total et à un air pur et frais. Afin d'apprécier pleinement cette région de collines couvertes de broussailles, de ruisseaux et de forêts, abandonnez Hartbeespoort Dam, trop commercial, pour suivre les petites routes sinueuses partant de la R104 et de la R24. Le téléphérique, récemment rétabli, hisse à nouveau les visiteurs jusqu'aux hauteurs du Magaliesberg.

À voir et à faire

À l'est du carrefour à quatre voies de Damdoryn, la route traverse le barrage de retenue de Hartbeespoort, **Hartbeespoort Dam**, coiffé d'un étonnant arc de triomphe, ainsi qu'un tunnel. Galeries d'art et restaurants bordent ensuite la route qui traverse Schoemansville sur la rive nord-est du barrage, avant de rejoindre la N4 vers Pretoria.

Welwitschia Country Market MARCHÉ
(☎083 302 8085 ; www.countrymarket.co.za ; Damdoryn ; ⏰9h-17h mar-dim). GRATUIT Faites le plein de tee-shirts des 'Boks, de *biltong* et d'objets en cuir et en fil de fer. À l'ouest du carrefour à quatre voies de Damdoryn, près de l'angle nord-ouest de Hartbeespoort Dam, le marché est certainement plus authentique que le complexe touristique voisin de Chameleon Village, avec près de 40 étals aménagés dans des cases en bois. Un petit espace de jeux et une volière occupent les enfants, et on y trouve trois restaurants, de l'artisanat et des souvenirs sud-africains classiques.

Magaliesberg Canopy Tour SENSATIONS FORTES
(☎014-535 0150 ; www.magaliescanopytour.co.za ; Sparkling Waters Hotel & Spa, Rietfontein Farm ; circuits 695 R, transfert inclus ; ⏰6h30-16h30 sept-avr, 7h30-15h mai-août). Rasez les cimes des arbres et glissez sur des tyroliennes pouvant atteindre 140 m de long entre les falaises, suspendu à 30 m au-dessus du cours d'eau. Cette excellente agence d'écoaventures vous emportera dans une descente vivifiante de 2 heures 30 dans l'Ysterhout Kloof. Les 11 plateformes, construites sur la face de la falaise, permettent de contempler le paysage et d'écouter un guide vous parler d'écologie locale.

Deux participants minimum, réservation recommandée. Les clients du Sparkling Waters bénéficient de 20% de réduction.

Aerial Cableway TÉLÉPHÉRIQUE
(☎072 241 2654 ; www.hartiescableway.co.za ; près de la R104 ; adulte/enfant 250/160 R ; ⏰billetterie 9h-16h lun-ven, 8h30-16h30 sam, 8h30-16h dim). Juste à l'est de Schoemansville, ce téléphérique avait fonctionné pendant 20 ans avant de fermer en 2005. Entièrement remis à neuf, il a repris du service depuis 2010. Il vous déposera au sommet du Magaliesberg, d'où vous pourrez admirer le paysage. Un restaurant est installé à la station du bas ; en haut, vous trouverez un autre restaurant, un bar-pizzeria et une aire de jeu pour enfants.

Où se loger et se restaurer

La région compte plusieurs adresses où passer la nuit. Pour les week-ends, il vous faudra réserver. Pubs et cafés jalonnent les routes autour de Hartbeespoort Dam, mais le choix devient bien plus limité sur celles de campagne, plus loin dans les montagnes.

Sparkling Waters Hotel & Spa HÔTEL $$$
(☎014-535 0000 ; www.sparklingwaters.co.za ; Reitfontein Farm ; s/d petit-déj inclus à partir de 1 050/1 900 R ;). Cet hôtel discret est installé sur une vaste propriété qui renferme plusieurs piscines, un minigolf, des courts de tennis, un spa, une salle de jeux et une aire de jeu – les familles y trouveront leur compte. Le bush du Magaliesberg débute au-delà des vastes pelouses, en contrebas. Les chambres disséminées dans cet espace paysager présentent un extérieur plutôt insolite et un mobilier quelconque, mais elles sont bien entretenues et, pour certaines, spacieuses.

L'hôtel est à 32 km au sud-est de Rustenburg, accessible à partir de la R104 près de Buffelspoort ou de la R24 via l'embranchement d'Oorsaak à Rex.

Upper Deck PUB $$
(☎012-253 2586 ; Welwitschia Country Market, Damdoryn ; plats à partir de 76 R ; ⏰8h30-17h lun, 8h30-22h mar-jeu, 8h30-23 ven-sam, 8h-20h dim). Le grand *biertgarden* de ce restaurant-pub tombe à pic pour qui vient chiner au marché de Welwitschia. La carte, composée essentiellement de viande grillée et de hamburgers, affiche aussi des salades et deux menus enfant. Concerts en soirée du vendredi au dimanche.

Depuis/vers la Magaliesberg Range

En semaine, les routes de la région sont calmes (mais aucun transport public n'est disponible). Le week-end, une procession de véhicules se forme parfois le long des grandes artères menant dans les montagnes.

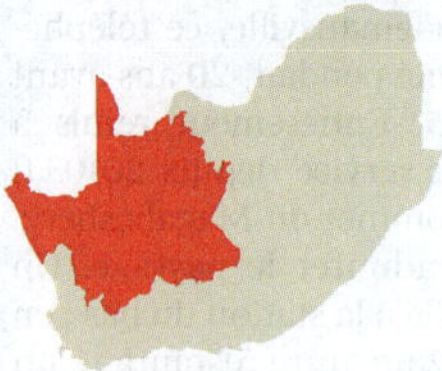

Cap-Nord

Dans ce chapitre →

Le top des restaurants

- Tauren Steak Ranch (p. 496)
- Cluster d'Hote (p. 501)
- Cafe Zest (p. 488)
- Transkaroo Country Lodge (p. 482)

Le top des hébergements

- Gorge Cottage (p. 493)
- Kalahari Tented Camp (p. 491)
- 75 on Milner (p. 480)
- !Xaus Lodge (p. 491)
- Kameeldoorn Tree House (p. 483)

Pourquoi y aller

Un million d'habitants seulement peuple les 373 000 km^2 du Cap-Nord (Northern Cape, Noord-Kaap) la plus grande province d'Afrique du Sud et la moins peuplée. Là, villes et bourgades, séparées par des centaines de kilomètres, sont reliées par des routes désertes qui filent à travers des étendues sauvages.

Sur cette terre aride, des espèces végétales endémiques ponctuent l'horizon, qui s'étire à l'infini. Toutefois, cette région très sèche est irriguée par le fleuve Orange, donnant ainsi naissance au Green Kalahari, connu pour ses vignobles, et les vertigineuses Augrabies Falls qui témoignent d'un écosystème unique. Et chaque année, après la saison des pluies, le sable rouge du Kalahari se couvre d'une végétation luxuriante, tandis que les collines et les plaines rocheuses du Namaqualand se tapissent de fleurs sauvages multicolores.

Quand partir

Kimberley

Janv-mars
L'Augrabies Falls National Park est sublime. Malgré la canicule, c'est le bon moment pour observer la faune du Kgalagadi.

Mai-juillet
L'hiver est plus frais et la sécheresse attire les animaux vers les points d'eau.

Août-sept
Le Namaqualand explose de couleurs pendant la floraison du printemps.

Langues et population

Si l'anglais est parlé partout au Cap-Nord, l'afrikaans est la langue dominante (54%). Le tswana (33%) et le xhosa (6%) sont les deux autres langues principales. La population comprend des Afrikaners, des Tswana et les descendants des plus anciens habitants de la région, les Khoisan, qui vivent toujours dans le Kalahari.

KIMBERLEY

053 / 225 000 HABITANTS

Kimberley, la capitale de la province du Cap-Nord, est l'épicentre de cette région officiellement baptisée Diamond Fields ("champs diamantifères"). La ville qui vit naître la fameuse société minière De Beers et sa multinationale demeure un lieu captivant où règne une atmosphère de Far West.

En effet, bien que l'exploitation minière y ait cessé il y a près d'un siècle, la "ville des Diamants" continue d'évoquer cette époque des pionniers. Poussez la porte d'un pub historique empreint de l'atmosphère d'antan ou déambulez dans le village minier reconstitué de Big Hole, et vous aurez assurément le sentiment d'être transporté à la fin du XIXe siècle.

Seule véritable métropole de la province, Kimberley se distingue aussi par ses musées et galeries d'art et de remarquables hébergements. Le township de Galeshewe a, quant à lui, joué un rôle majeur dans la lutte contre l'apartheid.

À voir

Big Hole MUSÉE

(053-839 4600 ; www.thebighole.co.za ; West Circular Rd ; adulte/enfant 100/60 R ; 8h-17h ; P). Le projet de rénovation de 50 millions de rands mené autour du Big Hole en a fait une destination touristique internationale. Bien que créées et dirigées par la De Beers Consolidated Mines, les visites du "Grand Trou", la plus grande excavation creusée de main d'homme sur la planète, sont étonnamment objectives – le côté sombre de l'exploitation minière est présenté très honnêtement. Le circuit commence avec un film de 20 minutes sur le passé minier de Kimberley à la fin du XIXe siècle, suivi d'une visite de la plateforme d'observation du Big Hole. L'édifice ouvert en acier, construit au-dessus du gouffre béant de 1,6 km de périmètre, qui plonge à 215 m de profondeur, offre une vue complète sur les 40 m d'eau turquoise emplissant le trou.

Un ascenseur descend dans un puits où l'on assiste à la simulation d'une descente à la mine : des effets spéciaux sonores et visuels donnent une image assez authentique de la dure vie des mineurs noirs. Des bruits d'éboulement et d'explosions ajoutent à l'atmosphère oppressante.

En quittant la mine, ne manquez pas le centre d'exposition, où est présentée l'extraction diamantaire à travers le pays, ainsi que le passé de Kimberley. C'est là que se trouve la chambre forte, bien gardée, qui contient quelque 3 500 diamants, dont des copies de l'Eurêka (le premier diamant découvert dans la région) et du "616" (le plus gros diamant à huit faces du monde, de 616 carats), qui ont été découverts ici.

On peut également visiter, en plein air, une remarquable reconstitution du village minier de Kimberley dans les années 1880. Les bâtiments d'époque transférés ici lui confèrent une atmosphère hors du temps. Au gré des rues, il y a notamment une église en tôle, un funérarium, une confiserie, une banque et un pub-restaurant/*guesthouse* (en service). Vous pourrez même tenter votre chance dans la recherche de diamants… Un court trajet (10 R) en **tram victorien**, restauré, permet aux visiteurs de rejoindre l'autre côté du Big Hole. Il est

ARCHITECTURE

Du fait de son riche passé, Kimberley a beaucoup à offrir aux férus d'architecture. Admirez la **Rudd House** (053-839 2700 ; 5 Loch Rd ; adulte/enfant 40/20 R ; sur rdv lun-ven), bel exemple des résidences construites pour les habitants fortunés de la ville au XIXe siècle, et **Dunluce** (053-839 2700 ; 10 Lodge Rd ; adulte/enfant 40/20 R ; sur rdv 9h-16h lun-ven), somptueuse demeure victorienne.

Plus moderne, le **Northern CapeLegislature Building** (053-839 8024 ; www.ncpleg.gov.za ; près de Green St, Galeshewe ; 8h-16h lun-jeu, 8h-12h ven) GRATUIT, inauguré en 2003, frappe par sa conception, qui évoque à la fois la culture, les paysages, et l'histoire de Kimberley et du Cap-Nord. L'édifice est indiqué depuis le centre, mais le mieux est de participer à une visite guidée à Galeshewe.

À ne pas manquer

1 Le spectacle d'un lion à crinière noire somnolant sous un épineux, tapi sur la terre rouge du Kalahari, dans le **Kgalagadi Transfrontier Park** (p. 488).

2 La découverte du passé minier de **Kimberley** (p. 475), à Big Hole, et au gré des bâtiments victoriens bien conservés de la ville.

3 Les chutes jaillissant entre les falaises vertigineuses et la nature sauvage de l'**Augrabies Falls National Park** (p. 492).

4 Une randonnée printanière sur un tapis de fleurs sauvages multicolores dans le **Namaqualand** (p. 494).

5 Une aventure dans le désert montagneux du très reculé **|Ai-|Ais/ Richtersveld Transfrontier Park** (p. 497).

6 Les magnifiques nuits étoilées, en particulier à **Sutherland** (p. 500).

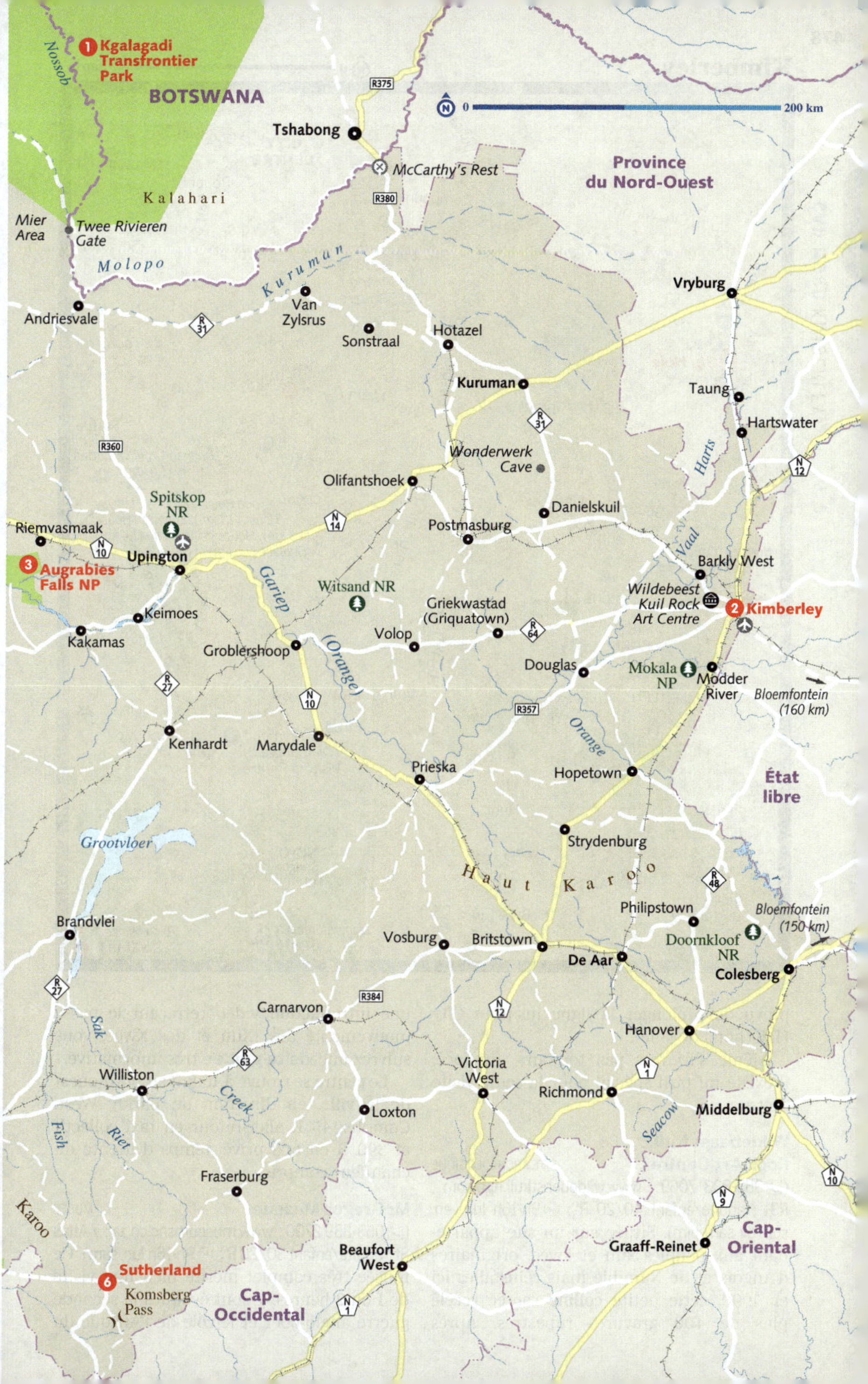

1 Kgalagadi Transfrontier Park
BOTSWANA
Nossob
Tshabong
R375
McCarthy's Rest
R380
0
200 km
Province du Nord-Ouest
Kalahari
Mier Area
Twee Rivieren Gate
Molopo
Kuruman
Van Zylsrus
Andriesvale
R31
Sonstraal
Hotazel
Kuruman
Vryburg
Taung
Hartswater
R31
R360
Wonderwerk Cave
Harts
N12
Olifantshoek
Danielskuil
Spitskop NR
N14
Postmasburg
Riemvasmaak
N10
Upington
3 Augrabies Falls NP
Vaal
Barkly West
Gariep
Witsand NR
Wildebeest Kuil Rock Art Centre
2 Kimberley
Griekwastad (Griquatown)
Keimoes
Kakamas
Volop
R64
Groblershoop
(Orange)
Douglas
Mokala NP
Modder River
Bloemfontein (160 km)
R27
N10
R357
Orange
Kenhardt
Marydale
Prieska
Hopetown
État libre
Strydenburg
Grootvloer
Haut Karoo
R48
Philipstown
Bloemfontein (150 km)
Brandvlei
Vosburg
Britstown
De Aar
Doornkloof NR
Colesberg
R27
R384
N12
Carnarvon
Sak
Hanover
R63
Victoria West
N1
Williston
Creek
Richmond
Loxton
Middelburg
Fish
Riet
Seacow
N10
Fraserburg
N9
Karoo
Graaff-Reinet
Cap-Oriental
Beaufort West
6 Sutherland
Komsberg Pass
Cap-Occidental
N1

Kimberley

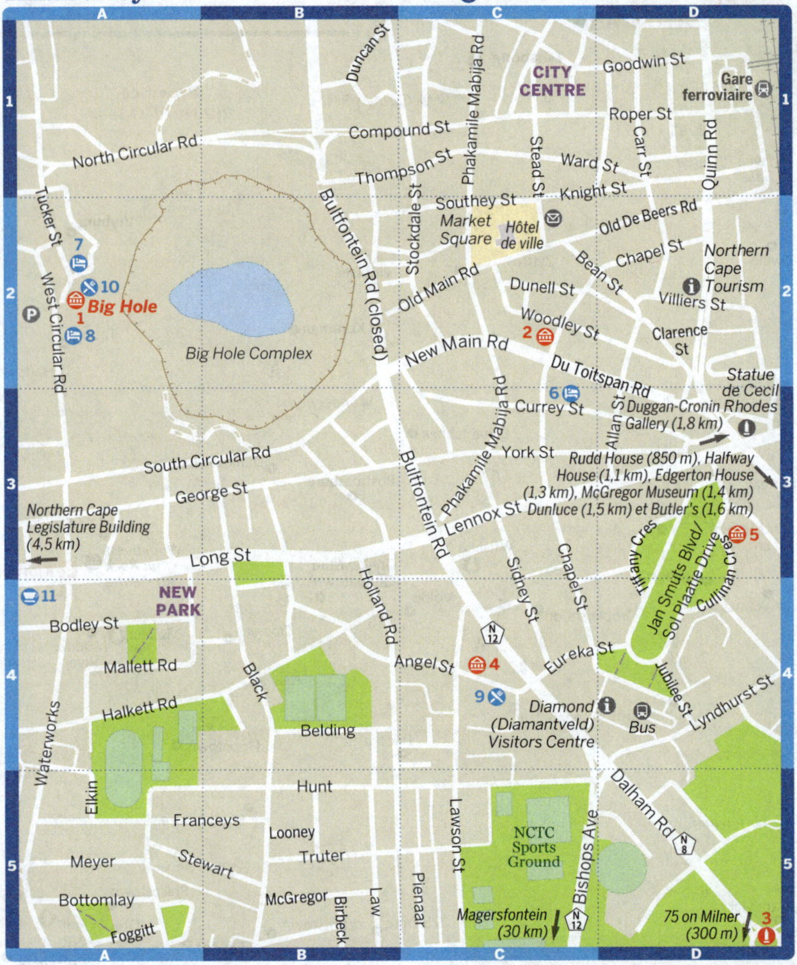

prévu de prolonger la ligne jusqu'au City Hall (hôtel de ville).

Même s'il n'est pas toujours annoncé, il existe un tarif spécial pour la seule visite du trou.

Wildebeest Kuil Rock Art Centre SITE ARCHÉOLOGIQUE
(☎053-833 7069 ; www.wildebeestkuil.itgo.com ; R31 ; adulte/enfant 40/20 R ; ⏲9h-16h lun-ven, sur rdv sam-dim). Située sur un site appartenant aux peuples xun et kwee, originaires d'Angola et de Namibie mais réinstallés ici en 1990, cette petite colline sacrée recèle plus de 400 gravures rupestres. Après une introduction vidéo retraçant le passé mouvementé des !Xun et des Kwee, vous suivrez une **visite guidée** très informative.

Le centre se trouve à 16 km au nord-ouest de la ville, en direction de Barkly West. Comptez 45 R aller-retour en taxi collectif et 390 R en taxi privé, temps d'attente du chauffeur compris.

McGregor Museum MUSÉE
(☎053-839 2700 ; www.museumsnc.co.za ; 7 Atlas St ; adulte/enfant 30/20 R ; ⏲9h-16h lun-sam). Ce musée très complet mérite bien une visite de 1 ou 2 heures. Y sont évoqués la seconde guerre anglo-boer et le rôle de l'Afrique du

Kimberley

Sud pendant la Première Guerre mondiale. Le point d'orgue est toutefois l'aile de la Libération, où une frise chronologique extrêmement détaillée présente à la fois l'histoire de la lutte de l'Afrique du Sud pour la démocratie et les événements majeurs survenus à Kimberley.

Duggan-Cronin Gallery MUSÉE

(4 Egerton Rd ; don apprécié ; 9h-16h lun-ven, sur rdv week-end et jours fériés ; P). Un petit trésor de musée, satellite du McGregor Museum, où sont exposées de magnifiques photos de peuples autochtones d'Afrique du Sud, notamment prises dans les années 1920 et 1930, avant la disparition de nombreuses traditions tribales. Le travail ethnographique du photographe Alfred Martin Duggan-Cronin (1874-1954), un Irlandais qui travaillait pour la De Beers, est présenté dans ce musée qui lui est consacré, situé dans une demeure en briques du XIXe siècle originellement appelée "The Lodge". La collection a été enrichie de clichés plus récents d'autres photographes.

William Humphreys Art Gallery MUSÉE

(053-831 1724 ; www.whag.co.za ; 1 Cullinan Cres, Civic Centre ; adulte/enfant 5/2 R ; 9h-15h30 lun-ven, 9h-14h sam). Considérée comme l'un des meilleurs musées d'art du pays, la William Humphreys abrite surtout des collections d'œuvres contemporaines d'artistes sud-africains, ainsi que des peintures européennes, notamment de grands maîtres flamands et hollandais des XVIe et XVIIe siècles. Également : expositions temporaires, ateliers pour les enfants, lectures, concerts... Le **café** (plats 30-80 R), situé dans un charmant jardin, est l'endroit idéal pour un thé et un gâteau.

Alexander McGregor Memorial Museum MUSÉE

(053-839 2700 ; Chapel St ; adulte/enfant 30/20 R ; sur rdv lun-ven). Aménagé dans un imposant bâtiment ancien du centre-ville, ce musée est consacré à l'histoire de Kimberley. Outre des expositions sur la vie des premiers colons et les expulsions forcées, on peut y découvrir une remarquable collection de photographies sur la Kimberley d'autrefois - la comparaison avec la ville actuelle montre que de nombreux édifices historiques sont toujours debout.

Honoured Dead Memorial MONUMENT

(Memorial Rd, angle Dalham Rd). Ce monument en grès, qui se dresse à la croisée de cinq routes, rend hommage aux soldats morts durant le siège de Kimberley. Entre 1899 et 1902, Britanniques et Boers s'affrontèrent violemment dans la région et la ville fut assiégée pendant 124 jours. Le grand canon, appelé Long Cecil, fut fabriqué et utilisé lors du siège.

Sol Plaatje Museum & Library MUSÉE

(053-833 2526 ; 32 Angel St ; don apprécié ; 8h-16h lun-ven). Ce musée est dédié au militant, homme politique et écrivain Sol Plaatje (1876-1932), l'un des membres fondateurs du South African Native National Congress (ancêtre de l'ANC – le Congrès national africain), qui vécut ici jusqu'à sa mort en 1932. Des panneaux retracent l'histoire de sa vie – il est également connu pour être le premier Sud-Africain noir à avoir vu l'un de ses romans publié en anglais (et traduit en français sous le titre *Mudhi*, Actes Sud, 1999) et pour avoir traduit Shakespeare en tswana. Il y a également des expositions sur la résistance de la presse durant l'apartheid et des informations sur les expulsions forcées. Librairie de littérature africaine sur place.

Circuits organisés

Plusieurs batailles décisives de la seconde guerre anglo-boer se déroulèrent dans la région, dont celles de Magersfontein, de

Modder River et de Graspan. Tous ces sites se trouvent tous au sud-ouest de Kimberley par la N12. La bataille de **Magersfontein** (053-833 7115 ; adulte/enfant 25/15 R ; 8h-16h), la plus importante, se solda par le massacre de la fameuse Highland Brigade par des Boers retranchés. Demandez au personnel du Diamond Visitors Centre la liste des guides qui proposent des circuits intéressants des champs de bataille (*battlefields*).

Steve Lunderstedt Tours PROMENADE À PIED, HISTOIRE
(083 732 3189 ; lunderstedt@kimberley.co.za ; visite 200 R/pers ; 18h30). Avec son passé oscillant entre chercheurs de diamants et conflits armés anglo-boers, rien d'étonnant à ce que Kimberley soit une ville "hantée". Historien et conteur local, Steve Lunderstedt en explore tous les recoins depuis quelque 20 ans. Il propose un itinéraire de 4 heures qui fait halte dans six grands sites. Départ du Honoured Dead Memorial – réservation impérative. La visite n'a lieu qu'à partir de 10 participants.

Steve organise également un "circuit des fantômes" du Big Hole de 3 heures, ainsi qu'une visite, en soirée, du champ de bataille de Magersfontein.

Native Minds CULTURE
(053-871 3690 ; www.facebook.com/native-minds.co.za ; circuits d'une demi-journée 340 R). Joy Phirisi organise des circuits épatants, à pied ou à vélo, de Galeshewe, township accueillant qui a joué un rôle majeur dans la lutte contre l'apartheid. En chemin, vous ferez halte notamment au Mayibuye Uprising Memorial, où des manifestations contre l'apartheid ont eu lieu en 1952, à la maison de Robert Sobukwe, où fut envoyé le fondateur de l'ancien Pan African Congress (PAC) après sa sortie de prison, et au Northern Cape Legislature Building.

Renseignez-vous au préalable si vous souhaitez visiter une maison ou un atelier d'artiste.

Jaco Powell Tours HISTOIRE
(082 572 0065 ; 200 R/pers). Jaco propose des promenades à pied de 3 heures (réservation obligatoire ; minimum 10 personnes) au départ du Honoured Dead Memorial à 18h – à l'heure où le ciel s'assombrit. Le guide informe alors les participants que le caveau serait hanté par 27 soldats britanniques morts durant le siège de Kimberley.

Où se loger

Heerengracht Guest House GUESTHOUSE $
(053-831 1531 ; www.heerengracht.co.za ; 42 Heerengracht Ave, Royldene ; s/d avec petit-déj 650/750 R ; P). Située dans une rue arborée, cette *guesthouse* propose des chambres au décor simple et des appartements indépendants spacieux (850 R). À quelques minutes à pied de deux centres commerciaux abritant des fast-foods.

Gum Tree Lodge AUBERGE DE JEUNESSE $
(053-832 8577 ; www.gumtreelodge.com ; Hull St ; dort 180 R, ch 500 R, avec sdb commune 250 R ; P). Cette ancienne prison pour bagnards transformée en lodge est ce qui se rapproche le plus d'une auberge de jeunesse classique à Kimberley. Les chambres sont sans grand charme et le mobilier accuse son âge, mais le cadre est plutôt agréable, avec ses arbres surplombant les toits en tôle. Restaurant, piscine et aire de jeux pour enfants. Sur un grand domaine verdoyant, non loin de la R64, à 5 km au nord-est du centre.

75 on Milner GUESTHOUSE $$
(082 686 5994 ; www.milnerlodge.co.za ; 75 Milner St ; s/d avec petit-déj à partir de 750/940 R ; P). Une adresse agréable et conviviale, recommandée par les voyageurs. Les chambres spacieuses, bien équipées, donnent sur une petite cour. Les petits détails font également la différence : bon café au petit-déjeuner notamment, en-cas dans les chambres et prises électriques dans le jardin.

Batsumi Luxury Guesthouse GUESTHOUSE $$
(053-871 1339 ; www.facebook.com/Batsumi LuxuryGuesthouse ; 15 Phakedi St, Galeshewe ; ch à partir de 800 R ; P). Nouvelle *guesthouse* luxueuse de Galeshewe, aux chambres hautes de plafond, doublées de grandes salles de bains modernes. Il y a un patio arboré avec de confortables sièges autour de la (petite) piscine. Les repas sont servis dans une salle très claire. Un petit pub était en passe d'ouvrir lors de notre visite.

Halfway House Hotel HÔTEL $$
(053-831 6324 ; www.halfwayhousehotel.com ; 229 Du Toitspan Rd ; s/d 999/1 199 R ; P). La décoration de certaines chambres paraît un peu vieillotte, mais l'hôtel, adjacent à un pub historique, jouit d'un emplacement imbattable, à proximité des musées et des beautés architecturales de Belgravia. Le petit-déjeuner coûte 98 R. Sous la même direction,

l'**Edgerton House** (5 Egerton Rd ; ch à partir de 800 R ; P ❄ ≋) a accueilli Nelson Mandela.

New Rush Guest House GUESTHOUSE $$
(☎053-839 4455 ; www.newrushguesthouse.co.za ; Tucker St ; ch avec petit-déj 850 R ; P ❄ 📶). Ces 14 chambres, sans prétention, sont situées dans cinq bâtiments de la bourgade historique reconstituée du Big Hole. Attrait supplémentaire : vous pourrez arpenter le village minier de nuit, en imaginant les mineurs de diamant d'autrefois attablés dans les tavernes, après une harassante journée à piocher. Le petit-déjeuner est servi au Protea Hotel.

♥ **Kimberley Club** HÔTEL HISTORIQUE $$$
(☎053-832 4224 ; www.kimberleyclub.co.za ; 35 Currey St ; s/d à partir de 1 200/1 445 R ; ❄ 📶). Cet ancien club privé fondé en 1881 par Cecil Rhodes, le fondateur de la De Beers et futur Premier ministre de la colonie du Cap en 1890, fut reconstruit après un incendie en 1896. L'édifice, que l'on dit hanté, est devenu un hôtel en 2004. Les 21 chambres, qui ont conservé leur élégance d'autrefois, ont accueilli d'illustres visiteurs, notamment la reine Élisabeth II. Petit-déjeuner 150 R.

Protea Hotel Kimberley HÔTEL $$$
(☎053-802 8200 ; www.proteahotels.com/kimberley ; West Circular Rd ; s/d à partir de 1 350/1 450 R ; P ❄ 📶 ≋). Ce superbe quatre-étoiles (qui fait partie du groupe Marriott) est le seul hôtel d'où profiter d'une vue sur le Big Hole – que l'on peut apercevoir depuis la terrasse du hall, orné de magnifiques lustres en cristal et de vieilles photos de la mine. Les 120 chambres, de taille correcte, sont agrémentées d'un mobilier de style ancien, mais le hall et le bar-restaurant (ouvert aux non-résidents) ont une élégance toute victorienne. Des offres spéciales sont généralement proposées le week-end.

Où se restaurer et prendre un verre

Lemon Tree CAFÉ $
(☎053-831 7730 ; www.nclemontree.co.za ; Angel St ; plats 69-142 R ; ⏲8h-17h lun-ven, 8h-13h sam ; P 📶). Agréable café, établi de longue date, apprécié pour ses déjeuners légers (et moins légers). Possibilité de composer son propre petit-déjeuner. Grande gamme de gâteaux.

♥ **Fusion Gardens** SUD-AFRICAIN $$
(☎079 520 9462 ; www.facebook.com/FusionGardens ; 465 Jenkins Mothibedi St, Galeshewe ; plats 8-160 R ; ⏲16h-23h jeu-ven, 15h-23h sam, 13h-20h dim). 🍃 Installé dans un jardin arboré de Galeshewe, le Fusion change agréablement des autres adresses de Kimberley. La cuisine traditionnelle – queue de bœuf, *snoek* (sorte de maquereau), tripes et pieds de porc, pattes de poulet – est à l'honneur, et l'accent est mis sur le jardinage urbain, avec des herbes et quelques légumes cultivés sur place.

Le Fusion est un peu difficile à trouver, mais peut-être visité à l'occasion d'un circuit de Galeshewe.

Halfway House CUISINE DE PUB $$
(☎053-831 6324 ; www.halfwayhousehotel.co.za ; 229 Du Toitspan Rd, angle Egerton Rd ; plats 70-180 R ; ⏲7h-23h lun-sam ; P 📶). Depuis sa remise à neuf, "The Half" a un peu perdu de son âme. Datant de 1872, c'était autrefois l'un des bars favoris de Cecil Rhodes et c'est peut-être aujourd'hui le seul bar "drive-in" au monde : Rhodes insistait en effet pour siroter sa bière sans avoir à descendre de cheval. Bière à la pression et plats raffinés.

Occidental Grill Bar CUISINE DE PUB $$
(☎053-830 4418 ; West Circular Rd, Big Hole Complex ; plats 50-110 R ; ⏲12h-22h lun-ven, 10h23h sam, 11h-15h dim ; 📶). Avec son long bar et ses vieilles photos en noir et blanc de chercheurs de diamants, ce saloon de l'époque victorienne constitue une étape plaisante si vous visitez le Big Hole. À la carte : *fish and chips*, curry et burgers. "The Ox", comme il est surnommé, est également connu pour sa sélection pointue de bières, dont des créations artisanales provenant de tout le pays. On peut y accéder directement, sans régler le droit d'entrée au Big Hole.

Rhodes Grill INTERNATIONAL $$
(☎053-832 4224 ; www.kimberleyclub.co.za ; 72 Du Toitspan Rd, Kimberley Club ; plats 75-165 R ; ⏲6h-22h ; P). Chaussures fermées et tenue chic décontractée sont nécessaires pour dîner ici, au milieu d'objets évoquant Cecil Rhodes, dans le club fondé par ce dernier et transformé en boutique-hôtel. La carte fait la part belle aux spécialités sud-africaines, comme la queue de bœuf, le filet de koudou et le curry malais du Cap. L'ambiance est moins formelle au Café Vitello, restaurant italien situé en terrasse.

Angel Heart CAFÉ
(☎053-831 5577 ; 53 Long St ; ⏲7h-19h lun-ven, 7h-15h sam ; P 📶). Un café convivial toujours animé où l'on sert des petits-déjeuners (peu de choix), des salades, des sandwichs toastés, et un excellent café.

Renseignements

Diamond (Diamantveld) Visitors Centre (☎053-830 6779 ; www.kimberley.co.za ; 121 Bultfontein Rd ; ⏲8h-17h lun-ven). Vous y trouverez la brochure *Kimberley Meander*, qui détaille divers itinéraires à pied et en voiture.

Northern Cape Tourism (☎053 832 2657 ; www.experiencenortherncape.com ; 15 Villiers St)

Comment s'y rendre et circuler

AVION

Des taxis assurent la liaison entre le centre-ville et l'aéroport, à 6 km au sud.

Hamba Nathi (☎053-831 3982 ; www.hambanathi.co.za ; 121 Bultfontein Rd, Diamond Visitors Centre). Vente de billets d'avion.

BUS

Tickets 4 Africa (☎053-832 6040 ; tickets4africa@hotmail.com ; 121 Bultfontein Rd, Diamond Visitors Centre). Vente de billets **Greyhound** (réservations ☎087-352 0352, service clients 24h/24 ☎011-611 8000; www.greyhound.co.za), **Intercape** (☎021-380 4400 ; www.intercape.co.za) et **City to City** (☎0861 589 282 ; www.citytocity.co.za). Liaison directe pour Le Cap (595 R, 12 heures), Johannesburg (365 R, 7 heures) et Bloemfontein (250 R, 2 heures 30). Intercape dessert Upington (380 R, 7 heures) le vendredi et le dimanche.

Des bus **Translux** (☎086 158 9282 ; res.prasa.com/translux/booking) rallient aussi Kimberley, mais il n'y a aucune agence de réservation en ville.

TAXI

Rikki's Taxis (☎053-842 1764 ; www.rikkistaxis.co.za) est une compagnie fiable.

TRAIN

Shosholoza Meyl (☎0860 008 888, 011-774 4555 ; res.prasa.com/shosholozameyl/Booking). Les trains Trans Karoo reliant Johannesburg (éco/couchette 180/260 R, 8 heures) au Cap (300/470 R, 17 heures 30) font halte à Kimberley.

Blue Train (☎012-334 8459 ; www.bluetrain.co.za). Le service reliant Pretoria au Cap fait halte ici pour une visite du Big Hole. À l'heure où nous écrivons ces lignes, le service, suspendu depuis la pandémie de Covid-19, n'affiche pas de date de reprise.

VOITURE

Les compagnies Avis, Budget, Europcar, First, Hertz, Sixt et Tempest possèdent un comptoir à l'aéroport de Kimberley. Comptez à partir de 300 R par jour de location.

ESCALE AU TRANSKAROO

Le ravissant restaurant du **Transkaroo Country Lodge** (☎053-672 0027 ; www.transkaroocountrylodge.co.za ; Market St ; plats 60-160 R ; ⏲7h-21h ; Ⓟ) distingue Britstown des autres *dorps* (villages) du Karoo. Les nappes sur les tables et le mobilier en fer forgé donnent à la cour arborée un air très raffiné. La cuisine est résolument régionale – optez pour le superbe buffet-dîner (195 R), où l'agneau du Karoo est préparé de mille et une façons.

Les chambres au charme rustique chic (ch avec sdb commune 270 R/pers, s/d à partir de 750/850 R) sont très accueillantes, et le jardin compte une piscine.

HAUT KAROO

Faisant partie du Grand Karoo (Great Karoo), qui se prolonge jusque dans les provinces du Cap-Oriental et du Cap-Occidental, le Haut Karoo (Upper Karoo) est un territoire désolé où l'horizon s'étire à l'infini et semble se confondre avec le ciel. Il est peuplé en majorité d'éleveurs de moutons vivant comme autrefois sur d'immenses étendues de terres dénudées. Les rares bourgades et villages, isolés les uns des autres, n'ont guère d'intérêt pour le voyageur, sinon celui de servir d'étape pour observer les étoiles et goûter l'agneau du Karoo, la spécialité locale.

Mokala National Park

Dernier-né des parcs nationaux sud-africains, le **Mokala** (☎053-204 8000 ; www.sanparks.org/parks/mokala/ ; adulte/enfant 208/104 R ; ⏲7h-18h mi-mars à avr, août-sept, 7h-17h30 mai-juil, 7h-19h oct à mi-mars) tire son nom de l'arbre épineux qui domine ses paysages, l'*Acacia erioloba* ("lobe de l'oreille" en référence à la forme de ses cosses ; aussi connu sous le nom d'acacia à girafe) *camel thorn* en anglais, ou *mokala* en tswana. Le parc national de Mokala est un territoire de plaines herbeuses constellées de collines pierreuses où s'épanouissent ces arbres emblématiques. Cette variété d'acacia endémique de l'Afrique du Sud présente diverses formes, du petit buisson épineux haut de 2 m à l'arbre de 16 m couronné d'un large et dense feuillage. C'est une ressource extrêmement importante pour la population comme pour la faune, qui vivent dans cette rude région. Les communautés locales utilisent sa gomme et son écorce pour soigner la toux, les refroidissements et les saignements de nez. Les graines de ses cosses sont aussi parfois torréfiées pour servir de substitut au café. Parmi les mammifères qu'abrite ce parc de 200 km², figurent le rhinocéros noir, son cousin le rhinocéros blanc, l'antilope rouanne, le tsessebe, le buffle africain, la girafe et le zèbre.

Des activités telles que les safaris en voiture au coucher du soleil, la pêche à la mouche et le *braai* (barbecue) dans la brousse peuvent être organisées à condition d'être réservées.

Il peut être utile de commencer votre visite du Mokala par le petit **centre d'interprétation** (Mofele Lodge ; 9h-16h lun-ven ; P), qui fournit des informations sur l'histoire et la géologie du parc. L'espace tactile permet de toucher la peau de divers animaux dont on peut espérer voir quelques spécimens vivants plus tard.

Où se loger et se restaurer

Il y a un restaurant dans le parc, basé au Mosu Lodge. Réservation requise.

Motswedi Campsite CAMPING $

(455 R/empl). Ce superbe camping ne comprend que six emplacements donnant sur un point d'eau – chacun dispose de ses propres sanitaires et cuisine, ainsi que d'un *braai* (barbecue).

Stofdam Bird Hide CABANE D'AFFÛT $

(053-204 8000 ; 555 R/nuit). Une vraie cabane d'affût, très rustique et très demandée, qui peut loger jusqu'à quatre personnes. Pas de réservations en ligne, mais directement via le parc, et on ne peut y rester qu'une nuit seulement. Apportez votre couchage et vos ustensiles de cuisine.

♥ **Kameeldoorn Tree House** CABANE $$

(053-204 8000 ; www.sanparks.org/parks/mokala/ ; d 1 380 R). Une cabane indépendante épatante, pouvant loger une ou deux personnes, perchée dans un arbre au centre du parc. Réservation directe par le parc, et non par une centrale de réservations. Réservez dès que possible.

Mosu Lodge LODGE $$

(bungalow à partir de 880 R ;). L'hébergement le plus luxueux du parc. Les suites haut de gamme sont tout équipées, avec cheminée, couvertures électriques et TV satellite. Au bord de la piscine, un joli bar-restaurant (plats 70-130 R), ouvert toute la journée, propose divers plats – légumes sautés ou tourte au gibier.

Lilydale Rest Camp CHALETS $$

(chalets 890 R ;). Le Lilydale est situé sur les rives du Riet, où l'on peut pêcher à la mouche. Tous les hébergements indépendants (dont des chalets au toit de chaume) s'inscrivent dans un cadre naturel superbe.

Haak-en-Steek Camp COTTAGE $$

(cottage 1 440 R). Ce cottage rustique, bien caché dans l'ouest du parc, près d'un point d'eau, peut accueillir jusqu'à quatre personnes. Cuisine bien équipée et espace *braai* (barbecue) mais ni restaurant, ni bar, ni piscine. On peut aussi camper.

Depuis/vers le Mokala National Park

Pour rejoindre le parc depuis Kimberley, empruntez la N12 sur 60 km en direction du sud-ouest, prenez à droite à hauteur de la pancarte "Mokala Mosu", puis suivez la piste sur 21 km. On peut traverser le parc et sortir par la porte (*gate*) Lilydale, puis emprunter la piste sur 16 km et rattraper la N12 à 40 km au sud-ouest de Kimberley.

Pendant la saison des pluies, les routes sont parfois inaccessibles aux véhicules standards – renseignez-vous au préalable.

Vous ne trouverez pas d'essence dans le parc, faites le plein avant de vous y rendre.

Victoria West

053 / 8 300 HABITANTS

Située à peu près à mi-chemin entre Johannesburg et Le Cap, Victoria West était jadis une petite cité dynamique grâce au chemin de fer et à sa gare. Baignant dans une atmosphère qui semble figée dans le temps et qui rappelle un peu le Far West, la localité séduit les voyageurs souhaitant avoir un aperçu de la vie locale avant de reprendre la route vers le Karoo.

Les amateurs d'architecture apprécieront Church Street, dont les édifices mêlent différents styles. Au n°88, l'Apollo Theatre à la jolie façade Art déco mérite une photo. L'hôtel datant de la fin du XIXᵉ siècle

À NE PAS MANQUER

THE WORKSHOP KO KASI

Centre communautaire et véritable curiosité touristique, **The Workshop Ko Kasi** (☎081 289 2662 ; www.facebook.com/workshopkokasi ; Tlhabane Rd, Mothibistad ; ⌚7h-18h ; P) est une étape incontournable pour tout visiteur traversant Kuruman. Fondée par deux entrepreneurs locaux en 2016, cette start-up récompensée comprend une boutique d'artisanat, un spa africain traditionnel et un café servant des pizzas, des repas traditionnels et de la *ginger beer* maison. Ils organisent des circuits en carriole tirée par des ânes (50 R) autour de Mothibistad et le centre accueille des marchés éphémères ou des soirées contes. L'endroit est entièrement construit avec des matériaux recyclés, notamment le spa fait en vieux pneus.

Le centre comprend un petit jardin qui fournit des légumes frais au café et on y vend aussi des plants aux résidents du coin.

– aujourd'hui transformé en *guesthouse* – domine la rue, qui pourrait servir de décor à un duel au soleil entre deux cow-boys.

Victoria West dispose de distributeurs de billets (DAB) et d'une station-service.

Où se loger et se restaurer

Si vous souhaitez vous restaurer à Victoria West, téléphonez toujours avant votre passage pour vous assurer qu'un établissement sera ouvert, car les adresses sont peu nombreuses.

Kingwill's B&B GUESTHOUSE $
(☎053-621 0453 ; Willow St ; ch 725 R ;). Il y a quelques chambres charmantes dans le bâtiment principal, et de spacieuses chambres indépendantes (TV à écran plat, micro-ondes et réfrigérateur), au décor moderne, donnant sur le jardin. Les repas sont servis au **Karoo Deli** (plats 45-150 R ; ⌚7h30-17h30), adjacent.

Depuis/vers Victoria West

La ville se situe à l'intersection de la N12 et de la R63, qui file vers l'ouest jusqu'à Calvinia en passant par Loxton, Carnarvon et Williston. Les bus reliant Le Cap (460 R, 8 heures) et Johannesburg (475 R, 10 heures 30) y marquent un arrêt.

DÉSERT DU KALAHARI

Voyager dans le Kalahari, c'est comme être propulsé dans un univers parallèle. Magique et hors du temps, cet immense désert vous donnera la sensation d'être devenu minuscule, perdu au milieu de paysages qui n'en finissent pas, où tout semble déformé sous l'effet de la chaleur. Avec ses couchers de soleil flamboyants, son sable – poussière rougeoyante se déplaçant au gré du vent –, ses prairies à la végétation étonnamment luxuriante, ses chutes d'eau, ses parcs exceptionnels et ses petits vignobles, cette région continue de vous ensorceler longtemps après votre retour. Si vous souhaitez en avoir un aperçu avant votre voyage, Laurens Van der Post (1906-1996), auteur britannique d'origine sud-africaine, a fait revivre cet univers enchanté dans nombre de ses romans, notamment dans *Le Monde perdu du Kalahari* (Payot, 2003).

Le désert recouvre aussi une grande partie du Botswana et s'étend jusqu'en Angola et en Namibie. C'est d'ailleurs dans la partie appartenant au Botswana que se déroule en partie le célèbre film *Les dieux sont tombés sur la tête* (Jamie Uys, 1980) qui a rendu mondialement célèbre cette partie du monde.

En Afrique du Sud, il se divise en deux zones distinctes : les régions arides, semi-désertiques, et désertiques, et le Kalahari "vert" ("Green Kalahari"), fertile et irrigué, qui suit le cours de l'Orange (Senqu). Les dunes de cette vaste plaine ont aujourd'hui cédé la place à des exploitations fruitières et viticoles, qui produisent notamment un succulent raisin de Smyrne et quantité de vins de table. Toutefois, avec ses grands espaces déserts et ses nuits étoilées spectaculaires, le Kalahari "vert" donne toujours le sentiment d'aller à la rencontre d'une terre vierge.

Kuruman

☎053 / 13 000 HABITANTS

Petite cité minière au fin fond d'une région sauvage et rude, écrasée de soleil, Kuruman n'offre guère de raisons de s'attarder, si ce n'est pour marquer une étape lors d'un périple à travers le Kalahari.

À voir

Moffat Mission SITE HISTORIQUE
(près de Thompson St ; adulte/enfant 15/5 R ; ⌚8h-17h ; P). Fondée en 1816 par la London

Missionary Society, la mission Moffat doit son nom à deux missionnaires écossais dévoués, Robert et Mary Moffat. Ils convertirent les Batlhaping au christianisme, ouvrirent une école et traduisirent la Bible en tswana. La mission devint une étape obligée pour les explorateurs et les missionnaires qui s'enfonçaient plus avant en Afrique. La fille des Moffat épousa d'ailleurs l'explorateur David Livingstone dans l'église de la mission, un bâtiment en pierre coiffé d'un toit de chaume et pouvant accueillir 800 fidèles.

La paisible mission conserve une atmosphère bien à elle, avec de grands arbres procurant une ombre bienvenue après la chaleur du désert. Elle se trouve à 5 km de Kuruman, sur la R31 en direction de Hotazel. S'il n'y a personne, payez directement dans la boîte à dons.

Eye of Kuruman SOURCE, PARC
(Fontein St ; adulte/enfant 14/7 R ; ⏲7h30-17h30 lun-ven, 7h30-16h30 sam-dim ; Ⓟ). "L'œil de Kuruman", une source naturelle considérée comme la plus importante de l'hémisphère Sud, jaillit ici, dans le parc de la ville situé entre l'office du tourisme et le Palmgate Centre. Découverte en 1801, la source produit 20 millions de litres d'eau par jour, sans jamais faillir. Avec son lac aux eaux claires entouré d'arbres, et dans lequel de gros poissons plongent sous les nénuphars, ce parc constitue un lieu idéal pour un pique-nique, même s'il n'est pas toujours bien entretenu.

Où se loger et se restaurer

Du lundi au jeudi, les hébergements sont souvent pris d'assaut par les employés des mines locales. Mieux vaut réserver.

Kuru-Kuru Guesthouse GUESTHOUSE $$
(☎076-781 6669 ; www.kurukuru.co.za ; 1 Albutt St, angle Buckle St ; s/d avec petit-déj à partir de 550/700 R). Une sympathique *guesthouse* aux chambres assez simples avec coin terrasse. Certaines sont équipées d'une kitchenette. Il y a un bar, une bibliothèque et une table de billard, mais pas de piscine. À 2 km au nord de la ville, près de la R31.

Palm Gate Centre CENTRE COMMERCIAL $
(22 Main Rd). Centre commercial avec un supermarché et un bar-restaurant servant des pizzas, des plats de pâtes, des burgers et des steaks.

Depuis/vers Kuruman

Intercape dessert Kuruman lors de sa liaison quotidienne entre Johannesburg (750 R, 8 heures) et Upington (390 R, 3 heures 30).

Des taxis collectifs partent d'une immense station quelque peu intimidante, située au nord du centre.

Witsand Nature Reserve

Cette belle **réserve naturelle** (☎083-234 7573 ; witsandkalahari.co.za ; adulte/enfant 80/50 R) de plus de 3 000 ha protège des dunes de sable blanc pouvant atteindre jusqu'à 60 m de haut et s'étendant sur 45 km². Celles-ci offrent non seulement un contraste saisissant avec les sables rouges de la plaine du Kalahari, dominée par les monts Langberg, mais elles se mettent à "chanter" lorsque le vent souffle par temps chaud et sec. Créé par le mouvement de l'air sur les dunes (un phénomène appelé la dilatance de Reynolds), ce son rappelle la tonalité grave de l'orgue. Cette onde acoustique peut porter jusqu'à 5 km.

Vous pouvez parcourir la réserve à pied, à VTT (vélo 120 R/jour) ou en 4x4 (400 R/véhicule, 1 nuit dans la réserve obligatoire), et faire du *sandboard* (planche 150 R/jour) sur les dunes. Si la faune n'est pas particulièrement abondante, on croise toutefois quelques antilopes et une multitude d'oiseaux. Aucune activité n'est proposée, mais vous pourrez vous promener à votre guise dans la réserve.

HORS DES SENTIERS BATTUS

WONDERWERK CAVE

D'importantes fouilles archéologiques dans cette **grotte** (☎087-310 4356 ; adulte/enfant 25/15 R ; ⏲9h-17h lun-ven) dolomitique ont révélé la trace d'hominidés utilisant le feu. Il s'agirait de la plus ancienne grotte ayant abrité des humains connue à ce jour. Les fouilles sont toujours en cours. Un petit centre d'information fournit quelques renseignements sur les anciens habitants de la caverne, qui fut peuplée dès le début de l'âge de pierre.

Visiter le McGregor Museum (p. 478), à Kimberley, en guise d'introduction à la longue histoire de la grotte, est une bonne idée. Elle se trouve à 45 km au sud de Kuruman, par la route 31.

Où se loger et se restaurer

Il y a un bon camping, des cabanes sans prétention à un tarif raisonnable, avec sanitaires communs, ainsi que des chalets assez chics dans l'enceinte de la réserve.

Une boutique vend les produits de base, mais il est préférable d'apporter ses provisions. Le bar-restaurant pourra vous dépanner, mais appelez avant pour vérifier les horaires d'ouverture.

Depuis/vers la Witsand Nature Reserve

Depuis la N14, l'embranchement pour la réserve se trouve à 5 km au sud-ouest d'Olifantshoek et à 105 km de Kuruman. De là, on emprunte la route gravillonnée vers le sud-ouest sur 75 km jusqu'à la réserve. Sur la R62, l'embranchement se situe à 60 km à l'est de Groblershoop et à 5 km à l'est de Volop – la réserve est à 45 km au nord de la route gravillonnée. Normalement, vous n'aurez pas besoin de 4x4, mais mieux vaut appeler la réserve au préalable pour s'enquérir de l'état des routes. Il n'y a pas de station-service à Witsand.

Upington

☎054 / 57 200 HABITANTS

Plaisamment agrémentée de jardins verdoyants irrigués par des canaux et d'une myriade de palmiers dattiers, Upington est une ville prospère et bien ordonnée, installée sur les rives du fleuve Orange (Senqu). Située au cœur du Kalahari vert, et loin de tout, elle est l'endroit idéal pour se remettre d'une longue traversée du désert – la chaleur y est néanmoins accablante en été. De larges boulevards, parfois bordés de supermarchés et de grands magasins, occupent le centre-ville, mais si vous vous aventurez dans les petites rues près du fleuve, vous pénétrerez dans un autre monde, où la vue sur l'eau et les rangées ininterrompues de palmiers créent une ambiance paisible.

Si vous rêvez de découvrir les coins les plus reculés du Cap-Nord mais que vous n'avez pas les moyens d'y aller seul, vous trouverez ici de quoi faire un circuit organisé.

À voir et à faire

Orange River Cellars DOMAINE VITICOLE

(☎054-495 0040 ; www.orangeriverwines.com ; 158 Schröder St ; dégustation à partir de 55 R ; ⏲9h-20h lun-ven, 9h-16h sam ; P). Une vaste gamme de vins abordables sont à découvrir, notamment vins de dessert et vins pétillants, dans cet élégant centre de dégustation au cœur de la ville. Le colombard et la muscadelle se détachent du lot. Il est possible de demander un plateau si vous préférez assortir votre vin avec du fromage, des olives ou du *biltong* (viande séchée).

Kalahari-Orange Museum MUSÉE

(☎054-332 5333 ; 4 Schröder St ; adulte/enfant 10/2 R ; ⏲9h-12h30 et 14h-17h lun-ven). La pièce maîtresse de ce musée, aménagé dans la mission fondée en 1875 par le révérend Schröder, est la partie consacrée à l'histoire des "26 d'Upington", injustement emprisonnés pour le meurtre d'un officier de police, durant l'apartheid au milieu des années 1980. On peut aussi y voir des presses typographiques, du matériel agricole et quelques photos anciennes de la ville.

♥ **Sakkie se Arkie** CROISIÈRE

(☎082 564 5447 ; www.arkie.co.za ; Park St ; adulte/enfant 120/80 R ; ⏲17h30 ven-dim, tlj pendant les vacances). Pour profiter des derniers rayons du soleil, optez pour une descente de l'Orange (Gariep) sur une barge en bois. Très appréciées, ces croisières de 2 heures au crépuscule, sur fond musical, sont idéales pour clore en beauté une chaude journée à Upington.

Circuits organisés

Upington est l'endroit idéal pour organiser une expédition dans le désert du Kalahari.

Kalahari Safaris AVENTURE

(☎054-332 5653 ; www.kalaharisafaris.co.za). Propose des circuits pour deux à cinq personnes vers les parcs nationaux du Kgalagadi et des Augrabies Falls, la Witsand Nature Reserve et le Namaqualand. Les circuits conviennent à tous les budgets et durent de 1 à 7 jours.

Kalahari Tours & Travel AVENTURE

(☎054-338 0375 ; www.kalahari-tours.co.za ; 12 Mazurka Curve). Organise des circuits dans toute la province, dont des excursions en 4x4 au Kgalagadi, d'une durée de 3 à 9 jours.

Où se loger

Les *guesthouses* installées dans Budler Street et Murray Avenue donnent sur le fleuve, et leurs jardins descendent jusqu'à l'eau.

Upington

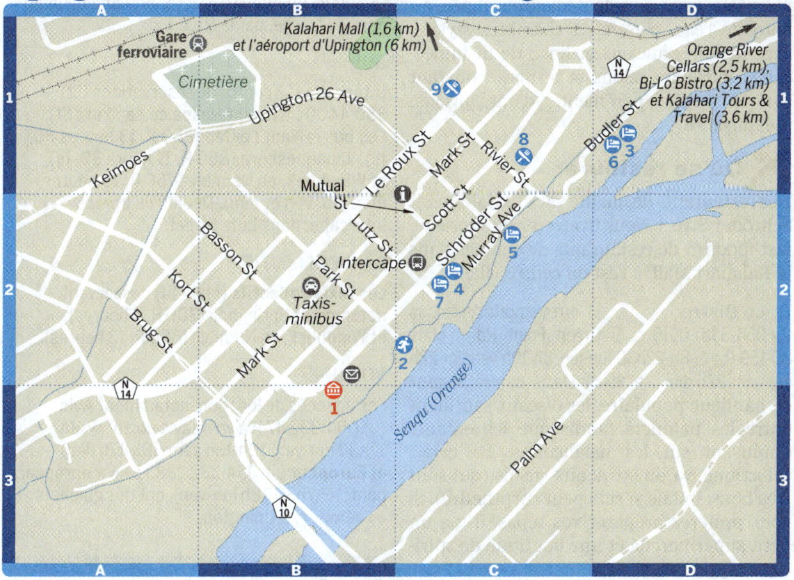

Upington

À voir
1 Kalahari-Orange Museum B3

Activités
2 Sakkie se Arkie C2

Où se loger
3 A Riviera Garden B&B D1
4 Aqua Viva C2
5 Island View House C2
6 Le Must River Residence D1
7 Oasis C2

Où se restaurer
8 Cafe Zest C1
9 Dros C1

Oasis HÔTEL **$$**
(☎054-337 8500 ; www.theoasishotel.co.za ; 26 Schröder St ; s/d à partir de 980/1 130 R ; P ❄ 📶). L'un des hôtels les plus élégants d'Upington, au décor africain chic. Les petites chambres sophistiquées sont ornées de peintures d'un artiste local khomani san. Les résidents ont accès à la piscine et au restaurant du Protea Upington, en face. Le petit-déjeuner coûte 160 R.

Island View House B&B **$$**
(☎054-331 1328 ; www.islandviewhouse.co.za ; 10 Murray Ave ; s/d avec petit-déj 880/1 060 R ; ❄ 📶 🏊). Accueillante, la famille Mocké loue des chambres modernes avec douche, micro-ondes, réfrigérateur et TV satellite. Les hôtes se partagent le salon, la cuisine et le balcon. Sorties en canoë sur le fleuve.

Aqua Viva GUESTHOUSE **$$**
(☎054-331 2524 ; www.aquaviva.co.za ; 26A Schröder St ; s/d avec petit-déj 690/880 R ; ❄). Dissimulée derrière l'Oasis Hotel, une paisible *guesthouse* appréciée pour ses chambres spacieuses à la décoration sobre et aux grandes salles de bains. La véranda commune donne sur de vastes pelouses qui font face au fleuve. La construction de cottages indépendants et l'ouverture d'un *tea garden* sur les berges sont en projet.

A Riviera Garden B&B B&B **$$**
(☎054-332 6554 ; ariviera@upington.co.za ; 16 Budler St ; s/d 750/920 R ; P ❄ 🏊). B&B familial accueillant, qui compte deux chambres douillettes et un jardin ravissant qui descend jusqu'au fleuve.

♥ **Le Must River Residence** GUESTHOUSE **$$$**
(☎054-332 3971 ; www.lemustupington.com ; 14 Budler St ; s/d avec petit-déj à partir de 1 190/

1 700 R ; P❄📶🏊). Au cœur d'une belle propriété, cette grande demeure raffinée, au bord de l'eau, compte 11 chambres stylées, avec meubles anciens et linge de lit impeccable. Plusieurs salons et terrasses ouvrent sur le jardin, agrémenté d'une piscine italianisante.

Où se restaurer

Des restaurants de qualité variable jalonnent Schröder Street. Vous trouverez une série de fast-foods et de restaurants de chaînes dans le Kalahari Mall, à l'est du centre-ville.

Bi-Lo Bistro INTERNATIONAL, SUSHIS **$$**
(☎054-338 0616 ; 9 Green Point Rd ; plats 80-159 R ; ⏲8h-22h30 lun-jeu, 8h-19h ven, 8h-22h sam, 9h-22h dim ; P📶👪). Dans ce restaurant de banlieue populaire, les oiseaux sautillent entre les palmiers tandis que les enfants s'amusent sur les balançoires. La carte, éclectique, va du steak aux sushis (qui sont très bons, même si cela peut surprendre). Si vous préférez préparer vos repas, il y a un petit supermarché et une boutique de spiritueux sur place.

Dros INTERNATIONAL **$$**
(☎054-331 3331 ; www.dros.co.za ; Le Roux St, Pick 'n Pay Centre ; plat 65-169 R ; ⏲8h-23h lun-sam, 9h-22h dim ; P). Ce bar-restaurant de chaîne privilégie la viande, mais on y sert néanmoins des salades, du poisson et des pizzas. Cadre plaisant pour se poser après une chaude journée passée sur la route.

♥ **Cafe Zest** INTERNATIONAL **$$$**
(☎054-332 1413 ; Schröder St, Ori Bldg ; plats 65-160 R ; ⏲7h-22h lun-sam, 8h-21h30 dim). Les habitants raffolent du Zest – et de son délicieux café. La carte a tout de varié, avec salades, poissons et fruits de mer, un plat de poulet très riche avec une sauce au café au lait et, bien sûr, beaucoup de viande rouge. Les soirs d'été, installez-vous à l'une des tables de la cour. Bière locale à la pression et belle sélection de gins.

Renseignements

Upington Tourist Office (☎054-338 7152 ; tourism@dkm.gov.za ; angle Mutual St et Mark St ; ⏲7h30-16h30 lun-ven). Pratique. Le personnel est passionné.

Depuis/vers Upington

AVION

Airlink (☎054-332 2161 ; www.flyairlink.com ; aéroport d'Upington). Vols depuis/vers Johannesburg (3 400 R, 1 heure 30) et Le Cap (3 200 R, 1 heure 30). L'aéroport est à 6 km au nord de la ville, par la N10.

BUS

Intercape (☎centre de réservations 021-380 4400 ; www.intercape.co.za ; Lutz St). Les bus rallient Le Cap (850 R, 13 heures 30, tlj), Johannesburg (860 R, 11 heure 30, tlj) et Windhoek, en Namibie (750 R, 13 heures, mar, jeu, ven et dim). Départ du bureau Intercape, dans Lutz Street.

TAXI COLLECTIF

Les **taxis collectifs** (Mark St) desservent notamment Springbok (300 R, 4 heures) et Windhoek, en Namibie (680 R, 13 heures).

VOITURE

Les agences de location, notamment **Avis** (☎054-332 4746 ; www.avis.co.za ; ⏲8h-17h30 lun-ven, 10h-13h sam, 10h-17h dim) et **Europcar** (☎054-332 2383 ; www.europcar.com ; ⏲7h30-18h lun-ven), ont des guichets à l'aéroport d'Upington.

Kgalagadi Transfrontier Park

Vous devrez faire un long trajet sous un soleil torride entre des dunes de sable rouge, avant d'atteindre le premier **parc transfrontalier** (☎054-561 2000 ; www.sanparks.org/parks/kgalagadi ; adulte/enfant 416/208 R) d'Afrique, qui recèle l'un des derniers grands écosystèmes les plus préservés de la planète. Mais une fois que vous serez entré dans ce lieu magique, partagé entre le Cap-Nord et le sud-ouest du Botswana, le long de la frontière avec la Namibie, vos efforts seront largement récompensés.

Le Kgalagadi (le nom tswana du Kalahari) est un territoire sauvage qui réunit les extrêmes et subit de fréquentes sécheresses, où les sables mouvants rouge et blanc alternent avec les acacias et les cours d'eau asséchés. Dans ces paysages désolés vit pourtant une faune nombreuse. Des fiers lions à crinière noire aux groupes de hyènes hurlantes, le parc abrite plus de 1 775 prédateurs. C'est l'un des meilleurs endroits au monde pour apercevoir les grands fauves, en particulier les guépards. Ajoutez-y des couchers de soleil flamboyants et un ciel constellé d'étoiles et vous voilà plongé dans le fabuleux décor d'un conte africain.

La section comprise entre Urikaruus et Mata-Mata se prête à l'observation des prédateurs, tandis que les itinéraires est-ouest entre les deux cours d'eau permettent de faire de magnifiques photos des dunes rouges qui font la notoriété de la région. Ce territoire semi-aride est également connu pour ses importantes populations de reptiles, de rongeurs, de petits mammifères et d'antilopes. Et la plupart de ces espèces sont peu effarouchées par les véhicules.

Activités

Nous vous conseillons au moins une activité guidée, qui vous offrira plus de chances d'apercevoir les animaux. L'équipe du parc propose des safaris d'observation de la faune à l'aube, au coucher du soleil, la nuit et en matinée (adulte/enfant à partir de 303/151 R), au départ des campements de Twee Rivieren, Nossob, Mata-Mata et du Kalahari Tented Camp. Au moins deux personnes doivent être inscrites pour les safaris.

Moyennant un surcoût, on peut aussi emprunter les pistes pour 4x4 (3 762 R/véhicule).

Où se loger et se restaurer

Les hébergements doivent être réservés sur le site du South African National Parks (www.sanparks.org/parks/kgalagadi).

Au sein des campements, des boutiques vendent des provisions basiques, des sodas et de l'alcool. Elles ouvrent à 7h30 et ferment 15 minutes après la fermeture des portes (celles de Nossob et Mata-Mata ferment de 12h30 à 13h30).

Le campement de Twee Rivieren abrite l'unique restaurant du parc.

Campements

Tous ces campements (Rest Camps) disposent d'emplacements de camping et l'on peut y louer des chalets et bungalows (linge fourni), dotés de cuisines bien équipées, de coins *braai* (barbecue) et de salles de bains. Twee Rivieren est le seul camp à disposer d'électricité 24h/24 – les autres en sont dépourvus la nuit.

Twee Rivieren CHALETS **$$**
(camping à partir de 285 R, cottage/chalet à partir de 1 280/1 630 R ; P❄≋). Le plus vaste des campements du parc est aussi le plus commode. Situé près de l'entrée, il est le mieux équipé, et possède un **restaurant** (plats 85-135 R ; ⌚7h30-10h et 18h-21h). Les cottages hébergent de deux à quatre personnes, et le chalet peut en accueillir six. Les emplacements de tente les moins chers sont sans électricité.

Mata-Mata Rest Camp CHALETS **$$**
(camping à partir de 330 R, chalets 2/4 pers à partir de 1 015/1 745 R ; P❄≋). Entouré d'arbustes épineux typiques des dunes du Kalahari, à plus de 3 heures de la Twee Rivieren Gate, Mata-Mata est idéal pour observer les girafes. Les chalets en bord de rivière (à partir de 1 845 R) méritent bien quelques rands de plus – depuis votre véranda donnant sur la rivière asséchée, vous verrez très probablement des animaux.

Nossob CHALETS **$$**
(camping à partir de 330 R, chalets à partir de 1 065 R ; ≋). Installé dans le lit asséché de la Nossob, ce camp est idéal pour observer les prédateurs. Les chalets sont de taille variable, mais disposent tous d'équipements similaires. Atmosphère un peu rude et froide. Les emplacements premium (à partir de 600 R) sont équipés de leurs propres sanitaires et cuisine. À plus de 4 heures de la Twee Rivieren Gate.

TOURISME COMMUNAUTAIRE DES KHOMANI SAN

Les Khomani San habitent cette région depuis des milliers d'années, et en apprendre plus sur leur culture de cueilleurs-chasseurs est indispensable lorsque l'on visite le Kalahari. Un certain nombre de projets de tourisme communautaire, qui appartiennent intégralement à la communauté Khomani San, sont situés dans les environs du Kgalagadi Transfrontier Park. Citons notamment des hébergements, un musée vivant, un restaurant traditionnel, ainsi que plusieurs circuits qui incluent techniques de pistage, promenades en carrioles tirées par des ânes et contes. Pour plus de renseignements, consultez le site www.khomanisan.com.

Kgalagadi Transfrontier Park

Kgalagadi Transfrontier Park

À voir

1 Kgalagadi Transfrontier Park A2

Où se loger

2 !Xaus Lodge A4
3 Bitterpan Wilderness Camp A3
4 Grootkolk Wilderness Camp A1
5 Kalahari Tented Camp A3
6 Kielekranke Wilderness Camp B4
7 Mata-Mata Rest Camp A3
8 Nossob B2
9 Twee Rivieren B4
10 Urikaruus A4

Où se restaurer

Twee Rivieren Rest Camp Restaurant .... (voir 9)

Campements en pleine nature

Hautement recommandés, ces camps en pleine nature (Wilderness Camps) vous donnent la possibilité de sortir des sentiers battus : ils ne sont pas clôturés et les animaux peuvent se promener à leur guise. Une garde est assurée 24h/24. Avant de venir, faites provision d'essence, d'eau potable et de bois (ou de charbon) : vous n'en trouverez pas sur place. Réservez. Seul le Kalahari Tented Camp accepte les moins de 12 ans.

Urikaruus CABANES $$

(cabanes à partir de 1 745 R). Perchées sur les rives de l'Auob, ces quatre cabanes sont nichées parmi des acacias noueux, et reliées entre elles par des passerelles surélevées. L'Urikaruus est le second camp le plus proche de Twee Rivieren (un peu plus de 2 heures de la Twee Rivieren Gate).

Kielekranke Wilderness Camp CABANES $$

(cabanes à partir de 1 745 R ; P). Au cœur des dunes, avec leurs terrasses en bois surplombant le désert, ces cabanes aux murs de toile, épatantes, semblent perdues au milieu de nulle part, alors qu'elles ne sont qu'à 1 heure 30 de Twee Rivieren.

Bitterpan Wilderness Camp CABANES $$

(cabanes à partir de 1 745 R). Ces cabanes sur pilotis se trouvent dans une partie très reculée du parc. Le camp n'est accessible qu'en 4x4, par une piste accidentée à sens unique à plus de 3 heures du campement de Nossob. Les logements sont dotés de salles de bains privatives, mais la cuisine est commune.

Gharagab Wilderness Camp CABANES $$

(cabanes à partir de 1 745 R). Installées sur une portion de veld couvert d'*Acacia erioloba*, ces cabanes en rondins sont construites sur pilotis, au-dessus des dunes de sable rouge. Les terrasses donnant sur un point d'eau fréquenté par les hyènes brunes sont le point fort de ce camp isolé, accessible par une piste pour 4x4 à sens unique partant d'Union's End. À 3 bonnes heures de Nossob.

Grootkolk Wilderness Camp CABANES $$

(cabanes à partir de 1 745 R). Nichées au cœur des dunes de sable rouge, dans un site reculé à l'extrémité nord du parc, les cabanes de ce camp sont faites de sacs de sable et de toile. La nuit, le silence et les étoiles vous émerveilleront. On observe souvent des prédateurs au point d'eau.

KGALAGADI TRANSFRONTIER PARK

Pourquoi y aller Les chances d'observer des grands félins y sont exceptionnelles, les itinéraires en 4x4 splendides et les couchers de soleil font le bonheur des photographes. L'atmosphère est plus sauvage que dans la plupart des parcs d'Afrique du Sud.

Quand partir Entre mai et août, lorsque la température est la plus fraîche (elle descend en dessous de 0°C pendant la nuit) et que les animaux se rapprochent des points d'eau le long des rivières à sec. De décembre à février, la canicule pousse les animaux assoiffés vers les points d'eau, ce qui les rend plus faciles à observer.

Informations pratiques Les portes ouvrent entre 5h30 et 7h30 et ferment entre 18h et 19h30. Les horaires changent selon le mois, mais suivent généralement le lever et le coucher du soleil. Essence et gasoil sont disponibles dans les campements. Prévoyez toujours de l'eau potable. Il est possible d'organiser des circuits dans le Kgalagadi, au départ d'Upington. Il est interdit de quitter son véhicule, hormis sur les sites de pique-nique et d'hébergement prévus à cet effet.

Faire des économies Si vous arrivez en fin d'après-midi, mieux vaut passer la nuit en dehors du parc pour éviter d'avoir à régler le droit d'entrée de la journée.

Kalahari Tented Camp CAMP DE TENTES $$$
(tentes safari d à partir de 1 650 R ; P ≋). Le plus luxueux des campements du parc regroupe 14 tentes sur pilotis, avec mobilier rustique et vue sur un point d'eau dans le lit de l'Auob, fréquenté par des troupeaux de gnous. L'atmosphère est rustique et donne le sentiment d'être loin de tout, alors que les commodités de Mata-Mata ne sont qu'à 3 km (et à 3 bonnes heures de la Twee Rivieren Gate).

!Xaus Lodge LODGE $$$
(☎Le Cap 021-701 7860 ; www.xauslodge.co.za ; s/d pension complète et activités 6 045/9 300 R ; P ≋). L'hébergement le plus haut de gamme du Kgalagadi appartient à la communauté san. Le lodge semble sorti d'un rêve aux tons ocre. Il domine un puits salant circulaire aux contours si parfaits qu'on le croirait artificiel. Les tarifs comprennent des activités culturelles et d'excellents safaris en voiture.

À l'extérieur du parc

Il existe de nombreuses adresses d'hébergement sur la R360 entre Upington et la Twee Rivieren Gate.

Molopo Kalahari Lodge LODGE $$
(☎054-511 0008 ; www.ncfamouslodges.co.za ; sur la R360 ; empl 300 R, s/d avec petit-déj à partir de 550/800 R ; ❄ ≋). À 58 km au sud de Twee Rivieren, un lodge de safari de style traditionnel et d'un excellent rapport qualité/prix. Plusieurs types d'hébergement, dont des *rondavels* (cases rondes), ainsi que des chalets sans prétention ou plus luxueux, tous ornés d'art khomani san. Des espaces *braai* (barbecue) parsèment le joli terrain, et le restaurant (plats à partir de 110 R) sert une authentique cuisine sud-africaine et des repas légers.

Plusieurs hébergements partenaires comme le Vischgat Game Lodge et l'Eland-spoor Bush Camp sont situés à environ 60 km plus au sud.

Comment s'y rendre et circuler

Twee Rivieren Gate est à 250 km au nord-ouest d'Upington par la R360, goudronnée.

Un 4x4 peut s'avérer utile mais pas indispensable : les quatre routes principales du parc, recouvertes de sable/gravier, sont en bon état. Elles sont praticables en véhicule standard à condition d'être prudent. Des nappes de sable épaisses et du gravier peuvent rendre certains virages dangereux. La vitesse est limitée à 50 km/heure. Prévoyez suffisamment de temps pour rejoindre votre camp car la circulation est interdite après la tombée de la nuit.

SE RENDRE EN NAMIBIE OU AU BOTSWANA

SANParks, tout comme les services d'immigration sud-africains (ouverts de 7h30 à 16h) et la police des frontières, ont tous un bureau au niveau de la Twee Rivieren Gate.

La partie du parc située au Botswana n'est accessible qu'en 4x4, et il faut que deux véhicules au moins fassent la route ensemble. L'hébergement se fait uniquement dans des camps non clôturés et des campings. Réservez auprès de **Botswana**

100% LOCAL

LA ROUTE DES VINS ET DE LA GASTRONOMIE DE KOKERBOOM

Le territoire qui s'étend d'Upington à Kakamas est tapissé de vignobles (on y produit désormais quelque 10% des vins du pays) et jalonné de stands rustiques vendant du *biltong* (viande séchée), des fruits secs et autres délices locaux le long de routes peu fréquentées. Cette petite région réserve donc quelques expériences gastronomiques inattendues. La Kokerboom Food and Wine Route vise à rassembler les petits producteurs locaux. Si le projet est encore embryonnaire, certains vignobles méritent d'ores et déjà le détour.

Die Mas Van Kakamas (054-431 0245 ; www.diemas.co.za ; dégustation de vin 50 R, brandy et chocolat 50 R ; 8h-17h lun-ven, 8h-16h sam ; P). Le vigneron expérimente ici une grande variété de cépages, même si les vins issus de *hanepoot* (nom donné par les Hollandais au muscat) – qui font la réputation de la région – demeurent les meilleurs crus. Il y a aussi du brandy et du gin. Profitez d'une dégustation sur la terrasse qui surplombe les vignobles, et si vous le souhaitez, vous pouvez loger sur place, dans le camping ou dans l'un des chalets. Bien indiqué depuis la N14.

Bezalel (054-491 1325 ; www.bezalel.co.za ; dégustations 30-120 R ; 9h-16h lun-sam ; P). Les dégustations proposées ici sont parmi les plus variées de tout le pays. On peut y goûter des vins, des portos, du brandy, des liqueurs ou encore le fameux *mampoer* (alcool de contrebande bien corsé). Le domaine comprend un **restaurant** (plats 70-125 R) et une cour verdoyante où siroter l'alcool de votre choix, ainsi qu'un hébergement qui domine le réservoir. À 25 km au sud-ouest d'Upington, sur la N14.

Kalahari Gateway Hotel Bar-Restaurant (054-431 0838 ; www.kalaharigateway.co.za ; Kakamas ; plats 75-190 R, sushis 30-135 R ; 12h-22h lun-ven, 12h-15h sam). Bien que le tapis roulant soit rarement en marche, ce bar à sushis du Kalahari continue d'attirer les gourmets curieux. Outre les classiques à base de poisson (directement livré depuis Le Cap tous les 2 jours), vous pouvez commander des spécialités locales originales, comme les rouleaux de springbok au *biltong* (viande séchée) et à l'avocat.

Wildlife (+267 318 0774 ; dwnp@gov.bw ; Gabarone), qui possède un bureau à Twee Rivieren. Si vous souhaitez quitter le parc par le Botswana, vous devrez effectuer les formalités de passage à Twee Rivieren et passer au moins deux nuits dans le parc.

Entrer en Namibie en passant par la Mata-Mata Gate implique aussi de passer deux nuits dans le parc. Présentez votre passeport aux services d'immigration sud-africains de Twee Rivieren, puis aux services d'immigration namibiens de Mata-Mata, qui prélèvent une taxe de 242 R par véhicule.

Augrabies Falls National Park

Les Khoisan l'avaient baptisé "Aukoerbis" ("le lieu du grand bruit"). Le nom du **Augrabies Falls National Park** (054-452 9200 ; www.sanparks.org/parks/augrabies/ ; adulte/enfant 240/120 R ; 7h-18h) vient des vertigineuses chutes d'eau qui s'écoulent dans un spectaculaire grondement de tonnerre lorsque le débit est abondant.

Ces chutes grandioses et impressionnantes se forment là où le fleuve Orange (Gariep) se déverse dans un canyon de 18 km de long bordé de parois de 200 m de haut. La chute principale fait un saut de 56 m et celle de Bridal Veil, au nord, 75 m. Les plateformes d'observation sont situées à courte distance à pied du centre d'information des visiteurs. Le parc subit un climat rigoureux, avec une moyenne de 124 mm de pluie seulement par an et des températures estivales caniculaires, qui peuvent atteindre les 46°C.

Bien que les chutes soient son attrait principal, ce parc national de 500 km² se prête bien à l'observation de la faune, même si peu de visiteurs le savent. On y dénombre en effet 49 espèces de mammifères, dont des girafes, diverses espèces d'antilopes, des loutres à joues blanches et des zèbres de Hartmann (une espèce menacée). Les chances d'apercevoir des prédateurs sont moindres, mais des caracals, des chacals à chabraque et des chats sauvages d'Afrique rôdent néanmoins ici.

Activités

La route qui mène au campement et à la principale plateforme donnant sur les chutes est goudronnée. L'accès en voiture aux points de vue d'Ararat et d'Oranjekom en véhicule à deux roues motrices ne pose pas de difficultés. Il est même possible d'explorer plus avant sans 4x4, à condition de rouler lentement, mais un tout-terrain est indispensable pour s'aventurer sur la **Wilderness Road** (94 km). Appelez au préalable pour vérifier l'état des routes – les fortes pluies font parfois des dégâts. Il est également possible de participer à des **circuits nocturnes** de 2 heures en voiture, à réserver directement auprès des autorités du parc.

Kalahari Outventures RAFTING, CANOË
(☎082 476 8213 ; www.kalahari-adventures.co.za ; Augrabies ; sortie rafting demi-journée 450 R). Passant par des rapides de niveaux II et III, l'Augrabies Rush est la sortie rafting la plus appréciée. Sur une demi-journée, elle permet de parcourir 9 km en canoë sur un tronçon de l'Orange s'achevant à 300 m au-dessus des chutes principales. L'agence propose aussi des expéditions de nuit ou sur plusieurs jours, ainsi que des **sorties en montgolfière** et des **safaris d'observation de la faune**.

Randonnée

Long de 36 km, le **Klipspringer Trail** (☎centrale de réservations 012-428 9111 ; reservations@sanparks.org ; 590 R/pers ; ⏲avr à mi-oct) est très fréquenté ; il est nécessaire de réserver. Si vous souhaitez effectuer une marche plus courte, vous pouvez emprunter le **Gorge Trail** (2 km), l'**Ebony Trail** (2,8 km) ou le **Dassie Trail** (5 km).

Où se loger et se restaurer

Le restaurant (7h-20h) du campement principal propose un choix correct de plats. On y trouve aussi une boutique, pratique si vous n'avez pas fait de provisions avant de vous rendre au parc.

Augrabies Rest Camp CHALETS, CAMPING $$
(☎054-452 9200 ; www.sanparks.org/parks/augrabies/ ; camping 260 R, chalets/cottages à partir de 975/1 890 R ; P ❄ ≋). Dans l'enceinte du parc, assez proche des chutes dont on entend le grondement après la saison des pluies, ce camp dispose de chalets indépendants, de cottages à deux chambres et d'un camping équipé de sanitaires. Vous pouvez vous rendre aux chutes, superbement illuminées, après la tombée de la nuit.

Augrabies Falls Lodge & Camp HÔTEL $$
(☎054-451 7203 ; www.augrabieslodge.co.za ; R359 ; empl tente 285 R, s/d 535/790 R ; P ❄). La route menant au parc est jalonnée de quelques hôtels, dont ce bâtiment des années 1950, situé à 8,5 km de l'entrée. L'intérieur a été rénové et décoré d'art africain. Les chambres, spacieuses, disposent d'un joli mobilier et d'un balcon donnant sur la campagne. **Restaurant** (plats 90-190 R), bar, et chambre indépendante pour quatre personnes (895 R).

♥ **Gorge Cottage** APPARTEMENT $$$
(d 1 715 R). Plus proche de l'appartement indépendant moderne que du cottage, cet hébergement (deux personnes maximum) est le plus récent, le plus épatant et le plus convoité du parc. Il est situé, solitaire, sur une falaise, sous la plateforme d'observation qui donne sur l'Oranjekom Gorge, à 10 km du campement principal. Une fois les portes du parc fermées, vous aurez la magnifique vue, avec le chant des oiseaux

AUGRABIES FALLS NATIONAL PARK

Pourquoi y aller Pour ses rugissantes chutes d'eau et les randonnées dans des paysages déchiquetés et surnaturels, les safaris en voiture à l'écart de la foule, le rafting aux abords du parc.

Quand partir Au printemps (de mars à mai). Dès janvier, le débit des chutes est impressionnant, mais la chaleur rend la randonnée pénible jusqu'à mars. En hiver (juin-août), les nuits sont parfois glaciales.

Informations pratiques Mieux vaut avoir son propre véhicule. Sinon, participez à un circuit depuis Upington ou Kakamas. Les grilles ouvrent de 7h à 18h30, mais il est possible de s'enregistrer plus tard. Une boutique bien approvisionnée vend des produits d'épicerie, de l'alcool et du bois de chauffage.

Faire des économies Une journée suffit pour voir les principales curiosités : séjournez à l'extérieur du parc pour éviter de payer un second droit d'entrée.

et le grondement de l'eau en fond sonore, pour vous seul.

Depuis/vers l'Augrabies Falls National Park

Le parc se trouve à 39 km au nord-ouest de Kakamas. Empruntez la N14 vers l'ouest sur 8 km, puis rejoignez la R359 vers le nord-ouest.

Les taxis collectifs passent par la voie d'accès, mais vous devrez ensuite marcher 3 km jusqu'à l'entrée. Le parc peut également être exploré à VTT.

Riemvasmaak

054 / 700 HABITANTS

Cette petite communauté isolée, située au cœur d'un territoire de 74 km² aux paysages lunaires, fera le bonheur des voyageurs qui ont le goût de l'aventure hors des sentiers battus. Il existe trois pistes pour 4x4 (41 km, 49 km et 79 km) difficiles à négocier, et diverses activités sont possibles, telles que la randonnée, le VTT (emportez votre propre vélo) et l'observation des oiseaux. On peut aussi rejoindre les fameuses **sources chaudes** (adulte/enfant 25/15 R ; 8h-17h) de Riemvasmaak. Juste après le village se trouvent les gorges rocheuses et déchiquetées de la Molopo.

En 1973, le gouvernement de l'apartheid, désireux de transformer la région en camp d'entraînement militaire, transféra les Xhosa et les Nama qui vivaient ici, respectivement vers le Cap-Oriental et la Namibie. Après l'instauration de la démocratie, en 1994, les autorités entreprirent de rapatrier ces populations vers Riemvasmaak. En 2002, les anciens résidents se virent attribuer des lopins de terre.

Vivant d'une agriculture de subsistance, Riemvasmaak demeure un village pauvre, où les carrioles tirées par des ânes restent le principal mode de transport sur cette terre sablonneuse et rocheuse aux couleurs orange. Le taux de chômage est très élevé, et, bien que sporadique, le tourisme communautaire représente une importante source de revenus.

Contactez Clarissa Damara au **Riemvasmaak Community Centre** (083-873 7715) pour réserver une activité, un hébergement ou un guide. Ne partez pas pour Riemvasmaak sur un coup de tête, car il faut impérativement réserver.

Des **chalets** (525 R pour 4 pers) indépendants, avec linge de lit, serviettes et ustensiles de cuisine, sont adossés à une colline dominant les gorges. L'eau des douches provient directement de la source, mais vous devrez apporter de l'eau potable. Il y a aussi des emplacements pour tente (135 R/site) le long des sentiers de randonnée. Réservation par l'intermédiaire du centre communautaire.

Depuis/vers Riemvasmaak

Depuis le sud, deux routes mènent à Riemvasmaak. Celle de l'ouest – conduisant aux Augrabies Falls – est en grande partie revêtue, mais après le parc national, l'état de la chaussée se dégrade. Si vous n'avez pas de 4x4, tournez à l'embranchement, à 2 km à l'est de Kakamas. La route est goudronnée sur 3 km, puis gravillonnée sur 45 km : elle est praticable en véhicule ordinaire, sauf en cas de pluies diluviennes. Sur les 6 derniers kilomètres, la route est à nouveau goudronnée – tel un tapis rouge déroulé jusqu'à ce village aux allures de décor de cinéma.

NAMAQUALAND ET LE HANTAM KAROO

Immensité austère, le Namaqualand (Namaqualandland en afrikaans ; au nord du Cap-Nord) et le Hantam Karoo (au sud-ouest du Cap-Nord) peuvent sans conteste prétendre au titre de Far West sauvage de l'Afrique du Sud. Les routes semblent s'y étirer à l'infini à travers de vastes étendues désertes. Les étoiles paraissent plus proches et plus lumineuses que jamais dans ces nuits au calme extrême qui succèdent aux journées brûlantes. Les trésors du Namaqualand sont à la fois simples et époustouflants, de la côte diamantifère brumeuse et accidentée jalonnée d'épaves à la lisière ouest du pays, aux paysages du lointain |Ai-|Ais/Richtersveld Transfrontier Park, évoquant la planète Mars.

C'est au printemps que le Namaqualand et le Hantam Karoo sont réellement magiques, quand ils se parent de leurs plus beaux atours. Cette saison chasse le froid hivernal et couvre le désert brûlant d'un océan spectaculaire de fleurs sauvages multicolores. Ce qui explique le nom de Hantam qui signifie "mont sur lequel fleurit la fleur rouge comestible" en khoikhoi. La région du Namaqualand doit son nom aux Nama (également appelés les Namakwa ou Namaqua – "le peuple nama"), un peuple khoikhoi.

LES FLEURS SAUVAGES DU NAMAQUALAND

Pendant la majeure partie de l'année, le Namaqualand s'apparente à un désert inhospitalier où ne semblent pousser que les broussailles les plus résistantes. Mais, avec les pluies hivernales, ces terres asséchées se transforment en un kaléidoscope de couleurs lorsque marguerites, plantes vivaces, aloès, lys et quantité d'autres fleurs endémiques recouvrent le sol. Au total, quelque 4 000 espèces poussent ici. Chaque printemps, les visiteurs viennent du monde entier pour admirer ce spectacle enchanteur.

La qualité de la floraison et la période idéale de visite dépendent des pluies et varient d'une année à l'autre. Généralement, c'est entre mi-août et mi-septembre que vous avez le plus de chances d'observer la pleine éclosion (la saison peut parfois commencer début août et s'achever mi-octobre). Les meilleures zones pour admirer les fleurs diffèrent aussi d'une année sur l'autre – renseignez-vous auprès des habitants de la région. En saison, les autorités locales assurent une **Flower Hotline** (☎079-294 7260).

La plupart des fleurs sont des espèces protégées, aussi ne vous hasardez pas à les cueillir, vous risqueriez une lourde amende.

Springbok

☎027 / 12 800 HABITANTS

Springbok est nichée dans une vallée austère entourée de collines couvertes de rochers, qui se parent de fabuleuses couleurs au printemps. En dehors de la saison des fleurs, l'isolement de la ville, ses paysages désolés et son ensoleillement (plus de 300 jours par an) en font un lieu plaisant où faire une escale et se réapprovisionner avant de reprendre la route.

Pratique, cette ancienne cité frontière s'est transformée en un centre urbain dynamique dont l'activité s'articule autour des mines de cuivre et de diamants du Namaqualand, ainsi que des agriculteurs des zones les plus reculées de la région. Springbok se trouve à 120 km au sud du poste-frontière de Vioolsdrif, lui-même à 800 km de Windhoek, en Namibie.

À voir et à faire

La route menant à Nababeep, à 16 km au nord-ouest de Springbok par la N7, traverse des prairies qui se couvrent d'un tapis de fleurs en saison. Si vous avez besoin de vous dégourdir les jambes, le **Nababeep Mining Museum** (Nababeep ; 10 R ; ⏲9h-13h lun-ven) mérite le coup d'œil. Avant de vous enfoncer plus avant dans les terres sauvages, procurez-vous auprès de l'office du tourisme de Springbok (p. 496) la brochure détaillant le Namaqualand 4x4 Trail, la plus longue piste pour 4x4 du pays, qui s'effectue sur plusieurs jours. Un permis est nécessaire, et il est possible de camper en chemin. Richtersveld Challenge, installé à la Cat Nap Accommodation, loue des 4x4.

Goegap Nature Reserve RÉSERVE NATURELLE
(☎027-718 9906 ; 30 R ; ⏲7h30-16h ; Ⓟ). Cette réserve semi-désertique de 150 km², à 15 km de Springbok (après l'aérodrome) est l'habitat de 600 espèces de plantes endémiques, dont beaucoup de succulentes, ainsi que 45 espèces de mammifères et 94 sortes d'oiseaux. C'est l'un des meilleurs endroits pour se promener pendant la floraison, avec des **sentiers de randonnée** de 4 et 7 km formant chacun une boucle. Il existe un circuit de 13 km pour les voitures, ainsi que des pistes réservées aux 4x4. Il est possible de passer la nuit dans des cabanes (160 R) à quatre lits rudimentaires ou d'opter pour un emplacement de tente (90 R).

Où se loger

À la saison des fleurs, les hébergements de Springbok se remplissent et les prix grimpent.

Cat Nap Accommodation AUBERGE DE JEUNESSE $
(☎027-718 1905 ; catnap@mweb.co.za ; 99 Voortrekker St ; dort/s/d 200/400/650 R ; ❄📶). Quantité de photos représentant la nature ornent cette vieille demeure spacieuse. Les chambres, de style africain, sont joliment décorées. Cuisine commune équipée et dortoirs aménagés dans une grange – les lits sont incroyablement proches les uns des autres, et la température grimpe vite en été.

Organise des circuits de 5 jours dans le Richtersveld (à partir de 7 000 R/pers) et loue des 4x4 (à partir de 1 200 R/jour).

Kliprand Guesthouse GUESTHOUSE $$
(☎027-712 2604 ; 2 King St ; s/d avec petit-déj à partir de 700/1 100 R ; Ⓟ📶🏊). Une adresse

sympathique dans une artère secondaire paisible, proche du meilleur restaurant de Springbok. Les chambres sont lumineuses et douillettes. Grande piscine dans le jardin.

Annie's Cottage GUESTHOUSE $$
(☎027-712 1451 ; www.anniescottage.co.za ; 4 King St ; s/d avec petit-déj 1 050/1 350 R ; P❄📶🏊). Si la décoration de certaines chambres semble un peu surchargée, celles qui exploitent le thème africain sont plutôt réussies. La "honeymoon suite" ne revient pas plus cher. Thé et gâteaux sont servis l'après-midi. Il y a aussi une chambre indépendante dans le jardin.

Mountain View GUESTHOUSE $$
(☎027-712 1438 ; www.mountview.co.za ; 2 Overberg Ave ; s/d avec petit-déj 880/990 R ; ❄📶🏊). Adossée à des collines dans un cadre paisible, une *guesthouse* aux chambres agréables et fraîches. Certaines donnent sur le jardin menant à la piscine, où la vue est magnifique.

Naries Namaqualand Retreat LODGE $$$
(☎027-712 2462 ; www.naries.co.za ; rte 355 ; s/d en demi-pension 1 830/2 430 R, s/d ste en pension complète 2 875/3 840 R ; P). Ce lodge est l'établissement le plus chic de la région, avec de grandes chambres installées dans le "manoir", de spacieux cottages indépendants (à partir de 1 850 R) et de jolies suites, sur une hauteur, aménagées comme des cabanes traditionnelles nama. Les hébergements sont éparpillés sur les collines, à 27 km à l'ouest de Springbok.

Où se restaurer

♥ Tauren Steak Ranch GRILL $$
(☎027-712 2717 ; 2 Hospital St ; plats 60-150 R ; ⏲10h30-22h lun-sam). Pour les amateurs de viande : épais steaks et tout un choix de sauces. Également des hamburgers, quelques mets végétariens et des pizzas garnies de *biltong* (viande séchée) ou de *boerewors* (saucisses épicées), entre autres. L'atmosphère est campagnarde, avec de la *boeremusiek*.

Herb Garden CAFÉ $$
(☎027-712 1247 ; www.herb-garden.co.za ; angle Kruis Rd et Voortrekker Rd ; plats 45-120 R ; ⏲8h-21h lun-ven, 8h-20h sam ; 📶🌿). Niché derrière une pépinière, ce café est parfait à tout moment de la journée. À la carte : salades, sandwichs et burgers, ainsi que des plats plus substantiels en soirée. Le café est correct et le service aimable.

Pot & Barrel PUB $$
(☎027-718 1475 ; 39 Voortrekker St ; plats 70-145 R ; ⏲8h-tard lun-sam, 11h-22h dim). Sert des plats de pub typiques, comme des burgers et des paniers d'en-cas. Bonne sélection de bières.

Renseignements

Office du tourisme (☎027-712 8035 ; www.Namaqualand-dm.gov.za ; Voortrekker St ; ⏲8h-16h15 lun-jeu, 7h30-15h ven). Cartes et informations sur le sud de la Namibie et le Namaqualand.

Depuis/vers Springbok

Plusieurs bus de nuit, notamment d'**Intercape** (☎021-380 4400 ; www.intercape.co.za), desservent Le Cap (790 R, 9 heures) et Windhoek, en Namibie (750 R, 13 heures). Les bus partent du garage Engen, dans Voortrekker St.

Des taxis collectifs rallient Upington (300 R, 4 heures), Port Nolloth (130 R, 2 heures) et Le Cap (450 R, 9 heures). Contactez la **Namaqualandland Taxi Association** (☎027-718 2840 ; Van der Stel St) pour réserver.

Port Nolloth

☎027 / 6 100 HABITANTS

Vous aurez le sentiment d'être au bout du monde dans ce coin de l'extrémité nord-ouest de l'Afrique du Sud. Et la route justifie à elle seule le détour par cette localité isolée au bord de l'océan. Alors que vous êtes au milieu de l'immensité de sable rouge du Kalahari, vous vous retrouvez en quelques minutes au-dessus d'une colline, en train de regarder le bleu infini de l'Atlantique apparaître à l'horizon. Puis vous apercevez cette petite bourgade côtière sablonneuse, où le vent brasse des relents de sel et de poisson. Vous voilà arrivé à Port Nolloth, terre d'accueil d'une population bigarrée venue y faire fortune, ou passer des vacances loin de tout.

À l'origine, Port Nolloth était un port d'embarquement pour le cuivre extrait dans la région. Aujourd'hui, la bourgade continue de se développer grâce à ses petits bateaux qui pêchent langoustes... et diamants – les embarcations sont en effet équipées de pompes pour permettre aux plongeurs d'aspirer les graviers diamantifères qui tapissent les fonds marins.

Bien que la compagnie De Beers veille au grain, il arrive que des diamants s'égarent. Nous vous déconseillons vivement d'acheter une pierre au marché noir, au risque de vous retrouver avec une fausse pierre (*slenter*) taillée dans du cristal de plomb, et… encadré de policiers en civil.

On trouve des DAB sur Beach Road.

À voir

Port Nolloth Museum MUSÉE
(Beach Rd ; 20 R ; 10h-15h). Ce petit musée, très apprécié, retrace l'histoire de l'industrie diamantaire dans la région. Les nombreuses pièces exposées sont intéressantes, et la discussion avec le conservateur George Moyses rend la visite passionnante. Après avoir travaillé des décennies dans les mines de diamants, George a de nombreuses histoires à raconter ; c'est aussi une bonne source d'informations qui pallie le manque d'office du tourisme.

Où se loger et se restaurer

Scotia Inn Hotel & Restaurant HÔTEL $$
(027-851 8353 ; www.scotiainnhotel.co.za ; Beach Rd ; s/d à partir de 450/700 R ;). Au Scotia, c'est chambres standards au rez-de-chaussée et chambres deluxe plus lumineuses et modernes (s/d 550/850 R) à l'étage, certaines avec balcon donnant sur l'océan – le prix étant le même, ne vous en privez pas. Bar-restaurant (plats 65-170 R) qui sert le petit-déjeuner, le déjeuner et le dîner.

Bedrock Lodge GUESTHOUSE $$
(027-851 8865 ; www.bedrocklodge.co.za ; Beach Rd ; s/d avec petit-déj à partir de 660/970 R, s/d cottage 590/840 R ;). Dans l'un des bâtiments les plus anciens de Port Nolloth, le Bedrock est une adresse originale, emplie de toutes sortes de bibelots excentriques et d'antiquités. Elle donne sur le front de mer et possède, non loin, six bungalows indépendants, à la décoration marine (qui n'ont pour la plupart pas d'aussi belle vue).

Vespetti ITALIEN $$
(027-851 7843 ; 2099 Beach Rd ; plats 85-150 R ; 10h-21h lun-sam, 10h-15h dim). Poisson et fruits de mer sont à l'honneur dans ce restaurant italien, tout comme les plats de pâtes et pizzas. C'est l'endroit idéal d'où voir le soleil plonger dans l'Atlantique, un verre à la main (mais vous devrez passer dans la boutique de spiritueux avant, car le restaurant n'a pas de licence d'alcool). Petit droit de bouchon.

Depuis/vers Port Nolloth

Namaqualandland Taxi Association (027-718 2840). Ces taxis collectifs circulent depuis/vers Springbok (130 R, 2 heures, lun-sam).

|Ai-|Ais/Richtersveld Transfrontier Park

Formé par des millions d'années d'érosion, ce **parc national transfrontalier** (027-831 1506 ; www.sanparks.org/parks/richtersveld/ ; adulte/enfant 272/136 R ; 7h30-18h lun-ven, 8h-18h sam) est le plus isolé d'Afrique du Sud. Cette étendue sauvage d'une apparente nudité offre un spectacle irréel, avec ses roches volcaniques, ses arbres à forme anthropomorphe et ses paysages lunaires recouverts de sable, riches en pierres semi-précieuses. S'étirant sur 6 000 km² de désert montagneux, il relie le Richtersveld National Park sud-africain à l'|Ai-|Ais Hot Springs Game Park namibien.

Accessible en 4x4 uniquement, le Richtersveld est l'ultime frontière de l'Afrique du Sud. La partie sud-africaine du parc – 1 850 km² – est magnifique au printemps, quand elle se couvre d'un océan de fleurs multicolores, comme tout le Namaqualand. Les randonnées ici sont ardues mais grandioses : les sentiers traversent ce désert montagneux ponctué de pics dentelés et de formations rocheuses, entrecoupés de profonds ravins et de gorges. Ce parc plaira à ceux qui souhaitent sortir des sentiers battus ou même s'initier aux techniques de survie. Les infrastructures étant presque inexistantes, vous devez être complètement autonome.

Activités

Il existe trois sentiers du côté sud-africain, ouverts d'avril à septembre. Le **Ventersval Trail** (4 jours, 3 nuits) couvre la portion sauvage au sud-ouest, le **Lelieshoek-Oemsberg** (3 jours, 2 nuits) conduit vers un gigantesque cirque et des cascades, et le **Kodaspiek** (2 jours, 1 nuit) permet à un marcheur de niveau moyen d'admirer des paysages de désert montagneux. Il est recommandé d'être accompagné d'un guide lors des randonnées.

Circuits organisés

Le meilleur moyen de visiter le parc est de participer à un circuit. Le mode d'hébergement le plus courant est le camping, pour lequel le matériel est fourni. Des circuits peuvent être organisés depuis Port Nolloth, Springbok et Upington. Nous vous conseillons Richtersveld Challenge, basé dans la Cat Nap Accommodation (p. 495), à Springbok, et Richtersveld Tours, à Port Nolloth.

Richtersveld Tours CIRCUITS
(☎082 335 1399 ; www.richtersveldtours.com ; à partir de 1 950 R/jour). Johan De Waal organise des circuits personnalisés, d'au minimum 3 jours, dans le Richtersveld. Sa passion pour la région devient contagieuse dès qu'il se met à expliquer l'histoire, la botanique et la géologie de l'endroit. Ses circuits permettent non seulement d'explorer le parc, mais aussi de découvrir un certain nombre d'entreprises touristiques communautaires.

|AI-|AIS/RICHTERSVELD TRANSFRONTIER PARK

Pourquoi y aller Itinéraires en 4x4 exaltants, atmosphère d'aventure loin de tout, randonnées au cœur d'une nature sauvage, paysages désertiques et déchiquetés, observation des oiseaux sans pareille. C'est le paradis des photographes.

Quand partir D'août à octobre, lorsque les températures baissent et que les fleurs s'épanouissent. De novembre à février, la chaleur est insoutenable.

Informations pratiques Venez en voiture depuis Alexander Bay. On trouve dans le parc une station-service (7h30-16h, pas de sans-plomb), une supérette (fermée le week-end), et un téléphone public à Sendelingsdrift. Apportez nourriture et eau potable, et si possible, voyagez à plusieurs véhicules. Réservez circuits et hébergement.

Faire des économies Le parc est un peu éloigné pour les voyageurs au budget serré. La formule la moins chère est de louer un 4x4 et d'opter pour le camping.

Où se loger

Il y a quatre campings rudimentaires (à partir de 240 R/emplacement) dans le parc. Tous disposent de toilettes et certains de douches, mais aucun n'a de l'eau chaude.

♥ **Tatasberg Wilderness Camp** CABANES $$
(d cabane à partir de 855 R). De charmantes cabanes en roseau, toile et tôle ondulée, toutes dotées d'une petite terrasse couverte – vue magnifique sur l'Orange (Senqu). Leur atmosphère rustique est en totale harmonie avec le cadre du parc. Dans chacune : deux lits simples, un réfrigérateur, un réchaud à gaz et une douche.

Gannakouriep CABANES $$
(d cabane à partir de 855 R). Ces cabanes en toile et en pierre s'assimilent à un camping de luxe. Tout a été fait pour mettre en valeur le décor naturel magnifique, dans une vallée rocheuse. Chaque logement est équipé de deux lits, d'un réchaud à gaz et d'un réfrigérateur solaire. Il faut apporter son eau potable.

Sendelingsdrift CAMPING, CHALETS $$
(camping 240 R, d chalet à partir de 855 R ; ❄🏊). Ces chalets indépendants (deux à quatre personnes), situés à l'entrée du parc, sont très confortables, et profitent d'une véranda donnant sur le fleuve. La climatisation n'est pas un luxe pour les visiteurs qui osent s'y rendre l'été.

Comment s'y rendre et circuler

Au départ de Port Nolloth, une route goudronnée rejoint Alexander Bay, à 82 km, d'où une piste gagne la Sendelingsdrift Gate. Ce tronçon peut tout juste se parcourir avec un véhicule standard, mais il est préférable de venir en 4x4, indispensable à l'intérieur du parc (les berlines ne sont pas autorisées). Vous pouvez louer un 4x4 et acheter une bonne carte à Springbok – renseignez-vous auprès de l'office du tourisme.

Il est possible de franchir l'Orange vers la Namibie au campement de Sendelingsdrift : le bateau circule de 8h à 16h15 par temps favorable.

Il est vivement recommandé de voyager en convoi, car le terrain est ardu, même pour des conducteurs de

4x4 expérimentés. Une journée ne suffit guère, étant donné l'éloignement du parc : prévoyez au moins 3 jours, voire une semaine, si possible.

Namaqua National Park

Au printemps, les amateurs de flore sauvage viennent dans ce petit **parc** (☎027-672 1948 ; www.sanparks.org/parks/namaqua/ ; adulte/enfant 100/50 R ; ⌚8h-17h) isolé pour admirer le spectacle de la floraison qui métamorphose ce territoire composé de broussailles et d'anciens champs de blé. Il existe de courts sentiers de découverte de la nature, ainsi que des circuits jalonnés de points de vue, à suivre en voiture – le parc est l'un de ceux qui se prêtent le mieux à la photographie de fleurs.

Le reste de l'année, le parc, qui s'étend sur plus de 1 000 km², disparaît presque complètement des itinéraires touristiques, même s'il constitue un coin paisible où randonner. C'est également une bonne destination pour observer les oiseaux.

L'hébergement à l'intérieur du parc est limité. La demande étant forte en août et septembre, il est indispensable de réserver dès que les réservations sont ouvertes, en général 11 mois à l'avance. Il y a des campings rudimentaires et des chalets le long de la côte, ainsi qu'un très populaire **camp de tentes** (tente s/d avec petit-déj, high tea et dîner 3 375/4 500 R) durant la saison de floraison.

Sinon, vous trouverez aussi à vous loger dans les localités proches de Kamieskroon et Garies, minuscules bourgades désolées perdues parmi les virevoltants (*tumbleweed*, “herbes qui roulent”) et les broussailles caractéristiques du Namaqualand.

Le parc est situé à 20 km à l'ouest de Kamieskroon, le long d'une route gravillonnée. Celle-ci est en bon état et peut être empruntée facilement en voiture standard. À l'intérieur du parc, il y a un chemin circulaire de 5 km adapté aux berlines, mais il vous faudra un 4x4 pour toutes les autres pistes. Si vous logez dans l'un des campements qui bordent la côte, mieux vaut emprunter la route gravillonnée de 67 km au départ de Garies ; elle est tout à fait praticable en véhicule standard, mais un 4x4 est préférable (ou une bonne paire de chaussures de randonnée) pour aller au-delà de l'entrée.

Les bus Intercape (p. 496) font halte à Kamieskroon lorsqu'ils circulent depuis/vers Springbok, à 67 km au nord par la N7.

Calvinia

☎027 / 9 700 HABITANTS

À des centaines de kilomètres de tout, au pied des monts Hantam, couverts de dolérite, Calvinia occupe un coin de savane reculé imprégné d'une atmosphère sauvage, inondé d'une lumière aveuglante le jour et avec des ciels clairs la nuit. Ses jolies maisons en pierre blanche et ses artères bordées d'arbres lui donnent un certain charme, et c'est la principale localité de cette région consacrée à l'élevage des moutons. La petite ville tranquille s'anime avec les touristes chaque printemps, pendant la brève saison des fleurs, qui colore la campagne alentour.

À voir et à faire

De superbes itinéraires de 4x4 sillonnent la campagne environnante. L'un des plus beaux parcours est la R364, non goudronnée, qui franchit plusieurs cols de toute beauté (dont le col de Pakhuis) avant de rejoindre Clanwilliam et le Cederberg au sud-ouest. Vous pouvez emprunter la Hantam Flower 4x4 Route, qui traverse un escarpement juste au nord de la ville – l'office du tourisme vous renseignera.

Republic of Rustica GALERIE INSOLITE

(Magic Garden Gallery ; ☎027-341 1423 ; 37 Stigling St ; ⌚9h-16h). Arrêtez-vous dans cet antre de l'“art rustique” pour admirer l'étonnante collection de son propriétaire, Dirk, composée d'objets trouvés, d'accessoires rétro et de toutes sortes de rebuts : panneaux de signalisation, crânes de moutons, tasses en fer-blanc, arrosoirs, bassins de lit, vieilles chaussures, vélos et matériel agricole ornent l'extérieur. Un cinéma à l'ancienne se trouve à l'intérieur. Cinq chambres (d à partir de 500 R/pers) à la décoration originale et repas proposés à ceux qui veulent passer la nuit ici.

Calvinia Museum MUSÉE

(☎027-341 1043 ; 44 Kerk St ; don apprécié ; ⌚8h-17h lun-ven). Aménagé dans une ancienne synagogue, ce musée est étonnamment vaste et riche pour une si petite ville de province. Y est retracée la colonisation des Blancs dans la région, notamment à travers l'élevage de moutons. Quelques curiosités de l'histoire locale sont également exposées, comme des costumes de l'époque victorienne ou le commutateur téléphonique utilisé jusqu'en 1991.

Akkerendam Nature Reserve RÉSERVE NATURELLE
(027-341 8500 ; Hospitaal St ; 8h-19h ; P). GRATUIT Une réserve de 275 km² au nord de la ville quadrillée de sentiers de randonnée (1-2 jours). La meilleure saison pour l'explorer est le printemps, quand les reliefs montagneux se tapissent de fleurs. Adressez-vous au **bureau municipal** (20 Hoof St ; 8h30-15h30 lun-ven) pour obtenir un permis de randonnée.

Festival

AfrikaBurn CULTURE
(www.afrikaburn.com ; avr). Ce festival artistique réputé, version sud-africaine du festival américain de Burning Man, se déroule à 100 km au sud de Calvinia, sur la R355 (non bitumée) menant à Ceres, à proximité de Tweefontein et du Tankwa Karoo National Park. A lieu durant une semaine, en général fin avril.

Où se loger et se restaurer

Réservez le plus tôt possible si vous prévoyez de venir ici pendant la saison des fleurs, car les *guesthouses* de la ville affichent rapidement complet.

Die Blou Nartjie GUESTHOUSE $
(027-341 1263 ; www.nartjie.co.za ; 35 Water St ; s/d avec petit-déj 495/710 R ; P). À la fin d'une longue et chaude journée passée à rouler dans la province du Cap-Nord, ces chambres aménagées dans un jardin constituent un lieu plaisant où se détendre. Coin *braai* (barbecue) et restaurant (plats 75-135 R ; 18h30-21h30 lun-sam) – plats traditionnels comme le *bobotie* et les côtelettes d'agneau du Karoo.

Hantam Huis GUESTHOUSE $$
(027-341 1606 ; www.calvinia.co.za ; 42 Hoop St ; s/d avec petit-déj à partir de 495/790 R ;). Répartie dans plusieurs maisons très bien restaurées, cette *guesthouse* est l'endroit parfait pour apprécier la tranquillité de Calvinia et son charme suranné. À la Die Dorphuis, monument national victorien, vous attendent des chambres élégantes, au mobilier d'époque. À l'arrière, des chambres standards cosy occupent les anciens quartiers des domestiques. D'autres chambres servaient jadis aux membres de congrégations religieuses en visite : la Knegtekamer est particulièrement charmante.

Le dîner de trois plats est servi dans la plus vieille maison de Calvinia, la Hantam Huis, datant du XIXe siècle. Le restaurant est également ouvert aux non-résidents de 7h à 16h30.

African Dawn B&B $$
(084 919 3194 ; www.calviniaretreat.co.za ; 17 Strauss Ave ; ch avec petit-déj à partir de 750 R ; P). Une adresse tranquille, à la périphérie de la ville, dans un joli jardin. Ses trois chambres, toutes dans des tons neutres, sont agrémentées de peintures et de photos de fleurs locales sur les murs. Le petit-déjeuner est servi dans le *lapa* (pavillon africain ouvert), et il y a un **café** (plats 55-95 R ; 9h-17h lun-ven et 9h-14h sam) – sandwichs toastés, burgers et repas légers.

UN FLEUVE AUX NOMS MULTIPLES

Les premiers habitants d'Afrique du Sud l'appelaient "Gariep". Le fleuve fut renommé "Orange" en l'honneur de l'empereur Guillaume V, de la maison d'Orange-Nassau, par le commandant de la Compagnie néerlandaise des Indes orientales. Au Lesotho, il s'appelle "Senqu".

Depuis la fin de l'apartheid, c'est le nom de "Gariep" qui est le plus souvent utilisé, même si "Orange" reste le nom de ce fleuve à l'international.

Dans ce guide, nous avons de préférence utilisé la forme "Orange (Gariep)".

Depuis/vers Calvinia

En venant du Cap, l'itinéraire le plus simple et le plus rapide consiste à emprunter la N7 puis la R27, qui traverse le superbe col de Vanrhyns jusqu'à Calvinia, avant de filer vers le nord-est en direction de Keimos et d'Upington. Au départ de Calvinia, la R63 court vers l'est jusqu'à Victoria West en passant par Williston, Carnarvon et Loxtone, trois bourgades pittoresques du Karoo. Il n'y a pas de transports publics à Calvinia.

Sutherland

023 / 2 800 HABITANTS

Encadré par les monts Roggeveld, Sutherland est un *dorp* (village) charmant du Karoo, avec ses maisons en grès, son église du XIXe siècle et ses petites rues de gravier. Située à 1 500 m au-dessus du niveau de la mer, cette localité isolée affiche les températures les plus basses du pays – elle est recouverte de neige chaque année. Les ciels nocturnes clairs et dégagés, ainsi qu'une très faible pollution lumineuse en font un endroit idéal pour l'observation des étoiles. Les experts ne s'y sont pas trompés et ont installé le SALT (Southern African Large Telescope), le plus grand télescope d'Afrique australe, à 14 km à l'est de Sutherland.

Par ailleurs, il existe un circuit botanique de 145 km, à parcourir en solo, qui couvre à la fois le Roggeveld et le bas Tankwa Karoo, de plus faible altitude. La région est chaque année le cadre d'une floraison exceptionnelle, similaire à celle que l'on peut observer au Namaqualand voisin.

À voir et à faire

South African Astronomical Observatory OBSERVATOIRE
(023-571 2436 ; www.saao.ac.za ; R356 ; visite nocturne adulte/enfant 120/60 R, visite en journée 120 R/pers ; visite nocturne lun, mer, ven, sam et visite en journée 10h30 et 14h30 lun-sam ; P). En journée, les visites guidées permettent de découvrir les immenses télescopes de recherche, notamment le grand télescope d'Afrique australe (SALT), mais les circuits nocturnes de 2 heures sont les plus prisés. Après une courte introduction vidéo, vous sortirez contempler les étoiles grâce à deux télescopes 16 pouces (40 cm). Les horaires des visites varient en fonction de la saison. Réservation indispensable. Prévoyez des vêtements *très* chauds, même l'été.

Tankwa Karoo National Park PARC NATIONAL
(027-3411927 ; www.sanparks.org/parks/tankwa ; adulte/enfant 200/100 R). Avec un véhicule surélevé, on peut accéder à ce parc d'une superficie de 1 430 km², où les paysages lunaires du Tankwa côtoient les falaises abruptes du Roggeveld. Les possibilités d'observation des oiseaux sont excellentes, et l'hébergement se fait en camping, en bungalows ou en campement en pleine nature avec piscine privée. Le parc est à environ 120 km à l'ouest de Sutherland.

Sterland Stargazing PLEIN AIR
(023-571 1481 ; www.sutherlandinfo.co.za ; R 354, Sterland Caravan Park ; observation des étoiles 120 R). Jurg Wagener propose des safaris d'observation des étoiles, durant lesquels il dévoile les secrets de la Voie lactée et du cosmos à l'aide d'un pointeur laser et de cinq puissants télescopes.

Où se loger et se restaurer

Sterland Guesthouses GUESTHOUSE, CAMPING $$
(023-571 1481 ; www.sutherlandinfo.co.za ; camping 100 R, d cottage à partir de 790 R). Jurg et Rita gèrent plusieurs cottages éparpillés dans la bourgade et un camping-caravaning où se déroulent des soirées d'observation des étoiles. La charmante "honeymoon suite" est située dans un cottage à la lisière de Sutherland.

Cluster d'Hote SUD-AFRICAIN $$
(023-571 1436 ; www.clusterdhote.co.za ; Piet Retief St ; plats 100-150 R ; 6-22h). Installé dans l'une des plus anciennes maisons de Sutherland, ce petit restaurant confortable et populaire est l'un des meilleurs du coin. Réservation indispensable. Comme beaucoup d'autres par ici, la carte fait la part belle à la viande, en particulier à l'agneau du Karoo.

Depuis/vers Sutherland

Aucun transport public ne dessert Sutherland et la seule route goudronnée est la R354, qui part de Matjiesfontein, à 110 km au sud. Des routes gravillonnées partent de Calvinia et Loxton (via Fraserburg). Renseignez-vous au préalable sur l'état de ces routes, difficilement praticables en cas de pluie. La station-service de la bourgade a des horaires restreints – faites le plein avant de vous rendre à Sutherland.

Lesotho

Dans ce chapitre ➡

Le top des restaurants

- Maliba Lodge (p. 517)
- N°7 Restaurant (p. 510)
- Sky Restaurant (Oxbow ; p. 518)
- Semonkong Lodge (p. 523)
- Sky Restaurant (Maseru ; p. 509)

Le top des hébergements

- Malealea Lodge (p. 524)
- Maliba Lodge (p. 516)
- Semonkong Lodge (p. 523)
- Sani Mountain Lodge (p. 520)
- Mpilo Boutique Hotel (p. 508)

Pourquoi y aller

Beau pays d'une grande richesse culturelle, plutôt sûr, abordable, et aisément accessible depuis Durban ou Johannesburg, le Lesotho reste une destination sous-estimée. Le contraste avec l'Afrique du Sud est saisissant. Les Basotho ont une personnalité bien à eux et leur territoire montagneux présente des différences topographiques extrêmes.

Le "royaume dans le ciel", le surnom fort à propos du Lesotho se prête à merveille à la randonnée, aussi bien pédestre qu'équestre, laquelle est le meilleur moyen d'en découvrir les étendues vallonnées, avec leurs moutons et leurs *rondavels* traditionnels.

Les "basses terres" (à plus de 1 000 m d'altitude) séduiront les amateurs d'artisanat et de culture, tandis que les hautes terres du Sud, du Centre et du Nord-Est, où les cours d'eau traversent des sites autrefois peuplés de dinosaures, se prêtent à merveille au tourisme d'aventure.

Quand partir

Maseru

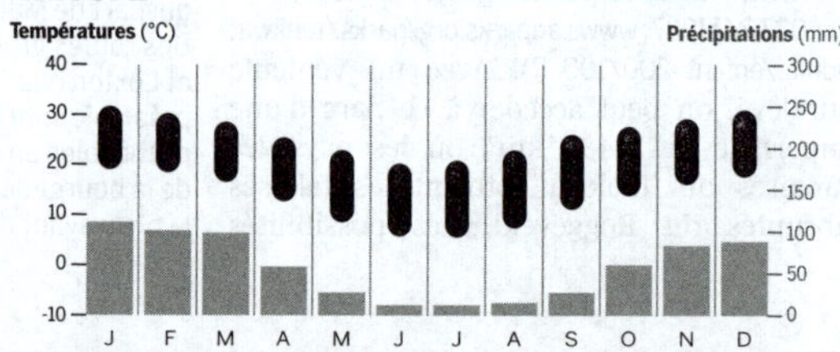

Mars-avril	Juin-août	Nov-déc
Les cosmos violets fleurissent dans les prairies et les températures sont plus fraîches.	La neige recouvre les sommets et les pistes de ski de l'Afriski Mountain Resort.	Les motards du Roof of Africa sillonnent les sommets, attirant des milliers de spectateurs.

Histoire

Les origines

Le Lesotho est le pays des Basotho, populations sotho-tswana établies à l'origine dans de petites chefferies disséminées dans le *highveld* de l'État libre actuel.

Au cours du XIXe siècle, les Voortrekkers et d'autres pionniers blancs se mirent à empiéter sur les pâturages des Basotho, tandis que commençait la *difaqane* ("migration forcée" en Afrique australe).

Toutefois, les Basotho sortirent plus unis de cette épreuve, grâce à Moshoeshoe Ier, dit le Grand, un chef de village qui réussit à les rassembler et à former un puissant royaume. Il conduisit d'abord ses propres villageois à Butha-Buthe, d'où il parvint à repousser les premières incursions de la *difaqane*. Il transféra ensuite son quartier général dans le bastion montagneux de Thaba-Bosiu, plus facile à défendre, d'où il résista aux vagues d'invasion successives.

Au cours des décennies suivantes, le roi regroupa différents peuples au sein d'une fédération basotho qui, à sa mort en 1870, comptait plus de 150 000 citoyens. Moshoeshoe Ier avait laissé des missionnaires chrétiens s'installer sur son territoire. Moyennant la christianisation de certaines coutumes basotho, les missionnaires étaient prêts à défendre les droits de "leurs" Basotho contre l'expansion des Boers et des Britanniques.

La défense du territoire

En 1843, face aux assauts des Boers, Moshoeshoe Ier s'allia au gouvernement britannique de la colonie du Cap. Les traités conclus pour définir les frontières de son royaume n'empêchèrent toutefois pas les conflits avec les Boers, qui s'étaient installés dans le *lowveld* fertile, à l'ouest de la Mookare (Caledon). En 1858, les tensions culminèrent avec la guerre entre les Basotho et l'État libre d'Orange. Moshoeshoe essuya des revers et fut contraint de céder la majeure partie des basses terres occidentales.

En 1868, Moshoeshoe Ier appela de nouveau les Britanniques à la rescousse, s'adressant directement au gouvernement impérial de Londres. Conscients des conséquences néfastes d'un conflit permanent entre l'État libre d'Orange et le Basotholand sur leurs propres intérêts, les Britanniques annexèrent ce dernier.

Les dix années qui suivirent la mort de Moshoeshoe Ier furent marquées par de multiples querelles de succession. Après un bref transfert du pouvoir à la colonie du Cap, le royaume basotho repassa sous le contrôle direct de la Grande-Bretagne en 1884. Un avantage inattendu en découla : devenu protectorat britannique, le Basotholand ne fut pas intégré à l'Union sud-africaine lors de sa création en 1910, ce qui lui épargna le statut de bantoustan pendant l'apartheid.

L'indépendance

Au début du XXe siècle, l'émigration basotho en Afrique du Sud s'accrut et le Basotholand s'émancipa peu à peu de la tutelle britannique. En 1955, le conseil dirigeant réclama l'autonomie intérieure et le droit d'élire ses membres. Des partis politiques se formèrent, notamment le Basotholand Congress Party (BCP), équivalent de l'ANC sud-africain, et le Basotholand National Party (BNP), parti conservateur dirigé par le chef Joseph Leabua Jonathan.

En 1965, le BNP remporta les premières élections générales et fit de l'indépendance sa priorité. L'année suivante, le royaume du Lesotho, dirigé par le Premier ministre Leabua Jonathan – le roi Moshoeshoe II n'ayant qu'un rôle représentatif –, obtint son indépendance totale.

L'impopularité de Leabua Jonathan conduisit les opposants du BCP à la victoire lors des élections de 1970. En conséquence, le Premier ministre suspendit la Constitution, fit arrêter et bannir le roi et interdit les partis d'opposition. Le Lesotho devint de fait un État monopartite.

Les coups d'État

En 1986, un coup d'État militaire renversa Jonathan et rétablit Moshoeshoe II à la tête du pays. Mais le calme fut de courte durée. La lutte de pouvoir entre Justin Lekhanya, artisan du coup d'État, et Moshoeshoe II entraîna, en 1990, la destitution du roi et son exil. Son fils, Letsie III, accéda au trône en 1992, mais sans réel pouvoir à la clé.

Les années 1990 furent une décennie de troubles. La scission du BCP conduisit le Premier ministre Ntsu Mokhehle à former un parti dissident, le Lesotho Congress for Democracy (LCD), et Mokhehle se maintint au gouvernement, tandis que le BCP passait dans l'opposition. Mokhehle mourut en 1998 et Pakalitha Mosisili prit alors la direction du LCD. La même année, le triomphe électoral du LCD suscita de vives protestations dans le pays, bien que, au dire

À ne pas manquer

1. Une randonnée à cheval ou à pied à travers la forêt indigène spectaculaire du **Ts'ehlanyane National Park** (p. 516), et une nuit de repos au Maliba Lodge.
2. La plus longue descente en rappel commercialement exploitée au monde dans les **Maletsunyane Falls** (p. 523), suivie d'une tournée des bars et d'une nuit dans un *rondavel* du Semonkong Lodge.
3. Un séjour au Malealea Lodge, ancien comptoir commercial de **Malealea** (p. 523), pour profiter du paysage montagneux, de randonnées équestres et de la vie villageoise authentique.
4. Un verre de brandy dans le pub le plus élevé d'Afrique australe, au Sani Mountain Lodge, à **Sani Top** (p. 520), au sommet du col de Sani.
5. Les prouesses techniques réalisées au **Katse Dam** (p. 521).
6. Le splendide isolement et les peintures pariétales pluricentenaires du **Sehlabathebe National Park** (p. 527).
7. La vue vertigineuse depuis l'un des cols de plus de 3 000 m de **Mafika-Lisiu** (p. 520).
8. Les empreintes de dinosaures à **Leribe (Hlotse)** (p. 515), à Quthing et à Morija.
9. Les tapisseries de **Teyateyaneng** (p. 514), capitale de l'artisanat.

Bethlehem
(33 km)
Caledonspoort
Joel's Drift
Khatibe
Moteng
Monantsa
Pass
Moteng Pass
(2 820 m)
Butha-
Buthe
'Muela
Oxbow
Mahlasela
Pass (3 222 m)
Mont-aux-
Sources
(3 282 m)
0
50 km
LÉGENDE
NP National Park
(parc national)
NR National Reserve
(réserve nationale)
Khabo
Liphofung Cave
Cultural & Historical
Site
Afriski
Mountain
Resort
8 Leribe
(Hlotse)
1 Ts'ehlanyane
NP
Malibamat'so
Mothae
Pitseng
Mafika-Lisiu
Pass (3 090 m) 7
Bokong
NR
Ha Lejone
Senqu (Orange)
Drakensberg
Champagne
Castle
(3 377 m)
Maluti
Motsitseng
Seshote
Monts Central Range
Ha Sepinare
5 Katse Dam
Katse
Mokhotlong
Sehonghong
Upper
Giant's Castle
Mohale
Dam
Molumong
Upper
Rafolatsane
Thabana-
Ntlenyana
(3 482 m)
Likalaneng
A3
Thaba-
Tseka
Marakabei
Linakaneng
Mantsonyane
Linakeng
Mokhoabong
Pass
(2 860 m)
Taung
Sani Top 4
Senqunyane
Hodgson's
Peaks
(3 257 m)
Sehonghong
Drakensberg
Semonkong
2 Maletsunyane
Falls
Matebeng
Pass
Matebeng
Nkonkoana Gate/
Bushman's Nek
Mavuka
Bushman's Nek
Pass (2 435 m)
Paolosi
6 Sehlabathebe
NP
Maletsunyane
Mokopung
Sekake
Tsoelike
Ramatseliso's
Gate
Senqu (Orange)
Mpiti
KwaZulu-Natal
(AFRIQUE DU SUD)
A4
Qacha's Nek
Qacha's Nek
Pass (1 980 m)
Mphaki
Swartberg
Maluti
Ongeluksnek
Lac
Letsie
Matatiele
Cap-Oriental
(AFRIQUE DU SUD)
Cedarville
Ben Macdhui
(3 001 m)
Kokstad

d'observateurs internationaux, le scrutin eût été relativement honnête.

En septembre 1998, le gouvernement demanda à ses partenaires de la Southern African Development Community (SADC) – Botswana, Afrique du Sud et Zimbabwe – de l'aider à rétablir l'ordre. La résistance des rebelles de l'armée du Lesotho entraîna de violents combats et la mise à sac de Maseru. Le LCD remporta à nouveau les élections de 2002, mais les partis d'opposition s'emparèrent d'un nombre conséquent de sièges.

En 2006, 17 membres dissidents du LCD mené par Thomas Thabane fondèrent un nouveau parti, l'All Basotho Convention (ABC). À l'issue des élections controversées de 2007, le LCD parvint à conserver la majorité. Le gouvernement dut alors faire face à un mouvement de grèves à l'échelle nationale, et un couvre-feu de deux semaines fut décrété. Thabane échappa à une tentative d'assassinat et par la suite, un grand nombre de personnes furent incarcérées et torturées. En 2009, Pakalitha Mosisil, à son tour, échappait à la mort.

À la suite des élections très contestées de 2012, Thabane devint Premier ministre à l'issue de la formation d'une coalition entre l'ABC et d'autres partis, dont le LCD. Le Lesotho faillit connaître un nouveau coup d'État en 2014, lorsque Thabane s'enfuit en Afrique du Sud, accusant les militaires de vouloir le destituer. Grâce à la médiation de la SADC, de nouvelles élections furent organisées en février 2015. Le parti de Thabane, l'ABC, fut évincé de peu et remplacé par un gouvernement de coalition réunissant sept partis sous l'égide du Congrès démocratique (Democratic Congress), le nouveau parti de Pakalitha Mosisili. Ce dernier devint chef du gouvernement, mais fut remplacé en 2017, suite à des élections anticipées, par Thomas Thabane revenu d'exil. La femme de Thabane avait été abattue deux jours avant les élections. En mai 2020, Thabane, soupçonné du meurtre de son ex-femme, fut poussé à la démission, et remplacé par Moeketsi Majoro.

Géographie

Le Lesotho, dont la superficie est à peu près équivalente à celle de la Belgique (30 355 km²) est enclavé en Afrique du Sud. Délimité à l'est par la chaîne du Drakensberg, traversé en son centre par les monts Maluti prolongés au sud par la chaîne de Thaba Putsoa, c'est le seul pays au monde dont le point le plus bas se situe au-dessus de 1 000 m (1 400 exactement). Son point culminant est le mont Thabana Ntlenyana, à 3 842 m.

Climat

Les hivers sont froids avec un ciel dégagé et des gelées ou de la neige dans les hautes terres – apportez des vêtements chauds. En été (de fin novembre à mars), saison d'orages impressionnants et d'épais brouillards, la température peut atteindre 30°C dans les vallées, mais se révèle bien plus fraîche, voire négative, dans les montagnes. Bien que le temps soit changeant toute l'année, les pluies se concentrent essentiellement entre octobre et avril. En 2017, il a même neigé en plein cœur de l'été.

Le Lesotho se visite en toutes saisons, mais l'automne (surtout de mars à avril) et le printemps (en particulier septembre) restent les meilleures périodes.

Langues

Les langues officielles sont le sotho du Sud (SeSotho) et l'anglais. Pour en savoir plus sur la langue et la culture sotho, consultez le site www.sesotho.web.za.

Comment s'y rendre et circuler

Airlink (☎2235 0418 ; www.flyairlink.com ; aéroport international Moshoeshoe 1 ; ⏲6h-17h lun-ven, 9h-17h sam-dim) propose des vols quotidiens entre Johannesburg et l'aéroport international Moshoeshoe I, à 21 km au sud de Maseru (à partir de 1 100 R, 1 heure).

Il est toutefois plus avantageux de louer une voiture et d'entrer au Lesotho par la route. Il y a 13 postes-frontières avec l'Afrique du Sud, et se rendre au Lesotho n'est généralement pas difficile. Les files d'attente au poste-frontière principal de **Maseru Bridge** (⏲24h/24), à l'est de Bloemfontein, sont parfois très longues pour sortir du pays, et certains soirs de week-end, pour y entrer.

Presque toutes les routes du Lesotho sont désormais praticables en véhicule ordinaire, mais un tout-terrain reste nécessaire dans certaines régions en raison des mauvaises routes gravillonnées, notamment à l'est entre Mokhotlong et Qacha's Nek.

Les réseaux de bus et de taxis collectifs sont très développés ; toutefois, les taxis n'assurent pas de service régulier, mais attendent d'être pleins pour partir.

MASERU

253 000 HABITANTS / ALTITUDE 1 600 M

Maseru est certainement l'une des plus modestes capitales au monde. Elle s'étend à la lisière ouest du pays, entre les plateaux du Berea et du Qeme, où les Britanniques établirent, en 1869, un avant-poste administratif. Maseru s'est rapidement développée ces dernières années et son centre connaît désormais de gros problèmes de circulation. Un vaste programme de reconstruction urbaine a fait disparaître une grande partie des stigmates des troubles politiques de 1998.

Même si Maseru compte relativement peu de sites d'intérêt, son climat tempéré, ses magasins bien approvisionnés et un choix raisonnable de restaurants et d'hôtels en font un point de chute idéal pour organiser un circuit dans les hautes terres et faire ses provisions de route avant le départ.

Activités

Kick4Life FOOTBALL

(☎ 2832 0707 ; www.kick4life.org ; Lesotho Football for Hope Centre, Nightingale Rd). Prenez part à un match de football à cinq organisé par cette ONG qui gère le premier club de foot du monde visant exclusivement le progrès social. Si vous téléphonez avant, peut-être aurez-vous moyen de vous joindre aux joueurs pour quelques passes.

Likatola Horse Riding & Adventure ÉQUITATION

(☎ 5867 9013 ; adulte/enfant 80/40 M l'heure ; ⏲ 10h-20h dim et mar-jeu, 10h-22h ven-sam). Le centre équestre le plus proche de la capitale, à seulement 20 minutes de route au sud-ouest, propose des balades (durée variable) qui donnent à croiser d'anciennes maisons en grès et suivent la berge de la Phuthiatsana, avec de majestueuses montagnes en toile de fond. Il organise aussi des visites de villages anciens et de grottes ornées de peintures rupestres san.

Où se loger

Shoeshoe Gardens B&B $

(☎ 2232 4190 ; n°498, Pope John Paul II Rd ; s/d avec petit-déj 590/650 M ; P 📶). Ce B&B de quatre chambres doit son succès grandissant à son jeune propriétaire, bien informé, et à son excellent emplacement, près de Maseru Mall. L'établissement aura vraisemblablement ajouté des chambres d'ici votre arrivée. Il est prisé des ONG, avec ses chambres chics et ses salles de bains modernes.

Foothills Guesthouse GUESTHOUSE $

(☎ 5870 6566 ; www.foothills.co.ls ; 121 Maluti Rd ; s/d 500/600 M ; P 📶). Cette *guesthouse* (pension) confortable et sympathique en périphérie de la ville affiche un bon rapport qualité/prix pour Maseru. Les huit chambres donnant sur le jardin sont basiques et équipées de salles de bains vétustes, mais deux d'entre elles possèdent un coin cuisine. Il y a également une cuisine commune et un *lapa* (espace circulaire avec feu de camp) au toit de chaume comprenant un *braai*. Le petit-déjeuner coûte 40 M.

Maseru Backpackers & Conference Centre AUBERGE DE JEUNESSE $

(☎ 2232 5166, 2700 5453 ; www.lesothodurhamlink.org ; Airport Rd ; camping/dort 100/180 M, Durham house dort/ch 250/550 M ; P 📶). Parrainée par une ONG britannique anglicane et tenue par les habitants, cette auberge propose des dortoirs de quatre ou huit lits sobres et propres, d'autres de quatre lits, ainsi que des chambres privatives dans une maison qui en compte six. Juste au bord du Maqalika Reservoir, le *rondavel* (700 M) de style basotho, magnifiquement décoré, comprenant une double, une chambre à lits jumeaux et un salon, est parfait pour les familles.

On y vient surtout pour les activités de plein air proposées, notamment le canoë et le kayak sur le lac artificiel, l'escalade, le rappel et le tir à l'arc. Repas sur demande. L'auberge est à 3 km du centre-ville ; suivez le panneau "Lesotho Durham Link".

♥ Kick4Life Hotel & Conference Centre HÔTEL $$

(☎ 2832 0707 ; www.kick4life.org ; Lesotho Football for Hope Centre, Nightingale Rd ; s/d avec petit-déj à partir de 700/750 M ; P ❄ 📶). Ce bel hôtel à thème footballistique soutient le travail de l'ONG Kick4Life – le personnel compte d'ailleurs quelques-uns de ses protégés. À la réception, des photos immortalisent la rencontre de petits Basotho avec les joueurs de l'équipe d'Angleterre. Les 12 chambres agréables, pour la plupart nommées d'après des footballeurs célèbres, sont ornées de maillots.

Forte d'une magnifique vue sur la ville, la terrasse surplombe le terrain de foot. Transferts depuis/vers Ladybrand, en Afrique du Sud, envisageables (180 M/pers).

Lancer's Inn HÔTEL $$

(☎ 2231 2114 ; www.lancersinn.co.ls ; Pioneer Rd ; s/d 925/1 025 M ; P ❄ 📶 🏊). Propriété de l'ambassadeur des Pays-Bas, ce populaire hôtel

Maseru

d'affaires très central abrite des chambres remises à neuf avec TV satellite et salle de bains ouverte. Dans le jardin parcouru d'allées sont disséminés de jolis *rondavels* en pierre et des bungalows indépendants. Le restaurant **Rendezvous** (plats 60-100 M ; 6h30-23h30 ;), le bar et l'agence de voyages voisine en font une bonne option.

Mohokare Guest House GUESTHOUSE $$
(2231 4442 ; 260 Pioneer Rd ; s/d avec petit-déj à partir de 515/685 M, ch luxe s/d/lits jum 685/800/1 000 M ;). Près d'une route fréquentée proche de Pioneer Mall, le Mohokare jouit d'une bonne réputation et d'un charmant petit bar. Spacieux chalets (855 M, avec petit-déj) indépendants. Les chambres de luxe, équipées d'un coin cuisine et d'une baignoire sur pieds, ne sont pas vraiment supérieures aux chambres standards. Possibilité d'organiser un transfert ou des activités.

Black Swan B&B GUESTHOUSE $$
(2231 7700 ; www.blackswan.co.ls ; 28 Manong Rd, New Europa ; s/d avec petit-déj 550/1 000 M ;). Avec son belvédère, son *braai*, son coq en liberté et son étang aux oiseaux, cette pension est une oasis suburbaine. Les chambres spartiates mais spacieuses sont dotées de TV satellite et de toutes les commodités. Les chambres et les *rondavels* avec coin cuisine ne sont pas beaucoup plus chers (simple/double avec petit-déj à partir de 800/1 600 M) ; réductions le week-end.

Mpilo Boutique Hotel BOUTIQUE-HÔTEL $$$
(5220 3000 ; www.mpilohotel.co.ls ; angle Kingsway et Maluti Rd ; ch à partir de 2 440 M ;). Ouvert en 2015, le premier véritable boutique-hôtel de Maseru est rapidement devenu le point de rendez-vous d'une clientèle aisée. L'hôtel compte 28 chambres somptueuses, d'élégants espaces communs

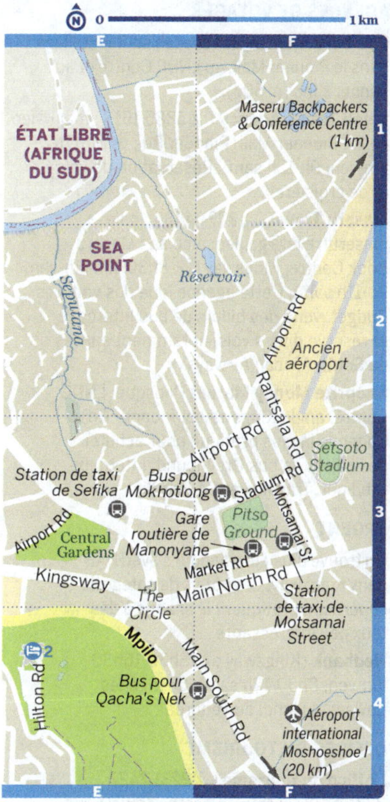

Maseru

Activités

1 Kick4Life D4

Où se loger

2 Avani Lesotho Hotel & Casino E4

3 Foothills Guesthouse C2

Kick4Life Hotel & Conference Centre .... (voir 1)

4 Lancer's Inn D3

5 Mohokare Guest House C4

6 Mpilo Boutique Hotel C2

Où se restaurer

N°7 Restaurant .... (voir 1)

7 Ouh La La D3

8 Piri Piri C3

Renaissance Café .... (voir 11)

Sky Restaurant .... (voir 6)

Où prendre un verre et faire la fête

Lancer's Inn .... (voir 4)

Achats

9 Basotho Hat C3

10 LNDC Centre D3

11 Pioneer Mall C4

et le succulent Sky Restaurant, d'où l'on a une vue panoramique sur la montagne voisine et le parcours de golf. L'établissement est entièrement décoré de clichés des plus beaux paysages du Lesotho.

Avani Lesotho Hotel & Casino HÔTEL $$$

(☎2224 3000 ; www.minorhotels.com ; Hilton Rd ; s/d avec petit-déj à partir de 2 300/2 470 M ; P ❄ @ ☎ ≋). Hôtel emblématique perché sur une colline, l'Avani Lesotho domine Maseru depuis 1979. Il renferme toute une gamme de chambres et de services, notamment deux restaurants, deux bars, un casino, une agence de voyages et des boutiques.

Où se restaurer et prendre un verre

Le **Pioneer Mall** (www.pioneer.co.ls ; Pioneer Rd ; ⏰7h-19h lun-ven, 7h-18h sam, 7h-14h dim) compte plusieurs restaurants de chaîne tels que Spur, un supermarché Pick n Pay et le **Renaissance Café** (plats 70 M ; ⏰8h-21h lun-sam). Le **LNDC Centre** (angle Kingsway et Pioneer Rd) abrite un supermarché Shoprite et des cafés.

Kingsway est l'endroit parfait pour prendre un verre en fin de soirée, en particulier les environs du **Lancer's Inn** (www.lancersinn.co.ls ; Pioneer Rd ; ⏰9h-minuit). Un peu plus bas, le **Ba.One** (☎2231 3493 ; salle VIP 300 R/pers ; ⏰16h30-6h mer-dim) est le club le plus tendance de la ville (avec bar VIP dans un espace séparé).

Ouh La La CAFÉ $

(☎6335 6570 ; angle Kingsway et Pioneer Rd ; plats 45-80 M ; ⏰7h30-18h lun-ven, 7h30-19h30 sam, 8h-17h dim ; ☎). Habitants et expatriés jouent joyeusement des coudes dans ce café avec jardin qui jouxte l'Alliance française – une proximité qui en explique la décoration très connotée et le nom. À la carte, essentiellement des sandwichs, des crêpes et des pâtisseries, mais le café est très correct et le vin, servi au verre.

♥ **Sky Restaurant** INTERNATIONAL $$

(☎5220 3000 ; Maluti Rd ; plats 130-220 M ; ⏰12h-22h). Cette nouvelle table, la meilleure de Maseru, occupe le dernier étage du Mpilo Boutique Hotel. Elle sert des spécialités basotho, comme le carpaccio de gibier fumé, la truite locale et la queue de bœuf en cuisson lente. La carte des vins est remarquable, tout comme la vue sur la montagne depuis la baie vitrée. L'endroit a la faveur de la clientèle locale pour les grandes occasions.

N°7 Restaurant INTERNATIONAL **$$**
(2832 0707 ; www.kick4life.org ; Lesotho Football for Hope Centre, Nightingale Rd ; plats 75-130 M ; 7h-22h lun-sam, 7h-15h dim ;). Partenaire de l'ONG Kick4Life et de son hôtel (p. 507), le N°7 lui reverse ses bénéfices. L'équipe compte plusieurs jeunes du cru se destinant aux métiers de l'hôtellerie. Cet élégant restaurant tire avantage d'une belle vue sur la ville, ainsi que d'une carte combinant raffinement européen et touches basatho, notamment un filet de bœuf et une bouillabaisse.

Piri Piri INTERNATIONAL **$$**
(Orpen Rd ; plats 85-130 M ; 10h-22h lun-sam, 10h-18h dim). Ce restaurant prépare des plats portugais, brésiliens, mozambicains et sud-africains, notamment des steaks, des produits de la mer, de la feijoada et du poulet au *pili-pili*. Choisissez entre les salles romantiques à la lumière tamisée et les pavillons de jardin.

Achats

Maseru Mall CENTRE COMMERCIAL
(2231 8221 ; Pioneer Rd ; 9h-18h). Édifié en 2012, ce centre commercial chic renferme des restaurants haut de gamme, plusieurs banques avec DAB, un Shoprite, un Woolworths, une discothèque et même un petit parc de loisirs pour enfants. C'est là que bat le pouls de Maseru.

Basotho Hat ART ET ARTISANAT
(2232 2523 ; Kingsway ; 8h-17h lun-ven, 8h-16h30 sam). Si les prix sont plus élevés qu'ailleurs, l'emplacement est pratique et le choix étendu – de l'artisanat de qualité venu des quatre coins du pays, présenté sur deux niveaux. Les cartes de crédit sont acceptées, et les commerçants ne poussent pas à l'achat.

Renseignements

Maseru Mall dispose de banques, d'une pharmacie et de nombreuses boutiques locales, tandis que Pioneer Mall possède des banques, un cybercafé, un bureau de change, un bon magasin de souvenirs et une pharmacie.

AGENCES DE VOYAGES

Plusieurs agences de voyages sont installées dans le Pioneer Mall, au LNDC Centre et au Lancer's Inn (p. 507).

Leloli Travel Agency (5885 1513 ; maju@leo.co.ls ; Pioneer Mall, Pioneer Rd ; 8h-17h lun-ven, 9h-12h sam). Réservation de vols et de croisières.

Maseru Travel (2231 4536 ; palesa.maserutravel@galileosa.co.za ; Maseru Book Centre, Kingsway ; 8h30-17h lun-ven, 9h-11h sam). Cette agence loue des voitures Budget, vend des billets de bus Intercape et réserve divers vols, notamment auprès de South African Airways.

Shoprite Money Market (kiosque, LNDC Centre, angle Kingsway et Pioneer Rd). L'agence la plus pratique pour acheter des billets de bus Greyhound, Intercape, Cityliner, Translux et SA Roadlink.

ARGENT

On trouve plusieurs banques avec DAB dans Kingsway. Les hôtels de catégorie supérieure pratiquent le change à des taux peu intéressants.

Nedbank (Kingsway ; 8h30-16h30 lun-ven, 8h30-12h sam). Change les devises du lundi au vendredi.

OFFICES DU TOURISME

L'office du tourisme (2231 2427, 2231 2238 ; www.visitlesotho.travel ; Pioneer Mall, Pioneer Rd ; 9h-17h lun-ven) fournit des listes de guides, des renseignements sur les transports publics et, lorsqu'ils en ont en stock, une carte gratuite de Maseru.

Vous trouverez aussi des offices du tourisme au **poste-frontière de Maseru Bridge** (2231 2427), à l'**aéroport international Moshoeshoe I** (2835 0479 ; 9h-16h30 lun-ven, 10h-16h sam-dim) et au siège de la **Lesotho Tourism Development Corporation** (LTDC ; 2231 2238 ; angle Linare Rd et Parliament St ; 8h-16h30 lun-ven).

SERVICES MÉDICAUX

En cas d'urgence, contactez votre ambassade, qui pourra vous recommander des médecins. Pour un problème grave, vous devrez aller en Afrique du Sud.

Maseru Private Hospital (2231 3260 ; près de Pioneer Rd, Ha Thetsane), à 7 km au sud de Maseru.

URGENCES

Police (☎112)

Pompiers (☎112)

Depuis/vers Maseru

BUS ET TAXIS COLLECTIFS

Il y a trois arrêts principaux au nord-est du Circle.

Station de taxis de Sefika (Airport Rd). Depuis cette importante station derrière le Sefika Mall, les taxis desservent tout le pays, notamment Roma, Motsekuoa (pour Malealea) et d'autres destinations au sud.

Station de taxis de Motsamai Street (angle Motsamai St et Market Rd). Dessert des destinations locales (notamment Motsekuoa) et d'autres plus au nord, comme Maputsoe et Leribe (Hlotse). La station se trouve derrière le KFC dans Main North Rd, entre Pitso Ground et Setsoto Stadium.

Gare routière de Manonyane (Market Rd). Taxis collectifs pour Thaba-Bosiu et Semonkong, Leribe et d'autres destinations au nord. Les bus Lesotho Freight Service desservent entre autres Leribe et Thaba-Tseka. L'arrêt se trouve près de Pitso Ground.

Les bus pour **Mokhotlong** partent de Stadium Rd, derrière Pitso Ground ; les bus pour **Qacha's Nek** (Main South Rd) partent d'un arrêt situé à proximité des écoles St James Primary et High School.

VOITURE ET MOTO

Avis (☎6270 0088, 5870 0088 ; www.avis.co.za ; aéroport international Moshoeshoe I)

Europcar (☎5878 5487 ; Moshoeshoe 1 International Airport ; ⏲8h-17h lun-ven, 8h-13h sam, 15h-17h dim).

Basotho Car Rental (☎5885 7225, 2232 4123 ; www.basothocarrental.com ; Camara de Lobos Bldg, poste-frontière de Maseru Bridge). Tarifs compétitifs et transferts depuis/vers l'aéroport.

Comment circuler

DEPUIS/VERS L'AÉROPORT

L'**aéroport international Moshoeshoe I** (MSU ; ☎2235 0380) est situé à 21 km au sud-est de Maseru, près de Main South Rd, sur la route de Morija. Les taxis collectifs pour l'aéroport (24 M) partent de la station de taxis de Sefika. À Maseru, les hébergements, les offices du tourisme et les agences de voyages peuvent organiser des navettes (100 M) et des transferts privés (150 M).

TAXI

Le tarif standard pour un siège dans un taxi collectif "quatre plus un" qui fait le tour de la ville est de 6,50 M. Pour un taxi privatif, essayez **Top Telephone Taxis** (☎5063 7822 ; ⏲24h/24), **Moon Lite** (⏲2231 2695) ou **Superb Taxis** (☎2831 9647). Pour un circuit dans la ville, comptez 30-40 M. Les taxis **Luxury** (☎2232 6211) sont une autre option.

ENVIRONS DE MASERU

Plusieurs sites des environs méritent une visite et on peut les explorer facilement en un ou deux jours depuis la capitale.

Thaba-Bosiu

Considéré comme le berceau de la nation basotho, Thaba-Bosiu est le site historique majeur du Lesotho – mais il apparaît sans grand intérêt au premier abord. À environ 25 km de Maseru, la célèbre "montagne de la Nuit", au sommet tabulaire, est le lieu où Moshoeshoe Ier installa son bastion en 1824.

Les origines de son nom prêtent à controverse. L'explication la plus intéressante serait que, pour effrayer l'ennemi, des herbes magiques étaient fixées sur une corde enroulée autour de la montagne et que des intrus qui venaient à franchir la nuit cette corde avaient des visions : Thaba-Bosiu semblait grandir, devenant soudain invincible à leurs yeux.

Au pied de la montagne, le **centre d'information des visiteurs** (☎2835 7207 ; ⏲8h-17h lun-ven, 9h-17h sam, 9h-13h dim) permet d'organiser des randonnées équestres et des excursions vers les sites d'art rupestre, et propose les services d'un guide qui vous accompagnera jusqu'au sommet, d'où la vue s'étend sur les environs et Qiloane Hill, qui aurait inspiré la forme du chapeau basotho.

♥ Village culturel MUSÉE

(☎5884 0018, 5022 1962 ; www.thevillage.co.ls ; Masekeng St ; 20 M ; ⏲8h-23h, circuits 8h-17h ; P). Ce village culturel bien entretenu mérite sans conteste une visite. Les excellentes visites guidées du village expliquent l'histoire et la culture basotho, et se terminent par la découverte de la statue du roi Moshoeshoe Ier. Le restaurant, entouré d'une véranda, est un lieu agréable pour prendre un verre.

Où se loger et se restaurer

Mmelesi Lodge LODGE $

(☎ 5250 0006 ; www.mmelesilodge.co.ls ; s/d avec petit-déj 520/700 M ; P). Ce lodge comprend des *mokhoro* (cases traditionnelles basotho) en grès et au toit de chaume, auxquels on accède par des allées fleuries. Le restaurant sert des plats étonnamment bons (plats 50-75 M) et le bar voit souvent affluer une clientèle de fonctionnaires.

Khotsong Lodge LODGE $$

(☎ 5250 0113 ; Thaba Khupa ; s/d chalets 645/795 M ; P). À 10 minutes de route de Thaba-Bosiu, l'unique lodge du Lesotho consacré à la faune accuse un peu son âge, mais on y a le rare privilège de pouvoir se détendre en présence d'autruches, de damalisques à front blanc, de gnous, de zèbres, de céphalophes (*duikers*) et de springboks. Divers hébergements sont proposés, des chambres standards aux chalets rudimentaires, et une cuisine africaine correcte est servie dans le réfectoire.

RANDONNÉES À CHEVAL

Le Lesotho est un haut lieu de la randonnée à cheval. Fiables, les poneys et les chevaux basotho résultent du croisement de petits chevaux javanais et de vigoureuses montures européennes. Pour l'organisation, vous pouvez faire confiance au Malealea Lodge (p. 524), au Semonkong Lodge (p. 523), au Ts'ehlanyane National Park (p. 516) et au Likatola Horse Riding & Adventure (p.507).

Il est préférable de réserver votre randonnée. Vous pouvez vous lancer sans être un cavalier émérite, mais attendez-vous à des courbatures après une journée de chevauchée. Pour les périples de plusieurs jours, vous devrez généralement prévoir votre nourriture (achetée à Maseru), un sac de couchage, une lampe de poche, des comprimés de purification de l'eau, et des vêtements chauds et imperméables. Consultez le site Internet du Malealea pour en savoir plus sur les provisions et les préparatifs nécessaires.

Village culturel RESORT $$

(☎ 5022 1962 ; www.thevillage.co.ls ; Masekeng St ; ch avec petit-déj 1 200 M ; P). Dans le village culturel, ce complexe hôtelier réunit de confortables bungalows et un charmant restaurant (plats 60-160 M).

Depuis/vers Thaba-Bosiu

À Maseru, les taxis collectifs pour Thaba-Bosiu (18 M, 30 min) partent de l'arrêt de Manonyane. Si vous êtes motorisé, prenez Mafeteng Rd sur environ 13 km jusqu'à l'embranchement (à gauche) de Roma ; après 6 km, tournez à gauche sur la route signalée. Thaba-Bosiu se trouve à 10 km de là.

Roma

11 612 HABITANTS

À 35 km au sud-est de Maseru, cette bourgade nichée au pied de falaises de grès fut fondée par des missionnaires dans les années 1860. Aujourd'hui, elle abrite la seule université du pays, ainsi que plusieurs collèges et séminaires. Le joli campus de l'université nationale du Lesotho invite à la promenade. Des gorges impressionnantes commandent l'entrée sud de la ville ; mieux vaut faire le trajet le matin ou en fin d'après-midi, lorsque le soleil illumine les falaises.

Des taxis collectifs circulent toute la journée depuis/vers Maseru (20 M, 45 min).

Où se loger et se restaurer

♥ **Roma Trading Post** GUESTHOUSE $

(☎ 5024 5001 ; www.tradingpostlodge.com ; Ha Basiane ; camping 125 M, s/d 400/700 M par pers, avec sdb commune 200 M/pers ; P). Le Roma Trading Post est un vieux comptoir ouvert depuis 1903. La pension attenante affiche plusieurs hébergements au choix : chambres donnant sur le jardin, *rondavels* ou encore la ferme d'origine, en grès, avec cuisine commune, le tout dans un jardin luxuriant. Le personnel aimable et arrangeant peut organiser des activités, notamment des randonnées à poney ou à pied, et la découverte de *minwane* (empreintes de dinosaures) et d'autres curiosités locales.

L'endroit est bien indiqué depuis le nord de la ville (direction Maseru). On pourra vous y servir le petit-déjeuner et le dîner (respectivement 90 M et 150 M).

Kaycees FAST-FOOD $
(plats 20-65 M ; 8h-minuit). Près de l'artère principale de Roma, cette adresse prisée sert une cuisine rapide (poulet, saucisses et frites) et des canettes de bière Maluti à de joyeux étudiants.

Morija

Siège de la première mission européenne au Lesotho, ce petit bourg se targue d'un long passé. Attrayant et facilement accessible, il mérite une halte ou même une excursion à la journée depuis Maseru. Le Morija Museum a rang, de fait mais à titre officieux, de musée national.

À voir et à faire

Des randonnées équestres (heure/demi-journée/journée 220/600/880 M par pers), des marches guidées jusqu'aux empreintes de dinosaures (50 M/pers) et des séjours chez les villageois (pension complète sans/avec monture à partir de 440/1 060 M) peuvent être organisés par l'intermédiaire de Morija Guest Houses. Réservez la veille. Pour un cheval de bât, comptez 480 M en sus.

Morija Museum & Archives MUSÉE
(2236 0308 ; www.morija.co.ls ; Church St ; 30 M ; 8h-17h lun-sam, 12h-17h dim ; P). Bien qu'il ne s'agisse pas d'un musée officiel, ce lieu présente des collections ethnographiques et des archives datant des premières missions, ainsi que des instruments scientifiques. Une très bonne sélection de livres, dont ceux du conservateur Stephen Gill, y est en vente. Le personnel vous guidera jusqu'aux **empreintes de dinosaures** (50 M/pers) dans les Makhoarane Mountains voisines, à 5 km de marche (aller-retour) de là.

Maeder House Gallery CENTRE ARTISTIQUE
(5886 3500, 5991 1853 ; 11h-16h lun-sam, 13h-17h dim ; P). Ce centre artistique-galerie se trouve près du Morija Museum & Archives, dans une mission de 1843. Divers artistes locaux travaillent et exposent leurs œuvres sur place.

Où se loger et se restaurer

Morija Guest Houses GUESTHOUSE $
(6306 5093 ; www.morijaguesthouses.com ; camping 110 M, ch avec sdb commune 260-340 M/pers ; P). Dans cette demeure raffinée en pierre et en chaume, perchée au-dessus du village, les hôtes ont le choix entre des chambres douillettes dans le bâtiment principal et des cottages situés plus bas. Balades en VTT, visites du village et randonnées à dos de poney sont proposées, ce qui en fait un endroit idéal pour découvrir la région. Les routards arrivant en transports publics paient 200 R par personne, quelle que soit la chambre. Des repas sont servis (petit-déj/déjeuner/dîner 70/130/150 M).

Lindy's B&B GUESTHOUSE $
(2236 0732 ; s/d à partir de 380/700 M ; P). Lindy propose au choix un vaste duplex moderne en pierre comprenant deux chambres avec salle de bains ou un vieux cottage séculaire de deux chambres également. Tous deux sont entourés par les Makhoarane Mountains. Repas sur demande (petit-déj/déjeuner/dîner 120/145/165 M). Accès au Wi-Fi en supplément.

Cafe Jardin CAFÉ $
(5910 4153 ; plats 40-70 M ; 8h-17h mar-sam, 12h-17h dim). Le petit salon de thé du Morija Museum, agrémenté d'une cour, sert entre autres des pizzas, du poulet et des frites. Il est très fréquenté le week-end.

VAUT LE DÉTOUR

RAMABANTA TRADING POST

Installé sur une propriété soignée avec vue sur la montagne, le **Ramabanta Trading Post** (5844 2309 ; tradingpostram@leo.co.ls ; s/d M375/750 ; P) est situé à environ 40 km au sud-est de Roma, près de la route de Semonkong et le sud. Élégants et spacieux, les *rondavels* (cases rondes coiffées d'un toit conique) disposent d'un salon et d'une salle à manger, et trois d'entre eux sont pourvus d'un coin cuisine. Le bâtiment principal renferme un salon, un bar et un restaurant (petit-déj 95 M).

Il est possible d'organiser des randonnées équestres ou pédestres, ainsi que des visites de villages. En logeant ici, on peut gagner Semonkong ou d'autres destinations au terme d'une randonnée pédestre ou équestre de deux jours.

Des taxis collectifs desservent Ramabanta depuis Maseru (50 M, 2 heures), puis continuent jusqu'à Semonkong.

100% LOCAL

MATSIENG

Voisin de Morija, le village de Matsieng semble tout à fait quelconque au premier abord, mais il abrite en fait une résidence royale. Si un nouveau palais a été construit à Maseru dans les années 1960, la famille royale fréquente encore l'endroit le week-end. À côté, les **Royal Archives & Museum** (☎2700 6984 ; info.royal.archives@gmail.com ; 15 M ; ⏲8h-16h30 lun-ven, 8h-13h sam ; P) présentent des objets de la collection royale et des renseignements et documents relatifs à la monarchie.

Le personnel organise des visites guidées (40 M) du village et signale les sites d'intérêt dans l'enceinte du palais.

Depuis/vers Morija

Les taxis collectifs circulent toute la journée entre Maseru et Morija (25 M, 45 min), et entre Matsieng et Morija (7 M, 10 min).

NORD-OUEST DU LESOTHO

Cette région de basses terres est ponctuée de petites bourgades commerciales animées. Seules Teyateyaneng et Leribe (Hlotse) attirent les voyageurs grâce à leur production d'artisanat, ainsi que le magnifique Ts'ehlanyane National Park. La région donne par ailleurs accès aux magnifiques hautes terres du Nord-Est et comprend plusieurs postes-frontières importants.

Teyateyaneng

61 578 HABITANTS

Teyateyaneng (le "pays des sables mouvants", plus communément appelé TY) est devenu le pôle artisanal du Lesotho et vous pourrez y acheter des tapisseries ou assister à leur tissage.

Où se loger et se restaurer

Ka-Pitseng Guest House GUESTHOUSE $

(☎2250 1638 ; s/d avec petit-déj 550/680 M ; P ❄ 📶). Le Ka-Pitseng est installé dans un jardin broussailleux près de la route principale, dans le sud de la ville (en arrivant de Maseru). Un brin solennelles, les chambres fraîches et confortables sont dotées de TV satellite et ornées de fleurs artificielles et de colonnes mauves. Le bar-restaurant prépare une cuisine savoureuse, notamment un poulet rôti entier délicieusement épicé.

Blue Mountain Inn HÔTEL $$

(☎2250 0362 ; www.bmilesotho.com ; Police Station Rd ; s/d avec petit-déj à partir de 850/900 M ; P ❄ 📶 🏊). Les chambres quelconques de type motel sont rehaussées de quelques tableaux, mais c'est le **bar-restaurant** (plats 70-120 M ; ⏲7h-22h), qui donne sur un jardin et une petite piscine à l'arrière, qui fait tout le charme du Blue Mountain.

Achats

Setsoto Design ART ET ARTISANAT

(☎5808 6312 ; www.setsotodesign.com ; ⏲8h-17h). À côté d'une école primaire, près du Blue Mountain Inn, cette association emploie plus de 60 femmes qui filent, teintent et tissent de belles tapisseries (250-6 500 M) et fabriquent d'autres objets d'artisanat. Vous pourrez les observer à l'ouvrage, et proposer un motif pour qu'il serve de modèle à une tapisserie. Carte bancaire acceptée.

Lesotho Mountain Crafts ART ET ARTISANAT

(☎5855 9960 ; lesothomountaincrafts@gmail.com ; ⏲8h-17h lun-ven, 9h30-16h sam-dim). Douze coopératives locales exposent leurs créations dans cet atelier-showroom situé près de la route principale, à environ 2 km de Teyateyaneng (en arrivant de Maseru). On y vend des bijoux, des châles, des pantoufles, des tapisseries, des sacs et des *seshoeshoe* (robes basotho en coton imprimé traditionnel) incorporant divers matériaux, comme la corne, le feutre, le cuir, la laine et la peau de mouton.

Elelloang Basali Weavers ART ET ARTISANAT

(☎5355 3737, 5851 0992 ; www.elelloangbasali@gmail.com ; ⏲8h-17h lun-ven, 8h-14h sam). Les Elelloang Basali ("les femmes avisées") tissent à la main des tapis en mohair ornés de motifs géométriques, des tapisseries et d'autres articles. L'atelier est installé dans un bâtiment en canettes recyclées proche de la route principale, côté nord de la ville (direction Maputsoe).

Depuis/vers Teyateyaneng

Des taxis collectifs relient toute la journée Teyateyaneng à Maseru (25 M, 1 heure) et à Maputsoe (pour Leribe, 25 M, 1 heure). De Maseru, l'aller simple en taxi revient à environ 230 M (les tarifs varient selon le prix du carburant).

Leribe

18 840 HABITANTS

Ville étendue et pôle commercial régional animé, Leribe (aussi appelée Hlotse) était un centre administratif sous la domination britannique. En attestent quelques vieux bâtiments qui se dégradent dans les rues ombragées. Non loin, les empreintes de dinosaures, ainsi que son artisanat, sont les principaux attraits de la ville.

À voir

Major Bell's Tower ÉDIFICE REMARQUABLE

Cette tour délabrée, près du marché, constitue la principale curiosité de Leribe. Elle fut construite pour la première guerre des Boers, à la fin du XIXe siècle, mais a surtout servi à entreposer les archives du gouvernement. Elle n'est pas ouverte au public.

Empreintes de dinosaures de la rivière Subeng SITE HISTORIQUE

(50 M ; 7h-18h). On trouve de nombreuses empreintes de dinosaures à proximité de Leribe, notamment celles de la rivière Subeng, à environ 7 km au nord de la ville (sur la route de Butha-Buthe). Juste avant le pont sur la rivière, suivez le panneau et descendez à pied sur 500 m jusqu'à une chaussée en béton. Les empreintes, assez usées, d'au moins trois espèces de dinosaures apparaissent à 15 m en aval, sur la rive droite.

Empreintes de dinosaures du village de Tsikoane SITE HISTORIQUE

Cette série d'empreintes de dinosaures se situe dans le village de Tsikoane, à quelques kilomètres au sud de la ville. Juste après l'école primaire de Tsikoane, prenez la piste qui part sur la droite vers des affleurements rocheux. Suivez-la jusqu'à l'église et demandez le chemin des empreintes aux enfants, qui ne manqueront pas de vous accompagner. Une rude montée de 1 km à flanc de montagne conduit à une série de grottes, où un guide peut se révéler utile. On distingue clairement les empreintes sur la roche.

Où se loger et se restaurer

Les voyageurs indépendants trouveront un supermarché Shoprite pour faire leurs courses avant d'aller dans les *highlands*.

Monokots'oaing Guest House GUESTHOUSE $

(5920 3624, 2640 1769 ; s/d avec petit-déj à partir de 400/500 M ; P). Perchée au milieu de fermes, sur une colline, en pleine campagne, cette ravissante *guesthouse* en briques jaunes domine tout Leribe. Aménagées dans deux bâtiments (dont l'un ressemble à un château), les chambres sont charmantes et impeccables, avec salle de bains privative. Le restaurant sert un délicieux ragoût de mouton et du poulet élevé en plein air (plats 100 M), et les propriétaires achètent tous les ingrédients à de petites fermes locales.

LA COUVERTURE BASOTHO

La couverture basotho constitue un élément essentiel de la vie publique et privée, aussi bien comme vêtement que comme symbole, accessoire et marqueur social. En 1860, lorsque les marchands européens en proposèrent une au roi Moshoeshoe Ier, les Basotho furent si enthousiastes qu'ils abandonnèrent bien vite leurs peaux de bêtes. Dès les années 1880, les marchands ne parvinrent plus à répondre à la demande. Les couvertures d'origine étaient fabriquées en Angleterre dans un tissu de bonne qualité.

Aujourd'hui, la couverture de laine, protégeant du chaud et du froid, indique aussi le statut de la personne qui la porte, puisque chacune vaut au moins 500 M. Parmi les motifs, vous reconnaîtrez l'épi de maïs (symbole de fertilité), la couronne, des symboles militaires (hérités de l'Empire britannique), ou encore une feuille de chou (signe de prospérité). Les jeunes mariées portent une couverture autour de la taille jusqu'à la conception de leur premier enfant, et les jeunes garçons la reçoivent au moment de la circoncision, qui marque le passage de l'enfance à l'âge adulte.

Les lignes qui ornent les bords se portent verticalement. Placées horizontalement, elles sont censées freiner la croissance, la prospérité et le développement.

Moins courant, mais toujours utilisé dans les régions rurales, le chapeau basotho ou *mokorotlo*, ou encore *molianyeo*, de forme conique, est surmonté d'un étrange ornement. Ce cône rappellerait la forme de Qiloane Hill, près de Thaba-Bosiu.

Mountain View Hotel HÔTEL $$
(☎2240 0559 ; www.mvhlesotho.com ; Main St ; s/d avec petit-déj 700/750 M ; P❄📶). Un hôtel fiable, donnant dans une rue adjacente à la nationale et à l'artère principale de la ville. Chambres ternes mais spacieuses et fonctionnelles ; celles à l'étage sont équipées d'une douche et celles du rez-de-chaussée d'une baignoire avec douche. Une des meilleures adresses de la ville. Le restaurant sert pizzas, hamburgers, grillades et sandwichs.

Achats

Leribe Craft Centre ARTISANAT, VÊTEMENTS
(☎5877 0251 ; ⏲8h-16h30 lun-ven, 8h-13h sam). Vend toute une gamme d'articles en mohair de qualité, notamment des ponchos et des étoles, ainsi que des objets d'artisanat et des livres sur le Lesotho, à des prix abordables. Au bord de la nationale en descendant du Mountain View Hotel, en face de l'hôpital.

Depuis/vers Leribe

Dans la journée, des taxis collectifs relient Leribe à Maseru (46 M, 2 heures), habituellement avec un changement à Maputsoe. Plusieurs véhicules circulent chaque jour entre Leribe et Katse (120 M, 3 heures) comme entre Leribe et Butha-Buthe (20 M, 40 min).

Butha-Buthe

30 115 HABITANTS

Moshoeshoe le Grand appela cette localité Butha-Buthe ("l'endroit où l'on s'allonge"), car c'est là que son peuple se réfugia durant le chaos de la *difaqane* (migration forcée en Afrique du Sud). Cette ville frontière sans grande homogénéité n'en occupe pas moins un site superbe le long de la rivière Hlotse, avec les monts Maluti en toile de fond.

Butha-Buthe compte quelques restaurants de chaîne et une bonne option locale, **Karabo** (repas 40 M ; ⏲8h-19h), ainsi que plusieurs DAB dans le centre-ville.

De nombreux taxis collectifs relient Maseru à Butha-Buthe via Maputsoe (25 M, 20 minutes), où l'on change généralement de véhicule. Des taxis collectifs (110 M, 3 heures) et des bus desservent aussi Mokhotlong. Si vous allez en direction de Mokhotlong, Butha-Buthe est le dernier endroit sûr où faire le plein d'essence.

Ts'ehlanyane National Park

Le plus beau et le plus accessible **parc national** (☎à Leribe 2246 0723 ; 40 M, véhicule 10 M ; ⏲grilles 8h-16h30 ; P) du Lesotho est un territoire sauvage et accidenté de 56 km², qui comprend l'une des rares forêts endémiques du pays, perchée entre 2 000 et 3 000 m d'altitude. Le parc regorge de formations rocheuses spectaculaires, de grottes, de falaises et de dépôts de minéraux, ainsi que de rivières et de piscines naturelles aux eaux cristallines.

Cette forêt "che-che" ("vieux bois"), comme l'appellent les Basotho, présente une profusion de plantes médicinales et ornementales, qui se couvre de fleurs sauvages au printemps et attire de rares espèces de papillons migratoires. C'est l'une des quelques régions du Lesotho où vivent encore des élands, et les voyageurs les plus chanceux pourront peut-être aussi apercevoir un péléa, un babouin, un petit rongeur endémique (*Otomys sloggetti*) et le timide chat sauvage d'Afrique.

Les sentiers de randonnée et les promenades à cheval raviront les visiteurs. Outre les courtes randonnées à la journée, vous pourrez tenter le sentier de 39 km à pied ou à poney depuis/vers la Bokong Nature Reserve (p. 521), qui traverse l'une des plus splendides régions du Lesotho. La réserve de Bokong étant située en altitude, l'itinéraire est moins ardu en direction du nord (de Bokong à Ts'ehlanyane) et plus abordable à cheval ou à poney qu'à pied. On peut réserver les services d'un guide à l'entrée du parc Ts'ehlanyane (50 M dans le parc, 450 M jusqu'à Bokong) ou au Maliba Lodge.

Les randonnées équestres gérées par la communauté locale s'organisent au moins 24 heures à l'avance par l'intermédiaire du Maliba Lodge ou à l'entrée du parc (tarifs variables).

Le Maliba Lodge propose aussi des visites guidées (1 heure 30, 300 M/pers) des villages avoisinant le Ts'ehlanyane National Park, également organisées par la communauté.

Où se loger et se restaurer

♥ **Maliba Lodge** LODGE $$$
(☎6361 6152, en Afrique du Sud +27 31-702 8791 ; www.maliba-lodge.com ; s/d à partir de 1 080/1 440 M ; P📶). Dans l'enceinte du Ts'ehlanyane National Park, Maliba ("Madiba") propose plusieurs types d'hé-

bergement – huttes en bord de rivière, chambres confortables dans le lodge, chalets luxueux –, ainsi qu'un grand restaurant, un bistrot moins formel et deux bars. Option la plus chic du Lesotho, les chalets sont tous équipés de lits à baldaquin, de mobilier ancien, d'un Jacuzzi installé face aux montagnes et de sèche-serviette ; sherry servi gratuitement en manière de bienvenue.

Plusieurs sentiers mènent à des cascades. L'établissement possède un spa et un club pour les enfants, et propose des activités, comme les promenades équestres, l'observation des oiseaux, le tir à l'arc et des visites du village.

Il est également possible de louer des cottages (1 632 M), indépendants bien équipés avec terrasse donnant sur la rivière et la vallée ou de pittoresques cases (s/d 695/800 M) en pierre et en chaume, au bord de l'eau, à proximité des bassins de baignade et des sentiers de randonnée (pour les romantiques, la case n°3 offre davantage d'intimité). Les tarifs augmentent en décembre et pour le week-end de Pâques.

Maliba Lodge INTERNATIONAL **$$**
(petit-déj 190 M, menu déj 2/3 plats 165/245 M, menu dîner 2/3 plats 265/390 M ; ⌚8h-10h, 13h-14h30 et 19h-21h30). L'excellent restaurant du Maliba Lodge sert des plats tels que la queue de bœuf braisée, la truite cuite au four et le filet de bœuf au poivre malgache. Réservation conseillée si vous ne résidez pas au lodge.

Depuis/vers le Ts'ehlanyane National Park

Si vous êtes motorisé, prenez l'embranchement signalé sur la route principale, à 6 km au sud-ouest de Butha-Buthe. De là, une route goudronnée mène au parc, à 30 km. Maliba se trouve 2 km plus loin.

Les taxis collectifs au départ de Butha-Buthe affichant la destination "Ts'ehlanyane" desservent les villages situés sur la route du parc. Sur demande préalable, ils pourront vous conduire jusqu'à l'entrée ou jusqu'au Maliba pour environ 40 M. Demandez son numéro de téléphone au chauffeur pour organiser le trajet retour.

HAUTES TERRES DU NORD-EST

Dans ces *highlands*, la route se met à grimper dans l'une des plus belles régions de l'Afrique australe. Ce paysage de collines et de falaises rocheuses fait partie de la chaîne de l'Ukhahlamba-Drakensberg. L'Afrique du Sud promeut avec habileté son propre versant du Drakensberg, mais il est difficile de surpasser l'âpre beauté de ce massif au Lesotho, où la faible densité démographique, les fabuleux panoramas et la neige (en hiver) constituent des atouts imbattables.

En raison du fort enneigement, la région est propice aux sports d'hiver et abrite l'une des rares stations de ski d'Afrique. La moto, le VTT et la randonnée sont des activités appréciées en été. Les voyageurs prévoyant d'effectuer un trek de plusieurs jours devront prévoir un sac de couchage toutes saisons, un équipement étanche, des cartes topographiques et une boussole. La pêche à la truite y est aussi réputée.

Dans cette région, la route est particulièrement accidentée, mais c'est le seul moyen d'y accéder. Elle a été goudronnée, mais par endroits, les nids-de-poules rendent le trajet lent et chaotique pour les véhicules ordinaires. En outre, la rénovation du réseau routier du Lesotho par les Chinois, qui a subi d'énormes retards à cause de la pandémie de Covid-19, est susceptible de causer des ralentissements supplémentaires.

Des taxis collectifs bon marché circulent régulièrement dans la région, mais ils sont invariablement bondés.

Liphofung Cave Cultural & Historical Site

Petit mais important d'un point de vue historique, ce surplomb en grès orné de peintures san a servi de cachette temporaire à Moshoeshoe Ier au début du XIXe siècle, avant que le souverain ne devienne le fondateur de la nation. Géré par l'État, le **site** (☎2246 0723 ; adulte/enfant 50/20 M ; ⌚8h-16h30 ; Ⓟ) propose des visites guidées de la grotte, et compte un centre culturel et une boutique qui vend de l'artisanat local.

Il suffit de prendre un taxi collectif à Butha-Buthe en direction de Moteng pour descendre à l'embranchement vers Mamohase ou Liphofung (20 M, 25 minutes). Liphofung est ensuite à 1,5 km de marche de la route principale sur une voie d'accès goudronnée. Des bus quotidiens (sauf le dimanche) pour Mokhotlong et Maseru passent le matin (renseignez-vous localement sur les horaires). Les taxis collectifs pour Butha-Buthe passent le matin, ceux pour Mokhotlong toute la journée.

Oxbow

10 000 HABITANTS

Destination idéale pour s'éloigner du tohu-bohu des grandes villes sans sacrifier son confort, Oxbow se résume à une poignée de cases et à quelques lodges nichés dans un fabuleux paysage montagneux. Enneigée en hiver, Oxbow s'enorgueillit de l'une des rares stations de ski d'Afrique. Les Sud-Africains passionnés de pêche à la truite ou d'ornithologie apprécient l'endroit.

Activités

Afriski Mountain Resort SKI, RANDONNÉE

(☎en Afrique du Sud 086 123 747 54 ; www.afriski.net ; forfait demi-journée/journée 350/450 M, location d'équipements demi-journée/journée 295/395 M ; ⏲pistes 9h-16h juin-août). Skieurs et snowboardeurs pourront se rendre à l'Afriski Mountain Resort, à environ 10 km d'Oxbow, accessible via le Mahlasela Pass (3 222 m), l'un des cols routiers les plus élevés d'Afrique australe. Ce complexe hôtelier de rang mondial possède 3 km de pistes et propose des cours (demi-journée/journée 455/655 M) et des forfaits.

Essayez de venir ici au tout début ou à la toute fin de la saison, lorsque les descentes sont agréablement désertes (l'hiver dure de juin à août). Durant les vacances scolaires, par contre, l'endroit est bondé.

De septembre à mai, différentes activités sont organisées, comme la randonnée, la pêche à la mouche, le quad, le VTT et descente en rappel.

Où se loger et se restaurer

Afriski Mountain Resort RESORT $$

(☎en Afrique du Sud 086 123 747 54 ; www.afriski.net ; dort 310 M, ch à partir de 520 M/pers, chalets indépendants à partir de 1 030 M/pers ; Ⓟ). Cette station de ski dispose d'hébergements variés, tous confortables et modernes. Réservez en juin et juillet, surtout pour le week-end. Les prix atteignent des sommets en juillet et chutent en dehors de la saison de ski (juin-août).

New Oxbow Lodge LODGE $$

(☎en Afrique du Sud 051-933 2247 ; www.oxbow.co.za ; s/d avec petit-déj 480/880 M ; Ⓟ). Sur les rives de la Malibamat'so, ce chalet semblerait plus à sa place dans les Alpes. L'hiver, il est pris d'assaut par les skieurs et les amateurs de neige sud-africains ; le reste de l'année, l'isolement quasi surnaturel, l'électricité défaillante et les grêlons gros comme des balles de golf qui s'abattent sur les salles de jeux et le bar déserts évoquent plutôt *le décor de Shining*.

Les chambres et les *rondavels* surannés sont équipés de baignoire ou de douche, de radiateurs à gaz et de veilleuses de chevet – en montagne il fait nuit noire – et l'on peut s'y préparer du thé et du café. Le restaurant et le bar (plats 40-120 M) servent de quoi manger. Une chambre et des repas à la carte reviennent souvent moins cher que la demi-pension. Le petit magasin vend des produits de base. Pension complète (s/d 990/1 630 M) obligatoire durant la saison haute (juin-août).

♥ **Sky Restaurant** PIZZAS, INTERNATIONAL $$

(plats 90-130 M ; ⏲6h30-22h juin-août, 7h-21h sept-mai). Le restaurant le plus élevé d'Afrique (3 010 m) donne sur les pistes de l'Afriski Mountain Resort et se veut aussi international que la station, avec ses élégantes boiseries et son grand four à pizzas rouge. Pizzas, hamburgers et steaks sont servis au déjeuner, tandis qu'au menu du dîner figurent pâtes et truite locale.

Depuis/vers Oxbow

Le bus qui relie Maseru à Mokhotlong tous les matins (sauf le dimanche) vous déposera à Oxbow (120 M, 4 heures 30), dans les deux sens. Pour Mokhotlong, mieux vaut prendre un taxi collectif, car avant même d'atteindre Oxbow, le bus est bondé. On trouve des taxis pour Butha-Buthe depuis Oxbow (60 M, 1 heure) et l'Afriski Mountain Resort (80 M, 1 heure 30) le matin, et toute la journée pour Mokhotlong. La route décrit une série de lacets jusqu'aux cols (Moteng Pass et Mahlasela Pass) et peut se révéler dangereuse par temps de neige et de verglas.

Mokhotlong

8 784 HABITANTS

Principale ville de l'est du Lesotho dominée par de splendides paysages d'altitude, Mokhotlong évoque par son isolement une localité du Far West. Le seul spectacle consiste à regarder les habitants vêtus d'une couverture basotho passer à cheval. Toutefois, Mokhotlong se trouve près de la source du Senqu (Orange), le plus long cours d'eau du pays, et constitue un bon point de chute pour des balades.

LA CULTURE BASOTHO

La culture traditionnelle basotho reste très vivace. Des cérémonies pittoresques marquent les événements importants, comme la naissance, la puberté, le mariage et la mort, et font partie de la vie du village. Lors d'une randonnée, vous découvrirez peut-être ce qu'est un *lekolulo*, sorte de flûte dont jouent les jeunes bergers, ou un *thomo*, un instrument à cordes réservé aux femmes, ou encore un *setolo-tolo*, instrument à cordes joué avec la bouche par les hommes. À la fois symbole de richesse et objet de sacrifices rituels, le bétail revêt une grande importance dans la vie quotidienne.

Les Basotho croient en un être suprême et font grand cas des *balimo* (ancêtres), qui jouent le rôle d'intermédiaires entre les hommes, les caprices de la nature et le monde spirituel. La menace du mal plane constamment, causée par les *boloi* (sorciers ou sorcières) et les *thkolosi* (de petits êtres malicieux similaires aux *tokoloshe des* Xhosa). Si ces forces vous tourmentent, adressez-vous au *ngaka* le plus proche, un homme instruit, mi-sorcier mi-docteur, capable de les combattre. La tradition basotho veut qu'on enterre les morts en position assise, face au soleil levant et prêts à bondir au moindre appel.

Où se loger et se restaurer

Des boutiques vendent des produits de première nécessité, mais mieux vaut s'approvisionner avant de venir.

En ville

Mokhotlong Hotel HÔTEL $

(☎6300 2013, 2292 0212 ; s/d avec petit-déj 520/660 M ; P). Option la plus "luxueuse" en ville, cet hôtel est assez rudimentaire, mais il convient aux voyageurs qui traversent la région. Les employés sont sympathiques et toujours prêts à aider, le restaurant sert des buffets corrects et le bar est une sorte de lieu de rendez-vous local.

Boikhethelo Guesthouse GUESTHOUSE $

(☎6201 8065, 2292 0346 ; boikhetheloguesthouse@gmail.com ; s/d avec petit-déj 400/600 M). Une *guesthouse* sans prétention et bien tenue par des employés aimables. Repas copieux (réservez). Les chambres occupent de jolis cottages au toit de chaume, forts d'une vue splendide.

Hors de la ville

Molumong Eco Lodge & Pony Trekking Centre AUBERGE DE JEUNESSE $

(☎2700 9843, 5399 9843 ; www.molumongecolodge.wordpress.com ; camping/dort/ch 100/180/450 M ; P). À environ 15 km au sud-ouest de Mokhotlong, près de la route de Thaba-Tseka, cet ancien comptoir colonial loue des chambres basiques indépendantes (sans électricité) et des *rondavels* avec cuisine et salle de bains communes. L'établissement est ravissant, mais l'allée, longue d'un kilomètre, est traîtresse, même pour les 4x4. Randonnées équestres possibles, allant de quelques heures à 2 jours. Vous pourrez commander votre petit-déjeuner (70 M en sus), mais faites le gros de vos courses à Mokhotlong.

Chalets in the Sky LODGE $$

(Maloraneng Lodge ; ☎082 686 5847, en Afrique du Sud 076 723 6156 ; adulte/enfant 350/150 M par pers ; P). Non loin de la mine de diamants de Letseng, à mi-chemin entre Mokhotlong et Oxbow, cette retraite sauvage nichée dans la vallée préservée de Khubelu est indiquée depuis la grand-route. Blottis dans un cadre verdoyant, en bord de rivière, les six *rondavels* disposent d'un générateur fonctionnant de 6h à 22h. Accès en 4x4 uniquement ou (par beau temps) en voiture traditionnelle avec une haute garde au sol.

Diverses activités sont proposées, comme les randonnées équestres, la pêche à la mouche et la visite de sources chaudes (à cheval).

Depuis/vers Mokhotlong

La station de taxis collectifs de Mokhotlong est située au-dessus de la route principale, près de l'épicerie Shoprite. Quelques taxis collectifs assurent une liaison quotidienne depuis/vers Butha-Buthe (110 M, 3 heures), et parfois une liaison directe avec Maseru (140 M, 6 heures). Un bus dessert Maseru (130 M) du lundi au samedi, partant de Mokhotlong vers 8h (et de Maseru vers 6h).

Les taxis collectifs pour Linakaneng (40 M) vous déposeront au Molumong Eco Lodge & Pony Trekking Centre. Pour Thaba-Tseka, changez à Linakaneng – les trajets directs sur cet itinéraire accidenté et peu fréquenté sont rares. Un taxi collectif quotidien rallie Sani Top (100 M, 1 heure), partant de Mokhotlong vers 7h.

Normalement, on trouve de l'essence et du diesel à Mokhotlong. Il faut un 4x4 pour circuler sur la route de Thaba-Tseka, mais il est possible d'aller jusqu'à Sani Top en voiture traditionnelle.

Sani Top

Situé au sommet du Sani Pass, un col escarpé, sur l'itinéraire qui traverse le Drakensberg jusqu'au KwaZulu-Natal, Sani Top offre un panorama époustouflant et des possibilités de randonnées illimitées.

Activités

On peut randonner dans les envions ou entreprendre un parcours plus ardu vers le sud, jusqu'au Sehlabathebe National Park (p. 527). Cet itinéraire de 3 à 4 jours qui longe un escarpement isolé du Drakensberg est réservé aux marcheurs expérimentés, en groupe de quatre personnes minimum.

Thabana-Ntlenyana RANDONNÉE

Cette ascension (12 km, 9 heures) longue et difficile n'en est pas moins fort appréciée car le Thabana-Ntlenyana (3 482 m) est le plus haut sommet d'Afrique australe. Malgré l'existence d'un sentier, mieux vaut faire appel à un guide (à partir de 500 M). Réservez la veille au soir auprès du Sani Mountain Lodge. Le parcours peut se faire aussi à cheval (1 175 M/pers).

Hodgson's Peaks RANDONNÉE

Cette ascension de 6 km (5 heures) par une vallée conduit au sommet des Hodgson's Peaks (3 257 m), d'où le regard embrasse le KwaZulu-Natal.

Où se loger et se restaurer

Sani Stone Lodge LODGE $

(☎5631 0331 ; www.sanistonelodge.co.za ; camping 90 M, dort/d 190/600 M ; P). À quelque 8 km de Sani Top, ce lodge géré par des Basotho loue des chambres simples, un dortoir avec salle de bains attenante et trois *rondavels* (d 1 100 M) douillets, dotés d'une grande cheminée. Randonnées guidées, visites du village et promenades équestres sont proposées. Le bar-restaurant est plaisant, surtout après un trek dans les hautes terres.

♥ **Sani Mountain Lodge** LODGE $$$

(☎Lesotho 5309 8674, Afrique du Sud 078-634 7496 ; www.sanimountain.co.za ; camping/dort à partir de 115/300 M, s/d demi-pension 2 050/ 2 970 M ; P). Situé à 2 874 m, ce lodge qui trône au sommet du col de Sani possède non seulement le pub le plus élevé d'Afrique australe, mais aussi de confortables *rondavels* et une bonne table (plats à partir de 55 M) qui vous récompensera de l'ascension difficile depuis le KwaZulu-Natal. Quelques mètres plus bas, des chambres modernes pour deux à six personnes séduiront les jeunes routards.

En hiver, la neige est parfois assez épaisse pour skier (il faut toutefois apporter son propre matériel). Sur réservation, le lodge organise des randonnées équestres et des visites de villages. Quiconque séjourne sur place plus d'une nuit pourra profiter du 4x4, qui fait la navette (350 M) depuis/vers la frontière sud-africaine.

Depuis/vers Sani Top

La route de Sani Top est goudronnée jusqu'à Butha-Buthe. Un taxi collectif quotidien part de Mokhotlong (100 M, 1 heure), au petit matin.

Plusieurs agences de voyages proposent des excursions quotidiennes de l'autre côté du col depuis KwaZulu-Natal. En solo, un 4x4 s'impose pour monter au col, mais pour la descente, les conducteurs expérimentés peuvent se contenter d'une voiture (avec de bons freins).

HAUTES TERRES DU CENTRE

Le cœur escarpé du Lesotho renferme les deux sites les plus emblématiques du pays : les spectaculaires Maletsunyane Falls (204 m), presque deux fois plus hautes que les Victoria Falls en Zambie, offrent la plus longue descente en rappel (exploitée commercialement) au monde ; le barrage de Katse, véritable prouesse technique, retient un lac miroitant cerné de montagnes ondoyantes.

La région, à laquelle on accède par l'une des plus belles routes du Lesotho, depuis les basses terres via des cols tortueux, mais splendides, tels que le God Help Me Pass (2 281 m) et le **Mafika-Lisiu Pass** (3 090 m), affiche un incroyable mélange de paysages, d'activités et de merveilles techniques.

Les hautes terres du Centre sont facilement accessibles depuis les autres régions du Lesotho à l'exception des hautes terres du Nord-Est. De cette région, un 4x4 est indispensable pour circuler sur la route gravillonnée reliant Mokhotlong à Thaba-Tseka. Les taxis collectifs ne sont pas fiables sur ce tronçon isolé. Pour aller de Mokhotlong à Thaba-Tseka, il est donc nécessaire de passer par Leribe (Hlotse).

Bokong Nature Reserve

Bokong (☎5950 2291 ; adulte/enfant 50/20 M ; ⏲8h-16h) est sans doute le plus beau des deux parcs du Nord, avec sa fabuleuse vue sur la vallée de Lepaqoa (Lepaqoa Valley) depuis le centre des visiteurs, au bord de la route. Les randonneurs ont le choix entre de courtes promenades et une belle expédition de 8 heures jusqu'au Ts'ehlanyane National Park. Abris rocheux, cascades et marécages au bout de la vallée constituent autant de points d'intérêt.

On peut louer les services d'un guide (au sein du parc 50 M, 450 M jusqu'à Ts'ehlanyane) pour la randonnée, et réserver des randonnées équestres (100 M/heure) au centre des visiteurs. La cascade de Lepaqoa (Lepaqoa Waterfall) est une destination populaire : en été, elle gronde alors qu'elle se jette dans les gorges, et en hiver, elle se transforme en une colonne de glace très photogénique.

Où se loger et se restaurer

Le seul hébergement dans l'enceinte de la réserve se compose de **chalets** (500 M ; P) rudimentaires. Vous trouverez de meilleures options à Leribe ou à Pitseng.

♥ Aloes Guest House GUESTHOUSE $

(☎2700 5626, 5806 5622 ; près de Mandela Rd ; camping 90 M, dort 195 M, s/d avec petit-déj 450/690M ; P ❄ ≋). La réception occupe l'intérieur d'un ancien comptoir commercial en grès. Les charmants bungalows à l'ancienne, de tailles diverses, diffèrent également par leurs décors, et certains abritent des appartements familiaux équipés d'une cuisine. On se croirait dans le jardin d'un cottage anglais, avec en prime la vue sur la montagne – il fait bon y écrire des cartes postales. Au nombre des activités : équitation, quad et randonnées guidées.

Le restaurant (plats 65-120 M) sert des plats légers – hamburgers, sandwichs – ainsi que des mets plus consistants, comme du ragoût de bœuf, des côtelettes de mouton et du curry de poulet. Fléché depuis la grand-route du village de Pitseng, à environ 30 km de Bokong, direction Leribe (Hlotse).

ℹ Depuis/vers la Bokong Nature Reserve

La réserve de Bokong s'étend à mi-chemin entre Leribe (Hlotse) et Katse. Les taxis collectifs en provenance de Leribe (50 M, 2 heures) et Katse (80 M, 1 heure 30) vous déposeront au centre des visiteurs, à 2 km au sud du sommet du col de Mafika-Lisiu. En sens inverse, il faut parfois patienter avant de trouver une place dans un taxi.

Un bus circule entre Leribe et Katse (35 M le trajet). Les horaires peuvent varier.

Katse Dam

Cette merveille technique retient 1 950 millions de mètres cubes d'eau destinés au Gauteng, la province la plus peuplée d'Afrique du Sud. Le lac de haute altitude de 35,8 km² permet aussi de générer de l'énergie hydroélectrique pour le Lesotho. Entouré de collines verdoyantes et abruptes, le barrage est empreint d'une atmosphère sereine, voire irréelle. Les environs raviront ceux que le barrage en lui-même laisse indifférents.

À voir

Katse Botanical Garden JARDIN

(www.lhda.org.ls ; Katse ; 30 M ; ⏲8h-17h lun-ven, 9h-14h sam-dim ; P). Ce jardin botanique fut créé à l'origine pour sauver les *Aloe polyphylla* ou aloès spiralés menacés de disparition par la construction du barrage. Il s'est enrichi par la suite de gravier, d'un jardin rocailleux sillonné d'allées, de fleurs endémiques, d'un jardin de plantes médicinales et d'un point de vue sur le barrage. La serre est vouée à la diffusion de ces plantes.

Katse Dam Visitors Centre POINT DE VUE, MUSÉE

(☎réservation visite guidée 2291 0377, 5225 3200 ; www.lhda.org.ls ; ⏲8h-17h lun-ven, 9h-14h sam-dim ; P). À quelques kilomètres à l'est du village de Katse, sur la route principale, le centre des visiteurs du Katse Dam est reconnaissable à son toit bleu vif. On y trouve des renseignements, des panneaux explicatifs et une plateforme d'observation du barrage. Les visites guidées du barrage (30 M, 1 heure) partent à 9h et à 14h en semaine, à 9h, 11h et 14h le week-end et durant les vacances.

Où se loger et se restaurer

Katse Lodge HÔTEL $$

(☎2291 0202 ; www.facebook.com/Katsehotel ; Katse ; s/d avec petit-déj 600/880 M, avec sdb commune 440 M ; P Wi-Fi). À première vue, cette propriété située dans un lotissement suburbain entouré de grilles a l'air plutôt terne, mais vous changerez d'avis en découvrant la superbe vue sur le barrage depuis la terrasse. Hébergement confortable, notamment en "dortoirs" – en réalité, des chambres privatives avec salle de bains commune) – dans votre tente (100 M), sur la pelouse, et dans des maisons indépendantes (1 100-1 499 M) bien équipées, pouvant loger jusqu'à six personnes.

Le restaurant sert des déjeuners légers (plats 40-90 M) et des plats pour le dîner (75-125 M), comme des curries, des steaks, de la truite pochée et une délicieuse truite aux amandes. On peut faire des croisières jusqu'au barrage, des marches guidées et des randonnées équestres, et visiter des villages.

Depuis/vers le Katse Dam

Par beau temps, une excellente route relie Leribe (Hlotse) à Katse (122 km) – attention, elle devient sinueuse, escarpée et glissante par temps de pluie. Comptez au moins 2 heures en voiture et davantage en transport public.

Des taxis collectifs rallient Leribe (95 M, 3 heures) et Thaba-Tseka (47 M, 2 heures) toute la journée. Pour rejoindre Maseru, le taxi est l'option la plus simple et la plus rapide, avec changement à Leribe et Maputsoe (150 M au total, 7 heures).

Des bus quotidiens circulent depuis/vers Maseru (120 M, 9 heures) via Thaba-Tseka (35 M, 2 heures 30) ; départ de Katse à 5h et de Maseru à 9h. Tous s'arrêtent près du croisement menant au village de Katse.

Thaba-Tseka

5 358 HABITANTS

Cette localité isolée se tient à la lisière orientale de la Central Range, au-delà du Mokhoabong Pass (2 860 m) – que l'on doit franchir en arrivant de l'ouest et notamment du Mohale Dam. Fondée en 1980 en tant que centre du district montagneux, cette bourgade chaotique permet de prendre une correspondance pour Katse, au nord, ou Maseru, à l'ouest.

Où se loger et se restaurer

Motherland Guest House GUESTHOUSE $$

(☎2890 0404 ; motherlandguesthouse@gmail.com ; s/d avec petit-déj à partir de 500/700 M ; P Wi-Fi). Située au cœur du bourg, cette bonne adresse, très animée, donne sur les montagnes. Le personnel peut se montrer un peu froid. Ses chambres modernes sont ornées de photos du Katse Dam. Le bar-restaurant sert des curries, des steaks et des plats légers.

Depuis/vers Thaba-Tseka

Un bus relie chaque jour Maseru à Thaba-Tseka (90 M, 6 heures) dans les deux sens ; départ de Thaba-Tseka à 8h30 et de Maseru à 9h. Les taxis collectifs (90-110 M, 4 heures 30) circulent à partir de 6h. Plusieurs taxis desservent quotidiennement Katse (46 M, 2 heures). Rejoindre Mokhotlong est plus compliqué : il faut changer à Linakaneng et peu de taxis empruntent cet itinéraire accidenté et peu fréquenté.

La route est goudronnée entre Maseru et Thaba-Tseka. Depuis Katse, la route gravillonnée est praticable en véhicule ordinaire.

Mohale Dam

Cet impressionnant barrage de 145 m de haut, sur la rivière Senqunyane, est le second volet du Lesotho Highlands Water Project, (le Katse Dam en était le premier). De son sommet, on a une vue superbe sur le lac et les montagnes. L'eau circule sur 32 km via le tunnel de Mohale entre les barrages de Mohale et de Katse.

Le **centre des visiteurs** (☎2293 6217 ; ⏲9h-16h lun-ven, 10h-15h sam-dim ; P) est situé à 15 km de la route principale à l'ouest du village de Mohale ; un panneau le signale. Outre la vue sur le barrage, il propose une visite guidée (10 M) et des croisières (à partir de 120 M/pers ; réservez). Les visites débutent à 9h et 14h en semaine, et à 11h le week-end.

Où se loger et se restaurer

Mohale Lodge HÔTEL $$

(☎2293 6134 ; Mohale ; s/d avec petit-déj 830/1 100 M ; P ❄ Wi-Fi). Le bel intérieur de ce lodge compense l'éloignement relatif du barrage. Les chambres confortables au mobilier moderne et abondant sont ornées d'objets africains, et le restaurant (plats 75-180 M) offre une halte agréable aux voyageurs.

Depuis/vers le Mohale Dam

En taxi collectif depuis Maseru, comptez 60 M l'aller ou 120 M l'aller-retour. Un bus (40 M) part à 9h de Maseru à destination de Thaba-Tseka et passe devant le Mohale Lodge vers 11h. Les passagers peuvent partir de l'arrêt de bus situé sur la route principale, mais il faut marcher 1 ou 2 km pour rejoindre le lodge.

Semonkong

17 615 HABITANTS

Bourgade perdue de la chaîne du Thaba Putsoa, Semonkong ("lieu de la fumée") doit son nom aux Maletsunyane Falls (204 m), habituellement tumultueuses en été, mais parfois asséchées. La ville constitue une excellente base pour les randonnées, notamment le circuit équestre de 2 jours menant aux Ketane Falls (122 m) en passant par les sommets du Thaba Putsoa.

Où se loger et se restaurer

Semonkong Lodge LODGE $$
(☎5888 1021, 6202 1021, 2700 6037 ; www.semonkonglodge.com ; camping 150 M, dort 250 M, s/d avec petit-déj à partir de 800/1 300 M ; P). Proche de la Maletsunyane, ce lodge est un modèle de tourisme responsable et plaira autant aux familles qu'aux aventuriers. Les douillets *rondavels* pourvus d'une cheminée et les soirées festives au coin du feu à la Duck & Donkey Tavern (plats 75-120 M), récemment agrandie incitent maints voyageurs à prolonger leur séjour en montagne.

Une cuisine équipée est à la disposition des hôtes. Le lodge organise toutes sortes d'excursions et de randonnées – des habitants vous guideront lors des visites de villages ou le long des sentiers escarpés – notamment des sorties pêche sportive à la mouche, des randonnées équestres de 2 jours et même une tournée des pubs à dos d'âne ! On y trouve aussi la plus longue descente en rappel commercialement exploitée au monde (204 m) dans les **Maletsunyane Falls** (☎2700 6037 ; 1 085 M, entraînement, transport, certificat et photos compris).

Le lodge, à 2 km de la ville par une route de gravier, est indiqué dans le centre-ville.

Depuis/vers Semonkong

Semonkong est située à 110 km environ au sud-est de Maseru, sur la route de Qacha's Nek (revêtue) ; les deux villes se trouvent à 3 heures de route. Des taxis collectifs circulent toute la journée depuis/vers Maseru (70 M) et toute la matinée depuis/vers Qacha's Nek (120 M). Un taxi privé depuis/vers Qacha's Nek coûte environ 250 M.

> **ROOF OF AFRICA**
>
> Cette **course de moto** (www.roofofafrica.info ; fin nov ou début déc) annuelle est l'un des événements d'endurance hors-piste les plus durs au monde. Les concurrents doivent parcourir des centaines de kilomètres dans les hautes terres du Lesotho.

Si vous arrivez d'Afrique du Sud, il est possible d'emprunter un taxi collectif au départ de Kokstad, dans le Cap-Oriental, et de prendre une correspondance à Matatiele.

SUD DU LESOTHO

La région qui s'étend du sud de Morija jusqu'au Sehlabathebe National Park, au sud-est, est moins développée que le nord-ouest, mais tout aussi mémorable. Ses chaînes montagneuses semblent grignoter les cieux, tandis qu'une lumière d'un rose orangé enveloppe les pics rocheux et les vallées verdoyantes. Si vous aimez la randonnée pédestre ou équestre dans des secteurs isolés et accidentés, le sud est fait pour vous.

Le lac peu visité et les quelques *rondavels* isolés ne gâchent rien à l'attrait de la région.

La route de Quthing à Qacha's Nek, qui serpente dans la gorge du Senqu (Orange) et traverse des canyons encaissés avant de grimper vers l'escarpement, figure parmi les plus spectaculaires du pays. Dans les terres, la route de Semonkong à Qacha's Nek est tout aussi saisissante. Contrairement à ce qu'indiquent certaines cartes, ces deux routes sont goudronnées jusqu'à Qacha's Nek. En revanche, n'empruntez pas sans un 4x4 et beaucoup de courage les routes menant au Sehlabathebe National Park.

Les taxis collectifs reliant les sites de la région sont rares, bon marché et bondés.

Malealea

Ce village isolé s'enorgueillit d'un triple trésor : ses montagnes d'une beauté époustouflante, son lodge installé dans un ancien comptoir et son tourisme communautaire florissant. Nombre de voyageurs choisissent d'entamer l'exploration du pays ici ou, comme le recommande une plaque à l'extérieur du village, de simplement "s'arrêter pour admirer l'une des portes du Paradis". Les vallées environnantes sont habitées depuis des siècles, comme en témoignent les nombreux sites ornés de peintures pariétales san des environs.

Fêtes

Malealea Monster Weekend SPORTS
(www.malealea.com ; fin mai). Au programme de ce "week-end d'aventure" accueilli au Malealea Lodge : des courses de VTT de 8 km à 80 km, des courses à pied de 7 km et 15 km, ainsi qu'une course à pied nocturne de 2 km. Toutes sillonnent le terrain montagneux et les gorges des environs de Malealea.

Lesotho Sky SPORTS
(www.lesothosky.com ; fin sept). Cette course en équipe de VTT de 6 jours et 350 km part de Roma et grimpe dans les hautes terres jusqu'à Malealea et Semonkong.

Activités

Randonnée équestre

Faciles, les **circuits de 2 heures** (1/2/3 pers 430/600/750 M) mènent à des sites d'art rupestre san ou à un point de vue surplombant une gorge. Les **expéditions de 2 jours** (900/1 140/1 575 M par jour) comprennent l'hébergement dans des **cases d'un village basotho** (1-3 personnes 130 M/case). Les circuits de plusieurs jours conduisent aux chutes de Ribaneng (2 jours, 1 nuit), aux chutes de Ribaneng et de Ketane (4 jours, 3 nuits) ou incluent Ribaneng, Ketane et Semonkong (6 jours, 5 nuits).

Randonnée pédestre

Parmi les sites à découvrir à pied, citons la **Pitseng Gorge** (8 km ou 16 km), flanquée de falaises menaçantes et ponctuée de trous de baignade, et la **Botsoela Waterfall** (10 km ; 13 km avec les peintures rupestres san). Des marches guidées de plusieurs jours (avec/sans cheval de bât 600/200 M par jour), sont aussi possibles, avec hébergement dans des cases.

Visite du village

La visite du village donne un aperçu unique sur les habitants et leurs coutumes. En bas de la route qui descend du Malealea Lodge se trouve une ferme éducative, qui fournit ses légumes au lodge, ainsi qu'un petit musée et une boutique d'artisanat installés dans des cases basotho traditionnelles. De là, vous pourrez explorer le village, en solo ou avec un guide. On peut se faire **guider** (15 M/pers et par heure) pour aller rendre visite au *sangoma* (guérisseur ; démarches sérieuses uniquement) et voir l'école du village et le *donga* (ravine ou zone d'érosion destinée à la petite culture) réhabilité de M. Musi.

VTT et routes panoramiques

Location de vélos (demi-journée/journée avec guide 250/400 M par pers) toute l'année. Renseignez-vous au Malealea Lodge sur les routes panoramiques – praticables en 4x4 ou en véhicule classique (à condition d'avoir une garde au sol élevée).

Où se loger et se restaurer

Malealea Lodge LODGE $
(5840 7816, Afrique du Sud 082 552 4215 ; www.malealea.com ; camping 130 M, s/d à partir de 500/670 M, avec sdb commune à partir de 300/400 M ;). Véritable Lesotho en miniature, le Malealea est une bonne introduction au "royaume des montagnes". Des chœurs et des musiciens des environs viennent s'y produire tous les soirs. La plupart des activités sont organisées en collaboration avec les habitants, et une part significative des recettes touristiques et des dons sert à soutenir des projets locaux. La vue est de toute beauté.

Outre les emplacements de tentes et les cases "*forest*" (rudimentaires) pour deux personnes, dans un joli cadre boisé à l'écart du lodge, il y a aussi des chambres simples et douillettes et des *rondavels* avec salle de bains. Fondé en 1905 par Mervyn Smith, un enseignant, chercheur de diamants et soldat, cet ancien comptoir, imprégné d'histoire, est dirigé depuis 1986 par la famille Jones, qui a transformé le magasin en site d'hébergement et l'a intégré dans la communauté.

Le Malealea abrite un bar, sert des repas substantiels (petit-déj/déj/dîner 95/120/175 M), et met une cuisine à disposition – un magasin vend des produits de base. Le lodge bénéficie désormais d'une connexion irrégulière au réseau de téléphonie mobile et au Wi-Fi, et il fonctionne entièrement à l'énergie solaire. Apportez vos propres bouteilles d'eau, car le lodge a proscrit les bouteilles en plastique.

La haute saison va de septembre à décembre.

Depuis/vers Malealea

Tôt le matin, des taxis collectifs relient Maseru à Malealea (100 M, 2 heures 30). Plus tard dans la journée, attrapez un taxi collectif pour la ville carrefour de Motsekuoa (50 M, 1 heure 30), d'où les correspondances pour Malealea (40 M, 1 heure) sont fréquentes. Les taxis collectifs en provenance de Mafeteng et du sud desservent aussi Motsekuoa. Le personnel du lodge pourra venir vous chercher et vous raccompagner à l'aéroport (950 M l'aller).

Si vous êtes motorisé, méfiez-vous de Google Maps, qui peut vous perdre. Quittez Maseru par Mafeteng Rd (Main Rd South) jusqu'à Motsekuoa, à 60 km. En face de l'arrêt des taxis collectifs, tournez à gauche (vers l'est) au niveau du panneau indiquant Matelile, Qaba et le Malealea Lodge. Après 10 km, prenez la bifurcation à droite et continuez sur 15 km. Arrivé au panneau indiquant Malealea, empruntez sur 7 km la route non revêtue qui traverse le Gates of Paradise Pass (2003 m) et mène au village et au lodge.

Mohale's Hoek

25 308 HABITANTS

À l'instar d'autres villes des environs, cette localité sans charme n'a pas grand-chose à offrir, mais n'en constitue pas moins une étape honorable.

Les taxis collectifs et les *sprinters* (camionnettes), ainsi que les bus reliant Maseru à Quthing desservent Mohale's Hoek (près du poste-frontière de Makhaleng Bridge).

L'**Hotel Mount Maluti** (☎2278 5224 ; www.hmmlesotho.com ; s/d avec petit-déj 700/750 M ; P ᯤ ≋) loue des chambres défraîchies, aménagées dans d'agréables bâtiments qui donnent sur de jolis jardins. Le restaurant sert sandwichs, hamburgers, pizzas et pâtes à l'heure du déjeuner (plats 70-110 M). Fléché depuis la route principale.

Quthing

20 000 HABITANTS

Grande ville la plus méridionale du Lesotho, Quthing abrite un ensemble de belles empreintes de dinosaures et se trouve à proximité du projet de permaculture le plus innovant et le plus ambitieux du pays.

Également connue sous le nom de Moyeni (le "lieu du vent"), la ville fut fondée en 1877, abandonnée durant la première guerre des Boers de 1880, puis reconstruite sur le site actuel. L'activité se concentre autour de la partie récente de la ville, Lower Quthing, et de sa route principale, très fréquentée.

À voir

Empreintes de dinosaures SITE ARCHÉOLOGIQUE

(15 M ; ⌚8h-17h ; P). Une des fiertés de Quthing est le grand nombre d'empreintes de dinosaures découvertes dans les environs. Les plus accessibles se trouvent à la sortie de la ville, sur la route de Qacha's Nek (au nord-est). Le petit bâtiment indiqué sur la gauche abrite des empreintes vieilles de 230 millions d'années ainsi qu'une boutique d'artisanat. Des enfants vous guideront

VAUT LE DÉTOUR

BETHEL

Les voyageurs (et en particulier les familles) qui cherchent à se détendre dans la campagne du Lesotho et à se plonger dans la permaculture ne manqueront pas de s'aventurer au **Bethel Business and Community Development Centre** (BBCDC ; ☎5901 1384 ; Bethel ; 350 M/pers ; P 👪), école technique et centre d'apprentissage, fondé par un expatrié visionnaire en 1993. L'école dispose de quelques ravissants chalets et d'un bon restaurant, et constitue un véritable trésor de connaissances en matière de sciences environnementales.

L'établissement fonctionne exclusivement à l'énergie solaire et, grâce à ses biodigesteurs, nettoie des milliers de litres d'eaux usées par jour. Il propose des ateliers de soudure et de travail sur bois, ainsi que des cours de cuisine, d'hospitalité et d'ingénierie électrique, qui servent tous à éduquer la jeunesse du pays. Il est merveilleux de la voir en activité et de pouvoir admirer l'incroyable diversité de plantes et d'arbres qui poussent sur le campus, qui fut édifié sur un sol que l'on croyait autrefois aride.

Si le centre était difficile d'accès il y a quelque années, il est désormais beaucoup plus simple de le visiter grâce au pont construit en 2016, au nord du mont Moorosi, sur l'autre rive du Senqu (Orange). **Moorosi Chalets** (☎6812 1336 ; cases/chalets à partir de 100/200 M par pers), est une adresse moins connue des environs qui compte quelques *rondavels*, nichés de l'autre côté du pont, dans une vallée privée.

volontiers jusqu'à d'autres empreintes, moyennant un petit pourboire.

Masitise Cave House Museum MUSÉE
(☎5756 7721 ; adulte/enfant 10/3 M ; ⌚8h30-17h lun-ven, 8h30-14h sam-dim ; P). Lieu insolite, le Masitise Cave House Museum fait partie d'une ancienne mission construite en 1866 dans un abri rocheux san et située à 5 km à l'ouest de Quthing. Son fondateur, le révérend suisse David Frédéric Ellenberger, comptait parmi les premiers missionnaires au Lesotho. Un moulage d'empreinte de dinosaure orne le plafond, et le musée présente des pièces sur la culture et l'histoire locales. On peut notamment voir des peintures san, non loin.

Prenez l'embranchement signalé en direction de la Masitise Primary School et suivez-le sur 1 km en passant devant la petite église rouge. La maison la plus proche, celle du pasteur, à 3 minutes à pied, est celle où vous pourrez demander la clé.

Où se loger

Fuleng Guest House GUESTHOUSE $
(☎2275 0260 ; info.fulengguesthouse@gmail.com ; s/d à partir de 450/600 M ; P 📶). Perchés à flanc de colline, les *rondavels* bénéficient d'une belle vue. L'ambiance est conviviale et le décor rocheux peuplé d'insolents nains de jardin. Restaurant sur place (petit-déj/repas 65/90 M). Près de la route principale montant vers Upper Quthing. Les tarifs sont plus élevés lorsque l'on paie par carte.

Hillsview Guest House LODGE $$
(Quthing Lodge ; ☎5911 1029 ; s/d avec petit-déj 650/750 M ; P 📶). Adossé à une colline, ce refuge compte 20 ravissants chalets et un restaurant traditionnel (repas 130 M) qui sert principalement des plats de viande. Les propriétaires et la direction peuvent vous renseigner sur tout ce qui concerne le tourisme dans la région et vous mettre en relation avec un guide local pour aller visiter les sites les moins connus, tels que le **lac Letsie** (80 R).

Depuis/vers Quthing

L'arrêt des transports se trouve dans Lower Quthing. Des taxis collectifs desservent Maseru (70 M, 2 heures 30) et Qacha's Nek (90 M, 2 heures 30), ainsi que des *sprinters* (plus rapides et plus chers) et des bus (plus lents et moins chers). Les liaisons depuis/vers Maseru sont plus fréquentes. Des taxis collectifs relient Quthing au poste-frontière de Tele Bridge (15 M, 45 min) ; de là, des taxis collectifs rejoignent Sterkspruit, en Afrique du Sud, d'où l'on peut continuer le voyage. La route gravillonnée reliant Tele Bridge à l'axe principal Quthing-Mohale's Hoek est praticable en véhicule ordinaire.

Qacha's Nek

9 417 HABITANTS

Ancienne mission fondée en 1888 près du col du même nom (1 980 m), cette ville de frontière assoupie compte une belle église, un singulier parc de serpents et divers édifices coloniaux en grès. Aux alentours, les bosquets de séquoias dépassent pour certains les 25 m de haut.

À côté du New Central Hotel, l'**office du tourisme** (☎2295 0331 ; ⌚8h-13h et 14h-16h30 lun-ven) aide les voyageurs en organisant leur visite du Sehlabathebe National Park.

À voir

Qacha's Nek Snake Park PARC
(☎5330 1880 ; 30 R, avec lavage de voiture 35 R ; ⌚6h-minuit). Ce site est unique au Lesotho : non seulement c'est le seul parc de serpents du pays, mais on peut également y faire laver sa voiture tandis que l'on observe les anacondas, les vipères heurtantes (une espèce endémique) et les cobras cracheurs. Excentrique à souhait, l'herpétologiste à qui appartient le parc possède aussi des ruches. Détail amusant : le premier chef de Qacha's Nek habitait dans une grotte qui surplombe l'endroit où les serpents sont installés. Pour une expérience encore plus dépaysante, visitez le parc la nuit (pas d'inquiétude, il est éclairé).

Où se loger

Letloepe Guesthouse GUESTHOUSE $
(☎2295 0383 ; s/d 300/500 M ; P). À la lisière de la ville, près du Snake Park, le Letloepe dispose de *rondavels* rustiques et de bungalows avec vue sur les montagnes, tout équipés, ainsi que quelques chambres moins coûteuses avec salle de bains commune (à partir de 200 M). Le petit-déjeuner coûte 60 M.

New Central Hotel BUSINESS HOTEL $$
(☎2295 0488 ; s/d avec petit-déj à partir de 650/850 M ; P ❄ 📶). Ce bel hôtel loue des chambres très bien équipées et garnies de piles de coussins. Il donne à l'entrée nord de la ville. Déjeuner et dîner (2 plats 140 M) à réserver.

Depuis/vers Qacha's Nek

Les premiers taxis collectifs (160 M, 3 heures) partent pour Maseru aux environs de 7h (l'horaire est variable), et un transport plus confortable (160 M, 4 heures) quitte aussi la ville vers 7h. La plupart des services passent par Semonkong, mais certains prennent la route de Quthing.

Des petits taxis collectifs relient le principal nœud de transports à la frontière (6,50 M) ; de là, des *bakkies* (pick-up) et des vans collectifs se rendent à Matatiele (Afrique du Sud ; 50 M), d'où l'on peut poursuivre le voyage.

Sehlabathebe National Park

Le **parc national** (☎5853 7565, 6253 7565 ; 30 M ; ⊙siège 8h-16h30) le moins visité du Lesotho présente un beau relief accidenté. Ses prairies ondoyantes, ses fleurs sauvages et son calme absolu forment un environnement isolé de tout, où vivent de nombreuses espèces d'oiseaux (dont le gypaète barbu), et le péléa (petite antilope). La randonnée à pied (ou à cheval au départ de Sani Top ou du Drakensberg) constitue le meilleur moyen d'explorer les cascades et les environs. On pratique la pêche à la mouche dans les rivières et les lacs de barrage du parc pendant la saison des pluies.

Prévoyez de bien vous équiper : dans cette région de pluies estivales, les épais brouillards sont monnaie courante et redoutables pour les randonneurs. Les hivers sont clairs, avec des nuits froides et des chutes de neige occasionnelles.

On peut camper dans le parc, et on trouve un ensemble de **rondavels** (☎6253 7565 ; 250 R/pers) indépendants. Un **lodge** (camping 80 R) est installé dans l'enceinte du parc, mais lors de la rédaction de ces lignes, il n'y avait aucun gérant et le générateur était cassé.

Renseignements

Siège (☎6253 7565, 5853 7565, 6872 5860 ; ⊙8h-16h30). Bâti en 2016 à l'entrée du Sehlabathebe National Park. Réception, parking et guichet d'informations où l'on s'acquitte des droits d'entrée du parc et où l'on obtient des renseignements.

Depuis/vers le Sehlabathebe National Park

Des taxis collectifs relient le village de Mavuka, près de l'entrée du parc, à Qacha's Nek (70 M, 5 heures) ; départ de Mavuka vers 5h et retour à 14h.

La route gravillonnée depuis Qacha's Nek est déconseillée aux véhicules classiques, mais renseignez-vous sur place. La route venant du nord est très accidentée, même pour un 4x4 ; il faut plusieurs heures pour parcourir les 150 km qui séparent Thaba-Tseka du parc. Ces deux itinéraires peuvent être affectés par des orages et des glissements de terrain ; consultez les habitants avant de prendre la route. Vous pouvez demander à laisser votre voiture devant le poste de police du village de Paolosi, à environ 3 km au sud de Mavuka, pendant la visite du parc. Les stations-service les plus proches se trouvent à Qacha's Nek et à Thaba-Tseka, mais quelques boutiques voisines du parc vendent de l'essence au détail.

À pied, le plus simple est de pénétrer dans le parc en longeant l'escarpement depuis le KwaZulu-Natal (10 km). On peut louer un cheval de bât auprès du siège du parc. Du poste-frontière de Bushman's Nek à Nkonkoana Gate, il faut 6 heures pour traverser le col. Si vous préférez le franchir à cheval, **Khotso Trails** (☎en Afrique du Sud 033 701 1502) propose des expéditions de 2 ou 3 jours depuis Underberg (Drakensberg du Sud).

eSwatini

Dans ce chapitre ➜

Le top des restaurants

- eDladleni (p. 532)
- Lihawu Restaurant (p. 535)
- Ramblas Restaurant (p. 532)
- Malandela's Restaurant (p. 540)

Le top des hébergements

- Stone Camp (p. 548)
- Sondzela Backpackers (p. 538)
- Brackenhill Lodge (p. 531)
- Lidwala Backpacker Lodge (p. 535)

Pourquoi y aller

Malgré sa superficie modeste (17 364 km²), le royaume d'eSwatini – Swaziland de son ancien nom, officiellement rebaptisé par le roi Mswati III en 2018– possède d'innombrables atouts : culture vivante, observation de la faune, activités sportives, sans oublier de superbes chemins de randonnée, de fabuleux paysages de montagnes et de plaines, des options d'hébergement variées et un artisanat de qualité.

Contrairement à l'Afrique du Sud, l'eSwatini a réussi à conserver un rythme de vie tranquille, ce qui explique sa popularité croissante. Tout reste à échelle humaine, et l'ambiance est très détendue. N'hésitez pas à vous y attarder au moins une semaine afin de rendre justice à ce beau pays. Si vous envisagez de le visiter en hiver, tâchez de faire coïncider votre séjour avec la fête d'Umhlanga, l'une des plus grandes manifestations culturelles du continent.

Quand partir

Mbabane

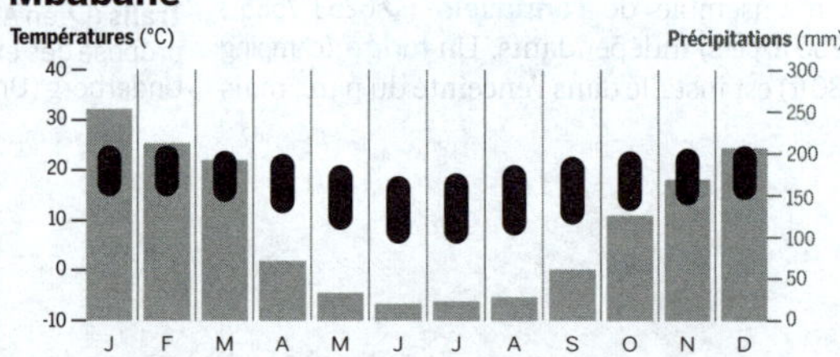

Déc-avril
Rivières en crue et végétation luxuriante ; la meilleure période pour les photos et l'aventure.

Fév-mars
Durant la saison du *buganu*, goûtez à la bière de marula artisanale dans l'eSwatini rural.

Mai-sept
Journées plus fraîches et végétation hivernale sont parfaites pour observer la faune dans le *lowveld* (bas veld).

À ne pas manquer

1. L'observation de la faune, dont de rares rhinocéros noirs, dans la **Mkhaya Game Reserve** (p. 548).
2. Des promenades et des randonnées dans la **Malolotja Nature Reserve** (p. 543), située dans une splendide région sauvage.
3. La descente des rapides du **fleuve Maputo (Great Usutu ou Lusutfu)** (p. 547).
4. L'artisanat vendu dans les nombreuses boutiques de la **Malkerns Valley** (p. 539).
5. La détente dans un lodge confortable du **Mlilwane Wildlife Sanctuary** (p. 537) après une journée d'exploration à pied, à vélo ou à cheval.
6. L'ascension du **Sibebe Rock** (p. 531), un gigantesque dôme de granit offrant une belle vue à la sortie de la capitale.
7. Une rencontre avec des lions et l'observation de rhinocéros rassemblés autour d'un point d'eau du **Hlane Royal National Park** (p. 545).

Histoire

La naissance d'une nation

Le territoire de l'actuel eSwatini est habité depuis des millénaires. Des ossements humains vieux de 100 000 ans furent découverts aux alentours des monts Lebombo, dans l'est du pays. Les ancêtres des Swazi arrivèrent bien plus récemment. Vers 500, lors des grandes migrations bantoues, divers groupes nguni parvinrent dans la contrée. L'un d'eux s'installa dans la région de l'actuelle Maputo (au Mozambique) et fonda la dynastie Dlamini. Au milieu du XVIIIe siècle, sous la pression croissante d'autres clans, le roi Dlamini, Ngwane III, conduisit son peuple vers la rivière Pongola au sud-ouest, dans ce qui est aujourd'hui le sud de l'eSwatini et le nord du KwaZulu-Natal. Cette région devint la première patrie swazi.

Son successeur, Sobhuza Ier, s'installa dans l'Ezulwini Valley, qui est toujours le centre de la royauté et des rituels swazi. Vint ensuite le roi Mswazi (ou Mswati), dont les Swazi tirent leur nom. Malgré l'opposition de ses voisins zoulous, Mswazi réussit à unifier le royaume.

À partir du milieu du XIXe siècle, l'eSwatini attira un nombre croissant d'Européens, éleveurs en quête de terres, chasseurs, négociants et missionnaires.

Au cours des décennies suivantes, pris dans les affrontements anglo-boers, le territoire swazi se réduisit comme peau de chagrin. En 1902, après la seconde guerre anglo-boer, les Boers se retirèrent et les Britanniques firent de l'eSwatini un protectorat.

UN NOUVEAU NOM POUR LE SWAZILAND

En avril 2018, le roi Mswati III a surpris le monde entier en annonçant que son pays s'appellerait désormais royaume d'eSwatini. Le monarque avait déjà évoqué l'idée de ce nouveau nom, qui signifie "pays des Swazis", à plusieurs reprises, notamment lors d'un discours devant l'Assemblée générale de l'ONU en 2017. Selon lui, cette décision rétablit le nom précolonial du Swaziland et lève définitivement tout risque de confusion avec le nom anglais de la Suisse (Switzerland).

La lutte pour l'indépendance

Au début du XXe siècle, l'histoire swazi fut dominée par la lutte pour l'indépendance. Sous le règne de Sobhuza II (et de sa mère, Lomawa Ndwandwewho, régente avisée durant l'enfance du roi), les Swazi parvinrent à récupérer une grande partie de leur territoire d'origine, d'un côté par le rachat de terres, de l'autre grâce à un décret du gouvernement britannique. Cette évolution fut capitale car les rois swazi sont traditionnellement considérés comme les dépositaires du pays, au nom de leurs sujets : le propriétaire des terres swazi a donc une importance capitale.

L'indépendance, aboutissement d'un long processus non violent, fut proclamée le 6 septembre 1968, 66 ans après l'instauration du protectorat britannique.

La première Constitution fut largement l'œuvre des Britanniques. Le roi l'abrogea en 1973, affirmant qu'elle ne correspondait pas à la culture swazi. Le Parlement rédigea une nouvelle Constitution quatre ans plus tard, donnant au roi les pleins pouvoirs.

Sobhuza II, alors le monarque ayant régné le plus longtemps, mourut en 1982. Le jeune Mswati III monta sur le trône en 1986 ; il continue à représenter et à préserver le mode de vie swazi traditionnel, et règne en monarque absolu. Malgré certaines critiques du système, les candidats aux élections ne peuvent pas être affiliés à un parti politique.

La situation actuelle

Le roi Mswati III est régulièrement critiqué, notamment par la presse étrangère, pour son régime autocratique, ses dépenses inconsidérées et ses pratiques polygames. Selon ses détracteurs, ces comportements nuisent au développement économique et à la lutte contre le sida, qui affecterait plus de 27% de la population. Cependant, même les critiques les plus acerbes ne semblent pas vouloir le renverser, appelant à une monarchie constitutionnelle plutôt qu'absolue.

Avec le tourisme, le roi espère soutenir l'économie chancelante de son pays, dont la croissance a reculé de 0,6 % en 2016. Censée stimuler l'économie, la construction d'un aéroport (280 millions $) et d'un centre des congrès dernier cri semble n'être qu'un coûteux écran de fumée. Le secteur agricole pâtit d'une sécheresse persistante et, en 2014, l'eSwatini a été suspendu de l'AGOA (African Growth et Opportunity Act), un accord de libre-échange passé avec les États-Unis, car il ne remplissait pas certains critères essentiels comme le respect des droits des travailleurs et la liberté d'association. L'AGOA bénéficiait pour l'essentiel aux emplois faiblement rémunérés du secteur textile, mais toute perte d'emploi dans un pays où le taux de chômage frise les 41% se révèle problématique.

Fin 2021, de violentes manifestations prodémocratie ont éclaté en eSwatini entraînant la mort de 7 personnes et de nombreux blessés. Les manifestants réclamaient plus de liberté politique et de liberté d'expression dans cette monarchie absolue, la dernière du continent africain, et décriaient le train de vie fastueux du roi, déconnecté de la situation économique du pays, dont les deux tiers de la population vit sous le seuil de pauvreté. Après des mois de manifestations, le roi Mswati III a fini par accepter de se s'installer à la table des négociations.

Climat

La majeure partie de l'eSwatini jouit d'un climat identique à celui du *lowveld* (bas veld) de l'est de l'Afrique du Sud, avec des étés étouffants et pluvieux et des hivers agréablement frais. De décembre à février, la température dépasse parfois 40°C et les orages torrentiels sont fréquents. Les mois de mai à août sont les plus frais. Dans les hautes terres de l'Ouest, l'hiver apporte des nuits froides et d'occasionnelles gelées.

Langues

Les langues officielles sont le swati et l'anglais ; l'anglais est la langue écrite officielle.

Comment s'y rendre et circuler

Depuis Johannesburg, **Airlink** (☎ en Afrique du Sud 021-936 2810, en eSwatini 268 233 50100 ; www.flyairlink.com) assure plusieurs vols quotidiens vers l'**aéroport international King Mswati III** (SHO ; ☎ 2518 4390 ; www.swacaa.co.sz) de Sikhuphe, en eSwatini.

La plupart des voyageurs viennent en eSwatini par la route. **Avis** (☎2518 6226 ; www.avis.co.za ; aéroport international King Mswati III, Sikhuphe ; 7h-18h) et **Europcar** (☎2518 4393 ; www.europcar.com ; aéroport de Matsapha ; 8h-17h lun-ven) louent des voitures, tout comme **Affordable Car Hire** (☎7602 0394, 2404 9136 ; www.affordablecarhire.co.za ; Swazi Plaza ; à partir de 215 E/jour) à Mbabane, mais les tarifs sont souvent plus avantageux en Afrique du Sud.

Un bon réseau de taxis collectifs couvre l'ensemble du territoire.

MBABANE

65 000 HABITANTS / ALTITUDE 1 243 M

Mbabane a pour principal atout sa situation, dans les Dlangeni Hills. La capitale et deuxième ville du pays par la taille est un lieu tranquille et fonctionnel, perché dans la fraîcheur du *highveld* (haut veld). C'est d'ailleurs pour son climat que les Britanniques déménagèrent leur centre administratif de l'étouffante Manzini à Mbabane, en 1902.

Sibebe Rock — SITE EMBLÉMATIQUE

(☎2404 6070 ; Pine Valley ; 30 E ; 8h-17h lun-sam). À 8 km au nord-est de Mbabane, le Sibebe Rock, un énorme dôme de granit, domine la campagne alentour. Plus grand monolithe au monde après Uluru en Australie, ce site est pourtant bien moins visité. Le rocher est en grande partie abrupt, dangereux en cas de chute, mais procure une bonne montée d'adrénaline aux grimpeurs en forme, qui ne redoutent pas les à-pics. Des guides locaux proposent leurs services pour des randonnées (100 E/pers, 3 heures) – renseignez-vous auprès du centre d'accueil des visiteurs.

Vous pouvez aussi prendre contact avec Swazi Trails (p. 533), dans l'Ezulwini Valley, qui propose des escalades peu techniques d'une demi-journée (780 E/pers, transport compris).

Où se loger

♥ Brackenhill Lodge — GUESTHOUSE $$

(☎2404 2887 www.facebook.com/Brackenhill Lodge ; Mountain Dr ; s/d avec petit-déj 790/1 050 E ; P). Avec son ambiance merveilleusement propice à la détente et son cadre bucolique, ce petit bijou, à 4,5 km au nord-est de Mbabane, vous séduira à coup sûr. Il comporte huit chambres confortables, spacieuses et bien équipées. Son domaine de 162 ha, sillonné de plusieurs chemins de randonnée, est peuplé de nombreux oiseaux et donne à voir de splendides panoramas. Salle de sport, sauna, piscine et courts de tennis font partie des équipements. Les propriétaires sont charmants et les dîners préparés à la demande.

The Place — GUESTHOUSE $$

(☎7606 7202, 7944 5529 ; theplaceguesthouse.weebly.com ; Mantsholo St ; s/d avec petit-déj 990/1 490 E ; P). En face du golf, cette pension moderne loue des chambres impeccables, bien équipées et pourvues de salles de bains rutilantes et de kitchenettes. Les bungalows individuels donnent sur

Mbabane

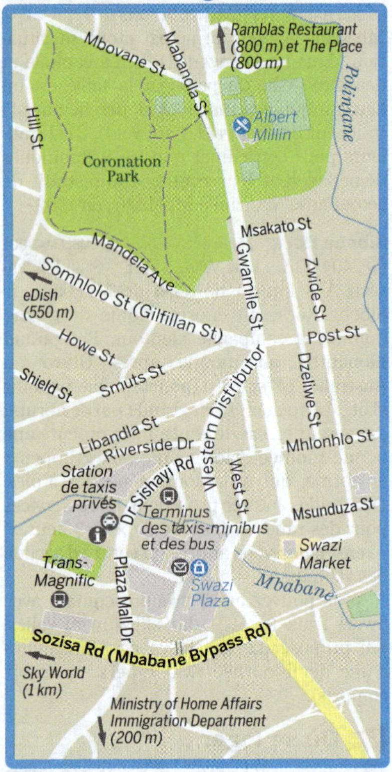

un jardin soigné et sa piscine. Sur place également, le **Ramblas Restaurant** (2404 4147 ; ramblasmbabane.com ; plats 80-160 E ; 8h30-17h lun-jeu, 9h30-20h ven-sam, 9h30-18h dim ;), une excellente trouvaille.

Foresters Arms LODGE $$

(2467 4177 ; www.forestersarms.co.za ; MR19, Mhlambanyatsi ; s/d avec petit-déj 670/1 140 E ;). Caché au cœur de jolies collines à 27 km au sud-ouest de Mbabane, cet établissement bénéficie d'un isolement poétique. L'air est pur, la vue très évocatrice, et la sérénité ambiante presque palpable. C'est une étape splendide, entre le KwaZulu-Natal et le Kruger National Park, qui offre des chambres cosy, de ravissants jardins et différentes activités (équitation, VTT et randonnée). Le restaurant est un atout supplémentaire.

De Mbabane, suivez la MR19 en direction de Mhlambanyatsi.

Où se restaurer

Des supermarchés, des restaurants de chaîne et des fast-foods sont installés dans le **Swazi Plaza** (2404 3869 ; www.swaziplazaprop.sz ; Dr Sishayi Rd ; 8h-22h), principal centre commercial du centre-ville.

eDish CAFÉ $

(2404 5504, 7664 3890 ; Computronics House, Somhlolo St/Gilfillan St ; plats 50-80 E ; 8h-17h lun-sam ;). Sandwichs savoureux, bon café, bières fraîches, canapés douillets, et terrasse offrant une belle vue sur la ville : vous passerez un moment agréable à l'eDish. Avec en prime, une connexion Wi-Fi rapide et gratuite !

eDladleni SWAZI $$

(2404 5743 ; edladleni.100webspace.net ; Manzini/Mbabane Hwy, Mvubu Falls ; plats 55-80 E ; 12h-15h et 18h-minuit mar-dim ;). Cuisine délicieuse, cadre plein de sérénité et vue à couper le souffle : difficile de faire mieux que l'eDladleni en termes d'authenticité swazi. On se régale ici de spécialités que l'on trouve rarement ailleurs, et le restaurant sert aussi d'excellents plats végétariens. À 6 km de Mbabane, près de la grand-route (suivez le panneau "Mvubu Falls") ; le site Internet explique comment venir.

Dolores Godeffroy, la charismatique propriétaire, s'attache à faire revivre des recettes traditionnelles à base de produits locaux. Le service peut être lent et, les heures d'ouverture étant assez aléatoires, mieux vaut téléphoner avant de venir.

Albert Millin CAFÉ $$

(2404 9942 ; www.facebook.com/TheAlbertMillin ; Gwamile St ; plats 85-195 R ; 12h-22h30 mar-mer, 12h-minuit jeu-ven, 11h30-minuitvsam ;). Ce pub-restaurant à l'atmosphère moderne, situé sur le domaine du Mbabane Club, est très prisé des expatriés. Pizzas, salades, hamburgers et nourrissantes viandes grillées : la carte propose suffisamment de spécialités pour satisfaire le plus grand nombre. Une bonne adresse également pour profiter simplement de l'ambiance détendue en sirotant une bière fraîche.

Renseignements

ARGENT

Il y a des banques et des DAB sur la Corporate Place, près du Swazi Plaza.

OFFICE DU TOURISME

Office du tourisme (☎2404 2531 ; www.thekingdomofeswatini.com ; The Mall, Dr Sishayi Rd ; ⏲8h-19h lun-ven, 9h-13h sam)

SERVICES MÉDICAUX

Mbabane Clinic (☎2404 2423 ; www.theclinicgroup.com ; Mkhonubovu St ; ⏲24/24h). En cas d'urgence, essayez cette clinique bien équipée, dans le coin sud-ouest de la ville, près de la rocade.

URGENCES

Police (☎2404 2502, urgences 999 ; Mhlambanyatsi Rd)

Comment s'y rendre et circuler

Le principal **terminus de bus et de taxis collectifs** (Dr Sishayi Rd) se situe derrière le centre commercial Swazi Plaza. Des taxis collectifs partent pour Johannesburg (220 E, 4 heures) toute la journée.

Chaque jour, plusieurs taxis collectifs desservent Ngwenya et le poste-frontière d'Oshoek (30 E, 50 min), ainsi que la Malkerns Valley (30 E, 45 min). Tous les véhicules qui se dirigent vers Manzini (40 E, 35 min) et des destinations à l'est passent par l'Ezulwini Valley, mais la plupart empruntent les nationales qui contournent la vallée.

Des **taxis privés** (Dr Sishayi Rd) stationnent face au Swazi Plaza, de l'autre côté de la rue, sur le parking du centre commercial. Comptez au moins 200 E pour l'Ezulwini Valley, davantage pour l'autre bout de la vallée (à partir de 250 E). Vous paierez 500 E ou plus pour rejoindre l'aéroport international King Mswati III.

TransMagnific (☎2404 9977 ; www.goswaziland.co.sz ; Cooper Centre, Sozisa Rd, boutique n°11 derrière le Cooper Centre) et **Sky World** (☎7664 0001, 7917 7323 ; www.facebook.com/skyworldsz ; Dzeliwe St) proposent un service quotidien de bus de luxe entre Johannesburg et Mbabane pour 600 E (la ligne dessert l'aéroport international OR Tambo et Sandton). Les autres destinations incluent Durban (780 E) et, le week-end, Nelspruit (à partir de 400 E).

Si vous conduisez, vous pourrez faire le plein à **Engen** (Sozisa Rd ; ⏲24h/24) ou **Total** (angle Sozisa et Mhlambanyatsi Rds; ⏲24h/24).

CENTRE DE L'ESWATINI

Carrefour touristique du pays, le centre de l'eSwatini marie à merveille culture, nature et plaisirs épicuriens. Réserves naturelles, musées, excellents restaurants et achat d'objets artisanaux : il y a dans cette région largement de quoi s'occuper pendant quelques jours.

Ezulwini Valley

Il suffit de quelques kilomètres à peine pour changer radicalement de décor. Cœur du tourisme en eSwatini, l'Ezulwini Valley commence immédiatement au sortir de Mbabane et pourtant, on se sent à mille lieues du tohu-bohu de la capitale. Cette vallée fait une base de visite idéale (et pratique) pour nombre de visiteurs.

À voir et à faire

Mantenga Cultural Village & Nature Reserve RÉSERVE NATURELLE
(☎2416 1178, 2416 1101 ; www.sntc.org.sz/reserves/mantenga.asp ; 100 E ; ⏲8h-17h). Le droit d'entrée de cette paisible réserve dotée d'une épaisse forêt comprend une visite guidée du Swazi Cultural Village, un village "vivant" de huttes traditionnelles en forme de ruches avec des expositions culturelles, un spectacle de danse *sibhaca* (tous les jours à 11h15 et à 15h15) et une excursion aux impressionnantes chutes d'eau des Mantenga Falls. La réserve se prête également à la randonnée ; les marcheurs venus pour la journée ne paient que 50 E. Bien qu'il ne s'agisse pas d'un grand parc naturel, on peut apercevoir vervets, babouins, phacochères, nyalas et céphalophes tandis que de nombreuses espèces d'oiseaux peuplent les lieux, dont des ibis du Cap, une espèce menacée.

La réception fournit gratuitement une carte des lieux et des chemins de randonnée. La réserve se trouve à 1 km du Mantenga Lodge, elle est bien indiquée depuis la MR103.

Swazi Trails CIRCUITS MULTI-ACTIVITÉS
(☎2416 2180, 7602 0261 ; www.swazitrails.co.sz ; 4 Tivakashi St, en face du Mantenga Craft Center, Ezulwini ; ⏲8h-17h). Installé à 100 m du Mantenga Craft Centre, dans le Legends Backpackers (p. 534), ce tour-opérateur est l'un des plus importants du pays. Il propose spéléologie, rafting, randonnées, circuits culturels et visites des principaux sites. Il héberge aussi l'office du tourisme d'Ezulwini (p. 536).

Circuits organisés

All Out Africa AVENTURE
(☎2416 2260 ; www.alloutafrica.com ; MR103 ; ⏲8h-17h). All Out Africa propose des missions de

Ezulwini Valley et Malkerns Valley

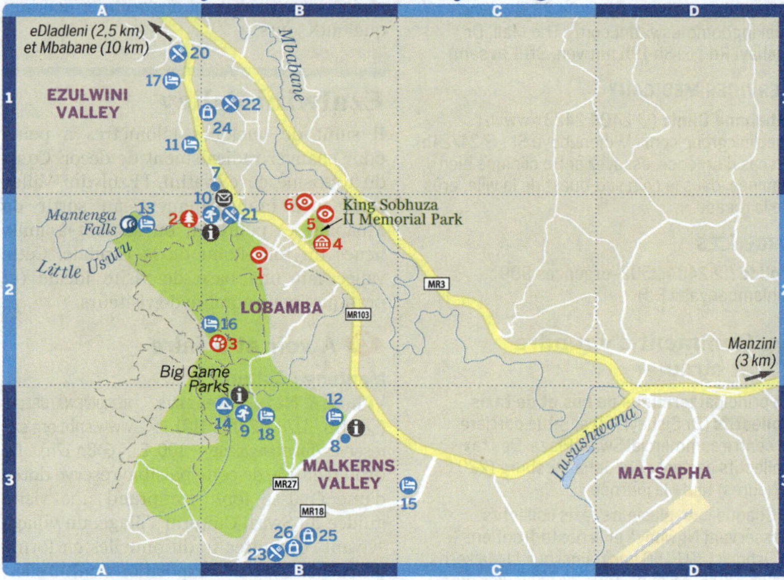

Ezulwini Valley et Malkerns Valley

À voir
1 Eludzidzini Royal Residence B2
King Sobhuza II Memorial Park .... (voir 4)
2 Mantenga Cultural Village & Nature Reserve A2
3 Mlilwane Wildlife Sanctuary B2
4 National Museum B2
5 Parlement B2
6 Somhlolo National Stadium B2

Activités
7 All Out Africa B1
8 All Out Africa B3
9 Chubeka Trails B3
10 Swazi Trails B2

Où se loger
Legends Backpackers Lodge .... (voir 10)
11 Lidwala Backpacker Lodge A1
12 Malandela's Guesthouse B3
13 Mantenga Cultural Village & Nature Reserve A2
Mantenga Lodge .... (voir 2)
14 Mlilwane Wildlife Sanctuary Rest Camp B3
15 Rainbird Chalets C3
16 Reilly's Rock Hilltop Lodge B2
17 Royal Swazi Spa A1
18 Sondzela Backpackers B3

Où se restaurer
20 Calabash A1
21 Gables Shopping Centre B2
22 Lihawu Restaurant B1
Malandela's Restaurant .... (voir 12)
Mantenga Restaurant .... (voir 2)
23 Sambane Cafe B3

Où sortir
House on Fire .... (voir 12)

Achats
Baobab Batik .... (voir 25)
24 Ezulwini Craft Market B1
Gone Rural .... (voir 12)
Mantenga Craft Centre .... (voir 2)
25 Swazi Candles B3
26 Yebo! Art Gallery B3

bénévolat et des circuits d'immersion en eSwatini, en Afrique du Sud et au Mozambique. Vous pouvez réserver une excursion à l'agence située au Malandela (p. 539).

Ekhaya Cultural Tours CULTURE
(☎7644 3257 ; demi-journée/journée 1 200/1 450 R, 2 pers minimum ; ⏱tlj sur réservation). Pour un aperçu de la vie rurale swazi (dont

une visite à Lobamba), Mandla Masuku, d'Ekhaya Cultural Tours, est un bon contact. Excursions proposées en anglais et en français.

Où se loger

Legends Backpackers Lodge AUBERGE DE JEUNESSE $
(☎2416 1870, 7602 0261 ; www.legends.co.sz ; Mantenga Falls Rd ; camping 90 E, dort 175 E, d avec sdb commune 585 E ; P 📶 🏊). Vraiment rien de clinquant ici, mais cette adresse décontractée s'impose si l'on a un budget serré. Elle propose un choix de dortoirs de 10 à 12 places, une cuisine équipée, un salon TV et une petite piscine dans le jardin. Les chambres individuelles, quelconques mais reposantes, sont aménagées dans un bâtiment séparé. Le petit-déjeuner coûte 55 E.

Swazi Trails (p. 533), tour-opérateur d'aventure affilié au lodge, est basé dans l'auberge de jeunesse, et le supermarché le plus proche se situe à 10 minutes à pied.

♥ **Lidwala Backpacker Lodge** AUBERGE DE JEUNESSE $$
(☎7690 5865 ; www.lidwala.co.sz ; MR103 ; camping/dort/d 130/220/715 E ; P 📶 🏊). Un cadre tout simplement magique ! Ce lodge confortable et bien géré est niché dans un jardin splendide, avec piscine aménagée au milieu de gros rochers et petit cours d'eau bouillonnant. Dans une atmosphère chaleureuse et détendue, il propose des dortoirs classiques mais confortables, des tentes safari accueillantes et des chambres privatives exiguës mais propres (200 E/pers).

Les hôtes ont accès à une cuisine et à une buanderie ; des repas sont également servis. Un sentier de randonnée (droit d'entrée 25 E) part juste derrière le lodge et mène au "Sheba's Breasts", un sommet offrant une vue panoramique sur l'Ezulwini Valley. Le Lidwala est géré par All Out Africa (p. 533), qui organise des circuits et des activités de bénévolat.

Mantenga Cultural Village & Nature Reserve BUNGALOWS $$
(☎2416 1101, 2416 1178 ; www.sntc.org.sz ; s/d petit-déj inclus 610/940 E ; P). Basé dans la Mantenga Nature Reserve, cet hébergement sort de l'ordinaire avec son groupement de bungalows originaux, dont beaucoup donnent sur une rivière, au cœur de la brousse luxuriante. L'ambiance est très "moi Tarzan, toi Jane". Avec leur mobilier en bois et leurs équipements modernes (mais pas de clim), les bungalows offrent un bon équilibre entre confort, charme rustique et isolement. Entrée de la réserve gratuite pour ceux qui logent ici. La réserve comprend aussi un agréable restaurant, dans une luxuriante forêt tropicale.

Mantenga Lodge HÔTEL $$
(☎2416 1049, 2416 2168 ; www.mantengalodge.com ; Mantenga Falls Rd ; s/d petit-déj inclus à partir de 985/1 250 E ; P ❄ 📶 🏊). Nous adorons l'ambiance relaxante de cette oasis de calme. Les 38 chambres de standing variable (et de prix différents) ne sortent guère de l'ordinaire, mais elles sont aménagées dans un coin boisé et luxuriant où il fait bon flâner. La piscine est un pur délice lorsqu'il règne une chaleur écrasante et le restaurant (voir ci-dessous) est un autre avantage appréciable.

Royal Swazi Spa HÔTEL $$$
(☎2416 5000 ; Old Main Road, Ezulwini ; s/d petit-déj inclus à partir de 1 890/2 090 E ; P ❄ @ 📶 🏊). Avec sa façade et son domaine grandioses, le Royal Swazi a vraiment des airs de palace, même si ses chambres mériteraient d'être remises à neuf. On y trouve tout le confort requis et quantité d'équipements, dont deux restaurants, trois bars, une grande piscine, un spa, un casino et un golf.

Où se restaurer

Gables Shopping Centre SUPERMARCHÉ $
(www.thegablesshoppingcentre.com ; MR103 ; ⌚9h-18h lun-ven, 9h-14h sam, 9h-14h dim). Ce centre commercial abrite un supermarché convenable et quelques chaînes de restauration – Ocean Basket est la meilleure.

Mantenga Restaurant INTERNATIONAL $$
(☎2416 1049 ; www.mantengalodge.com ; Mantenga Falls Rd ; plats 70-185 E ; ⌚6h30-21h30). Dans le Mantenga Lodge (voir ci-dessus), ce restaurant, ouvert aux clients extérieurs et doté d'une terrasse en bois surélevée, offre une vue fabuleuse sur les arbres. Les pâtes et les viandes grillées sont plutôt bonnes.

♥ **Lihawu Restaurant** FUSION $$$
(☎2416 7035 ; www.lihawu.co.sz ; Royal Villas ; plats 95-230 E ; ⌚7h-22h lun-ven, 7h-23h sam-dim ; 🖉). Le restaurant le plus élégant d'eSwatini est niché dans le chic complexe hôtelier Royal Villas. Sa salle est décorée avec goût et il y a même une terrasse donnant sur une piscine. Sa carte afro-fusion propose des spécialités maison à base de viande, comme le ragoût de queue de bœuf et la poitrine de porc, et

CÉRÉMONIES ET FÊTES SWAZI

Incwala

L'*Incwala* (ou *Ncwala*) est la cérémonie la plus sacrée du peuple swazi. Lors de cette fête des "premiers fruits", le roi autorise ses sujets à consommer la première récolte de la nouvelle année. Les célébrations durent une semaine, entre fin décembre et début janvier (les dates sont annoncées peu de temps avant). C'est une fête très ancrée dans la tradition : des règles strictes s'appliquent, et les visiteurs doivent faire preuve de retenue, notamment dans leur habillement et dans les photos qu'ils prennent.

Umhlanga (fête de la danse des roseaux)

L'*umhlanga* (danse des roseaux) est la manifestation culturelle la plus connue d'eSwatini. Moins sacrée que l'Incwala, l'*umhlanga* sert aussi à rassembler le peuple et à lui rappeler sa relation avec le roi. Sorte de bal des débutantes, elle réunit pendant une semaine des jeunes filles venues de tout le royaume pour participer à la réfection de la maison de la reine mère à Lobamba. L'*umhlanga* se déroule fin août ou début septembre. Les touristes ne peuvent prendre de photos qu'avec la permission préalable du Ministère de l'Information.

Fête du buganu

Cette autre fête des "premiers fruits" se déroule en février et célèbre la récolte du *marula*. Les femmes cueillent les fruits et les font fermenter pour obtenir un breuvage appelé *buganu* ("qui a du punch"). Les habitants – les hommes principalement – se réunissent pour boire et festoyer. Le roi Mswati III et d'autres membres de la famille royale assistent aux festivités. Célébrée dans divers lieux du pays, la fête du *buganu* est en passe de devenir l'une des plus populaires du pays.

MTN Bushfire Festival

Ce festival à la popularité croissante dure 3 jours, le dernier week-end de mai, et comprend, entre autres performances artistiques, poésie, théâtre et musique. Il a lieu à la House on Fire (p. 540) de Malkerns. Consultez le site Internet (www.bush-fire.com) pour le programme.

des plats végétariens. La carte des vins est de haut niveau. Autre atout : le bar à cigares et à whisky attenant au restaurant.

Calabash ALLEMAND, FRANÇAIS $$$

(☎2416 1187 ; Nyonyane Rd ; plats 130-290 E ; ⏲12h-14h30 et 15h-22h45). De l'*eisbein* (jarret de porc) grillé et des escargots de Bourgogne en eSwatini ? C'est possible. Les cuisines allemande et française sont les stars inattendues de ce restaurant établi de longue date, démodé mais élégant, à l'extrémité supérieure de l'Ezulwini Valley. Impressionnante cave à vin.

Achats

Dans l'Ezulwini Valley et la Malkerns Valley, vous trouverez d'excellentes boutiques d'artisanat, avec un grand choix d'objets de qualité à prix raisonnable.

Ezulwini Craft Market ART ET ARTISANAT

(MR103 ; ⏲8h-17h). Ne manquez pas ce marché bien fourni situé en face de la Zeemans Filling Station, à l'angle de la MR103 et de Mpumalanga Loop Road. Repérez les toits en tôle bleue. Les stands proposent un grand choix de sculptures, de tissages et d'artisanat.

Mantenga Craft Centre ART ET ARTISANAT

(☎2416 1136 ; Mantenga Falls Rd ; ⏲7h-22h). Les nombreuses échoppes de ce pittoresque centre d'artisanat vendent toutes sortes de produits, des tissages et tapisseries aux bougies, sculptures sur bois et tee-shirts.

Renseignements

Des DAB sont installés dans le Gables Shopping Centre.

Ezulwini Tourist Office (☎7602 0261, 2416 2180 ; www.swazitrails.co.sz ; Legends Backpackers, 4 Tivakashi St, en face du Mantenga Craft Center, Ezulwini ; ⏲8h-17h). L'agence **Swazi Trails** (p. 533) abrite l'office du tourisme d'Ezulwini, qui vous assistera dans vos réservations (réserves, structures de tourisme communautaire, tour-opérateurs, activités et hébergement en général).

Depuis/vers l'Ezulwini Valley

Un taxi privé entre Mbabane et l'Ezulwini Valley coûte entre 120 et 200 E, selon votre destination dans la vallée (soyez prêt à marchander).

Dans la journée, vous pouvez prendre un taxi collectif à destination de Manzini, mais précisez bien au chauffeur que vous voulez vous arrêter dans la vallée, car nombre d'entre eux rechignent à y faire des arrêts.

Lobamba

11 000 HABITANTS

Lobamba est le cœur spirituel, culturel et politique de l'eSwatini. La monarchie swazi réside dans cette région de l'Ezulwini Valley depuis plus de deux siècles. Elle recèle certains des édifices les plus remarquables du pays. En dépit de son importance, il règne un calme surprenant à Lobamba, sauf pendant l'Incwala et l'*umhlanga*. Lors de ces cérémonies spectaculaires, la nation tout entière se rassemble dans les plaines environnantes pour plusieurs jours de grandes réjouissances.

Les taxis collectifs circulant entre l'Ezulwini et la Malkerns Valley desservent Lobamba plusieurs fois par jour. Dans un sens comme dans l'autre, comptez 10 E.

À voir et à faire

National Museum MUSÉE

(☎2416 1179 ; adulte/enfant 80/30 E ; ⏲8h-16h30 lun-ven, 10h-16h sam-dim). Ce musée renferme d'intéressantes collections sur la culture swazi, un village traditionnel avec un enclos à bétail, et plusieurs automobiles du roi Sobhuza II datant des années 1940. Un billet combiné permet de visiter le musée et le King Sobhuza II Memorial Park à prix réduit (adulte/enfant 120/40 E).

King Sobhuza II Memorial Park MÉMORIAL

(☎2416 2131 ; tarif plein/réduit 80/30 E ; ⏲8h-16h30 lun-ven, 10h-16h sam-dim). Attenant au Parlement, ce mémorial rend hommage au roi Sobhuza II (1899-1982), auquel l'eSwatini doit son indépendance en 1968. Il comporte notamment une statue en bronze de 3 m de haut du vénéré roi. Un petit musée abrite divers documents et photos sur sa vie. Le mausolée du roi se trouve également dans le parc.

Parlement ÉDIFICE D'INTÉRÊT

(☎2416 2411, 2416 2407). Inauguré en 1969, le Parlement est un cadeau que les Britanniques sur le départ firent à l'eSwatini après son indépendance. Cet édifice hexagonal coiffé d'une coupole en cuivre est emblématique de Lobamba. Il est parfois ouvert aux visiteurs ; habillez-vous correctement et demandez qu'on vous le fasse visiter à la réception.

Mlilwane Wildlife Sanctuary

Beau, paisible et facile d'accès, le **Mlilwane Wildlife Sanctuary** (☎2528 3943 ; www.biggameparks.org ; 75 E ; ⏲6h-18h), près de Lobamba, mérite amplement une visite. Cette réserve se distingue par un paysage splendide, dominé par le mont Nyonyane, dont le sommet de granit nu est appelé Execution Rock (1 110 m). C'est bien sûr un paradis pour les amoureux du plein air, et on peut y pratiquer un grand nombre d'activités.

La faune (essentiellement des grands herbivores et des oiseaux) et la flore y sont très variées, et il n'y a pas d'animaux dangereux à craindre, hormis les crocodiles et les hippopotames. Les meilleurs lieux d'observation des animaux sauvages et des oiseaux sont le point d'eau du camp principal, et le grand barrage situé au nord. Le secteur entouré d'une barrière près de Reilly's Rock abrite des espèces rares d'antilopes, mais il n'est accessible qu'en participant à un safari guidé.

Activités

Toutes les activités proposées peuvent se réserver à la réception du campement Mlilwane Wildlife Sanctuary Rest Camp ; nous vous recommandons d'explorer le sanctuaire à pied, à vélo ou à cheval.

Équitation

La balade à cheval donne une occasion fantastique d'observer la vie sauvage dans des zones autrement inaccessibles et d'approcher de très près des animaux qui pourraient être farouches à l'approche d'un véhicule.

Chubeka Trails ÉQUITATION

(☎2528 3943 ; www.biggameparks.org/chubeka ; 360 E/heure ; ⏲tlj sur réservation). Cette agence efficacement gérée propose diverses balades équestres pour tous les niveaux. Celle d'une heure est une agréable sortie dans les plaines qui entourent le camp principal. Le nec plus ultra reste le "Rock of Execution Challenge",

MLILWANE WILDLIFE SANCTUARY

Pourquoi y aller Accès facile depuis Mbabane et l'Ezulwini Valley ; possibilité de voir des animaux et des oiseaux toute l'année ; zèbres, phacochères, gnous, nombreuses espèces d'antilopes (dont le rare céphalophe bleu), crocodiles, hippopotames et espèces rares d'oiseaux ; grand choix d'activités ; pas d'animaux dangereux ; excellents hébergements disponibles.

Quand partir Toute l'année.

Informations pratiques Depuis Mbabane ou l'Ezulwini Valley, prenez la MR103 en direction du sud. Dépassez Lobamba ; l'embranchement menant à la réserve est bien indiqué sur la droite.

Faire des économies Pour se loger, les huttes traditionnelles en forme de ruche de la réserve sont agréables et bon marché ; également, une excellente auberge de jeunesse.

qui mène au sommet du pic du Nyonyane (4 heures, 1 020 E, 2 pers minimum).

Randonnée

La réserve offre l'occasion rare de se promener sans guide dans un paysage intact de *bushveld* africain et d'explorer par soi-même les innombrables routes et sentiers qui la sillonnent. La randonnée jusqu'au sommet du mont Nyonyane est l'itinéraire le plus prisé. Une carte est disponible à la réception, et surtout, pas d'inquiétude : il n'y a aucun prédateur. Un guide revient à 150 E par heure.

Il est également possible d'organiser des sorties guidées d'ornithologie (2 heures, 225 E) au camp principal.

Safaris en voiture

Les safaris guidés en voiture sont particulièrement recommandés pour observer la vie sauvage (1 heure 30, 300 E, 2 pers minimum). Possibilité aussi d'effectuer des safaris au lever et au coucher du soleil (2 heures, 390 E).

VTT

Avec son excellent réseau de routes et de sentiers, la réserve est une destination de choix pour la pratique du VTT. Vous trouverez des vélos à louer au camp principal (140 E/heure). Vous pouvez aussi engager un guide (200 E par heure et par pers), mais cela n'est absolument pas indispensable.

Circuits organisés

Un circuit culturel (2 heures, 150 E/pers) vous changera agréablement des safaris. Il vous donnera l'occasion de visiter le foyer d'un chef local (une dame lors de notre passage) et d'approcher la culture swazi rurale. Les réservations (4 pers minimum) s'effectuent au camp principal.

Où se loger et se restaurer

Tous les hébergements de la réserve peuvent se réserver par téléphone ou par e-mail auprès de **Big Game Parks** (☎2528 3943 ; www.biggameparks.org ; ⏲8h-17h lun-ven, 8h30-12h30 sam).

♥ Sondzela Backpackers AUBERGE DE JEUNESSE $

(☎2528 3943 ; www.biggameparks.org/sondzela ; camping 125 E, dort 159 E, s/d avec sdb commune 342/496 E, rondavel s/d avec sdb commune 389/496 E ; P). Adresse de choix pour les petits budgets, le Sondzela, dans la partie sud de la réserve, possède de beaux dortoirs spacieux, des chambres doubles propres et plusieurs ravissants *rondavels* (cases rondes au toit conique) avec vue panoramique. Le charmant jardin, la cuisine commune, la piscine et l'emplacement sur une colline en font l'une des auberges de jeunesse les plus séduisantes d'Afrique australe. Possibilité de petits-déjeuners (45 E) et copieux dîners traditionnels (75 E) cuisinés sur le *braai* extérieur.

En voiture, vous devrez emprunter l'entrée principale du Mlilwane Wildlife Sanctuary, payer le droit d'entrée et traverser le parc jusqu'au Sondzela. L'auberge met également à disposition une navette gratuite qui part à 7h et à 16h pour le Malandela's Restaurant, dans la Malkerns Valley.

Mlilwane Wildlife Sanctuary Rest Camp CAMPING $$

(☎2528 3943 ; www.biggameparks.org/mlilwane ; camping 125 E, cabanes/cases/rondavel/cottage d à partir de 478/531/572/593 E par pers ; P). Ce camping accueillant se tient à 3,5 km de l'entrée, dans un joli cadre boisé où des phacochères viennent parfois errer. Il comprend des *rondavels* bien équipés et des cases sommaires, dont certaines, traditionnelles, sont en forme de ruche (*beehive*). Le Hippo Haunt Restaurant, qui surplombe un point d'eau, sert d'excellentes viandes grillées. Des spectacles de danse ont souvent lieu en soirée et la piscine est un atout appréciable.

Reilly's Rock Hilltop Lodge LODGE $$$
(☎2528 3943 ; www.biggameparks.org/reilly ; s/d en demi-pension à partir de 1 907/2 622 E ; P). Les hôtes de ce lodge colonial à l'ancienne, merveilleusement tranquille, bénéficient d'un luxe discret. Aménagée dans un jardin fabuleux – le Royal Botanic Garden, planté d'aloès, de cycadées et d'un immense jacaranda –, la maison principale abrite quatre chambres jouissant d'une vue splendide sur la vallée et les monts Mdzimba. Le droit d'entrée de la réserve est inclus dans le prix.

Un copieux dîner est servi dans la salle à manger commune, réchauffée par une cheminée, tandis que le petit-déjeuner complet se prend sur la véranda, en admirant les oiseaux, et même, des petites antilopes. Pour plus d'intimité, réservez le Down Gran's Cottage, à 200 m seulement de la maison principale (1 093 E/pers en demi-pension). Établissement réservé aux plus de 13 ans.

Depuis/vers le Mlilwane Wildlife Sanctuary

Depuis Mbabane ou l'Ezulwini Valley, prenez la MR103 en direction du sud. Une fois Lobamba dépassée, l'embranchement pour la réserve sera indiqué sur la droite. Des taxis collectifs empruntent souvent cet itinéraire ; à Mbabane ou Manzini, prenez un taxi collectif allant à Ezulwini (20 min, 10 E) et demandez au chauffeur de vous déposer près de l'entrée de la réserve.

Malkerns Valley

Entre champs de canne et plantations d'ananas, les routes de la Malkerns Valley sont magnifiques. Moins connue que l'Ezulwini Valley voisine, cette vallée recèle pourtant plusieurs boutiques d'artisanat, dont la meilleure du pays (Swazi Candles), une grande diversité d'hébergements, et la meilleure salle de spectacles (House on Fire) d'eSwatini.

Circuits organisés

All Out Africa AVENTURE, CULTURE
(☎2528 3423 ; www.alloutafrica.com ; complexe Mandalela's, MR27, Mahlanya Rd, Manzini ; ⏲8h-17h). Basée dans le bureau d'informations touristiques du complexe Malandela's, cette agence propose des circuits d'aventure et de randonnées dans tout l'eSwatini, au Kruger National Park et à travers l'Afrique du Sud. Le circuit culturel d'une demi-journée à Lobamba (395 E/per, 2 pers minimum) est chaudement recommandé.

Pour de vraies expéditions, faites le circuit aventure de 11 jours, de l'eSwatini au Cap (Cape Town ; 16 430 R), ou le voyage de 7 jours au Mozambique, entre plages et observation des baleines (8 200 R).

Où se loger et se restaurer

Malandela's Guesthouse B&B $$
(☎2528 3115 ; www.malandelas.com ; complexe Mandalela's, MR27, Mahlanya Rd, Manzini ; s/d petit-déj inclus 670/920 E ; P@🛜≋). Une adresse merveilleusement reposante, dotée de six chambres aménagées avec goût, d'une piscine et d'un sensationnel jardin de sculptures. Chaque chambre est décorée sur un thème unique ; notre préférée est l'immense chambre "Purple". Possibilité de manger sur place à l'excellent restaurant (p. 540). Sur la MR27, à 1 km du carrefour avec la MR103. Réservation conseillée.

Rainbird Chalets CHALETS $$
(☎7603 7273, 528 3452 ; www.rainbirdchalets.com ; s/d petit-déj inclus 750/1 300 E ; P❄🛜≋). Son cadre bucolique est le grand atout de cet établissement. Les huit chalets – trois en rondins, cinq en brique –, installés dans un jardin soigné à proximité de la maison des propriétaires, donnent sur une petite retenue d'eau. Ils comptent chacun une

HORS DES SENTIERS BATTUS

NGWEMPISI HIKING TRAIL

Cette **randonnée** de 33 km dans les forêts et les collines des gorges de Ngwempisi se prête très bien à l'observation des oiseaux. La communauté locale propose des hébergements sur le chemin. Comme il n'y a pas de centre d'information pour les visiteurs, nous vous conseillons d'organiser votre hébergement sur place auprès d'All Out Africa (ci-contre), qui propose aussi du tubing dans les environs. Ne serait-ce que pour une journée, cette région exceptionnelle mérite une visite et une courte marche.

VAUT LE DÉTOUR

CIRCUITS CULTURELS

Fier de sa région, Myxo Mdluli dirige **Woza Nawe Tours** (☎7604 4102, 7642 6780 ; www.swazivillage.com ; 1/2 jours nuit comprise 1 350/1 795), qui organise d'excellentes visites et séjours chez l'habitant dans le village de Kaphunga, à 55 km au sud-est de Manzini. Les prix comprennent le transport, les repas et un guide. Les visiteurs participent aux activités du village, telles que la cuisine, la plantation et la récolte.

belle salle de bains et tous les équipements nécessaires. Le petit-déjeuner est servi dans une véranda qui jouit d'une vue magnifique sur les collines. À un peu plus de 1 km de la MR18.

Sambane Cafe CAFÉ $
(☎7677 9902, 2528 3466 ; Swazi Candles Craft Centre ; plats 60-120 E ; ⌚8h-17h ; 🚸). Ce charmant café, installé dans le centre d'artisanat Swazi Candles (voir ci-contre), est idéal pour reprendre des forces après une séance de shopping dans les boutiques d'artisanat voisines. Il sert un excellent choix de pâtisseries, sandwichs, hamburgers et salades maison. Les enfants y trouveront aussi une aire de jeux ombragée. Arrivez tôt car les touristes affamés se ruent ici à l'heure du déjeuner.

Malandela's Restaurant INTERNATIONAL $$
(☎2528 3115 ; www.malandelas.com ; complexe Mandalela's, MR27, Mahlanya Rd, Manzini ; plats 80-160 E ; ⌚12h-21h ; 📶). Dans le complexe Malandela's, une adresse fiable dont la carte éclectique propose, entre autres, viandes grillées, poissons, fruits de mer, salades originales et succulents desserts maison (ne manquez pas le gâteau au chocolat). Le restaurant possède une agréable terrasse et une salle avec cheminée pour l'hiver. Joli éclairage aux bougies le soir.

Où sortir

House on Fire MUSIQUE
(☎2528 2110 ; www.house-on-fire.com ; complexe Mandalela's, MR27, Mahlanya Rd, Manzini). À la fois site culturel, galerie vivante et scène expérimentale, cet endroit, qui fait partie du complexe Malandela's, attire autant les habitants que les voyageurs avec toutes sortes d'événements (théâtre, musique, films africains, raves et autres festivités).

Depuis 2007, il accueille chaque année le MTN Bushfire Festival (voir l'encadré p. 536).

Achats

D'excellentes boutiques sont installées le long de la boucle formée par la route de la Malkerns Valley, en particulier des boutiques d'artisanat d'eSwatini.

Swazi Candles ART ET ARTISANAT
(☎2528 3219 ; www.swazicandles.com ; Malkerns Rd ; ⌚8h-17h). Étape incontournable pour les amateurs de souvenirs, Swazi Candles est l'une des plus célèbres boutiques d'artisanat d'Afrique australe. Vous y découvrirez de jolies bougies colorées avec des pigments, qui représentent des animaux africains (95-250 E) et vous pourrez voir les artisans les mouler à la main. À 7 km au sud de l'embranchement de la MR103 menant à Malkerns.

Yebo! Art Gallery ART ET ARTISANAT
(☎2416 2984 ; yeboartgallery.com ; Swazi Candles Craft Centre ; ⌚8h-17h). Installée dans le centre d'artisanat Swazi Candles, cette boutique-galerie d'art moderne accueille régulièrement des expositions où elle présente les œuvres d'artistes, artisans et designers renommés ou émergents de tout l'eSwatini.

Gone Rural ART ET ARTISANAT
(☎2550 4936 ; www.facebook.com/GoneRural ; complexe Mandalela's, MR27, Mahlanya Rd, Manzini ; ⌚8h-16h45). Dans le complexe Malandela's, ce magasin vend des objets tressés de qualité (paniers, nattes et récipients) fabriqués par des femmes de la région. Le week-end, on peut visiter l'atelier attenant et rencontrer les artisans.

Baobab Batik ART ET ARTISANAT
(☎2528 3242 ; www.baobab-batik.com ; Swazi Candles Craft Centre ; ⌚10h-16h) Cette entreprise de commerce équitable emploie plus de 30 artisans locaux qui créent tentures murales, vêtements et taies de coussin aux jolis imprimés. Dans le centre d'artisanat Swazi Candles (voir ci-dessus).

Depuis/vers la Malkerns Valley

La Malkerns Valley se trouve à environ 7 km au sud de Lobamba/l'Ezulwini Valley sur la MR103. Des taxis collectifs la relient à l'Ezulwini Valley pour environ 12 E. Les boutiques d'artisanat et les hébergements étant éloignés les uns des autres, il faut un véhicule pour vous déplacer. Depuis Manzini, les taxis privés facturent environ 400 E la journée.

Manzini

110 537 HABITANTS

Plus grande ville d'eSwatini, Manzini est un centre des transports important, que vous traverserez sans doute si vous empruntez les transports en commun. C'est un carrefour commercial et industriel chaotique, dont le petit centre est dominé par de grands immeubles de bureaux et deux centres commerciaux bordant les deux artères principales.

Excepté son marché d'artisanat, Manzini n'offre guère d'intérêt pour les touristes.

À voir

Manzini Market MARCHÉ

(angle Mhlakuvane St et Mancishane St ; 6h-18h lun-sam). Principale curiosité de Manzini, ce marché pittoresque offre, à l'étage, de l'artisanat d'eSwatini et d'autres pays d'Afrique. Le jeudi matin, des artisans des campagnes environnantes et des marchands mozambicains viennent vendre leurs produits et leurs textiles aux détaillants.

Où se loger et se restaurer

George Hotel HOTEL D'AFFAIRES $$$

(2505 2260 ; www.tgh.co.sz ; angle Ngwane St et Du Toit St ; s/d petit-déj inclus à partir de 1 230/1 750 E ; P). Ne vous laissez pas rebuter par sa façade modeste et son emplacement quelconque, au bord de la route principale : l'hôtel le plus chic de Manzini s'efforce de créer une atmosphère internationale et propose un choix correct de chambres confortables aux dimensions variées (demandez-en une côté piscine). Sur place également : deux restaurants élégants, un ravissant jardin avec piscine, un petit spa (massages à partir de 200 E) et des salles de conférences.

Manzini

À voir
1 Manzini Market A2

Où se loger
2 George Hotel C1

Où se restaurer
3 Baker's Delight B2
4 Gil Vincente Restaurant C1

Manzini

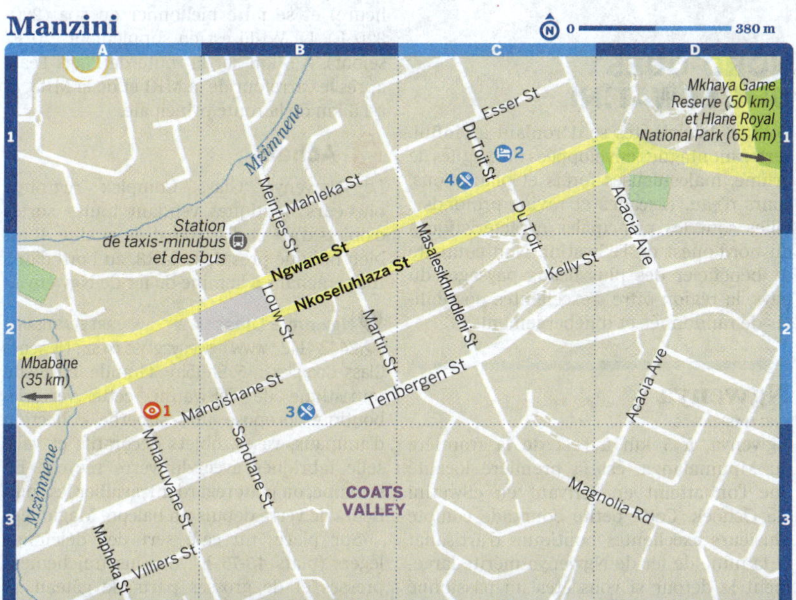

Baker's Delight BOULANGERIE $

(☎2505 9181 ; angle Tenbergen St et Louw St ; en-cas 10-70 E ; ⏲6h30-17h lun-ven, 7h-14h sam). Si vous trouvez la vie insupportable sans éclair au chocolat ou sans scone, retenez l'adresse de cette boulangerie chic. Elle sert aussi des en-cas au déjeuner, notamment des salades et des burgers, et de bons petits-déjeuners.

Gil Vicente Restaurant PORTUGAIS $$

(☎2505 3874 ; Ngwane St ; plats 90-150 R ; ⏲9h-22h mar-dim). Bien que situé dans un centre commercial, ce restaurant attire les gourmands en nombre avec ses savoureux plats d'inspiration portugaise revisités, sa carte des vins correcte, son service efficace et sa décoration élégante. Il ne reste plus qu'à vous régaler d'un *bitoque* (bifteck avec œuf sur le plat), d'un très bon *bacalhau* (morue), de pâtes ou de salades.

Depuis/vers Manzini

Le principal terminus de bus et de taxis collectifs se situe à l'extrémité nord de Louw St, où se garent également quelques taxis privés. Le trajet en taxi collectif via l'Ezulwini Valley jusqu'à Mbabane revient à 40 E (35 min). Les taxis collectifs à destination de la gare routière de Maputo au Mozambique (120 E) partent aussi de cet endroit.

NORD-OUEST DE L'ESWATINI

Collines luxuriantes se déroulant à l'infini, vertes montagnes enveloppées de langues de brume, majestueuses forêts et plantations, cours d'eau, cascades et ravins profonds : telles sont les principales caractéristiques du nord-ouest de l'eSwatini. Non contente de bénéficier des plus beaux paysages du pays, la région offre d'excellentes possibilités de randonnée et d'hébergements.

Ngwenya

1 281 HABITANTS

Ngwenya, à 5 km à l'est de la frontière du Mpumalanga, est la première localité que l'on atteint en arrivant en eSwatini via Oshoek. Cette petite bourgade compte plusieurs excellentes boutiques d'artisanat et la mine de fer de Ngwenya mérite largement le détour si vous êtes un passionné d'Histoire.

À voir

Mine de fer de Ngwenya SITE HISTORIQUE

(30 E ; ⏲8h-16h). Ngwenya est le site de l'une des plus anciennes mines connues au monde. Le centre des visiteurs présente une intéressante exposition de photos et d'anciens outils d'excavation. Pour visiter la mine, à pied ou en voiture, vous devrez être accompagné d'un garde de la réserve, qui vous expliquera son histoire (pourboires appréciés).

Bien que la mine fasse partie de la Malolotja Nature Reserve, il n'est pas possible de poursuivre la visite du reste de la réserve en partant d'ici.

Où se loger et se restaurer

Hawane Resort RESORT $$

(☎2444 1744 ; Hawane ; dort 120 E, chalet s/d avec petit-déj 630/990 E ; P 📶 ❄). Encadrés par les pics Malolotja, ces chalets atypiques mêlent verre et matériaux swazi traditionnels (clayonnage et herbe) à une décoration intérieure ethnique. Les petits budgets sont logés dans une ancienne grange. Le restaurant du complexe hôtelier sert une cuisine africaine (buffet dînatoire 190 E). L'établissement est une base pratique pour explorer la Malolotja Nature Reserve (voir ci-contre), mais certains visiteurs jugent ses prix trop élevés, et son service indolent.

Sur place, on peut monter à cheval (150 E/heure) et se faire bichonner au spa (220-320 E). Le Wi-Fi est en supplément (20 E/séjour). À 5 km sur la route de Piggs Peak, après le carrefour de la MR1 et de la MR3, et à 1,5 km de la route principale.

Achats

Le Ngwenya Glass Complex regroupe plusieurs boutiques vendant toutes sortes d'objets d'art et d'artisanat de qualité. Il est bien indiqué près de la MR3, au bord d'une route menant à la mine de fer de Ngwenya.

♥ **Ngwenya Glass** ART ET ARTISANAT

(☎2442 4142 ; www.ngwenyaglass.co.sz ; Ngwenya Glass Complex ; ⏲9h-15h). Grande curiosité touristique de l'eSwatini, cette verrerie-boutique propose une superbe collection d'animaux, vases, objets décoratifs et vaisselle fabriqués avec du verre recyclé. En semaine, on peut regarder travailler les souffleurs de verre depuis un balcon. Magique !

Sur place, un café sert des déjeuners légers (plats 45-75 E), des jus fraîchement pressés et de grosses parts de gâteau au chocolat.

Quazi Design Process ART ET ARTISANAT
(☎à Mbabane 2422 0193 ; www.quazidesign.com ; Ngwenya Glass Complex ; ⏲9h-16h lun-ven). Tenue par un groupe de femmes, cette boutique vend des accessoires durables et modernes au design avant-gardiste, fabriqués à Mbabane avec du papier recyclé.

Tsandza Weaving ART, ARTISANAT
(☎7681 3595, 2518 8867 ; www.tsandzaweaving.com ; Ngwenya Glass Complex; ⏲8h-16h lun-ven). Cette charmante boutique vend des articles colorés et de qualité (châles brodés main, sacs, couvertures...).

Depuis/vers Ngwenya

Ngwenya, à seulement 5 km du poste-frontière d'Oshoek, est aisément accessible en voiture. Des taxis collectifs circulent entre Mbabane et la verrerie (12,50 E, 25 min). Certains peuvent aussi vous déposer à la verrerie depuis la frontière, mais cela les fera dévier de l'itinéraire habituel et vous coûtera sûrement un supplément.

Malolotja Nature Reserve

Site naturel de tout premier rang en eSwatini, la magnifique **Malolotja Nature Reserve** (☎7660 6755 ; www.facebook.com/malolotjanaturereserve ; adulte/enfant 70/50 E ; ⏲6h-18h) est un authentique territoire sauvage et accidenté, majoritairement intact. La réserve est sillonnée de cours d'eau et traversée par trois rivières, dont la Komati. Celle-ci coule vers l'est à travers une gorge, se transformant en une série de chutes et de rapides jusqu'à atteindre le *lowveld*. Sans surprise, c'est un terrain de jeu sensationnel pour les amoureux de la nature, et avec plus de 280 espèces d'oiseaux, c'est aussi le paradis des ornithologues.

De leur côté, les amateurs de botanique ne seront pas en reste : fleurs sauvages et plantes rares contribuent à la beauté du lieu, et comprennent plusieurs espèces endémiques d'Afrique (dont diverses cycadées).

En revanche, ne comptez pas voir beaucoup de grands mammifères. C'est le paysage, plutôt que les animaux sauvages, qui est l'atout majeur de la réserve. Ceci dit, vous apercevrez certainement différentes espèces d'antilopes, ainsi que des petits troupeaux de zèbres et de gnous.

Activités

Malolotja offre certains des plus beaux sentiers de **randonnée** d'eSwatini, pour de courtes balades ou des expéditions de plusieurs jours – n'oubliez pas vos chaussures de marche ! Parmi les randonnées connues et très prisées, citons le Komati River Trail (8 km) et la Malolotja Falls Walk (11,5 km), qui offre une vue superbe sur la Malolotja Valley.

Des cartes recensant les différents itinéraires sont disponibles gratuitement à la réception de la réserve. Consultez également le site Internet de la SNTC (www.sntc.org.sz/tourism/malolotjawalks.asp) pour une description des balades et chemins de randonnée.

Malolotja Canopy Tour CIRCUIT DANS LA CANOPÉE
(☎7660 6755 ; malolotjacanopytour.com ; 750 E ; ⏲8h-14h). Ce circuit est incontournable pour qui souhaite découvrir la Malolotja Nature Reserve sous un angle différent. Il

VAUT LE DÉTOUR

PHOPHONYANE FALLS ECOLODGE & NATURE RESERVE

Ce petit coin de paradis se trouve à 14 km au nord de Piggs Peak. Il comblera ceux qui cherchent à s'éloigner des sentiers battus, au propre comme au figuré. Le **lodge** (☎7604 2802, 2431 3429 ; www.phophonyane.co.sz ; s/d tente safari avec sdb commune 1 130/1 610 E, s/d case ruche 1 750/2 520 E, d cottage 2 360 E ; P), au bord d'une rivière, a sa propre réserve naturelle, composée d'une luxuriante forêt de plantes indigènes. L'hébergement se fait dans de confortables cottages, d'élégantes huttes traditionnelles et des tentes safari de luxe donnant sur des cascades.

Plusieurs chemins de randonnée sillonnent les alentours de la rivière et des cascades. L'accès à la réserve est payant (40/30 E par adulte/enfant) pour tous les visiteurs, même ceux séjournant au lodge. D'excellents repas sont servis dans l'élégante salle à manger. Tournez à hauteur des panneaux indiquant les "Phophonyane Falls" ; il reste ensuite 4,5 km à parcourir sur une piste en terre.

MALOLOTJA NATURE RÉSERVE

Pourquoi y aller Superbes paysages de montagne ; terrain très propice à la randonnée et au VTT ; nombreux oiseaux et flore très variée ; pas d'animaux dangereux ; unique circuit dans la canopée du pays.

Quand partir Toute l'année, mais il faut s'attendre à d'épais brouillards entre octobre et mars.

Informations pratiques Certaines parties de la route sont très érodées. Un 4x4 est nécessaire pour les parcourir par temps de pluie.

Faire des économies La réserve possède des infrastructures de camping.

vous fera traverser la luxuriante canopée de Malolotja en empruntant 10 tyroliennes (avec 11 plateformes en bois) et un pont suspendu de 50 m de long. Le parcours est très sûr, et on peut le suivre en parfait débutant.

Le restaurant du parc est le point de départ de ce circuit. De là, un véhicule vous emmène à 15 minutes de marche de la première tyrolienne. Les circuits démarrent toutes les 30 minutes.

Où se loger et se restaurer

Malolotja Cabins BUNGALOWS $

(www.facebook.com/malolotjanaturereserve ; bung adulte/enfant 400/200 E ; P). Ces confortables bungalows en bois, tout équipés avec coin cuisine, peuvent loger jusqu'à cinq personnes chacun. À proximité de la réception de la réserve, ils offrent une vue ravissante sur les montagnes. Le restaurant (plats 50-110 E) vous accueillera si vous n'avez pas envie de cuisiner.

Malolotja Camping CAMPING $

(camping adulte/enfant 200/100 E). Le terrain de camping principal se situe près de la réception. Il est bien équipé, avec sanitaires (eau chaude) et aire de *braai* (barbecue).

Depuis/vers la Malolotja Nature Reserve

L'entrée de la réserve est à environ 35 km au nord-ouest de Mbabane, sur la route de Piggs Peak (MR1). Elle est bien indiquée. Pour y aller en transport en commun depuis Mbabane, prenez un taxi collectif en direction de Piggs Peak, et dites au chauffeur que vous allez à Malolotja. Depuis la route, il faudra marcher 2 km jusqu'à la réception.

Komati Valley

Avec ses majestueux paysages de montagne, son atmosphère rurale et l'imposant Maguga Dam (barrage), la vallée de la Komati, à l'est de la Malolotja Nature Reserve, est un petit paradis. Difficile de croire que Mbabane n'est qu'à quelques encablures par la route.

Des taxis collectifs circulent régulièrement sur la MR1 entre Mbabane et Piggs Peak (35 E, 1 heure). Pour aller au Maguga Dam, il vous faudra monter jusqu'à Piggs Peak et y prendre un autre taxi collectif (16 E, 25 minutes). Les routes sont en bon état, à l'exception de quelques nids-de-poule, et l'on peut rouler quasiment partout sans avoir besoin d'un 4x4.

À voir

Maguga Dam SITE EMBLÉMATIQUE

Ce beau barrage au bord de la Komati a été construit pour assurer l'irrigation et la fourniture en énergie des communautés locales. Ses eaux scintillantes entourées par la silhouette massive des collines du *highveld* composent un cadre de carte postale.

Nsangwini Rock Art Shelter ART RUPESTRE

(☎7812 1139 ; adulte/enfant 50/25 E ; ⊙9h-16h). Les passionnés de culture adoreront ce site archéologique géré par une communauté locale. Des peintures rupestres, bien préservées, ornent un petit abri rocheux perché au-dessus de la Komati, avec une belle vue sur les montagnes. Elles représentent entre autres un groupe de quatre humains, probablement des chamans, aux côtés de deux silhouettes ailées, mi-hommes mi-oiseaux, ainsi qu'une peinture rupestre unique en eSwatini, celle d'un gnou bleu. Découverte dans les années 1950 et difficile à dater, la grotte était certainement habitée par des San de Nsangwini. Le site est indiqué depuis la route principale de Piggs Peak et depuis la route circulaire du Maguga Dam : suivez la piste sur 7,5 km.

Attention : les conditions sont parfois mauvaises après la pluie. Un guide local vous conduira sur un chemin pentu et rocailleux (15 minutes à la descente, 20 minutes à la montée) et vous donnera de brèves explications sur les lieux.

Où se loger et se restaurer

Maguga Dam Lodge LODGE $$
(☎2437 3975 ; www.magugalodge.com ; Maguga Dam ; camping 160 E, s/d avec petit-déj 760/1 150 E ; P❄📶🏊). Bénéficiant d'un emplacement magnifique sur la rive sud du Maguga Dam, cet établissement décontracté jouit d'une vue imprenable sur le barrage et les collines environnantes. Il se compose de deux campings bien équipés, de quelques *rondavels* spacieux et très lumineux, et d'un excellent restaurant (plats 65-85 E) dont la terrasse surplombe le barrage.

À proximité, un site d'art rupestre renferme des peintures moins bien conservées que celles du Nsangwini Rock Art Shelter tout proche. Diverses activités sont proposées, telles que pêche (120 E avec votre propre matériel), excursions culturelles (120 E/pers), randonnée (à partir de 120 E/pers) et sorties en bateau (adulte/enfant 170/80 E pour 1 heure). Et si vous préférez vous reposer, le spa prodigue différents massages (170-400 E).

Maguga Viewpoint Restaurant BURGERS $
(☎2437 1056, 7606 5519 ; plats 50-70 E ; ⏲8h-17h ; P). D'aspect plus négligé que celui du Maguga Dam Lodge, ce restaurant jouit d'une belle terrasse surplombant le barrage. Plusieurs chemins de randonnée partent de l'établissement pour mener à différents points de vue. La carte inclut burgers, steaks et sandwichs, mais tout ne sera pas forcément disponible lorsque vous commanderez.

NORD-EST DE L'ESWATINI

Région reculée, nichée au pied des monts Lebombo, le *lowveld* du nord-est de l'eSwatini est le meilleur endroit du pays pour observer la faune. La zone compte deux splendides réserves – le Hlane Royal National Park et la Mkhaya Game Reserve (p. 548) –, ainsi que quelques autres moins connues, et qui n'attendent pourtant que d'être découvertes. Si vous avez envie d'action, les rapides impétueux du fleuve Maputo (Great Usutu ou Lusutfu) combleront toutes vos attentes.

Hlane Royal National Park

Le **Hlane Royal National Park** (☎2383 8868, 2528 3943 ; www.biggameparks.org/hlane ; 55 E ; ⏲7h-18h) fait partie de l'élite des parcs sauvages d'eSwatini, et l'on comprend aisément pourquoi. Vous y croiserez la plupart des animaux vedettes des safaris, à l'exception des buffles. Plus grande zone protégée du pays, cette réserve bien organisée est peuplée d'éléphants, de lions, de léopards, de rhinocéros blancs et de nombreuses espèces d'antilopes dans un cadre merveilleusement paisible. On trouve même hippopotames et éléphants autour du Ndlovu Camp, à quelques mètres des cottages où logent les touristes. Entre randonnées dans le bush, safaris en voiture, VTT et circuits culturels, vous trouverez largement de quoi vous occuper.

Activités

Toutes les activités se réservent au Ndlovu Camp (p. 546).

Randonnées dans le bush
La réserve propose des randonnées guidées et des excursions d'observation des oiseaux (270 E/pers, 2 pers minimum) permettant de voir éléphants et rhinocéros. Les marcheurs aguerris et les passionnés de brousse pourront participer aux randonnées Ehlatsini

VAUT LE DÉTOUR

SHEWULA MOUNTAIN CAMP

Ce **campement** (☎7605 1160, 7603 1931 ; www.shewulacamp.org ; Shewula ; camping 90 E, s/d 350/440 E) géré par une communauté est merveilleusement isolé du monde, à 37 km au nord-est de Simunye, dans les monts Lubombo (21 km de route goudronnée et 16 km de piste de terre ; tournez à hauteur des panneaux indiquant Shewula). L'hébergement est assez rudimentaire – on peut camper ou loger dans des *rondavels* en pierre et chaume (sans électricité) avec blocs sanitaires communs (trois ont une salle de bains).

Les paysages sont sensationnels, et l'endroit donne un aperçu de la vie rurale. Entre autres activités, on peut participer à des visites guidées à pied dans les villages voisins. Possibilité de faire préparer des repas de cuisine locale.

HLANE ROYAL NATIONAL PARK

Pourquoi y aller Présence de quatre des Big Five, les animaux les plus emblématiques d'Afrique ; unique réserve d'eSwatini peuplée de lions ; safaris en voiture centrés sur les rhinocéros ; excellent hébergement ; bonnes possibilités d'observer les oiseaux ; différentes activités proposées.

Quand partir Toute l'année.

Informations pratiques Vous pourrez en explorer la plus grande partie avec une voiture classique, à l'exception du territoire des lions, uniquement accessible en circuit organisé.

Faire des économies Le Ndlovu Camp dispose d'infrastructures de camping.

Bush Trails (1/2 jours en pension complète 1 720/2 755 E, avr-sept uniquement, 2 pers minimum). Ces marches incluent 1 ou 2 nuits, tout compris, et passent par des zones du parc moins connues. Pour les randonnées de plus d'une journée, la réservation est nécessaire.

Safaris en voiture

Grands mammifères et prédateurs sont l'atout majeur du Hlane National Park. Le plus simple pour les voir est de participer à un safari à bord d'un véhicule ouvert. Les safaris au lever et au coucher du soleil (2 heures 30, 415 E/pers), réservés à ceux qui logent au Ndlovu Camp, sont parfaits pour observer les animaux et prendre des photos. Ils passent par le territoire des lions, que l'on a de bonnes chances d'apercevoir. Le safari consacré aux rhinocéros blancs (1 heure 30, 300 E) permet de sortir du véhicule pour approcher de très près ces géants menacés.

VTT

Le VTT est un moyen amusant et écologique de découvrir le *bushveld*. Les sorties guidées, menées par des gardes forestiers expérimentés, coûtent 280 E et durent 2 heures (2 pers minimum). Elles partent du Ndlovu Camp à l'aube.

Circuits organisés

Vous avez eu votre compte d'antilopes, de rhinocéros et de lions ? Optez pour le circuit culturel "Umphakatsi Experience" (2 heures ; 150 E/pers, 4 pers minimum), une excursion organisée par le Ndlovu Camp (voir ci-dessous), qui vous permettra de visiter un village et de découvrir la culture swazi traditionnelle. Vous devrez avoir votre propre véhicule.

Où se loger et se restaurer

Ndlovu Camp CAMPING, COTTAGES **$$**
(☎2528 3943 ; www.biggameparks.org/hlane ; camping 125 E, rondavels s/d 745/1 140 E, cottages à partir de 775/1 180 E ; P). Délicieusement décontracté, le spacieux Ndlovu Camp comprend un restaurant plein de cachet à la cuisine remarquable. Les visiteurs sont hébergés dans des *rondavels* ou des cottages tout équipés, mais sans électricité (lanternes à huile fournies). Il est également possible de planter sa tente sur un terrain herbeux. Le Ndlovu se trouve immédiatement après l'entrée principale du parc, près d'un point d'eau où viennent s'abreuver hippopotames et rhinocéros.

Le soir, ne manquez pas les danses traditionnelles autour du feu de camp.

Bhubesi Camp BUNGALOWS **$$**
(☎2528 3943 ; www.biggameparks/hlane ; d cottage/rondavel à partir de 560/530 E ; P). Dans un environnement vierge et isolé à 14 km du Ndlovu Camp, le Bhubesi Camp loue de jolis bungalows de pierre avec cuisine pour quatre personnes. Entourés d'une végétation luxuriante, ils donnent sur une rivière et sur de vertes étendues. On peut s'y promener librement, cette partie du parc étant dépourvue d'animaux dangereux. Il y a l'électricité mais pas de restaurant.

Depuis/vers le Hlane Royal National Park

L'entrée du parc se trouve à environ 7 km au sud de Simunye (elle est indiquée). Si vous n'avez pas de véhicule, vous pouvez réserver une visite auprès de **Swazi Trails** (☎2416 2180 ; www.swazitrails.co.sz ; circuit 1 journée à partir de 3 250 E au départ de l'Elzuwini Valley).

Mlawula Nature Reserve

La tranquille **Mlawula Nature Reserve** (☎2383 8885, 2343 5108 ; www.facebook.com/mlawula ; adulte/enfant 100/50 E ; ⏲6h-18h), où les plaines du *lowveld* rejoi-gnent les monts Lebombo, abrite entre autres diverses espèces d'antilopes, quelques hyènes tachetées et de nombreux oiseaux.

Ne soyez toutefois pas trop ambitieux dans vos attentes : les animaux sauvages sont ici plus farouches que partout ailleurs dans le pays, et les infrastructures touristiques très limitées. Le véritable atout de la réserve est son réseau de sentiers de randonnée qui sillonne de splendides paysages. Il existe 10 itinéraires de randonnée à parcourir en indépendant, allant de la balade d'une heure à la randonnée d'une journée complète. Procurez-vous le dépliant *Trails and Day Walks* à l'entrée.

L'embranchement menant à l'entrée de la réserve est situé à 10 km au nord de Simunye, d'où il reste encore 4 km à parcourir depuis la route principale. Il vous faudra un véhicule pour visiter la réserve. Les taxis collectifs allant de Manzini à Lomahasha (45 E, 1 heure 30) peuvent bien vous y déposer, mais une fois descendu sur la route principale, vous devrez marcher.

Où se loger et se restaurer

La réserve compte un camping et un cottage tout équipé, mais ni l'un ni l'autre ne sont de très bonne qualité.

Magadzavane Lodge CHALETS $$
(☎2343 5108, 7806 8931 ; www.facebook.com/officialmagadzavanelodge ; Mhlumeni Siteki ; d avec petit-déj à partir de 780 E ; P). Cette excellente option se compose de 20 chalets ravissants, dans la partie sud de la réserve et en lisière de l'escarpement de Lebombo. La vue sur la vallée en contrebas est somptueuse. Vous trouverez sur place un restaurant et une petite piscine à débordement. De l'entrée nord, il faut parcourir 17 km sur une route gravillonnée. Les derniers kilomètres sont en pente très raide (mais praticables avec un véhicule classique par temps sec).

Mbuluzi Game Reserve

Cette petite **réserve privée** (☎2383 8861, 7625 9380 ; www.mbuluzi.com ; adulte/enfant 60/30 E ; ⊙6h-18h), sillonnée de plusieurs chemins de randonnée, abrite une faune diverse, dont des girafes, des zèbres, des phacochères, des gnous et plusieurs espèces d'antilopes. Les amateurs d'ornithologie seront comblés car on a recensé ici plus de 300 espèces d'oiseaux, dont des espèces rares ou peu courantes. La route publique scinde la réserve en deux. Dans la partie sud, la population d'animaux sauvages est plus dense, tandis que la partie nord se caractérise par de remarquables paysages de montagne. L'essentiel du site est accessible avec un véhicule standard grâce à des routes de gravier bien entretenues, et il n'est pas nécessaire de partir avec un guide. Il y a également un bon réseau de sentiers de randonnée clairement indiqués.

L'embranchement qui mène à Mbuluzi est le même que pour Mlawula ; l'entrée de la réserve se trouve à 500 m du croisement, sur la gauche. Vous pouvez aussi prendre à Manzini un taxi collectif allant à Lomahasha (45 E, 1 heure 30), descendre à l'embranchement menant à Mbuluzi, puis marcher.

Mbuluzi Camping CAMPING $
(☎2383 8861 ; www.mbuluzi.com ; empl camping 150 E, tente safari s/d 350/550 E). Des emplacements de camping sont disponibles près de la Mbuluzi, dans la partie nord de la réserve.

RAFTING ET SPÉLÉO

L'un des principaux attraits de l'eSwatini est le rafting sur le Maputo (Great Usutu ou Lusutfu). Calme et plate par endroits, le fleuve devient impétueux et profond à d'autres. Aux alentours de la Mkhaya Game Reserve, il traverse une gorge et se transforme en une série de rapides, praticables toute l'année.

Swazi Trails (p. 533), le meilleur prestataire pour le rafting, organise des sorties d'une demi-journée/journée (1 300/1 100 E par pers, repas et transport compris, 2 pers minimum). Descente en rappel et sauts du haut des falaises sont possibles en hiver pour une montée d'adrénaline supplémentaire.

Pour éprouver le grand frisson, les circuits aventure de spéléologie de ce tour-opérateur offrent un rare aperçu du monde fascinant des explorations spéléologiques. À quelques kilomètres de Mbabane, l'immense grotte de Gobholo est inexplorée à 98%. Vous aurez le choix entre un départ à 8h30 (800 E) et un autre à 16h30 (950 E ; inclut bain dans des sources chaudes, pizza et bière).

MKHAYA GAME RESERVE

Pourquoi y aller Safaris les plus sélects d'eSwatini ; authenticité d'une région vraiment sauvage ; rencontre de *très près* avec les rhinocéros ; hébergement pittoresque ; excellents safaris en voiture et sensationnelles marches dans le bush, guidés par des experts.

Quand partir Toute l'année.

Informations pratiques Impossible de visiter la réserve sans réservation, et même alors, vous ne pourrez pas vous y rendre seul. On viendra vous chercher à une heure précise – 10h ou 16h – à un point de rendez-vous près de Siphofaneni, et vous serez escorté au poste des rangers, où vous devrez laisser votre véhicule.

Faire des économies Si les circuits à la journée sont possibles, l'idéal est de rester au moins une nuit (meilleur rapport qualité/prix).

Vous y trouverez du bois de chauffe et des blocs sanitaires avec douches chaudes.

Singwe Lodge LODGE $$
(☎2383 8861 ; www.mbuluzi.com ; 680 E/pers, 2 pers minimum ; P ❄ ≋) Sur la rive de la Mlawula, ce lodge comprend quatre chambres avec salle de bain, climatisation, salon et TV satellite, mais vous passerez certainement votre temps à l'extérieur, à profiter de la piscine ou à observer les martins-pêcheurs géants depuis votre terrasse.

Mkhaya Game Reserve

Joyau des parcs swazi, la **Mkhaya Game Reserve** (☎2528 3943 ; biggameparks.org) est réputée pour ses populations de rhinocéros noirs et de rhinocéros blancs (il paraîtrait que l'on a ici plus de chances d'en croiser que partout ailleurs en Afrique, et d'après notre expérience, c'est vrai). On peut aussi voir antilopes rouannes, hippotragues noirs, girafes, sassabis et buffles, ainsi qu'une grande diversité d'oiseaux. Vous aurez peut-être la chance d'apercevoir des trogons narina et d'autres espèces rares d'oiseaux.

Les enfants de moins de 10 ans ne sont pas admis dans le parc.

Activités

Randonnées dans le bush

Activité phare de Mkhaya, les randonnées guidées dans le bush sont un moyen idéal d'approcher les animaux sauvages, en particulier les rhinocéros blancs. On descend périodiquement du véhicule ouvert pour les pister à pied en compagnie d'un ranger expérimenté – l'occasion d'apprendre maintes choses sur le comportement de ces animaux. Inoubliable !

Les randonnées dans le bush commencent à 6h, 10h30 et 15h. Pour y participer il faut séjourner au Stone Camp plus d'une nuit ou, si l'on n'y reste qu'une nuit, arriver au camp par le convoi de 16h (randonnée 1 nuit/2 nuits 1 720/2 755 E, 4 pers minimum).

Safaris en voiture

Les safaris à bord de véhicules ouverts sont inclus dans le prix de l'hébergement au Stone Camp. Pour les clients logeant sur place, ils sont organisés tôt le matin et en fin d'après-midi. Pour les visiteurs d'une journée, un safari en deux parties avec déjeuner compris est proposé (10h-16h, 890 E/pers).

Où se loger et se restaurer

♥ **Stone Camp** LODGE $$$
(☎2528 3943 ; www.mkhaya.org ; ch en demi-pension avec activités à partir de 2 405 E/pers, package 24h à partir de 2 987 E ; P). Rêve devenu réalité pour les amoureux de la nature, le Stone Camp se compose de cottages en pierre et chaume semi-ouverts. À la fois luxueux et rustiques, ils sont installés dans des secteurs isolés du bush et possèdent même des toilettes avec vue ! Les safaris en voiture et à pied, ainsi que les repas, sont inclus dans les prix, ce qui en fait une bonne affaire en comparaison de nombre de réserves privées d'Afrique australe : vous n'avez plus qu'à vous laisser imprégner par la magie des lieux ! Pas d'électricité, mais les lanternes à l'huile de paraffine sont fournies.

Depuis/vers la Mkhaya Game Reserve

La réserve se situe à proximité du hameau de Phuzumoya, près de la route Manzini-Big Bend (la sortie est indiquée sur la MR8). Des rangers viendront vous chercher au point de rencontre pour vous mener au camp et vous trouverez un parking sécurisé à leur poste de garde.

Depuis Manzini, vous pouvez aussi prendre un taxi collectif à destination de Lomahasha (45 E, 1 heure 30) ; il vous déposera au point de rencontre.

Comprendre l'Afrique du Sud, le Lesotho et l'eSwatini

DIRK BRINK / SHUTTERSTOCK ©

MD_PHOTOGRAPHY / SHUTTERSTOCK ©

1. Floraison des fleurs sauvages au Namaqualand (p. 495)

2. Le *braai*, barbecue traditionnel sud-africain (p. 593)

3. Musiciens basotho (p. 592)

Histoire

En Afrique du Sud, le passé ressurgit à chaque tournant. Des peintures rupestres aux graffitis urbains, des champs de bataille isolés aux sobres mémoriaux de l'apartheid, chaque espace rappelle la douleur et l'injustice, tout en évoquant l'espoir. En voyageant dans ce pays, vous ferez une véritable plongée dans une histoire tumultueuse et passionnante.

Des débuts difficiles

De fascinantes peintures rupestres indiquent que des chasseurs-cueilleurs san nomades vivaient dans l'actuelle Afrique du Sud il y a 25 000 ans, voire 40 000 ans. Un petit nombre de San vivent toujours dans le pays, faisant perdurer l'une des plus anciennes civilisations continues au monde.

Avant cette époque, les faits sont incertains. De nombreux fossiles trouvés à Sterkfontein, près de Johannesburg, prouvent que la région du Gauteng était sans doute aussi peuplée à l'époque préhistorique qu'aujourd'hui. Des hominidés vivaient dans le *highveld* (haut veld) il y a au moins 3 millions d'années. Ils essaimèrent au-delà de l'Afrique vers l'Europe et l'Asie il y a environ 1 million d'années. Quelque 100 000 ans avant notre ère apparut l'*Homo sapiens*. Bien que ce point reste sujet à controverse, des fossiles mis au jour près de l'embouchure de la Klasies, dans le Cap-Oriental (Eastern Cape), indiquent que des *Homo sapiens* auraient été présents en Afrique du Sud il y a 90 000 ans.

L'actuelle Afrique du Sud changea profondément il y a environ 2 000 ans, quand les Khoikhoi ("hommes des hommes", également appelés "Hottentot"), un peuple d'éleveurs, arrivèrent sur les terres des San et y introduisirent les concepts de richesse personnelle et de propriété. Les deux groupes se mélangèrent et les chasseurs-cueilleurs san acquirent à leur tour du bétail. Les Khoisan, tels qu'on appelle aujourd'hui les San et les Khoikhoi, commencèrent à créer des communautés plus établies et plus pérennes, ainsi que des chefferies. Certains d'entre eux migrèrent de l'intérieur des terres vers le sud, en direction de la côte, tandis que

Pour mieux comprendre l'histoire tourmentée de la nation arc-en-ciel, procurez-vous l'ouvrage de François-Xavier Fauvelle, *Histoire de l'Afrique du Sud* (Points, 2016).

CHRONOLOGIE

40 000-25 000 av. J.-C.

Les San – les premiers habitants de l'Afrique du Sud – réalisent des peintures rupestres qui décrivent leur mode de vie nomade et leurs traditions.

500

Des siècles de migrations depuis le delta du Niger culminent avec l'arrivée de peuples de langue bantoue dans l'actuel KwaZulu-Natal.

1200-1270

La cité marchande prospère de Mapungubwe (Limpopo) devient le centre du plus grand royaume d'Afrique subsaharienne, et noue des liens commerciaux avec l'Égypte, l'Inde et la Chine.

LE PEUPLE ÉLU

Le mode de vie et la culture boers – réels et idéalisés – ont eu une influence majeure sur l'histoire de l'Afrique du Sud. Alors que nombre de membres de la première expédition de la VOC (Compagnie hollandaise des Indes orientales) avaient l'intention de rentrer en Europe un jour, les Boers ne tardèrent pas à se considérer comme une communauté distincte qui devait s'établir de façon permanente en Afrique du Sud.

En vertu de leurs croyances calvinistes, ils se considéraient comme le peuple élu de Dieu, dont le devoir était de civiliser leurs voisins noirs afin d'assurer le salut de leur âme. Selon certains historiens, le calvinisme, et en particulier sa doctrine de prédestination, a engendré le concept afrikaner de supériorité raciale : la séparation des races, un ordre divin, justifiait tous les efforts pour préserver la pureté de la race blanche sur sa terre promise.

quelques groupes de chasseurs-cueilleurs san traditionnels continuèrent à peupler l'arrière-pays.

Lisez le beau livre de David Lewis-Williams, *L'Art rupestre en Afrique du Sud : mystérieuses images du Drakensberg* (Seuil, 2003).

De nouveaux arrivants

Vers 500, des tribus de langue bantoue, originaires du delta du Niger en Afrique de l'Ouest, s'installèrent en Afrique australe. Leur venue marqua la fin d'une migration qui avait commencé vers 1 000 av. J.-C. et atteint son apogée avec l'arrivée des premiers groupes dans l'actuel KwaZulu-Natal.

Totalement différents des chasseurs-cueilleurs san, les Bantous vivaient dans des villages et élevaient du bétail. Habiles forgerons, ils cultivaient la terre, faisant pousser du maïs et d'autres plantes.

Les Bantous, dont descendent la plupart des Sud-Africains, s'enracinèrent rapidement dans leurs nouvelles terres. Les ancêtres des peuples nguni (Zoulous, Xhosa, Swazi et Ndebele) s'installèrent près de la côte ; les Sotho-Tswana (Tswana, Pedi et Basotho) migrèrent dans le *highveld*, tandis que les Venda, Lemba et Shangaan-Tsonga s'établirent dans le nord-est de l'actuelle Afrique du Sud.

Laurens Van der Post, dans *Le Monde perdu du Kalahari* (Payot, 2003), propose un intéressant point de vue extérieur sur le peuple et la culture des San en Afrique du Sud.

Les premiers royaumes

Les collines et savanes du nord-est de l'Afrique du Sud sont parsemées de ruines et d'artefacts laissés par les royaumes de l'âge du fer, très organisés, qui prospérèrent entre le XIIIe et le milieu du XVIIe siècle.

Le premier grand royaume, le Mapungubwe, se trouvait dans l'actuelle province du Limpopo, au confluent du Limpopo et du Shashe, où convergent le Botswana, le Zimbabwe et l'Afrique du Sud. Ses habitants – les ancêtres de l'actuel peuple shona – étaient des fermiers, mais le royaume devait sa puissance au commerce de l'or et d'autres

1487

L'explorateur portugais Bartolomeu Dias franchit le cap de Bonne-Espérance. Son périple marque le début d'une longue implication européenne en Afrique du Sud.

1497

Le Natal est baptisé par Vasco de Gama en référence à Noël, puisque c'est la date à laquelle il découvre ses côtes.

1652

La Compagnie hollandaise des Indes orientales, en quête d'une escale stable sur sa route vers l'est, fonde la première colonie européenne permanente au Cap, dirigée par Jan Van Riebeeck.

1657

La Compagnie hollandaise des Indes orientales libère des employés pour qu'ils fondent des fermes et approvisionnent la colonie. Ces *burghers* (citoyens) s'installent sur les terres des Khoikhoi.

marchandises. Des poteries, des perles, des coquillages et divers artefacts trouvés sur place indiquent que le Mapungubwe était l'un des principaux carrefours marchands de l'arrière-pays sud-africain de 1220 à 1300. Son réseau d'échanges s'étendait vers l'est jusqu'à la côte, puis vers l'Égypte, l'Inde et la Chine.

Le déclin du Mapungubwe coïncida avec l'essor du premier royaume shona, aux structures similaires mais plus vaste, dans ce qu'on appelait alors le Grand Zimbabwe (l'actuel Zimbabwe) : le centre du commerce s'était déplacé vers le nord.

Avec l'abandon du Grand Zimbabwe au milieu du XVe siècle, plusieurs des premiers groupes shona revinrent au sud du fleuve Limpopo, dans le nord de l'actuel Kruger National Park. Ils établirent de nombreux villages dans la région de Pafuri, ainsi que le royaume fortifié de Thulamela, le dernier des grands royaumes de l'âge du fer tardif, qui s'épanouit du milieu du XVIe au milieu du XVIIe siècle. Plusieurs artefacts de Thulamela, notamment un gong en fer semblable à ceux trouvés au Ghana, montrent que ce royaume entretenait des relations marchandes avec l'Afrique de l'Ouest.

Les premiers Européens

À part l'explorateur Bartholomeu Dias qui baptisa le Cabo da Boa Esperança (cap de Bonne-Espérance) en 1487, les Portugais ne s'intéressèrent guère à l'Afrique du Sud, lui préférant la côte mozambicaine, au nord-est.

À la fin du XVIe siècle, ils étaient sérieusement concurrencés par les Anglais et les Hollandais le long de leurs itinéraires marchands.

En 1647, un navire hollandais s'échoua dans Table Bay, sur le site de l'actuelle ville du Cap. Les naufragés y construisirent un fort et y demeurèrent un an avant d'être secourus : ils furent les premiers Européens à tenter de s'établir dans la région. Peu après, la Vereenigde Oost-Indische Compagnie (VOC ; Compagnie hollandaise des Indes orientales), l'une des principales maisons de négoce européennes à emprunter la route des épices vers l'Orient, décida d'y installer une base permanente. Une petite expédition de la VOC, commandée par Jan Van Riebeeck, arriva dans Table Bay en avril 1652.

À peine descendus des bateaux, les Hollandais se retrouvèrent au milieu des Khoikhoi. Les nouveaux colons commercèrent avec leurs voisins khoikhoi par nécessité, mais ils veillèrent cependant à limiter les contacts. Pour remédier à la pénurie de main-d'œuvre, la VOC libéra un petit groupe d'employés néerlandais afin qu'ils fondent leurs propres fermes et alimentent la colonie. Cet arrangement fut un succès.

Ces *burghers* ("citoyens") étaient pour la plupart des fermiers d'origine hollandaise et membres de l'Église calviniste réformée des Pays-Bas,

Le roman *L'Insecte missionnaire* (Actes Sud, 2007) d'André Brink évoque la vie dans la colonie du Cap à la fin du XVIIIe siècle et au XIXe siècle, offrant un contraste saisissant avec les réalités de l'époque de l'apartheid.

1658
Les Hollandais font venir les premiers esclaves, originaires de Madagascar et d'Indonésie, en Afrique du Sud.

1660
Jan Van Riebeeck plante une haie d'amandiers pour séparer les Hollandais des Khoikhoi – un premier pas vers le régime de l'apartheid.

1786
Naissance de Moshoeshoe, fondateur de la nation basotho qui deviendra le Lesotho. Shaka, futur roi des Zoulous, naît l'année suivante.

1814
Les Britanniques, soucieux d'évincer les Français, imposent leur souveraineté sur Le Cap, tandis que la puissance commerciale des Hollandais décline.

mais ils comptaient aussi dans leurs rangs de nombreux Allemands. En 1688, ils furent rejoints par des huguenots français, également calvinistes, qui avaient fui les persécutions religieuses après la révocation de l'édit de Nantes par Louis XIV.

L'empreinte des Européens

La VOC commença à "importer" de nombreux esclaves, principalement de Madagascar et d'Indonésie. Cette main-d'œuvre supplémentaire accéléra le mélange de populations et les territoires occupés par la VOC s'étendirent au nord et à l'est, où les affrontements avec les Khoikhoi devinrent inévitables. Menacés et dépossédés de leurs terres, ces derniers furent décimés par de nouvelles maladies et massacrés par des armes sophistiquées lorsqu'ils résistaient, ce qu'ils firent au cours de plusieurs grandes "guerres" et d'une guérilla qui continua jusqu'au XIXe siècle. Les survivants n'avaient souvent d'autre choix que de travailler pour les Européens dans des conditions qui ne différaient guère de celles de l'esclavage. Au fil du temps, les Khoisan, leurs contremaîtres européens et les esclaves "importés" se mêlèrent, donnant naissance à la population "métisse" (*coloured*) d'aujourd'hui.

L'ouvrage de Bernard Lugan, *Ces Français qui ont fait l'Afrique du Sud* (Bartillat, 1999), revient sur l'histoire de ces Huguenots qui avaient trouvé refuge en Afrique australe.

Alors que les *burghers* continuaient leur progression vers l'arrière-pays accidenté du nord et de l'est, beaucoup adoptèrent un mode de vie d'éleveurs semi-nomades, assez proche de celui des Khoikhoi qu'ils expulsaient de leurs terres. Outre son troupeau, une famille de *burghers* possédait un chariot, une tente, une Bible et quelques fusils. Si elle s'installait, elle construisait une maison en pisé, souvent volontairement située à plusieurs jours de marche de l'Européen le plus proche. Ces *burghers* devinrent les premiers *Trekboers* (fermiers vagabonds ; par la suite abrégé en Boers), échappant à tout contrôle officiel, vivant en autarcie et isolés. La rudesse de leur vie leur inspira une philosophie individualiste et une vision du monde relativement étroite, leur seule source écrite de connaissances se limitant souvent à la Bible.

L'arrivée des Britanniques

Vers la fin du XVIIIe siècle, la puissance hollandaise commença à s'affaiblir face à la concurrence des Français et des Britanniques, qui s'empressèrent de prendre sa place. Ils s'emparèrent du Cap pour l'empêcher de tomber aux mains des Français qui avaient intégré les Pays-Bas dans l'Empire napoléonien, restituèrent brièvement la ville aux Hollandais, puis imposèrent leur souveraineté sur la région en 1814.

Le Cap était alors une colonie comprenant 25 000 esclaves, 20 000 colons "blancs", 15 000 Khoisan et 1 000 esclaves "noirs" affranchis. Le pouvoir y était détenu par une élite blanche et les distinctions raciales

1816
Shaka devient chef des Zoulous, déclenchant l'essor d'un État militarisé et la *difaqane* (migration forcée) – une vague de désordres et de terreur à travers l'Afrique du Sud.

1820
Les Britanniques tentent d'apaiser le conflit entre Boers et Xhosa dans la colonie du Cap. Le plan échoue, mais l'arrivée de nouveaux colons renforce la présence de la Grande-Bretagne.

1828
Shaka est tué par ses demi-frères. Alors que la *difaqane* continue pendant une décennie, l'un d'eux, Dingaan cherche à nouer des relations avec les commerçants britanniques.

1838
Plusieurs milliers de Zoulous sont tués lors de la bataille de Blood River. Jusqu'en 1994, cette date était commémorée par les Blancs sous le nom de jour du Vœu, désormais rebaptisé jour de la Réconciliation.

étaient déjà enracinées. En dehors de la ville et de ses alentours, la campagne était peuplée d'éleveurs noirs et d'éleveurs blancs isolés.

L'une des premières tâches des Britanniques fut de tenter de résoudre un conflit territorial entre les Boers et les Xhosa à la frontière orientale de la colonie. En 1820, quelque 5 000 immigrants britanniques de classe moyenne, pour la plupart commerçants et entrepreneurs, furent encouragés à quitter l'Angleterre pour s'installer sur des terres situées entre les groupes rivaux afin de former une zone tampon (ils furent appelés les "colons de 1820"). Le plan échoua et, en 1823, près de la moitié des colons avaient rejoint les villes – notamment Grahamstown et Port Elizabeth – pour reprendre le métier qu'ils exerçaient en Grande-Bretagne.

S'il ne permit pas de résoudre le désaccord frontalier, cet afflux de colons renforça la présence britannique dans la région, provoquant une autre source de mécontentement dans un endroit déjà troublé. Là où les Boers et leurs idées étaient peu contestés coexistaient désormais deux langues et deux cultures. Les anglophones, essentiellement citadins, dominaient la politique, le commerce, la finance, les mines et l'industrie, tandis que les Boers, globalement peu instruits, étaient relégués dans leurs fermes. Le fossé entre les colons britanniques et les Boers se creusa avec l'abolition de l'esclavage en 1833, une décision considérée par les Boers comme contraire à la volonté divine. Pendant ce temps, le nombre de Britanniques s'accroissait rapidement au Cap, dans l'est de la colonie du Cap (l'actuel Cap-Oriental), au Natal (aujourd'hui KwaZulu-Natal) et, après la découverte d'or et de diamants, dans le Transvaal (surtout dans l'actuel Gauteng).

La difaqane

La première moitié du XIXe siècle fut une époque d'immenses bouleversements et de grande souffrance pour les peuples africains de la région. Cette période est appelée *difaqane* (migration forcée) en sotho, et *mfeqane* (écrasement) en zoulou.

Si les origines de la *difaqane* restent controversées, certains événements sont clairement identifiés. L'un des plus significatifs fut l'essor du puissant royaume zoulou. Au début du XIXe siècle, les tribus nguni de l'actuel KwaZulu-Natal abandonnèrent leurs multiples royaumes aux structures vagues au profit d'un État militaire centralisé dirigé par Shaka (ou Chaka), le fils du chef du petit clan zoulou. Après avoir formé de grandes armées, Shaka entama un vaste programme de conquêtes basé sur la terreur. Ceux qui se trouvaient sur son passage étaient réduits en esclavage ou décimés.

Les peuples fuyaient devant les armées de Shaka, envahissant à leur tour leurs voisins. Cette vague de désordres et de terreur se répandit au-delà de l'Afrique australe, semant la mort et la destruction.

La *difaqane*, "migration forcée" de nombreuses ethnies sud-africaines au cours du XIXe siècle, causa de profondes souffrances aux populations locales et accéléra la formation de plusieurs États, en particulier ceux des Sotho (l'actuel Lesotho) et des Swazi (aujourd'hui l'eSwatini).

1843

Les espoirs des Boers de créer une république du Natal sont anéantis quand les Britanniques annexent la région et fondent une colonie sur le site de l'actuelle Durban.

1852

Création de la république boer du Transvaal. Le premier président, élu en 1857, est Marthinus Wessel Pretorius, fils d'Andries Pretorius, le célèbre chef voortrekker.

1869

La découverte d'un premier diamant, dans les murs d'une maison, près de Kimberley, attire des ennuis aux Boers, car les Britanniques annexent aussitôt la région.

1879

Les Zoulous infligent une défaite des plus humiliantes à l'armée britannique lors de la bataille d'Isandlwana, le 22 janvier. Le Zoulouland passe néanmoins sous contrôle britannique en juillet.

Les 18 tomes de *Zoulouland* (éditions Soleil, 2002) de Georges Ramaïoli retracent en BD l'histoire du "Peuple du Ciel".

Chaka : une épopée bantoue de Thomas Mofolo (Gallimard, 2010) est une biographie du célèbre roi zoulou. Indispensable.

En 1828, Shaka fut assassiné par ses demi-frères Dingaan et Umhlanga. Plus faible et moins doué, Dingaan monta sur le trône et tenta d'établir des relations avec les marchands britanniques de la côte du Natal. Cependant se tramaient déjà les événements qui allaient mettre fin à l'indépendance des Zoulous.

Le Grand Trek et la bataille de Blood River

Les Boers étaient de plus en plus mécontents du gouvernement britannique dans la colonie du Cap. La proclamation de l'égalité des "races" en 1828 leur fut particulièrement insupportable. À partir de 1836, plusieurs groupes de Boers, accompagnés de nombreux serviteurs khoikhoi et noirs, partirent vers l'arrière-pays en quête de plus d'indépendance. Ces Voortrekkers ("ceux qui vont de l'avant" en néerlandais) découvrirent au nord et à l'est du Gariep (l'Orange), le fleuve qui marquait la frontière de la colonie du Cap, de vastes pâturages apparemment inhabités. Ils pensèrent avoir trouvé leur terre promise (voir l'encadré p. 552), avec suffisamment d'espace pour leurs troupeaux et pour une vie indépendante loin des villes. Ils avaient surtout trouvé sans le savoir les terres désertées de la *difaqane*, où erraient encore des bandes de réfugiés porteurs de récits de violences.

À l'exception des Ndebele relativement puissants, les Voortrekkers rencontrèrent peu de résistance parmi les populations des plaines. Dispersées par la *difaqane*, sans chevaux ni armes à feu, celles-ci faisaient état d'une faiblesse qui renforça la croyance des Boers selon laquelle l'occupation européenne apportait la civilisation à une terre sauvage.

En revanche, les montagnes, où le roi Moshoeshoe Ier forgeait la nation basotho (le futur Lesotho), et les vallées boisées du Zoulouland opposèrent une résistance farouche aux nouveaux arrivants. Les incursions des Boers provoquèrent une série d'escarmouches et de fragiles traités qui ponctuèrent 50 ans d'une domination blanche croissante.

La première étape du Grand Trek fut Thaba 'Nchu, près de l'actuelle Bloemfontein (p. 328), où fut établie une république. À la suite d'un désaccord entre leurs chefs, les différents groupes de Voortrekkers se séparèrent, la plupart traversant le Drakensberg pour fonder une autre république au Natal. Le Natal étant un territoire zoulou, le chef de l'expédition Piet Retief rendit visite au roi Dingaan et fut rapidement tué. Les épisodes sanglants et les représailles qui suivirent atteignirent leur apogée le 16 décembre 1838, lors de la bataille de Blood River, au nord de la Ncome (Natal). Plusieurs Boers furent blessés et des milliers de Zoulous périrent.

Après cette victoire due à la supériorité de leurs armes, les Boers furent convaincus d'avoir reçu l'approbation divine, mais leur espoir de fonder une république au Natal fut rapidement anéanti. Les Britanniques

1881

La victoire décisive des Boers à la bataille de Majuba Hill met fin à la première guerre anglo-boer ; le Transvaal devient la République sud-africaine.

1886

La découverte d'or dans le Witwatersrand entraîne un développement et une croissance de population rapides à Johannesburg. Le Witwatersrand contient le plus grand gisement aurifère de la planète.

1893

Mohandas Gandhi arrive en Afrique du Sud. Ses premiers jours dans le pays sont à l'origine de sa doctrine de protestation non-violente et l'influenceront tout au long de sa vie.

1897

Enoch Mankayi Sontonga, enseignant et chef de chœur du Cap-Oriental, compose *Nkosi Sikelel' i Afrika* ("Dieu sauve l'Afrique"), enregistré pour la première fois en 1923. Il deviendra en 1994 l'un des deux hymnes nationaux.

annexèrent la région en 1843 et établirent leur nouvelle colonie du Natal dans l'actuelle Durban. La plupart des Boers partirent vers le nord, toujours plus amers contre les Britanniques.

Ces derniers, désireux d'installer de grandes plantations de canne à sucre au Natal, se tournèrent vers l'Inde pour résoudre leur problème de main-d'œuvre. Entre 1860 et le début du XXe siècle, plus de 150 000 Indiens "engagés" (sous contrat) débarquèrent, suivis de nombreux "passagers indiens" libres.

Les diamants et les guerres anglo-boers

Les Boers, toujours en quête de terres et de liberté, finiront par s'établir au Transvaal (qui comprenait des parties des actuelles provinces du Gauteng, du Limpopo, du Nord-Ouest et de Mpumalanga) et dans l'État libre d'Orange. Leur situation bascula en 1869, après la découverte de diamants près de Kimberley, sur des terres appartenant aux Griqua, revendiquées par le Transvaal et l'État libre d'Orange. Parmi les groupes khoikhoi les mieux connus, les Griqua vivaient à l'origine sur la côte ouest, entre St Helena Bay et la Cederberg Range. À la fin du XVIIIe siècle, ils parvinrent à acquérir des fusils et des chevaux et commencèrent à se déplacer vers le nord-est. En chemin, ils furent rejoints par des groupes de Khoisan, de métis et même d'aventuriers blancs. Ils acquirent ainsi la réputation de détenir une force militaire redoutable.

Les Britanniques intervinrent et résolurent le conflit sur la propriété des diamants en annexant la région. L'établissement des mines de diamants de Kimberley provoqua un afflux d'ouvriers européens et africains. Des villes sortirent de terre, ignorant la séparation "convenable" entre Blancs et Noirs, tandis que les Boers enrageaient de voir cette richesse minière échapper à leurs républiques appauvries.

Leur ressentiment se transforma en rébellion au Transvaal et la première guerre anglo-boer, ou guerre d'Indépendance pour les Afrikaners (les descendants des premiers Boers), éclata en 1880. Elle se termina par la victoire écrasante des Boers à Majuba Hill, en février 1881. La république retrouva son indépendance sous le nom de Zuid-Afrikaansche Republiek (ZAR ; République sud-africaine). Paul Kruger, l'un des chefs du soulèvement, en devint le président en 1883. Malgré leurs échecs, les Britanniques souhaitaient ardemment fédérer les colonies et les Républiques d'Afrique australe.

En 1879, le Zoulouland passa sous contrôle britannique. La découverte d'or dans le Witwatersrand (la région autour de Johannesburg) en 1886 accéléra la création d'une fédération et infligea un nouveau coup dur aux Boers. La population de Johannesburg augmenta jusqu'à atteindre 100 000 habitants au milieu des années 1890 et la ZAR dut accueillir des milliers de *uitlanders* (étrangers) noirs et blancs, tandis que les

C'est une infirmière britannique, Emily Hobhouse (1860-1926) qui mena une campagne active contre les camps de concentration mis en place par les Britanniques pendant la seconde guerre anglo-boer. Choquée par les conditions de vie des prisonniers dans ces camps, elle réussit à sensibiliser l'opinion britannique et à faire nommer une commission d'enquête qui conclut à la nécessité d'améliorer sensiblement le quotidien des prisonniers.

1902

La seconde guerre anglo-boer est d'une épouvantable brutalité. 26 000 personnes périssent à la suite de maladies et par manque de soins.

1902

Le traité de Vereeniging met fin à la guerre anglo-boer, mais la paix est fragile et menacée de tous côtés.

1907

Le gouvernement du Transvaal adopte l'Asiatic Registration Act : les Indiens doivent désormais s'enregistrer sur le "registre des Asiatiques" et avoir sur eux un certificat d'enregistrement.

1910

Création de l'Union sud-africaine. L'anglais et le néerlandais deviennent les langues officielles. Les Noirs n'ont pas le droit de vote.

MOHANDAS GANDHI

En 1893, un jeune avocat indien inconnu, Mohandas Gandhi, débarquait à Durban, en Afrique du Sud, pour un contrat d'un an. Il ne savait pas que cette expérience allait changer le cours de sa vie.

À son arrivée, un sentiment anti-indien enflait dans le Natal, et il fut expulsé d'un wagon de 1re classe à Pietermaritzburg en raison de son origine ethnique. L'incident, ajouté à d'autres discriminations subies durant les premiers mois de son séjour, le marqua profondément. Gandhi commença à s'informer sur les méthodes de résistance non-violente, s'impliqua dans la vie de la communauté indienne locale et travailla à défendre les droits politiques de ses compatriotes. Il devint rapidement reconnu en tant qu'avocat mais aussi en tant que principal défenseur des intérêts indiens en Afrique du Sud.

En 1896 et en 1901, Gandhi retourna brièvement en Inde où il fit campagne pour attirer l'attention sur le sort des Indiens en Afrique du Sud. De retour sur le sol africain, Gandhi abandonna ses privilèges d'avocat réputé pour s'engager dans une vie de célibat et de dénuement, et développer sa philosophie du *satyagraha* (que l'on peut traduire approximativement par "la vérité par la non-violence").

En 1907, le gouvernement du Transvaal adopta l'Asiatic Registration Act, qui obligeait les Indiens à s'enregistrer sur le "registre des Asiatiques" et à avoir sur eux un certificat d'enregistrement. Gandhi appela la communauté indienne à défier cette loi, sans résister en cas d'arrestation. Pendant les sept années suivantes se succédèrent de nombreux incidents discriminatoires, dont une décision de justice invalidant les mariages hindous et musulmans, auxquels s'opposèrent pacifiquement Gandhi et ses partisans. Gandhi, ainsi que des milliers d'Indiens qui l'avaient rejoint dans sa lutte *satyagraha*, fut incarcéré à plusieurs reprises. Les diverses victoires qu'il obtint le convainquirent de l'importance et de l'efficacité de cette forme de résistance.

Gandhi retourna en Inde en 1914 pour entamer un nouveau chapitre de sa vie.

Boers se sentaient marginalisés. L'afflux d'ouvriers noirs dérangeait particulièrement les Boers, pour beaucoup en situation difficile.

Le mécontentement atteignit un pic en 1899, quand les Britanniques demandèrent le droit de vote pour les 60 000 étrangers blancs du Witwatersrand. Kruger refusa et exigea le retrait des troupes britanniques stationnées aux frontières de la ZAR. Essuyant une rebuffade, il déclara la guerre aux Britanniques. La seconde guerre anglo-boer dura plus longtemps, les Britanniques étant mieux préparés. Mi-1900, Pretoria, la dernière des grandes villes boers, capitula. La résistance des Boers *bittereinders* (jusqu'au-boutistes) se poursuivit pendant deux ans sous forme de guérilla, à laquelle les Britanniques opposèrent la tactique de la terre brûlée. Ils créèrent même plusieurs camps de concentration où ils entassèrent des dizaines de milliers de personnes : 28 000 Boers, dont 22 000 enfants, et 20 000 Noirs y moururent entre 1901 et 1902

1912

Pixley ka Isaka Seme, avocat diplômé de l'université de Columbia, organise une conférence de chefs. La proposition d'une union de toutes les tribus aboutit à la formation de ce qui deviendra l'ANC.

1913

L'Immigration Law interdit l'immigration indienne. Tout mariage non célébré selon le rite chrétien est considéré comme illégal, invalidant les unions contractées par les hindous et les musulmans.

1914

À la suite de grèves et de manifestations, l'Indian Relief Bill rétablit la reconnaissance des mariages hindous et musulmans, et convainc Gandhi du pouvoir de la résistance non-violente.

18 juillet 1918

Nelson Rolihlahla Mandela naît à Mvezo, au Cap-Oriental.

(voir aussi p. 348). En mai 1902, le traité de Vereeniging aboutit à une paix superficielle. Selon ses termes, les républiques boers reconnaissaient la souveraineté britannique.

Une paix fragile

Après la guerre, les Britanniques se consacrèrent à la reconstruction du pays et de l'industrie minière. En 1907, les mines du Witwatersrand fournissaient presque un tiers de la production d'or mondiale. Cependant, la paix restait fragile et menacée de toutes parts. Les Afrikaners se retrouvaient dans la position de fermiers pauvres dans un pays où prospéraient les grandes sociétés minières et les capitaux étrangers. Ils étaient particulièrement exaspérés par les tentatives infructueuses de les angliciser et d'imposer l'anglais dans les écoles et les lieux de travail. En réaction, l'afrikaans devint donc le *volkstaal* (la langue du peuple), symbole de l'identité afrikaner, et plusieurs organisations nationalistes prirent forme.

Les fondations de l'État sud-africain du milieu du XXe siècle étaient posées. Les Noirs et les métis étaient marginalisés. De lourdes taxes furent instaurées, les salaires diminuèrent et l'administrateur britannique favorisa l'immigration de milliers de Chinois pour briser toute résistance. Le ressentiment se transforma en révolte lors de la rébellion des Bambatha en 1906, au cours de laquelle 4 000 Zoulous moururent pour avoir protesté contre la lourde législation fiscale.

Pourtant, les Britanniques continuaient à faire progresser leur projet d'union. Après plusieurs années de négociation, l'Act of Union fut signé en 1910, réunissant les républiques de la colonie du Cap, du Natal, du Transvaal et de l'État libre d'Orange dans l'Union d'Afrique du Sud. Selon le traité, l'Union restait un territoire britannique mais respectait l'autonomie des Afrikaners. Les protectorats britanniques du Basotholand (actuel Lesotho), du Bechuanaland (actuel Botswana), du Swaziland et de Rhodésie (actuel Zimbabwe) restaient sous l'administration de la Couronne britannique.

L'anglais et le néerlandais devinrent les langues officielles. Malgré une campagne menée par des Noirs et des métis, seuls les Blancs pouvaient être élus au Parlement.

Le premier gouvernement de la nouvelle Union fut dirigé par le général Louis Botha, secondé par le général Jan Smuts. Leur parti, le South African National Party, futur South African Party (SAP ; Parti sud-africain), suivait une ligne probritannique, en faveur de l'unité blanche. Les Boers les plus radicaux, conduits par le général Barry Hertzog, fondèrent le National Party (NP ; Parti national) en 1914. Le NP défendait les intérêts des Afrikaners, prônait un développement séparé pour les deux communautés blanches et l'indépendance par rapport à la Grande-Bretagne.

1925

L'afrikaans est proclamé langue officielle. La proposition de l'introduire dans les écoles des townships est l'un des déclencheurs du soulèvement de Soweto en 1976.

1927

Ouverture du Kruger National Park. L'histoire de cette célèbre zone protégée est entachée durant l'apartheid, quand le gouvernement déplace des communautés de leurs terres traditionnelles pour agrandir le parc.

1932

Mondialement célèbre, la chanteuse Miriam Makeba (dite “Mama Africa”) naît à Johannesburg. Elle passera 30 ans en exil pour avoir critiqué l'apartheid.

1944

Nelson Mandela, Walter Sisulu et Oliver Tambo fondent la Ligue de jeunesse de l'ANC.

L'ancrage du racisme et la naissance de l'ANC

Consultez le site officiel de l'ANC (www.anc.org.za) pour tout ce qui concerne le passé et l'actualité de ce parti.

La nouvelle Union ne laissait aucune place aux Noirs, qui représentaient pourtant plus de 75% de la population. Interdits de vote dans le Transvaal et l'État libre d'Orange, ils ne pouvaient voter dans la colonie du Cap que s'ils possédaient un titre de propriété. Après la propagande britannique qui, pendant la guerre, promettait la libération de "l'esclavage boer", ce manquement fut perçu comme une trahison éhontée par la population noire. Un ensemble de lois répressives fut bientôt mis en place : les emplois qualifiés étaient réservés aux Blancs, tandis que les Noirs n'avaient plus le droit de faire la grève ou le service militaire, et un système de permis (*pass laws*) restreignait leur circulation.

En 1913, le Natives Land Act attribua 8% du territoire sud-africain aux populations indigènes et 90% aux Blancs qui représentaient seulement 20% de la population. Les Noirs ne pouvaient pas acheter, louer ou cultiver des terres en dehors de la région à laquelle ils étaient affectés. Des milliers de paysans furent chassés des fermes, contraints de s'installer en ville ou dans des zones désignées misérables et surpeuplées. Ceux qui restaient furent réduits au rang d'ouvriers agricoles.

L'autobiographie de Nelson Mandela, *Un long chemin vers la liberté* (Livre de Poche, 2009), offre un autre regard sur la politique de l'Afrique du Sud et de l'ANC, des tumultueuses années 1950 à la libération de Mandela en 1990.

Dans cette ambiance trouble, les populations discriminées commencèrent à faire alliance et des hommes tels que John Jabavu, Walter Rubusana et Abdullah Abdurahman fondèrent de nouveaux groupes politiques noirs, non tribaux. Pixley ka Isaka Seme, un avocat diplômé de l'université de Columbia, rassembla les représentants des diverses tribus africaines pour fonder une organisation nationale destinée à représenter les Noirs et à leur garantir une voix au sein de l'Union. Ainsi naquit le South African Native National Congress, qui prit le nom d'African National Congress (ANC ; Congrès national africain) en 1923.

Dans le même temps, Mohandas Gandhi travaillait avec les populations indiennes du Natal et du Transvaal pour combattre les restrictions croissantes de leurs droits (voir l'encadré p. 558).

L'essor du nationalisme afrikaner

En 1924, le National Party dirigé par Hertzog accéda au pouvoir dans le cadre d'un gouvernement de coalition, renforçant la puissance du nationalisme afrikaner. L'afrikaans, auparavant considéré comme un dialecte inférieur, devint la langue officielle de l'Union à la place du hollandais, et le *swart gevaar* (péril noir) devint le principal épouvantail des élections de 1929. Tout espoir de mettre un terme au nationalisme afrikaner disparut lorsque le Purified National Party (Parti national

1948

Après une campagne en faveur de la ségrégation, le National Party, dirigé par D. F. Malan, prend le contrôle du gouvernement et institutionnalise l'apartheid.

1955

Lors d'un congrès à Kliptown, plusieurs organisations, dont l'Indian Congress et l'ANC, adoptent une Charte de la liberté, toujours centrale dans la manière dont l'ANC conçoit l'Afrique du Sud.

1957-1961

Procès marathon de 157 membres de l'ANC, dont Mandela, accusés de trahison. Tous seront finalement acquittés.

1959

Création du Pan-Africanist Congress (PAC), issu d'une scission de l'aile la plus africaniste de l'ANC.

purifié), mouvement séparatiste radical de Daniel François Malan, devint le centre de la vie politique afrikaner.

En raison de l'essor industriel provoqué par la Première Guerre mondiale, la main-d'œuvre noire prit une importance croissante dans les mines et les manufactures. La population urbaine noire doubla et de gigantesques bidonvilles poussèrent à la périphérie de Johannesburg et, dans une moindre mesure, autour des autres grandes villes. Si les conditions de vie dans les townships étaient effroyables, la pauvreté n'était pas l'apanage des Noirs : des enquêtes effectuées pendant la guerre révélèrent que 40% des écoliers blancs souffraient de malnutrition.

L'édification de l'apartheid

Dans les mois qui précédèrent les élections de 1948, le National Party fit campagne pour une politique de ségrégation, ou apartheid ("séparation" en afrikaans). Les "Nats", comme étaient désormais surnommés les membres du National Party, battirent l'United Party en formant une coalition avec l'Afrikaner Party (AP ; Parti afrikaner), dirigé par Daniel François Malan.

L'apartheid, depuis longtemps une réalité, fut ainsi institutionnalisé par Malan. La législation interdit les mariages mixtes et les relations sexuelles "interraciales", classa les individus par race et établit un bureau de classification destiné à régler les cas douteux. Le Group Areas Act de 1950 réserva les belles propriétés urbaines aux Blancs et relégua les non-Blancs dans les townships. Le Separate Amenities Act créa des plages, des bus, des hôpitaux, des écoles et même des bancs publics séparés.

Les lois sur la circulation furent renforcées : les Noirs et les métis devaient conserver sur eux leurs papiers d'identité et ne pouvaient visiter une ville ou y séjourner sans permis.

En 1960, les tensions s'exacerbèrent. Le 21 mars, Robert Sobukwe, fondateur du Pan Africanist Congress (Congrès panafricain ou PAC, né d'une scission de l'ANC), et des milliers de militants protestèrent pacifiquement contre les lois sur la circulation, se rassemblant devant des postes de police du Gauteng et du Cap-Occidental. La police ouvrit le feu sur les manifestants qui encerclaient un commissariat à Sharpeville, un township près de Vereeniging (Gauteng). Au moins 67 personnes furent tuées et 186 blessées au cours de ce qui prit le nom de "massacre de Sharpeville". On leur avait tiré dans le dos pour la plupart d'entre eux.

Peu de temps après, le Premier ministre Hendrik Verwoerd, surnommé officieusement l'"architecte de l'apartheid", annonça un référendum sur la transformation du pays en république. Le changement fut approuvé par une faible majorité et Verwoerd retira le pays du Commonwealth. La république d'Afrique du Sud fut proclamée en mai 1961.

Winnie Mandela, l'épouse de Nelson Mandela, décrit dans son journal rédigé en prison les conditions terribles de son incarcération. *Un cœur indompté : carnets de prison et correspondances* (Michel Lafon, 2014), qui reproduit également les lettres que mari et femme échangeaient, met en évidence le combat de celle qui fut souvent éclipsée par son mari.

1960

Massacre de Sharpeville, interdiction de l'ANC et du Pan Africanist Congress (PAC). Miriam Makeba se voit interdire l'entrée en Afrique du Sud pour assister aux funérailles de sa mère.

1961

Albert Luthuli, président de l'ANC est autorisé à se rendre en Suède pour y recevoir le prix Nobel de la Paix pour son combat contre l'apartheid.

1961

Peu après le massacre de Sharpeville, le Premier ministre Hendrik Verwoerd, l'architecte de l'apartheid, annonce un référendum. En mai, l'Afrique du Sud quitte le Commonwealth et devient une république.

1961

Le 16 décembre, l'Umkhonto we Sizwe, la branche militaire de l'ANC, mène ses premières offensives, marquant le début de la lutte armée contre l'apartheid.

LES BANTOUSTANS

En 1962 naissait le Transkei, le premier des 10 bantoustans (ou *homelands*, foyers nationaux) où devait vivre la population noire sud-africaine. Sur ces terres, selon la propagande blanche, les Noirs vivraient en autarcie, au cœur du même groupe ethnique, et se gouverneraient eux-mêmes.

La réalité était bien différente. Les bantoustans, dépourvus d'infrastructures ou d'industries, ne pouvaient produire suffisamment de nourriture pour une population en pleine expansion. Ensemble, les bantoustans représentaient 14% du territoire alors que les Noirs constituaient près de 80% de la population ! Les divisions tribales répondaient à des décisions arbitraires et une personne assignée à un bantoustan ne pouvait le quitter sans un pass (passeport intérieur) et une autorisation. Cette politique engendra d'énormes souffrances dans tout le pays.

Suite à la création des bantoustans, les Noirs affluèrent dans les villes en quête de travail ; si la vie était dure dans les bidonvilles, elle était encore pire dans les bantoustans. Pour enrayer cet exode, le gouvernement interdit d'employer des Noirs comme vendeurs, réceptionnistes, dactylos et employés de bureau. La construction de logements dans les "quartiers noirs" (banlieues-dortoirs) fut arrêtée, remplacée par celle de gigantesques foyers réservés aux hommes ou aux femmes.

Si le concept des bantoustans a disparu avec la fin de l'apartheid, son héritage – des infrastructures quasi inexistantes et une population désorientée concentrée dans les ex-bantoustans – perdure.

L'ANC entame sa longue marche

L'enracinement toujours plus profond de l'apartheid dans la vie du pays poussa l'ANC, jusqu'alors relativement conservateur, à passer à l'action. En 1949, il préconisa pour la première fois la résistance ouverte sous forme de grèves, de désobéissance civile et de marches de protestation. Cet activisme se poursuivit tout au long des années 1950 et aboutit parfois à de violents affrontements. En 1959, des membres déçus de l'ANC, désireux de couper tout lien avec le gouvernement blanc, firent sécession pour former le PAC.

Pour beaucoup d'observateurs, la lutte prit une tournure décisive après Sharpeville, parce qu'il ne subsistait plus aucun doute sur la nature du régime blanc. À la suite du massacre, une grève massive fut organisée et les manifestations se poursuivirent. Le Premier ministre Verwoerd déclara l'état d'urgence et autorisa les forces de sécurité à détenir des personnes sans jugement. Plus de 18 000 manifestants furent arrêtés, dont la plupart des dirigeants de l'ANC et du PAC, et les deux organisations furent interdites.

1962
Création du premier bantoustan, le Transkei.

1964
Nelson Mandela est condamné à la prison à vie. Il y passera 27 ans, dont 18 dans le pénitencier de Robben Island.

1966
Verwoerd est poignardé à mort par Demitrios Tsafendas, un commis parlementaire schizophrène. Ce métis gréco-mozambicain se sentait méprisé pour sa peau sombre.

18 août 1977
Steve Biko, activiste anti-apartheid, est arrêté. Il meurt dans des circonstances inconnues un mois plus tard.

NELSON MANDELA

Fils d'un chef xhosa, Nelson Rolihlahla Mandela naquit le 18 juillet 1918 à Mveso, un village du Cap-Oriental au bord de la Mbashe. Après des études à l'université de Fort Hare, il partit pour Johannesburg, où il s'investit dans la politique. Il termina ses études de droit et, avec Oliver Tambo, ouvrit le premier cabinet d'avocats noirs du pays. En 1944, Mandela, Tambo et Walter Sisulu fondèrent la Youth League (Ligue de la jeunesse) de l'African National Congress (ANC). Pendant les années 1950, Mandela prit la tête des campagnes de désobéissance civile de l'ANC ; arrêté en 1952, il fut jugé et acquitté. Après l'interdiction de l'ANC suivant le massacre de Sharpeville, Mandela fonda son aile militaire clandestine, l'Umkhonto we Sizwe (MK, "Fer de lance de la Nation").

En 1958, il épouse Winnie avec qui il aura deux filles. Winnie deviendra une icône de la lutte anti-apartheid. Surnommée la "passionaria des townships", elle sera elle aussi emprisonnée, assignée à résidence et bannie.

En 1964, Mandela fut traduit devant les tribunaux pour sabotage et complot révolutionnaire lors du procès de Rivonia, largement diffusé. Il plaida brillamment en assurant sa propre défense, mais il fut tout de même condamné à la réclusion à perpétuité. Il passa 18 ans dans la prison de Robben Island, avant d'être transféré sur le continent.

Pendant son incarcération, Mandela refusa à maintes reprises de transiger sur ses idées politiques en échange de la liberté, affirmant que seul un homme libre peut négocier.

Libéré en février 1990, Mandela fut élu président de l'ANC en 1991, puis partagea le prix Nobel de la paix avec F. W. De Klerk. L'année suivante, les premières élections libres du pays le portèrent à la présidence de l'Afrique du Sud. Dans le célèbre discours qu'il fit après sa victoire, *Free at Last !* (Enfin libre !), Mandela privilégia l'avenir de la nation en déclarant : "Le moment est venu de panser les vieilles blessures et de construire une nouvelle Afrique du Sud."

En 1997, Mandela – ou Madiba de son nom tribal – se retira de la présidence de l'ANC. Il resta cependant révéré en tant qu'ancien chef d'État. Le 5 décembre 2013, il mourut d'une infection respiratoire à l'âge de 95 ans. Les Sud-Africains ne cachèrent pas leur chagrin devant la perte de celui qui avait tant donné de lui-même pour son pays. Le président Jacob Zuma salua sa disparition par ces mots : "Notre nation a perdu son plus grand fils. Rien ne peut atténuer notre profond sentiment de perte." Le monde entier pleura également l'homme dont la droiture morale avait été une source d'inspiration internationale. L'un des plus importants rassemblements de chefs d'État eut lieu lors de ses funérailles.

En réponse, l'ANC et le PAC entamèrent une campagne de sabotage menée par leurs branches armées respectives, l'Umkhonto we Sizwe (Fer de lance de la Nation, ou MK) et Poqo (Pur ou Seul). En juillet 1963, 17 membres de l'ANC clandestin furent arrêtés et jugés pour trahison lors du procès de Rivonia. Parmi eux figurait Nelson Mandela, un dirigeant de l'ANC et fondateur de l'Umkhonto we Sizwe, déjà inculpé pour d'autres motifs. En juin 1964, Mandela et sept autres membres

1966-1988
Pendant la guerre de la Frontière, la South African Defence Force (SADF, aujourd'hui South African National Defence Force, SANDF) lance des offensives dans plusieurs pays voisins.

1976
Le 16 juin commence le soulèvement de Soweto, provoquant une série de violences dans tout le pays. C'est un premier défi interne majeur pour le gouvernement d'apartheid.

1982
Une première victime du sida meurt en Afrique du Sud, début d'une pandémie dévastatrice, qui continue à se développer et à toucher tout le pays.

1989
Mandela implore le président Peter Botha d'entamer des négociations afin d'éviter une guerre civile en Afrique du Sud. Son appel reste lettre morte.

de l'ANC furent condamnés à la prison à perpétuité. Oliver Tambo, un dirigeant de l'ANC, réussit à quitter l'Afrique du Sud et prit la tête de l'ANC en exil. Le 20 avril 1964, au cours du procès de Rivonia, Nelson Mandela déclara : "J'ai lutté contre la domination blanche et contre la domination noire. J'ai chéri l'idéal d'une société démocratique et libre dans laquelle tous vivent ensemble en harmonie et avec des chances égales. C'est un idéal pour lequel j'espère vivre, afin de le réaliser. Mais si cela s'avérait nécessaire, c'est un idéal pour lequel je suis aussi prêt à mourir."

Les années sombres

Dans *Récits de vies* (1954-2008) (Grasset, 2012), l'auteure sud-africaine Nadine Gordimer, prix Nobel de littérature, traite de questions cruciales en Afrique du Sud, de la domination coloniale à la longue lutte contre le régime de l'apartheid, jusqu'aux combats contre le sida, la mondialisation et les violences ethniques.

Avec l'interdiction de l'ANC, Mandela et la plupart de ses dirigeants en prison ou en exil, l'Afrique du Sud entra dans l'une des périodes les plus sombres de son histoire. La législation de l'apartheid fut considérablement renforcée et les barrières entre les "races" ne cessèrent de s'élever. La décision la plus révoltante fut la création de dix bantoustans, des terres séparées pour la population noire. Censés être autonomes, ils ne furent cependant jamais reconnus par aucun pays étranger. Leurs résidents furent déchus de la citoyenneté sud-africaine et livrés à eux-mêmes dans un État fantoche dépourvu d'infrastructures et gangrené par la corruption.

Durant les années 1970, la résistance s'accentua, d'abord à travers les syndicats et les grèves, puis sous la conduite de la South African Students' Organisation (Organisation des étudiants sud-africains), présidée par le charismatique Steve Biko. Étudiant en médecine, Biko fut le principal acteur de l'ascension du Black Consciousness Movement (Mouvement de la conscience noire), qui prônait l'émancipation psychologique, la fierté noire et l'opposition non-violente à l'apartheid.

L'agitation culmina en 1976, lorsque le Soweto Students' Representative Council (Conseil représentatif des étudiants de Soweto) organisa des manifestations contre l'usage de l'afrikaans (considéré comme la langue de l'oppresseur) dans les écoles noires. Le 16 juin, la police tira sur une marche de protestation menée par Tsietsi Mashinini, auquel une statue rend aujourd'hui hommage au June 16 Memorial Acre (p. 381) de Soweto. L'événement provoqua une série de manifestations, grèves, émeutes, arrestations en masse et violences dans tout le pays qui, en 12 mois, firent plus de 1 000 victimes.

En septembre 1977, Steve Biko fut tué par les forces de sécurité (voir l'encadré ci-contre). Après la mort de ce jeune militant anti-apartheid, une génération de jeunes Noirs s'engagea dans une lutte révolutionnaire (avec pour slogan "La libération avant l'éducation") et les communautés noires se politisèrent.

2 février 1990
Suite à l'accident vasculaire cérébral de Peter Botha, F. W. De Klerk le remplace à la présidence et lève l'interdiction qui frappe l'ANC. 68,7% des Blancs votent la fin du gouvernement de la minorité blanche.

11 février 1990
L'Afrique du Sud vit un moment historique. Nelson Mandela est libéré après 27 ans d'emprisonnement. Il prône le pardon et la réconciliation plutôt que la haine.

1993
Nelson Mandela et F. W. De Klerk, les deux hommes qui ont changé le paysage politique du pays par leurs âpres négociations, reçoivent le prix Nobel de la paix.

1994
La démocratie et le chemin de la réconciliation et de la liberté pour tous de Mandela ont triomphé. À l'issue des premières élections démocratiques, Nelson Mandela devient président.

STEVE BIKO

Né en 1946 dans le Cap-Oriental, Steve Biko compte parmi les activistes anti-apartheid les plus importants et les plus influents. Son Black Consciousness Movement (Mouvement de la conscience noire) mobilisa les jeunes citadins et joua un rôle clé dans les soulèvements de Soweto en 1976. En raison de ses activités, Steve Biko était surveillé par le gouvernement d'apartheid. En 1973, il fut assigné à résidence dans sa ville natale, King William's Town, avec interdiction de parler en public. Malgré ces restrictions, il continua à militer et à travailler pour la communauté, créant notamment des programmes littéraires et un centre médical.

Le 18 août 1977, Steve Biko fut arrêté en vertu du Terrorism Act. Moins d'un mois plus tard il était mort — d'une grève de la faim, selon la police. En 1997, la commission Vérité et Réconciliation révéla que cinq anciens membres des forces de sécurité sud-africaines avaient admis avoir tué Steve Biko. Ils ne furent jamais poursuivis. Battu jusqu'à ce qu'il tombe dans le coma, Biko resta trois jours sans traitement médical et mourut à Pretoria. Lors de l'enquête qui suivit, le magistrat estima que personne n'était à blâmer, mais la South African Medical Association porta plainte contre les médecins qui l'avaient laissé sans soins.

La mort de Steve Biko provoqua une immense émotion dans le pays et attira l'attention de la communauté internationale sur la brutalité de l'apartheid. Des milliers de personnes, dont des représentants de divers pays occidentaux, assistèrent aux funérailles de Biko, célébrées par le révérend Desmond Tutu. Des milliers d'autres furent bloquées par les forces de sécurité. Le film *Cry Freedom* (Richard Attenborough, 1987) relate l'histoire de Steve Biko, de même que la chanson *Biko*, de Peter Gabriel.

L'Afrique du Sud en état de siège

Alors que l'opinion internationale condamnait le régime blanc, le gouvernement (et la majorité de la population blanche) considérait le pays comme un bastion assiégé par le communisme, l'athéisme et l'anarchie noire. Les autorités s'ingénièrent à contourner les sanctions internationales et parvinrent même à se doter d'armes nucléaires (détruites depuis).

Excluant toute négociation avec l'ANC, du moins officiellement, l'État s'appuya sur sa puissance militaire. Une mentalité d'assiégés se développa chez la plupart des Blancs. Si beaucoup réalisaient qu'ils ne pourraient gagner une guerre civile contre la majorité noire, ils préféraient un affrontement à la "concession" de réformes politiques et jugeaient la brutalité policière et l'intervention de l'armée justifiées.

De 1978 à 1988, la South African Defence Force (SADF ou Forces armées sud-africaines ; aujourd'hui, la South African National Defence Force, ou SANDF) lança plusieurs offensives majeures en Angola, au Mozambique, au Zimbabwe, au Botswana et au Lesotho. Tous les

1996
Après maints débats et négociations, le Parlement approuve une version révisée de la Constitution de 1993, qui établit la structure du nouveau gouvernement démocratique.

1997
Exception parmi les chefs d'État africains, Nelson Mandela quitte la présidence de l'ANC, laissant la place à Thabo Mbeki.

1999
Secondes élections démocratiques. Écrasante victoire de l'ANC, qui manque de peu les 66,7% requis pour changer la Constitution.

2004
Mbeki conduit l'ANC à une victoire décisive lors des élections nationales. En accord avec sa vision d'une "renaissance africaine", il renforce l'engagement de l'Afrique du Sud dans la région.

The Bang-Bang Club (Steven Silver, 2011), est l'adaptation cinématographique du livre de Greg Marinovich et João Silva (non traduit), le compte-rendu captivant de quatre photographes ayant couvert les derniers jours mouvementés de l'apartheid.

Dans *Goodbye Bafana – Le regard de l'antilope* (Robert Laffont, 2007), l'ancien geôlier de Nelson Mandela fait le récit de l'amitié improbable qui naquit entre lui et la grande figure de l'ANC. Bille August en a tiré un film (2007).

hommes blancs étant susceptibles d'être enrôlés pour le service militaire, ils furent des milliers à s'exiler afin d'échapper à la conscription, mais ils furent encore beaucoup plus nombreux à endurer des blessures psychologiques et physiques.

En parallèle, les sanctions internationales qui coupaient les Blancs du reste du monde permirent aux dirigeants noirs d'affûter leurs talents politiques et à ceux qui étaient en exil de forger des liens avec des chefs régionaux et mondiaux.

Le vent du changement

Au début des années 1980, un vent nouveau commença à souffler sur l'Afrique du Sud. Les Blancs ne représentaient plus que 16% de la population, contre 20% cinquante ans plus tôt, et leur proportion ne cessait de diminuer. Conscient de la nécessité d'un changement, le président P. W. Botha demanda aux Sud-Africains blancs de "s'adapter ou mourir". Il lança de nombreuses réformes, dont la suppression des restrictions de circulation, mais ne les mena pas jusqu'au bout, et de nombreux Noirs (ainsi que la communauté internationale) dénoncèrent leur caractère superficiel. Les manifestations et la résistance s'intensifièrent, tandis que le pays, de plus en plus divisé, sombrait dans la violence. En réaction, certains Blancs créèrent des groupes paramilitaires néonazis, dont l'Afrikaner Weerstandsbeweging (AWB ; Mouvement de résistance afrikaner) d'Eugène Terre'Blanche. Le parti d'opposition United Democratic Front (UDF ; Front démocratique uni) vit le jour à la même période. Dirigée par l'archevêque Desmond Tutu et le révérend Allan Boesak, cette large coalition demandait l'abolition de l'apartheid et des bantoustans.

La pression internationale s'intensifia, les sanctions économiques commencèrent à peser lourdement et le cours du rand s'effondra. En 1985, le gouvernement déclara l'état d'urgence, qui resta en vigueur pendant cinq ans. Les médias étaient censurés et en 1988, selon les estimations de l'ANC et de groupes de défense des droits de l'homme, 30 000 personnes étaient détenues sans jugement, et des milliers d'autres avaient subi des tortures.

Mandela libéré

En 1986, le président Botha déclara au Parlement que l'Afrique du Sud avait "dépassé" l'apartheid. Le gouvernement entreprit une série de réformes mineures en faveur de l'égalité raciale, mais maintint le contrôle étroit des médias et des manifestations anti-apartheid.

Fin 1989, Botha, malade, fut remplacé par Frederik Willem De Klerk. Lors de l'ouverture de la session parlementaire en février 1990, il annonça qu'il voulait abroger les lois discriminatoires et légaliser l'ANC, le PAC et

2005

Suite à des accusations de corruption, le président Thabo Mbeki démet Jacob Zuma de ses fonctions de vice-président. S'ensuit entre les deux hommes une lutte politique que Mbeki perd.

2006

Plus de 5 millions de Sud-Africains sont affectés par le VIH. L'ampleur de l'épidémie reflète la négligence dont le gouvernement a fait preuve pendant des années.

2007

La tragédie du sida affecte les plus vulnérables. Selon l'Unaids, environ 280 000 enfants sud-africains sont séropositifs et le sida a fait 1,4 million d'orphelins.

2007

En décembre, Jacob Zuma est élu à la tête de l'ANC et succède à Thabo Mbeki. Des accusations de corruption, après celles abandonnées en 2006, le visent à nouveau.

le Parti communiste. La censure des médias fut abolie et les prisonniers politiques non coupables de délits de droit commun furent libérés. Le 11 février 1990, après 27 ans d'incarcération, Nelson Mandela sortit libre de la prison de Victor Verster.

Entre 1990 et 1991, la législation de l'apartheid fut abolie. Un référendum – le dernier réservé aux Blancs – accorda au gouvernement le droit d'élaborer une nouvelle Constitution avec l'ANC et d'autres mouvements politiques.

Le dur chemin vers la démocratie

Malgré la levée de l'état d'urgence et le retrait de la présence militaire, la période de transition entre le régime d'apartheid et la démocratie fut en réalité l'une des plus violentes de l'histoire sud-africaine. Dans les deux camps, certains groupes n'acceptaient pas de voir leurs leaders chercher un accord avec l'ennemi et firent tout ce qui était en leur pouvoir pour saper les pourparlers de paix, le plus souvent en employant la force. Entre 1990 et 1994, plus de 12 000 assassinats politiques eurent lieu en Afrique du Sud.

"Nous prenons l'engagement de bâtir une société dans laquelle tous les Sud-Africains, blancs ou noirs, pourront marcher la tête haute sans aucune crainte au fond de leur cœur, assurés de leur droit inaliénable à la dignité humaine – une nation arc-en-ciel en paix avec elle-même et avec le monde". Extrait du discours d'investiture de Nelson Mandela (1994)

Mandela et De Klerk se témoignaient initialement un respect mutuel, mais le premier commença à douter de la volonté démocratique du second après avoir été témoin de la vague d'homicides et de disparitions perpétrés par ce qu'il appelait la Troisième Force (Third Force) – la police et des éléments à la solde du pouvoir. Nombre de citoyens ordinaires opposés aux négociations recouraient également à l'action violente. Le chaos régnait dans les townships où s'affrontaient physiquement les factions rivales, les interventions de la police ne contribuant qu'à aggraver encore la situation. Beaucoup de membres de l'ANC avaient passé des années à pratiquer la guérilla et espéraient pouvoir renverser le régime de cette manière sans avoir à faire de concessions aux Blancs. En juillet 1991, Nelson Mandela fut officiellement élu président de l'ANC, en dépit d'une défiance croissante à son encontre.

Tout au long des négociations, le Zulu Inkatha Freedom Party (IFP) causa de graves troubles au KwaZulu ainsi que dans les townships du pays, où la population zouloue s'affrontait avec d'autres groupes ethniques. Durant l'apartheid, le KwaZulu avait bénéficié d'un statut spécial, le chef Mangosuthu Buthelezi s'efforçant de ménager les intérêts contradictoires du capitalisme blanc et de l'indépendance africaine. Lorsque la violence atteignit un nouveau pic, les partisans de l'ANC réclamèrent le retour à la lutte armée, le pays sombra dans l'anarchie, et les pourparlers échouèrent.

Alors que le monde désespérait de voir un jour une résolution au conflit, le gouvernement sud-africain céda peu à peu à chacune des demandes de Mandela et perdit ainsi graduellement le contrôle du

Mai 2008
Couvant depuis longtemps, le mécontentement social explose et des émeutes xénophobes éclatent dans les townships, faisant plus de 60 morts et forçant au départ de nombreux travailleurs des pays voisins.

Décembre 2008
Le mouvement Shikota, dirigé par l'ancien Premier ministre du Gauteng, Mbhazima Shilowa, et Mosiuoa Lekota, fonde un nouveau parti en rupture avec l'ANC, le Congrès du Peuple (COPE).

2009
L'ANC remporte une victoire lors des 4e élections législatives du pays. Jacob Zuma devient président, juste après que les accusations de corruption portées contre lui ont été abandonnées.

Juin-juillet 2010
Malgré des craintes concernant l'insécurité du pays, la Coupe du monde de football de la FIFA se déroule sans aucun incident en Afrique du Sud.

MAX DU PREEZ ET LE VRYE WEEKBLAD

En 1988, le journaliste afrikaner dissident Max Du Preez, avec quelques autres activistes blancs anti-apartheid, fonda le *Vrye Weekblad*, le premier journal sud-africain anti-apartheid en afrikaans. Dès sa publication, le quotidien suscita la colère de l'État. Une bombe détruisit ses bureaux, Du Preez reçut de nombreuses menaces et le journal fut poursuivi pour diffamation par le président P. W. Botha. Durant sa courte existence, le journal milita pourtant sans relâche pour la liberté d'expression et dénonça l'oppression, la corruption et la brutalité de tous les bords politiques. Après 5 ans d'existence et de reportages sans concessions, le *Vrye Weekblad* fut contraint de fermer peu avant les élections de 1994. Du Preez devint plus tard producteur pour la chaîne de télévision SABC (South African Broadcasting Corporation) et couvrit les audiences de la commission Vérité et Réconciliation. Actuellement, il continue d'exercer sa profession de journaliste.

Son livre *Oranje Blanje Blues* (en anglais) raconte l'histoire du *Vrye Weekblad*.

La prévalence du sida est plus forte en Afrique du Sud que partout ailleurs dans le monde. Pour des informations sur l'histoire du sida dans ce pays et des actions entreprises, consultez le site www.avert.org/aidssouthafrica.htm.

processus de négociation. Le leader de l'ANC se retrouva soudain en position dominante. L'un de ses anciens compagnons d'armes du MK, Joe Slovo, rassura le National Party en proposant l'introduction de "*sunset clauses*" dans la future Constitution. Ces dispositions spéciales prévoyaient notamment la mise en place d'un gouvernement de coalition pendant les cinq ans suivant les élections démocratiques, des garanties pour les fonctionnaires et les forces armées, et une mesure d'amnistie, afin de permettre un changement de régime en douceur.

Les élections et la Constitution sud-africaine

En 1993, une Constitution provisoire fut promulguée. Elle garantissait la liberté d'expression et de religion, l'accès à un logement décent et nombre d'autres droits, tout en interdisant explicitement la discrimination dans presque tous les domaines. À minuit, dans la nuit du 26 au 27 avril 1994, l'ancien hymne national *Die Stem* ("L'Appel") résonna alors que l'on baissait l'ancien drapeau, puis le nouveau drapeau arc-en-ciel fut hissé en même temps que retentissait le nouvel hymne, *Nkosi Sikelel' iAfrika* ("Dieu bénisse l'Afrique"). Les élections se déroulèrent paisiblement dans tout le pays. L'ANC recueillit 62,7% des suffrages, un peu moins que les 66,7% nécessaires pour la rédaction d'une nouvelle Constitution. Pour leurs efforts en faveur de la réconciliation nationale, Mandela et De Klerk reçurent conjointement le prix Nobel de la paix en 1993.

En 1996, après maints débats et négociations, le Parlement ratifia une version révisée de la Constitution de 1993. Elle définissait la structure

Décembre 2010
L'Afrique du Sud devient membre du BRICS (Brésil, Russie, Inde, Chine), groupe rassemblant les pays émergents les plus puissants économiquement.

2011
La province de Limpopo, qui a "perdu" 2 milliards de rands dans sa comptabilité officielle, est déclarée en faillite par le Trésor national et mise sous la tutelle du gouvernement fédéral de l'ANC.

Janvier 2012
L'ANC célèbre son centenaire avec une fête grandiose à Bloemfontein, où le parti a été fondé. Des commémorations ont lieu toute l'année dans le pays.

Mars 2012
Trois ans après que les poursuites judiciaires menées contre Jacob Zuma pour corruption, racket, évasion fiscale et blanchiment ont été levées, la Cour suprême autorise un réexamen de l'affaire.

du nouveau gouvernement démocratique du pays, désormais composé d'une Assemblée nationale de 400 membres, d'un Conseil national des provinces de 90 membres, et d'un chef d'État, le président, élu par l'Assemblée nationale.

Selon les termes de la Constitution, un président sud-africain a plus en commun avec un Premier ministre britannique qu'avec un président français. Toutefois, du fait de son statut de chef d'État, il jouit de pouvoirs exécutifs que n'ont pas la plupart des Premiers ministres. Le Bill of Rights (Charte des droits fondamentaux) très complet est le trait le plus marquant de la Constitution de 1996.

En 1999, l'Afrique du Sud organisa ses secondes élections démocratiques. Deux ans auparavant, Mandela avait laissé la présidence de l'ANC à son adjoint, Thabo Mbeki. Le pourcentage de votes en faveur de l'ANC augmenta et il ne manqua qu'un siège au parti pour obtenir la majorité des deux tiers qui permettait de modifier la Constitution.

Si tout le monde reconnaît que remplacer Mandela était une tâche très difficile, la présidence de Mbeki suscita d'âpres débats et ses années au pouvoir ressemblèrent à un parcours de montagnes russes. Au tout début, son déni de l'épidémie de sida valut à Mbeki des critiques internationales. En outre, son refus de condamner la réquisition forcée des fermes appartenant aux Blancs dans le Zimbabwe voisin, et de critiquer publiquement son camarade de longue date le président zimbabwéen Robert Mugabe, déplut aux propriétaires terriens sud-africains et aux investisseurs étrangers.

Les Elders ("les Aînés", www.theelders.org) est une ONG fondée par Nelson Mandela et rassemblant des personnalités du monde entier ayant œuvré pour la paix et le respect des droits humains, tels Kofi Annan et Jimmy Carter. Elle vise à apporter intégrité et sagesse lors de la résolution des problèmes internationaux.

DESMOND TUTU

Peu de personnalités de la lutte anti-apartheid sont aussi connues que Desmond Mpilo Tutu, l'archevêque anglican du Cap aujourd'hui retraité. Né en 1931 à Klerksdorp, dans le Transvaal (l'actuelle province du Nord-Ouest), Desmond Tutu eut une vie humble avant de devenir un militant mondialement reconnu. Durant l'époque de l'apartheid, il appuya vigoureusement le boycott économique et les sanctions internationales contre l'Afrique du Sud. Après la chute du gouvernement d'apartheid, il dirigea la commission Vérité et Réconciliation, une expérience qu'il relate dans son livre, *Il n'y a pas d'avenir sans pardon* (Albin Michel, 2000).

Aujourd'hui, Desmond Tutu reste un infatigable militant et n'hésite pas à critiquer sévèrement le gouvernement de l'ANC, dénonçant la corruption et les manquements dans la lutte contre le sida et la pauvreté. Lauréat du prix Nobel de la paix, du prix Gandhi pour la paix et de nombreuses autres distinctions, Tutu est généralement considéré comme le créateur du concept de "nation arc-en-ciel" pour décrire l'Afrique du Sud post-apartheid.

Août 2012
Massacre de Marinaka, répression meurtrière d'une grève de mineurs : 12 000 mineurs se mettent en grève. Leurs conditions de travail deviennent une question nationale de premier plan.

2013
Nelson Mandela meurt d'une insuffisance respiratoire. Sa mort suscite un immense chagrin en Afrique du Sud et dans le monde. Les dirigeants de plusieurs nations assistent à ses funérailles.

Mars 2014
Le président Jacob Zuma est critiqué par le médiateur anti-corruption pour avoir dépensé 20 millions de rands issus des fonds publics dans la rénovation de sa propriété privée de Nkandla, au KwaZulu-Natal.

Mai 2014
L'Afrique du Sud organise ses cinquièmes élections générales depuis la fin de l'apartheid. L'ANC l'emporte avec une majorité en baisse (62,1% contre 65,9% en 2009) et Zuma entame son second mandat présidentiel.

Vérité et Réconciliation

Après les premières élections, l'attention se tourna vers la commission Vérité et Réconciliation (1995-1998), chargée de dénoncer les crimes commis durant l'apartheid. Elle fut présidée par l'archevêque Desmond Tutu, qui affirma : "Sans pardon, il n'y a pas d'avenir, mais sans confession, il ne peut y avoir de pardon." La commission entendit de nombreux témoignages d'injustices et de brutalités atroces, apportant une forme de libération aux familles et aux communautés brisées par le passé. Elle permit aux victimes de raconter leurs souffrances et aux responsables d'avouer leurs fautes, offrant l'amnistie à ceux qui reconnaissaient leur culpabilité.

La Douleur des mots (Actes Sud, 2018), de la poétesse et journaliste Antjie Krog, est un livre tiré des témoignages recueillis par la commission Vérité et Réconciliation, qui mêle reportage et réflexion personnelle.

La présidence Zuma

En 2005, Mbeki congédia son vice-président Jacob Zuma, un vétéran zoulou de la lutte anti-apartheid, en raison d'accusations de corruption. Cette décision déclencha une lutte de pouvoir acharnée au sein de l'ANC, que Zuma remporta. En septembre 2008, suite au revirement sans précédent de son parti, Mbeki fut contraint à démissionner. Les charges contre Zuma furent abandonnées et, comme prévu, l'ANC remporta les élections de 2009, avec Jacob Zuma comme président.

Lors des élections de 2014, les médias sud-africains vantèrent passionnément les chances de la Democratic Alliance (DA ; Alliance démocratique), le parti d'opposition officiel. Le désenchantement face à la criminalité endémique, les affaires de corruption et la lenteur à fournir les services de base essentiels aux communautés pauvres avaient alimenté un désir de changement de plus en plus fort. L'ANC l'emporta pourtant confortablement avec 62,1% des votes. Le score de l'Alliance démocratique (22,2% des suffrages) a mis en lumière la tâche monumentale qu'il faudrait accomplir pour prendre le pouvoir à l'ANC.

Le résultat le plus surprenant fut certainement celui du nouveau parti politique Economic Freedom Fighters (Combattants pour la liberté économique), dirigé par Julius Malema, arrivé en troisième position avec 6,4% des voix. Ex-leader de la Ligue de jeunesse de l'ANC, ce personnage controversé avait été exclu du parti en 2012 pour ses discours provocateurs et extrêmes. Autrefois l'un des plus fervents partisans de Jacob Zuma, Malema s'oppose aujourd'hui à son ancien mentor et aux pratiques corrompues dont l'ANC serait coupable. Les discours d'extrême-gauche de ce natif du Limpopo prônant l'égalité économique et la lutte contre la pauvreté lui valent un certain soutien populaire, mais ses prises de position radicales contre "le monopole du capital par les Blancs", et en faveur de la redistribution des terres et de la nationalisation de l'industrie minière en inquiètent plus d'un.

Mai 2014

Economic Freedom Fighters, parti politique le plus récent du pays emmené par Julius Malema, ancien président en disgrâce de la Ligue de jeunesse de l'ANC, remporte 6,4% des suffrages lors des élections nationales.

2015

Le mouvement de protestation étudiant #RhodesMustFall obtient le retrait de la statue du magnat britannique Cecil Rhodes (1853-1902) du campus de l'université du Cap.

2017

L'ANC perd des villes importantes au profit de coalitions menées par l'Alliance démocratique lors des élections municipales de 2016. Cyril Ramaphosa prend la tête du parti à la place de Zuma, encore accusé de corruption.

2018

Les restrictions d'eau deviennent une réalité quotidienne dans une Afrique du Sud frappée par la sécheresse. La consommation des habitants du Cap est limitée à 50 l par personne et par jour.

MIRIAM MAKEBA

La chanteuse Miriam Makeba (surnommée Mama Africa), morte en 2008 à l'âge de 76 ans, fut longtemps une figure emblématique sur la scène internationale. Mariant musique et critique de l'apartheid, elle est apparue en 1960 dans le docu-fiction anti-apartheid *Come Back, Africa*, et a prononcé une allocution à l'ONU en 1963. Son franc-parler lui valut des représailles : elle s'est vu retirer son passeport ainsi que sa citoyenneté sud-africaine. Après avoir passé 30 ans en exil, elle est revenue en Afrique du Sud en 1990 sur les instances de Nelson Mandela. En 2005, elle a déclaré : "Nous n'avons connu que onze années de démocratie, mais nous avançons, nous avançons bien plus vite que nombre de pays indépendants, longtemps, longtemps avant nous. Nous devons agir tous ensemble... Noirs, Blancs ou quelle que soit notre couleur de peau."

Une ère nouvelle

Les partis d'opposition doivent encore démontrer leur capacité à faire pression sur le gouvernement pour relever les défis majeurs tels que la lutte contre la corruption, la criminalité, les inégalités économiques et le sida ou la promotion de l'éducation. Étant donné les troubles qui ont marqué l'histoire récente du pays, et ses problèmes persistants de criminalité et de corruption (deux sujets qui continuent de faire débat au sein de la population), il n'est pas étonnant que coexistent chez les Sud-Africains des points de vue très divers concernant l'avenir de la "nation arc-en-ciel".

Fin 2017, alors que la crise de l'eau empirait au Cap et que la ville subissait des restrictions drastiques afin d'éviter une pénurie totale, Cyril Ramaphosa, vieux camarade de Mandela, remplaça Zuma à la tête de l'ANC. Comme beaucoup l'espéraient, ce dernier, empêtré dans les scandales, démissionna en février 2018. Son second mandat présidentiel avait été dominé par des inquiétudes relatives à l'influence douteuse exercée par trois puissants frères indiens, les Gupta, sur son gouvernement. Tout en conservant une base solide d'électeurs noirs et ruraux de l'ancienne génération, l'ANC a perdu les élections municipales de 2016 à Tshwane (Pretoria), Johannesburg et Nelson Mandela Bay (Gqeberha) au profit de la coalition conduite par l'Alliance démocratique.

Bien que Cyril Ramaphosa ait pris la tête de l'ANC fin 2017, Zuma aurait dû rester président jusqu'aux élections de 2019 mais la controverse grandissante dont il faisait l'objet et les pressions exercées au sein même du parti l'ont poussé à la démission en février 2018, alors qu'il avait entamé son mandat en 2014. Son nom restera lié au massacre de Marikana, qui a vu la police tuer 34 personnes en ouvrant le feu

Forcer le destin. Le parcours d'une dirigeante sud-africaine (Présence Africaine, 2001), de Mamphela Ramphele, retrace la vie d'une femme extraordinaire qui fut "exilée" pendant 7 ans à l'intérieur du pays, dans la ville de Tzaneen, avant de devenir vice-présidente de l'université du Cap.

2 avril 2018

Mort de Winnie Mandela, femme de Nelson Mandela et figure majeure de la lutte anti-apartheid.

mai 2019

Cyril Ramaphosa est réélu président le 22 mai 2019, à l'issu d'élections lors desquelles l'ANC a obtenu le plus faible score de son histoire (57,5%).

2020

L'Afrique du Sud enregistre ses premiers cas de Covid-19 en mars et impose une série de confinements. Durant les 18 premiers mois de la pandémie, on compte plus de 2,9 millions de cas et plus de 88 000 morts.

2021

Visé par plusieurs procédures, l'ex-président Zuma est condamné à 15 mois de prison pour son refus de témoigner devant la commission Zondo qui enquête sur la corruption durant ses 9 années de mandat.

sur des mineurs grévistes ; au Nkandlagate, l'utilisation de 246 millions de rands (24,6 millions de dollars) d'argent public pour rénover sa résidence de Nkandla, dans le Zoulouland ; et au Guptagate, du nom de cette riche famille indienne qui a acquis une forte influence en confiant à Zuma et à des membres de sa famille des postes de direction dans leurs entreprises.

La période récente

Aux élections de mai 2019, l'ANC a conservé la majorité mais avec seulement 57,5% des voix, son score le plus bas jamais réalisé, poursuivant ainsi son lent déclin. L'Alliance démocratique s'est classée deuxième avec un peu plus de 20%, suivie par le EFF de Julius Malema qui a obtenu 10,8% contre 6,5% lors des précédentes élections.

Au milieu de l'année 2021, la Cour constitutionnelle a condamné Zuma à 15 mois d'emprisonnement, faisant de lui le premier ex-président sud-africain post-apartheid à se voir infliger une peine de prison – une sentence motivée par son refus de témoigner devant la commission Zondo, chargée d'enquêter sur les soupçons de corruption sous sa présidence. Ses partisans sont descendus dans la rue, déclenchant des émeutes qui se sont soldées par 3 400 arrestations et 337 morts.

Pendant ce temps, la pandémie faisait rage dans le monde. L'Afrique du Sud a enregistré son premier cas de Covid-19 le 5 mars 2020. Au cours des 18 mois suivants, près de 3 millions de Sud-Africains ont été testés positifs et plus de 88 000 ont succombé à la maladie.

2021

En réaction à la condamnation et à l'incarcération de Zuma, ses partisans descendent dans la rue ; 3 400 personnes sont arrêtées et 337 autres tuées durant les émeutes.

2021

Début octobre, environ 22% des Sud-Africains éligibles avaient reçu une dose de vaccin contre le Covid-19, et environ 16% en avaient reçu deux, ce qui est alors l'un des plus forts taux de vaccination en Afrique.

26 décembre 2021

L'archevêque Desmond Tutu, icône de la lutte anti-apartheid, s'éteint à l'âge de 90 ans.

Avril 2022

Le pays est endeuillé par les inondations les plus meurtières de son histoire, ayant causé la mort de plus de 443 personnes. La région de Durban, dans l e KwaZulu-Natal, est particulièrement touchée.

1

ICSWART/GETTY IMAGES ©

2

HANDMADEPICTURES/ADOBESTOCK ©

3

DANIEL MEUNIER/ADOBESTOCK ©

1. Nelson Mandela Capture Site (p. 304)

2. Soweto (p. 378)

3. Centre pénitentiaire de Robben Island (p. 66)

Culture et société

Surnommée la "nation arc-en-ciel" par Desmond Tutu, l'Afrique du Sud est devenue, de fait, plus égalitaire. S'il leur reste encore un long chemin à parcourir, ses citoyens vivent mieux ce creuset que naguère, et les divisions correspondent davantage aux classes sociales qu'à la couleur de la peau. Le Lesotho et l'eSwatiniont eu récemment des problèmes politiques et économiques, mais leur principale préoccupation reste le taux de prévalence du sida, parmi les plus élevés du monde.

Sous le seuil de pauvreté

Afrique du Sud : 20% de la population

Lesotho : 57% de la population

eSwatini : 63% de la population

Parmi les nombreux problèmes à l'origine des tensions raciales et de la défiance internationale à l'égard de l'Afrique du Sud figurent la corruption gouvernementale, la disparité entre riches et pauvres, la réforme agraire et les attaques de fermes, la politique controversée de discrimination positive (Black Economic Empowerment) et les discours sulfureux de personnages comme Julius Malema, le leader des Economic Freedom Fighters (EFF). Ces problèmes ont tous contribué à affaiblir le rand ; entre 2011 et 2017, sa valeur a chuté de 7 à 13 R pour un dollar US.

Si la criminalité continue de nuire au potentiel touristique de l'Afrique du Sud, les trois pays de la pointe du continent africain restent l'incarnation d'un espoir. Les visiter, c'est prendre soi-même mesure de la transition en cours. À ces mutations s'ajoutent une nature splendide et un attachement viscéral des Sud-Africains à leur terre, thème récurrent dans leur littérature.

Population et économie

Afrique du Sud

La province du Gauteng, qui comprend Johannesburg et Pretoria, est le moteur économique du pays, générant plus du tiers de son PIB et quelque 10% de celui du continent africain. C'est aussi la province la plus densément peuplée et urbanisée. À l'autre bout de l'échelle, le Cap-Oriental, rural et sous-développé, compte environ 25% d'adultes illettrés.

Outre les problèmes économiques, le pays souffre encore de nombreux problèmes relationnels entre les différents groupes raciaux. Alors que la discrimination entre Noirs et Blancs a concentré l'attention, des tensions existent entre Noirs, métis et Sud-Africains d'origine indienne. Les relations sont complexes, et des antagonismes existent entre Zoulous et Xhosa, ou Blancs anglophones et Afrikaners.

Taux de chômage

Afrique du Sud : 34%

Lesotho : 24,6%

eSwatini : 28%

Lesotho

L'industrie minière a longtemps constitué le principal lien entre le Lesotho et l'Afrique du Sud. Pendant la majeure partie du XXe siècle, la main-d'œuvre a été la principale exportation du Lesotho, avec environ 60% des hommes travaillant en Afrique du Sud, essentiellement dans les mines. Lors de la restructuration du secteur, la moitié des mineurs basotho ont été licenciés et beaucoup sont revenus dans leur pays, grossissant le nombre de chômeurs.

Les usines de textile chinoises sont désormais les principaux employeurs du pays – quelque 36 000 Basotho y travaillent. Ces dernières années, toutefois, le ralentissement économique américain et la concurrence croissante de pays comme le Vietnam et le Bangladesh ont eu de lourdes conséquences. Dans le même temps, l'industrie minière du diamant a pris de l'ampleur et représente désormais 8,5% du PNB.

eSwatini

La situation socio-économique de l'eSwatini dépend presque entièrement de celle de son grand voisin. Quelque deux tiers de ses exportations se font vers l'Afrique du Sud, et plus de 90% des marchandises et des services sont importés. Environ 70% des Swazi vivent dans les campagnes, d'une agriculture de subsistance. La culture swazi est très forte et résolument distincte de ce qui l'entoure. La monarchie influence maints aspects de la vie, aussi bien d'ordre culturel que politique. Si certains Swazi sont fiers des traditions royales et voient d'un mauvais œil toute aspiration à une transition démocratique, un nombre croissant d'opposants et de défenseurs des droits de l'homme souhaitent que le roi cède le pouvoir au peuple.

Groupes ethniques

Noirs

Environ 80% des Sud-Africains sont des Africains noirs. Bien que divisés en dizaines de sous-groupes, ils descendent tous de peuples de langue bantoue qui migrèrent en Afrique australe au début du premier millénaire. Les destructions et dispersions provoquées par la *difaqane* (migration forcée) au XIXe siècle et les déplacements et séparations forcés de la période de l'apartheid ont davantage affaibli le sentiment d'appartenance tribale que dans d'autres parties du continent.

Aujourd'hui, les débats portent sur les regroupements ethnolinguistiques. Avec 11 langues devenues "officielles" dans la Constitution, le concept d'ethnicité reprend de la vigueur. Les Nguni, le plus grand groupe ethnolinguistique, incluent les Zoulous, les Swazi, les Xhosa et les Ndebele. Les Sotho-Tswana, les Tsonga-Shangaan et les Venda sont d'autres groupes majeurs.

Les Zoulous conservent une forte identité ethnique et 23% des Sud-Africains, dont l'ex-président Jacob Zuma, ont le zoulou pour première langue. Deuxième groupe le plus important, les Xhosa ont eu une forte influence politique ; Nelson Mandela était xhosa, de même que nombre de personnalités de la lutte contre l'apartheid. Les Xhosa ont traditionnellement formé le cœur de la classe moyenne noire. Environ 16% de la population sud-africaine a le xhosa pour première langue.

Parmi les autres groupes majeurs figurent les Basotho (principalement présents au Lesotho, aux alentours et dans l'État libre), les Swazi (pour la plupart en eSwatini et dans la province du Mpumalanga) et les Tswana (qui vivent surtout dans les provinces du Nord-Ouest et du Cap-Nord, ainsi qu'au Botswana). Moins nombreux, les Ndebele et les Venda, essentiellement installés dans les provinces du Mpumalanga et du Limpopo, conservent des cultures très distinctes.

Métis

Durant l'apartheid, le terme "*coloured*" (ou métis) servait à classer quiconque n'entrait pas dans les autres catégories raciales. Une identité culturelle métis ne s'en est pas moins développée au fil des ans, en partie forgée par le refus des Blancs de considérer les métis comme leurs égaux et par le refus des métis d'être assimilés aux Noirs. Les métis sont réputés pour leur sens de l'humour et de la répartie, qualité qui les a aidés à supporter des épreuves difficiles comme l'expulsion et la relocalisation forcée des populations du District Six du Cap à partir des années 1970

Partout en Afrique du Sud, les migrants économiques d'autres pays africains sont massivement employés dans les secteurs touristique et hôtelier. Pendant votre séjour, vous croiserez certainement des serveurs, des porteurs et des voituriers venus du Zimbabwe, du Mozambique, du Malawi et de la République démocratique du Congo.

Dans la société sud-africaine multiculturelle et consciente des origines des uns et des autres, les habitants se désignent facilement comme noir, métis ou blanc. Cela peut choquer les visiteurs qui viennent de pays où de telles références sont jugées politiquement incorrectes.

(voir le District Six Museum, p. 61). Les métis se considèrent encore aujourd'hui comme les laissés-pour-compte de la discrimination postitive.

Parmi les divers ancêtres des métis figurent des Afrikaners et d'autres Européens, des esclaves d'Afrique de l'Ouest, des prisonniers politiques et des exilés des Indes orientales néerlandaises, ainsi que quelques Khoisan. Les Griqua forment l'un des principaux sous-groupes de métis.

Autre sous-groupe majeur, les musulmans du Cap, ou Malais du Cap, tirent leurs racines d'Inde, d'Indonésie et d'Afrique de l'Est. Ils ont préservé leur culture et leur cuisine d'influence asiatique, à découvrir à la faveur d'une promenade guidée dans le quartier Bo-Kaap du Cap.

Aujourd'hui, la plupart des métis vivent dans le Cap-Occidental et le Cap-Nord et sont aussi présents au Cap-Oriental. Environ 20% d'entre eux ont l'anglais en première langue, tandis que quelque 80% parlent afrikaans. L'un des plus anciens documents en afrikaans est d'ailleurs un coran transcrit en caractères arabes. Les 4,6 millions de métis d'Afrique du Sud représentent environ 9% de la population totale.

L'œuvre de Zoë Wicomb (née en 1948) donne un aperçu la société et de la culture des métis d'Afrique du Sud. En français, vous pourrez lire *Des vies sans couleur*, 10/18, 2010) ou *Une clairière dans le bush* (Le Serpent à plumes, 2000).

Blancs

Les quelque 4,6 millions de Blancs (environ 9% des Sud-Africains) sont des descendants des premiers colons européens de langue afrikaans ou des anglophones. Les Afrikaners, qui constituent 5% de la population du pays, ont eu une influence disproportionnée sur l'histoire de celui-ci. Les campagnes, à l'exception du Cap-Oriental, du KwaZulu-Natal et des anciens bantoustans, restent dominées par les Afrikaners, unis par une langue commune et par leur appartenance à l'Église réformée hollandaise, centre de la vie dans les bourgades rurales.

Si quelques Afrikaners rêvent encore d'un *volkstaat* (un État boer indépendant, exempt de tout métissage), la classe moyenne citadine est devenue bien plus modérée. Plus s'accroît la distance entre l'apartheid et la "nouvelle Afrique du Sud", plus les Afrikaners peuvent s'enorgueillir de leur héritage, comme en attestent la popularité grandissante du Klein Karoo Nasionale Kunstefees (Festival national des arts du Petit Karoo ; p. 176), à Oudtshoorn, et la florissante scène musicale indépendante afrikaner.

La généalogie d'un Afrikaner typique comprend un tiers de sang hollandais et de plus faibles proportions de sang français (principalement huguenot), allemand, métis et britannique.

Près des deux tiers des Blancs anglophones descendent des immigrants britanniques qui arrivèrent à partir des années 1820. Font également partie des Sud-Africains blancs environ 70 000 Juifs, plus de 50 000 Grecs et autant de Portugais.

LE MELTING-POT SUD-AFRICAIN

Peu de pays ont connu des conflits raciaux et ethniques aussi longs et violents que l'Afrique du Sud. La nation arc-en-ciel porte bien son surnom puisqu'elle abrite en son sein plusieurs groupes très différents – anciens San, colons hollandais du XVIIe siècle, marchands britanniques du XIXe siècle, Africains de langue bantoue, Indiens, Indonésiens, Chinois, Juifs et Portugais. Il a fallu attendre 1994 pour que tous commencent à coopérer pour faire régner la paix.

Durant l'époque de l'apartheid, le gouvernement tenta de classer la population en quatre groupes principaux. La classification entre Noirs (parfois appelés Africains, natifs ou Bantous), métis, Asiatiques ou Blancs était souvent arbitraire et très litigieuse. Elle servait à imposer le lieu de vie et le travail et devint la base de l'inégalité et de l'intolérance institutionnalisées. Pour mieux le comprendre, visitez l'Apartheid Museum (p. 358) de Johannesburg, dans lequel on entre par des portes différentes selon la couleur de sa peau.

Aujourd'hui, les inégalités sociales menacent de remplacer les discriminations raciales. Si les termes de classification de l'apartheid sont toujours utilisés, ils ne s'emploient que jusqu'à un certain degré et chacune des quatre catégories principales comprend des dizaines de sous-groupes encore plus subjectifs et moins clairement définis.

Asiatiques

Au nombre de 1,3 million, les Asiatiques sont majoritairement indiens. Ils descendent pour la plupart des ouvriers amenés sous contrat au KwaZulu-Natal au XIXe siècle ; les autres sont les descendants des marchands ou entrepreneurs indiens venus librement en Afrique du Sud à la même époque. Durant l'apartheid, les Indiens furent discriminés par les Blancs et accusés de collaborer avec eux par certains Noirs.

La population indienne est principalement hindoue, avec 20% de musulmans et quelques chrétiens. Près de 90% des Indiens vivent à Durban et dans d'autres villes du KwaZulu-Natal. L'anglais est souvent leur première langue, mais ils parlent aussi le tamoul, l'hindi et l'afrikaans.

Plus de 300 000 Chinois vivent en Afrique du Sud. Regroupés pour l'essentiel à Johannesburg, ils tiennent aussi des boutiques dans tout le pays. Une petite minorité vient d'autres pays d'Asie de l'Est.

Utilisateurs d'Internet

Afrique du Sud : 52% de la population

Lesotho : 20,6% de la population

eSwatini : 27,8% de la population

Femmes

Les femmes ont eu un rôle important dans l'histoire mouvementée de l'Afrique du Sud. Au centre des manifestations contre les lois restreignant la circulation et du boycott des bus dans les années 1950, elles avaient pour slogan : "Frapper une femme, c'est frapper un roc." Elles sont bien représentées dans l'actuel Parlement, et la Constitution garantit les droits des femmes. L'ANC, le parti au pouvoir, applique la parité homme/femme.

Toutefois, la réalité quotidienne se révèle bien différente pour de nombreuses Sud-Africaines, affectées par la pauvreté, les violences sexuelles et la pandémie de sida. L'Afrique du Sud affiche l'un des taux de viol les plus élevés au monde, avec plus de 50 000 cas déclarés chaque année à la police, soit environ 150 par jour. Les viols en réunion sont monnaie courante dans les zones à forte criminalité comme les Cape Flats, à l'est du Cap. D'après une étude, un homme sur quatre reconnaît avoir commis au moins un viol. En 2013, le viol et la mutilation sauvage (ayant abouti à la mort) d'une adolescente, Anene Boysen, à Bredasdorp, dans l'Overberg, a suscité une vague d'émotion dans tout le pays, rappelant la mobilisation massive en Inde l'année précédente après un viol collectif commis à Delhi.

Les femmes ont statistiquement plus de risques que les hommes d'être infectées par le VIH, et nombre d'entre elles sont contaminées très jeunes. Le contexte de violence sexuelle empêche souvent les jeunes femmes d'imposer l'utilisation d'un préservatif. La situation est tout aussi désastreuse en eSwatini et au Lesotho. Le second connaît un niveau record de violences sexuelles, 19% des filles de moins de 18 ans subissant des mariages forcés illégaux, tandis qu'une personne sur quatre est porteuse du VIH, soit le taux le plus haut du monde.

La Constitution swazi de 2005 garantit aux femmes l'égalité des droits politiques, économiques et sociaux, et leur réserve un tiers des sièges parlementaires, mais ces règles ne sont pas toujours appliquées et les pratiques discriminatoires perdurent. Selon une étude de l'Unicef, un tiers des femmes swazi subissent des violences sexuelles avant 18 ans.

Parallèlement, on estime que plus de 70% des petits commerces de l'eSwatini sont tenus par des femmes. De même, les femmes basotho sont-elles souvent plus instruites que les hommes et assument depuis longtemps la plupart des responsabilités économiques, sociales et familiales.

En adéquation avec la Constitution progressiste du pays, le Parlement sud-africain comprend 42,7% de femmes, ce qui le classe au 10e rang mondial en termes de représentation féminine. Les chiffres sont de 23,3% au Lesotho (79e) et de 7,2% en eSwatini (175e).

Médias

Après des décennies de répression durant l'apartheid, les médias sud-africains retrouvent leur indépendance, malgré la menace que fait peser sur la liberté de la presse le Protection of State Information Bill (loi sur la protection des informations d'État), ou Secrecy Bill (loi du secret), un projet de loi de l'ANC. Diffuseur national, SABC est une importante source d'information pour les Sud-Africains, et s'efforce de devenir une voix indépendante. SABC possède actuellement 20 stations de radio et 5 chaînes de télévision. E.tv et M-Net sont des chaînes privées.

Selon Reporters sans frontières, l'Afrique du Sud a progressé jusqu'au 32e rang mondial pour la liberté de la presse en 2021 (les États-Unis étaient 44e).

Les quotidiens sud-africains en langue anglaise les plus populaires, le *Daily Sun* (www.dailysun.co.za), le *Star* (www.iol.co.za/the-star) et le *Sowetan* (www.sowetanlive.co.za), s'adressent en premier lieu à un lectorat noir anglophone. Publication anti-apartheid à l'origine, le *Sowetan* est plutôt à gauche. Le *Sunday Times* (www.timeslive.co.za) et le *City Press* (www.citypress.co.za) sont les journaux du dimanche les plus lus, tandis que le *Mail & Guardian* (www.mg.co.za), qui paraît le vendredi, a la faveur des classes moyennes. Dans d'autres langues, le journal afrikaans du dimanche *Rapport* et le tabloïd zoulou *Isolezwe* sont les plus populaires.

Religion

La religion tient une place centrale dans la vie de la plupart des habitants d'Afrique du Sud, du Lesotho et de l'eSwatini, où les églises connaissent dans l'ensemble une belle affluence. Le christianisme domine dans les trois pays, ses fidèles représentant 80% de la population sud-africaine. Au nombre des plus importantes, l'Église réformée hollandaise compte plus de 1 million de fidèles et plus de 1 000 temples dans le pays. Bien moins discrète, la Zion Christian Church (ZCC) rassemble 6 millions d'adeptes.

Quelque 15% des Sud-Africains se déclarent athées ou agnostiques, tandis que les musulmans, les hindous et les juifs forment ensemble moins de 5% de la population.

Environ 1% de la population d'Afrique du Sud et 20% de celle du Lesotho conservent des croyances africaines traditionnelles, dont les rites et les pratiques ont une influence significative sur la vie et la culture de la région. Rendre visite au *sangoma* (guérisseur) pour le *muti* (remède traditionnel) est courant, même parmi les chrétiens.

Trois films sud-africains méritent l'attention : *Die Wonderwerker* (2012), sur le poète Eugène Marais ; *Paljas* (1998), l'histoire tragique et surréaliste d'un clown de cirque échoué dans une bourgade du Karoo ; et la comédie romantique à l'eau de rose *Leading Lady* (2014), qui suit les pas d'une aspirante actrice britannique de Londres jusqu'à une ferme reculée de l'État libre.

Arts

Pour la musique, voir p. 583.

Cinéma

Le cinéma sud-africain a totalement changé depuis 1994 avec l'explosion de nouveaux talents. *Fools* (1997), de Ramadan Suleman (né en 1955), a été le premier grand film dirigé par un Sud-Africain noir, qui a réalisé par la suite *Lettre d'amour zoulou* (2004). Parmi les principaux réalisateurs de talent figurent Zola Maseko (né en 1967 ; *Drum*), Zulfah Otto-Sallies (1961-2016 ; *Raya*), Teboho Mahlatsi (né en 1974), Simon Wood (*Forerunners*), Tim Greene (né en 1969 ; *Skeem*), Khalo Matabane (né en 1974 ; *State of Violence*), Gavin Hood (né en 1963 ; *Mon nom est Tsotsi*), qui a également tourné l'épisode des *X-Men Wolverine*, ainsi que la *Stratégie Enders*. Enfin, on citera Oliver Hermanus (né en 1983) qui a remporté la Queer Palm au festival de Cannes en 2011 avec *Skoonheid* (*Beauty*) et Sara Blecher (*Otelo Burning*).

Acclamé sur la scène internationale, Neill Blomkamp (né en 1979), réalisateur d'*Elysium* (2013), présente une vision dystopique de Johannesburg dans *District 9* (2009) et *Chappie* (2015), tous deux avec l'acteur sud-africain Sharlto Copley. Blomkamp, l'une des personnalités africaines les plus influentes selon le magazine *Forbes*, aurait dû diriger Sigourney Weaver dans *Alien 5* après *Chappie*, mais suite à l'échec de ce film, le projet a été annulé.

LE SPORT : PRESQUE UNE RELIGION

Les Sud-Africains se passionnent pour le sport, et défendent farouchement leurs équipes nationales. Le football est le sport le plus populaire, suivi par le rugby et le cricket. Traditionnellement, la plupart des supporteurs de football étaient noirs, tandis que le cricket et le rugby séduisaient principalement des Blancs, mais la situation évolue.

Le premier événement sportif post-apartheid d'importance a sans conteste été la Coupe du monde de rugby organisée en Afrique du Sud en 1995 et gagnée par l'équipe nationale adulée, les Springboks (ou "Boks"). Le film de Clint Eastwood *Invictus* (2009), avec Morgan Freeman et Matt Damon retrace très bien cette aventure et expose les enjeux de cette compétition qui eut lieu juste après l'élection de Mandela à la présidence de la République sud-africaine, à un moment où la cohésion du pays était loin d'être évidente. Le rubgy a ensuite bénéficié d'un programme visant à intégrer des joueurs de couleur et les "Boks" sont désormais l'une des meilleures du monde. Elle a remporté à nouveau la Coupe du monde en 2007.

Accueillir la Coupe du monde de football de 2010 a également constitué un événement historique pour le pays, même si l'équipe nationale n'a pas réussi à se qualifier à l'issue des phases de poules.

L'équipe sud-africaine de cricket, surnommée les Proteas, est également de haut niveau ; les supporteurs apprécient l'amicale rivalité avec les autres pays du Commonwealth.

Littérature

Afrique du Sud

L'Afrique du Sud est forte d'une littérature d'une richesse exceptionnelle, laquelle constitue l'un des meilleurs moyens de comprendre le pays.

Nombre des premiers écrivains noirs sud-africains suivirent l'enseignement des missionnaires, tel Sol Plaatje (1876-1932. En 1930, son roman historique, *Mhudi* (Actes Sud, 1999), fut le premier roman africain publié en anglais. Premier grand roman sud-africain à bénéficier d'une publication internationale, *La Nuit africaine* (1883 ; Libretto 2012) d'Olive Schreiner (1855-1920) dépeint la vie dans le Karoo colonial.

En 1948, le monde littéraire découvrit l'Afrique du Sud grâce au best-seller d'Alan Paton (1903-1988), *Pleure, ô pays bien-aimé* (Livre de Poche, 1997). Ce roman bouleversant reste l'un des titres les plus connus de la littérature sud-africaine.

Nadine Gordimer (1923-2014), première lauréate du prix Nobel de littérature du pays en 1991, publia *A Guest of Honour* (non traduit en français) en 1970. Son roman le plus célèbre, *Ceux de July* (1981 : Livre de Poche 1990), décrit l'effondrement du régime blanc.

Dans les années 1960 et 1970, des écrivains afrikaners s'opposèrent ouvertement à l'apartheid. Breyten Breytenbach (né en 1939), peintre, poète et romancier, fut emprisonné pour sa participation au mouvement de libération. Il a écrit entre autres *Confession véridique d'un terroriste albinos* (Stock, 1984), *Le Cœur-Chien* (Actes Sud, 2005) ou *Le Monde du milieu* (Actes Sud, 2011). Écrit en 1973 par André Brink (1935-2015), *Au plus noir de la nuit* (Livre de Poche, 1978) fut le premier roman en afrikaans interdit par le gouvernement d'apartheid. L'autobiographie de son auteur, *Mes bifurcations : Mémoires* (Actes Sud, 2010), est un passionnant récit des activités anti-apartheid des Afrikaners.

Les années 1970 virent également l'émergence de plusieurs poètes noirs influents, dont Mongane Wally Serote (né en 1944), un vétéran de la lutte pour la libération. Son œuvre témoigne de la vie des Sud-Africains noirs durant les pires années d'oppression. En français, on pourra lire *Alexandra, mon amour, ma colère* (Messidor Scandéditions, 1988) dans lequel il évoque le ghetto d'Alexandra, à Johannesburg.

En zoulou, grand-mère se dit *gogo*. Les *gogo* jouent un rôle essentiel dans de nombreux foyers et leur retraite constitue souvent le seul revenu régulier de la famille étendue.

L'équipe nationale de football sud-africaine s'appelle Bafana Bafana (les garçons, en zoulou). L'équipe féminine porte le nom de Banyana Banyana (les filles).

Disgrâce (Seuil Points, 2002) a valu à J. M. Coetzee (né en 1940), qui vit maintenant en Australie, son deuxième Booker Prize et a connu un succès international. L'écrivain s'est vu décerner le prix Nobel de littérature en 2003.

Dépeignant souvent la société sud-africaine sous un jour sombre, J. M. Coetzee décrit avec subtilité la violence et l'isolement provoqués par l'apartheid. Lisez notamment *Disgrâce* (Seuil, 2003) et *L'Âge de fer* (Seuil, 1992).

Parmi les grands auteurs contemporains, Zakes Mda (né en 1948) est devenu un romancier réputé à la parution du *Pleureur* (éditions Dapper, 1999). Ses mémoires, *Sometimes There is a Void* (2011), sont le récit bouleversant de son exil au Lesotho et de son retour en Afrique du Sud.

La littérature contemporaine sud-africaine livre une intense réflexion sur la société multiculturelle et la scène politique agitée du pays, alimentant des événements tels que festivals et lectures dans les librairies. Elle fait entendre des voix singulières comme celle de Lauren Beukes (née en 1976), auteur du thriller policier afro-futuriste *Zoo City* (2010), dont l'action se passe dans le quartier de Hillbrow à Johannesburg.

Et c'est dans le roman policier que les auteurs sud-africains actuels se font le plus remarquer, tels Deon Meyer (né en 1958 ; *Les Soldats de l'aube*, Seuil, 2004 ; *L'Année du lion*, Seuil, 2017), dont les romans haletants entremêlent habilement intrigue policière et histoire passée et présente de la nation arc-en-ciel. Parmi les derniers arrivés, citons Mike Nicol (né en 1951 ; *Power Play*, Seuil, 2018) ou Roger Smith (né en 1960 ; *Au milieu de nulle part*, Livre de Poche, 2018), sans oublier le mystérieux Louis-Ferdinand Despreez (un pseudonyme ; né en 1955) qui écrit directement en français et qui serait haut fonctionnaire (*Le Noir qui marche à pied*, Phébus, 2009).

Lesotho et eSwatini

Rares sont les livres du Lesotho traduits en anglais ou en français. On retiendra cependant *Chaka. Une épopée bantoue* (Gallimard, 1981), de Thomas Mofolo (1876-1948), qui fait partie des plus grands romans africains du XXe siècle, et *L'homme qui marchait vers le soleil levant* (Confluences, 2008), du même auteur. Autre auteur intéressant, Mpho 'M'atsepo Nthunya (né en 1930) raconte des vies de femmes dans son récit autobiographique *Singing Away the Hunger* (1996, non traduit en français).

La plupart des livres sur l'eSwatini ont été écrits par des Britanniques à l'époque coloniale. Parmi les écrivains swazi réputés figure James Shadrack Mkhulunyelwa Matsebula (1918-1993), qui fut le premier à écrire en swati. Les romans de Stanley Musa N. Matsebula (né en 1958), dont *Siyisike Yinye Nje* (*We Are in the Same Boat*, 1989), ouvrirent le débat sur l'inégalité des sexes en eSwatini. Plus récemment, Sarah Mkhonza (née en 1957) a décrit son expérience dans un pensionnat de Manzini à travers les romans *Weeding the Flowerbeds* (2008) et *Teaching English in Swaziland: Essays on the Life of Gordon James Thomas* (2011). Malheureusement, aucun de ses auteurs n'a encore été traduit en français.

The Forgotten Kingdom (2014), le premier long métrage sotho, relate le retour d'un Basotho dans sa maison au Lesotho. *Wah-Wah* (2006) évoque l'enfance de l'acteur Richard E. Grant en eSwatini. Ce dernier a d'ailleurs la double nationalité britannico-swatinien.

Théâtre et danse

Après la période coloniale, des dramaturges, des comédiens et des metteurs en scène locaux se sont progressivement imposés. L'écrivain et metteur en scène Athol Fugard (né en 1932) eut un rôle majeur dans l'émergence des talents noirs dans les années 1960. Plus récemment, il a écrit le roman *Tsotsi* (non traduit en français, mais porté à l'écran par Gavin Hood). Autre grand nom du théâtre sud-africain, l'acteur et dramaturge John Kani (né en 1942) est un ancien du Market Theatre de Johannesburg (comme Fugard) ; essayez d'assister à un spectacle dans ce théâtre, ou dans le le Baxter Theatre Centre ou l'Artscape, au Cap.

Renommé Kucheza Afrika Festival en 2020, le festival de danse et de chorégraphie Dance Umbrella (@kucheza_festival) se tient à Johannesburg en avril dans divers lieux, dont le South African State Theatre. Il réunit des artistes locaux et internationaux et offre une scène pour de nouvelles œuvres.

Architecture

Parmi les merveilles de l'architecture indigène d'Afrique australe figurent les cases en forme de ruche qui parsèment la région, y compris les campagnes du KwaZulu-Natal. Un village traditionnel, ou *umuzi* en zoulou, se compose de plusieurs cases de ce style, disposées en cercle autour d'un kraal (enclos) à bétail, et entourées d'une clôture en pierres ou en broussailles. Traditionnellement, les cases étaient installées sur une pente face à l'est, dominées par la résidence du chef.

Dans les régions xhosa du Cap-Oriental, vous verrez des cases rondes aux murs droits, coiffées de chaume, éparpillées à flanc de colline et souvent peintes en turquoise ou en rose.

Les maisons ndebele aux peintures élaborées – une tradition relativement récente – sont tout aussi splendides. Les murs extérieurs sont ornés de motifs géométriques aux couleurs vives ou de dessins plus élaborés, représentant des voitures, des lampadaires, des avions ou d'autres symboles du monde moderne.

Les maisons basotho sont souvent décorées de peintures murales géométriques ou parfois symboliques, appelées *litema*. Durant les luttes contre l'apartheid, des femmes basotho utilisaient le *litema* comme message politique, peignant leur maison en or, noir et vert, les couleurs de l'ANC. Aujourd'hui, le *litema* est réalisé pour des occasions spéciales, telles que les naissances, les mariages et les fêtes religieuses.

L'époque coloniale a laissé un riche patrimoine architectural, dont les gracieuses maisons à pignon de style hollandais du Cap (Cape Dutch), typique du Cap-Occidental. Pretoria conserve de nombreux exemples d'architecture coloniale, avec une impressionnante collection d'édifices imposants, dont les Union Buildings, conçus par l'architecte anglais sir Herbert Baker.

Johannesburg se développa rapidement après la découverte d'or en 1886, et les barons des mines exhibèrent leur richesse dans des demeures somptueuses et de fastueux bureaux. À Durban, l'influence Art déco plus prononcée donne à la ville son propre style. Le boom immobilier des années 1930 dota Le Cap de superbes édifices Art déco, notamment autour de Greenmarket Sq. Les maisons pittoresques du quartier malais de Bo-Kaap constituent un autre joyau.

La Cour constitutionnelle à Johannesburg est l'un des exemples les plus remarquables de la nouvelle architecture sud-africaine. De même, le nouveau Northern Cape Legislature Building à Kimberley se distingue par l'absence de colonnes et la quasi absence d'angles aigus et de lignes droites. À Pretoria, le Freedom Park, un monument dédié à ceux qui sont morts pour la liberté, fait face au Voortrekker Monument, célébration moderniste du nationalisme afrikaner.

En traversant en voiture Clifton et Camps Bay, des faubourgs du Cap au bord de l'Atlantique, vous y verrez de véritable palais contemporains conçus par des cabinets d'architecture de renommée mondiale tels que SAOTA (www.saota.com). Petit dernier du Cap, le musée Zeitz MOCAA a été créé par l'architecte londonien Thomas Heatherwick à partir d'un silo à grains des années 1920 sur le V&A Waterfront.

Arts plastiques

Précurseurs de l'art sud-africain, les San ont laissé des dessins distinctifs sur des parois rocheuses et dans des grottes de la région. À leur arrivée,

Premier théâtre ouvert à tous, le Market Theatre a été inauguré en 1976. Les bâtiments délabrés de l'ancien marché "indien" de Johannesburg furent restaurés, et spectateurs et comédiens défièrent l'infâme Group Areas Act du gouvernement de l'apartheid.

les peintres européens s'attachèrent d'abord à représenter l'Afrique coloniale pour leurs compatriotes ; avec le temps, ils s'intéressèrent plus à l'Afrique du Sud.

Les artistes noirs furent ignorés pendant des décennies. Gerard Sekoto (1913-1993), fut l'un des premiers à franchir la barrière du racisme et devint l'une des figures majeures de l'art moderne sud-africain. Il choisit l'exil en France en 1947 où il mourut, près de Paris. Durant l'époque de l'apartheid, le racisme, l'oppression et la violence constituèrent des thèmes récurrents. Nombre d'artistes noirs, trop pauvres pour acheter le matériel adéquat, utilisèrent des supports "trouvés", comme le linoléum.

Des œuvres d'artistes sud-africains majeurs du XXe siècle et contemporains, dont Irma Stern, Pierneef, William Kentridge et Tretchikoff, ont atteint plus d'un million de dollars aux enchères.

Une récente pénurie de fonds publics destinés au secteur artistique a rendu ce dernier plus dépendant du mécénat d'entreprise et de l'industrie touristique. L'art contemporain varie du bel artisanat vendu dans le pays Venda ou au bord des rues dans les villes et les secteurs touristiques aux coûteuses peintures exposées dans les galeries d'art. Des artistes inventifs des townships utilisent des matériaux "récupérés", tels que du fil téléphonique, des épingles à nourrice, des perles, des sacs en plastique et des boîtes de conserve. La sculpture locale est tout aussi diverse avec des artistes travaillant différents matériaux, comme les sculpteurs sur bois de Venda ou les bronzes de Dylan Lewis.

Avec l'ouverture du Zeitz MOCAA au Cap en 2017 et de nombreux salons spécialisés, l'art du continent africain attire de plus en plus les investisseurs. Une nouvelle génération de peintres et de photographes dissèque l'Afrique du Sud post-apartheid, se joignant à des figures internationalement reconnues comme William Kentridge (né en 1955) et l'artiste ndébélé Esther Mahlangu (née en 1935). Consultez le site www.artthrob.co.za pour des nouvelles, des articles et des listes d'adresses.

Musique

Naguère aiguillon de la résistance à l'apartheid, la musique continue de chanter la liberté et la justice. Vous chercherez en vain un son "typiquement" sud-africain. Ce pays possède la palette de styles musicaux la plus riche du continent africain.

Les Sud-Africains adorent la musique : rock, jazz, classique, gospel, rap, reggae, afro-house, *maskanda*, *mbaqanga*, *kwaito* et beaucoup d'autres. Traditions séculaires et nouveautés se côtoient et les styles occidentaux sont adaptés. L'importante industrie du disque sud-africain, avec ses labels indépendants appartenant à des personnes noires, veille jalousement sur son marché. Nulle musique ne saurait incarner à elle seule l'Afrique du Sud, et c'est tant mieux. Chaque année, les South African Music Awards (www.samusicawards.co.za) récompensent de multiples genres et catégories, au cours d'une cérémonie d'autant plus longue que les styles musicaux sont nombreux.

En une vingtaine d'années de liberté post-apartheid, ce pays convalescent a prouvé qu'il peut engendrer des talents exceptionnels capables de rivaliser avec les meilleurs musiciens internationaux. Les rythmes sud-africains vous ouvrent les bras : entrez dans la danse et laissez-vous emporter.

Les premiers musiciens d'Afrique du Sud connus furent les San, il y a quelque 4 000 ans. Ils chantaient dans une langue utilisant des clics (clappements produits avec la langue ou les lèvres), unique en Afrique, s'accompagnant de crécelles, tambours, flûtes et même de leurs arcs de chasse.

Histoire de la musique sud-africaine

Zoulous, Xhosa et Sotho chantent et dansent depuis des siècles (c'est leur musique qui a influencé Paul Simon dans son album *Graceland* en 1986), tout comme les Venda, qui utilisent des *mbira* (pianos à pouces) et des flûtes de roseau. On dénombre huit traditions "tribales" distinctes, et la période démocratique a favorisé la résurgence de la musique traditionnelle. Toutefois, des débuts de la colonisation à nos jours, la musique sud-africaine s'est réinventée à partir d'un mélange de styles locaux anciens et de styles importés. Les genres les plus populaires utilisent des chants zoulous a cappella ou du *mbaqanga* harmonique, ce qui leur confère une tonalité résolument africaine quel que soit l'instrument d'accompagnement (banjo, violon, concertina et guitare électrique ont joué un rôle important).

Influences européennes

Au XIXe siècle, les missionnaires protestants introduisirent les chorales. Alliée au savoir musical local, cette tradition sera exploitée par les compositeurs sud-africains, qui les associeront à des formes harmoniques traditionnelles. *Nkosi Sikelel' iAfrika* ("Dieu bénisse l'Afrique"), écrit en xhosa par Enoch Sontonga en 1897, deviendra en 1994 l'hymne national sud-africain après l'ajout de strophes en zoulou, sesotho, afrikaans et anglais.

Interprètes par excellence de la musique zouloue, les Ladysmith Black Mambazo incarnent le métissage des harmonies autochtones et des chœurs religieux européens et africains (un style vocal appelé *mbube*). Comme d'autres formes artistiques contemporaines nées de l'oppression, la musique *isicathimiya* ("sur la pointe des pieds") des Ladysmith aux pas de danse amples et furtifs a vu le jour dans le Natal des années 1930, dans les dortoirs réservés aux hommes où les mineurs devaient faire attention de ne pas réveiller leurs chefs. Des chœurs d'*isicathimiya* se produisent toujours à Johannesburg et à Durban lors de concours hebdomadaires et chantent aussi souvent dans les rues des villes.

Les musiques de l'apartheid

Comme la plupart des musiques sud-africaines modernes, le *kwela*, vient des townships. Dans l'argot des townships, le terme "*kwela*", qui signifie "lève-toi" ou "debout" en zoulou, est à la fois une invitation à la danse et un avertissement quant à l'arrivée imminente des cars de police (les *kwela-kwela*). Des lieux tristement célèbres, tels que Soweto, Sharpeville, District Six et Sophiatown, constituent le berceau de genres urbains interethniques, essentiellement inspirés d'une musique provenant (ou revenant) d'Amérique – jazz, swing, *jive*, soul. Les Sud-Africains noirs y ont ajouté une touche urbaine ; avec l'introduction des *penny whistles* (longue flûte d'étain dérivée de la flûte en roseau des bergers noirs) et de la basse à une corde, le *kwela* est devenu *sax-jive* ou *mbaqanga*. La soul *marabi* a pris son envol dans les années 1970 et la pop *bubblegum* a dominé les années 1980.

Sites Internet spécialisés

South African Music (www.music.org.za) : la référence absolue en ce qui concerne les musiciens sud-africains.

Takealot (www.takealot.com). Boutique en ligne où acheter des CD et DVD de musique sud-africaine.

L'Amérique du Nord et l'Europe ont inspiré les artistes sud-africains blancs. Phénomène des sixties, les Four Jacks and a Jill étaient de purs produits de la pop. Dans les années 1970, le punk britannique a inspiré les groupes issus des classes populaires, tel Wild Youth, dont le son rappelle les Buzzcocks et les Stooges. La décennie suivante s'est illustrée par la collaboration de musiciens noirs et de musiciens blancs. Ainsi Johnny Clegg et ses groupes Juluka, puis Savuka, mêlant rock, pop et musique zouloue traditionnelle, bravèrent les restrictions racistes et ouvrirent la voie à d'autres artistes.

L'époque contemporaine

Le *kwaito*, hip-hop typiquement sud-africain, s'est imposé dans les années 1990 et reste la musique la plus populaire du pays, gospel, rap et R'n'B mis à part. Le grunge a façonné des groupes tels que Scooters Union, les Springbok Nude Girls et bien d'autres formations des années 1990, tandis que Seether, Prime Circle et Arno Carstens, ancien leader des Springbok Nude Girls, perpétuaient la tradition du rock. Le rock afrikaans continue de creuser le sillon du mouvement Voëlvry et du groupe Fokofpolisiekar, qui ont développé ce genre musical à succès à partir des années 1980.

De leur côté, Die Heuwels Fantasties, Van Coke Cartel, Chris Chameleon et aKING proposent un rock alternatif. Quant aux comédies musicales de l'auteur-compositeur-interprète David Kramer, elles reçoivent un excellent accueil critique. Il faut également compter avec la musique dance d'avant-garde, aux multiples visages : house, techno, acid-jazz, R'n'B, dancehall et tous les groove intermédiaires, incluant de plus en plus souvent des éléments live. Seule la scène trance d'Israël devance celle de l'Afrique du Sud, et de grandes fêtes sont régulièrement organisées près du Cap. Enfin, les hippies d'aujourd'hui se rassemblent lors du festival AfrikaBurn (www.afrikaburn.com), sorte de Burnig Man africain, qui se tient chaque année en avril/mai dans le Tankwa Karoo National Park (p. 501).

LA MUSIQUE DANS LES FILMS

- Le magnifique documentaire *Sugar Man* (Malik Bendjelloul, 2012) évoque le parcours de Sixto Díaz Rodríguez, auteur-compositeur-interprète originaire de Detroit. Ses chansons, dans la veine de celles de Bob Dylan, lui ont valu d'être plus connu qu'Elvis Presley en Afrique du Sud – ce qu'il ne sut que 30 ans plus tard. Ce film oscarisé montre comment les premières compositions de Rodríguez, dans les années 1970, et en particulier "Sugar Man", ont servi d'hymnes aux Sud-Africains blancs progressistes pendant l'apartheid.
- *Amandla! A Revolution in Four-Part Harmony* (2003), de Lee Hirsch, met en lumière le rôle de la musique dans la lutte anti-apartheid. Cet émouvant documentaire (en anglais), réalisé sur une période de 9 ans, est composé d'extraits musicaux et d'interviews d'Abdullah Ibrahim, de Hugh Masekela et de Miriam Makeba, entre autres artistes.
- Dans *Sophiatown* (2003), Pascale Lamche dépeint le quartier animé de Sophiatown, à Johannesburg. Véritable Harlem sud-africain, il a accueilli de nombreux artistes et musiciens, avant d'être rasé et réhabilité dans les années 1950. Les séquences d'archives sont passionnantes (en anglais et en afrikaans).
- La bande originale du film *Mon nom est Tsotsi*, récompensé en 2005 par un oscar, comprend un titre composé par la star du *kwaito*, Zola (qui joue également Fela, le chef d'un gang du township), ainsi que des chansons envoûtantes écrites par l'auteur-compositeur Vusi Mahlasela (*Music From the Motion Picture Tsotsi*, Milan Records).
- Le documentaire (en afrikaans et en anglais) *Fokofpolisiekar : Forgive Them for They Know Not What They Do* (2009), de Bryan Little, sur les rockeurs afrikaners du groupe Fokofpolisiekar (Fuckoffpolicecar en anglais), offre un aperçu fascinant du monde afrikaner contemporain. Ce groupe précurseur s'est fait le porte-voix des frustrations des jeunes Afrikaners las du conservatisme et du christianisme, froissant au passage la susceptibilité de l'establishment.

Les effets de l'apartheid sur la vie et la culture se font encore douloureusement sentir : des musiciens comme feu Hugh Masekela, la légende du jazz, ont insisté sur la nécessité de poursuivre le travail de Mandela. Le talentueux chanteur contestataire Vusi Mahlasela, surnommé "The Voice", qui participa au concert d'investiture de Mandela en 1994, a continué de diffuser le message de l'ex-président en qualité d'ambassadeur officiel de la campagne de prévention contre le sida "46664" (le matricule de Mandela durant ses années de prison).

La création d'une industrie musicale et de réseaux de diffusion appartenant à (et dirigés par) des personnes noires fut une longue bataille et se heurta à une résistance féroce de la part des nababs du show-business "blanc", au pouvoir depuis longtemps. Pour autant, c'est un fait : la musique sud-africaine s'africanise de plus en plus, et l'on peut entendre, par exemple, de bons groupes de musique indé et électro occidentalisés, de langue anglaise et afrikaans. Entre-temps, la musique contestataire a délaissé le thème de la résistance anti-apartheid pour se concentrer sur d'autres fléaux : le sida, la pauvreté, les viols de femmes et d'enfants. Nombre de ces problèmes, en particulier l'épidémie de VIH/sida, sont encore tabous en dépit de leurs ravages sur les habitants des townships. La musique est donc un bon moyen d'en parler et d'éveiller les consciences.

Le climat actuel offre d'innombrables possibilités d'expression culturelle et artistique. Les clivages sont tombés, les styles s'influencent

LES MEILLEURS TITRES À ÉCOUTER

marabi – *From Marabi to Disco*, divers artistes
kwela – *King Kwela*, Spokes Mashiyane
mbaqanga – *Kuze Kuse*, Soul Brothers
jazz – *African Marketplace*, Abdullah Ibrahim
gospel – *Tales of Gospel SA, divers artistes*
musique néotraditionnelle – *Amakhansela*, Phuzekhemisi
reggae et R'n'B – *Respect*, Lucky Dube
soul – *Nomvula*, Freshlyground
électro – *Perceptions of Pacha*, Goldfish
bubblegum et kwaito – *New Construction*, Bongo Maffin
zef et tendances actuelles – *Trading Change*, Jeremy Loops

les uns les autres en permanence et de nombreux genres, en particulier l'afro-house et le R'n'B, sont en plein essor. La démocratie, si chèrement gagnée, n'a jamais paru si mélodieuse.

Styles musicaux d'Afrique du Sud

Marabi

Au début du XXe siècle, les spectacles des musiciens afro-américains itinérants, le music-hall, les pianistes de ragtime et les groupes de gospel enthousiasmaient le public du Cap et de Johannesburg, alors en pleine expansion. L'urbanisation eut un effet domino sur les styles musicaux : les jazzmen américains de passage et les disques d'artistes comme Louis Armstrong et Duke Ellington inspirèrent ce qui allait devenir le jazz sud-africain. Dans les années 1920-1930, les ghettos chantaient et dansaient sur les rythmes d'une musique redoutable, le *marabi* ("gangster" en sotho).

Le mouvement Voëlvry ("libre comme l'oiseau") a rassemblé dans les années 1980 les musiciens afrikaners opposés à l'apartheid. Son point d'orgue a été une grande tournée nationale. Ce fut localement un tournant décisif, semblable à la révolution culturelle qui a bouleversé l'Occident dans les années 1960.

Joué sur de modestes orgues à pédales et claviers et accompagné de canettes remplies de cailloux, le *marabi* investit les *shebeens* (bars sans licence des townships) et les dancings. Grâce à lui, les établissements ne désemplissaient pas, mais il apportait aussi dignité et réconfort dans les quartiers des classes opprimées. Son rythme proche de la trance et ses harmonies cycliques rappelaient le dixieland et le ragtime américains. Au cours des décennies suivantes s'ajoutèrent *penny whistle*, tambours et banjo, et le *marabi* se teinta d'accents de big band, voire de be-bop.

Le *marabi* fit son entrée dans les formations de jazz-dance, qui donnèrent naissance à la première génération de musiciens professionnels noirs : Jazz Maniacs, Merry Blackbirds et Jazz Revellers. Étiqueté (parfois à tort) "African jazz" ou "*jive*", le *marabi* renforça la spécificité sud-africaine de ces groupes et leur popularité auprès de tous les publics. Il engendra également d'autres styles, dont le *kwela*.

Kwela

Le *kwela* est le premier genre musical sud-africain à susciter l'intérêt d'un public international. Joué à l'origine avec une guitare acoustique, un banjo, une basse à une corde et, surtout, un *penny whistle*, le *kwela* enthousiasma les jeunes qui n'avaient accès ni à la trompette ni au piano, mais souhaitaient s'emparer du swing américain. Des groupes de flûtistes jouaient au coin des rues dans les quartiers blancs, au risque de se faire arrêter pour trouble à l'ordre public, et attiraient des hordes de jeunes Blancs rebelles, surnommés "*ducktails*" (queues de canard).

Selon la rumeur, ces jeunes servaient aussi de guetteurs pour le compte des *shebeens*.

Les groupes de *kwela* enchantaient le public, mais furent peu enregistrés avant 1954. Cette année-là, *Ace Blues*, de Spokes Mashinyane, remporta un immense succès et les producteurs blancs se ruèrent sur les artistes noirs. Sparks Nyembe et Jerry Mlotshwa, notamment, devinrent populaires. Le tube Tom Lark, d'Elias and His Zig Zag Jive Flutes, parvint même en Grande-Bretagne, où il resta 14 semaines au hit-parade.

Au début des années 1960, Mashiyane introduisit le saxophone dans le *kwela* avec sa chanson *Big Joe Special*, qui sonna le glas du *penny whistle* et l'avènement du *sax-jive*. Ce dernier se transforma rapidement en *mbaqanga*.

Mbaqanga

Le saxophone s'imposa dans le *jive*, alors relégué dans les townships, au grand dam des Blancs fans de *kwela*. Le *mbaqanga* ("pain quotidien" en zoulou) eut ses innovateurs : Joseph Makwela et Marks Mankwane du célèbre Makhona Tshole Band ajoutèrent des guitares électriques – essentiellement des basses musclées – aux rythmes en cascade, tandis que le saxophoniste-producteur West Nkosi donnait le ton. Ce son électrique immensément populaire accompagnait des chanteurs dont le genre vocal deviendra le *mqashiyo* (du nom d'une danse), bien qu'il ne diffère guère du *mbaqanga*.

Les chants propres au *mbaqanga* apparurent dans des formations des années 1950, telles les Manhattan Brothers et les Skylarks de Miriam Makeba, qui imitaient le doo-wop afro-américain tout en employant des harmonies africanisées à cinq temps au lieu de quatre. Dans les années 1960, la voix rauque et grave d'Aaron "Jack" Lerole (qui se fit connaître avec Elias et His Zig Zag Jive Flutes) fait son apparition, mais le chant enroué de Simon Mahlathini Nkabinde et les voix cristallines des Mahotella Queens (accompagnées du Makhona Tshole Band) marqueront toute une génération, notamment Izintombi Zezi Manje Manje et les Boyoyo Boys. Plus récemment, Aaron Lerole a fondé le groupe Mango Groove et a fait une tournée avec le groupe américain Dave Matthews Band avant de mourir en 2003. Les Mahotella Queens, qui jouent désormais sans Simon Mahlathini Nkabinde, ont toujours autant de succès. Enfin, signalons que le producteur britannique Malcolm McLaren a plagié les Boyoyo Boys en 1983 dans sa chanson à succès intitulée *Double Dutch*.

Le *mbaqanga* demeure prépondérant dans la musique sud-africaine et son influence imprègne tous genres, de la soul au *kwaito* et au *motswako* (hip-hop tswana) en passant par le reggae, le R&B et, bien sûr, le jazz.

La chanteuse de jazz Miriam Makeba chantait son titre le plus célèbre, "*Qongqothwane*" ("La chanson des clics"), en xhosa, langue qui se caractérise par ses fameux clics (clappements de la langue ou des lèvres).

Jazz

Caractéristique du point de vue de la structure, de l'harmonie et de la mélodie, le puissant courant que représente le jazz sud-africain a débuté comme un mouvement d'avant-garde avant de devenir un cri contestataire et identitaire. Les stars expatriées, comme la chanteuse Miriam Makeba ("Mama Africa"), le pianiste Abdullah Ibrahim (anciennement Dollar Brand) et le trompettiste Hugh Masekela, en ont fait le genre musical de l'exil, exprimant la souffrance de tout un peuple. Blue Notes, la formation dynamique comprenant le pianiste Chris McGregor et le saxophoniste Dudu Pukwana, a contribué à transformer le jazz européen en s'installant en Grande-Bretagne. Quant aux jazzmen restés au pays, ils se firent discrets tout en expérimentant devant de nouveaux adeptes des sonorités inédites, une fusion jazz-rock et des métissages avec les musiques latinos ou malaises.

TOP 10 : ALBUMS SUD-AFRICAINS

- *The Indestructible Beat of Soweto* – divers artistes
- *Jazz dans Africa, Volume 1* – Jazz Epistles
- *Her Essential Recordings* – Miriam Makeba
- *Hope* – Hugh Masekela
- *The Best of Mahlathini et the Mahotella Queens*
- *Shaka Zulu* – Ladysmith Black Mambazo
- *Ibokwe* – Thandiswa Mazwai
- *Acceptance Speech* – Hip Hop Pantsula
- *Naledi Ya Tsela (Guiding Star)* – Vusi Mahlasela
- *The One Love Movement on Banto Biko Street* – Simphiwe Dana

De retour au pays après la fin du boycott culturel anti-apartheid, les stars mondiales ont su, non sans mal, reconquérir leur public. Beaucoup connaissent désormais le succès, ce genre musical étant devenu grand public. Soutenus par les médias du pays, de fréquents festivals accueillent de grands noms du monde entier. Ce fut encore le cas lors de l'International Jazz Festival organisé au Cap, avec entre autres Erykah Badu.

Avec le concours de DJ, d'artistes, de poètes et de compagnies de danse, les célébrités locales font évoluer le jazz. Ainsi, le regretté Zim Ngqawana, saxophoniste influencé par John Coltrane (il dirigea un ensemble d'une centaine de percussionnistes, de chanteurs et de danseurs lors de l'investiture de Nelson Mandela comme président de la République) mit à contribution le folk, les traditions rurales, la musique indienne, d'avant-garde et classique. Peu avant de mourir en 2011, il fonda le Zimology Institute, qui accueille de jeunes musiciens de jazz et leur propose un enseignement alternatif à la formation musicale classique dans une ferme de la périphérie de Johannesburg.

Andile Yenana, ancien pianiste de Ngqawana, mélange musiques traditionnelle et expérimentale, dans un style qui rappelle Thelonious Monk. Le guitariste renommé Jimmy Dludlu, sorte de George Benson africain, collabore avec des diplômés d'écoles de musique. Parmi les chanteuses sud-africaines très en vue, citons Pinise Saul, reine de l'afro-jazz, Sibongile Khumalo, Judith Sephumo, et la vocaliste xhosa Simphiwe Dana. Cette dernière, dont la musique propose une fusion entre le jazz, l'afro-soul, le rap et la musique traditionnelle, a été proclamée "nouvelle Miriam Makeba". Nombre de ces chanteuses rencontrent un grand succès dans le gospel, genre musical qui partage des racines communes avec le jazz.

Gospel

Le gospel sud-africain puise lui aussi sa spécificité dans ses influences africaines. Crédité du soutien des chrétiens noirs (80% de la population), ce Goliath de l'industrie musicale mêle musique chorale européenne, influences américaines, chants zoulous a cappella et d'autres traditions africaines transmises par les églises de Sion, éthiopienne, pentecôtiste et apostolique. Débordants de joie, de couleurs, de rythme, de passion et d'âme, les chœurs de gospel se produisent sans relâche dans le pays, embrasant les grandes salles de concerts comme les petites scènes communales. Comme beaucoup de grands ensembles, le Soweto Gospel Choir, composé de 30 choristes, comprend des percussionnistes et des danseurs. Il jouit d'une renommée internationale et a même remporté deux Grammy Awards en 2007 et 2008 pour ses albums *Blessed* et *African Spirit*.

Ce genre tend à se subdiviser en gospel traditionnel, incarné par l'International Pentecostal Church Choir (IPCC), Solly Moholo, Lusanda Spiritual Group et Jabu Hlongwane, et gospel moderne. Ce dernier est interprété avec émotion par la superstar Rebecca Malope ("Ribs"), qui a sa propre émission de télévision, par la diva zouloue Deborah Fraser, aux multiples disques de platine, par le révérend Benjamin Dube ("le maestro du gospel"), et par Andile Ka Majola, ancien gamin des rues de Durban devenu pasteur. Bethusile Mcinga, dont le titre *Uzundithwale* a remporté le prix de la meilleure chanson de gospel lors des Crown Gospel Music Awards de 2014, est un nom dont on entendra parler. Au nombre des groupes de gospel swazi figurent France Dlamini, le "père du gospel swazi", Shongwe & Khuphuka et les Ncandweni Christ Ambassadors, dont le leader, Timothy Myeni, est un ancien parlementaire.

Le gospel occupe aussi une place prépondérante dans l'œuvre du groupe Ladysmith Black Mambazo (dont l'album *Ilembe : Honoring Shaka Zulu* a remporté en 2009 le Grammy du meilleur album de musique traditionnelle internationale). Leur *isicathamiya* zouloue montre comment la musique traditionnelle sud-africaine s'est approprié les rythmes et les sons occidentaux pour créer un style unique. Gloria Bosman, Sibongile Khumalo, Pinise Saul et d'autres artistes noirs de renom développent un vaste répertoire couvrant de nombreux genres – gospel, jazz, classique, opéra – après des débuts dans les chorales scolaires des missions ou à l'église. D'autres, comme la grande vedette du gospel Rebecca Malope, sont venus au gospel par la pop.

Musique néotraditionnelle

Loin de la vie urbaine des townships et des studios d'enregistrement des villes, des musiciens traditionnels sotho, zoulous, pedi et tsonga ont développé une musique sociale dynamique. Depuis les années 1930, nombre d'entre eux accompagnent les chants *call-and-response* (appel et réponse) au concertina à 10 touches, un instrument qui fait son retour dans la pop zouloue. Les Sotho adoptèrent l'accordéon (les accordéonistes et les groupes d'accordéon sont encore nombreux au Lesotho), les Pedi, l'autoharpe allemande, et les Zoulous, la guitare.

Le *maskanda* (ou *maskandi*), un jeu de guitare rythmique et répétitif, a vu le jour parmi les travailleurs zoulous lors de leur migration. L'*igogogo*, un instrument fabriqué à partir d'un bidon d'essence, faisait souvent office de guitare. Chantre du *maskanda*, Shiyani Ngcobo utilisait l'*igogogo* dans ses concerts. Parmi les artistes les plus connus figurent notamment le guitariste virtuose Phuzekhemisi, dont les concerts rassemblent souvent des dizaines de chanteurs, danseurs et musiciens, le duo adulé Shwi No Mtkehala et Bhekumuzi Luthuli, à la musique poétique, disparu en 2010.

Lors d'un concert de *tsonga*, une musique enlevée aux sonorités latino-américaines, c'est en général un homme qui chante, accompagné de chœurs féminins, de guitares, de synthétiseurs et de percussions qui impriment un rythme disco. La *tsonga* compte de grands noms comme Doctor Sithole, George Maluleke, Conny Chauke et Fanie Rhingani.

Dans un style urbano-traditionnel, Lungiswa, jeune artiste xhosa, est l'une des rares femmes à jouer du *mbira* (piano à pouce) en Afrique du Sud. Parmi ses chansons figure une reprise du *Inner City Blues* de Marvin Gaye. Quant à feu la chanteuse zouloue Busi Mhlongo, elle fusionnait les sons traditionnels zoulous avec le hip-hop et le *kwaito*.

L'album *Graceland* de Paul Simon s'est vendu à plus de 14 millions d'exemplaires. Le chanteur, qui avait rompu le consensus international sur le boycott de l'État ségrégationniste par la scène musicale mondiale, a, au-delà de la polémique, fait découvrir au monde entier la musique sud-africaine.

C'est en Afrique du Sud que les racines musicales s'entremêlent avec tous les styles musicaux imaginables : country, blues, rap (allez voir du côté de Hip Hop Pantsula et de Molemi), house (les DJ Black Coffee, Mbuso et Vinny da Vinci), rock, afro-house, reggae et soul.

Soul, reggae et R'n'B

Lancée aux États-Unis dans les années 1960, la soul a conquis les adolescents des townships. Diverses tentatives d'imitation peu concluantes virent le jour ; seuls survécurent quelques groupes de soul sud-africaine qui la mâtinèrent de *marabi*, comme les Movers, ou de *mbaqanga* avec basse électrique, tels les Soul Brothers. Ces derniers ont suscité de nombreuses imitations.

La star du reggae sud-africain, Lucky Dube, fut tué par balles lors d'un vol de voiture à Johannesburg en 2007. Le Bob Marley africain a enregistré en plus de 25 ans plus d'une vingtaine d'albums en zoulou, en anglais et en afrikaans. Ses CD occupent toujours une place de choix dans les magasins de disques et sur les étals des marchés dans toute l'Afrique subsaharienne.

À l'exception du travail de Dube, le reggae se confond souvent, en Afrique du Sud, avec d'autres genres musicaux, comme le *ragga* et le *kwaito* : ainsi, les Bongo Maffin (les Fugees sud-africains) mêlent *kwaito*, house, reggae, *ragga*, gospel et hip-hop. Un R'n'B local est également apparu, représenté par d'immenses stars comme Loyiso Bala. L'incroyable Thandiswa Maswai (ancienne chanteuse des Bongo Maffin) affirme un style résolument R'n'B dans son second album solo, *Ibokhwe*. Actuellement, on entend partout les chansons émouvantes de la DJ, chanteuse et présentatrice de télévision Unathi Nkayi. Au Cap cependant, les groupes locaux Goldfish et Freshlyground occupent davantage le devant de la scène. Leur musique typique de la ville, au rythme joyeux et enlevé, se classe quelque part entre la soul, la pop et l'électro.

Lors des Kirstenbosch Summer Sunset Concerts (www.sanbi.org/gardens/kirstenbosch), des stars sud-africaines et internationales comme Cat Stevens ou Goldfish se produisent dans les splendides jardins botaniques du Cap.

Bubblegum et kwaito

Né dans les années 1970, le disco réapparut 10 ans plus tard, lisse, clinquant et africanisé, sous la forme du *bubblegum*. À dominante vocale et clairement destinée à la jeunesse, cette musique électronique dansante doit autant au *mbaqanga* qu'à l'Amérique. Des superstars comme feu Brenda Fassie, Sello Twala dit "Chicco" et Yvonne Chaka Chaka, la "princesse d'Afrique", ont perfectionné ce que les Soul Brothers ont lancé. Le titre d'Yvonne Chaka Chaka intitulé *Umqombothi* (du nom d'une bière artisanale xhosa), accompagne le début du film *Hôtel Rwanda* (2005). La popularité du *bubblegum* s'est éteinte dans les années 1990, balayée par le raz-de-marée du *kwaito* (qui signifie "cool" en *isicamtho*, l'argot des townships du Gauteng. Le mot est lui-même dérivé du mot afrikaans *kwaai*, qui signifie "strict" ou "en colère").

Musique de la jeunesse noire urbaine, le *kwaito* mêle de multiples influences : *bubblegum*, hip-hop, R'n'B, *ragga*, *mbaqanga*, musique traditionnelle, jazz, house britannique et américaine. C'est également une façon de s'affirmer, un état d'esprit, un mode de vie. Scandées ou chantées dans un mélange d'anglais, de zoulou, de sesotho et d'isicamtho (sur des rythmes programmés et des cassettes d'accompagnement), les paroles du *kwaito* oscillent entre l'anodin et le violemment politique. Cette fusion musicale unique en son genre a frappé l'imagination de l'Afrique du Sud post-apartheid. Zola, Boom Shaka, Mapaputsi, Spikiri et les Trompies ont ouvert la voie à d'autres artistes tels que Mandoza, Thokozani Ndlovu dit "L'vovo Derrango", Big Nuz et Howza.

Le zef et les tendances actuelles

Les groupes Die Antwoord et Spoek Mathambo ont tous deux créé leur propre genre musical, remportant au passage un grand succès international. Ils ont en commun d'avoir revisité les sous-cultures singulières et méconnues de leur pays pour les rendre accessibles à un public étranger. Die Antwoord ("la réponse" en afrikaans), composé de Ninja (Watkin Tudor Jones) et de Yolandi Visser (Anri du Toit), personnage évoquant une fée cyberpunk, sont à l'origine de sons et d'images âpres et futuristes rassemblés sous la bannière du "zef". Ce terme a longtemps désigné la culture des Sud-Africains blancs et pauvres, sans toutefois la connotation péjorative associée au mot "bogan" en Australie ou "chav" au Royaume-Uni. Die Antwoord se l'est approprié pour désigner sa musique rap-rave au rythme frénétique et son look "white trash" (qu'on pourrait traduire par "déchet blanc") ironique.

Autre artiste représentatif du "zef", le rappeur Jack Parow, sorte de version afrikaner du groupe britannique The Streets, se décrit comme le "pirate du camping-caravaning". Il chante la vie dans la banlieue du Cap. Cependant, le groupe Die Antwoord trace actuellement un chemin bien à lui en Afrique du Sud, notamment au travers de ses tournées internationales, accompagné, entre autres, d'Aphex Twin, et de ses clips originaux et dérangeants. Vous pourrez vous faire une idée de leur travail en regardant "Enter the Ninja", "I Fink U Freeky" et "Ugly Boy" sur YouTube.

Spoek Mathambo, qui marie rythmes électro, guitares *lo-fi* (au son "sale") et influences africaines, appelle sa musique "township tech" ("techno du township"). Son deuxième album, *Father Creeper*, sorti en 2012 sous le label américain Sub Pop, incarne le mélange linguistique des townships, circulant avec aisance entre les langues africaines noires, l'anglais, l'afrikaans, les références occidentales et les sujets propres à l'Afrique du Sud. Il a eu un certain succès à l'étranger en reprenant la chanson "She's Lost Control" du groupe britannique post-punk Joy Division, et en se produisant lors de la tournée Africa Express de Damon Albarn en 2012. D'autres artistes, comme Jeremy Loops, un musicien folk du Cap, ont également fait des percées sur le marché international.

Dans l'Afrique du Sud d'aujourd'hui, la liberté d'expression pour tous, des jeunes Noirs aux rockeurs blancs de la classe moyenne, n'est plus un luxe comme elle l'était du temps de l'apartheid. Cette liberté retrouvée s'est exprimée en premier lieu dans la musique, un art toujours en pleine effervescence créatrice et qui se réinvente en revêtant d'innombrables formes.

De nombreux chanteurs noirs sud-africains connaissent désormais le succès sur les scènes des opéras du monde entier. Parmi eux, Pumeza Matshikiza, surnommée "la Callas des townships" ou Levy Sekgapane, l'un des ténors les plus demandés actuellement. Tous ont suivi une formation de très haut niveau, réservée avant l'apartheid aux seuls Blancs.

Au Lesotho et en eSwatini

En eSwatini, où le monarque absolu polygame Mswati III regarde des milliers de jeunes vierges danser seins nus lors de la cérémonie ancestrale – et controversée – de l'*umhlanga* (danse des roseaux), l'ambiance est moins progressiste qu'en Afrique du Sud. Toutefois, la musique existe haut et fort. Le roi en personne accueille depuis longtemps des concerts destinés à collecter des fonds, au cours desquels se produisent des stars internationales (par exemple Eric Clapton) et des artistes locaux. La musique, a-t-il déclaré, "est à la fois l'arme qui guérit les âmes en peine et l'expression de la joie". La musique traditionnelle swazi accompagne les grands événements : récoltes, mariages, naissances et autres cérémonies. Mais bien sûr, la musique de l'Afrique du Sud influence inévitablement celle de ses voisins, et l'eSwatini n'y échappe pas. On trouve donc aussi du chant choral, du jazz, de l'afro-pop, du rock, une scène hip-hop et surtout du gospel. Ne manquez pas DJ Simza, spécialiste de la house africaine, la rappeuse Pashu (qui n'est autre que la princesse Sikhanyiso, fille aînée du roi Mswati), les jazzmen franco-swazi de Lilanga, le chanteur soul Bholoja et le groupe de gospel Ncandweni Christ Ambassadors.

Au Lesotho, la musique est omniprésente, dans les collines et les vallées. Jouer et chanter font partie intégrante de la vie du peuple basotho : dans les villages, les enfants harmonisent en chœur, les petits bergers jouent du *lekolulo* (flûte) et chantent d'une voix pure et cristalline, les femmes jouent du *thomo* (instrument à cordes) et les hommes du *setolo-tolo*, un instrument qui ressemble à la guimbarde. Le chant choral, le reggae et le *famo* (chant, souvent accompagné de hululements, soutenu par un accordéon, un tambour et parfois une basse) sont très populaires, suivis de près par l'afro-pop, le jazz et le *kwaito*.

C'est au Lesotho qu'est né le musicien de jazz Tsopo Tshola, qui a d'abord été membre de Sankomota avant d'enregistrer des albums solo comme *The Village Pope*. Un groupe de bergers, le Sotho Sounds, joue d'instruments fabriqués à partir d'objets recyclés : violon à une corde (*qwadinyana*), guitares (*katara*) et tambours faits à partir de vieux bidons d'huile, de pneus de voiture, de bois mort et d'un évier. Après leur triomphe au festival Womad en Grande-Bretagne, ils sont revenus à Malealea, où ils continuent de composer et de répéter (ils donnent notamment des représentations pour les clients du Malealea Lodge).

Cuisine

Dans la "nation arc-en-ciel", la cuisine reflète le multiculturalisme de la société. Les spécialités africaines des townships côtoient ainsi les spécialités hollandaises roboratives, les saveurs indiennes et les créations gastronomiques de grands chefs. L'offre est plus limitée au Lesotho et en eSwatini, mais on trouve néanmoins de bons restaurants et cafés dans les capitales ainsi que les lodges ruraux.

Les premiers habitants de la région vivaient de la chasse, de la pêche et de la récolte d'innombrables légumes et tubercules. Puis, les premiers Européens arrivèrent et lorsque Le Cap devint une station de ravitaillement pour les bateaux commerciaux sur la route de l'Indonésie, il fallut fournir fruits et légumes frais aux équipages de passage. Les colons hollandais plantèrent alors leurs célèbres potagers (les actuels Company's Garden du Cap). Ils parfumèrent leur cuisine d'épices (muscade, cannelle et casse, une épice proche de la cannelle) et de riz provenant de leurs colonies d'Asie du Sud-Est. Les esclaves malais de Madagascar et d'Indonésie rajoutèrent eux aussi des épices.

Si Le Cap a été le berceau de la cuisine sud-africaine, le KwaZulu-Natal a également joué un rôle important grâce aux immigrants d'autres pays d'Afrique, aux colons britanniques et aux Mauriciens qui plantèrent des fruits exotiques et introduisirent leur sauce relevée à la tomate. Puis au milieu du XIXe siècle, les travailleurs indiens apportèrent leurs épices. Toutes ces influences se retrouvent dans une multitude de spécialités.

Spécialités locales

Truite au Mpumalanga, *mealies* (ou *mielies* ; épis de maïs) au Gauteng, *umngqusho* (ragoût de maïs et de haricots) au Cap-Oriental, gibier et cerises dans l'État libre, curries à Durban, langouste sur la côte ouest et agneau au Karoo : la variété est quasi infinie.

Lors du Grand Trek, les Afrikaners élaborèrent des aliments adaptés aux déplacements : le traditionnel *biltong* (viande séchée et épicée), les *rusks* (biscuits durs) à tremper, les fruits secs et les *boerewors* ("saucisses fermières" à base de viande conservée avec des épices et du vinaigre, parfois séchées).

La cuisine du Cap mêle influences malaises et hollandaises dans des plats tels que le *bobotie* (gratin de curry), la tourte au poulet et le *bredie* (ragoût d'agneau et de légumes). Le dessert peut être un riche *malva* (pudding spongieux et gluant) ou un *melktert* (sorte de flan), généralement saupoudré de cannelle.

La cuisine africaine est à base de maïs, de sorgho et de haricots, relevés de feuilles de *morogo* (épinards sauvages) ou d'*imfino* (farine de maïs et légumes), cuits avec des oignons, des arachides et des piments.

Les délicieux curries et *breyani* (similaires aux *biryani*) font la réputation de la cuisine indienne sud-africaine, influencée par la cuisine malaise, d'où des curries plus épicés à Durban qu'au Cap.

Institution sud-africaine, le *braai* (barbecue) rassemble toutes les communautés. Au cours de cet événement social, on sert habituellement

Besoin de *padkos* ("nourriture de route") pour un long trajet ? Les Sud-Africains emportent habituellement un ou deux packs de jus de fruit, du *biltong*, des *droëwors* (saucisses sèches), des œufs durs et une ou deux goyaves ou autres fruits séchés.

MARCHÉS ALIMENTAIRES

L'engouement de l'Afrique du Sud pour les produits artisanaux s'exprime pleinement sur les marchés hebdomadaires, organisés dans tout le pays. Vous y trouverez des légumes bio, des pains fraîchement préparés, des fromages traditionnels et un choix de sauces, confitures et pickles, ainsi que nombre de stands de restauration et de plats à emporter. Ces derniers proposent toutes sortes de délices, des crêpes de pois chiches aux paellas et des *dim sum* aux sandwichs garnis de viande bio. Il y a toujours beaucoup d'alcool et parfois de la musique live, de l'artisanat ou une aire de jeux pour les enfants. La plupart des marchés ont lieu le week-end. S'ils sont plus nombreux au Cap et dans les Winelands, vous en trouverez de plus modestes dans les bourgades de la Garden Route et dans des villes plus importantes, telles que Bloemfontein et Johannesburg.

de la viande et des légumes – côtelettes d'agneau ou *sosaties* (brochettes d'agneau épicées), *boerewors,* épis de maïs et patates douces. Le *braai* s'organise partout, dans les townships (où on l'appelle parfois *shisa nyama*), en ville et à la campagne.

Plats de base

Le *mealie pap* (porridge de maïs) est le plat le plus consommé d'Afrique du Sud. Plus ou moins épais selon la région, c'est un mets fade mais nourrissant et bon marché, que l'on peut améliorer avec une sauce ou du ragoût. Le *samp* (grains de maïs séchés et broyés) et les haricots constituent également une base idéale pour les ragoûts de viande ou de légumes.

Le riz et les pommes de terre sont proposés partout et parfois servis sur une même assiette. Du *roosterkoek* (pain traditionnel cuit sur le *braai*) au panini, le pain est bon et offert en de nombreuses variétés.

En raison de l'excellente réputation de l'agneau du Karoo, cette viande est souvent faussement présentée comme provenant de cette région semi-désertique. Une nouvelle certification "meat of origin" (viande d'origine) a été mise en place pour assurer que l'agneau du Karoo est élevé selon des règles strictes. Consultez le site www.karoomeatoforigin.com pour plus d'informations.

Viande

La viande constitue un aliment de base dans certaines régions. Les Afrikaners mangent des *boerewors* (saucisses) ou du bœuf haché au petit-déjeuner, et vous les entendrez souvent dire en plaisantant que le poulet est un légume. Outre le bœuf et l'agneau, on sert du gibier comme l'autruche, le springbok et le koudou. Les steaks sont excellents.

Produits de la mer

Baignée par deux océans, l'Afrique du Sud n'est cependant guère réputée pour ses plats de poisson. Le Cap, la côte ouest, la Garden Route et Durban offrent toutefois quelques délices, dont des ragoûts de poisson légèrement épicés, du *snoekbraai* (escolier grillé), des moules, des huîtres et du homard. Le poisson mariné est une spécialité du Cap, tandis que les restaurants du KwaZulu-Natal proposent souvent des crevettes, importées du Mozambique. Sur la côte ouest, goûtez le *bokkom* (mulet séché salé), une sorte de "*biltong* de poisson".

Boissons

Eau

L'eau du robinet est généralement potable dans les villes d'Afrique du Sud, sauf au Cap, touché par la sécheresse. Dans les campagnes (et partout où les conditions locales entraînent des risques de contamination des sources), ainsi qu'au Lesotho et en eSwatini, mieux vaut purifier l'eau ou l'acheter en bouteille.

Bière et cidre

La bière est la boisson nationale. Présente dans toutes les grandes villes du pays, SAB (South African Breweries) a été repris en 2016 par AB InBev, le plus grand brasseur au monde. La lager (à basse fermentation) a longtemps eu la préférence de la population : la Castle et la Black Label sont les plus vendues, et la Castle Lite fait figure de nouvelle favorite. Ces dernières années, l'ale (à fermentation haute) a gagné du terrain et la vogue de la bière artisanale a révolutionné les habitudes de consommation.

Aujourd'hui, on dénombre quelque 170 brasseries à travers le pays. Les grandes marques, comme Boston Breweries, Cape Brewing Company, Darling Brew, Jack Black et Red Rock se trouvent partout, tandis que les nano-brasseries ne produisent habituellement que pour leur village ou bourgade. Repérez les bières inhabituelles aromatisées avec des plantes locales, comme le rooibos ou le *buchu* (une herbe médicinale au fort goût de menthe).

Le cidre artisanal a également le vent en poupe, principalement dans la vallée d'Elgin (Cap-Occidental). Goûtez le Windermere et l'Everson's.

La bière se vend en bouteille (ou en canette) pour environ 20 R, et à la pression dans les bars à partir de 25 R. Les bières artisanales coûtent un peu plus cher, soit entre 30 et 60 R les 500 ml à la pression.

Plusieurs livres de cuisine en français vous permettront de tester des recettes chez vous : *La Cuisine sud-africaine* (NGV, 2017) ou *Barbecue et autres recettes sud-africaines* de Kobus Botha (Mango, 2014)

Vin

L'Afrique du Sud produit du vin depuis 1659 et offre des crus de qualité à des prix raisonnables. Les vins sont tous certifiés et les étiquettes mentionnent le domaine viticole, le millésime et l'origine.

Les vins blancs secs sont particulièrement bons, notamment le sauvignon, le riesling, le colombard et le chenin blanc. Parmi les rouges les plus appréciés figurent le cabernet sauvignon, le pinotage (un croisement local de pinot et de cinsaut, appelé hermitage), la syrah et le pinot noir.

Si le vin pétillant sud-africain ne peut prétendre au titre de champagne, plusieurs viticulteurs mélangent chardonnay et pinot noir selon la méthode champenoise, localement appelée MCC (méthode Cap classique). De même, les vins de style porto ne peuvent utiliser l'appellation "porto" – goûtez le Cape Ruby et le Cape Tawny. Calitzdorp, dans le Petit Karoo, est réputé pour ses vins fortifiés.

Le prix moyen d'une bouteille de vin s'élève à 50 R en magasin, deux fois plus dans un restaurant. Comptez environ 35 R pour un verre de vin.

Publié chaque année, le *Platter's Wine Guide* est le guide de référence des vins sud-africains. Consultez aussi le site www.wineonaplatter.com (application, infos et calendrier des manifestations).

LES MEILLEURES BRASSERIES ARTISANALES

Devil's Peak Brewing Company (☎021-200 5818 ; www.devilspeak.beer ; 166 Gunners Circle, Epping 1). Vendues un peu partout, ces bières fabriquées au Cap constituent une valeur sûre.

Cape Brewing Company (CBC) (capebrewing.co.za). Un brasseur prolifique de Paarl (Cap-Occidental) qui produit des bières variées telles que pilsner et Amber Weiss.

Mad Giant (p. 371). Le dynamisme de Johannesburg s'exprime dans ces bières brassées à Newtown, dans une ambiance *steampunk*.

Aegir Project (☎066-587 9324 ; aegirprojectbrewery.com ; 65 Beach Rd, Noordhoek, Cape Town). Goûtez les IPA et les porters de cette entreprise de Noordhoek (banlieue du Cap) dans son Beach Road Bar.

Brauhaus am Damm (p. 466). Une excellente *weissbier* (bière de blé), entre autres, vous attend dans cette microbrasserie de Rustenburg (province du Nord-Ouest).

LA SOUTHERN AFRICAN SUSTAINABLE SEAFOOD INITIATIVE

Un nombre croissant de consommateurs privilégient le poisson comme source de protéines et les ressources halieutiques du littoral sud-africain (et au-delà) risquent de s'effondrer. La surpêche et le recours à des méthodes de pêche inadéquates menacent en effet de nombreuses espèces.

La branche sud-africaine du WWF (World Wide Fund for Nature) a lancé en 2004 la Southern Africa Sustainable Seafood Initiative (SASSI) afin d'informer la population sur les espèces durables (Liste verte), celles à consommer avec précaution (Liste orange) et celles fortement menacées dont la pêche est interdite (Liste rouge).

La plupart des poissons qui figurent sur les cartes des restaurants sud-africains font partie de la Liste verte : escolier (*snoek*), limande à queue jaune (sériole), thon albacore/jaune et bonite (en fonction du mode de pêche), ange et truite arc-en-ciel. Parmi les espèces de la Liste orange qui ne résisteraient pas à une pêche intensive, citons le saumon de l'Atlantique, la langouste de la côte ouest, le mulet (*haarder*), la crevette, le *red roman* (espèce de dorade) et l'espadon. Si les restaurateurs ont le droit de les proposer, vous pouvez choisir de vous abstenir en toute connaissance de cause. Gardez à l'esprit que seules certaines méthodes de pêche sont acceptables. Par exemple, le dorado pêché à la ligne de façon traditionnelle se classe dans la Liste verte, tandis que celui attrapé à l'aide d'une palangre pélagique ou d'un filet maillant se trouve respectivement dans la Liste orange et la Liste rouge. De même, l'abadèche du Cap s'inscrit sur la Liste verte ou orange selon qu'elle a été prise à la palangre ou par un chalutier hauturier. Avant de commander, renseignez-vous au sujet de la technique de pêche utilisée. Le classement varie aussi au sein d'une même famille de poissons – si le merlu namibien se situe dans la Liste orange, le merlu austral et le merlu péruvien sont dans la Liste rouge. Le galjoin franc (*galjoen*), le *geelbek*, la spare broyeuse, le marbré du Cap (*steenbra*), la sargue et le thon rouge sont à proscrire absolument.

Inutile de mémoriser tous les poissons des listes pour choisir votre plat : consultez en ligne le guide WWF des produits de la mer (www.consoguidepoisson.fr) ou le site www.wwfsassi.co.za (guide de poche et appli à télécharger) pour connaître l'état des stocks des différentes espèces de poissons.

Spiritueux

Si vous appréciez les alcools forts, quelques eaux-de-vie de classe internationale sont produites dans les Winelands ; goûtez le KWV ou le Van Ryn's. Le brandy-Coca ("*Klippie and coke*", du nom de la distillerie Klipdrift de Robertson) est une boisson proposée dans tout le pays et souvent servie lors des *braai*.

Le *Mampoer* (un alcool de contrebande) et le *witblits* (similaire à la grappa) se trouvent partout, mais, avec un taux d'alcool à plus de 50°, ils laissent présager des lendemains difficiles.

Préférez les alcools artisanaux, produits par de nouvelles distilleries comme Jorgensen's et Inveroche, dans le Cap-Occidental ; la seconde utilise des plantes indigènes du *fynbos* pour parfumer ses gins.

Établissements

Pour un bon repas dans un cadre splendide, rejoignez les Winelands. Le long de la côte du Cap-Occidental, des restaurants en bord de plage servent des *braai* de poisson, grillés sous vos yeux. Si vous visitez un township, ne manquez pas de goûter la cuisine familiale dans un B&B. Outre des restaurants de spécialités, les grandes villes possèdent des établissements qui proposent des plats occidentaux standards (à partir de 75 R). De nombreux restaurants ont une licence d'alcool, mais vous pouvez apporter votre bouteille de vin presque partout et payer un droit de bouchon (système BYO, Bring your Own).

Toutes les villes comptent des cafés qui servent des plats légers et des sandwichs. À la campagne, le *kaffie* (café) est souvent une petite échoppe qui vend des sodas, des chips, des produits d'épicerie et du bois pour le *braai*. Les cafés ouvrent généralement de 8h à 17h.

Les grandes villes offrent un bon choix de pubs et des bars à cocktails plus sélects. Les bars franchisés se multiplient dans les zones urbaines, et la plupart des petites villes abritent au moins un hôtel avec un bar. Dans les townships, la vie évolue autour des *shebeens*, des bars autrefois illégaux et aujourd'hui sans licence. Dans tout le pays et dans les grandes villes du Lesotho et d'eSwatini, vous pouvez acheter de l'alcool dans les magasins de spiritueux et du vin dans les supermarchés ; ils sont presque tous fermés le dimanche.

Végétariens

Dans ce pays essentiellement carnivore, les restaurants proposent presque tous au moins un plat végétarien, et les grandes villes comptent souvent un restaurant végétarien. Nombre de cafés préparent sur demande des plats sans viande. Les restaurants indiens et italiens sont également pratiques, bien que la sauce des pâtes contienne souvent des graisses animales. Dans les villes, des boutiques bio vendent tofu, lait de soja, etc., et pourront vous indiquer des restaurants végétariens.

Les végétaliens rencontreront plus de difficultés : la plupart des plats sans viande contiennent du fromage, des œufs ou du lait. Les boutiques bio constituent la meilleure ressource, mais sont habituellement fermées le soir et le dimanche. Les grands supermarchés vendent aussi des produits à base de soja et vous trouverez facilement des fruits secs et frais. Repérez les vendeurs de fruits et légumes de saison installés en bord de route dans tout le pays.

Au Lesotho et en eSwatini, les plats de haricots, de cacahuètes ou de fèves sont généralement servis avec des légumes.

Dans les villages du Lesotho, des drapeaux colorés indiquent les maisons qui brassent des bières, ou la nourriture disponible : blanc pour la bière de sorgho, jaune pour la bière de sorgho au gingembre, vert pour les légumes et rouge pour la viande.

Les mots à la bouche

Pour connaître la différence entre un *potjie* et un *umphokoqo*, entre les *skilpadjies* et les *sosaties*, consultez la liste ci-après.

Déchiffrer la carte

S'il est peu probable de trouver tous ces plats sur la seule carte d'un même restaurant, cette liste vous donnera une idée de la diversité de la cuisine sud-africaine.

CONVIVIALITÉ AUTOUR D'UN BRAAI

Le *braai* (barbecue) est un loisir national et le pilier de la vie sociale sud-africaine. Même le jour férié appelé officiellement Heritage Day (Journée du patrimoine ; 24 septembre) a été renommé National Braai Day !

Si vous êtes invité à un *braai*, sachez qu'il est d'usage de venir avec une bouteille d'alcool et la viande de votre choix. Le plus souvent, l'hôte fournit les salades, les *boerewors* (saucisses) et les garnitures, tandis que l'invité apporte un accompagnement ou un dessert. L'ambiance est détendue et le code vestimentaire décontracté. Habituellement, les hommes s'occupent des grillades et les femmes préparent les salades.

Jan Scannell, plus connu sous le nom de Jan Braai, est la vedette de ce passe-temps national et l'instigateur du Braai Day. Son livre *Fireworks* constitue une bonne introduction à l'art du *braai*. Si le bois a la préférence au Cap, les habitants du Gauteng, plus pressés, utilisent plutôt du charbon de bois. Dans les deux cas, l'allume-feu Blitz est de rigueur.

COURS DE CUISINE

Le Cap, un paradis pour gourmets, est le meilleur endroit pour prendre des cours de cuisine.

Andulela (p. 74). Les forfaits comprennent une demi-journée de cours de cuisine malaise dans le quartier de Bo-Kaap (985 R) et un cours de cuisine (985 R) dans une maison familiale du township de Langa, où vous apprendrez à préparer des plats xhosa traditionnels (795 R).

Bo-Kaap Cooking Tour (074 130 8124 ; www.bokaapcookingtour.co.za ; 46 Rose St ; 900 R/pers ; Church|Longmarket). Après une courte visite à pied du Bo-Kaap et l'achat de quelques épices, rejoignez la maison de Zainie pour un cours de cuisine malaise.

Fêtes gastronomiques

Fête de l'Olive, Riebeek Kasteel (mai)

Fête de l'Huître, Knysna (juillet)

Fête de la Viande, Calvinia (août)

Fête de la Cerise, Ficksburg (novembre)

Fête du Homard, Paternoster (décembre)

Une petite fringale ? Dégustez un *mealie* (épi de maïs) ou un copieux *bunny chow* de Durban (une demi-miche de pain évidée et farcie de curry).

Alimentation

Plats de viande

bobotie – hachis au curry, surmonté d'une couche d'œuf battu et cuit au four, servi sur un lit de riz jaune avec du chutney
boerewors – saucisses épicées et très grasses, généralement de bœuf et de porc ; indispensables dans un *braai*, elles sont souvent vendues en hot dogs par des marchands ambulants
bredie – ragoût afrikaner roboratif, d'agneau et de légumes
breyani – semblable au *biryani* indien avec une touche malaise, un plat épicé de riz, de lentilles et de viande
eisbein – jarret de porc
frikkadel – boulette de viande frite
mashonzha – vers mopanes du pays Venda, servis avec du *dhofi* (sauce aux arachides)
mopane worms – vers mopanes, dont on enlève les pattes, que l'on sèche et que l'on sert comme en-cas croustillant
potjiekos – viande et légumes disposés en couches dans une marmite tripode et doucement mijotés sur un feu ; souvent servi avec un *potjiebrood* (pain cuit dans une autre marmite)
skilpadjies – (littéralement "petites tortues"), foie d'agneau enveloppé dans du lard et grillé
smileys – terme argotique désignant des têtes de moutons bouillies et rôties ; souvent vendues à la campagne
sosatie – cubes d'agneau marinés dans de l'ail, du jus de tamarin et de la poudre de curry, puis grillés en brochette avec des oignons et des abricots ; d'origine malaise, aujourd'hui souvent composé de poulet
venison – venaison ; il s'agit souvent de springbok, mais parfois de koudou, d'éland, de blesbock ou de tout autre gibier
vienna – saucisse pour hot dog, habituellement de porc
waterblommetjie bredie – ragoût d'agneau de style malais, cuisiné avec des fleurs d'aponogéton odorant (*Aponogeton distachyos*), du jus de citron et de l'oseille

Curries, condiments et épices

atchar – pickle malais de fruits et de légumes, assaisonné d'ail, d'oignon et de curry
chakalaka sauce – sauce tomate épicée avec oignons, *piri-piri* (piment), poivrons verts et curry, pour relever le *pap* et d'autres plats
curry – aussi savoureux qu'en Inde ; très relevé à Durban, plus doux au Cap (Bo-Kaap) dans sa version malaise
peri-peri/piri-piri – piment fort
samosa – chausson indien épicé, farci de pommes de terre et de petits pois, parfois de viande hachée ou de poulet

Pain et desserts

koeksister – beignet tressé trempé dans du sirop (gluant et calorique) ; la version malaise est plus légère, plus épicée et saupoudrée de noix de coco
konfyt – confiture
malva pudding – délicieux dessert spongieux, parfois appelé *vinegar pudding* car traditionnellement confectionné avec de la confiture d'abricot et du vinaigre
melktert – flan épais à base de lait, d'œufs, de farine et de cannelle
roosterkoek – pain cuit traditionnellement sur un *braai*
rusk – biscuit très dur cuit deux fois, à tremper dans le thé ou le café
vetkoek – boulette de pâte frite, parfois fourrée d'un hachis de fruits secs et de graisse ; *amagwinya*, en xhosa

Céréales, légumineuses et légumes

amadumbe – sorte de patate douce, très appréciée au KwaZulu-Natal
imbasha – plat swazi à base de maïs et de fruits secs rôtis
imifino – plat xhosa composé de *mealie meal* et de légumes
mealie/mielie – épi de maïs grillé
mealie meal – maïs finement moulu
mealie pap – porridge de maïs ; nourriture de base en Afrique australe, meilleure avec une sauce ou un ragoût
morogo – feuilles vertes, généralement des épinards sauvages, bouillies, assaisonnées et servies avec du *pap*
pap and sous – porridge de maïs avec une sauce de tomate et d'oignon ou un jus de viande
phutu – plat zoulou de porridge de maïs, souvent consommé avec du lait aigre ; *umphokoqo* en xhosa
samp – mélange de maïs et de haricots ; voir *umngqusho*
tincheki – cubes de potiron bouillis avec du sucre
ting – porridge de sorgho, très apprécié des Tswana
umngqusho – *samp* (épi de maïs séché et broyé) bouilli, puis cuit à feu doux avec des haricots, du sel et de l'huile ; plat xhosa (appelé *nyekoe* au Sotho)
umvubo – lait fermenté et *mealie meal*

Poisson

kingklip – excellent poisson à chair ferme, que l'on fait généralement frire ; plat très apprécié des Sud-Africains
linefish – poisson du jour pêché à la ligne
snoek – escolier, poisson migrateur à chair ferme que l'on trouve au large du Cap en juin et juillet ; servi fumé, salé ou en curry, et bon grillé

Boissons

mampoer – alcool de contrebande confectionné avec n'importe quel fruit, souvent des pêches, des agrumes ou des abricots
rooibos – littéralement "buisson rouge" en afrikaans ; tisane aux vertus thérapeutiques. Goûtez le "cappuccino rouge", préparé avec du rooibos au lieu de café
springbok – cocktail comprenant crème de menthe et liqueur "Amarula Cream"
steen – chenin blanc ; le vin blanc le plus courant
sundowner – verre pris au coucher du soleil, généralement alcoolisé
umqombothi – bière de sorgho, une bière traditionnelle légèrement aigre et peu alcoolisée, de couleur rose et opaque
witblits – un alcool blanc de raisin, essentiellement produit dans le Cap-Occidental

Au Lesotho, goûtez le *motoho*, un porridge de sorgho fermenté. Les variantes swazi comprennent le *sishwala* (porridge de maïs et de haricots, habituellement accompagné de viande ou de légumes) et l'*incwancwa* (porridge de maïs légèrement fermenté).

Le rooibos (*Aspalathus linearis*) ne pousse que dans le Cederberg (Cap-Occidental) et se consomme en tisane depuis que les San habitent la région. Recherchée pour ses vertus thérapeutiques, cette boisson strictement sud-africaine fait la fierté des habitants. Ne manquez pas la Rooibos Route (www.rooibos-route.co.za) et la Rooibos Teahouse, à Clanwilliam.

Environnement

L'Afrique du Sud jouit d'une incroyable biodiversité, tout en étant très urbanisée, surtout pour un pays d'Afrique. Montagneux, le Lesotho est beaucoup plus rural, tandis que l'eSwatini se situe entre les deux. L'Afrique du Sud fait partie des pays africains où l'observation des animaux sauvages est la plus accessible. C'est dans ses parcs et réserves, ainsi que celles de l'eSwatini, que vous aurez le plus de chances de voir les Big Five, les cinq animaux emblématiques de l'Afrique (rhinocéros, buffle du Cap, éléphant, léopard et lion).

Terre et mer

Avec son littoral splendide balayé par les vents, l'Afrique du Sud présente un visage à la fois agité et doux, orageux et serein. Le pays est baigné par l'Atlantique à l'ouest et par les eaux plus chaudes de l'océan Indien à l'est. Au total, le littoral se déploie sur plus de 2 500 km.

L'intérieur des terres présente de fortes dénivellations, du *lowveld* (bas veld) oriental aux doux reliefs du Drakensberg comme au vaste plateau (*highveld*) qui forme le cœur du pays. Ce haut veld, qui atteint une altitude moyenne de 1 500 m, redescend dans le nord-ouest du pays où s'étire le bassin du Kalahari.

C'est au Lesotho que la chaîne du Drakensberg est la plus accidentée. Le minuscule royaume est composé de 30 355 km² de pics montagneux et de hauts plateaux, battant le record mondial du pays dont le point le plus bas est situé à la plus haute altitude, soit 1 400 m dans la vallée du Senqu (fleuve Orange), au sud du pays !

L'un des plus petits pays d'Afrique (17 364 km²), l'eSwatini n'en présente pas moins une remarquable diversité de paysages, de climats et d'écosystèmes. On passe ainsi de la savane à l'est aux forêts tropicales et aux pics constamment plongés dans le brouillard au nord-ouest, en traversant les collines vallonnées du centre.

Deux grands courants océaniques façonnent le climat de l'Afrique du Sud et sont à l'origine de sa riche vie marine. Le froid courant de Benguela coule le long du littoral atlantique vers le nord-ouest, transportant avec lui une abondance de plancton. Le courant des Aiguilles circulant du nord au sud réchauffe les eaux de la côte est.

Animaux

Afrique du Sud

L'Afrique du Sud réunit les trois plus grands mammifères terrestres (l'éléphant d'Afrique, le rhinocéros blanc et l'hippopotame), le plus haut (la girafe), le plus rapide (le guépard) et le plus petit (la musaraigne pygmée). Dans le pays nichent plus de 800 espèces d'oiseaux, dont l'autruche (le plus grand du monde), l'outarde de Kori (le plus lourd capable de voler) et le fauconnet d'Afrique (le plus petit rapace).

Au large du littoral, la vie marine est d'une grande diversité – 11 000 espèces ont été répertoriées. Huit espèces de baleines peuplent les eaux sud-africaines, notamment la baleine bleue. Bien que le grand requin blanc leur fasse de l'ombre, on aperçoit aussi des tortues, des oiseaux marins et des pingouins.

Lesotho

Du fait de son altitude, le Lesotho abrite moins d'animaux que les autres pays d'Afrique australe, mais vous pourrez croiser des antilopes-chevreuils, des chacals, des mangoustes, des suricates, des élands et des damans des rochers. Les régions montagneuses servent d'habitat à des espèces rares plus petites. Nombre d'entre elles vivent uniquement dans le Drakensberg, comme le *Pseudobarbus quathlambae* (carpe très menacée), l'*Otomys sloggetti robertsi* (rat), plusieurs espèces de lézards et de geckos, et l'*Afrana dracomontana* (une espèce d'amphibien).

On dénombre aussi près de 300 espèces d'oiseaux, parmi lesquelles le gypaète barbu et l'ibis chauve.

Parmi les premiers animaux à avoir occupé le Lesotho, le *Lesothosaurus* était un petit dinosaure rapide auquel on a donné le nom du pays.

Avec plus de 1 219 090 km² (plus de deux fois la France), l'Afrique du Sud se classe au 9e rang sur le continent africain par la superficie, mais au 5e par la population.

eSwatini

Environ 120 espèces de mammifères, soit un tiers des mammifères non marins d'Afrique australe, vivent dans le minuscule eSwatini. Beaucoup, comme les éléphants, les rhinocéros et les lions, y ont été introduits. Les grands animaux ne vivent que dans les réserves et les élevages privés. On rencontre fréquemment des mangoustes et des genettes tigrines, tandis que les hyènes et les chacals sont concentrés dans les réserves. Les léopards sont difficiles à apercevoir.

Les oiseaux abondent, notamment la grue de paradis, le pic laboureur et le vautour oricou. On a d'ailleurs répertorié plus d'espèces aviaires en eSwatini que dans l'immense Kruger National Park.

Safaris

Le plus facile pour visiter les parcs, et le plus économique si vous êtes plusieurs, est de louer une voiture. Un véhicule classique suffit généralement, mais, en hiver, quand l'herbe est haute, un 4x4 offre une meilleure visibilité. Les principaux tour-opérateurs et les agences pour voyageurs à petit budget organisent des safaris d'observation de la faune.

LE GRAND DÉBAT SUR L'IVOIRE

En 1990, après une grande campagne menée par diverses associations, la convention de l'ONU sur le commerce des espèces en danger (CITES) a interdit la vente de l'ivoire pour protéger les éléphants d'Afrique, alors menacés. Cela a permis le rétablissement des pachydermes dans des régions où ils avaient presque disparu. Cependant, en Afrique du Sud, les éléphants, protégés depuis longtemps, se multiplient et détruisent des habitats naturels.

Face à ce problème de surpopulation, les autorités ont adopté diverses mesures : la création de parcs transfrontaliers pour permettre aux animaux de migrer sur de plus vastes territoires, le déplacement des troupeaux, des programmes de contraception à petite échelle et des abattages sélectifs.

En 2002, la CITES a assoupli son interdiction et autorisé la vente de défenses d'éléphants abattus légalement. La décision, contestée par plusieurs autres pays convaincus que la reprise du commerce relancerait la demande et encouragerait le braconnage, était motivée par l'idée de financer, par ces revenus, les projets de protection du pachyderme et les villages à proximité des zones où vivent les éléphants. La CITES devait également surveiller l'éventuelle augmentation du braconnage à la suite de cette levée d'interdiction.

Mi-2008, une vente exceptionnelle de 108 tonnes d'ivoire en provenance d'Afrique du Sud (51 tonnes), de Namibie, du Botswana et du Zimbabwe a été autorisée par la CITES à destination de la Chine. Une condition a cependant été posée : toute vente d'ivoire en provenance de ces pays est proscrite pour les 9 années qui suivent. En Chine – depuis longtemps l'un des principaux marchés pour les trafiquants –, l'ivoire est utilisé aussi bien pour la fabrication de bijoux et d'œuvres d'art que pour orner les téléphones portables. L'Afrique du Sud, le Zimbabwe et la Namibie tentent désormais de contourner les restrictions de la CITES pour l'écoulement de leurs stocks d'ivoire.

Plusieurs grands parcs (les parcs Kruger, Hluhluwe-iMfolozi et Pilanesberg, notamment) proposent des circuits pédestres guidés, en compagnie de rangers armés, qui permettent une découverte de la brousse bien plus intéressante qu'en voiture. Mieux vaut réserver bien à l'avance. De nombreux parcs organisent aussi des promenades d'une demi-journée, à réserver généralement le jour même.

Les noms des rhinocéros ne font pas référence à leur couleur, mais à la forme de leurs babines : ainsi, le rhinocéros "blanc" (*white* en anglais) doit son nom au terme boer *wijde* (large) qui s'applique à ses babines.

Dans tout le pays, les parcs et réserves naturelles possèdent d'excellentes infrastructures. Vous pourrez souvent vous passer de guide, mais la visite sera sans doute moins intéressante. Toutes les zones protégées disposent de campements offrant diverses possibilités d'hébergement, du simple camping au chalet ou au bungalow bien équipé, et nombre d'entre eux abritent restaurants, boutiques et pompes à essence. En période de vacances, il est indispensable de réserver son hébergement.

Safaris et sécurité

Approcher des animaux au cours d'un safari fait partie des principaux attraits de l'Afrique du Sud. N'oubliez pas qu'il s'agit de bêtes sauvages aux réactions souvent imprévisibles. Pour votre sécurité, respectez les consignes suivantes :

- Ne vous placez jamais entre une mère et son petit.
- Ne vous placez pas entre un hippopotame et son accès à l'eau.
- Méfiez-vous des rhinocéros noirs (bien qu'ils soient rares), qui ont tendance à charger tout ce qui bouge.
- Soyez prudent en présence d'un troupeau de buffles – le troupeau entier peut charger sans prévenir.
- Même si les éléphants paraissent souvent dociles, restez sur vos gardes et redoublez de prudence à proximité de femelles avec leurs petits, ou de jeunes mâles nerveux.
- Sachez que lorsqu'un éléphant fait semblant de charger, il se prépare sans doute à réagir pour de vrai.

Meilleures périodes d'observation

Il est possible d'observer la faune toute l'année, mais l'hiver (juin-septembre) constitue sans doute la meilleure période. Le temps devient alors doux et sec, le feuillage s'éclaircit et les animaux se rassemblent

L'ENVIRONNEMENT MARIN SUD-AFRICAIN

Il existe de nombreuses manières de découvrir la faune marine exceptionnelle d'Afrique du Sud. Une excursion sur l'eau ou sous l'eau sera peut-être un des temps forts de votre voyage. Au Cap-Occidental, Hermanus est considérée comme la meilleure destination terrestre du monde pour observer les baleines : de juin à décembre, il est possible de participer à des croisières d'observation des baleines de Biscaye.

Le KwaZulu-Natal et le Cap-Occidental offrent une opportunité unique de se retrouver nez à nez avec un grand requin blanc. En dépit de ses détracteurs, la plongée en cage parmi les requins reste un sport d'aventure prisé. Quant à la plongée sous-marine, elle fait fureur au large de la côte du KwaZulu-Natal, et l'Aliwal Shoal est l'un des plus beaux spots au monde. On peut y voir des coraux colorés, des tortues, des raies et de nombreuses espèces de requins.

Entre mai et juillet a lieu le Greatest Shoal on Earth. La vedette de cette *sardine run* est un immense banc de sardines (jusqu'à 15 km de long) qui surgit au large du littoral du Cap-Oriental et du KwaZulu-Natal. Requins, dauphins et oiseaux de mer viennent de loin pour se régaler de sardines, et pratiquer le snorkeling ou la plongée pendant cette période est une expérience inoubliable.

LE ROYAUME FLORAL DU CAP

Le Cape Floral Kingdom (royaume floral ou floristique du Cap) est en partie classé au patrimoine mondial de l'Unesco. S'il s'agit du plus petit des six royaumes floristiques de la planète, c'est en revanche le plus riche, avec 1 300 espèces par 10 000 km^2, soit 900 de plus que les forêts tropicales d'Amérique du Sud. Le *fynbos* (végétation arbustive) constitue la végétation dominante, avec des tiges et des feuilles petites et fines. Plus de 7 500 espèces de plantes poussent dans le *fynbos*, pour la plupart endémiques. Si certaines familles dominantes, comme les bruyères, les protées et les roseaux, ont été domestiquées dans d'autres régions et sont assez largement répandues, de nombreuses espèces poussent dans des zones très limitées.

Ce royaume végétal s'étend approximativement de Cape Point jusqu'à Grahamstown à l'est et jusqu'à la rivière Oliphants au nord, tout en englobant le Kogelberg et certaines parties de plusieurs réserves de biosphère. Aujourd'hui, la grande majorité de la flore indigène survivante se trouve dans des zones protégées, comme la Table Mountain et la péninsule du Cap.

autour des points d'eau. En été (fin novembre-mars), la chaleur et l'humidité offrent des paysages plus verdoyants, mais les animaux se dispersent.

Si les oiseaux sont visibles en toutes saisons, le printemps (septembre-novembre) et l'été sont plus favorables à leur observation.

Plantes

Plus de 20 000 espèces de plantes s'épanouissent en Afrique du Sud, qui regroupe ainsi 10% de la flore mondiale sur seulement 1% de la superficie terrestre totale de la planète. On trouve à l'état sauvage des dizaines de fleurs cultivées ailleurs, comme les glaïeuls, les protées, les oiseaux de paradis et les agapanthes. L'Afrique du Sud est aussi le seul pays du monde à abriter intégralement l'un des six royaumes floraux (ou floristiques) de la planète, à savoir la région florale du Cap. Dans le Nord-Ouest, plus sec, des plantes annuelles et des succulentes (surtout des euphorbes et des aloès) poussent puis fleurissent après les pluies printanières.

Le pays n'a jamais compté beaucoup de forêts, et celles-ci sont encore moins vastes aujourd'hui. Les forêts tempérées se situent dans la bande côtière méridionale entre George et Humansdorp, dans le Drakensberg (KwaZulu-Natal) ainsi que le Mpumalanga. Les forêts subtropicales poussent au nord-est de Port Elizabeth (près de la Wild Coast) et dans le KwaZulu-Natal.

Au nord, de vastes étendues de savane sont ponctuées d'acacias et d'épineux.

L'excellente application "*Sasol eBirds of Southern Africa*" présente des photos et des descriptions d'oiseaux, ainsi que des cartes de répartition. On peut comparer les oiseaux, enregistrer la liste des spécimens observés et vérifier leur identité en recherchant parmi les 630 chants de la base.

Parcs nationaux et zones protégées

Afrique du Sud

Sur les quelque 800 parcs nationaux et réserves du pays, les plus réputés protègent des animaux sauvages, tandis que les autres sont essentiellement des sanctuaires naturels ou des lieux de randonnée. Les parcs facturent un droit d'entrée journalier (réduction accordée aux Sud-Africains et aux ressortissants des pays de la Communauté de développement d'Afrique australe – SADC).

En parallèle, l'Afrique du Sud coadministre plusieurs réserves naturelles, notamment le Kgalagadi Transfrontier Park, qui réunit l'ancien Kalahari Gemsbok National Park du Cap-Nord et le Gemsbok National Park du Botswana, le Maloti-Drakensberg Peace Park, qui relie le Sehlabathebe National Park et les autres parties du Lesotho-Drakensberg à leurs voisines de l'uKhahlamba-Drakensberg, et le

PRINCIPAUX PARCS ET RÉSERVES

RÉGION	PARC/RÉSERVE	À VOIR	ACTIVITÉS	MEILLEURE PÉRIODE
Péninsule du Cap	Table Mountain National Park (p. 56)	promontoires rocheux, paysages marins, manchots du Cap, élands, oiseaux aquatiques, bonteboks	randonnée, VTT	toute l'année
Cap-Occidental	Cederberg Wilderness Area (p. 185)	montagneux et accidenté ; peintures rupestres, formations de grès, flore abondante	randonnée, escalade	mars-oct
Mpumalanga/ Limpopo	Kruger National Park (p. 420)	savane, bois, acacias et autres épineux ; Big Five	safaris en voiture, promenades guidées	toute l'année
Mpumalanga	Blyde River Canyon Nature Reserve (p. 408)	canyon, grottes, rivière ; panoramas saisissants	randonnée, *kloofing* (canyoning), routes panoramiques	toute l'année
Cap-Nord	Augrabies Falls National Park (p. 492)	désert, rivière, chutes ; oréotragues, damans des rochers ; paysages spectaculaires	randonnée, canoë, rafting	avr-sept
Cap-Nord	|Ai-|Ais/ Richtersveld Transfrontier Park (p. 497)	désert montagneux ; beauté obsédante ; oréotragues, chacals, zèbres, plantes, oiseaux	randonnée, circuits en 4x4	avr-sept
Cap-Oriental	Addo Elephant National Park (p. 213)	brousse dense, prairies, gorges ; éléphants, rhinocéros noirs, buffles	safaris en voiture, randonnée à pied et à cheval	toute l'année
Cap-Oriental	Garden Route National Park (section de Tsitsikamma ; p. 192)	côte, falaises, rivières, ravins, forêts ; loutres du Cap, babouins, singes, nombreux oiseaux	randonnée	toute l'année
KwaZulu-Natal	Hluhluwe-iMfolozi Park (p. 289)	luxuriante végétation subtropicale, savane ; rhinocéros, girafes, lions, éléphants, oiseaux,	sentiers de découverte, observation de la faune	mai-oct
KwaZulu-Natal	iSimangaliso Wetland Park (p. 290)	marécages, prairies côtières ; éléphants, oiseaux, hippopotames, crocodiles	sentiers de découverte, safaris voiture/ bateau	mars-nov
KwaZulu-Natal	uMkhuze Game Reserve (p. 297)	savane, bois, marais ; rhinocéros et plusieurs autres espèces ; des centaines d'espèces d'oiseaux	promenades guidées, observation des oiseaux, safaris en voiture	toute l'année
KwaZulu-Natal	uKhahlamba-Drakensberg Park (p. 306)	splendides escarpements du Drakensberg ; superbes paysages et étendues sauvages	randonnée	toute l'année
État libre	Golden Gate Highlands National Park	falaises et formations de grès ; zèbres, chacals, antilopes-chevreuils (rheboks), élands, oiseaux	randonnée	toute l'année

Great Limpopo Transfrontier Park, qui s'étend le long des frontières de l'Afrique du Sud, du Mozambique et du Zimbabwe. Le pays compte aussi de nombreuses réserves fauniques privées.

Au total, le statut de parc national concerne plus de 5% du territoire sud-africain et l'on estime que 4 à 5% des terres bénéficient d'une protection. Le gouvernement a commencé à s'associer aux propriétaires fonciers pour placer des terrains privés sous sa protection et souhaite parvenir à classer plus de 10% du pays en zones protégées.

Par ailleurs, l'Afrique du Sud gère plus de 20 aires marines protégées (Marine Protected Areas, ou MPA) conçues pour la protection et la stabilisation de plusieurs espèces de poissons et créatures marines menacées par la surpêche, la pollution, le tourisme sauvage et l'exploitation minière à outrance. La 7e plus grande MPA du monde a été créée en 2013 et s'étend à 2 000 km au sud-est de la côte sud-africaine, autour de Prince Edward Island et Marion Island. Parmi les espèces placées sous la protection de cette nouvelle MPA figurent albatros, pingouins, ours de mer, orques et légines australes.

Pour plus d'informations, consultez les sites suivants :

CapeNature (☎087-087 8250 ; www.capenature.co.za). Promeut la préservation de la nature au Cap-Occidental et s'occupe des permis et réservations dans les réserves de la province.

Ezemvelo KZN Wildlife (☎033-845 1000 ; www.kznwildlife.com). Responsable des parcs animaliers du KwaZulu-Natal.

Safcol (☎012-436-6300 www.safcol.co.za). Sa division Komatiland Forests Eco-Tourism supervise les zones forestières, fait la promotion du tourisme écologique et gère les sentiers de randonnée dans les provinces du Mpumalanga et du Limpopo.

South African National Parks (SANParks ; ☎012-428 9111 ; www.sanparks.org). Un site incontournable pour organiser un safari.

La Wildlife & Environmental Society of South Africa (www.wessa.org.za), grande ONG environnementale, gère des projets de tourisme vert visant à protéger les côtes et leurs habitats, et participe à l'élection des plages à Pavillon bleu, entre autres initiatives.

Lesotho

En partie du fait de son régime foncier qui donne un droit d'accès collectif aux ressources naturelles, moins de 1% du pays est protégé – le taux le plus bas de tout le continent. La principale réserve naturelle est le Sehlabathebe National Park, avec son cadre sauvage et isolé, suivi du Ts'ehlanyane National Park et de la Bokong Nature Reserve.

eSwatini

Environ 4% de l'eSwatini est protégé. L'accès à ses parcs et réserves, moins fréquentés que ceux d'Afrique du Sud, est d'un rapport qualité/prix particulièrement intéressant. Le Mlilwane Wildlife Sanctuary, la Mkhaya Game Reserve et la Malolotja Nature Reserve, très prisée des randonneurs, font partie des meilleurs sites, sans oublier le Hlane Royal National Park. Mlilwane, Mkhaya et Hlane sont compris dans le forfait Wild Card (www.sanparks.org/wild).

Écologie

Afrique du Sud

L'Afrique du Sud se place au troisième rang mondial sur le plan de la diversité biologique. C'est aussi l'un des pays les plus urbanisés du continent, ses villes regroupant plus de 50% de la population. Gérer l'explosion urbaine et la croissance démographique tout en protégeant l'environnement est un défi crucial pour le gouvernement.

La dégradation des terres touche sérieusement un quart du territoire. Dans les anciens bantoustans, le surpâturage et la surexploitation agricole ont entraîné l'épuisement des sols, ce qui, ajouté à la pauvreté, provoque un exode rural renforçant la pression urbaine. Le déséquilibre

LE BRACONNAGE DES RHINOCÉROS EN AFRIQUE DU SUD

La corne de rhinocéros est une marchandise rare et prisée dans certains pays d'Asie, où elle est perçue à la fois comme un signe de richesse et un médicament. Au Vietnam et en Chine, une seule corne peut rapporter une fortune au marché noir.

Ce marché est à l'origine d'un trafic massif de cornes de rhinocéros. Entre la fin des années 1970 et le milieu des années 1990, les populations de rhinocéros d'Afrique ont été régulièrement décimées par les braconniers.

Ces dernières années, le braconnage (*poaching*) a fait de nouveaux ravages. En 2003, 22 rhinocéros ont été braconnés en Afrique du Sud, et en 2012, le chiffre est passé à 668. Fin 2014, on recensait 1 020 rhinocéros braconnés durant l'année écoulée, dont 700 dans le Kruger National Park, qui abrite 60% des rhinocéros restants sur la planète. Les statistiques plus récentes n'incitent guère à l'optimisme, même si 359 braconniers et trafiquants présumés ont été arrêtés dans la première moitié de 2017.

Le Kruger National Park fait officiellement partie du Great Limpopo Transfrontier Park, également composé du Limpopo National Park, au Zimbabwe et au Mozambique. Nombre de braconniers arrivent du Mozambique via la longue frontière poreuse qui sépare le Kruger et le Limpopo. En effet, la cellule antibraconnage du Limpopo mozambicain manque de fonds et d'effectifs pour venir à bout des "syndicats" de braconniers aux ressources illimitées.

La frontière avec le Mozambique étant trop étendue et souvent sans surveillance, le gouvernement sud-africain s'est lancé dans un vaste programme de déplacement des animaux. Des rhinocéros sont ainsi transférés dans des secteurs plus sûrs du Kruger et d'autres parcs d'Afrique du Sud ou des pays voisins. Parmi les initiatives privées, le projet de protection Rhinos Without Borders, financé par le tour-opérateur &Beyond et l'organisation Great Plains Conservation, déplace actuellement 100 rhinocéros au Botswana.

Pendant ce temps, la traque aux braconniers a pris des formes innovantes. On a désormais recours à Shotspotter, un détecteur de coups de feu utilisé dans les villes américaines enregistrant une forte criminalité. Lorsqu'un coup de feu retentit, des micros cachés dans la brousse enregistrent le son, déterminent son origine et envoient les informations de position aux rangers et à la police, qui peuvent réagir immédiatement. En réaction, les braconniers se détournent du Kruger pour commettre leurs exactions au KwaZulu-Natal, mais le plus alarmant est sans doute la récente légalisation du commerce des cornes de rhinocéros sur le sol sud-africain. Plusieurs détracteurs craignent qu'elle ne stimule la demande et n'encourage le braconnage. De leur côté, les partisans de la mesure y voient une manière d'établir un marché réglementé, susceptible d'endiguer la chasse illégale. Une vente aux enchères en ligne a eu lieu en 2017, mais les 264 cornes proposées n'ont guère trouvé preneur.

Pour plus d'informations sur la lutte pour sauver le rhinocéros d'Afrique, menacé d'extinction, consultez www.savetherhino.org et www.stoprhinopoaching.com.

rural/urbain et la forte concentration de population dans des townships généralement dépourvus d'infrastructures sont un héritage de l'apartheid.

Les faibles précipitations annuelles – 500 mm en moyenne – signifient que la sécheresse sévit fréquemment. La menace d'une pénurie totale d'eau courante a été frôlée au Cap en 2018. Pour satisfaire la demande en eau, tous les grands cours d'eau ont été détournés ou contrôlés par des barrages. Si cette politique a permis d'améliorer l'alimentation en eau de nombreuses régions, elle a perturbé les écosystèmes et accéléré l'envasement.

L'Afrique du Sud est depuis longtemps à l'avant-garde de la protection de la faune sur le continent. Cependant, ses fonds sont restreints et le resteront tant que de nombreux habitants n'auront pas accès aux équipements de base. Ainsi, le braconnage des rhinocéros dans tout le pays, en particulier dans le Kruger National Park, est aggravé par le manque de moyens financiers. La solution réside peut-être dans des partenariats public/privé et dans une hausse des financements de donateurs privés et d'organisations internationales tel le World Wide Fund for Nature (WWF).

D'après les estimations, l'Afrique du Sud posséderait l'équivalent de 16 milliards de m^3 de réserves de gaz de schiste – un chiffre qui intéresse fortement les compagnies pétrolières. Selon Econometrix (dans un rapport commandé par Shell), l'exploitation de ce gaz pourrait augmenter le PIB de près de 200 milliards de rands par an et permettre la création de 700 000 emplois. Jusqu'en 2012, l'Afrique du Sud avait, comme nombre d'autres pays, décrété un moratoire sur la fracturation hydraulique permettant l'extraction du gaz de schiste. En effet, la technologie employée pour cette fracturation, qui nécessite de grandes quantités d'eau saine mélangée à du sable et à un "cocktail chimique" permettant de fissurer les roches souterraines et libérer le gaz, pourrait présenter d'importants risques environnementaux.

Depuis la levée du moratoire, la polémique fait rage au sujet de la fracturation hydraulique mise en œuvre au Cap-Nord (dans le Karoo), mais le gouvernement a annoncé sa poursuite en 2017.

Parmi les mammifères menacés figurent le rhinocéros noir (qu'on aperçoit parfois dans l'uMkhuze Game Reserve et le Hluhluwe-iMfolozi Park au KwaZulu-Natal), le lièvre des Bochimans (visible uniquement près des rivières du Karoo central), le lycaon (Hluhluwe-iMfolozi Park et Kruger National Park) et l'antilope rouanne (Kruger National Park).

Pratiques écologiques

Plus de 90% de l'électricité du pays provient de la combustion du charbon, soit plus de deux fois la moyenne internationale. Pourtant, à l'échelle locale, de nombreux projets révèlent les progrès lents, mais certains, que fait l'Afrique du Sud en matière de protection de l'environnement.

Lynedoch EcoVillage (☎021-881 3500 ; www.sustainabilityinstitute.net). Le premier village conçu selon des principes écologiques et de mixité sociale prend doucement forme, avec des maisons à bon rendement énergétique et des constructions collectives. Le projet vise également à créer une communauté capable de vivre en autosuffisance.

Monwabisi Park Eco-Cottages Project Placé sous les auspices de la Shaster Foundation, le campement de Khayelitsha, dans le Monwabisi Park, a été transformé en écovillage. Les baraquements ont fait place à des maisons bâties par la communauté dans le respect de l'environnement, avec compostage des déchets et utilisation d'énergies naturelles.

Kuyasa Project Plus de 2 000 maisons du township de Khayelitsha, au Cap, ont été équipées de chauffe-eau solaires, de lampes à basse consommation et d'une isolation adéquate au plafond. Les aménagements ont non seulement permis des économies d'énergie (environ 40% par maison), mais ont aussi créé des emplois et contribué au développement durable.

South African National Parks (SANParks ; ☎012-428 9111 ; www.sanparks.org). Les infrastructures des parcs du réseau SANParks sont progressivement équipées de chauffe-eau solaires et d'autres dispositifs d'économie d'énergie.

Plantation d'arbres Plus de 200 000 essences locales ont été plantées à Soweto dans le cadre du projet Greening Soweto, qui vise à embellir ce vaste township dans le sillage de la Coupe du monde de football de 2010. Le projet prévoit également des programmes de sensibilisation à l'écologie.

Éoliennes Parmi les divers projets de parcs éoliens, celui de Darling Wind Farm, à 35 km au nord du Cap, est relié au réseau électrique national. De nombreux autres sites devraient être développés sur la côte du Cap-Oriental.

Lesotho

Le changement climatique devient un problème pour le Lesotho, très vulnérable aux inondations et à la sécheresse. Il menace désormais la sécurité alimentaire, l'approvisionnement en eau et la biodiversité du pays. La surpopulation animale (qui provoque le surpâturage) et l'érosion des sols sont également très préoccupante. Environ 40 millions de tonnes de terre arable disparaissent chaque année et, à ce rythme, le ministère des Ressources naturelles prédit qu'il ne restera aucune terre cultivable en 2040.

Plus positivement, le Lesotho et l'Afrique du Sud se sont récemment associés pour un projet transfrontalier (le Maluti-Drakensberg Transfrontier Conservation and Development Project) visant à protéger l'écosystème des monts Maluti et du Drakensberg. Un projet de coopération entre les deux pays pour l'alimentation en eau, le controversé Highlands Water Project est maintenant considéré comme une réussite par les gouvernements. Les militants écologistes avaient peur qu'il perturbe les communautés traditionnelles, inonde les terres agricoles et provoque un impact négatif sur le Senqu (Orange).

eSwatini

Trois de ses principaux cours d'eau (la Komati, la Lomati et l'Usutu) prenant leur source en Afrique du Sud, l'eSwatini participe étroitement aux aménagements fluviaux initiés par son voisin. La sécheresse est un problème récurrent dans les régions orientales du *lowveld*. Les autres sujets d'inquiétude concernent l'absence de participation des collectivités à la protection de la nature, la faible prise de conscience environnementale de la population et le soutien beaucoup trop faible des autorités.

Tourisme responsable

L'industrie du tourisme occupant une place importante dans l'économie sud-africaine, le fait de choisir ses activités en accord avec l'environnement et les cultures locales peut avoir des conséquences non négligeables. Quelques conseils pour respecter l'environnement local :

- Voyager implique une part de responsabilité vis-à-vis des habitants. Dans la mesure du possible, il est donc souhaitable d'aider les communautés locales par le biais d'un don financier à une ONG reconnue sur le terrain, ou en faisant du bénévolat.
- Demandez leur permission aux personnes que vous désirez photographier. Respectez la culture et les coutumes locales.
- Évitez de distribuer des cadeaux à la ronde. Mieux vaut faire un don à des projets reconnus : votre geste aura plus de chance d'atteindre ceux qui en ont le plus besoin et portera moins atteinte aux valeurs culturelles locales.
- Soutenez les entreprises locales, approvisionnez-vous sur place et achetez vos souvenirs directement auprès de ceux qui les fabriquent.
- Recherchez les sociétés promouvant le tourisme durable et en contact étroit avec la population. Consultez par exemple le site Internet de Fair Trade Tourism (www.fairtradetourism.org) en Afrique du Sud.
- N'achetez pas d'articles en ivoire, en peau, en coquillages, etc.
- Consultez le guide du WWF sur les produits de la mer (www.consoguidepoisson.fr) pour savoir quels poissons consommer sans appauvrir les réserves.
- Pour les spectacles folkloriques, essayez de régler les frais d'admission directement aux habitants concernés, plutôt qu'à un guide touristique ou à un autre intermédiaire.
- Ramassez systématiquement vos détritus. En randonnée, dans les parcs ou en camping, emportez tous vos déchets (la plupart des parcs vous donneront un sac à cet effet).
- Élaborez vos itinéraires pour être le plus souvent possible en contact direct avec la population.

Bateleur des savanes (p. 620)

Vie sauvage

Comment envisager un voyage en Afrique du Sud sans évoquer ses animaux sauvages ? La diversité des milieux – forêts, *bushveld*, déserts pierreux, montagnes, prairies ou savanes – est à l'origine de la richesse de la faune. On y admire des manchots et des flamants roses, des caracals et des antilopes, des lycaons, des mangoustes naines et des éléphants. La variété des espèces est fascinante et l'observation de la faune constitue l'un des grands plaisirs du voyage. Le pays compte plus de 700 réserves gérées par l'État et quelque 200 réserves privées.

Dans ce chapitre

1. Caracal 2. Lion 3. Guépard 4. Léopard

ALBIE VENTER / SHUTTERSTOCK ©

Félins

Proches de leurs cousins les chats domestiques par le comportement, les grands félins d'Afrique du Sud sont des prédateurs hors pair grâce à leur acuité visuelle, leur ouïe fine et leur vitesse de course.

Lion

Poids : 120-150 kg (femelle), 150-225 kg (mâle) ; taille : 2,10-2,75 m (femelle), 2,40-3,50 m (mâle). Prédateur très puissant, le lion vit en troupes de 30 individus, composées de 4 à 12 femelles. Grâce à ses dents acérées, il peut tuer un animal aussi grand qu'une girafe. Vers l'âge de 2 ou 3 ans, le jeune mâle quitte le groupe familial et entre dans une période de nomadisme avant de créer une nouvelle troupe. Ce sont les femelles qui chassent.

Léopard

Poids : 30-60 kg (femelle), 40-90 kg (mâle) ; taille : 1,70-3 m. Chasseur émérite, le léopard est maître dans l'art du camouflage. La nuit, son rugissement distinctif (il rappelle le bruit du bois que l'on scie) fait froid dans le dos.

Caracal

Poids : 8-19 kg ; taille : 80 cm-1,20 m. Surnommé "lynx d'Afrique" en raison de ses oreilles huppées, le caracal est un félin au corps long et robuste, capable de bonds de 3 m de haut. Il se nourrit de petites antilopes, d'oiseaux et de rongeurs.

Chat ganté ou chat sauvage d'Afrique (*wildcat*)

Poids : 3-6,5 kg ; taille : 65 cm-1 m. Le petit félin tigré qui rôde à travers champs ou à l'orée des forêts a toutes les chances d'être un chat sauvage, l'ancêtre direct de nos amis les chats domestiques.

Guépard (*cheetah*)

Poids : 40-60 kg ; taille : 2-2,20 m. Ce sprinteur de première catégorie peut atteindre 112 km/h. Revers de la médaille : il s'essouffle au bout de 300 m et il lui faut 30 minutes de repos avant de repartir en chasse.

1

2

1. Babouins chacmas 2. Cercopithèque 3. Vervet

Primates

Seules cinq espèces de singes, de grands singes et de prosimiens ont été recensées sur le territoire sud-africain. Ces espèces sont toutefois bien répandues, ce qui permet au visiteur de les observer aisément.

Vervet (ou grivet ; *vervet monkey*)

Poids : 4-8 kg ; taille : 90 cm-1,40 m. Si un singe symbolise l'Afrique du Sud, c'est bien le vervet. Sa faculté d'adaptation explique qu'il soit si répandu. Son pelage un peu terne contraste avec le bleu intense et le rouge des organes génitaux des mâles.

Galago à queue épaisse (*greater bushbaby*)

Poids : 1,5 kg au maximum ; taille : 80 cm, queue (45 cm) comprise. Ce primate primitif se distingue par son cri plaintif et ses grandes oreilles arrondies encadrant une petite tête pourvue d'yeux ronds.

Babouin chacma

Poids : 12-30 kg (femelle), 25-45 kg (mâle) ; taille : 1-2 m. Le babouin chacma est intéressant à observer pour la richesse des rapports (amicaux ou non) qu'il entretient avec ses congénères.

Cercopithèque à diadème (*samango monkey*)

Poids : 3,5-5,5 kg (femelle), 5,5-12 kg (mâle) ; taille : 1-1,60 m. Le cercopithèque à diadème appartient à un vaste groupe de primates africains appelés "singes bleus". Il ne vit que dans les forêts.

Galago (*greater galago*)

Poids : 550 g-2 kg ; taille : 55 cm-1 m. De la taille d'un chat, le galago fait penser au chien quand on regarde sa tête. Le groupe des prosimiens (ancêtres primitifs des primates modernes) auquel il appartient a fort peu évolué depuis 60 millions d'années.

Antilopes et autres bovidés

Les ongulés (animaux à sabots) abondent en Afrique. On compte parmi eux les ongulés ruminants à cornes, qui appartiennent à la famille des bovidés, telles que les antilopes, qui sont particulièrement bien représentées en Afrique du Sud, avec plus de 20 espèces.

Gnou (*wildebeest*)

Poids : 140-290 kg ; taille : 2,30-3,40 m. Le gnou, dont l'instinct grégaire est très développé, a le sens du territoire. Il n'hésite pas à couvrir de longues distances pour trouver de l'eau et aime les espaces ouverts. Il est facile de l'observer. Essayez de chercher les gnous bleus et les gnous noirs à queue blanche.

Impala

Poids : 40-80 kg ; taille : 1,50-2 m. De tempérament grégaire, les impalas se reproduisent très rapidement et sont nombreux sur tout le territoire.

Springbok

Poids : 20-40 kg (femelle), 30-60 kg (mâle) ; taille : 1,35-1,75 m. Faute de vastes prairies comme il en existe en Afrique de l'Est, le springbok, aux cornes annelées, est la seule gazelle d'Afrique australe.

Gemsbok

Poids : 180-240 kg ; taille : 2,30 m. On reconnaît cette antilope du désert aux hautes et longues cornes (1 m) qui couronnent sa face noire et blanche. Elle est capable de survivre plusieurs mois en s'abreuvant de l'eau contenue dans les plantes qu'elle broute.

Hippotrague noir (*sable*)

Poids : 200-270 kg ; taille : 2,30-3,30 m. Avec son allure de petit cheval à la robe colorée, couronné de hautes et puissantes cornes, l'hippotrague noir est l'un des mammifères les plus surprenants d'Afrique.

1

1. Hippotrague noir **2.** Impalas **3.** Gnous bleus

3

2

Ongulés

Le groupe des ongulés réunit la majeure partie des animaux les plus emblématiques d'Afrique. Exception faite de la girafe, ceux mentionnés ici ne sont pas des ruminants. Ils occupent donc des habitats très variés et vous les observerez à loisir. Présents en Afrique depuis des millions d'années, ces mammifères en sont les rois.

Zèbre de montagne

Poids : 230-380 kg ; taille : 2,60-3 m. Propre à l'Afrique du Sud, le zèbre de montagne se distingue de son cousin de la savane, le zèbre commun, par l'absence de rayures sur le ventre.

Girafe

Poids : 450 kg-1,2 t (femelle), 1,8-2 t (mâle) ; taille (hauteur) : 3,5-5,2 m. La girafe broute les feuilles des arbres inaccessibles aux autres herbivores, à l'exception des éléphants. Elle est vulnérable, surtout lorsqu'elle se désaltère, mais elle court plus vite que n'importe quel prédateur.

Éléphant d'Afrique

Poids : 2,2-3,5 t (femelle), 4-6,3 t (mâle) ; taille (hauteur) : 2,4-3,4 m (femelle), 3-4 m (mâle). Les éléphants vivent d'ordinaire en groupes familiaux et forment des troupeaux réunis près des points d'eau ou des sources de nourriture. Leur société est matriarcale : les femelles les plus âgées mènent les troupeaux.

Hippopotame

Poids : 510 kg-3,20 t ; taille : 3,20-4 m. Animal grégaire, il vit en troupeaux, et passe son temps dans les plans d'eau à brouter des plantes aquatiques.

Rhinocéros blanc

Poids : 1,4-2 t (femelle), 2-3,6 t (mâle) ; taille : 4,40-5,20 m. Menacé d'extinction au début des années 1990, ce mammifère fut sauvé par les mesures de protection mises en place par les autorités sud-africaines. Le braconnage constitue de nouveau un grave problème, en particulier dans le Kruger.

1

1. Rhinocéros blanc **2.** Hippopotames **3.** Girafes et zèbres

3

ECOPRINT / SHUTTERSTOCK ©

1

2

Carnivores

L'extrême variété des prédateurs présents en Afrique du Sud traduit la richesse écologique du pays. Outre sept espèces de félins, 25 autres carnivores peuplent ses parcs, de la mangouste au lycaon. Tous sont pourvus de molaires tranchantes. Voir ces redoutables prédateurs à l'œuvre est l'un des temps forts d'un séjour dans un parc ou une réserve.

1. Suricates **2.** Ratel **3.** Lycaons

Ratel (ou zorille du Cap)

Poids : **7-16 kg ; taille : 75 cm-1 m.** Sans doute l'un des animaux les plus féroces du continent, ce mustélidé a une alimentation omnivore avec une prédilection pour le miel, qu'il déniche en suivant les oiseaux indicateurs jusqu'aux ruches.

Protèle (aardwolf)

Poids : 8-12 kg ; taille : 75 cm-1,10 m. Petit représentant de la famille des hyènes, cet animal élancé au pelage fauve se nourrit essentiellement de termites.

Hyène tachetée (*spotted hyena*)

Poids : 40-90 kg ; taille 1,25-2,15 m. Vivant en groupe sous l'autorité des femelles (dont les organes génitaux ressemblent à un pénis), ces prédateurs font usage de leurs mâchoires broyeuses d'os pour éviscérer en pleine course leurs proies terrifiées ou se battre avec les lions.

Lycaon (*African wild dog*)

Poids : 20-35 kg ; taille : 1-1,50 m. Chaque animal possède des taches uniques. Très sociables, ces redoutables chasseurs réunis en meutes de 20 à 60 individus parfaitement hiérarchisées, vivent selon des règles bien établies. Ils traquent les antilopes, mais aussi des proies plus robustes.

Suricate (*meerkat*)

Poids : 500 g-1 kg : taille : 50 cm. Sur les neuf espèces de mangoustes vivant en Afrique du Sud, la plus représentative est le suricate. Plein d'énergie et sociable, cet animal aime jouer et se battre. Sa pose préférée est debout, le nez au vent et en observation.

Rapaces

Faucons, aigles, vautours ou chouettes, une soixantaine d'espèces sillonnent les airs. Observez-les aux aguets dans les arbres, en train de planer haut dans le ciel ou rassemblés à terre autour d'une charogne. Si vous entendez le piaillement de petits oiseaux, ils tournent peut-être autour d'un grand félin ou d'un autre prédateur.

Pygargue vocifère (*african fish eagle*)

Taille : 75 cm. Vous rencontrerez cet aigle piscivore guettant les poissons à proximité des plans d'eau. Ce rapace doit son nom à ses vocalises sonores, qui lui ont valu le surnom de "voix de l'Afrique".

Bateleur des savanes

Taille : 60 cm. En plein vol, des plumes blanches se découvrent sous les ailes de ce bel oiseau serpentaire : il donne même l'impression de ne pas avoir de queue. De près, les tons chauds de son plumage rouge et brun réjouissent l'œil.

Gypaète barbu (*bearded vulture*)

Taille : 1,10 m. En randonnant sur les hauteurs du Drakensberg, vous aurez peut-être la chance d'apercevoir l'un de ces fameux oiseaux de proie, l'imposant gypaète barbu (appelé aussi *lammergayer*).

Messager sagittaire ou secrétaire (*secretary bird*)

Taille : 1 m. Le secrétaire est en tête du riche palmarès des oiseaux endémiques d'Afrique du Sud. Corps d'aigle, pattes de grue, ce rapace promène son plumage gris et noir à travers la savane.

Vautour oricou (*lappet-faced vulture*)

Taille : 1,15 m. Sept des huit espèces de vautours présentes en Afrique du Sud se mêlent aux lions, hyènes ou chacals pour se repaître des charognes. Le vautour oricou, de taille imposante, se nourrit avant que les autres charognards s'approchent.

MARC CROWTHER / GETTY IMAGES ©

1. Pygargue vocifère **2.** Messager sagittaire **3.** Gypaète barbu

SEYMS BRUGGER / SHUTTERSTOCK ©

PACO COMO / SHUTTERSTOCK ©

1. Bucorve du Sud **2.** Flamants nains **3.** Manchots du Cap
4. Rollier à longs brins

HORST MAHR / GETTY IMAGES ©

Autres oiseaux

Toutes les formes imaginables et toutes les couleurs de la création sont ici réunies en une gigantesque symphonie de la gent ailée. Certes, vos premiers regards iront aux lions ou aux impalas, mais les oiseaux d'Afrique du Sud vous feront vite lever les yeux.

Flamant nain (*lesser flamingo*)

Taille : 1 m. Rassemblés par milliers, les flamants nains font refléter leur rose vif dans l'eau des lacs salés. Autres scènes inoubliables : leurs vols en formation ou leurs parades nuptiales synchronisées.

Bucorve du Sud (*ground hornbill*)

Taille : 90 cm. Le bucorve du Sud se reconnaît à son masque et à son jabot rouges. Il flaire sans cesse le sol en quête d'insectes, de grenouilles, de reptiles et de petits mammifères, qu'il transperce de son large bec.

Rollier à longs brins (*lilac-breasted roller*)

Taille : 40 cm. En safari, ce superbe oiseau à la gorge et à la poitrine lilas ne manquera pas d'attirer votre regard. Cousin du martin-pêcheur, ce rollier tend en vol à “rouler” d'un côté à l'autre, faisant chatoyer les bleus, violets et verts de son plumage.

Autruche (*ostrich*)

Hauteur : 2-2,70 m ; poids : jusqu'à 130 kg. Pour échapper aux prédateurs, ce lourd volatile incapable de s'élever dans les airs fuit à 70 km/h ou s'aplatit au sol en soulevant des nuages de poussière.

Manchot du Cap (*african penguin*)

Taille : 60 cm. Le mâle orchestre sa parade nuptiale avec force bruits, qui évoquent les braiments d'un âne, d'où son surnom de *jackass* (baudet) en anglais. Les colonies de manchots peuplent les côtes ou les petites îles limitrophes. Certaines sont incroyablement peu farouches.

Paysage de savane au Hluhluwe-iMfolozi Park (p. 289)

Habitats

Autant d'espèces, presque autant d'habitats. Les rangers (gardes forestiers) et voyageurs que vous croiserez y feront souvent référence. Il y a tout bénéfice à apprendre à les identifier et à connaître les animaux qui sont susceptibles d'y vivre.

Savane et prairie

Avec ses vastes prairies ondulantes ponctuées d'acacias, la savane est le paysage africain par excellence, en particulier dans l'est du continent. Appelé *bushveld* en Afrique du Sud, cet habitat pauvre en plantes ligneuses abrite de grands troupeaux de zèbres et d'antilopes, ainsi que des prédateurs très rapides, comme les guépards. Les étendues herbeuses du plateau central portent le nom de *highveld*.

Fynbos

Autour du Cap, l'épaisse végétation qu'on appelle le *fynbos* se compose d'arbustes bas à petites feuilles fines. C'est l'un des six plus importants royaumes floraux, ou biomes, de la planète (voir aussi l'encadré p. 603). Sur plus de 7 500 espèces de plantes recensées, environ 80% ne poussent nulle part ailleurs dans le monde. Nombre d'entre elles ne conviennent pas à l'alimentation des animaux, mais la région abrite une remarquable diversité d'insectes et d'oiseaux.

Désert semi-aride

La partie ouest de l'Afrique du Sud reçoit très peu de pluie, ce qui explique la prédominance des arbustes épineux et des plantes grasses. Les semi-déserts du Karoo et du Kalahari, très étendus, se muent en désert aux confins de la Namibie. En raison de la sécheresse, les grands animaux, comme les zèbres et les antilopes, restent près des points d'eau. La plupart des plantes perdent leurs feuilles, afin d'économiser l'eau à la saison sèche. À la moindre pluie, c'est une véritable explosion de vie végétale et animale.

Afrique du Sud, Lesotho et eSwatini Pratique

Voyager en sécurité

CRIMINALITÉ

La criminalité est l'obsession numéro un des Sud-Africains. De fait, en dehors des accidents de la route, il s'agit du principal risque auquel vous serez exposé. Cependant, gardez à l'esprit que, malgré les statistiques et les gros titres des journaux, la majorité des voyageurs ne connaissent aucun problème.

Johannesburg est la ville la plus dangereuse, suivie de certains townships et d'autres zones urbaines. Pour limiter les risques, prenez certaines précautions de base :

- Gardez vos documents et ce qui a de la valeur dans votre chambre si celle-ci est sécurisée, autant que possible dans un coffre, ou au moins dans un endroit discret.
- Si votre chambre n'a pas de coffre ou n'est pas sécurisée, demandez s'il y a un coffre à la réception.
- Soyez discret avec votre téléphone ou appareil photo, votre montre, vos bijoux, etc.
- Ne donnez pas l'impression de porter des objets de prix ; évitez les vêtements coûteux.
- Ne portez pas de sac banane ou autre pochette extérieure.
- Placez vos réserves d'espèces dans plusieurs endroits et ayez toujours sur vous un peu d'argent ou un second porte-monnaie qui soit aisément accessible pour un éventuel agresseur.
- Gardez un peu de monnaie sous la main, loin du reste de vos économies, afin de ne pas devoir sortir une grosse somme à chacune de vos emplettes.
- Ne mettez pas d'argent dans vos poches arrière.
- Évitez les groupes d'adolescents ; faites davantage confiance aux groupes mixtes plus âgés.
- Dans les endroits peu sûrs, suivez les conseils des gens du quartier.
- Évitez les endroits déserts, de jour comme de nuit, notamment les plages isolées et certaines zones de montagne du Cap.
- Évitez le centre et le CDB (quartier des affaires) des grandes villes la nuit et le week-end.
- Pour visiter un township, participez à un circuit ou louez les services d'un guide fiable.
- Ne donnez pas l'impression d'avoir peur ou d'être perdu.
- Si vous achetez un téléphone local, sachez que les escroqueries par téléphone et par SMS (de type "fraude 419") sont monnaie courante.

BON À SAVOIR

Prenez du recul et ne succombez pas à la paranoïa, sans oublier pour autant que la forte criminalité de l'Afrique du Sud nécessite de faire preuve de davantage de prudence que dans la plupart des pays occidentaux.

- Attention aux escroqueries aux DAB et cartes bancaires.
- Si vous utilisez les transports publics et que vous vous aventurez en dehors des zones touristiques, faites-le de préférence avec un ami ou en groupe.
- Les violences contre les femmes étant un phénomène répandu, montrez-vous vigilante.
- Renseignez-vous auprès des habitants sur les endroits à éviter et ne circulez pas à pied après la nuit tombée, lorsque le risque d'agression devient élevé.

GARE AUX ESCROQUERIES AUX DAB

Plusieurs méthodes d'escroquerie aux distributeurs automatiques de billets (DAB) permettent de soutirer des espèces, une carte bancaire ou un code confidentiel et, généralement, les trois à la fois. Les voleurs opèrent aussi bien à Stellenbosch que dans le centre de Johannesburg et se présentent presque toujours sous l'apparence de personnes bien vêtues et polies.

L'escroquerie la plus fréquente met en scène un voleur qui aura trafiqué le distributeur de billets afin de bloquer votre carte dans l'appareil. Au moment où vous vous en apercevrez, vous aurez déjà composé votre code confidentiel. L'escroc l'aura vu et, pendant que vous entrerez dans la banque pour informer un employé du blocage de votre carte, le voleur s'en emparera et videra votre compte de quelques milliers de rands. Plus rarement, le voleur aura fixé au préalable sur le DAB un appareil sans fil qui enregistrera votre code. Les conseils suivants réduisent les risques d'être victime de ce genre d'escroquerie :

- Évitez de vous servir des DAB la nuit et dans les endroits isolés. Les distributeurs installés dans les centres commerciaux sont plus sûrs.
- La plupart des DAB sont surveillés par des agents de sécurité´. S'il n'y en a pas quand vous retirez de l'argent, surveillez ce qui se passe derrière vous ou demandez à quelqu'un de le faire.
- Observez bien les personnes qui vous précèdent au DAB. Si vous leur trouvez un air suspect, changez de distributeur.
- N'utilisez pas les DAB en dehors des heures d'ouverture des banques et, si possible, faites-vous accompagner d'un ami. Si votre carte reste bloquée dans un appareil, l'un de vous peut faire le guet devant le distributeur pendant que l'autre va chercher de l'aide dans la banque.
- N'utilisez pas un DAB si vous pensez qu'il a été trafiqué.
- Lorsque vous mettez votre carte dans un DAB, appuyez immédiatement sur la touche "annuler" : si celle-ci ressort, vous saurez qu'il n'y a pas de système de blocage dans l'appareil et vous devriez pouvoir effectuer l'opération en toute sécurité.
- N'hésitez pas à refuser fermement l'aide qui vous est proposée – ou demandée – quand vous retirez de l'argent.
- Si la personne insiste, interrompez votre transaction et changez de distributeur.
- Gardez sur vous le numéro d'urgence de votre banque et signalez immédiatement la perte de votre carte, le cas échéant.
- Évitez d'utiliser des DAB qui vous informent au début de la transaction qu'ils ne délivrent pas de reçu.
- En cas de problème ou si vous ne parvenez pas à retirer de l'argent, ne faites pas de nouvel essai, reprenez votre carte.

Dans les transports

- Pendant votre vol, conservez vos objets de valeur dans votre bagage à main.
- Si vous arrivez ou transitez par l'aéroport international OR Tambo (Johannesburg), enveloppez vos valises dans du plastique – des objets y sont parfois dérobés avant qu'elles n'atteignent le tapis roulant.
- Pour circuler en ville après le coucher du soleil, prenez un taxi. Si vous n'êtes pas loin, marchez ou circulez en voiture à plusieurs.
- D'une manière générale, évitez de vous promener seul ou de circuler en voiture la nuit.
- Verrouillez vos portières et relevez vos vitres, même en plein jour.
- Il est conseillé de garder son téléphone portable en mode itinérance, d'en louer un ou d'acheter une carte SIM locale, surtout si vous circulez en voiture seul.
- La nuit, garez votre véhicule dans un emplacement sûr et, pendant la journée, évitez

de le garer dans un endroit isolé.

- Ne laissez aucun objet de valeur à l'intérieur de votre voiture et ne donnez pas l'impression d'être en voyage, en laissant vos sacs dans le coffre et non dans l'habitacle.
- Si vos bagages se trouvent dans le coffre, abstenez-vous d'y accéder juste avant de laisser votre véhicule.
- Le plus grand danger lors d'une agression (que vous soyez à pied ou en voiture), notamment à Johannesburg, est que votre assaillant vous croie armé et s'imagine que vous allez tenter de l'abattre. Par conséquent, restez calme, ne résistez pas et ne faites rien qui puisse le conduire à un geste inconséquent.

Au Lesotho

- Le viol constitue un problème ; les femmes ne doivent pas circuler seules à pied dans les lieux isolés.
- N'affichez ni votre argent, ni vos objets de valeur, en particulier à Maseru. Les agressions y étant fréquentes, ne marchez pas seul le soir dans cette ville.
- Les vols de sacs à l'arraché ou par des pickpockets constituent les principaux risques en journée.
- Les troubles politiques occasionnels n'affectent généralement que la capitale ; le cas échéant, ne restez pas dans les rues et évitez les rassemblements.
- Il existe de nombreux barrages de police ; arrêtez-vous dès qu'on vous fait signe et ne redémarrez qu'après le contrôle de vos papiers.

Conseils aux randonneurs

- Si vous randonnez sans guide, les bergers vous réclameront peut-être de l'argent ou des "cadeaux" dans les zones reculées et les vols ne sont pas totalement à exclure.
- Du fait des risques de viol, les femmes doivent se garder de marcher seules.
- Il arrive que des enfants mendient et jettent des pierres sur les voitures, en particulier les 4x4, le long des routes isolées.
- La foudre fait chaque année des victimes ; ne restez pas sur une hauteur durant un orage sec et évitez de camper en terrain ouvert.
- Des vêtements imperméables sont indispensables pour randonner, que ce soit à pied ou à dos de poney.

En eSwatini

- Des délits mineurs, tels que vols à la tire ou à l'arraché de sacs et de téléphones portables, ont cours dans les zones urbaines. Exercez votre bon sens et soyez toujours vigilant. N'affichez pas vos richesses et ne marchez pas seul la nuit.
- La bilharziose et le paludisme sont présents, même si l'eSwatini prend actuellement des mesures pour devenir le premier pays non impaludé d'Afrique subsaharienne.

DROGUES

- En Afrique du Sud, la loi ne fait pas la distinction entre drogues douces et dures.
- La *dagga* ou *zol* (marijuana) est illégale, mais très répandue.
- De nombreuses personnes fument de la marijuana sans se cacher, notamment dans les auberges de jeunesse et les bars. Ce n'est pas recommandé. La possession et la consommation de marijuana sont sévèrement punies.
- L'ecstasy est répandue dans les raves et les boîtes de nuit d'Afrique du Sud.
- L'Afrique du Sud est un marché important pour

UN FIL D'ARIANE EN VOYAGE

Le **portail Ariane** (pastel.diplomatie.gouv.fr/fildariane), mis en place par le Centre de crise du ministère des Affaires étrangères, est un service gratuit permettant au voyageur français à l'étranger d'être contacté par le service consulaire, sur son téléphone portable ou par e-mail, au cas où des événements graves (crise politique, catastrophe naturelle, attentat...) se produiraient dans le pays durant son séjour, ou de contacter rapidement sa famille ou ses proches en France en cas de besoin.

La procédure d'inscription se réalise en ligne, où vous donnez des informations sur votre voyage (date de départ, de retour, numéro de téléphone portable, coordonnées d'éventuels contacts sur place, adresses de séjour et itinéraire prévu, etc.).

Grâce à ce service, vous recevrez en outre, avant votre départ, des recommandations de sécurité par e-mail si la situation dans le pays le justifie.

Il existe une application pour les Smartphones et les tablettes, intitulée Conseils aux voyageurs.

le Mandrax (surnommé localement "*buttons*"), un barbiturique interdit dans de nombreux pays (y compris l'Afrique du Sud), en raison de ses effets dévastateurs.

➡ La cocaïne et l'héroïne circulent de plus en plus facilement et leur usage contribue à l'accroissement de la criminalité.

➡ Les drogues locales, notamment le *tik* (*crystal meth*) au Cap, aggravent les problèmes sociaux dans les townships. Les usagers ont un comportement irrationnel et agressif.

CONSEILS AUX VOYAGEURS

La plupart des gouvernements possèdent des sites Internet qui recensent les dangers possibles et les régions à éviter. Consultez notamment les sites suivants :

➡ **Ministère des Affaires étrangères français** (www.diplomatic.gouv.fr)

➡ **Ministère des Affaires étrangères de Belgique** (diplomatie.belgium.be/fr)

➡ **Département fédéral des Affaires étrangères suisse** (www.eda.admin.ch/eda/fr/dfae.html)

➡ **Ministère des Affaires étrangères du Canada** (www.voyage.gc.ca)

VOYAGER EN SOLO

➡ Un voyageur solitaire suscite parfois l'attention – en particulier une femme – dans les zones rurales, mais ailleurs il passera probablement inaperçu.

➡ Il est préférable de se joindre à un groupe la nuit et sur les sentiers de randonnée.

➡ Il est déconseillé de se déplacer seul sur les sentiers – surtout quand on est une femme. En général, par sécurité, un minimum de trois personnes est requis sur ces parcours.

➡ Particulièrement dans les villes et la nuit, les femmes seules devront faire preuve de bon sens et de prudence et éviter les endroits isolés.

➡ Les voyageuses non accompagnées peuvent se sentir mal à l'aise au Lesotho, une société patriarcale où les femmes sont régulièrement opprimées et harcelées.

Carnet pratique

Ambassades et consulats

Ambassades et consulats d'Afrique du Sud à l'étranger

France (☎01 53 59 24 10 ; www.afriquesud.net ; 59 quai d'Orsay, 75007 Paris)

Belgique (☎02-285 44 00 ; www.southafrica.be ; 17-19 rue Montoyer, 1000 Bruxelles)

Suisse (☎031-350 1313 ; www.southafrica.ch ; 29 Alpenstrasse, 3006 Berne)

Canada Consulat général (☎416-944 8825 ; www.southafrica-canada.ca ; 110 Sheppard Ave East, Suite 600, Toronto, M2N 6Y8)

Lesotho Haut-commissariat (☎2222 5800 ; www.facebook.com/SAHCLesotho ; angle Kingsway et Old School Rd, Maseru)

ESwatini Haut-commissariat (☎2404 4651 ; mbabane.dha@dirco.gov.za, www.dirco.gov.za ; The New Mall, 2e ét, Dr Sishayi Road, Mbabane)

Ambassades et consulats étrangers en Afrique du Sud

La plupart des pays comptent une ambassade à Pretoria, la capitale, ainsi qu'un bureau ou un consulat au Cap.

La majorité des services des visas et affaires consulaires n'ouvrent que le matin de 9h à 12h (en semaine uniquement). Pour plus d'informations, rendez-vous sur www.dirco.gov.za.

France (☎012-425 1600 ; www.ambafrance-rsa.org ; 250 Melk St, Nieuw Muckleneuk, Pretoria). Consulat général au Cap (☎021-423 1575 ; www.consulfrance-lecap.org ; 78 Queen Victoria St, Gardens ; 🚌Upper Long/Upper Loop) et consulat honoraire à Johannesburg (☎011-778 5600 ; johannesburg.consulfrance.org ; Standard Bank Building, 3e ét, 191 Jan Smuts Ave).

Belgique (☎012-440 3201 ; southafrica.diplomatie.belgium.be ; 625 Leyds St, Muckleneuk, Pretoria). Consulat général au Cap (☎021-419 46 90 ; 2 Riebeek St, Foreshore Place, 27e ét, Foreshore) et consulat honoraire à Durban (☎065-401 3738 ; 20 Stranack Rd, Glenwood)

Suisse (☎012-452 0660 ; www.eda.admin.ch/pretoria ; 225 Veale St, Parc Nouveau, Nieuw Muckleneuk, Pretoria). Consulat général au Cap (☎021-400 7500 ; 2 Riebeek St, Foreshore Place, 32e ét, Foreshore) et consulat honoraire à Durban (☎083-767 2832 ; Retford Hall, Flat 1, 151 Lena Ahrens Rd, Glenwood)

Canada Haut-commissariat (☎012-422 3000 ; southafrica.gc.ca, www.facebook.com/CanadaenAfriqueduSud ; 1103 Arcadia St, Hatfield, Pretoria). Consulat au Cap (☎021-945 2429 ; 12 Second Ave, Boston, Bellville).

Lesotho Haut-commissariat (☎012-460 7648 ; www.gov.za ; 391 Anderson St, Menlo Park, Pretoria).

eSwatini Haut-commissariat (☎012-344 1910 ; www.swazihighcom.co.za ; 715 Government Ave, Arcadia, Pretoria). Consulat à Johannesburg (☎011-403 2050 ; www.swazihighcom.co.za ; Hill on Empire, angle Hillside et Empire Rd, Parktown).

Ambassades et consulats du Lesotho à l'étranger

Le Lesotho ne possède pas d'ambassade ou de consulat dans tous les pays. Les Suisses devront contacter la représentation diplomatique en Belgique. Enfin, l'Afrique du Sud s'occupe des relations diplomatiques du Lesotho en eSwatini.

France Ambassade (☎49 30 25 75 72 15 depuis la France ; Kurfustenstrasse 84, 10787 Berlin, Allemagne) En l'absence d'ambassade en France, le Lesotho est représenté par l'ambassade du Lesotho en Allemange.

Belgique Ambassade (☎02-705 39 76 ; diplomatie.

belgium.be/fr ; bd Général-Wahis 45, 1030 Bruxelles)

Canada Haut-commissariat (☎613-234 0770 ; 130 rue Albert, suite 1820, Ottawa, Ontario K1P 5G4)

Afrique du Sud Haut-commissariat (☎012-460 7648 ; www.gov.za ; 391 Anderson St, Menlo Park, Pretoria)

Ambassades et consulats étrangers au Lesotho

Les représentations ci-dessous sont situées à Maseru. En Afrique du Sud, plusieurs missions (Belgique et Suisse notamment) s'occupent des relations diplomatiques et consulaires avec le Lesotho.

France Consulat honoraire (Alliance française ; ☎2232 5722 ; alliance.org.za/contact-us ; angle Kingsway et Pioneer Rd, Maseru)

Belgique Ambassade compétente (☎012-440 3201 ; southafrica.diplomatie.belgium.be ; 625 Leyds St, Muckleneuk, Pretoria)

Suisse Ambassade compétente (☎012-452 0660 ; www.eda.admin.ch/pretoria ; 225 Veale St, Parc Nouveau, Nieuw Muckleneuk, Pretoria)

Canada Consulat (☎22 31 5365 ; canada@leo.co.ls ; Quadrant Sales Bldg, 2e ét, Orpen Rd, Old Europa, Maseru)

Afrique du Sud Haut-commissariat (☎2222 5800 ; www.facebook.com/SAHC Lesotho ; angle Kingsway et Old School Rd, Maseru)

Ambassades et consulats d'eSwatini à l'étranger

Les Français devront contacter l'ambassade d'eSwatini en Belgique ; les Canadiens celle des États-Unis à **Washington** (☎202-234 5002 ; 1712 New Hampshire Ave, NW, Washington DC 20009). Pour les autres pays européens sans représentation diplomatique, l'ambassade d'eSwatini au Royaume-Uni ou en Belgique s'occupe des services destinés aux voyageurs.

Royaume-Uni Haut-commissariat (☎020-7630 6611 ; www.gov.sz ; 20 Buckingham Gate, Londres SW1E 6LB)

Belgique Ambassade (☎02-347 4771/5725 ; eswatini-embassy.eu ; 188 av. Winston-Churchill, 1180 Bruxelles)

Suisse Département fédéral des affaires étrangères (DFAE ; ☎800 24 7 365/58 465 333 ; www.eda.admin.ch/eda/fr/dfae.html ; Effingerstrasse 27, 3003 Bern)

Afrique du Sud Haut-commissariat (☎012-344 1910 ; www.swazihighcom.co.za ; 715 Government Ave, Arcadia, Pretoria). Consulat à Johannesburg (☎011-403 2050 ; www.swazihighcom.co.za ; Hill on Empire, angle Hillside et Empire Rd, Parktown).

Ambassades et consulats étrangers en eSwatini

Plusieurs missions diplomatiques en Afrique du Sud (pour les Belges, les Suisses et les Canadiens notamment) représentent l'eSwatini. Les Français devront contacter leur ambassade au Mozambique.

France Ambassade compétente : ambassade de France au Mozambique (☎214 84600 ; mz.ambafrance.org ; av. Julius Nyerere 2361, Maputo)

Belgique Ambassade compétente (☎012-440 3201 ; southafrica.diplomatie.belgium.be ; 625 Leyds St, Muckleneuk, Pretoria)

Suisse Ambassade compétente (☎012-452 0660 ; www.eda.admin.ch/pretoria ; 225 Veale St, Parc Nouveau, Nieuw Muckleneuk, Pretoria)

Canada Ambassade compétente : haut-commissariat du Canada au Mozambique (☎214 244200 ; www.canadainternational.gc.ca/mozambique ; Avenida Kenneth Kaunda 1138, Maputo)

eSwatini Haut-commissariat (☎2404 4651 ; mbabane.dha@dirco.gov.za, www.dirco.gov.za ; The New Mall, 2e ét, Dr Sishayi Road, Mbabane)

Argent

Afrique du Sud

CARTES BANCAIRE

L'Afrique du Sud étant connue pour ses nombreux cas d'escroquerie, beaucoup de banques étrangères empêchent automatiquement toute transaction effectuée dans le pays. Si vous prévoyez d'utiliser une carte bancaire, prévenez votre banque avant votre départ pour ne pas voir vos achats refusés. En cas de refus, mieux vaut essayer d'effectuer votre transaction avec une autre carte ou de payer en espèces, deux transactions d'affilée permettant aux escrocs de cloner la carte utilisée.

CHÈQUES DE VOYAGE

- Les chèques de voyage édités par Thomas Cook et American Express en devises fortes peuvent être encaissés dans les banques, dans les bureaux de change et dans certains hôtels – avec une commission variable.
- L'achat de chèques de voyage en dollars US ou dans une autre monnaie forte est plus avantageux qu'en rands.
- Si vous achetez des rands ou des chèques de voyage en rands, surveillez le marché, car cette devise peut être très volatile. Sinon, achetez-les juste avant votre départ afin de minimiser les effets de la dévaluation.
- On trouve des bureaux de change dans les grandes villes.

TARIFS DES RESTAURANTS

Voici les différentes catégories de prix, basées sur le tarif moyen d'un plat principal :

$ moins de 75 R

$$ 75-150 R

$$$ plus de 150 R

Les tarifs sont plus élevés au Cap, à Johannesburg et dans les Winelands :

$ moins de 100 R

$$ 100-200 R

$$$ plus de 200 R

ESPÈCES

➜ L'unité monétaire de l'Afrique du Sud est le rand (R), qui se subdivise en 100 cents. Il se présente en billets de 10, 20, 50, 100 et 200 R. Il existe des pièces de 1, 2 et 5 R, et des pièces de 5, 10, 20 et 50 cents. Les transactions sont souvent arrondies à quelques centimes près. Le rand est faible face aux devises occidentales.

➜ Les devises les plus reconnues sont le dollar américain, l'euro et la livre britannique. Il est plus prudent d'emporter une carte bancaire, car de nombreux commerces n'acceptent que les rands.

➜ Vous changerez aisément vos espèces dans les banques et les bureaux de change de toutes villes.

➜ Conservez quelques-uns de vos reçus de change. Vous devrez les présenter pour reconvertir vos rands avant votre départ.

➜ Gardez toujours un petit montant en espèces, bien caché, lorsque vous visitez des zones rurales, comme le Kruger National Park, où les DAB sont peu nombreux et ne fonctionnent pas toujours.

TAXES ET REMBOURSEMENTS

➜ L'Afrique du Sud impose une taxe sur la valeur ajoutée (TVA) de 14%, dont les étrangers peuvent obtenir le remboursement partiel sur les produits qu'ils emportent au moment du départ.

➜ Pour que la demande soit valable, les biens doivent avoir été achetés chez un commerçant affilié au dispositif de détaxe pour étrangers (VAT foreign tourist sales), leur valeur totale doit excéder 250 R et vous devrez présenter une facture indiquant la TVA pour chacun des articles.

➜ Le ticket de caisse conviendra généralement, à condition qu'il mentionne les termes "tax invoice" (facture avec TVA), le nom et l'adresse du commerçant et son numéro de TVA à 10 chiffres (commençant par un 4), une description des produits vendus, le coût de ces produits en rands, le montant de la TVA ou une déclaration spécifiant que la TVA est incluse dans le montant total des achats, un numéro de facture et la date de la transaction. Pour des dépenses supérieures à 3 000 R, la facture doit préciser votre nom et votre adresse, ainsi que la quantité ou le volume de produits achetés.

➜ Vous devrez détenir les factures originales.

➜ Une commission de 1,3% sera prélevée pour les frais de service (minimum 10 R, maximum 250 R).

➜ Au moment du départ, il vous faudra remplir un ou deux formulaires et présenter vos achats à l'inspecteur des douanes.

➜ À l'aéroport, si vos achats ne tiennent pas dans votre bagage à main, veillez à les faire vérifier avant d'enregistrer vos bagages.

➜ Après le passage à l'immigration, faites votre demande et récupérez votre remboursement, qui vous sera en principe crédité sur votre carte MasterCard ou Visa dans la devise de votre pays (ou autre devise étrangère), et sera disponible 3 jours plus tard.

➜ Si le montant dépasse 3 000 R, le remboursement ne sera pas effectué sur-le-champ. Vous devrez attendre jusqu'à 3 mois pour que la carte soit créditée.

➜ Le remboursement s'effectue aux principaux aéroports internationaux de Johannesburg, du Cap et de Durban, ainsi que dans certains aéroports plus petits : Lanseria (Johannesburg), Bloemfontein, Polokwane (Pietersburg), Nelspruit, Pilansberg, Port Elizabeth et Upington.

➜ Vous pouvez aussi faire la demande dans les principaux ports et à certaines gares.

➜ Vous pouvez demander un remboursement par courrier jusqu'à 3 mois après avoir quitté l'Afrique du Sud, mais il est beaucoup plus simple de le faire en personne.

➜ Renseignez-vous sur www.taxrefunds.co.za.

Lesotho

Le rand sud-africain est accepté partout au Lesotho, mais le loti n'est pas accepté en Afrique du Sud, même si sa valeur est liée au rand. La plupart des DAB distribuent des maloti ; aussi, si vous ne faites qu'un court séjour au Lesotho avant de repartir en Afrique du Sud, mieux vaut ne pas en tirer une trop grosse quantité.

➜ Maseru est le seul endroit où vous pourrez changer sans risque des espèces et des chèques de voyage.

➜ On vous délivrera des billets en rands sur demande.

- La TVA de 14% est incluse dans les tarifs affichés des hôtels et des restaurants. Les voyageurs ne peuvent généralement pas obtenir de remboursement.

eSwatini

L'unité monétaire de l'eSwatini est le lilangeni (au pluriel, emalangeni ; E) qui se subdivise en 100 cents. La valeur du lilangeni est liée à celle du rand. La devise sud-africaine est acceptée dans tout l'eSwatini, mais notez qu'on vous rendra néanmoins la monnaie en devise locale.

- La FNB et la Nedbank changent les espèces et les chèques de voyage à des taux similaires, moyennant une commission variable.
- La plupart du temps, les banques demandent à voir le reçu qui vous a été délivré lors de l'achat des chèques de voyage.
- On trouve des agences **Nedbank** (Corporate Place ; ⌚8h30-15h30 lun-ven, 8h30-12h sam), **FNB** (Corporate Place ; ⌚8h30-15h30 lun-ven, 8h30-12h sam) et **Standard Bank** (Corporate Place ; ⌚8h30-15h30 lun-ven, 8h30-12h sam) à Mbabane, Manzini, Matsapha et dans le reste du pays.
- En eSwatini, la TVA de 14% est ajoutée au prix de la plupart des biens et services, mais le pays n'autorise pas son remboursement.

Assurance

- Il est vivement conseillé de souscrire une assurance couvrant le vol ou la perte de vos affaires et la maladie ou l'accident.
- Prenez le temps de comparer les différentes polices, car les assurances prévues pour des circuits organisés en Europe ne conviendront pas au veld sud-africain.
- Lisez bien les clauses en petits caractères, où se trouvent les restrictions. Certaines polices excluent les "activités à risque" comme la plongée, la moto ou le saut à l'élastique.
- Si vous devez avancer des frais médicaux, conservez soigneusement tous les documents nécessaires pour être remboursé à votre retour.
- Certaines assurances exigent que vous appeliez (en PCV) un centre dans votre pays d'origine qui évaluera immédiatement la gravité de votre situation.
- Voir aussi p. 667 pour plus d'informations.

Bénévolat

Le bénévolat a le vent en poupe dans toute la région. Il existe parfois des agences malhonnêtes, notamment celles travaillant sur des projets liés à la faune. Préférez les structures locales aux organismes étrangers, demandez l'avis d'anciens bénévoles et assurez-vous que votre argent profite vraiment au projet, et non au gouvernement.

Un permis de séjour ou un visa de tourisme suffisent pour travailler bénévolement et sur la base du volontariat sur une courte période. Pour une mission prolongée (par exemple au-delà des 90 jours octroyés par le permis de séjour en Afrique du Sud), l'organisation responsable devra vous aider à obtenir le visa adéquat.

Des expériences courtes de quelques heures, jours ou semaines sont proposées en Afrique du Sud par des hébergements et des entreprises du secteur touristique (beaucoup soutiennent un ou deux projets locaux). Elles peuvent être intéressantes pour le bénévole, mais bien souvent, elles n'apportent guère plus au projet que l'argent versé pour y participer. D'après certaines organisations bénévoles, le bénévolat de courte durée serait contre-productif.

African Conservation Experience (www.conservationafrica.net). Projets de protection de la nature et cours en Afrique du Sud.

African Impact (www.africanimpact.com). Bénévolat et stages dans divers domaines, comme la santé et la protection de la nature.

All Out Africa (carte p. 534 ; ☎Eswatini 2416 2260 ; www.alloutafrica.com ; MR103 ; ⌚8h-17h). Voyages axés sur le bénévolat dans les communautés, allant de 2 à 8 semaines.

GoAbroad.com (www.goabroad.com). Répertorie les missions en Afrique du Sud, au Lesotho et en eSwatini.

Greater Good SA (www.myggsa.co.za). Informations sur plusieurs associations caritatives locales et projets de développement.

Kaya (www.kayavolunteer.com/destinations/country/swaziland). Opportunités de travail bénévole en Afrique du Sud et en eSwatini.

Kick4Life (www.kick4life.org). Programmes au Lesotho, comme le circuit annuel sur le thème du football, qui mêle campagne d'éducation sur le VIH et matchs de foot.

Life Skills (www.lifeskillsinsa.com). Reforestation et autres projets écologiques sur la Garden Route.

One World 365 (www.oneworld365.org). Missions dans des domaines variés, comme les droits de l'homme, l'environnement, les cours de langue et la santé.

Streetfootballworld (www.streetfootballworld.org). Un bon de départ pour des missions de volontariat liées au football.

Uthando South Africa (www.uthandosa.org). Cette agence proposant des circuits guidés soutient plusieurs projets caritatifs.

Wilderness Foundation (www.wildernessfoundation.org). Cette ONG de protection de la nature organise des projets dans toute l'Afrique du Sud.

World Wide Opportunities on Organic Farms (wwoof.net). Possibilité de loger et de travailler dans des fermes bio en Afrique du Sud.

En France

En France, quelques organismes offrent des opportunités de travail bénévole sur des projets de développement ou d'environnement, parfois sur des périodes courtes, de 1 à 4 semaines. Voici quelques adresses qui proposent des projets en Afrique du Sud :

Comité de coordination pour le service volontaire international (CCIVS ; ☎01 45 68 49 36 ; ccivs.org ; 1 rue Miollis, 75015 Paris)

Cotravaux (☎ 01 48 78 46 85 ; www.cotravaux.org ; 11 rue de Clichy, 75009 Paris) est un "réseau d'acteurs du travail volontaire" qui regroupe 11 associations, dont plusieurs proposent des missions en Afrique du Sud, en lien avec des partenaires locaux. Vous en trouverez la liste et les coordonnées sur son site Internet.

Jeunesse et reconstruction (☎01 47 70 15 88 ; www.volontariat.org ; 8-10 rue de Trévise, 75009 Paris)

Service Civil International (☎03 20 55 22 58 ; www.sci-france.org ; 75 rue du Chevalier-Français, 59800 Lille)

Concordia (☎01 45 23 00 23 ; www.concordia.fr ; 64 rue Pouchet, 75017 Paris)

Solidarités jeunesses (☎01.55.26.88.77 ; www.solidaritesjeunesses.org ; 10 rue du 8-Mai-1945, 75010 Paris)

Cartes de réduction

➡ Une carte d'étudiant internationale (ISIC ; www.isic.fr) permet de bénéficier de tarifs réduits, notamment sur les billets de bus et dans les musées.

➡ Si vous prévoyez un séjour de plusieurs jours dans les parcs nationaux, la **Wild Card** (www.sanparks.org/wild) peut s'avérer intéressante. Une carte à l'année pour étrangers particuliers revient à 3 420 R (5 345 R/couple, 6 395 R/famille), et assure un accès gratuit aux quelque 80 parcs et réserves gérés par SANParks, Ezemvelo KZN Wildlife, Cape Nature, Msinsi et divers organismes swazi.

➡ Certaines villes proposent aussi des cartes de réduction pour certains de leurs sites.

Cours de langues

De nombreuses écoles de langues réputées proposent des cours d'anglais et de plusieurs langues sud-africaines, dont le xhosa, le zoulou et l'afrikaans.

Interlink (www.interlink.co.za). Cours d'anglais à Sea Point, au Cap.

Jeffrey's Bay Language School (www.facebook.com/islandvibelanguageschool). L'une des rares écoles d'anglais de Jeffrey's Bay, haut lieu du surf. Affiliée à l'auberge de jeunesse Island Vibe.

Language Teaching Centre (carte p. 58 ; ☎021-425 0019 ; www.languageteachingcentre.co.za ; 705 Touchstone House, 7 Bree St, Foreshore ; 🚉Lower Loop|Lower Long). Xhosa, zoulou, afrikaans, anglais.

Ubuntu Bridge (www.learnxhosa.co.za ; Montebello Design Centre, 31 Newlands Ave, Newlands ; 🚉Newlands). Xhosa.

Wits Language School (carte p. 350 ; ☎011-717 4208 ; www.witslanguageschool.com ; Professional Development Hub, Gate 6, 92 Empire Rd, Braamfontein). Zoulou, sesotho, tswana, afrikaans, anglais et langue des signes. L'école fait partie de l'université du Witwatersrand, à Johannesburg.

Covid-19

À l'heure où nous écrivons ces lignes, les voyageurs vaccinés peuvent entrer sur le territoire sud-africain sur présentation d'un schéma vaccinal complet ou, en l'absence de certificat de vaccination, d'un test Covid-19 négatif effectué moins de 72 heures avant le départ. Les modalités d'entrée sont plus strictes pour le Lesotho et l'eSwatini.

Ces règles peuvent évoluer. Avant de vous rendre en Afrique du Sud, au Lesotho ou en eSwatini, consultez le site du ministère des Affaires étrangères français, rubrique Conseils aux voyageurs (www.diplomatie.gouv.fr), le site du consulat général de France à Johannesburg (johannesburg.consulfrance.org), compétent pour le Lesotho, et celui de l'ambassade de France au Mozambique pour l'eSwatini (mz.ambafrance.org) pour connaître les dernières conditions d'entrée et de sortie du territoire.

Douane

➡ Vous pouvez entrer en Afrique du Sud sans payer de taxes en apportant 2 litres de vin, 1 litre de spiritueux, 200 cigarettes et l'équivalent de 5 000 R de marchandises diverses.

➡ Les produits issus d'espèces protégées, tels que l'ivoire, doivent être déclarés, pour l'importation comme pour l'exportation.

- En quittant le Lesotho, les voyageurs doivent déclarer tout souvenir d'une valeur supérieure à 500 M et tout objet présentant un numéro de série.
- L'importation de viande et d'agrumes en eSwatini est soumise à restrictions.

Électricité

Les coupures d'électricité sont fréquentes dans tout le pays.

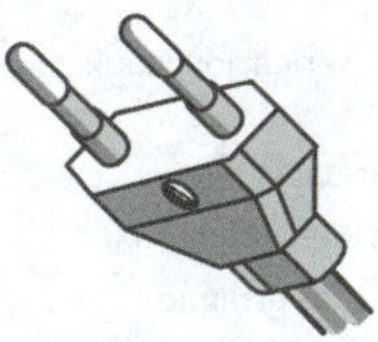

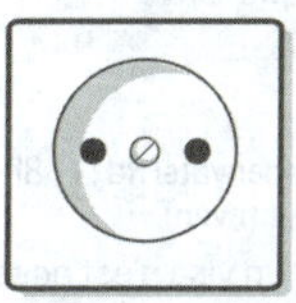

Type C
220 V/50 Hz

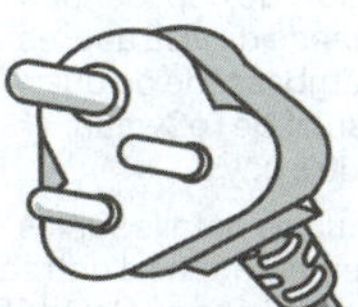

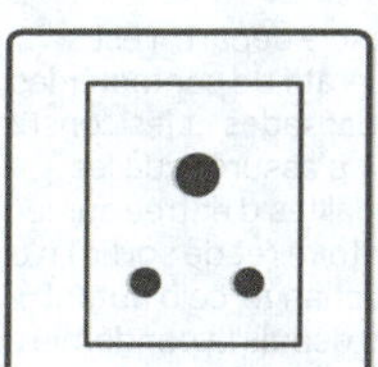

Type M
230 V/50 Hz

Formalités et visas

Afrique du Sud

- Les citoyens suisses, canadiens, français, belges et autres ressortissants de l'Union européenne qui se rendent en Afrique du Sud à des fins touristiques pour une période inférieure à 3 mois n'ont pas besoin de visa. À leur arrivée, un permis de séjour gratuit de 90 jours leur sera délivré.
- Ils doivent être en possession d'un passeport en cours de validité (au moins 6 mois à partir de la date d'entrée en Afrique du Sud) et disposant d'au moins deux pages blanches (à l'exception des deux dernières pages).
- Les voyageurs de moins de 18 ans doivent fournir un acte de naissance complet (accompagné d'une traduction assermentée), et, selon les cas, d'autres documents. Lorsqu'un seul parent est mentionné sur la carte d'identité ou le passeport, aucune autorisation parentale n'est nécessaire si l'enfant voyage avec le parent en question. Votre compagnie aérienne attirera probablement votre attention sur la législation (voir l'encadré p. 45) lors de la réservation du vol.
- Si vous ne pouvez prétendre à un permis de séjour, vous devrez demander un visa dans une mission diplomatique sud-africaine dans votre pays – ou dans un pays voisin.
- Aucun visa n'est délivré à la frontière.
- Demandez un visa à entrées multiples si vous prévoyez de visiter le Lesotho, l'eSwatini ou un autre pays voisin. Cela vous évitera de renouveler vos démarches.
- Pour de plus amples informations, consultez quelques sites, notamment celui du Department of Home Affairs (ministère sud-africain des Affaires intérieures ; www.dha.gov.za) et du ministère des Affaires étrangères (www.diplomatie.gouv.fr/fr/conseils-aux-voyageurs/conseils-par-pays-destination/afrique-du-sud).
- Pour los détails sur les réglementations d'entrée et de sortie liées au Covid-19, voir page ci-contre.

PROROGATIONS DE VISA

- Il est possible d'obtenir une prorogation de permis de séjour pour une période de 90 jours. Faites-en la demande dès votre arrivée, via VFS Global (www.vfsglobal.com/dha/southafrica).
- VFS Global traite également les demandes de permis de résidence temporaire, délivrés pour une période allant de 2 à 5 ans. On trouve des bureaux dans 11 villes, notamment au Cap, à Durban, à Johannesburg et à Port Elizabeth.
- Les demandes de prorogation coûtent 1 775 R et leur traitement peut prendre de 8 à 10 semaines. Elles doivent être remises en personne, avec un billet d'avion retour (ou attestant de la poursuite du voyage), les relevés de comptes bancaires des trois derniers mois et des certificats médicaux et radiologiques.
- Le durcissement des lois sur l'immigration en 2014 marque la fin des "courses aux visa" ("visa runs"). Si vous quittez le territoire sud-africain en possession d'un visa valide, il n'est désormais plus possible d'en obtenir un nouveau au retour, sauf si vous arrivez de votre pays de résidence. Si votre visa a expiré, vous obtiendrez un permis de séjour pour 7 jours au maximum, sauf si vous arrivez de votre pays de résidence, auquel cas on

INFOS PRATIQUES

- Poids et mesures Les trois pays utilisent le système métrique.
- *Mail & Guardian* (www.mg.co.za) est un hebdomadaire national.
- *The Sowetan* (www.sowetanlive.co.za) est un quotidien national.
- Également parmi la presse nationale le *Sunday Independent* (www.iol.co.za/sundayindependent), le *Sunday Times* (www.timeslive.co.za) et le *Business Day* (www.businesslive.co.za).
- News24 (www.news24.com) est le portail d'information sur l'Afrique de Media24.
- Le *Times of Swaziland* (www.times.co.sz) et l'*eSwatini Observer* (new.observer.org.sz) traitent l'information en eSwatini.
- Le Sunday Express (sundayexpress.co.ls) et le Lesotho Times (www.lestimes.com) sont consacrés à l'actualité du Lesotho.
- *Getaway* (www.getaway.co.za) et *Go!* (www.netwerk24.com/weg/go) sont des magazines sud-africains sur le voyage.
- SABC (www.sabc.co.za) diffuse des programmes sud-africains (séries, journaux télévisés, etc.).
- M-Net (mnet.dstv.com) programme des séries et des films américains.
- e.tv (www.etv.co.za) alterne émissions sud-africaines et succès internationaux.
- SAfm (www.sabc.co.za) diffuse des informations et des discussions en ligne et sur 104-107 Fm.
- On peut écouter Radio France Internationale (RFI ; www.rfi.fr/afrique) en ligne.

vous délivrera effectivement un nouveau visa de 3 mois.

Lesotho

- La plupart des citoyens d'Europe de l'Ouest, des pays du Commonwealth – y compris le Canada – se voient délivrer un permis de séjour gratuit à leur arrivée. Sa validité est de 14 jours.
- Un permis pour un séjour plus long est parfois accordé lorsque l'on en fait la demande à la frontière (ou au ministère). Sinon, vous pouvez faire proroger votre permis de 14 jours supplémentaires au Ministry of Home Affairs.
- Si vous avez besoin d'un visa, adressez-vous à l'ambassade du Lesotho à Pretoria, en Afrique du Sud (p. 630). Un système de visa électronique permet aux voyageurs de faire une demande sur Internet, sur le site evisalesotho.com. Les formalités prennent 72 heures.
- Il arrive qu'un permis de séjour temporaire soit délivré aux voyageurs qui se présentent au poste-frontière de **Maseru Bridge** (carte p. 508 ; ⏲24h/24) sans visa, ce qui permet d'aller à Maseru et d'obtenir un visa. Mieux vaut toutefois ne pas trop compter dessus, car la méthode n'est pas sûre.
- Pour les détails sur les réglementations d'entrée et de sortie liées au Covid-19, voir p. 634.

eSwatini

- Les visiteurs de la plupart des pays occidentaux peuvent séjourner jusqu'à 30 jours dans le pays sans visa.
- Pour rester au-delà de 30 jours, déposez une demande auprès du **département de l'immigration du Ministry of Home Affairs** (☎2404 2941 ; www.gov.sz ; Home Affairs & Justice Bldg, Mhlambanyatsi Rd ; ⏲8h-16h45 lun-ven).
- Aucun visa n'est accordé à l'arrivée dans le pays.
- Les demandes de visa doivent être accompagnées de documents, dont une lettre d'invitation. Il est possible de déposer une demande de visa auprès de l'ambassade ou du consulat de l'eSwatini de votre pays.
- Pour les détails sur les réglementations d'entrée et de sortie liées au Covid-19, voir p. 634.

Avant le départ, il est impératif de contacter les ambassades et les consulats pour s'assurer que les modalités d'entrée sur le territoire (et de sortie) n'ont pas changé, ce d'autant plus depuis la pandémie de Covid-19. Nous vous conseillons de scanner ou de photocopier tous vos documents importants (pages d'introduction de votre passeport, cartes de crédit, police d'assurance, billets de train/d'avion/de bus, permis de conduire, etc.). Conservez ces copies à part des originaux. Vous remplacerez ainsi plus aisément ces documents en cas de perte ou de vol.

Handicapés

- L'Afrique du Sud, qui est dotée d'un réseau de plus en plus important d'installations adaptées aux personnes à mobilité réduite ou malvoyantes, est l'une des destinations du continent les plus recommandées aux voyageurs handicapés.
- Dans ce guide, nous signalons les établissements et les destinations qui offrent des équipements et des accès spécifiques.
- Plusieurs jardins et réserves naturelles possèdent des parcours en braille ou des sentiers guidés pour les malvoyants.
- On trouve des promenades en planches accessibles en fauteuil roulant dans de nombreux parcs et sites touristiques ; certains proposent des activités pour les voyageurs handicapés.
- Il est possible de louer des véhicules à commande manuelle dans les grandes agences de location de voitures.
- Le Lesotho n'est pas un pays très adapté pour les voyageurs handicapés.
- L'eSwatini peut aussi présenter des difficultés, puisque la législation n'impose pas l'accessibilité aux transports et aux bâtiments publics.
- La majorité des hôtels et restaurants les plus importants d'eSwatini sont aménagés de manière à pouvoir accueillir les handicapés.

Sources d'information

Cape Town Tourism (www.capetown.travel). Liste des activités adaptées aux personnes en fauteuil roulant dans Le Cap. Tapez "wheelchair" ("fauteuil roulant") dans la zone de recherche de la page d'accueil.

Disabled Travel (www.disabledtravel.co.za). Un ergothérapeute donne des recommandations en matière d'hébergement, de restauration et de services à travers le pays.

Linx Africa (www.linx.co.za/trails/lists/disalist.html). Listes de sentiers nature accessibles.

QuadPara Association of South Africa (www.qasa.co.za). Possède des fauteuils roulants adaptés aux plages, à Durban et sur la côte sud du KwaZulu-Natal.

Safari Guide Africa (www.safariguideafrica.com). Propose des safaris convenant aux voyageurs handicapés. Cherchez "disabled" ("handicapé") sur la page d'accueil et consultez les résultats sous "pages et posts found".

SANParks (www.sanparks.org). Présentation détaillée des hébergements et de l'accessibilité pour les personnes aveugles, sourdes ou à mobilité réduite dans les parcs nationaux (dont le Kruger). Téléchargeable sous format PDF ou sur une appli. Sur la page d'accueil (en bas à gauche), cherchez "People With Disabilities" ("Handicapés") sous "Special Groups" ("Groupes spéciaux").

Circuits organisés

Access 2 Africa Safaris (www.access2africasafaris.com). Divers circuits, notamment au Kruger National Park et en eSwatini.

Enabled Online Travel (www.enabled-travel.com). Visites, entre autres, du Cap et de la Garden Route.

Endeavour Safaris (www.endeavour-safaris.com). Safaris en Afrique australe.

Epic Enabled (www.epic-enabled.com). Hébergements et circuits, avec notamment des safaris au Kruger.

Flamingo Tours (www.flamingotours.co.za). Circuits dans les environs du Cap, sur la Garden Route et ailleurs.

RollingSA (www.rollingsa.co.za). Circuits, notamment un safari de 9 jours couvrant le Kruger.

Travel with Renè (www.travelwithrene.co.za). Tétraplégique, Renè Moses propose des circuits en Afrique du Sud, notamment une excursion d'observation des baleines.

En France

L'**APF France handicap** (☎01 40 78 69 00 ; www.apf-francehandicap.org) peut fournir des informations utiles sur les voyages accessibles. **Yanous** (www.yanous.com), **Handicap.fr** (www.handicap.fr) et **Tourisme et handicaps** (www.tourisme-handicaps.org) sont également de bonnes sources d'information.

Désormais, les principales plateformes d'hébergement que sont **Abritel** (www.abritel.fr), **Airbnb** (www.airbnb.fr), **Booking** (www.booking.com) et **Hotels.com** (fr.hotels.com) ont intégré des critères d'accessibilité à leur moteur de recherche. **Handivoyage** (www.handivoyage.net) est une start-up qui regroupe des hébergements accessibles et qui propose aussi des séjours sur mesure. Les agences de voyages **Yoola** (www.yoola-voyage.com) et **Comptoir des voyages** (www.comptoirdesvoyages.fr) organisent des voyages adaptés aux personnes à mobilité réduite.

Hébergement

Les trois pays comptent d'excellents hébergements pour tous les budgets : des boutique-hôtels à Johannesburg, aux chambres à la ferme au Cap-Occidental en passant par les lodges de montagne au Lesotho ou les auberges de jeunesse en eSwatini. La plupart du temps, il est possible de ne réserver que quelques jours à l'avance (voire pas du tout), mais si vous voyagez au moment de Noël ou Pâques, mieux vaut vous organiser plusieurs mois à l'avance. Par contre, il est indispensable de réserver dans les parcs et les réserves, dans les fermes ou dans les hébergements indépendants à la campagne.

Saisons Les prix s'envolent pendant les vacances scolaires d'été (de mi-décembre à début janvier) et de Pâques (de fin mars à la mi-avril). Durant ces périodes, le prix des chambres est parfois multiplié par deux et des séjours d'une durée minimum peuvent être imposés. Les réservations sont alors indispensables. Les autres vacances scolaires (de fin juin à mi-juillet et de fin septembre à début octobre) sont classées en saisons haute ou intermédiaire. À l'inverse, d'excellentes possibilités sont offertes en basse saison hivernale, la meilleure période pour observer la faune.

Réductions De nombreux établissements proposent des tarifs promotionnels en milieu de semaine et pour des séjours de plusieurs nuits. Les tarifs à la semaine sont parfois plus élevés dans certaines villes axées sur le tourisme d'affaires, notamment dans les régions minières.

Petits budgets Les campings, les auberges de jeunesse, les cottages indépendants et les adresses gérées par les communautés locales, dont les chambres chez l'habitant, sont moins chers. On trouve des terrains de camping un peu partout. En dehors des zones touristiques, les autres options pour petits budgets sont plutôt rares.

Catégorie moyenne D'un rapport qualité/prix particulièrement avantageux, elle englobe les *guesthouses* (pensions), les B&B et de nombreux logements tout équipés dans les parcs nationaux.

Catégorie supérieure Une grande partie des lodges d'Afrique du Sud font partie des meilleurs lodges en pleine nature (*wildlife lodges*) d'Afrique. On trouve aussi dans ce pays de superbes *guesthouses* et hôtels, dont certains situés dans des propriétés historiques ou dans des exploitations viticoles. Ils proposent tous les services attendus d'un hôtel étoilé à des tarifs identiques, voire inférieurs, à ceux pratiqués en Europe et en Amérique du Nord. Il convient toutefois d'être sélectif car certains de ces hébergements se révèlent décevants.

Townships À Soweto, à Khayelitsha et dans quelques autres townships, des auberges de jeunesse, des B&B et d'autres logements chez l'habitant donnent un aperçu de la vie locale. De nombreux propriétaires se distinguent par leur hospitalité et proposent volontiers des visites des townships.

Lesotho Les meilleures adresses sont les lodges : ils proposent d'excellentes chambres, une cuisine délicieuse et un bon nombre d'activités. On trouve des *guesthouses* tenues en famille, de qualité variable, dans tout le pays. Les hébergements haut de gamme sont rares, à l'exception de quelques hôtels à Maseru et d'un superbe lodge dans le Ts'ehlanyane National Park. Il existe de nombreuses possibilités pour camper à l'écart des grandes villes, mais demandez toujours la permission.

eSwatini Les tarifs sont raisonnables en eSwatini et bien moins élevés qu'en Europe ou en Amérique du Nord. Il y a quelques auberges de jeunesse. De nombreux hébergements vous autorisent à planter votre tente sur leur terrain.

À PROPOS DES HÉBERGEMENTS

Si un hôtel affiche une chambre à 300 R, il faut lire en général 300 R "par personne" en chambre à deux lits ou en double. Le prix est valable quand deux personnes occupent la chambre ; si vous êtes seul, ce sera plus cher – 450 R, voire le même prix qu'à deux.

Les prix en demi-pension incluent le petit-déjeuner et un autre repas (souvent le dîner) ; les tarifs "tout compris" – souvent proposés dans les lodges haut de gamme – comprennent en principe la totalité des repas, les excursions pour observer la faune et, parfois, le droit d'entrée au parc. Dans les complexes balnéaires, ils comprennent la totalité des repas, l'accès aux installations du *resort* et certaines activités.

Réservations en ligne

Vous trouverez ci-après certains des services de réservation centralisée couvrant toute la région. Beaucoup imposent des frais d'inscription et, par conséquent, les établissements les moins chers sont parfois absents de ces listes. Des organisations de B&B, des offices du tourisme et des associations s'occupent des réservations d'hébergement dans plusieurs régions. Vous pourrez trouver de petites perles, comme des chambres dans des corps de ferme.

Guest Farms & Farm Stays (www.sa-venues.com/guest_farms.htm). Hébergements à la ferme.

Portfolio Collection (www.portfoliocollection.com). Des hébergements haut de gamme (*guesthouses*, boutique-hôtels, lodges, logements tout équipés, etc), au Cap, au Kruger National Park, au Lesotho et en eSwatini.

Safari Now (www.safarinow.com). D'innombrables propriétés dans tout le pays, des camps de tentes aux demeures de style hollandais du Cap.

SA Places (www.places.co.za). Des hébergements dans tout le pays, allant des *wildlife lodges* aux *guesthouses*.

Camp SA (www.facebook.com/CampSA.KampSA). Renseignements sur les campings d'Afrique du Sud, du Lesotho et d'eSwatini. Service de réservation.

Fair Trade Tourism (www.fairtradetourism.org). Logements et circuits certifiés tourisme équitable, magazine. Pass de 14 et 21 jours ; plus d'infos sur www.facebook.com/FairTradeTravelPass.

Rooms for Africa (www.roomsforafrica.com). Hébergements, notamment B&B et logements tout équipés, et guides de voyage.

Where To Stay (www.wheretostay.co.za). Hébergements et activités en Afrique du Sud et dans les pays voisins.

Seastay (www.seastay.yolasite.com). Séjours à la ferme sur la côte.

Hostel World (www.hostelworld.com). Auberges de jeunesse, *guesthouses*, lodges et hôtels dans toute l'Afrique.

Vrbo.com (www.vrbo.com). Liste de B&B.

Auberges de jeunesse

Avec une profusion d'auberges de jeunesse dans les destinations les plus fréquentées, comme Le Cap et la Garden Route, l'Afrique du Sud est idéale pour les voyageurs indépendants.

Hébergement Outre des lits en dortoir (à partir de 160 R/nuit), beaucoup d'auberges possèdent également des chambres particulières (s/d avec sdb à partir de 250/500 R). Certaines vous autoriseront à planter votre tente sur leur terrain moyennant 100 R environ.

Équipements La plupart des auberges de jeunesse offrent des installations de qualité, avec Wi-Fi, des pièces communes pour préparer vos repas, un bar et un tableau d'affichage pour les voyageurs. Certaines servent des repas. Le personnel vous renseignera sur la région et les transports locaux, et pourra organiser votre transfert.

Hostelling International Il y a des auberges affiliées à HI (www.hihostels.com) dans tout le pays et il peut être intéressant de prendre la carte.

B&B et guesthouses

Les B&B et les *guesthouses* (pensions) comptent parmi les meilleurs hébergements en Afrique du Sud. Vous en trouverez aussi bien dans les villes que dans les zones rurales, où vous pourrez souvent loger à la ferme. Les moins chers n'offrent rien d'exceptionnel mais, dans l'ensemble, les prestations sont de bonne qualité.

Équipements À l'inverse des B&B d'autres pays, les établissements d'Afrique du Sud sont souvent haut de gamme et proposent bien plus qu'une chambre d'amis. Ameublement ancien, salle de bains privative, véranda, grand jardin et piscine ne sont pas rares. Dans les régions comme les Winelands, le cadre est souvent grandiose. Les petits-déjeuners sont généralement copieux et savoureux.

Tarifs Les prix débutent à 400/600 R environ pour une chambre simple/double avec salle de bains, petit-déjeuner inclus. Sauf exception, les prix sont généralement plus élevés au Cap, à Johannesburg ainsi que sur la Garden Route.

Camping

Les terrains de camping et de caravaning (*caravan park*) ont longtemps représenté un hébergement de choix pour les familles sud-africaines. Sachez que les campings affichent souvent complet pendant les vacances scolaires. Le camping sauvage est déconseillé, mais il est généralement possible de planter sa tente dans le jardin des auberges de jeunesse, en Afrique du Sud, pour environ 100 R.

Camping municipal La plupart des villes disposent d'un camping et d'un site de caravaning municipal bon marché. Certains sont agréables, d'autres peu attrayants. Les terrains situés à proximité des grandes agglomérations sont loin d'être sûrs.

Campings privés Les campings privés et ceux des parcs nationaux sont généralement meilleurs. Ils sont toujours accueillants et bien équipés, avec des sanitaires, des branchements électriques, des coins cuisine et des points d'eau. Dans les zones touristiques, les lieux s'agrémentent souvent d'une piscine, d'un restaurant et d'une supérette.

Prix Les tarifs dans les campings privés sont signalés par personne (à partir de 130 R environ) ou par emplacement (à partir de 200 R environ). Sauf mention contraire, nous

TARIFS DES HÉBERGEMENTS

Sauf mention contraire, les tarifs indiqués s'entendent pour une chambre double avec salle de bains en haute saison (novembre mars).

$ moins de 700 R

$$ 700-1 400 R

$$$ plus de 1 400 R

Les tarifs sont plus élevés au Cap, à Johannesburg et dans les Winelands :

$ moins de 1 000 R

$$ 1 000-4 000 R

$$$ plus de 4 000 R

indiquons dans ce guide le prix par personne.

Réglementation Certains *caravan parks* interdisent les tapis de sol imperméables (comme ceux de la plupart des petites tentes) afin de protéger l'herbe. Si vous ne séjournez qu'une nuit ou deux, vous pourrez probablement convaincre le responsable du camping que votre tente ne causera aucun dégât. Certains terrains de caravaning n'autorisent pas les tentes. Cependant, si vous expliquez que vous êtes étranger et que vous ne possédez pas de caravane, il se peut qu'on vous accorde un emplacement.

Hôtels

Il existe toutes sortes d'établissements, des plus spartiates aux boutique-hôtels luxueux.

Petits budgets La plupart des hôtels de cette catégorie sont en mauvais état et inconfortables. L'Afrique du Sud compte encore quelques bons vieux hôtels de campagne, où vous pourrez louer une chambre simple/double à partir de 300/500 R environ, prendre un repas ou boire un verre.

Catégorie moyenne Les établissements de cette gamme, d'un bon rapport qualité/prix, offrent souvent un cadre agréable.

Catégorie supérieure Les prix sont élevés pour le pays et s'alignent, en général, à ceux pratiqués à l'étranger. Les offres de cette catégorie incluent des lieux charmants, tels des boutique-hôtels, des hôtels design ou historiques.

HÔTELS DE CHAÎNE

Les chaînes hôtelières sont très implantées, notamment dans les grandes villes et les zones touristiques.

City Lodge (☎011-557 2600 ; www.clhg.com). Bon rapport qualité/prix, avec un choix de Road Lodges (ch 1-3 pers 650 R) – un peu plus confortables que le rival Sun 1 –, de Town Lodges (s/d 1 000/1 200 R), de City Lodges (s/d 1 300/1 600 R) et de Courtyard Hotels (studio/d 1 700/3 000 R). Tarifs plus avantageux en ligne.

InterContinental Hotels Group (IHG ; ☎086 144 4435 ; www.ichotelsgroup.com). Regroupe les Holiday Inn, les Holiday Inn express et les interContinental dans les grandes villes.

Protea (☎086 111 9000 ; www.proteahotels.com). Réseau d'hôtels de trois à cinq étoiles à travers toute l'Afrique du Sud. Le club de fidélité Prokard Explorer de Protea offre des réductions allant jusqu'à 10% et des privilèges VIP. Propriété du Marriott International.

Tsogo Sun (☎011-461 9744, 086 144 7744 ; www.tsogosun.com). Gère plusieurs chaînes et propriétés en Afrique du Sud, notamment Southern Sun Hotels, l'enseigne de milieu de gamme Garden Court, et SUN1. Anciennement appelés Formule1, les hôtels de la chaîne SUN1 sont les plus économiques du pays ; leurs chambres sont fonctionnelles mais exiguës (1 à 3 pers, à partir de 500 R).

Sun International (☎011-780 7855 ; www.suninternational.com). Hôtels haut de gamme, de type *resort*, généralement dotés de casinos, situés dans les anciens *homelands* et en eSwatini. Il existe des packages.

Lodges

Les parcs nationaux et leurs environs immédiats abritent de luxueux lodges aménagés en pleine brousse. Un séjour dans un lodge est une expérience inoubliable. Il est impératif d'y séjourner pour accéder à certains parcs, notamment le Madikwe Game Reserve (province du Nord-Ouest).

Équipements Il s'agit en principe d'une tente safari, d'un confortable *rondavel* (case ronde au toit conique) ou d'une chambre en lodge offrant le confort d'un hôtel de standing (salle de bains avec eau chaude courante, literie confortable, cuisine savoureuse et même piscine dans la catégorie supérieure. Cependant, beaucoup de lodges n'ont ni téléphone, ni Wi-Fi, ni TV, et certains sont même dépourvus d'électricité. Les lodges les plus chics proposent des tarifs "tout compris", qui incluent les repas et des excursions pour observer la faune.

Réservations Il est vivement conseillé de téléphoner à l'avance si vous souhaitez séjourner dans un lodge ou un gîte tout équipé situé en pleine nature. Ces hébergements peuvent être difficiles à trouver sans indication et le personnel devra venir vous chercher si votre véhicule n'est pas muni d'une garde au sol surélevée. De plus, si vous vous présentez à l'improviste, vous risquez de ne trouver personne sur place.

Logements tout équipés

Ces hébergements, appelés *self-catering accommodations*, peuvent être d'un excellent rapport qualité/prix, avec des cottages (aussi appelés chalets, *cabins*, *huts* ou *rondavels* – cases rondes au toit conique) à partir de 500 R pour 2 personnes. On les trouve aussi bien à la ferme que dans des campings, des campements gérés par les communautés locales ou des complexes hôteliers.

Équipements Hormis quelques endroits rudimentaires, ne disposant que d'un matelas et d'un lavabo, la plupart des hébergements indépendants sont dotés d'une literie, de serviettes et d'une cuisine équipée. Il est néanmoins préférable de vous renseigner au moment de la réservation. Dans certains cottages à la ferme, vous devrez vous passer d'électricité.

Emplacements Pour trouver ce type d'hébergement, commencez par consulter les offices du tourisme des petites villes et leur site Internet. Vous trouverez souvent des chalets équipés dans les campings et les sites de caravaning, surtout dans les zones touristiques (les régions côtières, les environs des parcs et réserves, etc.). Beaucoup sont situés dans un cadre enchanteur mais excentré, convenant davantage aux voyageurs motorisés, quoiqu'on trouve aussi des cottages dans les villages et les petites villes.

Parcs et réserves South African National (SAN) Parks propose des bungalows, des cottages, des tentes safari et des *rondavels* bien tenus et entièrement équipés. Dans l'enceinte des parcs et réserves, les prix sont plus élevés, mais les hébergements charmants ; certains, plus spacieux, peuvent même accueillir des familles. Certains parcs et réserves louent aussi des cases (*huts*) avec salles de bains communes.

Réservations Indispensables. Vous devrez généralement payer la moitié du prix (parfois la totalité) à l'avance, par virement bancaire. Dans les petites communautés, on vous accompagnera peut-être même en voiture si vous n'avez pas de moyen de transport.

Heures d'ouverture

Administrations 8h-15h lun-ven, 8h-12h sam

Banques 9h-15h30 lun-ven, 9h-11h sam

Bars 16h-2h

Cafés 8h-17h.

Commerces 8h30-17h lun-ven, 8h30-13h sam ; certains supermarchés sont ouverts le soir, en semaine, et toute la journée les samedis et dimanches ; fermeture à 21h tous les jours pour les grands centres commerciaux

Restaurants 11h30-15h et 18h30-22h (dernières commandes), et 15h-18h30 pour de nombreux restaurants

Postes 8h30-16h30 lun-ven, 8h30-12h sam

Heure locale

- L'heure sud-africaine (SAST, South Africa Standard Time) est en avance de 2 heures sur l'heure GMT/UTC. Ainsi, quand il est midi à Johannesburg, il est 11h à Paris et 5h du matin à Montréal.
- L'heure d'été n'est pas appliquée.
- Le Lesotho et l'eSwatini sont dans le même fuseau horaire que l'Afrique du Sud.
- Dans cette vaste région, pourtant couverte par un seul fuseau horaire, le soleil se lève et se couche sensiblement plus tôt à Durban qu'au Cap.

Homosexualité

La Constitution sud-africaine est l'une des rares qui interdise la discrimination sur des motifs sexuels. Les relations homosexuelles sont légales et le mariage gay reconnu. Le pays compte d'importantes communautés gays et lesbiennes au Cap, à Johannesburg, ainsi qu'à Pretoria et Durban. La plus active se trouve au Cap, qui occupe le devant de la scène homosexuelle de tout le continent africain.

Si la nouvelle Constitution a encouragé une certaine forme de liberté, certains éléments parmi les plus conservateurs de l'Afrique du Sud n'acceptent toujours pas l'homosexualité. Dans les communautés noires, en particulier, l'homosexualité reste mal vue et les homosexuels sont persécutés dans les townships. En dehors des grands centres urbains, restez discret.

Au Lesotho, la législation ne garantit aucune protection contre les discriminations basées sur l'orientation ou l'identité sexuelle. Les relations homosexuelles sont taboues.

L'eSwatini est l'un des pays les plus conservateurs d'Afrique du Sud. Les relations homosexuelles masculines y sont illégales. D'une manière générale, les relations homosexuelles sont un tabou, et les homosexuels sont victimes de discrimination et de harcèlement.

Sources d'information

Journaux et magazines sont généralement disponibles dans les chaînes de librairies comme CNA et dans les lieux gays. En plus des organismes répertoriés ici, la plupart des grandes villes disposent d'une organisation de soutien aux homosexuels.

Behind the Mask (@BehindTheMask99). Organisation médiatique et militante basée à Johannesburg, qui fournit des renseignements et tient lieu de forum de discussion sur les thématiques liées à la communauté LGBTQI+ (lesbienne, gay, bisexuelle, transgenre et intersexe) d'Afrique.

Deo Gloria Family Church (www.deogloria.org). Église charismatique de Durban qui soutient la communauté LGBTQI+ et est autorisée à célébrer des mariages homosexuels.

Durban Lesbian & Gay Community & Health Centre (www.gaycentre.org.za). Centre d'accueil LGBTQI+ à Durban.

Exit (www.exit.co.za). Un mensuel LGBTQI+.

Gay & Lesbian Network (www.gaylesbian.org.za). Programme de santé à Pietermaritzburg et dans les Midlands du KwaZulu-Natal.

Gay Pages (gaypagessa.com). Magazine trimestriel, disponible dans toute l'Afrique du Sud.

GayCapeTown4u (www.gaycapetown4u.com). Guide gay du Cap.

GaySA Radio (www.gaysaradio.co.za). Téléchargez l'application et les podcasts ou écoutez en ligne.

Health4Men (www.health4men.co.za). Services de santé basés à Johannesburg.

Mamba (www.mambaonline.com). Actualités gays, renseignements, listes et liens.

Mamba Girl (www.mambagirl.com). Site consacré aux lesbiennes.

Triangle Project (triangle.org.za). Cette organisation basée au Cap milite en faveur des droits des LGBTQI+ et soutient la communauté à travers différents projets.

Fêtes et festivals

Cape Town Pride (www.capetownpride.org ; ⏲fév-mars). Défilés, concours, fêtes et autres événements, essentiellement dans le quartier De Waterkant, ont lieu entre la fin février et le début mars.

Johannesburg Pride (www.johannesburgpride.co.za ; ⏲oct). Depuis 1990, la première marche des fiertés gay et lesbienne d'Afrique a lieu en septembre ou octobre.

MCQP (Mother City Queer Project ; ☎021-461 4920 ; mcqp.co.za ; ⏲déc). Événement gay majeur du Cap, ce fabuleux festival de danse costumée se tient chaque année en décembre.

Miss Gay Western Cape (www.missgay.co.za ; Joseph Stone Auditorium, Klipfontein Rd, Athlone ; ⏲début nov). Concours de beauté transgenre du Cap qui se déroule généralement début novembre.

Pink Loerie Mardi Gras and Arts Festival (www.pinkloerie.co.za ; ⏲début mai). Mardi gras, à Knysna. Fin avril-début mai.

Internet (accès)

- L'Afrique du Sud bénéficie d'une bonne couverture Internet, mais les connexions sont souvent lentes et capricieuses en dehors des grandes villes.
- Les hébergements offrent généralement un accès Wi-Fi. Il est plus rare de trouver un ordinateur relié à Internet à disposition.
- Le Wi-Fi est également accessible (souvent gratuitement) dans de nombreux centres commerciaux, cafés, bars et restaurants – notamment dans des chaînes. Vous devrez parfois passer par un fournisseur comme Red Button (www. redbutton.co.za), en achetant du crédit en ligne avec une carte bancaire ou auprès du propriétaire du lieu.
- Si possible, optez pour le réseau AlwaysOn (www.alwayson.co.za), qui offre généralement 30 minutes de connexion gratuite par hot spot aux utilisateurs qui s'enregistrent. On peut s'y connecter aux aéroports et dans certains cafés, centres commerciaux et banques.
- Pour les longs séjours, un modem USB ou un forfait data pour votre mobile peuvent s'avérer utiles.
- Les compagnies de téléphonie mobile locales comme MTN (www.mtn.co.za) vendent des modems USB et des forfaits data.
- On trouve des cybercafés dans les grandes villes, et parfois même dans les plus petites. Comptez 40 R/heure.
- Des agences PostNet (www.postnet.co.za) disposent souvent de quelques ordinateurs avec accès à Internet.
- Au Lesotho, on peut se connecter à Maseru. Ailleurs, seuls quelques hébergements ont le Wi-Fi, même si la connexion est souvent irrégulière ou fonctionne en prépayé.
- Le Wi-Fi est encore rare en eSwatini. La plupart des hôtels proposent le Wi-Fi payant (même aux résidents) et il y a quelques points Wi-Fi (payant) et cybercafés à Mbabane, Manzini et dans la Malkerns Valley.

Jours fériés

Afrique du Sud

New Year's Day (Jour de l'an) 1er janvier

Human Rights Day 21 mars

Good Friday (Vendredi saint) mars/avril

Family Day mars/avril

Freedom Day 27 avril

Workers' Day (fête du Travail) 1er mai

Youth Day 16 juin

National Women's Day 9 août

Heritage Day 24 septembre

Day of Reconciliation 16 décembre

Christmas Day (Noël) 25 décembre

Day of Goodwill 26 décembre

Lesotho

New Year's Day (Jour de l'an) 1er janvier

Moshoeshoe's Day 11 mars

Good Friday (Vendredi saint) mars/avril

Easter Monday (lundi de Pâques) mars/avril

Workers' Day (fête du Travail) 1er mai

Africa ou Heroes' Day avril/mai

Ascension Day (Ascension) mai

King's Birthday 17 juillet

Independence Day 4 octobre

Christmas Day (Noël) 25 décembre

Boxing Day 26 décembre

eSwatini

New Year's Day (Jour de l'an) 1er janvier

Good Friday (Vendredi saint) mars/avril

Easter Monday (lundi de Pâques) mars/avril

Anniversaire du roi Mswati III 19 avril

National Flag Day 25 avril

Workers' Day (fête du Travail) 1 mai

Anniversaire du roi Sobhuza II 22 juillet

Umhlanga Reed Dance Festival (danse des roseaux) août/septembre

Somhlolo Day (fête de l'Indépendance) 6 septembre

Christmas Day (Noël) 25 décembre

Boxing Day 26 décembre

Cérémonie de l'Incwala décembre/janvier

Offices du tourisme

Afrique du Sud

On trouve un office du tourisme dans presque toutes les villes du pays. Il s'agit souvent de structures privées, qui recommandent uniquement les services d'organisations membres et prennent parfois des commissions sur les réservations. Elles méritent le détour, mais sachez que vous devrez peut-être insister pour en apprendre davantage.

Dans les offices du tourisme publics, les employés ne sont pas toujours bien informés. Mieux vaut alors vous renseigner sur votre lieu d'hébergement.

Le site officiel **South African Tourism** (www.southafrica.net, en français) donne de nombreuses infos pratiques et des suggestions.

OFFICES DU TOURISME PROVINCIAUX

Eastern Cape Parks & Tourism Agency (www.visiteasterncape.co.za)

Gauteng Tourism Authority (www.gauteng.net)

Limpopo Tourism Agency (www.golimpopo.com)

Mpumalanga Tourism & Parks Agency (www.mpumalanga.com)

North West Tourism (www.tourismnorthwest.co.za)

Northern Cape Tourism (www.experiencenortherncape.com)

Tourism KwaZulu-Natal (www.zulu.org.za)

Western Cape Tourism (www.wesgro.co.za)

Lesotho

On trouve un office du tourisme à Maseru (p. 510). Ailleurs, ils sont plutôt rares.

Lesotho Tourism Development Corporation (visitlesotho.travel)

See Lesotho (www.seelesotho.com)

eSwatini

Il existe des offices du tourisme au poste-frontière d'Oshoek, à Mbabane, ainsi que dans l'Ezulwini Valleyet la Malkerns Valley. Ailleurs, ils sont plutôt rares.

Big Game Parks (www.biggameparks.org)

eSwatini Tourism (www.thekingdomofeswatini.com)

Photo et vidéo

- En Afrique du Sud, appareils photo, cartes mémoire, pellicules et accessoires se trouvent facilement dans les grandes villes.
- Au Lesotho et en eSwatini, vous ne trouverez qu'un choix modeste d'appareils photo et d'équipements, principalement à Maseru et à Mbabane.
- Dans les trois pays, évitez de photographier des soldats ou des policiers, ainsi que des aéroports, des installations de l'armée, des postes-frontières ou des bâtiments officiels.
- Il va de soi que vous demanderez la permission avant d'immortaliser une personne, en particulier dans les communautés tribales.
- Au Cap, le magasin d'appareils photo et accessoires Orms (www.ormsdirect.co.za) est une valeur sûre.

Poste

- La distribution du courrier est assez fiable, vers l'international ou sur le réseau national, mais peut prendre du temps.
- Les postes font régulièrement grève, retardant encore plus le courrier.
- Les délais de livraison sont beaucoup plus courts pour les courriers en provenance d'Afrique du Sud que pour ceux entrant dans le pays.
- Pour envoyer un objet de valeur ou un courrier important, faites appel à un service privé, comme PostNet (www.postnet.co.za).
- On trouve partout des bureaux de poste (Post Office ; www.postoffice.co.za).
- Ne vous faites pas envoyer d'objets de valeur depuis l'étranger, les colis étant souvent saisis par les douanes.

Problèmes juridiques

Afrique du Sud

- Hormis les infractions au code de la route (vitesse excessive ou conduite en état d'ivresse), les principaux risques auxquels s'exposent les voyageurs concernent la drogue.
- En dépit d'une certaine ouverture culturelle sur le sujet, la détention et la consommation de drogue sont illégales. Ceux qui sont arrêtés pour ces raisons – et cela arrive – encourent de lourdes peines.
- Des Sud-Africains se plaignent de la corruption des forces de l'ordre et affirment avoir déjà versé des pots-de-vin à des policiers. Sachez qu'il n'est pas conseillé de faire de même, car cela pourrait facilement se retourner contre vous.

- Si vous êtes arrêté par les services de police en Afrique du Sud, vous avez le droit de garder le silence ; d'être mis en liberté provisoire sous caution ou avec un avertissement, si vous n'avez pas de raison valable d'être maintenu en prison ; de faire appel à un avocat et d'être nourri et logé décemment.

Lesotho

- Les étrangers arrêtés en possession de grandes quantités de drogues risquent de lourdes amendes, des condamnations à la prison ou à l'expulsion.
- Le vol est lourdement condamné.
- Si vous êtes impliqué dans un accident de voiture, vous devrez attendre (parfois des heures) que la police de la circulation vienne et fasse un rapport.

eSwatini

- Toutes les drogues, y compris la marijuana, sont illégales. Toute personne arrêtée en possession de marijuana encourt un maximum de 5 ans d'emprisonnement.
- Les touristes doivent toujours avoir leur passeport sur eux, au cas où la police les contrôlerait, ainsi que leur permis de conduire et leur autorisation de passage de frontière lorsqu'ils conduisent une voiture de location.
- Il est courant de payer de petits pots-de-vin, en particulier en cas d'infraction mineure au code la route (pare-brise fissuré par exemple), qui est punie par une amende de 20 E. Plutôt que de payer un pot-de-vin, mieux vaut demander une contravention, que vous réglerez dans n'importe quel poste de police.

Téléphone

Afrique du Sud

Pour appeler l'Afrique du Sud depuis l'étranger, composez le code d'accès international en vigueur dans votre pays (☎00 en France, en Belgique et en Suisse, 011 au Canada), suivi du ☎27 (indicatif de l'Afrique du Sud), puis de l'indicatif régional et du numéro de votre correspondant sans le 0 initial. D'Afrique du Sud, pour téléphoner dans un autre pays, faites le ☎00, puis l'indicatif du pays (☎33 pour la France, 32 pour la Belgique, 41 pour la Suisse et 1 pour le Canada et le numéro de votre correspondant sans le 0 initial.

Les services téléphoniques, opérés par Telkom (www.telkom.co.za), sont efficaces. Pour limiter vos dépenses ou éviter de recourir au PCV, vous pouvez composer un numéro direct ("home direct" ou "direct dial") par l'intermédiaire du centre d'appel international de Telkom (24h/24).

CARTES TÉLÉPHONIQUES

On trouve facilement des cartes téléphoniques prépayées Telkom WorldCall (10 à 500 R). WorldCall facture 0,46 R/minute pour les appels nationaux sur ligne fixe et 1,30 R/minute pour les appels vers un téléphone mobile. Pour les appels à l'international, les tarifs sont de 0,57 R vers un fixe au Canada et 0,60 R vers l'Europe.

Les tarifs sont moins élevés entre 20h et 7h, du lundi au vendredi, et le week-end.

INDICATIFS TÉLÉPHONIQUES

Les numéros de téléphone sud-africains comptent 10 chiffres, parmi lesquels figure l'indicatif de la région. Il existe plusieurs préfixes nationaux à 4 chiffres, qui sont suivis de numéros à 6 chiffres. Citons notamment :

- ☎ 080 (souvent 0800 ; appel gratuit)
- ☎ 0860 (au prix d'un appel local)
- ☎ 0861 (tarifs forfaitaires)

TÉLÉPHONES PORTABLES

- Les réseaux de téléphonie mobile couvrent la majeure partie du pays (systèmes GSM, 3G et 4G). Les téléphones GSM fonctionnent en *roaming* (itinérance) sauf certains portables bibandes (États-Unis, Canada) et tribandes (Amérique latine) trop anciens.
- Les numéros de téléphone mobile sud-africains sont composés de 10 chiffres et commencent par 06, 07 ou 08.
- Les opérateurs les plus importants sont Cell C (www.cellc.co.za), MTN (www.mtn.co.za) et Vodacom (www.vodacom.co.za), filiale de Vodafone.
- Vous pourrez louer un téléphone portable auprès de votre agence de location de voitures ou d'une agence de location telle que B4i.travel (www.b4i.travel).
- Autre solution moins onéreuse : utiliser une carte SIM locale prépayée, à condition que votre téléphone soit débloqué et en mode itinérance (*roaming*).
- On trouve des cartes SIM et prépayées un peu partout – dans les boutiques et les centres commerciaux des petites et des grandes villes.
- Les cartes SIM neuves coûtent environ 20 R ; elles sont souvent plus chères dans les aéroports.
- Vous devrez présenter une pièce d'identité et attester d'une adresse en Afrique du Sud pour acheter et faire enregistrer ("RICA") une carte SIM. Une attestation signée délivrée par votre

hébergement, un reçu ou une preuve de réservation avec en-tête, pourront suffire. Si vous logez chez un particulier, votre hôte devra fournir une déclaration de confirmation signée.

➔ Il existe plusieurs formules prépayées, forfaits de communication et forfaits data. Avec le forfait Anytime Per Second de Vodacom, par exemple, un appel revient à 1,20 R/minute et un SMS à 0,50 R – 1,74 R pour un SMS international.

Lesotho

Pour appeler le Lesotho depuis l'étranger, composez le code d'accès international en vigueur dans votre pays (☎00 en France, en Belgique et en Suisse, 011 au Canada), suivi du ☎266 (indicatif du Lesotho), puis du numéro de votre correspondant sans le 0 initial. Du Lesotho, pour téléphoner dans un autre pays, faites le ☎00, puis l'indicatif du pays (☎33 pour la France, 32 pour la Belgique, 41 pour la Suisse et 1 pour le Canada et le numéro de votre correspondant sans le 0 initial.

➔ Le réseau téléphonique fonctionne assez bien en plaine, mais dans les régions montagneuses, même les téléphones fixes ne sont pas toujours fiables.

➔ Il n'existe pas d'indicatifs régionaux.

➔ Les numéros de téléphones fixes et mobiles comportent 8 chiffres et commencent respectivement par 2 et 5/6.

➔ Les appels internationaux sont chers.

➔ Pour passer un appel en PCV vers l'international, composez le 109.

➔ Les cabines de téléphonie sont généralement équipées d'un téléphone fixe, depuis lequel vous pouvez appeler le Lesotho et l'Afrique du Sud pour environ 8 M/minute.

TÉLÉPHONES PORTABLES

➔ La couverture réseau pour les téléphones mobiles est quasi inexistante dans les régions montagneuses – hormis au niveau de quelques cols de montagne.

➔ Les principaux opérateurs de téléphonie mobile sont Vodacom Lesotho (www.vodacom.co.ls) et Econet Telecom (www.etl.co.ls).

➔ La plupart des villages disposent d'une cabine Vodacom ou Econet vendant du crédit et des cartes SIM

NUMÉROS UTILES

Afrique du Sud

Ambulance	☎10177
Urgences (depuis un portable)	☎112
Police	☎10111
Urgences du Cap	☎107
Urgences du Cap (depuis un portable)	☎021-480 7700
Centre d'aide aux victimes d'agressions sexuelles du Cap	☎021-447 9762
Appels en PCV	☎10900
Annuaire	☎1023
Centre d'appels internationaux	☎10900, 10903
Lifeline Johannesburg (assistance en cas de viol)	☎011-728 1347
Pages jaunes mobiles (Mobile Yellow Pages)	☎34310
Urgences médicales Netcare 911 (service privé)	☎082 911
Pages jaunes parlantes (Talking Yellow Pages)	☎10118

Lesotho

Ambulance	☎223-13 260, 112
Pompiers	☎112
Police	☎588-81 010, 588-81 024, 112

eSwatini

Ambulance	☎977
Pompiers	☎933
Police	☎2404 2221, 999

(environ 20 M ; apportez votre passeport).

- Le crédit mobile est vendu par cartes de 5 R, 10 R et 20 R. Divers forfaits internationaux sont également proposés. Certaines cartes SIM sud-africaines fonctionnent en *roaming*.

eSwatini

Pour appeler l'eSwatini depuis l'étranger, composez le code d'accès international en vigueur dans votre pays (☎00 en France, en Belgique et en Suisse, 011 au Canada), suivi du ☎268 (indicatif de l'eSwatini), puis du numéro de votre correspondant sans le 0 initial. Depuis l'eSwatini, pour téléphoner dans un autre pays, faites le ☎00, puis l'indicatif du pays (☎33 pour la France, 32 pour la Belgique, 41 pour la Suisse et 1 pour le Canada et le numéro de votre correspondant sans le 0 initial.

- Le réseau téléphonique de l'eSwatini, géré par SwaziTelecom (www.sptc.co.sz/swazitelecom), est de bonne qualité.
- Il n'existe pas d'indicatifs régionaux.
- Les numéros de téléphones fixes et mobiles de l'eSwatini comportent 8 chiffres et commencent respectivement par 2 et par 7.
- MTN eSwatini (www.mtn.co.sz) est le seul opérateur de téléphonie mobile.

TÉLÉPHONES PORTABLES

- Les cartes SIM locales peuvent s'utiliser dans la majorité des téléphones européens. Les cartes SIM sont en vente à bas prix. Les cartes SIM sud-africaines fonctionnent en *roaming*. Les autres téléphones doivent être configurés en *roaming*, mais méfiez-vous des frais engendrés par l'itinérance.
- Pour les communications internationales, utilisez de préférence une carte téléphonique MTN.
- Faites le 94 pour passer un appel en PCV.
- En dehors des grandes villes, vous devrez réserver votre appel à l'international en appelant le 94.
- Vous pouvez acheter des cartes SIM pour un prix minime. Sinon, les cartes SIM sud-africaines fonctionnent en *roaming*.

Toilettes

- Vous ne devriez avoir aucun mal à trouver des toilettes propres de style occidental en Afrique du Sud.
- Il existe peu de toilettes publiques. On en trouve généralement dans les centres commerciaux.
- Les offices du tourisme et les restaurants vous permettront souvent d'utiliser leurs toilettes.

Travailler en Afrique du Sud, au Lesotho et en eSwatini

Afrique du Sud

Le meilleur moyen de vous installer quelque part pour un mois ou deux est de trouver un travail payé de la main à la main, dans une auberge de jeunesse ou un café, parfois avec le gîte et le couvert inclus. On trouve des postes dans les hôtels ou l'industrie du tourisme, mais les employeurs doivent aider les employés à se procurer un permis de travail auprès de VFS Global (p. 635). Il est conseillé de recourir aux services d'un consultant en immigration.

Il en va de même pour les autres domaines, comme les affaires et le social. Sachez que, même en prenant en compte les taux de change, les salaires sont peu élevés en Afrique du Sud par rapport aux pays occidentaux. Travailler à distance pour des clients étrangers permet de tirer profit de la faiblesse du rand.

Lesotho

Les permis de travail pour étrangers sont difficiles à obtenir, et les emplois bien payés sont rares. Si vous avez la chance de trouver une personne prête à vous embaucher, vous devez commencer par demander un permis de séjour (vous pouvez faire les formalités par Internet, si vous avez un passeport, une photo d'identité, les coordonnées de votre lieu de séjour et une lettre de votre employeur).

Il est également possible d'entrer au Lesotho avec un visa touristique puis de faire une demande de permis de séjour, à déposer au **Ministry of Home Affairs** (carte p. 508 ; ☎223-27 205 ; www.gov.ls ; Parliament St), à Maseru. Le permis de séjour est délivré pour 2 ans.

eSwatini

Vu le fort taux de chômage en eSwatini, il est quasiment impossible d'obtenir un permis de travail à moins de vouloir investir et ouvrir un commerce en eSwatini.

Voyager en solo

Femmes seules

COMPORTEMENT ENVERS LES FEMMES

Les Sud-Africains, blancs et noirs confondus, ont conservé certaines pratiques d'un autre âge envers les femmes. Cependant, vous ne devez pas tolérer les attitudes sexistes.

Le taux d'agressions sexuelles et autres violences à l'encontre des femmes est élevé en Afrique du Sud. La majorité des violences ont lieu dans les townships et les régions rurales pauvres. En raison du très fort taux de contamination par le virus du sida, le problème se double d'une propagation de l'infection au VIH. Des victimes de viol sont parvenues à convaincre leur agresseur de mettre un préservatif.

La plupart des voyageuses s'exposent davantage à des postures paternalistes et à des attitudes légèrement douteuses qu'à de graves problèmes. Toutefois, il est arrivé que certaines soient victimes de viol. Les femmes doivent rester vigilantes.

PRÉCAUTIONS À PRENDRE

- Une voyageuse solitaire suscitera toujours l'attention, en même temps que de nombreuses propositions d'aide et d'hospitalité. Il s'avère difficile d'évaluer les risques d'agression (qui existent), mais de nombreuses femmes sillonnent le pays sans danger.
- Les risques dépendent de l'endroit où vous vous trouvez et de la manière dont vous voyagez. Il est déconseillé de faire des randonnées en solo, de conduire la nuit, de faire de l'auto-stop et de prendre des auto-stoppeurs lorsque vous conduisez.
- Le danger se trouve réduit si vous voyagez avec une amie ou, mieux encore, en couple ou en groupe.
- Comportez-vous avec retenue, surtout à l'intérieur du pays et dans les communautés noires traditionnelles. Sur la côte, portez des tenues décontractées mais, partout ailleurs, optez pour des vêtements couvrant suffisamment bras et jambes et pas trop ajustés si vous ne voulez pas attirer l'attention.
- Faites toujours preuve de bon sens et de prudence, surtout la nuit.
- Ne sortez pas seule et à pied le soir. Prenez un taxi, de préférence avec une autre personne.
- Évitez les endroits isolés, y compris les routes et les plages, de jour comme de nuit.
- Emportez un téléphone portable si vous conduisez seule.
- Si vous prévoyez de vous attarder dans des endroits plus dangereux comme Johannesburg, envisagez d'acheter un spray au poivre à garder sur vous.

Transports

DEPUIS/VERS L'AFRIQUE DU SUD, LE LESOTHO ET L'ESWATINI

L'Afrique du Sud est bien desservie par les airs : de grandes compagnies relient l'aéroport international OR Tambo de Johannesburg, l'aéroport international du Cap et l'aéroport international King Shaka de Durban. L'aéroport OR Tambo est le carrefour aérien de toute l'Afrique australe. De là, d'autres vols rallient l'aéroport international Moshoeshoe I, au Lesotho et l'aéroport international King Mswati III, en eSwatini, mais la plupart des voyageurs prennent ensuite la route ou un vol intérieur pour une ville voisine, telle que Bloemfontein ou Durban.

Sachez que la location de voiture étant moins chère en Afrique du Sud, il est plus avantageux d'y louer une voiture et de remplir les formalités (p. 653) sur place avant de vous rendre au Lesotho ou en eSwatini.

Billets d'avion, voitures et circuits organisés peuvent être réservés en ligne sur le site www.lonelyplanet.fr.

Entrer en Afrique du Sud, au Lesotho et en eSwatini

Les voyageurs s'étant rendus (ou ayant transité plus de 12 heures durant leur trajet vers l'Afrique du Sud) dans une zone où sévit la fièvre jaune devront présenter un certificat de vaccination pour pouvoir entrer en Afrique du Sud, au Lesotho et en eSwatini.

Afrique du Sud

- L'entrée en Afrique du Sud ne présente aucune difficulté, à ceci près que les douaniers de l'aéroport fouillent souvent les bagages à la recherche de cadeaux de valeur et d'articles achetés à l'étranger.
- Les douaniers demandent rarement à le voir, mais les voyageurs sont censés présenter un titre de sortie de territoire ; l'idéal est votre billet d'avion retour.
- Vous devrez peut-être prouver que vous disposez de moyens financiers suffisants pour la durée de votre séjour.
- Les formalités d'immigration concernant le voyage avec des enfants ont changé (voir l'encadré p. 45), et nécessitent, entre autres, de se munir d'un acte de naissance complet. Renseignez-vous sur la

VOYAGES ET CHANGEMENTS CLIMATIQUES

Tous les moyens de transport fonctionnant à l'énergie fossile génèrent du CO_2 – la principale cause du changement climatique induit par l'homme. L'industrie du voyage est aujourd'hui dépendante des avions. Si ceux-ci ne consomment pas nécessairement plus de carburant par kilomètre et par personne que la plupart des voitures, ils parcourent en revanche des distances bien plus grandes et relâchent quantité de particules et de gaz à effet de serre dans les couches supérieures de l'atmosphère. De nombreux sites Internet utilisent des "compteurs de carbone" permettant aux voyageurs de compenser le niveau des gaz à effet de serre dont ils sont responsables par une contribution financière à des projets respectueux de l'environnement. Lonely Planet "compense" les émissions de tout son personnel et de ses auteurs.

réglementation en vigueur longtemps avant le départ.

➡ Pour plus de détails sur les formalités et visas, reportez-vous p. 635, et p. 634 pour les réglementations d'entrée et de sortie liées au Covid-19.

➡ À l'heure de la mise sous presse, le nombre de postes-frontières terrestres et d'aéroports accueillant les voyageurs est encore restreint du fait de la pandémie de Covid-19 (les aéroports internationaux OR Tambo, de Lanseria, du Cap, King Shaka et Kruger Mpumalanga sont ouverts) ; renseignez-vous lors de la préparation de votre voyage (www.diplomatie.gouv.fr).

Lesotho

➡ Les autorisations d'entrée sont généralement faciles à obtenir aux frontières terrestres du Lesotho et à l'**aéroport international Moshoeshoe I** (MSU ; ☎223-50 380) de Maseru.

➡ Si vous avez besoin d'un visa, il est préférable de vous y prendre à l'avance (plus de détails p. 636).

eSwatini

➡ L'entrée par les postes-frontières terrestres de l'eSwatini et l'**aéroport international King Mswati III** (SHO ; ☎2518 4390 ; www.eswacaa.co.sz) de Matsapha se fait généralement sans problème.

➡ Les voyageurs ayant besoin d'un visa peuvent l'obtenir auprès des missions diplomatiques swazi à Johannesburg et Pretoria notamment (voir p. 636).

Voie aérienne

Aéroports et compagnies aériennes

Le transporteur national, **South African Airways** (SAA ; ☎0861 606 606 ; www.flysaa.com) propose une couverture aérienne étendue et un excellent bilan en matière de sécurité.

Outre ses vols long-courriers, il propose des vols régionaux et intérieurs avec son partenaire **Airlink** (☎021-936 2810 ; www.flyairlink.com).

L'**aéroport international OR Tambo** (Ortia ; ☎011-921 6262 ; www.airports.co.za ; Kempton Park), à l'est de Johannesburg, est le principal nœud de transports pour l'Afrique du Sud et la région. Les autres principaux aéroports internationaux sont l'**aéroport international du Cap (Cape Town)** (CPT ; ☎021-937 1200 ; www.airports.co.za) et l'**aéroport international King Shaka** (DUR ; ☎032-436 6585 ; king shakainternational.co.za), à Durban.

AVERTISSEMENT

Les informations contenues dans ce chapitre sont particulièrement susceptibles de changements. Vérifiez directement auprès de la compagnie aérienne ou de l'agence de voyages les modalités d'utilisation de votre billet d'avion. N'hésitez pas à comparer les prestations. Les détails fournis ici doivent être considérés à titre indicatif et ne remplacent en rien une recherche personnelle attentive.

Billets

Les prix des billets à destination de l'Afrique du Sud sont généralement au plus haut en décembre et janvier, ainsi qu'entre juillet et septembre. Les prix les plus économiques sont pratiqués en avril/mai (sauf pendant les vacances de Pâques) et en novembre. Le reste de l'année, les prix correspondent à ceux de la saison intermédiaire.

Il revient en principe moins cher de passer par Johannesburg plutôt que de se rendre directement au Cap. Mais certaines compagnies aériennes desservant les deux villes proposent des billets multi-destinations (villes d'arrivée et de retour différentes) quasiment au même prix.

Depuis la France

L'Afrique du Sud est bien desservie par diverses compagnies européennes.

Seule Air France propose des vols directs pour Johannesburg au départ de Paris. Plusieurs compagnies dont South African Airways (SAA) proposent des vols avec une escale, généralement à Francfort ou à Munich. La durée d'un vol direct entre Paris et Johannesburg est d'environ 10 heures 30 – ce qui est rarement le cas si vous souhaitez voyager à moindre coût : prévoyez plutôt un vol, avec escale, de près de 14 heures.

Les tarifs oscillent entre 400 et 1 200 € aller-retour selon la saison.

Diverses compagnies aériennes desservent Le Cap depuis Paris (une escale, environ 14 heures, de 400 à 750 €). C'est le cas de Qatar Airways, Emirates ou British Airways.

Les compagnies aériennes suivantes proposent des tarifs intéressants depuis la France. Consultez aussi les moteurs de recherches pour les offres à saisir en ligne.

Air France (☎36 54 ; www.airfrance.fr)

British Airways (☎0825 825 400 ; www.britishairways.com)

Emirates (☎01 57 32 49 99 ; www.emirates.com/fr)

Iberia (☎0825 800 965 ; www.iberia.com)

KLM (☎09 69 36 86 05 ; www.klm.com)

Qatar Airways (☎04 88 91 07 26 ; www.qatarairways.com)

TAXES DE DÉPART

Afrique du Sud La taxe de départ est comprise dans le prix du billet.

Lesotho Comptez 20 M de taxe.

eSwatini Comptez 100 E de taxe.

South African Airways (☎01 53 43 53 17 ; www.flysaa. com)

Depuis la Belgique

En l'absence de vols directs, il faudra envisager au moins une escale entre Bruxelles et Johannesburg. Comptez de 450 à 700 € et 13 heures de vol environ. Pour Le Cap, comptez 14 heures de vol avec une escale (de 500 à 800 € environ).

Voici quelques adresses utiles :

Brussels Airlines (☎02 723 23 62 ; www.brusselsairlines. com)

British Airways (☎02 717 3217 ; www.britishairways.com)

South African Airways (☎02-06 551 177 à Amsterdam ; www.flysaa.com)

KLM (☎026 200 220 ; www.klm.com)

Connections (☎02 550 01 00 ; www.connections.be)

Gigatours Voyages Éole (www.voyageseole.be)

Depuis la Suisse

Le tarif d'un vol direct aller-retour entre Zurich et Johannesburg (ou avec une escale depuis Genève) débute à environ 950 CHF. Pour un vol Zurich-Le Cap, comptez une escale et un tarif allant de 850 à 1 100 CHF environ.

Quelques adresses utiles :

Swiss (☎848 700 700 ; www.swiss.com)

South African Airways (☎+49 69 2998 0320 à Francfort ; www.flysaa.com)

KLM (☎848 874 444 ; www.klm.com)

Jerrycan Voyages (☎022 346 92 82 ; www.jerrycan-travel.ch)

Depuis le Canada

Il n'existe pas de vol direct depuis le Canada. Les vols Montréal-Johannesburg (avec une ou deux escales) passent par les États-Unis ou l'Europe. Comptez au moins 19 heures de vol et un tarif allant de 1 460 à 2 000 $CA. Air Canada dessert l'Afrique du Sud en faisant escale à Londres.

Quelques adresses utiles :

Air Canada (☎888 247 2262 ; www.aircanada.ca)

South African Airways (☎1-800 722 9675 aux États-Unis ; www.flysaa.com)

Expedia (www.expedia.ca)

Travelocity (www.travelocity.ca)

Depuis l'Afrique

Johannesburg est bien reliée à la plupart des grandes villes sud-africaines.

South African Airways, Airlink, les transporteurs nationaux des autres pays et **British Airways** (www.britishairways.com) sont de bons points de départ.

La plupart des vols transcontinentaux pratiquent des prix fixes et font très peu jouer la concurrence.

AFRIQUE AUSTRALE

Johannesburg est également reliée à des aéroports secondaires de l'Afrique australe. Par exemple, **Air Botswana** (www.airbotswana.co.bw) propose des vols directs à Francistown, Kasane et Maun ainsi qu'à Gaborone, la capitale du Botswana.

Des compagnies low cost sud-africaines desservent d'autres destinations :

Fastjet (☎010 448 0888 ; www.fastjet.com). Vols de Johannesburg à Harare, Bulamay et Victoria Falls (Zimbabwe), et de Nelspruit/ Kruger à Victoria Falls.

Kulula (☎0861 585 852 ; www.kulula.com). Propose des réductions en ligne sur les vols British Airways de Johannesburg à Harare (Zimbabwe), l'île Maurice, Victoria Falls et Harare (Zimbabwe).

Mango (☎086-100 12 34 ; www.flymango.com). En temps normal, vols de Johannesburg à Zanzibar (Tanzanie).

Voie maritime

L'Afrique du Sud constitue une étape importante des itinéraires maritimes internationaux. Le Cap est un port d'escale majeur pour les bateaux de croisière, dont beaucoup s'arrêtent aussi à Durban. Dans les deux ports, vous avez de bonnes chances de trouver une couchette à bord d'un bateau de plaisance remontant la côte orientale de l'Afrique.

On trouve facilement des bateaux de croisière et des cargos reliant l'Afrique du Sud et le Mozambique, Madagascar et l'île Maurice. Beaucoup de cargos proposent des cabines confortables aux passagers.

Même sur les cargos, le plaisir d'approcher la pointe de l'Afrique par la mer coûte cher. Il est souvent moins cher de partir d'Afrique du Sud que de s'y rendre.

Quelques adresses utiles :

Cruiser Log (www.cruiserlog. com). Jobs au sein d'équipages et forum.

Cunard (www.cunard.co.uk). Croisières de luxe jusqu'au Cap. Dispose d'une liste de croisiéristes du monde entier.

LBH Africa (www. lbhmozambique.com). Cargos sud-africains.

Mer et voyages (www.mer-et-voyages.info). Une agence française spécialisée dans les croisières et les voyages en cargo.

Voie terrestre

Passage des frontières

BOTSWANA

Il existe 15 postes-frontières officiels entre l'Afrique du Sud et le Botswana, ouverts entre 8h et 15h (ou plus tard).

Certains des postes-frontières les plus reculés sont inaccessibles en véhicule classique et ferment parfois lorsque le niveau des fleuves est trop haut. Sinon, la frontière ne présente aucune difficulté.

Les ressortissants de la plupart des pays occidentaux n'ont pas besoin de visa pour entrer au Botswana. Ceux qui doivent s'en procurer un s'adresseront en amont à une mission diplomatique botswanaise (ou à une mission diplomatique britannique dans les pays dépourvus de représentation diplomatique botswanaise).

Grobler's Bridge/Martin's Drift (8h-18h). Au nord-ouest de Polokwane (Pietersburg).

Kopfontein Gate/Tlokweng Gate (6h-minuit). Important poste-frontière près de la Madikwe Game Reserve.

Pont Drift (8h-16h). Pratique pour relier le Mapungubwe National Park (Limpopo) et Tuli Block (Botswana).

Ramatlabama (6h-22h). Au nord de Mahikeng ; poste-frontière important.

Skilpadshek/Pioneer Gate (6h-minuit). Au nord-ouest de Zeerust ; poste-frontière important.

Swartkopfontein Gate/Ramotswa (6h-22h). Au nord-ouest de Zeerust.

Twee Rivieren (7h30-16h). À l'entrée sud-africaine du Kgalagadi Transfrontier Park.

MOZAMBIQUE

Les ressortissants des pays occidentaux devront faire une demande de visa touristique auprès d'une mission diplomatique mozambicaine. Les voyageurs arrivant de pays dépourvus de consulat mozambicain pourront obtenir un visa à la frontière. Toutefois, si vous êtes dans cette situation, mieux vaut vous en assurer auprès du haut-commissariat du Mozambique à Pretoria (ou Mbabane, en eSwatini).

Giriyondo (carte p. 422 ; ⌚8h-16h oct-mars, 8h-15h avr-sept). Entre Phalaborwa Gate, dans le Kruger National Park, et Massingir (Mozambique).

Kosi Bay/Ponta d'Ouro (⌚8h-16h). Sur la côte, à bonne distance du nord de Durban.

Lebombo/Ressano Garcia Principal poste-frontière, à l'est de Nelspruit ; aussi appelé Komatipoort.

Pafuri (Sango ; carte p. 422 ; ⌚8h-16h oct-mars, 8h-15h avr-sept) À l'angle nord-est du Kruger National Park.

NAMIBIE

Les ressortissants de la plupart des pays occidentaux n'ont pas besoin de visa pour un séjour de moins de 3 mois en Namibie. Ceux qui doivent s'en procurer un s'adresseront en amont à une mission diplomatique namibienne. Les principaux postes-frontières entre l'Afrique du Sud et la Namibie sont :

Alexander Bay/Oranjemund (6h-22h). Sur la côte atlantique ; la traversée se fait en ferry.

Nakop/Ariamsvlei (24h/24). À l'ouest d'Upington.

Rietfontein/Aroab (8h-16h30). Juste au sud du Kgalagadi Transfrontier Park.

Vioolsdrif/Noordoewer (24h/24). Au nord de Springbok, depuis/vers Le Cap.

ESWATINI

On compte 13 postes-frontières entre l'Afrique du Sud et l'eSwatini. Ils sont tous faciles à traverser ; les moins importants ferment à 16h.

Bothashoop/Gege (8h-16h). Près de Piet Retief. Routes non goudronnées du côté sud-africain, suivies par des routes en mauvais état en eSwatini.

Bulembu/Josefdal (8h-16h). Entre Piggs Peak et Barberton (Mpumalanga) ; la route est en très mauvais état et à peine praticable en voiture normale.

Houtkop/Sincunusa (8h-18h). Au nord-est de Piet Retief.

Jeppe's Reef/Matsamo (7h-22h). Au sud-ouest de Malelane ; permet de rejoindre le Kruger national Park. Les casinos attirent les foules, particulièrement le week-end. C'est un bon endroit pour faire de l'auto-stop dans les deux sens.

Lavumisa/Golela (7h-22h). Situé entre Durban et l'Ezulwini Valley, en eSwatini.

Lundzi/Waverly (8h-16h). Le passage de la frontière est généralement plus rapide qu'à Oshoek, même si la route est en plus mauvais état.

Mahamba (7h-22h). Le meilleur point de passage de Piet Retief au Mpumalanga. Les casinos attirent les foules, particulièrement le week-end. C'est un bon endroit pour faire de l'auto-stop dans les deux sens.

Mananga (7h-18h). Au sud-ouest de Komatipoort.

Mhlumeni/Goba (24h/24). Depuis/vers le Mozambique.

AGENCES EN LIGNE

Vous pouvez réserver votre vol via une agence en ligne ou vous renseigner auprès d'un comparateur de vols :

- www.ebookers.fr
- www.govoyages.com
- www.kayak.fr
- www.skyscanner.fr
- www.partirou.com

Namaacha/Lomahasha (7h-22h). Poste-frontière très fréquenté à l'extrême nord-est de l'eSwatini. C'est le principal point de passage depuis/vers le Mozambique.

Ngwenya/Oshoek (7h-minuit). La frontière la plus fréquentée (et un bon endroit pour faire du stop), à 360 km au sud-est de Pretoria.

Salitje/Onverwacht (8h-18h). Au nord de Pongola, dans le KwaZulu-Natal.

Sandlane/Nerston (8h-18h). À l'est d'Amsterdam. La route est dans un état déplorable après le poste-frontière.

ZIMBABWE

Les ressortissants de la plupart des pays occidentaux ont besoin d'un visa pour entrer au Zimbabwe, qu'il faut acheter à la frontière.

Beitbridge (24h/24). Sur le fleuve Limpopo, le seul poste-frontière entre le Zimbabwe et l'Afrique du Sud. Musina, à 15 km au sud, est la ville sud-africaine la plus proche de la frontière. Vous pourrez y changer de l'argent.

En raison de la contrebande omniprésente, attendez-vous à subir une fouille minutieuse et parfois une longue attente. Ne vous laissez pas impressionner par les "bons Samaritains" qui abordent les voyageurs du côté zimbabwéen de la frontière pour les aider à passer les services d'immigration et de douane. Contrairement à ce qu'ils affirment, les formulaires nécessaires sont disponibles gratuitement.

Bus et taxis collectifs

De nombreuses lignes de bus font la navette entre l'Afrique du Sud et les pays voisins. Ils sont très pratiques, si vous ne disposez pas de votre propre véhicule.

Intercape (☎021-380 4400 ; www.intercape.co.za) assure des liaisons régulières.

L'attente est parfois longue : à la frontière, vous devrez descendre du bus pour remplir les formalités de visa, puis remonter pour poursuivre votre voyage.

Le coût du visa n'est pas compris dans le prix du billet.

De nombreux taxis collectifs font aussi la navette entre l'Afrique du Sud et les pays voisins. Quelques-uns sont directs, mais il est généralement nécessaire de passer la frontière à pied et de prendre un autre taxi une fois de l'autre côté. Les véhicules longue distance partent en principe tôt le matin.

BOTSWANA

Intercape assure la liaison quotidienne entre Gaborone (Botswana) et Johannesburg (220 à 330 R, 7 heures 30) via Pretoria.

Moins sûrs et moins confortables que les bus, des taxis collectifs se rendent de Johannesburg à Gaborone (7 heures) et Lobatse (Botswana) avec changement à Mahikeng (province du Nord-Ouest). Un autre itinéraire au départ de Johannesburg passe par Grobler's Bridge/Martin's Drift et rejoint Palapye (Botswana ; 8 heures).

LESOTHO

Des taxis collectifs relient Johannesburg et Maseru

FRONTIÈRES DU LESOTHO

La plupart des postes-frontières avec l'Afrique du Sud peuvent être empruntés avec un véhicule traditionnel. À l'entrée du pays, les conducteurs doivent payer 30 M au péage routier.

Caledonspoort (6h-22h). Passage entre Fouriesburg et Butha-Buthe.

Makhaleng Bridge (8h-18h). Près de Mohale's Hoek/Zastron.

Maputsoe Bridge (24h/24). Entre Maputsoe et Ficksburg.

Maseru Bridge (24h/24). Le poste-frontière le plus emprunté. Accès direct à Maseru.

Nkonkoana Gate (8h-16h). Poste-frontière isolé, pour 4x4 uniquement, près du Sehlabathebe National Park.

Ongeluksnek (7h-19h). Poste-frontière isolé au sud, reliant Mphaki à Matatiele.

Peka Bridge (6h-16h). Passage plus calme que le Maseru Bridge, au nord de Maseru.

Qacha's Nek (8h-22h). Relie Qacha's Nek à Matatiele.

Ramatseliso's Gate (8h-18h). Poste-frontière isolé pour 4x4, entre Tsoelike et Matatiele.

Sani Pass (col de Sani ; 8h-16h). Poste-frontière emblématique, près de Himeville. 4x4 indispensable.

Sephapo's Gate (8h-16h) Passage tranquille, près d Mafeteng/Boesmanskop.

Tele Bridge (8h-22h). Près de Quthing/Sterkspruit.

Van Rooyen's Gate (8h-22h). Près de Mafeteng/Wepener.

(8 heures). Il est plus rapide et plus facile de prendre un bus pour Bloemfontein, puis de poursuivre en taxi collectif jusqu'à Maseru (3 heures).

Des compagnies de bus sud-africaines, dont Intercape, relient également Bloemfontein à Ladybrand (2 heures 30), à quelques kilomètres de la frontière de Maseru Bridge.

Au départ de Maseru, des taxis collectifs longue distance quittent la station de Maseru Bridge.

Voici d'autres itinéraires possibles de taxis collectifs :

- Butha-Buthe depuis/vers Fouriesburg (État libre).
- Leribe (Hlotse) depuis/vers Ficksburg (État libre).
- Quthing depuis/vers Sterkspruit (Cap-Oriental).
- Qacha's Nek depuis/vers Matatiele (Cap-Oriental).

MOZAMBIQUE

Les compagnies de bus **Greyhound** (☎011-230 5222 ; www.greyhound.co.za), **Intercape** (☎021-380 4400 ; www.intercape.co.za) et **Translux** (res.prasa.com/translux/booking) proposent des bus "luxe" quotidiens entre Johannesburg/Pretoria et Maputo (Mozambique) via Nelspruit (Mbombela), Komatipoort et le poste-frontière de Lebombo/Ressano Garcia (300 R, 10 heures 30). Les passagers doivent avoir un visa mozambicain en cours de validité avant de monter dans le bus.

Mr Chubby (☎074 329 9114 ; www.facebook.com/mrchubbyshuttle) et **Cheetah Express** (☎084-954 6100 au Mozambique, 078-184 3490 en Afrique du Sud ; www.cheetahexpresstours.com ; angle Avenidas Eduardo Mondlane et Julius Nyerere, Nelspruit) assurent des navettes entre Nelspruit (bien desservie par les navettes au départ de Johannesburg et au-delà ; p. 415) et Maputo. La route reliant Johannesburg/Pretoria et Maputo peut être parcourue en taxi collectif.

NAMIBIE

Les bus Intercape vont de Windhoek (Namibie) au Cap (630-780 R, 21 heures 30) ; départs à peu près tous les 2 jours.

ESWATINI

Des navettes quotidiennes circulent entre Johannesburg et Mbabane. Itinéraires des taxis collectifs :

- Johannesburg depuis/vers Mbabane (4 heures) ; certains continuent jusqu'à Manzini.
- Durban depuis/vers Manzini (8 heures).
- Manzini depuis/vers Maputo (3 heures 15).

ZIMBABWE

Greyhound et Intercape proposent des bus quotidiens entre Johannesburg et Harare (Zimbabwe ; 570 R, 17 heures), et entre Johannesburg et Bulawayo (Zimbabwe ; 550 R, 14 heures), via Pretoria.

Des taxis collectifs partent au sud de Beitbridge vers Musina, et au-delà.

Train

Le site en anglais The Man in Seat Sixty-One (www.seat61.com) propose des idées de voyages en train dans toute l'Afrique australe.

MOZAMBIQUE

Caminhos de Ferro de Moçambique (www.cfm.co.mz) propose un train quotidien entre Maputo et le poste-frontière de Lebombo/Ressano Garcia (Komatipoort ; 1 $US, 3 heures 45), où l'on peut passer la frontière à pied et poursuivre en bus, en taxi collectif, en navette ou en train.

NAMIBIE

TransNamib StarLine (www.transnamib.com.na) relie Walvis Bay, Swakopmund et Windhoek à Keetmanshoop et Karasburg dans le sud de la Namibie. Au départ de Karasburg, on peut prendre un bus **Intercape** (☎021-380 4400 ; www.intercape.co.za) pour franchir la frontière et rejoindre Upington (Cap-Nord).

Voiture et moto

LOCATION DE VOITURE

- Si vous envisagez de traverser des frontières avec une voiture de location, il vous faudra une lettre d'autorisation de l'agence.
- Les agences de location sud-africaines facturent en général 500 R pour le passage des frontières avec le Lesotho et l'eSwatini, 1 500 R pour passer au Botswana, en Namibie et au Zimbabwe, et 2 000 R pour rallier le Mozambique.
- Beaucoup d'agences autorisent le passage dans la plupart des pays voisins, même si certaines émettent des réserves pour le Mozambique.
- Vérifiez que la lettre d'autorisation contient les bonnes informations ; les agences se trompent fréquemment.
- Passer la frontière avec une voiture de location entraîne également une augmentation des frais d'assurance.

APPORTER SON PROPRE VÉHICULE

- Il vous faut la carte grise de votre véhicule, un certificat d'assurance et votre permis de conduire.
- Il vous faudra aussi un carnet de passage en douane (CPD), un document international autorisant l'entrée temporaire de véhicules motorisés.
- Il peut vous être fourni par votre automobile-club local.
- Les conducteurs de véhicules ne provenant pas d'Afrique doivent généralement payer une caution équivalente à 25% de la valeur du

véhicule, remboursable à hauteur de 50%.

- Les voitures immatriculées en Afrique du Sud, au Lesotho, en eSwatini, au Botswana et en Namibie, et dont les conducteurs sont des ressortissants ou des résidents permanents de ces pays, n'ont pas besoin de carnet pour entrer dans les autres pays du groupe.

BOTSWANA

Les postes-frontières suivants sont accessibles sans 4x4 :

- Grobler's Bridge/Martin's Drift
- Kopfontein Gate/ Tlokweng Gate
- Ramatlabama
- Skilpadshek/Pioneer Gate

LESOTHO

Il faut s'acquitter d'un péage de 30 M (30 R) à l'entrée du Lesotho. Les points d'entrée les plus faciles à franchir en voiture et en moto se trouvent au nord et à l'ouest du pays.

La plupart des routes d'entrée au sud et à l'est ne sont pas goudronnées. Nombre d'entre elles sont toutefois praticables en voiture classique si la météo le permet. Une route goudronnée fait le tour du pays dans le sens des aiguilles d'une montre, d'Qacha's Nek à Mokhotlong.

Il est plus économique de louer une voiture en Afrique du Sud plutôt qu'au Lesotho. Il faut avoir deux triangles de signalisation dans le coffre en cas de panne.

MOZAMBIQUE

Vous devez avoir deux triangles de signalisation dans votre coffre en cas de panne.

Giriyondo À 95 km de Phalaborwa, l'entrée du Kruger National Park et à 80 km de Massingir, la première grande ville du côté mozambicain. Un 4x4 et la preuve de réservation d'un hébergement pour la nuit dans le parc Kruger ou dans celui de Limpopo sont exigés.

Kosi Bay/Ponta d'Ouro Pour passer au Mozambique par ce poste-frontière, il vous faudra un 4x4. Les hébergements à Ponta d'Ouro (Mozambique) proposent des transferts si vous devez laisser votre véhicule à Kosi Bay.

Lebombo/Ressano Garcia (Komatipoort). L'autoroute N4 relie Pretoria à ce poste-frontière, rejoint par la N12 en provenance de Johannesburg. L'autoroute EN4 part de là en direction de l'est pour rallier Maputo. Il y a des péages des deux côtés de la frontière.

Namaacha/Lomahasha Les routes menant à ce poste-frontière vers l'eSwatini sont goudronnées et négociables sans 4x4.

Pafuri À seulement 29 km de l'entrée du Kruger National Park située à Pafuri, du côté mozambicain, il faut franchir le fleuve Limpopo près de Mapai pour passer la frontière (il n'y a pas de pont, on traverse avec des ferries de fortune à la saison des pluies). Au-delà, une piste de brousse accidentée via Mabote et Mapinhane mène à Vilankulo (4x4 obligatoire). Comptez deux journées entières pour effectuer ce périple. La preuve de réservation d'un hébergement dans le Kruger National Park ou dans le Limpopo National Park est obligatoire.

NAMIBIE

Véhicule classique Des autoroutes mènent aux postes-frontières Vioolsdrif/ Noordoewer et Nakop/ Ariamsvlei.

Avec 4x4 Davantage de possibilités pour traverser la frontière, notamment par les parcs transfrontaliers de Kgalagadi et |ai-|ais/ Richtersveld.

ESWATINI

- On peut passer la frontière de l'eSwatini sans 4x4.
- Il faut s'acquitter d'un péage routier de 50 E à l'entrée sur le territoire.
- Il est plus économique de louer une voiture en Afrique du Sud plutôt qu'en eSwatini.

ZIMBABWE

En entrant et en sortant d'Afrique du Sud, les véhicules doivent s'acquitter d'un péage pour utiliser le Limpopo Bridge.

Vélo

Vous pouvez apporter votre vélo en Afrique du Sud, au Lesotho ou en eSwatini. Quelques sources d'information :

Cycling South Africa (www.cyclingsa.com)

International Bicycle Fund (www.ibike.org)

VOYAGES ORGANISÉS

Quantité d'agences inscrivent l'Afrique du Sud à leur catalogue. Si vous préférez organiser vous-même votre voyage, réservez les vols et les hôtels pour les premières nuits, puis inscrivez-vous à des excursions sur place.

La plupart des tour-opérateurs proposent des itinéraires incluant le Kruger National Park, Le Cap et sa péninsule. Mais vous pourrez sans difficulté (et avec un budget adéquat) élaborer le séjour de vos rêves grâce à plusieurs agences proposant des voyages sur mesure.

Spécialistes de l'Afrique et généralistes

Comptoir des Voyages (✆01 53 10 97 61 ; www.comptoirdesvoyages.fr ; 2 au 18 rue Saint-Victor, 75005 Paris ; agences à Bordeaux, Lille, Lyon, Toulouse, Nice et Marseille). Voyages itinérants et autotours : safaris en famille, *roadtrip* en pays zoulou, immersion au Cap, sur les traces de Gandhi...

Le Cercle des Vacances (✆01 40 15 15 15 ; www.cercledesvacances.com ;

31 avenue de l'Opéra, 75001 Paris). Voyages sur mesure à créer à partir de six offres, du voyage solo à celui en famille ou en petit groupe.

Makila Voyages (☎01 42 96 80 00 ; www.makila.fr ; 4 place de Valois, 75001 Paris). Voyages sur mesure.

Un monde Afrique du Sud (☎01 82 88 54 04 ; www.unmondeafriquedusud.com ; 17 rue de l'Échiquier, 75010 Paris). Cette agence spécialiste de l'Afrique du Sud propose une offre très complète, des circuits individuels, des autotours et des voyages combinés avec d'autres pays d'Afrique australe ("Les incontournables de l'Afrique du Sud" par exemple comprend une étape en eSwatini).

TUI (☎0825 000 825 ; www.tui.fr ;coordonnées des agences sur le site Web). Six circuits proposés en Afrique du Sud, essentiellement des safaris.

Voyageurs du Monde (Paris ☎01 42 86 16 00 ; www.voyageursdumonde.fr ; 55 rue Sainte-Anne, 75002 Paris ; Belgique ☎02 543 95 50 ; 23 Chaussée de Charleroi, 1060 Bruxelles ; Suisse ☎022 519 12 10 ; 19 rue de la Rôtisserie, 1204 Genève). Au catalogue : une dizaine de voyages itinérants en Afrique du Sud. Formules incluant safaris en famille, découverte des parcs, route des Jardins, vignobles, etc.

Randonnée et autres séjours sportifs

Huwans (☎01 44 32 09 30 ; www.huwans.com ; 18 rue Séguier Paris 75006 ; agences à Lyon, Marseille et Genève). Au catalogue, des randonnées en Afrique du Sud, en eSwatini et au Lesotho, dans le parc national du Kgalagadi ou découverte de l'estuaire de St Lucia.

Océanes (☎04 42 52 82 40 ; www.oceanes.com). Plusieurs séjours pour plonger avec les requins dans l'océan Indien.

Nomade (☎01 46 33 71 71 ; www.nomade-aventure.com ; 40 rue de la Montagne-Sainte-Geneviève, 75005 Paris ; agences à Lyon et Toulouse). Des circuits et des voyages individuels en Afrique du Sud (randonnées et treks, safaris à cheval, séjours en famille, autotours, etc.). Un trek et safari passant par le parc Kruger, le Lesotho et l'eSwatini.

Terres d'Aventure (☎01 70 82 90 00, Belgique 02 543 95 60, Suisse 022 519 1220 ; www.terdav.com ; 30 rue Saint-Augustin, 75002 Paris ; coordonnées des agences sur le site Web). Circuits accompagnés de 10 à 23 jours, alliant Afrique du Sud, eSwatini et Lesotho.

Ultramarina (☎0 825 02 98 02 ; www.ultramarina.com ; 29 rue de Clichy, 75009 Paris ; autres agences à Nantes, Lyon, Genève et Villeneuve). Des séjours combinant safari et plongée pour observer les récifs coralliens, la faune pélagique et les requins. Un séjour consacré au *sardine run* (p. 234).

COMMENT CIRCULER

Avion

Les vols intérieurs sont généralement abordables, mais tout dépend de l'itinéraire choisi. Un vol à bas coût de Johannesburg au Cap, un itinéraire populaire desservi par de nombreuses compagnies, coûte environ 1 000 R. En revanche, un vol du Cap à East London, un itinéraire desservi par moins de compagnies, doit coûter le double.

Un grand nombre de compagnies à bas prix rallient toutes les grandes villes sud-africaines. Cela dit, cela revient rarement moins cher de voyager avec South African Airways (SAA), la principale compagnie aérienne du pays.

Vous ferez des économies en réservant vos billets en ligne plusieurs mois à l'avance, soit directement, soit en passant par des intermédiaires, comme **Computicket Travel** (www.computickettravel.com) et **Travelstart** (www.travelstart.co.za).

Compagnies régionales

Airlink (☎021-936 2810 ; www.flyairlink.com). Partenaire de South African Airways disposant d'un bon réseau et desservant des destinations moins demandées, comme Upington, Mthatha et Maseru.

South African Airways (SAA ; ☎0861 606 606 ; www.flysaa.com). La compagnie nationale ; réseau très complet couvrant les destinations intérieures et régionales.

Compagnies low cost

Les compagnies low cost sud-africaines proposent aussi la réservation d'hôtel, de voiture et des formules vacances.

CemAir (☎0861 236247 ; www.flycemair.co.za). Petite compagnie desservant, entre autres destinations, Port Elizabeth, Bloemfontein, George, Plettenberg Bay, Margate.

FlySafair (☎087 357 0030 ; www.flysafair.co.za). Affiche des prix bas sur ses vols entre Johannesburg, Le Cap, Durban, Port Elizabeth, East London et George.

Kulula (☎0861 585 852 ; www.kulula.com). Compagnie low cost qui relie Johannesburg, Le Cap, Durban, George et East London. Propose aussi des réductions sur les vols intérieurs avec la compagnie mère British Airways.

Mango (☎086-100 12 34 ; www.flymango.com). La filiale de South African Airways assure des vols entre Johannesburg, Le Cap, Durban, George et Port Elizabeth.

Bateau

Le transport maritime est plutôt rare en Afrique du Sud. C'est entre Le Cap et Durban ou entre Port Elizabeth et Durban que vous aurez le plus de chances de trouver un bateau. Les clubs de navigation de plaisance locaux sont un bon point de départ. Les paquebots de croisière naviguent aussi au large de la côte est, entre Le Cap et le Mozambique, avec des escales en chemin.

Bus

Afrique du Sud

Un bon réseau de bus, au confort et à la fiabilité inégaux, relie les principales villes.

Achat de billets Pour les principales lignes, achetez vos billets au moins 24 heures à l'avance, et le plus tôt possible si vous voyagez en période de pointe. Achetez vos billets aux guichets de bus, auprès de **Computicket Travel** (www.computickettravel.com) ou dans les supermarchés Shoprite/Checkers. Computicket est un service particulièrement pratique, dont le moteur de réservations permet de choisir parmi les principales compagnies et qui accepte généralement les cartes bancaires étrangères et les numéros de téléphone mobile. Si vous ne partez pas d'une grande ville, vous devrez récupérer votre billet papier dans un Shoprite ou un Checkers avant de prendre votre bus.

Classes Les bus n'ont en principe pas de classes, bien que les principales compagnies proposent généralement un service "luxe" avec climatisation, toilettes et vidéos.

Sécurité Les lignes sont généralement sûres. Notez toutefois que beaucoup de trajets longue distance s'effectuent de nuit. Si tel est le cas, prenez garde à vos objets de valeur. Il est recommandé aux femmes de s'asseoir à l'avant du bus.

Réductions Les principales lignes de bus proposent des réductions aux étudiants, aux voyageurs fréquents et aux seniors, ainsi que des formules spéciales ; consultez leurs sites Internet pour plus de détails.

Tarifs Calculés en fonction de la distance, bien que les courts trajets reviennent proportionnellement bien plus cher. Le tarif peut aussi être calculé en fonction du trajet complet du bus (le trajet de Johannesburg à Bloemfontein par exemple revient alors au même prix qu'au départ de Pretoria). Les prix augmentent pendant les vacances scolaires.

COMPAGNIES DE BUS

City to City (☎0861 589 282 ; www.busticket.co.za/en_za/city-to-city-bus-tickets). En partenariat avec Translux, cette compagnie parcourt les itinéraires tracés entre les *homelands* et les villes sous l'apartheid. Ses bus, moins coûteux que ceux des autres compagnies, rejoignent de nombreux endroits situés hors des sentiers battus, notamment les townships et les villes minières. Parmi les destinations, citons Mthatha (pour la Wild Coast), Nelspruit (pour le Kruger National Park), Zeerust (pour le Botswana), Le Cap et Durban.

Greyhound (☎011-230 5222 ; www.greyhound.co.za). Vaste réseau national de bus confortables, allant notamment de Johannesburg à Durban via Richards Bay. Gère aussi d'autres compagnies, dont les bus Citiliner, moins chers.

Intercape (☎021-380 4400 ; www.intercape.co.za). Vaste réseau allant du Cap au Limpopo et au-delà. Pour des trajets plus longs (du Cap à Windhoek, de Namibie et Mossel Bay à Johannesburg), cela vaut la peine de payer un peu plus pour avoir un siège incliné dans un bus de nuit Sleepliner.

Translux (res.prasa.com/translux/booking). Le principal prestataire longue distance dessert Le Cap, Durban, Bloemfontein, Port Elizabeth, East London, Mthatha, Nelspruit et la route des Jardins.

Lesotho

Billets Dans les autocars locaux, même si l'on vous indique les tarifs longue distance, le mieux est de simplement prendre un billet pour la prochaine grande ville. C'est là que la plupart des passagers descendront, et vous serez coincé sur place à attendre que le véhicule se remplisse de nouveau, alors que d'autres bus et taxis collectifs se mettront en route. Acheter des billets par étape n'est pas beaucoup plus cher qu'acquérir un billet direct. Il n'est ni nécessaire (ni possible parfois) d'acheter un billet à l'avance.

Bus et taxis collectifs Un bon réseau de bus, taxis-minibus (appelés simplement "taxis"), "*sprinters*" (bus longue distance) et taxis privés ou collectifs (appelés "*four plus ones*") couvre la quasi-totalité du pays. Les taxis-minibus desservent les grandes villes et nombre d'agglomérations plus petites. Les bus (moins chers et plus lents) et les "*sprinters*" (plus rapides et plus chers) desservent les grandes villes. Il n'y a pas de classes et le service est résolument sans prétention.

Départs La plupart des départs ont lieu le matin (plus le trajet est long, plus le bus part tôt).

NAVETTES À PRIX DOUX

Les Baz Bus, navettes bien établies destinées presque exclusivement aux voyageurs à petit budget, avec un système de montée et descente à volonté (*hop-on, hop-off*), ont tiré leur révérence depuis la pandémie.

Récente sur le marché, la compagnie **Mzansi Experience** (☎021-001 0651 ; www.mzansi.travel) propose un service similaire et remporte un succès croissant auprès des voyageurs. Pour un ticket *hop-on, hop-off* du Cap à Johannesburg compter aux alentours de 4 400 R et un pass de 3 jours/1/2/3 semaines environ 1 500/2 500/3 800/5 000 R.

Nord du Lesotho Si vous allez vers le nord-est en taxi collectif au départ de Maseru, il faut généralement changer à Maputsoe. La correspondance se fait parfois en entrant à Maputsoe si votre véhicule en croise un autre.

eSwatini

Les taxis-minibus collectifs constituent le principal moyen de transport public. Ils desservent presque tout le pays et s'arrêtent fréquemment. Ils partent une fois pleins ; il n'est pas nécessaire de réserver.

Les bus locaux relient villes et villages de tous les pays. La plupart arrivent et partent de l'arrêt principal du centre de Mbabane ; ils sont un peu moins chers que les minibus.

En stop

Il est déconseillé de faire du stop ou de prendre des auto-stoppeurs.

Le covoiturage en revanche est assez répandu. Les panneaux d'affichage des auberges de jeunesse comportent souvent des annonces de covoiturage gratuit ou à frais partagés. Voyez aussi Gumtree (www.gumtree.co.za, rubrique Community/Carpool & Rideshares), Jumpin Rides (www.jumpinrides.co.za) et l'appli Lifti (lifti.com).

Train

La compagnie sud-africaine **Shosholoza Meyl** (☎0860 008 888, 011-774 4555 ; www.shosholozameyl.co.za) assure des liaisons régulières entre les principales villes.

Pour une vue d'ensemble et de précieux conseils sur les voyages en train, voir le site en anglais très utile de The Man in Seat Sixty-One (www.seat61.com/southafrica).

Billets et tarifs

- Lors de notre passage, le voyage de Johannesburg au Cap en classe touristique/économique coûtait 690/440 R.
- On peut acheter les billets jusqu'à 3 mois à l'avance, et au plus tard 48 heures avant le départ.
- Les couchettes en classe touristique peuvent afficher complet 1 ou 2 mois à l'avance, surtout sur les itinéraires très fréquentés, comme Johannesburg-Le Cap.
- Il est possible de réserver dans les gares, par téléphone ou sur le site Internet de Shosholoza Meyl. Il faut ensuite payer et récupérer son billet dans les 2 jours dans une gare.
- Autre possibilité plus compliquée et plus longue : virer le prix des billets sur le compte bancaire de Shosholoza Meyl puis adresser la preuve du paiement à l'agence. Il faut 4 jours pour que la somme soit créditée sur le compte de Shosholoza Meyl.

Classes

Les classes touristique et économique sont bon marché. Contrairement aux bus longue distance, les prix pour les courtes distances ne sont pas exagérés.

Classe touristique
Recommandé : pittoresque, authentique mais sûr, et plus confortable que le bus, bien que souvent plus lent. Le trajet de 2 jours entre Johannesburg et Le Cap donne un excellent aperçu de l'immensité du pays : on entre dans le Karoo au crépuscule, et l'on déjeune en traversant les Winelands. Wagon-restaurant et douches. Le prix comprend l'hébergement dans un compartiment à deux ou quatre couchettes. Selon les disponibilités, les couples sont logés dans des coupés (deux couchettes), tandis que les passagers seuls ou les groupes dorment dans les autres compartiments. Si vous souhaitez dormir seul, achetez deux tickets. Comptez 60 R supplémentaires pour le linge de lit. On peut faire transporter sa voiture sur les itinéraires Johannesburg-Le Cap, Johannesburg-Durban et Johannesburg-Port Elizabeth.

Classe économique
Pas de wagon-lit. Un moyen ni confortable, ni sûr de voyager de nuit.

Itinéraires

East London-Le Cap
Via Queenstown et Beaufort West ; 28 heures ; classes touristique et économique (mar et dim).

Johannesburg-Le Cap
Via Kimberley et Beaufort West ; 27 heures ; classe touristique (mar-ven, et dim) et classe économique (mer, ven et dim).

Johannesburg-Durban Via Ladysmith et Pietermaritzburg ; 14 heures 30 ; classes touristique et économique (ven et dim).

Johannesburg-East London
Via Bloemfontein ; 20 heures ; classes touristique et économique (mer, ven et dim).

Johannesburg–Komatipoort
Via Nelspruit (Mbombela) ; 12 heures 30 ; classe économique (mer-ven et dim).

Johannesburg-Port Elizabeth
Via Bloemfontein ; 20 heures ; classes touristique et économique (mer, ven et dim).

Trains de banlieue

Cape Metro Rail (☎080 065 6463 ; @capetowntrains, twitter.com/capetowntrains). Les trajets depuis Le Cap jusqu'à Simon's Town, au sud, sont généralement sûrs de jour, aux heures de pointe.

Gautrain (☎0800 428 87246 ; www.gautrain.co.za). Le train express Gautrain, sûr et rapide, circule entre l'aéroport international OR Tambo, Sandton, Rosebank, Park Station (centre-ville de Johannesburg), Pretoria et Hatfield. Les trains partent toutes les 12 minutes aux heures de pointe (5h30-8h30 et 15h-18h du lundi au vendredi), et toutes les 20-30 minutes le reste du temps. L'aller simple entre Pretoria et Park Station coûte 76 R.

SE DÉPLACER EN TRAIN

Outre les itinéraires de la compagnie Shosholoza Meyl, il existe de nombreuses compagnies spécifiques. Le voyagiste **New Fusion** (☎082-555 0423 ; www.facebook.com/luxurytrainsouthafrica) s'occupe des réservations auprès de Blue Train, Premier Classe et Rovos Rail.

Blue Train

En Afrique du Sud, le mythique **Blue Train** (☎Pretoria 012-334 8459, Le Cap 021 449 2672 ; www.bluetrain.co.za) circule entre Pretoria et Le Cap, en faisant halte à Matjiesfontein ou Kimberley. Les allers simples (27 heures) coûtent 20 280/25 615 R/personne pour un siège deluxe/*luxury* en pleine saison (septembre à mi-novembre), repas, boissons, excursions aux escales et salle de bains compris. Les prix baissent d'environ 4 000 R hors saison. On peut réserver directement ou par l'intermédiaire de voyagistes, en Afrique du Sud et à l'étranger. Renseignez-vous sur les formules avec hébergement et vol entre Pretoria/Johannesburg et Le Cap. Le train effectue également de temps à autre le trajet de Pretoria à Hoedspruit (pour le Kruger National Park).

Premier Classe

L'offre de luxe de Shosholoza Meyl, le **Premier Classe** (☎0860 008 888, 011-774 4555 ; www.premierclasse.co.za) constitue une alternative abordable au Blue Train et consorts. Les trains vont du Cap à Johannesburg (3 120 R/pers) le mardi, et reviennent le jeudi. De Johannesburg à Durban (1 230 R), ils partent le jeudi et reviennent le dimanche. Le prix comprend les repas dans un wagon-restaurant deluxe climatisé ; ceux qui voyagent en solo occupent des compartiments couchettes à deux places, les couples voyagent dans des compartiments à quatre couchettes. Il y a un salon-bar et des salles de bains communes. Possibilité d'embarquer son véhicule.

Rovos Rail

Rovos (☎012-315 8242 ; www.rovos.co.za) rivalise avec le Blue Train en termes de luxe et de prix. Les trajets réguliers comprennent Pretoria-Le Cap en 2 nuits/3 jours, avec des haltes à Kimberley et Matjiesfontein ; Pretoria-Durban en 3 jours ; Pretoria-Swakopmund (Namibie) en 9 jours, via Etosha National Park et autres sites namibiens notables ; et Pretoria-Victoria Falls (Zimbabwe) en 4 jours.

Shongololo Express

Le **Shongololo** (☎012-315 8242 ; www.shongololo.com), de Rovos Rail, propose quatre voyages ferroviaires, notamment entre Pretoria et Victoria Falls (12 jours), ainsi qu'entre Pretoria et Le Cap via l'eSwatini et Durban (15 jours). Le voyage s'effectue de nuit et on descend pendant la journée.

Trains à vapeur

Ceres Rail Company (☎079-401 9353 ; www.ceresrail.co.za). Cette compagnie de trains rétro dispose de trois locomotives à vapeur tractant des wagons rénovés qui parcourent une ligne historique (rouverte en 2012) du Cap à la région montagneuse de Ceres. Les trains circulent habituellement toutes les deux semaines, le samedi, arrivant au Ceres Golf Club à l'heure du déjeuner, avant de repartir vers la capitale l'après-midi.

Umgeni Steam Railway (umgenisteamrailway.com). Voyages en train à vapeur au KwaZulu-Natal.

Transports locaux

Bus

- Beaucoup de zones urbaines, notamment au Cap, à Durban, à Pretoria et à Johannesburg, ont des réseaux de bus.
- Les bus sont bon marché.
- Ils effectuent de nombreux itinéraires.
- Les bus cessent de rouler assez tôt dans la soirée sur la plupart des lignes ; le service est réduit le week-end.
- En termes de sécurité et de commodité, seuls les bus MyCiTi du Cap et les People Mover de Durban sont recommandés.

Taxis collectifs

Les taxis collectifs vous permettront de vous déplacer aussi bien en ville que dans la banlieue et même de rejoindre les villes voisines. En les empruntant, vous aurez un aperçu plus authentique de la vie quotidienne des habitants, mais sachez qu'il existe des problèmes de sécurité.

- Ils partent quand ils sont pleins.
- En Afrique du Sud, "pleins" ne signifie pas "surchargés de passagers", contrairement à d'autres pays d'Afrique.
- La plupart prennent de 14 à 16 passagers.
- Les "sprinters", légèrement plus grands, peuvent charger une vingtaine de personnes.
- Faute de trains et de bus, les taxis collectifs sont parfois les seuls modes de transport public.
- Le week-end, le service est souvent réduit ou inexistant.
- Dans certaines agglomérations et sur certains itinéraires longs, le taxi classique partagé est parfois le seul transport disponible.
- Les taxis partagés sont plus chers que les taxis-minibus, et affichent un niveau de sécurité comparable.
- Le site TaxiMap (taximap.co.za) regroupe les itinéraires des taxis collectifs, les tarifs et d'autres informations.

VOYAGER EN SÉCURITÉ

L'argent économisé en prenant un taxi collectif ne vaut pas le risque pris en termes de sécurité. Dans l'ensemble, il n'est pas recommandé de prendre des taxis collectifs.

Les chauffeurs conduisent plutôt mal et les véhicules sont en mauvais état.

Les accidents sont fréquents.

Il arrive parfois que des rixes violentes éclatent entre compagnies rivales.

Les stations de taxis collectifs et leurs environs immédiats sont généralement peu sûrs.

Agressions, pickpockets, harcèlement et autres incidents sont monnaie courante.

Si vous voyagez en taxi collectif, évitez de le faire de nuit ; regardez dans les journaux les compagnies et les zones à éviter.

À certains endroits, les taxis collectifs sont relativement sûrs en journée. C'est notamment le cas dans le centre du Cap, où les habitants de diverses classes sociales les empruntent.

Ne voyagez pas avec des bagages, notamment parce que la plupart des taxis collectifs n'en prennent pas sur leur toit, et parce que caser son sac à dos peut être une vraie gageure.

LESOTHO ET ESWATINI

Les taxis collectifs ne brillent pas non plus par leur bilan en matière de sécurité routière, mais vous n'aurez parfois pas le choix et devrez les emprunter. Ils sont largement utilisés, aussi bien pour de courts trajets que pour de longs parcours. Sachez néanmoins que le voyage peut être long, avec de nombreux arrêts et de longues heures d'attente en attendant qu'ils se remplissent.

Dans les grandes villes du Lesotho, vous trouverez des taxis "four-plus-ones" ("quatre plus un"), des taxis normaux qui prennent des passagers au fur et à mesure de leur itinéraire. Ils sont plus chers et plus confortables que les taxis collectifs, mais ne sont souvent utilisés que sur de courts trajets.

Taxis privés

AFRIQUE DU SUD

- Les grandes villes disposent de services de taxis privés.
- Des stations de taxis sont installées dans les quartiers fréquentés.
- Il est souvent plus sûr d'appeler un taxi par téléphone ; il vous faudra attendre, mais le véhicule sera sûrement de meilleure qualité que ceux qui attendent aux stations.
- Les tarifs varient selon les villes ; au Cap, comptez environ 10 R le kilomètre, avec un minimum de 30 R.
- Uber est répandu dans les grandes villes, en particulier au Cap, à Johannesburg, à Pretoria, à Durban et à Port Elizabeth.

LESOTHO ET ESWATINI

- On trouve des taxis privés dans les grandes villes.
- Ils sont plus chers que les taxis collectifs, mais le tarif est souvent négociable.
- Demandez à votre hébergement de vous commander un taxi plutôt que d'en héler un dans la rue : le véhicule sera probablement de meilleure qualité et vous pourrez demander à votre hébergement une compagnie de bonne réputation.

DU BON USAGE DES TAXIS COLLECTIFS

- Les voyageurs ayant des bagages s'assoient sur la première banquette, derrière le chauffeur.
- Installez-vous près de la fenêtre pour faciliter l'accès aux autres passagers.
- Faites passer l'argent à l'avant (le vôtre et celui des passagers autour de vous) à l'assistant du chauffeur.
- Si vous occupez le strapontin près de la portière, c'est à vous d'ouvrir et de refermer celle-ci chaque fois qu'un passager descend. Vous devrez sortir du taxi à chaque fois.
- Certains taxis collectifs, par exemple au Cap, ont un "contrôleur" qui hèle les passagers potentiels et se charge d'ouvrir et de fermer la portière.
- Dites "*Thank you, driver!*" lorsque vous souhaitez descendre, et non pas "*Stop!*"

Vélo

Afrique du Sud

Si vous avez les mollets assez solides pour grimper ses collines, l'Afrique du Sud se prête bien au cyclisme. Vous serez séduit par la variété et la beauté de ses paysages, ses nombreux terrains de camping et ses routes secondaires, pour la plupart peu fréquentées. La principale difficulté consiste à partager le bitume avec les conducteurs sud-africains, dont la conduite est erratique et agressive.

Achat On trouve un bon choix de VTT dans les plus grandes villes sud-africaines, surtout au Cap. Johannesburg et Le Cap sont les meilleurs endroits pour commencer votre recherche. Pour revendre votre vélo à la fin de votre voyage, essayez les tableaux d'affichage des auberges de jeunesse, les boutiques de cycles, les clubs et le site www.gumtree.co.za.

Climat N'oubliez pas que la pluie tombe surtout en été (fin novembre-mars), parfois sous forme de violents orages, sauf dans Le Cap-Occidental et sur la côte ouest. Lorsqu'il ne pleut pas, la chaleur peut être accablante, notamment dans le *lowveld*, qui souffre, de surcroît, d'un fort taux d'humidité.

Dangers Les distances entre les grandes villes sont souvent longues, mais hormis certaines régions isolées, comme le Karoo ou le Limpopo, vous n'êtes jamais très loin d'un village ou d'une ferme. Beaucoup de routes sont dépourvues de bande d'arrêt d'urgence ; quand elles en ont, elles sont souvent utilisées par les automobilistes comme une voie lente. Il est interdit de circuler à vélo sur les autoroutes, et les routes près des zones urbaines sont très fréquentées et dangereuses. Avant d'entreprendre un périple, mettez-vous en contact avec d'autres cyclistes par l'intermédiaire des clubs cyclistes locaux ou des magasins de vélos pour obtenir des informations récentes sur l'état des routes. Prenez garde aux vols : munissez-vous d'un bon cadenas, laissez votre vélo à l'intérieur de votre lieu d'hébergement (de préférence dans votre chambre) et attachez-le solidement.

Location Certaines auberges de jeunesse louent des VTT à la journée. En ville, certaines boutiques de cycles louent des VTT, mais il faut généralement laisser une caution avec une carte de crédit.

Meilleures régions Les routes de la péninsule du Cap et des Winelands sont très appréciées, mais très fréquentées et balayées par le vent, en été. La Wild Coast est à la fois belle et ardue. Le *lowveld* du Nord déroule de vastes plaines.

Pièces détachées En ville, on trouve des VTT et des pièces détachées un peu partout. Vous aurez cependant des difficultés pour vous procurer des pièces de remplacement pour les vélos de randonnée, surtout en dehors du Cap et de Johannesburg. Avant de vous aventurer dans le veld, prenez contact avec une bonne boutique en ville, au cas où vous auriez besoin de vous faire envoyer quelque chose.

Transports publics Il est possible de prendre le train avec un vélo, mais la plupart des compagnies de bus refusent de les mettre dans leurs soutes et les taxis collectifs n'acceptent pas de bagages sur le toit.

Lesotho et eSwatini

Les deux pays sont d'excellentes destinations pour les vététistes. Faites le plein de pièces détachées en Afrique du Sud. Orages d'été et inondations peuvent cependant poser problème. Il n'est pas courant de transporter son vélo dans les transports publics, mais il est généralement possible de négocier avec le chauffeur.

Lesotho Les voyageurs doivent apporter leur propre vélo, et vu le terrain, il leur faut des jambes en béton.

eSwatini Évitez les grandes villes et l'Ezulwini Valley, où la circulation est intense. De courts circuits cyclistes sont possibles sur les pistes de VTT du **Hlane Royal National Park** (☎2528 3943 ; www.biggameparks.org/hlane ; 50 E ; ⏰6h-18h) et du **Mlilwane Wildlife Sanctuary** (carte p. 534 ; ☎2528 3943 ; www.biggameparks.org/mlilwane ; près de MR103 ; 50 E; ⏰6h-18h), qui proposent respectivement des sorties guidées et la location de vélos.

Voiture et moto

L'Afrique du Sud est une destination de choix pour un *road trip*. Pour un itinéraire loin des lignes de bus et de train, mieux vaut vous déplacer avec votre propre véhicule plutôt que de faire appel à un tiers. D'ailleurs, en groupe, louer une voiture est souvent l'option la plus économique.

On trouve facilement des cartes routières en Afrique du Sud.

Achat de voiture

L'Afrique du Sud est le pays le plus opportun pour acheter un véhicule avant de voyager en Afrique australe ou plus loin en Afrique subsaharienne. L'achat est rentable si vous restez plus de 3 mois.

Johannesburg est la ville a plus indiquée : les prix sont souvent plus bas et les voitures ont tendance à être moins rouillées qu'au Cap et dans les autres villes côtières. Le Cap est le meilleur endroit pour la revente ; le marché y est plus modeste et les prix tendent à être plus élevés.

À Johannesburg, des concessionnaires d'occasion sont regroupés sur Great North Rd, Benoni ; au Cap, sur Voortrekker Rd entre les stations de métro Maitland et Bellville.

Chez un particulier, les prix à l'achat sont considérablement inférieurs, mais vous n'aurez aucune garantie. En outre, trouver le véhicule de votre choix vous prendra probablement plus de temps. Les concessionnaires sauront vous renseigner sur les laborieuses procédures d'immatriculation, et disposeront éventuellement de certains des formulaires nécessaires. Vous en trouverez peut-être même un qui acceptera un contrat de rachat, sachant que les conditions ne vous seront sans doute pas favorables.

Les prix sont élevés. Voici quelques exemples d'achat réalisés par des lecteurs et des auteurs de Lonely Planet : 124 000 R chez un concessionnaire Benoni pour un 4x4 pick-up Nissan (4 ans, 135 000 km au compteur) ; 70 000 R à un particulier du Cap pour une Toyota Corolla (7 ans, 95 000 km) ; et plus récemment 60 000 R à un particulier du Cap pour une Renault Clio (10 ans, 120 000 km).

FORMALITÉS ADMINISTRATIVES

Assurez-vous que la voiture est bien celle décrite sur la carte grise (*registration papers*), que le pare-brise porte une vignette en cours de validité et que le carnet d'entretien est à jour. Avant de conclure la vente, vérifiez que le nom figurant sur la carte grise correspond aux papiers d'identité du vendeur. Contrôlez également le numéro du moteur et du châssis.

Un certificat de contrôle technique est obligatoire au moment du changement de carte grise et du paiement de la vignette. Les centres de contrôle technique délivrent un certificat moyennant quelques centaines de rands, et négligent généralement les petits défauts. Au Cap, nombre d'entre eux sont regroupés dans Oswald Pirow St (aussi appelée Christiaan Barnard St), près du Civic Centre.

IMMATRICULATION

Faire enregistrer votre voiture est une corvée administrative qui devrait vous prendre environ 2 semaines. Certains fonctionnaires disent aux voyageurs qu'ils ne peuvent immatriculer une voiture sans avoir la nationalité sud-africaine, mais ce n'est pas vrai.

Les formulaires à remplir sont disponibles dans les bureaux d'immatriculation des véhicules et chez les concessionnaires :

- ANR8 (demande et avis pour votre immatriculation).
- RIV/NCO5 (notification de changement de propriétaire/ de vente d'un véhicule motorisé).

Remplissez le formulaire ANR8 dès que possible, car il permet d'enregistrer les personnes autorisées à conduire sur les routes sud-africaines. Sans ce document, il est impossible d'immatriculer un véhicule à votre nom. La procédure nécessite plusieurs semaines. Il vous faut généralement un justificatif de domicile permanent, par exemple une facture à votre nom ; vérifiez les papiers nécessaires, car ces formalités sont un obstacle pour les étrangers.

PIRATERIE ROUTIÈRE

À Johannesburg, et dans une moindre mesure dans les autres grandes villes du pays et ailleurs dans les provinces du Nord-Est, le car-jacking est un danger réel.

- Sachez que vous prenez plus de risques en conduisant une voiture voyante qu'un véhicule de location classique. Restez vigilant, évitez de circuler la nuit, et, si vous devez le faire, roulez vitres fermées et portières verrouillées.
- Si vous êtes arrêté à un feu rouge et remarquez quelque chose de suspect, vérifiez que la voie est libre et brûlez le feu. En cas d'agression, ne résistez pas mais donnez immédiatement vos clés. Les voleurs sont presque toujours armés et il leur arrive de tuer pour parvenir à leurs fins.

PARKING ET GARDIENS

Il est généralement facile de se garer à proximité des sites, des restaurants et des hôtels dans toute l'Afrique du Sud. À Johannesburg et là où la délinquance est problématique, on trouve souvent des parkings sécurisés.

Si vous stationnez dans la rue ou même dans un parking d'une grande ville, un "gardien" vous proposera peut-être ses services. Il gardera un œil sur votre voiture en échange d'une modeste somme ; 2 R pour une courte période, de 5 à 10 R si vous partez plus longtemps. Il peut également vous proposer de laver votre voiture pour 20 R de plus. Ne le payez qu'au moment de partir et ne le rémunérez pas s'il n'est pas venu dès votre arrivée pour vous proposer ses services. Payez la bonne personne : au Cap, par exemple, les gardiens officiels portent souvent des gilets distinctifs.

Pour valider votre formulaire RLV/NCO5, présentez-vous à un bureau d'immatriculation avec les documents suivants :

- votre passeport et une photocopie,
- une copie de la pièce d'identité du vendeur,
- le certificat d'immatriculation (au nom du vendeur),
- un certificat de bon état du véhicule,
- une preuve d'achat,
- un justificatif de domicile (une lettre de votre hôtel devrait suffire),
- un permis de conduire valide,
- le montant de l'immatriculation en espèces.

Dans l'idéal, faites des photocopies certifiées de la carte d'identité et des autres documents avant de les donner.

Les frais augmentent chaque année. Tablez toutefois sur un minimum de 400 R pour obtenir l'immatriculation et l'autorisation d'un véhicule.

Si votre permis a expiré, vous devrez payer une pénalité.

RENSEIGNEMENTS

Auto Trader (www.autotrader.co.za). Annonces dans tout le pays.

Cape Ads (www.capeads.com) Annonces au Cap et dans les environs.

NaTIS (www.natis.gov.za). Formulaires et renseignements sur l'immatriculation des véhicules.

Gumtree South Africa (www.gumtree.co.za). Annonces dans tout le pays.

Mahindra Benoni (www.mahindrabenoni.co.za). Concessionnaire de Johannesburg. Vente et reprise de voitures et de pick-up. Vend régulièrement à des étrangers et les aide à effectuer les démarches pour une immatriculation.

South African Government Services (www.gov.za). Renseignements sur les formalités d'immatriculation et de délivrance des permis de conduire. Cliquez sur "Services", "Services for Foreign Nationals" et "Driving".

Western Cape Government (www.westerncape.gov.za). Formulaires et conseils sur l'immatriculation d'un véhicule au Cap-Occidental. Cliquez sur "Directories" puis sur "Services" et cherchez le lien "Licences, Permits et Certificates". Coordonnées des bureaux d'immatriculation au Cap et alentour ; cliquez sur "Directories" puis "Facilities" et cherchez le lien vers les "Motor Vehicle Registering Authorities".

Assurance

Il est fortement recommandé de contracter une assurance au tiers, ainsi que d'assurer votre véhicule contre le vol ou les dommages matériels, même si ce n'est pas obligatoire pour les propriétaires de véhicules privés.

La durée minimum d'assurance est généralement d'un an.

À la location, une assurance avec franchise est habituellement incluse. Exonération ou réduction de la franchise avec supplément.

Vérifiez que l'assurance ou le contrat de location couvre les dégâts causés par la grêle, éventualité bien réelle en été dans le *highveld* et le *lowveld*.

Compagnies d'assurance :

Automobile Association of South Africa (AASA ; ☎0861 000 234 ; www.aa.co.za)

Old Mutual iWyze (☎0860 66 66 59 ; www.oldmutual.co.za)

Outsurance (☎0800 60 600 ; www.outsurance.co.za)

Sansure (☎0860 786 847 ; www.sansure.co.za)

Automobile-clubs

L'**Automobile Association of South Africa** (AASA ; ☎086 100 0234 ; www.aa.co.za) propose un service d'assistance en cas de panne qui peut s'avérer utile.

Sa flotte de véhicules d'urgence opère dans tout le pays. Ailleurs, des prestataires certifiés par l'AA prennent le relais. De nombreux autres avantages sont offerts aux membres. L'adhésion coûte au minimum 140 R par mois. Consultez le site Internet pour les actualités automobiles, des renseignements et des conseils.

Les membres de clubs étrangers qui font partie de la Fédération internationale de l'automobile (www.fia.com) bénéficient d'un accès à l'AASA – contactez votre club pour connaître vos avantages en Afrique du Sud.

Code de la route

➜ En Afrique du Sud, au Lesotho et en eSwatini, on roule à gauche.

➜ La ceinture de sécurité est obligatoire pour le conducteur et tous les passagers.

➜ Le code de la route connaît quelques variantes locales : la principale est le *four-way stop*, qui existe même sur les grandes routes. Lorsque vous arrivez à ce genre de carrefour à quatre voies, vous devez vous arrêter. S'il y a d'autres véhicules au croisement, ceux qui sont arrivés avant vous ont la priorité, même s'ils arrivent d'une route secondaire.

➜ Au Lesotho, les barrages de police sont nombreux. Arrêtez-vous dès qu'on vous fait signe, et attendez qu'on vous invite à avancer. La plupart des policiers se contentent de rapidement vérifier vos papiers ou vous font simplement signe de continuer.

➜ Si vous vous faites arrêter au Lesotho ou en eSwatini au volant d'une voiture louée en Afrique du Sud, vous devrez probablement montrer la lettre de l'agence vous autorisant à franchir la frontière avec le véhicule.

➜ Au eSwatini, si vous voyez arriver un cortège officiel ou royal, rangez-vous sur le bas-côté et arrêtez votre moteur.

LIMITATION DE VITESSE

Respectez les limitations de vitesse même si, dans leur grande majorité, les Sud-Africains continuent de les ignorer. Les radars routiers et les pistolets radars sont pourtant de plus en plus courants en Afrique du Sud.

Afrique du Sud 100 km/h sur route ; 120 km/h sur la plupart des autoroutes ; 60 km/h en agglomération ; et 40 km/h dans les parcs et réserves naturels.

Lesotho La vitesse est limitée à 80 km/h sur les routes principales et à 50 km/h dans les villages.

eSwatini 60 km/h dans les villes ; 80 km/h sur les routes principales et 120 km/h sur la plupart des grandes autoroutes.

Dangers de la route

➜ Les routes sud-africaines sont dangereuses. Le pays accuse un taux d'accidents terriblement élevé, avec plus de 10 000 morts par an.

➜ Voici des sections de routes notoirement dangereuses : la N1 entre Le Cap et Beaufort West, et entre Polokwane (Pietersburg) et Louis Trichardt (Makhado) ; la N2 entre Le Cap et Caledon, le long de la Garden Route, entre East London et Kokstad, et entre Durban et Tongaat ; la N12 entre Springs et Witbank ; la N4 entre Middelburg et Belfast.

➜ Les principaux dangers sont les autres automobilistes, qui pour beaucoup conduisent mal et de façon agressive. Faites particulièrement attention aux chauffeurs de taxis collectifs, qui conduisent à toute allure des véhicules douteux ; ils manquent parfois de sommeil.

➜ Les dépassements sans visibilité sont légion.

➜ Sur les routes principales, les automobilistes arrivant derrière vous font des appels de phares et s'attendent à ce que vous vous mettiez sur la bande d'arrêt d'urgence pour les laisser passer, même avant un virage et quoi qu'il se passe sur le bas-côté. Ils vous collent jusqu'à ce que vous leur cédiez la place.

➜ Sur les routes secondaires peu fréquentées, les conducteurs roulent souvent vite.

➜ Soyez prudent dans les tournants sans visibilité.

➜ Malgré les barrages routiers et les alcootests pratiqués en Afrique du Sud, surtout dans les zones urbaines, l'ivresse au volant est monnaie courante. Ne vous laissez pas fléchir par la grande décontraction ambiante face à l'alcool au volant ; si vous vous faites prendre, vous pourriez finir en prison. Mieux vaut désigner un conducteur qui ne boit pas.

➜ Les animaux d'élevage, sauvages (surtout les babouins) et les piétons s'aventurent souvent sur la chaussée, particulièrement dans les zones rurales. Si vous percutez un animal dans une région où vous ne vous sentez pas en sécurité, ne vous arrêtez pas, mais signalez-le au poste de police le plus proche.

➜ Sur les routes qui traversent les townships (par exemple la N2 entre l'aéroport international du Cap et la ville), des objets contondants sont parfois placés sur la route pour obliger les automobilistes à s'arrêter après avoir roulé dessus. C'est le moment que les agresseurs choisissent pour les voler. Si cela vous arrive, continuez jusqu'à un garage pour faire vérifier votre véhicule et signalez l'incident au poste de police.

➜ À la saison des pluies, le brouillard épais risque de vous ralentir considérablement, surtout au KwaZulu-Natal et au Mpumalanga.

➜ Dans le *highveld* et le *lowveld*, des chutes de grêle peuvent endommager votre voiture.

Essence et pièces détachées

➜ Le sans-plomb coûte 12 R/litre.

➜ Un pompiste remplira votre réservoir et nettoiera vos vitres – prévoyez 2-5 R de pourboire. S'il contrôle votre niveau d'huile, d'eau ou vos pneus, prévoyez 5-10 R.

➡ De nombreuses pompes bordent les grands axes. Elles sont souvent ouvertes 24h/24.

➡ Il y a des stations-service dans toutes les grandes villes sud-africaines.

➡ Dans les zones rurales, faites le plein dès que vous le pouvez.

LESOTHO

➡ Les principales stations-service sont à Maseru, vous en trouverez peu ailleurs.

➡ Dans les autres grandes villes, on trouve peu de stations-service, où le carburant n'est pas toujours au rendez-vous.

➡ Emportez toujours un jerrican avec vous.

ESWATINI

➡ Les principales stations-service se trouvent surtout à Mbabane et à Manzini.

➡ Manzini est le meilleur endroit pour trouver des pièces détachées.

État des routes

AFRIQUE DU SUD

➡ Un bon réseau d'autoroutes sillonne le pays.

➡ Les grandes routes sont généralement en bon état.

➡ En dehors des villes, vous rencontrerez peut-être des pistes en terre, dont la plupart sont en pente douce et peu accidentées.

➡ Renseignez-vous sur place sur l'état des routes de gravier et sur celui des routes tertiaires, qui peuvent se détériorer lorsqu'il pleut.

➡ Dans les zones rurales, méfiez-vous des nids-de-poule, des glissements de terrain ou des virages en épingle à cheveux non signalés, ainsi que de la présence de bétail, d'enfants ou de chiens sur les routes.

➡ L'autoroute N2 traversant la région de la Wild Coast est en mauvais état.

LESOTHO

➡ La conduite au Lesotho peut s'avérer ardue, notamment à cause des déclivités abruptes, des virages en épingle à cheveux et de la météo capricieuse.

➡ De nouvelles routes sont construites et réaménagées ; beaucoup sont financées par les compagnies minières chinoises et par le Highlands Water Project.

➡ Pendant les travaux, les routes gravillonnées et goudronnées praticables auparavant ne sont plus accessibles aux voitures classiques.

➡ Une route goudronnée, praticable en voiture classique, se parcourt dans le sens des aiguilles d'une montre, de Qacha's Nek à Mokhotlong, avec possibilité de poursuivre jusqu'au Sani Top (col Sani).

➡ Des tronçons goudronnés et couverts de gravier de bonne qualité permettent également aux voitures classiques d'accéder à Semonkong (depuis le nord et le sud), à Thaba-Tseka (depuis le nord et l'ouest) et au Ts'ehlanyane National Park.

➡ Hormis les problèmes causés par les travaux, les routes bitumées des hautes terres sont généralement en bon état, mais très escarpées par endroits.

➡ La pluie vous ralentira et, en hiver, le verglas et la neige peuvent être dangereux.

➡ Avec une voiture automatique, vous aurez besoin de garder le pied sur la pédale de frein pour négocier les virages serrés en descente.

➡ Hors des principaux axes routiers, il y a des endroits où même les 4x4 ont du mal à passer, par exemple sur la route au nord du Sehlabathebe National Park.

➡ Outre le mauvais état des routes, le plus grand danger provient des crues qui suivent les orages d'été.

➡ Faites aussi attention aux personnes et aux animaux qui pourraient vous couper le chemin.

➡ La police et l'armée établissent parfois des barrages routiers (*roadblocks*).

ESWATINI

Le eSwatini possède un bon réseau routier, et la plupart des grands axes sont bitumés. Les routes non bitumées sont généralement en assez bon état, excepté après de fortes pluies. La MR3, qui traverse l'eSwatini d'ouest en est, est une grande autoroute qui se prolonge jusqu'à Manzini à l'est. Soyez prudent à Malagwane Hill, entre Mbabane et l'Ezulwini Valley, en particulier par temps pluvieux ou en cas de grosse circulation : la route figurait naguère dans le *Livre Guinness des records* comme le tronçon le plus dangereux du monde.

Loin des villes et des postes-frontières, vous croiserez très peu de véhicules, mais méfiez-vous des conducteurs ivres et des animaux, ainsi que des minibus roulant à tombeau ouvert, surtout sur les routes gravillonnées.

Location de voiture

➡ La location de voiture, à partir de 200 R par jour pour les locations de longue durée, est bon marché en Afrique du Sud comparé à l'Europe et à l'Amérique du Nord.

➡ De nombreuses compagnies facturent un supplément lorsque le conducteur a moins de 21 ans.

➡ La plupart des agences de location demandent la carte de crédit du conducteur.

- Vous obtiendrez des tarifs plus avantageux en réservant en ligne quelques mois à l'avance.
- La plupart des agences imposent un kilométrage journalier limité, avec supplément pour chaque kilomètre supplémentaire, ce qui peut s'avérer gênant si vous envisagez de rouler beaucoup. Quatre cents kilomètres par jour est généralement suffisant. Si vous prévoyez une ou deux étapes, un kilométrage de 200 km pourra même suffire. Quelques agences locales proposent néanmoins un kilométrage illimité. Si vous avez recours à une compagnie internationale et réservez dans une filiale à l'étranger, on vous proposera peut-être un kilométrage illimité sans frais supplémentaires, sauf en pleine saison, de décembre à janvier par exemple.
- Assurez-vous que les tarifs annoncés comprennent les 14% de TVA.
- Louer une voiture dans une ville et la rendre dans une autre est facturé en fonction de la distance entre les deux.
- Il y a des agences de location dans les grandes villes et les aéroports, mais il est généralement moins cher de louer dans un grand centre urbain comme Johannesburg ou Le Cap.

LESOTHO ET ESWATINI

Il revient généralement moins cher de louer un véhicule en Afrique du Sud pour passer ensuite la frontière. Il vous faudra une lettre d'autorisation de l'agence pour pouvoir passer la frontière, mais certaines agences facturent ce service (environ 500 R).

Au Lesotho, on trouve des agences de location à Maseru et à l'aéroport international Moshoeshoe I.

Au eSwatini, des agences de location se trouvent à Mbabane et à l'aéroport international King Mswati III.

AGENCES DE LOCATION

En plus des agences répertoriées ci-dessous, voyez les auberges de jeunesse et les agences de voyages, qui offrent fréquemment des formules intéressantes. Les compagnies locales sont souvent moins chères, mais elles sont éphémères et leurs véhicules sont souvent plus anciens.

Argus (www.arguscarhire.com). Afrique du Sud, Lesotho et eSwatini. Moteur de recherche en ligne.

Around About Cars (www.aroundaboutcars.com). Afrique du Sud et eSwatini. Agence petits budgets recommandée qui obtient des tarifs intéressants auprès des autres prestataires, comme Budget, Tempest et First. L'une des rares à proposer un kilométrage illimité.

Avis (www.avis.co.za). Afrique du Sud, Lesotho et eSwatini.

Budget (www.budget.co.za). Afrique du Sud et eSwatini.

Europcar (www.europcar.co.za). Afrique du Sud, Lesotho et eSwatini.

First (www.firstcarrental.co.za). Afrique du Sud.

Hertz (www.hertz.co.za). Afrique du Sud.

Sixt (www.sixt.com). Afrique du Sud.

Tempest (www.tempestcarhire.co.za). Afrique du Sud.

Thrifty (www.thrifty.co.za). Afrique du Sud.

CAMPING-CARS, 4X4 ET MOTOS

- Certaines locations de camping-cars/mobil-homes incluent le matériel de camping.
- Il n'est pas toujours possible de les louer dans une ville et de les rendre dans une autre.
- Les camping-cars "Bakkie", avec deux couchettes à l'arrière d'un pick-up couvert, sont moins chers.
- On peut louer mobylettes et scooters au Cap et autres lieux touristiques.
- Au Lesotho et dans les provinces comme Le Cap-Nord et Le Cap-Occidental, envisagez un 4x4 pour pouvoir vous déplacer sur les routes de gravier et dans les nombreux parcs nationaux.
- Outre les agences de location classiques, voir aussi **Britz** (www.britz.co.za) au Cap, à Johannesburg et dans d'autres villes pour des 4x4, **Drive South Africa** (www.drivesouthafrica.co.za) au Cap, pour des 4x4 et des camping-cars, et **Maui** (www.maui.co.za) au Cap et à Johannesburg pour des camping-cars.

Péages

Sur certaines autoroutes sud-africaines, il faut s'acquitter d'un péage en fonction de la distance parcourue. On peut généralement payer en espèces ou par carte bancaire. Beaucoup de voitures de location sont équipées d'un "badge" de télépéage : au moment de passer le péage, le dispositif émet un "bip" et la barrière s'ouvre automatiquement. Le prix du péage est ensuite ajouté à la facture de location.

Vous apercevez facilement les panneaux indiquant le début d'une section à péage : un "T" noir dans un cercle jaune. Un itinéraire de remplacement, gratuit, est normalement indiqué par un "A" noir dans un cercle jaune.

Calculez le prix du péage pour un trajet donné sur le site www.drivesouthafrica.co.za.

Permis de conduire

- Vous pouvez utiliser votre permis de conduire, à condition qu'il soit traduit en anglais (traduction assermentée). Sinon, vous pouvez toujours vous procurer un permis de conduire international auprès des autorités de votre pays.

➡ La police demandant généralement à voir le passeport des conducteurs étrangers, ayez-en une photocopie dans votre voiture.

➡ Les conducteurs dans l'incapacité de montrer leur permis de conduire, leur passeport ou autres papiers d'identité risquent d'être verbalisés.

Signalisation

L'Afrique du Sud dispose d'une signalisation de qualité. Les panneaux sont plus rares sur les routes secondaires et tertiaires. Ils n'indiquent parfois que le numéro de la route ou la direction des agglomérations des environs, au lieu d'indiquer la prochaine grande ville.

Les routes sont en principe numérotées (comme la R44). Quand vous demandez votre chemin, la majorité des gens se réfèrent aux numéros des routes seulement.

Au Lesotho, les principales routes sont numérotées, à partir de la A1 (Main North Rd). Les routes secondaires qui en partent portent la lettre B.

Circuits organisés

De nombreux tour-opérateurs locaux proposent des circuits aux voyageurs étrangers, depuis les expéditions bon marché en camion jusqu'aux safaris haut de gamme, en passant par les excursions en 4x4 et les randonnées équestres d'une semaine.

Les auberges de jeunesse de tout le pays sont de bonnes sources d'informations pour les circuits destinés aux voyageurs au budget limité. Beaucoup collaborent avec des prestataires économiques et possèdent une billetterie et des panneaux d'affichage.

Essayez de réserver des excursions à la journée ou des nuitées aussi près que possible de votre destination. Par exemple, si vous êtes à Durban et que vous voulez visiter une réserve dans le nord du KwaZulu-Natal, cela revient généralement moins cher de se rendre dans une auberge de jeunesse près de la réserve et de partir en excursion d'une journée plutôt que de réserver une excursion plus longue depuis Durban. En outre, vous passerez plus de temps dans la réserve.

Acacia Africa (www.acacia-africa.com). Circuits avec camping dans toute l'Afrique australe. Propose aussi des circuits avec hébergement et safaris en petit groupe.

Ashworth Africa (www.ashworthafrica.com). Circuits et safaris de luxe sur mesure en Afrique du Sud et dans sa région.

Bok Bus (www.bokbus.com). Circuits économiques sur la Garden Route et dans les environs.

Cape Gourmet Adventure Tours (www.gourmet.cape-town.info). Circuits gastronomiques au Cap et au Cap-Occidental, de la pêche aux fruits de mer à la chasse au trésor gastronomique.

Drifters (www.drifters.co.za). Aventures et lodges en Afrique australe et orientale.

Go2Africa (www.go2africa.com). Spécialiste des safaris africains, proposant aussi bien des vacances à la plage que de luxueux périples en train.

Signature Tours (www.signaturetours.co.za). Circuits généralistes orientés sur la nature et la vie sauvage ; circuits en indépendant sur mesure et circuits guidés.

Springbok Atlas (www.springbokatlas.com). Visites en bus et safaris dans le pays et la région.

Swazi Trails (www.swazitrails.co.sz). Sorties sur le fleuve Maputo (Lusutfu) en eSwatini et dans tout le pays.

Thompsons Africa (www.thompsonsafrica.com). Circuits et safaris de catégories moyenne et supérieure.

Wilderness Safaris (www.wilderness-safaris.com). Agence orientée sur la protection environnementale proposant des safaris et circuits à thème haut de gamme ; gère également plusieurs camps de brousse de luxe.

Wildlife Safaris (www.wildlifesaf.co.za). Safaris de catégorie moyenne destinés aux voyageurs seuls et aux petits groupes, au départ de Johannesburg, pour le Kruger National Park, la Madikwe Game Reserve et le Blyde River Canyon.

Santé

En étant à jour dans vos vaccinations et en prenant quelques mesures préventives de base, vous avez peu de risques de contracter l'une des maladies décrites dans ce chapitre.

En effet, si les voyageurs se rendant en Afrique du Sud, au Lesotho et en eSwatini sont exposés à une grande variété de maladies tropicales, la probabilité d'en attraper une reste faible.

Outre les vaccinations nécessaires, veillez à vous protéger contre le paludisme (malaria), qui sévit dans la partie nord-est de l'Afrique du Sud et dans les régions de basse altitude de l'eSwatini.

AVANT LE DÉPART

Assurance santé

➡ Une assurance est essentielle. N'oubliez pas que les dépenses de santé peuvent représenter des sommes considérables, surtout en cas de rapatriement. Prenez avec vous tous les documents relatifs à l'assurance, ainsi que les numéros de téléphone à appeler en cas d'urgence.

➡ Vérifiez avant de partir si votre assurance réglera directement les frais médicaux encourus à l'étranger ou s'ils seront remboursés après. Gardez précieusement les reçus détaillant les soins et les coordonnées de l'hôpital ou du médecin.

➡ Si vous comptez séjourner au Lesotho et eSwatini, vérifiez que votre assurance couvre ces pays.

➡ Vérifiez que les "sports à risques", comme la plongée, la moto ou même la randonnée ne sont pas exclus de votre contrat, ou encore que le rapatriement médical d'urgence, en ambulance ou en avion, est couvert.

➡ Avant de souscrire une police d'assurance, vérifiez que vous ne bénéficiez pas déjà d'une assistance par le biais d'une carte bancaire, d'une mutuelle ou d'une assurance automobile.

Vaccins

➡ Plus vous vous éloignez des circuits classiques, plus il faut prendre vos précautions. Faites inscrire vos vaccinations dans un carnet international de vaccination (livret jaune) que vous pourrez vous procurer auprès de votre médecin ou d'un centre.

➡ Le **ministère des Affaires étrangères** (www.diplomatie.gouv.fr/voyageurs) effectue une veille sanitaire et met régulièrement en ligne des recommandations sur les vaccinations.

➡ Planifiez vos vaccinations à l'avance (au moins 6 semaines avant le départ), car certaines demandent des rappels ou sont incompatibles entre elles. Les vaccins ont des durées d'efficacité très variables ; certains sont contre-indiqués pour les femmes enceintes.

➡ Voici les coordonnées de quelques centres de vaccination :

Institut Pasteur (☎01 45 68 80 88 ; www.pasteur.fr/fr/sante ; 211 rue de Vaugirard, 75015 Paris ; ⊙lun-sam, vaccinations sur rdv)

Centre de vaccination Air France (☎01 43 17 22 00 ; www.vaccinations-airfrance.fr ; 38 quai de Jemmapes, 75010 Paris ; ⊙lun-sam sr rdv)

Hôpital Saint-Louis – Centre de vaccination internationale et d'information aux voyageurs (☎ 01 42 49 46 83 ; www.vaccin-voyage-ghparis10.aphp.fr ; 1 av. Claude-Vellefaux, 75010 Paris ; ⊙lun et jeu 14h-16h30, sam 8h30-12h30 sur rdv)

Centre de vaccinations ISBA (☎04 72 76 88 66 ; www.isbasante.com ; 7 rue Jean-Marie-Chavant, 69007 Lyon ; ⊙lun-ven sur rdv). Autres centres en France. Coordonnées sur le site Web.

VACCINS RECOMMANDÉS

MALADIE	DURÉE DU VACCIN	PRÉCAUTIONS
Diphtérie	10 ans	Recommandé
Hépatite virale A	5 ans (environ)	Il existe un vaccin combiné hépatites A et B qui s'administre en trois injections.
Hépatite virale B	10 ans (environ)	
Méningite	sans	Fortement recommandé pour les voyageurs se rendant en zone d'infection pendant la saison épidémique.
Rage	sans	Vaccination préventive lors d'un long séjour ou dans les zones reculées.
Rougeole	toute la vie	Indispensable chez l'enfant.
Tétanos et poliomyélite	10 ans	Fortement recommandé.
Typhoïde	3 ans	Recommandé si vous voyagez dans des conditions d'hygiène médiocres.

Trousse médicale de voyage

Si vous souffrez d'une maladie chronique et suivez un traitement de façon régulière, consultez votre médecin avant de partir. Emportez vos médicaments dans leur emballage d'origine, sur lequel figure bien l'étiquette. Il est utile d'avoir une ordonnance de votre docteur décrivant votre pathologie et les médicaments qu'il vous prescrit (avec les noms des génériques). Si vous emportez des seringues et des aiguilles, une ordonnance est indispensable. Si vous partez pour un long voyage, faites contrôler l'état de vos dents.

Préparez une trousse médicale de premiers secours, surtout si vous prévoyez de randonner ou de loger dans les parcs nationaux et les réserves naturelles.

- antibiotiques (voyage hors des sentiers battus)
- antidiarrhéique
- antihistaminique en cas de rhume, d'allergie, de piqûre d'insecte, de mal des transports
- antipaludéens (pour certaines zones)
- antiseptique ou désinfectant pour les coupures, les égratignures superficielles et les brûlures, ainsi que pansements gras pour les brûlures
- aspirine ou paracétamol (douleurs, fièvre)
- anti-inflammatoire (comprimés ou crème, en cas d'irritations allergiques cutanées)
- crème solaire
- produit contre les moustiques, écran total et pommade pour soigner les piqûres
- bande Velpeau et pansements pour les petites blessures
- paire de ciseaux à bouts ronds, pince à épiler et thermomètre à alcool
- petite trousse de matériel stérile comprenant une seringue, des aiguilles, du fil à suture, une lame de scalpel et des compresses
- sels de réhydratation
- thermomètre
- comprimés pour désinfecter l'eau, comme le Micropur
- préservatifs

Santé sur Internet

- Il existe de très bons sites Internet consacrés à la santé en voyage.
- Avant de partir, vous pouvez consulter les conseils en ligne du **ministère des Affaires étrangères** (www.diplomatie.gouv.fr), de l'**Organisation mondiale de la santé** (OMS ; www.who.int/fr) ou le site très complet du **ministère des Solidarités et de la Santé** (solidarites-sante.gouv.fr).
- Vous trouverez, par ailleurs, plusieurs liens sur le site de **Lonely Planet** (www.lonelyplanet.fr).

PENDANT LE VOYAGE

Vols long-courriers

- Les trajets en avion, principalement du fait d'une immobilité prolongée, peuvent favoriser la formation de caillots sanguins dans les jambes (par exemple une phlébite). Le risque est d'autant plus élevé que le vol est plus long.

➡ Généralement, l'un des premiers symptômes est un gonflement ou une douleur du pied, de la cheville ou du mollet.

➡ En prévention, buvez en abondance des boissons non alcoolisées, faites jouer les muscles de vos jambes lorsque vous êtes assis et levez-vous de temps à autre pour marcher dans la cabine.

Mal des transports

➡ Pour réduire les risques d'avoir le mal des transports, mangez légèrement avant et pendant le voyage.

➡ Si vous êtes sujet à ces malaises, essayez de trouver un siège dans une partie du véhicule où les oscillations sont moindres : près de l'aile dans un avion, au centre sur un bateau et dans un bus.

➡ Les antihistaminiques préviennent efficacement le mal des transports, qui se caractérise principalement par une envie de vomir, mais ils peuvent provoquer une somnolence.

EN AFRIQUE DU SUD, AU LESOTHO ET EN ESWATINI

Services médicaux

➡ Les services médicaux sont de bonne qualité dans tous les grands centres urbains d'Afrique du Sud.

➡ Les hôpitaux privés sont en général excellents.

➡ Les hôpitaux publics souffrent souvent de pénurie d'équipement et sont surchargés.

➡ Les services médicaux sont rarement fiables dans les régions reculées, comme dans une grande partie du Lesotho et de l'eSwatini.

➡ Votre hôtel devrait pouvoir vous recommander un médecin ou un centre médical proche.

➡ Les sites Internet des ambassades occidentales donnent souvent une liste de docteurs et de cliniques. Votre assurance peut aussi vous conseiller.

➡ En cas d'urgence, contactez votre ambassade ou votre consulat.

➡ La plupart des docteurs s'attendent à être payés immédiatement après la consultation.

➡ Dans certains hôpitaux, le règlement se fait au moment de l'admission du patient.

➡ Emportez vos médicaments si vous avez une maladie chronique.

➡ Les centres de transfusion sanguine procèdent à des tests pour déceler les hépatites B et C, la syphilis et le VIH. Il existe toutefois un risque infime de contracter le VIH via une transfusion de sang contaminé.

➡ L'eSwatini dispose de bons centres de soins à Mbabane, Manzini et dans l'Ezulwini Valley. Comptez autour de 350 E pour une consultation avec un généraliste, et jusqu'à 500 E avec un médecin spécialiste.

Maladies infectieuses et parasitaires

Bilharziose (schistomiasis)

Contamination Vers minuscules, hébergés par des escargots vivant dans l'eau douce stagnante. Lors d'une baignade, ces parasites pénètrent dans la peau et migrent jusqu'à la vessie ou les intestins. Rejetés dans les urines et les selles, ils contaminent à nouveau l'eau douce. La bilharziose touche le nord-est de l'Afrique du Sud et l'eSwatini, répandue au sud jusqu'à la Wild Coast (très occasionnellement) et à l'ouest jusqu'au Senqu (fleuve Orange) au Cap-Nord.

Symptômes et effets indésirables Premiers symptômes : fièvre, manque d'appétit, perte de poids, douleurs abdominales, fatigue, maux de tête, douleurs articulaires et musculaires, diarrhée, nausées, toux, mais le plus souvent l'infection est d'abord asymptomatique. Si elle n'est pas traitée, elle peut évoluer jusqu'à l'insuffisance rénale et des dommages intestinaux irréversibles.

Prévention et traitement Ne vous baignez pas dans des eaux stagnantes ou à faible débit (retenue d'eau, lacs, rivières). Après toute baignade en eau douce, prenez une douche ou un bain chaud et séchez-vous vigoureusement. Un test sanguin permet de détecter le parasite.

Hépatites

L'hépatite est un terme général qui désigne une inflammation du foie. Elle est le plus souvent due à un virus. Dans les formes les plus discrètes, le patient n'a aucun symptôme. L'hépatite peut parfois se résumer à un simple épisode de fatigue sur quelques jours ou semaines.

Hépatite A

Contamination Eau, coquillages et, d'une manière générale, tous les produits manipulés à mains nues. De manière très occasionnelle, par contact physique avec une personne contaminée.

Symptômes et effets indésirables Peau et blanc des yeux prennent une teinte jaune (ictère), urines très foncées, fièvre et douleurs abdominales. La fatigue peut être intense et la guérison relativement lente.

Prévention et traitement Vaccination. Si vous contractez l'hépatite A, abstenez-vous totalement de toute boisson alcoolisée pendant au moins 6 mois.

Hépatite B

Contamination Voie sexuelle ou sanguine (piqûre, transfusion).

Symptômes et effets indésirables Peau et blanc des yeux prennent une teinte jaune (ictère). Dans un faible pourcentage de cas, elle peut évoluer vers des formes chroniques dont, dans des cas extrêmes, le cancer du foie.

Prévention et traitement Évitez de vous faire percer les oreilles, tatouer, raser ou de vous faire soigner par piqûres si vous avez des doutes quant à l'hygiène des lieux. La vaccination est très efficace. En cas d'infection, il faut procéder à une injection d'immunoglobuline dans les 12 heures, se reposer, se nourrir sainement, boire abondamment, et éventuellement prendre des médicaments antiviraux, voire se faire soigner à l'hôpital. Si l'infection est chronique, la prise continue d'antiviraux et une greffe du foie peuvent être nécessaires.

Tuberculose (TB)

Contamination Voie aérienne (toux) ou ingestion de produits laitiers non pasteurisés faits avec du lait de vache tuberculeuse. La tuberculose est endémique en Afrique du Sud, au Lesotho et en eSwatini. Les personnes en contact étroit avec les populations locales, ou en séjour de longue durée, sont les plus sujettes à contracter la maladie.

Symptômes et effets indésirables Parfois asymptomatiques ou toux, perte d'appétit ou de poids, fatigue, fièvre ou sueurs nocturnes, survenant des mois, voire des années après l'exposition. La meilleure façon de déceler la maladie est de pratiquer une radiographie.

Prévention et traitement Éviter les endroits à forte densité et mal ventilés où l'on peut être en contact avec les porteurs de la maladie, comme les hôpitaux et les abris pour personnes sans domicile fixe. Il est conseillé aux voyageurs à risque de faire un test cutané avant de partir, et de refaire un test au retour. Le traitement dure de 6 à 9 mois.

Typhoïde

Contamination Aliment ou eau contaminés par des excréments humains infectés. La fièvre typhoïde est une infection du tube digestif.

Symptômes et effets indésirables Premiers symptômes : maux de tête et de gorge ainsi que fièvre. Ils peuvent être accompagnés de vomissements, de diarrhée ou de constipation. La deuxième semaine, quelques petites taches roses peuvent apparaître sur le corps. Un suivi médical est indispensable, dû au risque de septicémie (empoisonnement du sang). De plus, la typhoïde est très contagieuse.

Prévention et traitement Mieux vaut être vacciné, même si la vaccination n'est pas entièrement efficace, car l'infection est particulièrement dangereuse.

VIH

Contamination Par rapport sexuel (hétérosexuel ou homosexuel – anal, vaginal ou oral) avec un individu contaminé ; par le sang, les produits sanguins et les aiguilles contaminées. L'infection au VIH, agent causal du sida, est épidémique en Afrique du Sud, au Lesotho et en eSwatini.

Symptômes et effets indésirables Défaillance progressive du système immunitaire, menant à la mort.

Prévention et traitement Soyez prudent si vous avez des rapports sexuels avec la population locale, peu importe le milieu social ; et évitez les rapports d'un soir. Si vous pensez avoir été contaminé, procédez à un examen sanguin ; sachez qu'il faut attendre 3 mois avant de pouvoir détecter les anticorps dans le sang. Si la guérison n'est pas possible, des médicaments contrôlent les effets de la maladie.

Affections transmises par les insectes

Dengue

Contamination Piqûres de moustiques. Les zones concernées sont l'Elephant Coast, au nord du KwaZulu-Natal, l'est de l'eSwatini, et toute la région de l'Afrique du Sud s'étendant au-delà de la frontière nord-est avec l'eSwatini jusqu'aux confins

SE PROTÉGER DES MOUSTIQUES

Hormis les traitements préventifs, la protection contre les piqûres de moustiques est le premier moyen d'éviter d'être contaminé par le paludisme. Le soir, dès le coucher du soleil, couvrez vos bras et surtout vos chevilles, et mettez de la crème antimoustiques. Ils sont parfois attirés par le parfum ou par l'après-rasage.

- En dehors du port de vêtements longs, l'utilisation d'insecticides ou de répulsifs à base de DEET (de type Cinq sur Cinq) sur les parties découvertes du corps est à recommander (sauf pour les enfants de moins de 2 ans).
- Évitez de sortir vers le lever et le coucher du soleil.
- En vente en pharmacie, les moustiquaires constituent en outre une protection efficace, à condition qu'elles soient imprégnées d'insecticide. De plus, ces moustiquaires sont radicales contre les insectes à sang froid (puces, punaises, etc.) et permettent d'éloigner serpents et scorpions. Vérifiez bien que celles dans les hôtels n'ont pas de trous.
- D'une manière générale, le risque de contamination est plus élevé en zone rurale et pendant la saison des pluies.

EAU

Hormis dans les zones rurales ou touchées par la sécheresse comme Le Cap, l'accès à une eau de qualité n'est pas un problème en Afrique du Sud, et l'eau du robinet est potable.

Par contre, au Lesotho et en eSwatini, ne buvez jamais l'eau du robinet (même sous forme de glaçons). Préférez les eaux minérales et les boissons gazeuses.

Pour stériliser l'eau, la meilleure solution est de la faire bouillir durant 15 minutes. N'oubliez pas qu'à haute altitude elle bout à une température plus basse et que les germes ont plus de chances de survivre.

Un simple filtrage peut être très efficace mais n'éliminera pas tous les micro-organismes dangereux. Aussi, si vous ne pouvez faire bouillir l'eau, traitez-la chimiquement.

Le Micropur (vendu en pharmacie) tuera la plupart des germes pathogènes.

septentrionaux du Kruger National Park.

Symptômes Fièvre, maux de tête et douleurs musculaires (faisant penser à la grippe), accompagnés parfois d'une éruption cutanée.

Prévention et traitement Protégez-vous contre les piqûres de moustiques. Auto-médication : paracétamol (pas d'aspirine ou d'anti-inflammatoires non stéroïdiens comme l'ibuprofène), beaucoup de liquides et repos. La dengue hémorragique (avec fièvre élevée), qui affecte principalement les enfants, est plus sévère et exige de consulter immédiatement un médecin.

Paludisme (malaria)

Contamination Piqûre d'un moustique, l'anophèle femelle, qui libère un parasite dans le sang. Les zones à risque se limitent principalement au nord-est de l'Afrique du Sud (certaines parties du Kruger National Park, Limpopo, Mpumalanga et nord du KwaZulu-Natal) et en eSwatini (qui s'emploie toutefois à devenir le premier pays d'Afrique subsaharienne à être déclaré exempt de paludisme).

Symptômes et effets indésirables Le *Plasmodium falciparum* est la forme de paludisme la plus dangereuse, la plus courante en Afrique du Sud. Symptômes : maux de tête, fièvre et douleurs, accompagnés parfois de troubles digestifs, de diarrhée et de toux. Non traité, le paludisme peut avoir des suites graves, parfois mortelles. Attrapé durant la grossesse il est souvent la cause de fausse couche et d'accouchement prématuré ; le risque pour la mère et le bébé est donc considérable.

Prévention Les taux d'infection variant en fonction de la saison et du climat, vérifiez la situation avant de partir. Pendant les mois d'été, la prévention antipaludique est essentielle. Les médicaments antipaludéens n'empêchent pas la contamination, mais ils suppriment les symptômes de la maladie. Si vous voyagez dans des régions où la maladie est endémique, il faut absolument suivre un traitement préventif. La chimioprophylaxie fait le plus souvent appel à la chloroquine (seule ou associée au proguanil), ou à la méfloquine en fonction de la zone géographique du séjour, mais d'autres produits sont utilisables. Renseignez-vous impérativement auprès d'un médecin spécialisé, car le traitement n'est pas toujours identique à l'intérieur d'un même pays. Contrairement à certaines croyances, une crise de paludisme ne signifie pas que l'on est touché à vie.

Traitement Tout voyageur atteint de fièvre dans une zone impaludée, ou peu de temps après en avoir quitté une, doit subir un examen sanguin pour écarter tout risque d'infection, même s'il suit ou a suivi un traitement antipaludique. En cas de fièvre ou de symptômes grippaux, consultez un médecin au plus vite. Une prise en charge hospitalière est parfois nécessaire ; dans les cas les plus graves, même soigné par les meilleures unités de soins intensifs, le patient court un risque mortel.

Affections moins fréquentes

Choléra

Contamination Eau contaminée. Le risque de le contracter est faible. Il sévit par périodes surtout dans les zones rurales du Limpopo, du Mpumalanga, du KwaZulu-Natal, du Cap-Oriental et de l'eSwatini.

Symptômes Diarrhée soudaine, selles très liquides et claires, vomissements, crampes musculaires et extrême faiblesse. Il faut consulter un médecin ou aller à l'hôpital au plus vite, mais on peut commencer à lutter immédiatement contre la déshydratation, qui peut être très forte.

Prévention et traitement Dans les zones rurales de l'est de l'Afrique du Sud et de l'eSwatini, ne buvez pas l'eau du robinet et pelez les fruits et les légumes crus. Le traitement consiste à remplacer le liquide perdu (par voie orale ou par transfusion) ; parfois des antibiotiques sont nécessaires. Il faut absolument consulter un médecin.

Filariose lymphatique (éléphantiasis)

Contamination Piqûre d'un moustique infecté. Les larves déposées sur la peau migrent dans les vaisseaux lymphatiques, où elles se transforment en vers.

Symptômes et effets indésirables Démangeaisons locales et augmentation anormale de certaines parties du corps, le plus souvent les jambes et/ou les parties génitales, causant douleurs et invalidité. Dans les cas sévères, les reins et les systèmes lymphatique et immunitaire peuvent être atteints.

Prévention et traitement Évitez les piqûres de moustiques. Si vous avez été piqué, consultez un spécialiste des maladies infectieuses ou tropicales.

Coupures, morsures, piqûres

Piqûres et morsures

Causes Moustiques, scorpions (dans les zones arides), tiques (dans les zones rurales), abeilles et guêpes.

Symptômes et effets indésirables Des irritations, qui peuvent s'infecter. La piqûre douloureuse du scorpion peut être mortelle. Si vous êtes piqué, prenez un antidouleur et consultez un médecin si votre état empire. La fièvre à tique africaine (rickettsiose), infection bactérienne transmise par les tiques et engendrant des symptômes semblables à ceux de la malaria, est un risque dans le bas veld, y compris en eSwatini.

Prévention et traitement Prenez les mêmes précautions que pour vous prémunir contre le paludisme (vêtements couvrants, répulsif...). Si vous détectez une tique, utilisez un tire-tique (en vente en France dans certaines pharmacies et animaleries). À défaut, pressez autour de la tête avec une pince à épiler, saisissez la tête et tirez doucement. Ne tirez pas à l'arrière de la tête car le contenu des intestins de la tique peut remonter par la bouche et passer dans votre corps, ou la tête restera incrustée ; ces deux fausses manœuvres accroissent le risque d'infection. Asperger la tique d'un insecticide n'est pas recommandé, et cela ne la délogera pas. Si vous pensez avoir été mordu par une tique, consultez un médecin. Le traitement consiste à administrer une forte dose d'antibiotiques.

Rage

Contamination Morsures, griffures ou même simples coups de langue d'un animal contaminé : chien, singe et chat principalement. De rares cas de rage ont été rapportés d'Afrique du Sud, avec un risque accru dans les zones rurales.

Symptômes et effets indésirables Premiers symptômes : douleur et sensation de picotement à l'endroit de la morsure, accompagnées de fièvre, perte d'appétit et maux de tête. Dans les cas de rage "furieuse" : anxiété croissante, agitation, désorientation, raideur de la nuque, parfois syncopes ou convulsions, et hydrophobie. Dans la forme "paralytique" : atteinte de la moelle épinière, avec paralysie des muscles, puis du cœur et des poumons. Sans traitement, les deux formes sont létales.

Prévention et traitement Toute morsure ou griffure d'un mammifère doit être nettoyée immédiatement et à fond. Frottez avec du savon et de l'eau courante, puis nettoyez avec de l'alcool. S'il y a le moindre risque que l'animal soit contaminé, allez immédiatement voir un médecin. Même si l'animal n'est pas enragé, toutes les morsures doivent être surveillées de près pour éviter les risques d'infection et de tétanos. La vaccination préventive ne dispense pas de la nécessité d'un traitement antirabique immédiatement après un contact avec un animal enragé ou dont le comportement peut paraître suspect.

Serpents

Causes Parmi les serpents venimeux d'Afrique du Sud, on trouve le mamba noir, la vipère heurtante et le cobra du Cap. Les serpents affectionnent les rochers et le sable chauds, mais se mettent à l'abri durant les heures les plus brûlantes du jour.

Prévention Évitez de marcher pieds nus. Ne vous risquez pas à glisser la main dans des trous et des anfractuosités.

Traitement Les morsures de serpent ne provoquent pas instantanément la mort, et il existe généralement des antivenins. Il faut calmer la victime, lui interdire de bouger, bander étroitement le membre comme pour une foulure et l'immobiliser avec une attelle. Trouvez ensuite un médecin. N'essayez en aucun cas d'attraper le serpent s'il y a le moindre risque qu'il morde à nouveau. Prenez note de l'aspect du serpent afin de l'identifier, et demandez l'aide d'un médecin aussi vite que possible afin de faire administrer un antivenin.

Affections liées à l'environnement

Coup de chaleur

Causes Forte transpiration, déshydratation, pertes de fluides et de sels minéraux qui se régénèrent mal. Particulièrement courant lorsqu'on bouge beaucoup par grosse chaleur.

Symptômes et effets indésirables Maux de tête, vertiges et fatigue.

Prévention Boire de l'eau en quantité suffisante (les urines doivent être claires). Sachez qu'au moment où l'on ressent la sensation de soif, on est déjà déshydraté. Le soleil de l'Afrique australe peut être très fort, portez un chapeau.

Traitement Réhydratez-vous en buvant de l'eau, des jus de fruits, ou les deux, et en faisant baisser la température (bain d'eau fraîche, ventilateur). Compensez la perte en sels minéraux par l'ingestion de liquides salés, soupe ou potage, et en salant un peu plus vos plats.

Insolation

Causes Exposition prolongée au soleil. Cet état grave survient quand le mécanisme de régulation thermique du corps ne fonctionne plus : la température s'élève alors de façon dangereuse. Évitez l'alcool et les activités fatigantes lorsque vous arrivez dans un pays à climat chaud.

Symptômes et effets indésirables Malaise général, transpiration faible ou inexistante, forte fièvre et céphalée lancinante, difficultés à coordonner ses mouvements, signes de confusion mentale ou d'agressivité.

Traitement Il faut absolument hospitaliser le malade. En attendant les secours, installez-le à l'ombre, ôtez-lui ses vêtements, couvrez-le d'un drap ou d'une serviette mouillés et éventez-le continuellement.

Voyager avec des enfants

Les personnes voyageant avec des enfants doivent pouvoir soigner des affections mineures, et savoir quand avoir recours aux services médicaux. Bien avant le départ, assurez-vous que les vaccinations des enfants sont à jour, et sachez que certains vaccins ne conviennent pas aux enfants de moins de 1 an.

Dans les zones chaudes et humides, la moindre égratignure peut s'infecter. Toute blessure doit être parfaitement nettoyée et tenue au sec. Soyez particulièrement vigilant en évitant de boire l'eau du robinet et en ne prenant aucun risque concernant la nourriture et les boissons. Pensez à emporter des poudres réhydratantes à utiliser avec de l'eau bouillie si votre enfant est sujet à des vomissements ou à des diarrhées. Demandez conseil à votre médecin. Afin d'éviter les risques de rage ou d'autres maladies, les enfants doivent être tenus à l'écart des chiens et des mammifères en général. Les morsures, griffures ou coups de langue d'un animal à sang chaud et à fourrure doivent être immédiatement et soigneusement nettoyés. S'il y a un risque, même infime, que l'animal soit contaminé, il convient de chercher immédiatement une assistance médicale. Il faut également prévoir un traitement antipaludéen adapté.

Santé au féminin

Grossesse

La plupart des fausses couches ont lieu pendant les trois premiers mois de la grossesse. C'est donc la période la plus risquée pour voyager. Pendant les trois derniers mois, il vaut mieux rester à distance raisonnable de bonnes infrastructures médicales. Les femmes enceintes doivent éviter de prendre inutilement des médicaments. Cependant, certains vaccins et traitements préventifs contre le paludisme restent nécessaires. Mieux vaut consulter un médecin avant de prendre quoi que ce soit.

Problèmes gynécologiques

Une nourriture pauvre, une résistance amoindrie par l'utilisation d'antibiotiques contre des problèmes intestinaux peuvent favoriser les infections vaginales lorsqu'on voyage dans des pays à climat chaud. Respectez une hygiène intime scrupuleuse, et portez jupes ou pantalons amples et sous-vêtements en coton.

Les champignons, caractérisés par une éruption cutanée, des démangeaisons et des pertes, peuvent se soigner facilement. En revanche, les trichomonas sont plus graves ; pertes blanches et sensation de brûlure lors de la miction en sont les symptômes. Le partenaire masculin doit également être soigné.

Il n'est pas rare que le cycle menstruel soit perturbé lors d'un voyage.

Médecine traditionnelle

Si vous êtes malade, des habitants vous recommanderont certainement de consulter un *sangoma* (un sorcier guérisseur, le plus souvent une femme) ou un *inyanga* (guérisseur-herboriste ; homme). Révérés dans de nombreuses communautés, ces deux guérisseurs sont souvent incontournables si on visite un village traditionnel lors d'un circuit. Cependant, si vous êtes malade, il est plus sage de vous en remettre à la médecine occidentale. De même, la prudence est de mise quant aux remèdes traditionnels proposés sur les marchés.

COVID-19

À l'heure où nous écrivons ces lignes, les voyageurs vaccinés peuvent entrer sur le territoire sud-africain sur présentation d'un schéma vaccinal complet ou, en l'absence de certificat de vaccination, d'un test Covid-19 négatif effectué moins de 72 heures avant le départ. Les modalités d'entrée sont plus strictes pour le Lesotho et l'eSwatini. Ces règles peuvent évoluer. Avant de vous rendre en Afrique du Sud, au Lesotho ou en eSwatini, consultez le site du ministère des Affaires étrangères français, rubrique Conseils aux voyageurs (www.diplomatie.gouv.fr), le site du consulat général de France à Johannesburg, compétent pour le Lesotho, et celui de l'ambassade de France au Mozambique pour l'eSwatini (mz.ambafrance.org) pour connaître les dernières conditions d'entrée et de sortie du territoire.

Langues

L'Afrique du Sud possède 11 langues officielles : l'anglais, l'afrikaans et neuf autres langues autochtones (ndebele, sotho du Nord, sotho du Sud, swati, tsonga, tswana, venda, xhosa et zoulou). Si les formulaires, les brochures et les horaires affichés sont généralement en version bilingue (anglais et afrikaans), la langue utilisée pour les panneaux routiers peut varier. La plupart des personnes de langue afrikaans parlent également bien l'anglais, mais ce n'est pas toujours le cas dans les petites villes, les régions rurales et parmi la population âgée. Dans la région du Cap, trois langues dominent : l'afrikaans, l'anglais et le xhosa.

Les langues officielles du Lesotho sont le sotho du Sud (sesotho) et l'anglais. En eSwatini (Swaziland), les langues officielles sont le swati (siswati), également appelé swazi, et l'anglais.

AFRIKAANS

L'afrikaans s'est formé à partir du hollandais du XVIIe siècle. Il n'a été reconnu comme langue officielle qu'en 1925, étant considéré jusque-là comme un dialecte hollandais (appelé le "Cape Dutch"). Aujourd'hui, environ 6 millions de personnes parlent l'afrikaans.

Les syllabes accentuées sont indiquées en italique. Le aw se prononce "o" comme dans port, le ew se prononce "i", le uh se prononce "eu" comme dans leur, le h (dans oh, Kh ou zh) ne se prononce pas et le r est roulé.

Premiers contacts

Bonjour.	*Hallo.*	ha·*loh*
Bonsoir.	*Totsiens.*	tot·*sins*
Oui.	*Ja.*	yaa
Non.	*Nee.*	nè
S'il vous plaît.	*Asseblief.*	a·si·*blif*
Merci.	*Dankie.*	*dang*·ki
Excusez-moi.	*Jammer.*	*ya*·min

Comment ça va ?	
Hoe gaan dit?	hu khaan dit
Bien, et vous ?	
Goed dankie, en jy?	khut *dang*·ki en yay
Comment vous appelez-vous ?	
Wat's jou naam?	vats yoh naam
Je m'appelle...	
My naam is ...	may naam is ...
Parlez-vous anglais ?	
Praat jy Engels?	praat yay *eng*·ils
Je ne comprends pas.	
Ek verstaan nie.	ek vir·*staan* ni

Hébergement

Où puis-je trouver un (e)... ?	
Waar's 'n ...?	vaars i ...
camping	
kampeerplek	kam·*peyr*·plek
guesthouse (pension)	
astehuis	*khas*·ti·hays
hôtel	
hotel	hu·*tel*
Avez-vous une chambre simple/double ?	
Het jy 'n enkel/ dubbel kamer?	het yay i *eng*·kil/ *di*·bil *kaa*·mir
Quel est le prix par nuit/personne ?	
Hoeveel kos dit per nag/ persoon?	*hu*·fil kos dit pir nakh/ pir·*soun*

Où se restaurer et prendre un verre

Pouvez-vous me recommander un... ?	*Kan jy 'n ... aanbeveel?*	kan yay i ... *aan*·bi·feyl
bar	*kroeg*	krukh
plat	*gereg*	khi*rekh*
endroit où manger	*eetplek*	eyt·plek

ANGLAIS SUD-AFRICAIN

L'anglais a subi quelques modifications en Afrique du Sud. Bon nombre de mots ont changé de sens, tandis que les anglophones s'appropriaient de nouveaux vocables, tout en prenant un accent caractéristique, influencé par l'afrikaans. On suit plutôt l'usage anglais qu'américain en matière de grammaire et d'orthographe (par exemple, ascenseur se dit *lift* et non *elevator*, essence se dit *petrol* et non *gas*). On sent également les influences des langues autochtones telles que le zoulou et le xhosa. Par ailleurs, en anglais d'Afrique du Sud, la répétition est un procédé emphatique courant : quelque chose qui brûle est *hot hot*, une prairie après la pluie est *green green*, un minibus bondé est *full full*, etc. Voici quelques exemples du jargon local :

babalaas (du zoulou) – gueule de bois
bakkie – pick-up, couvert ou non d'une bâche
bonnet – capot de voiture
boot – coffre de voiture
cool drink – soda
Howzit ? – (salutations) Comment ça va ?
Izzit ? – Ah oui ? Vraiment ?
just now – bientôt
lekker – joli, délicieux
naartjie –mandarine
petrol – essence
robot – feux de circulation
rubbish – ordures ménagères
(Og) Shame ! – Oh, comme il est mignon ! (pour un bébé ou un chiot, par exemple) ; Vraiment ! Oh non ! (ton compatissant)
soda – eau gazeuse
sweeties – bonbons, sucettes
tekkies – joggeurs, coureurs

J'aimerais...	*Ek wil asseblief*	ek vil a·si·*blif*
une table pour deux	*'n tafel viri twee*	*taa*·fil fir twey
ce plat	*daardie gereg*	*daar* di khi·*rekh*
l'addition	*die rekening*	di *rey*·ki·ning
la carte	*die spyskaart*	di *spays*·kaart

Urgences

Au secours !	*Help!*	help
Appelez un médecin !	*Kry 'n dokter!*	kray i *dok*·tir
Appelez la police !	*Kry die polisie!*	kray di pu·*li*·si

Je suis perdu.
Ek is verdwaal. ek is fir·*dwaal*

Où se trouvent les toilettes ?
Waar is die toilette? vaar is di toy·*lè*·ti

J'ai besoin d'un médecin.
Ek het 'n dokter nodig. ek het i *dok*·tir *nou*·dikh

Nombres

1	een	eyn
2	twee	twè
3	drie	dri
4	vier	fir
5	vyf	fayf
6	ses	ses
7	sewe	*si*·vi
8	agt	akht
9	nege	*nè*·khi
10	tien	tin

Achats et services

Je recherche...
Ek soek na ... ek suk naa ...

Combien cela coûte-t-il ?
Hoeveel kos dit? *hu*·fil kos dit

Quel est votre meilleur prix ?
Wat is jou laagste prys? vat is yoh *laakh*·sti prays

Je voudrais acheter une carte de téléphone.
Ek wil asseblief. 'n foonkaart koop. ek vil a·si·*blif* i *foun*·kaart koup

Je voudrais changer de l'argent.
Ek wil asseblief geld ruil. ek vil a·si·*blif* khelt rayl

Je souhaiterais utiliser Internet.
Ek wil asseblief die Internet gebruik. ek vil a·si·*blif* di *in*·tir·net khi·*brayk*

Transports et directions

Un... billet, s'il vous plaît.	*Een ... kaartjie, asseblief.*	eyn ... *kaar*·ki a·si·*blif*
aller	*eenrigting*	*eyn*·rikh·ting
aller-retour	*retoer*	ri·*tour*

C'est combien pour aller à... ?
Hoeveel kos dit na ...? *hu*·fil kos dit naa ...

Conduisez-moi à (cette adresse) s'il vous plaît.
Neem my asseblief na (hierdie adres). neym may a·si·*blif* naa (*hir*·di a·*dres*)

Où est le... (le plus proche) ?
Waar's die ... (naaste)? vaars di ... (*naas*·ti)

Pouvez-vous m'indiquer (sur la carte) ?
Kan jy my (op die kaart) wys? kan yay may (op di kaart) vays

Quelle est l'adresse ?
Wat is die adres? vat is di a·*dres*

NDEBELE

Le ndebele est la langue maternelle d'un pourcentage relativement faible des habitants des provinces du nord du pays.

Bonjour.	*Lotsha.*
Au revoir.	*Khamaba kuhle/ Sala kuhle.*
Oui.	*I-ye.*
Non.	*Awa.*
S'il vous plaît.	*Ngibawa.*
Merci.	*Ngiyathokaza.*
Comment vous appelez-vous ?	*Ungubani ibizo lakho ?*
Je m'appelle...	*Ibizo lami ngu ....*
Je viens de...	*Ngibuya e ....*

SOTHO DU NORD

On entend surtout le sotho du Nord (appelé aussi sepedi) dans les provinces du Nord-Est, tout particulièrement au Limpopo.

Bonjour.	*Thobela.*
Au revoir.	*Sala gabotse.*
Oui.	*Ee.*
Non.	*Aowa.*
S'il vous plaît.	*Ke kgopela.*
Merci.	*Ke ya leboga.*
Comment vous appelez-vous ?	*Ke mang lebitso la gago ?*
Je m'appelle...	*Lebitso laka ke ....*
Je viens de...	*Ke bowa kwa ....*

SOTHO DU SUD

Le sotho du Sud est la langue officielle du Lesotho, l'autre étant l'anglais. Il est également parlé en Afrique du Sud par les Basotho de l'État libre, de la province du Nord-Ouest et du Gauteng. Il n'est pas inutile de connaître quelques mots et expressions si vous prévoyez de vous rendre au Lesotho, surtout dans les zones reculées.

Bonjour.	*Dumela.*
Salut, père.	*Lumela ntate.*
Paix à toi, père.	*Khotso ntate.*
Salut, mère.	*Lumela 'me.*
Paix à toi, mère.	*Khotso 'me.*
Salut, frère.	*Lumela abuti.*
Paix à toi, frère.	*Khotso abuti.*
Salut, sœur.	*Lumela ausi.*
Paix à toi, sœur.	*Khotso ausi.*

"Comment allez-vous ?" peut se dire de trois manières différentes (Où allez-vous ? Comment vivez-vous ? Comment vous-êtes vous levé ?), qui attendent chacune une réponse standard. Ces questions et réponses sont interchangeables.

Où allez-vous ?	*O kae ?* (sing.) *Le kae ?* (pl.)
Je suis ici.	*Ke teng.* (sing.)
Nous sommes ici.	*Re teng.* (pl.)
Comment vivez-vous ?	*O phela joang ?* (sing.) *Le phela joang ?* (pl.)
Je vis bien.	*Ke phela hantle.* (sing.)
Nous vivons bien.	*Re phela hantle.* (pl.)
Comment vous êtes-vous levé ?	*O tsohele joang ?* (sing.) *Le tsohele joang ?* (pl.)
Je me suis bien levé.	*Ke tsohile hantle.* (sing.)
Nous nous sommes bien levés.	*Re tsohile hantle.* (pl.)

Ces questions et ces réponses étant interchangeables, si l'on vous demande *O phela joang ?*, vous pouvez répondre *Ke teng.*

En randonnée, on vous demandera souvent *Le kae ?* (Où allez-vous ?) et *O tsoa kae ?* ou bien *Le tsoa kae ?* au pluriel – (D'où venez-vous ?). Lorsque vous prenez congé, utilisez l'une des expressions suivantes :

Restez bien.	*Sala hantle.* (sing.)
	Salang hantle. (pl.)
Allez bien.	*Tsamaea hantle.* (sing.)
	Tsamaeang hantle. (pl.)

"Merci" se dit *kea leboha*, prononcé "kè-ya lè-bo-wa". Les jeunes bergers vous demanderont peut-être de l'argent (*chelete*) ou des bonbons (*lipompong*, prononcé "di-pom-pong"). "Je n'en ai pas" se dit *ha dio* (prononcé "ha di-o").

SWATI

Le swati et l'anglais sont les deux langues officielles de l'eSwatini (Swaziland). Le swati est aussi largement parlé dans la province sud-africaine du Mpumalanga. Le swati et le zoulou se ressemblent beaucoup, et les deux peuples parviennent à se comprendre.

Bonjour. (en s'adressant à une personne)	*Sawubona.*
Bonjour. (en s'adressant à un groupe)	*Sanibonani.*
Comment allez-vous ?	*Kunjani ?*
Je vais bien.	*Kulungile.*
Nous allons très bien.	*Natsi sikhona.*
Au revoir. (si vous partez)	*Salakahle.*
Au revoir. (si vous restez)	*Hambakahle.*
Oui.	*Yebo.* (fait également office de salutation en toutes circonstances)
Non.	*Cha.* (prononcé avec un clic ou clappement)
S'il vous plaît.	*Ngicela.*
Je vous remercie.	*Ngiyabonga.*
Nous vous remercions.	*Siyabonga.*
Désolé.	*Lucolo.*
Comment vous appelez-vous ?	*Ngubani libito lakho?*
Je m'appelle...	*Libitolami ngingu ...*
Je viens de...	*Ngingewekubuya e ...*
Avez-vous... ?	*Une yini ...?*
Combien ?	*Malini?*
Y a-t-il un bus pour... ?	*Kukhona ibhasi yini leya ...?*
Quand part-il ?	*Isuka nini ?*
Où est l'office du tourisme ?	*Likuphi lihovisi leti vakashi ?*
matin	*ekuseni*
après-midi	*entsambaba*
soir	*kusihlwa*
nuit	*ebusuku*
hier	*itolo*
aujourd'hui	*lamuhla*
demain	*kusasa*

TSONGA

Le tsonga est parlé dans la partie nord de l'Afrique du Sud, surtout au Limpopo et au Gauteng et, dans une moindre mesure, dans le Mpumalanga et la province du Nord-Ouest.

Bonjour.	*Avusheni.* (le matin)
	Inhelekani. (l'après-midi)
	Riperile. (le soir)
Au revoir.	*Salani kahle.*
Oui.	*Hi swona.*
Non.	*A hi swona.*
S'il vous plaît.	*Nakombela.*
Merci.	*I nkomu.*
Comment vous appelez-vous ?	*U mani vito ra wena?*
Je m'appelle...	*Vito ra mina i ...*
Je viens de...	*Ndzihuma e ...*

TSWANA

Le tswana est parlé essentiellement dans le Nord-Ouest et le Gauteng. On trouve aussi des locuteurs, moins nombreux, dans l'est du Cap-Nord et l'ouest de l'État libre.

Bonjour.	*Dumela.*
Au revoir.	*Sala sentle.*
Oui.	*Ee.*
Non.	*Nnya.*
S'il vous plaît.	*Ke a kopa.*
Merci.	*Ke a leboga.*
Comment vous appelez-vous ?	*Leina la gago ke mang ?*
Je m'appelle...	*Leina la me ke ...*
Je viens de...	*Ke tswa ...*

VENDA

Le venda est parlé surtout à la lisière nord-est de la province du Limpopo.

Bonjour.	*Ndi matseloni.* (le matin)
	Ndi masiari. (l'après-midi)
	Ndi madekwana. (le soir)

Nombres – Xhosa

Les chiffres anglais sont utilisés couramment.

1	*wani*	*waa·ni*
2	*thu*	*tu*
3	*thri*	*tri*
4	*fo*	*faw*
5	*fayifu*	*faa·yi·fu*
6	*siksi*	*sik'·si*
7	*seveni*	*se·vè·ni*
8	*eyithi*	*e·yi·ti*
9	*nayini*	*naa·yi·ni*
10	*teni*	*t'è·ni*

Au revoir.	*Kha vha sale zwavhudi.*
Oui.	*Ndi zwone.*
Non.	*A si zwone.*
S'il vous plaît.	*Ndikho u humbela.*
Merci.	*Ndo livhuwa.*
Comment vous appelez-vous ?	*Zina lavho ndi nnyi?*
Je m'appelle...	*Zina langa ndi ...*
Je viens de...	*Ndi bva ....*

XHOSA

Comme le zoulou, le swati et le ndebele, le xhosa appartient à la famille des langues bantoues. C'est la langue autochtone la plus répandue en Afrique du Sud ; elle est également parlée dans la région du Cap. Environ six millions et demi de personnes parlent le xhosa.

Dans nos indications de prononciation, les symboles b', ch', k', p', t' et ts' correspondent aux sons qui sont "crachés" (seul le b' est prononcé en aspirant de l'air). Le dl se prononce comme le hl, en faisant vibrer les cordes vocales. Le xhosa utilise aussi les "clics" ou clappements, ces curieuses consonances de la langue, mais ils ne sont pas indiqués dans ce chapitre.

Bonjour.	*Molo.*	*mo·lo*
Au revoir.	*Usale ngoxolo.*	*u·saa·lè ngo·ko·lo*
Oui.	*Ewe.*	*e·wè*
Non.	*Hayi.*	*haa·yi*
S'il vous plaît.	*Cela.*	*kè·laa*
Merci.	*Enkosi.*	*e·nk'aw·si*
Excusez-moi.	*Uxolo.*	*u·o·lo*
Comment allez-vous ?	*Kunjani?*	*k'u·njaa·ni*
Bien, et vous ?		
Ndiyaphila, unjani wena?		*ndi·yaa·pi·laa u·njaa·ni wè·naa*
Comment vous appelez-vous ?		
igama lakho?		*i·gaa·maa laa·ko*
Je m'appelle...		
Igama lam ngu ...		*i·gaa·maa laam ngu ...*
Parlez-vous anglais ?		
Uyasithetha isingesi?		*u·yaa·si·tè·taa i·si·ngè·si*
Je ne comprends pas.		
Andiqondi.		*aa·ndi·ko·ndi*

ZOULOU

Le zoulou est également une langue bantoue, proche des autres langues bantoues de l'Afrique du Sud, en particulier du xhosa. Environ 10 millions d'Africains ont le zoulou pour langue maternelle, dont la grande majorité (plus de 95%) en Afrique du Sud. Le zoulou est également parlé au Lesotho et en eSwatini.

Dans nos indications de prononciation, les symboles b', ch', k', p', t' et ts' correspondent aux sons qui sont "crachés" (seul le b' est prononcé en aspirant de l'air). Le dl se prononce comme le hl, en faisant vibrer les cordes vocales. Le zoulou utilise aussi les "clics" ou clappements, mais ils ne sont pas indiqués dans ce chapitre.

Bonjour.

Sawubona. (sing.)	*saa·wu·b'aw·naa*
Sanibonani. (pl.)	*saa·ni·b'aw·naa·ni*

Au revoir. (si vous partez)

Sala kahle. (sing.)	*saa·laa gaa·hlè*
Salani kahle. (pl.)	*saa·laa·nè gaa·hlè*

Au revoir. (si vous restez)

Hamba kahle. (sing.)	*haa·mbaa gaa·hlè*
Hambani kahle. (pl.)	*haa·mbaa·ni gaa·hlè*

Nombres – Zoulou

Les chiffres anglais sont utilisés couramment.

1	*uwani*	*u·waa·ni*
2	*uthu*	*u·tu*
3	*uthri*	*u·thri*
4	*ufo*	*u·fo*
5	*ufayifi*	*u·faa·yi·fi*
6	*usiksi*	*u·sik·si*
7	*usevene*	*u·sè·vè·ni*
8	*u-eyithi*	*u·è·yit*
9	*unayini*	*unaa·yi·ni*
10	*utheni*	*u·thè·ni*

Oui.
Yebo. yè·b'o

Non.
Cha. kaa

Merci.
Ngiyabonga. ngi·yaa·*b'o*·ngaa

Excusez-moi.
Uxolo. u·*ko*·lo

Comment allez-vous ?
Unjani?/Ninjani? (sing./pl.) u·njaa·ni/ni·njaa·ni

Bien, et vous ?
Sikhona. si·*ko*·naa
Nawè?/Nani? (sing./pl.) naa·wè/naa·ni

Comment vous appelez-vous ?
Ngubani igama laa·ko? ngu·b'aa·ni i·gaa·maa lakho

Je m'appelle...
Igama lami ngu ... i·gaa·maa *laa*·mi ngu

Parlez-vous anglais ?
Uyasikhuluma isiNgisi? u·yaa·si·ku·lu·maa i·si·ngi·ci

Je ne comprends pas.
Angizwa. aa·*ngi*·zwaa

GLOSSAIRE

Les termes portant sur la nourriture et les boissons sont à la rubrique *Déchiffrer la carte* (p. 597).

Afrikaans – langue parlée par les Afrikaners, et formée à partir du hollandais du XVIIe siècle

Afrikaner – habitant blanc de l'Afrique du Sud, parlant l'afrikaans et descendant des colons hollandais

amahiya – costume traditionnel swazi

ANC – African National Congress, organisation démocratique nationale formée en 1912 pour représenter les Noirs

AWB – Afrikaner Weerstandsbeweging (Mouvement de résistance afrikaner), groupe d'extrême droite

bakkie – pick-up, camionnette à plateau

balimo – ancêtres (sotho)

Bantou – Bantu (en anglais), littéralement "gens". Utilisé de façon péjorative sous l'apartheid pour désigner les Noirs, employé aujourd'hui uniquement en ethnolinguistique – langue bantoue ou peuples de langue bantoue

bantoustans – en 1962, en plein apartheid, le gouvernement sud-africain décida de créer 10 provinces séparées pour les Noirs ; le Transkei fut le premier de ces 10 bantoustans, appelés *tuisland* en afrikaans et *homeland* (voir aussi ce terme) en anglais

BCP – Basotholand Congress Party

Big Five – les cinq grands animaux sauvages : rhinocéros, buffle du Cap, éléphant, léopard et lion

bilharzia – bilharziose, autre nom de la schistosomiase, maladie transmise par les mollusques d'eau douce et due à la pénétration à travers la peau d'un ver qui se loge dans les vaisseaux sanguins

biltong – viande séchée

bittereinders – terme afrikaans désignant les résistants boers qui luttèrent "jusqu'au bout" ("to the bitter end", en anglais) durant la guerre anglo-boer de 1899-1902

BNP – Basotholand National Party

Boers – voir *Trekboers*

braai – abréviation de *braaivleis* (afrikaans) ; barbecue qui consiste à faire griller de la viande au-dessus d'un feu

Broederbond – société secrète ouverte uniquement aux hommes protestants afrikaners, très influente du temps du National Party

bubblegum – forme de musique des townships influencée par la pop occidentale

byala – bière traditionnelle

coloureds – métis ; terme apparu au temps de l'apartheid pour désigner les personnes d'origine mêlée

dagga – marijuana, également appelée *zol*

Democratic Alliance – parti officiel d'opposition à l'ANC

diamantveld – champs diamantifères

difaqane – "migration forcée" de nombreuses ethnies sud-africaines (sotho) ; *mfecane* en zoulou

dorp – petit village ou zone d'habitation rurale

drostdy – résidence d'un *landdrost* ; voir ce mot

éland – grande antilope aux cornes spiralées – à ne pas confondre avec l'élan, de la famille des cervidés

free-camp – camping sauvage ; demandez l'autorisation et pensez à proposer un dédommagement

fynbos – littéralement "brousse à feuilles fines", composée essentiellement de protées, de fougères et d'éricacées

gogo – grand-mère

highveld – haut veld, prairies de haute altitude

homelands – ou bantoustans, régions créées pour les populations noires sous l'apartheid et considérées comme indépendantes de l'Afrique du Sud (mais jamais reconnues par l'ONU) ; réintégrées dans l'Afrique du Sud après 1994

hop-on hop-off – se dit d'un trajet qui se déroule en plusieurs étapes, et lorsque le passager peut monter et descendre à sa guise du bus ou du minibus

IFP – Inkatha Freedom Party ; mouvement politique noir fondé vers 1975 et mené par le chef Mangosouthu Buthelezi

igogogo – instrument de musique fabriqué à partir d'un bidon d'huile

igqirha – guérisseur spirituel xhosa

impi – guerrier zoulou ; groupe de soldats

indunas – chefs tribaux

inyanga – guérisseur et herboriste, qui étudie aussi les dessins formés par des os lancés par terre

Incwala – cérémonie swazi, l'une des plus importantes du pays, célébrant les premiers fruits de l'année ; elle se déroule en général en décembre/janvier

isicathamiya – style de musique à prédominance vocale du KwaZulu-Natal

ixhwele – herboriste xhosa

jol – fête, avoir du bon temps

karamat – tombeau d'un saint musulman

Khoikhoi – (ou Khoi-Khoi, Khoekhoen) signifie "hommes des hommes" ; éleveurs de bétail qui se mêlèrent aux San au point qu'il fut bientôt impossible de distinguer les deux groupes. C'est ainsi qu'est né le terme Khoisan

Khoisan – (ou Khoe-San) terme générique désignant les San et les Khoikhoi, deux ethnies très proches ; on les a aussi appelés Bochimans (Bushmen en anglais)

kloof – ravin

kloofing – forme de canyoning qui peut combiner escalade, randonnée, baignade et sauts

knobkerry – arme traditionnelle africaine, formée d'un manche avec un bout arrondi et utilisée comme massue ou projectile

kommando – milice boer

kopje – petite colline

kraal – village de cases, souvent doté d'un enclos pour le bétail ; village fortifié zoulou

kroeg – bar

kwaito – forme de musique des townships, mêlant *mbaqanga*, jive, hip-hop, house, *ragga* et autre styles de danse

kwela – musique des townships influencée par le swing américain

landdrost – fonctionnaire (commissaire en charge d'un district) qui faisait office d'administrateur local, de collecteur d'impôts et de magistrat

lapa – bâtiment circulaire avec des murs bas et un toit de chaume, servant à cuisiner, à faire la fête, etc.

LCD – Lesotho Congress for Democracy

lekgotla – lieu de rassemblement

lekker – très bon, agréable ou savoureux

lekolulo – sorte de flûte dont jouent les bergers

lesokoana – bâton ou cuillère en bois, servant traditionnellement à remuer le *mealie pap*

liqhaga – récipient au tressage si serré qu'il sert de "bouteille" pour transporter l'eau

lowveld – bas veld, région de basse altitude à la végétation broussailleuse

maskanda – musique zouloue à base de guitare

matjieshuis – terme afrikaans désignant des cases nama formées de nattes ("mat") tressées

mbaqanga – forme de musique des townships, signifiant "boulette" en zoulou et combinant chant choral religieux, pop et *sax-jive*

mdube – style vocal mêlant des chants religieux européens et africains

mfeqane – voir *difaqane*

minwane – empreintes de dinosaures

Mkhulumnchanti – divinité swazi

mokorotlo – chapeau de forme conique porté par les Basotho, au Lesotho

molianyeoe – voir *mokorotlo*

moraba-raba – jeu de société très populaire faisant appel à des billes de bois et quatre rangées de trous ; appelé *mancala* et *bao* dans d'autres pays d'Afrique

moroka-pula – faiseur de pluie

mqashiyo – style vocal semblable au *mbaqanga*

muti – médecine traditionnelle

Ncwala – cérémonie swazi célébrant la récolte des premiers fruits

ndlovukazi – femelle éléphant, titre traditionnel de la mère du roi swazi

ngaca – (ou ngaka) homme instruit

ngwenyama – lion, titre traditionnel du roi swazi

PAC – Pan African Congress, organisation politique noire fondée en 1959 pour lutter en faveur de l'égalité des droits et du gouvernement par la majorité

pass – col (en montagne)

pinotage – type de vin, croisement entre le pinot noir et l'hermitage ou la syrah

pont – ferry fluvial

Poqo – bras armé du PAC

Rikki – petit véhicule ouvert ("van" ou minibus) utilisé comme transport public au Cap

robot – feu de signalisation

rondavel – case ronde surmontée d'un toit conique

San – chasseurs-cueilleurs nomades qui furent les premiers habitants de l'Afrique du Sud

sangoma – guérisseur

sandboard – surf pratiqué sur des dunes de sable

sandveld – bande de terrain sec et sablonneux

setolo-tolo – instrument à cordes dont les hommes (sotho) jouent avec la bouche

shebeen – bar (souvent une simple buvette) des townships, autrefois illégal, aujourd'hui opérant simplement sans licence

slaghuis – boucherie

slenter – faux diamant

sourveld – type de prairie herbeuse

swart gevaar – "menace noire", terme inventé par les nationalistes afrikaners dans les années 1920

Telkom – compagnie nationale des télécommunications

thkolosi – petits êtres joueurs et malveillants

thomo – instrument à cordes dont jouent les femmes

thornveld – bande de végétation dominée par les acacias épineux et autres espèces apparentées

tokoloshe – mauvais esprits

township – zone de résidence de la population noire et métisse, vestige de l'apartheid

Trekboers – premiers Hollandais qui partirent vers l'intérieur de ce qui est aujourd'hui en grande partie le Cap-Occidental ; plus tard abrégé en Boers

trokkie – relais routier emprunté par les camions

tronk – prison

tuishuise – hôtels particuliers de l'époque coloniale

tuk-tuk – tricycle motorisé

uitlanders – étrangers, nom donné par les Afrikaners aux immigrants qui affluèrent dans le Transvaal après la découverte de l'or

Umkhonto we Sizwe – littéralement "fer de lance de la nation", bras armé de l'ANC durant les années de lutte

veld – prairies d'altitude (se prononce "felt" en afrikaans)

velskoene – chaussures en cuir fabriquées à la main

VOC – Vereenigde Oost-Indische Compagnie (Compagnie des Indes orientales, de nationalité hollandaise)

volk – terme afrikaans collectif désignant les Afrikaners

volkstaal – langue du peuple

volkstaat – territoire boer indépendant et de "race" pure

Voortrekkers – premiers colons afrikaners en quête d'indépendance qui migrèrent de la colonie du Cap vers l'État libre d'Orange et le Transvaal dans les années 1830

zol – marijuana, également appelée *dagga*

En coulisses

VOS RÉACTIONS ?

Vos commentaires nous sont très précieux et nous permettent d'améliorer constamment nos guides. Notre équipe lit toutes vos lettres avec la plus grande attention. Nous ne pouvons pas répondre individuellement à tous ceux qui nous écrivent, mais vos commentaires sont transmis aux auteurs concernés. Tous les lecteurs qui prennent la peine de nous communiquer des informations sont remerciés dans l'édition suivante, et ceux qui nous fournissent les renseignements les plus utiles se voient offrir un guide.

Pour nous faire part de vos réactions, prendre connaissance de notre catalogue et vous abonner à notre newsletter, consultez notre site Internet : **www.lonelyplanet.fr**

Nous reprenons parfois des extraits de notre courrier pour les publier dans nos produits, guides ou sites Web. Si vous ne souhaitez pas que vos commentaires soient repris ou que votre nom apparaisse, merci de nous le préciser. Notre politique en matière de confidentialité est disponible sur notre site Internet.

À NOS LECTEURS

Merci à tous les voyageurs qui ont utilisé la dernière édition de ce guide et qui nous ont écrit pour nous faire part de leurs conseils, de leurs suggestions et de leurs anecdotes :

Eric Baylee Marie-Claire Blanchard Pierre Delmasse Nicolas Doussy Sarah Franchini Christine Hazard Mandana Mortazavi Thibault Neyret Hugues Poiget Alexandra Souchot Jacques et Anne Thevenot

UN MOT DES AUTEURS

James Bainbridge

Merci, en 11 langues, à mes collègues auteurs Simon, Lucy, Shawn et Ashley pour les discussions animées autour d'une bière dans les Southern Suburbs pendant cette mise à jour, aux autres auteurs pour leurs contributions et à toutes les personnes qui m'ont aidé durant mon périple à Mpumalanga et au Cap, ainsi qu'à Leigh-Robin, Oliver et Thomas pour avoir supporté mes longues heures devant l'ordinateur, dans l'abri de jardin.

Robert Balkovich

Merci à ma mère et à mon père. À ma sœur qui m'accompagne toujours durant mes voyages. À toutes les personnes que j'ai rencontrées en chemin, notamment tous les Sud-Africains curieux de savoir d'où je venais et ravis de me montrer les beautés de leur pays. Merci tout particulièrement à Christos, Chad, Hanli et Nonhlanhla d'avoir rendu mon monde moins solitaire.

Jean-Bernard Carillet

Mille mercis à toutes les personnes qui m'ont aidé et qui ont illuminé ce voyage, surtout à Doné, Renée, Esti, Leigh et tous ceux que j'ai croisés en route. Chez Lonely Planet, je remercie Matt pour sa confiance, et toute l'équipe éditoriale pour son dur travail. À la maison, un gros bisou à Eva et tout mon amour à Morgane, dont le soutien m'a été primordial.

Lucy Corne

Un immense merci à l'équipe de Kimberley – Dianna, Romano, Kim, Joy et Tebogo – ainsi qu'à Fayroush, Christa, Brian et Nadia des SAN Parks. *Baie dankie* à Ailsa Tudhope pour m'avoir fait retomber amoureuse de Prince Albert, ainsi qu'à Johan, Debbie, Martiens et Cathy pour m'avoir facilité la vie durant mon périple. Plein d'amour à Shawn, qui ne m'a pas aidée car il était occupé à écrire son propre chapitre, et un immense bravo à Kai, qui est un formidable compagnon de route et qui me permet de voir le monde à travers les yeux d'un enfant de 4 ans.

Shawn Duthie

Je remercie chaleureusement Matt et l'équipe éditoriale de Lonely Planet pour leur grande aide et leur soutien, comme toujours.

En eSwatini, un immense merci à Xolani et Nikki de Big Game Parks. Enfin, merci à Lucy et Kai, mes sources d'inspiration pour tout ce que j'entreprends.

Anthony Ham

Merci de tout cœur à Matt Phillips, mon ami et éditeur de longue date qui continue à me permettre d'arpenter ce petit coin de terre que j'adore. À ma famille, Marina, Carlota et Valentina : merci de partager mon amour pour l'Afrique et de m'offrir tant de souvenirs si particuliers.

Ashley Harrell

Je tiens à remercier : Matt Phillips qui m'a confié un petit morceau d'Afrique ; les membres des Peace Corps (Gaby, Ryan et Hindrik) pour leur inestimable contribution ; toute l'équipe du Semonkong Lodge pour m'avoir aidé avec ma voiture de location complètement détruite ; Madeline Moitozo et Nikki Gamer pour leur compagnie très divertissante ; Anne Kamau Isavwa (et Tony, Ella et Joshua) qui m'a laissé emménager chez elle pendant une seconde ; MAF qui m'a fait découvrir le Lesotho depuis les airs ; et Belinda Groves qui m'a redonné foi en la bonté humaine.

Simon Richmond

Mille mercis pour l'aide, l'amitié et les conseils apportés par mes collègues auteurs James et Lucy, ainsi que par Heather Mason, Bheki Dube, Gerald Garner, Mike Luptak, Sheryl Ozinsky, Nicole Biondi, Iain Harris, Lee Harris, Brent Meersman et Amber April.

REMERCIEMENTS

Données des cartes climatiques adaptées de Peel MC, Finlayson BL & McMahon TA (2007) "Updated World Map of the Köppen-Geiger Climate Classification", *Hydrology and Earth System Sciences*, 11, 1633-44.

Photographie de couverture : *Girafes et zèbres traversant la route, Kruger national park.* PACO COMO/Shutterstock ©

À PROPOS DE CET OUVRAGE

Cette 11e édition du guide *Afrique du Sud, Lesotho et eSwatini* est une traduction-adaptation de la 12e édition du guide Lonely Planet *South Africa, Lesotho & eSwatini*, en anglais. Elle a été actualisée et écrite par James Bainbridge, Robert Balkovich, Jean-Bernard Carillet, Lucy Corne, Shawn Duthie, Anthony Ham, Ashley Harrell et Simon Richmond.

Traduction Giuseppe Ardiri, Naomi Defays, Florence Delahoche, Frédérique Hélion-Guerrini, Pauline Tardieu-Collinet

Direction éditoriale Didier Férat

Responsable éditorial Dominique Bovet

Responsable pré-presse Jean-Noël Doan

Coordination éditoriale Juliette Stephens

Maquette Sébastienne Ocampo

Cartographie Cartes originales de David Kemp, adaptées en français par Nicolas Chauveau

Couverture Adaptée en français par Laure Wilmot

Remerciements à Alexandra Guyot, Rose-Hélène Lempereur, Éric Quéméré et Jean-Victor Rebuffet pour leur travail précieux sur le texte, ainsi qu'à Dolorès Mora et Jacqueline Menanteau pour leur relecture attentive. Merci à Olympe Richez pour sa préparation du manuscrit, ainsi qu'à Antoine Duval et Noémie Lemaire pour leur travail de référencement. Un grand merci à l'équipe du bureau de Paris ainsi qu'à Luan Angel et Nigel Longuet à Londres, et à Jean-Pierre Masclef à Melbourne.

Index

Références des **cartes**
Références des **photos**

N

O

Références des **cartes**
Références des **photos**

P

Références des **cartes**
Références des **photos**

Légende des cartes

À voir

- Plage
- Réserve ornithologique
- Temple bouddhiste
- Château/palais
- Église/cathédrale
- Temple confucéen
- Temple hindou
- Mosquée
- Temple jaïn
- Synagogue
- Monument
- Musée/galerie/édifice historique
- Ruines
- Sentō (bain public)
- Temple shintoïste
- Temple sikh
- Temple taoïste
- Cave/vignoble
- Zoo
- Autre site

Activités, cours et circuits organisés

- Bodysurfing
- Plongée/snorkeling
- Canoë/kayak
- Cours/circuits organisés
- Ski
- Snorkeling
- Surf
- Piscine/baignade
- Randonnée
- Planche à voile
- Autres activités

Où se loger

- Hébergement
- Camping

Où se restaurer

- Restauration

Où prendre un verre

- Bar
- Café

Où sortir

- Salle de spectacle

Shopping

- Magasin

Renseignements

- Banque
- Ambassade/consulat
- Hôpital/centre médical
- Accès Internet
- Police
- Bureau de poste
- Centre téléphonique
- Toilettes
- Office du tourisme
- Autre adresse pratique

Géographie

- Plage
- Refuge/gîte
- Phare
- Point de vue
- Montagne/volcan
- Oasis
- Parc
- Col
- Aire de pique-nique
- Cascade

Agglomérations

- Capitale (pays)
- Capitale (région/État/province)
- Grande ville
- Petite ville/village

Transports

- Aéroport
- Poste frontière
- Bus
- Téléphérique/funiculaire
- Piste cyclable
- Ferry
- Métro/Tube Station (anglais)
- Monorail
- Parking
- Station-service
- Station de métro/Subway
- Taxi
- T-Bane/Station T-Bane (norvégien)
- Gare/chemin de fer
- Tramway
- U-Bahn (allemand)
- Autre moyen de transport

Les symboles recensés ci-dessus ne sont pas tous utilisés dans ce guide

Routes

- Autoroute à péage
- Voie rapide
- Nationale
- Route secondaire
- Petite route
- Chemin
- Route non goudronnée
- Route en construction
- Place/rue piétonne
- Escalier
- Tunnel
- Passerelle
- Promenade à pied
- Promenade à pied (variante)
- Sentier

Limites et frontières

- Pays
- État/province
- Frontière contestée
- Région/banlieue
- Parc maritime
- Falaise
- Rempart

Hydrographie

- Fleuve/rivière
- Rivière intermittente
- Canal
- Étendue d'eau
- Lac asséché/salé/intermittent
- Récif

Topographie

- Aéroport/aérodrome
- Plage/désert
- Cimetière (chrétien)
- Cimetière (autre)
- Glacier
- Marais
- Parc/forêt
- Site (édifice)
- Terrain de sport
- Mangrove

Lucy Corne
Cap-Occidental, Cap-Nord Lucy est sortie de l'université avec un diplôme en journalisme et une furieuse envie de bouger. Elle a enseigné l'anglais aux étrangers pendant huit ans en Espagne, en Corée du Sud, au Canada, en Chine et en Inde, tout en écrivant des articles en free-lance pour divers magazines et sites Web. Elle a rejoint Lonely Planet en 2008 et a travaille depuis sur de nombreux guides, dont certains consacrés à la gastronomie. Lucy vit au Cap avec son mari et son jeune fils. Elle écrit sur les voyages, la cuisine et la bière. Son blog très apprécié, www.brewmistress.co.za, traite de la bière sud-africaine.

Shawn Duthie
eSwatini Originaire du Canada, Shawn voyage, étudie et travaille dans le monde entier depuis 13 ans. Son amour des voyages a fusionné avec son intérêt pour la politique internationale et l'a amené à enseigner plusieurs années à l'université du Cap. Il est aujourd'hui consultant free-lance en risque politique, spécialisé dans les pays africains. Shawn vit en Afrique du Sud et trouve toutes les excuses possibles pour voyager sur ce continent incroyable.

Anthony Ham
Kruger National Park, Limpopo, Province du Nord-Ouest Écrivain et photographe freelance, Anthony a pour régions préférées l'Espagne, l'Afrique orientale et australe, l'Arctique et le Moyen-Orient. Lorsqu'il n'écrit pas pour Lonely Planet, il travaille pour des journaux et des magazines australiens, britanniques et américains.

Ashley Harrell
État libre, Lesotho Après une journée passée à vendre des coupons de réduction pour un spa en porte à porte en Floride du Sud, Ashley décida qu'elle ferait mieux d'écrire. Elle s'inscrivit dans une école de journalisme, convainquit un journal de l'embaucher et commença à couvrir des sujets tels que la faune, le crime et le tourisme, parfois dans le même article. Pour satisfaire son envie de raconter des histoires et son goût pour l'inconnu, elle a beaucoup voyagé et a souvent déménagé, passant d'un minuscule appartement new-yorkais à un vaste ranch californien, puis à une simple cabane au Costa Rica, où elle a commencé à écrire pour Lonely Planet. À partir de là, ses voyages sont devenus plus exotiques et ses destinations plus lointaines.

Simon Richmond
Le Cap, Johannesburg et le Gauteng Journaliste et photographe, Simon s'est spécialisé dans les voyages depuis le début des années 1990 et a commencé à travailler pour Lonely Planet en 1999 sur le guide *Asie centrale*. Cela fait longtemps qu'il a cessé de compter le nombre de guides qu'il a écrit pour LP, mais parmi les pays qu'il a traités, on trouve l'Australie, la Chine, l'Inde, l'Iran, le Japon, la Corée, la Malaisie, la Mongolie, le Myanmar (Birmanie), la Russie, Singapour, l'Afrique du Sud et la Turquie. Pour le site de Lonely Planet, il a écrit sur divers sujets, qui vont des meilleures piscines du monde aux joies de l'Urban Sketching – suivez-le sur Instagram pour voir certains de ses dessins et photos.

LES GUIDES LONELY PLANET

Une vieille voiture déglinguée, quelques dollars en poche et le goût de l'aventure, c'est tout ce dont Tony et Maureen Wheeler eurent besoin pour réaliser, en 1972, le voyage d'une vie : rallier l'Australie par voie terrestre via l'Europe et l'Asie. De retour après un périple harassant de plusieurs mois, et forts de cette expérience formatrice, ils rédigèrent sur un coin de table leur premier guide, *Across Asia on the Cheap*, qui se vendit à 1 500 exemplaires en l'espace d'une semaine. Ainsi naquit Lonely Planet, dont les guides sont aujourd'hui traduits en 13 langues.

NOS AUTEURS

James Bainbridge

Le Cap, Mpumalanga Écrivain-voyageur et journaliste britannique, James est basé au Cap, d'où il parcourt le globe et contribue à des publications du monde entier. Il travaille pour Lonely Planet depuis plus de 10 ans. Auteur-coordinateur de plusieurs éditions du présent guide, mais aussi des guides *Turquie* et *Maroc*, ses articles sur le voyage, la culture et l'investissement sont publiés dans des médias tels que *BBC Travel*, The *Guardian* et The *Independent*, *Condé Nast Traveller* et *Lonely Planet Traveller*. Pour ce guide, James a également rédigé les chapitres des parties *Préparer son voyage*, *Comprendre* et *Pratique*.

Robert Balkovich

KwaZulu-Natal Robert est né dans l'Oregon (États-Unis) où il a grandi, mais il est new-yorkais depuis presque 10 ans. Lorsqu'il était enfant et que les autres familles allaient dans des parcs d'attractions, lui visitait Mexico et traversait l'Europe de l'Est en train. Il est devenu écrivain et voyageur enthousiaste, cherchant toujours des expériences sortant de l'ordinaire à raconter. Suivez-le sur Instagram @oh_balky.

Jean-Bernard Carillet

Cap-Oriental Écrivain et photographe free-lance, Jean-Bernard vit à Paris. Ses zones de prédilections sont l'Afrique, la France, la Turquie, les océans Indien et Pacifique et les Caraïbes. Il adore l'aventure, les lieux reculés, les îles, les activités de plein air, les sites archéologiques et la cuisine. Doté d'une envie insatiable de voir le monde, il a visité 114 pays sur six continents et il ne semble pas près de s'arrêter. Ses voyages lui ont inspiré quantité d'articles et de photos publiés dans des magazines de voyage et quelque 70 guides Lonely Planet, en anglais et en français

PAGE 699 AUTEURS (suite)

Afrique du Sud, Lesotho et eSwatini

11e édition
Traduit et adapté de l'ouvrage *South Africa, Lesotho & eSwatini, 11th edition, November 2021*

92 avenue de France - 75013 Paris

Dépôt légal Mai 2022
ISBN 978-2-81619-551-4

Imprimé par Grafica Veneta, Trebaseleghe, Italie
Réimpression 02, janvier 2023

En Voyage Éditions | un département édi8